Chambers

WORDS

for crosswords
and wordgames

© 1985 W & R Chambers Ltd
43-45 Annandale Street, Edinburgh EH7 4AZ

Reprinted 1990, 1991, 1992

ISBN 0-550-19010-4

Cover design by Art Dept, Edinburgh.
Printed in Great Britain by Clay Ltd, St Ives plc

Preface

Chambers WORDS derives from the database of the bestselling Chambers English Dictionary, and reflects the vocabulary content of that comprehensive work of reference.

The book is set in lower-case type, with capitals for instant identification of proper nouns. All letters are of the same width, so that scanning of the columns is rapid and straightforward.

The ideal reference tool for wordgamers, Chambers WORDS can be studied before, during, and after play. As an aid to increased wordgame skill and an enjoyable means of vocabulary improvement, Chambers WORDS is unmatched; as a provider of around 200 000 possibilities for the word-puzzler, it is indispensable.

Scrabble® enthusiasts will appreciate the special extra section of some 5 000 entries at the end of the book — words including the most 'difficult' and high-scoring letters J, Q, X and Z.

Chambers WORDS is not intended as a replacement for the dictionary, but rather as a companion volume, passing on those aspects of the dictionary which are most relevant to word-puzzlers.

How to use this book

Over 120000 entries from Chambers English Dictionary have been arranged with the help of a computer for the benefit of all who play, in fun or in earnest, with words — crossword puzzlers, players of Scrabble®, Lexicon®, Boggle®, Anagrams, Categories, Hangman, Ghost and many other wordgames.

The words are given in order of length (from 2 to 45 letters), and then alphabetically within each word-length section, so that all the five-letter words, for example, are found together in alphabetical order. Hyphenated compounds such as **battering-ram** are listed according to the total number of letters.

Included in the main list of entries are irregularly formed plurals (e.g. **geese, loaves** and **minima**), such verb forms as **got, wove** and **caught**, and alternative spellings of words such as **fantasy/phantasy** and **bauxite/beauxite**, as well as American forms such as **esthetic** and **color.**

For quick and easy reference, each page is numbered and also clearly marked with the initial letter and length of the word it contains.

The already wide scope of the book may be further extended by, for example, changing such words as **authorise** to **authorize**, or **realisation** to **realization** (a matter of choice anyway), or adding **-ly** to adjectives to form adverbs.

A
Ab
ad -s
ae
ah -s
ai -s
am
an
ar
as
at
aw -s
ax -es,-ing
   -ed
ay -s

B
ba'
be
bo -s
by -s

C
ca'
ch
co'

D
da -s
do -(e)s,-ing
   did,done

E
ea -s

ee -n
ef
eh -s,-ing
   -ed
el -s
em -s
en -s
Eo
er -s
es -ses
ex -es

F
fa -s
fy -s

G
gi -s
go -es,-ing
   -ne
gu -s

H
ha -s
he -s
hi -s
ho -s

I
id -s
I'd
if -s
I'm
in -s,-ning
   -ned

io -s
is
it -s

J
jo -es

K
ka -s
ky

L
la -s
li -s
lo -s

M
ma -s
me -s
mi -s
mo
Mr
Ms
mu
my -s

N
na
ne
no -es
nu
ny

O
ob -s

od -s
oe -s
of
oh -s
oi -s
OK
on -s,-ning
   -ned
oo -s
op -s
or
os
ou -s
ow -s
ox -en
oy -s

P
pa -s
pi -s
po -s

R
Ra
re -s
Rh

S
sa'
sh
si -s
so -s
st

T
ta -s
te -s
ti -s
to

U
ug -s,ugging
   ugged
um -s
un -s
up -s,upping
   upped
ur -s
us
ut -s

W
wa'
we
wo -s

X
xi

Y
ye
yo -s
yu -s

Z
zo -s

A
aba -s
abb -s
ABC
abo
aby -ing,abies
   abought
ace -s,-d,acing
act -s,-ing,-ed
add -s,-ing,-ed
ado -s
aft
aga -s
age -s,-ing,-d
   aging
ago

aha -s
aia -s
aid -s,-ing,-ed
ail -s,-ing,-ed
aim -s,-ing,-ed
ain
air -s,-ing,-ed
ait -s
ake -s,-d,aking
ala -e
alb -s
ale -s
all
alp -s
als
alt -s
amp -s

ana -s
and -s
ane -s
ann -s
ant -s
an't
any
ape -s,-d,aping
apt -er,-est
arc -s,-(k)ing
   -(k)ed
are -s
ark -s,-ing,-ed
arm -s,-ing,-ed
art -s
ary
ash -es

ask -s,-ing,-ed
asp -s
ass -es
ate
auf -s
auk -s
ava -s
ave -s
awe -s,-d,awing
awl -s
awn -s,-ing,-ed
axe -s,-d,axing
aye -s
ayu -s

B
baa -s,-ing,-ed

bad
bag -s,-ging,-ged
bah -s
bam -s,-ming,-med
ban -s,-ning,-ned
bap -s
bar -s,-ring,-red
bat -s,-ting,-ted
bay -s,-ing,-ed
bed -s,-ding,-ded
bee -s
beg -s,-ging,-ged
bel -s
ben -s
bet -s,-ting,-ted
bey -s
bez -zes
bib -s,-bing,-bed
bid -s,-ding,-den
    bade
big -s,-ging,-ged
    -ger,-gest
Bim
bin -s,-ning,-ned
bio -s
bis
bit -s,-ting,-ted
biz -zes
boa -s
bob -s,-bing,-bed
bod -s
bog -s,-ging,-ged
boh -s
bok
boo -s,-ing,-ed
bop -s,-ping,-ped
bor -s
bot -s
bow -s,-ing,-ed
box -es,-ing,-ed
boy -s,
bra -s
bub -s
bud -s,-ding,-ded
bug -s,-ging,-ged
bum -s,-ming,-med
bun -s
bur -s,-ring,-red
bus -(s)es
    -(s)ing
    -(s)ed
but -s,-ting,-ted
buy -s,-ing
    bought
bye -s

C

cab -s
cad -s
cam -s,-ming,-med
can -s,-ning,-ned
cap -s,-ping,-ped
car -s
cat -s,-ting,-ted
caw -s,-ing,-ed
cay -s
cee -s
cel -s
cep -s
cha -s
che
chi -s
Cid
cig -s
cit -s
cly -ing,clies
    clied
cob -s,-bing,-bed
cod -s,-ding,-ded
    -der,-dest
cog -s,-ging,-ged
col -s
con -s,-ning,-ned
coo -s,-ing,-ed
cop -s,-ping,-ped
cor -s
cos -(s)es
'cos
cot -s
cow -s,-ing,-ed
cox -es,-ing,-ed
coy -er,-est
coz -zes
cru
cry -ing,cries
    cried
cub -s,-bing,-bed
cud -s
cue -s,-ing,-d
    cuing
cum
cup -s,-ping,-ped
cur -s
cut -s,-ting
cwm

D

dab -s,-bing,-bed
dad -s,-ding,-ded
dag -s,-ging,-ged
dah -s
dak -s
dal -s
dam -s,-ming,-med
dan -s
dap -s,-ping,-ped
daw -s
day -s
deb -s
dee -s,-ing,-d

den -s,-ning,-ned
dew -s,-ing,-ed
dey -s
dib -s,-bing,-bed
did
die -s,-d,dying
dig -s,-ging,-ged
    dug
dim -s,-ming,-med
    -mer,-mest
din -s -ning,-ned
dip -s,-ping,-ped
Dis
dit -s,-ting,-ted
div -s
dob
doc -s
dod -s,-ding,-ded
doe -s
dog -s,-ging,-ged
doh -s
Dom
don -s,-ning,-ned
doo -s
dop -s,-ping,-ped
dor -s
dot -s,-ting,-ted
dow -s,-ing,-ed
dry -ing,dries
    dried,drier
    driest
dso -s
dub -s,-bing,-bed
dud -s
due -s
dug -s
dun -s,-ning,-ned
duo -s
dup
dux -es
dye -s,-ing,-d
dzo -s

E

ean
ear -s,-ing,-ed
eat -s,-ing,-en
    ate
eau -s
ebb -s,-ing,-ed
ech
ecu -s
edh
eel -s
een
e'en
e'er
eff -s,-ing,-ed
eft -s
egg -s,-ing,-ed

ego -s
eik -s,-ing,-ed
eke -s,-d,eking
e-la
eld -s
elf, elves
elk -s
ell -s
elm -s
elt -s
eme
emu -s
end -s,-ing,-ed
ene
ens, entia
eon -s
era -s
ere
erf
erg -s
erk -s
err -s,-ing,-ed
ers -es
ess -es
eta -s
eth
euk -s,-ing,-ed
eve -s
ewe -s
ewk -s,-ing,-ed
ewt -s
ex's
eye -s,-ing,-d
    eying

F

fab -ber,-best
fad -s
fag -s,-ging,-ged
fah -s
fan -s,-ning,-ned
fap
far -s,-ring,-red
fat -s,-ting,-ted
    -ter,-test
faw -s
fax
fay -s,-ing,-ed
    -er,-est
fed -s
fee -s,-ing,-d
fée
fen -s
fet
feu -s
few -er,-est
fey -s,-ing,-ed
    -er,-est
fez -(z)es
fib -s,-bing,-bed

fid -s
fie -s,-r,-st
fig -s,-ging,-ged
fil
fin -s
fir -s
fit -s,-ting,-ted
    -ter,-test
fix -es,-ing,-ed
fiz -zes,-zing
    -zed
flu -s
fly -ing,flies
    flew,flown
    flier,fliest
fob -s,-bing,-bed
foe -s
fog -s,-ging,-ged
foh -s
fon
fop -s
for
fou -er,-est
fox -es,-ing,-ed
foy -s
fra
fro
fry -ing,fries
    fried
fub -s,-bing,-bed
fud -s
fug -s,-ging,-ged
fum -s
fun -s,-ning,-ned
fur -s,-ring,-red

G

gab -s,-bing,-bed
gad -s,-ding,-ded
gae -s,gaun,gaed
    gane
gag -s,-ging,-ged
gal -s
gam -s,-ming,-med
gan
gap -s,-ping,-ped
gar -s,-t,-ring
    -red
gas -(s)es,-sing
    -sed
gat -s
gau -s
gay -s,-er,-est
ged -s
gee -s,-ing,-d
gel -s,-ling,-led
gem -s
gen
geo -s
get -s,-ting
    got(ten)

gey -er,-est
ghi -s
gib -s,-bing,-bed
gid
gie -s,-d,-n,gae
gif
gig -s,-ging,-ged
gin -s,-ning,-ned
gio -s
gip -s
git -s
Giz
gju -s
gnu -s
Goa
gob -s
god -s
goe -s
goo -s
got
gov -s
goy -im
gub -s
gue -s
gum -s,-ming,-med
gun -s,-ning,-ned
gup -s
gur
gut -s,-ting,-ted
guy -s,-ing,-ed
gym -s
gyp -s,-ping,-ped

H

had
hae -s,-ing,-d
hag -s,-ging,-ged
hah -s
haj -es
ham -s,-ming,-med
    -mer,-mest
han
hap -s,-ping,-ped
has
hat -s,-ting,-ted
haw -s,-ing,-ed
hay -s,-ing,-ed
he'd
Hel
hem -s,-ming,-med
hen -s,-ning,-ned
hep -s
her
he's
het -s,-ting,-ted
    -ter,-test
hew -s,-ing,-ed
    hewn
hex -es,-ing,-ed
hey -s,-ing,-ed

hic -s
hid
hie -s,-d,-ing
    hying
him
hin -s
hip -s,-ping,-ped
his
hit -s,-ting
hoa -s
hob -s
hod -s,-ding,-ded
hoe -s,-ing,-d
hog -s,-ging,-ged
hoo
hop -s,-ping,-ped
hot -s,-ting,-ted
    -ter,-test
how -s
hox
hoy -s,-ing,-ed
hub -s
hue -s
hug -s,-ging,-ged
huh -s
hum -s,-ming,-med
Hun
hup -s,-ping,-ped
hut -s,-ting,-ted
hye
hyp -s,-ping,-ped

I

Ibo
ice -s,-d,icing
ich
icy -cier,-iest
ide -s
Ido
ilk -s
ill -s,-er,-est
I'll
imp -s,-ing,-ed
Ind
ink -s,-ing,-ed
inn -s,-ing,-ed
ion -s
ios
IOU
ire -s
irk -s,-ing,-ed
ish -es
ism -s
ita -s
its
I've
ivy

J

jab -s,-bing,-bed

jag -s,-ging,-ged
Jah
jak -s
jam -s,-ming,-med
jap -s,-ping,-ped
jar -s,-ring,-red
Jat
jaw -s,-ing,-ed
jay -s
jee -s,-ing,-d
jet -s,-ting,-ted
jeu
Jew
jib -s,-bing,-bed
jig -s,-ging,-ged
jiz -zes
job -s,-bing,-bed
joe -s
jog -s,-ging,-ged
jot -s,-ting,-ted
jow -s,-ing,-ed
joy -s,-ing,-ed
jud -s
jug -s,-ging,-ged
jut -s,-ting,-ted

K

kae -s
kai
kam
kat -s
kaw -s,-ing,-ed
kay -s
kea -s
keb -s,-bing,-bed
ked -s
kef -s
keg -s
ken -s,-ning,-ned
    -t
kep -s,-ping,-pit
ket -s
kex -es
key -s,-ing,-ed
kid -s,-ding,-ded
kif -s
kin -s
kip -s,-ping,-ped
kit -s,-ting,-ted
koa -s
kob -s
kon
kop
kos -(s)es
kow -s
k'ri
Kru
kye

L

lab –s
lac –s
lad –s
lag –s,–ging,–ged
lah –s
lam –s,–ming,–med
lap –s,–ping,–ped
lar –es
lat –s
law –s,–ing,–ed
lax –er,–est
lay –s,–ing,laid
lea –s
led
lee –s,–ing,–d
leg –s,–ging,–ged
lei –s
lek –s
lem
len'
Leo
lep –s,–ping,–ped
les –es
let –s,–ting,–ted
leu, lei
lev –a
lew –er,–est
lex
ley –s
lez –es
lib –s,–bing,–bed
lid –s
lie –s,–d,lying
    lay,lain
lig –s,–ging,–ged
lin –s
lip –s,–ping,–ped
lis –ses
lit
lob –s,–bing,–bed
lo'e
log –s,–ging,–ged
loo –s,–ing,–ed
lop –s,–ping,–ped
lor –s
los –es
lot –s,–ting,–ted
low –s,–ing,–ed
    –er,–est
lox –es
loy –s
lud –s
lug –s,–ging,–ged
lum –s
lur –s
lux –es,luces
luz –zes
lye –s

lym

M

Mab
mac –s
mad –s,–ding,–ded
    –der,–dest
mae
mag –s,–ging,–ged
mak –s,–ing
mam –s
man –s,–ning,–ned
map –s,–ping,–ped
mar –s,–ring,–red
mas
mat –s,–ting,–ted
    –ter,–test
maw –s
max
may –s,–ing,–ed
mel –s
men
mes
met
meu –s
mew –s,–ing,–ed
mho –s
mid –s
mil –s
mim –mer,–mest
mir –s
mis
mix –es,–ing,–ed
mna –s
moa –s
mob –s,–bing,–bed
mod –s
moe –s,–ing,–d
mog –s
mol
mom
moo –s,–ing,–ed
mop –s,–ping,–ped
mor –s
mot
mou –s,–ing,–ed
mow –s,–ing,–ed
moy
Mrs
mud –s,–ding,–ded
mug –s,–ging,–ged
mum –s,–ming,–med
mun
mux –es,–ing,–ed
Mya

N

nab –s,–bing,–bed
nae
nag –s,–ging,–ged
nam –s
nan –s
nap –s,–ping,–ped
nas
nay –s
neb –s,–bing,–bed
ned –s
née
nef –s
neg
nek
Neo
nep –s
net –s,–ting,–ted
new –s,–ing,–ed
    –er,–est
nib –s,–bing,–bed
nid –s
nie
nil –s
nim –s,–ming,–med
nip –s,–ping,–ped
nis –ses
nit –s
nix –es
nob –s
nod –s,–ding,–ded
nog –s
noh
non
nor
not
now –s
noy –s
nth
nub –s
nun –s
nur –s
nut –s,–ting,–ted
nye –s
nys

O

oaf –s
oak –s
oar –s,–ing,–ed
oat –s
obi –s,–ing,–ed
oca –s
och –s
odd –s,–er,–est
ode –s
o'er
oes
off –s,–ing,–ed
oft
ohm –s
oho –s
oik –s
oil –s,–ing,–ed

oke –s
old –s,–er,–est
olm –s
one –s
oof –s
ooh –s,–ing,–ed
oom
oon –s
oop –s,–ing,–ed
oor
ope –s,–d,oping
opt –s,–ing,–ed
orb –s,–ing,–ed
orc –s
ord
ore –s
ort –s
ouk –s
oup –s,–ing,–ed
our
out –s,–ing,–ed
ova
owe –s,–d,owing
owl –s,–ing,–ed
own –s,–ing,–ed
oye –s

P

pad –s,–ding,–ded
pah –s
pal –s,–ling,–led
pam –s
pan –s,–ning,–ned
pap –s,–ping,–ped
par –s
pas
pat –s,–ting,–ted
paw –s,–ing,–ed
pax –es
pay –s,–ing,–ed
    paid
pea –s
pec –s
ped –s
pee –s,–ing,–d
peg –s,–ging,–ged
pen –s,–ning,–ned
pep –s,–ping,–ped
per
pet –s,–ting,–ted
pew –s
phi
pho –s
pia –s
pic –s
pie –s,–ing,–d
    pyeing
pig –s,–ging,–ged
pin –s,–ning,–ned
pip –s,–ping,–ped

pit -s,-ting,-ted	ret -s,-ting,-ted	sen	sye -s,-ing,-d
pix -es,-ing,-ed	rev -s,-ving,-ved	set -s,-ting	
ply -ing,plies	rew	sew -s,-ing,-ed	**T**
plied	rex	-n	tab -s,-bing,-bed
poa -s	rho	sex -es,-ing,-ed	tae
pod -s,-ding,-ded	ria -s	sey -s	tag -s,-ging,-ged
poh -s	rib -s,-bing,-bed	sez	tai -s
poi -s	rid -s,-ding,-ded	she -s	taj -es
pom -s	rig -s,-ging,-ged	sh's	tak -s
'pon	rim -s,-ming,-med	shy -ing,-er,-est	tam -s
pop -s,-ping,-ped	rin -s,-ning	shies,-ied	tan -s,-ning,-ned
pos	rip -s,-t,-ping	-ier,-iest	-ner,-nest
pot -s,-ting,-ted	-ped	sib -s	tap -s,-ping,-ped
pow -s	rit -s,-ting,-ted	sic	tar -s,-ring,-red
pox -es,-ing,-ed	riz	sim -s	tat -s,-ting,-ted
poz	rob -s,-bing,-bed	sin -s,-ning,-ned	tau -s
pre	roc -s	sip -s,-ping,-ped	taw -s,-ing,-ed
pro -s,-er,-est	rod -s	sir -s,-ring,-red	tax -es,-ing,-ed
pry -ing,pries	roe -s	sis -ses	tea -s,-ing,-ed
pried	rok -s	sit -s,-ting,sat	'tec
psi	rom -a(s)	six -es	ted -s,-ding,-ded
pub -s	roo	ska	tee -s,-ing,-d
pud -s	rot -s,-ting,-ted	ski -s,-ing,-ed	tef -s
pug -s,-ging,-ged	row -s,-ing,-ed	sky -ing,-skies	teg -s
puh	rub -s,-bing,-bed	skied	tel -s
pun -s,-ning,-ned	ruc -s	sly -er,-est	ten -s
pup -s,-ping,-ped	rud -s	sob -s,-bing,-bed	tew -s,-ing,-ed
pur -s,-ring,-red	rue -s,-ing,-d	soc -s	the
pus	ruing	sod -s,-ding,-ded	tho
put -s,-ting	rug -s,-ging,-ged	sog -s,-ging,-ged	thy
puy -s	rum -s,-mer,-mest	soh -s	Tib
pye -s	run -s,-ning,ran	sol -(e)s	tic -s
pyx -es,-ing,-ed	rut -s,-ting,-ted	son -s	tid -s
	rye -s	sop -s,-ping,-ped	tie -s,-d,tying
Q		SOS	tig -s,-ging,-ged
qua	**S**	sot -s,-ting,-ted	til -s
quo'	sab -s	sou -s	tin -s,-ning,-ned
	sac -s	sov -s	tip -s,-ping,-ped
R	sad -der,-dest	sow -s,-ing,-ed	'tis
rad -s	sae	-n	tit -s,-ting,-ted
Raf	sag -s,-ging,-ged	sox	Tiu
rag -s,-ging,-ged	sai -s	soy -s	Tiw
rah -s,-ing,-ed	sal -s	spa -s	tod -s,-ding,-ded
raj -es	sam	spy -ing,spies	toe -s,-ing,-d
ram -s,-ming,-med	san	spied	tog -s,-ging,-ged
ran	sap -s,-ping,-ped	Sri	tom -s
rap -s,-ping,-ped	sar -s,-ring,-red	st's	ton -s
ras -ses	sat	sty -ing,-es,-ed	too
rat -s,-ting,-ted	saw -s,-ing,-ed	sties,stied	top -s,-ping,-ped
raw -s,-er,-est	-n	sub -s,-bing,-bed	tor -s
rax -es,-ing,-ed	sax -es	sud -s	tot -s,-ting,-ted
ray -s,-ing,-ed	say -s,-ing,said	sue -s,-d,suing	tow -s,-ing,-ed
red -s,-der,-dest	sea -s	sui	toy -s,-ing,-ed
-ding	sec -s	suk -s	try -ing,tries
ree -s	sed	sum -s,-ming,-med	tried
ref -s,-fing,-fed	see -s,-ing,-n	sun -s,-ning,-ned	tub -s,-bing,-bed
reh -s	-saw	sup -s,-ping,-ped	tug -s,-ging,-ged
rem -s	seg -s	suq -s	tui -s
ren -s,-ning	sei -s	sus -ses,-sing	tum -s
rep -s	sel -s	-sed	tun -s,-ning,-ned

5

tup -s,-ping,-ped	vex -es,-ing,-ed	wem -s	yea -s
tut -s,-ting,-ted	via	wen -s	yen -s,-ning,-ned
twa -s	vie -s,-d,vying	wet -s,-ting,-ted	yep -s
Twi	vim -s	-ter,-test	yes -(s)es
two -s	vin	wex	yet
tye -s,-ing,-d	vis	wey -s	yew -s
tyg -s	viz	who	yex -es,-ing,-ed
Tyr	vly	why -s	ygo
	voe -s	wig -s,-ging,-ged	Yid
U	vol -s	win -s,-ning,won	yin -s
udo -s	Vor	wis -t	yip -s,-ping,-ped
uds	vow -s,-ing,-ed	wit -s,-ting,wist	yob -s
uey	vox, voces	woe -s	yod
ugh -s	vug -s	wog -s	yon
ule -s	vum	wok -s	you
ult		won -s,-ning,-ned	yow -s
uni -s	**W**	woo -s,-ing,-ed	yug -s
upo'	wad -s,-ding,-ded	wop -s,-ping,-ped	yuk -s
urd -s	wae	wot -s,-teth	yup -s
ure -s	wag -s,-ging,-ged	wow -s,-ing,-ed	
urn -s	wan -s,-ning,-ned	wox	**Z**
use -s,-d,using	-ner,-nest	wry -ing,-er,-est	zap -s,-ping,-ped
uva -s	wap -s,-ping,-ped	wrier,wriest	zax -es
	war -s,-ring,-red	wries,wried	zea
V	was	wud -s,-ding,-ded	zed -s
vac -s,-king,-ked	wat -s,-ter,-test	-der,-dest	zee
vae -s	waw -s	wye -s	zel -s
van -s,-ning,-ned	wax -es,-ing,-ed		Zen
vas -a	way -s	**Y**	zho -s
vat -s,-ting,-ted	'way	yah -s	zip -s,-ping,-ped
vau	web -s,-bing,-bed	yak -s,-king,-ked	zoa
vee -s	wed -s,-ding,-ded	yam -s	zoo -s
veg -es	we'd	yap -s,-ping,-ped	zuz -zes
vet -s,-ting,-ted	wee -s,-ing,-d	yaw -s,-ing,-ed	
	-(e)r,-(e)st		

A 4

A	acid -s	agar -s	airt -s,-ing,-ed
abac -s	acme -s	aged	airy, airier
abba -s	acne	agee	-iest
abbé -s	acre -s	agen	aitu -s
abed	acta	agha -s	ajar
abet -s,ting,-ted	Adam	agin	Ajax
Abib	Adar	agio -s	ajee
able -r,-st	adit -s	agog	akee -s
ably	adry	agon -s	akin
abut -s,-ting	adze -s	ague -s	alae
-ted	aeon	ahem -s	alar
abye -s,-ing	aery -ries,-ier	ahoy -s	alas -es
abought	-iest	aide -s	alay -s,-ing,-ed
Acer	aesc -es	aîné	albe
ache -s,-d,aching	afar	ain't	alee
achy, achier	affy	Ainu	alew
-iest	afro -s	airn -s,-ing,-ed	alfa -s

alga -e	arse -s	bale -s,-d,-ling	bend -s,-ing,-ed
alit	arty -tier,-iest	balk -s,-ing,-ed	bent
ally -ing,allies	arum -s	ball -s,-ing,-ed	bene -s
-ied	arvo	balm -s,-ing,-ed	beni -s
alma -s	aryl -s	Balt	benj
alme -s	asar	balu -s	bent -s
alms	asci	banc -s	bere -s
alod -s	ashy -shier,-iest	band -s,-ing,-ed	berg -s
aloe -s	Asti	bane -s,-d,-ning	berk -s
alow	atap -s	bang -s,-ing,-ed	berm -s
also	atoc -s	bank -s,-ing,-ed	best -s,-ing,-ed
alto -s	atok -s	bant -s,-ing,-ed	beta -s
alum -s	atom -s	bapu -s	bete -s,-d,-ting
amah -s	atop	barb -s,-ing,-ed	bête
ambo -s,-nes	aula -s	bard -s,-ing,-ed	beth -s
amen -s,-ing,-ed	auld -er,-est	bare -s,-d,-r,-st	bevy -vies
amid	aunt -s	-ring	bhel -s
amir -s	aura -s,-e	bark -s,-ing,-ed	bias -es,-ing,-ed
amla -s	auto -s	barm -s	bice
ammo	aval	barn -s,-ing,-ed	bide -s,-d,-ding
amok	aver -s,-ring	barp -s	bade,bode
amyl	-red	base -s,-d,-r,-st	bidden
anal	±Aves	-sing	bien -er,-est
anan -s	avid -er,-est	bash -es,-ing,-ed	bier -s
anas	avow -s,-ing,-ed	bask -s,-ing,-ed	biff -s,-ing,-ed
ance	away -s	bass -es,-ing,-ed	biga
anew	awed	-er,-est	bigg -s
anil -s	awny -nier,-iest	bast -s	bike -s,-d,-king
ankh -s	awry -rier,-iest	bate -s,-d,-ting	bile -s
anna -s	axel -s	bath -s,-ing,-ed	bilk -s,-ing,-ed
anoa -s	axes	bats	bill -s,-ing,-ed
anon -s	axil -s	batt -s	Bimm
anta -e	axis	baud -s	bind -s,-ing
ante -s,-ing,-d	axle -s	bauk -s,-ing,-ed	bound
anti -s,-er,-est	axon -s	baur -s	bine -s
anus -es	ayah -s	bawd -s	bing -s
apay -s,-ing,-d	azan -s	bawl -s,-ing,-ed	bink -s
apaid	azym -s	bawn -s	bint -s
apex -es,apices		bawr -s	biog -s
apod -s	**B**	bayt	bird -s,-ing,-ed
apse -s	Baal	bead -s,-ing,-ed	birk -s
Arab	baas	beak -s	birl -s,-ing,-ed
arak -s	baba -s	beam -s,-ing,-ed	Biro®
Aran	babe -s	bean -s	birr -s
arar -s	Babi	bear -s,-ing,bore	bise -s
arba -s	babu -s	born(e)	bish -es
arch -es,-ing,-ed	baby -ing,babies	beat -s,-ing,-en	bisk -s
-er,-est	-ied,-ier	beau -x	bite -s,-ting
arco	-iest	beck -s,-ing,-ed	bit(ten)
area -s	bach -s,-ing,-ed	bede	bito -s
ared	back -s,-ing,-ed	Beeb	bitt -s,-ing,-ed
aret	bade	beef -s,-ing,-ed	Bixa
arew	bael -s	been	blab -s,-bing
Argo	baff -s,-ing,-ed	beer -s	-bed
aria -s	baft	beet -s,-ing,-ed	blae -s,-r,-st
arid -er,-est	baht -s	bego	blah
aril -s	bail -s,-ing,-ed	bein -er,-est	blat -s,-ting
army -ies	bait -s,-ing,-ed	bell -s,-ing,-ed	-ted
arow	bake -s,-d,-king	belt -s,-ing,-ed	blay -s
'Arry	bald -er,-est	bema -s	bleb -s

bled
blee -s
blet -s,-ting
 -ted
blew
bley -s
blin -s
blip -s,-ping
 -ped
blob -s,-bing
 -bed
bloc -s
blot -s,-ting
 -ted
blow -s,-ing,-n
 -ed,blew
blub -s,-bing
 -bed
blue -s,-ing,-d
 -r,-st
blur -s,-ring
 -red
Blut
boar -s
boat -s,-ing,-ed
boba
bock
bode -s,-d,-ding
body -ing,-dies
 -died
Boer
bogy -gies
boil -s,-ing,-ed
boko -s
bold -er,-est
bole -s
boll -s,-ing,-ed
bolt -s,-ing,-ed
boma -s
bomb -s,-ing,-ed
bona
bond -s,-ing,-ed
bone -s,-d,-ning
bony -nier,-iest
boob -s,-ing,-ed
booh -s,-ing,-ed
book -s,-ing,-ed
boom -s,-ing,-ed
boon -s,-er,-est
boor -s
boot -s,-ing,-ed
bora -s
bore -s,-d,-ring
born
bort -s
bosh -es
bosk -s
bos'n
boss -es,-ing,-ed
 -er,-est

both
bott -s
bouk -s
boun -s,-ing,-ed
 -er,-est
bout -s
bowl -s,-ing,-ed
bowr
boyg -s
brad -s
brae -s
brag -s,-ging
 -ged
bran -s
bras
brat -s
braw -er,-est
bray -s,-ing,-ed
bred
bree -s
bren -s
brer
brew -s,-ing,-ed
Brie
brig -s
brim -s,-ming
 -med
brio
brit -s
brod -s,-ding
 -ded
brog -s,-ging
 -ged
broo -s
brow -s
Brum
brut
buat -s
buba
bubo -es
buck -s,-ing,-ed
buff -s,-ing,-ed
bufo
buhl -s
bulb -s,-ing,-ed
bulk -s,-ing,-ed
bull -s,-ing,-ed
bumf -s
bump -s,-ing,-ed
buna
bund -s,-ing,-ed
bung -s,-ing,-ed
bunk -s,-ing,-ed
bunt -s,-ing,-ed
buoy -s,-ing,-ed
burd -s
burg -s
burk -s
burl -s,-ing,-ed
burn -s,-ing,-ed
 -t

burp -s,-ing,-ed
burr -s,-ing,-ed
bury -ing,-ries
 -ied
bush -es,-ing,-ed
busk -s,-ing,-ed
buss -es,-ing,-ed
bust -s,-ing,-ed
busy -ing,-sies
 -ied,-ier
 -iest
butt -s,-ing,-ed
buzz -es,-ing,-ed
byke -s,-d,-king
byre -s
byte -s

C

caba
cade -s
cadi -s
café -s
caff -s
cage -s,-d,-ging
cagy -gier,-iest
cain -s
cake -s,-d,-king
caky -kier,-iest
calf, calves
calk -s,-ing,-ed
call -s,-ing,-ed
calm -s,-ing,-ed
 -er,-est
calp
calx -es,calces
Cama
came -s
camp -s,-ing,-ed
 -er,-est
cane -s,-d,-ning
cang -s
cann -s,-ing,-ed
cant -s,-ing,-ed
 -er,-est
can't
cany -nier,-iest
capa -s
cape -s,-d,-ping
capo -s
caps
card -s,-ing,-ed
care -s,-d,-ring
cark -s,-ing,-ed
carl -s
carp -s,-ing,-ed
carr -s
cart -s,-ing,-ed
case -s,-d,-sing
cash -es,-ing,-ed
cask -s,-ing,-ed

cast -s,-ing
cate -s
cauk
caul -s
caum -s,-ing,-ed
caup -s
cave -s,-d,-ving
cavy -vies
cawk
ceas
cede -s,-d,-ding
cedi -s
ceil -s,-ing,-ed
cell -s
celt -s
cent -s
cere -s,-d,-ring
cert -s
cess
chad -s
chai -s
chal -s
cham -s
chap -s,-ping
 -ped
char -s,-ring
 -red
chat -s,-ting
 -ted
chaw -s,-ing,-ed
chay -s
chef -s
chew -s,-ing,-ed
chez
chic -er,-est
chid
chik
chin -s
chip -s,-ping
 -ped
chit -s,-ting
 -ted
chiv -s,-ving
 -ved
choc -s
chop -s,-ping
 -ped
chou -x
chow -s
chub -s
chug -s,-ging
 -ged
chum -s,-ming
 -med
chut -s
ciao -s
cill -s
ciré -s
cirl -s
cist -s

cite -s,-d,-ting
cits
city -ies
cive -s
clad -s,-ding
 -ded
clag -s,-ging
 -ged
clam -s,-ming
 -med
clan -s
clap -s,-ping
 -ped
clat -s,-ting
 -ted
claw -s,-ing,-ed
clay -s,-ing,-ed
clef -s
cleg -s
clem -s,-ming
 -med
clew -s,-ing,-ed
Clio
clip -s,-ping
 -ped
clod -s,-ding
 -ded
clog -s,-ging
 -ged
clop -s,-ping
 -ped
clot -s,-ting
 -ted
clou -s
clow -s
cloy -s,-ing,-ed
club -s,-bing
 -bed
clue -s,-ing,-d
coal -s,-ing,-ed
coat -s,-ing,-ed
coax -es,-ing,-ed
coca -s
coch
cock -s,-ing,-ed
coco -s
coda -s
code -s,-d,-ding
coed -s
coff -s,-ing
coft
coho -(e)s
coif -s,-ing,-ed
coil -s,-ing,-ed
coin -s,-ing,-ed
coir
coke -s,-d,-king
cola -s
cold -s,-er,-est
cole -s

coll
colt -s,-ing,-ed
coma -s
comb -s,-ing,-ed
come -s,-ming
 came
comp -s
coms
cond
cone -s,-d,-ning
conk -s,-ing,-ed
conn -s,-ing,-ed
cony -nies
coof -s
cook -s,-ing,-ed
cool -s,-ing,-ed
 -er,-est
coom -s,-ing,-ed
coon -s
coop -s,-ing,-ed
co-op
coot -s
cope -s,-d,-ping
Copt
copy -ing,-pies
 -ied
cord -s,-ing,-ed
core -s,-d,-ring
corf -rves
cork -s,-ing,-ed
corm -s
corn -s,-ing,-ed
cose -s,-d,-sing
cosh -es,-ing,-ed
coss -es
cost -s,-ing,-ed
cosy -sies,-ier
 -iest
cote -s
coth -s
cott -s
coup -s,-ing,-ed
cove -s,-d,-ving
cowl -s,-ing,-ed
cowp -s,-ing,-ed
coxa -e
coxy -xier,-iest
coze -s,-d,-zing
cozy
crab -s,-bing
 -bed
crag -s
cram -s,-ming
 -med
cran -s
crap -s,-ping
 -ped
craw -s
Crax
cree -s,-ing,-d

crew -s,-ing,-ed
crib -s,-bing
 -bed
crit -s
croc -s
crop -s,-ping
 -ped
crow -s,-ing,-ed
crud -s
crue
crux -es,cruces
cube -s,-d,-bing
cuff -s,-ing,-ed
cuif -s
cuit -s
cull -s,-ing,-ed
culm -s,-ing,-ed
cult -s
cunt -s
curb -s,-ing,-ed
curd -s
cure -s,-d,-ring
curé -s
curl -s,-ing,-ed
curn -s
curr -s,-ing,-ed
curt -er,-est
cush -es
cusk -s
cusp -s
cuss -es,-ing,-ed
cute -s,-r,-st
cyan -s
cyma -s
cyme -s
cyst -s
cyte -s
czar -s

D

dace -s
Dada
dado -(e)s
daff -s
daft -er,-est
dago -es
dahl -s
Dáil
dais -es
dale -s
dali -s
dalt -s
dame -s
damn -s,-ing,-ed
damp -s,-ing,-ed
 -er,-est
Dane
dang -s,-ing,-ed
dank -er,-est
dant -s,-ing,-ed

Dard
dare -s,-d,-ring
darg -s
dari -s
dark -s,-er,-est
darn -s,-ing,-ed
dart -s,-ing,-ed
dash -es,-ing,-ed
data
date -s,-d,-ting
daub -s,-ing,-ed
daud -s,-ing,-ed
Davy
dawd -s,-ing,-ed
dawk -s
dawn -s,-ing,-ed
dawt -s,-ing,-ed
daze -s,-d,-zing
D-day
dead -er,-est
deaf -er,-est
deal -s,-ing,-t
dean -s
dear -s,-er,-est
debt -s
deck -s,-ing,-ed
deed -s,-ing,-ed
deem -s,-ing,-ed
deen
deep -s,-er,-est
deer
deev -s
deft -er,-est
defy -ing,-fies
 -ied
deid -s,-er,-est
deil -s,-ing,-ed
dele
delf -s,delves
deli -s
dell -s
deme -s
demo -s
demy -mies
dene -s
dent -s,-ing,-ed
deny -ing,-nies
 -ied
dere
derm -s
dern -s
derv
desk -s
deva -s
dewy -wier,-iest
dhak -s
dhal -s
dhow -s
dial -s,-ling
 -led

Dian
dice -s,-d,-cing
dich
dick -s
dict
dido -(e)s
dieb -s
died
diet -s,-ing,-ed
digs
dika -s
dike -s,-d,-king
dill -s
dime -s
dine -s,-d,-ning
ding -s,-ing,-ed
    dang,dung
dink -s,-ing,-ed
dint -s,-ing,-ed
dire -r,-st
dirk -s,-ing,-ed
dirl -s,-ing,-ed
dirt -s,-ing,-ed
disc -s,-ing,-ed
dish -es,-ing,-ed
disk -s,-ing,-ed
diss
dita -s
dite
ditt -s
diva -s
dive -s,-d,-ving
divi -es,-ed
    -vying
dixi
dixy -xies
doab -s
doat -s,-ing,-ed
dock -s,-ing,-ed
dodo -(e)s
doen
doer -s
does
doff -s,-ing,-ed
doge -s
dogy
doit -s
dole -s,-d,-ling
doll -s,-ing,-ed
dolt -s
dome -s,-d,-ming
domy -mier,-miest
dona -s
Doña
done -s
dong -s,-ing,-ed
don't
doob
dook -s,-ing,-ed
dool -s

doom -s,-ing,-ed
door -s
dopa
dope -s,-d,-ping
dopy -pier,-iest
Dora
dorm -s
dorp -s
dorr -s
dort -s,-ing,-ed
dory -ries
dose -s,-d,-sing
doss -es,-ing,-ed
dost
dote -s,-d,-ting
doth
doty -tier,-iest
douc -s
doup -s
dour -er,-est
dout -s,-ing,-ed
dove -s,-d,-ving
dowd -s
dowf -er,-est
dowl -s
down -s,-ing,-ed
dowp -s
dows
doxy -xies
doze -s,-d,-zing
dozy -zier,-iest
drab -s,-bing
    -bed,-ber
    -best
drag -s,-ging
    -ged
dram -s,-ming
    -med
drap -s,-ping
    -ped
drat -s
draw -s,-ing,-n
    drew
dray -s
dree -s,-ing,-d
drew
drey -s
drib -s
drip -s,-ping
    -ped
drop -s,-ping
    -ped
drow -s
drub -s,-bing
    -bed
drug -s,-ging
    -ged
drum -s,-ming
    -med
*Druz

duad -s
dual -s
duan -s
duar -s
duce -s
duck -s,-ing,-ed
duct -s
dude -s
duel -s,-ling
    -led
duet -s
duff -s,-ing,-ed
    -er,-est
duke -s,-d,-king
dule -s
dull -s,-ing,-ed
    -er,-est
duly
duma -s
dumb -er,-est
dump -s,-ing,-ed
dune -s
dung -s,-ing,-ed
dunk -s,-ing,-ed
dunt -s,-ing,-ed
dupe -s,-d,-ping
dura -s
dure
durn -s
duro -s
dush -es,-ing,-ed
dusk -s,-ing,-ed
dust -s,-ing,-ed
duty -ties
dwam -s
dyad -s
dyed
dyer -s
dyke -s,-d,-king
dyne -s

E

each
eale
eard -s,-ing,-ed
earl -s
earn -s,-ing,-ed
ease -s,-d,-sing
east -s,-ing,-ed
easy -sies,-ier
    -iest
eath
ebon -s
ecad -s
ecce
eche
echo -es,-ing,-ed
echt
ecru
Edam

Edda
eddo -es
eddy -ing,-ddies
    -ied
Eden
edge -s,-d,-ging
edgy -gier,-iest
edit -s,-ing,-ed
eery -rier,-iest
eevn
egad -s
egal
eger -s
eggy -gier,-iest
egis -es
eild -s
eine
ekka -s
élan
elmy -mier,-iest
else
elul
emeu -s
emir -s
emit -s,-ting
    -ted
emma -s
Emmy
emys, emydes
enew -s,-ing,-ed
enow
envy -ing,-vies
    -ied
eoan
EOKA
eorl -s
épée -s
epha -s
epic -s
epos -es
ergo
eric -s
erne -s
Eros
Erse
erst
esky®
Esky®
esne -s
espy -ing,-pies
    -ied
esse
Esth
etch -es,-ing,-ed
eten -s
ethe
etna -s
Eton
etui -s
euge -s

euagh
euoi -s
euro -s
even -s,-ing,-ed
  -er,-est
ever
evet -s
evil -s,-ler
  -lest
evoe -s
ewer -s
exam -s
exes
exit -s,-ing,-ed
exon -s
expo -s
eyas -es
eyed
eyes
eyne
eyot -s
eyra -s
eyre -s
eyry -ries

F

face -s,-d,-cing
fact -s
fade -s,-d,-ding
fado -s
fady -dier,-iest
faff -s,-ing,-ed
faik -s,-ing,-ed
fail -s,-ing,-ed
fain -er,-est
fair -s,-ing,-ed
  -er,-est
faix -es
fake -s,-d,-king
fa-la
fall -s,-ing,-en
  fell
falx, falces
fame -s,-d,-ming
fand
fane -s
fang -s
fank -s
fard -s,-ing,-ed
fare -s,-d,-ring
farl -s
farm -s,-ing,-ed
faro
fart -s,-ing,-ed
fash -es,-ing,-ed
fast -s,-ing,-ed
  -er,-est
fate -s
faun -s
fawn -s,-ing,-ed

faze
feal -s,-ing,-ed
fear -s,-ing,-ed
feat -s
feck -s
feed -s,-ing,fed
feel -s,-ing,felt
feer -s,-ing,-ed
feet
fegs -es
fehm -e
feis -eanna
fell -s,-ing,-ed
  -er,-est
felt -s,-ing,-ed
feme -s
fend -s,-ing,-ed
fent -s
feod -s
fere -s,-r,-st
ferm -s
fern -s
fess -es
fête -s,-d,-ting
fett
feud -s,-ing,-ed
fiat -s,-ing,-ed
fico
Fido
fief -s
fife -s,-d,-fing
figo
fike -s,-d,-ing
fiky -kier,-iest
file -s,-d,-ling
fill -s,-ing,-ed
film -s,-ing,-ed
find -s,-ing
  found
fine -s,-d,-r,-st
  -ning
fink -s,-ing,-ed
Finn
fino -s
fire -s,-d,-ring
firk -s,-ing,-ed
firm -s,-ing,-ed
  -er,-est
firn -s
fisc -s
fish -es,-ing,-ed
fisk -s
fist -s,-ing,-ed
fitt -s
five -s
fizz -es,-ing,-ed
flab -s
flag -s,-ging
  -ged
flak -s

flam -s,-ming
  -med
flan -s
flap -s,-ping
  -ped
flat -s,-ter
  -test
flaw -s,-ing,-ed
flax -es
flay -s,-ing,-ed
flea -s
fled
flee -s,-ing
fleg -s,-ging
  -ged
flew -s,-er,-est
flex -es,-ing,-ed
fley -s,-ing,-ed
flip -s,-ping
  -ped
flit -s,-ting
  -ted
flix -es,-ing,-ed
floe -s
flog -s,-ging
  -ged
flop -s,-ping
  -ped
flow -s,-ing,-ed
flub
flue -s,-r,-st
flux -es,-ing,-ed
foal -s,-ing,-ed
foam -s,-ing,-ed
foci
foes
fogy -ies
föhn -s
foil -s,-ing,-ed
foin -s,-ing,-ed
fold -s,-ing,-ed
folk -s
fond -s,-ing,-ed
  -er,-est
font -s
food -s
fool -s,-ing,-ed
foot -s,-ing,-ed
fora
ford -s,-ing,-ed
fore -s
fork -s,-ing,-ed
form -s,-ing,-ed
fort -s,-ing,-ed
foss -es
foud -s
foul -s,-ing,-ed
  -er,-est
four -s
fowl -s,-ing,-ed

foxy -xier,-iest
fozy -zier,-iest
frab -s,-bing
  -bed
frae
frap -s,-ping
  -ped
frau -s
fray -s,-ing,-ed
free -s,-ing,-d
  -r,-st
fret -s,-ting
  -ted
frig -s,-ging
  -ged
fris -es
frit -s,-ting
  -ted
friz -zes,-zing
  -zed
frog -s
from
frow -s
fuck -s,-ing,-ed
fuel -s,-ling
  -led
fuff -s,-ing,-ed
full -s,-ing,-ed
  -er,-est
fume -s,-d,-ming
fumy -mier,-iest
fund -s,-ing,-ed
fung -s
funk -s,-ing,-ed
furl -s,-ing,-ed
furr -s,-ing,-ed
fury -ries
fusc
fuse -s,-d,-sing
fuss -es,-ing,-ed
fust -s,-ing,-ed
fuze -s
fuzz -es,-ing,-ed
fyke -s,-d,-king
fyle
fyrd -s

G

gaby -bies
gade
gadi -s
gaed
Gael
gaff -s,-ing,-ed
gaga
gage -s,-d,-ging
gaid
gain -s,-ing,-ed
gair -s
gait -s

11

gajo -s
gala -s
gale -s
gall -s,-ing,-ed
gamb -s
game -s,-d,-ming
gamp -s
gamy -mier,-iest
gane
gang -s,-ing,-ed
gant -s,-ing,-ed
gaol -s,-ing,-ed
gape -s,-d,-ping
gapó -s
garb -s,-ing,-ed
gare -r,-st
gart
gash -es,-ing,-ed
    -er,-est
gasp -s,-ing,-ed
gast
gate -s,-d,-ting
gaud -s
Gaul
gaum -s,-ing,-ed
gaun
gaup -s,-ing,-ed
gaur -s
gave
gawd
gawk -s,-ing,-ed
gawp -s,-ing,-ed
gaze -s,-d,-zing
gazy -zier,-iest
geal -s,-ing,-ed
gean -s
gear -s,-ing,-ed
geat -s
geck -s,-ing,-ed
Geëz
geit -s
geld -s,-ing,-ed
gelt -s
gena -s
gene -s
gens, gentes
gent -s
genu -s
germ -s,-ing,-ed
gest -s
geta -s
geum -s
ghat -s
ghee -s
gibe -s,-d,-bing
gied
gien
gift -s,-ing,-ed
gila -s
gild -s,-ing,-ed
    gilt

gill -s,-ing,-ed
gilt -s
gimp -s,-ing,-ed
ging
gink -s
ginn
gird -s,-ing,-ed
    girt
girl -s
girn -s,-ing,-ed
giro -s
girr -s
girt -s,-ing,-ed
gism -s
gist -s
gite -s
give -s,-n,-ving
    gave
gizz -es
glad -s,-ding
    -ded,-der
    -dest
glam -mer,-mest
gled -s
glee -s,-ing,-d
gleg -ger,-gest
glei
glen -s
gley -s,-ing,-ed
glia
glib -s,-bing
    -bed,-ber
    -best
glim -s
glit -s
glob -s
glow -s,-ing,-ed
glue -s,-ing,-d
glug -s,-ging
    -ged
glum -mer,-mest
glut -s,-ting
    -ted
G-man
gnar -s,-ring
    -red
gnat -s
gnaw -s,-ing,-ed
goad -s,-ing,-ed
goaf -s
goal -s
goat -s
gobo -(e)s
go-by
goby -bies
goel -s
goer -s
goff -s,-ing,-ed
gogo
gold -s,-er,-est

gole
golf -s,-ing,-ed
golp -s
gone
gong -s,-ing,-ed
gonk -s
good -s
goof -s,-ing,-ed
gook -s
gool -s
goon -s
goop -s
goor
gore -s,-d,-ring
gorm -s,-ing,-ed
gory -rier,-iest
gosh -es
Goss
Goth
gouk -s
gout -s
gowd -s,-er,-est
gowf -s,-ing,-ed
gowk -s
gowl -s,-ing,-ed
gown -s,-ing,-ed
grab -s,-bing
    -bed
Graf
gram -s
gran -s
grat
gray -s,-ing,-ed
    -er,-est
gree -s
grew -s,-ing,-ed
grey -s,-ing,-ed
    -er,-est
grid -s
grig -s,-ging
    -ged
grim -mer,-mest
grin -s,-ning
    -ned
grip -s,-ping
    -ped
gris -es
grit -s,-ting
    -ted
grog -s,-ging
    -ged
grot -s
grow -s,-ing,-n
    grew
grub -s,-bing
    -bed
grue -s,-ing,-d
grum -mer,-mest
guan -s
guar -s

gude
guff -s
guid
gula -s
gule -s
gulf -s,-ing,-ed
gull -s,-ing,-ed
gulp -s,-ing,-ed
guly
gump -s,-ing,-ed
gunk -s
Günz
gurl -s,-ing,-ed
gurn -s,-ing,-ed
guru -s
gush -es,-ing,-ed
gust -s,-ing,-ed
gyal -s
gybe -s,-d,-bing
gymp -s,-ing,-ed
gyny
gyre -s,-d,-ring
gyte -s
gyve -s,-d,-ving

H

haaf -s
haar -s
hack -s,-ing,-ed
hade -s,-d,-ding
hadj -es
haem
haet -s
haff -s
haft -s,-ing,-ed
hagg -s
ha-ha
haik -s
hail -s,-ing,-ed
hain -s,-ing,-ed
hair -s,-ing,-ed
¨ha'it
haji -s
hajj -es
haka -s
hake -s
hale -r,-st
half, halves
hall -s
halm -s
halo -(e)s,-ing
    -ed
halt -s,-ing,-ed
hame -s,-d,-ming
hand -s,-ing,-ed
hang -s,-ing,-ed
hank -s,-ing,-ed
hard -s,-er,est
hare -s,-d,-ring
hark -s,-ing,-ed

harl -s,-ing,-ed
harm -s,-ing,-ed
harn
haro -s
harp -s,-ing,-ed
hart -s
hash -es,-ing,-ed
hask
hasp -s,-ing,-ed
hast
hate -s,-d,-ting
hath
haud -s,-ing,held
    hudden
haul -s,-ing,-ed
haut
have -s,-ving,had
hawk -s,-ing,-ed
hawm -s,-ing,-ed
haze -s,-d,-zing
hazy -zier,-iest
head -s,-ing,-ed
heal -s,-ing,-ed
heap -s,-ing,-ed
hear -s,-ing,-d
heat -s,-ing,-ed
Hebe
hech -s
heck -s
heed -s,-ing,-ed
heel -s,-ing,-ed
heft -s,-ing,-ed
he-he
heir -s,-ing,-ed
held
hele -s,-d,-ling
hell -s,-ing,-ed
he'll
helm -s,-ing,-ed
help -s,-ing,-ed
heme
hemp -s
hend
hent
herb -s
herd -s,-ing,-ed
here
herl -s
herm -s
hern -s
hero -es
Herr
hers
hery
hesp -s,-ing,-ed
hest -s
hewn
hick -s
hide -s,-ding
    hid(den)

hied
hi-fi
high -s,-er,-est
hike -s,-d,-king
hila
hill -s,-ing,-ed
hilt -s,-ing,-ed
hind -s
hing -s
hint -s,-ing,-ed
hipt
hire -s,-d,-ring
hish -es,-ing,-ed
hisn
hiss -es,-ing,-ed
hist -s,-ing,-ed
hive -s,-d,-ving
hiya -s
hizz
hoar
hoax -es,-ing,-ed
hobo -es,-ing,-ed
hock -s,-ing,-ed
hoed
hoer -s
hogg -s
hoik -s,-ing,-ed
hold -s,-ing,held
hole -s,-d,-ling
Holi
holm -s
holp
hols
holt -s
holy -lies,-ier
    -iest
home -s,-d,-ming
homo -s
homy -mier,-iest
hone -s,-d,-ning
hong -s
honk -s,-ing,-ed
hood -s,-ing,-ed
hoof -s,-ing,-ed
hook -s,-ing,-ed
hoop -s,-ing,-ed
hoot -s,-ing,-ed
hope -s,-d,-ping
horn -s,-ing,-ed
hose -s,-d,-sing
hoss -es
host -s,-ing,-ed
hote
houf -s,-ing,-ed
hour -s
hout -s,-ing,-ed
Hova
hove -s,-d,-ving
howe -s
howf -s,-ing,-ed

howk -s,-ing,-ed
howl -s,-ing,-ed
huck -s
hued
huer
huff -s,-ing,-ed
huge -r,-st
hugy -gier,-iest
huia -s
hula -s
hule -s
hulk -s
hull -s,-ing,-ed
huma -s
humf -s,-ing,-ed
hump -s,-ing,-ed
hung
hunk -s
hunt -s,-ing,-ed
hurl -s,-ing,-ed
hurt -s,-ing
hush -es,-ing,-ed
husk -s,-ing,-ed
huso -s
huss -es
hwyl -s
hyke -s
hyle
hymn -s,-ing,-ed
hype -s,-d,-ping
hypo -s

I
iamb -s
ibex -es,ibices
ibis -es
iced
icer -s
icky -kier,-iest
icon -s
idea -s
idée
Ides
idle -s,-d,-r,-st
    -ling
idly
idol -s
idyl -s
igad -s
Igbo
ikon -s
ilea
ilex -es,ilices
ilia
ilka
illy
imam -s
impi -s
inby
Inca

inch -es,-ing,-ed
info
inia
inky -kier,-iest
inly
inro
into
iota -s
irid -s
iris -es,-ing,-ed
iron -s,-ing,-ed
Isis
isle -s,-d,-ling
ismy -mier,-iest
I-spy
itch -es,-ing,-ed
item -s,-ing,-ed
ivy'd
iwis
iynx -es

J
jack -s,-ing,-ed
jade -s,-d,-ding
jail -s,-ing,-ed
Jain
jake -r,-st
jamb -s
jane -s
jann
jape -s,-d,-ping
jark -s
jarl -s
jasp
jasy -sies
jato -s
jaup -s,-ing,-ed
Java
jazy -zies
jazz -es,-ing,-ed
jean -s
jeel -s,-ing,-ed
jeep -s
jeer -s,-ing,-ed
jeff -s,-ing,-ed
Jehu
jell -s,-ing,-ed
jerk -s,-ing,-ed
jess -es
jest -s,-ing,-ed
Jesu
jeté -s
jibe -s,-d,-bing
jiff -s
jill -s
jilt -s,-ing,-ed
jimp -er,-est
jink -s,-ing,-ed
jinn -s
jinx -es

jism -s
jive -s,-d,ving
jobe -s,-d,-bing
jock -s
joco
joey -s
john -s
join -s,-ing,-ed
joke -s,-d,-king
joky -kier,-iest
jole -s,-d,-ling
joll -s,-ing,-ed
jolt -s,-ing,-ed
jomo -s
jook -s,-ing,-ed
josh -es,-ing,-ed
joss -es
jota -s
jouk -s,-ing,-ed
jour
Jove
jowl -s,-ing,-ed
J-pen
juba -s
jube -s
judo
judy -dies
juga
juju -s
juke -s,-d,-king
July
jump -s,-ing,-ed
June
junk -s,-ing,-ed
Juno
jura
jury -ries
just -s,-ing,-ed
jute -s
jynx -es

K
kade -s
kadi -s
kago -s
kaid -s
kaie
kaif -s
kail -s
kaim -s
kain -s
kaka -s
kaki -s
kale -s
kali -s
Kama
kame -s
kami -s
kana
kang -s

kans
kant -s,-ing,-ed
kaon -s
kart -s
kati -s
kava -s
kayo -(e)s,-ing
    -ed
keck -s,-ing,-ed
keek -s,-ing,-ed
keel -s,-ing,-ed
keen -s,-ing,-ed
    -er,-est
keep -s,-ing,kept
keir -s
kell -s
kelp -s
kelt -s
kemb -s,-ing,-ed
kemp -s,-ing,-ed
kent -s,-ing,-ed
kepi -s
kept
kerb -s,-ing,-ed
kerf -s
kern -s,-ing,-ed
keta -s
Keys
khan -s
khat -s
khor -s
khud -s
kibe -s
kick -s,-ing,-ed
kier -s
kike -s
kild
kill -s,-ing,-ed
kiln -s,-ing,-ed
kilo -s
kilp -s
kilt -s,-ing,-ed
kina -s
kind -s,-er,-est
kine
king -s,-ing,-ed
kink -s,-ing,-ed
kino -s
kipe -s
kipp -s
kiri
kirk -s,-ing,-ed
kirn -s,-ing,-ed
kish -es
kiss -es,-ing,-ed
kist -s,-ing,-ed
kite -s
kith -s
kiwi -s
knag -s

knap -s,-ping
    -ped
knar -s,-ring
    -red
knee -s,-ing,-d
knew
knit -s,-ting
    -ted
knob -s
knop -s
knot -s,-ting
    -ted
know -s,-ing,-n
    knew
knub -s
knur -s
knut -s
koan -s
koff -s
kohl
kola -s
kolo -s
kond
konk -s,-ing,-ed
kook -s,-ing,-ed
kora -s
koss -es
koto -s
kris -(s)es
    -(s)ing
    -(s)ed
Kroo
kudu -s
kuku -s
Kurd
kyat -s
kyle -s
kyne
kyte -s

L
lace -s,-d,-cing
lack -s,-ing,-ed
lacy -ier,-iest
lade -s,-d,-n
    -ding
lady -dies
laer
laic
laid -s,-ed,-en
    -ing
laik -s,-ing,-ed
lain
lair -s,-ing,-ed
lake -s,-d,-king
lakh -s
laky -kier,-iest
la-la
lama -s
lamb -s,-ing,-ed

lame -s,-d,-ming
lamé
lamp -s,-ing,-ed
lana
land -s,-ing,-ed
lane -s
lang -er,-est
lank -er,-est
lant -s
lanx, lances
Lapp
lard -s,-ing,-ed
lare -s
lark -s,-ing,-ed
larn -s,-ing,-ed
lase -s,-d,-sing
lash -es,-ing,-ed
lass -es
last -s,-ing,-ed
late -r,-st
lath -s,-ing,-ed
laud -s,-ing,-ed
lava -s
lave -s,-d,-ving
lawk -s
lawn -s
laze -s,-d,-zing
lazy -zier,-iest
lead -s,-ing,led
leaf -s,-ing,-ed
    leaves
leak -s,-ing,-ed
leal -er,-est
leam -s,-ing,-ed
lean -s,-ing,-ed
    -t,-er,-est
leap -s,-ing,-ed
    -t
lear -s,-ing,-ed
leat -s
leek -s
leer -s,-ing,-ed
lees
leet -s
left -s
lehr -s
leir -s,-ing,-ed
leke
leme -s,-d,-ming
lend -s,-ing,lent
leng
leno -s
lens -es
lent
lere -s,-d,-ring
less
lest
Lett
leva
leve -r,-st

levy -ing,-vies -ied	loll -s,-ing,-ed	lute -s,-d,-ting	maud -s
lewd -er,-est	loma -s	lutz -es	maul -s,-ing,-ed
lezz -es	lone	lyam -s	maun
liar -s	long -s,-ing,-ed -er,-est	lyme -s	mawk -s
Lias	loof -s	lynx -es	mawr -s
lice	look -s,-ing,-ed	Lyon	maxi -s,-er,-est
lich	loom -s,-ing,-ed	Lyra	maya -s
lick -s,-ing,-ed	loon -s	lyre -s	maze -s,-d,-zing
lido -s	loop -s,-ing,-ed	lyse -s,-d,-sing	mazy -zier,-iest
lied -er	loor	lyte -s,-d,-r,-st -ting	mead -s
lief -s,-er,-est	loos -es		meal -s,-ing,-ed
lien -s	loot -s,-ing,-ed	**M**	mean -s,-ing,-t -ed,-er,-est
lier -s	lope -s,-d,-ping	ma'am	meat -s
lieu -s	lord -s,-ing,-ed	maar -s	Mede
life, lives	lore -s	mace -s	meed -s
lift -s,-ing,-ed	lorn	mack -s	meek -er,-est
like -s,-d,-king	lory -ries	made	meer -s,-ing,-ed -er,-est
lill -s	lose -s,-sing lost	mage -s	meet -s,-ing,met -er,-est
lilo -s	losh -es	magg -s,-ing,-ed	
lilt -s,-ing,-ed	löss	Magi	mein -s,-ing,-ed
lily -lies	loss -es	mags -es	meld -s,-ing,-ed
lima -s	lost	maid -s,-ing,-ed	mell -s,-ing,-ed
limb -s,-ing,-ed	lota -s	maik -s	melt -s,-ing,-ed
lime -s,-d,-ming	lote -s	mail -s,-ing,-ed	memo -s
limn -s,-ing,-ed	loth	maim -s,-ing,-ed	mend -s,-ing,-ed
limp -s,-ing,-ed -er,-est	loto -s	main -s	mene -s,-d,-ning
limy -mier,-iest	loud -er,-est	make -s,-king made	meng -s,-ing,-ed
lind -s	loun -s,-ing,-ed -er,-est	mako -s	ment
line -s,-d,-ning	loup -s,-ing,-ed -en,-it	male -s	menu -s
ling -s		mali -s	meow -s,-ing,-ed
link -s,-ing,-ed	lour -s,-ing,-ed	mall -s,-ing,-ed	merc -s
linn -s	lout -s,-ing,-ed	malm -s	mere -s,-d,-ring
lino -s	love -s,-d,-ving	malt -s,-ing,-ed	meri -s
lint -s	lowe -s,-d,-wing	mama -s	merk -s
lion -s	lown -s,-ing,-ed -er,-est	mana -s	merl -s
lira	lowt	mane -s	mesa -s
lire	luce -s	Manx	mese -s
lirk -s,-ing,-ed	luck -s	many	mesh -es,-ing,-ed
lisp -s,-ing,-ed	ludo -s	mara -s	mess -es,-ing,-ed
list -s,-ing,-ed	lues	marc -s	mete -s,-d,-ting
lite -s,-r,-st	luff -s,-ing,-ed	mare -s,maria	mewl -s,-ing,-ed
lith -s	luge -s,-d,-ging	marg -s	mews -es
live -s,-d,-ving	luit	mark -s,-ing,-ed	meze -s
load -s,-ing,-ed	luke	marl -s,-ing,-ed	mézé -s
loaf -s,-ing,-ed	lull -s,-ing,-ed	marm -s	mica -s
loam -s,-ing,-ed	lulu -s	Mars	mice
loan -s,-ing,-ed	lump -s,-ing,-ed	mart -s	mick -s
lobe -s	lune -s	mase -s,-d,-sing	mico -s
lobi	lung -s	mash -es,-ing,-ed	midi -s
loch -s	lunt -s,-ing,-ed	mask -s,-ing,-ed	mien -s
lock -s,-ing,-ed	lure -s,-d,-ring	mass -es,-ing,-ed	miff -s,-ing,-ed
loco -s,-er,-est	lurk -s,-ing,-ed	mast -s,-ing,-ed	mike -s
lode -s	lush -es,-ing,-ed -er,-est	masu -s	mild -s,-er,-est
loft -s,-ing,-ed	lusk	mate -s,-d,-ting	mile -s
logo -s	lust -s,-ing,-ed	maté -s	milk -s,-ing,-ed
loid -s,-ing,-ed		math -s	mill -s,-ing,-ed
loin -s		matt -er,-est	milo -s
Loki		maty -tier,-iest	milt -s,-ing,-ed

mime -s,-d,-ming	moss -es,-ing,-ed	nare -s	nook -s
mina -s,-e	most	nark -s,-ing,-ed	noon -s,-ing,-ed
mind -s,-ing,-ed	mote -s	nary	noop -s
mine -s,-d,-ning	moth -s	Nato	nope -s
ming -s,-ing,-ed	moue	nave -s	norm -s
mini -s,-er,-est	moup -s,-ing,-ed	navy -vies	Norn
mink -s	move -s,-d,-ving	naze -s	nose -s,-d,-sing
mino -s	movy -vies	Nazi	nosh -es,-ing,-ed
mint -s,-ing,-ed	mowa -s	neal -s,-ing,-ed	nosy -sies,-ier
minx -es	mown	neap -s,-ing,-ed	-iest
miny -nier,-iest	moxa -s	near -s,-ing,-ed	note -s,-d,-ting
Mira	moyl	-er,-est	not-I
mire -s,-d,-ring	moze -s,-d,-zing	neat -er,-est	nott
mirk -er,-est	much	neck -s,-ing,-ed	noul
Mirv	muck -s,-ing,-ed	need -s,-ing,-ed	noun -s
miry -rier,-iest	muff -s,-ing,-ed	neem -s	noup -s
mise -s	muid -s	neep -s	nous
miso -s	muil -s	ne'er	nout
miss -es,-ing,-ed	muir -s	neif -s	nova -e,-s
mist -s,-ing,-ed	mule -s	nene -s	nowl
mite -s	mull -s,-ing,-ed	neon	nown
mitt -s	mumm -s,-ing,-ed	nesh -er,-est	nowt
mity -tier,-iest	mump -s,-ing,-ed	ness -es	nowy
mixt	muon -s	nest -s,-ing,-ed	nude -s
mixy -xier,-iest	mure -s,-d,-ring	nete -s	nuke -s,-d,-king
moan -s,-ing,-ed	murk -er,-est	nett -s,-ing,-ed	null -s,-ing,-ed
moat -s	murl -s,-ing,-ed	neuk -s	numb -s,-ing,-ed
mock -s,-ing,-ed	Musa	neum -s	-er,-est
mode -s	muse -s,-d,-sing	névé -s	nurl -s,-ing,-ed
modi	mush -es,-ing,-ed	news -es,-ing,-ed	nurr -s
mods	musk -s,-ing,-ed	newt -s	nuts -es
Moho	muss -es,-ing,-ed	next	nyas -es
mohr -s	must -s	nice -r,-st	
moil -s,-ing,-ed	mute -s,-d,-ting	nick -s,-ing,-ed	O
moit -s	mutt -s	nide -s	
moke -s	*M-way	nidi	oaky -kier,-iest
moko -s	myal	nief -s	oary -rier,-iest
mole -s	myna -s	nife	oast -s
moll -s	myth -s	niff -s	oath -s
moly -lies		nigh	oats
mome	N	Nike	obey -s,-ing,-ed
mona -s	naam -s	nill -ed	obia
mong -s	naan -s	nine -s	obit -s
monk -s	nabk -s	Nipa	oboe -s
mono -s	nabs -es	nirl -s,-ing,-ed	obol -s
mony	nach -es	nisi	odal -s
mood -s	naga -s	nixy -xies	odds
mooi	Naia	nock -s,-ing,-ed	odea
mool -s,-ing,-ed	naif	node -s	odic
moon -s,-ing,-ed	naik -s	nodi	Odin
moop -s,-ing,-ed	nail -s,-ing,-ed	Noël	odor
moor -s,-ing,-ed	nain	noes	odso -s
moot -s,-ing,-ed	Nair	noil -s	odyl
mope -s,-d,-ping	Naja	noll -s	ogam -s
mopy -pier,-iest	nala -s	noma -s	ogee -s
mora -s	name -s,-d,-ming	nome -s	ogle -s,-d,-ling
more -s	nana -s	none	Ogpu
morn -s	naos -es	nong	ogre -s
Moro	nape -s	no-no	oily -lier,-iest
mort -s	nard -s,-ing,-ed	non-U	oint -s,-ing,-ed
			okay -s,-ing,-ed

okra -s
oldy -dies
Olea
oleo -s
olid
olio -s
olla -s
olpe -s
ombú -s
ombu -s
omen -s,-ing,-ed
omer -s
omit -s,-ting
     -ted
once
oner -s
only
onst
onto
onus -es
onyx -es
oons -es
oont -s
oops -es
oose -s
oosy -sier,-iest
ooze -s,-d,-zing
oozy -zier,-iest
opah -s
opal -s
open -s,-ing,-ed
     -er,-est
opus -es,opera
oral -s
orby -bier,-iest
Orca
orfe -s
orgy -gies
orle -s
orra
oryx -es
otic
otto -s
ouch -es
oulk -s
ouph
ourn
ours
oust -s,-ing,-ed
ouzo -s
oval -s
oven -s
over -s,-ing,-ed
ovum, ova
owed
ower
owly -lier,-iest
owre
oxen
oxer -s

oyer -s
oyes -es
oyez -es

P

paca -s
pace -s,-d,-cing
pack -s,-ing,-ed
paco -s
pact -s
pacy -cier,-iest
page -s,-d,-ging
paid
paik -s,-ing,-ed
pail -s
pain -s,-ing,-ed
pair -s,-ing,-ed
pais
Paki
pale -s,-d,-r,-st
     -ling
Pali
pall -s,-ing,-ed
palm -s,-ing,-ed
palp -s,-ing,-ed
paly -lier,-iest
pand -s
pane -s
pang -s,-ing,-ed
pant -s,-ing,-ed
papa -s
pape -s
para -s
Pará
pard -s
pare -s,-d,-ring
park -s,-ing,-ed
parr -s
part -s,-ing,-ed
pash -es
pass -es,-ing,-ed
past -s
pate -s
pâté -s
path -s
paua -s
paul -s
pave -s,-d,-ving
Pavo
pawa -s
pawk -s
pawl -s
pawn -s,-ing,-ed
peag -s
peak -s,-ing,-ed
peal -s,-ing,-ed
pean -s,-ing,-ed
pear -s
peat -s
peba -s

pech -s,-ing,-ed
peck -s,-ing,-ed
peek -s,-ing,-ed
peel -s,-ing,-ed
peen -s,-ing,-ed
peep -s,-ing,-ed
peer -s,-ing,-ed
pegh -s,-ing,-ed
pein -s,-ing,-ed
peke -s
pela
Pele
pelf
pell
pelt -s,-ing,-ed
pend -s,-ing,-ed
pene -s,-ing,-ed
peni
penk -s
pent -s
peon -s
pepo -s
père
peri -s
perk -s,-ing,-ed
perm -s,-ing,-ed
pern -s
pert -s,-er,-est
Peru
perv -s
peso -s
pest -s
phew -s
phiz -zes
phoh -s
phon -s
phot -s
phut -s
pica -s
pice
pick -s,-ing,-ed
Pict
pied
pier -s
piet -s
pika -s
pike -s,-d,-king
pila
pile -s,-d,-ling
pili -s
pill -s,-ing,-ed
pimp -s,-ing,-ed
piña
pine -s,-d,-ning
ping -s,-ing,-ed
pink -s,-ing,-ed
     -er,-est
pint -s
piny -nier,-iest
pion -s

pioy -s
pipa -s
pipe -s,-d,-ping
pipi -s
pipy -pier,-iest
pirl -s
pirn -s
pisé
pish -es,-ing,-ed
piss -es,-ing,-ed
pita -s
pith -s,-ing,-ed
pity -ing,-ties
     -ied
pium -s
pixy -xies
pize -s
plan -s,-ning
     -ned
plap -s,-ping
     -ped
plat -s,-ting
     -ted
play -s,-ing,-ed
plea -s,-ing,-ed
pleb -s
pled
plié -s
plim -s,-ming
     -med
plod -s,-ding
     -ded
plop -s,-ping
     -ped
plot -s,-ting
     -ted
ploy -s
plug -s,-ging
     -ged
plum -s,-mer
     -mest
plus -(s)es,-sing
     -sed
*Pnyx
pock -s
poem -s
poet -s
poke -s,-d,-king
poky -kier,-iest
pole -s,-d,-ling
polk -s,-ing,-ed
poll -s,-ing,-ed
polo -s
polt -s,-ing,-ed
poly -s
pome -s
pomp -s
pond -s,-ing,-ed
pone -s
pong -s,-ing,-ed

pons, pontes	puce -r,-st	raca	reed -s,-ing,-ed
pony -ing,-nies	puck -s	race -s,-d,-cing	reef -s,-ing,-ed
-ied	puer -s,-ing,-ed	rach -es	reek -s,-ing,-ed
pood -s	puff -s,-ing,-ed	rack -s,-ing,-ed	reel -s,-ing,-ed
poof -s	pugh -s	racy -cier,-iest	reen -s
pooh -s	puir -er,-est	rade	reft
pook -s,-ing,-ed	puja -s	raff -s	reif
pool -s,-ing,-ed	puke -s,-d,-king	raft -s,-ing,-ed	reik
poon -s	pule -s,-d,-ling	raga -s	rein -s,-ing,-ed
poop -s,-ing,-ed	pulk -s	rage -s,-d,-ging	reis -es
poor -er,-est	pull -s,-ing,-ed	ragg -s	reke
poot -s,-ing,-ed	pulp -s,-ing,-ed	ragi	rely -ing,-lies
pope -s	pulu	Rahu	-ied
pore -s,-d,-ring	puly -lier,-iest	raid -s,-ing,-ed	rend -s,-ing,rent
pork	puma -s	raik -s,-ing,-ed	rent -s,-ing,-ed
porn -s	pump -s,-ing,-ed	rail -s,-ing,-ed	reny
port -s,-ing,-ed	puna -s	rain -s,-ing,-ed	repp -s
pory -rier,-iest	punk -s	rait -s,-ing,-ed	reps -es
pose -s,-d,-sing	punt -s,-ing,-ed	raja -s	rest -s,-ing,-ed
posé	puny -nier,-iest	rake -s,-d,-king	rete -s
posh -es,-ing,-ed	pupa -e,-s	raki -s	rhea -s
-er,-est	pure -s,-d,-r,-st	rale -s	rhus -es
poss	-ring	râle -s	rial -s
post -s,-ing,-ed	purl -s,-ing,-ed	Rama	rice -s,-d,-cing
posy -sies	purr -s,-ing,-ed	rami -s	rich -er,-est
pote -s,-d,-ting	push -es,-ing,-ed	ramp -s,-ing,-ed	rick -s,-ing,-ed
pott -s	puss -es	rana -s	ricy -cier,-iest
pouf -s	putt -s,-ing,-ed	rand -s,-ing,-ed	ride -s,-ding
pouk -s,-ing,-ed	pyat -s	rang	rode,ridden
pour -s,-ing,-ed	pyet -s	rani -s	riel -s
pout -s,-ing,-ed	pyne -s,-d,-ning	rank -s,-ing,-ed	riem -s
pown -s	pyot -s	-er,-est	rife -r,-est
pozz	pyre -s	rant -s,-ing,-ed	riff -s
prad -s	pyro	rape -s,-d,-ping	rift -s,-ing,-ed
pram -s		rapt	rigg -s
prat -s	**Q**	rare -r,-st	rile -s,-d,-ling
prau -s	qadi -s	rase -s,-d,-sing	rill -s,-ing,-ed
pray -s,-ing,-ed	quad -s,-ding	rash -es,-er,-est	rima -e
pree -s,-ing,-d	-ded	rasp -s,-ing,-ed	rime -s,-d,-ming
prep -s,-ping	quag -s	rast	rimu -s
-ped	quat -s	rata -s	rimy -mier,-iest
prex	quay -s	rate -s,-d,-ting	rind -s,-ing,-ed
prey -s,-ing,-ed	quep -s	rath -s	rine
prig -s,-ging	quey -s	rats -es	ring -s,-ing,rang
-ged	quid -s	raun -s	rung
prim -s,-ming	quim -s	rave -s,-d,-ving	rink -s,-ing,-ed
-med,-mer	quin -s	rawn -s	riot -s,-ing,-ed
-mest	quip -s,-ping	raze -s,-d,-zing	ripe -s,-d,-r,-st
proa -s	-ped	razz -es,-ing,-ed	-ping
prod -s,-ding	quit -s,-ting	read -s,-ing	ripp -s
-ded	-ted	reak	ript
prof -s	quiz -zes,-zing	real -s,-er,-est	rise -s,-n,-sing
prog -s,-ging	-zed	ream -s,-ing,-ed	rose
-ged	quod -s,-ding	rean -s	risk -s,-ing,-ed
prom -s	-ded	reap -s,-ing,-ed	risp -s,-ing,-ed
proo -s	quop -s,-ping	rear -s,-ing,-ed	Riss
prop -s,-ping	-ped	reck -s,-ing,-ed	rite -s
-ped		redd -s,-ing,-ed	ritt -s,-ing,-ed
prow -s	**R**	rede -s,-d,-ding	riva -s
pruh -s	rabi -s	re-do	rive -s,-d,-ving

rivo
road -s
roam -s,-ing,-ed
roan -s
roar -s,-ing,-ed
robe -s,-d,-bing
roch -es
rock -s,-ing,-ed
rode -s,-d,-ding
roed
roil -s,-ing,-ed
roin
roke -s,-d,-king
roky -kier,-iest
role -s
rôle -s
roll -s,-ing,-ed
roma
Rome
romp -s,-ing,-ed
rone -s
rong
ront
rood -s
roof -s,-ing,-ed
rook -s,-ing,-ed
room -s,-ing,-ed
roon -s
roop -s,-ing,-ed
root -s,-ing,-ed
rope -s,-d,-ping
ropy -pier,-iest
rore
rort
rory -rier,-iest
Rosa
rose -s,-d,-sing
rosé -s
rosy -sier,-iest
rota -s
rote -s,-d,-ting
rotl -s
roué -s
roul
roum -s
roup -s,-ing,-ed
rout -s,-ing,-ed
roux
rove -s,-d,-ving
rowt -s,-ing,-ed
rube
ruby -ing,-bies
     -ied
ruck -s,-ing,-ed
rudd -s
rude -r,-st
rued
ruff -s,-ing,-ed
ruin -s,-ing,-ed
rukh -s

rule -s,-d,-ling
ruly -lier,-iest
rump -s,-ing,-ed
rund -s
rune -s
rung -s
runt -s
rusa
ruse -s
rusé
rush -es,-ing,-ed
rusk -s
Russ
rust -s,-ing,-ed
Ruta
ruth -s
ryal -s
ryfe
ryke -s,-d,-king
rynd -s
ryot -s
rype -r
ryve -s,-d,-ving

S

Saba
sack -s,-ing,-ed
safe -s,-r,-st
saga -s
sage -s,-r,-st
sago -s
saic -s
said
sail -s,-ing,-ed
saim -s
sain -s,-ing,-ed
sair -s,-ing,-ed
     -er,-est
sake -s
saki -s
sale -s
salp -s
salt -s,-ing,-ed
same -s
samp
sand -s,-ing,-ed
sane -r,-st
sang -s
sank
sans
sard
sari -s
sark -s
sash -es,-ing,-ed
sass -es,-ing,-ed
sate -s,-d,-ting
sati -s
saul -s
saut -s,-ing,-ed
save -s,-d,-ving

sawn
Saxe
scab -s,-bing
     -bed
scad -s
scam -s
scan -s,-ning
     -ned
scar -s,-ring
     -red
scat -s,-ting
     -ted
scaw -s
scog -s,-ging
     -ged
scot -s
scow -s
scry -ing,-ries
     -ied
scud -s,-ding
     -ded
scug -s,-ging
     -ged
scum -s,-ming
     -med
scup -s
scur -s,-ring
     -red
scut -s
scye -s
seal -s,-ing,-ed
sean -s,-ing,-ed
sear -s,-ing,-ed
seat -s,-ing,-ed
sech
sect -s
seed -s,-ing,-ed
seek -s,-ing,-ed
seel -s,-ing,-ed
seem -s,-ing,-ed
seen
seep -s,-ing,-ed
seer -s
sego -s
seif -s
seil -s,-ing,-ed
seld
self -s,-ing,-ed
     selves
sell -s,-ing,sold
semé
semi -s
send -s,-ing
sens
sent
seps -es
sept -s
sera
Serb
sere -s,-d,-ring

serf -s
serk -s
serr -s,-ing,-ed
sese
sess
seta -e
sett -s
sewn
sext -s
sexy -xier,-iest
shad -s
shag -s,-ging
     -ged
shah -s
sham -s,-ming
     -med
shan -s
shat
shaw -s,-ing,-ed
shay -s
shea -s
shed -s,-ding
she'd
she's
shet -s,-ting
shew -s,-ing,-ed
     -n
shim -s
shin -s,-ning
     -ned
ship -s,-ping
     -ped
shir -s,-ring
     -red
shit -s,-ting
     shat
shiv -s,-ving
     -ved
shod
shoe -s,-ing,-d
shog -s,-ging
     -ged
shoo -s,-ing,-ed
shop -s,-ping
     -ped
shot -s,-ting
     -ted
show -s,-ing,-ed
     -n
Shri
shul -s
shun -s,-ning
     -ned
shut -s,-ting
shwa -s
sial
sice -s
sich
sick -s,-ing,-ed
     -er,-est

sida -s
side -s,-d,-ding
sien
sift -s,-ing,-ed
sigh -s,-ing,-ed
sign -s,-ing,-ed
sika -s
sike -s
Sikh
sild -s
sile -s,-d,-ling
silk -s,-ing,-ed
sill -s
silo -s,-ing,-ed
silt -s,-ing,-ed
sima
simp -s
sind -s,-ing,-ed
sine -s
sing -s,-ing,sang
    sung
sinh
sink -s,-ing,sank
    sunk
sipe -s,-d,-ping
sire -s,-d,-ring
siri -s
siss -es
sist -s,-ing,-ed
site -s,-d,-ting
sith
Sium
Siva
size -s,-d,-zing
skat -s
skaw -s
skeg -s
skeo -s
skep -s,-ping
    -ped
sker -s,-ring
    -red
skew -s,-ing,-ed
    -er,-est
ski'd
skid -s,-ding
    -ded
skim -s,-ming
    -med
skin -s,-ning
    -ned
skio -s
skip -s,-ping
    -ped
skit -s
skry -ing,-ries
    -ied
skua -s
skug -s,-ging
    -ged

Skye
skyr
slab -s,-bing
    -bed
slae -s
slag -s,-ging
    -ged
slam -s,-ming
    -med
slap -s,-ping
    -ped
slat -s,-ting
    -ted
Slav
slaw -s
slay -s,-ing,-ed
    slew,slain
sled -s,-ding
    -ded
slee -r,-st
slew -s,-ing,-ed
sley -s
slid
slim -s,-ming
    -med,-mer
    -mest
slip -s,-ping
    -ped
slit -s,-ting
slob -s
sloe -s
slog -s,-ging
    -ged
slop -s,-ping
    -ped
slot -s,-ting
    -ted
slow -s,-ing,-ed
    -er,-est
slub -s,-bing
    -bed,-ber
    -best
slue -s,-ing,-d
slug -s,-ging
    -ged
slum -s,-ming
    -med
slur -s,-ring
    -red
slut -s
smee -s
smew -s
smir -s,-ring
    -red
smit -s,-ting
    -ted
smog -s
smug -s,-ging
    -ged,-ger
    -gest

smur -s,-ring
    -red
smut -s,-ting
    -ted
snab -s
snag -s,-ging
    -ged
snap -s,-ping
    -ped
*snar
sneb -s,-bing
    -bed
sned -s,-ding
    -ded
snib -s,-bing
    -bed
snig -s,-ging
    -ged
snip -s,-ping
    -ped
snob -s
snod -s,-ding
    -ded,-der
    -dest
snog -s,-ging
    -ged
snot -s,-ting
    -ted
snow -s,-ing,-ed
snub -s,-bing
    -bed,-ber
    -best
snug -s,-ging
    -ged,-ger
    -gest
soak -s,-ing,-ed
soap -s,-ing,-ed
soar -s,-ing,-ed
sock -s,-ing,-ed
soda -s
sofa -s
Sofi
soft -s,-er,-est
so-ho
soil -s,-ing,-ed
soja -s
soke -s
sola -s
sold
sole -s,-d,-ling
soli
solo -s
soma -s
some
sone -s
song -s
sook -s
soom -s,-ing,-ed
soon -er,-est
soop -s,-ing,-ed

soot -s,-ing,-ed
soph -s
sora -s
sorb -s,-ing,-ed
sord -s
sore -s,-d,-r,-st
    -ring
sori
sorn -s,-ing,-ed
sort -s,-ing,-ed
so-so
soss -es,-ing,-ed
souk -s
soul -s
soum -s,-ing,-ed
soup -s
sour -s,-ing,-ed
    -er,-est
sous
sowf -s,-ing,-ed
sowl -s,-ing,-ed
sowm -s,-ing,-ed
sown
sowp -s
soya -s
spae -s,-ing,-d
Spam®
span -s,-ning
    -ned
spar -s,-ring
    -red
spat -s,-ting
    -ted
spaw
spay -s,-ing,-ed
spec -s
sped
spet
spew -s,-ing,-ed
spic -s
spik -s
spin -s,-ning
    span,spun
spit -s,-ting
    -ted,spat
spiv -s
spot -s,-ting
    -ted
spry -er,-est
spud -s,-ding
    -ded
spue -s,-ing,-d
spun
spur -s,-ring
    -red
stab -s,-bing
    -bed
stag -s,-ging
    -ged
stap -s,-ping
    -ped

star -s,-ring
　　-red
staw -s,-ing
stay -s,-ing,-ed
stem -s,-ming
　　-med
sten -s,-ning
　　-ned
step -s,-ping
　　-ped
stet -s,-ting
　　-ted
stew -s,-ing,-ed
stey -er,-est
stie -s,-ing,-d
stir -s,-ring
　　-red
stoa -e,-i,-s
stob -s
stop -s,-ping
　　-ped
stot -s,-ting
　　-ted
stow -s,-ing,-ed
stub -s,-bing
　　-bed
stud -s,-ding
　　-ded
stum -s,-ming
　　-med
stun -s,-ning
　　-ned
stye -s,-d,stying
Styx
such
suck -s,-ing,-ed
sudd -s
suds
sued
suet
Sufi
suit -s,-ing,-ed
sukh -s
sulk -s,-ing,-ed
sumo -s
sump -s
sung
sunk -s
sunn -s
sura -s
surd -s
sure -s,-r,-st
surf -s,-ing,-ed
suss -es,-ing,-ed
swab -s,-bing
　　-bed
swad -s
swag -s,-ging
　　-ged
swam

swan -s
swap -s,-ping
　　-ped
swat -s,-ting
　　-ted
sway -s,-ing,-ed
swee -s,-ing,-d
swig -s,-ging
　　-ged
swim -s,-ming
　　swam,swum
swiz -zes
swob -s,-bing
　　-bed
swop -s,-ping
　　-ped
swot -s,-ting
　　-ted
swum
sybo -es
syce
syen
syke -s
sync -s,-ing,-ed
synd -s,-ing,-ed
syne -s,-d,-ning
sype -s,-d,-ping

T

taal
tabu -s
tace -s
tach -es
tack -s,-ing,-ed
taco -s
tact -s
tael -s
ta'en
taha -s
tahr -s
tail -s,-ing,-ed
tait -s
take -s,-n,-king
　　took
taky -kier,-iest
tala -s
talc -s
tale -s
talk -s,-ing,-ed
tall -er,-est
tame -s,-d,-r,-st
　　-ming
tamp -s,-ing,-ed
tana -s
tane
tang -s,-ing,-ed
T'ang
tanh
tank -s,-ing,-ed
tapa -s

tape -s,-d,-ping
tapu -s
tara -s
tare -s,-d,-ring
tarn -s
taro -s
tart -s,-er,-est
tash -es,-ing,-ed
task -s,-ing,-ed
tass -es
ta-ta
tate -s
tath -s,-ing,-ed
tatt -s,-ing,-ed
tatu -s
taut -s,-ing,-ed
　　-er,-est
taws
tawt -s,-ing,-ed
taxa
taxi -(e)s,-ed
　　taxying
T-bar
tead
teak -s
teal -s
team -s,-ing,-ed
Tean
tear -s,-ing,tore
　　torn
teat -s
tedy -dier,-iest
teed
teel -s
teem -s,-ing,-ed
teen -s
teer -s,-ing,-ed
teff -s
tegg -s
tehr -s
teil -s
tela -e
tell -s,-ing,told
telt
teme
temp -s,-ing,-ed
tems -es,-ing,-ed
tend -s,-ing,-ed
tene -s
tent -s,-ing,-ed
term -s,-ing,-ed
tern -s
test -s,-ing,-ed
tête
text -s
thae
Thai
than
thar -s
that

thaw -s,-ing,-ed
Thea
thee -s,-ing,-ed
them
then -s
thew -(e)s
they
thig -s,-ging
　　-git
thin -s,-ning
　　-ned,-ner
　　-nest
thir
this
thon
Thor
thou -s,-ing
thro
thud -s,-ding
　　-ded
thug -s
thus
tice -s
tich -es
tick -s,-ing,-ed
tide -s,-d,-ding
tidy -ing,-dies
　　-ied,-ier
　　-iest
tied
tier -s,-ing,-ed
tiff -s,-ing,-ed
tift -s,-ing,-ed
tige -s
tika -s
tike -s
tiki -s
tile -s,-d,-ling
till -s,-ing,-ed
tilt -s,-ing,-ed
time -s,-d,-ming
tind -s,-ing,-ed
tine -s,-d,-ning
　　tint
ting -s,-ing,-ed
tink -s,-ing,-ed
tint -s,-ing,-ed
tiny -nier,-iest
tipi -s
tipt
tire -s,-d,-ring
tirl -s,-ing,-ed
tiro -(e)s
tirr -s,-ing,-ed
tite
titi -s
toad -s
to-be
toby -bies
toco -s

to-do	trew -s,-ing,-ed	twit -s,-ting	**V**
tody -dies	-er,-est	-ted	vade
toed	trey -s	tyde	vagi
toff -s	trez -zes	tyke -s	vail -s,-ing,-ed
toft -s	trig -s,-ging	tymp -s	vain -er,-est
toga -s	-ged,-ger	tynd	vair -s
toho -s	-gest	tyne -s,-d,-ning	vale -s
toil -s,-ing,-ed	trim -s,-ming	type -s,-d,-ping	vali -s
toke	-med,-mer	typo -s	vamp -s,-ing,-ed
toko -s	-mest	tyre -s	vane -s
tola -s	trin -s	tyro -(n)es	vang -s
told	trio -s	tyte	vant
tole -s,-d,-ling	trip -s,-ping	tzar -s	vara -s
toll -s,-ing,-ed	-ped		vare -s
tolt -s	trod	**U**	vary -ing,-ries
tolu	trog -s,-ging	udal -s	-ied
tomb -s,-ing,-ed	-ged	ugli -s	vasa
tome -s	tron -s	ugly -ing,-lies	vase -s
tone -s,-d,-ning	trot -s,-ting	-ied,-ier	vast -s,-er,-est
tong -s	-ted	-iest	vaut -s,-ing,-ed
tony -nier,-iest	trow -s,-ing,-ed	ulex -es	V-day
took	troy	ulna -e	veal -s
tool -s,-ing,-ed	true -s,-ing,-d	umbo -s,-nes	Veda
toom -s,-ing,-ed	-r,-st	umph -s	veer -s,-ing,-ed
-er,-est	trug -s	unau -s	vega -s
toon -s	tsar -s	unbe	vehm -e
toot -s,-ing,-ed	Tshi	unce -s	veil -s,-ing,-ed
tope -s,-d,-ping	tuan -s	unci	vein -s,-ing,-ed
topi -s	tuba -s	unco -s	vela
torc -s	tube -s,-d,-bing	unde	veld -s
tore -s	tuck -s,-ing,-ed	undé	vele
tori	tufa	undo -es,-ing,-ne	vell -s
torn	tuff -s	undid	vena -e
torr -s	tuft -s,-ing,-ed	Unio	vend -s,-ing,-ed
tort -s	tule -s	unit -s	vent -s,-ing,-ed
Tory	tump -s,-ing,-ed	unto	Vera
tose -s,-d,-sing	tuna -s	upas -es	verb -s
tosh -es,-ing,-ed	tund -s,-ing,-ed	upby	vers
-er,-est	tune -s,-d,-ning	upgo -es,-ing,-ne	vert -s,-ing,-ed
toss -es,-ing,-ed	tuny -nier,-iest	-went	very -rier,-iest
tost	Tupi	upon	vest -s,-ing,-ed
tote -s,-d,-ting	turd -s	upsy	veto -es,-ing,-ed
touk -s,-ing,-ed	turf -s,-ing,-ed	Ural	vial -s
toun -s	Turk	urao	vibe -s
tour -s,-ing,-ed	turm -s	urdé	vibs
tout -s,-ing,-ed	turn -s,-ing,-ed	Urdu	vice -s,-d,-cing
town -s	tush -es,-ing,-ed	urdy	vide
towt -s,-ing,-ed	tusk -s,-ing,-ed	urea	vied
towy -wier,-iest	tuts -es	urge -s,-d,-ging	view -s,-ing,-ed
toze -s,-d,-zing	tutu -s	uric	vild
trad -der,-dest	tuzz -es	Urim	vile -r,-st
tram -s	twae -s	Ursa	vill -s
trap -s,-ping	twal -s	urus -es	vina -s
-ped	'twas	urva -s	vine -s,-d,-ning
tray -s	twat -s	used	vino -s
tree -s,-ing,-d	tway -s	user -s	vint -s,-ing,-ed
tref	twee -r,-st	utas	viny -nier,-iest
trek -s,-king	twig -s,-ging	utis	viol -s
-ked	-ged	uvea -s	virl -s
tret -s	twin -s,-ning		
	-ned		

visa -s,-ing,-ed
visé -s,-ing,-ed
vise
vita
vite
viva -s,-ing,-ed
vive -r,-st
vivo
vizy -zies
vlei
voar -s
void -s,-ing,-ed
vola -e
vole -s,-d,-ling
volt -s
vote -s,-d,-ting
vril
vuln -s,-ing,-ed

W
Waac
Waaf
wadd
wade -s,-d,-ding
wadi -s
wady -dies
Wafd
waff -s,-ing,-ed
waft -s,-ing,-ed
wage -s,-d,-ging
waif -s,-ed
wail -s,-ing,-ed
wain -s,-ing,-ed
wait -s,-ing,-ed
wake -s,-d,-king
    woke(n)
wald -s
wale -s,-d,-ling
wali -s
walk -s,-ing,-ed
wall -s,-ing,-ed
waly -lies,-ier
    -iest
wame -s
wand -s
wane -s,-d,-ning
wang
wank -s,-ing,-ed
want -s,-ing,-ed
wany -nier,-iest
ward -s,-ing,-ed
ware -s,-d,-ring
wark -s
warm -s,-ing,-ed
    -er,-est
warn -s,-ing,-ed
warp -s,-ing,-ed
wart -s
wary -rier,-iest
wase -s

wash -es,-ing,-ed
wasp -s
wast
wate
wats
watt -s
wauk -s,-ing,-ed
waul -s,-ing,-ed
waur
wave -s,-d,-ving
wavy -vier,-iest
wawe
wawl -s,-ing,-ed
waxy -xier,-iest
weak -er,-est
weal -s
wean -s,-ing,-ed
wear -s,-ing
    wore worn
weed -s,-ing,-ed
week -s
weel -s
weem -s
ween -s,-ing,-ed
weep -s,-ing,wept
weet -er,-est
weft -s,-ing,-ed
weid -s
weil -s
weir -s,-ing,-ed
weka -s
weld -s,-ing,-ed
welk -s,-ing,-ed
well -s,-ing,-ed
we'll
welt -s,-ing,-ed
wemb -s
wend -s,-ing,-ed
went
wept
were
we're
wert
west -s,-ing,-ed
we've
wham -s,-ming
    -med
whap -s,-ping
    -ped
what -s
whee -s
when -s
whet -s,-ting
    -ted
whew -s,-ing,-ed
whey -s
whid -s,-ding
    -ded
whig -s,-ging
    -ged

whim -s,-ming
    -med
whin -s
whip -s,-ping
    -ped
whir -s,-ring
    -red
whit -s
whiz -zes,-zing
    -zed
whoa -s
whom
whop -s,-ping
    -ped
whow -s
wick -s,-ing,-ed
wide -s,-r,-st
wiel -s
wife, wives
wild -s,-er,-est
wile -s,-d,-ling
wili -s
will -s,-ing,-ed
    -er,-est
wilt -s,-ing,-ed
wily -lier,-iest
wimp -s
wind -s,-ing,-ed
    wound
wine -s,-d,-ning
wing -s,-ing,-ed
wink -s,-ing,-ed
wino -s
win't
winy -nier,-iest
wipe -s,-d,-ping
wire -s,-d,-ring
wiry -rier,-iest
wise -s,-d,-r,-st
    -sing
wish -es,-ing,-ed
wisp -s,-ing,-ed
wist
wite -s,-d,-ting
with -s,-ing,-ed
wive -s,-d,-ving
woad -s
wock -s
woke
wold -s
wolf -s,-ing,-ed
    wolves
womb -s
wont -s,-ing,-ed
won't
wood -s,-ing,-ed
woof -s
wool -s
woot
word -s,-ing,-ed

wore
work -s,-ing,-ed
worm -s,-ing,-ed
worn
wort -s
wost
wots
wove
wowf -er,-est
wrap -s,-ping
    -ped
wren -s
writ -s
wull -s,-ing,-ed
    -er,-est
Würm
wynd -s
wyte -s,-d,-ting

X
Xema
Xian
Xmas
Xosa
X-ray
xyst -s

Y
yack -s,-ing,-ed
yaff -s,-ing,-ed
yald -er,-est
yale -s
Yama
yang -s
yank -s,-ing,-ed
yapp -s
yard -s,-ing,-ed
yare -r,-st
yarn -s,-ing,-ed
yarr -s
yate
yaud -s
yaup -er,-est
yawl -s,-ing,-ed
yawn -s,-ing,-ed
yawp -s,-ing,-ed
yaws
yawy
ybet
yead
yeah -s
yean -s,-ing,-ed
year -s
yede
yeed
yegg
yeld -er,-est
yelk -s
yell -s,-ing,-ed
yelp -s,-ing,-ed

yelt -s	yoke -s,-d,-king	yuky -kier,-iest	Zeus
yerd -s,-ing,-ed	yold	yule -s	zila -s
yerk -s,-ing,-ed	yolk -s	Yunx	zimb -s
yesk -s,-ing,-ed	yond	yurt -s	zinc -(k)s
yest	yoni -s	ywis	-(k)ing
yeti -s	yont		-(k)ed
yett -s	yoop -s	**Z**	zing -s,-ing,-ed
yeuk -s,-ing,-ed	yore -s	zack	Zion
yeve	york -s,-ing,-ed	zany -ing,-nies	zobo -s
ygoe	you'd	-ied,-ier	zobu -s
yill -s	youk -s,-ing,-ed	-iest	zoea -s,-e
yird -s,-ing,-ed	your -s	zarf -s	zoic
yirk -s,-ing,-ed	yowe -s	zati -s	zona -e
yite -s	yowl -s,-ing,-ed	'zbud	zone -s,-d,-ning
ylem	yo-yo	zeal -s	zoom -s,-ing,-ed
ylke	yuan	zebu -s	zoon -s,zoa
yode	yuca -s	zein	Zulu
yoga	yuck -s,-ing,-ed	Zend	Zuñi
yogh	yuft	zero -s,-ing,-ed	zupa -s
yogi -s	yuga -s	zest -s	zurf -s
yo-ho	yuke -s,-d,-king	zeta -s	zyme -s

A	A-bomb	adapt -s,-ing,-ed	aerie -s,-r,-st
abaca -s	abord -s,-ing,-ed	*adays	aesir
abaci	abort -s,-ing,-ed	addax -es	afald
aback	about	adder -s	affix -es,-ing
abaft	above	addio	-ed
abase -s,-d,-sing	abram	addle -s,-d,-ling	afire
abash -es,-ing	abrim	add-to	afoot
-ed	abrin	adeem -s,-ing,-ed	afore
abask	Abrus	Adeni	afoul
abate -s,-d,-ting	absey	adept -s	Afric
abaya -s	absit	adieu -s	afrit -s
abbey -s	abuna -s	adios	after -s
abbot -s	abune	ad-lib	again
abcee	abuse -s,-d,-sing	ad-man	Agama
abeam	abuzz	admin -s	agami -s
abear -s,-ing	abysm -s	admit -s,-ting	agape -pae
abore	abyss -es	-ted	agate -s
aborne	acari	admix -es,-ing	agave -s
abele -s	accoy	-ed	agaze
abhor -s,-ring	acerb	adobe -s	agene
-red	acini	adopt -s,-ing,-ed	agent -s,-ing,-ed
abide -s,-d,-ding	ackee -s	adore -s,-d,-ring	agger -s
abode	acock	adorn -s,-ing,-ed	aggri
abidden	acold	adown	aggro -s
abies -es	acorn -s	adsum	aggry
ablet -s	acred	adult -s	agila -s
ablow	acrid	adunc	agile -r,-st
abode -s	acton -s	adust	aging -s
a'body	actor -s	adyta	agist -s,-ing,-ed
aboil	acute -r,-st	aecia	aglee
	adage -s	aegis -es	aglet -s

agley
aglow
agoge -s
agone
agony -nies
agood
agora -s,agorot
agree -s,-ing,-d
agrin
agued
aguti -s
ahead
aheap
ahigh
ahind
ahint
ahold
ahull
aided
aider -s
aiery -ries
airer -s
aisle -s
aitch
aizle -s
ajwan -s
akene -s
alack -s
aland
alang -s
alarm -s,-ing,-ed
alary
alate
Alban
albee
album -s
aldea
alder -s
aleft
aleph -s
alert -s,-ing,-ed
    -er,-est
algae
algal
algid
algin
Algol
algum -s
alias -es
alibi -s
Alice
alien -s,-ing,-ed
align -s,-ing,-ed
alike
aline -s,-d,-ning
alive
alkyd -s
alkyl -s
Allah
allay -s,-ing,-ed

all-be
allel -s
alley -s
all-in
allis -es
allod -s
allot -s,-ting
    -ted
allow -s,-ing,-ed
alloy -s,-ing,-ed
all-to
all-up
allyl
almah -s
almeh -s
almug -s
Alnus
aloed
aloft
aloha -s
alone
aloof
aloud
alowe
alpha -s
altar -s
alter -s,-ing,-ed
altos
alula -s
alure
alway
amain
amass -es,-ing
    -ed
amate -s,-d,-ting
Amati
amaze -s,-d,-zing
amban -s
amber -s
ambit -s
amble -s,-d,-ling
ambos
ambry -ries
ameer -s
amend -s,-ing,-ed
amene -r,-st
ament -s
amice -s
amici
amide -s
amigo
amine -s
amiss
amity -ties
amman -s
ammon -s
amnia
among
amort
amour -s

amove
Ampex®
ample -r,-st
amply
ampul -s
amrit -s
amuck
amuse -s,-d,-sing
anana -s
ancle -s
ancon -es
anear -s,-ing,-ed
anele -s,-d,-ling
an-end
anent
angel -s
anger -s,-ing,-ed
angle -s,-d,-ling
Anglo
angry -rier,-iest
angst -s
anigh
anile -r,-st
anima -s
anime -s
animé -s
anion -s
anise -s
anker -s
ankle -s
ankus -es
annal -s
annat -(e)s
annex -es,-ing
    -ed
annoy -s,-ing,-ed
annul -s,-ling
    -led
anode -s
anomy
Anona
antae
antar
antic -s,-king
    -ked
antre -s
Anura
anvil -s
Anzac
Anzus
aorta -s
apace
apage
apaid
apart
apayd
apeak
apeek
apert
apery -ies

aphid -s
aphis, aphides
apian
apish
apism
apnea -s
apode -s
apoop
aport
appal -s,-ling
    -led
appay -s,-ing,-d
    -paid
apple -s
apply -ing,-lies
    -ied
appro
appui -s,-ed
    -uying
appuy -s,-ing,-ed
April
apron -s,-ing,-ed
apsis -ides
aptly
araba -s
Araby
arbor -s
arcus -es
Ardea
ardeb -s
ard-ri
aread -s,-ing
    are(d)d
areal
arear
aredd
arede -s,-ding
    are(d)d
arefy
arena -s
arere
arête -s
arett
argan -s
argil -s
argol -s
argon
argot -s
argue -s,-d
    -guing
argus -es
Arian
ariel -s
Aries
ariot
arise -s,-n,-sing
    arose
arish -es
arles
armed

25

armet -s
armil -s
arnut -s
A-road
aroba -s
aroid -s
aroma -s
arose
arrah -s
arras -es
array -s,-ing,-ed
arrêt -s
arris -es
arrow -s
arses
arsis
arson
artal
artel -s
artic -s
arval
Aryan
asana -s
ascus, asci
Asdic
ashen
Asian
aside -s
asker -s
askew -er,-est
aspen -s
asper -s
aspic -s
assai -s
assay -s,-ing,-ed
asses
asset -s
assot
aster -s
astir
asway
aswim
ataxy
atilt
atimy
atlas -es
atman -s
atoke -s
atoll -s
atomy -mies
atone -s,-d,-ning
atony
atopy -pies
atria
atrip
attap -s
attar
attic -s
audio -s
audit -s,-ing,-ed

auger -s
aught -s
augur -s,-ing,-ed
aulic
aumil -s
aunty -ties
aurae
aural
aurei
auric
auxin -s
avail -s,-ing,-ed
avale
avant
avast -s
Avena
avens -es
avert -s,-ing,-ed
avian
avine
avion
avise
aviso -s
avize
avoid -s,-ing,-ed
avyze
await -s,-ing,-ed
awake -s,-d,-king
    awoke(n)
award -s,-ing,-ed
aware -r,-st
awarn
awash
awave
aways
a-week
aweel -s
aweto -s
awful
a-wing
awmry -ries
awned
awner -s
awoke
awork
axial
axile
axiom -s
axoid -s
ayelp
aygre
ayont
ayrie -s
azoic
azote
azoth
Aztec
azure -s
azurn
azury -rier,-iest

azygy
azyme -s

B

Babee
Babel
baboo -s
babul -s
bacca -s
bacco -(e)s
baccy -ccies
bacon -s
baddy -ddies
badge -s
badly
baffy -ffies
bagel
baggy -ggier
    -iest
Bahai
Baha'i
ba'ing
bairn -s
baize -s,-d,-zing
bajan -s
bajra -s
bajri -s
baked
baken
baker -s
balas -es
baler -s
balky -kier,-iest
bally
balmy -mier,-iest
baloo -s
balsa -s
banal -er,-est
Banat
banco
bandh -s,-ing,-ed
bandy -ing,-dies
    -ied,-ier
    -iest
bania -s
banjo -(e)s
banns
Bantu
barbe -s
bardy -dier,-iest
barge -s,-d,-ging
baric
barky -kier,-iest
barmy -mier,-iest
baron -s
barre -s
barré
barye -s
basal
basan -s

based
bases
basic -s
basil -s
basin -s
basis, bases
bason -s
basse -s
basso -s,bassi
basta
baste -s,-d,-ting
basto -s
batch -es,-ing
    -ed
bathe -s,-d
    -thing
batik
baton -s,-ing,-ed
batta -s
batts
batty -ttier
    -iest
baulk -s,-ing,-ed
bavin -s
bawdy -dier,-iest
bayle -s
bayou
bazar -s
beach -es,-ing
    -ed
beady -dier,-iest
be-all
beamy -mier,-iest
beano -s
beard -s,-ing,-ed
beast -s
beaut -s
beaux
bebop -s,-ping
    -ped
bedad -s
bedel -s
bedew -s,-ing,-ed
bedim -s,-ming
    -med
bedye -s,-ing,-d
beech -es
beefs
beefy -fier,-iest
beery -rier,-iest
befit -s,-ting
    -ted
befog -s,-ging
    -ged
begad
began
begar
begat
begem -s,-ming
    -med

beget -s,-ting	bewig -s,-ging	bleak -s,-er,-est	bohea
begot(ten)	-ged	blear -s,-ing,-ed	bolas
begin -s,-ning	bezel -s	-er,-est	bolix
began,begun	bhang	bleat -s,-ing,-ed	bolus -es
begot	Bibby	bleed -s,-ing	bombe -s
begum -s	bible -s	bled	bombé
begun	biddy -ddies	bleep -s,-ing,-ed	bonce -s
beige -s	bided	blend -s,-ing,-ed	boned
being -s	bidet -s	blent	boner
bekah -s	bield -s	bless -es,-ing	bongo -s
belah -s	bifid	-ed	bonne
belay -s,-ing	bigae	blest	bonny -nnier
belaid	biggy -ggies	blimp -s	-iest
belch -es,-ing	bigha -s	blimy -mies	bonus -es
-ed	bight -s	blind -s,-ing,-ed	bonze -s
belee	bigot -s	-er,-est	booby -bies
belga -s	bijou -x	blini -s	boody -ing,-dies
belie -s,-d	bilbo -(e)s	blink -s,-ing,-ed	-ied
belying	bilge -s,-d,-ging	bliss	booky -kier,-iest
belle -s	bilgy -gier,-iest	blist	boong -s
belly -ing,-llies	billy -llies	blite -s	boose -s,-d,-sing
-ied	Binca®	blitz -es,-ing	boost -s,-ing,-ed
below	binge -s,-d,-ging	-ed	booth -s
bemad -s,-ding	bingo -s	bloat -s,-ing,-ed	boots -es
-ded	biome -s	block -s,-ing,-ed	booty -ties
bemud -s,-ding	biont -s	bloke -s	booze -s,-d,-zing
-ded	biota -s	blond -s,-er,-est	boozy -zier,-iest
bench -es,-ing	biped -s	blood -s,-ing,-ed	borax
-ed	bipod -s	bloom -s,-ing,-ed	borde
bendy	birch -es,-ing	blore -s	boree
benet -s,-ting	-ed	blown	borel
-ted	birle -s,-d,	blowy -wier,-iest	borer -s
benne -s	-ling	blude -s,-d,-ding	borgo
benni -s	birse -s	bluey -uier,-iest	borne
benty -tier,-iest	birsy -sier,-iest	bluff -s,-ing,-ed	borné
bepat -s,-ting	birth -s	-er,-est	boron
-ted	bison -s	bluid -s	bosky -kier,-iest
beray	bitch -es,-ing	blunk -s,-ing,-ed	bosom -s,-ing,-ed
beret -s	-ed	blunt -s,-ing,-ed	boson -s
berry -ing,-rries	biter -s	-er,-est	bossy -ssier
-ied	bitty -ttier	blurb -s	-iest
berth -s,-ing,-ed	-iest	blurt -s,-ing,-ed	bosun -s
beryl -s	bivvy -ing,-vvies	blush -es,-ing	botch -es,-ing
besee	-ied	-ed	-ed
beset -s,-ting	black -s,-ing,-ed	board -s,-ing,-ed	botel -s
besit -s,-ting	-er,-est	boart -s	bothy -thies
-sat	blade -s	boast -s,-ing,-ed	botte
besom -s	blaes	bobac -s	bouge
besot -s,-ting	blain -s	bobak -s	bough -s
-ted	blame -s,-d,-ming	bobby -ies	boule -s
betel -s	bland -er,-est	bocca	boult -s,-ing,-ed
betid	blank -s,-ing,-ed	boche	bound -s,-ing,-ed
béton -s	-er,-est	bodge -s,-d,-ging	bourd
betty -tties	blare -s,-d,-ring	bodle -s	bourg -s
bevel -s,-ling	blasé	bogey -s	bourn -s
-led	blash -es	boggy -ggier	bouse -s,-d,-sing
bever -s	blast -s,-ing,-ed	-iest	bousy -sier,-iest
bevue -s	blate -r,-st	bogie -s	bowat -s
bevvy -ies	blaud -s,-ing,-ed	bogle -s	bowed
bewet	blaze -s,-d,-zing	bogus	bowel -s,-ling
			-led

B-C 5

bower -s,-ing,-ed
bowet -s
bowne -s,-d,-r
      -st,-ning
bowse -s,-d,-sing
boxen
boxer -s
boyar -s
boyau -x
brace -s,-d,-cing
brach -es
brack -s
bract -s
braid -s,-ing,-ed
      -er,-est
brail -s,-ing,-ed
brain -s,-ing,-ed
brake -s,-d,-king
braky -kier,-iest
brame
brand -s,-ing,-ed
brank -s,-ing,-ed
brash -es,-er
      -est
brass -es
brast -s,-ing
brava -s
brave -s,-d,-r
      -st,-ving
bravi -s
bravo -(e)s
brawl -s,-ing,-ed
braws
braxy -xies
braze -s,-d,-zing
bread -s,-ing,-ed
break -s,-ing
      broke(n)
bream -s,-ing,-ed
brede -s,-d,-ding
breed -s,-ing
      bred
breem
breer -s,-ing,-ed
breme
brent -er,-est
breve -s
briar -s
bribe -s,-d,-bing
brick -s,-ing,-ed
bride -s
brief -s,-ing,-ed
      -er,-est
brier -s
brill -s
brine -s,-d,-ning
bring -s,-ing
      brought
brink -s
briny -nier,-iest

brisk -s,-ing,-ed
      -er,-est
brize -s
broad -s,-er,-est
broch -s
brock -s
brogh -s
broil -s,-ing,-ed
broke -s,-ing,-ed
brood -s,-ing,-ed
brook -s,-ing,-ed
brool -s
broom -s,-ing,-ed
brose -s
broth -s
brown -s,-ing,-ed
      -er,-est
Bruin
bruit -s,-ing,-ed
brûlé
brume -s
brunt -s,-ing,-ed
brush -es,-ing
      -ed
brute -s
buaze -s
bubal -s
bubby
buchu
bucko -es
bucku
buddy -ddies,-ier
      -iest
budge -s,-d,-ging
buffa
buffe
buffi
buffo
buggy -ggies
bugle -s,-d,-ling
build -s,-ing
built
buist -s,-ing,-ed
bulge -s,-d,-ging
bulgy -gier,-iest
bulky -kier,-iest
bulla -s
bully -ing,-llies
      -ied
bulse -s
bumbo -s
bumph -s
bumpy -pier,-iest
bunce -s,-d,-cing
bunch -es,-ing
      -ed
bunco
bungy -gies
bunia -s
bunje -s

bunjy -jies
bunko
bunny -ies
bunty -tier,-iest
bunya -s
buran -s
burgh -s
burin -s
burka -s
burke -s,-d,-king
burly -lier,-iest
burnt
burqa -s
burro -s
burry -rrier
      -iest
bursa -e
burse -s
burst -s,-ing,-ed
busby -bies
buses
bushy -shier
      -iest
bussu -s
busty -tier,-iest
butch -es,-er
      -est
Butea
butte -s
butty -tties
butyl
buxom
buyer -s
buy-in
buzzy -zzier
      -iest
bwana -s
bwazi -s
by-end
bylaw -s
byway -s

C

cabal -s,-ling
      -led
cabas -es
cabby -bbies
caber -s
cabin -s,-ing,-ed
cable -s,-d,-ling
cabob -s
caboc -s
cabré
cacao -s
cache -s,-d
      -ching
cacti
caddy -ing,-ddies
      -ied
cadet -s

cadge -s,-d,-ging
cadgy -gier,-iest
cadre -s
caeca
caese
caged
cagey -gier,-iest
cagot -s
caird -s
cairn -s
cajun
calid
calif -s
calix
calla -s
calmy
calpa -s
calve -s,-d,-ving
calyx -es,-lyces
caman -s
camas -es
camel -s
cameo -s
camis
campy -pier,-iest
camus
canal -s
candy -ing,-dies
      -ied
caneh -s
canid -s
Canis
canna
canny -nnier
      -iest
canoe -s,-ing,-d
cañon -s
canon -s
canst
canto -s
canty -tier,-iest
caper -s,-ing,-ed
caple -s
capon -s
capot -s,-ing,-ed
capul -s
caput -pita
carat -s
cardi -s
cardy -dies
caret -s
carex -rices
cargo -es,-ing
      -ed
Carib
carny -ing,-nies
      -ied,-ier
      -iest
carob -s
carol -s, -ling
      -led

carom -s,-ing,-ed	chary -rier,-iest	chore -s	cleep -s,-ing
carry -ing,-rries	chase -s,-d,-sing	chose -s	yclept
-ied	chasm -s	chout -s	cleft -s
carse -s	chave	choux	clepe -s,-ping
carta -s	chaya -s	Chubb	yclept
carte -s	cheap -er,-est	chuck -s,-ing,-ed	clerk -s,-ing,-ed
carve -s,-d,-ving	cheat -s,-ing,-ed	chufa -s	cleve -s
carvy -vies	check -s,-ing,-ed	chuff -s	click -s,-ing,-ed
casco -s	cheek -s,-ing,-ed	chump -s	cliff -s
caste -s	cheep -s,-ing,-ed	chunk -s	clift -s
catch -es,-ing	cheer -s,-ing,-ed	churl -s	climb -s,-ing,-ed
caught	cheka	churn -s,-ing,-ed	clime -s
cater -s,-ing,-ed	chela -e	churr -s,-ing,-ed	cline -s
cates	chert	chuse	cling -s,-ing,-ed
catty -tties,-ier	chess -es	chute -s	clink -s,-ing,-ed
-iest	chest -s	chyle	clipe -s,-d,-ping
cauld -s,-er,-est	chevy -ing,-vies	chyme	clipt
caulk -s,-ing,-ed	-ied	chynd	cloak -s,-ing,-ed
cause -s,-d,-sing	chewy -wier,-iest	cibol -s	cloam -s
cavel -s	Chian	cider -s	clock -s,-ing,-ed
cavie -s	chiao	cigar -s	cloff -s
cavil -s,-ling	chica	ciggy -ggies	clomb
-led	chich -es	cimar -s	clone -s,-d,-ning
caxon -s	chick -s	cimex, cimices	clonk -s,-ing,-ed
cease -s,-d,-sing	chide -s,-d,-ding	cinch -es,-ing,-ed	cloop -s
Cebus	chief -s,-er,-est	cippi	cloot -s
cedar -s	chiel -s	circa	close -s,-d,-r
cedis	child -ren	circs	-st,-sing
ceili	chile -s	cirri	clote -s
cella -e	chili -s	cisco -(e)s	cloth -s
cello -s	chill -s,-ing,-ed	cissy -ssies,-ier	cloud -s,-ing,-ed
celom -s	-er,-est	-iest	clour -s,-ing,-ed
cense -s,-d,-sing	chimb -s	cital -s	clout -s,-ing,-ed
cento -s	chime -s,-d,-ming	civet -s	clove -s
ceorl -s	chimp -s	civic -s	clown -s,-ing,-ed
Ceres	china -s	civil	cloze
cerge -s	chine -s,-d,-ning	civvy -vvies	clubs
ceria	chink -s,-ing,-ed	clack -s,-ing,-ed	cluck -s,-ing,-ed
cetyl	chino	claes	clump -s,-ing,-ed
chack -s,-ing,-ed	chips -es	claim -s,-ing,-ed	clung
chaco -s	chirk -s,-ing,-ed	clamp -s,-ing,-ed	clunk -s,-ing,-ed
chafe -s,-d,-fing	chirl -s,-ing,-ed	clang -s,-ing,-ed	clype -s,-d,-ping
chaff -s,-ing,-ed	chirm -s,-ing,-ed	clank -s,-ing,-ed	cnida -e
chaft -s	chirp -s,-ing,-ed	Clare	coach -es,-ing
chain -s,-ing,-ed	chirr -s,-ing,-ed	clary -ries	-ed
chair -s,-ing,-ed	chirt -s,-ing,-ed	clash -es,-ing	coact -s,-ing,-ed
chalk -s,-ing,-ed	chive -s,-d,-ving	-ed	coaly -lier,-iest
champ -s,-ing,-ed	chivy -ing,-vies	clasp -s,-ing,-ed	coapt -s,-ing,-ed
chank -s	-ied	class -es,-ing	coarb -s
chant -s,-ing,-ed	chock -s,-ing,-ed	-ed	coast -s,-ing,-ed
chaos	chode	claut -s,-ing,-ed	coati -s
chape -s	choir -s	clave -s	cobby -bbier
chaps	choke -s,-d,-king	clean -s,-ing,-ed	-iest
chara -s	choky -kies,-ier	-er,-est	cobia -s
chard -s	-iest	clear -s,-ing,-ed	coble -s
chare -s,-d,-ring	choli -s	-er,-est	Cobol
chark -s,-ing,-ed	chomp -s,-ing,-ed	cleat -s,-ing,-ed	cobra -s
charm -s,-ing,-ed	chook -s	cleck -s,-ing,-ed	cocci
charr -s	choom	cleek -s,-ing,-ed	cocco -s
chart -s,-ing,-ed	chord -s	-it,claught	cocky -kier,-iest

cocoa -s
codex -dices
codon -s
cogie -s
cogue -s
cohoe -s
cohog -s
coign -s
cokes
coley -s
colic
colin -s
colly -ing,-llies
   -ied
colon -s
colza -s
comal
combe -s
combo -s
combs
comby -bier,-iest
comer -s
comet -s
comfy -fier,-iest
comic -s
comma -s
commo
compo -s
compt
comus -es
conch -(e)s
coney -s
conga -s,-ing,-ed
congé -s,-ing,-d
congo -s
conia
conic
conky -kies
conne
conte -s
conto -s
cooed
cooee -s,-ing,-d
cooey -s,-ing,-ed
cooky
cooly -lies
coomb -s
coomy -mier,-iest
co-opt
copal
coper -s,-ing,-ed
copra -s
copse -s,-d,-sing
copsy -sier,-iest
coral -s
cored
corer -s
corgi -s
corky -kier,-iest
corno -ni

cornu -a
corny -nier,-iest
corps
corse -s
corso -s
cosec
costa -e
coste
cotta -s
couch -es,-ing
   -ed
coudé
cough -s,-ing,-ed
could
count -s,-ing,-ed
coupe -s
coupé
courb
court -s,-ing,-ed
couth -er,-est
coved
coven -s
cover -s,-ing,-ed
covet -s,-ing,-ed
covey -s
covin -s
cowan -s
cowed
cower -s,-ing,-ed
cowry -ries
coxal
coyly
coypu -s
cozen -s,-ing,-ed
crack -s,-ing,-ed
craft -s,-ing,-ed
craig -s
crake -s,-d,-king
crame -s
cramp -s,-ing,-ed
crane -s,-d,-ning
crank -s,-ing,-ed
   -er,-est
crape -s,-d,-ping
craps
crapy -pier,-est
crare -s
crash -es,-ing
   -ed
crass -er,-est
crate -s,-d,-ting
crave -s,-d,-ving
crawl -s,-ing,-ed
craze -s,-d,-zing
crazy -zier,-iest
creak -s,-ing,-ed
cream -s,-ing,-ed
credo -s
creed -s
creek -s

creel -s
creep -s,-ing
   crept
crème
crême
crena -s
crêpe -s,-d,-ping
crept
cress -es
crest -s,-ing,-ed
crewe
crick -s,-ing,-ed
cried
crier -s
cries
crime -s,-d,-ming
crimp -s,-ing,-ed
crine -s,-d,-ning
crise
crisp -s,-ing,-ed
   -er,-est
crith -s
croak -s,-ing,-ed
Croat
crock -s,-ing,-ed
croft -s
cromb -s,-ing,-ed
crome -s,-d,-ming
crone -s
cronk
crony -nies
crook -s,-ing,-ed
croon -s,-ing,-ed
crore -s
cross -es,-ing
   -ed,-er
   -est
crost
croup -s,-ing,-ed
crout -s
crowd -s,-ing,-ed
crown -s,-ing,-ed
croze -s
cruck -s
crude -r,-st
crudy
cruel -(1)er
   -(1)est
cruet -s
crumb -s,-ing,-ed
crump -s,-er,-est
cruor
cruse -s
crush -es,-ing
   -ed
crust -s,-ing,-ed
crusy -sies
cruve -s
crwth -s
crypt -s

ctene -s
Cuban
cubby -bbies
cubeb -s
cubic
cubit -s
cuddy -ddies
cuffo
Cufic
cuish -es
culch -es
culet -s
culex -lices
cully -ing,-llies
   -ied
cumec -s
cumin -s
cupel -s,-ling
   -led
cupid -s
cuppa -s
curat
curch -es
curdy -dier,-iest
curer -s
curia -s
curie -s
curio -s
curly -lier,-iest
curny -nier,-iest
curry -ing,-rries
   -ied
curse -s,-d,-sing
curst
curve -s,-d,-ving
curvy -vier,-iest
cusec -s
cushy -shier
   -iest
cutch -es
cutey -s
cutie -s
cut-in
cutin
cutis -es
cutto -es
cutty -tties,-ier
   -iest
cuvée -s
cycad -s
cycle -s,-d,-ling
cyclo -s
cyder -s
cylix -lices
cymar -s
Cymry
cynic -s
cyton -s
Czech

D

dacha -s
daddy -ddies
dados
daffy -ffies,-ier
-iest
dagga -s
Dagon
daily -lies
dairy -ries
daisy -sies
daker -s,-ing,-ed
Dalek
dalle -s
dally -ing,-llies
-ied
daman -s
damar -s
damme -s
dampy -pier,-iest
dance -s,-d,-cing
dandy -dies,-ier
-iest
danio -s
daraf -s
dared
dares
darga -s
daric -s
darky -kies
darzi -s
datal
dated
dater -s
datum -ta
daube
dauby -bier,-iest
dault -s
daunt -s,-ing,-ed
davit -s
dazed
dealt
dearn
deary -ries
death -s
deave -s,-d,-ving
deawy
de-bag
debar -s,-ring
-red
debby -bbies
debel
debit -s,-ing,-ed
debug -s,-ging
-ged
début -s
Debye
decad -s
decal -s

decay -s,-ing,-ed
Decca®
decko -s,-ing,-ed
décor -s
decoy -s,-ing,-ed
decry -ing,-cries
-ied
dedal
deedy -dier,-iest
deeve -s,-d,-ving
defer -s,-ring
-red
degum -s,-ming
-med
de-ice
deify -ing,-fies
-ied
deign -s,-ing,-ed
deism
deist -s
deity -ties
dekko -s,-ing,-ed
delay -s,-ing,-ed
delft
delph
delta -s
delve -s,-d,-ving
demic
demit -s,-ting
-ted
demob -s,-bing
-bed
demon -s
demos
dempt
demur -s,-ring
-red
Deneb
denim -s
dense -r,-st
depot -s
depth -s
deray
derby -bies
derma -s
deter -s,-ring
-red
deuce -s
devel -s,-ling
-led
devil -s,-ling
-led
dewan -s
dhobi -s
dhole -s
dhoti -s
diact
Diana
diary -ries
diazo -(e)s

dicer -s
dicey -cier,-iest
dicht -s,-ing,-ed
dicky -kies,-ier
-iest
dicta
didst
dight -s,-ing,-ed
digit -s
diker -s
dikey -kier,-iest
dildo -(e)s
dilli -s
dilly -llies
dimer -s
dimly
dinar -s
diner -s
dinge
dingo -es
dingy -gier,-ier
-iest
dinic -s
dinky -kier,-iest
diode -s
diota -s
dippy -ppier
-iest
dipso -s
dirge -s
dirty -ing,-ties
-ied,-ier
-iest
disco -s
dishy -shier
-iest
disme
dital -s
ditch -es,-ing
-ed
ditto -s,-ing,-ed
ditty -ing,-tties
-ied
divan -s
diver -s
Dives
divot -s
divvy -ing,-vvies
-ied
diwan -s
dixie -s
dizen
dizzy -ing,-zzies
-ied,-ier
-iest
djinn
D-mark
do-all
dobby -bbies
docht

doddy -ddies,-ier
-iest
dodge -s,-d,-ging
dodgy -gier,-iest
dodos
doest
doeth
doggo
doggy -ggier
-iest
dogie
dogma -s
doilt -er,-est
doily -lies
doing -s
Dolby®
dolce -s
dolia
dolly -ing,-llies
-ied,-ier
-iest
domal
domed
donah -s
Donat
donee -s
Donet
donga -s
Donna
donor -s
donut -s
dooms
doomy -mier,-iest
doorn
doper -s
dopey -pier,-iest
dorad -s
Doras
doree -s
Doric
Doris
dormy
dorse -s
dorts
dorty -tier,-iest
doseh -s
dotal
doter -s
dotty -ttier
-iest
douar -s
Douay
doubt -s,-ing,-ed
douce -r,-st
dough -s
douma -s
doura -s
douse -s,-d,-sing
dover -s,-ing,-ed
dovie -r,-st

dowar -s
dowdy -dies,-ier
    -iest
dowed
dowel -s,-ling
    -led
dower -s,-ing,-ed
dowie -r,-st
dowle
downa
downy -nier,-iest
dowry -ries
dowse -s,-d,-sing
doyen -s
dozed
dozen -s
dozer -s
Draco
draff -s
draft -s,-ing,-ed
drail -s,-ing,-ed
drain -s,-ing,-ed
drake -s
drama -s
drank
drant -s,-ing,-ed
drape -s,-d,-ping
drawl -s,-ing,-ed
drawn
dread -s,-ing,-ed
dream -s,-ing,-ed
    -t
drear -er,-est
dregs
dress -es,-ing
    -ed
drest
dried
drier -s
drift -s,-ing,-ed
drill -s,-ing,-ed
drily
drink -s,-ing
    drank,drunk
drive -s,-n,-ving
    drove
droil -s,-ing,-ed
droit -s
drôle -s,-r,-st
droll -s,-ing,-ed
    -er,-est
drome -s
drone -s,-d,-ning
drony -nier,-iest
drook -s,-ing,-ed
drool -s,-ing,-ed
droop -s,-ing,-ed
dross
drouk -s,-ing,-ed
drove -s

drown -s,-ing,-ed
Druid
drunk -s,-er,-est
drupe -s
druse -s
drusy -sier,-iest
druxy -xier,-iest
Druze
dryad -s
dryer -s
dryly
dsobo -s
dsomo -s
ducal
ducat -s
duchy -chies
ducks -es
ducky -kies,-ier
    -iest
duett -s
dulia
dully -llier
    -iest
dulse -s
dumka
dumky
dummy -ing,-mmies
    -ied,-ier
    -iest
dumpy -pies,-ier
    -iest
dunce -s
dunch -es,-ing
    -ed
dungy -gier,-iest
dunno
dunny -nnies,-ier
    -iest
dunsh -es,-ing
    -ed
duomo -s,duomi
duper -s
duple
duply -ing,-lies
    -ied
duppy -ppies
dural
duroy
durra -s
durst
durum -s
dusky -kier,-iest
dusty -tier,-iest
dutch -es
duvet -s
dwale -s
dwalm -s,-ing,-ed
dwarf -s,-ing,-ed
dwaum -s,-ing,-ed
dwell -s,-ing,-ed

dwelt
dwine -s,-d,-ning
dying -s
dykey -kier,-iest

E

eager
eagle -s
eagre -s
eared
early -lier,-iest
earth -s,-ing,-ed
easel -s
easle -s
eaten
eater -s
eathe
eaves
Eblis
E-boat
ebony -nies
éclat -s
Eddic
edema -s
edged
edict -s
edify -ing,-fies
    -ied
edile -s
educe -s,-d,-cing
educt -s
eerie -r,-st
egest -s,-ing,-ed
eggar -s
egger -s
egret -s
Egypt
eider -s
eight -s
eigne
eikon -s
eisel
eject -s,-ing,-ed
e-la-mi
eland -s
Elaps
elate -s,-d,-ting
elbow -s,-ing,-ed
elchi -s
elder -s
eldin -s
elect -s,-ing,-ed
elegy -gies
elemi
elfin -s
eliad
Elian
elide -s,-ing,-ed
élite -s
elmen

éloge -s
elogy
eloin -s,-ing,-ed
elope -s,-d,-ping
elops
elpee -s
elsin -s
elude -s,-d,-ding
elute -s,-d,-ting
elvan
elver
elves
embar -s,-ring
    -red
embay -s,-ing,-ed
embed -s,-ding
    -ded
ember -s
embog -s,-ging
    -ged
embow -s,-ing,-ed
embox -es,-ing
    -ed
embus -ses,-sing
    -sed
emcee -s,-ing,-d
emeer -s
emend -s,-ing,-ed
emery -ing,-ries
    -ied
emmer
emmet -s
emmew -s,-ing,-ed
emong
emote -s,-d,-ting
emove -s,-d,-ving
empty -ing,-ties
    -ied,-ier
    -iest
emure
enact -s,-ing,-ed
enarm
enate
ended
end-on
endow -s,-ing,-ed
endue -s,-d
    -duing
enema -s,-ta
enemy -mies
eniac -s
enjoy -s,-ing,-ed
enmew -s,-ing,-ed
ennui -s,-ed
    ennuying
    -yed
enorm
enrol -s,-ling
    -led
ensky

ensue -s,-d	étude -s	faker -s	fermi -s
-suing	etwee -s	fakes	ferny -nier,-iest
enter -s,-ing,-ed	etyma	fakir -s	ferry -ing,-rries
entia	eupad	false -r,-st	-ied
entry -tries	Eurus	famed	fesse -s
enure	eusol	fanal -s	festa
envoi -s	evade -s,-d,-ding	fancy -ing,-cies	fetal
envoy -s	evens	-ied,-ier	fetch -es,-ing
Enzed	event -s	-iest	-ed
Eolic	evert -s,-ing,-ed	fango -s	fetid
eosin	every	fanny -nnies	fetor
epact -s	evhoe -s	fanon -s	fetus -es
ephah -s	evict -s,-ing,-ed	Fanti	fetwa -s
ephod -s	evite -s,-d,-ting	farad -s	feuar -s
ephor -s	evoke -s,-d,-king	farce -s,-d,-cing	fever -s,-ing,-ed
epoch -s	ewest	farci	fezes
epode -s	ewhow -s	farcy	f-hole
epopt -s	exact -s,-ing,-ed	farle -s	fiars
epoxy -xies	exalt -s,-ing,-ed	farse -s,-d,-sing	fiber -s
épris	excel -s,-ling	fasci	fibre -s
equal -s,-ling	-led	fasti	fiche -s
-led	exeat -s	fatal	fichu -s
equip -s,-ping	exeem	fated	fidge -s,-d,-ging
-ped	exeme	fatly	field -s,-ing,-ed
Equus	exert -s,-ing,-ed	fatso -(e)s	fiend -s
erase -s,-d,-sing	exies	fatty -tties,-ier	fiere -s
Erato	exile -s,-d,-ling	-iest	fiery -rier,-iest
erbia	exine -s	faugh -s	fifer -s
erect -s,-ing,-ed	exist -s,-ing,-ed	fault -s,-ing,-ed	fifth -s
ergon	exode -s	fauna -s,-e	fifty -ties
ergot	expel -s,-ling	faurd	fight -s,-ing
erica -s	-led	Fauve	fought
erick -s	extol -s,-ling	favus	filar
Ernie	-led	F-clef	filch -es,-ing
erode -s,-d,-ding	extra -s	feare -s	-ed
erose	exude -s,-d,-ding	feast -s,-ing,-ed	filed
erred	exult -s,-ing,-ed	fecal	filer -s
error -s	Eyeti	feces	filet
Eruca	eying	fecht -s,-ing	fille
eruct -s,-ing,-ed	eyrie -s,-r,-st	fecit	filly -llies
erupt -s,-ing,-ed	Eytie	feeze -s,-d,-zing	filmy -mier,-iest
erven		fehme	filth
escot	**F**	feign -s,-ing,-ed	final -s
esile	fa'ard	feint -s,-ing,-ed	finch -es
eskar -s	fable -s,-d,-ling	Felis	finer -s
esker -s	faced	fella -s	finis -es
essay -s,-ing,-ed	facer -s	felly -llies	finks
ester -s	facet -s,-ing,-ed	felon -s	finny -nnier
estoc -s	facia -s	femal	-iest
estop -s,-ping	faddy -ddier	femur -s	fiord -s
-ped	-iest	fence -s,-d,-cing	fired
étage	fadge -s,-d,-ging	fendy -dier,-iest	firer -s
étape	faery -ries	fenks	firry -rrier
ethal	Fagin	fenny -nnier	-iest
ether -s	fagot -s,-ing,-ed	-iest	first -s
ethic -s	Fagus	feoff -s,-ing,-ed	firth -s
ethos -es	faint -s,-ing,-ed	feral	fishy -shier
ethyl -s	-er,-est	ferly -ing,-lies	-iest
ettin -s	fairy -ries	-ied,-ier	fisty -tier,-iest
ettle -s,-d,-ling	faith -s	-iest	fitch -es

fitly
fitte -s
fit-up
fiver -s
fives
fixed
fixer -s
fizzy -zzier
　　-iest
fjord -s
flaff -s,-ing,-ed
flail -s,-ing,-ed
flair -s
flake -s,-d,-king
flaky -kier,-iest
flame -s,-d,-ming
flamm -s
flamy -mier,-iest
flank -s,-ing,-ed
flare -s,-d,-ring
flary -rier,-iest
flash -es,-ing
　　-ed,-er
　　-est
flask -s
flawn -s
flawy -wier,-iest
flaxy -xier,-iest
fleam -s
fleck -s,-ing,-ed
fleer -s,-ing,-ed
fleet -s,-ing,-ed
　　-er,-est
fleme -s,-ming
　　flemit
flesh -es,-ing
　　-ed
flick -s,-ing,-ed
flier -s
flies
flimp -s,-ing,-ed
fling -s,-ing
　　flung
flint -s
flirt -s,-ing,-ed
flisk -s,-ing,-ed
flite -s,-d,-ting
flitt
float -s,-ing,-ed
flock -s,-ing,-ed
flong -s
flood -s,-ing,-ed
floor -s,-ing,-ed
flora -s,-e
flory -rier,-iest
flosh -es
floss -es
flota -s
flote
flour -s,-ing,-ed

flout -s,-ing,-ed
flown
fluey -uier,-iest
fluff -s,-ing,-ed
fluid -s
fluke -s,-d,-king
fluky -kier,-iest
flume -s
flump -s,-ing,-ed
flung
flunk -s,-ing,-ed
Fluon®
fluor
flurr -s,-ing,-ed
flush -es,-ing
　　-ed
flute -s,-d,-ting
fluty -tier,-iest
fly-by
flyer -s
flype -s,-d,-ping
flyte -s,-d,-ting
foamy -mier,-iest
focal
focus -es,-ing
　　-ed
foehn -s
fogey -s
foggy -ggier
　　-iest
fogle -s
foist -s,-ing,-ed
folia
folic
folie
folio -s,-ing,-ed
folly -ing,-llies
　　-ied
fomes -mites
fonda
fonds
fonly
foots
footy -tier,-iest
foray -s,-ing,-ed
forby
force -s,-d,-cing
fordo -es,-ing
　　-ne,-did
forel -s
forge -s,-d,-ging
forgo -es,-ing
　　-ne,-went
forky -kier,-iest
forme -s
forte -s
forth
forty -ties
forum -s,fora
fossa -s

fosse -s
fouat -s
fouet -s
foulé
found -s,-ing,-ed
fount -s
fouth
fovea -e
fowth
foxed
foyer -s
frack -er,-est
fract -s,-ing,-ed
frail -s,-er,-est
fraim -s,-er,-est
frame -s,-d,-ming
franc -s
frank -s,-ing,-ed
　　-er,-est
frass
fraud -s
freak -s,-ing,-ed
freed
freer -s
freet -s
freit -s
fremd -s,-er,-est
frena
Freon®
fresh -es,-ing
　　-ed,-er
　　-est
friar -s
fried
frier -s
fries
frill -s,-ing,-ed
frisk -s,-ing,-ed
frist
frith -s
frize
frizz -es,-ing
　　-ed
frock -s,-ing,-ed
frond -s
front -s,-ing,-ed
frore
frorn
frory
frost -s,-ing,-ed
froth -s,-ing,-ed
frown -s,-ing,-ed
frowy -wier,-iest
froze
fruit -s,-ing,-ed
frump -s
frush -es,-er
　　-est
frust -s
fryer -s

fry-up
fubby -bbier
　　-iest
fubsy -sier,-iest
fucus -es,fuci
fudge -s,-d,-ging
fuero -s
fuffy -ffier
　　-iest
fugal
fuggy -ggier
　　-iest
fugie
fugle -s,-d,-ling
fugue -s
fully
fumet -s
fundi
fungi
funky -kier,-iest
funny -nnies,-ier
　　-iest
fural
furan -s
furol
furor -s
furry -rrier
　　-iest
furth
furze
furzy -zier,-iest
fusee -s
fusil -s
fussy -ssier
　　-iest
fusty -tier,-iest
Fusus
futon -s
fuzee -s
fuzzy -zzier
　　-iest
fytte -s

G

gabby -bbier
　　-iest
gable -s
gadge -s
gadje -s
gadso -s
Gadus
gaffe -s
gaily
galah -s
galea -s
gally -ing,-llies
　　-ied
galop -s,-ing,-ed
galut -s
gamba -s

gamic	genii	glare -s,-d,-ring	golly -llies
gamin -s	genip -s	glary -rier,-iest	golpe -s
gamma -s	genoa -s	glass -es,-ing	gombo -s
gammy -mmier	genom -s	-ed	gonad -s
-iest	genre -s	glaum -s,-ing,-ed	goner -s
gamut -s	Genro	glaur -s	gonia
ganch -es,-ing	gents	Glaux	gonna
-ed	genty -tier,-iest	glaze -s,-d,-zing	good-o
ganja	genus -es,-nera	glazy -zier,-iest	goody -dies,-ier
gaper -s	geode -s	gleam -s,-ing,-ed	-iest
gappy -ppier	geoid -s	glean -s,-ing,-ed	gooey, gooier
-iest	gerah -s	glebe -s	-iest
garbe -s	gerbe -s	gleby -bier,-iest	go-off
Garbo	gerne	glede -s	goofy -fier,-iest
garda -i	Gerry	gleed -s	gooly
garni	gesse	gleek -s,-ing,-ed	goopy -pier,-iest
garth -s	gesso -es	gleet -s,-ing,-ed	goose -s,-d,-sing
gases	geste -s	glent -s,-ing,-ed	goosy -sies,-ier
gaspy -pier,-iest	get-up	glial	-iest
gassy -ssier	geyan	glide -s,-d,-ding	gopak -s
-iest	ghast	gliff -s	goral -s
gated	ghaut -s	glift -s	gorge -s,-d,-ging
gaucy -cier,-iest	ghazi -s	glike	gormy -mier,-iest
gaudy -dies,-ier	ghost -s,-ing,-ed	glint -s,-ing,-ed	gorse
-iest	ghoul -s	glisk -s	gorsy -sier,-iest
gauge -s,-d,-ging	ghyll -s	glitz	gotta
gauje -s	giant -s	gloat -s,-ing,-ed	Gouda
gault -s	gibel -s	globe -s,-d,-bing	gouge -s,-d,-ging
gaumy -mier,-iest	giber -s	globy	Goura
gaunt -s,-ing,-ed	gibus -es	glogg -s	gourd -s
-er,-est	giddy -ing,-ddies	gloom -s,-ing,-ed	gouty -tier,-iest
gauss -es	-ied,-ier	glory -ing,-ries	gowan -s
gauze -s	-iest	-ied	goyim
gauzy -zier,-iest	gigot -s	gloss -es,-ing	graal -s
gavel -s	gigue -s	-ed	grace -s,-d,-cing
gawcy -cier,-iest	gilet -s	glout -s,-ing,-ed	grade -s,-d,-ding
gawky -kier,-iest	gilly -ing,-llies	glove -s,-d,-ving	graff -s,-ing,-ed
gawsy -sier,-iest	-ied	gloze -s,-d,-zing	graft -s,-ing,-ed
gayal -s	gilpy -pies	glued	grail -s
gayer	gilts	gluer -s	grain -s,-ing,-ed
gazal -s	gimme	gluey -gluier	graip -s
gazel -s	gippo -s	-iest	grama
gazer -s	gippy -ppies	glume -s	grame
gazon -s	gipsy -ing,-sies	gluon -s	grand -s,-er,-est
gazoo -s	-ied	glyph -s	grant -s,-ing,-ed
G-clef	girly -lies	gnarl -s,-ing,-ed	grape -s,-d,-ping
gebur -s	giron -s	gnarr -s,-ing,-ed	graph -s,-ing,-ed
gecko -(e)s	girth -s,-ing,-ed	gnash -es,-ing	grapy -pier,-iest
geese	gismo -s	-ed	grasp -s,-ing,-ed
geist -s	given	gnawn	grass -es,-ing
gelid -er,-est	giver -s	gnome -s,-mae	-ed
gemel -s	gizmo -s	goaty -tier,-iest	grate -s,-d,-ing
gemma -e	glacé -s,-ing,-ed	godet -s	grave -s,-d,-r
gemmy -mmier	glade -s	godly	-st,-ving
-iest	glady -dier,-iest	godso -s	gravy -vies
gemot -s	glaik	goety	graze -s,-d,-zing
genal	glair -s,-ing,-ed	gofer -s	great -s,-er,-est
genet -s	glaire -s,-ing,-ed	going -s	grebe -s
genic	gland -s	goldy -dier,-iest	grece -s
genie -s	glans, glandes	golem -s	greed -s

Greek	guess -es,-ing	haily -lier,-iest	haves
green -s,-ing,-ed	-ed	hairy -rier,-iest	havoc -s,-king
-er,-est	guest -s,-ing,-ed	haith -s	-ked
grees -es	Gueux	hajji -s	hawse -s,-d,-sing
greet -s,-ing,-ed	Gueux	hakam -s	hayle
grège -r,-st	guide -s,-d,-ding	hakim -s	hazel -s
grego -s	guild -s	halal -s,-ling	hazer -s
grein -s,-ing,-ed	guile -s	-led	H-bomb
grese -s	guilt -s	haler -dier,-iest	heady -dier,-iest
greve -s	guimp -s,-ing,-ed	halfa -s	heald -s,-ing,-ed
grice -s	guise -s,-d,-sing	hallo -(e)s,-ing	heaps
gride -s,-d,-ding	gulag -s	-ed	heapy -pier,-iest
grief -s	gular	halma -s	heard
griff -s	gulch -es,-ing	halo'd	heart -s,-ing,-ed
grift	-ed	halos	heath -s
grike -s	gules	halse -s,-d,-sing	heave -s,-d,-ving
grill -s,-ing,-ed	gulfy -fier,-iest	halva -s	heavy -vies,-ier
grime -s,-d,-ming	gully -llies	halve -s,-d,-ving	-iest
grimy -ier,-iest	gumbo -s	hamal -s	heben
grind -s,-ing	gumma -ta	hammy -mmier	hecht -s,-ing
-ground	gummy -mmier	-iest	hedge -s,-d,-ging
gripe -s,-d,-ping	-iest	hamza -s	hedgy -gier,-iest
grise -s	gundy -dies	hanap -s	heeze -s,-d,-zing
grist -s	gunge -s	hance -s	hefty -tier,-iest
grisy -sier,-iest	gungy -gier,-iest	hanch -es,-ing	heigh -s
grith -s	gunny	-ed	heist -s,-ing,-ed
grits	guppy -ppies	handy -dier,-iest	hejra -s
grize -s	gurge	hanky -kies	helix -es,-lices
groan -s,-ing,-ed	gurly -lier,-iest	Hanse	hello -s,-ing,-ed
groat -s	gurry	haoma -s	helot -s
groin -s,-ing,-ed	gushy -shier	haply	helve -s,-d,-ving
groma -s	-iest	happy -ppier	hemal
grone	gusla -s	-iest	he-man
groof -s	gusle -s	haram -s	hempy -pier,-iest
groom -s,-ing,-ed	gusli -s	hards	hence -s
grope -s,-d,-ping	gusto	hardy -dier,-iest	henge -s
gross -es,-ing	gutsy -sier,-iest	harem -s	henna -s
-ed,-er	gutta -s,-e	harim -s	henny -nnies,-ier
-est	gutty -tties	harns	-iest
grouf -s	guyle	harpy -pies	henry -s,-ries
group -s,-ing,-ed	guyot -s	harry -ing,-rries	hepar -s
grout -s,-ing,-ed	guyse	-ied	herby -bier,-iest
grove -s	gyeld	harsh -er,-est	herma -e
growl -s,-ing,-ed	gynae	hashy -shier	heron -s
grown	gyppo -s	-iest	herry -ing,-rries
gruel -s,-ling	gyppy -ppies	ᵏHasid	-ied
-led	gypsy -ing,-sies	haste -s,-d,-ting	herse
gruff -er,-est	-ied	hasty -tier,-iest	hertz
grume -s	gyral	hatch -es,-ing	herye
grunt -s,-ing,-ed	gyron -s	-ed	heuch -s
gryde -s,-d,-ding	gyrus -es	hater -s	heugh -s
gryke -s		haugh -s	hevea -s
grype -s	H	hauld -s	hewed -s
g-suit	habit -s,-ing,-ed	haulm -s	hewer -s
guaco -s	hable	·hault	hewgh
guana -s	Hades	haunt -s,-ing,-ed	hexad -s
guano -s	hadji -s	·Hausa	hiant
guard -s,-ing,-ed	hadst	hause -s,-d,-sing	hiems
guava -s	haick -s	haven -s,-ing,-ed	hight -s,-ing
Guelf	Haikh	haver -s,-ing,-ed	hijra -s
	haiku -s		

hiker -s
hilar
hilch -es,-ing
    -ed
hillo -s,-ing,-ed
hilly -llier
    -iest
hilum -la
hilus -la
Hindi
Hindu
hinge -s,-d,-ging
hinny -ing,-nnies
    -ied
hippo -s
hippy -ppies,-ier
    -iest
hired
hirer -s
hitch -es,-ing
    -ed
hithe -s
hiver -s
hives
hoard -s,-ing,-ed
hoary -rier,-iest
hoast -s,-ing,-ed
hobby -bbies
hocus -(s)es
    -(s)ing
    -(s)ed
Hodge
hodja -s
hogan -s
hogen
ho-hum
hoick -s,-ing,-ed
hoise -s,-d,-sing
    hoist
hoist -s,-ing,-ed
hokku -s
hokum
holey -lier,-iest
holla -s
hollo -(e)s,-ing
    -ed
holly -llies
homer -s
homey -mier,-iest
'homme
honey -s,-ing,-ed
honky -kies,-ier
    -iest
hooch -(e)s
hooey
hoo-ha
hooka -s
hooky -kier,-iest
hooly -lier,-iest
hoo-oo

hoosh -es,-ing
    -ed
hoove
hoppy -ppier
    -iest
horal
horde -s,-d,-ding
horme
horny -nier,-iest
horse -s,-d,-sing
horst -s
horsy -sier,-iest
hosed
hosen
hosta -s
hotch -es,-ing
    -ed
hotel -s
hoten
hotly
houff -s,-ing,-ed
hough -s,-ing,-ed
hound -s,-ing,-ed
houri -s
house -s,-d,-sing
hovel -s,-ling
    -led
hoven
hover -s,-ing,-ed
howbe
howdy -dies
howff -s,-ing,-ed
howre
howso
how-to
hubby -bbies
huffy -ffier
    -iest
hulky -kier,-iest
hullo -s,-ing,-ed
hully -llier
    -iest
human -s,-er,-est
humic
humid -er,-est
humph -s,-ing,-ed
humpy -pier,-iest
humus -es
hunch -es,-ing
    -ed
hunks -es
hunky
hurds
hurly -lies
hurra -s,-ing,-ed
hurry -ing,-rries
    -ied
hurst -s
hushy -shier
    -iest

husky -kies,-ier
    -iest
hussy -ssies
hutch -es
hutia -s
huzza -s,-ing,-ed
huzzy -zzies
hydra -s
hydro -s
hyena -s
hying
hyleg -s
hylic
hymen -s
hyoid
hyper -s,-er,-est
hypha -e
hyrax -es,-races
hyson -s
hythe -s

I

iaido
iambi
I-beam
Iblis
ichor -s
icing -s
icker -s
ictal
ictic
ictus -es
idant -s
ideal -s
idiom -s
idiot -s
Idist
idler -s
Idola
idyll -s
igapo -s
igloo -s
ihram -s
ileac
ileum, ilea
ileus -es
iliac
Iliad
Ilian
ilium, ilia
illth
image -s,-d,-ging
imago -es
imari -s
imaum -s
imbar -s,-ring
    -red
imbed -s,-ding
    -ded
imbue -s,-d
    -buing

imide -s
immew -s,-ing,-ed
immit -s,-ting
    -ted
immix
impel -s,-ling
    -led
imply -ing,-lies
    -ied
impot -s
imshi -s
imshy -shies
inane -r,-st
inapt
inarm -s,-ing,-ed
inbye
in-car
incog
incur -s,-ring
    -red
incus -cudes
incut
index -es,-ing
    -ed,indices
Indic
indol
Indra
indri -s
indue -s,-d
    -duing
inept
inerm
inert
infer -s,-ring
    -red
infix -es,-ing
    -ed
infra
ingan -s
ingle -s
ingot -s
inion, inia
Injun
inker -s
inkle
in-law
inlay -s,-ing
    -laid
inlet -s
inner -s
in-off
inorb -s,-ing,-ed
input -s,-ting
    -ted
inset -s,-ting
inter -s,-ring
    -red
intil
intro -s
Inuit

inula -s
inure -s,-d,-ring
inurn -s,-ing,-ed
inust
Invar®
inwit
iodic
ionic
irade -s
Iraqi
irate
Irish
irony -nies
Isiac
Islam
islet -s
issei -s
issue -s,-d
    issuing
istle
Itala
itchy -chier
    -iest
ivied
ivory -ries
ixtle
Iyyar
izard -s
izzet -s

J

jabot -s
Jacob
jaded
Jaffa
jäger -s
jaggy -ggier
    -iest
jagir -s
Jaina
jakes
jalap -s
jambe -s
jambo -s
jambu -s
james -es
jammy -mmier
    -iest
janty -ties,-ier
    -iest
Janus
Japan -s,-ning
    -ned
jarta -s
jarul -s
jasey -s
jaspé
jaunt -s,-ing,-ed
Javan
javel

jawan -s
jawed
jazzy -zzier
    -iest
jebel -s
jeely -ing,-lies
    -ied
jehad -s
jelab -s
jello
jelly -ing,-llies
    -ied
jemmy -mmies,-ier
    -iest
jenny -nnies
jerid -s
jerky -kier,-iest
jerry -rries
Jesse
Jesus
jésus
jeton -s
jetty -tties
jeune
jewel -s,-ling
    -led
Jewry
jiber -s
jiffy -ffies
jigot -s
jihad -s
jimmy -mmies
jimpy -pier,-iest
jingo -es
jinni
jinns
jocko -s
jodel -s,-ling
    -led
joint -s,-ing,-ed
joist -s,-ing,-ed
joker -s
jokey -kier,-iest
jokol
jolly -ing,-llies
    -ied
jolty -tier,-iest
Jonah
jonty -ties
joram -s
jorum -s
jotun -s
jougs
joule -s
joust -s,-ing,-ed
jowar -s
joyed
judas -es
judge -s,-d,-ging
jugal -s

jugum, juga
juice -s
juicy -cier,-iest
julep -s
jumar -s,-ing,-ed
jumbo -s
jumby -bies
jumpy -pier,-iest
junco -(e)s
junky -kies
junta -s
junto -s
jupon -s
jural
jurat -s
juror -s
jutty -ing,-tties
    -ied

K

Kaaba
kaama -s
kabab -s
kabob -s
kacha
Kafir
kaiak -s
kalif -s
kalpa -s
kamis -es
kamme
kandy -dies
kaneh -s
kanga -s
kanzu -s
kapok
kappa
kaput
karat -s
Karen
karma -s
Karoo
karri -s
karst -s
kasba -s
katti -s
kaugh -s
kauri -s
kayak -s
kayle -s
kayoe -s,-ing,-ed
kazoo -s
kebab -s
kebob -s
kecks -es
kedge -s,-d,-r
    -st,-ging
kedgy -gier,-iest
keech
keeve -s

kefir -s
kelpy -pies
kelty -ties
kembo -s,-ing,-ed
kempt
kenaf -s
kendo
ken-no
kerne -s
kesar
ketch -es
kevel -s
keyed
khadi
khaki
khaya -s
kheda -s
Khmer
khoja -s
kiang -s
kiddy -ing,-ddies
    -ied
kidel -s
kidge -r,-st
kieve -s
kight
kiley -s
kilty -ties
kimbo -s,-ing,-ed
kinin -s
kinky -kier,-iest
kiosk -s
kisan
kithe -s,-d
    -thing
kitty -tties
klang -s
kloof -s
knack -s
knarl -s
knave -s
knead -s,-ing,-ed
kneed
kneel -s,-ing,-ed
knell -s,-ing,-ed
knelt
knife -s,-d,-fing
knive -s,-d,-ving
knock -s,-ing,-ed
knoll -s,-ing,-ed
knosp -s
knout -s,-ing,-ed
knowe -s
known
knurl -s,-ing,-ed
knurr -s
koala -s
koban -s
Kodak®
Koine

kokra
kokum -s
kooky -kier,-iest
kopje -s
koppa
Koran
kotow -s,-ing,-ed
Kotys
kraal -s,-ing,-ed
kraft
krait -s
krang -s
krans
kranz
kraut -s
kreng -s
krill -s
krona, kronor
krone -r,-n
kudos
kudzu -s
Kufic
kukri -s
kulak -s
kulan -s
Kuo-yü
kurre
kurta -s
kutch -es
kvass -es
kwela
kyang -s
kydst
kyley -s
kylie -s
kylin -s
kylix -lices
kyloe -s
Kyrie
kythe -s,-d
    -thing

L
labda -s
label -s,-ling
    -led
labia
labis -es
labra
laced
lacet -s
lacey -cier,-iest
laded
laden
Ladin
ladle -s,-d,-ling
lagan -s
lager -s
lahar -s
laigh -s,-er,-est

laika -s
laird -s
lairy -rier,-iest
laith
laity -ties
laker -s
lakin
laldy
lamia -s
lammy -mmies
lance -s,-d,-cing
lanch -es,-ing
    -ed
lande -s
lanky -kier,-iest
lapel -s
lapis
lapje
lapse -s,-d,-sing
larch -es
lardy -dier,-iest
large -s,-r,-st
largo -s
larky -kier,-iest
larum -s
Larus
larva -e
laser -s
lasso -(e)s,-ing
    -ed
lassu -s
latch -es,-ing
    -ed
lated
laten -s,-ing,-ed
later
latex -es,-tices
lathe -s
lathi -s
lathy -thier
    -iest
Latin
lauch -s,-ing
    leuch(en)
    leugh(en)
laugh -s,-ing,-ed
laund
laura -s
lavas
laver -s
lavra -s
lawks -es
lawny -nier,-iest
laxly
lay-by
layer -s,-ing,-ed
lay-up
lazar -s
L-dopa
leach -es,-ing
    -ed

leady -dier,-iest
leafy -fier,-iest
leaky -kier,-iest
leant
leany
leapt
leare -s,-d,-ring
learn -s,-ing,-ed
    -t
leary -rier,-iest
lease -s,-d,-sing
leash -es,-ing
    -ed
least -s
leave -s,-ving
    left
leavy -vier,-iest
leaze -s
ledge -s
ledgy -gier,-iest
ledum -s
leear -s
leech -es,-ing
    -ed
leery -rier,-iest
lefty -ties,-ier
    -iest
legal
leger
legge
leggy -ggier
    -iest
legit
leman -s
lemma -s,-ta
Lemna
lemon -s,-ing,-ed
lemur -(e)s
lenes
lenis
lento -s,-ti
leper -s
lepid
lepra
lepta
Lerna
Lerne
letch -es,-ing
    -ed
Lethe
let-up
leuch
leugh
levee -s,-ing,-d
level -s,-ling
    -led,-ler
    -lest
lever -s,-ing,-ed
levin -s
levis

lewis -es
lezzy -zzies
liana -s
liane -s
liang -s
liard -s,-er,-est
liart
libel -s,-ling
    -led
liber -s
libra
lichi -s
licht -s,-ing,-ed
    -er,-est
licit
liege -s
lie-in
lieve -r,-st
lifer -s
ligan -s
liger -s
ligge -s,-ing,-d
light -s,-ing,-ed
    -er,-est
ligne -s
liken -s,-ing,-ed
liker -s
likin -s
lilac -s
limax -maces
limbo -s
limen -s
limes -mites
limey -s
limit -s,-ing,-ed
limma -s
linac
linch -es
lined
linen -s
liner -s
linga -s
lingo -es
lingy -gier,-iest
linin
linny -nnies
linty -tier,-iest
lipid -s
lippy -ppies,-ier
    -iest
liras
lisle -s
lithe -r,-st
litho -s
litre -s
lived
liven -s,-ing,-ed
liver -s
lives
livid -er,-est

livor
livre -s
llama -s
llano -s
loach -es
loamy -mier,-iest
loath
loave -s,-d,-ving
lobar
lobby -ing,-bbies
   -ied
lobed
lobus, lobi
local -s
locum -s
locus -ci
loden -s
lodge -s,-d,-ging
loess
lofty -tier,-iest
logan -s
logia
logic -s
logie
Logos
lolly -llies
lolog -s
loner -s
longa -s
longe -s,-ing,-ed
looby -bies
loofa -s
loony -nies,-ier
   -iest
loopy -pier,-iest
loord
loose -s,-d,-r
   -st,-sing
loral
loran -s
lorel -s
loric
loris -es
lorry -rries
losel -s
loser -s
lossy -ssier
   -iest
lotah -s
lotos -es
lotto -s
lotus -es
lough -s
louis
lound -s,-ing,-ed
   -er,-est
loupe -s
loure -s
loury -rier,-iest
louse -s,-d,-sing

lousy -sier,-iest
lovat -s
lover -s
lovey -s
lower -s,-ing,-ed
lowly -lier,-iest
lownd -s,-ing,-ed
   -er,-est
lowne
lowse -s,-r,-st
   -sing,-sit
loyal -er,-est
lozen -s
lubra
luces
lucid -er,-est
lucky -kies,-ier
   -iest
lucre
luffa -s
Luger
lumen -s,-mina
lumme -s
lummy -mmies,-ier
   -iest
lumpy -pier,-iest
lunar -s
lunch -es,-ing
   -ed
lunge -s,-ing,-d
   -ging
lungi -s
lupin -s
lupus
lurch -es,-ing
   -ed
Lurex
Lurgi
lurid -er,-est
lurry
lushy -shier
   -iest
lusty -tier,-iest
luter -s
luxes
lyart
lycée -s
lying -s
lymph -s
lynch -es,-ing
   -ed
lyric -s
lysin -s
lysis, lyses
lysol
lythe -s
lytta -s

M

macaw -s

macer -s
macho -s,-er,-est
macle -s
Maçon
madam -s
madge -s
madid -er,-est
madly
Mafia
maggs
magic -s,-king
   -ked
magma -s
Magog
magot -s
magus -es
Mahdi
mahoe -s
mahua -s
mahwa -s
maile
mains
maise -s
maize -s
major -s,-ing,-ed
makar -s
maker -s
malar -s
malax -es,-ing
   -ed
Malay
malic
Malta
malty -tier,-iest
malva -s
mamba -s
mambo -s,-ing,-ed
mamma -e,-s
mammy -mmies
maned
maneh -s
manes
manet
mange
mango -es
mangy -gier,-iest
mania -s
manic
Manis
manky -kier,-iest
manly -lier,-iest
manna -s
manor -s
manse -s
manta -s
manto -(e)s
manty -ties
manul -s
manus -es
Maori

maple -s
maqui -s
marah -s
march -es,-ing
   -ed
mardy -ing,-dies
   -ied,-ier
   -iest
maria
marid -s
marle
marls
marly -lier,-iest
maror -s
marry -ing,-rries
   -ied
marsh -es
Masai
maser -s
mashy -shies
mason -s,-ing,-ed
massa -s
massé -s
massy -ssier
   -iest
masty -tier,-iest
match -es,-ing
   -ed
mater -s
matey -tier,-iest
maths
matin -s
matlo -s
matte -s,-r,-st
matza -s
matzo -s
maund -s
mauve -s,-r,-st
mavis -es
maxim -s
Mayan
maybe -s
mayor -s
mayst
mazer -s
mazut
mealy -lies,-ier
   -iest
meane -s,-ing,-d
means
meant
meany -nies
mease -s,-d,-sing
meaty -tier,-iest
mebos
Mecca
medal -s,-ling
   -led
Medau
media -e

medic -s
Médoc
meint
meiny -nies
meith -s
mêlée -s
Melia
melic
melon -s
menge -s,-d,-ging
Mensa
mense -s,-d,-sing
mercy -cies
merel -s
merge -s,-d,-ging
meril -s
merit -s,-ing,-ed
merle -s
merry -rrier
     -iest
mesal
mesel
meshy -shier
      -iest
mesic
mesne
meson -s
messy -ssier
      -iest
mesto
metal -s,-ling
      -led
meted
meter -s,-ing,-ed
meths
metic -s
metif -s
métis
metol
metre -s,-d,-ring
metro -s
métro -s
meuse -s,-d,-sing
meynt
mezzo -s
mhorr -s
miaow -s,-ing,-ed
miasm -s
miaul -s,-ing,-ed
miche -s,-d
      -ching
micky -kies
micro -s
Midas
middy -ddies
midge -s
midst -s
miffy -ffier
      -iest
mifty

might -s
milch
miler -s
milky -kier,-iest
mille
milor -s
miltz -es
mimer -s
mimic -s,-king
      -ked
Mimus
minar -s
mince -s,-d,-cing
miner -s
mingy -gier,-iest
Minié
minim -s
minor -s
minty -tier,-iest
minus -es
mirky -kier,-iest
mirly -lier,-iest
mirth
Mirza
misdo -es,-ing
      -ne,-did
miser -s
misgo -es,-ing
      -ne,-went
missy -ssies,-ier
      -iest
misty -tier,-iest
mitre -s,-d,-ring
Mitty
mixed
mixen -s
mixer -s
mix-in
mix-up
mizen -s
mneme -s
mobby -bbies
moble
Mocha
modal
model -s,-ling
      -led
modem -s
modii
modus -di
moggy -ggies
mogul -s
mohel -s
mohur -s
Moira
moire -s
moiré -s
moist -er,-est
molal
molar -s

molla -s
molly -llies
molto
momma
mommy
Momus
monad -s
monal -s
monas -es
moner -a
money -s,-nies
monte -s
month -s
mooch -es,-ing
      -ed
moody -dier,-iest
moola
mools
mooly -lies
moony -nies,-ier
      -iest
moory -rier,-iest
moose
moped -s
moppy -ppier
      -iest
mopsy -sies
mop-up
mopus -es
moral -s,-ling
      -led
morat -s
moray -s
morel -s
mores
moria -s
morne -s,-r,-st
morné
moron -s
morph -s
morra
morro -s
morse -s
Morus
mosey -s,-ing,-ed
mossy -ssier
      -iest
moted
motel -s
moten
motet -s
motey -tier,-iest
mothy -thier
      -iest
motif -s
motor -s,-ing,-ed
motte -s
motto -es
motty -ttier
      -iest

motza
mouch -es,-ing
      -ed
mould -s,-ing,-ed
mouls
moult -s,-ing,-ed
mound -s,-ing,-ed
mount -s,-ing,-ed
mourn -s,-ing,-ed
mouse -s,-d,-sing
      mice
moust
mousy -sier,-iest
mouth -s,-ing,-ed
moved
mover -s
movie -s
mowed
mower -s
mowra -s
mpret -s
M-roof
mucic
mucid -er,-est
mucin -s
mucky -kier,-iest
mucor
mucro -s,-nes
mucus -es
muddy -ing,-ddies
      -ied,-ier
      -iest
mudir -s
mufti -s
muggy -ggier
      -iest
muist
mujik -s
mulch -es,-ing
      -ed
mulct -s,-ing,-ed
muley -s
mulga -s
mulsh -es,-ing
      -ed
mummy -ing,-mmies
      -ied
mumps
munch -es,-ing
      -ed
Munda
mungo -s
Munro
mural -s
murex -s,-rices
murky -kier,-iest
murly -lier,-iest
murra
murre -s
murry -rries

murva
Musak
Musca
Musci
mused
muser -s
muset
musha
mushy -shier
    -iest
music -s,-king
    -ked
musit
musky -kier,-iest
musse -s,-d
    -ssing
mussy -ssier
    -iest
musth -s,-er,-est
musty -tier,-iest
mutch -es
muted
muton -s
Muzak®
muzzy -zzier
    -iest
mvule -s
myall -s
mynah -s
myoid
myoma -s
myope -s
myops -es
myrrh -s

N
Naafi
nabob -s
nache -s
nacre -s
nadir -s
naeve
naevi
naggy -ggier
    -iest
nagor -s
nahal -s
naiad -(e)s
Naias
naira
naïve -r,-st
naive -r,-st
naked -er,-est
naker -s
nalla -s
named
namer -s
nance -s
nancy -cies
nandu

nanna -s
nanny -ing,-nnies
    -ied
Nantz
napoo -s,-ing,-ed
nappe -s
nappy -ppies,-ier
    -iest
naras -es
nares
narky -kier,-iest
narre
nasal -s
Nasik
nasty -ties,-ier
    -iest
natal
natch -es
nates
natty -ttier
    -iest
naunt -s
naval
navel -s
navew -s
navvy -ing,-vvies
    -ied
nawab -s
Nayar
nazir -s
neafe
neath
nebek -s
nebel -s
neddy -ddies
needs
needy -dier,-iest
neeld
neele
neese -s,-d,-sing
neeze -s,-d,-zing
Negro
negus -es
neigh -s,-ing,-ed
neist
neive -s
nelis
nelly -llies
nempt
neper -s
nepit -s
nerka -s
nerve -s,-d,-ring
nervy -vier,-iest
Neski
netty -ttier
    -iest
neume -s
nevel -s,-ling
    -led

never
newel -s
newly
newsy -sier,-iest
nexus -es
ngaio -s
ngwee
niche -s,-d
    -ching
nicol -s
nidal
nidor -s
nidus -di
niece -s
nieve -s
niffy -ffier
    -iest
nifty -tier,-iest
Niger
night -s
nihil
Nilot
nimbi
ninny -nnies
ninon -s
ninth -s
Niobe
nippy -ppier
    -iest
nirly -lier,-iest
Nisan
nisei -s
nisse -s
nisus -es
nitid
niton -s
nitre
nitry
nitty -ttier
    -iest
nival
nixie -s
nizam -s
nobby -bbier
    -iest
noble -s,-r,-st
nobly
nodal
noddy -ddies
nodus
nohow
noils
noint -s,-ing,-ed
noise -s,-d,-sing
noisy -sier,-iest
nomad -s
no-man
nomic
nomos
nonce -s

Nones
nonet -s
nonny -nnies
nooky -kier,-iest
no-one
noose -s,-d,-sing
nopal -s
noria -s
Norma
Norna
Norse
north -s,-ing,-ed
nosed
noser -s
nosey -s,-sier
    -iest
notal
notch -es,-ing
    -ed
noted
noter -s
notum -s
Notus
nould
noule
nouns
novae
novel -s
novum
noway
nowed
Nowel
noxal
noyau -s
nubby -bbier
    -iest
nubia -s
nucha -s
nudge -s,-d
    -dging
nugae
nulla -s
numen -mina
nurse -s,-d,-sing
nutty -ttier
    -iest
nyaff -s,-ing,-ed
nylon -s
nymph -s

O
oaken
oaker
oakum
oared
oases
oasis
oaten
oaves
obang -s

obeah -s
obeli
obese -r,-st
oboli
occur -s,-ring
    -red
ocean -s
ocher
ochre -s,-d,-ring
ochry -rier,-iest
ocker
ocrea -e
octad -s
octal
octet -s
oddly
odeon -s,odea
odeum -s,odea
odism
odist -s
odium -s
odour -s
odyle -s
o'erby
offal -s
offer -s,-ing,-ed
oflag -s
often -er,-est
ogee'd
ogham -s
ogive -s
ogler -s
ogmic
ohmic
ohone -s
oidia
okapi -s
olden -s,-ing,-ed
oldie -s
oleic
olein -s
olent
oleum
olive -s
ollav -s
omasa
ombre -s
omega -s
omlah -s
omrah -s
oncer -s
oncus
on-dit
one-er
onely
onion -s,-ing,-ed
onkus
on-off
onset -s
oobit -s

oomph
oorie -r,-st
opera -s
opine -s,-d,-ning
opium -s
optic -s
orach -s
oracy
orang -s
orant -s
orate -s,-d,-ting
orbed
orbit -s,-ing,-ed
orcin
order -s,-ing,-ed
oread -(e)s
organ -s
orgia
orgic
orgue
oribi -s
oriel -s
Orion
Oriya
orlop -s
ormer -s
ornis -es
orpin -s
orris -es
ortho -s
orval
Oryza
Osage
Oscan
Oscar
oshac -s
osier -s
osmic
ossia
ostia
otary -ries
other -s
ottar -s
otter -s,-ing,-ed
oubit -s
oucht -s
ought -s
ouija -s
ounce -s
oundy -dier,-iest
ouphe
ourie -r,-st
ousel -s
outby
outdo -es,-ing
    -ne,-did
outed
outer -s
outgo -es,-ing
    -ne,-went

outré
ouzel -s
ovary -ries
ovate -s,-d,-ting
overt
ovine
ovist -s
ovoid -s
ovolo -li
ovule -s
owche -s
owing
owler
owlet -s
owner -s
owrie -r,-st
owsen
ox-bot
ox-bow
ox-eye
oxide -s
oxlip -s
oxter -s,-ing,-ed
ozeki -s
ozone

P
paced
pacer -s
pacey -cier,-iest
pacha -s
paddy -ddies
padle -s
padma -s
padre -s
paean -s
paeon -s
pagan -s
pager -s
pagle -s
pagod -s
pagri -s
paint -s,-ing,-ed
paisa -s
pakka
palas -es
palay -s
palea -e
palet -s
palki -s
palla -e
pally -llier
    -iest
palmy -mier,-iest
palpi
palsy -ing,-sies
    -ied,-ier
    -iest
pampa -s
panax -es

pance
panda
pandy -ing,-dies
    -ied
paned
panel -s,-ling
    -led
panga -s
panic -s,-king
    -ked
panim
panne
pansy -sies,-ier
    -iest
panto -s
pants
paoli
paolo
papal
papaw -s
paper -s,-ing,-ed
pappy -ppier
    -iest
Parca
parch -es,-ing
    -ed
pardi
pardy
parer -s
parge -s,-d,-ging
Paris
parka -s
parki -s
parky -kier,-iest
parle -s,-d,-ling
parly -lies
parol
parry -ing,-rries
    -ied
parse -s,-d,-sing
Parsi
parti
party -ing,-ties
    -ied
Pasch
paseo
pasha -s
pashm
paspy -pies
passé
pasta -s
paste -s,-d,-ting
pasty -ties,-ier
    -iest
patch -es,-ing
    -ed
pated
paten -s
pater -s
patio -s

patly	perce	pikul -s	plasm -s
patsy -sies	perch -es,-ing	pilau -s	plate -s,-d,-ting
patte -s	-ed	pilaw -s	platy -tier,-iest
patté	perdu -s	pilch -es	playa -s
patty -tties	perdy	pilea	plaza -s
pause -s,-d,-sing	peril -s,-ling	pilei	plead -s,-ing,-ed
pavan	-led	piler -s	pleat -s,-ing,-ed
paved	perky -kier,-iest	pilot -s,-ing,-ed	plebs
paven	perry -rries	pilow -s	pleon -s
paver -s	perse -s	pilum, pila	plesh
pavid	Pesah	pilus, pili	plica -e
pavin	pesky -kier,-iest	pinch -es,-ing	plied
pavis -es	petal -s	-ed	plier -s
pawaw -s	petar	piney -nier,-iest	plies
pawky -kier,-iest	peter -s,-ing,-ed	pinko -(e)s	plink -s
payed	petit	pinky -kies,-ier	plonk -s,-ing,-ed
payee -s	petre	-iest	pluck -s,-ing,-ed
payer -s	petty -tties,-ier	pinna -e	pluff -s,-ing,-ed
paysd	-iest	pinny -nnies	plumb -s,-ing,-ed
P-Celt	pewit -s	piñon	plume -s,-d,-ming
peace -s	peyse	pinta -s	plump -s,-ing,-ed
peach -es,-ing	phage -s	pinto	-er,-est
-ed	phare -s	pin-up	plumy -mier,-iest
peaky -kier,-iest	phase -s,-d,-sing	piony	plunk -s,-ing,-ed
pearl -s,-ing,-ed	pheer -s	pious	plush -es,-er
peart -er,-est	phene	pioye -s	-est
pease -son	pheon -s	pipal -s	Pluto
peaty -tier,-iest	phese -s,-d,-sing	piped	poach -es,-ing
peavy	phial -s,-ling	piper -s	-ed
peaze	-led	pipit -s	poaka -s
pecan -s	phlox -es	pippy -ppier	poake
Pecht	Phoca	-iest	pocky -kier,-iest
pedal -s,-ling	phone -s,-d,-ning	pipul -s	podal
-led	phony -nies,-ier	pique -s,-d	poddy -ddier
pedro -s	-iest	-quing	-iest
peece	photo -s,-ing,-ed	pirai -s	podex -es
peeoy -s	phyla	pisky -kies	podge -s
peery -rier,-iest	phyle -s	piste -s	podgy -gier,-iest
peggy -ggies	piano -s	pitch -es,-ing	podia
Peght	Picea	-ed	poesy -ing,-sies
peise	picky -kier,-iest	pithy -thier	-ied
peize	picot -s,-ing,-ed	-iest	pogge -s
pekan -s	picra	piton -s	poilu
Pekin	picul -s	pitta -s	poind -s,-ing,-ed
pekoe -s	Picus	pivot -s,-ing,-ed	point -s,-ing,-ed
pelma -s	pi-dog	pixel -s	poise -s,-d,-sing
pelta -s	piece -s,-d,-cing	pixie -s	pokal -s
penal	piel'd	pizza -s	poked
pence	piend -s	P-Kelt	poker -s
penes	piert -er,-est	place -s,-d,-cing	polar -s
penie	pietà -s	plack -s	poley
penis -es	piety -ties	plage -s	polio -s
penna -e	piezo	plaid -s	polka -s
penne	piggy -ggies,-ier	plain -s,-ing,-ed	polly -llies
penny -nnies	-iest	-er,-est	polyp -(e)s
peony -nies	pight -s,-ing	plait -s,-ing,-ed	Pomak
peppy -ppier	pigmy -mies	plane -s,-d,-ning	pombe -s
-iest	pi-jaw	plank -s,-ing,-ed	pommy
perai -s	piked	plant -s,-ing,-ed	ponce -s
Perca	piker -s	plash -es,-ing	poney -s,-ing,-ed
		-ed	

pongo -s	preve	pucka	pyxis, pyxides
ponty -ties	prexy	puddy -ddies	pzazz
pooch -es	prial -s	pudge -s	
pooja -s	price -s,-d,-cing	pudgy -gier,-iest	Q
poort	prick -s,-ing,-ed	pudic	qanat -s
poove -s	pricy -cier,-iest	pudor	Q-boat
poovy -vier,-iest	pride -s,-d,-ding	pudsy -sier,-iest	Q-Celt
poppa	pried	puffy -ffier	qibla -s
poppy -ppies	priep -s	-iest	Q-Kelt
popsy -sies	prier -s	puggy -ggies,-ier	Qoran
pop-up	pries	-iest	quack -s,-ing,-ed
poral	prima	pugil -s	quaff -s,-ing,-ed
porch -es	prime -s,-d,-ming	puker -s	quail -s,-ing,-ed
porer -s	primo -s	pukka	quair
porgy -gies	primp -s,-ing,-ed	puler -s	quake -s,-d,-king
porky -kier,-iest	primy	Pulex	quaky -kier,-iest
porno -s,-er,-est	prink -s,-ing,-ed	pulka -s	qualm -s
porta -s	print -s,-ing,-ed	pulmo -nes	quant -s,-ing,-ed
Porte	prior -s	pulpy -pier,-iest	quark -s
porty -tier,-iest	prise -s,-d,-sing	pulse -s,-d,-sing	quart -s
poser -s	prism -s	pumie	quash -es,-ing
posit -s,-ing,-ed	privy -vies	punce	-ed
posse -s	prize -s,-d,-zing	punch -es,-ing	quasi
potch -es,-ing	pro-am	-ed	quayd
-ed	probe -s,-d,-bing	Punic	quean -s
potin	proem -s	punka -s	queen -s,-ing,-ed
potto -s	proke -s,-d,-king	punto	queer -s,-ing,-ed
potty -tties,-ier	prole -s	punty -ties	-er,-est
-iest	proll	pupae	quell -s,-ing,-ed
pouch -es,-ing	prone	pupal	*queme
-ed	prong -s,-ing,-ed	pupil -s	quern -s
pouke -s	proof -s,-ing,-ed	puppy -ing,-ppies	query -ing,-ries
poule -s	props -es	-ied	-ied
poulp -s	prore -s	purée -s,-ind,-d	quest -s,-ing,-ed
poult -s	prose -s,-d,-sing	purge -s,-d,-ging	queue -s,-ing,-d
pound -s,-ing,-ed	prosy -sier,-iest	purim -s	queyn -s
poupe	proud -er,-est	purin	quich
poupt	proul -s,-ing,-ed	purpy	quick -s,-er,-est
powan -s	prove -s,-d,-n	purse -s,-d,-sing	quiet -s,-ing,-ed
power -s,-ing,-ed	-ving	pursy -sier,-iest	-er,-est
powin -s	Provo	purty -tier,-iest	quiff -s
powny -nies	prowl -s,-ing,-ed	pushy -shier	qui-hi
poyse -s,-d,-sing	proxy -xies	-iest	quill -s,-ing,-ed
pozzy	proyn	pussy -ssies	quilt -s,-ing,-ed
praam -s	pruce	putid	quina -s
prahu -s	prude -s,-r,-st	put-in	quine -s
prang -s,-ing,-ed	prune -s,-d,-ning	put-on	quint -s
prank -s,-ing,-ed	prunt -s	putti	quipo -s
prase	pryer -s	putto	quipu -s
prate -s,-d,-ting	pryse -s,-d,-sing	putty -ing,-tties	quire -s,-d,-ring
praty -ties	psalm -s	-ied	quirk -s,-ing,-ed
prawn -s	pseud -s,-er,-est	put-up	quirt -s,-ing,-ed
predy	pshaw -s,-ing,-ed	puzel	quist -s
preen -s,-ing,-ed	psoas -es	pygal -s	quite -s,-d,-ting
prent -s,-ing,-ed	psora -s	pygmy -mies	quits
presa	psych -s,-ing,-ed	pylon -s	quoif -s,-ing,-ed
prese	psyop -s	pyoid	quoin -s,-ing,-ed
press -es,-ing	pubes	pyral	quoit -s,-ing,-ed
-ed	pubic	Pyrex®	quoll -s
prest	pubis -es	Pyrus	quonk -s,-ing,-ed

quota -s	ratio -s	reest -s,-ing,-ed	resin -s,-ing,-ed
quote -s,-d,-ting	ratty -ttier	reeve -s,-d,-ving	resit -s,-ting
quoth	-iest	rove	resat
Qurân	ravel -s,-ling	refel	resty -tier,-iest
quyte	-led	refer -s,-ring	retch -es,-ing
R	raven -s,-ing,-ed	-red	-ed
rabat -s,-ting	raver -s	refit -s,-ting	retie -s,-d
-ted	ravin -s,-ing,-ed	-ted	-tying
rabbi -s	rawly	regal -s	retro -s,-er,-est
rabic	rayah -s	regar	retry -ing,-tries
rabid -er,-est	rayed	régie	-ied
racer -s	rayle	regma -ta	reuse -s,-d,-sing
rache -s	rayne	regur	revel -s,-ling
racon -s	rayon	Reich	-led
radar -s	razed	reify -ing,-fies	revet -s,-ting
radii	razee -s	-ied	-ted
radio -s,-ing,-ed	razor -s	reign -s,-ing,-ed	revie -s,-d
radix -dices	reach -es,-ing	reins	-vying
radon	-ed	reird -s	revue -s
raged	react -s,-ing,-ed	reist -s,-ing,-ed	rheum -s
rager -s	ready -ing,-dies	reive -s,-ving	rhine -s
raggy -ggier	-ied,-ier	reft	rhino -s
-iest	-iest	rejig -s,-ging	rhomb -s
rainy -nier,-iest	realm -s	-ged	rhone -s
raird -s	reame	re-jig	rhumb -s
raise -s,-d,-sing	reamy -mier,-iest	relax -es,-ing	rhyme -s,-d,-ming
rajah -s	rearm -s,-ing,-ed	-ed	rhyta
rakee -s	reast -s,-ing,-ed	relay -s,-ing,-ed	riant
raker -s	reata -s	relet -s,-ting	riata -s
rally -ing,-llies	reate -s	relic -s	ribby -bbier
-ied	reave -s,-ving	reman -s,-ning	-iest
Ralph	reft	-ned	Ribes
ramal	rebec -s	remex -miges	ricer -s
ramee -s	rebel -s,-ling	remit -s,-ting	ricey -cier,-iest
ramie -s	-led	-ted	richt -s,-ing,-ed
rammy -mmies	rebid -s,-ding	renal	-er,-est
ramus -mi	rebus -es	renay	ricin
rance -s,-d,-cing	rebut -s,-ting	renew -s,-ing,-ed	rider -s
ranch -es,-ing	-ted	reney	ridge -s,-d,-ging
-ed	recap -s,-ping	renga -s	ridgy -gier,-iest
randy -dies,-ier	-ped	renig -s,-ging	rifle -s,-d,-ling
-iest	recce -s	-ged	Rigel
ranee -s	recta	renin	right -s,-ing,-ed
range -s,-d,-ging	recti	renne	-er,-est
rangy -gier,-iest	recto -s	rente -s	rigid -er,-est
ranke	recur -s,-ring	repay -s,-ing	Rigil
raper -s	-red	-paid	rigol -s
raphe -s	redan -s	repel -s,-ling	rigor -s
rapid -s,-er,-est	reddy -ddier	-led	rille -s
rased	-iest	repla	rimae
raspy -pier,-iest	redia -e	reply -ing,-plies	rimed
rasse -s	re-did	-ied	rimer -s
Rasta	redip -s,-ping	repot -ting,-ted	rindy -dier,-iest
ratan -s	-ped	repro -s	rinse -s,-d,-sing
ratch -es	redly	rerun -s,-ning	Rioja
rated	redox	reran	ripen -s,-ing,-ed
ratel -s	reech -es,-ing	resay -s,-ing	riper -s
rater -s	-ed	resaid	risen
rathe	reedy -dier,-iest	reset -s,-ting	riser -s
	reeky -kier,-iest	-ted	rishi -s

risky -kier,-iest
risus -es
ritzy -zier,-iest
rival -s,-ling
   -led
rived
rivel -s,-ling
   -led
riven
river -s
rivet -s,-ting
   -ted
riyal -s
roach -es,-ing
   -ed
roary -rier,-iest
roast -s,-ing,-ed
roate
robin -s
roble -s
robot -s
rocky -kier,-iest
rodeo -s
Roger
rogue -s,-ing,-ed
roguy
roily -lier,-iest
roist -s,-ing,-ed
roker -s
romal -s
roman -s
Romeo
Romic
ronde -s
rondo -s
roneo -s,-ing,-ed
ronte
roofy -fier,-iest
rooky -kies
roomy -mier,-iest
roopy -pier,-iest
roosa
roose -s,-d,-sing
roost -s,-ing,-ed
rooty -tier,-iest
roped
roper -s
roque
roral
roric
rorid
rorie -r,-st
rorty -tier,-iest
rosed
roset -s,-ing,-ed
rosin -s,-ing,-ed
rosit -s,-ing,-ed
rotal
rotch -es
rotor -s

rouge -s,-d,-ging
rough -s,-ing,-ed
   -er,-est
round -s,-ing,-ed
   -er,-est
roupy -pier,-iest
rouse -s,-d,-sing
roust -s,-ing,-ed
route -s,-d
   -t(e)ing
routh
rover -s
rowan -s
rowdy -dies,-ier
   -iest
rowel -s,-ling
   -led
rowen -s
rower -s
rowme
rowth
royal -s
royne
royst -s,-ing,-ed
rozet -s,-ing,-ed
rozit -s,-ing,-ed
Rubia
rubin
ruble -s
Rubus
ruche -s,-d
   -ching
rudas -es
ruddy -ing,-ddies
   -ied,-ier
   -iest
ruffe -s
rugby
ruggy -ggier,-iest
ruing -s
ruler -s,-ing,-ed
rumal -s
Ruman
rumba -s
rumbo -s
rumen -mina
Rumex
rumly
rummy -mmier
   -iest
rumor
runch -es
runed
runic
run-in
runny -nnier
   -iest
run-on
runty -tier,-iest
run-up

rupee -s
rupia -s
rural
rushy -shier
   -iest
rusma -s
rusty -tier,-iest
rutin
rutty -ttier
   -iest
rybat -s
ryper

S

Sabal
Saber
sabin -s
sable -s,-d,-ling
sabot -s
sabra -s
sabre -s,-d,-ring
sacra
sadhu -s
sadly
sagum -ga
sahib -s
saice
saick -s
saiga -s
saily -lier,-iest
saint -s,-ing,-ed
saist
saith -s
Saiva
sajou -s
Sakai
saker -s
sakia -s
Sakta
Sakti
salad -s
salal -s
salep -s
salet -s
salic
salix -lices
sally -ing,-llies
   -ied
salmi -s
Salmo
salon -s
salop -s
Salpa
salse -s
salty -tier,-iest
salue
salve -s,-d,-ving
salvo -(e)s
samba -s
sambo -s

samel
samen
samey -mier,-iest
samfu -s
Sammy
sampi -s
sandy -dier,-iest
sanko -s
sansa -s
sapan -s
sapid -er,-est
sapor -s
sappy -ppier
   -iest
saree -s
sarge -s
sargo -s
sarin
sarky -kier,-iest
saros -es
sarsa -s
sarus -es
sarza -s
sasin -s
sasse
sassy -ssier
   -iest
Satan
sated
satin -s,-ing,-ed
satyr -s
sauba -s
sauce -s,-d,-cing
sauch -s
saucy -cier,-iest
saugh -s
sault -s
sauna -s
saunt -s,-ing,-ed
saury -ries
sauté -s,-ing
   -(e)d
saved
saver -s
savey -s,-ing,-ed
savin -s
savoy -s
savvy -ing,-vvies
   -ied
sawed
sawer -s
Sawny
Saxon
sayer -s
sayid -s
sayne
sayon -s
say-so
sayst
scaff -s

scail -s,-ing,-ed	scrap -s,-ping	senna -s	shank -s,-ing,-ed
scala -e	-ped	Señor	shan't
scald -s,-ing,-ed	scrat -s,-ting	sense -s,-d,-sing	shape -s,-d,-ping
scale -s,-d,-ling	-ted	senvy	shaps
scall	scraw -s	senza	shard -s
scalp -s,-ing,-ed	scray -s	sepad -s,-ding	share -s,-d,-ring
scaly -lier,-iest	scree -s	-ded	shark -s,-ing,-ed
scamp -s,-ing,-ed	screw -s,-ing,-ed	sepal -s	sharn
scand	scrim -s	sepia -s	sharp -s,-ing,-ed
scant -s,-ing,-ed	scrip -s	sepoy -s	-er,-est
scapa -s,-ing,-ed	scrog -s	septa	shash -es
scape -s,-d,-ping	scrow -s	serac -s	shave -s,-d,-n
scapi	scrub -s,-bing	serai -s	-ving
scare -s,-d,-ring	-bed	seral	shawl -s,-ing,-ed
scarf -s,-ing,-ed	scrum -s,-ming	serge -s	shawm -s
scarp -s,-ing,-ed	-med	seric	shaya -s
scart -s,-ing,-ed	scuba -s	serif -s	shchi -s
scary -rier,-iest	scudi	serin -s	sheaf -s,-ing,-ed
scatt -s	scudo	seron -s	sheaves
scaud -s,-ing,-ed	scuff -s,-ing,-ed	serow -s	sheal -s
scaup -s	scuft -s	serra -s	shear -s,-ing,-ed
scaur -s,-ing,-ed	scull -s,-ing,-ed	serre -s,-d	Sheba
sceat -tas	sculp -s,-ing,-ed	-rring	sheel
scena -ne	scurf -s	serry -ing,-rries	sheen -s,-ing,-ed
scend -s,-ing,-ed	scuse -s,-d,-sing	-ied	sheep
scene -s,-d,-ning	scuta	serum -s,sera	sheer -s,-ing,-ed
scent -s,-ing,-ed	scute -s	serve -s,-d,-ving	-er,-est
schmo	sdayn	servo	sheet -s,-ing,-ed
schul -s	sdein	sesey	sheik -s
schwa -s	seame -s,-d,-ming	sessa	shelf -s,-ing,-ed
sci-fi	seamy -mier,-iest	setae	shell -s,-ing,-ed
scion -s	Sebat	seton -s	she'll
sclim -s,-ming	sebum	set-to	Shema
-med	secco -s	set-up	shend -s,-ing
scoff -s,-ing,-ed	sedan -s	seven -s	shent
scold -s,-ing,-ed	Seder	sever -s,-ing,-ed	she'ol
scone -s	sedes	sewed	sherd -s
scoog -s,-ing,-ed	sedge -s	sewel -s	shere
scoop -s,-ing,-ed	sedgy -gier,-iest	sewen -s	sheva -s
scoot -s,-ing,-ed	sedum -s	sewer -s,-ing,-ed	shewn
scopa -e	seedy -dier,-iest	sewin -s	Shiah
scope -s	seely -lier,-iest	sexed	shied
Scops	seepy -pier,-iest	'sfoot	shiel -s
score -s,-d,-ring	segar -s	shack -s	shier -s
scorn -s,-ing,-ed	segno -s	shade -s,-d,-ding	shift -s,-ing,-ed
Scots	segol -s	shady -dier,-iest	shill
scoug -s,-ing,-ed	segue -s,-ing,-ed	shaft -s	shily
scoup -s,-ing,-ed	seine -s,-d,-ning	shake -s,-n,-king	shine -s,-d,-ning
scour -s,-ing,-ed	seise -s,-d,-sing	shook	shiny -nier,-iest
scout -s,-ing,-ed	seism -s	shako -(e)s	shire -s
scowl -s,-ing,-ed	seity -ties	shaky -kier,-iest	shirk -s,-ing,-ed
scowp -s,-ing,-ed	seize -s,-d,-zing	shale	shirr -s,-ing,-ed
scrab -s,-bing	sekos -es	shall	shirt -s,-ing,ed
-bed	selah -s	shalm -s	shite -s,-ting
scrae -s	selle -s	shalt	shat
scrag -s,-ging	selva -s	shaly -lier	Shiva
-ged	semee	-liest	shive -s
scram -s,-ming	semen -s	shama -s	shoal -s,-ing,-ed
-med	semie -s	shame -s,-d,-ming	shoat -s
scran	semis -es	shand -s	shock -s,-ing,-ed

shoed	simar -s	skull -s	slump -s,-ing,-ed
shoer -s	since	skunk -s	slung
shoes	sinew -s,-ing,-ed	skyer -s	slunk
shoji -s	singe -s,-ing,-d	skyey -yier,-iest	slurb -s
shola -s	Sinic	skyre -s,-d,-ring	slurp -s,-ing,-ed
Shona	sinky -kier,-iest	skyte -s,-d,-ting	sluse
shone	sinus -es	slack -s,-ing,-ed	slush -es,-ing
shook -s	Sioux	-er,-est	-ed
shool -s,-ing,-ed	siren -s	slade -s	slyer
shoon	sirih -s	slaid	slyly
shoot -s,-ing	siroc -s	slain	slype -s
shot	sirup -s,-ing,-ed	slake -s,-d,-king	smack -s,-ing,-ed
shore -s,-d,-ring	sisal	slane -s	smaik -s
shorn	sissy -ssies,-ier	slang -s,-ing,-ed	small -s,-ing,-ed
short -s,-ing,-ed	-iest	slant -s,-ing,-ed	-er,-est
-er,-est	sitar -s	slash -es,-ing	smalm -s,-ing,-ed
shote -s	sithe	-ed	smalt -s
shott -s	sit-in	slate -s,-d,-ting	smarm -s,-ing,-ed
shout -s,-ing,-ed	Sitta	slaty -tier,-iest	smart -s,-ing,-ed
shove -s,-d,-ving	Sivan	slave -s,-d,-ving	-er,-est
shown	siver -s	sleek -s,-ing,-ed	smash -es,-ing
showy -wier,-iest	sixer -s	-er,-est	-ed
shred -s,-ding	sixth -s	sleep -s,-ing	smear -s,-ing,-ed
-ded	sixty -ties	slept	smell -s,-ing,-ed
shrew -s	sizar -s	sleet -s,-ing,-ed	smelt
shrow	sized	slept	smelt -s,-ing,-ed
shrub -s,-bing	sizel	slice -s,-d,-cing	smile -s,-d,-ling
-bed	sizer -s	slick -s,-ing,-ed	smirk -s,-ing,-ed
shrug -s,-ging	skail -s,-ing,-ed	-er,-est	smirr -s,-ing,-ed
-ged	skald -s	slide -s,-ding	smite -s,-ting
shuck	skart -s	slid	smit(ten)
shunt -s,-ing,-ed	skate -s,-d,-ting	'slife	smote
shush -es,-ing	skean -s	slily	smith -s,-ing,-ed
-ed	skeet	slime -s,-d,-ming	smock -s,-ing,-ed
shyer -s	skein -s	slimy -mier,-iest	smoke -s,-d,-king
shyly	skelf -s	sling -s,-ing	smoko
sibyl -s	skelm	slung	smoky -kies,-ier
Sican	skelp -s,-ing,-ed	slink -s,-ing	-iest
Sicel	skene -s	slunk	smolt -s
sided	skied	slipe -s	smoor -s,-ing,-ed
sider -s	skier -s	slipt	smoot -s,-ing,-ed
sidle -s,-d,-ling	skiey -yier,-iest	slish	smore -s,-d,-ring
siege -s,-d,-ging	skiff -s,-ing,-ed	slive -s,-d,-n	smote
sient	skill -s,-ing,-ed	-ving,slove	smous
sieve -s,-d,-ving	skimp -s,-ing,-ed	sloan -s	smout -s,-ing,-ed
sight -s,-ing,-ed	-er,-est	sloid	smowt -s
sigil -s	skink -s,-ing,-ed	sloom -s,-ing,-ed	snack -s,-ing,-ed
sigla	skint -er,-est	sloop -s	snafu
sigma	skirl -s,-ing,-ed	sloot	snail -s,-ing,-ed
Sikel	skirr -s,-ing,-ed	slope -s,-d,-ping	snake -s,-d,-king
silen -s	skirt -s,-ing,-ed	slops	snaky -kier,-iest
siler -s	skite -s,-d,-ting	slopy -pier,-iest	snare -s,-d,-ring
silex	skive -s,-d,-ving	slosh -es,-ing	snark -s
silky -kies,-ier	skivy -vier,-iest	-ed	snarl -s,-ing,-ed
-iest	sklim -s,-ming	sloth -s,-ing,-ed	snary -rier,-iest
silly -llies,-ier	-med	slove	snash -es,-ing
-iest	skoal -s	sloyd	-ed
silo'd	skoff -s,-ing,-ed	slubb -s,-ing,-ed	snath -s
silty -tier,-iest	skran	slued	snead -s
silva -s,-e	skulk -s,-ing,-ed	sluit	sneak -s,-ing,-ed
			snuck

sneap -s,-ing,-ed	sonce -s	spank -s,-ing,-ed	spode
sneck -s,-ing,-ed	sonde -s	spare -s,-d,-r	spoil -s,-ing,-ed
sneer -s,-ing,-ed	sonic	-st,-ring	-t
snell -s,-ing,-ed	sonne	spark -s,-ing,-ed	spoke -s
-er,-est	sonny -nnies	spart -s	spoof -s,-ing,-ed
snick -s,-ing,-ed	sonse	spasm -s	spook -s,-ing,-ed
snide -s,-r,-st	sonsy -sier,-iest	spate -s	spool -s,-ing,-ed
sniff -s,-ing,-ed	soole -s,-d,-ling	spaul -s	spoom -s,-ing,-ed
snift -s,-ing,-ed	soote	spawl -s,-ing,-ed	spoon -s,-ing,-ed
snipe -s,-d,-ping	sooth -s,-er,-est	spawn -s,-ing,-ed	spoor -s,-ing,-ed
snips	sooty -tier,-iest	spayd	spore -s
snipy -pier,-iest	sopha	speak -s,-ing	sport -s,-ing,-ed
snirt -s	Sophi	spoke(n)	sposh
snoek -s	Sophy	spake	spout -s,-ing,-ed
snoke -s,-d,-king	sopor -s	spean -s,-ing,-ed	sprad
snood -s,-ing,-ed	soppy -ppier	spear -s,-ing,-ed	sprag -s,-ging
snook -s,-ing,-ed	-iest	speat -s	-ged,-ger
snool -s,-ing,-ed	sopra	speck -s,-ing,-ed	-gest
snoop -s,-ing,-ed	soral	specs	sprat -s
snoot -s,-ing,-ed	sorbo -s	speed -s,-ing,-ed	spray -s,-ing,-ed
snore -s,-d,-ring	sorda	sped	spred
snort -s,-ing,-ed	sordo	speel -s,-ing,-ed	spree -s,-ing,-d
snout -s,-ing,-ed	soree -s	speer -s,-ing,-ed	sprig -ging,-ged
snowk -s,-ing,-ed	sorel	speir -s,-ing,-ed	sprit -s
snowy -wier,-iest	sorex -es	speld -s,-ing,-ed	sprod -s
snuck	sorgo -s	spelk -s	sprog -s
snuff -s,-ing,-ed	sorra	spell -s,-ing,-ed	sprue -s
snush	sorry -rries,-ier	spelt	sprug -s
soapy -pier,-iest	-iest	spend -s,-ing	spule -s
sober -s,-ing,-ed	sorus -ri	spent	spume -s,-d,-ming
-er,-est	Sotho	speos -es	spumy -mier,-iest
socks	sough -s,-ing,-ed	sperm -s	spunk -s,-ing,-ed
socle -s	sound -s,-ing,-ed	spewy -wier,-iest	spurn -s,-ing,-ed
soddy -ddier	-er,-est	spial	spurt -s,-ing,-ed
-iest	soupy -pier,-iest	spica -s	sputa
sodic	souse -s,-d,-sing	spice -s,-d,-cing	spyal
Sodom	south -s,-ing,-ed	spick -s,-er,-est	squab -s,-bing
sofar	sowar -s	spicy -cier,-iest	-bed,-ber
softa -s	sowed	spied	-best
softy -ties	sower -s	spiel -s,-ing,-ed	squad -s
soger -s,-ing,-ed	sowff -s,-ing,-ed	spies	squat -s,-ting
soggy -ggier	sowle -s,-d,-ling	spiff -er,-est	-ted,-ter
-iest	sownd	spike -s,-d,-king	-test
soily -lier,-iest	sowth -s,-ing,-ed	spiky -kier,-iest	squaw -s
soken -s	soyle	spile -s,-d,-ling	squib -s,-bing
solah -s	space -s,-d,-cing	spill -s,-ing,-ed	-bed
solan -s	spacy -cier,-iest	spilt	squid -ding,-ded
solar -s	spade -s,-d,-ding	spina -s	squit -s
solde -s	spado -(e)s,-nes	spine -s	stack -s,-ing,-ed
soldi	spaer -s	spink -s	stade -s
soldo	spahi -s	spiny -nier,-iest	staff -s,-ing,-ed
solen -s	spain -s,-ing,-ed	spire -s,-d,-ring	stage -s,-d,-ging
soler -s	spake	spirt -s,-ing,-ed	stagy -gier,-iest
sol-fa	spald -s	spiry -rier,-iest	staid -er,-est
solid -s,-er,-est	spale -s	spite -s,-d,-ting	staig -s
Solon	spall -s,-ing,-ed	spitz -es	stain -s,-ing,-ed
solum -s	spalt -s,-ing,-ed	splat -s	stair -s
solus	-er,-est	splay -s,-ing,-ed	stake -s,-d,-king
solve -s,-d,-ving	spane -s,-d,-ning	split -s,-ting	stal'd
sonar -s	spang -s,-ing,-ed	-ted	stale -s,-d,-r
			-st,-ling

stalk -s,-ing,-ed	sting -s,-ing	strid -s	Sunna
stall -s,-ing,-ed	stung	strig -s,-ging	Sunni
stamp -s,-ing,-ed	stink -s,-ing	-ged	sunny -nnier
stand -s,-ing	stank,stunk	strip -s,-ping	-iest
stood	stint -s,-ing,-ed	-ped	sun-up
stane -s,-d,-ning	stipa -s	strop -s,-ping	Suomi
stang -s,-ing,-ed	stipe -s	-ped	super -s,-ing,-ed
stank -s	stire	strow -s,-ing,-ed	surah -s
staph	stirk -s	-n	sural
stare -s,-d,-ring	stirp -s	stroy	surat
stark -s,-ing,-ed	stive -s,-d,-ving	strum -s,-ming	surfy -fier,-iest
-er,-est	stivy -vier,-iest	-med	surge -s,-d,-ging
starn -s,-ing,-ed	stoae	strut -s,-ting	surgy -gier,-iest
starr -s	stoai	-ted	surly -lier,-iest
start -s,-ing,-ed	stoat -s	study -ing,-dies	surra
stash -es,-ing	stock -s,-ing,-ed	-ied	Surya
-ed	stoep	stuff -s,-ing,-ed	sushi -s
state -s,-d,-ting	stogy	stull -s	sutor -s
stave -s,-d,-ving	stoic -s	stulm -s	sutra -s
stead -s,-ing,-ed	stoit -s,-ing,-ed	stump -s,-ing,-ed	swack -er,-est
steak -s	stoke -s,-d,-king	stung	swage -s,-d,-ging
steal -s,-ing	stola -s	stunk	swain -s
stolen	stole -s	stunt -s,-ing,-ed	swale -s,-d,-ling
steam -s,-ing,-ed	stoma -ta	stupa -s	swaly -lier,-iest
stean -s,-ing,-ed	stomp -s,-ing,-ed	stupe -s,-d,-ping	swami -s
steed -s	stone -s,-d,-ning	sture	swamp -s,-ing,-ed
steek -s,-ing,-ed	stong	sturt -s,-ing,-ed	swang
steel -s,-ing,-ed	stonk -s	styed	swank -s,-ing,-ed
steem	stonn -s,-ing,-ed	styes	-er,-est
steen -s,-ing,-ed	stony -nier,-iest	style -s,-d,-ling	swapt
steep -s,-ing,-ed	stood	styli	sward -s,-ing,-ed
-er,-est	stook -s,-ing,-ed	stylo -s	sware
steer -s,-ing,-ed	stool -s,-ing,-ed	styme -s,-d,-ming	swarf -s,-ing,-ed
steil -s	stoop -s,-ing,-ed	styre	swarm -s,-ing,-ed
stein -s,-ing,-ed	stoor -s	suave -r,-st	swart -er,-est
stela -s	stope -s,-d,-ping	subah -s	swash -es,-ing
stele -lae	store -s,-d,-ring	suber -s	-ed
stell -s,-ing,-ed	stork -s	succi	swath -s
steme	storm -s,-ing,-ed	sucre -s	swats
stend -s,-ing,-ed	story -ing,-ries	Sudan	swayl -s,-ing,-ed
stent -s,-ing,-ed	-ied	sudor -s	sweal -s,-ing,-ed
stept	stoun	Sudra	swear -s,-ing
stere -s	stoup -s	sudsy -sier,-iest	swore,sworn
stern -s,-ing,-ed	stour -s	suede -s,-d,-ding	sweat -s,-ing,-ed
-er,-est	stout -s,-er,-est	suède -s,-d,-ding	swede -s
stewy -wier,-iest	stove -s,-d,-ving	suety -tier,-iest	sweel -s,-ing,-ed
stich -s	stown	Sufic	sweep -s,-ing
stick -s,-ing,-ed	strad -s	Sufis	swept
stuck	strae -s	sugar -s,-ing,-ed	sweer -er,-est
stied	strag -s	suing	sweet -s,-er,-est
sties	strak	suint	sweir -er,-est
stiff -s,-er,-est	strap -s,-ping	suite -s	swell -s,-ing,-ed
stilb -s	-ped	sulci	-er,-est
stile -s,-d,-ling	straw -s,-ing,-ed	sulky -kies,-ier	swelt -s,-ing,-ed
still -s,-ing,-ed	-n	-iest	swept
-er,-est	stray -s,-ing,-ed	sully -ing,-llies	swerf -s,-ing,-ed
stilt -s,-ing,-ed	strep -s	-ied	swift -s,-ing,-ed
stime -s,-d,-ming	strew -s,-ing,-ed	sumac -s	-er,-est
stimy -ing,-mies	-n	summa -s	swill -s,-ing,-ed
-mied	stria -e	sumph -s	swine

swing -s,-ing
    swung
swink -s,-ing,-ed
swipe -s,-d,-ping
swire -s
swirl -s,-ing,-ed
swish -es,-ing
    -ed,-er
    -est
Swiss
swith
swits
swoln
swoon -s,-ing,-ed
swoop -s,-ing,-ed
swopt
sword -s,-ing,-ed
swore
sworn
swoun -s,-ing,-ed
swung
sybbe
sybil -s
syboe -s
sybow -s
sycee
syker
sylph -s
sylva -s,-e
symar -s
synch -s,-ing,-ed
synod -s
syren -s
syrup -s,-ing,-ed
sythe
syver -s

T

tabby -ing,-bbies
    -ied,-ier
    -iest
tabes
tabid
tabla -s
table -s,-d,-ling
taboo -s,-ing,-ed
tabor -s,-ing,-ed
tabun
Tacan
tacet
tache -s
tacit
tacky -kier,-iest
taffy -ffies
tafia -s
taiga -s
Taino
taint -s,-ing,-ed
taira -s
taish -es

taken
taker -s
takin -s
talar -s
tales
tally -ing,-llies
    -ied
talma -s
talon -s
talpa -s
taluk -s
talus -es,tali
tamal -s
tamer -s
Tamil
tamin
tamis -es
tammy -mmies
tanga -s
tango -s,-ing,-ed
tangy -gier,-iest
tanka -s
tanna -s
tansy -sies
tanti
tapen
taper -s,-ing,-ed
tapet
tapir -s
tapis
tappa -s
tardy -dier,-iest
targe -s,-d,-ging
taroc -s
tarok -s
tarot -s
tarry -ing,-rries
    -ied,-ier
    -iest
tarsi
tarty -tier,-iest
tasar -s
tasse -s
taste -s,-d,-ting
tasty -tier,-iest
Tatar
tater -s
tatie -s
tatou -s
tatow -s
tatts
tatty -tties,-ier
    -iest
taube -s
tauld
taunt -s,-ing,-ed
taupe -s,-r,-st
taver -s,-ing,-ed
tawer -s
tawie -r,-st

tawny -nier,-iest
tawse -s
taxed
taxer -s
taxis, taxes
taxon, taxa
taxor -s
Taxus
tayra -s
tazza -s
tazze
T-bone
T-cart
teach -es,-ing
    taught
teade
tea-ho
teary -rier,-iest
tease -s,-d,-sing
teaze
techy -chier
    -iest
teddy -ddies
teend -s,-ing
    tinded
teene -s
teeny -nier,-iest
teeth
tehee -s,-ing,-d
Teian
teind -s,-ing,-ed
telae
telex -es,-ing
    -ed
telic
tell'd
telly -llies
telos -es
Tempe
tempi
tempo -s
tempt -s,-ing,-ed
temse -s,-d,-sing
tench -es
tenet -s
tenia -s,-e
tenne
tenon -s,-ing,-ed
tenor -s
tense -s,-d,-r
    -st,-sing
tenth -s
tenty -tier,-iest
tenue -s
tepee -s
tepid -er,-est
terai -s
teras -rata
terce -s
terek -s

terne -s,-d,-ning
terra -e
terry -rries
terse -r,-st
terts
tesla -s
testa -s
teste
testy -tier,-iest
tetra -s
teuch -er,-est
teugh -er,-est
tewel -s
tewit -s
Texan
texas -es
Texel
thack -s
thagi
thaim
thana -s
thane -s
thank -s,-ing,-ed
thawy -wier,-iest
theca -e
theek -s,-ing,-ed
theft -s
thegn -s
theic -s
their
thema -ta
theme -s
theow -s
there -s
therm -s
these
theta -s
thete -s
thews
thewy -wier,-iest
they'd
thick -s,-er,-est
thief, thieves
thigh -s
thilk
thill -s
thine
thing -s
think -s,-ing
    thought
thiol -s
third -s,-ing,-ed
thirl -s,-ing,-ed
thoft -s
thole -s,-d,-ling
tholi
thong -s
thorn -s,-ing,-ed
thorp -s
those

Thoth	tipsy -sier,-iest	torse -s	trial -s
thou'd	tip-up	torsk -s	Trias
thous	tired	torso -s	tribe -s
thowl -s	tiros	torte -s,-n	trice -s,-d,-cing
thrae	'tisn't	torus -ri	trick -s,-ing,-ed
thraw -s,-ing,-n	Tisri	toshy -shier	tride
threw	titan -s	-iest	tried
three -s	titch -es	tossy -ssier	trier -s
threw	titer	-iest	tries
thrid	tithe -s,-d	total -s,-ling	trike -s,-d,-king
throb -s,-bing	-thing	-led	trild
-bed	title -s,-d,-ling	totem -s	trill -s,-ing,-ed
throe -s,-ing,-d	titre -s	totty -tties,-ier	trine -s,-d,-ning
throw -s,-ing,-n	titty -tties	-iest	trior -s
threw	titup -s,-ing,-ed	touch -es,-ing	tripe -s
thrum -s,-ming	tizzy -zzies	-ed	trist -er,-est
-med	toady -ing,-dies	tough -s,-er,-est	trite -s,-r,-st
thuja -s	-ied	touse -s,-d,-sing	troat -s,-ing,-ed
Thule	toast -s,-ing,-ed	tousy -sier,-iest	trock -s,-ing,-ed
thumb -s,-ing,-ed	toaze	touze -s,-d,-zing	Troic
thump -s,-ing,-ed	Tobit	towel -s,-ling	troke -s,-d,-king
Thuya	today -s	-led	troll -s,-ing,-ed
thyme -s	toddy -ddies	tower -s,-ing,-ed	tromp -s
thymy -mier,-iest	toffy -ffies	towny -nies	trona
tiara -s	toga'd	towse -s,-d,-sing	tronc -s
Tibet	toged	towsy -sier,-iest	trone -s
tibia -s,-e	togue -s	towze -s,-d,-zing	troop -s,-ing,-ed
tical -s	toise -s	toxic	trope -s
ticca	Tokay	toxin -s	troth -s
tichy -chier	token -s,-ing,-ed	toyer -s	trout -s
-iest	toman -s	tozie -s	truce -s
tidal	tommy -ing,-mmies	trace -s,-d,-cing	truck -s,-ing,-ed
tiddy -ddies,-ier	-ied	track -s,-ing,-ed	trull -s
-iest	tonal	tract -s	truly
tie-in	tondo -s,-di	trade -s,-d,-ding	trump -s,-ing,-ed
tie-up	toned	tragi	trunk -s
tiger -s	toney -nier,-iest	traik -s,-ing,-ed	truss -es,-ing
tight -er,-est	tonga -s	T-rail	-ed
tigon -s	tongs	trail -s,-ing,-ed	trust -s,-ing,-ed
tilde -s	tonic -s	train -s,-ing,-ed	truth -s
tiled	tonne -s	trait -s	tryer -s
tiler -s	ton-up	tramp -s,-ing,-ed	try-on
Tilia	tonus -es	trant -s,-ing,-ed	tryst -s,-ing,-ed
tilth -s	tooth -s,-ing,-ed	trape -s,-d,-ping	Tsuga
timbó -s	toots -es	trash -es,-ing	tuart -s
timed	topaz -es	-ed	tuath -s
timer -s	topee -s	trass	tubae
Times	topek -s	trawl -s,-ing,-ed	tubal
timid -er,-est	toper -s	tread -s,-ing	tubar
timon	tophi	trod(den)	tubby -bbier
Timon	topic -s	treat -s,-ing,-ed	-iest
timps	topos -e	treck -s,-ing,-ed	tubed
tinct -s	top-up	treen	tuber -s
tinea	toque -s	trefa	Tudor
tined	Torah	trema -s	tuffe
tinge -s,-ing,-ed	toran -s	trend -s,-ing,-ed	tufty -tier,-iest
tinny -nnies,-ier	torch -es,-ing	tress -es,-ing	tuism
-iest	-ed	-ed	tulip -s
tinty -tier,-iest	toric	trews	tulle
tippy -ppier	torii -s	triad -s	tumid -er,-est
-iest			

tummy -mmies
tumor -s
tumpy -pier,-iest
tuned
tuner -s
tunic -s
tunny -nnies
tupek -s
tupik -s
tuque -s
turbo -bines
Turco
turfy -ier,-iest
Turki
turps
tusky -kier,-iest
tutee -s
tutor -s,-ing,-ed
tutti -s
tutty
twain -s
twang -s,-ing,-ed
twank -s
tweak -s,-ing,-ed
tweed -s
tweel -s,-ing,-ed
'tween
tweer -s
tweet -s,-ing,-ed
'twere
twerp -s
twice
twier -s
'twill
twill -s,-ing,-ed
twilt -s,-ing,-ed
twine -s,-d,-ning
twink -s,-ing,-ed
twiny -nier,-iest
twire -s
twirl -s,-ing,-ed
twirp -s
twist -s,-ing,-ed
twite -s
'twixt
twoer -s
two-up
twyer -s
Tyche
tying
tyler -s
tynde
tyned
typal
Typha
typic
typto -s,-ing,-ed
tyran
tyred

U

U-boat
U-bolt
udder -s
Ugric
uh-huh
uhlan -s
uhuru
ukase -s
ulcer -s,-ing,-ed
ulema -s
ulmin
Ulmus
ulnae
ulnar
ultra
ulyie
ulzie
umbel -s
umber -s,-ing,-ed
umbra -s
umbre -s
umiak -s
umpty
unapt
unarm -s,-ing,-ed
unbag -s,-ging
 -ged
unbar -s,-ring
 -red
unbed -s,-ding
 -ded
unbid
uncap -s,-ping
 -ped
uncle -s,-d,-ling
uncus -ci
uncut
undam -s,-ming
 -med
undée
under
undid
undue
undug
uneth
unfed
unfit -s,-ting
 -ted
unfix -es,-ing
 -ed
unget -s,-ting
 -got(ten)
ungod -s,-ding
 -ded
ungot
ungum -s,-ming
 -med
unhat -s,-ting
 -ted

Uniat
unify -ing,-fies
 -ied
union -s
unite -s,-d,-ting
unity -ties
unked
unket
unkid
unlaw -s,-ing,-ed
unlay -s,-ing
 -laid
unled
unlet
unlid -s,-ding
 -ded
unlit
unman -s,-ning
 -ned
unmew -s,-ing,-ed
unpay -s,-ing
 -paid
unpeg -s,-ging
 -ged
unpen -s,-ning
 -ned
unpin -s,-ning
 -ned
unred
unrid
unrig -s,-ging
 -ged
unrip -s,-ping
 -ped
unsay -s,-ing
 -said
unset -s,-ting
unsew -s,-ing,-ed
 -n
unsex -es,-ing
 -ed
unsod
untax -es,-ing
 -ed
untie -s,-d
 -tying
until
untin -s,-ning
 -ned
unwed
unwet
unwit
unwon
unzip -s,-ping
 -ped
up-bow
upbye
up-end
upjet -s,-ting
 -ted

uplay -s,-ing
 -laid
upled
upped
upper -s
uprun -s,-ning
 -ran
upsee
upset -s,-ting
upsey
uptak
uptie -s,-d
 -tying
urali -s
urari -s
urate -s
urban
urdee
ureal
uredo -dines
urena -s
urent
urger -s
urial -s
urine
urite -s
urman -s
urnal
urned
urson -s
Ursus
urubu -s
usage -s
usen't
usher -s,-ing,-ed
usnea -s
usual -s
usure
usurp -s,-ing,-ed
usury
uteri
utile
U-trap
utter -s,-ing,-ed
U-tube
U-turn
uveal
uvula -s,-e
Uzbeg
Uzbek

V

vacua
vagal
vague -s,-ing,-ed
vagus -gi
vails
vairé
vairy -rier,-iest
vakil -s

vales
valet -s,-ing,-ed
valid -er,-est
valse -s,-d,-sing
value -s,-d
　　　-luing
valve -s
vaned
vapid -er,-est
vapor -s,-ing,-ed
varan -s
vardy -dies
varec -s
varix -rices
varna -s
varus -es
varve -s
vasal
vasty -tier,-iest
vatic
vault -s,-ing,-ed
vaunt -s,-ing,-ed
vaute -s,-d,-ting
vawte -s,-d,-ting
V-bomb
veale
vealy -lier,-iest
Vedda
Vedic
veena -s
veery -ries
vegan -s
vehme
veily -lier,-iest
veiny -nier,-iest
velar -s
veldt -s
velum, vela
venae
venal
veney
venge
venin -s
venom -s
venue -s
venus -es
verge -s,-d,-ging
verse -s,-d,-sing
verso -s
verst -s
vertu -s
verve -s
vespa -s
vesta -s
vetch -es
vexed
vexer -s
vezir -s
viand -s
vibes

vibex -bices
vicar -s
Vichy
video -s,-ing,-ed
viewy -wier,-iest
vifda -s
vigia -s
vigil -s
vigor
vilde
villa -s
villi
vinal
Vinca
viner -s
vinew -s,-ing,-ed
vinyl
viola -s
viper -s
viral
vireo -s
virga
virge
Virgo
virid -er,-est
virtu -s
virus -es
visie -s,-ing,-ed
visit -s,-ing,-ed
visne -s
vison -s
visor -s,-ing,-ed
vista -s,-ing,-ed
visto -s
vital -s
vitex -es
Vitis
vitta -e
vivat
vivda -s
viver -s
vives
vivid -er,-est
vixen -s
vizir -s
vizor -s,-ing,-ed
Vlach
V-neck
vocal -s
voces
vodka -s
vogie -r,-st
vogue -s,-d
　　　-guing
voice -s,-d,-cing
voilà
voile -s
volae
volar
volet -s

volta -te
volte -s
volva -s
volve -s,-d,-ving
vomer -s
vomit -s,-ing,-ed
voter -s
vouch -es,-ing
　　　-ed
vouge -s
voulu
vowed
vowel -s,-ling
　　　-led
vraic -s
vroom -s,-ing,-ed
vrouw -s
V-sign
vuggy -ggier
　　　-iest
vulva -s
vying

W

wacke
wacky -kier,-iest
waddy -ing,-ddies
　　　-ied
wader -s
waefu'
wafer -s,-ing,-ed
wager -s,-ing,-ed
wages
wagon -s,-ing,-ed
wahoo -s
waist -s
waive -s,-d,-ving
waked
waken -s,-ing,-ed
waker -s
waler -s
walla -s
wally -llies,-ier
　　　-iest
walty -tier,-iest
waltz -es,-ing
　　　-ed
wamed
wamus
waned
waney -nier,-iest
wanle -r,-st
wanly
wanty -ties
wanze
warby
warre
warst -s,-ing,-ed
warty -tier,-iest
washy -shier
　　　-iest

waspy -pier,-iest
waste -s,-d,-ting
watch -es,-ing
　　　-ed
water -s,-ing,-ed
wauff -s,-ing,-ed
waugh -s,-ing,-ed
waulk -s,-ing,-ed
waved
waver -s,-ing,-ed
wavey -s
waxen
waxer -s
wazir -s
weald -s
weamb -s
weary -ing,-ries
　　　-ied,-ier
　　　-iest
weave -s,-d,-ving
　　　wove(n)
webby -bbier
　　　-iest
weber -s
wecht -s
wedge -s,-d,-ging
weedy -dier,-iest
weeny -nier,-iest
weepy -pier,-iest
weete
wefte
weigh -s,-ing,-ed
weird -s,-ing,-ed
　　　-er,-est
weise -s,-d,-sing
weize -s,-d,-zing
welch -es,-ing
　　　-ed
welkt
welly -llies
welsh -es,-ing
　　　-ed
wench -es,-ing
　　　-ed
wenny -nnier
　　　-iest
wersh -er,-est
whack -s,-ing,-ed
whale -s,-d,-ling
whang -s,-ing,-ed
whare
wharf -s,-ing,-ed
whaup -s
whaur -s
wheal -s
wheat -s
wheel -s,-ing,-ed
wheen
whelk -s
whelm -s,-ing,-ed

whelp -s,-ing,-ed
where -s
which
whiff -s,-ing,-ed
whift -s
while -s,-d,-ling
whilk
whine -s,-d,-ning
whiny -nier,-iest
whipt
whirl -s,-ing,-ed
whirr -s,-ing,-ed
whish -es,-ing
    -ed
whisk -s,-ing,-ed
whiss -es,-ing
    -ed
whist -s,-ing,-ed
white -s,-d,-r
    -st,-ting
whity -tier,-iest
whizz -es,-ing
    -ed
whole -s
whoop -s,-ing,-ed
whore -s,-d,-ring
whorl -s
whort
whose
whoso
wicky -kies
widdy -ddies
widen -s,-ing,-ed
widow -s,-ing,-ed
width -s
wield -s,-ing,-ed
wigan -s
wight -s,-ing,-ed
    -er,-est
willy -ing,-llies
    -ied
wince -s,-d,-cing
winch -es,-ing
    -ed
winds -es
windy -dier,-iest
winey -nier,-iest
winge -s,-ing,-ed
wingy -gier,-iest
winna
winze -s
wiper -s
wired
wirer -s
wispy -pier,-iest
witan
witch -es,-ing
    -ed
withe -s,-d
    -thing

withy -thies,-ier
    -iest
witty -ttier
    -iest
wives
wizen -s,-ing,-ed
Woden
wodge -s
woful -ler,-lest
woken
Wolof
wolve -s,-d,-ving
woman -s,-ing,-ed
womby
women
wonga -s
wonky -kier,-iest
woody -dier,-iest
wooed
wooer -s
woofy -fier,-iest
woold -s,-ing,-ed
woosh -es,-ing
    -ed
wootz
woozy -zier,-iest
wordy -dier,-iest
works
world -s
wormy -mier,-iest
worry -ing,-rries
    -ied
worse
worst -s,-ing,-ed
worth -s,-ing,-ed
would
wound -s,-ing,-ed
woven
woxen
wrack -s,-ing,-ed
wrapt
wrast
wrate
wrath -s
wrawl
wreak -s,-ing,-ed
wreck -s,-ing,-ed
wrest -s,-ing,-ed
wrick -s,-ing,-ed
wring -s,-ing
    wrung
wrist -s
write -s,-ting
    written
    wrote,writ
wroke
wrong -s,-ing,-ed
    -er,-est
wroot
wrote

wroth -er,-est
wrung
wryly
wurst -s

X

X-body
xebec -s
xenon
Xeres
xeric
Xerox®
Xhosa
X-rays
xylem
xylic
xylol -s
xylyl -s
Xyris

Y

yabby
yacca -s
yacht -s,-ing,-ed
yager -s
yahoo -s
Yahve
Yahwe
yakka
Yakut
yamen -s
yapok -s
yapon -s
yarfa -s
yarta -s
yarto -s
yauld -er,-est
yawey
yawny -nier,-iest
ybore
yclad
ycled
ycond
ydrad
ydred
yeard -s,-ing,-ed
yearn -s,-ing,-ed
yeast -s,-ing,-ed
yerba -s
yesty
yeven
yewen
Yezdi
yfere
yield -s,-ing,-ed
yince
yippy -ppies
ylike
ymolt
Y-moth

yobbo -s
yodel -s,-ling
    -led
yodle -s,-d,-ling
yogic
yogin -s
yoick -s,-ing,-ed
yojan -s
yokel -s
yokul
yolky -kier,-iest
yonks
Yorks
you'll
young -er,-est
you're
yourn
yours
yourt -s
youth -s
you've
yrapt
yrent
yrivd
ysame
ytost
yucca -s
yucky -kier,-iest
yukky -kier,-iest
yulan -s
yummy -mmier
    -iest
yupon -s

Z

zabra -s
zambo -s
zamia -s
zanja -s
zante -s
zanze -s
zappy -ppier
    -iest
zebec -s
zebra -s
zebub -s
zerda -s
zesty -tier,-iest
zhomo -s
zibet -s
zigan -s
zilch -es
zimbi -s
zinco -s
zincy -cier,-iest
zingy -gier,-iest
zinke -s
zinky -kier,-iest
zippy -ppier
    -iest

zizel -s	zoist -s	zooea, zoeae	zorro -s
zloty -s	zombi -s	zoeas	zowie
zocco -s	zonae	zooid -s	zupan -s
zoeae	zonal	zooks -es	zygal
zoeal	zonda -s	zoppo	zygon -s
zoism	zoned	zoril -s	zymic

A	aburst	acrawl	advene -s,-d
	abuser -s	across	-ning
abacus -es,-ci	abvolt -s	acting -s	advent -s
abased	acacia -s	action -s	adverb -s
abated	acajou -s	active	advert -s,-ing
abatis	acanth -s	actual	-ed
abator -s	acarid -s	acuity	advice -s
abattu	acarus -ri	acumen -s	advise -s,-d
abbacy -cies	acater	adagio -s	-sing
abbess -es	acates	Adamic	adytum -ta
abdabs	accede -s,-d	addeem	aecium -cia
abduce -s,-d	-ding	addend -s	aedile -s
-cing	accend	addict -s,-ing	aefald
abduct -s,-ing	accent -s,-ing	-ed	Aegypt
-ed	-ed	addled	Aeneid
abeigh	accept -s,-ing	addoom	Aeolic
abided	-ed	adduce -s,-d	aerate -s,-d
abject -s,-ing	access -es,-ing	-cing	-ting
-ed	-ed	adduct -s,-ing	aerial -s
abjure -s,-d	accite -s,-d	-ed	aerobe -s
-ring	-ting	adhere -s,-d	aether
ablate -s,-d	*accloy	-ring	afawld
-ting	accoil -s	adieus	affair -s
ablaut -s	accord -s,-ing	adieux	affect -s,-ing
ablaze	-ed	adipic	-ed
ablins	accost -s,-ing	adjoin -s,-ing	affeer -s,-ing
abloom	-ed	-ed	-ed
ablush	accrue -s,-d	adjure -s,-d	affied
aboard	-ruing	-ring	affine -s
abolla -s	accuse -s,-d	adjust -s,-ing	affirm -s,-ing
aboral	-sing	-ed	-ed
abound -s,-ing	acedia	admass -es	afflux -es
-ed	acetal -s	admire -s,-d	afford -s,-ing
abrade -s,-d	acetic	-ring	-ed
-ding	acetyl	adnate	affrap
abraid -s,-ing	achage -s	Adonai	affray -s,-ing
-ed	achene -s	Adonia	-ed
abroad	aching -s	Adonic	affret
Abroma	achkan -s	Adonis	afghan -s
abrupt -er,-est	acidic	adoors	afield
absent -s,-ing	acinus -ni	adorer -s	aflame
-ed	ack-ack	adread	afloat
absorb -s,-ing	acknow	adrift	afraid
-ed	acmite -s	adroit -er,-est	afreet -s
absurd -er,-est	Acorus	adsorb -s,-ing	afresh
abulia	acquit -s,-ting	-ed	afront
	-ted		

afters	alarum -s,-ing	alpeen -s	Andean
Agadah	-ed	alpine -s	Andine
agamic	alated	Alpini	aneath
agamid -s	Albany	Alpino	anemia
agapae	albata	alsike -s	anemic
agaric -s	albedo -s	alsoon	anerly
agazed	albeit	Altaic	anetic
ageing -s	albert -s	Altair	angary
ageism	albino -s	altern	angico -s
ageist -s	Albion	aludel -s	angina
agency -cies	albite	alumna -e	angled
agenda -s	albugo -s	alumni	angler -s
aghast	Alcaic	alvine	Angola
Aglaia	alcove -s	always	angora -s
agnail -s	aldern	amadou -s	Anguis
agname -s	Aldine	amatol	anicut -s
agnate -s	aldose -s	amazon -s	anight
agnise -s,-d	aldrin	ambage -s	animal -s
-sing	Alecto	ambery	animus -es
agogic	alegar -s	ambler -s	ankled
agoing	alerce -s	ambush -es,-ing	anklet -s
agonic	A-level	-ed	Ankole
agorot	alevin -s	amelia	anlace -s
agouta -s	alexia	amende	anlage -s
agouti -s	alexic	amends	anneal -s,-ing
agreed	alexin -s	amenta	-ed
agrégé	algate	amerce -s,-d	annexe -s
agrise	algoid	-cing	Annona
agrize	Alhagi	amidst	annual -s
agryze	alidad -s	amnion -nia	annuli
aguise	alight -s,-ing	amoeba -e	anodal
aguish	-ed,alit	amomum -s	anodic
aguize	aliped -s	amoral	anoint -s,-ing
ahimsa	alisma -s	amorce -s	-ed
ahorse	alkali -(e)s	amoret -s	anomic
aidant	alkane -s	amount -s,-ing	anomie
aidful	all-day	-ed	anonym -s
aiding	allege -s,-d	ampere -s	anorak -s
aiglet -s	-ging	ampule -s	Anoura
aikido	allele -s	amrita -s	anoxia
aikona	alleys	amtman -s	anoxic
ailing	all-hid	amulet -s	ansate
air-arm	allice -s	amused	answer -s,-ing
air-bed	allied	amuser -s	-ed
air-bus	allies	amylum	ant-cow
air-car	Allium	anabas -es	anthem -s,-ing
air-gap	all-out	anadem -s	-ed
air-gas	all-red	ananas -es	anther -s
air-gun	allude -s,-d	ananke	antiar -s
airily	-ding	anarak -s	anting -s
airing -s	allure -s,-d	anarch -s	antler -s
airman -men	-ring	anatta -s	antlia -e
air-sac	almain	anatto -s	antrum -s
air-sea	Almany	anbury -ries	Anubis
airway -s	almery -ries	anchor -s,-ing	anuria
aisled	almond -s	-ed	anyhow
Aizoon	almost	ancile	anyone
ajowan -s	alnage -s	ancome -s	anyway
akimbo	alogia	Ancona	Aonian
alalia	alpaca -s	ancora	aorist -s

aortal
aortic
aoudad -s
apache -s
apathy
apedom
apeman -men
apepsy
aperçu -s
a-per-se
apexes
aphids
aphony
aphtha -e
apiary -ries
apical
apices
apiece
aplomb
apnoea -s
apodal
apogee -s
apollo -s
aporia
apozem -s
appaid
appayd
appeal -s,-ing
      -ed
appear -s,-ing
      -ed
append -s,-ing
      -ed
apport -s
appose -s,-d
      -sing
aptote -s
Aquila
Arabic
arabin
Arabis
arable
araise
aralia -s
Aranea
arayse
arbour -s
arbute -s
arcade -s
Arcady
arcana
arcane
arched
archer -s
Archie
archil -s
archly
archon -s
arcing -s
arctic

ardent
ardour -s
areach
areola -e
areole -s
argala -s
argali -s
argand -s
argent -s
arghan -s
Argive
argosy -sies
arguer -s
argufy -ing,-fies
      -ied
argute -r,-st
argyle -s
Argyll
aridly
aright
arilli
arioso -s,-si
arisen
arista -s
aristo -s
arkite -s
arkose
armada -s
armful -s
armlet -s
armory
armour -s
armpit -s
armure -s
Arnaut
arnica -s
aroint -s,-ing
      -ed
arolla -s
around
arouse -s,-d
      -sing
aroynt -s,-ing
      -ed
arpent -s
arrack -s
arrant
arrear -s
arrect
arrest -s,-ing
      -ed
arride -s,-d
      -ding
'Arriet
arrish -es
arrive -s,-d
      -ving
arroba -s
arrowy -wier
      -iest

arroyo -s
arshin -s
arsine -s
artery -ries
artful
artist -s
asarum -s
ascend -s,-ing
      -ed
ascent -s
ascian -s
aseity
Asgard
ashake
ashame -s,-d
      -ming
ash-bin
ash-can
ashery -ries
ashine
ash-key
ashlar -s,-ing
      -ed
ashler -s,-ing
      -ed
ashore
ash-pan
ash-pit
ashram -s
askant
askari -s
aslake -s,-d
      -king
aslant
asleep
aslope
asmear
aspect -s
aspick -s
aspire -s,-d
      -ring
asport -s,-ing
      -ed
aspout
asquat
assail -s,-ing
      -ed
assart -s,-ing
      -ed
assent -s,-ing
      -ed
assert -s,-ing
      -ed
assess -es,-ing
      -ed
assets
assign -s,-ing
      -ed
assist -s,-ing
      -ed

assize -s,-d
      -zing
assoil -s,-ing
      -ed
assort -s,-ing
      -ed
assott
assume -s,-d
      -ming
assure -s,-d
      -ring
astare
astart
astely
astern
astert
asthma
astoop
astral
astray
astrex -es
astrut
astute -r,-st
aswarm
aswing
aswirl
aswoon
asylum -s
atabal -s
atabeg -s
atabek -s
ataman -s
ataxia
ataxic
Athena
Athene
a'thing
at-home
athrob
atocia
atokal
atomic
atonal
atoner -s
atonic
atopic
atrial
atrium, atria
Atropa
attach -es,-ing
      -ed
attack -s,-ing
      -ed
attain -s,-ing
      -ed
attend -s,-ing
      -ed
attent
attest -s,-ing
      -ed

attire -s,-d
-ring
attorn -s,-ing
-ed
attrap
attune -s,-d
-ning
atwain
atweel -s
atween
atwixt
aubade -s
auburn
aucuba -s
audile -s
Augean
augite
augury -ries
august -s
auklet -s
aumail -s,-ing
-ed
aumbry -ries
aunter -s
auntie -s
aurate -s
aureus, aurei
aurify -ing,-fies
-ied
Auriga
aurist -s
aurora -s,-e
aurous
Aussie
Auster
Austin
auteur
author -s,-ing
-ed
autism
autumn -s
availe
avatar -s
avaunt -s
avenge -s,-d
-ging
avenue -s
averse
Avesta
aviary -ries
aviate -s,-d
-ting
avidly
avital
avocet -s
avoset -s
avouch -es,-ing
-ed
avoure
avowal -s

avowed
avowry -ries
avulse -s,-d
-sing
awaked
awaken -s,-ing
-ed
awatch
aweary
a-weigh
awhape
awheel
a'where
awhile
awmous
awmrie -s
awning -s
awoken
awrack
awrong
awsome
axilla -e
aye-aye
azalea -s
azione -s
azodye -s
azonal
azonic
azotic
Azrael

B

baaing -s
Baalim
babble -s,-d
-ling
babbly -lier
-iest
Babism
Babist
bablah -s
baboon -s
backed
backet -s
back-up
baddie -s
badger -s,-ing
-ed
badman
baetyl -s
baffle -s,-d
-ling
bagful -s
bagged
baggit -s
bagman -men
bagnio -s
baguio -s
bagwig -s
bahada -s

bailee -s
bailer -s
bailey -s
bailie -s
Bairam
baiter -s
bajada -s
bajree -s
bakery -ries
baking -s
Balaam
balata
balboa -s
baldly
baleen
balker -s
ballad -s
ballan -s
ballat -s
balled
ballet -s
ballot -s,-ing
-ed
balsam -s,-ing
-ed
Baltic
Baluch
bamboo -s
banana -s
Banate
bandar -s
banded
bandit -s
bandog -s
banged
banger -s
bangle -s
bang-up
banian -s
banish -es,-ing
-ed
banjax -es,-ing
-ed
banker -s
banket
Bannat
banner -s
bantam -s
banyan -s
banzai -s
baobab -s
barbed
barbel -s
barber -s,-ing
-ed
barbet -s
barded
bardic
barege
barely

barfly -flies
barful
bargee -s
barish
barite
barium
barkan -s
barken -s,-ing
-ed
barker -s
barley -s
barman -men
barney -s
barock -s
barony -nies
barque -s
barrat
barred
barrel -s,-ling
-led
barren
barret -s
barrio -s
barrow -s
barter -s,-ing
-ed
barton -s
baryon -s
baryta
basalt -s
basely
bashaw -s
basher -s
basing
basket -s
basnet -s
basque -s
basset -s,-ing
-ed
Basuto
Basutu
batata -s
bateau -x
bather -s
bathos
bating
batman -men
batted
battel -s,-ing
-ed
batten -s,-ing
-ed
batter -s,-ing
-ed
battle -s,-d
-ling
battue -s
bauble -s
bawbee -s
bawble -s

bawdry	beduin -s	bekiss -es,-ing	berate -s,-d
bawler -s	bedung -s,-ing	-ed	-ting
bawley -s	-ed	belace -s,-d	Berber
baxter	bedust -s,-ing	-cing	Berean
Bayard	-ed	belamy	bereft
bazaar -s	bedyde	belate -s,-d	berlin -s
bazazz	bedyed	-ting	berret -s
beachy -chier	beegah -s	belaud -s,-ing	bertha -s
-iest	beenah -s	-ed	berthe -s
beacon -s,-ing	beetle -s,-d	beldam -s	beseem -s,-ing
-ed	-ling	belfry -ries	-ed
beaded	beeves	Belgic	beseen
beadle -s	befall -s,-ing	Belial	beside
beagle -s,-d	-en	belied	besigh -s,-ing
-ling	befana -s	belief -s	-ed
beaked	befell	belike	besing -s,-ing
beaker -s	beflum -s,-ming	belive	-sang
beamer -s	-med	bellow -s,-ing	-sung
beanie -s	befoam -s,-ing	-ed	besmut -s,-ting
bearer -s	-ed	Belone	-ted
beaten	befool -s,-ing	belong -s,-ing	besort
beater -s	-ed	-ed	bespat
beat-up	before	belove	besped
beauty -ties	befoul -s,-ing	belted	bespit -s,-ting
beaver -s	-ed	beluga -s	-spat(e)
bebung -s	beggar -s,-ing	bemaul -s,-ing	bespot -s,-ting
becall -s,-ing	-ed	-ed	-ted
-ed	begged	Bembex	bestar -s,-ring
becalm -s,-ing	begift -s,-ing	bemean -s,-ing	-red
-ed	-ed	-ed	bestir -s,-ring
became	begild -s,-ing	bemete -s,-d	-red
becket -s	-ed	-ting	bestow -s,-ing
beckon -s,-ing	begird -s,-ing	bemire -s,-d	-ed
-ed	-ed	-ring	bestud -s,-ding
become -s,-ming	begirt	bemoan -s,-ing	-ded
-came	begnaw -s,-ing	-ed	besung
becurl -s,-ing	-ed	bemock -s,-ing	betake -s,-n
-ed	begone -s	-ed	-king
bedash -es,-ing	beguin -s	bemoil	-took
-ed	begunk -s,-ing	bemuse -s,-d	beteem
bedaub -s,-ing	-ed	-sing	bethel -s
-ed	behalf -halves	bename -s,-d	betide -s,-d
bedaze -s,-d	behave -s,-d	-ming	-ding,-tid
-zing	-ving	bended	betime
bedbug -s	behead -s,-ing	bender -s	betoil -s,-ing
bedded	-ed	benign	-ed
bedder -s	beheld	bennet -s	betony -nies
bedeck -s,-ing	behest -s	ben-nut	betook
-ed	behind -s	ben-oil	betoss
bedell -s	behold -s,-ing	benumb -s,-ing	betray -s,-ing
bedide	-held	-ed	-ed
bed-key	behoof -s	benzal	betrim -s,-ming
bedlam -s	behote	benzil	-med
bedpan -s	behove -s,-d	benzol	betrod
bedral -s	-ving	benzyl	betted
bedrop -s,-ping	behowl -s,-ing	bepelt -s,-ing	better -s,-ing
-ped	-ed	-ed	-ed
bed-sit	beigel	bepity -ing,-ties	bettor -s
beduck -s,-ing	bejade	-ied	Betula
-ed	bejant -s	bepuff -s,-ing	Beulah
		-ed	

beurré -s	biopsy -sies	blinks -es	bogies
bewail -s,-ing	biotic	blintz -es	bogoak -s
-ed	biotin	blithe -r,-st	bogong -s
beware	birdie -s	blonde -s,-r,-st	bog-ore
beweep -s,-ing	bireme -s	bloody -ing,-dies	bohunk -s
bewept	birken	-ied,-ier	boiled
bewray -s,-ing	birkie -s,-r,-st	-iest	boiler -s
-ed	birler -s	bloomy -mier	bolden
beyond	birsle -s,-d	-iest	boldly
bezant -s	-ling	blotch -es,-ing	bolero -s
bezazz	bisect -s,-ing	-ed	bolide -s
bezoar -s	-ed	blotto	bolled
bezzle	bishop -s,-ing	blotty -ttier	bollen
bharal -s	-ed	-iest	bollix
Bharat	bismar -s	blouse -s,-d	bolshy -shies
bhisti -s	bisque -s	-sing	-ier,-iest
biased	bisson	blowed	bolter -s
biaxal	bister	blower -s	bombax -es
bibber -s	bistre	blowse -s	bomber -s
bicarb	bistro -s	blowsy -sier	Bombyx
biceps -es	bitchy -chier	-iest	bonbon -s
bicker -s,-ing	-iest	blow-up	bonded
-ed	biting -s	blowze -s	bonder -s
bidden	bitted	blowzy -zier	bonduc -s
bidder -s	bitten	-iest	boning -s
bident -s	bitter -s,-er	bludge -s,-d	bonism
biding	-est	-ging	bonist -s
bieldy -dier	bittie -s	bludie -r,-st	bonito -s
-iest	bivium -s	bluggy -ggier	bonnet -s,-ing
biffin -s	bizazz	-iest	-ed
bifold	bizone -s	bluidy -dier	bonnie -r,-st
biform	bladed	-iest	bonsai
bigamy -mies	blague -s	bluing -s	bonxie -s
big-bud	blaise -s	bluish	bonzer
bigger	blaize -s	blunge -s,-d	booboo -s
biggie -s	blamed	-ging	boodie -s
biggin -s	blanch -es,-ing	boatel -s	boodle -s
bigwig -s	-ed	boater -s	boogie -s
bijoux	blanco -es,-ing	bobbed	boo-hoo
bikini -s	-ed	bobbin -s	bookie -s
bilian -s	blanky -kies	bobble -s	booksy -sier
bilker -s	blashy -shier	bobcat -s	-iest
billed	-iest	bob-fly	boomer -s
billet -s,-ing	blazer -s	bobwig -s	booted
-ed	blazes	bocage -s	bootee -s
billie -s	blazon -s,-ing	bodach -s	Boötes
billon -s	-ed	boddle -s	boozed
billow -s,-ing	bleach -es,-ing	bodega -s	boozer -s
-ed	-ed	bodger -s	boozey -zier
billy-o	bleaky -kier	bodgie	-iest
Bimana	-iest	bodice -s	bo-peep
binary -ries	bleary -rier	bodied	bopper -s
binate	-iest	bodies	borage -s
binder -s	blench -es,-ing	bodily	borane -s
bingle -s,-d	-ed	boding -s	borate -s
-ling	blende	bodkin -s	bordar -s
biogas -es	blenny -nnies	bodrag	bordel -s
biogen -s	blight -s,-ing	boffin -s	border -s,-ing
bionic	-ed	bogeys	-ed
biopic -s	blimey -s	boggle -s,-d	boreal
		-ling	

Boreas	bowyer -s	brewer -s	bubbly -lier
boreen -s	box-bed	brewis -es	-iest
boride -s	box-car	Briard	buccal
boring -s	box-day	briber -s	bucker -s
borrel	boxful -s	bricky -ckier	bucket -s,-ing
borrow -s,-ing	boxing -s	-iest	-ed
-ed	boyaux	bridal -s	buckie -s
borsch -es	boyish	bridge -s,-d	buckle -s,-d
borzoi -s	bracer -s	-ging	-ling
bosbok	Brahma	bridie -s	buckra -s
bosche	Brahmi	bridle -s,-d	budded
boshta	braide	-ling	Buddha
bosker	brainy -nier	briery -rier	buddle -s,-d
bosket -s	-iest	-iest	-ling
bosomy -mier	braird -s,-ing	bright -er,-est	budger -s
-iest	-ed	brigue -s,-d	budget -s,-ing
bossed	braise -s,-d	-guing	-ed
boston -s	-sing	briony -nies	budgie -s
botany	braize -s	brisky	buffer -s,-ing
botchy -chier	branch -es,-ing	Briton	-ed
-iest	-ed	broach -es,-ing	buffet -s,-ing
botfly -flies	brandy -dies	-ed	-ed
bothan -s	branks	broché -s	bugged
bother -s,-ing	branky -kier	brogan -s	bugger -s,-ing
-ed	-iest	brogue -s	-ed
bothie -s	branle -s	broken	bugler -s
botone	branny -nnier	broker -s	buglet -s
bo-tree	-iest	brolga -s	bugong -s
bottle -s,-d	brashy -shier	brolly -llies	bug-out
-ling	-iest	bromic	bukshi -s
bottom -s,-ing	brassy -ssies	bronco	bulbar
-ed	-ier,-iest	bronze -s,-d	bulbed
bouche	bravos	-zing	bulbil -s
bouclé -s	brawly -lier	bronzy -zier	bulbul -s
bought -s	-iest	-iest	Bulgar
bougie -s	brawny -nier	brooch -es	bulger -s
boules	-iest	broody -dier	bulimy
boulle -s	brazen -s,-ing	-iest	bulker -s
bounce -s,-d	-ed	broomy -mier	buller -s,-ing
-cing	brazil -s	-iest	-ed
bouncy -cier	breach -es,-ing	broose -s	bullet -s
-iest	-ed	brough -s	bumalc
bounty -ties	breare	browny -nier	bum-bee
bourne -s	breast -s,-ing	-iest	bumble -s,-d
bourse -s	-ed	browse -s,-d	-ling
bouton -s	breath -s	-sing	bumkin -s
bovate -s	breech -es,-ing	browst -s	bummed
bovine	-ed	bruise -s,-d	bummer -s
bow-boy	breeks	-sing	bummle -s,-d
bowery -rier	breese -s	brumal	-ling
-iest	breeze -s,-d	brumby	bumper -s,-ing
bowfin -s	-zing	brunch -es	-ed
bow-leg	breezy -zier	brunet -s	bunchy -chier
bowler -s	-iest	brushy -shier	-iest
bow-man	bregma -ta	-iest	bundle -s,-d
bow-oar	brehon -s	brutal	-ling
bowpot -s	brenne	Brutus	bungee -s
bow-saw	breton -s	bryony -nies	bungie -s
bowser -s	brevet -s,-(t)ing	bubble -s,-d	bungle -s,-d
bowwow -s	-(t)ed	-ling	-ling

bunion -s
bunjee -s
bunjie -s
bunker -s
bunkum
bunnia -s
Bunsen
bunted
bunter -s
bunyip -s
burble -s,-d
  -ling
burbot -s
burden -s,-ing
  -ed
burdie -s
bureau -s,-x
burgee -s
burger -s
burgle -s,-d
  -ling
burgoo -s
burhel -s
burial -s
buried
buriti -s
burkha -s
burlap -s
burler -s
Burman
burned
burner -s
burnet -s
burn-up
burrel -s
burrow -s,-ing
  -ed
bursae
bursal
bursar -s
Bursch
burton -s
bus-bar
busboy
bushed
bushel -s
busied
busily
busing -s
busked
busker -s
busket
buskin -s
busman -men
busted
bustee -s
buster -s
bustle -s,-d
  -ling
bust-up

butane
but-end
butene
butler -s,-ing
  -ed
butted
butter -s,-ing
  -ed
buttle -s,-d
  -ling
button -s,-ing
  -ed
buying
buy-out
buzzer -s
by-blow
bye-bye
bye-law
by-form
bygone -s
by-lane
byline -s
by-name
bypass -es,-ing
  -ed
by-past
bypath -s
by-play
by-plot
byrlaw -s
byrnie -s
byroad -s
byroom
byssal
byssus -es
by-time
byword -s
bywork
byzant -s

C

cabala
cabana
cabbie -s
Cabiri
cabman -men
cabrie -s
cabrit -s
cachet -s
cachou -s
cackle -s,-d
  -ling
cacoon -s
cactus -es,-ti
caddie -s,-d
  -ddying
caddis -es
cadeau
cadent
cadger -s

caduac
caecal
caecum -ca
caesar -s
cafard -s
Caffre
cafila
caftan -s
cagily
cagoul -s
cahoot
caimac -s
caiman -s
caique -s
caïque -s
cajole -s,-d
  -ling
caking -s
calami
calash -es
calcar -s
calced
calces
calcic
calefy -ing,-fies
  -ied
calico -(e)s
caligo
caliph -s
calker -s
calkin -s
caller -s,-er
  -est
callet
callid -er,-est
callow -s,-er
  -est
call-up
callus -es
calmed
calmly
calpac -s
calque -s,-d
  -quing
calver -s,-ing
  -ed
calves
calxes
camash -es
camass -es
camber -s,-ing
  -ed
cameos
camera -s
camese -s
camion -s
camise -s
camlet -s
camper -s
cample

campus -es
camsho -er,-est
cañada -s
canapé -s
canard -s
canary -ing,-ries
  -ied
cancan -s
cancel -s,-ling
  -led
cancer -s
candid
candie -s
candle -s,-d
  -ling
canful -s
cangue -s
canine -s
caning -s
canker -s,-ing
  -ed
canned
cannel
canner -s
cannon -s,-ing
  -ed
cannot
canopy -ing,-pies
  -ied
Cantab
cantar -s
canter -s,-ing
  -ed
canthi
cantle -s,-d
  -ling
canton -s,-ing
  -ed
cantor -s
cantos
cantus
canuck -s
canvas -es,-ing
  -ed
canyon -s
capias -es
capita
caplin -s
capote -s
capped
capper -s
capric
capsid -s
captan
captor -s
carack -s
caract
carafe -s
caranx
Carapa

carbon -s	catena -s,-e	census -es	charry -rrier
carboy -s	catgut -s	cental -s	-iest
carder -s	Cathar	center -s	charta -s
careen -s,-ing	cation -s	centos	chaser -s
-ed	catkin -s	centre -s,-d	Chasid
career -s,-ing	cat-lap	-ring	chasmy -mier
-ed	catnap -s	centry	-iest
carème	catnep -s	centum -s	chasse -s
caress -es,-ing	catnip -s	cerate -s	chassé -s,-ing
-ed	catsup -s	cercal	-(e)d
carfax -es	cattle	cercus -es	chaste -r,-st
carfox -es	caucus -es,-ing	cereal -s	chaton -s
caribe -s	-ed	Cereus	chatta -s
Carica	caudal	ceriph -s	chatty -ttier
caries	caudex -es,-dices	cerise	-iest
carina -s	caudle -s,-d	cerite	chaunt -s,-ing
caring	-ling	cerium	-ed
carlot	caught	cermet -s	checky -kier
carman -men	cauker -s	ceroon	-iest
carnal	caules	cerris -es	cheeky -kier
carnet -s	caulis	certes	-iest
carney -s,-ing	causal	ceruse	cheero -s
-ed,-nier	causen	cervix -es	cheers -es
-iest	causer -s	cestui -s	cheery -rier
carpal	causey -s,-ing	cestus -es	-iest
carpel -s	-ed	cesura -s	cheese -s,-d
carper -s	cautel	cesure	-sing
carpet -s,-ing	cauter -s	cetane	cheesy -sier
-ed	cavass -es	Ceylon	-iest
carpus -es	caveat -s	cha-cha	chemic -s,-king
carrat -s	cave-in	chacma -s	-ked
carrel -s	cavern -s,-ing	chadar -s	chemmy
carrot -s	-ed	chador -s	chenar -s
cartel -s	caviar -s	chaeta -e	chenet
carter -s	caving -s	chafer -s	chenix -es
carton -s	cavity -ties	chaffy -ffier	cheque -s
carved	cavort -s,-ing	-iest	chequy -quier
carvel -s	-ed	chagan -s	-iest
carven	cawing -s	chaise -s	cherry -rries
carver -s	cawker -s	chalan	-ier,-iest
casbah -s	Caxton	chalet -s	cherty -tier
casein	cayman -s	chalky -kier	-iest
casern -s	cayuse	-iest	cherub -s,-im(s)
cashaw -s	cecils	chance -s,-d	cherup -s,-ing
cashew -s	cecity	-cing	-ed
casing -s	cedarn	chancy -cier	chesil -s
casino -s	cedula -s	-iest	chesty -tier
casket -s	Ceefax®	change -s,-d	-iest
casque -s	celery -ries	-ging	cheven -s
cassia -s	celiac	chanty -ties	chevin -s
cassis -es	cellae	chapel -s	chewet
casted	cellar -s,-ing	chapka -s	chiasm -s
caster -s	-ed	chappy -ppier	chiaus -es,-ing
castle -s,-d	celled	-iest	-ed
-ling	Celtic	charas	chibol -s
castor -s	cembra -s	chared	chicha -s
casual -s	cement -s,-ing	charge -s,-d	chichi -s,-er
catalo -(e)s	-ed	-ging	-est
catchy -chier	censer -s	Charis	chicle -s
-iest	censor -s,-ing	Charon	chicly
	-ed		

chicon -s	chroma -s	claque -s	closet -s,-ing
chided	chrome -s	claret -s,-ing	-ed
chider	chromo -s	-ed	clothe -s,-d
chield -s	chubby -bbier	clarty -tier	-thing
chigoe -s	-iest	-iest	*Clotho
chigre -s	chuffy -ffier	classy -ssier	cloths
chikor -s	-iest	-iest	clotty -ttier
chilli -s	chukar -s	clatch -es,-ing	-iest
chilly -llier	chukka -s	-ed	cloudy -dier
-iest	chukor -s	clause -s	-iest
chimer -s	chummy -mmies	claver -s,-ing	clough -s
chinar -s	-ier,-iest	-ed	cloven
chinch -es	chunky -kier	claves	clover -s
chinks -es	-iest	clavie -s	cloyed
chinky -kier	church -es,-ing	clavis	clumps
-iest	-ed	clawed	clumpy -pier
chintz -es	chypre -s	clayey -yier	-iest
chippy -ppies	cicada -s	-iest	clumsy -sier
-ier,-iest	cicala -s	cleave -s,-d	-iest
chi-rho	cicely -lies	-ving	clunch -es
chirpy -pier	cicero	clave	Clupea
-iest	cicuta -s	cleché	clusia -s
chisel -s,-ling	cidery -rier	clench -es,-ing	clutch -es,-ing
-led	-iest	-ed	-ed
chital -s	cierge -s	clergy -gies	Cnicus
chitin	ciggie -s	cleric -s	cnidae
chiton -s	cilice -s	cleuch -s	coachy -chies
chitty -tties	cilium -lia	cleugh -s	coaita -s
-ier,-iest	cimier -s	clever -er,-est	coarse -r,-st
chivvy -ing	cinder -s	clevis -es	coatee -s
-vvies	cinema -s	cliche -s	coaxer -s
-ied	cineol	client -s	cobalt
choice -s,-r,-st	cinque -s	cliffy -ffier	cobber
choked	cipher -s,-ing	-iest	cobble -s,-d
choker -s	-ed	clifty -tier	-ling
chokey -s	cippus -ppi	-iest	cobnut -s
choler	circar -s	climax -es,-ing	cobric
cholic	circle -s,-d	-ed	coburg -s
choose -s,-sing	-ling	clinch -es,-ing	cobweb -s,-bing
chose(n)	circus -es	-ed	-bed
choosy -sier	cirque -s	clingy -gier	coccal
-iest	cirrus -rri	-iest	coccid -s
chopin -s	cisted	clinic -s	coccus -cci
choppy -ppier	cistic	cliqué -s	coccyx -ccyges
-iest	cistus -es	cliquy -quier	Cochin
choral -s	citess -es	-iest	cocked
chorea	cither -s	cloaca -e	cocker -s
choree -s	citole -s	cloche -s	cocket -s
choria	citric	cloddy -ddier	cockle -s,-d
choric	citrin	-iest	-ling
chorus -es,-ing	citron -s	clodly	cocksy -sier
-ed	citrus -es	cloggy -ggier	-iest
chosen	civics	-iest	cock-up
chough -s	civism	clonal	cocoon -s,-ing
chouse -s,-d	cizers	clonic	-ed
-sing	claggy -ggier	clonus -es	codded
chowri -s	-iest	Cloots	coddle -s,-d
chowry -ries	clambe	cloqué	-ling
chrism -s	clammy -mmier	closed	codger -s
Christ	-iest	closer -s	codify -ing,-fies
			-fied

codist -s
codlin -s
coelom -s
coerce -s,-d
 -cing
coeval -s
coffee -s
coffer -s,-ing
 -ed
coffin -s,-ing
 -ed
coffle -s
cogent -er,-est
cogged
cogger -s
coggie -s
coggle -s,-d
 -ling
coggly -lier
 -iest
Cognac
co-heir
cohere -s,-d
 -ring
cohorn -s
cohort -s
cohune -s
coigne -s,-d
 -ning
coiner -s
coital
coitus -es
cojoin
coldly
coleus -es
collar -s,-ing
 -ed
collet -s
collie -s
collop -s
Colmar
colobi
colony -nies
colour -s,-ing
 -ed
colter -s
colugo -s
column -s
colure -s
comarb -s
comart
comate
combat -s,-ing
 -ed
combed
comber -s
comedo -s
comedy -dies
comely -lier
 -iest

come-on
comfit -s
coming -s
comity
commie -s
commis
commit -s,-ting
 -ted
commix -es,-ing
 -ed
common -s,-ing
 -ed,-er
 -est
commot -s
comose
comous
compel -s,-ling
 -led
comply -ing
 -plies
 -ied
compot -s
comsat
concha -s
conchy -chies
concur -s,-ring
 -red
conder -s
condom -s
condor -s
confab -s,-bing
 -bed
confer -s,-ring
 -red
confit
confix
congee -s,-ing,-d
conger -s
congou -s
conics
conima
conine
conjee -s,-ing,-d
conker -s
con-man
conned
conner -s
conoid -s
consul -s
contra -s
convex -es
convey -s,-ing
 -ed
convoy -s,-ing
 -ed
cooing -s
cooker -s
cookie -s
cooler -s
coolie -s

coolly
coolth
coonty -ties
cooper -s,-ing
 -ed
coosen
cooser -s
coosin
copeck -s
copied
copier -s
coping -s
copita -s
cop-out
copped
copper -s,-ing
 -ed
coppin -s
copple
Coptic
copula -s
coquet -s,-ting
 -ted
corban -s
corbel -s
corbie -s
corded
cordon -s,-ing
 -ed
corium -s
corked
corker -s
corkir -s
cormus -es
cornea -s
corned
cornel -s
corner -s,-ing
 -ed
cornet -s
cornua
Cornus
corody -dies
corona -s,-e
corozo -s
corpse -s
corpus -pora
corrie -s
corset -s,-ing
 -ed
Cortes
cortex -es,-tices
corvée -s
corves
corvet -s,-(t)ing
 -(t)ed
corvid -s
corvus -es
corymb -s
coryza -s

cosech -s
cosher -s,-ing
 -ed
cosier
cosily
cosine -s
cosmea -s
cosmic
cosmos -es
cosset -s,-ing
 -ed
cossie
costal -s
co-star
coster -s
costly
costus -es
coteau
cotise -s,-d
 -sing
cottar -s
cotted
cotter -s
cotton -s,-ing
 -ed
Cottus
cotwal -s
cotyle -s,-lae
coucal -s
couché -s
cougar -s
coulée -s
county -ties
couped
coupee -s
couper -s
couple -s,-d
 -ling
coupon -s
course -s,-d
 -sing
cousin -s
couter -s
couthy -thier
 -iest
coutil
covary -ing,-ries
 -ied
covert -s
coving -s
covyne -s
cowage -s
coward -s,-ing
 -ed
cowboy -s
cowish
cowled
cowman -men
cowpat -s
cow-pea

cowpox
cowrie -s
coyish
coyote -s
cozier
crabby -bbier
   -iest
cradle -s,-d
   -ling
crafty -tier
   -iest
craggy -ggier
   -iest
crambo -es
crampy -pier
   -iest
cranch -es,-ing
   -ed
crania
cranky -kier
   -iest
cranny -ing
   -nnies
   -ied
crants
crases
crasis
cratch -es
crater -s
craton -s
cratur -s
cravat -s,-ting
   -ted
craven -s
craver -s
crawly -lier
   -iest
crayer -s
crayon -s,-ing
   -ed
crazed
creach -s
creagh -s
creaky -kier
   -iest
creamy -mier
   -iest
creant
crease -s,-d
   -sing
creasy -sier
   -iest
create -s,-d
   -ting
crèche -s
credal
credit -s,-ing
   -ed
creeky -kier
   -iest

creepy -pier
   -iest
creese -s,-d
   -sing
creesh -es,-ing
   -ed
cremor -s
crenel -s,-ling
   -led
creole -s
crepon
cresol
cressy -ssier
   -iest
Cretan
cretic -s
cretin -s
crewel -s,-ling
   -led
criant
crible
cricky -kies
crikey -s
crimpy -pier
   -iest
crinal
cringe -s,-d
   -ging
cripes -es
crises
crisis
crispy -pier
   -iest
crista -s
critic -s
croaky -kier
   -iest
croche -s
crocus -es
cronet
croppy -ppies
crosse -s
crotal -s
crotch -es
croton -s
crouch -es,-ing
   -ed
croupe -s
croupy -pier
   -iest
crouse -r,-st
croûte -s
crowed
cruces
cruddy -ddier
   -iest
cruels
cruise -s,-d
   -sing
cruive -s

crumbs -es
crumby -bier
   -iest
crumen -s
crummy -mmies
   -ier,-iest
crumpy -pier
   -iest
crunch -es,-ing
   -ed
crural
cruset -s
crusie -s
crusta -e
crusty -tier
   -iest
crutch -es,-ing
   -ed
cruxes
crying -s
crypto -s
cubage -s
cubbed
cubica
cubism
cubist -s
cuboid -s
cuckoo -s,-er
   -est
cuddie -s
cuddle -s,-d
   -ling
cuddly -lier
   -iest
cudgel -s,-ling
   -led
cueist -s
cuesta -s
cuffin -s
cuffle
cuisse -s
cuiter -s,-ing
   -ed
Culdee
culler -s
cullet -s
cullis -es
culmen -s
cultch -es
culter
cultic
cultus -es
culver -s
cumber -s,-ing
   -ed
cummer -s
cummin -s
cumuli
cuneal
cunner -s

cupful -s
cupman -men
cupola -s,-ing
   -ed
cupped
cupper -s
cupric
cup-tie
cupule -s
curacy -cies
curara
curare
curari
curate -s
curdle -s,-d
   -ling
curfew -s
curiet
curios
curium
curled
curler -s
curlew -s
curney -nier
   -iest
curpel -s
cursal
cursed
curser -s
cursor -s
cursus -es
curtal -s
curtly
curtsy -ing,-sies
   -ied
curule
curved
curvet -s,-(t)ing
   -(t)ed
cuscus -es
cushat -s
cusped
cuspid
cussed
cusser -s
custom -s
custos -todes
cutcha
cutler -s
cutlet -s
cut-off
cut-out
cutter -s
cuttle -s
cuttoe -s
cyanic
cyanin
Cybele
cycler
cyclic

cyclus -es
cyesis, cyeses
cygnet -s
cymbal -s
cymoid
cymose
cymous
Cymric
Cynips
cypher -s,-ing
-ed
cyprid -s
cypris -prides
cyprus
cystic
cystid -s
cytase
cytisi
cytode -s
cytoid
czapka -s

D

dabbed
dabber -s
dabble -s,-d
-ling
dacite
dacker -s,-ing
-ed
dacoit -s
dactyl -s
daddle -s,-d
-ling
dadoes
daedal
daemon -s
daftie -s
daftly
dagger -s
daggle -s,-d
-ling
dagoba -s
dagoes
dahlia -s
daidle -s,-d
-ling
daiker -s,-ing
-ed
daimen
daimio -s
dainty -ties,-ier
-iest
dakoit -s
Dalila
dallop -s
damage -s,-d
-ging
damask -s,-ing
-ed

dammar -s
dammed
dammer -s
dammit -s
damned
dampen -s,-ing
-ed
damper -s
damply
damsel -s
damson -s
dancer -s
dander -s,-ing
-ed
dandle -s,-d
-ling
danger -s
dangle -s,-d
-ling
Daniel
Danish
Danite
danton -s,-ing
-ed
daphne -s
dapper -s,-er
-est
dapple -s,-d
-ling
Dardan
Dardic
dargle -s,-d
-ling
daring
darken -s,-ing
-ed
darkey -s
darkie -s
darkle -s,-d
-ling
darkly
darned
darnel -s
darner -s
darter -s
dartle -s,-d
-ling
dartre
dasher -s
dassie
datary -ries
dative -s
datura -s
dauber -s
dauner -s,-ing
-ed
dautie -s
dawdle -s,-d
-ling
dawish

dawner -s,-ing
-ed
dawtie -s
day-bed
day-boy
day-fly
day-old
dazzle -s,-d
-ling
deacon -s
deaden -s,-ing
-ed
deader -s
deadly -lier
-iest
deafen -s,-ing
-ed
deafly
dealer -s
deaner -s
dearie -s
dearly
dearth -s
deasil
deathy -thier
-iest
debark -s,-ing
-ed
debase -s,-d
-sing
debate -s,-d
-ting
debile -r,-st
debosh -es,-ing
-ed
debris
debted
debtee -s
debtor -s
debunk -s,-ing
-ed
decade -s
decamp -s,-ing
-ed
decane
decani
decant -s,-ing
-ed
decarb -s,-ing
-ed
decare -s
deceit -s
decent
decern -s,-ing
-ed
decide -s
décime -s
decked
decker -s
deckle -s

decoct -s,-ing
-ed
decode -s,-d
-ding
decoke -s,-d
-king
decree -s,-ing,-d
Dectra
decury -ries
dedans
deduce -s,-d
-cing
deduct -s,-ing
-ed
deejay -s
deemed
deepen -s,-ing
-ed
deepie -s
deeply
deface -s,-d
-cing
defame -s,-d
-ming
defeat -s,-ing
-ed
defect -s,-ing
-ed
defend -s,-ing
-ed
defied
defier -s
defile -s,-d
-ling
define -s,-d
-ning
deflex -es,-ing
-ed
deform -s,-ing
-ed
defoul -s,-ing
-ed
defray -s,-ing
-ed
deftly
defuse -s,-d
-sing
defuze -s,-d
-zing
dégagé
degras
degree -s
degust -s,-ing
-ed
dehorn -s,-ing
-ed
dehort -s,-ing
-ed
de-icer
deific

deixis
deject -s,-ing
   -ed
delate -s,-d
   -ting
delete -s,-d
   -ting
Delian
delice -s
delict -s
delphs
delude -s,-d
   -ding
deluge -s,-d
   -ging
delver -s
delves
demain -s
demand -s,-ing
   -ed
demark -s,-ing
   -ed
demean -s,-ing
   -ed
dement -s,-ing
   -ed
demise -s,-d
   -sing
demiss -er,-est
demist -s,-ing
   -ed
demote -s,-d
   -ting
demure -r,-st
denary -ries
dengue
denial -s
denied
denier -s
dennet -s
denote -s,-d
   -ting
dental -s
dentel -s
dentex -es
dentil -s
dentin
denude -s,-d
   -ding
deodar -s
depart -s,-ing
   -ed
depend -s,-ing
   -ed
depict -s,-ing
   -ed
deploy -s,-ing
   -ed
depone -s,-d
   -ning

deport -s,-ing
   -ed
depose -s,-d
   -sing
depute -s,-d
   -ting
deputy -ties
derail -s,-ing
   -ed
derate -s,-d
   -ting
derham -s
deride -s,-d
   -ding
derive -s,-d
   -ving
dermal
dermic
dermis -es
dernly
derris -es
desalt -s,-ing
   -ed
descry -ing,-ries
   -ied
desert -s,-ing
   -ed
design -s,-ing
   -ed
desire -s,-d
   -ring
desist -s,-ing
   -ed
desman -s
desmid -s
desorb -s,-ing
   -ed
despot -s
desyne
detach -es,-ing
   -ed
detail -s,-ing
   -ed
detain -s,-ing
   -ed
detect -s,-ing
   -ed
detent -s
détenu
detest -s,-ing
   -ed
detort -s,-ing
   -ed
detour -s,-ing
   -ed
deuced
deuton -s
devall -s,-ing
   -ed
devest -s,-ing
   -ed

device -s
devise -s,-d
   -sing
devoid -er,-est
devoir -s
devote -s,-d
   -ting
devour -s,-ing
   -ed
devout -er,-est
devvel -s,-ling
   -led
Dewali
dewani -s
dew-bow
dewily
dewitt -s,-ing
   -ed
dewlap -s
dexter -s
dharma -s
dharna -s
dhooly -lies
dhooti -s
dhurra -s
diacid
diadem -s
dialog
diamyl
diaper -s,-ing
   -ed
diapir -s
diarch
diatom -s
diaxon -s
dibbed
dibber -s
dibble -s,-d
   -ling
dicast -s
dicing -s
dicker
dickey -s,-kier
   -iest
dictum -ta
didder -s,-ing
   -ed
diddle -s,-d
   -ling
dièdre -s
diesel -s
dieses
diesis
dieter -s
differ -s,-ing
   -ed
digamy -mies
digest -s,-ing
   -ed
digged

digger -s
diglot -s
dikast -s
dik-dik
diktat -s
dilate -s,-d
   -ting
dildoe -s
dilute -s,-d
   -ting
dimble -s
dimity
dimmed
dimmer -s
dim-out
dimple -s,-d
   -ling
dimply -lier
   -iest
dindle -s,-d
   -ling
dinful
dinged
dinger -s
dinges -es
dingey -s
dinghy -hies
dingle -s
dingus -es
dinkum
dinned
dinner -s,-ing
   -ed
dinnle -s,-d
   -ling
Diodon
dioxan
dioxin
diplex
diploe -s
diplon -s
dip-net
Dipnoi
dipody -dies
dipole -s
dipped
dipper -s
dipsas -ades
dirdum -s
direct -s,-ing
   -ed
dirham -s
dirhem -s
dirige -s
dirndl -s
disarm -s,-ing
   -ed
disbar -s,-ring
   -red
disbud -s,-ding
   -ded

discus -es
dished
dismal -s,-er
    -est
disman -s -ning
    -ned
dismay -s,-ing
    -ed
disown -s,-ing
    -ed
dispel -s,-ling
    -led
distal
distil -s,-ling
    -led
disuse -s,-d
    -sing
dither -s,-ing
    -ed
ditone -s
dittay -s
ditted
dittit
dittos
Divali
divers
divert -s,-ing
    -ed
divest -s,-ing
    -ed
divide -s,-d
    -ding
divine -s,-d,-r
    -st,-ning
diving -s
Diwali
dizain -s
djebel -s
djinni
doable
doater -s
dobber
dobbie -s
dobbin -s
Docete
docile -r,-st
docken -s
docker -s
docket -s,-ing
    -ed
doctor -s,-ing
    -ed
dodded
dodder -s,-ing
    -ed
dodgem -s
dodger -s
dodkin -s
dodman -s
dodoes

doffer -s
dog-ape
dogate -s
dog-bee
dog-ear
dog-end
dogfox -es
dogged
dogger -s
dog-hep
dog-hip
dog-leg
doiled
doited
doitit
dolent
dolium -lia
dollar -s
dollop -s
dolman -s
dolmen -s
dolour -s
domain -s
domett
domino -es
donary -ries
donate -s,-d
    -ting
donjon -s
donkey -s
donnat -s
donned
donnée -s
donnot -s
donsie -r,-st
donzel
doocot -s
doodad -s
doodah -s
doodle -s,-d
    -ling
dooket -s
doolie -s
doomed
dopant -s
doping -s
dopper -s
doppie -s
dorado -s
'dor-bug
Dorcas
dor-fly
Dorian
dorise -s,-d
    -sing
Dorism
dormer -s
dormie
dorsal -s
dorsel -s

dorser -s
dorsum -s
dorter -s
dosage -s
dosi-do
dossal -s
dossel -s
dosser -s
dossil -s
dotage -s
dotant
dotard -s
doting -s
dotish
dotted
dottle -s,-r,-st
double -s,-d
    -ling
doubly
doucet
douche -s,-d
    -ching
dought
doughy -ghier
    -iest
douser -s
douter -s
dovish
dowlas
downed
downer -s
Downie®
dowser -s
dowset
doyley -s
dozing -s
drabby -bbier
    -iest
drably
drachm -s
draffy
drafts
dragée -s
dragon -s
draped
draper -s
drapet
drappy -ppies
draunt -s,-ing
    -ed
drawee -s
drawer -s
drazel -s
dreamt
dreamy -mier
    -iest
dreary -rier
    -iest
dredge -s,-d
    -ging

dreggy -ggier
    -iest
dreich -er,-est
drench -es,-ing
    -ed
driest
drifty -tier
    -iest
drippy -ppier
    -iest
drivel -s,-ling
    -led
driven
driver -s
droger -s
drogue -s
droich -s
drolly
dromic
dromoi
dromon -s
dromos -moi
drongo -(e)s
droome
droopy -pier
    -iest
dropsy
drosky -kies
drossy -ssier
    -iest
drouth -s
drover -s
drowse -s,-d
    -sing
drowsy -sier
    -iest
drudge -s,-d
    -ging
drumly -lier
    -iest
drupel -s
dry-fly
drying -s
dryish
dry-rot
dualin
dually
dubbed
dubbin -s
ducker -s
dudder -s
duddie -r,-st
dudeen -s
dudish
dudism
dueful
duello
duenna -s
duetto -s,-tti
duffel

duffer -s
duffle
dugong -s
dugout -s
duikep -s
dukery -ries
dulcet
dumbly
dumdum -s
dumose
dumous
dumper -s
dumple -s,-d
   -ling
dun-cow
dunder -s
dunite
Dunker
dunlin -s
Dunlop
dunned
dupery -ries
dupion -s
duplet -s
duplex -es
durant
durbar -s
durdum -s
duress -es
durgan -s
Durham
durian -s
during
durion -s
durrie
dusken -s,-ing
   -ed
duskly
duster -s
dust-up
dutied
duyker -s
dyable
dyadic
dybbuk -s
dyeing -s
dynamo -s
dynast -s
dynode -s
dysury
dyvour -s
dzeren -s

E

eadish
eaglet -s
earbob -s
ear-cap
earful -s
earing -s

earlap -s
earner -s
earthy -thier
   -iest
earwax
earwig -s
easily
eassel
eassil
easter
eatage -s
eatche -s
eatery -ries
eathly
eating -s
écarté -s
ecbole -s
echoed
echoer -s
echoes
echoic
éclair -s
eclose -s,-d
   -sing
econut -s
ectopy
ectype -s
écurie
eczema
Eddaic
eddied
eddish -es
eddoes
Edenic
edging -s
edible -s
editor -s
eel-set
eerily
efface -s,-d
   -cing
effect -s,-ing
   -ed
effeir -s
effere -s
effete -r,-st
effigy -gies
effing
efflux -es
effort -s
effuse -s,-d
   -sing
eftest
egally
egence -s
egency -cies
Egeria
egesta
egg-box
eggcup -s

eggery -ries
eggler -s
eggnog -s
egoism
egoist -s
egoity
egress -es
eident -er,-est
eidola
eighth -s
eighty -ties
eirack -s
eisell
either
ejecta
Elaeis
elance -s,-d
   -cing
elanet -s
elapse -s,-d
   -sing
elater -s
E-layer
elchee -s
eldest
elding -s
elench
eleven -s
elevon -s
elfish
elicit -s,-ing
   -ed
elixir -s
ellops
Elodea
Elohim
eloign -s,-ing
   -ed
eloper -s
elshin -s
eltchi -s
eluant -s
eluate -s
elutor -s
elvish
elytra
embail
embale -s,-d
   -ling
emball -s,-ing
   -ed
embalm -s,-ing
   -ed
embank -s,-ing
   -ed
embark -s,-ing
   -ed
embase -s,-d
   -sing
emblem -s,-ing
   -ed

emblic -s
embody -ing,-dies
   -ied
emboil
emboly -lies
emboss -es,-ing
   -ed
embrue -s,-d
   -bruing
embryo -s
embusy
emerge -s,-d
   -ging
emesis -ses
emetic -s
emetin
émeute -s
émigré -s
emmesh -es,-ing
   -ed
empale -s,-d
   -ling
empare
empery -ries
empire -s
employ -s,-ing
   -ed
empusa -s
empuse -s
emulge -s,-d
   -ging
emunge
emydes
enable -s,-d
   -ling
enamel -s,-ling
   -led
enamor
enarch -es,-ing
   -ed
encage -s,-d
   -ging
encalm
encamp -s,-ing
   -ed
encase -s,-d
   -sing
encash -es,-ing
   -ed
encave
encode -s,-d
   -ding
encore -s,-d
   -ring
encyst -s,-ing
   -ed
end-all
endart
endear -s,-ing
   -ed

ending -s	enragé	eothen	espied
endive	enrank	Eozoic	esprit
endoss	enrapt	Eozoon	Essene
endure -s,-d	enrich -es,-ing	eparch -s	essive -s
-ring	-ed	epaule -s	essoin -s
energy -gies	enring -s,-ing	epeira -s	estate -s,-d
enerve	-ed	ephebe	-ting
enface -s,-d	enrobe -s,-d	ephebi	esteem -s,-ing
-cing	-bing	epical	-ed
enfire	enroll -s,-ing	epigon -s	estray -s,-ing
enfold -s,-ing	-ed	epimer -s	-ed
-ed	enroot -s,-ing	epizoa	etalon -s
enform	-ed	epocha -s	etcher -s
enfree	ensate	epodic	eterne
engage -s,-d	enseal -s,-ing	eponym -s	ethane
-ging	-ed	epopee -s	ethene
engagé	enseam -s,-ing	epulis -es	ethics
engaol	-ed	equate -s,-d	Ethiop
engild	ensear	-ting	ethnic
engine -s,-d	ensign -s,-ing	equine	Etnean
-ning	-ed	équipe	étrier -s
engird -s,-ing	ensile -s,-d	equity -ties	etymic
engirt	-ling	erased	etymon -s,-ma
englut -s,-ting	ensoul -s,-ing	eraser -s	etypic
-ted	-ed	erbium	eucain
engore -s,-d	ensued	Erebus	euchre -s,-d
-ring	ensure -s,-d	eremic	-ring
engram -s	-ring	erenow	eughen
engulf -s,-ing	entail -s,-ing	ergate -s	eulogy -gies
-ed	-ed	erg-ten	eunuch -s
enhalo -s,-ing	entame	eriach -s	euouae -s
-ed	entera	Erinys	euphon -s
enigma -s	entice -s,-d	ermine -s	eureka -s
enisle -s,-d	-cing	eroded	eutaxy
-ling	entire -s	erotic -s	evejar -s
enjamb -s,-ing	entity -ties	errand -s	evenly
-ed	entoil -s,-ing	errant -s	evilly
enjoin -s,-ing	-ed	errata	evince -s,-d
-ed	entomb -s,-ing	erring -s	-cing
enlace -s,-d	-ed	ersatz -es	Evipan®
-cing	entrap -s,-ping	eryngo -(e)s	évolué -s
enlard	-ped	escape -s,-d	evolve -s,-d
enlevé	entrée -s	-ping	-ving
enlink -s,-ing	envier -s	escarp -s,-ing	evovae -s
-ed	enwall -s,-ing	-ed	evulse -s,-d
enlist -s,-ing	-ed	eschar -s	-sing
-ed	enwind -s,-ing	eschew -s,-ing	evzone -s
enlock -s,-ing	-wound	-ed	ewghen
-ed	enwomb -s,-ing	escort -s,-ing	examen -s
enmesh -es,-ing	-ed	-ed	exarch -s
-ed	enwrap -s,-ping	escroc	excamb -s,-ing
enmity -ties	-ped	escrol -s	-ed
enmove	enzian -s	escrow -s	exceed -s,-ing
ennead -s	enzone -s,-d	escudo -s	-ed
ennuyé	-ning	Eskimo	except -s,-ing
enodal	enzyme -s	esloin -s,-ing	-ed
enosis -ses	Eocene	-ed	excess -es
enough -s	Eolian	esnecy	excide -s,-d
enrace	eolith -s	espada	-ding
enrage -s,-d	eonism	espial -s	excise -s,-d
-ging			-sing

excite -s,-d
-ting
excuse -s,-d
-sing
exedra -e
exempt -s,-ing
-ed
exequy -quies
exeunt
exhale -s,-d
-ling
exhort -s,-ing
-ed
exhume -s,-d
-ming
exilic
exited
exodic
exodus -es
exogen
exomis -es
exonym -s
exopod -s
exotic -s
expand -s,-ing
-ed
expect -s,-ing
-ed
expend -s,-ing
-ed
expert -s
expire -s,-d
-ring
expiry -ries
export -s,-ing
-ed
expose -s,-d
-sing
exposé -s
expugn -s,-ing
-ed
exsect -s,-ing
-ed
exsert -s,-ing
-ed
extant
extasy -sies
extend -s,-ing
-ed
extent -s
extern -s
extine -s
extirp
extold
extort -s,-ing
-ed
eyalet -s
eyeful -s
eyeing
eyelet -s,-ing
-ed

eyelid -s
eye-pit
Eyetie
eyliad -s

F
Fabian
fabled
fabler -s
fabric -s
façade -s
facete
facial -s
facies
facile -r,-st
facing -s
factor -s,-ing
-ed
factum -s
facula -e
faddle -s,-d
-ling
fade-in
fade-up
fadeur
fading -s
faecal
faeces
faerie -s
fag-end
fagged
faggot -s,-ing
-ed
faible -s
faikes
failed
faille
fainly
faints
fainty -tier
-iest
fairly
faitor
falces
falcon -s
fallal -s
fallen
fall-in
fallow -s,-ing
-ed,-er
-est
falser
falsie -s
falter -s,-ing
-ed
family -lies
famine -s
famish -es,-ing
-ed
famous -es,-ing
-ed

fandom
fanged
fangle
fanion -s
fan-jet
fankle -s,-d
-ling
fanned
fannel -s
fanner -s
fantad -s
fan-tan
Fantee
fantod -s
fantom -s
faquir -s
farand
farcin
fardel -s
farden -s
farina -s
farmer -s
far-off
far-out
farrow -s,-ing
-ed
fasces
fascia -s
fascio -sci
fasten -s,-ing
-ed
faster -s
fastly
fat-cat
fat-hen
father -s,-ing
-ed
fathom -s,-ing
-ed
fatted
fatten -s,-ing
-ed
fatter
faucal
fauces
faucet -s
faulty -tier
-iest
faunae
faunal
fautor -s
favism
favose
favour -s,-ing
-ed
favous
fawner -s
feague
fealty -ties
feared

featly
fecial
feckly
fecula
fecund
fedora -s
feeble -r,-st
feebly
feeder -s
feeler -s
féerie
fegary -ries
fehmic
feints
feisty -tier
-iest
feline -s
fellah -s,-în
feller -s
felloe -s
fellow -s
felony -nies
felter -s,-ing
-ed
female -s
femora
fenced
fencer -s
fender -s
Fenian
fenman -men
fennec -s
fennel -s
feodal
ferial
ferine
ferity
ferrel -s
ferret -s,-ing
-ed
ferric
ferula -s
ferule -s
fervid -er,-est
fescue -s
festal -s
fester -s,-ing
-ed
fetial
fetich -es
fetish -es
fetter -s,-ing
-ed
fettle -s,-d
-ling
feudal
feutre
fewmet -s
fewter
fezzed

fezzes	finner -s	flayed	fluent -s
fiacre -s	Finnic	flayer -s	fluffy -ffier
fiancé -s	fin-ray	flèche -s	-iest
fiasco -(e)s	finsko	fledge -s,-d	flurry -ing
fibbed	fiorin -s	-ging	-rries
fibber -s	fipple -s	fledgy -gier	-ied
fibred	firing -s	-iest	flushy -shier
fibril -s	firkin -s	fleece -s,-d	-iest
fibrin	firlot -s	-cing	fluter -s
fibula -s	firman -s	fleech -es,-ing	flying -s
fickle -s,-d,-r	firmly	-ed	fly-man
-st,-ling	fiscal -s	fleecy -cier	Flysch
fictor	fisgig -s	-iest	fo'c'sle
fiddle -s,-d	fisher -s	flemit	fodder -s,-ing
-ling	fishes	flench -es,-ing	-ed
fiddly -lier	fissle -s,-d	-ed	foeman
-iest	-ling	flense -s,-d	foemen
fidget -s,-ing	fistic	-sing	foetal
-ed	fitché	fleshy -shier	foetid
fierce -r,-st	fitchy	-iest	foetor
fiesta -s	fitful	fletch -es,-ing	foetus -es
Fifish	fit-out	-ed	fogash -es
figged	fitted	fleury	fog-bow
figure -s,-d	fitter -s	flewed	fog-dog
-ring	fixate -s,-d	flexor -s	fogged
fikery -ries	-ting	flight -s,-ing	fogger -s
fikish	fixing -s	-ed	fogman -men
filfot -s	fixity	flimsy -sies,-ier	fogram -s
filial	fixive	-iest	foible -s
filing -s	fixure	flinty -tier	foiled
filler -s	fizgig -s	-iest	foison
fillet -s,-ing	fizzed	flisky -kier	folder -s
-ed	fizzen	-iest	foliar
fillip -s,-ing	fizzer -s	flitch -es	folium -lia
-ed	fizzle -s,-d	floaty -tier	folksy -sier
filmic	-ling	-iest	-iest
filose	flabby -bbier	flocci	follow -s,-ing
filter -s,-ing	-iest	floosy -sies	-ed
-ed	flacon -s	floozy -zies	foment -s,-ing
filthy -thier	flaggy -ggier	floppy -ppier	-ed
-iest	-iest	-iest	fondle -s,-d
fimble -s	flagon -s	florae	-ling
finale -s	flambé	floral	fondly
finder -s	flamed	floret -s	fondue -s
fineer -s,-ing	flamen -s	florid	fontal
-ed	flanch -es,-ing	florin -s	footed
finely	-ed	flossy -ssier	footer
finery -ries	flange -s,-d	-iest	footle -s,-d
fingan -s	-ging	flotel -s	-ling
finger -s,-ing	flaser -s	floury -rier	footra
-ed	flashy -shier	-iest	foozle -s,-d
finial -s	-iest	flouse -s,-d	-ling
fining -s	flatly	-sing	forage -s,-d
finish -es,-ing	flatus -es	floush -es,-ing	-ging
-ed	flaune -s	-ed	forane
finite	flaunt -s,-ing	flowed	forbad
finjan -s	-ed	flower -s,-ing	forbid -s,-ding
finnac -s	flavin	-ed	-bad(e)
finnan -s	flawed	flow-on	forbye
finned	flaxen	fluate	forçat

forced	framer -s	frothy -thier	fusile
forcer -s	franzy -zier	-iest	fusion -s
fordid	-iest	frowst -s,-ing	fusser -s
forego -es,-ing	frappé	-ed	fustet -s
-ne,-went	fratch -es	frowsy -sier	fustic -s
forest -s,-ing	frater -s	-iest	fustoc -s
-ed	fratry -ries	frowzy -zier	futile -r,-st
forfex -es	frazil -s	-iest	future -s
forgat	freaky -kier,iest	frozen	fuzzle -s,-d
forger -s	freely	frugal	-ling
forget -s,-ting	freest	fruity -tier	fylfot -s
-got(ten)	freety -tier	-iest	
forgot	-iest	frumpy -pier	**G**
forhoo -s,-ing	freeze -s,-zing	-iest	gabber -s
-ed	froze(n)	frusta	gabble -s,-d
forhow -s,-ing	freity -tier	frutex -tices	-ling
-ed	-iest	frying -s	gabbro -s
forint -s	fremit -s	fucked	gabion -s
forked	french	fucker -s	gabled
forker -s	frenne	fuck-up	gablet -s
formal	frenum -na	fucoid -s	gadded
format -s	frenzy -ing,-zies	fuddle -s,-d	gadder -s
formed	-ied	-ling	gadfly -flies
former -s	fresco -s,-ing	fugato -s	gadget -s
formic	-ed	Führer	gadgie -s
formol	fretty	fulfil -s,-ling	Gadhel
fornix -es	friary -ies	-led	gadoid -s
forpet -s	fricht -s,-ing	fulgid	Gaelic
forpit -s	-ed	fulgor	gaffer -s
forrad -er	Friday	fulham -s	gag-bit
forray	fridge -s,-d	fullam -s	gagged
forrit	-ging	fullan -s	gagger -s
forsay	friend -s,-ing	fuller -s	gaggle -s,-d
forthy	-ed	fulmar -s	-ling
fortis -tes	frieze -s,-d	fulvid	gaiety
forwhy	-zing	fumado -$\frac{1}{2}$e$\frac{1}{2}$s	gainer -s
fossed	fright -s,-ing	fumage -s	gainly -lier
fossil -s	-ed	fumble -s,-d	-iest
fossor -s	frigid -er,-est	-ling	gaited
foster -s,-ing	frijol -es	fumous	gaiter -s
-ed	frilly -llier	funded	galage
fother -s,-ing	-iest	fundus -di	Galago
-ed	fringe -s,-d	funest	galant
fought	-ging	fungal	galaxy -xies
foully	friska -s	fungus -es,-gi	galena
foul-up	frisky -kier	funkia -s	galère -s
fourth -s	-iest	funnel -s,-ling	galiot -s
foussa -s	frivol -s,-ling	-led	gallet -s,-ing
fouter -s	-led	furane -s	-ed
foutra	frizzy -zzier	furcal	galley -s
foutre -s	-iest	furder	Gallic
foveae	froggy -ggier	fureur	Gallio
foveal	-iest	furfur -s	gallon -s
fowler -s	froise -s	furole	gallop -s,-ing
fox-bat	frolic -s,-king	furore -s	-ed
foxing -s	-ked	furphy	gallow
fracas	Fronde	furred	gallus -es
fraena	froren	furrow -s,-ing	galoot -s
fragor -s	frorne	-ed	galore
fraise -s,-d	frosty -tier	fusain -s	galosh -es,-ing
-sing	-iest		-ed

galuth -s	gashly -lier	genned	gillet -s
gamash -es	-iest	gennet -s	gillie -s,-d
gambet -s	gasify -ing,-fies	genome -s	-llying
gambir	-ied	gentes	gilpey -s
gambit -s	gas-jar	gentle -s,-d,-r	gimbal -s
gamble -s,-d	gas-jet	-st,-ling	gimlet -s,-ing
-ling	gasket -s	gently	-ed
gambol -s,-ling	gaskin -s	gentoo -s	gimmal -s
-led	gas-lit	gentry -tries	gimmer -s
gamely	gasman -men	geodic	gingal -s
gamesy -sier	gasper -s	Geomys	ginger -s,-ing
-iest	gassed	George	-ed
gamete -s	gas-tap	gerbil -s	gingko -es
gamine -s	gas-tar	gerent -s	gingle -s,-d
gaming -s	gâteau -s,-x	german -s	-ling
gammer -s	gather -s,-ing	germen -s	ginkgo -es
gammon -s,-ing	-ed	germin -s	ginned
-ed	gating -s	gerund -s	ginnel -s
gander -s	gauche -r,-st	gestic	ginner -s
Ganesa	gaucho -s	get-out	gipsen
ganger -s	gaucie -r,-st	getter -s,-ing	girded
gangly -lier	gaufer -s	-ed	girder -s
-iest	gaufre -s	gewgaw -s	girdle -s,-d
gangue -s	gauger -s	geyser -s	-ling
gannet -s	gaunch -es,-ing	gharri -s	girkin -s
ganoid -s	-ed	gharry -rries	girlie -s
ganoin	gaupus -es	ghazal -s	girnel -s
gantry -tries	gavage -s	ghazel -s	girnie -r,-st
gaoler -s	gavial -s	Gheber	gitana
gaping -s	gawpus -es	Ghebre	gitano
garage -s,-d	gayest	ghesse	giusto
-ging	gay-you	ghetto -(e)s	giving -s
garble -s,-d	gazebo -(e)s	ghosty -tier	gizzen -s,-ing
-ling	gazoon -s	-iest	-ed
garçon -s	gazump -s,-ing	giaour -s	glacis -es
gardai	-ed	gibber -s,-ing	gladly
garden -s,-ing	geared	-ed	glairy -rier
-ed	geason	gibbet -s,-ing	-iest
garget	gee-gee	-ed	glaive
gargle -s,-d	geezer -s	gibbon -s	glance -s,-d
-ling	geisha -s	gib-cat	-cing
garial -s	gelada -s	giblet	glassy -ssier
garish	gelded	gidgee	-iest
garjan -s	gelder -s	gidjee	glaury -rier
garlic -s	gelled	gifted	-iest
garner -s,-ing	gelosy	Giggit	glazen
-ed	Gemara	giggle -s,-d	glazer -s
garnet -s	gemini	-ling	gleamy -mier
garran -s	geminy	giggly -lier	-iest
garred	gemmae	-iest	gledge -s,-d
garret -s	gemman	giglet -s	-ging
garron -s	gemmed	giglot -s	gleety -tier
garrot -s	gemmen	gigman -men	-iest
garrya -s	gemony	gigolo -s	gleyed
garter -s,-ing	gender -s,-ing	gilcup -s	glibly
-ed	-ed	gilded	glider -s
garuda -s	genera	gilden	glioma -s,-ta
garvie -s	geneva -s	gilder -s	Glires
gas-bag	genial	gilgai	glitch -es
gascon -s	genius -es,-nii	gilgie	glitzy

global
globed
globin
gloomy -mier
  -iest
gloria -s
glossa -s
glossy -ssies
  -ier,-iest
gloved
glover -s
glower -s,-ing
  -ed
gluish
glumly
glumps
glumpy -pier
  -iest
glutei
gluten
glycin
glycol -s
gnarly -lier
  -iest
gnawed
gnawer -s
gneiss
Gnetum
gnomae
gnomic
gnomon -s
gnosis -ses
goalie -s
goanna -s
goatee -s
gobang
gobbet -s
gobble -s,-d
  -ling
goblet -s
goblin -s
gobony
go-cart
goddam
godded
god-den
godown
go-down
godson -s
godwit -s
goffer -s,-ing
  -ed
goggle -s,-d
  -ling
goggly -lier
  -iest
goglet -s
goidel
goiter
goitre

go-kart
golden -s,-ing
  -ed
golfer -s
golias -es,-ing
  -ed
gollan -s
gollar -s,-ing
  -ed
gollop -s,-ing
  -ed
golosh -es,-ing
  -ed
gombro -s
gomoku
gomuti -s
gomuto -s
gonion -nia
goober -s
goodly -lier
  -iest
good-oh
google -s,-d
  -ling
googly -lies
googol -s
gooley
gooney -s
gooroo -s
gooses
goosey -s,-sier
  -iest
gopher -s,-ing
  -ed
gopura -s
goramy -mies
gorged
gorget -s
gorgio -s
gorgon -s
gorily
goring -s
Goshen
goslet -s
go-slow
gospel -s
gossan -s
gossip -s,-ing
  -ed
Gothic
gotten
gourde -s
gourds
gourdy -dier
  -iest
gousty -tier
  -iest
govern -s,-ing
  -ed
gowany

gowf-ba'
gowfer -s
gowned
gowpen -s
goyish
gozzan -s
graben -s
graced
gradin -s
gradus -es
Gräfin
graine
grainy -nier
  -iest
graith -s,-ing
  -ed
grakle -s
gramme -s
Grammy
grange -s
granny -nnies
Granth
grappa -s
grassy -ssier
  -iest
grated
grater -s
gratis
graved
gravel -s,-ling
  -led
graven
graver -s
graves
gravid
grazer -s
grease -s,-d
  -sing
greasy -sier
  -iest
Greats
greave -s,-d
  -ving
greece -s
greedy -dier
  -iest
greeny -nier
  -iest
greese -s
greige -r,-st
greyly
grices
griece -s
griesy
grieve -s,-d
  -ving
griffe -s
gri-gri
grille -s
grilse -s

grimly
gringo -s
griper -s
grippe
grippy -pier
  -iest
Griqua
grisly -lier
  -iest
grison -s
gritty -ttier
  -iest
grivet -s
groats
grocer -s
groggy -ggier
  -iest
gromet -s
grooly -lier
  -iest
groove -s,-d
  -ving
groovy -vier
  -iest
groper
groser -s
groset -s
grotto -(e)s
grotty -ttier
  -iest
grouch -es,-ing
  -ed
ground -s,-ing
  -ed
groupy -pies
grouse -s,-d
  -sing
grouty -tier
  -iest
grovel -s,-ling
  -led
grower -s
growly -lier
  -iest
growth -s
groyne -s
grubby -bbier
  -iest
grudge -s,-d
  -ging
gru-gru
grumly
grumph -s,-ing
  -ed
grumpy -pier
  -iest
grutch
gryfon -s
grysie
guanin

gubbah -s
guddle -s,-d
  -ling
Gueber
Guebre
Guelph
guenon -s
guffaw -s,-ing
  -ed
guggle -s,-d
  -ling
guider -s
guidon -s
guiled
guiler
guilty -tier
  -iest
guimpe -s,-ing,-d
guinea -s
guiser -s
guitar -s
gulden -s
Gullah
guller -s
gullet -s
gulley -s,-ing
  -ed
gummed
gung-ho
gunite
gunman -men
gunnel -s
gunner -s
gunsel
gun-shy
gunter -s
gunyah
gurami -s
gurgle -s,-d
  -ling
gurjun -s
Gurkha
gurlet -s
gurnet -s
gurrah
gusher -s
guslar -s
gusset -s,-ing
  -ed
guttae
gutted
gutter -s,-ing
  -ed
guttle -s,-d
  -ling
guyler
guzzle -s,-d
  -ling
gylden
gymmal -s

gymnic
gypped
gyppie -s
gypsum
gyrant
gyrate -s,-d
  -ting
gyrose
gyrous

H

habile -r,-st
haboob -s
hachis
hackee -s
hackle -s,-d
  -ling
hackly -lier
  -iest
haddie -s
hadith
hadron -s
haemal
haemin
haffet -s
haffit -s
hagbut -s
hagden -s
hagdon -s
hagged
haggis -es
haggle -s,-d
  -ling
haglet -s
haiduk -s
haikai -s
hainch -es,-ing
  -ed
hained
haique -s
hair-do
haired
hairst -s,-ing
  -ed
halfen
halide -s
halite
hallal -s,-ling
  -led
hallan -s
halloa -s,-ing
  -ed
halloo -s,-ing
  -ed
hallow -s,-ing
  -ed
hallux -lluces
haloed
haloes
haloid -s

halsed
halser -s
halter -s,-ing
  -ed
halvah -s
halver -s
halves
hamate
hamble -s,-d
  -ling
hamite
hamlet -s
hammal -s
hammam -s
hammer -s,-ing
  -ed
hamose
hamous
hamper -s,-ing
  -ed
hamzah -s
handed
hander -s
hand-in
handle -s,-d
  -ling
hangar -s
hanged
hanger -s
hang-up
hanjar -s
hanker -s,-ing
  -ed
hankie -s
hansel -s,-ling
  -led
hansom -s
hantle -s
happed
happen -s,-ing
  -ed
haptic
harass -es,-ing
  -ed
harden -s,-ing
  -ed
hardly
hard-up
hareem -s
hareld -s
harish
harken -s,-ing
  -ed
harlot -s
harman -s
harmel -s
harmin
harper -s
harrow -s,-ing
  -ed

hartal
haslet -s
hassar -s
Hassid
hassle -s,-d
  -ling
hasten -s,-ing
  -ed
hatbox -es
hatful -s
hatpeg -s
hatpin -s
hatred -s
hatted
hatter -s,-ing
  -ed
haught
hauler -s
haulst
haunch -es,-ing
  -ed
haüyne
Havana
have-on
having -s
haw-haw
hawked
hawker -s
hawkey -s
hawkie -s
hawkit
hawser -s
haybox -es
haying -s
haymow -s
haysel -s
hazard -s,-ing
  -ed
hazily
hazing -s
headed
header -s
head-on
healer -s
health -s
hearer -s
hearie
hearse -s,-d
  -sing
hearsy -sier
  -iest
hearth -s
hearty -ties,-ier
  -iest
heated
heater -s
heathy -thier
  -iest
heaume -s
heaved

heaven -s
heaver -s
hebona
Hebrew
Hebrid
Hecate
heckle -s,-d
    -ling
hectic -s
hector -s,-ing
    -ed
heddle -s,-d
    -ling
Hedera
hedger -s
heehaw -s,-ing
    -ed
heeled
heeler -s
heezie -s
hegira -s
heifer -s
height -s
hejira -s
heliac
helium
heller -s
helmed
helmet -s
helped
helper -s
hemmed
hempen
hen-bit
henner -s
hen-pen
hen-run
hep-cat
heptad -s
herald -s,-ing
    -ed
herbal -s
Herbar
herden
herdic -s
hereat
hereby
herein
hereof
hereon
Herero
heresy -sies
hereto
heriot -s
hermae
Hermes
hermit -s
hernia -s
heroes
heroic -s

heroin
heroon -s
herpes
Herren
hersed
Hesper
Hesvan
hetman -s
hewing -s
hexact -s
hexane
hexene
hexing -s
hexose -s
heyday -s
hiatus -es
hiccup -s,-ing
    -ed
hidage -s
hidden
'hidder
hiding -s
hieing
Hielan'
hiemal
higgle -s,-d
    -ling
higher -s,-ing
    -ed
highly
highth
high-up
hijack -s,-ing
    -ed
hijrah -s
Hilary
hilled
hinder -s,-ing
    -ed
Hindoo
hinged
hipped
hippic
hippus -es
hiring -s
hirple -s,-d
    -ling
hirsel -s,-ling
    -led
hirsle -s,-d
    -ling
hispid
histie
hitchy -chier
    -iest
hither -s,-ing
    -ed
hit-man
hitter -s
hoarse -r,-st

hoaxer -s
hobble -s,-d
    -ling
hobday -s,-ing
    -ed
hobjob -s,-bing
    -bed
hobnob -s,-bing
    -bed
hoboes
hocker -s
hockey -s
hodden
hoddle -s,-d
    -ling
hodman -men
hogged
hogger -s
hogget -s
hoggin -s
hog-pen
hog-rat
hogtie -s,-d
    -tying
hoicks -es,-ing
    -ed
hoiden -s
hoised
holden
holder -s
hold-up
holily
holing -s
holism
holist -s
holler -s,-ing
    -ed
holloa -s,-ing
    -ed
hollow -s,-ing
    -ed,-er
    -est
holmia
holmic
holpen
homage -s,-d
    -ging
homely -lier
    -iest
homily -lies
homing -s
hominy -nies
honest -er,-est
honied
honkie -s
honour -s,-ing
    -ed
hooded
hoodoo -s,-ing
    -ed

hoofed
hookah -s
hooked
hooker -s
hookey
hook-up
hooley -s
hooper -s
hoop-la
hoopoe -s
hootch -es
hooter -s
hooven
Hoover®
hoover -s,-ing
    -ed
hooves
hopdog -s
hop-fly
hop-off
hopped
hopper -s
hopple -s,-d
    -ling
horary
horkey -s
horned
horner -s
hornet -s
Hornie
horrid -er,-est
horror -s
hosier -s
hostel -s
hostry
hot-air
hotbed -s
hotpot -s
hotter -s,-ing
    -ed
hottie -s
houdah -s
houdan -s
hourly
housel -s,-ling
    -led
howdah -s
howdie -s
howe'er
howker -s
howled
howler -s
howlet -s
hoyden -s
hubbub -s
hub-cap
hubris
huckle -s
hudden
huddle -s,-d
    -ling

huddup
hugely
hugged
humane -r,-st
humble -s,-d,-r
   -st,-ling
humbly
humbug -s,-ging
   -ged
Humean
humect -s,-ing
   -ed
humefy
humeri
humhum
Humian
humify -ing,-fies
   -ied
Humism
Humist
humite
humlie -s
hummed
hummel -s,-ling
   -led
hummer -s
hummum -s
hummus -es
humour -s,-ing
   -ed
humous
humped
humpty -ties
hunger -s,-ing
   -ed
hungry -rier
   -iest
hunker -s,-ing
   -ed
Hunnic
hunter -s
hurden
hurdle -s,-d
   -ling
hurler -s
hurley -s
hurrah -s,-ing
   -ed
hurray -s,-ing
   -ed
hurter -s
hurtle -s,-d
   -ling
hushed
husher -s,-ing
   -ed
husked
husker -s
hussar -s
hussif -s

hustle -s,-d
   -ling
hutted
huzoor -s
huzza'd
Hyades
hyaena -s
hybrid -s
hybris
hydria -s
hydric
hydyne
hyetal
Hyksos
hylism
hylist -s
hymnal -s
hymned
hymnic
hypate -s
hyphae
hyphal
hyphen -s,-ing
   -ed
hypnic -s
Hypnos
hypnum -s
hypoid
hyssop -s

I

iambic -s
iambus -es,-bi
Iastic
iatric
Iberis
ibexes
ibices
ibidem
ice-axe
ice-bag
icebox -es
ice-cap
iceman -men
ice-pan
ice-run
icicle -s
iconic
Idaean
ideaed
ideate -s,-d
   -ting
idiocy -cies
Idoist
Idolon
Idolum
ignaro -(e)s
ignite -s,-d
   -ting
ignomy

ignore -s,-d
   -ring
iguana -s
ilexes
ilices
ill-got
illiad
illipe -s
ill-off
illude -s,-d
   -ding
illume -s,-d
   -ming
illupi -s
ill-use
imagos
imbark -s,-ing
   -ed
imbase -s,-d
   -sing
imbibe -s,-d
   -bing
imbody -ing,-dies
   -ied
imbosk
imboss
imbrex -brices
imbrue -s,-d
   -bruing
immane -r,-st
immask
immesh -es,-ing
   -ed
immune
immure -s,-d
   -ring
impact -s,-ing
   -ed
impair -s,-ing
   -ed
impala -s
impale -s,-d
   -ling
impark -s,-ing
   -ed
imparl -s,-ing
   -ed
impart -s,-ing
   -ed
impave -s,-d
   -ving
impawn -s,-ing
   -ed
impede -s,-d
   -ding
impend -s,-ing
   -ed
impish
implex -es
impone -s,-d
   -ning

import -s,-ing
   -ed
impose -s,-d
   -sing
impost -s
impugn -s,-ing
   -ed
impure -r,-st
impute -s,-d
   -ting
inarch -es,-ing
   -ed
inbent
inborn
inbred
incage -s,-d
   -ging
in-calf
incase -s,-d
   -sing
incave
incavo -s
incede -s,-d
   -ding
incept -s,-ing
   -ed
incest
inched
incise -s,-d
   -sing
incite -s,-d
   -ting
inclip
income -s
incony
incubi
incult
incuse -s,-d
   -sing
indaba -s
indart
indeed -s
indene
indent -s,-ing
   -ed
Indian
indict -s,-ing
   -ed
indign -er,-est
indigo -(e)s
indite -s,-d
   -ting
indium
indole
indoor
indris -es
induce -s,-d
   -cing
induct -s,-ing
   -ed

indult -s
induna -s
infall -s
infame -s,-d
　　-ming
infamy -mies
infant -s
infare -s
infect -s,-ing
　　-ed
infeft -s,-ing
　　-ed
infelt
infere
infest -s,-ing
　　-ed
infill -s,-ing
　　-ed
infirm -er,-est
inflow -s
influx -es
in-foal
infold -s,-ing
　　-ed
inform -s,-ing
　　-ed
infula -e
infuse -s,-d
　　-sing
ingate -s
ingénu
ingest -s,-ing
　　-ed
ingine
ingoes
ingram
ingrum
ingulf -s,-ing
　　-ed
inhale -s,-d
　　-ling
inhere -s,-d
　　-ring
inhoop
inhume -s,-d
　　-ming
inisle -s,-d
　　-ling
inject -s,-ing
　　-ed
in-joke
injure -s,-d
　　-ring
injury -ries
ink-bag
ink-cap
inkpot -s
ink-sac
inlace -s,-d
　　-cing

inlaid
inland -s
in-laws
inlier -s
inlock -s,-ing
　　-ed
inmate -s
inmost
innate
inning -s
Innuit
inroad -s
inrush -es
insane -r,-st
inseam
insect -s
inseem
insert -s,-ing
　　-ed
inship
inside -s
insist -s,-ing
　　-ed
insole -s
insoul -s,-ing
　　-ed
inspan -s,-ning
　　-ned
instal -s,-ling
　　-led
instar -s,-ring
　　-red
instep -s
instil -s,-ling
　　-led
insula -s
insult -s,-ing
　　-ed
insure -s,-d
　　-ring
intact
intake -s
intend -s,-ing
　　-ed
intent -s,-er
　　-est
intern -s,-ing
　　-ed
intima -e
intime
intine -s
intire
intoed
intone -s,-d
　　-ning
intown
in-tray
intuit -s,-ing
　　-ed
intuse

inulin
invade -s,-d
invent -s,-ing
　　-ed
invert -s,-ing
　　-ed
invest -s,-ing
　　-ed
invis'd
invite -s,-d
　　-ting
invoke -s,-d
　　-king
inwall -s,-ing
　　-ed
inward
inwick -s,-ing
　　-ed
inwind -s,-ing
　　-wound
inwith
in-word
inwork -s,-ing
　　-ed
inworn
inwove
inwrap -s,-ping
　　-ped
inyala -s
iodate -s
iodide -s
iodine
iodise -s,-d
　　-sing
iodism
iodous
iolite
Ionian
ionise -s,-d
　　-sing
Ionism
Ionist
ionium
ionone -s
ipecac -s
Iranic
ireful
irenic
iridal
irides
iridic
irised
irises
iritic
iritis
ironer -s
ironic
irrupt -s,-ing
　　-ed

isabel
isatin
Isatis
ischia
island -s,-ing
　　-ed
isobar -s
Isodia
isogon
isohel -s
isomer -s
isopod -s
issuer -s
italic -s
itself
ivy-tod
izzard -s

J

jabber -s,-ing
　　-ed
jabble -s,-d
　　-ling
jabers
jabiru -s
jaçana -s
jacana -s
jacent
jackal -s,-ling
　　-led
jacket -s,-ing
　　-ed
Jacque
jadery -ries
jadish
jaeger -s
jagged
jagger -s
jaghir -s
jaguar -s
Jahveh
jailer -s
jailor -s
jalopy -pies
jambee -s
jamber
jambok -s,-king
　　-ked
jambul -s
jamjar -s
jammed
jampan -s
jampot -s
jangle -s,-d
　　-ling
jangly -lier
　　-iest
Janian
janker -s
jantee

jarful -s	jiminy	jugged	kanaka -s
jargon -s,-ing	jimjam -s	juggle -s,-d	kantar -s
-ed	jimply	-ling	kanten -s
jarool -s	jingal -s	jug-jug	Kanuck
jarrah -s	jingle -s,-d	juicer -s	kaolin
jarred	-ling	jujube -s	kaputt
jarvey -s	jingly -lier	Julian	karait -s
Jashar	-iest	jumart -s	karaka -s
Jasher	jinnee	jumbal -s	karate
jasper -s	jinxed	jumbie -s	karite -s
jaspis -es	jirble -s,-d	jumble -s,-d	kaross -es
jataka -s	-ling	-ling	Karroo
jaunce -s,-d	jitney	jumbly -lier	kasbah -s
-cing	jitter -s,-ing	-iest	kation -s
jaunse -s,-d	-ed	jumped	kavass -es
-sing	jobbed	jumper -s	keasar
jaunty -ties,-ier	jobber -s	juncus -es	kebbie -s
-iest	job-lot	jungle -s	kebele -s
jawari -s	jockey -s,-ing	jungli	keblah
jawbox -es	-ed	jungly -lier	keckle -s,-d
jawing -s	jocose -r,-st	-iest	-ling
Jeames	jocund -er,-est	junior -s	kecksy -sies
jeelie -s,-ing,-d	jogged	junker -s	keddah -s
jeerer -s	jogger -s	junket -s,-ing	kedger -s
jejune -r,-st	joggle -s,-d	-ed	keeker -s
jemima -s	-ling	junkie -s	keeled
jennet -s	johnny -nnies	jupati -s	keeler -s
jerbil -s	joiner -s	jurant -s	keelie -s
jerboa -s	jojoba -s	jurist -s	keener -s
jereed -s	jolter -s	justle -s,-d	keenly
jerker -s	Jordan	-ling	keeper -s
jerkin -s	joseph -s	jutted	keffel -s
jerque -s,-d	josher -s	jymold	keight
-quing	joskin -s		keksye -s
jersey -s	josser -s		keloid -s
jessed	jostle -s,-d	# K	kelpie -s
jessie -s	-ling	kabala	kelson -s
jestee -s	jotted	kabaya -s	kelter -s
jester -s	jotter -s	kabele -s	Keltic
Jesuit	jötunn -s	kabuki	keltie -s
jetsam	jounce -s,-d	Kabyle	kelvin -s
jetsom	-cing	Kaffer	kemper -s
jetson	jovial	Kaffir	kemple -s
jetton -s	Jovian	kafila -s	kenned
Jewess	jowari -s	kaftan -s	kennel -s,-ling
Jewish	jowled	kagool -s	-led
jezail -s	jowler -s	kagoul -s	kenner -s
jibbah -s	joyful	kaikai	kennet
jibbed	joyous	kaiser -s	kephir -s
jibber -s	jubate	kakapo -s	keppit
jigged	jubbah -s	kalian -s	kermes -es
jigger -s,-ing	Judaic	kalium	kermis -es
-ed	judder -s,-ing	kalmia -s	kernel -s,-ling
jiggle -s,-d	-ed	kalong -s	-led
-ling	Judean	kalpak -s	kersey
jigjig -s	Judica	kalpis -es	ketone -s
jig-jog	judogi -s	kamala -s	kettle -s
jigsaw -s,-ing	judoka -s	kamees -es	Keuper
-ed	jugate	kamela -s	key-pin
jillet -s	jugful -s	kamila -s	key-way
		kamsin -s	

kgotla -s
khalat -s
khalif -s
khanga -s
khanum -s
kharif
khilat -s
khodja -s
khurta -s
kia-ora
kiaugh -s
kibble -s,-d
  -ling
kibitz -es,-ing
  -ed
kiblah
kibosh -es,-ing
  -ed
kicker -s
kick-up
kidded
kidder -s
kiddle -s
kid-fox
kidnap -s,-ping
  -ped
kidney -s
kie-kie
kierie
kikuyu
kilerg -s
killas
killer -s
killut -s
kilted
kilter
kiltie -s
kimmer -s
kimono -s
kinase -s
kincob
kindle -s,-d
  -ling
kindly -lier
  -iest
kinema -s
kingle -s
kingly -lier
  -iest
kinkle -s
kinone
kipper -s, -ing
  -ed
kirbeh -s
kirkin'
kirsch -es
kirtle -s
Kisleu
Kislev
kismet -s

kisser -s
kiss-me
kit-bag
kit-car
Kitcat
kitsch
kitten -s,-ing
  -ed
kittle -s,-d
  -ling
kittly -lier
  -iest
kittul -s
klaxon -s
klepht -s
knacky -kier
  -iest
knaggy -ggier
  -iest
knawel -s
knicks
knight -s,-ing
  -ed
knitch -es
knives
knobby -bbier
  -iest
knotty -ttier
  -iest
knower -s
knubby -bbier
  -iest
knurly -lier
  -iest
kobang -s
kobold -s
konfyt -s
koodoo -s
kookie -r,-st
koolah -s
kopeck -s
koppie -s
korkir -s
korora -s
koruna -s
kosher
kosmos -es
kotwal -s
koulan -s
kowhai -s
kowtow -s,-ing
  -ed
kraken -s
krantz
kreese -s,-d
  -sing
krises
kronen
kroner
kronor

Kronos
k'thibh
Kuchen
kufiah -s
kufiya -s
Kultur
kumara -s
kumari   *Sweet Potato*
kumiss
kümmel -s
kunkar -s
kunkur -s
kurgan -s
kurvey
kutcha
kvetch -es,-ing
  -ed
kwacha -s
kybosh -es,-ing
  -ed

L
laager -s,-ing
  -ed
labial -s
labile
labium -bia
lablab -s
labour -s,-ing
  -ed
labret -s
labrum -bra
Labrus
labrys -es
lac-dye
laches
lacing -s
lacker -s,-ing
  -ed
lackey -s,-ing
  -ed
lacmus
lactic
lacuna -e
ladder -s,-ing
  -ed
laddie -s
la-di-da
ladies
ladify -ing,-fies
  -ied
lading -s
Ladino
ladyfy -ing,-fies
  -ied
laesie
lagena
lag-end
lagged
laggen -s

lagger -s
laggin -s
lagoon -s
lagune -s
laical
laidly -lier
  -iest
laisse -s
lakish
lalang -s
laldie
lallan -s
lambda -s
lambie -s
lamely
lament -s,-ing
  -ed
lamina -e
lamish
Lammas
lammer -s
lammie -s
lampad -s
lampas
lanate
lancer -s
lances
lancet -s
landau -s
landed
lander -s
langue
langur -s
lankly
lanner -s
lanose
lanugo -s
lapdog -s
lapful -s
Lapith
lapped
lapper -s
lappet -s
lappie
lapsed
Laputa
larder -s
lardon -s
largen -s,-ing
  -ed
lariat -s
larine
larker -s
larnax -nakes
laroid
larrup -s,-ing
  -ed
larvae
larval
larynx -es
  -rynges

lascar -s
lasher -s
lash-up
lasket -s
lassie -s
lassos
laster -s
lastly
lateen
lately
latent
latest
lathee -s
lathen
lather -s,-ing
        -ed
Latian
latish
latria
latron -s
latten -s
latter
lauder -s
laughy -ghier
        -iest
launce -s
launch -es,-ing
        -ed
laurel -s
Laurus
lavabo -(e)s
lavage -s
laveer -s,-ing
        -ed
lavish -es,-ing
        -ed
lavolt
law-day
lawful
lawing -s
lawman
lawyer -s
laxism
laxist -s
laxity
lay-bye
lay-bys
lay-day
laying -s
layman -men
lay-off
lay-out
lazily
leachy -chier
        -iest
leaded
leaden -s,-ing
        -ed
leader -s
lead-in

leafed
league -s,-d
        -guing
leaker -s
lealty
leaned
leanly
lean-to
leaped
leaper -s
lea-rig
learnt
leaser -s
leasow -s,-ing
        -ed
leaved
leaven -s,-ing
        -ed
leaves
lebbek -s
lecher -s,-ing
        -ed
lector -s
ledden
ledger -s,-ing
        -ed
Leerie
leetle -r,-st
leeway -s
leftie -s,-r,-st
legacy -cies
legate -s
legato -s
leg-bye
legend -s
legged
legger -s
legion -s
legist -s
leglan -s
leglen -s
leglet -s
leglin -s
leg-man
legume -s
leiger
leipoa -s
lemans
lemony
lender -s
lenger
length -s
lenify -ing,-fies
        -ied
lenity
lenses
lenten
lentic
lentil -s
lentor

lenvoy -s
Leonid
lepped
lepton -s,-ta
lesion -s
lessee -s
lessen -s,-ing
        -ed
lesser
lesson -s,-ing
        -ed
lessor -s
let-a-be
lethal
lethee
let-off
let-out
letted
letter -s,-ing
        -ed
Lettic
leucin
levant -s,-ing
        -ed
levied
levite -s
levity -ties
lewdly
liable
liaise -s,-d
        -sing
libant
libate -s,-d
        -ting
libber -s
libido -s
libken -s
Libyan
lichee -s
lichen -s
licker -s
lictor -s
lidded
lidger -s
Liebig
lieder
liefer
lieger
lienal
lierne -s
liever
lifter -s
ligand -s
ligate -s,-d
        -ting
liggen
ligger -s
lights
lignin
lignum

ligula -s
ligule -s
ligure -s
likely -lier
        -iest
liking -s
lilied
Lilium
limbed
limber -s,-ing
        -ed
Limbus
liming -s
limmer -s
limner -s
limous
limpet -s
limpid
linage -s
linden -s
lineal
linear
line-up
lingam -s
lingel -s
linger -s,-ing
        -ed
lingle -s
lingot -s
lingua -s
linhay -s
lining -s
link-up
linnet -s
linsey
lintel -s
linter
lintie -s
lionel -s
lionet -s
lionly -lier
        -iest
lipase -s
lipide -s
lipoid -s
lipoma -ta
lipped
lippen -s,-ing
        -ed
lippie -s
liquid -s
liquor -s,-ing
        -ed
Lisbon
lisper -s
lisses
lissom -er,-est
listed
listel -s
listen -s,-ing
        -ed

lister	Loligo	lozell	lynage
litany -ies	Lolium	lubber -s	lynxes
litchi -s	loller -s	lubric	lyrate
lither	lollop -s,-ing	lucent	lyrism -s
lithia	-ed	lucern -s	lyrist -s
lithic	loment -s	Lucina	lysine
litmus	lonely -lier	lucken	
litten	-iest	luckie -s	**M**
litter -s,-ing	longan -s	lucuma -s	macaco -s
-ed	longer	lucumo -s	machan -s
little -s,-r,-st	longly	luetic	mackle -s,-d
lituus -es	long-on	lugged	-ling
live-in	loofah -s	lugger -s	macled
lively -lier	looker -s	luggie -s	macoya -s
-iest	look-in	luging -s	macron -s
livery -ries	loonie -s	luiten	macula -e
living	looped	lumbar	macule -s
lizard -s	looper -s	lumber -s,-ing	madame, mesdames
llanos	loosen -s,-ing	-ed	madcap -s
loaded	-ed	lum-hat	madden -s,-ing
loaden	looten	lumina	-ed
loader -s	looter -s	lumine -s,-d	madder -s
loafer -s	looves	-ning	madefy -ing,-fies
loathe -s,-d,-ing	lopped	lummox -es	-ied
loathy -thier	lopper -s	lumpen	madman -men
-iest	loquat -s	lumper -s	madras -es
loaves	lorate	lunacy -cies	maenad -s
lobate	lorcha -s	lunary -ries	Maffia
lobbed	lordly -lier	lunate	maggot -s
lobing -s	-iest	lunged	Magian
lobose	lorica -e	lungie -s	magilp -s
lobule -s	loring	lunula -s	Magism
lobuli	loriot -s	lunule -s	magmas
locale	losing	lunyie -s	magnes -es
locate -s,-d	lotion -s	lupine -s	magnet -s
-ting	lotted	luppen	magnox -es
lochan	louche -r,-st	lurdan -s	magnum -s
lochia	louden -s,-ing	lurden -s	magpie -s
locker -s	-ed	lurker -s	maguey -s
locket -s	loudly	lusher -s	magyar
lock-up	lounge -s,-d	lushly	mahmal -s
locoed	-ging	Lusiad	Mahoun
locule -s	loupen	luster -s	mahout -s
loculi	loupit	lustra	mahsir -s
locust -s	louses	lustre -s,-d	mahzor -im
lodger -s	louver -s	-ring	maidan -s
lofter -s	louvre -s	luteal	maiden -s
loggat -s	lovage -s	lutein	maigre -s
logged	lovely -lies,-ier	luting -s	mailed
logger -s	-iest	lutist -s	mailer -s
loggia -s	loving -s	lutten	maimed
loggie	lowboy	luxate -s,-d	mainly
log-hut	lowery -rier	-ting	mainor -s
logion -gia	-iest	luxury -ries	Majlis
log-jam	lowest	luzern -s	make-do
loglog -s	lowing -s	Luzula	make-up
log-man	low-key	lyceum -s	making -s
log-saw	Lowrie	lychee -s	malady -dies
loiter -s,-ing	lowsit	Lycosa	Malaga
-ed	low-tar	Lydian	malate -s

maleic	Maoism	master -s,-ing	medina -s
malgre	Maoist	-ed	Medise
malice -s,-d	mapped	mastic -s	Medism
-cing	mapper -s	masula -s	medium -s,-dia
malign -s,-ing	maquis	matico -s	medius -es
-ed	maraca -s	matins	medlar -s
malist	maraud -s,-ing	matlow -s	medley -s
malkin -s	-ed	matric -s	medusa -e,-s
mallee -s	marble -s,-d	matrix -es	meeken -s,-ing
mallet -s	-ling	-trices	-ed
mallow -s	marbly -lier	matron -s	meekly
malmag -s	-iest	matted	meered
malted	marcel -s,-ling	matter -s,-ing	meetly
maltha -s	-led	-ed	megass
mammae	margay -s	mature -s,-d,-r	megilp -s
mammal -s	margin -s,-ing	-st,-ring	megohm -s
mammee -s	-ed	matzah -s	megrim -s
mammer	Marian	matzoh -zot(h)	meiney -s
mammet -s	marina -s	maugre	meinie -s
mammon	marine -s	maumet -s	Mejlis
manage -s,-d	marish	maundy -dies	melano -s
-ging	Marist	maunna	mellay -s
mañana	marked	Mauser	mellow -s,-ing
manati -s	marker -s	mauvin	-ed,-er
manche -s	market -s,-ing	mawkin -s	-est
Manchu	-ed	mawmet -s	melody -dies
mancus -es	mark-up	mawpus -es	melted
man-day	marled	maxima	melton
mandir -s	marlin -s	maxixe -s	member -s
mandom	marmot -s	may-bug	Memnon
manège -s,-d	maroon -s,-ing	mayday -s	memoir -s
-ging	-ed	may-dew	memory -ries
manful	marque -s	mayest	menace -s,-d
mangal -s	marram -s	mayfly -flies	-cing
mangel -s	marred	mayhap	ménage -s
manger -s	marrow -s,-ing	mayhem	mender -s
mangey -gier	-ed	maying -s	meneer
-iest	marrum -s	mazard -s	menged
mangle -s,-d	marshy -shier	mazily	menhir -s
-ling	-iest	mazout -s	menial -s
maniac -s	martel -s	mazuma	meninx -ninges
manila -s	marten -s	meadow -s	mensal
manioc -s	martin -s	meagre -s,-r,-st	menses
manito -s	martyr -s,-ing	mealer -s	Mensur
manned	-ed	mealie -s	mental
manner -s	marvel -s,-ling	meanie -s	mentor -s
manoao -s	-led	meanly	mentum -s
manqué	mascle -s	measle -s,-d	mercat -s
manred	mascon -s	-ling	mercer -s
mantel -s	mascot -s	measly -lier	merell -s
mantic	masher -s	-iest	merely
mantid -s	mashie -s	meatal	merger -s
mantis -es	masjid -s	meatus -es	merino -s
mantle -s,-d	masked	meazel	merism
-ling	masker -s	meddle -s,-d	merkin -s
mantra -s	maslin -s	-ling	merlin -s
mantua -s	Masora	medial	merlon -s
manual -s	masque -s	median -s	merman -men
manuka -s	massif -s	medick -s	merome -s
manure -s,-d	masted	medico -s	*Merops
-ring			

mesail -s	milled	missee -s,-ing	molest -s,-ing
mescal -s	miller -s	-saw,-seen	-ed
mesial	millet -s	missel -s	moline -s
mesian	milord -s	misses	mollah -s
messan -s	milsey -s	misset -s,-ting	mollie -s
Messrs	milter -s	missis -es	moloch -s
mess-up	Milvus	missus -es	moment -s
mestee -s	mimbar -s	mister -s,-ing	mommet -s
metage -s	mimosa -s	-ed	monact
meteor -s	minbar -s	mistle -s,-d	monaul -s
method -s	minced	-ling	Monday
methyl	mincer -s	misuse -s,-d	monera
métier -s	minded	-sing	moneth
met-man	Mindel	mither -s,-ing	monger -s
metope -s	minder -s	-ed	mongol -s
metred	minged	Mithra	'mongst
metric	mingle -s,-d	mitral	monial -s
mettle -s	-ling	mitten -s	monied
mewses	minify -ing,-fies	miurus -es	monies
mezail -s	-ied	mizzen -s	monism -s
mezuza -hs,-zoth	minima	mizzle -s,-d	monist -s
mia-mia	mining -s	-ling	monkey -s,-ing
miasma -s,-ta	minion -s	mizzly -lier	-ed
miasms	minish -es,-ing	-iest	monody -dies
micate -s,-d	-ed	mnemic	monosy -sies
-ting	minium -s	mnemon -s	montem -s
micher -s	minnie -s	moated	montre -s
mickey -s	minnow -s	mobbed	moolah -s
mickle -s	Minoan	mobbie -s	mooned
Micmac	minter -s	mobble	mooner -s
micron -s	minuet -s	mob-cap	Moonie
mid-age	minute -s,-d,-r	mobile -s,-r,-st	moorva
mid-air	-st,-ting	mob-law	mooter -s
midday -s	Minyan	mobled	mopish
midden -s	miosis -ses	mocker -s	mopoke -s
middle -s	mirage -s	mock-up	mopped
midget -s	miriti -s	mocock -s	mopper -s
mid-gut	mirror -s,-ing	mocuck -s	moppet -s
mid-leg	-ed	modena	morale -s
mid-off	misaim -s,-ing	modern -s,-er	morass -es
midrib -s	-ed	-est	morbid -er,-est
mid-sea	miscue -s,-d	modest -er,-est	morbus
mid-sky	-cu(e)ing	modify -ing,-fies	moreen
midway -s	misdid	-ied	morgay -s
mighty -tier	misère -s	modish	morgen -s
-iest	misery -ries	modist -s	morgue -s
mihrab -s	misfit -s,-ting	modius -dii	morion -s
mikado -s	-ted	module -s	morish
mikron -s	mishap -s,-ping	moduli	Morisk
miladi	-ped	modulo	morkin -s
milady -dies	mishit -s,-ting	moggan -s	Mormon
milage -s	mishmi -s	mohair -s	mornay -s
milden -s,-ing	Mishna	mohawk -s	morned
-ed	misken -s,-ning	Mohock	morose -r,-st
mildew -s,-ing	-t	moider -s,-ing	morpho -s
-ed	mislay -s,-ing	-ed	morris -es,-ing
mildly	-laid	moiety -ties	-ed
milieu -s,-x	misled	moiler -s	morrow -s
milken	missal -s	Moirai	morsal
milker -s	missay -s,-ing	Molech	morsel -s,-ling
	-said		-led

mortal -s	mucous	musive	nagged
mortar -s,-ing	mud-cat	musked	nagger -s
-ed	muddle -s,-d	muskeg	naiads
morula -s	-ling	musket -s	naiant
mosaic -s	mud-pie	muskle -s	nailed
moshav -im	muesli -s	musk-ox	nailer -s
Moslem	muffin -s	Muslim	nallah -s
mosque -s	muffle -s,-d	muslin -s	namely
mossie -s	-ling	musmon -s	naming -s
mostly	muflon -s	musrol	nandoo -s
motett -s	mug-ewe	mussel -s	nanism
mothed	mugful -s	mustee -s	nankin -s
mother -s,-ing	mugger -s	muster -s,-ing	napalm
-ed	mukluk -s	-ed	napery -ries
motile -s	mulish	mutant -s	napkin -s
motion -s,-ing	mullah -s	mutate -s,-d	napped
-ed	mulled	-ting	napper -s
motive -s,-d	muller -s	mutely	napron
-ving	mullet -s	mutine	nardoo -s
motley -lier	mulley -s	mutiny -ing,-nies	narial
-iest	multum -s	-ied	narine
motmot -s	mumble -s,-d	mutism	narked
motory	-ling	mutter -s,-ing	narras -es
motser	mummed	-ed	narrow -s,-ing
mottle -s,-d	mummer -s	mutton -s	-ed,-er
-ling	mummia -s	mutual	-est
motto'd	mumper -s	mutuca -s	nasard -s
motuca -s	mundic	mutule -s	nasion -s
mought	Munich	mutuum -s	Naskhi
moujik -s	munify -ing,-fies	muu-muu	nastic
mouldy -dier	-ied	muzhik -s	nasute -s
-iest	munite -s,-d	muzzle -s,-d	natant
moulin -s	-ting	-ling	nation -s
mounty -ties	munshi	myelin	native -s
mouser -s	muntin -s	myelon -s	natron
mousey -sier	muonic	mygale -s	natter -s,-ing
-iest	murage -s	myogen	-ed
mousie -s	murder -s,-ing	myopia	nature -s
mousle -s,-d	-ed	myopic -s	naught -s
-ling	murena -s	myosin	nausea -s
mousmé -s	murine -s	myosis	nautch -es
mousse -s	murken	myotic	nautic
moutan -s	murlan -s	myriad -s	navaid -s
mouter -s,-ing	murlin -s	Myrica	nay-say
-ed	murmur -s,-ing	myrtle -s	Nazify
mouthy -thier	-ed	Myrtus	Nazism
-iest	murphy -phies	myself	neanic
movies	murram -s	mystic -s	neaped
moving	murray -s	mythic	near-by
mowing -s	murrey -s	mythos	nearer
mozzie -s	murrha	mythus	nearly
mucate -s	musang -s	myxoma -ta	neaten -s,-ing
muchel	muscae		-ed
muchly	muscat -s	N	neatly
mucker -s,-ing	muscid -s	nabbed	nebbed
-ed	muscle -s,-d	nabber -s	nebbuk -s
muckle -s	-ling	nacket -s	nebeck -s
mucluc -s	museum -s	naevus -vi	nebish -es,-er
mucoid	musher	nagana	-est
mucosa -e	musing -s	nagari	neb-neb

nebris -es
nebula -e
nebule -s
nebulé
nebuly
necked
nectar -s
need-be
needer -s
needle -s,-d
    -ling
needly -lier
    -iest
nefast -er,-est
negate -s,-d
    -ting
nekton -s
nelies
nelson -s
Nemean
nephew -s
nereid -s
nerine -s
Nerita
nerite -s
Nerium
Nernst
neroli
nerval
nerved
nerver -s
Nesiot
Neskhi
nestle -s,-d
    -ling
Nestor
netful -s
nether
netted
nettle -s,-d
    -ling
neural
neuron -s
neuter -s,-ing
    -ed
newell
newish
new-old
new-sad
newton -s
nextly
niacin
nibbed
nibble -s,-d
    -ling
nicely
Nicene
nicety -ties
niched
nicher -s,-ing
    -ed

nickar -s
nickel -s,-ling
    -led
nicker -s,-ing
    -ed
nickum -s
nidget -s
nidify -ing,-fies
    -ied
niding
nid-nod
nielli
niello -s
niffer -s,-ing
    -ed
nigger -s,-ing
    -ed
niggle -s,-d
    -ling
niggly -lier
    -iest
nighly
nights
nighty -ties
nig-nog
nilgai -s
nilgau -s
nilled
Nilote
nimbed
nimble -r,-st
nimbly
nimbus -es,-bi
nimmed
nimmer -s
nim-oil
Nimrod
nincom -s
nincum -s
ninety -ties
niobic
nipped
nipper -s,-ing
    -ed
nipple -s,-d
    -ling
Nippon
nipter -s
nirled
nirlie -r,-st
nirlit
Nissen
nitery -ries
nitric
nitryl
nitwit -s
Nivôse
nix-nie
no-ball
nobble -s,-d
    -ling

nobbut
nobody -dies
nocake -s
nocent -s
nochel -s,-ling
    -led
nocket -s
noctua -s
nodded
nodder -s
noddle -s,-d
    -ling
nodose
nodous
nodule -s
noesis
noetic
noggin -s
nomade -s
nomism
nonage -s
nonane
nonary
non-com
non-con
non-ego
noodle -s
nookie
Nordic
norite -s
norlan'
normal -s
norman -s
Norroy
Norway
nosean
nosh-up
no-side
nosing -s
nostoc -s
nostos
notary -ries
notate -s,-d
    -ting
notice -s,-d
    -cing
notify -ing,-fies
    -ied
notion -s
notour
not-out
nougat -s
nought -s
nounal
nousle
novena -s
Novial
novice -s
novity
noways

Nowell
nowise
noyade -s
noyous
nozzle -s
nuance -s
nubble -s,-d
    -ling
nubbly -lier
    -iest
nubile -r,-st
nuchal
nuclei
nucule -s
nudely
nudism
nudist -s
nudity -ties
nuggar -s
nugget -s
nullah -s
numbat -s
numbed
number -s,-ing
    -ed
numdah -s
numina
numnah -s
nuncio -s
nuncle
Nuphar
nurhag -s
nurser -s
nursle -s,-d
    -ling
nutant
nutate -s,-d
    -ting
nutlet -s
nutmeg -s
nut-oil
nutria -s
nutted
nutter -s
nuzzer -s
nuzzle -s,-d
    -ling
nyanza -s
nympho -s

O

oafish
oak-nut
oarage -s
oar-lap
obdure -s,-d
    -ring
obeche -s
obeism
obelus -li

Oberon	odious	onfall -s	ordeal -s
obeyer -s	oecist -s	oniony -nier	ordure -s
obiism	oedema -s	-iest	oreide
obi-man	o'erlay	oniric	orexis -es
obital	oeuvre	on-lend	orgasm -s
object -s,-ing	offcut -s	on-line	orgeat -s
-ed	off-day	onrush -es	orgies
objure -s,-d	offend -s,-ing	onside -s	orgone
-ring	-ed	onward	orient -s,-ing
oblast -s	office -s	onycha -s	-ed
oblate -s,-r,-st	offing -s	oocyte -s	orifex
oblige -s,-d	offish	oodles	origan -s
-ging	off-key	oogamy	origin -s
oblong -s	offput -s	oogeny	oriole -s
oboist -s	offset -s,-ting	ooidal	orison -s
obolus	ogamic	oolite -s	Ormazd
obsess -es,-ing	ogdoad -s	oology	ormolu -s
-ed	ogival	oolong -s	Ormuzd
obsign -s,-ing	ogling -s	oomiac -s	ornate -r,-st
-ed	ogress -es	oomiak -s	ornery
obtain -s,-ing	ogrish	oompah -s,-ing	oroide
-ed	oidium, oidia	-ed	orphan -s,-ing
obtect	oikist -s	oorial -s	-ed
obtend	oilcan -s	oozily	Orphic
obtest -s,-ing	oilery -ries	opaled	orpine -s
-ed	oil-gas	opaque -s,-d,-r	orrery -ries
obtund -s,-ing	oilily	-st,-quing	oscine
-ed	oillet	opener -s	oscule -s
obtuse -r,-st	oil-man	openly	osiery
obvert -s,-ing	oil-nut	Ophism	Osiris
-ed	oil-rig	ophite -s	osmate -s
occamy	oldest -s	opiate -s,-d	osmium
occult -s,-ing	oldish	-ting	osmose -s,-d
-ed	oleate -s	oppose -s,-d	-sing
occupy -ing,-pies	olefin -s	-sing	osmous
-ied	Olenus	oppugn -s,-ing	osmund -s
ocelli	O-level	-ed	osprey -s
ocelot -s	olfact -s,-ing	optant -s	ossein
ochery -rier	-ed	optics	Ossian
-iest	oliver -s	optima	ossify -ing,-fies
ochone -s	olivet -s	optime -s	-ied
ochrea -e	ollamh -s	option -s	osteal
ochrey -rier	omasal	opulus -es	ostent -s
-iest	omasum -asa	orache -s	Ostiak
o'clock	omelet -s	oracle -s,-d	ostial
ocreae	omened	-ling	ostium -tia
octane -s	omenta	orally	ostler -s
Octans	omnify -ing	orange -s	Ostmen
octant -s	-fies -ied	orator -s	Ostrea
octave -s	omnium -s	orbita -s	Ostyak
octavo -s	onager -s	orbity	otalgy
octett -s	Onagra	orcein	otiose
octroi -s	oncome -s	orchat -s	otitis
octuor -s	oncost -s	orchel -s	ottava -s
ocular -s	ondine -s	orchid -s	oulong -s
oddish	onding -s	orchil -s	ourali -s
oddity -ties	one-man	orchis -es	ourari -s
odd-job	one-off	orcine	ourebi -s
odd-man	one-two	ordain -s,-ing	ouster -s
odds-on	one-way	-ed	outact -s,-ing
			-ed

outage -s
out-ask
outbar -s,-ring
  -red
outbid -s,-ding
outbox -es,-ing
  -ed
outbye
outcry -ing
  -cries
  -ied
outeat -s,-ing
  -en,-ate
outfit -s,-ting
  -ted
outfly -ing,-flies
  -flown
  -flew
outfox -es,-ing
  -ed
outgas -(s)es
  -sing,-sed
outgun -s,-ning
  -ned
outhit -s,-ting
outing -s
outjet -s
outjut -s
outlaw -s,-ing
  -ed
outlay -s,-ing
  -laid
outler -s
outlet -s
outlie -s,-lying
  -lay
outman -s,-ning
  -ned
output -s,-ting
  -ted
outred -s,-ding
  -ded
outrun -s,-ning
  -ran
outset -s
outsit -s,-ting
  -sat
outsum -s,-ming
  -med
outtop -s,-ping
  -ped
outvie -s,-d
  -vying
outwin
outwit -s,-ting
  -ted
ovally
ovator -s
overby
overdo -es,-ing
  -ne,-did

overgo -es,-ing
  -ne,-went
overly
ovibos -es
ovisac -s
ovular
owelty
owerby
owl-car
owlery -ries
owlish
oxalic
oxalis -es
ox-bird
ox-eyed
Oxford
oxgang -s
oxgate -s
oxhead -s
oxland -s
oxslip
oxtail -s
oxygen
oxymel -s
oyster -s
ozaena -s
Ozalid®

P

pachak -s
pacify -ing,-fies
  -ied
packer -s
packet -s,-ing
  -ed
padang -s
padauk -s
padded
padder -s
paddle -s,-d
  -ling
pad-nag
padouk -s
pad-saw
Paduan
paella -s
paeony -nies
paging -s
pagoda -s
paidle -s
paid-up
paigle -s
pained
painim
painty -tier
  -iest
paiock
paired
pajock
pakeha

Pakhto
Pakhtu
palace -s
palama -e
palate -s
paleae
palely
paling -s
palish
palkee -s
pallae
pallah -s
Pallas
palled
pallet -s
pallia
pallid -er,-est
pallor
Palmae
palmar
palmed
palmer -s
palolo -s
palpal
palpus -pi
palter -s,-ing
  -ed
paltry -rier
  -iest
pampas
pamper -s,-ing
  -ed
panada -s
panama -s
panary -ies
pandar -s,-ing
  -ed
pander -s,-ing
  -ed
pandit -s
panful -s
pangen -s
pangfu'
panick -s
panisc -s
panisk -s
panter
panton -s
pantry -ries
pantun -s
panzer
papacy -cies
papain
papaya -s
papery -rier
  -iest
papish -es
papism
papist -s
pappus -es

Papuan
papula -e
papule -s
papyri
parade -s,-d
  -ding
parage -s
paramo -s
Paraná
parang -s
paraph -s,-ing
  -ed
Parcae
parcel -s,-ling
  -led
pardal -s
parded
pardie
pardon -s,-ing
  -ed
parent -s,-ing
  -ed
parget -s,-ing
  -ed
pariah -s
parial -s
Parian
paring -s
parish -es
parity -ties
parkee -s
parker -s
parkin -s
parkly -lier
  -iest
parlay -s,-ing
  -ed
parley -s,-ing
  -ed
parody -ing,-dies
  -ied
parole -s,-d
  -ling
parpen -s
parral -s
parrel -s
parrot -s,-ing
  -ed
parsec -s
Parsee
parser -s
parson -s
partan -s
parted
parter -s
partim
partly
parton -s
parure -s
parvis -es

pascal -s	pea-hen	penile	pether -s
pasear	peaked	penman -men	petite -r,-st
pashim -s	peanut -s	pennae	petrel -s
Pashto	pea-pod	pennal -s	petrol -s,-ling
Pashtu	pearly -lies,-ier	penned	-led
passed	-iest	penner -s	petted -s
passer -s	peason	pen-nib	petter -s
passim	peavey	pennon -s	pettle -s,-d
passus -es	pebble -s,-d	pen-pal	-ling
pastel -s	-ling	pensel -s	pewter -s
paster -s	pebbly -lier	pensil -s	peyote
pastil -s	-iest	pensum -s	pezant -s
pastis -es	pecker -s	pentad -s	Peziza
pastor -s	Pecora	pent-up	phaeic
pastry -ries	pecten -tines	penult -s	phalli
patchy -chier	pectic	penury	pharos -es
-iest	pectin	people -s,-d	phased
patent -s,-ing	pedalo -(e)s	-ling	phases
-ed	pedant -s	pepful	phasic
patera -e	pedate	peplos -es	phasis
Pathan	pedder -s	peplum -s	Phasma
pathic -s	peddle -s,-d	peplus -es	phatic
pathos	-ling	pepper -s,-ing	~~pheere~~ -s
patina -s	pedlar -s	-ed	pheese -s,-d
patois	peeled	pepsin -s	-sing
patrol -s,-ling	peeler -s	peptic	pheeze -s,-d
-led	peenge -s,-ing,-d	perdie	-zing
patron -s	peeper -s	perdue -s	phenic
patted	peepul -s	pereia	phenol -s
pattée	peerie -s	perfay -s	phenyl
patten -s	peeved	perfet	phizog -s
patter -s,-ing	peever -s	period -s	phlegm
-ed	peewee -s	perish -es,-ing	Phleum
pattle -s	peewit -s	-ed	phloem -s
paunch -es,-ing	peg-box	perkin -s	phobia -s
-ed	pegged	permit -s,-ting	phobic
pauper -s	peg-leg	-ted	phocae
pausal	peg-top	Pernod®	phoebe -s
pauser -s	peinct	perone -s	pholas -lades
pavage -s	pelage -s	perron -s	phonal
pavane	pelham -s	Persic	phoney -s,-ing
paving -s	pelite -s	person -s	-ed,-nier
pavior -s	pellet -s,-ing	persue	-iest
pavise -s	-ed	pertly	phonic
pavone	pelmet -s	peruke -s	phonon -s
pawnee -s	peloid -s	peruse -s,-d	phooey -s
pawner -s	pelory	-sing	photic
pawpaw -s	pelota	Pesach	photon -s
paxwax -es	pelter -s,-ing	pesade -s	phrase -s,-d
pay-box	-ed	pesant -s	-sing
pay-day	peltry	peseta -s	phrasy -sier
paying -s	pelves	pesewa -s	-iest
paynim	pelvic	peshwa -s	phylum -la
pay-off	pelvis	pester -s,-ing	physic -s,-king
payola -s	pencel -s	-ed	-ked
pay-out	pencil -s,-ling	pestle -s,-d	physio -s
pazazz	-led	-ling	phyton -s
peachy -chier	penful -s	petara -s	piaffe -s,-d
-iest	pen-gun	petard -s	-ffing
peacod -s	penial	petary -ries	piazza -s

picene	pinder -s	pitter -s,-ing	plover -s
picine	pineal	-ed	plucky -kier
picked	pinery -ries	pituri -s	-iest
picker -s	pineta	pizazz	pluffy -ffier
picket -s,-ing	pinger -s	pizzle -s	-iest
-ed	pingle -s,-d	placed	plug-in
pickle -s,-d	-ling	placer -s	plumed
-ling	pinion -s,-ing	placet -s	plummy -mmier
pick-up	-ed	placid -er,-est	-iest
picnic -s,-king	pinite	placit -s	plumpy -pier
-ked	pinked	plagal	-iest
picoté	pinkie -s	plague -s,-d	plunge -s,-d
picric	pin-leg	-guing	-ging
piddle -s,-d	pin-man	plaguy -guier	plural -s
-ling	pinnae	-iest	plushy -shier
pidgin -s	pinned	plaice -s	-iest
piecen -s,-ing	pinner -s	plaint -s	pluton -s
-ed	pinnet -s	planar	Plutus
piecer -s	pinnie -s	planch -es,-ing	plying
pie-dog	pinole -s	-ed	pneuma -s
pieing	pintle -s	planer -s	poachy -chier
pieman -men	pinxit	planet -s	-iest
pierce -s,-d	Pinyin	planta -s	pochay -s,-ing
-cing	piolet -s	plaque -s	-ed
pierid -s	pioned	plashy -shier	pocked
Pieris	pioner	-iest	pocket -s,-ing
piffle -s,-d	pioney	plasma -s	-ed
-ling	pioted	platan -s	podded
pig-bed	pipage	plated	podial
pigeon -s,-ing	piping -s	platen -s	podite -s
-ed	pipkin -s	plater -s	podium -dia
pigged	pipped	player -s	podley -s
piggie -s	pippin -s	pleach -es,-ing	podsol -s
piggin -s	piquet -s,-ing	-ed	Podunk
piglet -s	-ed	please -s,-d	Podura
pig-man	piracy -cies	-sing	podzol -s
pig-nut	piraña -s	plebby -bbier	poetic -s
pigpen -s	pirate -s,-d	-iest	poetry -ries
pig-rat	-ting	pledge -s,-d	poffle -s
pigsny -nies	piraya -s	-ging	pogrom -s
pigsty -ties	pirnie -s	Pleiad	pointe
pilaff -s	pirnit	plenty	poised
pileum -lea	Pisces	plenum -s	poiser -s
pile-up	pissed	pleuch -s,-ing	poison -s,-ing
pileus -lei	pistil -s	-ed	-ed
pilfer -s,-ing	pistol -s,-ling	pleugh -s,-ing	poking
-ed	-led	-ed	Polack
pillar -s	piston -s	pleura -e	Poland
pillau -s	Pitaka	plexor -s	polder -s,-ing
pillow -s,-ing	pitara -s	plexus -es	-ed
-ed	pitchy -chier	pliant	pole-ax
pilose	-iest	plicae	poleyn -s
pilous	pithos -es	pliers	police -s,-d
pilula -s	pitied	plight -s,-ing	-cing
pilule -s	pitier -s	-ed	policy -cies
piment	pitman -men	plinth -s	poling -s
pimple -s	pit-pat	plissé	polish -es,-ing
pimply -lier	pit-saw	plotty -tties	-ed
-iest	pitted	plough -s,-ing	polite -r,-st
pincer -s,-ing	pitten	-ed	polity -ties
-ed			

pollan -s	porgie -s	powter -s,-ing	privet -s
polled	porism -s	-ed	prized
pollen -s,-ing	porker -s	powwaw	prizer -s
-ed	porose	powwow -s,-ing	profit -s,-ing
poller -s	porous	-ed	-ed
pollex -llices	portal -s	praise -s,-d	Progne
Pollux	portas	-sing	proign
polony -nies	porter -s	prance -s,-d	proker -s
polype -s	portly -lier	-cing	proleg -s
polypi	-iest	pranck	proler
polyps	posada -s	pranky -kier	prolix
pomace -s	poseur	-iest	prompt -s,-ing
pomade -s,-d	poshly	prater -s	-ed,-er
-ding	posing -s	pratie -s	-est
pomato -es	posnet -s	prawle	pronto
pomelo -s	posset -s,-ing	praxis -xes	proofs
pommel -s,-ling	-ed	prayed	propel -s
-led	possie	prayer -s	-ling-led
Pomona	possum -s	preace	proper -s
pompey -s,-ing	postal	preach -es,-ing	propyl
-ed	poster -s	-ed	proser -s
pompom -s	postie -s	prease	prosit -s
pompon -s	postil -s,-ling	précis -ing,-ed	protea -s
pomroy -s	-led	preeve	proton -s
poncho -s	potage -s	prefab -s	protyl
ponder -s,-ing	pot-ale	prefer -s,-ring	proved
-ed	potash	-red	proven
ponent	potass	prefix -es,-ing	prover -s
pongee	potato -es	-ed	pruina -s
pongid -s	pot-boy	prelim -s	pruner -s
pontal	potche	premed -s	prying -s
pontes	poteen -s	premia	pseudo -s
pontic	potent -s,-er	prepay -s,-ing	psoric
pontie -s	-est	-paid	psyche -s,-d
pontil -s	potful -s	preppy	-ching
ponton -s,-ing	pot-gun	preses	psycho -s
-ed	pot-hat	presto -s	psywar -s
poodle -s	pother -s	pre-tax	pteria
poojah -s	potion -s	pretty -tties	pterin -s
pookit	pot-lid	-ier,-iest	Pteris
poonac -s	pot-man	priced	ptisan -s
pooped	potted	pricey -cier	ptosis -ses
poorly	potter -s,-ing	-iest	ptyxis
Pooter	-ed	priefe -s	public -s
popery	pottle -s	priest -s,-ing	pucker -s,-ing
pop-eye	pouchy -chier	-ed	-ed
pop-gun	-iest	prieve -s,-d	pudden -s
Popian	poufed	-ving	puddle -s,-d
popish	pouffe -s	primal	-ling
popjoy -s,-ing	poukit	primer -s	puddly -lier
-ed	poulpe -s	primly	-iest
poplar -s	pounce -s,-d	primus -es	pudent
poplin -s	-cing	prince -s	pudsey -er,-est
popped	pourer -s	priory -ries	pueblo -s
popper -s	pourie -s	prismy -mier	puffed
poppet -s	pouter -s	-iest	puffer -s
popple -s,-d	powder -s,-ing	prison -s,-ing	puffin -s
-ling	-ed	-ed	pug-dog
popply -lier	powney -s	prissy -ssier	puisne
-iest	pownie -s	-iest	puisny

puling -s	purlin -s	quahog -s	quotum -s
pulkha -s	purpie	quaich -s	
puller -s	purple -s,-d	quaigh -s	R
pullet -s	-ling	quaint -er,-est	rabato
pulley -s	purply -lier	Quaker	rabbet -s,-ing
pull-in	-iest	qualmy -mier	-ed
pull-on	purser -s	-iest	rabbin -s
pull-up	pursue -s,-d	quango -s	rabbit -s,-ing
pulper -s	-suing	quanta	-ed
pulpit -s	purvey -s,-ing	quarry -ing	rabble -s,-d
pulque -s	-ed	-rries	-ling
pulsar -s	pushed	-ied	rabies
pulsed	pusher -s	quarte -s	raceme -s
pultan -s	Pushto	quarto -s	race-up
pulton -s	Pushtu	quartz -es	rachis -es
pultun -s	pussel	quasar -s	-chides
pulver	puteal -s	quatch -es,-ing	racial
pulvil -s,-ling	puteli -s	-ed	racily
-led	putlog -s	quaver -s,-ing	racing -s
pulwar -s	put-off	-ed	racism
pumelo -s	putois -es	queach	racist -s
pumice -s,-d	put-put	queasy -sier	racked
-cing	putrid -er,-est	-iest	racker -s
pummel -s,-ling	putsch -es	queazy -zier	racket -s,-ing
-led	putted	-iest	-ed
pumped	puttee -s	queest -s	racoon -s
pumper -s	putten	quelch -es,-ing	raddle -s,-d
puncta	putter -s,-ing	-ed	-ling
puncto	-ed	quelea -s	radial -s
pundit -s	puttie -s	quench -es,-ing	radian -s
Punica	puture -s	-ed	radish -es
punier	puzzel -s,-ling	quetch -es,-ing	radium
punily	-led	-ed	radius -dii
punish -es,-ing	puzzle -s,-d	queued	radome -s
-ed	-ling	quiche -s	radula -e
punkah -s	pycnic	quidam -s	Raetia
punned	pycnon -s	quight	rafale -s
punner -s	pye-dog	qui-hye	raffia -s
punnet -s	pyeing	quince -s	raffle -s,-d
puntee -s	pyemia	quinic	-ling
punter -s	pygarg -s	quinie -s	rafter -s,-ing
pupate -s,-d	pyknic	quinoa -s	-ed
-ting	pylons	quinol	rag-bag
pupped	pyoner	quinsy	ragged
puppet -s	pyrene -s	quinta -s	raggee
Purana	pyrite -s	quinte -s	raggle -s,-d
purdah -s	Pyrola	quinze	-ling
purely	pyrope -s	quirky -kier	raging
purfle -s,-d	Pythia	-iest	raglan -s
-ling	Pythic	quitch -es,-ing	ragman -men
purfly -lier	python -s	-ed	ragout -s,-ing
-iest	pyuria	quited	-ed
purger -s		quiver -s,-ing	rag-tag
purify -ing,-fies	Q	-ed	raguly
-ied	Q-fever	quoist -s	raider -s
purine	qintar	quokka -s	railer -s
purism	quaere -s	quorum -s	railly -llies
purist -s	quagga -s	quoter -s	raiser -s
purity	quaggy -ggier	quotes	raisin -s
purler -s	-iest	quotha -s	raited

raiyat -s	rarely	reasty -tier	red-bud
Rajput	raring	-iest	red-cap
rakery -ries	rarity -ties	reaver -s	redden -s,-ing
raking -s	rascal -s	reback -s,-ing	-ed
rakish	rasher -s	-ed	redder -s
Rallus	rashly	rebate -s,-d	reddle -s,-d
ramate	rasper -s	-ting	-ling
ramble -s,-d	raster -s	rebato	red-dog
-ling	rasure -s	rebeck -s	redeem -s,-ing
ramcat -s	ratbag -s	rebind -s,-ing	-ed
rameal	rather -s	-bound	redeye -s
ramean	ratify -ing,-fies	rebite -s,-ting	red-gum
ramify -ing,-fies	-ied	-bit	red-hat
-ied	ratine -s	reboil -s,-ing	red-hot
Ramism	rating -s	-ed	rediae
Ramist	ration -s,-ing	rebore -s,-d	redleg -s
ram-jet	-ed	-ring	red-man
rammed	ratite	reborn	re-done
rammer -s	ratlin -s	rebuff -s,-ing	redowa -s
ramose	ratoon -s,-ing	-ed	redraw -s,-ing,-n
ramous	-ed	rebuke -s,-d	redrew
ramper -s	rat-pit	-king	redtop
ramrod -s	rattan -s	rebury -ing,-ries	reduce -s,-d
ramson -s	rat-tat	-ied	-cing
ramuli	ratted	recall -s,-ing	reduit -s
rancel -s	ratten -s,-ing	-ed	redwud
rancho -s	-ed	recant -s,-ing	reebok -s
rancid -er,-est	ratter -s	-ed	re-echo
rancor	rattle -s,-d	recast -s,-ing	reechy -chier
randan -s	-ling	-ed	-iest
randem -s	ratton -s	recede -s,-d	reeded
randie -s,-r,-st	raucid -er,-est	-ding	reeden
random -s	raucle -r,-st	recent	reeder -s
randon	raught	recept -s	re-edit
ranger -s	raunch	recess -es,-ing	reefer -s
ranine	ravage -s,-d	-ed	reekie -r,-st
ranked	-ging	recipe -s	reeler -s
ranker -s	rave-up	recite -s,-d	reesty -tier
rankle -s,-d	ravine -s,-d	-ting	-iest
-ling	-ning	reckan	reeved
rankly	raving -s	recked	reface -s,-d
ransel -s	ravish -es,-ing	reckon -s,-ing	-cing
ransom -s,-ing	-ed	-ed	refect -s,-ing
-ed	rawing -s	recoil -s,-ing	-ed
ranter -s	rawish	-ed	refill -s,-ing
ranula -s	raylet -s	record -s,-ing	-ed
ranzel -s	razure -s	-ed	refine -s,-d
Raphia	razzia -s	recoup -s,-ing	-ning
raphis -phides	razzle -s	-ed	reflet -s
rapier -s	reader -s	rectal	reflex -es,-ing
rapine -s	realia	rector -s	-ed
raping	really	rectum -s,-ta	reflow -s,-ing
rapist -s	re-ally	rectus -ti	-ed
rapped	realty -ties	recure -s,-d	reflux -es
rappee -s	reamer -s	-ring	refoot -s,-ing
rappel -s,-ling	reaper -s	recuse -s,-d	-ed
-led	rearer -s	-sing	reform -s,-ing
rapper -s	rearly	redact -s,-ing	-ed
raptor -s	reason -s,-ing	-ed	refuel -s,-ling
rarefy -ing,-fies	-ed	red-box	-led
-ied			

refuge -s,-d
-ging
refund -s,-ing
-ed
refuse -s,-d
-sing
refute -s,-d
-ting
regain -s,-ing
-ed
regale -s,-d
-ling
regard -s,-ing
-ed
regent -s
regest
reggae
régime -s
regina -s
region -s
regius
regive -s,-n
-ving
-gave
reglet -s
regnal
regret -s,-ting
-ted
regula -e
rehash -es,-ing
-ed
rehear -s,-ing,-d
reheat -s,-ing
-ed
reheel -s,-ing
-ed
reiter -s
reiver -s
reject -s,-ing
-ed
rejoin -s,-ing
-ed
relaid
relate -s,-d
-ting
relent -s,-ing
-ed
relict -s
relide
relied
relief -s
relier
reline -s,-d
-ning
relish -es,-ing
-ed
relive -s,-d
-ving
reload -s,-ing
-ed

reluct -s,-ing
relume -s,-d
-ming
remade -s
remain -s,-ing
-ed
remake -s,-king
-made
remand -s,-ing
-ed
remark -s,-ing
-ed
remble -s,-d
-ling
remead -s,-ing
-ed
remede -s,-d
-ding
remedy -ing,-dies
-ied
remeid -s,-ing
-ed
remind -s,-ing
-ed
remise -s,-d
-sing
remiss
remora -s
remote -r,-st
remoud
remove -s,-d
-ving
remuda -s
rename -s,-d
-ming
render -s,-ing
-ed
renege -s,-d
-ging
renied
rennet -s
rennin
renown -s,-ing
-ed
rental -s
renter -s
renvoi -s
renvoy -s
reopen -s,-ing
-ed
repack -s,-ing
-ed
repaid
repair -s,-ing
-ed
repand
repass -es,-ing
-ed
repast -s

repeal -s,-ing
-ed
repeat -s,-ing
-ed
repent -s,-ing
-ed
repine -s,-d
-ning
replan -s,-ning
-ned
replay -s,-ing
-ed
replum -pla
repone -s,-d
-ning
report -s,-ing
-ed
repose -s,-d
-sing
repost -s,-ing
-ed
repped
repugn -s,-ing
-ed
repulp -s,-ing
-ed
repure -s,-d
-ring
repute -s,-d
-ting
requit
rerail -s,-ing
-ed
reread -s,-ing
resaid
resale -s
rescue -s,-d
-cuing
reseat -s,-ing
-ed
réseau -s,-x
resect -s,-ing
-ed
Reseda
resell -s,-ing
-sold
resent -s,-ing
-ed
reship -s,-ping
-ped
reside -s,-d
-ding
resign -s,-ing
-ed
resile -s,-d
-ling
resist -s,-ing
-ed
re-site
resold

resole -s,-d
-ling
resorb -s,-ing
-ed
resort -s,-ing
-ed
restem
rester -s
result -s,-ing
-ed
résumé -s
resume -s,-d
-ming
retail -s,-ing
-ed
retain -s,-ing
-ed
retake -s,-n
-king
-took
retama -s
retard -s,-ing
-ed
retell -s,-ing
-told
retene
retial
retina -s,-e
retire -s,-d
-ring
retold
retook
retool -s,-ing
-ed
retort -s,-ing
-ed
retour -s,-ing
-ed
retral
retree -s
retrim -s,-ming
-med
retrod
retted
retund -s,-ing
-ed
returf -s,-ing
-ed
return -s,-ing
-ed
retuse
re-type
reurge -s,-d
-ging
revamp -s,-ing
-ed
reveal -s,-ing
-ed
reverb -s,-ing
-ed

revere -s,-d
    -ring
revers
revert -s,-ing
    -ed
revery -ries
revest -s,-ing
    -ed
review -s,-ing
    -ed
revile -s,-d
    -ling
revise -s,-d
    -sing
revive -s,-d
    -ving
revoke -s,-d
    -king
revolt -s,-ing
    -ed
revved
reward -s,-ing
    -ed
rewind -s,-ing
    -wound
rewire -s,-d
    -ring
reword -s,-ing
    -ed
rework -s,-ing
    -ed
rewrap -s,-ping
    -ped
rhesus -es
rhetor -s
rheumy -mier
    -iest
rhexis -xes
rhinal
rhizic
Rhodes
rhodic
rhombi
rhotic
rhumba -s
rhymed
rhymer -s
rhythm -s
rhyton -ta
Rialto
riancy
ribald -s
riband -s,-ing
    -ed
ribaud
ribbed
ribbon -s,-ing
    -ed
ribibe
ribose

Riccia
richen -s,-ing
    -ed
riches
richly
ricker -s
rickle -s
rickly -lier
    -iest
ric-rac
rictal
rictus -es
ridded
ridden
riddle -s,-d
    -ling
rident
ridged
ridgel -s
ridgil -s
riding -s
rifely
riffle -s,-d
    -ling
rifler -s
rigged
rigger -s
righto -s
riglin -s
rigoll -s
rigour -s
rig-out
rillet -s
rimmed
rimose
rimous
rinded
ringed
ringer -s
rinser -s
rioter -s
riotry
ripeck -s
ripely
rip-off
ripped
ripper -s
ripple -s,-d
    -ling
ripply -lier
    -iest
Rippon
riprap -s
rip-saw
rising -s
risker -s
risque
risqué
ritter -s
ritual -s

rivage -s
rivery -rier
    -iest
rizard -s
rizzar -s,-ing
    -ed
rizzer -s,-ing
    -ed
rizzor -s,-ing
    -ed
roadie -s
roamer -s
roarer -s
roarie -r,-st
robalo -s
robbed
robber -s
robing -s
robust -er,-est
rochet -s
rocker -s
rocket -s,-ing
    -ed
rococo -s
rodent -s
roding -s
rodman -men
roemer -s
Roland
rolled
roller -s
roll-on
roll-up
romage
Romaic
Romany
Romish
romper -s
rondel -s
rondos
ronyon
roofed
roofer -s
rookie -s
roomed
roomer
roopit
rooted
rooter -s
rootle -s,-d
    -ling
ropery
ropily
roping -s
roquet -s,-ing
    -ed
rorter
rosace -s
rosary -ries
roscid

roseal
rosery -ries
rosety
rosier -s
rosily
rosiny
rosser -s,-ing
    -ed
roster -s,-ing
    -ed
rostra
rosula -s
rotary -ries
rotate -s,-d
    -ting
rotche -s
rotgut -s
rother
rotolo
rottan -s
rotted
rotten -s
rotter -s
rotula -s
rotund -s,-ing
    -ed
rouble -s
roucou
roughy -ghier
    -iest
Rouman
rounce -s
rouncy -cies
roupit
rouser -s
router -s
roving -s
row-dow
rozzer -s
rubato -s,-ati
rubbed
rubber -s,-ing
    -ed
rubbet
rubbit
rubble -s
rubbly -lier
    -iest
rubefy -ing,-fies
    -ied
rubied
rubify -ing,-fies
    -ied
rubine
rubric -s
ruckle -s,-d
    -ling
ruckus
rudder -s
ruddle -s,-d
    -ling

rudely	rutter	sallee	sappan -s
rudery	rypeck -s	sallet -s	sapped
rudish		sallow -s,-ing	sapper -s
rueful	**S**	-ed,-er	Sappho
rueing	sabbat -s	-est	sap-rot
ruelle -s	Sabean	salmis	sardel -s
ruffed	Sabian	salmon -s	sargus -es
ruffin	Sabine	saloon -s	sarney -s
ruffle -s,-d	saccos -es	saloop -s	sarnie -s
-ling	sachem -s	salted	sarong -s
rufous	sachet -s	salter -s	sarsen -s
rugate	sacque -s	saltly	sartor -s
rugged -er,-est	sacral	saltus -es	sashay -s,-ing
rugger	sacred	salued	-ed
rugose	sacrum -cra	saluki -s	sasine -s
rugous	sadden -s,-ing	salute -s,-d	satara -s
ruined	-ed	-ting	sateen -s
ruiner -s	sadder	salve'd	Sathan
ruling -s	saddhu -s	salver -s	satiny -nier
rumble -s,-d	saddle -s,-d	salvia -s	-iest
-ling	-ling	salvor -s	satire -s
rum-bud	sadism	samara -s	sative
rumina	sadist -s	sambar -s	satori -s
rumkin -s	saeter -s	sambur -s	satrap -s
rummer -s	safari -s,-ing	samely	Saturn
rumour -s,-ing	-ed	samfoo -s	satyra -s
-ed	safely	Samian	saucer -s
Rumper	safety -ties	samiel -s	sauger -s
rumple -s,-d	sag-bag	Samiot	saulge
-ling	sagely	samite	saulie -s
rumpus -es	sagene -s	samlet -s	saurel -s
rundle -s	saggar -s	Samoed	Sauria
runkle -s,-d	sagged	sampan -s	savage -s,-d
-ling	sagger -s	sample -s,-d	-ging
runlet -s	sagoin -s	-ling	savant -s
runnel -s	saguin -s	samshu -s	savate -s
runner -s	sahiba -s	Samson	savine -s
runnet -s	saidst	sancho -s	saving -s
run-off	sailed	sandal -s	savory -ries
runrig -s	sailer -s	sanded	savour -s,-ing
runted	sailor -s	sander -s	-ed
runway -s	saique -s	sandhi -s	savvey -s,-ing
rupiah -s	saithe -s	sanely	-ed
ruscus -es	sakieh -s	sangar -s	sawder -s,-ing
rushen	sakkos -es	sanies	-ed
rusher -s	salaam -s,-ing	sanify -ing,-fies	*saw-fly
rusine	-ed	-ied	sawing -s
russel -s	salade -s	sanity	sawney -s
russet -s,-ing	salame	sanjak -s	sawpit -s
-ed	salami -s	sannup -s	saw-set
russia -s	salary -ing,-ries	sanpan -s	sawyer -s
Russki	-ied	santal -s	saxaul -s
Russky	salewd	santir -s	saxony -nies
rusted	Salian	santon -s	sayest
rustic -s	salify -ing,-fies	santur -s	saying -s
rustle -s,-d	-ied	sapego	sayyid -s
-ling	salina -s	sapele -s	sazhen -s
rustre -s	saline -s	sapful	sbirri
rutile	saliva -s	Sapium	sbirro
rutted	sallal -s	sapota -s	'sblood

scabby -bbier	scolex -lices	sculpt -s,-ing	searce -s,-d
-iest	sconce -s	-ed	-cing
scaith -s,-ing	scopae	scummy -mmier	search -es,-ing
-ed	scorch -es,-ing	-iest	-ed
scalae	-ed	scurfy -fier	seared
scalar -s	scorer -s	-iest	season -s,-ing
scaled	scoria -e	scurry -ing	-ed
scaler -s	scorse	-rries	seated
scamel	scotch -es,-ing	-ied	seaway -s
scampi -s	-ed	scurvy	sebate -s
scanty -tier	scoter -s	scutal	secant -s
-iest	Scotia	scutch -es,-ing	secede -s,-d
scapus -pi	Scotic	-ed	-ding
scarab -s	Scotty	scutum -ta	secern -s,-ing
scarce -r,-st	scouse -s	Scylla	-ed
scarer -s	scouth	scyphi	secesh
scarey -rier	scowth	scythe -s,-d	seckel -s
-iest	scrape -s,-d	-thing	second -s,-ing
scarre	-ping	sdaine	-ed
scarry -rrier	scrawl -s,-ing	'sdeath	secret -s
-iest	-ed	sea-air	sector -s,-ing
scarth -s	scrawm -s,-ing	sea-ape	-ed
Scarus	-ed	sea-bat	secund
scatch -es	scraye -s	seabed	secure -s,-d,-r
scathe -s,-d	screak -s,-ing	Seabee	-st,-ring
-thing	-ed	sea-boy	sedate -s,-d,-r
scatty -ttier	scream -s,-ing	sea-bun	-st,-ting
-iest	-ed	sea-cap	sedent
scaury -ries	screed -s	sea-cat	sedged
scazon -s	screen -s,-ing	sea-cob	sedile
sceatt -as	-ed	sea-cow	seduce -s,-d
scenic	screwy -wier	sea-dog	-cing
scerne	-iest	sea-ear	seeded
schelm -s	scribe -s,-d	sea-eel	seeder -s
schema -ta	-bing	sea-egg	seeing -s
scheme -s,-d	scried	sea-fan	seeker -s
-ming	scrike	sea-fir	seemer -s
schism -s	scrimp -s,-ing	sea-fog	seemly -lier
schist -s	-ed	sea-fox	-iest
schizo -s	scrine	sea-god	seesaw -s,-ing
schlep	script -s,-ing	sea-hog	-ed
schmoe	-ed	sea-ice	seethe -s,-d
school -s,-ing	scrive -s,-d	sea-law	-thing
-ed	-ving	sealch -s	seggar -s
schorl	scrobe -s	sealed	seghol -s
schout -s	scroll -s,-ing	sealer -s	seiche -s
schtik -s	-ed	sealgh -s	seiner -s
schuit -s	scroop -s,-ing	seaman -men	seised
schuss -es,-ing	-ed	sea-mat	seisin -s
-ed	scruff -s	sea-maw	seizer -s
schuyt -s	scrump -s,-ing	seamer -s	seizin -s
scient	-ed	sea-mew	sejant
scilla -s	scrunt -s	Seanad	seldom
sciroc -s	scruto -s	séance -s	select -s,-ing
sclaff -s,-ing	scruze -s,-d	sea-owl	-ed
-ed	-zing	sea-pay	Selene
sclate -s	scryer -s	sea-pen	Seljuk
sclera -s	scryne	sea-pie	selkie -s
sclere -s	scuffy -ffier	sea-pig	seller -s
Scogan	-iest	sea-rat	selves

semble
semeia
sememe -s
Semite
semmit -s
semper
semple -r,-st
sempre
semsem -s
senary -ries
senate -s
sendal -s
sended
sender -s
send-up
Seneca
senega -s
Senhor
senile
senior -s
sennet
sennit -s
Senora
sensed
sensor -s
sensum -s
sentry -ries
sephen -s
sepium -s
sepsis -ses
septal
septet -s
septic
septum -ta
sequel -s
sequin -s
serail -s
serang -s
serape -s
seraph -s
serdab -s
serein -s
serene -s,-d,-r
-st,-ning
serial -s
series
seriph -s
sermon -s,-ing
-ed
seroon -s
serosa -s,-e
serous
serrae
serran -s
serras
serval -s
server -s
sesame -s
seseli -s
sestet -s

seston -s
set-off
setose
set-out
settee -s
setter -s
settle -s,-d
-ling
set-tos
severe -r,-st
severy -ries
Sèvres
sewage
sewing -s
sexfid
sexism
sexist -s
sexpot -s
sextan
sextet -s
sexton -s
sexual
shabby -bbier
-iest
shaded
shadow -s,-ing
-ed
shaduf -s
shaggy -ggier
-iest
shairn
Shaiva
shaken
shaker -s
Shakta
Shakti
shalli
shalot -s
shaman -s
shamed
shamer -s
shammy -mmies
shamoy -s,-ing
-ed
shamus
shandy -dies
shanny -nnies
shanty -ties
shaped
shapen
shaper -s
sharer -s
sharia
sharny -nier
-iest
shaved
shaven
shaver -s
shavie -s
sheafy -fier
-iest

shears
'sheart
she-ass
sheath -s
sheave -s
Shebat
sheeny -nier
-iest
sheepy -pier
-iest
sheers
sheety -tier
-iest
sheikh -s
sheila
shekel -s
shelfy -fier
-iest
shelly -llier
-iest
Shelta
shelty -ties
shelve -s,-d
-ving
shelvy -vier
-iest
she-oak
sheria
sherif -s
sherpa
sherry -rries
sheuch -s,-ing
-ed
sheugh -s,-ing
-ed
shewel -s
shield -s,-ing
-ed
shiest
shifty -tier
-iest
Shiism
Shiite
shikar -s
shiksa -s
shimmy -ing
-mmies
-ied
shindy -dies
shined
shiner -s
shinny -nnies
Shinto
shinty -ties
shippo -s
shirra -s
shirty -tier
-iest
shiver -s,-ing
-ed

shivoo
shoaly -lier
-iest
shoddy -ddies
-ier,-iest
shoder -s
shofar -s
shofroth
shogun -s
shoppy -ppier
-iest
shoran
shorer -s
shorty -ties,-ier
-iest
shough -s
should
shovel -s,-ling
-led
shover -s
showed
shower -s,-ing
-ed
shrank
shrewd -er,-est
shriek -s,-ing
-ed
shrift -s
shrike -s
shrill -s,-ing
-ed,-er
-est
shrimp -s,-ing
-ed
shrine -s,-d
-ning
shrink -s,-ing
shrank
shrunk
shrive -s,-d
-ving
shroff -s,-ing
-ed
shroud -s,-ing
-ed
shrove
shrunk
shtchi -s
shtetl -s
shtick -s
shucks -es
shut-in
shyest
shyish
sialic
siccan
siccar
sicken -s,-ing
-ed
sicker

sickie -s	singly	skimpy -pier	slewed
sickle -s	sinker -s	-iest	slicer -s
sickly -lier	sinned	skinny -nnier	slided
-iest	sinner -s	-iest	slider -s
side-on	sinnet -s	ski-run	slight -s,-ing
siding -s	sinter -s,-ing	skiver -s,-ing	-ed,-er
sieger -s	-ed	-ed	-est
sienna -s	*Siouan	skivie -r,-st	slimly
sierra -s	siphon -s,-ing	skivvy -vvies	slimsy
siesta -s	-ed	sklate -s,-d	slinky -kier
siffle -s,-d	sipped	-ting	-iest
-ling	sipper -s	skolia	slip-on
sifter -s	sippet -s	skreen -s	slippy -ppier
signal -s,-ling	sipple -s,-d	skrimp -s	-iest
-led	-ling	skrump -s	slip-up
signer -s	sircar -s	skryer -s	slived
signet -s	sirdar -s	skurry -ing	sliven
signor -s	sirene -s	-rries	sliver -s,-ing
silage -s,-d	*Sirian	-ied	-ed
-ging	*Sirius	*skyish	slobby -bbier
silane	sirkar -s	skyman -men	-iest
silene -s	sirrah -s	skyway -s	slogan -s
silent	*sirree	slabby -bbier	sloken -s,-ing
silica	siskin -s	-iest	-ed
silken -s,-ing	sissoo -s	slaggy -ggier	sloomy -mier
-ed	sister -s,-ing	-iest	-iest
silkie -s	-ed	slalom -s,-ing	sloppy -ppier
siller -s	sistra	-ed	-iest
siloed	sitcom -s	slangy -gier	sloshy -shier
silvae	*sithen	-iest	-iest
silvan -s	*sithes	*slap-up	slouch -es,-ing
silver -s,-ing	sitrep -s	slated	-ed
-ed	sittar -s	slater -s	slough -s,-ing
simial	sitter -s	slaver -s,-ing	-ed
simian	situla -e	-ed	*Slovak
simile -s	*siwash	slavey -s	sloven -s
simkin -s	*six-day	*Slavic	slowly
simmer -s,-ing	*six-gun	slayer -s	slubby -bbier
-ed	sizing -s	sleave -s,-d	-iest
'simmon	sizzle -s,-d	-ving	sludge -s
simnel -s	-ling	sleazy -zier	sludgy -gier
simony -nies	skaith -s,-ing	-iest	-iest
simoom -s	-ed	*sleded	sluice -s,-d
simoon -s	skarth -s	sledge -s,-d	-cing
simorg -s	skater -s	-ging	sluicy -cier
simpai -s	skeely -lier	sleech -es	-iest
simper -s,-ing	-iest	sleeky -kier	slummy -mmier
-ed	skeigh -er,-est	-iest	-iest
simple -s,-d,-r	skelly -ing	sleepy -pier	slumpy -pier
-st,-ling	-llies	-iest	-iest
simply	-ied	sleety -tier	slurry -rries
simurg -s	skerry -rries	-iest	slushy -shier
sindon -s	sketch -es,-ing	sleeve -s,-d	-iest
sinewy -wier	-ed	-ving	slyest
-iest	skewed	sleezy -zier	slyish
sinful	skewer -s,-ing	-iest	smalmy -mier
singed	-ed	sleigh -s,-ing	-iest
singer -s	*ski-bob	-ed	smalto -s,-ti
single -s,-d	skiing -s	sleuth -s,-ing	smarmy -mier
-ling	skilly -llier	-ed	-iest
	-iest		

smarty -ties	snatch -es,-ing	socman -men	sorbet -s
smatch -es,-ing	-ed	sodaic	sordes
-ed	snathe -s	sodain	sordid -er,-est
smeary -rier	snazzy -zzier	sodden -s,-ing	sordor
-iest	-iest	-ed,-er	sorell
smeath	sneaky -kier	-est	sorely
smeech -es,-ing	-iest	sodger -s,-ing	sorgho -s
-ed	sneath -s	-ed	sorner -s
smeeth	sneery -rier	sodium	sorrel -s
smegma -s	-iest	sodomy	sorrow -s,-ing
smelly -llier	sneesh -es	soever	-ed
-iest	sneeze -s,-d	soffit -s	sorter -s
smiddy -ddies	-zing	Sofism	sortes
smilax -es	sneezy -zier	soften -s,-ing	sortie -s,-ing,-d
smiler -s	-iest	-ed	Sothic
smilet	snelly	softie -s	sotted
smirch -es,-ing	sniffy -ffier	softly	souari -s
-ed	-iest	sogged	Soudan
smirky -kier	snifty -tier	soigné	sought
-iest	-iest	soiled	souled
smirry -rrier	sniper -s	soirée -s	souper -s
-iest	snippy -ppier	solace -s,-d	souple -s,-d
smiter -s	-iest	-cing	-ling
smithy -thies	snitch -es,-ing	soland -s	source -s
smoggy -ggier	-ed	solano -s	sourly
-iest	snivel -s,-ling	soldan -s	soused
smoked	-led	solder -s,-ing	souses
smoker -s	snobby -bbier	-ed	soutar -s
smooch -es,-ing	-iest	solely	souter -s
-ed	snooks -es	solemn -er,-est	soviet -s
smooth -s,-ing	snooty -tier	soleus -es	sovran -s
-ed,-er	-iest	sol-fa'd	sowans
-est	snooze -s,-d	solidi	sow-bug
smouch -es,-ing	-zing	solito	sowens
-ed	snorer -s	solive -s	sowing -s
smouse	snorty -tier	sollar -s	sowter -s
smoyle -s,-d	-iest	soller -s	sozzle -s,-d
-ling	snotty -ttier	so-long	-ling
smudge -s,-d	-iest	solute -s	sozzly -lier
-ging	snouty -tier	solver -s	-iest
smudgy -gier	-iest	sombre -s,-d,-r	spaced
-iest	snubby -bbier	-st,-ring	spacer -s
smugly	-iest	somite -s	spacey -cier
smurry -rrier	snudge -s,-d	Somnus	-iest
-iest	-ging	sonant -s	spadix -dices
smutch -es,-ing	snuffy -ffier	sonata -s	spahee -s
-ed	-iest	soneri	sparer -s
smutty -ttier	snugly	sonics	sparge -s,-d
-iest	soaked	sonnet -s,-ing	-ging
snaggy -ggier	soaken	-ed	sparid -s
-iest	soaker -s	sonsie -r,-st	sparke
'snails	sobbed	sontag -s	sparry -rrier
snaily -lier	sobeit	soothe -s,-d	-iest
-iest	sobole -s	-thing	sparse -r,-st
snappy -ppier	socage -s	sophia	Sparta
-iest	soccer	sophic	sparth -s
snarer -s	social -s	sopite -s,-d	spathe -s
snarly -lier	socker	-ting	spauld -s
-iest	socket -s,-ing	sopped	spayad
snaste -s	-ed	sorage -s	speary -rier
			-iest

speccy -ccies	splore -s	sputum -ta	starch -es,-ing
specie -s	splosh -es,-ing	spying -s	-ed
specks	-ed	squail -s,-ing	starer -s
specky -kier	spoffy -ffier	-ed	starry -rrier
-iest	-iest	squall -s,-ing	-iest
speech -es,-ing	spoilt	-ed	starve -s,-d
-ed	spoken	squama -e	-ving
speedo -s	sponge -s,-d	squame -s	stasis, stases
speedy -dier	-ging	square -s,-d,-r	statal
-iest	spongy -gier	-st,-ing	stated
speiss -es	-iest	squash -es,-ing	stator -s
spence -s	spooky -kier	-ed	statua
sperre	-iest	squawk -s,-ing	statue -s
sperse -s,-d	spoony -nies,-ier	-ed	status
-sing	-iest	squeak -s,-ing	staved
sperst	sports	-ed	staves
spetch -es	sporty -tier	squeal -s,-ing	stawed
spewer -s	-iest	-ed	stayed
sphaer	sposhy	squier	stayer -s
sphene	spot-on	squiff -er,-est	stay-in
sphere -s,-d	spotty -ttier	squill -s	steady -ing,-dies
-ring	-iest	squint -s,-ing	-ied,-ier
sphery -rier	spouse -s	-ed,-er	-iest
-iest	spouty -tier	-est	steale -s
sphinx -es	-iest	squiny	stealt
sphinges	sprack -er,-est	squire -s,-d	steamy -mier
spiced	spraid	-ring	-iest
spicer -s	sprain -s,-ing	squirm -s,-ing	steane
spider -s	-ed	-ed	steare
spiffy -ffier	sprang	squirr -s,-ing	steeld
-iest	sprawl -s,-ing	-ed	steely -lier
spigot -s	-ed	squirt -s,-ing	-iest
spiked	spread -s,-ing	-ed	steepy -pier
spilth	sprent	squish -es,-ing	-iest
spinal	spring -s,-ing	-ed	steery -ries
spinar -s	sprang	stable -s,-d,-r	steeve -s,-d,-r
spined	sprung	-st,-ling	-st,-ving
spinel -s	sprint -s,-ing	stably	stelae
spinet -s	-ed	stacte -s	stelar
spinny -nnies	sprite -s	stadda -s	stemma -ta
spiral -s,-ling	sprout -s,-ing	stadia -s	stemme
-led	-ed	staged	stench -es,-ing
spirea -s	spruce -s,-d,-r	stager -s	-ed
spired	-st,-cing	stagey -gier	step-in
spiric -s	spruit	-iest	steppe -s
spirit -s,-ing	sprung	staith -s	step-up
-ed	sprush -es,-ing	stalag -s	stereo -s
spital -s	-ed	stalko -es	steric
spivvy -vvier	spryer	stalky -kier	sterol -s
-iest	spryly	-iest	steven -s
splash -es,-ing	spuddy -ddier	stamen -s	stewed
-ed	-iest	stance -s	stewer -s
spleen -s	spulye -s,-ing,-d	stanch -es,-ing	sticky -ing,-kies
splent -s,-ing	spunge	-ed	-ied,-ier
-ed	spunky -kier	stanck	-iest
splice -s,-d	-iest	stanza -s	stieve -r,-st
-cing	spurge -s	stanze	stifle -s,-d
spline -s,-d	spurne	stanzo	-ling
-ning	spurry -rries	stapes -es	stigma -ta,-s
splint -s,-ing	-ier,-iest	staple -s,-d	stigme -s
-ed		-ling	

stilet -s	strafe -s,-d	stroma -ta	succor
stilly -llier	-fing	stromb -s	succus -cci
-iest	straff -s,-ing	strong -er,-est	sucked
stilty -tier	-ed	stroud -s	sucken -s
-iest	straik -s,-ing	stroup -s	sucker -s,-ing
stimie -s,-d	-ed	strout -s,-ing	-ed
-mying	strain -s,-ing	-ed	sucket
stingo -s	-ed	strove	suck-in
stingy -gier	strait -s,-ing	strown	suckle -s,-d
-iest	-ed	struck	-ling
stinty -tier	strake -s	struma -e	sudary -ries
-iest	stramp -s,-ing	strung	sudate -s,-d
stipel -s	-ed	strunt -s,-ing	-ting
stipes -pites	strand -s,-ing	-ed	sudden -er,-est
stirps -pes	-ed	stubby -bbier	sudder -s
stitch -es,-ing	strass	-iest	suetty -ttier
-ed	strata	stucco -s,-ing	-iest
stithy -ing	strath -s	-ed	suffer -s,-ing
-thies	strawy -wier	studio -s	-ed
-ied	-iest	stuffy -ffier	suffix -es,-ing
stived	streak -s,-ing	-iest	-ed
stiver -s	-ed	stuggy -ggier	Sufism
stocky -kier	stream -s,-ing	-iest	sugary -rier
-iest	-ed	stumer -s	-iest
stodge -s,-d	streek -s,-ing	stumpy -pier	Suidae
-ging	-ed	-iest	suited
stodgy -gier	streel	stupid -s,-er	suitor -s
-iest	street -s	-est	suivez
stogey	stress -es,-ing	stupor -s	Sukkot
stogie	-ed	sturdy -dies,-ier	sulcal
stoker -s	strewn	-iest	sulcus -ci
stokes	striae	stylar	sullen -er,-est
stoled	strich	stylet -s	sulpha
stolen	strict -er,-est	stylus -es,-li	sultan -s
stolid -er,-est	stride -s,-ding	stymie -s,-d	sultry -rier
stolon -s	strode	-mying	-iest
stoned	stridden	styrax -es	sumach -s
stonen	strife -s	suable	summar
stoner -s	strift -s	subact -s,-ing	summat
stooge -s,-d	striga -e	-ed	summed
-ging	strike -s,-king	subbed	summer -s,-ing
stoope	struck	subdew	-ed
stop-go	Strine	subdue -s,-d	summit -s
storax -es	string -s,-ing	-duing	summon -s,-ing
storer -s	strung	subfeu -s,-ing	-ed
storey -s	stripe -s,-d	-ed	sumpit -s
storge	-ping	subito	sunbed -s
stormy -mier	stripy -pier	sublet -s,-ting	sunbow -s
-iest	-iest	subman -men	sundae -s
stound -s,-ing	strive -s,-d,-n	submit -s,-ting	Sunday
-ed	-ving	-ted	sunder -s,-ing
stoury -rier	strove	suborn -s,-ing	-ed
-iest	stroam -s,-ing	-ed	sun-dew
stouth	-ed	sub-sea	sun-dog
stover	strobe -s	subset -s	sundra -s
stower -s	strode	subtil -er,-est	sundri -s
stownd -s,-ing	stroke -s,-d	subtle -r,-st	sundry -ries
-ed	-king	subtly	sungar -s
stowre -s	stroll -s,-ing	suburb -s	sungod -s
strack	-ed	subway -s	sunhat -s

sunken	swathy -thier	tabefy -ing,-fies	tamber -s
sunket -s	-iest	-ied	tamely
sunkie -s	swayed	tabled	tamine
sunlit	swayer -s	tablet -s,-ing	taming -s
sunned	*sweard	-ed	tamise -s
sunray -s	sweaty -tier	tabour -s,-ing	Tammuz
sunset -s	-iest	-ed	tamper -s,-ing
suntan -s	sweeny	tabret -s	-ed
Suomic	sweepy -pier	tabula -e	tampon -s,-ing
supawn -s	-iest	tacked	-ed
superb	sweert	tacker -s	*tam-tam
supine	sweety -ties	tacket -s	*tan-bed
supped	sweirt	tackle -s,-d	tandem -s
supper -s,-ing	*Swerga	-ling	tanged
-ed	swerve -s,-d	tactic -s	tangie -s
supple -s,-d,-r	-ving	taenia -e	tangle -s,-d
-st,-ling	*sweven	*Tagday	-ling
supply -ing,-lies	swimmy -mmier	*tag-end	tangly -lier
-ied	-iest	tagged	-iest
surbed	swinge -s,-ing,-d	tagger -s	tangun -s
surbet	swiper -s	tagrag -s	tanist -s
surely	swipes	taguan -s	tanked
Sûreté	swipey -pier	tahina -s	tanker -s
surety -ties	-iest	tahini -s	tankia
surfer -s	swirly -lier	tahsil -s	tannah -s
surrey	-iest	taigle -s,-d	tanned
surtax -es,-ing	swishy -shier	-ling	tanner -s
-ed	-iest	tailed	tannic
survey -s,-ing	switch -es,-ing	tailor -s,-ing	tannin
-ed	-ed	-ed	Tannoy®
suslik -s	swivel -s,-ling	*tail-up	tan-pit
sutile	-led	tailye -s	tanrec -s
sutler -s	swoosh -es,-ing	taipan -s	Tantra
suttee -s	-ed	taisch -es	tan-vat
suttle -s,-d	swound -s,-ing	taiver -s,-ing	Taoism
-ling	-ed	-ed	Taoist
suture -s,-d	swownd	takahe -s	tapeta
-ring	sylvan	*take-in	tapeti -s
Svarga	sylvia -s	*take-up	tapist -s
svelte -r,-st	symbol -s,-ling	taking -s	tapped
swaddy -ddies	-led	talbot -s	tapper -s
swampy -pier	syndet -s	talcky -kier	tappet -s
-iest	syndic -s	-iest	tappit
swanky -kies,-ier	syntan -s	talcum -s	tarand
-iest	syntax -es	talent -s	tar-box
swanny -nnier	syphon -s,-ing	talion -s	tarcel -s
-iest	-ed	talker -s	target -s,-ing
swaraj	Syriac	talkie -s	-ed
swardy -dier	Syrian	tallat -s	Targum
-iest	syrinx -es,-inges	tallet -s	tariff -s,-ing
Swarga	syrtes	tallot -s	-ed
swarth -er,-est	syrtis	tallow -s,-ing	tarmac -s
swarty -tier	syrupy -pier	-ed,-er	tarnal
-iest	-iest	-est	tarpan -s
swarve -s,-d	system -s	Talmud	tarpon -s
-ving	syzygy -gies	talweg -s	tarras
swashy -shier		tamale -s	tarred
-iest	**T**	tamanu -s	tarrow -s,-ing
swathe -s,-d	tabard -s	tamara -s	-ed
-thing	tabbed	tamari -s	tarsal -s

tarsel -s
tarsia
tarsus -si
tartan -s
tartar -s
tartly
Tarzan
tasker -s
taslet -s
tassel -s,-ling
   -led
tasset -s
tassie -s
tasted
taster -s
tatami -s
tatler -s
tatter -s,-ing
   -ed
tattie -s
tattle -s,-d
   -ling
tattoo -s,-ing
   -ed
taught
taupie -s
tauric
Taurus
tauten -s,-ing
   -ed
tautit
tautog -s
tavern -s
tavert
tawdry -ries,-ier
   -iest
tawery -ries
tawing -s
tawpie -s
tawtie -r,-st
taxied
taxing -s
tchick -s,-ing
   -ed
T-cloth
T-cross
tea-bag
teacup -s
teagle -s,-d
   -ling
Teague
teamed
teamer -s
tea-pot
teapoy -s
tearer -s
teasel -s,-(1)ing
   -(1)ed
teaser -s
tea-set

teated
tea-urn
teazel -s,-(1)ing
   -(1)ed
teazle -s,-d
   -ling
tebbad -s
Tebeth
teckel -s
tedded
tedder -s
tedium -s
teehee -s,-ing
   -ed
teeing
teensy -sier
   -iest
teenty -tier
   -iest
teepee -s
tee-tee
teeter -s,-ing
   -ed
tegmen -mina
tegula -e
telary
tele-ad
teledu -s
telega -s
telesm -s
tellar -s,-ing
   -ed
teller -s,-ing
   -ed
Tellus
telson -s
Telugu
temper -s,-ing
   -ed
temple -s
tenace -s
tenail -s
tenant -s,-ing
   -ed
tended
tender -s,-ing
   -ed,-er
   -est
tendon -s
tendre
teniae
tenner -s
tennis
tenrec -s
tenson -s
tensor -s
tented
tenter -s
tentie -r,-st
tenues

tenuis
tenure -s
tenuto
tenzon -s
tepefy -ing,-fies
   -ied
teraph -im
terata
terbic
tercel -s
tercet -s
tercio -s
teredo -s,-dines
terefa
terete
tergal
tergum -s
termer -s
Termes
termly
termor -s
ternal
terrae
Terran
terras
terret -s
territ -s
terror -s
tertia -s
testee -s
tester -s
testes
testis
teston -s
tetany
tetchy -chier
   -iest
tether -s,-ing
   -ed
Tethys
tetrad -s
tetryl
tetter
tettix -es
Teuton
tewart -s
tewhit -s
thairm -s
thaler -s
Thalia
thalli
thanah -s
thanna -s
thatch -es,-ing
   -ed
thawer -s
theave -s
Theban
Thebes
thecae

thecal
Thecla
theine
theirs
theism
theist -s
Themis
thenar -s
thence
theory -ries
theses
thesis
thetch
thetic
thewed
thewes
they'll
they're
they've
thibet -s
thible -s
thicky
thieve -s,-d
   -ving
thingy -gies,-ier
   -iest
thinly
thin'un
thirst -s,-ing
   -ed
thirty -ties
thivel -s
tholoi
tholos
tholus -li
Thorah
thorax -es,-races
thorny -nier
   -iest
thoron
thorpe -s
though
thowel -s
thrall -s,-ing
   -ed
thrang -s,-ing
   -ed
thrash -es,-ing
   -ed
thrave -s
thrawn -er,-est
thread -s,-ing
   -ed
threap -s,-ing
   -it
threat -s,-ing
   -ed
threep -s,-ing
   -it
threne

thresh -es,-ing	tiffin -s	Tishri	tom-cat
-ed	tigery -rier	tisick	tomial
thrice	-iest	tissue -s,-d	tomium -s
thrift -s	tights	-uing	tompon -s
thrill -s,-ing	tiglon -s	titbit -s	tomtit -s
-ed	tilery -ries	titely	tom-tom
thrips -es	tiling -s	titfer -s	to-name
thrive -s,-d,-n	tiller -s	tithed	tonant
-ving	til-oil	tither -s	toneme -s
throve	tilted	titian	tongue -s,-d
throat -s	tilter -s	titled	-guing
throne -s,-d	timbal -s	titler -s	tonish
-ning	timber -s,-ing	titoki -s	tonite
throng -s,-ing	-ed	ti-tree	tonnag -s
-ed	timbre -s	titter -s,-ing	tonsil -s
throve	timely	-ed	tonsor -s
thrown	timing -s	tittle -s,-d	tooart -s
thrush -es	timist -s	-ling	toorie -s
thrust -s,-ing	timous	tittup -s,-ing	tooter -s
-ed	tincal	-ed	toothy -thier
thulia	tin-can	titule -s,-d	-iest
thumby -bier	tindal -s	-ling	tootle -s,-d
-iest	tinded	titupy -pier	-ling
thwack -s,-ing	tinder -s	-iest	too-too
-ed	tinful -s	tmesis, tmeses	tootsy -sies
thwart -s,-ing	tingle -s,-d	tocher -s,-ing	top-hat
-ed	-ling	-ed	Tophet
thyine	tingly -lier	tocsin -s	tophus -phi
thymol	-iest	toddle -s,-d	topman -men
thymus -es	tinier	-ling	topped
thyrse -s	tinker -s,-ing	toecap -s	topper -s
thyrsi	-ed	toe-rag	topple -s,-d
tiara'd	tinkle -s,-d	to-fall	-ling
tib-cat	-ling	toffee -s	torana -s
Tibert	tinkly -lier	tofore	to-rend
tibiae	-iest	togaed	to-rent
tibial	tinman -men	togate	torero -s
ticked	tinned	toggle -s,-d	Torify
ticken -s	tinner -s	-ling	toroid -s
ticker -s	tinnie -s	toiled	torpid -s,-er
ticket -s,-ing	tinpot -s	toiler -s	-est
-ed	tinsel -s,-ling	toilet -s	torpor
tickey	-led	token'd	torque -s
tickle -s,-d	tinsey	Toledo	torret -s
-ling	tinter -s	toling -s	torrid -er,-est
tickly -lier	tip-cat	toller -s	torsel -s
-iest	tip-off	tol-lol	Torula
tic-tac	tipped	tolsel -s	Toryfy
tidbit -s	tipper -s	tolsey -s	tosher -s
tiddle -s,-d	tippet -s	tolter -s,-ing	tossed
-ling	tipple -s,-d	-ed	tossen
tiddly -lies,-ier	-ling	toluic	tosser -s
-iest	tiptoe -s,-ing,-d	toluol	toss-up
tidied	tiptop	tolzey -s	to-tear
tidily	tipula -s	tomato -es	tother -s
tie-pin	tirade -s	tombac -s	totter -s,-ing
tierce -s	tiring -s	tombak -s	-ed
tie-rod	tiroes	tombic	tottie -s,-r,-st
tietac -s	tirrit	tomboc -s	toucan -s
tie-wig	tisane -s	tomboy -s	touché -s

touchy -chier	trendy -dies,-ier	trover -s	Tupian
-iest	-iest	trowel -s,-ling	turaco -s
toupee -s	trepan -s,-ning	-led	turban -s
toupet -s	-ned	Troyan	turbid -er,-est
tourer -s	trepid	truant -s,-ing	turbit -s
touser -s	tressy -ssier	-ed	turbot -s
tousle -s,-d	-iest	trudge -s,-d	Turdus
-ling	trevis -es	-ging	tureen -s
touter -s	triact	truism -s	turfed
toutie -r,-st	triage -s	trusty -ties,-ier	turfen
touzle -s,-d	tribal	-iest	turgid -er,-est
-ling	tricar -s	truthy -thier	turgor
towage -s	tricky -kier	-iest	turion -s
toward	-iest	Trygon	turkey -s
towbar -s	tricot -s	trying -s	Turkic
towery -rier	trifid	try-out	turkis -es
-iest	trifle -s,-d	tsamba -s	turned
towhee -s	-ling	tsetse -s	turner -s
towing -s	trigly	T-shirt	turnip -s,-ing
towmon -s	trigon -s	tsotsi -s	-ed
townee -s	trilby -bies	Tswana	turn-up
tow-net	trillo -es	Tuareg	turret -s
townie -s	trimer -s	tubage -s	turtle -s,-d
townly	trimly	tubate	-ling
towser -s	trinal	tubber -s	turves
toxoid -s	triode -s	tubful -s	Tuscan
toying -s	triple -s,-d	tubing -s	tusche
toyish	-ling	tubule -s	tuskar -s
toyman -men	triply -ing,-lies	tuchun -s	tusked
T-plate	-ied	tucker -s	tusker -s
tracer -s	tripod -s	tucket	tussah -s
traded	tripos -es	tuck-in	tussal
trader -s	triste -r,-st	tuffet -s	tusseh -s
tragic	trisul	tufted	tusser -s
tragus -gi	triton -s	tufter -s	tussis
trance -s,-d	triune -s	tugged	tussle -s,-d
-cing	trivet -s	tugger -s	-ling
tranny -nnies	trivia	tuille -s	tutman -men
transe -s	trocar -s	tulban	tutrix
trapan -s,-ning	troche -s	Tulipa	tutsan -s
-ned	troely -lies	tulwar -s	tut-tut
trapes -es,-ing	troggs -es	tumble -s,-d	tu-whoo
-ed	trogon -s	-ling	tuxedo -(e)s
trappy -ppier	troika -s	tumefy -ing,-fies	tuyère -s
-iest	Trojan	-ied	twaite -s
trashy -shier	trolly -llies	tumour -s	twangy -gier
-iest	trompe -s	tumphy -phies	-iest
trauma -s,-ta	trophi	tum-tum	tweeny -nies
travel -s,-ling	trophy -ing	tumuli	twelve -s
-led	-phies	tumult -s,-ing	twenty -ties
travis -es	-ied	-ed	twicer -s
trayne	tropic -s	tundra -s	twiggy -ggier
treaty -ties	troppo	tundun -s	-iest
treble -s,-d	trotyl	Tungus	twight
-ling	trough -s	tuning -s	twilit
trebly	troupe -s,-d	Tunker	twilly -llies
trek-ox	-ping	tunnel -s,-ling	twined
trémie -s	trouse -s	-led	twiner -s
tremor -s	trouty -tier	·Tupaia	twinge -s,-d
trench -es,-ing	-iest	tupelo -s	-ging
-ed			

twirly -lier	unbark -s,-ing	undeck -s,-ing	unhasp -s,-ing
-iest	-ed	-ed	-ed
twisty -tier	unbear -s,-ing	undern	unhead -s,-ing
-iest	-bor(n)e	undies	-ed
twitch -es,-ing	unbelt	undine -s	unheal
-ed	unbend -s,-ing	undock -s,-ing	unhele
two-bit	-ed	-ed	unhelm -s,-ing
two-ply	unbent	undoer -s	-ed
two-way	unbias -es,-ing	undone	unhewn
twyere -s	-ed	undraw -s,-ing,-n	unhive -s,-d
Tyburn	unbind -es,-ing	-drew	-ving
tycoon -s	-bound	unduly	unholy -lier
tylote -s	unbitt -s,-ing	undyed	-iest
tymbal -s	-ed	unease	unhood -s,-ing
tympan -s	unbolt -s,-ing	uneasy -sier	-ed
Typhon	-ed	-iest	unhook -s,-ing
typhus	unbone -s,-d	uneath	-ed
typify -ing,-fies	-ning	unedge -s,-d	unhoop -s,-ing
-ied	unboot -s,-ing	-ging	-ed
typing -s	-ed	uneven -er,-est	unhung
typist -s	unborn	uneyed	unhurt
tyrant -s	unbred	unfact -s	unhusk -s,-ing
Tyrian	unbury -ing,-ries	unfair -er,-est	-ed
tyring -s	-ied	unfeed	Uniate
tyroes	unbusy -sier	unfelt	unific
tystie -s	-iest	unfine	uniped -s
U	uncage -s,-d	unfirm -er,-est	unipod -s
	-ging	unfold -s,-ing	unique -s
uberty	uncape	-ed	unisex
ubiety	uncart -s,-ing	unfool -s,-ing	unison -s
uglify -ing,-fies	-ed	-ed	unital
-ied	uncase -s,-d	unform -s,-ing	united
uglily	-sing	-ed	uniter -s
Ugrian	uncate	unfree -r,-st	unjust
ugsome	uncial -s	unfurl -s,-ing	unkent
ukiyo-e	uncini	-ed	unkept
ulicon -s	unclad	ungain	unkind -er,-est
ulikon -s	unclew -s,-ing	ungear -s,-ing	unking -s,-ing
ulitis	-ed	-ed	-ed
ullage -s,-d	unclog -s,-ging	ungild -s,-ing	unkiss
-ging	-ged	-ed	unknit -s,-ting
ulling -s	uncock -s,-ing	ungilt	-ted
ulnare -ria	-ed	ungird -s,-ing	unknot -s,-ting
ulosis	uncoil -s,-ing	-ed	-ted
ulster -s	-ed	ungirt	unlace -s,-d
ultima -s	uncolt	unglad -der,-dest	-cing
ultimo	uncool	unglue -s,-ing,-d	unlade -s,-d
ultion -s	uncope -s,-d	ungown -s,-ing	-ding
umbery	-ping	-ed	unlaid
umbles	uncord -s,-ing	ungual	unlash -es,-ing
umbral	-ed	ungues	-ed
umbrel	uncork -s,-ing	unguis	unlead -s,-ing
umbril	-ed	ungula -e	-ed
umlaut -s,-ing	uncowl -s,-ing	ungyve -s,-d	unleal -er,-est
-ed	-ed	-ving	unless
umpire -s,-d	uncurl -s,-ing	unhair -s,-ing	unlich
-ring	-ed	-ed	unlike -s
unable	undate	unhand -s,-ing	unlime -s,-d
unawed	undeaf	-ed	-ming
unbare -s,-d	undear	unhang -s,-ing	unline -s,-d
-ring		-ed,-hung	-ning

unlink -s,-ing -ed	unroot -s,-ing -ed	untidy -ing,-dies -ied,-ier	upcast -s,-ing -ed
unlive -s,-d -ving	unrope -s,-d -ping	-iest untied	upcoil -s,-ing -ed
unload -s,-ing -ed	unrude -r,-st unrule	untile -s,-d -ling	upcome -s upcurl -s,-ing
unlock -s,-ing -ed	unruly -lier -iest	untold untomb -s,-ing	-ed update -s,-d
unlord -s,-ing -ed	unsafe -r,-st unsaid	-ed untorn	-ting updrag -s,-ging
unlost	unseal -s,-ing	untrim -s,-ming	-ged
unlove -s,-d -ving	-ed unseam -s,-ing	-med untrod	updraw -s,-ing,-n -drew
unmade	-ed	untrue -r,-st	upfill -s,-ing
unmake -s,-king	unseat -s,-ing	untuck -s,-ing	-ed
unmask -s,-ing -ed	-ed unseel -s,-ing	-ed untune -s,-d	upflow -s,-ing -ed
unmeek -er,-est	-ed	-ning	upfurl -s,-ing
unmeet -er,-est	unseen	unturf -s,-ing	-ed
unmiry -rier -iest	unself -s,-ing -ed	-ed unturn -s,-ing	upgang -s upgaze -s,-d
unmoor -s,-ing -ed	unsent unsewn	-ed unused	-zing upgrew
unmown	unshed -s,-ding	unvail	upgrow -s,-ing,-n
unnail -s,-ing	-ded	unveil -s,-ing	upgush -es
-ed	unship -s,-ping	-ed	uphand
unnest -s,-ing	-ped	unware	uphang -s,-ing
-ed	unshod	unwary -rier	-hung
unowed	unshoe -s,-ing	-iest	uphaud -s,-ing
unpack -s,-ing	-ed	unweal -s	-ed
-ed	unshot	unwell	upheap -s,-ing
unpaid	unshut -s,-ting	unwept	-ed
unpent	unsoft	unwill -s,-ing	upheld
unpick -s,-ing	unsold	-ed	uphild
-ed	unsoul -s,-ing	unwind -s,-ing	uphill -s
unplug -s,-ging	-ed	-wound	uphold -s,-ing
-ged	unsown	unwire -s,-d	-held
unpope -s,-d	unspar -s,-ring	-ring	uphroe -s
-ping	-red	unwise -r,-st	uphurl -s,-ing
unpray -s,-ing	unsped	*unwish	-ed
-ed	unspun	unwist	upkeep
unprop -s,-ping	unstep -s,-ping	unwive -s,-d	upknit -s,-ting
-ped	-ped	-ving	-ted
unrake -s,-d	unstop -s,-ping	unwont	upland -s
-king	-ped	unwork -s,-ing	uplead -s,-ing
unread	unstow -s,-ing	-ed	-led
unreal	-ed	unworn	uplean
unreel -s,-ing	unsuit -s,-ing	unwrap -s,-ping	upleap -s,-ing
-ed	-ed	-ped	-ed,-t
unrein -s,-ing	unsung	unyoke -s,-d	uplift -s,-ing
-ed	unsure -r,-st	-king	-ed
unrent	untack -s,-ing	upbear -s,-ing	up-line
unrest -s	-ed	-bor(n)e	uplock -s,-ing
unripe -r,-st	untame -s,-d,-r	upbeat -s	-ed
unrobe -s,-d	-st,-ming	upbind -s,-ing	uplook -s,-ing
-bing	unteam -s,-ing	-bound	-ed
unroll -s,-ing	-ed	upblow -s,-ing,-n	upmake -s
-ed	untent -s,-ing	upboil -s,-ing	upmost
unroof -s,-ing	-ed	-ed	up-over
-ed	unthaw -s,-ing -ed	*upbray	upping -s,

uppish	urinal -s	vanner -s	venule -s
uppity	urnful -s	vapour -s,-ing	verbal -s,-ling
uprate -s,-d	urning -s	-ed	-led
-ting	uropod -s	varech -s	verdet
uprear -s,-ing	urosis	varied	verdit
-ed	ursine	varier -s	verdoy
uprest -s	urtica -s	varlet -s	Verein
uprise -s,-n	usable	varsal	verger -s
-sing	usager -s	Varuna	verier
-rose	usance -s	varved	verify -ing,-fies
uprist -s	used-up	varvel -s	-ied
uproar -s	useful	vassal -s,-ing	verily
uproll -s,-ing	ustion	-ed	verism
-ed	usurer -s	vastly	verist -s
uproot -s,-ing	usward	vatful -s	verity -ties
-ed	uterus -ri	vaudoo -s,-ing	vermes
uprose	Utgard	-ed	vermil -s,-ling
uprush -es,-ing	utmost -s	vaulty	-led
-ed	utopia -s	vaunce	vermin
upsend -s,-ing	uvulae	vaward	vermis -es
-sent	uvular	Veadar	vernal
upshot -s		vector -s,-ing	verrel -s
upside -s	**V**	-ed	verrey
upstay -s,-ing	vacant	Vedism	versal
-ed	vacate -s,-d	Vedist	versed
upsway -s,-ing	-ting	vegete	verser -s
-ed	vacked	vehmic	verset -s
uptake -s	vacuum -s,-ing	veiled	versin -s
uptear -s,-ing	-ed,-cua	veined	versus
-torn	vagary -ries	velate	vertex -tices
up-till	vagile -r,-st	Velcro®	vertue -s
uptilt -s,-ing	vagina -s,-e	veleta -s	vervel -s
-ed	vagrom	vellet	verven
uptorn	vainly	vellon -s	vervet -s
uptown	Vaisya	vellum -s	vesica -e
upturn -s	vakass -es	veloce	vesper -s
upwaft -s,-ing	vakeel -s	velour -s	vessel -s
-ed	valeta -s	velure	vestal -s
upward	valgus	velvet -s	vestas
upwell -s,-ing	valine	vendee -s	vested
-ed	valise -s	vender -s	vestry -ries
upwind -s,-ing	Valium®	vendis -es	vetchy -chier
-wound	vallar	vendor -s	-iest
uracil	valley -s	vendue	vetoes
uraeus -es	vallum -s	veneer -s,-ing	vetted
Uralic	valour	-ed	vexing -s
Urania	valued	venery	viable -r,-st
uranic	valuer -s	venger	viator -s
uranin -s	valuta -s	venial	vibist -s
Uranus	valval	Venice	Vibram®
uranyl -s	valvar	venire -s	vibrio -s
urbane -r,-st	valved	venite	vicary
urchin -s	vamose -s,-d	vennel -s	victim -s
uremia	-sing	venose	victor -s
uremic	vamper -s	venous	vicuna -s
uresis -ses	vandal -s	ven'son	vidame -s
ureter -s	vanish -es,-ing	vented	vidual
uretic	-ed	venter -s	vielle -s
urgent	vanity -ties	ventil -s	viewer -s
urging -s	vanned	ventre -s,-d	viewly -lier
		-ring	-iest

vigour
vihara -s
viking
vildly
vilely
vilify -ing,-fies
    -ied
villan -s
villar
villus -lli
vimana -s
vinery -ries
vinous
vintry -ries
violer -s
violet -s
violin -s
Vipera
virago -(e)s
virent
virger -s
virgin -s
virile -r,-st
virion -s
virose
virous
virtue -s
visaed
visage -s
viscid
viscin
viscum
viscus -cera
viséed
Vishnu
visier -s
visile -s
vision -s,-ing
    -ed
visite -s
visive
vista'd
vistal
visual -s
vitals
vitric
vittae
vittle -s
vivace
vivary -ries
vively
vivers
vivify -ing,-fies
    -ied
vivres
vizard -s
vizier -s
vizsla -s
vizzie -s,-d
    -zzying

vocule -s
voguey -guier
    -iest
voiced
voicer -s
voided
voidee -s
voider -s
volage -r,-st
Volans
volant
volary -ries
volery -ries
volley -s,-ing
    -ed
volost -s
volume -s,-d
    -ming
volute -s
Volvox
vomica -s
vomito
voodoo -s,-ing
    -ed
vorago -es
vorant
vorpal
vortex -es,-tices
votary -ries
voteen
votive
voudou -s,-ing
    -ed
voulge -s
vowess -es
voyage -s,-d
    -ging
voyeur -s
vulcan -s
vulgar -s
vulgus -es
vulned
Vulpes
vulval
vulvar

W

wabain
wabble -s,-d
    -ling
waboom
wadded
waddie -s,-d
    -dying
waddle -s,-d
    -ling
wading -s
wadmal
wadmol
wadset -s,-ting
    -ted

waeful
wafery
waffle -s,-d
    -ling
wafted
wafter -s
wagged
waggle -s,-d
    -ling
waggly -lier
    -iest
waggon -s,-ing
    -ed
Wahabi
wahine -s
wailer -s
waiter -s
waiver -s
wakiki
waking -s
walise -s
walker -s
walk-in
walk-on
wallah -s
walled
waller -s
wallet -s
wallop -s,-ing
    -ed
wallow -s,-ing
    -ed
walnut -s
walrus -es
wamble -s,-d
    -ling
wambly -lier
    -iest
wammus
wampee -s
wampum -s
wampus
wander -s,-ing
    -ed
wandle -r,-st
wangan -s
wangle -s,-d
    -ling
wangun -s
waning -s
wanion
wanker -s
wankle -r,-st
wanned
wannel -er,-est
wanted
wanter -s
wanton -s,-ing
    -ed
wapiti -s

wapper -s,-ing
    -ed
warble -s,-d
    -ling
war-cry
warded
warden -s,-ing
    -ed
warder -s,-ing
    -ed
wardog -s
war-god
warily
warman -men
warmed
warmer -s
warmly
warmth
warm-up
warner -s
warped
warper -s
warray
warred
warren -s
warrey
warsle -s,-d
    -ling
warted
washed
washen
washer -s,-ing
    -ed
wash-in
wash-up
wastel
waster -s,-ing
    -ed
wastry -rier
    -iest
watery -rier
    -iest
wattle -s,-d
    -ling
waucht -s,-ing
    -ed
waught -s,-ing
    -ed
waurst
wavery -rier
    -iest
waving -s
wax-end
waxing -s
wax-red
waylay -s,-ing
    -laid
way-out
weaken -s,-ing
    -ed

weakly
wealth
weanel
weapon -s
wearer -s
weasel -s,-ing
   -ed
weaved
weaver -s
weazen -s,-ing
   -ed
webbed
wedded
wedeln -s,-ing
   -ed
wedged
wedgie -s
weeded
weeder -s
weekly -lies
weeper -s
weepie -s
weeten
weever -s
weevil -s
wee-wee
weight -s,-ing
   -ed
weirdo -s
welder -s
weldor -s
welkin -s
wellie -s
welter -s,-ing
   -ed
wended
Wendic
wester -s,-ing
   -ed
wet-fly
wether -s
wet-rot
wetted
whacko -(e)s
whacky -kier
   -iest
whaler -s
whally
wharve -s
whaten
whatna
whatso
wheely -lier
   -iest
wheeze -s,-d
   -zing
wheezy -zier
   -iest
whelky -kier
   -iest

whenas
whence -s
wherry -rries
wheugh -s,-ing
   -ed
wheyey -yier
   -iest
whiffy -ffier
   -iest
whiles
whilly -ing
   -llies
   -ied
whilom
whilst
whimmy -mmier
   -iest
whimsy -sies
whiner -s
whinge -s,-ing,-d
whinny -ing,-nnies
   -ied,-ier
   -iest
whippy -ppier
   -iest
whirry -ing
   -rries
   -ied
whisht -s,-ing
   -ed
whisky -kies
whiten -s,-ing
   -ed
whites
whitey -s
wholly
whoosh -es,-ing
   -ed
why-not
wicked -er,-est
wicken -s
wicker -s
wicket -s
widely
widget -s
wieldy -dier
   -iest
wifely
wigeon -s
wigged
wiggle -s,-d
   -ling
wiggly -lier
   -iest
wigwag -s,-ging
   -ged
wigwam -s
wilder -s,-ing
   -ed
wilful

wilily
willer -s
willet -s
willey -s,-ing
   -ed
willow -s,-ing
   -ed
Wilton
wimble -s,-d
   -ling
wimple -s,-d
   -ling
wincer -s
wincey -s
windac -s
windas
winded
winder -s
windle -s
window -s,-ing
   -ed
*wind-up
winery -ries
winged
winger -s
winker -s
winkle -s
winner -s
winnow -s,-ing
   -ed
winsey -s
winter -s,-ing
   -ed
wintle -s,-d
   -ling
wintry -rier
   -iest
wiping -s
wirily
wiring -s
wisard -s
wisdom -s
wisely
wisent -s
wisher -s
wisket -s
*wistly
withal
wither -s,-ing
   -ed
within
witted
witter -s,-ing
   -ed
wittol -s
wivern -s
wizard -s
wizier -s
woaded
wobble -s,-d
   -ling

wobbly -lier
   -iest
woeful -ler,-lest
woggle -s
wolfer -s
wolver -s
wolves
woman'd
wombat -s
womera -s
wonder -s,-ing
   -ed
woning -s
wonted
woobut -s
wooded
wooden
woodie -s
woodsy
woofed
woofer -s
wooing -s
woolly -llies
   -ier,-iest
*woosel
worded
worked
worker -s
*work-in
wormed
wormer -s
worral -s
worrel -s
worrit -s,-ing
   -ed
worsen -s,-ing
   -ed
worser
worthy -thies
   -ier,-iest
wortle -s
woubit -s
woundy
wou-wou
wowser -s
wow-wow
wraith -s
wrasse -s
wrathy -thier
   -iest
wraxle -s,-d
   -ling
wreath -s
wrench -es,-ing
   -ed
wretch -es
wright -s
wristy -tier
   -iest
writer -s

writhe -s,-d
   -thing
wroath
wroken
wunner -s
wurley
wuther -s,-ing
   -ed
wuzzle
wyvern -s

X

xenial
xenium -nia
Xhosan
xoanon -s
xylene -s
xyloid
xyloma -s
xylose
xyster -s
xystos -es
xystus -es

Y

yabber
yabbie
yacker
yaffle -s
yagger -s
yah-boo
Yahveh
Yahweh
Y-alloy
yammer -s,-ing
   -ed
Yankee
yanker -s
yankie -s
yaourt -s

yapock -s
yapper -s
yarely
yarpha -s
yarrow -s
yatter -s,-ing
   -ed
yaupon -s
yawper -s
yblent
ybound
ybrent
yclept
yearly
yeasty -tier
   -iest
yellow -s,-ing
   -ed,-er
   -est
yelper -s
yeoman
yeomen
yes-man
yester
Yezidi
yippee -s
Y-level
ynambu -s
yodler -s
yogism
yo-ho-ho
yoicks -es,-ing
   -ed
yojana -s
yoking -s
yolked
yonder
yonker -s
yoo-hoo
yorker -s
Yoruba

*you-all
youthy -thier
   -iest
yowley -s
ypight
yplast
yshend
Y-track
yttria
yttric
yucker -s
*yum-yum
ywrake
ywroke

Z

zabeta
Zabian
zaffer
zaffre
zander -s
zarape -s
zareba -s
zariba -s
zarnec
zealot -s
zebeck -s
zelant -s
zeloso
zenana -s
zendik -s
zenith -s
zephyr -s
zereba -s
zeriba -s
zeroth
zeugma -s
zigzag -s,-ging
   -ged
zillah -s
zimmer -s

zinced
zincky -kier
   -iest
zingel -s
zinked
zinnia -s
zipper -s
zircon -s
zither -s
zlotys
zodiac -s
zoetic
zombie -s
zonary
zonate
zoning -s
zonked
zonoid
zonula -s
zonule -s
zooeae
zooeal
zoonal
zoonic
zoozoo -s
zorino -s
zoster -s
Zouave
zounds -es
zufolo -li
Zuñian
zygoma -s
zygose
zygote -s
zymase -s
zymite -s
zymoid
zymome
zythum

A

Aaronic
abactor -s
Abaddon
abalone -s
abandon -s,-ing
   -ed
abashed
abattis
abature -s

abaxial
Abbasid
abdomen -s
abetted
abetter -s
abettor -s
abidden
abiding -s
abigail -s
ability -ties
abiosis

abiotic
abjoint -s,-ing
   -ed
abjurer -s
ablator -s
abolish -es,-ing
   -ed
abought
aboulia
abraxas -es
abreact -s,-ing
   -ed

abreast
abridge -s,-d
   -ging
abroach
abrooke
abscess -es
abscind -s,-ing
   -ed
absciss -es
abscond -s,-ing
   -ed

absence -s	acetous	adipose -r,-st	agister -s
absinth -s	Achaean	adjoint	agistor -s
absolve -s,-d	Achaian	adjourn -s,-ing	agitate -s,-d
-ving	acharné	-ed	-ting
abstain -s,-ing	Achates	adjudge -s,-d	agitato
-ed	Acheron	-ging	agnamed
abthane -s	achieve -s,-d	adjunct -s	agnatic
abusage -s	-ving	admiral -s	agnomen -s
abusion -s	acidify -ing	admirer -s	agogics
abusive	-fies	adonise -s,-d	agonise -s,-d
abuttal -s	-ied	-sing	-sing
abutted	acidity	adopted	agonist -s
abutter -s	aciform	adpress -es,-ing	agraffe -s
abysmal	ack-emma	-ed	agrapha
abyssal	aclinic	adrenal -s	agravic
academe -s	acolyte -s	adulate -s,-d	agrised
academy -mies	acolyth -s	-ting	aground
Acadian	aconite -s	advance -s,-d	ague-fit
acaleph -s	acorned	-cing	aheight
acantha -s	acouchy -chies	adverse -r,-st	Ahriman
acapnia	acquest -s	advised	ahungry
acarian	acquire -s,-d	adviser -s	aiblins
Acarida	-ring	advisor -s	aidance -s
Acarina	acreage	aecidia	aidless
acarine	acridin	aefauld	ailanto -s
acaroid	acrobat -s	A-effect	aileron -s
acatour	acrogen -s	aeolian	ailette -s
acaudal	acronym -s	aeonian	ailment -s
acceder -s	acroter -s	aerator -s	aimless
accidie	acrylic -s	aerobic	air-base
accinge -s,-d	Actaeon	aerobus -es	air-bath
-ging	actinal	aerosol -s	air-bell
acclaim -s,-ing	actinia -s,-e	Aetnean	air-cell
-ed	actinic	affable -r,-st	air-crew
accoast -s,-ing	actinon	affably	air-drop
-ed	actress -es	affaire	airhole -s
accompt -s,-ing	actuary -ries	affear'd	air-lane
-ed	actuate -s,-d	affined	airless
account -s,-ing	-ting	afflict -s,-ing	airlift -s,-ing
-ed	acushla -s	-ed	-ed
accourt -s,-ing	acutely	afforce -s,-d	air-lock
-ed	acyclic	-cing	air-mail
accrete -s,-d	adagios	affront -s,-ing	air-miss
-ting	adamant -s	-ed	airport -s
accrual -s	Adamite	affying	air-pump
accurse -s,-d	adapted	African	air-raid
-sing	adapter -s	aftmost	air-rail
accurst	adaptor -s	against	airship -s
accusal -s	adaxial	agamoid -s	airsick
accused	addenda	agamous	airstop -s
accuser -s	address -es,-ing	ageless	airtime -s
acerbic	-ed	agelong	air-trap
acerose	adducer -s	aggrace	airward
acerous	adenine	aggrade -s,-d	airwave -s
acetate -s	adenoid -s	-ding	ajutage -s
acetify -ing	adenoma -s,-ta	aggrate	akvavit -s
-fies	adermin	aggress -es,-ing	alameda -s
-ied	adharma	-ed	alamode
acetone -s	adherer -s	agilely	alamort
acetose	adhibit -s,-ing	agility	alannah -s
	-ed		

alarmed
albergo
albinos
albumen
albumin
alchemy
alchymy
Alcides
alcohol -s
Alcoran
alcorza
ale-bush
alecost -s
ale-hoof
alembic -s
alength
alepine
ale-pole
alerion -s
alertly
alewife -wives
alfalfa -s
alfaquí
algates
algebra -s
algesia
algesis
alginic
aliases
alicant -s
alidade -s
aliened
alienee -s
alienor -s
aliment -s,-ing
        -ed
alimony -nies
aliquot
aliunde
alizari -s
alkalis
alkanet -s
Alkoran
allayer -s
alleged
allegro -s
allergy -gies
alleyed
all-good
all-hail
allheal -s
allonge -s
all-over
allowed
allseed -s
all-seer
all-star
all-time
alluvia
all-work

allying
ally-taw
ally-tor
Almaine
almanac -s
almirah -s
almoner -s
almonry -ries
alms-fee
alms-man
alnager -s
alodial
alodium -s
aloetic -s
alongst
aloofly
alphorn -s
already
alright
Alsatia
alsoone
also-ran
alterne -s
althaea -s
Althing
althorn -s
alumina
alumish
alumium
alumnae
alumnus -ni
alunite
alveary -ries
alveole -s
alveoli
alyssum -s
amalgam -s
amanita -s
amarant -s
amateur -s
amative
amatory
amazing
ambages
ambassy -ssies
ambatch -es
ambered
ambient -s
ambitty
ambling -s
ambones
ambroid
ambs-ace
amenage
amender -s
amenity -ties
amental
amentia
amentum -ta
Amerind

ames-ace
Ameslan
Amharic
amiable
amiably
amildar -s
ammeter -s
ammonal
ammonia
amnesia
amnesic -s
amnesty -ing
        -ties
        -ied
amoebae
amoebic
amongst
amorini
amorino
amorism
amorist -s
amorosa -s
amoroso -s
amorous
ampassy -ssies
amphora -e
amplify -ing
        -fies
        -ied
ampoule -s
ampulla -e
amputee -s
amtrack -s
amusing
amusive
amygdal
amylase -s
amylene -s
amyloid
anaemia
anaemic
anagoge -s
anagogy -gies
anagram -s,-ming
        -med
analogy -gies
analyse -s,-d
        -sing
analyst -s
Ananias
anapest -s
anarchy -chies
anatase
anatomy -mies
anchovy -vies
ancient -s
ancones
ancress -es
andante -s
andiron -s

android -s
anelace -s
anemone -s
aneroid -s
aneurin
angekok -s
angelic
angelus -es
angerly
Angevin
anginal
angioma -ta, -s
Anglian
anglice
anglify -ing
        -fies
        -ied
angling -s
anglist -s
angrily
anguine
anguish -es,-ing
        -ed
angular
aniline
anility
animate -s,-d
        -ting
animism
animist -s
anionic
aniseed -s
annates
annatta -s
annatto -s
annelid -s
annicut -s
annoyed
annuity -ties
annular -s
annulet -s
annulus -li
anodise -s,-d
        -sing
anodyne -s
anoesis
anoetic
anomaly -lies
anonyma
anorexy
anosmia
another
ansated
antacid -s
Antares
ant-bear
ant-bird
antefix -es
ant-eggs
antenna -e,-s

ant-hill	applaud -s,-ing	arcuate	asexual
anthoid	-ed	ardency	ashamed
Anthony	applied	ard-righ	ash-heap
anthrax -es	appoint -s,-ing	arduous	ash-hole
antigen -s	-ed	areolae	ashiver
antilog -s	apposer -s	areolar	ashrama -s
antique -s,-d	appress -es,-ing	argyria	ash-tray
-quing	-ed	Arician	Asianic
antliae	apprise -s,-d	aridity	Asiatic
ant-lion	-sing	arietta -s	asinine
antonym -s	approof -s	ariette	askance
anurous	approve -s,-d	arillus -lli	askesis
anxiety -ties	-ving	Arimasp	asklent
anxious	appuied	aripple	Asmoday
anybody	appulse -s	armband -s	asocial
anyroad	appuyed	armhole -s	Aspasia
anytime	apraxia	armiger -s	asperge -s,-d
anyways	apricot -s	armilla -s	-ging
anywhen	apropos	armless	asperse -s,-d
anywise	apsidal	armoire -s	-sing
anziani	apsides	Armoric	asphalt -s,-ing
apagoge	apteral	armoury -ries	-ed
apanage -s	apteria	Arnaout	asphyxy
apatite	apteryx -es	arnotto -s	aspidia
apehood	aptness	arousal -s	aspirin -s
apepsia	aptotic	arouser -s	asprawl
apetaly	aquafer -s	arraign -s,-ing	aspread
aphagia	aquaria	-ed	asprout
aphasia	aquatic -s	arrange -s,-d	asquint
aphasic	aquavit -s	-ging	assagai -s,-ing
aphelia	aqueous	arrased	-ed
aphelic	aquifer -s	arreede -s,-ding	assault -s,-ing
aphesis	Aquilon	-red(d)	-ed
aphetic	Arabian	arriage -s	assayer -s
aphides	arabise -s,-d	arriero -s	assegai -s,-ing
aphonia	-sing	arrival -s	-ed
aphonic	Arabism	'Arryish	assever -s,-ing
aphotic	Arabist	arsenal -s	-ed
aphthae	araceae	arsenic	assiege
aphylly	arachis -es	arsheen -s	assizer -s
Apician	Aramaic	arshine -s	assuage -s,-d
apishly	Araneae	article -s,-d	-ging
aplasia	araneid -s	-ling	assumed
aplenty	araroba	artisan -s	assured -s
apocope	arbiter -s	artiste -s	assurer
apodous	arblast -s	artless	astable
apogamy	arboret	artsman	Astarte
apogeal	arbutus -es	art-song	astatic
apogean	arcaded	artwork -s	astatki
apology -gies	arcanum -na	ascarid -s	asteism
apoplex	archaic	ascaris -rides	asteria -s
apostil -s	archery -ries	ascesis	asterid -s
apostle -s	archeus	ascetic	asthore -s
Appalto	arch-foe	ascidia	astound -s,-ing
apparat	archive -s	ascites	-ed
apparel -s,-ling	archlet -s	asconce	astrand
-led	archway -s	ascribe -s,-d	astrict -s,-ing
appeach	arcking -s	-bing	-ed
appease -s,-d	arc-lamp	asepsis -ses	astride
-sing	arctoid	aseptic -s	astroid -s

astylar
asudden
asunder
asylums
atabrin
atactic
ataghan -s
atalaya
atamans
ataraxy
atavism
atebrin
atelier -s
athanor -s
atheise -s,-d
   -sing
atheism
atheist -s
atheous
athirst
athleta
athlete -s
athrill
athwart
atingle
atlases
atokous
atomise -s,-d
   -sing
atomism
atomist -s
atresia
atrophy -ing
   -phies
   -ied
atropia
atropin
Atropos
attaboy -s
attaché -s
attaint -s,-ing
   -ed
attempt -s,-ing
   -ed
attract -s,-ing
   -ed
attrist
attrite -r,-st
attuent
attuite -s,-d
   -ting
auberge -s
auction -s,-ing
   -ed
audible
audibly
audient -s
auditor -s
aufgabe -s
augitic

augment -s,-ing
   -ed
augural
augurer
auguste
aurally
aurated
aureate
aureity
aurelia -s
aureola -s
aureole -s
auricle -s
aurochs -es
auroral
Auslese
auspice -s
austere -r,-st
austral
Austric
autarky
autobus -es
autocar -s
autocue -s
automat -s
autonym -s
autopsy -ing
   -sies
   -ied
autovac -s
auxesis
auxetic
avarice -s
avenger -s
average -s,-d
   -ging
Avernus
averred
averted
Avestan
Avestic
aviator -s
Avicula
avidity
aviette -s
aviform
avionic
avocado -s
avoutry -ries
awaking -s
aweless
awesome
awfully
awkward -er,-est
awlbird -s
awnless
axially
axillae
axillar
axinite

axle-box
axolotl -s
Azilian
azimuth -s
azotise -s,-d
   -sing
azotous
azulejo
azurean
azurine -s
azurite
azygous
azymite -s
azymous

B

Baalism
Baalite
babassu -s
babbitt -s,-ing
   -ed
babbler -s
Babiism
baboosh -es
babuche -s
babudom
babuism
babyish
baby-sit
baccara
baccare
baccate
Bacchic
bacchii
Bacchus
bacilli
backare
back-end
backhoe -s
backing -s
backlog -s
backpay -s
backsaw -s
backset -s
backsey -s
baclava -s
baddish
badious
badmash
badness
baffler -s
bagasse
bagfuls
baggage -s
baggily
bagging -s
bagpipe -s
bagwash -es
Bahadur
Bahaism

Bahaist
Bahaite
bailiff -s
baillie -s
bairnly
baiting -s
baladin
balance -s,-d
   -cing
Balanus
balcony -nies
balding
baldish
baldric -s
Baldwin
baleful -ler
   -lest
balista -s
balking -s
ballade -s
ballant -s
ballast -s,-ing
   -ed
balling -s
ballium
balloon -s,-ing
   -ed
balls-up
balneal
baloney
balsamy
Baluchi
bambino -s,-ni
banally
bandage -s,-d
   -ging
bandana -s
band-box
bandeau -x
bandied
banding -s
bandits
bandook -s
bandore -s
bandrol -s
band-saw
baneful -ler
   -lest
banging
bangled
banksia -s
bannock -s
banquet -s,-ing
   -ed
banshee -s
banteng -s
banting -s
baptise -s,-d
   -sing
baptism -s

baptist -s
baracan
Barbary
barbate
bar-bell
barbola -s
barbule -s
barchan -s
bargain -s,-ing
  -ed
bargest -s
barilla
bar-iron
bark-bed
barkhan -s
barmaid -s
barmkin -s
Barnaby
barocco -s
baronet -s
baroque -s
barrace
barrack -s,-ing
  -ed
barrage -s
barrico -(e)s
barrier -s
barring -s
bar-room
barwood -s
barytes
barytic
baryton -s
basbleu
bascule -s
baseman -men
basenji -s
bashful -ler
  -lest
bashing -s
bashlyk -s
basidia
basilar
basinet -s
basoche
ba'spiel
basqued
bass-bar
bassoon -s
bastard -s
basting -s
bastion -s
batable
bateaux
bathmic
bathtub -s
bathyal
batiste
batsman -men
battels

battery -ries
batting -s
battler -s
battuta
bauchle -s,-d
  -ling
baudric -s
Bauhaus
bausond
bauxite
bawcock
bawdily
bawdkin -s
bawling -s
bay-line
bayonet -s,-ing
  -ed
bay-tine
bazooka -s
bazzazz
beached
beading -s
beagler -s
beamily
beaming -s
beamish
bean-bag
bear-cat
bearded
bearing -s
bearish
beastie -s
beastly
beatify -ing
  -fies
  -ied
beating -s
beatnik -s
beaufet
beaufin -s
beauish
beavery -ries
bebeeru -s
because
becharm -s,-ing
  -ed
becloud -s,-ing
  -ed
bedawin -s
bedazed
bedding -s
bederal -s
bedevil -s,-ling
  -led
bedfast
bedight -s,-ing
bedizen -s,-ing
  -ed
bedouin -s
bedpost -s

bedridd
bedrite
bedrock -s
bed-roll
bedroom -s
bedropt
bedside -s
bedsore -s
bedtick -s
bedtime -s
bedward
bedwarf -s,-ing
  -ed
bedwork
beechen
beefalo -(e)s
beef-ham
beeftea -s
bee-glue
beehive -s
bee-kite
bee-moth
bee-skep
beesome
beeswax -es,-ing
  -ed
beet-fly
beffana -s
beggary
begging -s
beghard -s
beginne
begloom -s,-ing
  -ed
begonia -s
begored
begorra -s
begrime -s,-d
  -ming
beguile -s,-d
  -ling
beguine -s
behaved
behight
behoove -s,-d
  -ving
beinked
bejewel -s,-ling
  -led
beknave -s,-d
  -ving
beknown
belated
belcher -s
beldame -s
belgard
Belgian
believe -s,-d
  -ving
bell-boy

bellhop -s
bellied
bell-jar
bellman -men
Bellona
bellows
beloved
Beltane
belting -s
belying
bemazed
bemedal -s,-ling
  -led
bemired
bemouth -s,-ing
  -ed
benamed
bencher -s
bending -s
bendlet -s
beneath
benefic
benefit -s,-ing
  -ed
Benelux
benempt
Bengali
benight -s,-ing
  -ed
benison -s
benthic
benthos -es
benzene
benzine
benzoic
benzoin
benzole
benzoyl -s
bepaint -s,-ing
  -ed
bepearl -s,-ing
  -ed
beprose -s,-d
  -sing
bequest -s
bereave -s,-d
  -ving
  -reft
bergama -s
bergylt -s
berline -s
berried
berries
berserk -s,-er
  -est
besaint -s,-ing
  -ed
beseech -es,-ing
  -ed
beshame -s,-d
  -ming

beshine -s,-ning	bewhore	bird-dog	blinded
beshone	bewitch -es,-ing	birding -s	blinder -s
beshrew -s,-ing	-ed	biretta -s	blindly
-ed	bezique -s	birling -s	blinked
besides	bez-tine	birlinn -s	blinker -s,-ing
besiege -s,-d	bezzazz	biryani -s	-ed
-ging	Bharati	biscuit -s	blintze -s
beslave -s,-d	bheesty -ties	bismuth	blister -s,-ing
-ving	bhistee -s	bistort -s	-ed
besmear -s,-ing	biasing -s	bistred	blither -s,-ing
-ed	biassed	bitonal	-ed
bespake	biaxial	bit-part	bloated
bespeak -s,-ing	bibcock -s	bittern -s	bloater -s
-spoke(n)	bibelot -s	bitters	blocked
bespeed -s,-ing	biblist -s	bittock -s	blocker -s
-sped	bicycle -s,-d	bitumed	blooded
bespice	-ling	bitumen -s	bloomer -s
bespoke	bidding -s	bivalve -s	blossom -s,-ing
besport -s,-ing	bifilar	bivious	-ed
-ed	bifocal	bivouac -s,-king	blotchy -chier
bespout -s,-ing	bigener -s	-ked	-iest
-ed	biggest	bizarre	blotted
bestain -s,-ing	biggish	bizonal	blotter -s
-ed	bighead -s	bizzazz	bloubok -s
bestead -s,-ing	bighorn -s	blabbed	blouson -s
-ed	bigness	blabber -s	blow-dry
bestial	bigoted	blacken -s,-ing	blowfly -flies
bestick -s,-ing	bigotry -ries	-ed	blowgun -s
-stuck	big-time	bladder -s	blow-out
bestill -s,-ing	bilboes	blandly	blowsed
-ed	biliary	blanket -s,-ing	blowzed
bestorm -s,-ing	bilimbi -s	-ed	blubber -s,-ing
-ed	bilious	blankly	-ed
bestrew -s,-ing	billies	blarney -s,-ing	blucher -s
-ed,-n	billing -s	-ed	bludger -s
-strown	billion -s	blasted	bluecap -s
bestrid	billman -men	blaster -s	blue-eye
bestuck	billowy -wier	blatant -er,-est	blueing -s
betaken	-iest	blather -s,-ing	blue-rot
beteeme	billy-oh	-ed	bluette
bethink -s,-ing	bilobar	blatter -s,-ing	bluffer -s
-thought	bilobed	-ed	bluffly
bethumb -s,-ing	biltong	blaubok -s	blunder -s,-ing
-ed	bimanal	blawort -s	-ed
bethump -s,-ing	bindery -ries	bleakly	blunger -s
-ed	binding -s	bleared	blunker -s
betided	binocle -s	bleeder -s	bluntly
betimes	biocide -s	bleeper -s	blurred
betitle -s,-d	biodata	blemish -es,-ing	blusher -s
-ling	biogeny	-ed	blushet -s
betoken -s,-ing	biology	blended	bluster -s,-ing
-ed	biomass -es	blender -s	-ed
betread -s,-ing	bionics	blesbok -s	boarder -s
-trod(den)	biontic	blessed	boarish
betroth -s,-ing	biophor -s	blether -s,-ing	boaster -s
-ed	biotite	-ed	boat-fly
betting -s	bipedal	bletted	boating
between -s	biplane -s	blewart -s	boatman -men
betwixt	bipolar	blewits -es	Bobadil
bevvied	birchen	blighty -ties	bobbery -ries

bobbing
bobbish
bobsled -s
bobtail -s,-ing
　　　　-ed
bodeful -ler
　　　　-lest
bodikin -s
bodying
bogbean -s
boggard -s
boggler -s
bog-iron
bogland -s
bog-moss
bogyism
bogy-man
boilery -ries
boiling -s
Boletus
bolivar -s
bollard -s
Bologna
boloney
bolshie -r,-st
bolster -s,-ing
　　　　-ed
bolting -s
bombard -s,-ing
　　　　-ed
bombast -s,-ing
　　　　-ed
bonanza -s
bonasus -es
bondage
bonding -s
bondman -men
bone-ash
bone-bed
bone-dry
bone-oil
boneset -s
bonfire -s
bonkers
bonnily
boobook -s
book-end
bookful -ler
　　　　-lest
booking -s
bookish
booklet -s
bookman -men
booksie -r,-st
booming -s
boorish
booster -s
bootleg -s,-ging
　　　　-ged
booze-up

boozily
boozing
boracic
borazon
bordure -s
boredom
bornite
boronia -s
borough -s
borrell
borscht -s
borstal -s
bortsch -es
boscage -s
boshter
bosomed
bostryx -es
botanic
botargo -(e)s
botcher -s
bothole -s
bottega
bottine -s
bottled
bottler -s
bottony
boudoir -s
bouilli -s
boulder -s
boulter -s
bouncer -s
bounded
bounden
bounder -s
bouquet -s
bourbon -s
bourder
bourdon -s
bourkha -s
bourlaw -s
bourrée -s
bousing
boutade -s
bowbent
bow-hand
bowhead -s
bowlder -s
bowline -s
bowling -s
bowshot -s
box-calf
box-coat
boxfuls
box-haul
box-iron
box-kite
boxroom -s
box-seat
box-tree
boxwood -s

boycott -s,-ing
　　　　-ed
boyhood -s
brabble -s,-d
　　　　-ling
braccia
braccio
brachet -s
bracing
bracken -s
bracket -s,-ing
　　　　-ed
bradawl -s
bragged
Brahman
Brahmin
braided
Braille
brained
braless
bramble -s
brambly -lier
　　　　-iest
branchy -chier
　　　　-iest
branded
brander -s
brangle -s,-d
　　　　-ling
bran-new
bran-pie
bransle -s
brantle -s
bran-tub
brasero -s
brasier -s
brasset -s
brassie -s
brattle -s,-d
　　　　-ling
bravado -(e)s
　　　　-ing,-ed
bravely
bravery -ries
bravoes
bravura -s
brawler -s
brawned
brazier -s
breaded
breadth -s
breaker -s
break-in
break-up
breathe -s,-d
　　　　-thing
breathy -thier
　　　　-iest
breccia -s
brecham -s

breeder -s
brevier -s
brevity
brewage -s
brewery -ries
brewing -s
briared
bribery -ries
bricken
brickle -r,-st
bricole -s
bridled
bridler -s
bridoon -s
briefly
briered
brigade -s,-d
　　　　-ding
brigand -s
brimful -ler
　　　　-lest
briming
brimmed
brimmer -s
brinded
brindle
bringer -s
brinish
brinjal -s
brioche -s
briquet -s
brisken -s,-ing
　　　　-ed
brisket -s
briskly
bristle -s,-d
　　　　-ling
bristly -lier
　　　　-iest
Bristol
brisure -s
British
britska -s
brittle -r,-st
britzka -s
broaden -s,-ing
　　　　-ed
broadly
brocade -s
brocage -s
brocard -s
brochan -s
brocked
brocket -s
brockit
brodkin -s
broider -s,-ing
　　　　-ed
broiler -s
brokage -s

brokery -ries
bromate -s
bromide -s
bromine
brommer
bronchi
broncho
bronzed
bronzen
brooder -s
brothel -s
brother -s
brought
brownie -s
brucine
brucite
bruckle -r,-st
bruhaha -s
bruiser -s
brulyie -s
brulzie -s
brummer
Brummie
brumous
brushed
brusher -s
brush-up
brusque -r,-st
brutify -ing
       -fies
       -ied
brutish
bruxism
Bryozoa
Brython
bubalis -es
Bubalus
bubinga -s
bubonic
bubukle
buccina -s
buckeen -s
buck-eye
bucking -s
buckish
buckler -s
buckram -s,-ing
        -ed
buck-saw
bucolic -s
budding -s
budgero
budless
budmash
buffalo -es,-ing
        -ed
buffoon -s
bugaboo -s
bugbane -s
bugbear -s

bug-eyed
buggery
bugging -s
bugloss -es
bug-word
bugwort -s
builder -s
build-up
built-in
built-up
buirdly -lier
        -iest
bukshee -s
bulbous
bulging
bulimia
bulimus
bulkily
bullace -s
bullary -ries
bullate
bullbat
bulldog -s,-ging
        -ged
bullied
bullion -s
bullish
bullock -s
bull-pen
bull-pup
bulrush -es
bulwark -s,-ing
        -ed
bumbaze -s,-d
        -zing
bum-boat
bummalo
bummock -s
bumpkin -s
bunched
bundook -s
bungler -s
bunraku
bunting -s
buoyage -s
buoyant
Buphaga
burdash -es
burdock -s
bureaus
bureaux
burette -s
burgage -s
burgeon -s,-ing
        -ed
burgess -es
burghal
burgher -s
burglar -s
Burmese

burning -s
burnish -es,-ing
        -ed
burnous -es
burn-out
bur-reed
burrell -s
burrhel -s
bursary -ries
Bursera
bursted
bursten
burster -s
burst-up
burthen -s,-ing
        -ed
burweed -s
burying
bus-fare
busgirl
bush-cat
bushido
bushman -men
bush-tit
busking -s
bussing -s
bus-stop
bustard -s
bustler -s
busying
butcher -s,-ing
        -ed
butlery -ries
butment -s
butt-end
buttery -ries
        -ier
        -iest
buttock -s,-ing
        -ed
buttons -es
buttony
butyric
buyable
buzzard -s
buzzing -s
buzz-saw
buzz-wig
by-and-by
bycatch -es
bycoket -s
bygoing -s
bygones
byplace -s
byreman -men
byrlady
Byronic
byssine
byssoid
by-thing

bywoner -s

C

cabaret -s
cabbage -s
cabbagy -gier
        -iest
cabbala
Cabeiri
cabinet -s
Cabiric
cabling -s
caboose -s
cab-rank
cab-tout
cachexy
cacique -s
cackler -s
cacodyl
cacoepy -pies
cacolet -s
cacumen -s
cadaver -s
caddice -s
caddish
caddyss
cadence -s
cadency
cadenza -s
Cadmean
cadmium
cadrans -es
caducei
caerule
caesium
caestus -es
caesura -s
caffila
cage-cup
cagoule -s
cain-hen
Cainite
Cairene
caisson -s
caitiff -s
caitive
cajeput
cajoler -s
cajuput
calamus -es
calando
Calanus
calcify -ing
        -fies
        -ied
calcine -s,-d
        -ning
calcite
calcium
calculi

caldera -s	canella	captive -s,-d	carport -s
caldron -s	Canidae	-ving	carrack -s
calends	canikin -s	capture -s,-d	carract -s
Caliban	cankery -rier	-ring	carrect -s
caliber -s	-iest	capuche -s	carrell -s
calibre -s	cannach -s	Carabus	carried
caliche	cannery -ries	caracal -s	carrier -s
calipee -s	cannily	caracol -s,-ling	carrion -s
caliver	canning	-led	carroty -tier
callant -s	cannula -s,-e	caracul -s	-iest
call-box	canonic	caramel -s,-ling	carry-on
call-boy	canonry -ries	-led	car-sick
calling -s	Canopic	caranna	cartage -s
callous	Canopus	carauna	cartoon -s,-ing
Calluna	cantata -s	caravan -s	-ed
calmant -s	cantate	-(n)ing	cartway -s
Calmuck	cantdog -s	-(n)ed	carve-up
calomel	canteen -s	caravel -s	carving -s
caloric	canthus -thi	caraway -s	car-wash
calorie -s	cantico -s,-ing	carbide -s	cascade -s,-d
calotte -s	-ed	carbine -s	-ding
caloyer -s	cantina -s	carcake -s	cascara -s
calpack -s	canting -s	carcase -s,-d	case-law
caltrap -s	cantion	-sing	caseman -men
caltrop -s	cantlet -s	carcass -es,-ing	caseous
calumba -s	cantred -s	-ed	caserne -s
calumet -s	cantref -s	car-coat	cashier -s,-ing
calumny -nies	cantrip -s	cardecu	-ed
Calvary	canvass -es,-ing	cardiac -s	cassava -s
calyces	-ed	cardoon -s	cassino -s
calycle -s	canzona -s	carduus	cassock -s
calypso -s	canzone	careful -ler	cassone
calyxes	canzoni	-lest	casting -s
camaieu -s	capable -r,-st	cargoes	castled
cambial	cap-à-pie	cariama -s	castock -s
cambism	cap-case	caribou -s	cast-off
cambist -s	capelin -s	carices	castory
cambium -s	Capella	carioca -s	castral
camboge	caperer -s	cariole -s	casuals
cambrel -s	capital -s	carious	casuist -s
cambric -s	capitan -s	caritas	Cataian
camelot	Capitol	carking	Catalan
camelry	caporal	carline -s	catalpa -s
cameral	capping -s	carlish	catapan -s
Camorra	caprate -s	Carlism	catarrh -s
campana -s	caprice -s	Carlist	catasta -s
Campari	caprify -ing	carlock	catawba -s
camp-bed	-fies	carmine	Catayan
camphor -s	-ied	carnage -s	catbird -s
campion -s	caprine	carnose	catboat -s
cam-wood	caproic	caroche -s	catcall -s,-ing
canakin -s	Capsian	Carolus	-ed
canasta	capsize -s,-d	caromel -s,-ling	catcher -s
candela -s	-zing	-led	catchup -s
candent	capstan -s	carotid	catechu
candida -s	capsule -s	carotin	catelog
candied	captain -s,-ing	carouse -s,-d	catenae
candies	-ed	-sing	cateran -s
candock -s	caption -s,-ing	carpark -s	caterer -s
candour	-ed	carping -s	cat-eyed

catfish -es	centime -s	chanoyu -s	cheerer -s
cathead -s	centner -s	chanson -s	cheerio -s
cathode -s	central	chanter -s	cheerly
cat-hole	centred	chantey -s	cheesed
cathood	centric	chantie -s	cheetah -s
cat-like	centrum -s	chantor -s	chekist -s
catling -s	century -ries	chantry -ries	chelate -s,-d
catmint -s	cepheid -s	chaotic	-ting
cat's-ear	Cepheus	chapati -s	cheloid -s
cat's-eye	ceramet -s	chapeau -s	Chelsea
catskin -s	ceramic -s	chaplet -s	chemise -s
cat's-paw	cerasin	chapman -men	chemism
catsuit -s	cereous	chapped	chemist -s
cattabu -s	ceresin	chappie -s	chequer -s,-ing
cattalo -(e)s	cerrial	chapter -s,-ing	-ed
cattery -ries	certain	-ed	cherish -es,-ing
cattish	certify -ing	charade -s	-ed
cat-walk	-fies	charger -s	cheroot -s
caudate	-ied	charily	cherubs
caudron	cerumen	charing	chervil -s
cauline	cervine	chariot -s,-ing	chessel -s
caulker -s	cession -s	-ed	chested
caulome -s	cesspit -s	charism	*Chesvan
caustic -s	cestode -s	charity -ties	*Cheviot
cautery -ries	cestoid -s	Charley	chevron -s
caution -s,-ing	Cetacea	Charlie	chewink -s
-ed	Chablis	charmed	*Chianti
cavalla -s	chabouk -s	charmer -s	chiasma -s
cavally -llies	chaddar -s	charnel	chibouk -s
cavalry -ries	chaetae	charpie -s	*Chicago
caveman -men	chaffer -s,-ing	charpoy -s	chicane -s,-d
cavetto -tti	-ed	charqui	-ning
caviare -s	chagrin -s,-ing	charred	chicano -s
cayenne -s	-ed	charter -s,-ing	chicken -s,-ing
caymans	chained	-ed	-ed,-er
cazique -s	chalaza -s	chasmed	-est
ceasing -s	Chaldee	chasmic	chicory -ries
Cebidae	chalder -s	Chassid	chidden
cedared	chalice -s	chassis	chiding -s
cedilla -s	challan	chasten -s,-ing	chiefer
cedrate -s	challis	-ed	chiefly
Cedrela	chalone -s	château -x	chiefry -ries
cedrine	chamade -s	chatted	chiffon -s
ceilidh -s	chamber -s,-ing	chattel -s	chigger -s
ceiling -s	-ed	chatter -s,-ing	chignon -s
celadon -s	chambré	-ed	chikara -s
celesta -s	chamfer -s,-ing	chaunce -s,-d	chikhor -s
celeste -s	-ed	-cing	childed
cellist -s	chamise -s	chaunge -s,-d	childly
cellule -s	chamiso -s	-ging	chiliad -s
celomic	chamlet	chauvin -s	chilled
Celsius	chamois	cheapen -s,-ing	chillum -s
cembalo -s	champac -s	-ed	chimera -s
cenacle -s	champak -s	cheaply	chimere -s
censual	chancel -s	cheater -s	chimney -s,-ing
censure -s,-d	chancer -s	chéchia -s	-ed
-ring	chancre -s	checker -s	chindit -s
centage -s	changer -s	check-up	Chinese
centaur -s	channel -s,-ling	Cheddar	Chinkie
centavo -s	-led	cheeper -s	chinook -s

chintzy -zier	chunter -s,-ing	clanger -s	clitter -s,-ing
-iest	-ed	clapnet -s	-ed
chinwag -s,-ging	chupati -s	clapped	clivers
-ged	churchy -chier	clapper -s,-ing	cloacae
chip-hat	-iest	-ed	cloacal
chipped	churrus	clarify -ing	clobber -s,-ing
chipper	chutney -s	-fies	-ed
chirper -s	chymify -ing	-ied	clocker -s
chirrup -s,-ing	-fies	clarion -s	clodded
-ed	-ied	clarity	clogged
Chislev	chymous	clarkia -s	clogger -s
chitter -s,-ing	ciboria	clasper -s	cloison -s
-ed	cichlid -s	classed	Clootie
chlamys -mydes	cidaris -es	classic -s	closely
chloral	ciliary	classis -ses	close-up
chloric	Ciliata	clastic	closing -s
chobdar -s	ciliate	clatter -s,-ing	closure -s,-d
choc-bar	cimelia	-ed	-ring
choc-ice	cimices	claucht -s,-ing	clotbur -s
chocker	cindery	-ed	clothed
choctaw -s	cineole	claught -s,-ing	clothes
choenix -es	cinerea	-ed	clotted
cholera	cipolin -s	clausal	clotter -s,-ing
choline	Circaea	clavate	-ed
choltry -ries	Circean	clavier -s	cloture -s,-d
chondre -s	circled	clayish	-ring
chondri	circler -s	clay-pit	clouded
chookie -s	circlet -s	cleaner -s	clouted
chooser -s	circuit -s,-ing	cleanly -lier	clovery -rier
choosey -sier	-ed	-iest	-iest
-iest	circusy	cleanse -s,-d	cloying
chopine -s	cirrate	-sing	clubbed
chopper -s	cirrose	clean-up	club-law
chorale -s	cirrous	clearer -s	clubman -men
chordal	cissoid -s	clearly	clued-up
choreus -es	cistern -s	cleaved	clumber -s
chorine -s	citable	cleaver -s	Cluniac
chorion -ria	citadel -s	cleeked	clupeid -s
chorist -s	cithara -s	cleekit	cluster -s,-ing
choroid -s	cithern -s	clement -er,-est	-ed
chortle -s,-d	citizen -s	clerisy -sies	clutter -s,-ing
-ling	citrate -s	clerkly -lier	-ed
chowder -s	citrine -s	-iest	clypeal
chrisom -s	citrous	cleruch -s	clypeus -es
Christy	cittern -s	clichéd	clyster -s
chromic	civilly	cliche'd	coachee -s
chronic -s	civvies	clicker -s	coacher -s
chronon -s	clabber -s	clicket -s,-ing	co-agent
chubbed	clachan -s	-ed	coal-bed
chuckie -s	clacker -s	cliffed	coal-box
chuckle -s,-d	cladode -s	clifted	coal-gas
-ling	claimer -s	climate -s	coalise -s,-d
chuddah -s	clamant	climbed	-sing
chuddar -s	clamber -s,-ing	climber -s	Coalite®
chuffed	-ed	clinker -s	coalman -men
chukker -s	clammed	clipped	coal-oil
✱chunder	clamour -s,-ing	clipper -s	coal-pit
chunnel	-ed	clippie -s	coal-tar
chunner -s,-ing	clamper -s,-ing	cliquey -quier	coal-tit
-ed	-ed	-iest	coarsen -s,-ing
			-ed

coastal
coaster -s
coating -s
coaxial
cobbler -s
cobloaf -loaves
cob-pipe
cob-swan
cob-wall
Cocagne
cocaine
coccoid
cochlea -s
cockade -s
cockeye -s
cockily
cockled
cockney -s
cockpit -s
cockshy -shies
coconut -s
cocotte -s
coctile
coction -s
codding
codeine
codfish -es
codices
codicil -s
codilla -s
codille -s
codling -s
coehorn -s
coeliac
coelome -s
coequal -s
co-exist
coffret -s
cogence
cogency
cogging
cognate -s
cognise -s,-d
    -sing
cohabit -s,-ing
    -ed
coherer -s
cohibit -s,-ing
    -ed
coinage -s
coin-box
coining -s
coition
coldish
cole-tit
colibri -s
colicky
colitis
collage -s
collard -s

collate -s,-d
    -ting
collect -s,-ing
    -ed
colleen -s
college -s
collide -s,-d
    -ding
collied
collier -s
colling -s
Collins
colloid -s
collude -s,-d
    -ding
colobus -bi
colonel -s
colonic
coloury
coltish
coluber -s
Columba
columel -s
combine -s,-d
    -ning
comb-out
combust -s,-ing
    -ed
Comecon
come-off
cometic
comfort -s,-ing
    -ed
comfrey -s
comical
comique -s
comital
comitia
command -s,-ing
    -ed
commend -s,-ing
    -ed
comment -s,-ing
    -ed
commère -s
commode -s
commons
commove -s,-d
    -ving
commune -s,-d
    -ning
commute -s,-d
    -ting
compact -s,-ing
    -ed,-er
    -est
compage
company -ing
    -nies
    -ied

compare -s,-d
    -ring
compart -s,-ing
    -ed
compass -es,-ing
    -ed
compear -s,-ing
    -ed
compeer -s
compend -s
compere -s,-d
    -ring
compete -s,-d
    -ting
compile -s,-d
    -ling
complex -es,-ing
    -ed
complin -s
complot -s,-ting
    -ted
componé
compony
comport -s,-ing
    -ed
compose -s,-d
    -sing
compost -s,-ing
    -ed
compote -s
compter
compute -s,-d
    -ting
comrade -s
Comtian
Comtism
Comtist
conacre -s,-d
    -cring
conaria
conatus
concave -s,-d,-r
    -st,-ving
conceal -s,-ing
    -ed
concede -s,-d
    -ding
conceit -s
concent -s
concept -s
concern -s,-ing
    -ed
concert -s,-ing
    -ed
conchie -s
concise -r,-st
concoct -s,-ing
    -ed
concord -s,-ing
    -ed

concupy
concuss -es,-ing
    -ed
condemn -s,-ing
    -ed
condign
condole -s,-d
    -ling
condone -s,-d
    -ning
conduce -s,-d
    -cing
conduct -s,-ing
    -ed
conduit -s
condyle -s
confect -s,-ing
    -ed
confess -es,-ing
    -ed
confest
confide -s,-d
    -ding
confine -s,-d
    -ning
confirm -s,-ing
    -ed
conflux -es
conform -s,-ing
    -ed
confuse -s,-d
    -sing
confute -s,-d
    -ting
congeal -s,-ing
    -ed
congery -ries
congest -s,-ing
    -ed
congree
congrue
conical -s
conidia
conifer -s
coniine
conject -s,-ing
    -ed
conjoin -s,-ing
    -ed
conjure -s,-d
    -ring
conjury -ries
conkers
connate
connect -s,-ing
    -ed
conning -s
connive -s,-d
    -ving
connote -s,-d
    -ting

conquer -s,-ing
-ed
conseil
consent -s,-ing
-ed
consign -s,-ing
-ed
consist -s,-ing
-ed
console -s,-d
-ling
consols
consort -s,-ing
-ed
conster -s,-ing
-ed
consult -s,-ing
-ed
consume -s,-d
-ming
contact -s,-ing
-ed
contain -s,-ing
-ed
conteck
contemn -s,-ing
-ed
contend -s,-ing
-ed
content -s,-ing
-ed,-er
-est
contest -s,-ing
-ed
context -s
contort -s,-ing
-ed
contour -s,-ing
-ed
control -s,-ling
-led
contund -s,-ing
-ed
contuse -s,-d
-sing
convene -s,-d
-ning
convent -s
convert -s,-ing
-ed
convict -s,-ing
-ed
convoke -s,-d
-king
cookery
coolant -s
coolish
coon-can
coontie -s
coopery -ries

copaiba
copaiva
copepod -s
copilot -s
copious
coppery
coppice -s,-d
-cing
cop-shop
copular
copy-cat
copying
copyism
copyist -s
coquito -s
coracle -s
coralla
coranto -(e)s
corbeau
corbeil -s
Corbett
corcass -es
cordage -s
cordate
cordial -s
cording -s
cordite
córdoba -s
corella -s
Corinth
corious
co-rival
corkage -s
corking
cork-leg
cork-mat
cork-oak
cornage -s
corn-bin
corn-cob
corneal
cornett -s
corn-fed
cornfly -flies
cornice
Cornish
cornist -s
corn-law
corn-pit
corn-rig
cornual
cornute
cornuto
corn-van
corolla -s
coronae
coronal
coronas
coroner -s
coronet -s

coronis -es
corpora
corrade -s,-d
-ding
correct -s,-ing
-ed
corrode -s,-d
-ding
corrody -dies
corrupt -s,-ing
-ed,-er
-est
corsage -s
corsair -s
corsive
corslet -s
corsned -s
cortège -s
cortile -s
corvine
Corydon
Corylus
Corypha
coryphe
coshery -ries
cosmism
cosmist -s
Cossack
costard -s
costate
costean -s,-ing
-ed
costive
costrel -s
costume -s,-d
-ming
coteaux
coterie -s
cot-folk
cothurn -i
co-tidal
cotinga -s
cotland -s
cottage -s
cottier -s
cottise -s,-d
-sing
cottoid -s
cottony
cottown -s
cotylae
cotyles
couchee -s
couchée -s
Couéism
Couéist
cougher -s
couguar -s
couloir -s
coulomb -s

coulter -s
council -s
counsel -s,-ling
-led
counted
counter -s,-ing
-ed
country -ries
coupler -s
couplet -s
coupure -s
courage
courant -s
courier -s
courlan -s
courser -s
courtly -lier
-iest
couthie -r,-st
couture
couvade
covelet -s
covered
cover-up
coveted
cowbane -s
cowbell -s
cowbird -s
cow-calf
cow-dung
cowfish -es
cowgirl -s
cowhage -s
cowhand -s
cowheel -s
cowherd -s
cowhide -s,-d
-ding
cowitch -es
cowlick -s
cowling -s
cowpoke
cowshed -s
cowslip -s
cow-tree
cow-weed
coxcomb -s
coyness
cozener -s
crabbed
crab-nut
crab-oil
cracked
cracker -s
crackle -s,-d
-ling
crackly -lier
-iest
cracowe -s
cragged

cramesy -sies
crammed
crammer -s
cramped
crampet -s
crampit -s
crampon -s
cranage -s
cranial
cranium -nia
crankle -s,-d
    -ling
crannog -s
crassly
craunch -es,-ing
    -ed
craving -s
crawler -s
crazily
creamer -s
creance -s
creatic
creator -s
credent
creedal
creeper -s
creepie -s
creeshy -shier
    -iest
cremate -s,-d
    -ting
cremona -s
crenate
cresset -s
crested
cretism -s
crevice -s
crewels
cribbed
cribble -s,-d
    -ling
cricket -s,-ing
    -ed
crickey -s
cricoid -s
crimine -s
crimini -s
crimmer -s
crimper -s
crimple -s,-d
    -ling
crimson -s,-ing
    -ed
crinate
cringer -s
cringle -s
crinite -s
crinkle -s,-d
    -ling
crinkly -lier
    -iest

crinoid -s
crinose
criollo -s
cripple -s,-d
    -ling
crisper -s
crispin -s
crisply
critter -s
crittur -s
crivens -es
croaker -s
crochet -s,-ing
    -ed
crocket -s
Croesus
crofter -s
cromack -s
croodle -s,-d
    -ling
crooked
crooner -s
crop-ear
cropful -s
cropped
cropper -s
croquet -s,-ing
    -ed
crosier -s
crossed
crossly
crottle -s
croupon
crouton -s
crow-bar
crowded
crowder
crowdie -s
crowned
crowner -s
crownet -s
crow-toe
crozier -s
crubeen -s
crucial
crucian -s
crucify -ing
    -fies
    -ied
cruddle -s,-d
    -ling
crudely
crudity -ties
cruells
cruelly
cruelty -ties
cruiser -s
cruisie -s
cruller
crumble -s,-d
    -ling

crumbly -lier
    -iest
crumpet -s
crumple -s,-d
    -ling
crunchy -chier
    -iest
crunkle -s,-d
    -ling
crupper -s
crusade -s,-d
    -ding
crusado -s
crushed
crusher -s
crusian -s
crustae
crustal
cry-baby
cryogen -s
cryptal
cryptic
crypton -s
crystal -s
csárdás -es
c-spring
ctenoid
cubbing -s
cubbish
cubhood
cubical
cubicle -s
cubital
cubitus -es
cubless
cuckold -s,-ing
    -ed
cudbear
cudweed -s
cue-ball
cuirass -es,-ing
    -ed
cuisine -s
cuisser -s
cuittle -s,-d
    -ling
culices
culicid -s
cullied
culling -s
cullion -s
culotte -s
culprit -s
cultism
cultist -s
culture -s,-d
    -ring
culvert -s
cumarin
cumbent

cumquat -s
cumshaw -s
cumulus -li
cuneate
cunette -s
cunning -s
cupfuls
cupgall -s
cuphead -s
cup-mark
cup-moss
cupola'd
cupolar
cupping -s
cuprite
cuprous
cupular
curable
curaçao -s
curaçoa -s
curator -s
curcuma -s
cure-all
curette -s
curiosa
curious
curling
currach -s
curragh -s
currant -s
current -s
curried
currier -s
currish
cursing -s
cursive
cursory
curtail -s,-ing
    -ed
curtain -s,-ing
    -ed
curtana -s
curtate
curtaxe
curtsey -s,-ing
    -ed
curvate
curving
curvity
cushion -s,-ing
    -ed
Cushite
cuspate
custard -s
custock -s
custode -s
custody -dies
custrel -s
cutaway -s
cutback -s

cuticle -s	damning	dazzler -s	decrier -s
cutikin -s	damosel -s	dead-end	decrown -s,-ing
cutlass -es	damozel -s	dead-eye	-ed
cutlery -ries	dampish	dead-men	decrypt -s,-ing
cutling -s	dancing -s	dead-pan	-ed
cutworm -s	dandify -ing	dead-pay	decuman -s
cuvette -s	-fies	dead-set	decuple -s,-d
cyanate -s	-ied	deaf-aid	-ling
cyanide -s,-d	dandily	dealing -s	decuria -s
-ding	danelaw	deanery -ries	dedimus -es
cyanine -s	dangler -s	dearnly	deedful
cyanise -s,-d	dankish	deasiul	deedily
-sing	danseur -s	deasoil	deep-fet
cyanite	Dantean	deathly -lier	deep-fry
Cyathea	Dantist	-iest	'deep-sea
cyathus -es	dappled	débâcle -s	deerlet -s
cyclist -s	dapsone	debased	defacer -s
cycloid -s	darbies	debaser -s	default -s,-ing
cyclone -s	dareful	debater -s	-ed
cyclops -opes	dariole -s	debauch -es,-ing	defence -s
cylices	darkish	-ed	defense
cymbalo -(e)s	darling -s	debouch -es,-ing	defiant
cynical	darning -s	-ed	deficit -s
Cyperus	darrain	*Debrett	defiler -s
cypress -es	darrayn	debrief -s,-ing	deflate -s,-d
cyprian -s	darshan -s	-ed	-ting
cyprine	darting	decadal	deflect -s,-ing
Cypriot	dart-sac	decagon -s	-ed
cystoid -s	dashing	decanal	deforce -s,-d
cytisus -isi	dash-pot	decapod -s	-cing
czardas -es	dastard -s	decayed	defraud -s,-ing
czardom	dasypod -s	decease -s,-d	-ed
czarina -s	Dasypus	-sing	defrock -s,-ing
czarism	dasyure -s	deceive -s,-d	-ed
czarist -s	datable	-ving	defrost -s,-ing
Czechic	dataria -s	decency -cies	-ed
	datival	deciare -s	defunct -s
D	daubery -ries	decibel -s	defying
dabbing	daubing -s	decided	degauss -es,-ing
dabbler -s	daunder -s,-ing	decider -s	-ed
dabster -s	-ed	decidua -s	degrade -s,-d
dacoity -ties	daunton -s,-ing	decimal -s	-ding
Dadaism	-ed	decking	dehisce -s,-d
Dadaist	dauphin -s	deckled	-cing
daddock -s	dawcock -s	declaim -s,-ing	deicide -s
daedale	dawdler -s	-ed	deictic -s
daffing -s	dawning -s	declare -s,-d	deified
daglock -s	dawn-man	-ring	deifier -s
dagwood -s	day-book	declass -es,-ing	deiform
daisied	day-coal	-ed	deiseal
dakoiti -s	day-girl	decline -s,-d	deistic
Dalilah	day-lily	-ning	dejecta
dallied	daylong	decoder -s	dejeune -s
dallier -s	daymark -s	decolor -s,-ing	delaine
dambrod -s	day-peep	-ed	delapse
damfool	daysman -men	decorum -s	delator -s
damming	daystar -s	decreed	delayed
damnify -ing	daytime -s	decreet -s	delayer -s
-fies	day-work	decrial -s	deleble
-ied	dazedly	decried	delenda

delible
delight -s,-ing
 -ed
Delilah
delimit -s,-ing
 -ed
deliria
deliver -s,-ing
 -ed
delouse -s,-d
 -sing
Delphic
delphin
deltaic
deltoid
deluded
deluder -s
demaine
demayne
demeane
démenti -s
demerge -s,-d
 -ging
demerit -s
demerse
demesne -s
demigod -s
demirep -s
demoded
demonic
demonry
demotic
demount -s,-ing
 -ed
dendron -s
denizen -s,-ing
 -ed
density -ties
dentary -ries
dentate
dentine
dentist -s
dentoid
denture -s
denying
deodand -s
deodate -s
deontic
depaint
deplete -s,-d
 -ting
deplore -s,-d
 -ring
deplume -s,-d
 -ming
deposal -s
deposer -s
deposit -s,-ing
 -ed
deprave -s,-d
 -ving

depress -es,-ing
 -ed
deprive -s,-d
 -ving
deraign
derange -s,-d
 -ging
derider -s
dernful -ler
 -lest
derrick -s
dervish -es
descant -s,-ing
 -ed
descend -s,-ing
 -ed
descent -s
deserve -s,-d
 -ving
desirer -s
desmine
desmoid
despair -s,-ing
 -ed
despise -s,-d
 -sing
despite -s
despoil -s,-ing
 -ed
despond -s,-ing
 -ed
dessert -s
destine -s,-d
 -ning
destiny -nies
destroy -s,-ing
 -ed
détente
détenue
deterge -s,-d
 -ging
detinue -s
detract -s,-ing
 -ed
detrain -s,-ing
 -ed
detrude -s,-d
 -ding
Deutzia
devalue -s,-d
 -luing
develop -s,-ing
 -ed
deviant -s
deviate -s,-d
 -ting
devilet -s
devilry
devious
devisal -s

devisee -s
deviser -s
devisor -s
devling -s
devoice -s,-d
 -cing
devolve -s,-d
 -ving
devoted
devotee -s
dewanny -nnies
dew-claw
dew-drop
dew-fall
dewfull
dewlapt
dew-pond
dew-worm
dextral
dextran
dextrin
dhurrie
diabase -s
diabolo
diadrom -s
diagram -s
diagrid -s
dialect -s
dialist -s
dialled
dialler -s
dialyse -s,-d
 -sing
diamond -s
diandry
diapase
diarchy -chies
diarial
diarian
diarise -s,-d
 -sing
diarist -s
Diasone
dibasic
dibbing
dibbler -s
dibutyl
dice-box
dichord -s
dickens -es
dictate -s,-d
 -ting
diction -s
didakai -s
didakei -s
diddler -s
didicoi -s
didicoy -s
die-away
dieback -s

die-cast
diedral -s
die-hard
dietary
diethyl
dietine -s
dietist -s
die-work
difform
diffuse -s,-d,-r
 -st,-sing
digamma -s
digging
digital -s
diglyph -s
dignify -ing
 -fies
 -ied
dignity -ties
digonal
digraph -s
digress -es,-ing
 -ed
Digynia
dika-oil
dilated
dilater -s
dilator -s
dilemma -s
dilling -s
diluent -s
dilutee -s
diluter -s
dilutor -s
dimeric
dimeter -s
dimming
dimmish
dimness
dimorph -s
dimpled
dinette -s
dingbat
dingoes
dinky-di
dinmont -s
dinning
diocese -s
Dioecia
Dionaea
diopter -s
dioptre -s
diorama -s
diorism -s
diorite
dioxane
dioxide -s
diphone -s
diploid
diploma -s,-ing
 -ed

diplont -s
dipnoan -s
dipolar
dipping
dip-pipe
Diptera
dip-trap
diptych -s
direful
dirempt -s,-ing
   -ed
dirt-bed
dirtied
dirtily
dirt-pie
disable -s,-d
   -ling
disally -ing
   -llies
   -ied
disavow -s,-ing
   -ed
disband -s,-ing
   -ed
disbark -s,-ing
   -ed
discage -s,-d
   -ging
discant -s,-ing
   -ed
discard -s,-ing
   -ed
discase
discept -s,-ing
   -ed
discern -s,-ing
   -ed
discerp -s,-ing
   -ed
discide
discoid
discord -s,-ing
   -ed
discuss -es,-ing
   -ed
disdain -s,-ing
   -ed
disease -s
disedge
diseuse
disfame
disform -s,-ing
   -ed
disgest
disgown -s,-ing
   -ed
disgust -s,-ing
   -ed
dishelm -s,-ing
   -ed

dishful -s
dishing -s
dishome -s,-d
   -ming
dishorn -s,-ing
   -ed
dish-rag
disject -s,-ing
   -ed
disjoin -s,-ing
   -ed
disjune -s
disleaf -s,-ing
   -ed
disleal
dislike -s,-d
   -king
dislimb -s,-ing
   -ed
dislimn
dislink -s,-ing
   -ed
disload -s,-ing
   -ed
dismask -s,-ing
   -ed
dismast -s,-ing
   -ed
dismayl
dismiss -es,-ing
   -ed
disnest -s,-ing
   -ed
disobey -s,-ing
   -ed
dispace
dispark -s,-ing
   -ed
dispart -s,-ing
   -ed
dispend
display -s,-ing
   -ed
dispone -s,-d
   -ning
disport -s,-ing
   -ed
dispose -s,-d
   -sing
dispost -s,-ing
   -ed
dispute -s,-d
   -ting
disrank -s,-ing
   -ed
disrate -s,-d
   -ting
disrobe -s,-d
   -bing
disroot -s,-ing
   -ed

disrupt -s,-ing
   -ed
disseat -s,-ing
   -ed
dissect -s,-ing
   -ed
dissent -s,-ing
   -ed
distaff -s
distain -s,-ing
   -ed
distant -er,-est
distend -s,-ing
   -ed
distent
distich -s
distill -s,-ing
   -ed
distort -s,-ing
   -ed
distune -s,-d
   -ning
disturb -s,-ing
   -ed
distyle -s
disyoke -s,-d
   -king
ditcher -s
dittany -nies
diurnal -s
diverge -s,-d
   -ging
diverse
divider -s
diviner -s
divisor -s
divorce -s,-d
   -cing
divulge -s,-d
   -ging
dizzard -s
dizzily
djibbah -s
D-notice
doating -s
dobhash -es
Docetae
Docetic
dockage -s
docking -s
dockise -s,-d
   -sing
docquet -s,-ing
   -ed
doddard
doddery -rier
   -iest
Dodgems
dodgery
doe-eyed

doe-skin
dogbane -s
dog-belt
dogbolt -s
dogcart -s
dog-crab
dogdays
dogeate -s
dogfish -es
doggery -ries
doggess -es
dogging -s
doggish
doggone
doggrel
dog-head
doghole -s
dog-rose
dog's-ear
dogship
dogsick
dogskin -s
Dogstar
dog-tick
dogtown -s
dogtrot -s
dogvane -s
dogwood -s
doitkin -s
doleful
dolldom
dollied
dollier -s
dollish
dolphin -s
doltish
domatia
domical
domicil -s
dominie -s
donator -s
donkeys
donnard
donnart
données
donning
donnish
donnism
donship
doodler -s
doomful
dooming
door-man
doormat -s
doorway -s
dopping -s
dorhawk -s
Dorking
dorlach -s
dormant -s

dormice
dornick
dortour -s
dos-à-dos
dossier -s
dotting
dottled
dottrel -s
doubler -s
doublet -s
double-u
doubted
doubter -s
doucely
douceur -s
doucine -s
doughty -tier
　　　　-iest
douleia
dourine
dovecot -s
doveish
dovekie -s
dovelet -s
dowable
dowager -s
dowdily
downa-do
down-bed
downbow -s
doyenne -s
dozenth -s
drabber -s
drabbet
drabble -s,-d
　　　　-ling
drabler -s
drachma -s,-e
draftee -s
drafter -s
draft-ox
drag-bar
dragged
draggle -s,-d
　　　　-ling
drag-man
drag-net
dragoon -s,-ing
　　　　-ed
drainer -s
drapery -ries
drapier
drappie -s
drastic
dratted
draught -s,-ing
　　　　-ed
draw-bar
draw-boy
drawing -s

drawler -s
draw-net
drayage
drayman -men
dreader -s
dreadly
dreamed
dreamer -s
dredger -s
Dresden
dressed
dresser -s
drevill
dribber
dribble -s,-d
　　　　-ling
dribbly -bblier
　　　　-iest
driblet -s
drifter -s
drinker -s
drip-dry
dripped
drip-tip
drive-in
driving
drizzle -s,-d
　　　　-ling
drizzly -lier
　　　　-iest
drogher -s
droguet
droichy -chier
　　　　-iest
dromond -s
dronish
drookit
dropfly -flies
droplet
drop-net
drop-out
dropped
dropper -s
dropple -s
drosera -s
droshky -kies
drought -s
droukit
drouthy -thier
　　　　-iest
drowned
drowner -s
drubbed
drucken
drudger -s
drugged
drugger -s
drugget -s
druidic
drumble

drumlin -s
drummed
drummer -s
drunken
Drusian
dryades
drybeat
dry-cell
dry-cure
dry-dock
dry-eyed
dry-fist
dry-foot
dryness
dry-salt
dry-shod
dry-wash
dualism -s
dualist -s
duality -ties
duarchy -chies
dubbing -s
dubiety
dubious
ducally
ducdame
duchess -es
duck-ant
ducking -s
ductile
duddery -ries
dudgeon -s
duelled
dueller -s
dukedom -s
dulcify -ing
　　　　-fies
　　　　-ied
dulcite
dulcose
dullard -s
dullish
dulness
dulosis
dulotic
dumaist -s
dum-palm
dumpish
dun-bird
duncery
Dunciad
dun-fish
dungeon -s,-ing
　　　　-ed
dung-fly
Dunkirk
dunnage -s
dunning
dunnish
dunnock -s

duodena
duopoly -lies
duotone -s
dupable
durable -s
durably
duramen -s
durance
dureful
duresse -s
durmast -s
duskily
duskish
dust-bin
dustily
dustman -men
'dust-pan
duteous
dutiful
duumvir -s,-i
dvandva -s
dvornik -s
dwarfed
dwelled
dweller -s
dwindle -s,-d
　　　　-ling
dyarchy -chies
dyeable
dyeline -s
dyester -s
dye-wood
dye-work
dyingly
dynamic -s
dynasty -ties
dyslogy
dysodil
dyspnea
dysuria
dysuric
Dyticus
dyvoury -ries

E

each-way
eagerly
eanling
earache -s
earbash
ear-bone
eardrop -s
eardrum -s
earflap -s
ear-hole
earldom -s
earless
earlier
earlock -s
earmark -s

earnest
earning -s
earpick -s
earplug -s
earring -s
ear-shot
earthen
earthly -lier
-iest
easeful
eastern
easting -s
eastlin
easy-osy
eatable -s
ebbless
ebb-tide
ebonise -s,-d
-sing
ebonist -s
ebonite
ebriate
ebriety
ebriose
ecbolic -s
eccrine
ecdysis -yses
échappe
echelon -s
echidna -s
echinus -es
echoing
echoise -s,-d
-sing
echoism
echoist -s
eclipse -s,-d
-sing
eclogue -s
ecocide -s
ecology
economy -mies
écorché -s
ecotype -s
ecstasy -ing
-sies
-ied
ectasis -ses
ecthyma
ectopia
ectopic
ectozoa
ectypal
écuelle -s
edacity
edaphic
eddying
edental
edictal
edifice -s

edified
edifier -s
edition -s
educate -s,-d
-ting
eductor -s
eelfare -s
eelpout -s
eelworm -s
effable
effendi -s
efforce
effulge -s,-d
-ging
egality -ties
egg-bird
egg-case
egg-cell
egg-cosy
egg-flip
egghead -s
eggmass -es
egg-plum
egotise -s,-d
-sing
egotism
egotist -s
ego-trip
eidetic -s
eidolon -la
eightvo -s
eilding -s
eirenic
ejector -s
ekistic
elastic -s
elastin
elation
elative -s
elderly
Eleatic
elector -s
electro -s
elegant
elegiac -s
elegise -s,-d
-sing
elegist -s
element -s
elenchi
elevate -s,-d
-ting
elevens
elf-bolt
elfhood
elfland
elf-shot
elision -s
elitism
elitist -s

ellagic
ellipse -s
ellwand -s
elocute -s,-d
-ting
elogist
elogium
Elohist
elusion -s
elusive
elusory
elution
eluvial
eluvium -s
Elysian
Elysium
elytral
elytron -s
elytrum -tra
Elzevir
emanant
emanate -s,-d
-ting
embargo -s,-ing
-ed
embased
embassy -ssies
embathe -s,-d
-thing
emblaze -s,-d
-zing
emblema -ta
embloom -s,-ing
-ed
embogue -s,-d
-guing
embolic
embolus -es
embosom -s,-ing
-ed
embound
embowed
embowel -s,-ling
-led
embower -s,-ing
-ed
embrace -s,-d
-cing
embraid
embrave -s,-d
-ving
embroil -s,-ing
-ed
embrown -s,-ing
-ed
embrute -s,-d
-ting
embryon -s
embryos
emerald -s

emeriti
emerods
emersed
emetine
emicant
emicate -s,-d
-ting
eminent
emirate -s
emitted
emonges
emongst
emotion -s
emotive
empanel -s,-ling
-led
empathy -thies
empayre
emperce
emperor -s
empight
empiric -s
emplace -s,-d
-cing
emplane -s,-d
-ning
emplume -s,-d
-ming
emporia
empower -s,-ing
-ed
empress -es
emprise -s
emptied
emptier -s
empties
emption -s
empyema
emulate -s,-d
-ting
emulous
emulsin
emulsor -s
enactor -s
enamour -s,-ing
-ed
enarmed
enation -s
enchafe
enchain -s,-ing
-ed
enchant -s,-ing
-ed
encharm
enchase -s,-d
-sing
encheer -s,-ing
-ed
enclasp -s,-ing
-ed

enclave -s,-d
　　-ving
enclose -s,-d
　　-sing
encloud -s,-ing
　　-ed
encomia
encraty
encrust -s,-ing
　　-ed
endarch
endemic -s
enderon -s
endgame -s
endiron -s
endlang
endless
endlong
endmost
endogen -s
endorse -s,-d
　　-sing
endowed
endower -s
endozoa
end-ship
endurer -s
end-user
endways
endwise
enemata
energic
energid -s
enfelon
enfeoff -s,-ing
　　-ed
enfiled
enflesh -es,-ing
　　-ed
enforce -s,-d
　　-cing
enframe -s,-d
　　-ming
engaged
Engager
enginer
English
englobe -s,-d
　　-bing
engloom -s,-ing
　　-ed
engorge -s,-d
　　-ging
engrace -s,-d
　　-cing
engraff
engraft -s,-ing
　　-ed
engrail -s,-ing
　　-ed

engrain -s,-ing
　　-ed
engrasp
engrave -s,-d
　　-ving
engross -es,-ing
　　-ed
enguard
enhance -s,-d
　　-cing
enjoyer -s
enlarge -s,-d
　　-ging
enlight -s,-ing
　　-ed
enliven -s,-ing
　　-ed
ennoble -s,-d
　　-ling
enomoty -ties
enounce -s,-d
　　-cing
enprint -s
enquire -s,-d
　　-ring
enquiry -ries
enraged
enrange
enriven
enrough -s,-ing
　　-ed
enround
enshell
enslave -s,-d
　　-ving
ensnare -s,-d
　　-ring
ensnarl
enstamp -s,-ing
　　-ed
ensteep
enstyle -s,-d
　　-ling
ensuing
ensweep -s,-ing
　　-swept
entasis -ses
entayle
entente -s
enteral
enterer -s
enteric
enteron -ra
enthral -s,-ling
　　-led
enthuse -s,-d
　　-sing
enticer -s
entitle -s,-d
　　-ling

entomic
entopic
entotic
entozoa
entrail
entrain -s,-ing
　　-ed
entrant -s
entreat -s,-ing
　　-ed
entrism -s
entrist -s
entropy
entrust -s,-ing
　　-ed
entwine -s,-d
　　-ning
entwist -s,-ing
　　-ed
envault
envelop -s,-ing
　　-ed
envenom -s,-ing
　　-ed
envious
environ -s,-ing
　　-ed
envying
enwheel
enzymic
epacrid -s
epacris -es
epagoge
eparchy -chies
epaulet -s
epaxial
epeirid -s
epergne -s
ephebic
ephebus -bi
ephedra -s
epicarp -s
epicede -s
epicene -s
epicism
epicist -s
epicure -s
epidote -s
epigeal
epigean
epigene
epigone -s
epigoni
epigons
epigram -s
epigyny
epilate -s,-d
　　-ting
episode -s
epistle -s

epitaph -s,-ing
　　-ed
epitaxy -xies
epithem -s
epithet -s,-ing
　　-ed
epitome -s
epizoan -s
epizoic
epizoon -zoa
epochal
epoxide -s
epsilon
epurate -s,-d
　　-ting
equable
equably
equally
equator -s
equerry -rries
Equidae
equinal
equinia
equinox -es
erasion -s
erasure -s
erected
erecter -s
erectly
erector -s
E-region
erelong
eremite -s
erepsin
Erewhon
ergates
erg-nine
ergodic
ericoid
erinite
Erinyes
eristic
erl-king
ermelin -s
ermined
erodent -s
erodium -s
erosion -s
erosive
erotema -s
eroteme -s
erotica
erotism
errable
erratic
erratum -ta
errhine -s
erudite
escalop -s
escapee -s

escaper -s	eustyle -s	exhedra -e	eyeball -s,-ing
escheat -s,-ing	Euterpe	exhibit -s,-ing	-ed
-ed	eutexia	-ed	eye-bath
escolar -s	eutropy	exhumer -s	eye-beam
escribe -s,-d	evacuee -s	exigent -s	eyebolt -s
-bing	evangel -s	exility	eyebrow -s,-ing
escroll -s	evanish -es,-ing	exocarp -s	-ed
escuage -s	-ed	exoderm -s	eye-drop
esloyne -s,-d	evasion -s	exodist -s	eye-flap
-ning	evasive	exogamy	eye-hole
esotery -ries	evening -s	exomion -s	eyehook -s
esparto -s	eventer -s	exordia	eyelash -es
espouse -s,-d	Everest	exotica	eyeless
-sing	evictor -s	expanse -s	eyeliad -s
espying	evident -s	expense -s	eye-shot
esquire -s	evirate -s,-d	expiate -s,-d	eyesore -s
essayed	-ting	-ting	eye-spot
essayer -s	evitate	expired	eye-wash
essence -s	evocate -s,-d	explain -s,-ing	eye-wink
essoyne -s	-ting	-ed	
estoile -s	evolute -s,-d	explant -s,-ing	**F**
estover -s	-ting	-ed	Fabergé
estrade -s	ewe-lamb	explode -s,-d	fabliau -x
estreat -s,-ing	ewe-milk	-ding	fabling -s
-ed	ewe-neck	exploit -s,-ing	fabular
estrepe -s,-d	exacter -s	-ed	faceman -men
-ping	exactly	explore -s,-d	face-off
estrich	exactor -s	-ring	faceted
estuary -ries	exalted	exposal -s	façonné -s
etacism	examine -s,-d	exposed	faction -s
etaerio -s	-ning	exposer -s	factive
etchant -s	example -s,-d	expound -s,-ing	factory -ries
etching -s	-ling	-ed	factual
eternal	exarate	express -es,-ing	facture -s
etesian	exarchy -chies	-ed	faculae
ethanol	excerpt -s,-ing	expulse	facular
etheric	-ed	expunct -s,-ing	faculty -ties
ethical	excited	-ed	fadable
ethiops -es	exciter -s	expunge -s,-d	fadaise
ethmoid	exciton -s	-ging	faddish
etiolin	excitor -s	expurge -s,-d	faddism
Etonian	exclaim -s,-ing	-ging	faddist -s
étourdi	-ed	exscind -s,-ing	fadedly
Etruria	exclave -s	-ed	fade-out
eucaine	exclude -s,-d	extatic	faggery -ries
euclase	-ding	extense	fagging -s
eucrite -s	excreta	externe -s	fagotto -tti
Eugenia	excrete -s,-d	extinct	fahlerz
eugenic -s	-ting	extract -s,-ing	fahlore
Euglena	excudit	-ed	faïence -s
eulogia	excurse -s,-d	extrait	faience -s
eupepsy	-sing	extreat	failing -s
euphony -nies	excusal -s	extreme -r,-st	failure -s
euphory -ries	execute -s,-d	extrude -s,-d	fainted
euphroe -s	-ting	-ding	faintly
Euratom	exedrae	exudate -s	fair-day
euripus -es	exegete -s	exurban	fairily
Euronet	exempla	exurbia	fairing -s
eustacy	exergue -s	exuviae	fairish
eustasy	exhaust -s,-ing	exuvial	fairway -s
	-ed		

faitour
falafel -s
Falange
falbala -s
falcade -s
falcate
falcula -s
faldage -s
fallacy -cies
fall-guy
falling -s
fall-out
falsely
falsies
falsify -ing
　　　　-fies
　　　　-ied
falsish
falsity -ties
famulus -es
fanatic -s
fancied
fancier -s
fanfare -s
fangled
fannell -s
fanning
fantail -s
fantasm -s
fantast -s
fantasy -ing
　　　　-sies
　　　　-ied
fanteeg -s
fanzine -s
faraday -s
faradic
faraway
farceur -s
farcied
farcify -ing
　　　　-fies
　　　　-ied
farcing -s
fardage
farding -s
farmery -ries
farming -s
farmost
farness
farrago -es
farrand
farrant
farrier -s
farruca
farthel -s
farther
fascial
fascine -s
fascism

fascist -s
fashery
fashion -s,-ing
　　　　-ed
fast-day
Fastens
fasting -s
fastish
fatally
fateful
fat-face
fat-head
fatigue -s,-d
　　　　-guing
Fatimid
fatling -s
fat-lute
fatness
fattest
fatting
fattish
fatuity -ties
fatuous
faucial
faunist -s
Fauvism
Fauvist
fawning -s
fayence -s
fearful
feaster -s
feather -s,-ing
　　　　-ed
featous
feature -s,-d
　　　　-ring
febrile
fedarie
fedayee -n
federal -s
feeding -s
fee-farm
feeling -s
feigned
felafel -s
Félibre
Felidae
Felinae
fellate -s,-d
　　　　-ting
felonry -ries
felsite
felspar -s
felting -s
felucca -s
felwort -s
feminal
femiter
femoral
fencing -s

fen-fire
fenitar
fenland -s
fennish
feodary -ries
feoffee -s
feoffer -s
feoffor -s
fermata -s
ferment -s,-ing
　　　　-ed
fermion -s
fermium
fernery -ries
fern-owl
ferrate -s
ferrety
ferried
ferrite -s
ferrous
ferrugo
ferrule -s
fertile -r,-st
fervent -er,-est
fervour
festive
festoon -s,-ing
　　　　-ed
fetiche -s
fetlock -s
fettler -s
feudary -ries
feuding -s
feudist -s
feu-duty
fevered
fewness
fiancée -s
fibbery
fibbing
fibroid -s
fibroin
fibroma -ta
fibrose -s,-d
　　　　-sing
fibrous
fibster -s
fibular
fictile
fiction -s
fictive
fiddler -s
fiddley -s
fideism
fidgety
fidibus -es
fielded
fielder -s
fierily
fifteen -s

fifthly
fifties
fig-bird
figgery
figging
fighter -s
fig-leaf
figment -s
fig-tree
figural
figured
figwort -s
filabeg -s
filacer -s
Filaria
filasse
filazer -s
filbert -s
filcher -s
filemot
filiate -s,-d
　　　　-ting
filibeg -s
Filices
filling -s
filmdom
filmish
fimbria -s
finable
finagle -s,-d
　　　　-ling
finally
finance -s,-d
　　　　-cing
finback -s
finched
finding -s
findram
fineish
finesse -s,-d
　　　　-ssing
finical
finicky
finikin
finless
finnack -s
Finnish
finnock -s
finnsko
fin-toed
fir-cone
fire-arm
fire-bar
firebox -es
firebug -s
firedog -s
firefly -flies
fireman -men
fire-new
firepan -s

firepot -s
firring -s
firstly
fir-tree
fir-wood
fish-day
fishery -ries
fisheye -s
fish-fag
fishful
fishgig -s
fish-god
fishify
fishing -s
fish-net
fish-oil
fish-way
fissile
fission -s
fissive
fissure -s,-d
   -ring
fistful -s
fist-law
fistula -s,-e
fitchée
fitchet -s
fitchew -s
fitlier
fitment -s
fitness
fitting -s
five-bar
fivepin -s
fixable
fixedly
fixture -s
fizzgig
fizzing -s
flaccid -er,-est
flacker -s,-ing
   -ed
flacket -s
flaffer -s,-ing
   -ed
flag-day
flagged
flamfew -s
flaming
flâneur -s
flanged
flanker -s
flannel -s,-ling
   -led
flannen -s
flapped
flapper -s
flare-up
flaring
flasher -s

flasket -s
flat-cap
flatlet -s
flatted
flatten -s,-ing
   -ed
flatter -s,-ing
   -ed
flaught -s,-ing
   -ed
flaunty -tier
   -iest
Flavian
flavine
flavone -s
flavour -s,-ing
   -ed
flaying
flea-bag
flea-pit
flecked
flecker -s,-ing
   -ed
fledged
fleeced
fleecer -s
fleeing
fleerer -s
fleetly
Fleming
Flemish
fleshed
flesher -s
fleshly
fletton -s
fleuret -s
fleuron -s
flexile
flexion -s
flexure -s
flicker -s,-ing
   -ed
flighty -tier
   -iest
flinder -s
flip-dog
flipper -s
flitted
flitter -s,-ing
   -ed
flivver -s
floatel -s
floater -s
floccus -cci
flogged
flooded
floored
floorer -s
floosie -s
floozie -s

Floréal
floreat
florist -s
floruit -s
flotage -s
flotant
flotsam
flounce -s,-d
   -cing
flowage -s
flowery -rier
   -iest
flowing
fluency
fluidal
fluidic
flummox -es,-ing
   -ed
flunkey -s
fluoric
flushed
flusher -s
fluster -s,-ing
   -ed
Flustra
flutina -s
fluting -s
flutist -s
flutter -s,-ing
   -ed
fluvial
fluxion -s
fluxive
flyable
flyaway
flybane -s
flybelt -s
flyblow -s
flyboat -s
flybook -s
fly-flap
fly-half
fly-kick
flyleaf -leaves
flyover -s
fly-slow
flyting -s
fly-trap
f-number
foaming -s
focused
focuses
fog-bank
fog-bell
foggage -s,-d
   -ging
foggily
foghorn -s
fog-lamp
fogless

fogydom
fogyish
fogyism
foiling -s
foister -s
folding -s
fold-out
foliage -s
foliate -s,-d
   -ting
foliole -s
foliose
folk-art
folkway -s
fomites
fondant -s
fondler -s
fontlet -s
foodful
foolery -ries
fooling -s
foolish
footage -s
footbar -s
footboy -s
footing -s
foot-jaw
footman
footmen
footpad -s
footrot
foot-ton
footway -s
foozler -s
fopling -s
foppery -ries
foppish
forager -s
foramen -mina
forayer -s
forbade
forbear -s,-ing
   -bor(n)e
forbode -s
forbore
forceps -es
   -cipes
fordone
forearm -s,-ing
   -ed
forecar -s
foreday -s
fore-end
foregut -s
foreign
forelay -s,-ing
   -laid
foreleg -s
forelie -s,-d
   -lying

foreman	fossula -s	freezer -s	fucused
foremen	foudrie -s	freight -s,-ing	fucuses
forepaw -s	fouetté	-ed	fuddled
foreran	fougade -s	Frenchy	fuddler -s
forerun -s,-ning	foughty -tier	freshen -s,-ing	Fuehrer
foresaw	-iest	-ed	fuelled
foresay -s,-ing	foulard -s	fresher -s	fueller -s
-said	foulder	freshet -s	fugally
foresee -s,-ing	foumart -s	freshly	fuguist -s
-seen	founder -s,-ing	fretful	fulcrum -s,-cra
-saw	-ed	fretsaw -s	fulgent
foretop -s	foundry -ries	fretted	fulgour
forever	four-ale	friable	fullage -s
forfair	fourgon -s	friarly	fullest
forfeit -s,-ing	four-oar	fribble -s,-d	full-fed
-ed	fourses	-ling	full-hot
forfend -s,-ing	foveate	Friesic	fullish
-ed	foveola -s	friezed	full-out
forgave	foveole -s	frigate -s	fulmine
forgery -ries	fowling -s	frigger -s	fulness
forging -s	fox-evil	frijole -s	fulsome -r,-st
forgive -s,-n	foxhole -s	fringed	fulvous
-ving	fox-hunt	fripper -s	Fumaria
-gave	foxship	Frisbee	fumbler -s
forgone	fox-tail	frisker -s	fumette -s
forhent -s,-ing	fox-trap	frisket -s	funding -s
-ed	fox-trot	frisson -s	funeral -s
forlana -s	frabbit	frit-fly	funfair -s
forlend -s,-ing	fracted	fritted	fungoid
forlent	fraenum -na	fritter -s,-ing	fungous
forlorn	fragile -r,-st	-ed	funicle -s
formant -s	frailly	frizzed	funnies
formate -s,-d	frailty -ties	frizzle -s,-d	funnily
-ting	Fraktur	-ling	funning
Formica	frame-up	frizzly -lier	furbish -es,-ing
forming -s	framing -s	-iest	-ed
formula -s,-e	frampal	frocked	furcate
fornent	franion	frogbit -s	furcula -s
forpine	frankly	frogged	furfair -s
forsake -s,-n	frantic	froglet -s	furioso -s
-king	frappée	frogman -men	furious
-sook	fratchy -chier	fronded	furlana -s
forsloe	-iest	frontal -s	furlong -s
forslow	fratery -ries	fronted	furmety -ties
forsook	fraught -er,-est	fronton -s	furmity -ties
forties	fraying -s	frosted	furnace -s,-d
fortify -ing	frazzle -s,-d	froughy -ghier	-cing
-fies	-ling	-iest	furnish -es,-ing
-ied	freckle -s,-d	frounce	-ed
fortlet -s	-ling	froward	furrier -s
Fortran	freckly -lier	frowsty -tier	furring -s
fortune -s	-iest	-iest	furrowy
forward -s,-ing	free-arm	fructed	fur-seal
-ed	freebie -s	fruited	further -s,-ing
forwarn -s,-ing	freedom -s	frumple -s,-d	-ed
-ed	freeing	-ling	furtive -r,-st
forwent	freeman	frustum -s,-ta	fusarol -s
forworn	freemen	fubbery	fuscous
forzato -s,-ti	freesia -s	fuchsia -s	fushion -s
fossick -s,-ing	freeway	fucking -s	fusible
-ed			

fussily
fuss-pot
fustian -s
futchel -s
futhark
futhorc
futhork
futtock -s
fuzzily

G

gabbard -s
gabbart -s
gabbler -s
gabelle -s
gabfest -s
gabnash -es
gadding
Gadidae
gadling
gadroon -s
gadsman -men
gadwall -s
Gaekwar
gaffing -s
G-agents
gagging
gagster -s
gahnite
Gaikwar
gainful
gainsay -s,-ing
        -said
galabea -s
galabia -s
galanga -s
galatea
galeate
Galenic
galilee -s
galipot
gallant -s,-er
        -est
gallate -s
galleon -s
gallery -ing
        -ries
        -ied
gall-fly
Gallice
galling
galliot -s
gallise -s,-d
        -sing
gallium
gall-nut
galloon -s
gallows -es
galoche -s,-d
        -ching

galopin -s
galumph -s,-ing
        -ed
gambado -(e)s
gambier
gambist -s
gambler -s
gamboge
gambrel -s
game-bag
gamelan -s
gametal
gametic
gammock -s,-ing
        -ed
gampish
gang-bye
ganging -s
ganglia
gangrel -s
gantlet -s
garbage -s
garbler -s
garboil
gardant
garfish -es
garland -s,-ing
        -ed
garment -s,-ing
        -ed
garnish -es,-ing
        -ed
garotte -s,-d
        -tting
garpike -s
garvock -s
gasahol -s
gas-buoy
gas-coal
gas-coke
gaseity
gaseous
gas-fire
gashful
gaskins
gas-lamp
gas-lime
gas-main
gas-mask
gasohol -s
gasping -s
gas-pipe
gas-ring
gassing -s
gas-tank
Gasthof
gas-trap
gastric
gas-well
gateleg

gateman -men
gateway -s
gaudery
gaudgie -s
gaudily
gauging -s
Gaulish
gaulter -s
gauntly
gauntry -ries
gavotte -s
gayness
gaysome
gazeful
gazelle -s
gazette -s,-d
        -tting
gazooka -s
gearbox -es
geebung -s
Gehenna
gelatin
gelding -s
gelidly
gelling
Geminid
gemmate -s,-d
        -ting
gemmery
gemming
gemmule -s
gemsbok
genappe
general -s,-ling
        -led
generic
geneses
genesis
genetic
genette -s
Genevan
genipap -s
genista -s
genital
genitor -s
genizah -s
Genoese
genteel -er,-est
gentian -s
gentile -s
genuine
geodesy
geogeny
geogony
geoidal
geology
geordie -s
georgic -s
gerbera -s
germain

germane
gestalt -s
gestant
Gestapo
gestate -s,-d
        -ting
gesture -s,-d
        -ring
getaway -s
getting -s
gharial -s
ghastly -lier
        -iest
gherkin -s
ghilgai
ghillie -s,-d
        -llying
ghostly -lier
        -iest
giantly -lier
        -iest
giantry
gibbose
gibbous
giblets
giddily
giggler -s
gilbert -s
gilding -s
gillion -s
giltcup -s
gimmick -s
gin-fizz
gingall -s
gingery -rier
        -iest
gingham -s
gingili -s
ginnery -ries
ginning
ginseng -s
ginshop -s
giocoso
giraffe -s
girasol -s
girding -s
girdled
girdler -s
girlish
girosol -s
gisarme -s
gittern -s,-ing
        -ed
gizzard -s
glacial
glacier -s
gladded
gladden -s,-ing
        -ed
gladdon -s

gladius -es
glaiket -er,-est
glaikit -er,-est
glairin
glaived
glamour -s,-ing
       -ed
glareal
glaring
glassen
Glaucus
glazier -s
glazing -s
gleaner -s
glebous
gleeful
gleeman -men
glenoid -s
gliadin
glidder -er,-est
gliding -s
glimmer -s,-ing
      -ed
glimpse -s,-d
      -sing
glisten -s,-ing
      -ed
glister -s,-ing
      -ed
glitter -s,-ing
      -ed
globate
globoid
globose
globous
globule -s
gloried
glorify -ing
      -fies
      -ied
glossal
glosser -s
Glossic
glottal
glottic
glottis -es
      -ttides
glowing
glozing -s
glucina
glucose
glue-pot
glutaei
gluteal
gluteus -tei
glutted
glutton -s
glycine
glycose
glyphic

glyptic
gnarled
gnarred
gnathal
gnathic
gnocchi -s
gnomish
gnostic
go-ahead
goateed
goat-fig
goat-god
goatish
gobbler -s
Gobelin
goburra -s
goddamn
goddess -es
godetia -s
godhead -s
godhood
godless
godlike
godlily
godling -s
godroon -s
godsend -s
godship -s
godward
goggled
goggler -s
goitred
gold-bug
goldeye -s
goldish
golf-bag
golfing
goliard -s
Goliath
golland -s
gombeen
gomeral -s
gomeril -s
gonadic
gondola -s
gonidia
gonidic
good-bye
good-day
good-den
good-e'en
goodish
goodman -men
good-now
good-son
goofily
gooleys
goolies
Goorkha
goosery -ries

gopuram -s
gorcock -s
gorcrow -s
Gordian
Gordius
gorilla -s
gormand -s
gorsedd -s
gorsoon -s
goshawk -s
gosling -s
Gosplan
gossipy
gossoon -s
Gothick
göthite
gouache -s
goulash -es
gourami -s
gourmet -s
goutfly -flies
gowaned
gowland -s
gownboy -s
gownman -men
goyisch
grab-bag
grabbed
grabber -s
grabble -s,-d
      -ling
gracile
grackle -s
gradate -s,-d
      -ting
graddan -s,-ing
      -ed
gradely -lier
      -iest
gradine -s
gradino
gradual -s
grafter -s
grained
grainer -s
Grallae
gramary
grammar -s
grampus -es
granary -ries
grandad -s
grandam -s
grandee -s
grandly
grandma -s
grandpa -s
granfer -s
granite
grannam -s
grannie -s

grantee -s
granter -s
grantor -s
granule -s
grapery -ries
graphic -s
Graphis
grapnel -s
grapple -s,-d
      -ling
grasper -s
grasser -s
grassum -s
gratify -ing
      -fies
      -ied
grating -s
graupel -s
gravely
graving -s
gravity -ties
gravure -s
grayfly
grazier -s
grazing -s
greaser -s
greaten -s,-ing
      -ed
greater
greatly
greaves -es
Grecian
Grecise
Grecism
grecque -s
greenly
greenth
greeted
gregale -s
gregory -ries
greisen
gremial -s
gremlin -s
grenade -s
greyhen -s
greyish
grey-lag
gribble -s
griddle -s
grieced
griever -s
griffin -s
griffon -s
grifter
grilled
grimace -s,-d
      -cing
grimily
grinder -s
grinned

griping	guarish	gyrocar -s	hallion -s
gripped	guayule -s	gyronny	hallway -s
gripper -s	gubbins -es	gytrash -es	hallyon -s
gripple -s,-r,-st	gude-man		halogen -s
griskin -s	gudgeon -s	**H**	halting -s
gristle -s	Guelfic	habdabs	halvers -es
gristly -lier	guerdon -s,-ing	habitat -s	halyard -s
-iest	-ed	habitué -s	Hamburg
grizzle -s,-d	guereza -s	hachure -s	Hamitic
-ling	guesser -s	hackbut -s	hammock -s
grizzly -lies	guesten -s,-ing	hackery -ries	hamster -s
-ier	-ed	hacking -s	hamular
-iest	guichet -s	hackler -s	hamulus -es
Grobian	guidage	hacklet -s	hanaper -s
grocery -ries	guiding -s	hack-log	handbag -s
grockle -s	Guignol	hackney -s,-ing	handcar
grogram	guilder -s	-ed	handful -s
groined	guildry -ries	hack-saw	hand-gun
Grolier	guipure -s	haddock -s	handily
grommet -s	guisard -s	hadrome	handjar -s
grosert -s	gullery -ries	haemony -nies	handled
grossly	gulleys	hafflin -s	handler -s
Grotian	gullied	hafnium	hand-off
grouchy -chier	gullies	hagbolt -s	handout -s
-iest	gullish	hagdown -s	handsaw -s
grouper -s	gumboil -s	hagfish -es	handsel -s,-ling
groupie -s	gumboot -s	Haggada	-led
grouser -s	gumdrop -s	haggard -s	handset -s
grow-bag	gummata	haggish	hangdog -s
growing -s	gumming	haggler -s	hanging -s
growler -s	gummite	hag-ride	hangman -men
grown-up	gummous	hag-seed	hangout -s
grubbed	gumshoe	hag-weed	Hansard
grubber -s	gunboat -s	haining -s	hanuman -s
grubble -s,-d	gunfire -s	haircut -s	ha'pence
-ling	gun-lock	hair-eel	ha'penny
gruffly	gunnage -s	hair-net	hapless
grumble -s,-d	gunnera -s	hair-oil	haploid
-ling	gunnery -ries	hairpin -s	hap'orth
grumbly -lier	gunning -s	Halacha	happily
-iest	gunplay -s	Halakah	happing
grummet -s	gunport -s	halavah -s	haptics
grumose	gunroom -s	halberd -s	harbour -s,-ing
grumous	gunship -s	halbert -s	-ed
grunion -s	gunshot -s	halcyon -s	hard-got
grunter -s	gunwale -s	half-ape	hard-hit
gruntle -s,-d	Günzian	half-cap	hardily
-ling	gurnard -s	half-day	hardish
grutten	gushing	halflin -s	ˢhardoke
Gruyère	gustful -ler	half-one	ˡhard-pan
gryphon -s	-lest	half-pay	hard-run
grysbok	gutcher	halfway	hard-set
grysely	gutless	half-wit	hard-won
G-string	guttate	halibut -s	hare-lip
guanaco -s	gutting	halidom -s	haricot -s
guanine	guy-rope	halimot -s	Harijan
guaraná -s	gwiniad -s	halitus -es	harling -s
Guaraní	gwyniad -s	hallali -s	harmala -s
guarani -es	gymnast -s	hallian -s	harmful
guarded	gyrally	halling -s	harmine

harmony -nies
harmost -s
harness -es,-ing
　　　-ed
harn-pan
harpist -s
harpoon -s,-ing
　　　-ed
harried
harrier -s
harshen -s,-ing
　　　-ed
harshly
harslet -s
harvest -s,-ing
　　　-ed
has-been
hashish
Hasidic
hassock -s
hastate
hastily
hatable
hatband -s
hatchel -s,-ling
　　　-led
hatcher -s
hatchet -s
hateful
hatfuls
hatless
hatrack -s
hatting -s
hattock -s
hauberk -s
haughty -tier
　　　-iest
haulage -s
haulier -s
haunted
haunter -s
hautboy -s
hauteur
havened
have-not
haveour
haverel -s
haviour
hawbuck -s
hawkbit -s
hawking
hawkish
hayband -s
hay-bote
haycock -s
hayfork -s
hayloft -s
hayrick -s
hayseed -s
hayward -s

haywire -s
hazelly
headily
heading -s
headman -men
headrig -s
headset -s
headway -s
heal-all
healing -s
healthy -thier
　　　-iest
heaping
hearing -s
hearken -s,-ing
　　　-ed
hearsay -s
hearted
hearten -s,-ing
　　　-ed
heartly
heathen -s
heather -s
heavier
heavily
heaving -s
hebenon
Hebraic
heckler -s
hectare -s
hederal
hedging -s
hedonic
heedful
heeling -s
heel-tap
heigh-ho
heinous
heirdom
heiress -es
heister -s
helcoid
helibus -es
helical
helices
heliman -men
helipad -s
helixes
hell-box
hell-cat
Hellene
hellier -s
hellion -s
hellish
hellova
helluva
Helodea
helotry -ries
helpful
helping -s

hemiola -s
hemione -s
hem-line
hemlock -s
hemming
henbane -s
hen-coop
hennaed
hennery -ries
henotic
henpeck -s,-ing
　　　-ed
hen-toed
hen-wife
heparin
hepatic -s
hepster -s
heptane
herbage -s
herbary -ries
herbist -s
herblet
herbose
herbous
herb-tea
herdboy -s
herdess -es
herdman -men
heretic -s
hérissé
heritor -s
herling -s
hernial
heroine -s
heroise - -s,-d
　　　-sing
heroism
heronry -ries
herring -s
hersall
herself
hership
Heshvan
hessian
hetaera -s
hetaira -i
hetmans
heureka -s
heurism
hexadic
hexagon -s
hexapla -s
hexapod -s
hexarch
heyduck -s
hey-pass
hicatee -s
hiccupy
hickory -ries
hidalga -s

hidalgo -s
hideous
hideout -s
hidling -s
hidlins -es
Hieland
Hielant
higgler -s
highboy
Highers
highest
high-fed
high-hat
highish
high-low
highman
highmen
high-set
high-top
highway -s
hijinks
hilding -s
hillmen
hillock -s
hilltop -s
himself
hind-gut
hindleg -s
hinging
hip-bath
hip-belt
hip-bone
hip-gout
hip-knob
hip-lock
hipping -s
hippish
hip-roof
hip-shot
hipster -s
hirable
hircine
hirling -s
hirstie
hirsute -r,-st
hirudin
hissing -s
histoid
histone -s
history -ries
histrio -s
hitcher -s
hitting
Hittite
hive-bee
hoarder -s
hoarily
hoarsen -s,-ing
　　　-ed
hoatzin -s

hob-a-nob
Hobbian
hobbish
Hobbism
Hobbist
hobbler -s
hobnail -s,-ing
    -ed
hobodom
hoboism
Hock-day
hocused
hoe-cake
hoedown -s
hogback -s
hog-deer
hog-fish
hoggery -ries
hogging -s
hoggish
hoghood
hog-mane
hog-nose
hog-plum
hog-skin
hogward -s
hogwash -es
hog-weed
hold-all
holding -s
holibut -s
holiday -s
hollaho -s
holland
holmium
holm-oak
holster -s
holy-ale
holydam
homager -s
Homburg
homelyn -s
Homeric
Homerid
hominid -s
hommock -s
homolog
homonym -s
honesty -ties
honeyed
Honiton
hoodlum -s
hoodman
hoof-rot
hook-pin
hoolock -s
hoop-ash
hoosgow
hopbind -s
hopbine -s

hopeful -s
hop-flea
hop-head
hoplite -s
hop-oast
hopping -s
hop-pole
hopsack -s
hop-tree
hop-vine
hop-yard
hordein
Hordeum
hordock
horizon -s
hormone -s
hornbug
hornful -s
horning -s
hornish
hornist -s
hornito -s
hornlet -s
horn-mad
horn-nut
horrent
horrify -ing
    -fies
    -ied
horsing -s
hosanna -s
hoseman -men
hose-net
hosiery
hospice -s
hostage -s
hostess -es
hostile
hostler
hotfoot
hothead -s
hotness
hotshot -s
Hotspur
hottish
hot-trod
housing -s
howbeit
howdy-do
however
howling -s
huanaco -s
huddled
hueless
huff-cap
huffily
huffish
hugeous
hugging
huitain -s

hulking
Hulsean
humanly
humbles -es
humbuzz -es
humdrum -s
humeral
humerus -ri
humidly
humidor -s
hummaum -s
humming -s
hummock -s
humogen
humoral
hundred -s
Hungary
hunkers
Hunnish
hunting -s
hunt's-up
hurdies
hurdler -s
hurl-bat
hurling
hurried
hurtful
husband -s,-ing
    -ed
hushaby -ing
    -bies
    -ied
huskily
husking -s
Hussite
hustler -s
huswife
hutment -s
hutting
huzzaed
hyacine
hyaline
hyalite
hyaloid
hydatid -s
hydrant -s
hydrate -s,-d
    -ting
hydride -s
hydroid -s
hydrous
hydroxy
Hygeian
hygiene
hyloist -s
hymenal
hymnary -ries
hymning
hymnist -s
hymnody

hyperon -s
hypnoid
hypnone
hypogea
hypoxia
hypoxic
hypural
hyraces

I

iambist -s
Iberian
Icarian
ice-belt
iceberg -s
ice-bird
ice-blue
ice-boat
ice-cold
ice-cube
ice-fall
ice-fern
ice-fish
ice-floe
ice-foot
ice-free
ice-hill
Iceland
icepack -s
ice-pick
ice-rink
ice-show
ice-spar
ice-worm
ichabod -s
ichnite -s
ichthic
ichthys -es
iciness
iconise -s,-d
    -sing
icteric -s
icterus
ictuses
idalian
ideally
identic
idiotcy -cies
idiotic
idlesse
idolise -s,-d
    -sing
idolism
idolist
idyllic
igarapé -s
igneous
igniter -s
ignoble -r,-st
ignobly

ignorer -s
Iguvine
ikebana
ileitis
ilkaday -s
illapse -s,-d
      -sing
ill-bred
illegal
ill-fame
illicit
ill-luck
illness -es
ill-turn
ill-used
ill-will
imagery
imagine -s,-d
      -ning
imagism
imagist -s
imamate -s
imbathe -s,-d
      -thing
imbiber -s
imbosom -s,-ing
      -ed
imbower -s,-ing
      -ed
imbrown -s,-ing
      -ed
imbrute -s,-d
      -ting
imburse -s,-d
      -sing
imitant -s
imitate -s,-d
      -ting
immense
immerge -s,-d
      -ging
immerse -s,-d
      -sing
immoral
impaint
impanel -s,-ling
      -led
impasse -s
impaste -s,-d
      -ting
impasto
impavid
impeach -es,-ing
      -ed
impearl -s,-ing
      -ed
imperil -s,-ling
      -led
impetus -es
impiety

impinge -s,-d
      -ging
impious
implant -s,-ing
      -ed
implate -s,-d
      -ting
implead -s,-ing
      -ed
implete -s,-d
      -ting
implied
implode -s,-d
      -ding
implore -s,-d
      -ring
imposer -s
impound -s,-ing
      -ed
impregn
impresa
imprese
impress -es,-ing
      -ed
imprest -s,-ing
      -ed
imprint -s,-ing
      -ed
improve -s,-d
      -ving
impulse -s
imputer -s
in-and-in
inanity -ties
inaptly
inbeing -s
inboard
inbreak -s
inbreed -s,-ing
      -bred
inbring
in-built
inburst -s
incense -s,-d
      -sing
inchase -s,-d
      -sing
inchpin
incised
incisor -s
inciter -s
inclasp -s,-ing
      -ed
incline -s,-d
      -ning
inclose -s,-d
      -sing
include -s,-d
      -ding
inconie

"inconnu
incrust -s,-ing
      -ed
incubus -es,-bi
incudes
incurve -s,-d
      -ving
in-depth
indexer -s
indexes
indican
indices
inditer -s
indoors
indorse -s,-d
      -sing
indraft -s
indrawn
inducer -s
indulge -s,-d
      -ging
indusia
indwell -s,-ing
indwelt
inearth -s,-ing
      -ed
ineptly
inertia
inertly
inexact
infancy -cies
infanta -s
infante -s
infarct -s
infaust
inferno -s
infidel -s
infield -s
inflame -s,-d
      -ming
inflate -s,-d
      -ting
inflect -s,-ing
      -ed
inflict -s,-ing
      -ed
inforce -s,-d
      -cing
infract -s,-ing
      -ed
infulae
infuser -s
ingener
ingénue
ingesta
inglobe
ingoing -s
ingowes
ingrain -s,-ing
      -ed

ingrate -s
ingress -es
ingroup -s
ingrown
inhabit -s,-ing
      -ed
inhaler -s
inhaust -s,-ing
      -ed
inherce
inherit -s,-ing
      -ed
inhibit -s,-ing
      -ed
in-house
inhuman -er,-est
initial -s,-ling
      -led
injelly -ing
      -llies
      -ied
injoint
injunct -s,-ing
      -ed
injurer -s
ink-feed
inkhorn
inkling -s
in-kneed
inkwell -s
inlayer -s
inlying
innards
innerve -s,-d
      -ving
innings
innyard -s
inphase
inqilab -s
inquest -s
inquiet -s,-ing
      -ed
inquire -s,-d
      -ring
inquiry -ries
insanie
inscape -s
insculp -s,-ing
      -ed
Insecta
insecty
inshell
inshore
insider -s
insight -s
insigne -s
insinew
insipid -er,-est
insnare -s,-d
      -ring

insofar	irenics	iterant	jawfall -s
insooth	Irideae	iterate -s,-d	jaw-foot
inspect -s,-ing	irideal	-ting	jawhole -s
-ed	iridial	ivoried	jaywalk -s,-ing
inspire -s,-d	iridian	ivorist -s	-ed
-ring	iridise -s,-d	ivy-bush	jazzily
install -s,-ing	-sing		jazzman -men
-ed	iridium	**J**	jealous
instant -s	irisate -s,-d	jacamar -s	Jeddart
instate -s,-d	-ting	jacchus -es	jeepers
-ting	Irisher	jacinth -s	jeering -s
instead	Irishry	jackass -es	Jehovah
instill -s,-ing	irksome	jackdaw -s	jejunum -s
-ed	ironing -s	jackman -men	jellaba -s
insular	ironise -s,-d	jackpot -s	jellied
insulin	-sing	Jacobin	jellify -ing
insulse	ironist -s	jacobus -es	-fies
insurer -s	iron-ore	jaconet	-ied
inswing -s	iron-pan	Jacuzzi®	jemadar -s
integer -s	isagoge -s	jadedly	jemidar -s
intense	isatine	jadeite	Jenkins
interim -s	ischial	j'adoube	jeofail
interne -s	ischium -hia	jaggery	jeopard
in-thing	Isegrim	jagging	Jericho
intimae	Ishmael	jaghire	jerking -s
intoner -s	Isiacal	Jainism	jerquer -s
intrant -s	Islamic	jalapic	Jersian
introit -s	isleman -men	jalapin	jessamy
intrude -s,-d	Ismaili	jaloppy -ppies	jessant
-ding	ismatic	jalouse -s	jestful
intwine -s,-d	isobare -s	jamadar -s	jesting -s
-ning	isobase -s	Jamaica	jetfoil -s
intwist -s,-ing	isobath -s	jambeau -x	Jethart
-ed	isochor -s	jambeux	jewelry
inulase	isodoma	jambier	jewfish -es
invader -s	isodont -s	jambiya -s	Jew's-ear
invalid -s,-ing	isoetes	jambone -s	Jezebel
-ed	isogamy	jambool -s	jibbing
inveigh -s,-ing	isogeny	jamdani	jib-boom
-ed	isogram -s	jamming	jib-door
invenit	isohyet -s	jampani -s	jigajig -s
inverse -s,-d	isokont -s	Janeite	jigajog -s
-sing	isolate -s,-d	jangler -s	jigging -s
invexed	-ting	janitor -s	jiggish
invious	isoline -s	janizar -s	jim-crow
inviter -s	isomere -s	jankers	jingler -s
invoice -s,-d	isonomy	jannock -s	jinglet -s
-cing	Isopoda	January	jinjili -s
involve -s,-d	isotone -s	Japonic	jitters
-ving	isotope -s	jap-silk	jittery -rier
inwards	isotopy -pies	jarfuls	-iest
inweave -s,-ving	isotron -s	jargoon	joannes -es
-wove(n)	isotype -s	jarkman -men	jobbery
inwoven	Israeli	jarring -s	jobbing
ioduret	issuant	jasmine -s	jobless
ionomer -s	isthmus -es	jaspery	jocular
ipomoea -s	itacism	jauntee	jogging
iracund	Italian	jauntie -s	joggled
Iranian	Italiot	javelin -s	jog-trot
irately	itemise -s,-d	jawbone -s	Johnian
	-sing		

johnnie -s
joinder -s
joinery
joining -s
jointed
jointer -s
jointly
jollify -ing
    -fies
    -ied
jollily
jollity
jonquil -s
jookery -ries
jotting -s
joukery -ries
journal -s
journey -s,-ing
    -ed
joyance -s
Joycean
joyless
joy-ride
jubilee -s
Judaean
Judaise
Judaism
Judaist
judoist -s
jugfuls
jugging
juggins -es
juggler -s
Juglans
jugular -s
ju-jitsu
juke-box
jumbler -s
jumbuck
jumelle -s
jumpily
jumping
jump-jet
jump-off
juncate
Jungian
juniper -s
junkman -men
Jupiter
jurally
juridic
jury-box
juryman
jurymen
jussive -s
justice -s
justify -ing
    -fies
    -ied
jutting

juvenal

K

Kabbala
kachcha
kacheri -s
Kaddish
kagoule -s
kail-pat
kail-pot
kainite
kajawah -s
kakodyl
kalends
Kallima
Kalmuck
kamerad -s,-ing
    -ed
kamichi -s
kampong -s
kamseen -s
Kannada
Kantian
Kantism
Kantist
kaoline -s
Karaite
karakul -s
Karenni
Karling
Kartell
karting
Kashmir
kathode -s
katydid -s
kebbock -s
kebbuck -s
keelage -s
keeling -s
keelman -men
keelson -s
keeping -s
keepnet -s
keitloa -s
kellaut -s
kemping -s
Kennick
kenning -s
kenosis
kenotic
Kentish
keramic -s
keratin
kermess -es
kernish
kernite
kerogen
kerygma
kestrel -s
ketchup -s

ketosis
key-cold
key-desk
keyhole -s
keyless
keynote -s
key-ring
key-seat
khaddar
khalifa -s
khamsin -s
khanate -s
khediva -s
khedive -s
khotbah -s
khotbeh -s
khutbah -s
kibbutz -im
kibitka -s
kick-off
kiddier -s
kiddies
kidding
kidling -s
kid-skin
kikumon -s
killcow -s
killdee -s
killick -s
killing -s
killjoy -s
killock -s
kiln-dry
kilobar -s
kilobit -s
kimboed
kinchin -s
kindler -s
kindred
kinesis -ses
kinetic
kinfolk -s
kingcup -s
kingdom -s
king-hit
kinglet -s
king-pin
king-rod
kinless
kinship -s
kinsman -men
kippage
kip-shop
kip-skin
kirimon -s
kirking -s
kirkton -s
kirmess -es
kirtled
kit-boat

kitchen -s,-ing
    -ed
kithara -s
kitling -s
kitschy -chier
    -iest
kitteny
klavier -s
klinker -s
klipdas -es
knacker -s,-ing
    -ed
knapped
knapper -s
knapple -s,-d
    -ling
knarred
knavery
knavish
kneader -s
knee-cap
kneeled
kneeler -s
knee-pan
knees-up
Knesset
knevell -s,-ing
    -ed
knicker -s
knitted
knitter -s
knittle -s
knobbed
knobber -s
knobble -s,-d
    -ling
knobbly -lier
    -iest
knocker -s
knock-on
knock-up
knotted
knotter -s
know-all
know-how
knowing
knubble -s,-d
    -ling
knubbly -lier
    -iest
knuckle -s,-d
    -ling
knurled
koftgar -s
kolkhoz -es
Kommers
Koranic
Kotytto
koumiss

kremlin -s
Krilium®
krimmer -s
Krishna
kroo-boy
kroo-man
krypsis
krypton
kuchcha
kufiyah -s
Kuh-horn
kumquat -s
kurbash -es,-ing
    -ed
Kurdish
Kurhaus
kursaal -s
kyanise -s,-d
    -sing
kyanite

L

labarum -s
labella
labiate -s
labroid
labrose
lace-man
Lacerta
lace-ups
lacinia -e
lack-all
lacking
lac-lake
laconic
lacquer -s,-ing
    -ed
lacquey -s,-ing
    -ed
lactase
lactate -s,-d
    -ting
lacteal -s
lactose
Lactuca
lacunae
lacunal
lacunar -s,-ria
ladanum
laddery
ladrone -s
ladybug -s
ladycow -s
ladyfly -flies
ladyish
ladyism
ladykin -s
laetare -s
laggard -s
lagging -s

Lagting
laicise -s,-d
    -sing
lairage -s
laithfu'
lakelet -s
Lakshmi
Lallans
lalling -s
Lamaism
Lamaist
lamb-ale
lambast -s,-ing
    -ed
lambent
lambert -s
lambkin -s
lamboys
lamella -e
lameter -s
lamiger -s
laminae
laminar
lamiter -s
lamming -s
lampern -s
lamp-fly
lamping
lampion -s
lampoon -s,-ing
    -ed
lamprey -s
landing -s
land-law
landler -s
landman -men
land-rat
Landtag
land-tax
langaha -s
langrel
langued
languet -s
languid -er,-est
languor
laniard -s
laniary
lanolin
lantana -s
lantern -s,-ing
    -ed
lanyard -s
Laotian
lapilli
lapping -s
Lappish
Laputan
lapwing -s
lapwork
larceny

larchen
lardoon -s
largely
largess -es
largish
Laridae
larkish
larmier -s
larvate
lasagna -s
lasagne -s
lashing -s
lashkar -s
lassock -s
lassoed
lassoes
lastage -s
lasting
Latakia
latchet
latence
latency
lateral
Lateran
lathery
lathing -s
latices
Latiner
latitat -s
latrine -s
lattice -s,-d
    -cing
Latvian
laugher -s
launder -s,-ing
    -ed
laundry -ries
lauwine -s
lavolta
law-book
law-calf
lawland -s
lawless
law-list
lawsuit -s
laxator -s
laxness
layaway -s
layback -s,-ing
    -ed
layered
layette -s
laylock
laytime -s
lazaret -s
lazy-bed
leading -s
lead-out
leafage -s
leafbud -s

leafing
leaflet -s
    -(t)ing
    -(t)ted
leaguer -s,-ing
    -ed
leakage -s
leaning -s
leap-day
leaping
learned
learner -s
leasing -s
leasowe -s,-d
    -wing
leather -s,-ing
    -ed
leaving
lechery
lectern -s
lection -s
lecture -s,-d
    -ring
leechee -s
lee-gage
lee-lane
leering -s
leeward
leftism
leftist -s
left-off
legally
legatee -s
legator -s
legging -s
leggism
leghorn -s
legible
legibly
leg-iron
legitim -s
legless
leg-pull
leg-rest
legroom
leg-show
leg-slip
leg-spin
legumin -s
legwork
leidger
leister -s,-ing
    -ed
leisure -s,-d
    -ring
lemmata
lemming -s
Lemnian
lemures
Lemuria

lending -s
lengest
lengthy -thier
    -iest
lenient
lentigo -gines
lentisk -s
lentoid
lentous
leonine
leopard -s
leotard -s
leprose
leprosy
leprous
leptome -s
lernean
lesbian -s
let-down
lethean
lethied
letting -s
Lettish
lettuce -s
leuchen
leucine
leucite
leucoma -s
leughen
levator -s
leveret -s
levitic
levying
lewdsby -bies
lexical
lexicon -s
liaison -s
Liassic
libbard -s
liberal -s
liberty -ties
library -ries
librate -s,-d
    -ting
Librium®
licence -s
license -s,-d
    -sing
lich-owl
lichtly
lichway -s
licitly
licking -s
lidless
lie-abed
lie-down
liefest
lievest
lifeful
lift-off

lighted
lighten -s,-ing
    -ed
lighter -s
lightly
lignage
lignify -ing
    -fies
    -ied
lignite
ligroin
ligular
likable
limacel -s
limaces
limaçon -s
limbate
limbous
liminal
limited
limiter -s
limites
Limnaea
limning
limosis
limping -s
limulus -es
linchet -s
linctus -es
lindane
lineage -s
lineate
lineman -men
line-out
lingual
lingula -s
linkage -s
linkboy -s
linkman -men
Linnean
linocut -s
linsang -s
linseed -s
lioncel -s
lion-cub
lioness -es
lionise -s,-d
    -sing
lionism
lip-deep
lipless
lipping
lip-read
liquate -s,-d
    -ting
liquefy -ing
    -fies
    -ied
liqueur -s,-ing
    -ed

lisping -s
lispund -s
lissome
listeth
listful
listing -s
literal -s
lithate
lithely
lithite -s
lithium
lithoid
litotes
littery
littlin -s
liturgy -gies
livable
live-box
live-oak
livered
llanero -s
loading -s
loafing -s
loaning -s
loathed
loather -s
loathly -lier
    -iest
lobelet -s
lobelia -s
lobiped
lobster -s
lobular
lobulus -li
lobworm -s
locally
lochial
lockage -s
lockful -s
Lockian
Lockist
lock-jaw
lockman -men
lock-nut
lockout -s
lockram
locoman -men
Locrian
locular
loculus -li
locusta -e
lodging -s
loftily
Logania
log-book
logging -s
log-head
logical
logline -s
log-reel

log-roll
log-ship
logwood -s
lollard
lombard
lomenta
Londony
long-ago
longbow -s
longest
longing -s
longish
long-leg
long-off
long-oil
long-pig
loobily
loofful -s
looking -s
lookout -s
look-see
looning -s
looping -s
loosely
lopping -s
lording -s
lordkin -s
lorette -s
lorgnon -s
loricae
lorimer -s
loriner -s
lorrell
losable
lottery -ries
lotting
loudish
lounder -s,-ing
    -ed
lounger -s
louring -s
lousily
loutish
louvred
lovable
love-day
lovered
loverly
low-bell
low-born
low-bred
low-brow
low-cost
low-down
low-gear
lowland -s
low-life
lowlily
lowness
low-paid

low-rise
loxygen
loyally
loyalty -ties
lozenge -s
lozengy
lubbard -s
lubfish -es
lucarne -s
lucency
lucerne -s
lucidly
lucifer -s
lucigen -s
luckily
Luddism
Luddite
ludship -s
lugeing -s
luggage
lugging
lugsail -s
lugworm -s
lullaby -ing
    -bies
    -ied
lumbago -s
lumbang -s
lumenal
lum-head
luminal
lumpily
lumping
lumpish
lumpkin -s
lunated
lunatic -s
luncher -s
lunette -s
lunging
lunular
lupulin
lurcher -s
lurdane -s
luridly
lurking -s
Lusiads
luskish
lustful -ler
    -lest
lustick
lustily
lustral
lustres
lustrum -s,-stra
luteous
luthier -s
Lycaena
lyceums
Lychnic

lychnis -es
lycopod -s
lyddite
lying-in
lyingly
Lymnaea
lymphad -s
lyncean
lynchet -s
Lyomeri
lyophil
lyrated
lyra-way
lyrical
Lythrum

M

macabre -r,-st
macadam
macaque -s
macchie
mace-ale
machair -s
machete -s
machine -s,-d
    -ning
machree
machzor -im
macramé -s
macrami -s
Macrura
maculae
macular
mad-bred
maddest
madding
madeira
madling -s
madness
Madonna
madoqua -s
madrasa -s
madroña -s
madroño -s
madwort -s
madzoon -s
maestro -s,-tri
maffick -s,-ing
    -ed
maffled
mafflin -s
mafioso -si
magenta -s
maggoty -tier
    -iest
magical
magmata
magnate -s
magneto -s

magnify -ing
    -fies
    -ied
magsman -men
mahatma -s
Mahdism
Mahdist
mah-jong
mahonia -s
Mahound
mahseer -s
maidish
maidism
mail-bag
mail-box
mail-car
mail-gig
mailing -s
maillot -s
mailman -men
mail-van
maiming -s
mainour -s
maintop -s
maister -s,-ing
    -ed
majesty -ties
majorat
makable
malacia
malaise -s
malaria -s
malarky
Malayan
maleate -s
malefic
malicho
Malines
malison -s
mallard -s
malleus -es
malmsey -s
maltase
Maltese
malting -s
maltman -men
maltose
mamelon -s
mamilla -e
mammary
mammate
mammock -s
mammoth -s
manacle -s,-d
    -ling
manager -s
manakin -s
manatee -s
*man-body
manchet -s

*manchoo
*man-cook
mandala -s
mandate -s,-d
    -ting
man-days
mandioc -s
mandira -s
mandola -s
mandora -s
mandrel -s
mandril -s
mangler -s
mangoes
mangold -s
manhole -s
manhood
man-hour
manhunt -s
manihoc -s
Manihot
manikin -s
manilla -s
manille -s
maniple -s
manitou -s
manjack -s
mankind
manlike
man-made
manning
mannish
mannite
mannose
man-o'-war
manrent
mansard -s
mansion -s
man-size
manteau -s,-x
manteel
mantlet -s
mantram -s
mantrap -s
Mantuan
manumit -s,-ting
    -ted
manurer -s
man-week
Manxman
man-year
mappery
mapping
mappist -s
mapwise
marabou -s
Maranta
Maratha
Marathi
marbled

marbler -s
marcato
Märchen
marcher -s
marches
Marconi
maremma -s
margent -s,-ing
    -ed
margosa -s
marimba -s
mariner -s
marital
markhor -s
marking -s
markman -men
marline -s
marling -s
marl-pit
marmite -s
marmose -s
marplot -s
marquee -s
marquis -es
Marrano
marrels
married
marrier -s
marring
marrowy
Marsala
marshal -s,-ling
    -led
mar-text
martial
Martian
martini -s
martlet -s
martyry -ries
Marxian
Marxism
Marxist
marybud -s
mascara -s
mascled
masculy
mashing -s
mashlam -s
mashlim -s
mashlin -s
mashlum -s
mash-tub
mash-tun
mash-vat
Mas-John
masonic
masonry
Masorah
masquer -s
massage -s,-d
    -ging

masseur -s
massive
Massora
mastaba -s
mastery -ries
mast-fed
mastful
mastich -s
mastiff -s
mastoid -s
matador -s
matched
matcher -s
matelot -s
Matilda
matinal
matrass -es
matrice -s
matross
mattery
matting -s
mattins
mattock -s
mattoid -s
matweed -s
matzoon -s
matzoth
maudlin
maulgre
maunder -s,-ing
    -ed
Maurist
mauther -s
mawkish
mawseed -s
mawther -s
maw-worm
maxilla -e
maximal
maximum -ma
maxwell -s
may-bird
may-duke
Mayfair
May-game
May-lady
may-lily
May-lord
May-morn
mayoral
maypole -s
May-time
mayweed -s
Mazdean
mazeful
mazurka -s
mazzard -s
meacock
meadowy
meal-ark

meal-man
meander -s,-ing
    -ed
meaning -s
measled
measles
measure -s,-d
    -ring
meat-fly
meat-man
meat-pie
meat-tea
meat-tub
Meccano®
Mechlin
meconic
meconin
medalet -s
meddler -s
mediacy
mediant -s
mediate -s,-d
    -ting
medical -s
medulla -s,-e
medusae
medusan -s
meercat -s
meerkat -s
meeting -s
megabar -s
megabit -s
Megaera
megafog -s
megarad -s
megaron -s
megasse
megaton -s
meiosis -oses
meiotic
Meissen
mélange -s
melanic
melanin
melilot -s
melisma -s,-mata
mellite
mellowy
melodic
melting -s
meltith -s
membral
memento -(e)s
mending -s
menfolk -s
menisci
menorah -s
mensual
menthol
mention -s,-ing
    -ed

mercery -ries
merchet -s
mercify -ing
    -fies
    -ied
mercury -ries
merfolk
merinos
merling
mermaid -s
merrily
mersion -s
mesally
mesarch
meseems
meseled
meshing -s
meshuga
Mes-John
mesonic
Mesozoa
mesquit -s
message -s,-d
    -ging
Messiah
Messias
messily
mess-tin
mestiza -s
mestizo -s
metally
metamer -s
métayer -s
metazoa
metcast -s
methane
methink
Methody
métisse -s
metonic
metonym -s
metopic
metopon
metrist -s
mettled
Mexican
mezuzah -s
miasmal
miasmas
miasmic
micella -s
micelle -s
miching -s
microbe -s
microhm -s
miction
middest
Midgard
mid-hour
midland -s

mid-Lent	minicab -s	mishear -s,-ing	mistold
midmost -s	minicar -s	-d	mistook
midnoon -s	minikin -s	mishmee -s	mistral -s
Midrash	minimal	Mishnah	mistune -s,-d
midriff -s	minimum -ma	Mishnic	-ning
midship	minimus -es	misjoin -s,-ing	misuser -s
mid-term	mini-sub	-ed	misween -s,-ing
mid-week	miniver -s	misknow -s,-ing	-ed
Midwest	minivet -s	-n,-knew	miswend
midwife -s,-d	minnick -s,-ing	mislaid	miswent
-fing	-ed	mislead -s,-ing	misword -s,-ing
-wives	minnock -s,-ing	-led	-ed
midwive -s,-d	-ed	mislike -s,-d	misyoke -s,-d
-ving	Minorca	-king	-king
mid-year	minster -s	mislive -s,-d	Mithras
mightst	mintage -s	-ving	mitosis
migrant -s	mint-man	misluck -s,-ing	mitotic
migrate -s,-d	minuend -s	-ed	mitzvah -s,-voth
-ting	minutia -e	mismade	mixedly
mildewy	Miocene	mismake -s,-king	mixed-up
mileage -s	mirable	mismate -s,-d	mixtion -s
milfoil -s	miracle -s	-ting	mixture -s
miliary	mirador -s	misname -s,-d	mizmaze -s
milieux	mirbane	-ming	Mjölnir
militia -s	mirific	misplay -s,-ing	Moabite
milk-bar	misborn	-ed	moanful
milk-cow	miscall -s,-ing	misrate -s,-d	mobbing
milkily	-ed	-ting	mobbish
milking -s	miscast -s,-ing	misread -s,-ing	mobsman -men
milk-leg	-ed	misrule -s,-d	mobster -s
milkman -men	miscopy -ing	-ling	mockado
milk-run	-pies	missaid	mockage
milk-sop	-ied	misseem	mockery -ries
milldam -s	misdate -s,-d	missend -s,-ing	mocking -s
mill-eye	-ting	missent	modally
millime -s	misdeal -s,-ing	missile -s	modesty -ties
milling -s	-t	missing	modicum -s
million -s	misdeed -s	mission -s,-ing	Modiola
milreis -es	misdeem -s,-ing	-ed	modiste
Miltown	-ed	missish	modular
milvine	misdiet	missive -s	modulus -li
mimesis	misdoer -s	misstep -s,-ping	moellon
mimetic	misdone	-ped	mofette -s
mimical	misdraw -s,-ing	missuit -s,-ing	Mohegan
mimicry -cries	-n,-drew	-ed	Mohican
mimmick -s,-ing	misease	mista'en	moidore -s
-ed	miserly	mistake -s,-n	moineau -s
mim-mou'd	misfall	-king	moisten -s,-ing
mimulus -es	misfare	-took	-ed
minaret -s	misfell	mistell -s,-ing	moistly
mincing -s	misfile -s,-d	-told	Molasse
mindful	-ling	misterm -s,-ing	molerat -s
mineola -s	misfire -s,-d	-ed	molimen -s
mineral -s	-ring	mistery -ries	mollify -ing
Minerva	misform -s,-ing	mistful	-fies
minette -s	-ed	mistico -s	-ied
minever -s	misgave	mistily	mollusc -s
mingler -s	misgive -s,-n	mistime -s,-d	mollusk -s
miniate	-ving	-ming	molossi
minibus -es	misgone	misting -s	momenta

monacid	morceau -x	mowburn -s,-ing	munnion -s
monadic	mordant -s	-ed	munting -s
monarch -s	mordent -s	Mozarab	muntjac -s
monarda -s	moreish	mozetta -s	muntjak -s
monaxon -s	morello -s	mucigen	muonium
mondial	morendo	mud-bath	muraena -s
moneron -s	Moresco	mud-boat	murexes
moneyed	Morglay	mud-cone	murgeon -s,-ing
moneyer -s	moriche -s	muddied	-ed
mongery	Moringa	muddily	muriate -s
mongrel -s	Morisco	muddler -s	murices
moniker -s	morling -s	mud-fish	Muridae
monilia -s	mormaor -s	mud-flap	murkily
monitor -s,-ing	Mormops	mud-flat	murkish
-ed	morning -s	mud-hole	murlain -s
monkery	morocco -s	mud-hook	murrain -s
monkish	moronic	mudiria -s	murrine
monocle -s	morphew -s	mudlark -s,-ing	murther -s,-ing
monocot -s	morphia	-ed	-ed
monodic	morphic	mud-lava	Musales
Monodon	morrhua -s	mud-lump	muscled
monofil -s	morrice -s	mudpack -s	muscoid
monomer -s	morrion -s	mudscow -s	muscose
monosis	morsure -s	mudwort -s	Muscovy
mono-ski	mortice -s,-d	mueddin -s	museful -ler
monsoon -s	-cing	muezzin -s	-lest
monster -s	mortify -ing	muffled	musette -s
montage -s	-fies	muffler -s	mushily
montane	-ied	mugfuls	musical -s
montant -s	mortise -s,-d	mugging -s	musimon -s
montero -s	-sing	muggins -es	musk-bag
monthly	morular	muggish	musk-cat
monture -s	morwong -s	mug-lamb	musk-cod
moocher -s	Mosaism	mugshot -s	muskily
moodily	Moselle	mugwort -s	musk-pod
mooktar -s	moss-hag	mugwump -s	musk-rat
moon-bow	moth-eat	mukhtar -s	musk-sac
moon-eye	mothery	mulatta -s	mustang -s
moon-god	motivic	mulatto -s	mustard -s
Moonies	mottled	mulcted	Mustela
moonish	mottoed	mullein -s	mutable
moonlit	mottoes	mullion -s	mutably
moonset -s	moucher -s	mullock	mutagen -s
moorage -s	mouflon -s	multure -s,-d	mutanda
Moorery	mouillé	-ring	muttony
Mooress	moulder -s,-ing	mumbler -s	muzzily
moorhen -s	-ed	mu-meson	muzzler -s
moor-ill	moulten	mummery	myalgia
mooring -s	mounted	mummied	myalgic
moorish	mounter -s	mummify -ing	myalism
moorlog -s	mountie -s	-fies	mycelia
moorman -men	mourner -s	-ied	mycetes
moor-pan	mousaka -s	mumming -s	mycosis -ses
mooting -s	mousery -ries	mummock -s	mycotic
mootman -men	mousing -s	mumpish	myeloid
mopping	mousmee -s	muncher -s	myeloma -s
moraine -s	mouthed	mundane	myiasis
morally	mouther -s	mundify -ing	mylodon -s
morassy -ssier	movable -s	-fies	mynheer -s
-iest	movably	-ied	myogram -s

myology
myosote -s
myotube -s
myrbane
myringa -s
myrrhic
myrrhol
mystery -ries
mystify -ing
-fies
-ied
mythise -s,-d
-sing
mythism
mythist -s
Mytilus

N

naartje
nabbing
nacarat -s
nacelle -s
nacrite
nacrous
naebody
naevoid
nagmaal
Nahuatl
naiades
nail-bed
nailery -ries
nailing -s
nail-rod
nainsel'
naïvely
naïvete
naïvety
nakedly
namable
name-day
name-son
nandine -s
nankeen -s
naphtha -s
napless
napping
nargile -s
nargily
narrate -s,-d
-ting
narthex -es
nartjie
narwhal -s
Nasalis
nasally
nascent
nashgab -s
nastily
nathemo
natrium

nattery
nattily
natural -s
natured
naughty -tier
-iest
nauplii
nautics
nautili
navarch -s
navarho
navarin -s
navette -s
navvied
nayward
nayword
Naziism
nearest
nebbich -s
nebbish -es
nebulae
nebular
necking -s
necklet -s
necktie -s
necrose -s,-d
-sing
nectary -ries
needful
needily
needler -s
ne'erday
neglect -s,-ing
-ed
négligé -s
Negress
Negrito
Negroes
negroid -s
neither
nelumbo -s
nematic
nemesia -s
nemesis -ses
nemoral
Neogaea
Neogene
neolith -s
neology -gies
neonate -s
neo-Nazi
neoteny
Neozoic
nephric
nephron -s
nepotic
Neptune
neritic
Neronic
nervate

nervine -s
nervous
nervule -s
nervure -s
nest-egg
netball
net-cord
net-fish
net-play
netsuke -s
netting -s
network -s,-ing
-ed
neurine
neuroma -s
neurone -s
neuston -s
neutral -s
neutron -s
newborn
newcome
Newgate
new-laid
new-made
new-mown
newness
newsboy -s
newsman -men
nibbler -s
niblick -s
Nicaean
niceish
nictate -s,-d
-ting
nigella -s
niggard -s
niggery
niggler -s
nighted
nightie -s
nightly
nigrify -ing
-fies
-ied
*niks-nie
*Nilotic
nimiety
nimious
nimonic
*nine-pin
ninthly
*Niobean
niobite
niobium
nipping
nirvana -s
niterie -s
nithing -s
*nit-pick
nitrate -s,-d
-ting

Nitrian
nitride -s,-d
-ding
nitrify -ing
-fies
-ied
nitrile -s
nitrite -s
nitrous
niveous
Noachic
nobbily
nobbler -s
noctuid -s
noctule -s
nocturn -s
nocuous
nodated
nodding -s
nodical
nodular
noduled
Noetian
no-fines
nogging -s
no-hoper
noisily
noisome
nomadic
nomarch -s
nombril -s
nominal -s
nominee -s
nonaged
nonagon -s
non-come
non-drip
nonette -s
nonetto -s,-tti
non-hero
nonplus -ses
-sing
-sed
non-skid
non-slip
non-stop
nonsuch -es
nonsuit -s,-ing
-ed
non-term
non-user
noology
noonday -s
nooning -s
nor'-east
Norfolk
norimon -s
norland -s
norther -s,-ing
-ed

norward -s
nor'-west
nosebag -s
nosegay -s
nose-led
nose-rag
nostril -s
nostrum -s
notable -s
notably
notaeum -s
notanda
notched
notchel -s,-ling
      -led
notedly
notelet -s
notepad -s
nothing -s
notitia -s
no-trump
noumena
nourice
nourish -es,-ing
      -ed
noursle
nousell
novalia
novella -s,-e
novelle
novelty -ties
nowhere
noxious
noyance
noysome
nucleal
nuclear
nuclein
nucleon -s
nucleus -clei
nuclide -s
nuggety
nullify -ing
      -fies
      -ied
nulling -s
nullity
numbing
numbles
numeral -s
numeric
nummary
nunatak -s
nun-buoy
nundine -s
nunhood
nunnery -ries
nunnish
nunship
nuptial -s

nuraghe
nuraghi
nursery -ries
nurture -s,-d
      -ring
nutcase -s
nut-gall
nut-hook
nut-meal
nut-pine
nutting -s
nut-tree
nylghau -s
nymphae
nymphal
nymphet -s
nymphic
nymphly -lier
      -iest

O

oak-fern
oak-gall
oakling -s
oak-lump
oak-mast
oak-tree
oak-wood
oar-fish
oarless
oar-lock
oarsman -men
oarweed -s
oatcake -s
oatmeal -s
obconic
obelion -s
obelise -s,-ing
      -ed
obelisk -s
obesity
obitual
obligee -s
obligor -s
oblique -s,-d
      -quing
obloquy -quies
obolary
obovate
obovoid
obscene -r,-st
obscure -s,-d,-r
      -st,-ring
obsequy -quies
observe -s,-d
      -ring
obtrude -s,-d
      -ding
obverse
obviate -s,-d
      -ting

obvious
ocarina -s
occiput -s
occlude -s,-d
      -ding
oceanic
oceanid -(e)s
ocellar
ocellus -lli
oceloid
ochroid
ochrous
ocreate
octadic
octagon -s
octapla -s
octaval
octette -s
October
octofid
octopod -s
octopus -es
octuple -s,-d
      -ling
oculate
oculist -s
odalisk -s
odaller -s
oddball -s
odd-even
odd-like
oddment -s
oddness
oddsman -men
od-force
Odonata
odontic
odorant
odorate
odorous
odoured
od's-bobs
od's-life
odylism
odyssey -s
odzooks
Oedipal
Oedipus
oenomel
o'ercome
o'ergang
oersted -s
o'erword
oestral
oestrum -s
oestrus -es
oeuvres
offbeat
off-come
off-duty

offence -s
offense -s
offered
offerer -s
offhand
officer -s,-ing
      -ed
off-line
offload -s,-ing
      -ed
offpeak
offscum
offside -s
offtake -s
off-ward
oghamic
ogreish
Ogygian
oil-bath
oil-belt
oil-bird
oil-cake
oil-mill
oil-palm
oil-seed
oil-silk
oilskin -s
oil-tree
oil-well
oldness
oldster -s
old-time
olefine -s
oligist
olitory -ries
olivary
olivine
oloroso -s
olycook
olykoek
Olympia
Olympic
Olympus
omental
omentum -ta
omicron -s
ominous
omitted
omitter -s
ommatea
omneity
omniana
omnibus -es
omniety
omnific
onanism
ondatra -s
on-drive
one-eyed
onefold

oneiric
oneness
onerous
oneself
one-shot
onestep -s,-ping
        -ped
ongoing -s
Oniscus
onshore
onstead -s
onwards
onychia
onymous
oodlins
ooftish
oogonia
oolakan -s
oolitic
oomiack -s
oophyte -s
oospore -s
opacity -ties
opacous
opaline -s
open-air
open-end
opening -s
operand -s
operant -s
operate -s,-d
        -ting
operose
Ophidia
ophitic
Ophiura
opiated
opinion -s
oporice -s
opossum -s
oppidan -s
opposer -s
oppress -es,-ing
        -ed
opsonic
opsonin
optical
optimal
optimum -ma
opulent
opuntia -s
opuscle -s
orarian -s
orarion -s
orarium -s
oration -s
oratory -ries
oratrix -es
orbital -s
orbiter -s

orchard -s
orcinol
orderer -s
orderly
ordinal -s
ordinar -s
ordinee -s
oreades
orectic
oregano -s
oreweed -s
organic
organon
organum
organza -s
orgiast -s
oriency
orifice -s
origami
origane -s
orleans
orogeny -nies
orology
oropesa -s
orotund
Orphean
Orpheus
Orphism
orphrey -s
orthian
orthros -es
ortolan -s
Orvieto
oscheal
Oscines
oscular
osculum -s
osiered
Osmanli
osmiate -s
osmious
osmosis
osmotic
osmunda -s
osselet -s
osseous
osseter -s
ossicle -s
ossific
ossuary -ries
osteoid
osteoma -s
ostiary -ries
ostiate
ostiole -s
ostraca
ostraka
ostrich -es
otalgia
otaries

otarine
otocyst -s
otolith -s
otology
Ottoman
ouabian
oulakan -s
ourself -selves
oustiti -s
outback
outbrag -s,-ging
        -ged
outbred
outburn -s,-ing
        -ed,-t
outcast -s
outcome -s
outcrop -s,-ping
        -ped
outdare -s,-d
        -ring
outdate -s,-d
        -ting
outdoor
outdure
outedge -s
outface -s,-d
        -cing
outfall -s
outflow -s,-ing
        -ed
outfoot -s,-ing
        -ed
outgate -s
outgive -s,-n
        -ving
        -gave
outgoer -s
outgone
outgrow -s,-ing
        -n,-grew
outgush -es,-ing
        -ed
out-half
outhaul -s
outhire -s,-d
        -ring
outjest -s,-ing
        -ed
outjump -s,-ing
        -ed
outland -s
outlash -es
outlast -s,-ing
        -ed
outleap -s,-ing
        -ed,-t
outlier -s
outline -s,-d
        -ning

outlive -s,-d
        -ving
outlook -s,-ing
        -ed
outmode -s,-d
        -ding
outmost
outmove -s,-d
        -ving
outname -s,-d
        -ming
outness
out-over
out-owre
outpace -s,-d
        -cing
outpart -s
outpeep -s,-ing
        -ed
outpeer
outplay -s,-ing
        -ed
outport -s
outpost -s
outpour -s,-ing
        -ed
outpray -s,-ing
        -ed
outrace -s,-d
        -cing
outrage -s,-d
        -ging
outrank -s,-ing
        -ed
outride -s,-ding
        -rode
        -ridden
outroar
outroop
outroot -s,-ing
        -ed
outrope
outrush -es,-ing
        -ed
outsail -s,-ing
        -ed
outsell -s,-ing
        -sold
outshot -s
outside -s
outsize -s
outsoar -s,-ing
        -ed
outsole -s
outspan -s,-ning
        -ned
outstay -s,-ing
        -ed
outstep -s,-ping
        -ped

outtake
outtalk -s,-ing
 -ed
outtell -s,-ing
 -told
out-tray
outturn -s
outvote -s,-d
 -ting
outwalk -s,-ing
 -ed
out-wall
outward
outwear -s,-ing
 -wore
 -worn
outweed
outweep -s,-ing
 -wept
outwell -s,-ing
 -ed
outwent
outwick -s,-ing
 -ed
outwind -s,-ing
 -wound
outwing -s,-ing
 -ed
outwith
outwork -s
outworn
ovarian
ovation -s
oven-tit
overact -s,-ing
 -ed
over-age
overall -s
overarm -s,-ing
 -ed
overawe -s,-d
 -wing
overbid -s,-ding
overbuy -s,-ing
 -bought
overdue
overdye -s,-ing
 -d
overeat -s,-ing
 -en,-ate
overeye -s,-d
 -ey(e)ing
overfar
overfed
overfly -s,-ing
 -flew
 -flown
overget -s,-ting
 -got(ten)
overhit -s,-ting

overjoy -s,-ing
 -ed
overlap -s,-ping
 -ped
overlay -s,-ing
 -laid
overlie -s,-lying
 -lay
 -lain
overman -s,-ning
 -ned,-men
overnet -s,-ting
 -ted
overpay -s,-ing
 -paid
overply -ing
 -plies
 -ied
overran
overred
overrun -s,-ning
 -ran
oversea
oversee -s,-ing
 -n,-saw
overset -s,-ting
oversew -s,-ing
 -n
oversow -s,-ing
 -n
overtax -es,-ing
 -ed
overtly
overtop -s,-ping
 -ped
overuse -s,-d
 -sing
ovicide -s
Ovidian
oviduct -s
oviform
ovoidal
ovulate -s,-d
 -ting
Owenian
Owenism
Owenist
Owenite
owl-eyed
owl-moth
oxalate -s
oxblood
ox-fence
oxidant -s
oxidase -s
oxidate -s,-d
 -ting
oxidise -s,-d
 -sing
Oxonian

oxonium
oxy-acid
oxy-salt
oxytone -s
ozonise -s,-d
 -sing

P

pabular
pabulum
pacable
pachisi
pacific
package -s,-d
 -ging
pack-ice
packing -s
packman -men
pack-rat
packway -s
paction -s,-ing
 -ed
padding -s
paddler -s
paddock -s
padella -s
padlock -s,-ing
 -ed
padrero -(e)s
padrone
padroni
pad-tree
paenula -s
paeonic
pageant -s
page-boy
paginal
Pahlavi
pailful -s
paillon -s
painful -ler
 -lest
painted
painter -s
paiocke
pairial -s
pairing -s
pair-oar
paisano -s
paisley -s
pajamas
pajocke
pakfong
paktong
paladin -s
palamae
palatal -s
palaver -s,-ing
 -ed
paletot -s

palette -s
palfrey -s
Palilia
pallial
palling
pallium -llia
pallone
palmary
palmate
palm-cat
palmful -s
palmiet -s
palmist -s
palm-oil
palmyra -s
palooka
palpate -s,-d
 -ting
palsied
paludal
paludic
pampean
pampero -s
panacea -s
panache -s
Panagia
Pan-Arab
pancake -s,-d
 -king
panchax -es
Pandean
pandect -s
Pandion
pandoor -s
pandora -s
pandore -s
pandour -s
pandura -s
paneity
panfuls
pangamy
pangene -s
panging
pangram -s
panicky
panicle -s
Panicum
Panjabi
pannage -s
pannick -s
pannier -s
panning -s
pannose
panocha
panoply -plies
pansied
Pan-Slav
panther -s
panties
pantile -s

pantine
panting -s
pantler
pantoum -s
papable
papally
Papaver
pap-boat
Paphian
papilio -s
papilla -e
pap-meat
papoose -s
pappose
pappous
paprika -s
papulae
papular
papules
papyrus -ri
parable -s,-d
-ling
paracme -s
parados
paradox -es
parafle -s
paragon -s,-ing
-ed
parapet -s
para-red
parasol -s
paratha -s
parazoa
parboil -s,-ing
-ed
parched
pardine
pardner
pareira -s
parella -s
parelle -s
parerga
paresis -ses
paretic
parfait -s
pargana -s
parison -s
paritor
parkish
parkway -s
parlour -s
parlous
parodic
paronym -s
parotic
parotid -s
parotis -es
parpane -s
parpend -s
parpent -s

parquet -s
-(t)ing
-(t)ed
parried
parroty
parsing -s
Parsism
parsley
parsnep -s
parsnip -s
partake -s,-n
-king
-took
partial -s
parting -s
partita -s
partite
partlet
partner -s,-ing
-ed
partook
parulis -es
parvenu -s
parvise -s
paschal
Pasquil
Pasquin
passade -s
passado
passage -s,-d
-ging
passant
passing -s
passion -s,-ing
-ed
passive -s
passkey -s
passman -men
passout
pastern -s
paste-up
pastime -s
pasture -s,-d
-ring
patagia
patamar -s
Patarin
patball
patched
patcher -s
patch-up
patella -e
patency
paterae
pathway -s
patible
patient -s
patined
patness
patonce

patrero -(e)s
patrial -s
patrick -s
patrico -es
patriot
patroon -s
pattern -s,-ing
-ed
patting
patulin
paucity
paughty -tier
-iest
Paulian
Pauline
paunchy -chier
-iest
pausing -s
paviour -s
pavlova -s
pawkily
paxiuba -s
payable
pay-bill
pay-desk
pay-dirt
pay-list
pay-load
payment -s
pay-roll
paysage -s
pay-slip
pazzazz
P-Celtic
peacher -s
pea-coat
peacock -s,-ing
-ed
pea-crab
pea-fowl
pea-iron
peaking
pearled
pearler -s
pearlin -s
peartly
peasant -s
peascod -s
pea-soup
peatary -ries
peat-bed
peat-bog
peatery -ries
peat-hag
peatman -men
pebbled
pebrine
peccant
peccary -ries
pecking -s

peckish
pectise -s,-d
-sing
pectose
peddler -s
pedesis
pedetic
pedicab -s
pedicel -s
pedicle -s
pedlary -ries
pedrail -s
pedrero -(e)s
peekabo
peeling -s
Peelite
peep-toe
peerage -s
peeress -es
peevish
pegasus -es
pegging -s
Pehlevi
peishwa -s
pelagic
pelican -s
pelisse -s
pelitic
pellach -s
pellack -s
pellock -s
Pelopid
peloria
peloric
pelorus -es
peltast -s
peltate
pelting -s
pemican -s
penally
penalty -ties
penance -s,-d
-cing
penates
pen-case
pendant -s
pendent -s
pending
Peneian
penfold -s
penguin -s
pen-name
pennant -s
pennate
pennied
pennies
pennill -ion
pennine
penning
pensile

pension -s,-ing	perjure -s,-d	phallin	piddler -s
-ed	-ring	phallus -es,-lli	piddock -s
pensive	perjury -ries	phantom -s	pidgeon -s
pentact -s	perkily	Pharaoh	piebald -s
pentane -s	perlite -s	pharynx -es	piedish -es
pentene	perlous	-rynges	pie-eyed
penthia -s	Permian	phasmid -s	pierage -s
pentice -s,-d	permute -s,-d	pheazar	pierced
-cing	-ting	phellem -s	piercer -s
pentise -s,-d	perpend -s	phenate -s	Pierian
-sing	perpent -s	philter -s	pierrot -s
pentode -s	perplex -es,-ing	philtre -s	pie-shop
pentose	-ed	phlegmy -mier	pietism
peonage	perrier	-iest	pietist -s
peonism	Perseid	phobism -s	piffero -s
peppery -rier	Perseus	phobist -s	piffler -s
-iest	Persian	phocine	pigboat
pepsine -s	persico -s	Phoebus	pig-deer
peptics	Persism	Phoenix	pig-eyed
peptide -s	persist -s,-ing	phonate -s,-d	pigfeed -s
peptise -s,-d	-ed	-ting	pig-fish
-sing	persona -e,-s	phone-in	piggery -ries
peptone -s	pertain -s,-ing	phoneme -s	piggies
peraeon -s	-ed	phonics	pigging
percale -s	pertake	photics	piggish
percase	perturb -s,-ing	photism	pig-herd
percept -s	-ed	phrasal	pightle -s
perched	pertuse	phraser -s	pig-iron
percher -s	perusal -s	phratry -ries	pig-jump
percine	peruser -s	phrenic	pig-lead
percoct	pervade -s,-d	physics	pig-lily
percoid	-ding	piaffer -s	pigling -s
percuss -es,-ing	pervert -s,-ing	pianino -s	pigmean
-ed	-ed	pianism	pigmeat -s
perdure -s,-d	pesante	pianist -s	pigment -s
-ring	Peshito	Pianola®	pigskin -s
peregal	peskily	piarist -s	pigsney -s
pereion -reia	pessary -ries	piastre -s	pigsnie -s
pereira -s	pestful	pibroch -s	pigtail -s
perfect -s,-ing	petasus -es	picador -s	pigwash -es
-ed	petcock -s	picamar	pigweed -s
perfidy	petiole -s	piccolo -s	pikelet -s
perform -s,-ing	petrary -ries	piceous	pikeman -men
-ed	petrify -ing	pickaxe -s	pilcher
perfume -s,-d	-fies	pickeer -s,-ing	pilcorn -s
-ming	-ied	-ed	pilcrow -s
perfumy	Petrine	pickery	pileate
perfuse -s,-d	petrous	picking -s	pilfery
-sing	pettily	pickled	pilgrim -s
pergola -s	petting -s	pickler -s	pili-nut
perhaps	pettish	pickmaw -s,-ing	pillage -s,-d
periapt	petunia -s	-ed	-ging
peridot -s	pew-rent	picotee -s	pill-box
perigee -s	pfennig -s	picquet -s,-ing	pill-bug
perigon -s	phacoid	-ed	pillion -s,-ing
periost -s	phaeism	picrate -s	-ed
perique	phaeton -s	picrite -s	pillory -ing
periwig -s,-ging	phalanx -es	Pictish	-ries
-ged	-langes	picture -s,-d	-ied
perjink -er,-est	phallic	-ring	pillowy

Pilsner	pistole -s	plasmin	plonker -s
pilular	pitapat -s,-ting	plaster -s,-ing	plopped
pimento -s	-ted	-ed	plosion -s
pi-meson	pitarah -s	plastic -s	plosive -s
pimping	pit-brow	plastid -s	plotful -ler
pimpled	pitched	platane -s	-lest
pinball	pitcher -s	plateau -s,-x	plotted
pincase	pit-coal	-ing,-ed	plotter -s,-ing
pinched	piteous	platina	-ed
pincher -s	pitfall -s	plating -s	plottie -s
pindari -s	pithead -s	platoon -s	plouter -s,-ing
pin-dust	pithful	platted	-ed
pinetum -ta	pith-hat	platter -s	plovery
pin-eyed	pithily	plaudit -s	plowter -s,-ing
pin-fire	pitiful	play-act	-ed
pinfish -es	pit-mirk	play-box	plucked
pinfold -s,-ing	pit-pony	playboy -s	plucker -s
-ed	pit-prop	play-day	plugged
pingler -s	pit-stop	playful -ler	plugger -s
pinguid	pitting -s	-lest	plug-hat
pinguin -s	Pittism	playlet -s	plumage -s
pinhead -s	pittite -s	play-off	plumate
pinhole -s	pituita -s	play-pen	plumber -s
pink-eye	pituite -s	play-way	plumbic
pinking -s	pitying	pleaded	plumbum
pinkish	pivotal	pleader -s	plumcot -s
pinnace -s	pivoted	pleased	plumery
pinnate	pivoter -s	pleaser -s	plumist -s
pinning -s	pixy-led	plebify -ing	plummet -s,-ing
pinnock -s	pizzazz	-fies	-ed
pinnoed	*P-Keltic	-ied	plumose
pinnula -s	placard -s,-ing	plectra	plumous
pinnule -s	-ed	plectre -s	plumpen -s,-ing
pinocle -s	placate -s,-d	pledgee -s	-ed
pintado -s	-ting	pledger -s	plumper -s
pintail -s	*placcat	pledget -s	plumpie
pint-pot	placebo -s	pledgor -s	plumply
pin-tuck	placita	Pleiade	plumula -e
Pinxter	placket -s	Pleiads	plumule -s
pioneer -s,-ing	placoid	plenary	plunder -s,-ing
-ed	plafond -s	plenipo -(e)s	-ed
pionies	plagium -s	plenish -es,-ing	plunger -s
pioning -s	plaguey -guier	-ed	plunker -s
piously	-iest	plenist -s	plusage -s
pipeful -s	plaided	pleopod -s	pluteal
pipe-key	plainly	pleroma -s	pluteus -es
piperic	plaited	plerome -s	pluvial -s
pipette -s	plaiter -s	plessor -s	plywood -s
pipless	planish -es,-ing	pleurae	poacher -s
pipping	-ed	pleural	pochard -s
piquant -er,-est	planned	pleuron -ra	pochoir -s
piragua -s	planner -s	plexure -s	pockard -s
piranha -s	plantar	pliable	pockpit -s
piratic	planter -s	pliably	podagra
piscary -ries	planula -e	pliancy	podalic
piscina -s,-e	planury	plicate -s,-d	podding
piscine	planxty -ties	-ting	podesta -s
pismire -s	plashet -s	pliskie -s	poe-bird
pissoir	plasmic	plodded	poetess -es
piss-pot	plasmid -s	plodder -s	poetise -s,-d
			-sing

po-faced	pontoon -s,-ing	posture -s,-d	prattle -s,-d
poinder -s	-ed	-ring	-ling
pointed	pooftah -s	post-war	pravity -ties
pointel -s	poofter -s	potable -s	prawlin -s
pointer -s	Pooh-Bah	potamic	praying -s
poitrel -s	poon-oil	potassa	preachy -chier
pokeful -s	poor-box	pot-bank	-iest
polacca -s	poorish	potcher -s	preasse
polacre -s	poor-law	potence -s	prebend -s
Polaris	poovery -ries	potencé -s	precast
pole-axe	popadum -s	potency -cies	precede -s,-d
polecat -s	popcorn -s	potfuls	-ding
polemic -s	popedom -s	pot-head	precept -s
polenta -s	poperin -s	potheen -s	precess -es,-ing
politic	pop-eyed	pot-herb	-ed
pollack -s	popover -s	pothery	precise
pollard -s,-ing	poppied	pothole -s	precook -s,-ing
-ed	popping	pothook -s	-ed
poll-axe	pop-shop	potiche -s	predate -s,-d
pollent	pop-song	pot-luck	-ting
polling -s	popular -s	potoroo -s	predial -s
pollman -men	pop-weed	pot-shop	predict -s,-ing
pollock -s	porcine	pot-shot	-ed
poll-tax	porifer -s	pot-sick	predoom -s,-ing
pollute -s,-d	pork-pie	pottage -s	-ed
-ting	porosis -ses	pottery -ries	pre-empt
poloist -s	porrect -s,-ing	potting	preface -s,-d
Polonia	-ed	pouched	-cing
polonie -s	porrigo -s	pouftah -s	prefade -s,-d
polyact	portage -s	poufter -s	-ding
polygam -s	portate	poulard -s	prefect -s
polygon -s	portend -s,-ing	poulter	preform -s,-ing
polymer -s	-ed	poultry	-ed
polynia	portent -s	pounced	preheat -s,-ing
polynya	portess	pouncet	-ed
polypes	porthos	poundal -s	prehend -s,-ing
polypod -s	portico -(e)s	pounder -s	-ed
polypus -pi	portion -s,-ing	pouring -s	prejink -er,-est
Polyzoa	-ed	poussin -s	prelacy -cies
pomatum -s	portman -men	pouther -s,-ing	prelate -s
pomeroy -s	portous	-ed	prelaty
pomfret -s	portray -s,-ing	pouting -s	prelect -s,-ing
pommele	-ed	poverty	-ed
pompano -s	posaune -s	powdery -rier	prelims
pompelo -s	poseuse -s	-iest	prelude -s,-d
pompier	posited	powered	-ding
pompion -s	positon -s	poy-bird	premier -s
pompoon	possess -es,-ing	prabble	premise -s,-d
pompous	-ed	practic -s	-sing
ponceau -s	postage -s	praeses	premiss -es
ponchos	post-bag	praetor -s	premium -s,-mia
pondage -s	post-box	prairie -s	premove -s,-d
poniard -s,-ing	ꞌpost-bus	praiser -s	-ving
-ed	*post-day	Prakrit	prenzie
pontage -s	posteen -s	praline -s	preoral
pontiff -s	postern -s	prancer -s	prepack -s,-ing
pontify -ing	postfix -es,-ing	prancke	-ed
-fies	-ed	prankle -s,-d	prepaid
-ied	posting -s	-ling	prepare -s,-d
pontile	postman -men	prating -s	-ring

prepuce -s
prequel -s
prerupt
presage -s,-d
   -ging
present -s,-ing
   -ed
preside -s,-d
   -ding
presser -s
press-up
Prestel®
presume -s,-d
   -ming
pretend -s,-ing
   -ed
preterm
pretext -s,-ing
   -ed
pretzel -s
prevail -s,-ing
   -ed
prevene -s,-d
   -ning
prevent -s,-ing
   -ed
preview -s,-ing
   -ed
previse -s,-d
   -sing
preyful
prezzie -s
priapic
Priapus
pribble
pricker -s
pricket
prickle -s,-d
   -ling
prickly -lier
   -iest
pridian
prigger -s
primacy -cies
primage -s
primary -ries
primate -s
primely
primero
primeur
primine -s
priming -s
primmed
primsie -r,-st
primula -s
princox
printer -s
prisage -s
prithee -s
privacy -cies

privado
private -s
privily
privity -ties
proball
proband -s
probang -s
probate -s
probity
problem -s
proceed -s,-ing
   -ed
process -es,-ing
   -ed
proctal
proctor -s
procure -s,-d
   -ring
Procyon
prodded
prodigy -gies
produce -s,-d
   -cing
product -s
proface
profane -s,-d
   -ning
profess -es,-ing
   -ed
proffer -s,-ing
   -ed
profile -s,-d
   -ling
profuse -r,-st
progeny -nies
program -s,-ming
   -med
project -s,-ing
   -ed
prolate
proller
prolong -s,-ing
   -ed
promise -s,-d
   -sing
prommer -s
promote -s,-d
   -ting
pronaoi
pronaos
pronate -s,-d
   -ting
pronely
proneur -s
pronged
pronota
pronoun -s
prootic -s
propage -s,-d
   -ging

propale -s,-d
   -ling
propane
propend
propene
prophet -s
propine -s,-d
   -ning
prop-jet
propone -s,-d
   -ning
propose -s,-d
   -sing
propped
propyla
prorate
prosaic
prosily
prosing
prosody
prosper -s,-ing
   -ed
protean
protect -s,-ing
   -ed
protégé -s
proteid -s
protein -s
protend -s,-ing
   -ed
protest -s,-ing
   -ed
proteus -es
prothyl
protist -s
protium
protyle
proudly
prouler -s
provand -s
provant
provend -s
proverb -s,-ing
   -ed
provide -s,-d
   -ding
provine -s,-d
   -ning
proving
proviso -(e)s
provoke -s,-d
   -king
provost -s
prowess
prowest
prowler -s
proximo
prudent -er,-est
prudery -ries
prudish

pruning -s
prunted
prurigo -s
prussic
prythee -s
Psalter
psionic
psychic -s
ptarmic -s
pterion -ria
pteryla -e
ptyalin
puberal
puberty
pubises
publish -es,-ing
   -ed
puccoon -s
pucelle
puckery
puckish
pudding -s
puddler -s
puddock -s
pudency
pudenda
puerile -r,-st
puff-box
puffery -ries
puffily
puffing -s
puggery -ries
pugging -s
puggish
puggree -s
pug-mill
pug-moth
pug-nose
Pugwash
puldron -s
Pullman
pull-out
pulpify -ing
   -fies
   -ied
pulpous
pulsate -s,-d
   -ting
pultoon -s
pulture -s
pulvini
pumpion -s
pumpkin -s
punalua
puncher -s
punch-up
punctum -ta
pungent -er,-est
puniest
Punjabi

punning -s
punster -s
punt-gun
puparia
pupfish -es
pupping
pupunha -s
Puranic
Purbeck
purfled
purging -s
puritan -s
purlieu -s
purline -s
purling -s
purloin -s,-ing
    -ed
purport -s,-ing
    -ed
purpose -s,-d
    -sing
Purpura
purpure -s
purring -s
pursual -s
pursuer -s
pursuit -s
purview -s
pushful
pushing
push-off
push-pin
Pushtoo
pustule -s
putamen -mina
putchuk -s
put-down
putlock -s
putrefy -ing
    -fies
    -ied
puttied
puttier -s
putting -s
puttock -s
puzzler -s
pyaemia
pyaemic
pycnite
pyebald -s
pygmean
pygmoid
pyjama'd
pyjamas
pyloric
pylorus -es
pyralid
Pyralis
pyramid -s
pyretic

pyrexia
pyrexic
pyrites
pyritic
pyrogen -s
pyropus -es
pyrosis
pyrrhic -s
Pythian
pythium -s
pyxides
pyxidia

Q
Qaddish
Q-Celtic
Q-Keltic
quackle -s,-d
    -ling
quadrat -s
quadric
quaffer -s
quahaug -s
quaking -s
qualify -ing
    -fies
    -ied
quality -ties
quamash -es
quannet -s
quantal
quantic -s
quantum -ta
quarrel -s,-ling
    -led
quartan
quarter -s,-ing
    -ed
quartet -s
quartic -s
quartzy -zier
    -iest
Quashee
Quashie
quassia -s
quavery -rier
    -iest
quayage -s
queachy -chier
    -iest
quechua
queechy -chier
    -iest
queenly -lier
    -iest
queerly
queller -s
Quercus
queried
querist -s

quester -s
questor -s
quetsch -es
quetzal -s
queuing -s
queynie -s
quibble -s,-d
    -ling
quiblin
Quichua
quicken -s,-ing
    -ed
quickie -s
quickly
quiddit -s
quiddle -s,-d
    -ling
quiesce -s,-d
    -scing
quieten -s,-ing
    -ed
quieter -s
quietly
quietus -es
quillai -s
quilled
quillet -s
quillon -s
quilted
quilter -s
quinary
quinate
quinche
quinine -s
quinnat -s
quinone -s
quintal -s
quintan
quintet -s
quintic
quiting
quittal
quitted
quitter -s
quittor -s
quizzed
quizzer -s
quizzes
quodlin
quoiter -s
quondam

R
rabanna
rabatte -s,-d
    -tting
rabbity
rabbler -s
rabboni -s
rabidly

raccoon -s
racemed
racemic
raceway -s
rachial
rackett -s
rackety
racking -s
racloir
racquet -s,-ing
    -ed
raddled
radiale -s
radiant -s
Radiata
radiate -s,-d
    -ting
radical -s
radicel -s
radices
radicle -s
radulae
radular
Raetian
raffish
raffler -s
raftman -men
rag-baby
ragbolt -s
rag-book
rag-bush
rag-doll
rag-dust
rageful -ler
    -lest
rag-fair
raggedy
raggery
ragging -s
ragment
ragtime -s
raguled
ragweed -s
rag-wool
ragwork
ragworm -s
ragwort -s
railbus -(s)es
rail-car
railing -s
railman -men
railway -s
raiment
rainbow -s
raising
raiting
Rajpoot
rake-off
rakshas -es
rallied

rallier -s	rattlin -s	reboant	red-head
ralline	rat-trap	rebound -s,-ing	red-heat
Ramadan	raucous	-ed	redneck
ramakin -s	raunchy -chier	rebrace -s,-d	redness
rambler -s	-iest	-cing	redoubt -s,-ing
ramekin -s	ravager -s	rebuild -s,-ing	-ed
ramenta	ravelin -s	-built	redound -s,-ing
rameous	ravined	rebuker -s	-ed
Ramilie	ravioli -s	rebuses	redpoll -s
ramming	rawbone	receipt -s,-ing	redraft -s,-ing
rammish	rawhead -s	-ed	-ed
rampage -s,-d	rawhide -s	receive -s,-d	redress -es,-ing
-ging	rawness	-ving	-ed
rampant -er,-est	rayless	recency	redrive -s,-n
rampart -s,-ing	reached	recense -s,-d	-ving
-ed	reacher -s	-sing	-drove
rampick -s	reactor -s	rechate	red-root
rampike -s	readapt -s,-ing	recheat	redsear
rampion -s	-ed	recheck -s,-ing	red-seed
rampire -s	readier	-ed	redskin -s
ramstam	readily	recital -s	red-tape
ramular	reading -s	reciter -s	reduced
ramulus -li	readmit -s,-ting	reclaim -s,-ing	reducer -s
rancher -s	-ted	-ed	redwood -s
rancour	readopt -s,-ing	réclame	reed-bed
Ranidae	-ed	reclimb -s,-ing	re-edify
Rankine	read-out	-ed	reeding -s
ranking -s	reagent -s	recline -s,-d	reefing -s
ransack -s,-ing	realgar	-ning	reeking
-ed	realign -s,-ing	reclose -s,-d	re-elect
rape-oil	-ed	-sing	reeling -s
raphide -s	realise -s,-d	recluse -s	re-enact
rapidly	-sing	recount -s,-ing	re-endow
raploch -s	realism	-ed	re-enter
rapping	realist -s	recoure	re-entry
Rappist	reality -ties	recover -s,-ing	re-equip
Rappite	reallot -s,-ting	-ed	re-erect
rapport -s	-ted	recower	re-exist
rapture -s,-d	re-alter	recross -es,-ing	referee -s,-ing
-ring	realtie	-ed	-d
rarebit -s	Realtor®	recruit -s,-ing	refined
Rasores	reamend -s,-ing	-ed	refiner -s
rasping -s	-ed	rectify -ing	reflate -s,-d
rastrum -s	reaming	-fies	-ting
ratable	reannex -es,-ing	-ied	reflect -s,-ing
ratably	-ed	rection -s	-ed
ratafia -s	reapply -ing	rectory -ries	refound -s,-ing
rat-a-tat	-lies	rectrix -trices	-ed
ratchet -s	-ied	recurve -s,-d	refract -s,-ing
ratfink -s	rear-dos	-ving	-ed
rat-flea	rearise -s,-n	recycle -s,-d	refrain -s,-ing
rathest	-sing	-ling	-ed
rat-hole	-arose	red-book	reframe -s,-d
Ratitae	Réaumur	redcoat	-ming
rat-tail	reawake -s,-king	red-cowl	refresh -es,-ing
ratteen	-awoke	reddest	-ed
rattery -ries	rebater	redding -s	refugee -s
ratting	Rebecca	reddish	refugia
rattish	rebirth -s	redfish -es	refusal -s
rattler -s	rebloom -s,-ing	red-hand	refuser -s
	-ed		

refutal -s
refuter -s
regalia
regally
regatta -s
regence
regency -cies
regimen -s
reginal
regmata
regnant
regorge -s,-d
 -ging
regrade -s,-d
 -ding
regrant -s,-ing
 -ed
regrate -s,-d
 -ting
regrede -s,-d
 -ding
regreet -s,-ing
 -ed
regress -es,-ing
 -ed
regrind -s,-ing
 -ground
regroup -s,-ing
 -ed
regulae
regular -s
regulus -es
rehouse -s,-d
 -sing
rein-arm
reinter -s,-ring
 -red
reissue -s,-d
 -ssuing
rejoice -s,-d
 -cing
rejourn
rejudge -s,-d
 -ging
relâche
relapse -s,-d
 -sing
related
relater -s
relator -s
relaxin
relayed
release -s,-d
 -sing
reliant
relieve -s,-d
 -ving
relievo -s
relight -s,-ing
 -lit

relique -s
reliver
rellish -es
relying
remains
remanet -s
remanié -s
remarry -ing
 -rries
 -ied
rematch -es,-ing
 -ed
remblai
remercy
remerge -s,-d
 -ging
remiges
remnant -s
remodel -s,-ling
 -led
remorse
remould -s,-ing
 -ed
remount -s,-ing
 -ed
removal -s
removed
remover -s
renague
renayed
reneger -s
renegue -s,-d
 -guing
renewal -s
renewer -s
rent-day
rentier -s
renying
reorder -s,-ing
 -ed
repaint -s,-ing
 -ed
repaper -s,-ing
 -ed
repiner -s
repique -s,-d
 -quing
replace -s,-d
 -cing
replant -s,-ing
 -ed
replete -s,-d
 -ting
replevy -ing
 -vies
 -ied
replica -s
replied
replier -s
repoint -s,-ing
 -ed

reposal -s
reposed
reposit -s,-ing
 -ed
repress -es,-ing
 -ed
reprime -s,-d
 -ming
reprint -s,-ing
 -ed
reprise -s,-d
 -sing
reproof -s,-ing
 -ed
reprove -s,-d
 -ving
reptant
reptile -s
repulse -s,-d
 -sing
reputed
request -s,-ing
 -ed
requiem -s
require -s,-d
 -ring
requite -s,-d
 -ting
reredos -es
rescale -s,-d
 -ling
rescind -s,-ing
 -ed
rescore -s,-d
 -ring
rescued
rescuer -s
réseaux
reseize
reserve -s,-d
 -ving
reshape -s,-d
 -ping
resiant -s
residua
residue -s
resiner -s
resolve -s,-d
 -ving
resound -s,-ing
 -ed
respeak
respect -s,-ing
 -ed
respell -s,-ing
 -ed
respire -s,-d
 -ring
respite -s,-d
 -ting

respond -s,-ing
 -ed
respray -s,-ing
 -ed
restaff -s,-ing
 -ed
restage -s,-d
 -ging
restart -s,-ing
 -ed
restate -s,-d
 -ting
rest-day
restful -ler
 -lest
resting -s
restive
restock -s,-ing
 -ed
restore -s,-d
 -ring
restyle -s,-d
 -ling
resurge -s,-d
 -ging
retable -s
retaken
retaker -s
rethink -s,-ing
 -thought
retiary
reticle -s
retinae
retinal
retinol
retinue -s
retiral -s
retired
retiree -s
retouch -es,-ing
 -ed
retrace -s,-d
 -cing
retract -s,-ing
 -ed
retrain -s,-ing
 -ed
retrate
retread -s,-ing
 -ed
retreat -s,-ing
 -ed
retrial -s
retried
retsina -s
rettery -ries
retting
reunify -ing
 -fies
 -ied

reunion -s	rhombos	riotous	rokelay -s
reunite -s,-d	rhombus -es,-bi	rip-cord	roll-bar
-ting	rhonchi	ripieno -s,-ni	rollick -s,-ing
reutter -s,-ing	rhubarb -s	riposte -s,-d	-ed
-ed	rhymist -s	-ting	rolling -s
revalue -s,-d	rhytina -s	rippier	rollmop -s
-luing	ribband -s	ripping	rollock -s
revelry -ries	ribbing -s	rippler -s	roll-out
revenge -s,-d	rib-bone	ripplet -s	roll-top
-ging	ribbony	riptide -s	romaika -s
revenue -s	ribcage -s	risible	romance -s,-d
reverer -s	ribible -s	riskful -ler	-cing
reverie -s	ribless	-lest	Romanes
reverse -s,-d	riblike	riskily	Romanic
-sing	ribston -s	risotto -s	Romansh
reversi	ribwork	Rissian	romaunt -s
reverso -s	ribwort -s	rissole -s	Rommany
reviler -s	Ricinus	rivalry -ries	romneya -s
revisal -s	rickets	rivered	rompish
reviser -s	rickety -tier	riveret -s	rondeau -x
revisit -s,-ing	-iest	riveted	rondino -s
-ed	ricksha -s	riveter -s	röntgen -s
revisor -s	ricotta	riviera -s	roofing -s
revival -s	ridable	rivière -s	roof-top
reviver -s	ridding	rivulet -s	rooinek -s
revivor -s	riddler -s	rizzart -s	rookery -ries
revolve -s,-d	ridered	road-bed	rookish
-ving	ridging -s	road-end	roomful -s
revving	ridotto -s	road-hog	roomily
revying	riempie -s	roading -s	rooster -s
reweigh -s,-ing	riffler -s	roadman -men	rootage -s
-ed	rifling -s	road-map	root-cap
rewrite -s,-ting	riggald -s	roadway -s	rooting -s
-written	rigging -s	roaring -s	rootlet -s
rewrote	riggish	roaster -s	ropable
reynard -s	righten -s,-ing	robbery -ries	roper-in
Reynold	-ed	robbing	ropeway -s
rhabdom -s	righter -s	robinia -s	rorqual -s
rhabdus -es	rightly	robotic -s	rosacea
rhachis -es	right-oh	rock-cod	rosaker
-chides	rigidly	rock-elm	rosalia -s
Rhaetia	rigling -s	rockery -ries	Roscian
Rhaetic	Rigsdag	rockier -s	Roscius
Rhamnus	Rigveda	rockily	roseate
rhaphis -phides	Riksdag	rocking -s	rose-bay
rhatany -nies	rilievo -vi	rocklay -s	rose-bud
Rhemish	rimless	rock-oil	rose-bug
Rhemist	rimming	rock-tar	rose-cut
Rhenish	ringbit -s	rocquet -s	rose-hip
rhenium	ringent	rodless	rosella -s
rheumed	ringgit -s	rodlike	roselle -s
rhizine -s	ringing -s	rodsman -men	roseola
rhizoid -s	ringlet -s	rodster -s	rose-red
rhizome -s	ringman -men	roebuck -s	rosette -s
Rhodian	ring-taw	roe-deer	rosetty
rhodium	ringway -s	roguery	rosined
rhodora -s	rinsing -s	roguing	rosolio -s
rhodous	rioting -s	roguish	rostral
rhombic	riotise -s,-d	roinish	rostrum -tra
rhomboi	-sing	roister -s,-ing	rotator -s
		-ed	

rotchie -s	ruffled	sacculi	salt-box
rotifer -s	ruffler -s	sacella	salt-cat
rotting	rugging -s	sackage -s	saltern -s
rotunda -s	rug-gown	sackbut -s	salt-fat
roughen -s,-ing	ruinate -s,-d	sackful -s	saltier -s
-ed	-ting	sacking -s	saltily
rougher -s	ruining -s	sacless	salting -s
roughie -s	ruinous	sacring -s	saltire -s
roughly	rulable	sacrist -s	saltish
roulade -s	rullion -s	saddish	salt-pan
rouleau -s,-x	rullock -s	saddler -s	salt-pit
rouming -s	rumbler -s	sad-eyed	saluter -s
rounded	rummage -s,-d	sad-iron	salvage -s,-d
roundel -s	-ging	sadness	-ging
rounder -s	rummily	saffian -s	salving -s
roundle -s	rummish	saffron -s	salvoes
roundly	rump-end	safrole -s	sambuca -s
round-up	rump-fed	sagaman -men	Samiote
rousant	rum-shop	sagathy	samisen -s
rousing	runaway -s	sage-tea	Samnite
rouster -s	rundale -s	saggard -s	samovar -s
routhie	rundled	sagging -s	Samoyed
routine -s	rundlet -s	sagitta -s	sampire -s
routing -s	run-down	sagouin -s	sampler -s
routous	runflat	saguaro -s	samshoo -s
rowboat	running -s	Saharan	samurai
rowdily	runnion	sahibah -s	sanctum -s
rowlock -s	runtish	saidest	Sanctus
row-port	rupture -s,-d	sailing -s	sandbag -s,-ging
royalet -s	-ring	saimiri -s	-ged
royally	rurally	sainted	sand-bar
royalty -ties	rusalka -s	saintly	sand-bed
roynish	russety	Saivism	sand-box
royster -s,-ing	Russian	Saivite	sand-boy
-ed	Russify	sakeret -s	sand-eel
rozelle -s	rustily	sakiyeh -s	sanders -es
rub-a-dub	rusting -s	saksaul -s	sand-fly
rubbery	rustler -s	Saktism	sand-hog
rubbing -s	rustred	salable	sanding -s
rubbish -es,-ing	Ruthene	salably	sandman -men
-ed	ruthful -ler	salamon	sand-pit
rubdown -s	-lest	salband -s	sangria -s
rubella	rut-time	salchow -s	sanicle -s
rubeola	rutting -s	salfern -s	Sankhya
rubicon -s,-ning	ruttish	salices	santour -s
-ned	rye-corn	salicet -s	saouari -s
rubious	rye-peck	salicin	sapajou -s
rubying	rye-roll	salient -s	saphead -s
ruby-red	rye-wolf	saligot -s	sapient
ruching -s		Salique	sapless
ruction -s	**S**	salival	sapling -s
ruddied	Sabaean	sallied	saponin
ruddier	Sabaism	sallowy	Sapphic
ruddily	Sabaoth	salpian -s	sapping
ruddock -s	sabaton -s	salpinx -es	sapples
ruderal -s	Sabbath	salsafy -fies	saprobe -s
rudesby	sabella -s	salsify -fies	sapsago -s
ruellia -s	saburra -s	Salsola	sap-wood
ruffian -s,-ing	saccate	saltant -s	Saracen
-ed	saccule -s	saltate -s,-d	sarafan -s
		-ting	

sarangi -s	sayable	schemer -s	scourer -s
Sarapic	scabbed	scherzo -s,-zi	scourge -s,-d
Sarapis	scabble -s,-d	schisma -s	-ging
sarcasm -s	-ling	schlepp -s,-ing	scourie -s
sarcode -s	scabies	-ed	scourse
sarcoid	scabrid	schlich	scouter -s
sarcoma -ta	scaffie -s	schlock	scowder -s,-ing
sarcous	scaglia	schloss -es	-ed
sardine -s	scalade -s	schmelz -es	scowrie -s
sardius -es	scalado -s	schmock -s	scraggy -ggier
sarkful -s	scalder -s	schmoes	-iest
sarking -s	scaldic	schmuck -s	scraich -s,-ing
sarment -s	scalene	schnaps -es	-ed
sarsden -s	scaling -s	schnook -s	scraigh -s,-ing
sarsnet -s	scalled	schnorr	-ed
sassaby -bies	scallop -s,-ing	scholar -s	scranch -es,-ing
Satanas	-ed	scholia	-ed
satanic	scalpel -s	schoole	scranny -nnier
satchel -s	scalper -s	schtick -s	-iest
satiate -s,-d	scamble -s,-d	Sciaena	scraper -s
-ting	-ling	sciarid -s	scrapie
satiety	scamper -s,-ing	sciatic	scrappy -ppier
satinet -s	-ed	science -s	-iest
satiric	scandal -s,-ling	sciolto	scratch -es,-ing
satisfy -ing	-led	Scirpus	-ed
-fies	Scandic	scissel	scrauch -s,-ing
-ied	Scandix	scissil	-ed
satrapy -pies	scanned	scissor -s	scraugh -s,-ing
satsuma -s	scanner -s	Sciurus	-ed
satyral -s	scantle -s,-d	scleral	scrawly -lier
satyric	-ling	scoffer -s	-iest
satyrid -s	scantly	Scoggin	scrawny -nier
saucier	scapple -s,-d	scolder -s	-iest
saucily	-ling	scollop -s,-ing	screech -es,-ing
saunter -s,-ing	scapula -s	-ed	-ed
-ed	scarfed	Scomber	screeve -s,-d
saurian -s	scarify -ing	scooped	-ving
sauroid	-fies	scooper -s	screich -s,-ing
sausage -s	-ied	scooter -s	-ed
sautoir -s	scarlet -s,-ing	scopate	screigh -s,-ing
savable	-ed	scopula -s	-ed
savanna -s	scarped	scoriac	screwed
savarin -s	scarper -s,-ing	scoriae	screwer -s
save-all	-ed	scorify -ing	scribal
saveloy -s	scarred	-fies	scriber -s
saviour -s	scarves	-ied	scriech -s,-ing
savoury -ries	scatole	scoring -s	-ed
saw-bill	scatter -s,-ing	scorner -s	scrieve -s,-d
saw-buck	-ed	scorper -s	-ving
sawdust -s,-ing	scauper -s	scorpio -s	scrimpy -pier
-ed	scavage -s	scorser	-iest
saw-edge	scenary	Scotchy	scritch -es,-ing
saw-fish	scenery -ries	Scotian	-ed
saw-gate	scented	Scotice	scroggy -ggier
saw-kerf	scepsis -ses	Scotify	-iest
saw-mill	sceptic -s	Scotism	scrooge -s,-d
sawn-off	sceptre -s	Scotist	-ging
saw-wort	sceptry	scotoma -s,-ta	scrotum -s
saxhorn -s	schappe -s,-d	scotomy	scrouge -s,-d
Saxonic	-pping	Scottie	-ging

scroyle
scrubby -bbier
  -iest
scruffy -ffier
  -iest
scrummy -mmier
  -iest
scrumpy -pies
scrunch -es,-ing
  -ed
scrunty -tier
  -iest
scruple -s,-d
  -ling
scrying -s
scudded
scudder -s
scuddle -s,-d
  -ling
scudler -s
scuffle -s,-d
  -ling
sculler -s
sculpin -s
scumber -s,-ing
  -ed
scumble -s,-d
  -ling
scummed
scummer -s
scunner -s,-ing
  -ed
scupper -s,-ing
  -ed
scurril
scutage -s
scutate
scutter -s,-ing
  -ed
scuttle -s,-d
  -ling
scybala
scyphus -phi
scytale -s
scythed
scyther -s
sdeigne
sea-bank
sea-bass
sea-bean
sea-bear
sea-beat
sea-beet
sea-bird
sea-blue
sea-boat
sea-born
sea-calf
sea-card
sea-coal

sea-cock
sea-cook
sea-crow
sea-dace
sea-dove
sea-duck
sea-dust
sea-fire
sea-fish
sea-foam
sea-folk
sea-food
sea-fowl
sea-fret
sea-gate
sea-girt
sea-gown
seagull -s
sea-haar
sea-hare
sea-hawk
sea-kale
sea-king
sea-lane
sealant -s
sea-lark
sea-legs
sealery -ries
sea-like
sea-lily
sea-line
sealing -s
sea-lion
sea-loch
sea-lord
seal-wax
sea-maid
seamark -s
sea-mile
sea-moss
seam-set
sea-pass
sea-path
sea-pike
sea-pink
seaport -s
sea-reed
searing -s
sea-risk
sea-road
sea-room
sea-salt
sea-sand
seasick
seaside -s
sea-slug
sea-star
seasure
sea-tang
sea-term

seating -s
sea-tost
sea-turn
sea-view
sea-wall
seaward -s
sea-ware
sea-wave
seaweed -s
sea-wife
sea-wind
sea-wing
sea-wolf
sea-worm
sea-worn
sebacic
sebific
sebundy -dies
seceder -s
seclude -s,-d
  -ding
seconde
secondo
secrecy -cies
secreta
secrete -s,-d
  -ting
sectary -ries
sectile
section -s,-ing
  -ed
secular -s
seculum -s
securer -s
sedilia
seducer -s
seeable
seedbed -s
seedbox -es
seedily
seeding -s
seed-lac
seedlip -s
seed-oil
seeming -s
seepage -s
seethed
seether -s
segment -s,-ing
  -ed
seining -s
seismal
seismic
seizing -s
seizure -s
sejeant
selenic
self-end
self-fed
selfish

selfism
selfist -s
sell-off
sell-out
seltzer -s
selvage -s,-d
  -ging
sematic
semeion -meia
semilog -s
seminal
seminar -s
semiped -s
semitar
Semitic
senator -s
sending -s
send-off
Senecan
senecio -s
Senhora
sensile
sensing -s
sensism
sensist -s
sensory
sensual
Senussi
sepiost -s
seppuku -s
septate
septett -s
septime -s
septuor -s
sequela -e
sequent -s
sequoia -s
seraphs
Serapic
Serapis
Serbian
serfage
serfdom
serfish
seriate
sericin
sericon -s
seriema -s
seringa -s
serious
serkali -s
serosae
serpent -s,-ing
  -ed
serpigo -es
  -gines
serpula -e
serrate -s,-d
  -ting
serried

servant -s,-ing
-ed
servery -ries
servewe
Servian
service -s,-d
-cing
servile -s
serving -s
Servite
sessile
session -s
sestett -s
sestina -s
sestine -s
setback -s
set-down
set-line
setness
setting -s
settled
settler -s
settlor -s
setuale
setwall -s
seventh -s
seventy -ties
several -s
sex-cell
sexfoil -s
sexless
sextans -es
sextant -s
sextett -s
sextile -s
sextuor -s
sferics
sfumato -s
shabble -s
shackle -s,-d
-ling
shadily
shading -s
shadoof -s
shadowy -wier
-iest
shafted
shafter -s
shagged
shaitan -s
shake-up
shakily
shaking -s
shallon -s
shallop -s
shallot -s
shallow -s,-ing
-ed,-er
-est
shamble -s,-d
-ling

shammed
shammer -s
shampoo -s,-ing
-ed
shandry -ries
shanked
shapely -lier
-iest
shaping -s
sharded
shariat
sharing -s
sharker -s
sharpen -s,-ing
-ed
sharper -s
sharply
shaster -s
shastra -s
shatter -s,-ing
-ed
Shavian
shaving -s
Shawnee
shea-nut
sheared
shearer -s
sheathe -s,-d
-thing
sheathy -thier
-iest
sheaved
sheaves
shebang -s
she-bear
shebeen -s,-ing
-ed
shedder -s
sheerly
sheeted
shellac -s,-king
-ked
shelled
sheller -s
shelter -s,-ing
-ed
sheltie -s
shelves
Shemite
sherbet -s
shereef -s
sheriat
sheriff -s
sherris
shicker
shicksa -s
shidder
shifted
shifter -s
Shiitic

shikari -s
shilpit -er,-est
shindig -s
shiness
shingle -s,-d
-ling
shingly -lier
-iest
shining
ship-boy
shipful -s
shiplap -s,-ping
-ped
shipman
shipmen
shipped
shippen -s
shipper -s
shippon -s
ship-way
shirker -s
shirred
shittah -s
shittim -s
shivery -rier
-iest
shmoose
shocked
shocker -s
shoeing -s
shoe-peg
shoe-tie
shogged
shoogle -s,-d
-ling
shooter -s
shop-boy
shopful -s
shophar -s
-phroth
shopman -men
shopped
shopper -s
shoring -s
shorten -s,-ing
-ed
shortie -s,-r,-st
shortly
shotgun -s
shot-put
shotted
shotten
shottle -s
shouter -s
showbiz
show-box
showery -rier
-iest
showily
showing -s

showman -men
show-off
shreddy -ddier
-iest
shrieve -s,-d
-ving
shright
shrilly
shrinal
shritch -es,-ing
-ed
shrived
shrivel -s,-ling
-led
shriven
shriver -s
shroudy -dier
-iest
shrubby -bbier
-iest
shucker -s
shudder -s,-ing
-ed
shuffle -s,-d
-ling
shunned
shunter -s
shut-eye
shut-out
shutter -s,-ing
-ed
shuttle -s,-d
-ling
shy-cock
Shylock
shyness
shyster -s
sialoid
siamang -s
siamese -s,-d
-sing
sibling -s
sibship -s
siccity
sick-bay
sick-bed
sickish
sickled
sick-man
siclike
side-box
sidecar -s
sideral
sideway
siemens
Sienese
sierran
sifting -s
sighful -ler
-lest

sighing	sinopis -es	skilful -ler	slammed
sighted	sinsyne	-lest	slammer -s
sighter -s	sintery	ski-lift	slander -s,-ing
sightly -lier	sinuate	skilled	-ed
-iest	sinuose	skillet -s	slanted
sigmate -s,-d	sinuous	skimmed	slantly
-ting	Siporex	skimmer -s	slapped
sigmoid	sipping	skimmia -s	slapper -s
signary -ries	Sirenia	skinful -s	slashed
signeur	sirenic	skinker -s	slasher -s
signify -ing	sirgang -s	skinned	slather
-fies	sirloin -s	skinner -s	slating -s
-ied	sirname -s,-d	skipped	slatted
Signior	-ming	skipper -s,-ing	slatter -s,-ing
Signora	sirocco -s	-ed	-ed
Signore	Sistine	skippet -s	Slavdom
signory -ries	sistrum -tra	skirret -s	slavery
Sikhism	sitdown -s	skirted	Slavify
silence -s,-d	sitfast -s	skirter -s	slavish
-cing	sithens	skitter -s,-ing	Slavism
silenus -es	sittine	-ed	sleaved
silesia	sitting -s	skittle -s,-d	sledded
silicic	situate -s,-d	-ling	sledger -s
silicle -s	-ting	skiving -s	sleechy -chier
silicon	situlae	skolion -lia	-iest
siliqua -s	sit-upon	skreaky -kier	sleeken -s,-ing
silique -s	Sivaism	-iest	-ed
silk-hat	Sivaite	skreigh -s,-ing	sleeker -s
silkily	sixaine -s	-ed	sleekit -er,-est
silk-man	sixfold	skriech -s,-ing	sleekly
Sillery	six-foot	-ed	sleeper -s
sillily	six-pack	skriegh -s,-ing	sleepry -rier
sillock -s	sixteen -s	-ed	-iest
silphia	sixthly	skudler -s	sleeved
Silurus	sixties	skulker -s	sleided
silvern	sizable	skulpin -s	sleight -s
silvery -rier	sizzler -s	skummer -s,-ing	slender -er,-est
-iest	sjambok -s,-king	-ed	slicing -s
simarre -s	-ked	skuttle -s,-d	slicken -s,-ing
similar	skaldic	-ling	-ed
similor	skating -s	sky-blue	slicker -s
simious	skatole	skyborn	slickly
simitar -s	skeeter	sky-bred	slidden
simpkin -s	skegger -s	skyclad	slidder -s,-ing
simpler -s	skelder -s,-ing	sky-high	-ed
simplex -plices	-ed	skyjack -s,-ing	sliding -s
simular -s	skellum -s	-ed	slimily
simurgh -s	skelter -s,-ing	skylark -s,-ing	slimmed
Sinaean	-ed	-ed	slimmer -s
sincere -r,-st	skepful -s	skyline -s	slinger -s
sinewed	skepsis -ses	skysail -s	slinker -s
singing -s	skeptic -s	sky-sign	slipped
singlet -s	sketchy -chier	skyward	slipper -s,-ing
singult -s	-iest	slabbed	-ed
Sinhala	skew-put	slabber -s,-ing	slipway -s
sinkage -s	skiable	-ed	slither -s,-ing
sinking -s	ski-bobs	slacker -s	-ed
sinless	skid-lid	slackly	slitter -s
sinning	skidpan -s	sladang -s	slobber -s,-ing
sinopia -s	skiffle	slàinte	-ed

slocken -s,-ing	snabble -s,-d	snubbed	somitic
-ed	-ling	snubber -s	somnial
sloe-gin	snaffle -s,-d	snuffer -s	sonance -s
slogger -s	-ling	snuffle -s,-d	sonancy
sloping	snagged	-ling	sondage -s
slopped	snakily	snugged	sondeli -s
sloshed	snakish	snuggle -s,-d	songful -ler
slotter -s	snapped	-ling	-lest
slouchy -chier	snapper -s	snuzzle -s,-d	song-hit
-iest	snaring -s	-ling	songman
sloughy -ghier	snarled	soakage	sonless
-iest	snarler -s	soaking -s	Sonnite
Slovene	snarl-up	so-and-so	sonship
slowing -s	snatchy -chier	soapbox -es	sonties
slowish	-iest	soapily	soother -s
slubbed	sneaker -s	soaring -s	soothly
slubber -s,-ing	sneak-up	sobbing -s	sootily
-ed	sneerer -s	soberly	sophism
slugger -s	sneezer -s	soboles	sophist -s
slumber -s,-ing	snicker -s,-ing	soccage	soppily
-ed	-ed	sociate -s	sopping -s
slumbry -rier	snick-up	society -ties	soprani
-iest	snidely	sockeye -s	soprano -s
slummer -s	sniffer -s	sodaine	sorbate -s
slurred	sniffle -s,-d	sodding	sorbent -s
slyness	-ling	sofa-bed	Sorbian
smacker -s	snifter -s,-ing	softish	Sorbish
smarago -s	-ed	soggily	sorcery -ries
smarten -s,-ing	snigger -s,-ing	sogging -s	sordine -s
-ed	-ed	soignée	sordini
smartie -s	sniggle -s,-d	soiling -s	sordino
smartly	-ling	soilure	soredia
smasher -s	sniping -s	sojourn -s,-ing	sorehon -s
smash-up	snipped	-ed	sorghum
smatter -s,-ing	snipper -s	sokeman -men	sorites
-ed	snippet -s	solanum -s	soritic
smectic	snirtle -s,-d	soldado -s	sorning -s
smeddum -s	-ling	soldier -s,-ing	soroban -s
smeller -s	snodded	-ed	soroche
smelter -s	snoddit	sol-faed	sororal
smicker	snooded	solicit -s,-ing	sorosis -ses
smicket -s	snooker -s,-ing	-ed	sorrier
smickly	-ed	solidly	sorrily
smidgen -s	snooper -s	solidum -s	sorting -s
smidgin -s	snoozer -s	solidus -di	sossing -s
smiling -s	snoozle -s,-d	soliped -s	Sotadic
smoke-ho	-ling	soloist -s	sotting -s
smokily	snoring -s	Solomon	sottish
smoking -s	snorkel -s	Solpuga	soubise -s
smolder	snorter -s	soluble	souffle -s
smoothe -s,-d	snotter -s	solvate -s,-ing	soufflé -s
-thing	snouted	-ed	souldan -s
smother -s,-ing	snow-box	solvent -s	soulful -ler
-ed	snowcap -s	somatic	-lest
smouser	snow-fed	someday	souming -s
smudger -s	snow-fly	somehow	sounder -s
smuggle -s,-d	snow-ice	someone	soundly
-ling	snowily	someway	soupçon -s
smutted	snowish	somewhy	souring -s
smytrie -s	snowman -men	somital	sourish

sourock -s	speckle -s,-d	spirity	spright -s
sour-sop	-ling	spiroid	springe -s,-d,-r
sousing -s	specter	spirtle -s	-st
souslik -s	spectra	spit-box	-ging
soutane -s	spectre -s	spitted	springy -gier
souther -s,-ing	specula	spitten	-iest
-ed	speeded	spitter -s	spryest
sowarry -rries	speeder -s	spittle -s	spulyie -s,-ing
sow-skin	speed-up	splashy -shier	-d
sozzled	speeler -s	-iest	spulzie -s,-ing
spacial	spelder -s,-ing	splatch -es,-ing	-d
spacing -s	-ed	-ed	spumous
spadger -s	speldin -s	spleeny	spunkie -s
spadoes	spelean	splenic	spun-out
spaeman -men	spelled	splodge -s,-d	spuriae
spairge -s,-d	speller -s	-ging	spurner -s
-ging	spelter	splodgy -gier	spurred
spancel -s,-ling	spencer -s	-iest	spurrer -s
-led	spender -s	splotch -es,-ing	spurrey -s
spangle -s,-d	spermic	-ed	spurtle -s
-ling	spersed	splurge -s,-d	spur-way
spangly -lier	sperthe -s	-ging	sputnik -s
-iest	sphaere	splurgy -gier	sputter -s,-ing
spaniel -s,-ing	sphenic	-iest	-ed
-ed	spheral	spodium	spy-hole
Spanish	sphered	spoiled	squabby -bbier
spanker -s	spheric	spoiler -s	-iest
spanned	spicate	spondee -s	squacco -s
spanner -s	spicery -ries	spondyl -s	squaddy -ddies
span-new	spicily	sponger -s	squalid -er,-est
sparely	spicula -s	spongin	squally -llier
sparger -s	spicule -s	sponsal	-iest
sparing	spidery	sponson -s	squalor
sparkle -s,-d	spieler -s	sponsor -s,-ing	squamae
-ling	spignel -s	-ed	squared
sparoid -s	spikily	spoofer -s	squarer -s
sparred	spiling -s	spooler -s	squashy -shier
sparrer -s	spilite	spooney -s	-iest
sparrow -s	spilled	spoorer -s	squatty -ttier
Spartan	spiller -s	sporran -s	-iest
sparthe -s	spinach -es	sporter -s	squawky -kier
spasmic	spinage -s	sporule -s	-iest
spastic -s	spinate	spotted	squeaky -kier
spathed	spindle -s,-d	spotter -s	-iest
spathic	-ling	spousal -s	squeeze -s,-d
spatial	spindly -lier	spouter -s	-zing
spattee -s	-iest	spraint -s	squeezy -zier
spatter -s,-ing	spin-dry	sprawly -lier	-iest
-ed	spinner -s	-iest	squelch -es,-ing
spatula -s	spinnet -s	sprayed	-ed
spatule -s	spinney -s	sprayer -s	squiffy -ffier
spa-well	spinode -s	sprayey -yier	-iest
spawner -s	spin-off	-iest	squinch -es
speaker -s	spinose	spray-on	squinny
speared	spinous	spreagh -s	squishy -shier
special -s	spinout -s	spreaze -s,-d	-iest
species	spinule -s	-zing	squitch -es
specify -ing	spiraea -s	spreeze -s,-d	sraddha -s
-fies	spirant -s	-zing	stabbed
-ied	spireme -s	spriggy -ggier	stabber -s
		-iest	

stabile -s	starved	sternly	stooden
stabler -s	stasima	sternum -s	stooker -s
stacked	statant	steroid -s	stoolie -s
stacket -s	stately -lier	Stetson	stooped
staddle -s	-iest	stetted	stooper -s
stadium -dia	statice	steward -s	stop-gap
staffer -s	statics	stew-can	stoping -s
stagery	station -s,-ing	stewing -s	stop-off
stagger -s,-ing	-ed	stewpan -s	stopped
-ed	statism	stewpot -s	stopper -s,-ing
stagily	statist -s	sthenic	-ed
staging -s	stative	stibble -s	stopple -s,-d
staidly	statued	stibial	-ling
stained	stature -s	stibine	storage -s
stainer -s	statute -s	stibium	storied
staired	staunch -es,-ing	stichic	stotter -s
staithe -s	-ed,-er	stichoi	stouten -s,-ing
stalely	-est	stichos	-ed
stalked	staying -s	sticked	stoutly
stalker -s	steaded	sticker -s	stovies
stalled	stealed	stickit	stoving -s
stamina	stealer -s	stickle -s,-d	stowage -s
stammel -s	stealth	-ling	stowing -s
stammer -s,-ing	steamed	stickup -s	straint
-ed	steamer -s	stiddie -s,-d	strange -r,-st
stamnos -es	steamie -s	-ddying	strappy -ppier
stamper -s	stearic	stiffen -s,-ing	-iest
stand-by	stearin	-ed	stratum -ta
standen	steekit	stiffly	stratus -es
stander -s	steeled	stifled	strawed
stand-in	steepen -s,-ing	stifler -s	strawen
stand-to	-ed	stiller -s	strayed
stand-up	steeper -s	stilted	strayer -s
staniel -s	steeple -s	stilter -s	streaky -kier
stannel -s	steeply	Stilton	-iest
stannic	steep-to	stimuli	streamy -mier
stanyel -s	steep-up	stinged	-iest
stapler -s	steerer -s	stinger -s	streety -tier
stapple -s	stelene	stinker -s	-iest
starchy -chier	stellar	stinted	stretch -es,-ing
-iest	stelled	stinter -s	-ed
stardom	stembok -s	stipend -s	stretta -tte
starets -es	stemmed	stipple -s,-d	stretto -tti
staretz -es	stempel -s	-ling	strewed
staring -s	stemple -s	stipule -s	strewer -s
starken -s,-ing	stemson -s	stir-fry	'strewth
-ed	stenchy -chier	stirpes	striate
starkly	-iest	stirred	stridor -s
star-led	stencil -s,-ling	stirrer -s	strigae
starlet -s	-led	stirrup -s	Striges
starlit	stengah -s	stodger -s	strigil -s
star-man	stentor -s	stoical	striker -s
star-map	stepney -s	stoiter -s,-ing	stringy -gier
starnie -s	stepped	-ed	-iest
starred	stepper -s	stomach -s,-ing	striped
starter -s	stepson -s	-ed	stripes
startle -s,-d	sterile	stomata	stripey -pier
-ling	sterlet -s	stonern -s	-iest
startly	sternal	stonily	striven
*start-up	sterned	stonker -s,-ing	striver -s
		-ed	

175

S 7

strobic
strodle -s,-d
        -ling
stroker -s
strophe -s
stroppy -ppier
        -iest
strowed
strower -s
strudel -s
strumae
stubbed
stubble -s
stubbly -lier
        -iest
stucco'd
stuccos
stuck-up
studded
studden
studdle -s
student -s
studied
studier -s
stuffed
stuffer -s
stumble -s,-d
        -ling
stumbly -lier
        -iest
stummed
stummel -s
stumper -s
stunned
stunner -s
stunted
stupefy -ing
        -fies
        -ied
stupent -er,-est
Sturnus
stutter -s,-ing
        -ed
Stygian
stylate
stylise -s,-d
        -sing
stylish
stylist -s
stylite -s
styloid -s
stypsis -ses
styptic -s
styrene -s
suasion -s
suasive
suasory
suavely
suavity
subacid

subadar -s
subaqua
subarid
subatom -s
subbing -s
subdean -s
subdual -s
subduce
subduct -s,-ing
        -ed
subdued
subduer -s
subedar -s
subedit -s,-ing
        -ed
suberic
suberin
subfusc -s
subfusk -s
sub-head
subject -s,-ing
        -ed
subjoin -s,-ing
        -ed
sublate -s,-d
        -ting
sublime -s,-d,-r
        -st,-ming
submiss
subplot -s
subside -s,-d
        -ding
subsidy -dies
subsist -s,-ing
        -ed
subsoil -s,-ing
        -ed
subsume -s,-d
        -ming
subtack -s
subtend -s,-ing
        -ed
subtext -s
subtile -r,-st
subtype -s
subunit -s
subvert -s,-ing
        -ed
subzero
subzone -s
succade -s
succeed -s,-ing
        -ed
success -es
succory -ries
succose
Succoth
succour -s,-ing
        -ed
succous

succuba -s
succubi
succumb -s,-ing
        -ed
succuss -es,-ing
        -ed
sucking -s
suckler -s
sucrase
sucrier
sucrose
suction -s
sudamen -mina
sudanic
sudoral
sueable
suffete -s
suffice -s,-d
        -cing
suffuse -s,-d
        -sing
Sufiism
sugared
suggest -s,-ing
        -ed
suicide -s
suidian
suiting -s
Sukkoth
sulcate
sulkily
sullage
sullied
sulphur -s,-ing
        -ed
sultana -s
sumatra -s
sumless
summand -s
summary -ries
summing -s
summist -s
summons -es,-ing
        -ed
sumpter -s
sun-bath
sun-beam
sun-bear
sun-beat
sun-bird
sunburn -s,-ing
        -ed,-t
sun-clad
sun-cult
sundari -s
sun-dawn
sun-deck
sundial -s
sun-disk
sundown -s

sunfast
sun-fish
sunglow -s
sun-lamp
sunless
sunlike
sun-myth
sunnily
sunning
Sunnite
sunrise -s
sun-roof
sunspot -s
sunsuit -s
suntrap -s
sunward
sunwise
Suomish
suppawn
supping
support -s,-ing
        -ed
suppose -s,-d
        -sing
supreme -s,-r,-st
suprême -s
supremo -s
surance
surbase -s
surbate -s,-d
        -ting
surcoat -s
surdity
surface -s,-d
        -cing
surfeit -s,-ing
        -ed
surfing -s
surfman -men
surgent -er,-est
surgeon -s
surgery -ries
surging -s
Surinam
surlily
surloin -s
surmise -s,-d
        -sing
surname -s,-d
        -ming
surpass -es,-ing
        -ed
surplus -es
surreal
surtout -s
survewe
surview -s,-ing
        -ed
survive -s,-d
        -ving

suspect -s,-ing
-ed
suspend -s,-ing
-ed
suspire -s,-d
-ring
sustain -s,-ing
-ed
sutlery -ries
sutural
sutured
swabbed
swabber -s
swaddle -s,-d
-ling
swagged
swagger -s,-ing
-ed
swaggie
swagman -men
Swahili
swaling -s
swallet -s
swallow -s,-ing
-ed
swamper
swanker -s
swankey -s,-kier
-iest
swapped
swapper -s
swarded
swarmer -s
swarthy -thier
-iest
swasher
swatter -s,-ing
-ed
swaying -s
swearer -s
sweated
sweater -s
Swedish
sweeper -s
sweered
sweeten -s,-ing
-ed
sweetie -s
sweetly
swelled
sweller -s
swelted
swelter -s,-ing
-ed
sweltry -trier
-iest
swerver -s
swifter -s
swiftly
swigger -s

swiller -s
swimmer -s
swindge
swindle -s,-d
-ling
swinery -ries
swing-by
swinger -s
swingle -s,-d
-ling
swinish
swinked
swipple -s
swisher -s
switchy -chier
-iest
swither -s,-ing
-ed
Switzer
swizzle -s,-d
-ling
swobbed
swobber -s
swollen
swooned
swopped
swopper -s
sworder -s
swotter -s
sybotic
sycosis
syenite -s
syllabi
sylphid -s
Sylvian
sylvine
sylvite
symbion -s
symptom -s
synapse -s
synapte -s
synaxis -xes
syncarp -s
syncope -s
synergy
synesis
syngamy
synodal -s
synodic
synonym -s
synovia
syntony -nies
Syriasm
syringa -s
syringe -s,-ing
-d
syrphid -s
Syrphus
systole -s
systyle -s

syzgial
Szekler

T

tabanid -s
Tabanus
tabaret -s
Tabasco®
tabbied
tabetic
tabinet
tableau -x
tabling -s
tabloid -s
tabooed
taborer -s
taboret
taborin -s
tabulae
tachism
tachist -s
tachyon -s
tacitly
tackety -tier
-iest
tacking -s
tackled
tackler -s
tactful -ler
-lest
tactics
tactile
taction
tactism
tactual
tadpole -s
taedium
taeniae
taffeta -s
taffety -ties
Tagalog
tagetes
taggers
tagging
tag-tail
tailard
tail-end
tail-fly
tailing -s
taillie -s
tailzie -s
tainted
T'ai-p'ing
taivert
takable
takahea -s
take-off
take-out
talaria
talayot -s

talcose
talcous
taleful
talipat -s
taliped -s
talipes
talipot -s
talking -s
tallage -s,-d
-ging
tallboy -s
tallent
tallied
tallies
tallith -s
tall-oil
tallowy -wier
-iest
tally-ho
taloned
tamable
tamarin -s
tamasha
tambour -s,-ing
-ed
Tamilic
Tammany
Tampico
tamping -s
tampion -s
Tamulic
tanadar -s
tanager -s
Tanagra
tan-bark
tangelo -s
tangent -s
tanghin -s
tangled
tangler -s
tangoed
tangram -s
tankage -s
tankard -s
tank-car
tankful -s
tanking -s
tanling
tannage -s
tannate -s
tannery -ries
tanning -s
tan-ooze
tan-ride
tantara -s
tantivy -vies
tantony -nies
Tantric
tantrum -s
tanyard -s

tap-bolt	tea-cake	ten-foot	tetanal
tapered	teacher -s	teniate	tetanic
taperer -s	teachie -r,-st	tenioid	tetanus
tapetal	teach-in	tenoner -s	tetract -s
tapetum -ta	tea-cosy	tenpins	tetrode -s
tapioca -s	tea-dish	tensely	textile -s
taplash -es	tea-gown	tensile	text-man
tappice -s,-d	tea-lead	tension -s	textual
-cing	tea-leaf	tensity	texture -s,-d
tapping -s	teaming -s	tensive	-ring
taproom -s	tear-bag	tentage -s	thalami
taproot -s	tearful -ler	tent-bed	thalian
tap-shoe	-lest	tentful -s	thallic
tapsman -men	tear-gas	tenthly	thallus -es,-lli
tapster -s	tearing	tentigo	thalweg -s
tarbush -es	tea-room	tenting -s	thammuz
tardily	tea-rose	tent-peg	thanage
tardive	tear-pit	tent-pin	thankee -s
tar-heel	tea-shop	tenuity	thanker -s
tarnish -es,-ing	teasing -s	tenuous	thannah -s
-ed	tea-time	tequila -s	thatcht
tarried	tea-tray	terbium	thawing -s
tarrier -s	tea-tree	terebra -s	theater
tarring -s	technic	terefah	theatre -s
tarrock -s	tectrix -trices	tergite -s	Thebaic
tar-sand	tedding	term-day	Thebaid
tar-seal	tedesca -desche	termini	thecate
tarsier -s	tedesco -deschi	termite -s	themata
Tarsius	tedious	ternary	theorbo -s
tar-spot	teemful	ternate	theorem -s
tartana -s	teeming	ternion -s	theoric
tartane -s	teenage	terpene -s	therapy -pies
tartare -s	teentsy -sier	terrace -s,-d	thereat
Tartary	-iest	-cing	thereby
tartine	tegmina	terrain -s	therein
tartish	tegulae	terreen -s	thereof
tartlet -s	tegular	terrene -s	thereon
Tartufe	tektite -s	terrier -s	thereto
tarweed -s	telamon -es	terrify -ing	theriac -s
tasking -s	teleost -s	-fies	thermae
tassell -s	telergy	-ied	thermal -s
tastily	telesis -ses	terrine -s	thermic
tasting -s	telling -s	tersely	Thermit®
Tataric	telpher -s	tersion	thermos -es
tattery -rier	Telstar	tertial -s	theroid
-iest	temenos -es	tertian -s	thether
tattily	tempera	tessera -e	theurgy
tatting -s	tempest -s,-ing	testacy	thiamin
tattler -s	-ed	testate	thiasus -es
taunter -s	templar	test-bed	thicken -s,-ing
taurean	templed	testern -s	-ed
taurine	templet -s	test-fly	thicket -s
taverna -s	tempter -s	testify -ing	thickly
taxable	tempura -s	-fies	thick'un
taxably	tenable	-ied	thieves
tax-cart	tenancy -cies	testily	thigger -s
tax-free	tendenz	testing -s	thiggit
taxicab -s	tendril -s	testoon -s	thiller -s
taximan -men	tendron -s	testril	thimble -s,-d
taxying	tenfold	testudo -s,-dines	-ling

thinker -s	Tibetan	tipping -s	tonnage -s
thinned	ticking -s	tippler -s	tonneau -s
thinner -s	tickler -s	tipsify -ing	tonnish
thirdly	tiddled	-fies	tonsure
thirsty -tier	tiddler -s	-ied	tontine -s
-iest	tiddley -lier	tipsily	toolbag -s
thistle -s	-iest	tipster -s	toolbox -es
thistly -lier	tide-rip	tiptoed	tooling -s
-iest	tide-way	tirasse -s	toolkit -s
thither	tidings	Titania	toothed
Thomism	tidying	titanic	tootsie -s
Thomist	tie-beam	tithing -s	toparch -s
thonder	tie-clip	titlark -s	top-boot
thonged	tieless	titling -s	top-coat
thorite	tiercel -s	titmice	topfull
thorium	tietack -s	Titoism	top-hole
thorned	tiffany	Titoist	topiary -ries
thought -s	tiffing -s	titrate -s,-d	topical
thready -dier	tigerly	-ting	top-knot
-iest	tighten -s,-ing	tittupy -pier	topless
threave -s	-ed	-iest	top-line
threnos	tightly	titular -s	topmast -s
thretty -tties	tigress -es	toadied	topmost
thrifty -tier	tigrine	toasted	toponym -s
-iest	tigrish	toaster -s	topping -s
thrilly -llier	tigroid	tobacco -(e)s	topsail -s
-iest	tilbury -ries	to-brake	topside -s
thrived	tile-hat	to-break	topsman -men
thriven	tile-red	toby-jug	top-soil
thriver -s	tillage -s	toccata -s	topspin -s
throaty -tier	tilling -s	toddler -s	torcher
-iest	tillite	toeclip -s	torchon
thrombi	til-seed	toe-hold	torgoch -s
throned	tilting -s	toe-nail	torment -s,-ing
through	timbale -s	toffish	-ed
thrower -s	timbrel -s	togated	tormina
throw-in	time-gun	toggery	tornade -s
thrummy -mmier	time-lag	toheroa -s	tornado -s
-iest	timeous	toilful -ler	torpedo -es,-ing
thrutch -es,-ing	time-out	-lest	-ed
-ed	timidly	toiling -s	torpefy -ing
thruway	timothy -thies	toisech -s	-fies
thuggee	timpani	tokamak -s	-ied
thulite	timpano	tollage -s	torqued
thulium	tinamou -s	toll-bar	torrefy -ing
thumbed	tinchel -s	tolling	-fies
Thummim	tindery -rier	tollman -men	-ied
thumper -s	-iest	toluene	torrent -s
thunder -s,-ing	tinfoil	tombola -s	torsade -s
-ed	tinfuls	tombolo -s	torsion -s
thurify -ing	tinging	tomfool -s,-ing	torsive
-fies	tingler -s	-ed	tortile -r,-st
-ied	tiniest	tompion -s	tortive
thwaite -s	tinkler -s	tom-trot	tortrix -rices
thylose -s	tinning -s	tondino -s,-ni	torture -s,-d
thymine	tin-tack	tone-arm	-ring
thyroid -s	tinting -s	tonemic	torulin
thyrsus -si	tintype -s	tonetic	torulus -es
thyself	tinware	tongued	Toryism
tiaraed	tip-cart	tonight	toshach -s

tossily	traitor -s	tressel -s	tripped
tossing -s	traject -s,-ing	trestle -s	tripper -s
tosspot -s	-ed	treviss -es	trippet -s
totally	tram-car	treybit -s	tripple
Totanus	trammel -s,-ling	triable	tripsis -ses
totemic	-led	triacid	trireme -s
totient -s	tramper -s	triadic	trisect -s,-ing
to-torne	trample -s,-d	triarch -s	-ed
tottery	-ling	triatic -s	triseme -s
totting -s	tramway -s	triaxon -s	trishaw -s
touched	tranced	tribade -s	trismus -es
toucher -s	tranche -s	tribady	trisula
toughen -s,-ing	tranect	tribble -s	tritely
-ed	trangam -s	triblet -s	tritium
toughie -s	trangle -s	tribune -s	Tritoma
toughly	trankum -s	tribute -s	tritone -s
touraco -s	trannie -s	triceps -es	trochus -es
touring -s	transit -s,-ting	tricker -s	triumph -s,-ing
tourism	-ted	trickle -s,-d	-ed
tourist -s	transom -s	-ling	trivial
tourney -s,-ing	tranter -s	trickly -lier	trivium
-ed	trap-cut	-iest	trizone -s
tousing -s	trapeze -s,-d	tricksy -sier	trochal
toustie -r,-st	-zing	-iest	trochee -s
towards	trapped	tricorn -s	trochus -es
towered	trapper -s	tridarn -s	trodden
tow-head	travail -s,-ing	trident -s	troelie -s
tow-iron	-ed	triduan	troller -s
towline -s	travois	triduum -s	trolley -s
towmond	trawler -s	triffid -s	trollop -s,-ing
towmont	traybit -s	trifler -s	-ed
town-end	trayful -s	trifoly -lies	trommel -s
townish	treacle -s,-d	triform	troolie -s
to-worne	-ling	trigamy -mies	trooper -s
towpath -s	treacly -lier	trigger -s,-ing	trophic
towrope -s	-iest	-ed	tropism
toxical	treader -s	triglot -s	tropist -s
toyshop -s	treadle -s,-d	trigram -s	trotted
toysome	-ling	Trilene®	trotter -s
tracery -ries	treague	trilith -s	trouble -s,-d
trachea -e	treason -s	trilled	-ling
tracing -s	treater -s	trilobe -s	trounce -s,-d
tracked	treddle -s,-d	trilogy -gies	-cing
tracker -s	-ling	trimmed	trouper -s
tractor -s	treetop -s	trimmer -s	trouter -s
tractus -es	trefoil -s	trinary	truancy -cies
trade-in	trehala -s	trindle -s,-d	trucage
trading -s	treille -s	-ling	trucial
traduce -s,-d	trekked	tringle -s	trucker -s
-cing	trekker -s	trinity -ties	truckle -s,-d
traffic -s,-king	trellis -es,-ing	trinket -s	-ling
-ked	-ed	trinkum -s	trudgen -s
tragedy -dies	tremble -s,-d	triolet -s	trudger -s
tragule -s	-ling	triones	trueman -men
traikit	tremolo -s	trionym -s	truffle -s
trailer -s	trenail -s	tripery	Trullan
trained	trenise -s	triplet -s	trumeau -x
trainee -s	trental -s	triplex	trumpet -s,-ing
trainer -s	trepang -s	tripody -dies	-ed
traipse -s,-d	tressed	tripoli	truncal
-sing			trundle -s,-d
			-ling

trunked	turfing -s	twisted	*umbrere
trussed	turfite -s	twister -s	*Umbrian
trusser -s	turfman -men	twitchy -chier	umbrose
trustee -s	turgent	-iest	umbrous
truster -s	Turkess	twitted	umpteen
trypsin	turkies	twitten -s	umwhile
tryptic	Turkish	twitter -s,-ing	unacted
trysail -s	Turkman	-ed	unaided
tryster -s	turmoil -s,-ing	two-eyed	unaimed
Tsabian	-ed	twofold	unaired
tsardom	turndun -s	two-foot	unaking
tsarina -s	turnery -ries	two-four	unalike
tsarism	turning -s	two-hand	unalist -s
tsarist -s	turnkey -s	two-inch	unalive
T-shaped	turnoff -s	two-line	unaptly
tsigane -s	turn-off	twoness	unarmed
T-square	turn-out	two-pair	unasked
tsunami -s	turpeth -s	two-part	unaware
tuatara -s	turtler -s	twosome -s	unbaked
tuatera -s	tushery	two-step	unbated
tubbing -s	tussive	two-time	unbeget -s -ting
tubbish	tussock -s	two-tone	-got(ten)
tubeful -s	tussore -s	twyfold	unbegot
tubfast	tutania	tychism	unbegun
tubfish -es	tutelar	tylopod -s	unbeing
tubular	tutenag	tyloses	unblent
tuck-box	tutress -es	tylosis	unbless -es,-ing
tuck-out	tutwork	tympana	-ed
Tuesday	twaddle -s,-d	tympano -ni	unblest
tufting -s	-ling	tympany -nies	unblind -s,-ing
tug-boat	twaddly -lier	Tynwald	-ed
tugging -s	-iest	type-bar	unblock -s,-ing
tuilyie	twafald	typhoid	-ed
tuilzie	twangle -s,-d	typhoon -s	unblown
tuition	-ling	typhous	unbosom -s,-ing
tulchan -s	twankay -s	typical	-ed
Tullian	twasome -s	tyranne	unbound
tumbler -s	twattle -s,-d	tyranny -nnies	unbowed
tumbrel -s	-ling	tyrones	unbrace -s,-d
tumbril -s	tweedle -s,-d	tzigany -nies	-cing
tumesce -s,-d	-ling	tzimmes	unbroke
-scing	tweeter -s		unbuild -s,-ing
tumidly	twelfth -s	U	unbuilt
tumular	twibill -s		unburnt
tumulus -li	twiddle -s,-d	uberous	uncanny -nnier
tunable	-ling	udaller -s	-iest
tunably	twiddly -lier	uddered	unchain -s,-ing
tun-dish	-iest	ufology	-ed
tuneful	twifold	ukelele -s	uncharm -s,-ing
tung-oil	twiggen	ukulele -s	-ed
tunicin	twigger	ulcered	unchary -rier
tunicle -s	twilled	ulichon -s	-iest
tunnage -s	twining -s	ulnaria	uncheck
tunning -s	twinkle -s,-d	ululant	unchild
turacin	-ling	ululate -s,-d	uncinus -ni
turbary -ries	twinned	-ting	uncivil -ler
turbine -s	twin-set	umbered	-lest
turbith -s	twinter -s	umbonal	unclasp -s,-ing
turbond	twirler -s	umbones	-ed
turdine	twiscar -s	umbrage -s,-d	unclean -er,-est
		-ging	

unclear -er,-est	unglove -s,-d	unleash -es,-ing	unquiet -s,-ing
unclipt	-ving	-ed	-ed
uncloak -s,-ing	ungodly -lier	unlimed	unquote -s,-d
-ed	-iest	unlined	-ting
unclose	ungored	unloose -s,-d	unraced
uncloud -s,-ing	ungrown	-sing	unraked
-ed	unguard -s,-ing	unloved	unravel -s,-ling
uncouth -er,-est	-ed	unlucky -kier	-led
uncover -s,-ing	unguent -s	-iest	unready -dier
-ed	ungulae	unmanly -lier	-iest
uncross -es,-ing	ungyved	-iest	unreave -s,-d
-ed	unhandy -dier	unmarry -ing	-ving
uncrown -s,-ing	-iest	-rries	unreeve -s,-d
-ed	unhappy -ppier	-ied	-ving
unction -s	-iest	unmated	unright -s
uncured	unhardy -dier	unmeant	unrimed
uncurse -s,-d	-iest	unmeted	unrisen
-sing	unhasty -tier	unmixed	unriven
undated	-iest	unmoral	unrivet -s,-ing
undeify -ing	unheard	unmould -s,-ing	-ed
-fies	unheart	-ed	unroost
-ied	unheedy -dier	unmount -s,-ing	unrough
underdo -es,-ing	-iest	-ed	unround -s,-ing
-ne,-did	unhinge -s,-d	unmoved	-ed
undergo -es,-ing	-ging	unnamed	unroyal
-ne,-went	unhired	unneath	unruffe
undight	unhitch -es,-ing	unnerve -s,-d	unruled
undoing -s	-ed	-ving	unsaint -s,-ing
undress -es,-ing	unhoard -s,-ing	unnoble -s,-d	-ed
-ed	-ed	-ling	unsated
undried	unhoped	unnoted	unsaved
undrunk	unhorse -s,-d	unoften	unscale -s,-d
undying	-sing	unoiled	-ling
uneared	unhouse -s,-d	unorder -s,-ing	unscrew -s,-ing
unearth -s,-ing	-sing	-ed	-ed
-ed	unhuman	unowned	unsense -s,-d
uneaten	unicity	unpaged	-sing
unequal -s	unicorn -s	unpaint -s,-ing	unsewed
unfaded	unidea'd	-ed	unsexed
unfaith	unideal	unpanel -s,-ling	unshale -s,-d
unfamed	unified	-led	-ling
unfazed	unifier -s	unpaper -s,-ing	unshape -s,-d
unfeued	uniform -s,-ing	-ed	-ping
unfiled	-ed	unpared	unshell -s,-ing
unfired	unitary	unpaved	-ed
unfitly	uniting -s	unperch -es,-ing	unshent
unfixed	unition -s	-ed	unshewn
unflesh -es,-ing	unitise -s,-d	unpinkt	unshorn
-ed	-sing	unplace -s,-d	unshout -s,-ing
unflush -es,-ing	unitive	-cing	-ed
-ed	unjaded	unplait -s,-ing	unshown
unfound	unjoint -s,-ing	-ed	unsight
unfrock -s,-ing	-ed	unplumb -s,-ing	unsinew -s,-ing
-ed	unkempt	-ed	-ed
unfumed	unknown -s	unplume -s,-d	unsized
unfunny -nnier	unladen	-ming	unslain
-iest	unlatch -es,-ing	unposed	unsling -s,-ing
ungazed	-ed	unpurse -s,-d	unslung
ungirth -s,-ing	unlearn -s,-ing	-sing	unsmart -er,-est
-ed	-ed	unqueen	unsmote

unsnarl -s,-ing	untwist -s,-ing	upcoast	upwards
-ed	-ed	updrawn	upwhirl -s,-ing
unsolid	untying	upflung	-ed
unsonsy	unurged	upgoing -s	upwound
unsoote	unusual	upgrade -s,-d	urachus -es
unsound -er,-est	unvexed	-ding	uraemia
unspeak -s,-ing	unvisor -s,-ing	upgrown	uraemic
-ed	-ed	upheave -s,-d	Uralian
unspell -s,-ing	unvital	-ving	uralite
-ed	unvocal	uphoard -s,-ing	Uranian
unspent	unvoice -s,-d	-ed	uranide
unspied	-cing	uphoist -s,-ing	uranism
unspilt	unwaked	-ed	uranite
unspoke	unwares	uplying	uranium
unstack -s,-ing	unwater -s,-ing	upmaker -s	uranous
-ed	-ed	uppiled	uredine
unstaid -er,-est	unwayed	upraise -s,-d	uredium
unstate	unweary -rier	-sing	urethan
unsteel -s,-ing	-iest	upright -s,-ing	urethra -s,-e
-ed	unweave -s,-d	-ed	urgence -s
unstick -s,-ing	-ving	uprisal -s	urgency -cies
-stuck	unwhipt	uprisen	uricase
unstock -s,-ing	unwiped	upriver	urinant
-ed	unwitch -es,-ing	uprouse -s,-d	urinary -ries
unstrap -s,-ping	-ed	-sing	urinate -s,-d
-ped	unwitty -ttier	upshoot -s,-ing	-ting
unstrip -s,-ping	-iest	-shot	urinous
-ped	unwived	upsides	Urodela
unstuck	unwoman -s,-ing	upsilon	urodele -s
unsunny -nnier	-ed	upspake	urolith -s
-iest	unwooed	upspeak -s,-ing	urology
unsured	unworth	-spoke(n)	uromere -s
unswear -s,-ing	unwound	upspear -s,-ing	urosome -s
-swore	unwoven	-ed	useless
-sworn	unwrite -s,-ting	upspoke	U-shaped
unsweet	-wrote	upstage -s,-d	usually
unswept	-written	-ging	usucapt -s,-ing
unsworn	unwrung	upstand	-ed
untaken	unyoked	upstare -s,-d	usuress -es
untamed	unzoned	-ring	usuring
untaxed	up-along	upstart -s,-ing	usurous
unteach -es,-ing	upblown	-ed	usurped
-taught	upbound	upstate	usurper -s
untenty	upbraid -s,-ing	upstood	utensil -s
unthink -s,-ing	-ed	upsurge -s,-d	uterine
-thought	upbrast	-ging	utilise -s,-d
untiled	upbreak -s,-ing	upswarm	-sing
untired	-broke(n)	upsweep -s	utility -ties
untoned	upbring	upswell -s,-ing	utopian -s
untrace -s,-d	upbuild -s,-ing	-ed	utopism
-cing	-built	upswept	utopist -s
untread	upburst	upswing -s	utricle -s
untried	upcatch -es,-ing	up-tempo	utterer -s
untruly	-caught	upthrow -s,-ing	utterly
untruss -es,-ing	upcheer -s,-ing	-n,-threw	uva-ursi
-ed	-ed	uptight -er,-est	uveitis
untrust	upclimb -s,-ing	up-train	uxorial
untruth -s	-ed	uptrain	
untuned	upclose -s,-d	uptrend -s	V
untwine -s,-d	-sing	upvalue -s,-d	vacance -s
-ning		-luing	

V 7

vacancy -cies
vacatur -s
vaccine -s
vacking
vacuate -s,-d
    -ting
vacuist -s
vacuity -ties
vacuole -s
vacuous
V-agents
vaginae
vaginal
vaginas
vagrant -s
vaguely
Vaishya
vaivode -s
valance -s
valence -s
valency -cies
valiant
validly
vallary
valonea -s
valonia -s
valuate -s,-d
    -ting
valvate
valvula -s
valvule -s
vamoose -s,-d
    -sing
vamping -s
vampire -s,-d
    -ring
vampish
vanadic
Vandyke
vanessa -s
vanilla -s
vanning -s
vantage -s
vanward
vapidly
vapoury -rier
    -iest
vaquero -s
Varanus
vareuse
variant -s
variate -s,-d
    -ting
varices
variety -ties
variola -s
variole -s
various
varment -s
varmint -s

varnish -es,-ing
    -ed
varsity -ties
varying
vascula
vassail
vastity
Vatican
Vaudois
vaudoux -es,-ing
    -ed
vaulted
vaulter -s
vaunted
vaunter -s
vedalia -s
Vedanta
Veddoid
vedette -s
veering -s
veganic
vegetal -s
vehicle -s
veiling -s
veining -s
veinous
velamen -mina
velaria
velaric
velated
veliger -s
velours
velouté -s
velvety
venally
venatic
venator -s
vendace -s
vendage -s
Vendean
vendiss -es
venefic
venerer -s
venison
venomed
ventage -s
ventana -s
ventige
venting -s
ventose
Ventôse
vent-peg
ventral -s
venture -s,-d
    -ring
venturi -s
veranda -s
verbena -s
verbose -r,-st
verdant

verdict -s
verdure
verglas -es
veriest
verismo
vermeil -s,-ing
    -ed
vermian
verminy
vernant
vernier -s
verruca -s,-e
verruga
versant
versify -ing
    -fies
    -ied
versine -s
versing -s
version -s
versute
vertigo -(e)s
    -gines
vervain -s
vesicae
vesical
vesicle -s
vespine
vespoid
vessail
vestige -s
vesting -s
vestral
vesture -s,-d
    -ring
veteran -s
vetiver
vetting
vettura -s
vexedly
vexilla
viaduct -s
vialful -s
vialled
vibices
vibrant
vibrate -s,-d
    -ting
vibrato -s
viceroy -s
vicinal
vicious
vicomte
victory -ries
victrix -es
victual -s,-ling
    -led
videnda
vidette -s
Vidicon®

vidimus -es
viduage
viduity
viduous
viewing -s
vihuela -s
vilayet -s
viliaco
viliago
village -s
villain -s
villany -nies
villein -s
villose
villous
Vinalia
vinasse
vincula
vinegar -s,-ing
    -ed
vine-rod
vinewed
vingt-un
vintage -s,-d
    -ging
vintner -s
violate -s,-d
    -ting
violent
violist -s
violone -s
viranda
virando
virelay -s
viretot -s
virgate -s
virgule -s
virosis -ses
virtual
visaged
vis-à-vis
viscera
viscose
viscous
visible
visibly
visitee -s
visitor -s
visnomy
visored
vistaed
vitally
vitamin -s
vitelli
vitiate -s,-d
    -ting
vitrage -s
vitrail
vitrain
vitraux

vitreum	wadmaal	warhead -s	wayside -s
vitrics	wadmoll	warison	wayward
vitrify -ing	wadsett -s,-ing	warlike	wayworn
-fies	-ed	warling	Wealden
-ied	waeness	warlock -s	wealthy -thier
Vitrina	waesome -r,-st	warlord -s	-iest
vitrine -s	waftage -s	warming -s	wearied
vitriol -s	wafting -s	warning -s	wearily
vittate	wafture -s	warpath -s	wearing -s
vitular	wagerer -s	warping -s	wearish
vivaria	waggery -ries	warrant -s,-ing	weasand -s
vivency	wagging	-ed	weather -s,-ing
Viverra	waggish	warring	-ed
vividly	wagoner -s	warrior -s	weaving -s
vivific	wagtail -s	warship -s	weazand -s
vixenly	Wahabee	war-song	webbing -s
vizored	wailful -ler	wart-hog	web-foot
V-necked	-lest	wartime	webster
vocable -s	wailing -s	warwolf -wolves	web-toed
vocalic	wainage -s	war-worn	webworm
vocally	waisted	wash-day	wedding -s
vocular	waister -s	washing -s	wedging -s
voguish	waiting -s	wash-out	wedlock
voicing -s	waivode -s	wash-pot	weedery -ries
voiding -s	wakeful -ler	wash-tub	weeding -s
voiture	-lest	waspish	weekday -s
voivode -s	wakeman -men	wassail -s,-ing	weekend -s
volable	wakened	-ed	weeping -s
volante	wakener -s	wastage -s	weeting
Volapük	walking -s	wastery	weevily
volatic	walk-out	wasting -s	weftage -s
volcano -es	walkway -s	wastrel -s	weighed
volpino -s	wallaba -s	watcher -s	weigher -s
voltage -s	wallaby -bies	watchet -s	weigh-in
voltaic	wall-eye	watered	weighty -tier
voluble	walling	waterer -s	-iest
volubly	Walloon	wattage -s	weirdie -s
volumed	wall-rue	Watteau	weirdly
voluspa -s	waltzer -s	wattled	welaway -s
voluted	wameful -s	wauling -s	welcher -s
volutin	wampish -es,-ing	wavelet -s	welcome -s,-d
vomited	-ed	waverer -s	-ming
Vosgean	wangler -s	waveson	welding -s
Vosgian	wanhope	wawling -s	welfare
vouchee -s	wanigan -s	wax-bill	well-fed
voucher -s	wanness	wax-doll	welling -s
vowelly	wannion	wax-moth	well-off
voyager -s	wannish	wax-palm	well-set
V-shaped	wantage	wax-tree	well-won
vulgate -s	wanting -s	waxwing -s	welsher -s
vulpine	want-wit	waxwork -s	wencher -s
vulture -s	wappend	way-bill	Wendish
vulturn -s	waratah -s	wayfare -s,-d	Wenlock
vulvate	warbler -s	-ring	wennish
vyingly	Wardian	waygone	wergild -s
	warding -s	wayless	werwolf -wolves
W	wardrop	waymark -s,-ing	western -s
	war-drum	-ed	westing -s
wabbler -s	warfare	wayment	westlin
wabster	war-game	way-post	wetback
wadding -s			

wet-cell	whidder -s,-ing	wide-gab	witness -es,-ing
wet-dock	-ed	widener -s	-ed
wetland -s	whiffer -s	widgeon -s	wittily
wet-look	whiffet -s	widower -s	witting
wetness	whiffle -s,-d	wielder -s	witwall -s
wet-shod	-ling	wiggery	wizened
wetting	whimper -s,-ing	wigging -s	wobbler -s
wettish	-ed	wiggler -s	woesome -r,-st
whacked	whimple -s,-d	wightly	woeworn
whacker -s	-ling	wigless	wofully
whaisle -s,-d	whimsey -s	wild-ass	woiwode -s
-ling	whinger -s	wild-cat	wolf-dog
whaizle -s,-d	whining -s	wild-dog	Wolfian
-ling	whipcat -s	wilding -s	wolfing -s
whalery -ries	whipped	wildish	wolfish
whaling -s	whipper -s	wildoat -s	wolfkin -s
whample -s	whippet -s	wileful	wolfram
whangam -s	whip-saw	willest	wolving -s
whangee -s	whip-top	willies	wolvish
wharves	whirler -s	willing	womanly
whate'er	whirred	willowy -wier	wondred
whatnot -s	whirret	-iest	wood-ant
whatsis	whirtle -s	wimbrel -s	wood-ash
whatsit -s	whisker -s	wincing -s	woodcut -s
whatten	whisket -s	windage -s	woodman -men
wheaten	whiskey -s	wind-bag	wood-oil
wheedle -s,-d	whisper -s,-ing	wind-egg	wood-owl
-ling	-ed	wind-gun	wood-tar
wheeled	whistle -s,-d	windily	wood-tin
wheeler -s	-ling	winding -s	wood-wax
wheelie -s	whitely -lier	windock -s	woolded
wheenge -s,-d	-iest	windore	woolder -s
-ging	whither -s,-ing	windrow -s	woolfat
wheeple -s,-d	-ed	Windsor	woolled
-ling	whiting -s	wine-bag	woollen -s
wheesht	whitish	wine-fat	woolman -men
wheeson	whitlow -s	wine-sap	wool-oil
wheezle -s,-d	whitret -s	wine-vat	woolsey -s
-ling	Whitsun	wing-led	woomera -s
whelked	whittaw -s	winglet -s	woorali -s
whemmle -s,-d	whittle -s,-d	winking -s	woorara -s
-ling	-ling	winning -s	woosell
whene'er	whizzed	winnock -s	woozily
whereas	whizzer -s	winsome -r,-st	wordage -s
whereat	whoever	wintery -rier	wordily
whereby	wholism	-iest	wording -s
where'er	whomble -s,-d	wire-man	wordish
wherein	-ling	wiretap -s,-ping	work-bag
whereof	whommle -s,-d	-ped	work-box
whereon	-ling	wire-way	work-day
whereso	whoobub	wishful	workful
whereto	whoopee -s	wishing -s	working -s
wherret	whooper -s	wistful	workman -men
whether	whopper -s	wistiti -s	work-out
whetted	whorish	witchen -s	work-shy
whetter -s	whorled	withers	worktop -s
wheyish	whummle -s,-d	without	worlded
whey-tub	-ling	witless	worldly
whicker -s,-ing	whyever	witling -s	wormery -ries
-ed	wide-boy	witloof -s	Wormian

worn-out
worried
worrier -s
worship -s,-ping
    -ped
worsted -s
wosbird -s
wotcher -s
wottest
wotteth
wotting
would-be
wounder -s
wourali -s
wrangle -s,-d
    -ling
wrapped
wrapper -s
wreaked
wreaker -s
wreathe -s,-d
    -thing
wreaths
wreathy -thier
    -iest
wrecker -s
wren-tit
wrester -s
wrestle -s,-d
    -ling
wriggle -s,-d
    -ling
wringed
wringer -s
wrinkle -s,-d
    -ling
wrinkly -lier
    -iest
write-in
write-up
writhen
writing -s
written
wrizled
wronger -s
wrongly
wrought
wrybill -s
wryneck -s
wryness
wrythen
wurlies
Würmian
wych-elm

X

xanthic

xanthin
Xenopus
Xenurus
xerafin -s
xerarch
xerasia
xerosis
xerotes
xerotic
X-factor
Xiphias
xiphoid
xylenol -s
xylogen
xylonic
Xylopia

Y

yachter -s
Yahvist
Yahwist
yakhdan -s
yamulka -s
yanking
yapster -s
yardage -s
yardang -s
yard-arm
yardman -men
yashmak -s
yatagan -s
yawning -s
ycleap'd
ycleepe
ycleped
yeading
yealdon -s
yeggman
yelling -s
yelloch -s,-ing
    -ed
yellowy
yelping -s
yestern
yew-tree
Yezidee
yibbles
Yiddish
yielder -s
yoghurt -s
yolk-sac
Yorkish
Yorkist
Yoruban
youngly
youngth
younker -s

youthly
yowling -s
yplight
ypsilon
yslaked
yttrium
yu-stone
ywroken

Z

zabtieh -s
Zadkiel
Zairean
zakuska
zakuski
zamarra
zamarro
zamouse -s
zanella
zanjero -s
Zantiot
zanyism
zaptiah -s
zaptieh -s
zareeba -s
zarnich
zealant -s
zealful -ler
    -lest
zealous
zebrass -es
zebrine
zebroid
zebrula -s
zebrule -s
zedoary -ries
zemstvo -s
zeolite -s
zestful -ler
    -lest
zetetic -s
Zeuxian
zeuxite -s
Zezidee
ziffius
ziganka -s
zillion -s
zimocca -s
Zincala
Zincali
Zincalo
zincify -ing
    -fies
    -ied
zincing
zincite
zincked

zincode
zincoid
zincous
Zingana
Zingane
Zingani
Zingano
Zingara
Zingare
Zingari
Zingaro
zinkify -ing
    -fies
    -ied
zinking
Zionism
Zionist
Ziphius
zithern -s
Zizania
zoarium -s
zoccolo -s
zoeform
Zoilean
Zoilism
Zoilist
zoisite
Zolaism
zonated
zonular
zonulet -s
Zonurus
zooecia
zoogamy
zoogeny
zoogony
zoolite -s
zoolith -s
zoonite -s
zoonomy
zoopery
zootaxy
zootomy
zootype -s
zorgite
zorille -s
zorillo -s
Zostera
zuffolo -li
Zygaena
zygosis
zygotic
zymogen
zymosis
zymotic
zymurgy

A
aardvark -s
aardwolf -wolves
aasvogel -s
abampere -s
abatable
abattoir -s
Abbaside
abbatial
Abderian
Abderite
abdicant
abdicate -s,-d
        -ting
abducent
abductor -s
Aberdeen
aberrant
aberrate -s,-d
        -ting
abetment
abetting
abeyance -s
abeyancy -cies
abhorred
abhorrer -s
abidance
abjectly
ablation -s
ablative -s
ablution -s
abnegate -s,-d
        -ting
abnormal
aboideau -s
aboiteau -s
abomasum -s
abomasus -es
aborigen -s
aborigin -s
abortion -s
abortive
abradant -s
abram-man
abrasion -s
abrasive -s
abricock
abridger -s
abrogate -s,-d
        -ting
abruptly
abscissa -s,-e
abscisse -s
absentee -s
absently
absinthe -s
absolute
absolver -s
absonant

absorbed
absorber -s
absterge -s,-d
        -ging
abstract -s,-ing
        -ed,-er
        -est
abstrict -s,-ing
        -ed
abstruse -r,-st
absurdly
abundant
abutilon -s
abutment -s
abutting
academia
academic -s
acalepha -s
acalephe -s
acanthin
acanthus -es
acaridan
acarpous
acaudate
Accadian
accentor -s
accepter -s
acceptor -s
accident -s
accolade -s
accorder -s
accoutre -s,-d
        -tring
accredit -s,-ing
        -ed
accuracy -cies
accurate
accursed
accustom -s,-ing
        -ed
acerbate -s,-d
        -ting
acerbity
acervate
acescent
achenial
achenium -s
Achernar
acicular
acid-head
acidosis
acierage
acierate -s,-d
        -ting
acknowne
acoemeti
aconitic
aconitum -s
acorn-cup
acosmism

acosmist -s
acoustic
acquaint -s,-ing
        -ed
acquiral -s
acquired
acridine
acridity
acrimony
acrolein
acrolith -s
acromial
acromion
acrostic -s
acrotism
actiniae
actinian -s
actinide -s
actinism
actinium
actinoid -s
activate -s,-d
        -ting
actively
activism
activist -s
activity -ties
actually
actuator -s
aculeate
Adamical
Adamitic
adaption -s
adaptive
addendum -da
addicted
addition -s
additive -s
addorsed
adducent
adductor -s
adenitis
adenoids
adequacy -cies
adequate
adespota
adherent -s
adhesion -s
adhesive -s
Adiantum
adjacent
adjuring
adjuster -s
adjustor -s
adjutage -s
adjutant -s
adjuvant -s
ad-libber
admitted
admonish -es,-ing
        -ed

adnation
adoption -s
adoptive
adorable
adorably
adroitly
adscript -s
adularia
adulator -s
adultery -ries
aduncate
aduncity
aduncous
advanced
advising
advisory
advocaat -s
advocacy -cies
advocate -s,-d
        -ting
advoutry
advowson -s
adynamia
adynamic
aecidium -dia
aegirine
aegirite
aeglogue -s
aegrotat -s
aeration -s
aerially
aeriform
aerobics
aerobomb -s
aerodart -s
aerodyne -s
aerofoil -s
aerogram -s
aerolite -s
aerolith -s
aerology
aeronaut -s
aeronomy
aerostat -s
aesculin
Aesculus
aesthete -s
aestival
affected
affecter -s
affeered
afferent
affiance -s,-d
        -cing
affinity -ties
affirmer -s
afflated
afflatus -es
affluent -s
afforest -s,-ing
        -ed

affrayed
affright -s,-ing
      -ed
affronté
affusion -s
aftereye
agalloch -s
Agamidae
Aganippe
agar-agar
agedness
agential
aggrieve -s,-d
    -ving
agiotage
agitated
agitator -s
agitprop
aglimmer
aglitter
agnation
agnostic -s
agonised
agraphia
agraphic
agraphon -pha
agrarian
agrémens
agrément
agrestal
agrestic
agrimony -nies
agrology
agronomy
aguacate -s
ague-cake
aguishly
aigrette -s
aiguille -s
air-bends
airborne
air-brake
air-brick
air-brush
air-built
airburst -s
air-cover
aircraft
air-drain
air-drawn
airdrome -s
Airedale
airfield -s
airframe -s
airgraph -s
air-house
airiness
airliner -s
airplane -s
air-plant

air-power
airscrew -s
airshaft -s
airspace -s
airstrip -s
airtight
air-to-air
airwards
airwoman -men
akinesia -s
akinesis -ses
Akkadian
alacrity
alarming
alarmist -s
alastrim
albacore -s
Albanian
albicore -s
albiness
albinism
albitise -s,-d
    -sing
alburnum
alcahest
alcatras -es
alchemic
aldehyde
alder-fly
alderman -men
Alderney
aleatory
alebench -es
ale-berry
ale-house
Alemaine
ale-stake
aleurone
alewives
alfresco
algaroba -s
Algerian
algerine -s
algicide -s
algidity
alginate -s
algology
Algonkin
algorism
alguacil -s
alguazil -s
Alhambra
alienage
alienate -s,-d
    -ting
alienism
alienist -s
alighted
aliquant
alizarin

alkahest
alkalies
alkalify -ing
    -fies
    -ied
alkaline
alkalise -s,-d
    -sing
alkaloid -s
allaying -s
all-clear
allegory -ries
alleluia -s
allergen -s
allergic
allerion -s
alley-taw
alley-tor
alleyway -s
all-fired
all-fives
all-fours
all-giver
alliance -s
alligate -s,-d
    -ting
all-night
allocate -s,-d
    -ting
allodial
allodium -s
allogamy
allopath -s
allosaur -s
allotted
all-risks
all-round
allspice
alluring
allusion -s
allusive
alluvial
alluvion -s
alluvium -via
Almagest
almighty
alms-deed
alms-dish
alms-folk
alogical
alopecia
alphabet -s
alpinism
alpinist -s
Alsatian
altarage
alterant -s
alterity
alternat
although

altitude -s
altrices
altruism
altruist -s
aluminum
alum-root
alveated
alveolar
alveolar
alveolus -li
amadavat -s
amandine -s
amaracus -es
amaranth -s
amazedly
amberite
amberoid -s
amberous
ambiance
ambience
ambition -s
ambivert -s
ambrosia
ambulant -s
ambulate -s,-d
    -ting
amelcorn -s
amenable
amenably
American
amethyst -s
amiantus
amicable
amicably
amidmost
amissing
amitosis
amitotic
ammoniac
ammonite -s
ammonium
amnesiac -s
amniotic
amoeboid
amoretti
amoretto
amortise -s,-d
    -sing
amperage -s
Amphibia
amphipod -s
amphorae
amphoric
ampullae
amputate -s,-d
    -ting
amuletic
amusable
amusedly
amusette -s

amygdala -s	Annelida	antithet -s	appetite -s
amygdale -s	annexion -s	antitype -s	applause
amygdule -s	annexure -s	antlered	apple-pie
anabasis -ses	annotate -s,-d	antliate	appliqué -s
anabatic	-ting	antrorse	applying
anableps -es	announce -s,-d	ants'-eggs	apposite
anabolic	-cing	anything	appraise -s,-d
anaconda -s	annually	anywhere	-sing
anaerobe -s	Annulata	aortitis	apprizer -s
anaglyph -s	annulate	apagogic	approach -es,-ing
anagogic	annulled	apanaged	-ed
analcime	annulose	apatetic	approval -s
analcite	Anoplura	aperient -s	approver -s
analecta	anoretic -s	aperitif -s	appuying
analects	anorexia	aperture -s	après-ski
analogic	anorexic -s	aphanite -s	apricate -s,-d
analogon -s	anorthic	aphasiac	-ting
analogue -s	anourous	aphelian	apricock -s
analyser -s	anserine	aphelion -lia	Aprilian
analyses	answerer -s	aphetise -s,-d	Aprilish
analysis	ant-eater	-sing	apron-man
analytic -s	antecede -s,-d	aphicide -s	apterium -ria
anapaest -s	-ding	aphidian -s	apterous
anaphase	antedate -s,-d	aphonous	aptitude -s
anaphora -s	-ting	aphorise -s,-d	apyretic
anarchal	antefixa	-sing	apyrexia
anarchic	antelope -s	aphorism -s	aquacade -s
anasarca	antenati	aphorist -s	aqualung -s
anathema -s	antennae	aphthous	aquanaut -s
anatomic	antennal	apiarian	aquarian -s
anatropy -pies	antennas	apiarist -s	aquarist -s
ancestor -s	antepast	apically	aquarium -s,-ria
ancestry -tries	ante-post	aplastic	Aquarius
anchoret -s	anterior	aplustre -s	aquatint -s,-ing
Anderson	anteroom -s	Apocynum	-ed
andesine	antevert -s,-ing	apodosis -ses	aqueduct -s
andesite	-ed	apogaeic	aquiline
androgen -s	anthelia	apograph -s	araceous
anecdote -s	anthelix -lices	apolline	arachnid -s
anechoic	anthemia	Apollyon	Araldite®
aneurism -s	anthesis -ses	apologia -s	Aramaean
aneurysm -s	Anthozoa	apologue -s	Aramaism
angekkok -s	antibody -dies	apomixis	Araneida
angelica -s	anticize -s,-d	apophyge -s	araneous
Anglican	-zing	apoplexy	Aranidae
angstrom -s	anticous	apositia	arapaima -s
Anguilla	antidote -s	apospory	araponga -s
anguiped	anti-hero	apostasy -sies	arapunga -s
aniconic	antilogy -gies	apostate -s	arbalest -s
animally	Antilope	apothegm -s	arbalist -s
animated	antimask -s	appalled	arbitral
animator -s	antimony -nies	appanage -s	arboreal
anisette -s	antinode -s	apparent	arboreta
ankerite	antinomy -mies	appearer -s	arborist -s
ankylose -s,-d	antiphon -s	appendix -es	arborous
-sing	antipode -s	-dices	arboured
annalise -s,-d	antipole -s	appestat -s	Arcadian
-sing	antipope -s	appetent	arcading -s
annalist -s	antisera	appetise -s,-d	arcanely
annealer -s	antistat -s	-sing	arcanist -s

Archaean
archaeus
archaise -s,-d
    -sing
archaism -s
archaist -s
archduke -s
archival
archlute -s
archness
arch-poet
archwise
arc-light
Arcturus
ardently
areca-nut
Arenaria
areolate
argemone -s
Argestes
arginine
argonaut -s
arguable
arguably
argument -s
argutely
argyrite
Arianise
Arianism
aridness
arillary
arillate
arillode -s
aristate
ark-shell
Armagnac
armament -s
armature -s
armchair -s
Armenian
Armenoid
arm-in-arm
Arminian
armorial
armorist -s
armoured
armourer -s
armozeen
armozine
aromatic -s
arpeggio -s
arquebus -es
arrasene
arraught
arrestee -s
arrester -s
arrestor -s
arrogant
arrogate -s,-d
    -ting

arsehole -s
arsenate
arsenide
arsenite -s
arsonist -s
arsonite -s
artefact -s
arterial
Artesian
artfully
articled
artifact -s
artifice -s
artistic
artistry -tries
Arvicola
Aryanise
asbestic
asbestos
ascender -s
ascidian -s
ascidium -dia
ascorbic
aseptate
ashaming
ash-blond
ash-leach
ash-plant
ash-stand
ashy-grey
Asmodeus
asperate -s,-d
    -ting
asperger -s
asperges
asperity -ties
asperous
asphodel -s
asphyxia
aspidium -dia
aspirant -s
aspirate -s,-d
    -ting
aspiring
assassin -s
assaying -s
assemble -s,-d
    -ling
assemblé -s
assembly -lies
assenter -s
assentor -s
asserter -s
assertor -s
assessor -s
assiento -s
assignat -s
assignee -s
assignor -s
assisted

assonant
assonate -s,-d
    -ting
assorted
assorter -s
assotted
assuming -s
Assyrian
astatine
Asterias
asterisk -s,-ing
    -ed
asterism
asteroid -s
asthenia
asthenic
astigmia
astomous
astonish -es,-ing
    -ed
astragal -s
astringe -s,-d
    -ging
astucity
astutely
asystole
Atalanta
ataraxia
ataraxic
athanasy
atheling -s
Athenian
Atherina
atherine -s
atheroma -s
athetise -s,-d
    -sing
athetoid -s
athletic
Atlantes
Atlantic
Atlantis
atmology
atmolyse -s,-d
    -sing
atomical
atomiser -s
atrament -s
atremble
atropine
atropism
atropous
attached
attacker -s
attemper
attender -s
attercop -s
attested
attester -s

attestor -s
Atticise
Atticism
attiring -s
attitude -s
attorney -s
atypical
audacity
audience -s
audition -s,-ing
    -ed
auditive
auditory -ries
auger-bit
Augustan
augustly
aularian
aurelian
aureoled
auricled
auricula -s
auriform
aurorean
Ausonian
Austrian
autacoid -s
autarchy -chies
autarkic
autistic
Autobahn
autocade -s
autocarp -s
autocrat -s
auto-da-fé
autodyne
autogamy
autogeny
autogiro -s
autogyro -s
autoharp -s
autology
autolyse -s,-d
    -sing
automata
automate -s,-d
    -ting
autonomy -mies
autopsia -s
autoptic
autosome -s
autotomy
autotype -s,-d
    -ping
autumnal
autunite
auxiliar
avadavat -s
availing
avenging
aventail -s

averment -s
averring
aversely
aversion -s
aversive
aviarist -s
aviation
aviatrix -es
avifauna -s
avionics
avowable
avowedly
avulsion -s
awanting
awearied
a-weather
axe-stone
axillary
axiology
axle-tree
ayenbite
Ayrshire

B

baasskap
Baathism
Ba'athism
Baathist
Ba'athist
Babbitry
babbling -s
Babeeism
babeldom
babelish
babelism
babouche -s
babushka -s
babyfood
babyhood
baby-talk
baccarat
bacchant -s
bacchiac
bacchian
bacchius -chii
bachelor -s
bacillar
bacillus -lli
backache -s
backband -s
backbite -s,-ting
-bit(ten)
backbond -s
backbone -s
backchat
back-comb
back-date
back-door
backdown -s
backdrop -s

backfall -s
backfill -s,-ing
-ed
backfire -s,-d
-ring
back-hair
backhand -s
backlash -es
back-lill
backmost
backpack -s,-ing
-ed
backroom
back-rope
backside -s
backspin -s
backstop -s
backveld
backward -s
backwash -es,-ing
-ed
backword -s
backwork -s
backyard -s
Baconian
bacteria
bacteric
Bactrian
baculine
baculite -s
badgerly
badinage
badlands
badly-off
badmouth -s,-ing
-ed
baffling
bagpiper -s
bagpipes
baguette -s
bailable
bail-ball
bail-bond
bail-dock
bailment -s
bailsman -men
baitfish -es
Bajocian
Bakelite®
bakemeat
baladine
balanced
balancer -s
balconet -s
bald-coot
bald-head
baldness
baldpate -s
baldrick -s
bale-dock

bale-fire
Balinese
balkline -s
balladry
ballcock -s
balled-up
balletic
ball-game
ballista -s
ballocks -es,-ing
-ed
ballonet -s
balloted
ballotee -s
ball-room
ballyhoo -s
ballyrag -s,-ging
-ged
balmoral -s
balneary -ries
balsamic
baluster -s
banality -ties
banausic
bandanna -s
bandeaux
bandelet -s
banderol -s
band-fish
banditry
banditti
bandsman -men
bandster -s
bandying -s
bandyman -men
bangster -s
bang-tail
banister -s
banjoist -s
bankable
bank-bill
bank-book
bank-high
bank-note
bank-rate
bankroll -s
bankrupt -s,-ing
-ed
banksman -men
bannered
banneret -s
bannerol -s
banterer -s
Banthine®
bantling -s
banxring -s
Baphomet
barathea
Barbados
barbaric

barbated
barbecue -s,-d
-cuing
barberry -rries
barbette -s
barbican -s
barbicel -s
barbital
barchane -s
bar-chart
bardling -s
bardship
bareback
barebone
barefoot
baregine
bareness
bargaist -s
bargello
bargeman -men
barghest -s
bargoose -geese
bar-graph
baritone -s
barkless
barnacle -s
barndoor -s
barnyard -s
barogram -s
barometz -es
baronage -s
baroness -es
baronial
barostat -s
barouche -s
barracan
barranca
barranco
barrator -s
barratry
barrette -s
barterer -s
bartisan -s
bartizan -s
Bartlemy
barytone -s
basaltic
basanite -s
baseball -s
base-born
baselard
baseless
base-line
basement -s
baseness
bashless
basicity
basidial
basidium -dia
Basilian

basilica -s
basilisk -s
basinful -s
basketry
basquine -s
bassinet -s
basswood -s
bastardy
bastille -s
Batavian
batching
bateless
bateleur -s
batement
bathcube -s
bathetic
bathmism
bathorse -s
bathrobe
bathroom -s
batology
batswing -s
battalia -s
batteler -s
battle-ax
batwoman -women
baubling
baudekin -s
baudrick -s
Baudrons
bauxitic
bawd-born
bayadère -s
bayberry -rries
bdellium
bead-roll
beadsman -men
beagling -s
beak-iron
beam-ends
beamless
bean-king
beanpole -s
bearable
bearably
bearbine -s
bear's-ear
bearskin -s
bearward -s
beatable
beatific
Beaufort
beau-pere
beautify -ing
　　　　-fies
　　　　-ied
beauxite
beavered
becalmed
béchamel -s

bechance -s,-d
　　　　-cing
beck-iron
becoming
bedabble -s,-d
　　　　-ling
bedaggle -s,-d
　　　　-ling
bedarken -s,-ing
　　　　-ed
bedazzle -s,-d
　　　　-ling
bedcover -s
beddable
bedeafen -s,-ing
　　　　-ed
bedeguar -s
bedesman -men
bedimmed
bed-linen
bedmaker -s
bed-plate
bedrench -es,-ing
　　　　-ed
bedright
bedsocks
bed-staff
bedstead -s
bedstraw -s
bed-table
bedwards
bee-bread
beech-oil
bee-eater
beefcake -s
beef-wood
bee-house
beer-pump
beeswing
beetling
beetroot -s
befallen
befitted
beflower -s,-ing
　　　　-ed
befriend -s,-ing
　　　　-ed
befringe -s,-d
　　　　-ging
befuddle -s,-d
　　　　-ling
begetter -s
beggarly
beginner -s
begirded
begorrah -s
begotten
begrudge -s,-d
　　　　-ging
beguiler -s

behappen
beheadal -s
behemoth -s
beholden
beholder -s
behovely
beinness
bejabers -es
bejesuit -s,-ing
　　　　-ed
belabour -s,-ing
　　　　-ed
belfried
believer -s
belittle -s,-d
　　　　-ling
bellbind -s
bell-bird
bell-buoy
bellcote -s
belleter -s
bellower -s
bellpull -s
bellpush -es
bell-rope
bell-tent
bellwort -s
bellyful -s
belly-god
bellying -s
beloving
bemoaner -s
bemuddle -s,-d
　　　　-ling
bemuffle -s,-d
　　　　-ling
bendwise
Benedick
Benedict
benefact -s,-ing
　　　　-ed
benefice -s
benignly
beniseed -s
bénitier -s
benjamin -s
benthoal
bentwood
benumbed
benzoate
bepepper -s,-ing
　　　　-ed
bepester -s,-ing
　　　　-ed
beplumed
bepommel -s,-ing
　　　　-ed
bepowder -s,-ing
　　　　-ed
bepraise -s,-d
　　　　-sing

bequeath -s.-ing
　　　　-ed
berberis -es
berceuse -s
bereaved
bereaven
bergamot -s
bergfall -s
berghaan
bergmehl
beriberi
Bermudas
berrying -s
beryllia
bescrawl -s,-ing
　　　　-ed
bescreen -s,-ing
　　　　-ed
beseemly
besetter -s
beshadow -s,-ing
　　　　-ed
besieger -s
beslaver -s,-ing
　　　　-ed
besmirch -es,-ing
　　　　-ed
besmutch -es,-ing
　　　　-ed
besognio -s
besotted
besought
besouled
bespoken
bespread -s,-ing
besprent
Bessemer
bestiary -ries
bestowal -s
bestower -s
bestreak -s,-ing
　　　　-ed
bestrewn
bestride -s,-ding
bestrode
bestrown
bestsell -s,-ing
　　　　-sold
betacism -s
betatron -s
betel-nut
Bethesda
bethrall
bethwack -s,-ing
　　　　-ed
betrayal -s
betrayer -s
bettered
bevatron -s
bevelled

B 8

beveller -s
beverage -s
bewailed
bewetted
bewigged
bewilder -s,-ing
   -ed
bezonian
bheestie -s
biannual
biassing
biathlon -s
bibation -s
biblical
bibulous
bick-iron
biconvex
bicuspid -s
biddable
bidental -s
bien-être
biennial -s
bifacial
bifocals
bigamist -s
bigamous
Bignonia
bijwoner -s
bilabial -s
bilander -s
bilberry -rries
bile-duct
billbook -s
billeted
billfold -s
billhead -s
billhook -s
billiard
billowed
billyboy -s
billy-can
bilobate
bimanous
bimbashi -s
binaural
bindi-eye
bindweed -s
binnacle -s
binomial -s
bioblast -s
biocidal
biogenic
biograph -s
biometry
biomorph -s
bionomic
biophore -s
bioplasm
bioplast -s
*bioscope

biparous
birdbath -s
bird-bolt
birdcage -s
birdcall -s
bird-eyed
bird-lice
bird-lime
birdseed -s
bird's-eye
birdshot -s
biriyani -s
birthday -s
birthdom
biscacha -s
Biscayan
bisector -s
biserial
bisexual
bistable
bistoury -ries
bitchery -ries
bittacle -s
bitterly
bivalent -s
bi-weekly
Bixaceae
bizcacha -s
blabbing -s
blackboy -s
blackcap -s
black-cat
black-fox
blacking -s
blackish
blackleg -s,-ging
   -ged
*black-neb
blackout -s
blacktop -s
bladdery
blah-blah
blamable
blamably
blameful -ler
   -lest
blandish -es,-ing
   -ed
blankety
blastema -s
blasting -s
blast-off
blastoid -s
blastula -s
blazoner -s
blazonry
bleacher -s
bleating -s
bleeding -s
blending -s

Blenheim
Blennius
blessing -s
blighted
blighter -s
blimbing -s
blimpish
blindage -s
blind-gut
blinding -s
blinkard -s
blinking
blissful
blistery -rier
   -iest
blithely
blizzard -s
bloating -s
blockade -s,-d
   -ding
blockage -s
blocking -s
blockish
block-tin
bloncket
blood-hot
bloodily
blood-red
blood-tax
blood-wit
bloomers
bloomery -ries
blooming
blossomy -mier
   -iest
blotched
blotting -s
blowball -s
blowdown -s
blowhole -s
blowlamp -s
blowpipe -s
bludgeon -s,-ing
   -ed
blueback -s
bluebell -s
bluebird -s
blue-buck
blue-chip
bluecoat -s
bluefish -es
bluegown -s
blue-grey
blueness
bluenose -s
blueweed -s
bluewing -s
bluntish
blurring
blurting -s

blushful -ler
   -lest
blushing -s
blustery -rier
   -iest
boarding -s
boarfish -es
boastful -ler
   -lest
boasting -s
boatbill -s
boat-deck
boat-hook
boat-load
boatrace -s
boat-song
boattail -s
bobbinet -s
bobby-pin
bobolink -s
bobstays
bobwheel -s
bob-white
bodement -s
bodiless
bodywork -s
Boeotian
bogeyism
bogey-man
bog-Latin
Bohemian
boldness
bollocks -es,-ing
   -ed
boll-worm
bolt-head
bolthole -s
bolt-rope
bomb-site
bombycid -s
bona-roba
bonassus -es
bondager -s
bondmaid -s
bondsman -men
bone-ache
bone-cave
bone-dust
bonehead -s
bone-idle
bone-lace
boneless
bone-meal
bone-mill
boneyard -s
bongrace -s
bonhomie
bonibell
boniface -s
boniness

194

bonneted	bouncily	break-out	brodekin
bonspiel -s	bouncing	break-vow	broidery
bontebok -s	boundary -ries	breaskit -s	brokenly
boob-tube	bounding	breasted	bromelia -s
boobyish	bountree -s	breathed	bronchia
boobyism	bourgeon -s,-ing	breather -s	bronchus -chi
bookcase -s	-ed	breeched	bronzify -ing
book-debt	bourtree -s	breeches	-fies
booked-up	boutique -s	breeding -s	-ied
bookland -s	boutonné	breezily	bronzing -s
bookless	bouzouki -s	bregmata	bronzite
booklice	bowelled	breloque -s	brookite
booklore	bowsprit -s	bretesse -s,-d	brooklet -s
bookmark -s	box-cloth	-ssing	brougham -s
book-mate	box-lobby	brethren	brouhaha -s
book-oath	box-pleat	brettice -s,-d	browbeat -s,-ing
book-post	box-wagon	-cing	-en
bookrest -s	boyishly	breveted	browless
bookshop -s	bozzetto	breviary -ries	Brownian
bookwork -s	braccate	breviate -s	browning -s
bookworm -s	bracelet -s	brewster -s	brownish
boom-iron	brachial	Brezonek	Brownism
boot-hook	brackish	Briarean	Brownist
boothose	bracteal	brickbat -s	browsing -s
bootikin -s	bractlet -s	bricking -s	brow-tine
boot-jack	Bradshaw	brick-nog	bruilzie -s
bootlace -s	braggart -s	brick-red	bruising -s
bootlast -s	bragging	brick-tea	Brumaire
bootless	braiding -s	bride-ale	Brunella
bootlick	Braidism	bride-bed	brunette -s
boottree -s	brainish	brideman -men	brushing -s
borachio -s	brainpan -s	bridging -s	brush-off
boracite	brake-van	brief-bag	Brussels
Bordeaux	brancard -s	briefing -s	brutally
bordello	branched	brighten -s,-ing	bryology
bordered	brancher -s	-ed	bubaline
borderer -s	branchia -e	brightly	Buccinum
borecole -s	brandied	briguing -s	bucellas -es
borehole -s	brandise -s	brim-full	buckaroo
borrowed	brandish -es,-ing	brimless	buckbean -s
borrower -s	-ed	brimming	buckcart -s
borstall -s	brand-new	brindled	buckhorn -s
boschbok	bran-mash	brine-pan	buckling -s
boss-eyed	brassard -s	brine-pit	buckshot -s
bostangi -s	brassart -s	bringing -s	buckskin -s
botanise -s,-d	brassica -s	brinkman -men	buck-wash
-sing	brassily	briskish	Buddhism
botanist -s	bratchet -s	brisling -s	Buddhist
botchery -ries	bratling -s	bristled	buddleia -s
botching -s	brattice -s,-d	bristols	budgeree
bothyman -men	-cing	britches	budgerow
botryoid	brattish	britzska -s	budgeted
botryose	bravados	broacher -s	bud-scale
bottomed	brawling -s	broadish	buff-coat
botulism	brazenly	broadway -s	buffered
bouffant	brazenry	brocaded	bughouse
boughpot -s	breadnut -s	brocatel	building -s
boughten	breakage -s	broccoli -s	Bulgaric
bouillon -s	breaking -s	brochure -s	bulkhead -s
boulting -s	break-jaw	brockram -s	bull-beef

bull-calf
bulldoze -s,-d
    -zing
bulletin -s
bullfrog -s
bullhead -s
bull-hoof
bull-horn
bull-ring
bull's-eye
bullshit -s,-ting
    -ted
bully-boy
bullying
bullyism
bully-off
bullyrag -s,-ging
    -ged
bulrushy
bum-clock
bummaree -s
bunching -s
buncombe
bundling -s
bun-fight
bungalow -s
bung-hole
bungling -s
bung-vent
bunkered
bunny-hug
bunodont
buntline -s
buoyance
buoyancy
buplever
Burberry
burbling -s
burganet
burglary -ries
burgonet -s
burgrave -s
burgundy -dies
burinist -s
burletta -s
burnouse -s
Burnsian
burnside -s
Burnsite
burnt-ear
burschen
bursitis
bush-baby
bush-buck
bush-rope
bushveld -s
business -es
buskined
busybody -dies
busyness

butcher's
butchery -ries
butching -s
buttress -es,-ing
    -ed
butylene
butyrate
by-corner
bylander -s
by-motive
byrlakin
Byronism
by-speech
by-street

C

caatinga -s
cabalism
cabalist -s
caballed
caballer -s
cabin-boy
Cabirian
cable-car
cableway -s
caboceer -s
caboched
cabochon -s
caboodle
caboshed
cabotage
cabriole -s
cab-stand
cacafogo
cachalot -s
cache-pot
cachexia
cacholot -s
cachucha -s
cacodoxy
cacology
cacomixl -s
cactuses
cadastre -s
cadenced
caducean
caduceus
caducity -ties
caducous
Caecilia
caesious
caesural
caffeine
caffeism
cagebird -s
cageling -s
cagework
caginess
cagyness
caillach -s

caimacam -s
cajolery
cakewalk -s,-ing
    -ed
calabash -es
Caladium
calamary -ries
calamine
calamint -s
calamite -s
calamity -ties
calceate -s,-d
    -ting
calcific
calcspar
calc-tuff
calcular
calculus -li
calendar -s,-ing
    -ed
calender -s,-ing
    -ed
calendry -ries
calfless
calf-lick
calf-love
calfskin -s
calf-time
calibred
calicoes
calidity
calipash -es
calipers
Calippic
calisaya -s
Calixtin
call-bird
call-girl
Calliope
calliper
call-loan
call-note
calmness
calorist -s
calotype
calthrop -s
Calvados
calvered
calycine
calycled
calycoid
calycule -s
calyptra -s
Cambrian
cameleer -s
cameleon -s
cameline
camelish
camellia -s
cameloid

camisade -s
camisado -s
camisard -s
camisole -s
camomile -s
campagna
campaign -s,-ing
    -ed
camp-fire
camphane
camphene
camphire
Campodea
camp-shot
campsite -s
camshaft -s
camshoch -er,-est
camstane -s
camstone -s
cam-wheel
Canadian
canaigre -s
canaille -s
canalise -s,-d
    -sing
Canarese
canaster
cancelli
cancroid
candidly
cane-mill
canephor -s
Canicula
caninity
canister -s,-ing
    -ed
canities
cankered
cannabic
cannabin
cannabis
cannibal -s
cannikin -s
cannonry
cannulae
canoeing -s
canoeist -s
canoness -es
canonise -s,-d
    -sing
canonist -s
canoodle -s,-d
    -ling
canopied
canorous
canstick
canthari
canthook -s
canticle -s
canticoy -s,-ing
    -ed

canticum -s
cantonal
cantoned
cantoris
cant-rail
canzonet -s
capacity -ties
capeline -s
capellet -s
caper-tea
capitano -s,-ni
capitate
capitula
caponier -s
caponise -s,-d
    -sing
cap-paper
Capparis
capricci
caprifig -s
capriole -s
caproate
caprylic
capsicin
capsicum -s
capsizal -s
capstone -s
capsular
captious
capuchin -s
capybara -s
carabine -s
caracara -s
caracole -s,-d
    -ling
carapace -s
carap-nut
carap-oil
carbaryl -s
carbolic
carbonic
carbonyl
carboxyl
carburet
carcajou -s
carcanet -s,-ting
    -ted
cardamom -s
cardamon -s
card-case
cardecue
card-game
cardigan -s
cardinal -s
cardioid -s
carditis
card-vote
careless
careworn
cargeese

cargoose
cariacou -s
Caribbee
carillon -s
carinate
carjacou -s
carl-hemp
carnally
carnauba -s
carneous
carnifex
carnival -s
Carolean
Carolina
Caroline
carolled
caroller -s
carotene
carousal -s
carousel -s
carouser -s
carpeted
carraway -s
carriage -s
carriole -s
carritch -es
carry-all
carrycot -s
carrying
carry-out
cartload -s
cartouch -es
cart-road
carucage -s
carucate -s
caruncle -s
caryatic
caryatid -(e)s
Caryocar
Casanova
cascabel -s
caschrom -s
casebook -s
case-load
casemate -s
casement -s
case-shot
case-work
case-worm
cash-book
cashmere -s
cassette -s
Castanea
castaway -s
cast-iron
castrate -s,-d
    -ting
castrati
castrato
casually

casualty -ties
catacomb -s
catalase
catalyse -s,-d
    -sing
catalyst -s
catamite -s
catapult -s,-ing
    -ed
cataract -s
catatony
catch-all
catchfly -flies
catching -s
catch-pit
catechol
category -ries
catenary -ries
catenate -s,-d
    -ting
cateress -es
catering -s
Cathaian
Cathayan
cathedra -s
catheter -s
cathetus -es
cathexis -xes
cathisma -s
cathodal
cathodic
catholic -s
cathouse -s
Catiline
Catonian
cat's-foot
cat's-meat
cat's-tail
cat-stick
caudated
caudexes
caudices
caudicle -s
caudillo -s
cauldron -s
caulicle -s
caulking -s
causally
causerie -s
causeway -s
causeyed
cautious
cavalier -s,-ing
    -ed
cavatina -s
cave-bear
caverned
cavesson -s
cavicorn -s
cavilled

caviller -s
cavitied
cayenned
Cecropia
cedar-nut
celeriac -s
celerity
celibacy
celibate -s
cellarer -s
cellaret -s
cellular
cemetery -ries
cenobite -s
cenotaph -s
Cenozoic
centaury -ries
centered
centesis -ses
centiare -s
centoist -s
centring -s
centrism
centrist -s
centrode -s
centroid -s
centuple -s,-d
    -ling
cephalic -s
ceramist -s
cerastes
ceratoid
Cerberus
cercaria -s
cerebral
cerebric
cerebrum -s
cerement -s
ceremony -nies
ceresine
cernuous
cerulean
cerulein
cerusite
cervelat -s
cervical
Cesarean
cesspool -s
cetacean -s
ceterach -s
cetology
cetywall -s
chaconne -s
chaffery
chaffing -s
chaffron -s
chainlet -s
chainsaw -s
chair-bed
chairman -men

197

Chaldaic	chelator -s	chlorite -s	cicisbeo
Chaldean	Chelifer	chlorous	ciclaton
chaldron -s	cheliped -s	choicely	cider-and
chaliced	Chellean	choirboy -s	cider-cup
chalkpit -s	Chelonia	choirman -men	ciderkin -s
chalonic	chemical -s	chokidar -s	ciliated
chamisal -s	chemurgy	choleric	ciminite
champart -s	chenille	choliamb -s	cimolite
champers -es	Cherokee	chondral	Cinchona
champion -s,-ing	cherubic	chondrin	cincture -s,-d
-ed	cherubim	chondrus -dri	-ring
Chancery	cherubin	choo-choo	cinéaste -s
chandler -s	Cheshvan	chop-chop	Cinerama®
chantage	chessman -men	chopping -s	cinerary
chapatti -s	chestful -s	chop-suey	cinereal
chapbook -s	chestnut -s	choragic	cingulum -s
chapelry -ries	chevalet -s	choragus -es	cinnabar
chaperon -s,-ing	cheverel -s	chorally	cinnamic
-ed	cheveril -s	Chordata	cinnamon -s
chapiter -s	cheveron	chordate -s	cinquain -s
chaplain -s	cheville -s	choregic	Circaean
chapless	chevrony	choregus -es	circiter
chaptrel -s	chiasmus -es	choriamb -s	circling -s
charcoal	chiastic	chorioid -s	circuity -ties
charisma -s	chicaner -s	chorisis	circular -s
Charites	chiccory -ries	chorused	circussy
charlady -dies	chick-pea	choultry -ries	ciseleur -s
charlock -s	chiefdom -s	chow-chow	ciselure -s
charmful	chiefery -ries	chow-mein	cislunar
charming	chiefess -es	choy-root	cistvaen -s
charneco	chiefest	chrismal -s	citation -s
charring	childbed	christen -s,-ing	citatory
chartism	childing	-ed	citrange -s
chartist -s	childish	Christie	citreous
Chasidic	children	Christly	civilian -s
chasseur -s	chiliasm	christom -s	civilise -s,-d
chastely	chiliast -s	chromate -s	-sing
chastise -s,-d	chillily	chromite	civilist -s
-sing	chilling -s	chromium	civility -ties
chastity	chimaera -s	chthonic	clack-box
chasuble -s	chimeric	chuckies	cladding -s
châteaux	Chinaman	chugging	claimant -s
chat-show	chinampa -s	chummage -s	clamancy
chatting	chin-chin	chupatti -s	clambake -s
chauffer -s	chinkara -s	churchly	clammily
chaunter -s	chinless	churinga -s	clamming
chauntry -ries	chipmuck -s	churlish	clanging -s
chausses	chipmunk -s	churning -s	clangour -s,-ing
chawdron	chipping	churn-owl	-ed
chay-root	chip-shot	chutzpah	clanking -s
cheatery	chiragra	chyluria	clannish
chechako	chirpily	chymical	clanship
check-key	chirping	cibation	clansman -men
check-off	chirrupy	ciborium -ria	clapdish -es
chee-chee	chitchat	cicatrix -es	clapping -s
cheekily	chivalry	cicerone	clap-sill
cheerful -ler	chloasma	ciceroni	claptrap -s
-lest	chlorate -s	cichloid	claqueur -s
cheerily	chloride -s	cicinnus -es	clarence -s
cheewink -s	chlorine	cicisbei	clarinet -s

clarsach -s
clashing -s
clasping -s
classify -ing
       -fies
       -ied
classman -men
class-war
Claudian
claustra
clausula -e
clavated
clavecin -s
clavicle -s
claviger -s
clawback -s
clawless
clay-bank
clay-cold
clay-marl
clay-mill
claymore -s
clay-pipe
clean-cut
cleaning -s
cleanser -s
clearage -s
clear-cut
clearing -s
clearway -s
cleavage -s
cleavers
cleaving -s
clecking -s
clematis -es
clemence
clemency
clerical
clerihew -s
clerkdom -s
clerkess -es
clerkish
cleruchy
cleveite
cleverly
clicking -s
cliental
climatal
climatic
climbing -s
clinamen
clincher -s
clinical
clinique -s
clinking
clip-clop
clip-hook
clipping -s
cliquish
cliquism

clitella
clithral
clitoral
clitoris -es
cloak-bag
clodding
cloddish
clodpate -s
clodpole -s
clodpoll -s
cloister -s,-ing
       -ed
clop-clop
closeted
clotebur -s
cloth-cap
clothier -s
clothing -s
clotpoll
clotting -s
cloudage
cloudily
clouding -s
cloudlet -s
clovered
clownery -ries
clowning -s
clownish
cloyless
cloyment
cloysome
clubable
clubbing -s
clubbish
clubbism
clubbist -s
club-face
club-foot
club-haul
club-head
club-line
club-moss
clubroom -s
clubroot
club-rush
clueless
clumping
clumsily
clupeoid
clustery
cly-faker
clypeate
cnidaria
coach-box
coachdog -s
coaching -s
coachman -men
coach-way
coaction
coactive

co-agency
coagulum -s
coalball -s
coal-dust
coalesce -s,-d
       -scing
coal-face
coalfish -es
coal-flap
coal-hole
coal-mine
Coalport
coamings
coarsely
coarsish
coasting -s
coat-card
coatless
coatrack -s
co-author
cobaltic
cobblery -ries
cobbling -s
cobwebby
Coca-Cola®
Cocaigne
Coccidae
coccidia
Cocculus
coccyges
cochlear
cockatoo -s
Cockayne
cockbird -s
cockboat -s
cock-crow
cockerel -s
cockeyed
cockloft -s
cockshot -s
cockshut
cockspur -s
cocksure -r,-st
cocktail -s
cocoa-fat
cocoanut -s
coco-palm
cocoplum -s
coco-tree
coco-wood
code-name
codified
codifier -s
cod-piece
coelomic
coenobia
coenzyme -s
coercion -s
coercive
co-extend

coffered
cogently
cogitate -s,-d
       -ting
cognomen -s
cognosce -s,-d
       -scing
cognovit -s
cog-wheel
coherent
cohesion -s
cohesive
coiffeur -s
coiffure -s
coincide -s,-d
       -ding
co-inhere
coistrel
coistril
cokernut -s
colander -s
colation
colature
coldness
cold-work
cole-seed
cole-slaw
cole-wort
coliform -s
coliseum -s
collagen
collapse -s,-d
       -sing
collared
collator -s
colleger -s
colliery -ries
collogue -s,-d
       -guing
colloque -s,-d
       -quing
colloquy -ing
       -quies
       -ied
colluder -s
colonial -s
colonise -s,-d
       -sing
colonist -s
colophon -s
colorant -s
colossal
colossus -es
colotomy -mies
coloured
coltwood
Columban
Columbic
columnal
columnar

columned	conceder -s	consoler -s	coon-song
colza-oil	conceity	consommé -s	co-option
comatose	conceive -s,-d	conspire -s,-d	co-optive
combated	-ving	-ring	cootikin -s
combined	concerto -s	constant -s	Copepoda
combings	concetti	constate -s,-d	copperas
combless	concetto	-ting	copulate -s,-d
comb-wise	conchate	construe -s,-d	-ting
come-back	conchoid -s	-truing	copybook -s
co-meddle	conclave -s	consular -s	copyhold -s
comedian -s	conclude -s,-d	consumer -s	coquetry -tries
comedown -s	-ding	consumpt -s	coquette -s
cometary	concolor	contango -s	coquilla -s
comether -s	concrete -s,-d,-r	contempt -s	coracoid -s
commando -s	-st	continua	coraggio -s
commence -s,-d	-ting	continue -s,-d	corallum -lla
-cing	condense -s,-d	-nuing	coramine
commerce -s,-d	-sing	continuo -s	coranach -s
-cing	condylar	contline -s	cordiner -s
commerge -s,-d	conferee -s	contorno -s	cordless
-ging	conferva -e	contract -s,-ing	cordovan -s
commoner -s	confetti	-ed	corduroy -s
commoney -s	confider -s	contrail -s	cordwain -s
commonly	confined	contrary -ing,-ries	cord-wood
communal	confiner	-ied,-ier	co-regent
commuter -s	conflate -s,-d	-iest	coreless
compages	-ting	contrast -s,-ing	cork-heel
compesce -s,-d	conflict -s,-ing	-ed	cork-sole
-scing	-ed	contrate	cork-tree
compiler -s	confound -s,-ing	contrist	corkwing -s
compital	-ed	contrite -r,-st	corkwood -s
complain -s,-ing	confrère -s	contrive -s,-d	cornacre -s,-d
-ed	confront -s,-ing	-ving	-ring
compleat -s,-ing	-ed	conurban	corn-baby
-ed	confused	conurbia	corn-ball
complect -s,-ing	congener -s	convener -s	corn-beef
-ed	congiary -ries	convenor -s	corn-cake
complete -s,-d	conglobe -s,-d	converge -s,-d	corn-cure
-ting	-bing	-ging	corneous
complice	Congoese	converse -s,-d	cornered
complied	congreet	-sing	cornetcy -cies
complier -s	congress -es,-ing	convexed	cornetto
compline -s	-ed	convexly	corn-flag
composed	Congreve	conveyal -s	cornhusk
composer -s	conidial	conveyer -s	corniced
compound -s,-ing	conidium -dia	conveyor -s	corniche
-ed	coniform	convince -s,-d	cornicle -s
compress -es,-ing	conjoint	-cing	cornific
-ed	conjugal	convolve -s,-d	corn-kist
comprint -s,-ing	conjunct	-ving	cornland -s
-ed	conjurer -s	convulse -s,-d	cornloft -s
comprise -s,-d	conjuror -s	-sing	corn-mill
-sing	conniver -s	cony-wool	corn-moth
computer -s	conoidal	cooingly	cornpipe -s
Comsomol	conoidic	cook-book	corn-pone
conarial	conquest -s	cookmaid -s	corn-rent
conarium -ria	conserve -s,-d	cookroom -s	corn-snow
conation	-ving	cookshop -s	cornuted
conative	consider -s,-ing	coolabah -s	cornworm -s
concause -s	-ed	coolness	corocore -s

corocoro -s	courting -s	crannied	Croatian
coronach -s	courtlet -s	crashing	croceate
coronary -ries	couscous -es	crashpad -s	croceous
coronate	cousinly	cratches	crockery
coronium -s	cousinry	cravenly	crocoite
coronoid	coutille	crawfish -es	crofting -s
corporal -s	covalent	crawling -s	cromlech -s
corporas	covenant -s,-ing	crayfish -es	cromorna -s
corridor -s	-ed	creakily	cromorne -s
corselet -s	Coventry	cream-bun	crooning -s
corseted	coverage	creamery -ries	cropfuls
cortical	coverall -s	cream-nut	cropping
cortices	covering -s	creasote	cropsick
cortisol	coverlet -s	creatine	crossbar
corundum	coverlid -s	creation -s	crossbow -s
corvette -s	covertly	creative	cross-bun
Corvidae	coveting	creatrix -es	crosscut -s,-ting
Corvinae	covetise	creature -s	crossing -s
corybant -s	covetous	credence -s	crossish
coryphee	covinous	credenda	crosslet -s
cosecant -s	cowardly	*credenza	cross-ply
cosherer -s	cowardry	credible	cross-rib
cosiness	cowberry -rries	credibly	cross-row
cosmesis	cowgrass -es	creditor -s	cross-tie
cosmetic -s	cowhouse -s	creeping	crossway -s
cosmical	cow-leech	cremator -s	crotalum -s
cosseted	co-worker	cremorne -s	Crotalus
costated	cow-pilot	crenated	crotched
cost-free	cow-plant	creodont -s	crotchet -s
costmary -ries	cow-wheat	creolian -s	croupade -s
cost-plus	coxalgia	creosote -s,-d	croupier -s
costumed	coxiness	-ting	croupous -s
costumer -s	coxswain -s,-ing	crepance -s	crousely
coteline -s	-ed	crepitus -es	crow-bill
co-tenant	coyishly	crescent -s	crowfoot -s
cot-house	coystrel	crescive	crown-cap
cothurni	coystril	cretonne	crowning -s
cotillon -s	cozenage	creutzer -s	crownlet -s
cotquean	crablike	crevasse -s,-d	crown-saw
Cotswold	crab-tree	-ssing	cruciate -s,-d
cottabus -es	crabwise	cribbage	-ting
cottaged	crab-wood	cribbing	crucible -s
cottager -s	crab-yaws	cribbled	crucifer -s
cotyloid	crackers	cribella	crucifix -es
couchant	cracking	cribrate	crumenal
couching	crackjaw	cribrose	crumhorn -s
coughing -s	cracknel -s	cribwork	crummack -s
coulisse -s	crackpot -s	Cricetus	crummock -s
coumaric	cradling -s	crimeful	crumpled
coumarin	craftily	criminal -s	crusader -s
countess -es	cragfast	crinated	crush-hat
count-out	cragsman -men	cringing -s	crushing
coupling -s	cram-full	crispate	crustate
courante -s	cramming	cristate	crustily
coursing -s	cramoisy -sies	criteria	crutched
court-day	-ier	critical	cruzeiro -s
courtesy -ing	-iest	critique -s	cryogeny
-sies	crane-fly	crivvens -es	cryolite
-ied	Craniata	croakily	cryonics
courtier -s	crankily	croaking -s	cryostat -s

C-D 8

cryotron -s
C-section
cubature -s
cub-drawn
cubiform
cuboidal
cuckoldy
cucumber -s
cucurbit -s
cuitikin -s
cul-de-sac
culicine
culinary
cullying
cullysim
culottes
culpable
culpably
cultigen -s
cultivar -s
cultrate
cultural
cultured
culverin -s
cumbered
cumberer -s
cumbrous
cum-savvy
cumulate -s,-d
    -ting
cumulose
cunabula
cuneatic
cunjevoi
cupboard -s,-ing
    -ed
cup-coral
cupelled
cupidity
cupolaed
cupreous
cupulate
curarine
curarise -s,-d
    -sing
curassow -s
curative
curatory
curatrix -es
curbable
curbless
curb-roof
curbside -s
curculio -s
cureless
curlicue -s
curranty -tier
    -iest
currency -cies
curricle -s

currying -s
cursedly
cursitor -s
cursores
curtal-ax
curtness
curvated
curveted
curvital
cushiony
Cushitic
cuspidal
cuspidor
cuss-word
customed
customer -s
cutchery -ries
Cuthbert
cutinise -s,-d
    -sing
cut-price
cutpurse -s
cut-water
cyanogen
cyanosed
cyanosis
cyanotic
cyanuret
cyathium -s
cyclamen -s
cycle-car
cycleway -s
cyclical
cyclonic
cyclopes
cyclopic
cyclosis -ses
cylinder -s
cymatium -s
cymbidia
cynanche
cynicism
cynosure -s
cyprides
Cyprinus
Cypriote
Cyrenaic
Cyrillic
cystitis
cytisine
cytology
cytosine
czarevna -s
czaritza -s

D

dabbling -s
dabchick -s
dactylar
dactylic

Dactylis
daedalic
daemonic
daffodil -s
daftness
dahabieh -s
daidling
daintily
daiquari -s
dairying -s
dairyman -men
dalesman -men
dallying
dalmahoy -s
dalmatic -s
damaskin -s,-ing
    -ed
damassin -s
damboard
damnable
damnably
dampness
dancette -s
dancetté
dancetty
dandriff
dandruff
dandy-hen
dandyish
dandyism
danegeld
danegelt
dane-hole
danelagh
dangling -s
dankness
danseuse -s
dapperly
Darbyite
daring-do
daringly
darkling
darkmans
darkness
dark-room
darksome
darraign
darraine
dart-moth
dartrous
dastardy
Dasyurus
databank -s
database -s
dateless
date-line
date-palm
date-plum
date-tree
datolite

daturine
daughter -s
dauphine -s
Davy-lamp
daybreak -s
daydream -s,-ing
    -ed,-t
day-level
daylight -s
day-shift
day-sight
day-to-day
day-woman
dazzling -s
deaconry -ries
dead-beat
dead-bolt
dead-born
dead-cart
dead-deal
deadener -s
dead-fall
dead-fire
dead-hand
dead-head
dead-heat
dead-lift
deadline -s
deadlock -s,-ing
    -ed
dead-meat
deadness
dead-pull
dead-rope
dead-shot
dead-wall
dead-wind
dead-wood
dead-work
deaf-mute
deafness
dealbate
dealfish -es
deanship -s
dearling
dearness
dearnful -ler
    -lest
death-bed
death-cap
death-cup
deathful
death-ray
debarred
debasing
debelled
debility
debonair
débouché -s
débutant -s

decadent -s
decagram -s
decanter -s
Decapoda
deceased
decedent
deceiver -s
December
decemvir -s,-i
decently
decidual
decigram -s
decimate -s,-d
    -ting
decipher -s,-ing
    -ed
decision -s
decisive
decisory
deck-game
deck-hand
deck-load
declared
declarer -s
déclassé
declinal
declutch -es,-ing
    -ed
decolour -s,-ing
    -ed
decorate -s,-d
    -ting
decorous
decrease -s,-d
    -sing
decrepit
decretal -s
decrying
decurion -s
dedalian
dedicant -s
dedicate -s,-d
    -ting
deedless
deemster -s
deep-dyed
deep-felt
deep-laid
deepmost
deepness
deep-read
deer-hair
deer-horn
deer-lick
deer-neck
deer-park
deerskin -s
defaming -s
defecate -s,-d
    -ting

defector -s
defenced
defended
defender -s
deferent -s
deferral -s
deferred
deferrer -s
defiance -s
defilade -s,-d
    -ding
definite
deflater -s
deflator -s
deflexed
deflower -s,-ing
    -ed
defluent
deforest -s,-ing
    -ed
deformed
deformer -s
defrayal -s
defrayed
defrayer -s
defreeze -s,-zing
    -froze(n)
deftness
degraded
degrease -s,-d
    -sing
dehorner -s
dehorter -s
deicidal
deifical
deifying
deisheal
dejected
delation
delaying
delegacy -cies
delegate -s,-d
    -ting
deletion -s
deletive
deletory
delibate
delicacy -cies
delicate -s,-r
    -st
delirium -s,-ria
delivery -ries
Delphian
delubrum -s
delusion -s
delusive
delusory
demagogy
demander -s
demeanor

demented
dementia -s
demerara
demersal
demersed
demijohn -s
demi-lune
demissly
demister -s
demiurge -s
demi-volt
demi-wolf
demobbed
democrat -s
demolish -es,-ing
    -ed
demology
demoness -es
demoniac -s
Demonian
demonise -s,-d
    -sing
demonism
demonist -s
demotion -s
demotist -s
dempster -s
demurely
demurral -s
demurred
demurrer -s
demyship -s
denarius -es
denature -s,-d
    -ring
dendrite -s
dendroid
Denebola
dene-hole
deniable
deniably
denotate -s,-d
    -ting
denounce -s,-d
    -cing
dentalia
dentaria -s
dentelle
denticle -s
denudate -s,-d
    -ting
deontics
departer -s
depicter -s
depictor -s
depilate -s,-d
    -ting
deponent -s
deportee -s
depraved

deprival -s
deprived
depurant -s
depurate -s,-d
    -ting
deputise -s,-d
    -sing
déraciné
derailer -s
deranged
derating -s
deration -s,-ing
    -ed
derelict -s
derision -s
derisive
derisory
derivate
dermatic
derogate -s,-d
    -ting
describe -s,-d
    -bing
descried
deserter -s
deserved
designer -s
desilver -s,-ing
    -ed
desinent
desirous
desk-work
desolate -s,-d
    -ting
despatch -es,-ing
    -ed
despisal
despiser -s
despotat -s
despotic
destrier -s
destruct -s,-ing
    -ed
desyatin -s
detached
detailed
detainee -s
detainer -s
detector -s
deterred
dethrone -s,-d
    -ning
detonate -s,-d
    -ting
detoxify -ing
    -fies
    -ied
detrital
detritus

deuce-ace
deucedly
deuteron -s
deviance -s
deviancy -cies
deviator -s
devildom
deviless -es
deviling -s
devilish
devilism
devilkin -s
devilled
ˋdeviltry
Devonian
devotion -s
devourer -s
devoutly
dew-berry
dewiness
dewpoint
dewy-eyed
dextrine
dextrose
dextrous
dey-woman
diabasic
diabetes
diabetic -s
diablery
diabolic
diaconal
diactine
diademed
diadochi
diaglyph -s
diagnose -s,-d
  -sing
diagonal -s
diagraph -s
diallage -s
dialling -s
dialogic
dialogue -s
dialyser -s
dialyses
dialysis
dialytic
diamanté -s
diameter -s
Diandria
dianodal
dianthus -es
diapason -s
diapause -s
diapente -s
diaphone -s
diapiric
diarchal
diarchic

diarrhea
diaspora -s
diaspore
diastase
diastema -ta
diastole -s
diastyle -s
diatomic
diatonic
diatribe -s
diazepam
dicacity
dicastic
dice-coal
dicentra -s
dice-play
dichasia
dichroic
dicrotic
dictator -s
dicyclic
didactic
didactyl -s
didapper -s
diddicoi -s
diddycoy -s
didrachm -s
didymium
didymous
diegesis -ses
dielytra -s
diereses
dieresis
die-stock
diestrus
dietetic
diffract -s,-ing
  -ed
diffused
diffuser -s
digamist -s
digamous
digester -s
diggable
diggings
digitate
digitise -s,-d
  -sing
digynian
digynous
dihedral -s
dihedron -s
dihybrid -s
dilatant
dilation -s
dilative
dilatory
diligent
dilly-bag
dilution -s

diluvial
diluvian
diluvion -s
diluvium -s
dimerise -s,-d
  -sing
dimerism
dimerous
dimethyl
dimetric
diminish -es,-ing
  -ed
dinarchy -chies
ding-dong
dinky-die
Dinornis
dinosaur -s
diocesan -s
dioecism
Diogenic
Dionysia
diopside
dioptase
dioptric
dioramic
dioritic
Dioscuri
dipchick -s
diphenyl
diplogen
diploidy
diplomat -s
diplopia
dipnoous
Dipsacus
dipsades
dip-slope
dip-stick
dipteral
dipteran -s
dipteros -es
directly
director -s
dirigent
dirigism
diriment
dirt-road
dirtying
disabled
disabuse -s,-d
  -sing
disadorn -s,-ing
  -ed
disagree -s,-ing
  -d
disallow -s,-ing
  -ed
disannex -es,-ing
  -ed
disannul -s,-ling
  -led

disapply -ing
  -pplies
  -ied
disarray -s,-ing
  -ed
disaster -s
disbench -es,-ing
  -ed
disbosom -s,-ing
  -ed
disbowel -s,-ling
  -led
disburse -s,-d
  -sing
*discandy
discinct
disciple -s
disclaim -s,-ing
  -ed
disclose -s,-d
  -sing
*disclost
discount -s,-ing
  -ed
discover -s,-ing
  -ed
discreet -er,-est
discrete -r,-st
discrown -s,-ing
  -ed
diseased
disendow -s,-ing
  -ed
disenrol -s,-ling
  -led
*disfavor
disflesh -es,-ing
  -ed
disfrock -s,-ing
  -ed
disgavel -s,-ling
  -led
disgorge -s,-d
  -ging
disgrace -s,-d
  -cing
disgrade -s,-d
  -ding
disguise -s,-d
  -sing
ˈdishabit
disherit
dishevel -s,-ling
  -led
dishonor
dishorse -s,-d
  -sing
dishouse -s,-d
  -sing
disinter -s,-ring
  -red

disinure
disjoint -s,-ing
    -ed
disjunct -s
diskette -s
disleave -s,-d
    -ving
dislodge -s,-d
    -ging
disloign
disloyal -ler
    -lest
dismally
dismoded
dismount -s,-ing
    -ed
disorbed
disorder -s,-ing
    -ed
dispatch -es,-ing
    -ed
dispeace
dispence
dispense -s,-d
    -sing
disperse -s,-d
    -sing
dispirit -s,-ing
    -ed
displace -s,-d
    -cing
displant -s,-ing
    -ed
displode
displume -s,-d
    -ming
disponee -s
disponer -s
disponge
disposal -s
disposed
disposer -s
dispread -s,-ing
disprize -s,-d
    -zing
disproof -s
disprove -s,-d
    -ving
dispunge
dispurse
disputer -s
disquiet -s,-ing
    -ed,-er
    -est
disseise -s,-d
    -sing
disseize -s,-d
    -zing
disserve -s,-d
    -ving

dissever -s,-ing
    -ed
dissight -s
dissolve -s,-d
    -ving
dissuade -s,-d
    -ding
distally
distance -s,-d
    -cing
distaste -s,-d
    -ting
disthene
distichs
distinct -er,-est
distract -s,-ing
    -ed
distrain -s,-ing
    -ed
*distrait
distress -es,-ing
    -ed
district -s,-ing
    -ed
distrust -s,-ing
    -ed
disunion -s
disunite -s,-d
    -ting
disunity -ties
disusage
disvalue
disvouch
ditch-dog
dithecal
ditheism
ditheist -s
ditherer -s
ditokous
ditty-bag
ditty-box
diuresis
diuretic -s
divagate -s,-d
    -ting
divalent -s
divan-bed
dive-bomb
diversly
dividend -s
dividing -s
dividivi
dividual
divinely
divinify -ing
    -fies
    -ied
divinise -s,-d
    -sing
divinity -ties

division -s
divisive
divorcee -s
divorcer -s
dizzying
djellaba -s
dobber-in
dobchick -s
Docetism
Docetist
dochmiac
dochmius -es
docility
docimasy -sies
dock-dues
docketed
dockland -s
dockyard -s
doctoral
doctorly
doctress -es
doctrine -s
document -s,-ing
    -ed
doddered
dodderer -s
Dodonian
dogberry -rries
dog-cheap
dog-daisy
dog-eared
dogeship
dog-faced
dog-fight
doggedly
doggerel
doggoned
dog-grass
doggy-bag
dog-house
dog-Latin
dog-leech
dog-louse
dogmatic
do-gooder
dog'sbane
dog's-body
dog-sleep
dog's-meat
dog's-nose
dog-tired
dogtooth -teeth
dog-trick
dog-watch
dog-weary
dog-wheat
dog-whelk
doldrums
dolerite
dolesome

dolichos -es
dollared
dollhood
dolly-mop
dolly-tub
dolomite -s
doloroso
dolorous
domainal
domanial
domatium -tia
domestic -s
domicile -s,-d
    -ling
dominant -s
dominate -s,-d
    -ting
domineer -s,-ing
    -ed
dominion -s
dominoes
donatary -ries
donation -s
donatism
Donatist
donative -s
donatory -ries
do-naught
doneness
do-nought
don't-know
doom-palm
doomsday -s
doomsman -men
doomster -s
doorbell -s
door-case
doorknob -s
doornail -s
doorpost -s
door-sill
door's-man
doorstep -s,-ping
    -ped
door-yard
dopamine
Doricism
doridoid -s
dormancy
dormient
dormouse -mice
dorsally
dosology
dotation -s
dotterel -s
doubling -s
doubloon -s
doubtful -s,-ler
    -lest
doubting -s

dough-boy
doughnut -s
doum-palm
dourness
douzeper -s
dovecote -s
dove-eyed
dovelike
dovetail -s,-ing
   -ed
dowdyish
dowdyism
dowel-pin
dowel-rod
dowfness
downbeat -s
downcast -s
down-come
downfall -s
downflow -s
down-haul
downhill -s
downland -s
down-line
downmost
downpipe -s
downpour -s
downrush -es
downtime -s
down-town
down-trod
downturn -s
downward
downwind
doxology
doziness
drabbish
drabbler -s
drabette -s
drabness
Dracaena
drachmae
drachmai
drachmas
draconic
draffish
draft-bar
dragging
drag-hunt
dragline -s
dragoman -s
dragonet -s
dragonné
drag-shot
dragsman -men
dragster -s
drainage -s
dramatic
drammach -s
drammock -s

dram-shop
draughty -tier
   -iest
drawable
drawback -s
draw-gear
draw-tube
draw-well
dreadful -ler
   -lest
dreamery -ries
dreamful -ler
   -lest
dreamily
dreaming -s
drearily
drearing
drencher -s
dressage
dressing -s
dress-tie
dribbler -s
dribblet -s
dricksie -r,-st
driftage -s
drift-ice
drift-net
driftpin -s
drift-way
drilling
drinking -s
drip-feed
dripping -s
driveway -s
drollery -ries
drolling -s
drollish
dromical
drooking -s
droopily
drop-goal
drop-kick
dropping -s
drop-ripe
drop-shot
dropsied
dropwise
drop-wort
droughty -tier
   -iest
drouking -s
drowning -s
drubbing -s
drudgery -ries
drudgism -s
drugging
druggist -s
Druidess
druidism
drumbeat -s

drumfire
drumfish -es
drumhead -s
drumming
drummock -s
drunkard -s
drupelet -s
dry-bible
dry-clean
dry-goods
dry-nurse
dry-plate
dry-point
dry-stane
dry-stone
dry-stove
dubitate -s,-d
   -ting
ducatoon -s
duchesse -s
duckbill -s
duck-hawk
duckling -s
duck-pond
duck-shot
duck-tail
duckweed -s
ductless
duelling -s
duellist -s
duelsome
duettino -s
duettist -s
dukeling -s
dukeship -s
Dukhobor
dulciana -s
dulcimer -s
Dulcinea
dulcitol
dule-tree
dull-eyed
dullness
dumb-bell
dumb-cane
dumbness
dumb-show
dumfound -s,-ing
   -ed
dummerer -s
dumosity
dumpling -s
duncedom
dun-diver
dungaree -s
dung-cart
dung-fork
dung-heap
dung-hill
dungmere -s

dunnakin -s
duodenal
duodenum -na
duologue -s
duration -s
durukuli -s
duskness
dust-ball
dust-bath
dust-bowl
dust-cart
dust-coat
dust-hole
dustless
dust-shot
Dutchman
Dutchmen
dutiable
duty-free
duty-paid
duumviri
duumvirs
dwarfish
dwelling -s
dye-house
dyestuff -s
dye-works
dyhydric
dynamics
dynamism
dynamist -s
dynamite -s,-d
   -ting
dynastic
dynatron -s
dyschroa
dysgenic
dyslexia
dyslexic -s
dysmelia
dysmelic
dysodile
dysodyle
dyspathy
dyspepsy
dysphagy
dyspneal
dyspneic
dyspnoea
dystopia
dytiscid -s
Dytiscus

E

eagle-owl
eagle-ray
earliest
earmuffs
earnings
earphone -s

earpiece -s
ear-shell
earth-bag
earth-fed
earth-hog
earth-nut
earth-pea
earthwax
earwiggy
easement
easiness
easterly -lies
eastland -s
eastling
eastlins
eastmost
eastward
easy-care
ebenezer -s
ébéniste
ebionise -s,-d
     -sing
ebionism
Ebionite
ebriated
eburnean
ecaudate
ecclesia -s
eccrisis
eccritic -s
echinate
echinoid -s
Echinops
echogram -s
echoless
eclampsy
eclestic -s
ecliptic -s
eclogite
eclosion
ecofreak -s
ecologic
economic
ecostate
écraseur -s
ecstasis
ecstatic
ectoderm -s
ectogeny
ectosarc -s
ectozoan
ectozoic
ectozoon -zoa
ectropic
ecumenic
edacious
Edentata
edentate
edgebone -s
edgeless

edgeways
edgewise
edginess
edifying
editress -es
educable
educator -s
educible
eduction -s
eelgrass -es
eel-spear
eelwrack -s
eeriness
effecter -s
effector -s
efferent
effetely
efficacy
effierce
effigies
effluent -s
effluvia
effulged
effusion -s
effusive
eftsoons
egestion
egestive
egg-apple
egg-bound
egg-dance
egg-fruit
egg-glass
egg-plant
egg-purse
eggshell -s
egg-slice
egg-spoon
egg-timer
egg-tooth
egg-whisk
eglatere -s
egoistic
egomania
Egyptian
eight-day
eighteen -s
eighthly
eighties
eight-oar
ejection -s
ejective
ekistics
eklogite
elaphine
elatedly
elaterin
elder-gun
Eldorado
eldritch

election -s
elective
electret -s
electric -s
electron -s
electrum
elegance
elegancy
elegiast -s
elenchus -chi
elenctic
elephant -s
elevated
elevator -s
eleventh -s
elf-arrow
elf-child
elflocks
elf-shoot
elicitor -s
eligible
eligibly
elkhound -s
ellipses
ellipsis
elliptic
elongate -s,-d
     -ting
eloquent
elsewise
eludible
elvanite
emaciate -s,-d
     -ting
embalmer -s
embanker -s
embarked
embarred
embattle -s,-d
     -ling
embezzle -s,-d
     -ling
embitter -s,-ing
     -ed
emblazon -s,-ing
     -ed
embodied
embolden -s,-ing
     -ed
embolism -s
emborder
embossed
embosser -s
embraced
embracer -s
embrasor -s
embryons
embusque
embussed
emendals

emendate -s,-d
     -ting
emergent
emerging
emeritus -ti
emersion -s
emery-bag
emetical
emiction
emictory
emigrant -s
emigrate -s,-d
     -ting
eminence -s
eminency -cies
emissary -ries
emissile
emission -s
emissive
emitting
Emmanuel
emmarble -s,-d
     -ling
Emmental
emongest
empacket -s,-ing
     -ed
empathic
empatron
empeople
emperise
emperish
emphases
emphasis
emphatic
empierce
employed
employee -s
employer -s
empoison -s,-ing
     -ed
empolder -s,-ing
     -ed
emporium -s,-ria
emptying -s
emptysis
empurple -s,-d
     -ling
empyesis
empyreal
empyrean -s
emulator -s
emulgent
emulsify -ing
     -fies
     -ied
emulsion -s
emulsive
emulsoid -s
enacting

enaction -s
enactive
enacture
enallage
enarched
enaunter
encaenia
encarpus -es
enceinte -s
encharge -s,-d
    -ging
enchased
enchoric
encipher -s,-ing
    -ed
encircle -s,-d
    -ling
enclisis -ses
enclitic -s
encloser -s
enclothe -s,-d
    -thing
encolour -s,-ing
    -ed
encolure -s
encomion -s
encomium -s,-mia
encradle
encrinal
encrinic
encroach -es,-ing
    -ed
encumber -s,-ing
    -ed
encyclic -s
encysted
endamage -s,-d
    -ging
endanger -s,-ing
    -ed
endeared
endeixis -xes
endemial
endemism
endermic
endocarp -s
endoderm -s
endodyne
endogamy -mies
endogeny
endorsed
endorsee -s
endorser -s
endosarc -s
endozoic
endozoon -zoa
end-paper
enduring
energise -s,-d
    -sing

enervate -s,-d
    -ting
enfeeble -s,-d
    -ling
enfested
enfetter
enfierce
enfilade -s,-d
    -ding
enflower -s,-ing
    -ed
enforest -s,-ing
    -ed
enfreeze -s,-zing
    -froze(n)
enfrosen
engaging
engender -s,-ing
    -ed
engineer -s,-ing
    -ed
enginery
engirdle -s,-d
    -ling
engorged
engouled
engramma -s
engraved
engraven
engraver -s
engrieve
engroove -s,-d
    -ving
enhearse
enhunger -s,-ing
    -ed
enhydros -es
enjoiner -s
enkernel -s,-ling
    -led
enkindle -s,-d
    -ling
enlarged
enlarger -s
enlumine
enmossed
enneadic
enneagon -s
enormity -ties
enormous
enquirer -s
enraunge
enravish -es,-ing
    -ed
enridged
enrolled
enroller -s
ensample -s,-d
    -ling
ensconce -s,-d
    -cing

ensemble -s
ensheath -s,-ing
    -ed
enshield -s,-ing
    -ed
enshrine -s,-d
    -ning
enshroud -s,-ing
    -ed
ensiform
ensigncy -cies
ensilage -s,-d
    -ging
enslaved
enslaver -s
ensphere -s,-d
    -ring
enswathe -s,-d
    -thing
entailer -s
entangle -s,-d
    -ling
entellus -es
entender
enterate
entering -s
enthalpy
enthetic
enthrall -s,-ing
    -ed
enthrone -s,-d
    -ning
enticing -s
entirely
entirety
entoderm -s
entoptic -s
entozoal
entozoic
entozoon -zoa
entr'acte
entrails
entrance -s,-d
    -cing
entreaty -ties
entremes
entrench -es,-ing
    -ed
entrepot -s
entresol -s
enuresis
enuretic -s
envassal
enveigle -s,-d
    -ling
envelope -s
enviable
enviably
environs
envisage -s,-d
    -ging

envision -s,-ing
    -ed
enwallow
Enzedder
enzootic -s
Eohippus
éolienne
eolipile -s
eolithic
epagogic
epanodos
ephemera -s,-e
Ephesian
epiblast
epically
epicalyx -es
epicedia
epicotyl -s
epicycle -s
epidemic -s
epidotic
epidural -s
epifocal
epigaeal
epigaean
epigamic
epigeous
epigones
epigraph -s,-ing
    -ed
epilator -s
epilepsy
epilogic
epilogue -s
epimeric
epinasty
epinosic
Epiphany
epiphyte -s
epiploic
epiploon -s
epipolic
episcope -s
episcopy
episemon -s
episodal
episodic
episperm -s
epispore -s
epistler -s
epistyle -s
epitasis -ses
epithema -ta
epitomic
epitonic
epitrite -s
epopoeia -s
epsomite
epulotic -s
epyllion -s

Epyornis
equalise -s,-d
  -sing
equality -ties
equalled
equation -s
equinity
equipage -s
equipped
equitant
equivoke -s
eradiate -s,-d
  -ting
erasable
Erastian
Erdgeist
erectile
erection -s
erective
eremital
eremitic
erethism
erewhile
ergatoid
ergogram -s
ergotise -s,-d
  -sing
ergotism
erigeron -s
erogenic
erotesis -ses
erotetic
erotical
errantly
errantry
erringly
errorist -s
eructate -s,-d
  -ting
eruption -s
eruptive
eryngium -s
Erysimum
erythema
escalade -s,-d
  -ding
escalado -es
escalate -s,-d
  -ting
escallop -s
escalope -s
escapade -s
escapado -es
escapism
escapist -s
escargot
escarole -s
eschalot -s
esculent -s
esoteric

espalier -s,-ing
  -ed
especial
espiègle
espousal -s
espouser -s
espresso -s
Esquimau
essaying
essayish
essayist -s
Essenism
essoiner -s
essonite
estacade -s
estancia -s
esteemed
esterify -ing
  -fies
  -ied
estimate -s,-d
  -ting
Estonian
estopped
estoppel -s
estrange -s,-d
  -ging
estridge
esurient
étatisme
eternise -s,-d
  -sing
eternity -ties
ethercap -s
ethereal
etherial
etherion
etherise -s,-d
  -sing
etherism
etherist -s
ethicise -s,-d
  -sing
ethicism
ethicist -s
Ethiopic
ethnarch -s
ethnical
ethology
ethylate -s,-d
  -ting
ethylene
etiolate -s,-d
  -ting
Etrurian
Etruscan
ettercap -s
etypical
eucalypt -s
eucaryon -s

eucaryot -s
eucritic
eucyclic
eudemony
eugenics
eugenism
eugenist -s
Eugubine
eukaryon -s
eukaryot -s
eulachon -s
eulogise -s,-d
  -sing
eulogist -s
eulogium -s,-gia
eumerism
euonymin
euonymus -es
eupatrid -s
eupepsia
eupeptic
euphonia
euphonic
euphoria
euphoric
euphrasy -sies
euphuise -s,-d
  -sing
euphuism -s
euphuist -s
Eurasian
Eurobond
Euromart
European
europium
eurythmy
Eusebian
eustatic
eutaxite
eutectic
Eutheria
eutrophy
eutropic
euxenite
evacuant -s
evacuate -s,-d
  -ting
evadable
evaluate -s,-d
  -ting
evanesce -s,-d
  -scing
evangely
evasible
evection -s
even-down
evenfall -s
evenness
evensong -s
eventful

eventide -s
eventing
eventual
evermore
eversion -s
everyday -s
Everyman
everyone
everyway
eviction -s
evidence -s,-d
  -cing
evil-doer
evilness
evincive
evitable
evolvent
evulgate -s,-d
  -ting
evulsion -s
Ewigkeit
exacting
exaction -s
examinee -s
examiner -s
examplar -s
exanthem -s
excavate -s,-d
  -ting
excelled
exceptor -s
exchange -s,-d
  -ging
excision -s
excitant -s
exciting
excluded
excubant
excursus -es
excuse-me
excusive
execrate -s,-d
  -ting
executer -s
executor -s
executry
exegesis -ses
exegetic
exemplar -s
exemplum -pla
exequial
exequies
exercise -s,-d
  -sing
exergual
exertion -s
exertive
exhalant -s
exhedrae
exhorter -s

exhumate -s,-d
   -ting
exigence -s
exigency -cies
exigible
exiguity
exiguous
eximious
existent
exitance -s
ex-libris
exocrine
exogamic
exophagy
exoplasm -s
exorable
exorcise -s,-d
   -sing
exorcism -s
exorcist -s
exordial
exordium -s,-dia
exosmose
exospore -s
exoteric
expander -s
expandor -s
expected
expecter -s
expedite -s,-d
   -ting
expelled
expellee -s
expender -s
expertly
expiable
expiator -s
expirant -s
expiring
explicit
exploded
exploder -s
explorer -s
exponent -s
exporter -s
exposure -s
expunger -s
exserted
extended
extender -s
extensor -s
exterior -s
external -s
externat
extolled
extrados -es
extremer
extrorse
extruder -s
exultant

exuviate -s,-d
   -ting
eyeglass -es
eyeliner -s
eye-piece
eye-rhyme
eye-salve
eyeshade -s
eyesight
eyestalk -s
eye-tooth
eye-water

F

fabliaux
fabulise -s,-d
   -sing
fabulist -s
fabulous
faburden -s
face-ache
face-card
faceless
face-lift
facetiae
facially
facilely
facility -ties
factious
factotum -s
fade-away
fade-down
fadeless
Fagaceae
fagoting
fahlband -s
fail-dike
fail-safe
fainéant -s
fainness
fainting -s
faintish
fair-lead
fairness
fairydom
fairyism
faithful -ler
   -lest
fakement
fakirism
falcated
falchion -s
falconer -s
falconet -s
falconry
falderal -s
faldetta -s
fall-back
fallible
fallibly

fall-trap
falsetto -s
faltboat -s
fameless
familial
familiar -s
familism
Familist
famously
Fanariot
fanciful
fancying
fandango -s
fanfaron -s
fangless
fanlight -s
fantasia -s
fantigue
faradise -s,-d
   -sing
faradism
farceuse -s
farcical
farcy-bud
farewell -s
far-flung
far-forth
Faringee
farinose
farm-hand
farm-toun
farmyard -s
farouche
farriery
far-spent
farthest
farthing -s
Fasching
fasciate
fascicle -s
fasciola -s
fasciole -s
Fascismo
Fascista
Fascisti
Fascists
fashious
fastback -s
fastener -s
fastness -es
fastuous
fatalism
fatalist -s
fatality -ties
fat-faced
fatherly
fatigate
fatigued
fattener -s
fattrels

faubourg
faulchin
faultful
faultily
faustian
fauteuil -s
fauvette -s
Favonian
favoured
favourer -s
fayalite
fearless
fearsome
feasible
feasibly
feast-day
feastful
feasting -s
feast-won
feateous
feathery
featuous
featured
febrific
February
feckless
feculent
fedayeen
fedelini -s
federacy -cies
federary
federate -s,-d
   -ting
feeblish
feed-back
feed-head
feed-pipe
feed-pump
fee-grief
feigning -s
feldgrau -s
feldsher -s
feldspar -s
felicity -ties
felinity
fellable
fellahin
fellatio -s
fellness
fellowly
felsitic
felstone
femality
femerall -s
femetary -ries
feminine -s
feminise -s,-d
   -sing
feminism
feminist -s

feminity	filiform	firework -s	flatiron -s
fen-berry	filigree -s	fireworm -s	flatling -s
fencible -s	filioque	firmless	flatlong
fenestra -s	Filipina	firmness	flatmate -s
feracity	Filipino	firmware -s	flatness
feretory -ries	filleted	first-aid	flat-race
Feringhi	fillibeg -s	first-day	flattery
fern-ally	filliped	fishable	flatting
fern-seed	filmable	fishball -s	flattish
fernshaw -s	filmgoer -s	fish-bone	flatuous
ferocity	filmland	fishcake -s	flatware -s
ferreous	filthily	fish-dive	flatways
ferreted	filtrate -s,-d	fish-farm	flatwise
ferreter -s	-ting	fish-glue	flat-worm
ferriage -s	finalise -s,-d	fish-guts	flaunter -s
ferritic	-sing	fish-hawk	flautist -s
ferrying	finalism	fish-hook	flawless
ferryman -men	finalist -s	fish-meal	flax-bush
fervency	finality -ties	fishpond -s	flax-comb
fervidly	fine-draw	fishskin -s	flax-lily
festally	fineless	fish-stew	flax-mill
festival -s	fineness	fish-tail	flax-seed
fetching	fine-spun	fish-weir	flea-bane
feticide -s	finesser -s	fishwife -wives	flea-bite
fettling -s	fine-tune	fissiped	fleasome
feudally	fingered	fissured	fleering -s
feverfew -s	finished	fistiana	fleeting
feverish	finisher -s	fistical	flesh-fly
feverous	finitely	fistulae	flesh-pot
fewtrils	finitude	fistular	fletcher -s
fibrilla -e	finnesko	fitfully	flexible
fibrosis	finochio	fitliest	flexibly
fibrotic	fin-whale	fivefold	Flextime®
fiddious	fippence	fivepins	flexuose
fiddling	fire-back	fixation -s	flexuous
fidelity -ties	fire-ball	fixative -s	flexural
fidgeted	fire-bird	fixature -s	flichter -s,-ing
fiducial	fire-bomb	flagella	-ed
field-dew	fire-bote	flagging	flighted
fielding -s	firebrat -s	flagpole -s	flim-flam
fiendish	fire-clay	flagrant	flimsily
fiercely	firedamp	flagship -s	flincher -s
fiftieth -s	fire-edge	flag-worm	flinging
fiftyish	fire-eyed	flambeau -x,-s	flintify -ing
fighting -s	fire-flag	flambéed	-fies
figuline -s	fire-hook	flamelet -s	-ied
figurant -s	fire-hose	flamenco -s	flintily
figurate	fireless	flamingo -(e)	flip-flap
figurine -s	fire-lock	flammule -s	flip-flop
figurist -s	fire-mark	flanched	flippant
filagree -s	fire-opal	flânerie	flipping
filament -s	fire-plug	flapjack -s	flip-side
filander -s	fire-risk	flapping	flirting -s
filarial	fireship -s	flash-gun	flirtish
filatory -ries	fireside -s	flashily	flittern -s
filature -s	fire-step	flashing -s	flitting -s
filching -s	fire-tube	flatboat -s	flix-weed
file-fish	fire-walk	flatfish -es	floatage -s
filially	fireweed -s	flat-foot	floatant -s
filicide -s	firewood	flathead -s	floating -s

floccose	foliaged	forebear -s	forested
floccule -s	foliated	forebitt -s	forester -s
flocculi	folk-free	forebode -s,-d	forestry
flock-bed	folkland -s	-ding	foretell -s,-ing
flogging -s	folklore	fore-body	foretime -s
flooding -s	folkmoot -s	forecast -s,-ing	foretold
floodlit	folkrock	-ed	foreward -s
floodway -s	folk-song	foredate -s,-d	forewarn -s,-ing
flooring -s	folk-tale	-ting	-ed
floppily	folk-tune	foredeck -s	forewent
florally	follicle -s	foredoom -s,-ing	forewind -s
florence -s	follower -s	-ed	forewing -s
floridly	follow-on	fore-edge	foreword -s
florigen -s	follow-up	forefeel -s,-ing	forfairn
floscule -s	fomenter -s	-felt	forgeman -men
flotilla	fondling -s	forefeet	forgiven
flounder -s,-ing	fondness	forefelt	forgoing
-ed	fontanel -s	forefoot -feet	forhaile
flourish -es,-ing	fontange -s	foregoer -s	forhooie
-ed	food-card	foregone	forinsec
flowered	foodless	forehand -s	forjudge -s,-d
flowerer -s	fool-born	forehead -s	-ging
floweret -s	foolscap	forehent -s,-ing	forkedly
fluellin -s	football -s	-ed	forkhead -s
fluently	foot-bath	foreking -s	fork-tail
fluework	footfall -s	foreknow -s,-ing	formalin
fluidics	footgear	-n,-knew	formally
fluidify -ing	foothill -s	foreland -s	formerly
-fies	foothold -s	forelend -s,-ing	formiate -s
-ied	footling -s	forelent	formless
fluidise -s,-d	footmark -s	forelift	formulae
-sing	footmuff -s	forelimb -s	formular
fluidity	footnote -s	forelock -s	formwork
flummery -ries	footpace -s	foremast -s	fornenst
fluoride -s	footpage -s	foremean -s,-ing	forrader
fluorine	footpath -s	-t	forsaken
fluorite	footpost -s	foremost	forslack
flurried	foot-pump	forename -s	forsooth
flush-box	foot-race	forenoon -s	forspeak -s,-ing
flushing -s	footrest -s	forensic	-spoke(n)
flustery	foot-rope	forepart -s	forspend -s,-ing
fly-blown	footrule -s	forepeak -s	forspent
fly-maker	footslog -s,-ging	foreplan -s,-ning	forswatt
flypaper -s	-ged	-ned	forswear -s,-ing
fly-sheet	footsore	foreplay	forswink -s,-ing
fly-spray	footstep -s	fore-rank	-ed
fly-tying	footwear	foreread -s,-ing	forswore
fly-under	footwork	foresaid	forsworn
flywheel -s	footworn	foresail -s	forswunk
foalfoot -s	foozling -s	foreseen	forthink -s,-ing
foamless	foramina	foreshew -s,-ing	-thought
focalise -s,-d	forborne	-ed,-n	fortieth -s
-sing	forcedly	foreship -s	fortress -es
focusing	forceful -ler	foreshow -s,-ing	fortuity
fodderer -s	-lest	-ed,-n	fortuned
foedarie	forcible	foreside -s	fortyish
fogbound	forcibly	foreskin -s	forwards
fog-smoke	forcipes	foreslow	forwaste
foldboat -s	fordable	forestal	forweary
folderol -s	fordoing	forestay -s	forzando -s,-di

fossette -s
Fosseway
fosterer -s
fostress -es
fougasse -s
foughten
foul-fish
foulmart -s
foulness
foul-play
founding -s
fountain -s
fountful -ler
        -lest
four-ball
four-eyes
fourfold
four-foot
four-leaf
four-part
foursome -s
fourteen -s
fourthly
fowl-pest
foxberry -rries
fox-brush
fox-earth
foxglove -s
fox-grape
foxhound -s
foxiness
fox-shark
foziness
frabjous
fraction -s
fracture -s,-d
        -ring
Fragaria
fragment -s,-ing
        -ed
fragrant
frailish
frailtee
frame-saw
frampler -s
frampold
francium
frank-fee
Frankish
franklin -s
fraudful -ler
        -lest
fräulein -s
Fraxinus
freakful
freakish
freak-out
freckled
freeborn
free-city

free-cost
freedman -men
free-fall
free-hand
freehold -s
freeload -s,-ing
        -ed
freeness
free-reed
free-shot
free-soil
free-will
freeze-up
freezing
fremitus -es
frenetic -s
frenzied
frequent -s,-ing
        -ed,-er
        -est
frescade -s
frescoed
frescoer -s
frescoes
freshish
freshman -men
fresh-new
fresh-run
fretting
fretwork
Freudian
fribbler -s
friction -s
friended
friendly -lies
        -ier
        -iest
Friesian
Friesish
frigging -s
frighten -s,-ing
        -ed
frigidly
frijoles
frillies
frilling -s
Frimaire
frippery
friskful
friskily
frisking -s
fritting
frocking
frogfish -es
froggery -ries
frogling -s
frog-spit
fromenty -ties
frondage
frondent

frondeur -s
frondose
frontage -s
frontier -s
frontlet -s
frontman -men
frontoon -s
frostily
frosting
frothery
froth-fly
frothily
frottage -s
frotteur -s
frou-frou
frowards
frowning
frowster -s
fructify -ing
        -fies
        -ied
fructose
frugally
fruitage
fruit-bat
fruit-bud
fruitery -ries
fruit-fly
fruitful
fruiting -s
fruition -s
fruitive
frumenty -ties
frumpish
frustule -s
frutices
fuchsine
fuchsite
fucoidal
fuddling
fuel-cell
fuelling
fugacity
fughetta -s
fugitive -s
fugleman -men
fulcrate
fulgency
fulgural
full-aged
full-cock
full-eyed
full-face
fullness
full-page
full-pelt
full-sail
full-tilt
full-time
fumarole -s

fumatory -ries
fumigant -s
fumigate -s,-d
        -ting
fumitory -ries
fumosity -ties
function -s,-ing
        -ed
fundable
fundless
funebral
funerary
funereal
funguses
funkhole -s
Funtumia
furacity
furbelow -s,-ing
        -ed
furcated
Furcraea
furcular
furfural
furfuran
furfurol
furibund
furlough -s,-ing
        -ed
furmenty -ies
furriery -rries
furthest
furuncle -s
fusarole -s
fuselage -s
fusel-oil
fusiform
fusileer -s
fusilier -s
fuss-ball
futilely
futility
futurism
futurist -s
futurity -ties
fuzz-ball

G

gabbling -s
gabbroic
gabbroid
gabeller -s
gabioned
gable-end
gadabout -s
Gadarene
gadgetry
Gadhelic
gadzooks -es
gaff-sail
gaggling -s

gag-tooth
gaillard -s
gainable
gainings
gainless
gainsaid
gairfowl -s
galabeah -s
galabiah -s
galabieh -s
galabiya -s
galactic
galangal -s
galapago -s
galbanum
galeated
Galenism
Galenist
galenite
galenoid
Galilean
gallabea -s
gallabia -s
gall-duct
galleass
galliard -s
galliass
Gallican
gallipot -s
gallivat -s
gall-less
galloper -s
Galloway
gallumph -s,-ing
         -ed
galluses
gall-wasp
galowses
galvanic
gambeson -s
gambogic
gambroon
game-bird
game-cock
gameness
gamesome
gamester -s
gammoner -s
gang-bang
gangland -s
gangliar
gangling
ganglion -s,-lia
gangrene
gangsman -men
gangster -s
ganister
gannetry -ries
Ganoidei
gantline -s

gantlope
Ganymede
gaol-bird
gapeseed -s
gapeworm -s
gapingly
garaging -s
Garamond
garbling -s
garboard -s
Garcinia
gardener -s
gardenia -s
gardyloo -s
garefowl -s
garganey -s
gargoyle -s
garishly
garlicky -kier
         -iest
garotted
garotter -s
garreted
garrison -s,-ing
         -ed
garrotte -s,-d
         -tting
gasalier -s
gaselier -s
gas-field
gas-fired
gas-globe
gasifier -s
gasiform
gaslight -s
gas-meter
gas-motor
gasogene
gasolene
gasolier -s
gasoline
gas-plant
gas-poker
gas-shell
gas-stove
Gasthaus
gas-tight
gastraea -s
gastrula -s
gas-water
gas-works
gate-fine
gatefold -s
gateless
gate-post
gate-vein
gatherer -s
gaudy-day
Gaullism
Gaullist

gaumless
gauntlet -s
gauntree -s
gaussian
gavelman -men
gavelock -s
gazement
gazetted
gazogene -s
gazpacho -s
gear-case
Geckones
gefuffle -s,-d
         -ling
gelastic
gelatine
gelation
gelidity
gematria
geminate -s,-d
         -ting
geminous
gemma-cup
gemmeous
gemology
gemstone -s
gendarme -s
generale
generant -s
generate -s,-d
         -ting
generous
Genesiac
genetics
genetrix -es
Genevese
genially
genitals
genitive -s
genitrix -es
geniture
geniuses
genocide -s
genotype -s
Genovese
gentilic
gentrice
gentrify -ing
         -fies
         -ied
geocarpy
geodesic
geodetic
geognost -s
geognosy
geogonic
geolatry
geologer -s
geologic
geomancy

geometer -s
geometry -tries
geomyoid
geophagy
geophone -s
geophyte -s
geoponic
Georgian
geotaxis
geraniol
geranium -s
gerbille -s
geriatry
germaine
Germanic
germ-cell
germinal
gerontic
geropiga -s
gesneria -s
gestural
Ghanaian
ghastful
ghoulish
giantess -es
giantism
gibbsite
gibingly
giff-gaff
gift-book
giftedly
gift-shop
gift-wrap
gigantic
gigawatt -s
giggling -s
gig-lamps
gillaroo -s
gillyvor
gilt-head
gilt-tail
giltwood
gimcrack -s
gimmicky -kier
         -iest
gingelly -llies
gingerly
gingival
ginglymi
ginhouse -s
gin-sling
girasole -s
girlhood -s
Girondin
girtline -s
giveaway -s
glabella -e
glabrate
glabrous
glaciate -s,-d
         -ting

glacises
gladding
gladiate
gladiole -s
gladioli
gladness
gladsome -r,-st
glancing -s
glanders
glandule -s
glareous
glassful -s
glassify -ing
-fies
-ied
glassily
glassine
Glassite
glassman -men
glaucoma
glaucous
gleaming -s
gleaning -s
gleesome
glibbery
glibness
gliddery
gliffing -s
glimmery -rier
-iest
gliomata
glissade -s,-d
-ding
glittery -rier
-iest
gloaming -s
globally
globated
globular
globulet -s
globulin
gloomful -ler
-lest
gloomily
glooming -s
gloriole -s
gloriosa -s
glorious
glorybox
glorying
glory-pea
glossary -ries
glosseme -s
glossily
glossina -s
glowlamp -s
glow-worm
gloxinia -s
glucagon
glucinum

glumella -s
glumness
glumpish
glutaeal
glutaeus -aei
glutelin -s
glutting
gluttony
glyceric
glycerin
glycerol
glyceryl
glycogen
glyconic -s
glyptics
gnathite -s
gnatling -s
gneissic
Gnetales
gnomonic
goadsman -men
goadster -s
goal-kick
goal-line
goalpost -s
goat-fish
goatherd -s
goatling -s
goat-moth
goatskin -s
goat's-rue
goatweed -s
Gobelins
Gobiidae
god-awful
godchild -ren
God-given
god-smith
godspeed -s
godwards
go-getter
goggling
Goidelic
goings-on
goitrous
Golconda
gold-dust
gold-ends
goldenly
goldfish -es
gold-foil
gold-lace
gold-leaf
goldless
gold-mine
gold-rush
gold-size
gold-wasp
gold-wire
golf-ball

golf-club
Golgotha
goliardy
golliwog -s
gollywog -s
gonadial
goneness
gonfalon -s
gonfanon -s
gongster -s
gonidial
gonidium -dia
gonocyte -s
good-dame
good-even
good-lack
goodlier
goodness
goodsire -s
goodtime
goodwife -wives
goodwill
goodyear
goofball -s
goose-cap
goose-egg
goosegob -s
goosegog -s
gor-belly
gorblimy -mies
gorgeous
gorgerin -s
Gorgonia
gormless
gospodar -s
gossamer
gossipry
gossypol
gourmand -s
goutweed -s
goutwort -s
governor -s
gownsman -men
Graafian
grabbing
graceful -ler
-lest
gracioso -s
gracious
gradable -s
gradatim
gradient -s
graduand -s
graduate -s,-d
-ting
Graecise
Graecism
graffiti
graffito
grafting -s

grainage
graining -s
graithly -lier
-liest
gralloch -s,-ing
-ed
gramarye
gram-atom
gramercy -cies
granddad -s
grandeur
grandson -s
granitic
granular
grapheme -s
graphics
graphite
graphium -s
grasping
grass-box
grassing -s
grass-oil
grateful -ler
-lest
grattoir -s
gratuity -ties
gravamen -mina
gravelly
grave-wax
gravitas
graviton -s
grayling -s
greasily
greedily
greegree -s
Greekdom
Greekish
green-bag
greenery
greenfly -flies
greening -s
greenish
greenlet -s
greesing
greeting -s
greffier -s
gressing
grey-coat
grey-eyed
grey-fish
greyness
gridelin -s
gridiron -s,-ing
-ed
gridlock
griefful -ler
-lest
grievous
grillade -s
grillage -s

grilling -s
grimness
grimoire -s
grindery -ries
grinding -s
grinning
gripping
gripsack
Griselda
griseous
grisette -s
grisgris
grizzled
grizzler -s
groanful -ler
        -lest
groaning -s
groggery
grog-shop
groining -s
gromwell -s
groo-groo
grosbeak -s
groschen -s
grossart -s
grounded
grounden
grounder -s
groupage -s
grouping -s
groupist -s
grouting -s
growlery -ries
growling -s
grubbing
grub-kick
grudging -s
gruesome -r,-st
gruffish
grumbler -s
grumness
grumphie -s
grumpily
grunting -s
gruntled
guacharo -s
guaiacum -s
guaranty -ing
        -ties
        -ied
guardage
guardant
guardian -s
gude-dame
gudesire -s
guéridon -s
guerilla -s
guernsey -s
guessing -s
Guicowar

guidable
guidance
guileful -ler
        -lest
guiltily
guimbard -s
Gujarati
Gujerati
gulfweed -s
gullable
gullible
gull-wing
gulosity
gummosis
gumphion
gumption
gunfight -s,-ing
        -fought
gunflint -s
gunlayer -s
gunmaker -s
gunmetal -s
gunsmith -s
gunstick -s
gunstock -s
gunstone
gurdwara -s
gurgoyle -s
Gurmukhi
gustable
guttated
guttural -s
gymkhana -s
gymnasia
gymnasic
gynandry
gypseous
gypsydom
gypsyism
gyration -s
gyratory
gyrodyne -s
gyroidal
gyrostat -s

H

habanera -s
habitans
habitant -s
habitual -s
habitude
hacienda
hackbolt -s
hack-work
had-I-wist
hadronic
haematic
haematin
hagberry -rries
Haggadah

Haggadic
hag-taper
hailshot -s
hair-ball
hair-band
hairbell -s
hair-grip
hairless
hairline -s
hair-seal
hair-tail
hair-wave
hair-work
hair-worm
Halachah
Halachic
halation -s
haleness
half-back
half-beak
half-blue
half-boot
half-bred
half-calf
half-cock
half-dead
half-done
half-door
half-face
half-hour
half-life
halfling -s
half-loaf
half-mast
half-moon
half-note
halfpace -s
half-pike
half-pint
half-step
half-term
half-text
half-tide
half-time
half-tint
half-tone
half-year
halicore -s
halimote -s
haliotis
halitous
hallaloo -s
hall-door
halliard -s
hallmark -s,-ing
        -ed
hall-moot
halluces
halteres
hamartia -s

Hamburgh
hamewith
hampster -s
hamulate
handball
hand-ball
handbell -s
handbill -s
handbook -s
hand-cart
handclap -s
handcuff -s,-ing
        -ed
handfast -s,-ing
        -ed
handfuls
handgrip -s
hand-held
handhold -s
hand-horn
handicap -s,-ping
        -ped
handless
hand-line
handling -s
hand-list
hand-loom
handmade
handmaid -s
hand-mill
handover -s
hand-pick
handplay -s
hand-post
handrail -s
hand-sewn
handsome -r,-st
handwork
handyman -men
hanepoot
hangable
hangbird -s
hanger-on
hangfire
hangnail -s
hangnest -s
hangover -s
haploidy
hapteron -s
haqueton -s
hara-kiri
harangue -s,-d
        -guing
harassed
harasser -s
hard-a-lee
hardback -s
hardbake -s
hardbeam -s
hardcore

hardened	havildar -s	hebetate -s,-d	hempbush -es
hardener -s	havocked	-ting	hemp-palm
hardface -s	Hawaiian	hebetude	hemp-seed
hard-fern	hawfinch -es	Hebraise	henchman
hardhack -s	hawkbell -s	Hebraist	henchmen
hardhead -s	hawk-eyed	hecatomb -s	hen-court
hardline	hawk-moth	hectical	henequen -s
hardness -es	hawkweed -s	hectorer -s	henequin -s
hardship -s	hawthorn -s	hectorly	hen-flesh
hardtack -s	hay-de-guy	hedgehog -s	hen-house
hardware	hayfield -s	hedge-hop	hen-hussy
hardwood	haymaker -s	hedgepig -s	hen-padle
harebell -s	haystack -s	hedgerow -s	hen-party
hare-foot	hazardry	hedonics	hen-roost
hare's-ear	hazelnut -s	hedonism	Hepatica
harigals	haziness	hedonist -s	hepatise -s,-d
hari-kari	headache -s	heedless	-sing
hark-back	headachy -chier	heel-ball	hepatite -s
Harleian	-iest	Hegelian	heptagon -s
harlotry	headband -s	hegemony	heptarch -s
harmalin	head-boom	heich-how	Heraclid
harmless	headfast -s	heighten -s,-ing	heraldic
harmonic -s	headgear	-ed	heraldry
harmosty -ties	headhunt -s,-ing	heirless	herbaged
harpings	-ed	heirloom -s	herbaria
harp-seal	headlamp -s	heirship	herb-beer
harridan -s	headland -s	heliacal	herbelet
harrumph -s,-ing	headless	helicoid	herbless
-ed	headline -s,-d	heliodor	herd-book
harrying	-ning	heliosis	herdsman -men
hartbees	headlong	Heliozoa	herdwick
haruspex -spices	headmark -s	heliport -s	hereaway
has-beens	headmost	helistop -s	heredity
hasheesh	headnote -s	Helladic	Hereford
Hasidism	headrace -s	hell-bent	here-from
Hasidist	headrail -s	hell-born	hereness
Hassidic	headrest -s	hell-bred	Hereroes
hassocky	headring -s	Hellenic	hereunto
hastated	headroom -s	hell-fire	hereupon
hastener -s	headrope -s	hell-gate	herewith
hastings	headship -s	hell-hole	herisson -s
hatbrush -es	headsman -men	hellicat	heritage -s
hatchery -ries	head-tire	hell-kite	heritrix -es
hatchety	headword -s	hellward	-trices
hatching -s	headwork	helmeted	hermetic
hatchway -s	healable	helminth -s	hernshaw -s
hateable	healsome -r,-st	helmless	heroical
hateless	heartily	helmsman -men	heroicly
haterent	heartlet -s	helotage	heronsew -s
hatguard -s	heartpea -s	helotism	heroship
hat-plant	heart-rot	helpless	herpetic
hatstand -s	heathery -rier	helpmate -s	herseems
Hatteria	-iest	helpmeet -s	Hertzian
haunting -s	heath-hen	Helvetic	hesitant
hauriant	heatspot -s	hematite	hesitate -s,-d
haurient	heavenly -lier	hemiolia -s	-ting
hausfrau -s	-iest	hemiolic	hesperid -s
hautbois	heaviest	hemionus -es	Hesperis
havelock -s	hebdomad -s	hemiopia	Hesperus
have-nots	hebetant	hemiopic	hetaeria -e

hetairai
hetairia -s
heuretic
hexaglot
hexagram -s
hexaplar
Hexapoda
hexapody -dies
hexylene
hey-go-mad
hiatuses
hibernal
Hibiscus
hiccatee -s
hiccough -s,-ing
      -ed
hiccuped
hickwall -s
hidalgas
hidalgos
hiddenly
hideaway -s
hidlings
hidrosis
hidrotic -s
hidy-hole
hielaman -s
hierarch -s
hieratic
hierurgy -gies
higgling -s
highball
high-born
high-bred
highbrow -s,-er
      -est
higher-up
high-gear
highjack -s,-ing
      -ed
highland -s
high-lone
highmost
highness -es
high-rise
highroad -s
hightail -s,-ing
      -ed
high-test
hijacker -s
hilarity
hillfolk -s
hill-fort
hillocky -kier
      -iest
hillside -s
Himalaya
himation -s
himseems
hinderer -s

hind-foot
hindhead -s
hindmost
Hinduise
Hinduism
hindward
hind-wing
hip-flask
hip-joint
hipparch -s
hippuric
Hippuris
hipsters
hireable
hireling -s
hirrient -s
Hispanic
histioid
histogen -s
historic
histrion
hitchily
hitherto
hiveless
hivelike
hive-nest
hiveward
hoactzin -s
hoarhead -s
hoarsely
hoastman -men
hobbling
hobbyism
hobbyist -s
hobdayed
hobnobby
hock-cart
hock-tide
hocusing
hocussed
hog-frame
hoggerel -s
Hogmanay
hog-maned
hog-reeve
hog's-back
hog-score
hogshead -s
hoisting
hoistman -men
hoistway -s
hoky-poky
holdback -s
hold-fast
holiness -es
holistic
holla-hoa
hollands -es
hollidam
hollowly

holly-oak
Holocene
hologram -s
holoptic
Holostei
holotype -s
holozoic
holydame
holy-rood
homaloid -s
home-born
home-bred
home-brew
home-farm
home-felt
home-fire
homeland -s
homeless
home-life
homelike
homelily
home-made
homeosis
homesick
homespun -s
home-town
homeward
homework
homicide -s
homilist -s
hominoid -s
homodont
homodyne
homogamy
homogeny
homology
homonymy
homotony
homotype -s
homotypy
homuncle -s
honestly
honey-ant
honey-bee
honeybun -s
honey-dew
honeying
honeypot -s
honorary -ries
honoured
honourer -s
hoodless
hoodwink -s,-ing
      -ed
hoofless
hoof-mark
hook-worm
hoolican -s
hooligan -s
hoosegow

hoot-toot
hopeless
hopingly
hopped-up
Horatian
hormonal
hormonic
hornbeak -s
hornbeam -s
hornbill -s
hornbook -s
hornfels
horngeld
hornless
hornpipe -s
horn-rims
horntail -s
hornwork -s
hornworm -s
hornwort -s
horologe -s
horology
horrible
horribly
horridly
horrific
horse-boy
horsecar
horsefly -flies
horseman -men
horseway -s
hosepipe -s
hose-reel
hospital -s
hospitia
hospodar -s
hosteler -s
hostelry -ries
hot-brain
hotchpot -s
hotelier -s
hothouse -s
hot-press
hot-short
hotted-up
hour-hand
hourlong
houseboy -s
house-dog
house-fly
houseful -s
houseman -men
housetop -s
housling
hout-tout
hoveller -s
hover-bed
hover-bus
hover-car
hover-fly

how-d'ye-do
howitzer -s
hub-brake
hubbuboo -s
huckster -s,-ing
   -ed
hugeness
huggable
Huguenot
huissier
hula-hoop
hula-hula
hull-down
humanely
humanise -s,-d
   -sing
humanism
humanist -s
humanity -ties
humanoid -s
humbling -s
humidify -ing
   -fies
   -ied
humidity
humility
hummocky -kier
   -iest
humoresk -s
humorist -s
humorous
humoured
humpback -s
humstrum -s
hung-beef
hungerly
hung-over
hungrily
huntress -es
huntsman -men
huon-pine
hurcheon -s
hurdling -s
Huronian
hurrying -s
hurtless
hush-boat
hush-hush
hustings
hustling -s
huzzaing
hyacinth -s
Hyblaean
hydatoid
hydranth -s
hydremia
hydrogen
hydromel
Hydromys
hydropic

hydropsy
hydroski -s
hydroxyl
Hydrozoa
hygienic
hylicism
hylicist -s
hylobate -s
hymeneal -s
hymenean
hymenial
hymenium -s
hyoscine
hypalgia
Hyperion
hyphenic
hypnosis
hypnotic -s
hypobole
hypocist -s
hypoderm -s
hypogaea
hypogeal
hypogean
hypogene
hypogeum
hypogyny
hypothec -s
hyracoid
hysteria -s
hysteric -s

I

iambuses
ianthine
iatrical
Ibsenism
Ibsenite
ice-apron
iceblink -s
ice-bound
ice-craft
ice-cream
ice-field
ice-front
ice-house
ice-ledge
ice-lolly
ice-plant
ice-sheet
ice-skate
ice-stone
ice-water
ice-yacht
ichorous
icterine
idealess
idealise -s,-d
   -sing
idealism

idealist -s
ideality -ties
ideation
ideative
identify -ing
   -fies
   -ied
identity -ties
ideogram -s
ideology -gies
idiolect -s
idiotish
idiotism
idlehood
idleness
idocrase
idolater -s
idolatry
idoliser -s
idyllian
idyllist -s
Ignatian
ignition -s
ignitron -s
ignominy
ignorant -s
illation -s
ill-being
ill-blood
ill-deedy
ill-faced
ill-fated
ill-faurd
illinium
illiquid
illision -s
ill-spent
ill-timed
ill-treat
illumine -s,-d
   -ning
ill-usage
illusion -s
illusive
illusory
Illyrian
ilmenite
imaginal
imaginer -s
imagines
imbecile -s
imbitter -s,-ing
   -ed
imborder
imbrices
imitable
imitancy
imitator -s
immanely
immanent

immanity
immantle -s,-d
   -ling
Immanuel
immature
immersed
imminent
immingle -s,-d
   -ling
immitted
immobile
immodest
immolate -s,-d
   -ting
immoment
immortal -s
immunise -s,-d
   -sing
immunity -ties
impanate
impannel -s,-ling
   -led
imparity
imparter -s
impasted
impasto'd
impelled
impeller -s
imperial -s
imperium -s
impetigo -s
impishly
impleach
impledge -s,-d
   -ging
implicit
implorer
implunge -s,-d
   -ging
impluvia
implying
impocket -s,-ing
   -ed
impolder -s,-ing
   -ed
impolicy
impolite -r,-st
imponent -s
importer -s
imposing
imposter -s
impostor -s
impotent
impresse
imprimis
imprison -s,-ing
   -ed
improper
improver -s
impudent -er,-est

impugner -s
impunity
impurely
impurity -ties
impurple -s,-d
        -ling
inaction
inactive
in-and-out
inarable
inasmuch
inaurate
incenser -s
incensor -s
incentre -s
inceptor -s
inchmeal
inchoate -s,-d
        -ting
inch-tape
inch-worm
incident -s
incision -s
incisive
incisure -s
incitant -s
incivism
inclined
incloser -s
included
incoming -s
inconnue
incorpse
increase -s,-d
        -sing
increate
incubate -s,-d
        -ting
incubous
incurred
incurved
indagate -s,-d
        -ting
indebted
indecent -er,-est
indented
indenter -s
indexing -s
Indiaman
indicant -s
indicate -s,-d
        -ting
indictee -s
indigene -s
indigent
indigest
indirect
indocile
indolent
indrench

induciae
inductor -s
indulger -s
induline -s
indurate -s,-d
        -ting
indusial
indusium -sia
industry -ries
induviae
induvial
inedible
inedited
inequity -ties
inerrant
inertial
inessive -s
inexpert
infamise -s,-d
        -sing
infamous
infantry -ries
infector -s
infecund
infefted
inferior -s
infernal
inferred
inficete
infilter -s,-ing
        -ed
infinite -s
infinity
infirmly
inflamed
inflamer -s
inflated
inflator -s
inflatus
inflexed
in-flight
influent -s
informal
informed
informer -s
infra-red
infringe -s,-d
        -ging
infusion -s
infusive
infusory
ingenium
ingroove -s,-d
        -ring
ingrowth -s
inguinal
inhalant -s
inhearse
inherent
inhesion

inholder
inhumane -r,-st
inhumate -s,-d
        -ting
inimical
iniquity -ties
initiate -s,-d
        -ting
injector -s
injurant -s
inkiness
inkstand -s
inkstone -s
inlander -s
inlaying -s
innately
innative
innocent -s
innovate -s,-d
        -ting
innuendo -(e)s
        -ing,-ed
inoculum -s
inornate
inositol
inquirer -s
insanely
insanity
inscient
insconce
inscribe -s,-d
        -bing
inscroll
insculpt -s,-ing
        -ed
insecure -r,-st
inserted
inserter -s
inshrine -s,-d
        -ning
insignia -s
insolate -s,-d
        -ting
insolent -er,-est
insomnia
insomuch
insphere -s,-d
        -ring
inspired
inspirer -s
inspirit -s,-ing
        -ed
instable -r,-st
instance -s,-d
        -cing
instancy
instinct -s
instress -es,-ing
        -ed
instruct -s,-ing
        -ed

insucken
insulant -s
insulate -s,-d
        -ting
insulter -s
insurant -s
inswathe -s,-d
        -thing
intaglio -s,-ing
        -ed
intarsia -s
intarsio -s
integral -s
Intelsat
intended -s
intender
intently
interact -s,-ing
        -ed
intercom -s
intercut -s,-ting
interess
interest -s,-ing
        -ed
interior -s
interlay -s,-ing
        -laid
intermit -s,-ting
        -ted
intermix -es
internal -s
internee -s
Interpol
interred
interrex -reges
intersex -es
intertie -s
interval -s
interwar
intimacy -cies
intimate -s,-d
        -ting
intimism
intimist -s
intimity
intitule -s,-d
        -ling
intonate -s,-d
        -ting
intoning -s
intorted
intrados -es
intrepid -er,-est
intrigue -s,-d
        -guing
intrince
intromit -s,-ting
        -ted
introrse
intruder -s

intubate -s,-d	isabella	jacketed	jet-black
-ting	isagogic	jack-fool	jet-drive
intuited	ischemia	jack-high	jetliner -s
inundant	ischemic	jack-pine	jetplane -s
inundate -s,-d	ischuria	jack-tree	jettison -s,-ing
-ting	Isengrim	Jacobean	-ed
inurbane	Islamise	Jacobian	
inustion	Islamism	Jacobite	jewelled
invasion -s	Islamite	jacquard -s	jeweller -s
invasive	islander -s	jaculate -s,-d	Jewishly
inveagle -s,-d	islesman -men	-ting	Jew's-harp
-ling	isobaric	jaggedly	Jews'-harp
invecked	isobront -s	jail-bird	jibbings
invected	isochasm -s	jalousie -s	jib-crane
inveigle -s,-d	isocheim -s	Jamaican	jibingly
-ling	isochime -s	jambeaux	jickajog -s
inverted	isochore -s	jambiyah -s	Jiffybag
inverter -s	isocline -s	jambolan -s	jiggered
invertin	isocracy -cies	jamboree -s	jillaroo
invertor -s	isocryme -s	Jamesian	jimcrack -s
investor -s	isodicon -s	jampanee -s	jimpness
inviable	isodomon -s	jangling -s	jingbang -s
inviting	isodomum	janiform	jingling
invocate -s,-d	isogamic	janitrix -es	jingoish
-ting	isogloss -es	janizary -ries	jingoism
involute -s,-d	isogonal -s	Januform	jingoist -s
-ting	isogonic -s	Japanese	jirkinet -s
inwardly	isolable	Japanesy	jiu-jitsu
iodoform	isolator -s	japanned	jobation -s
iodyrite	isologue -s	japanner -s	jockette -s
Ionicise	isomeric	Japhetic	jocorous
iotacism -s	isometry	japonica -s	jocosely
irefully	isomorph -s	jararaca -s	jocosity
irenical	isonomic	jararaka -s	jocundly
irenicon -s	isopleth -s	jarosite	jodphurs
irisated	isopodan	jaundice -s,-d	joggling
iriscope -s	isoprene	-cing	johannes -es
Irishism	isoptera	jauntily	join-hand
Irishman	isospory	jaunting	joint-fir
ironbark -s	isostasy	Javanese	joint-oil
iron-clad	isothere -s	jaw-tooth	jointure -s,-d
iron-clay	isotherm -s	jealouse -s,-d	-ring
iron-gray	isotonic	-sing	jokesome -r,-st
iron-grey	isotopic	jealousy -sies	jokingly
ironical	isotropy	Jebusite	jolthead -s
iron-mail	issuable	Jehovist	Jonathan
iron-mine	issuably	jejunely	jongleur -s
iron-mole	issuance -s	jejunity	jordeloo -s
iron-sand	isthmian	jelly-pan	jostling -s
iron-sick	Italiote	jelutong -s	jovially
Ironside	itch-mite	jeopardy	jowing-in
ironware	itchweed -s	jeremiad -s	joyfully
ironwood	iterance	Jeremiah	joyously
ironwork -s	ivory-nut	jeroboam -s	joy-rider
irrigate -s,-d		jerquing -s	joy-stick
-ting	**J**	jerrican -s	joy-wheel
irrision -s	jabberer -s	jerrycan -s	jubilant
irrisory	jackaroo	jestbook -s	jubilate -s,-d
irritant -s	jackboot	Jesuitic	-ting
irritate -s,-d	jackeroo -s,-ing	Jesuitry	Judaical
-ting	-ed		Judaiser

J-L 8

judgment
judicial
jugglery -ries
juggling -s
Jugoslav
jugulate -s,-d,
 -ting
julienne -s
jumboise -s,-d
 -sing
jumped-up
jump-seat
junction -s
juncture -s
junketed
junk-ring
junk-shop
junk-yard
Junonian
Jurassic
juratory
juristic
jurymast -s
justicer -s
justness
juvenile -s

K
Kabbalah
kabeljou -s
kachahri -s
kaffiyeh -s
kail-runt
kailyard -s
kaimakam -s
kaka-beak
kaka-bill
kakemono -s
kala-azar
kalamdan -s
kalendar -s,-ing
 -ed
Kalevala
kalinite
kaliyuga
kalotype
kalumpit -s
kalyptra -s
kamacyte
Kamadeva
kamikaze -s
Kanarese
kangaroo -s
kantikoy -s
kaoliang -s
katakana -s
kauri-gum
keckling
kedgeree -s
keelboat -s

keelhaul -s,-ing
 -ed
keenness
keepsake -s,-r
 -st
keepsaky -kier
 -iest
keeshond -s
keffiyeh -s
kefuffle -s,-d
 -ling
keloidal
kenspeck
kephalic -s
keratoid
keratose
kerb-side
kerchief -s,-ing
 -ed
kernelly
kerosene
kerosine
keyboard -s
keybugle -s
key-fruit
key-plate
keystone -s
khalifah -s
khalifat -s
khedival
khilafat -s
khuskhus -es
kibitzer -s
kickable
kickback -s
kickdown -s
kickshaw -s
kid-glove
kidology
killadar -s
killcrop -s
killdeer -s
killogie -s
kiln-hole
kilogram -s
kilovolt -s
kilowatt -s
kinakina -s
kindless
kindlily
kindling -s
kindness -es
kinesics
kinetics
king-bird
king-bolt
king-crab
king-crow
kingfish -es
kinghood

kingless
kinglike
kingling -s
kingpost -s
kingship -s
king-size
kings-man
kingwood -s
kinkajou -s
kink-host
kinsfolk -s
kipperer -s
kirktown -s
kirkward
kirkyard -s
kirn-baby
kirn-milk
kiss-curl
kistvaen -s
kite-mark
kitschly
Klansman
klephtic
klondike -s,-d
 -king
klondyke -s,-d
 -king
klystron -s
knackery -ries
knackish
knapping
knapsack -s
knapscal
knapweed -s
knee-deep
knee-high
kneehole -s
knee-jerk
knee-stop
knickers
knife-box
knife-boy
knightly -lier
 -iest
knitting
knitwear
knocking -s
knockout -s
knot-hole
knotless
knotting
knotweed -s
knotwork
knowable
knurling
koftgari
koftwork
kohlrabi -s
kok-sagyz
Kolarian

kolinsky -skies
komissar -s
komitaji -s
Komsomol
korfball
kottabos -es
kourbash -es,-ing
 -ed
kouskous -es
krameria -s
kreasote
kreatine
kreosote
kreplach
kreutzer -s
kromesky -skies
krumhorn -s
kuffiyeh -s
Kuroshio
kurtosis -es
kurveyor
Kushitic
kvetcher -s
kyllosis
kyphosis
kyphotic
kyrielle -s

L
labdanum
labelled
labellum -lla
labially
Labiatae
laboured
labourer -s
Labrador
Labridae
laburnum -s
lacebark -s
lace-boot
lace-leaf
lacerant
lacerate -s,-d
 -ting
lace-wing
Lachesis
laciniae
lackaday -s
lackland -s
lack-love
Laconian
laconism -s
lacrimal
lacrosse
lacrymal -s
lacteous
lactific
lacunars
lacunary

lacunate	landrace -s	latitant	leathery -rier
lacunose	landrail -s	latitude -s	-iest
laddered	land-roll	latterly	leavings
ladified	land-ship	laudable	lecanora -s
Ladinity	landskip -s	laudably	lecithin
ladleful -s	landslip -s	laudanum	lectress -es
ladybird -s	Landsmål	laughful -ler	lecturer -s
lady-fern	landsman -men	-lest	lecythis
ladyfied	landward	laughing -s	Lecythus
lady-help	Landwehr	laughter -s	lee-board
ladyhood	landwind -s	launcher -s	leechdom -s
ladylike	langlauf	Laurasia	lee-gauge
lady-love	langrage -s	laureate -s,-d	left-bank
ladyship -s	Langshan	-ting	left-hand
Lagthing	langspel -s	lavaform	left-over
lah-di-dah	language -s	lava-lava	leftward -s
laid-back	languish -es,-ing	lavation	left-wing
lallygag -s,-ging	-ed	lavatory -ries	legalise -s,-d
-ged	lankness	lavement -s	-sing
lamantin -s	lanneret -s	lavender -s,-ing	legalism
lamasery -ries	lanoline	-ed	legalist -s
lambaste -s,-d	lanthorn	laverock -s	legality
-ting	lantskip	lavishly	legatary -ries
lambdoid	lap-board	law-agent	legatine
lambency -cies	lapelled	law-court	legation -s
lamblike	lapidary -ries	lawfully	leg-break
lambling -s	lapidate -s,-d	law-giver	legendry
lambskin -s	-ting	law-maker	legering -s
lamellae	lapidify -ing	lawyerly	legerity
lamellar	-fies	laxative -s	leg-guard
lameness	-ied	layabout -s	legioned
lamented	lappeted	layering -s	leisured
laminary	lapsable	lay-shaft	lekythos -es
laminate -s,-d	lapstone -s	lay-stall	lemonade -s
-ting	Laputian	Lazarist	lemon-dab
lammiger -s	larboard	laziness	lemurian -s
lampasse	larcener -s	lazulite	lemurine -s
lamphole -s	larderer -s	lazurite	lemuroid -s
lamp-hour	largesse	lazy-jack	lengthen -s,-ing
lamppost -s	larkspur -s	leachate -s	-ed
lampreys	larnakes	leaching -s	lenience
lancegay	larrigan -s	leach-tub	leniency
lancelet -s	larrikin	leadenly	Leninism
lanceted	larvated	leadless	Leninist
land-army	laryngal	lead-line	Leninite
land-crab	larynges	leadsman -men	lenition -s
landdros	larynxes	leaf-base	lenitive -s
landfall -s	lasslorn	leaf-curl	lentando
landfill -s	lassoing	leaf-fall	lenticel -s
land-fish	latchkey -s	leafless	lenticle -s
landgirl -s	lateness	leaf-like	lent-lily
land-herd	latently	leaf-roll	lepidote
landlady -dies	laterite	leaf-scar	leporine
landless	latewake -s	leanness	lernaean
land-line	lathyrus -es	leap-frog	let-alone
landlord -s	Latinate	leap-year	lethargy
landmark -s	Latinise	learning	lettered
landmass -es	Latinism	leasable	letterer -s
land-mine	Latinist	lease-rod	Lettland
land-poor	Latinity	leathern	leucitic

Leucojum
Levanter
levelled
leveller -s
leverage
leviable
levigate -s,-d
        -ting
levirate
levitate -s,-d
        -ting
levulose
lewdness
lewdster -s
Lewisian
lewisite
lewisson -s
lexigram -s
libation -s
libatory
libeccio -s
libelled
libeller -s
liberate -s,-d
        -ting
libretti
libretto -s
licensed
licensee -s
licenser -s
licensor -s
lichanos -es
lichened
lichenin
lichgate -s
lichwake -s
licker-in
licorice -s
liegedom
liegeman -men
lientery
lifebelt -s
lifeboat -s
life-buoy
lifehold
lifeless
lifelike
life-line
lifelong
life-peer
life-rent
life-size
lifesome -r,-st
lifespan -s
lifetime -s
life-work
liftable
lift-pump
ligament -s
ligation -s

ligature -s
lightful
lighting -s
lightish
ligneous
lignitic
ligulate
liguloid
likeable
likeness -es
likewake -s
likewalk -s
likewise
Lilliput
Limaceae
limacine
limation
lima-wood
limbless
limbmeal
limekiln -s
limerick -s
lime-tree
lime-twig
limewash
lime-wood
liminess
limitary
limiting -s
limnaeid -s
limnetic
limonite
Limousin
limpidly
linchpin -s
lincture -s
lindworm -s
lineally
linearly
lineated
line-fish
linesman -men
lingerer -s
lingerie
lingster
linguist -s
lingular
liniment -s
linkster
linkwork
Linnaean
linoleum
Linotype®
linstock -s
lintseed -s
lion-like
liparite
lipgloss -es
lipogram -s
lipomata

liposome -s
lipsalve -s
lipstick -s,-ing
        -ed
liquable
liquesce -s,-d
        -scing
liquidly
liquored
liripipe
liripoop
lispound -s
listener -s
listless
literacy
literary
literate -s
literati
literato
literose
litharge
litherly
litigant -s
litigate -s,-d
        -ting
littered
littling -s
littoral -s
liturgic
liveable
live-axle
live-bait
live-born
livelily
livelong -s
live-rail
liveried
liverish
liver-rot
liveware -s
live-well
live-wire
lividity
lixivial
lixivium
load-line
loadstar -s
loaf-cake
loanable
loan-word
loathful -ler
        -lest
loathing -s
lobation -s
lobbying -s
lobbyist -s
lobe-foot
lobeline
loblolly -llies
lobotomy -mies

lobulate
localise -s,-d
        -sing
localism
locality -ties
location -s
locative -s
lockfast
lock-gate
locksman -men
lockstep
locofoco
locomote -s,-d
        -ting
loco-weed
loculate
locustae
locution -s
locutory -ries
lodesman -men
lodestar -s
lodgment -s
lodicula -e
lodicule -s
logboard -s
log-cabin
log-canoe
log-glass
log-house
logician -s
logicise -s,-d
        -sing
logistic
log-juice
logogram -s
logotype -s
log-slate
loiterer -s
Lollardy
lollipop -s
lollygag -s,-ging
        -ged
lomentum -ta
Londoner
loneness
lonesome -r,-st
longboat -s
longeron -s
long-firm
long-hair
longhand
long-haul
long-head
longhorn -s
long-legs
long-life
longness
long-nine
longship -s
long-slip

longsome -r,-st
long-spun
long-stay
long-stop
long-tail
long-term
long-togs
longueur
longwall -s
long-wave
longways
longwise
looker-in
looker-on
loophole -s,-d
　　-ling
loop-line
loose-box
loosener -s
loo-table
lop-eared
lopgrass
lop-sided
loquitur
lordless
lordling -s
lordosis
lordotic
lordship -s
loricate -s,-d
　　-ting
lorikeet -s
lorry-hop
losingly
Lothario
louchely
loudness
louis-d'or
lounging -s
louvered
loveable
lovebird -s
love-drug
love-feat
love-game
love-knot
Lovelace
loveless
lovelily
lovelock -s
lovelorn
love-nest
love-seat
lovesick
lovesome
love-song
love-suit
lovingly
lowering -s
low-lived

low-slung
loyalist -s
lozenged
lubberly
lubrical
lucidity
luckless
lucky-bag
lucky-dip
luculent
Lucullan
Lucullic
lug-chair
lukewarm
lumberer -s
lumberly
luminant -s
luminary -ries
luminist -s
luminous
lumpenly
lumpfish -es
lumpy-jaw
lunarian -s
lunarist -s
lunation -s
luncheon -s,-ing
　　-ed
lung-book
lungeing
lung-fish
lungwort -s
lunulate
Lupercal
lupuline
luscious
lushness
lustique
lustless
lustrate -s,-d
　　-ting
lustrine
lustring
lustrous
lutanist -s
lutecium
lutenist -s
luteolin
Lutetian
lutetium
Lutheran
luxation -s
luxmeter -s
luxurist -s
lychgate -s
lykewake -s
lymphoma -s
lynch-law
lynx-eyed
lyophile

lyophobe
lyra-viol
lyra-wise
lyre-bird
lyricism -s
lyriform
lysozyme -s

M

macahuba -s
macarise -s,-d
　　-sing
macarism -s
macarize -s,-d
　　-zing
macaroni -(e)s
macaroon -s
macerate -s,-d
　　-ting
machismo
mackerel -s
mackinaw -s
macrural
maculate -s,-d
　　-ting
maculose
mad-apple
madbrain
maderise -s,-d
　　-sing
madhouse -s
madrasah -s
madrigal -s
madwoman -women
Maecenas
maenadic
Maeonian
maestoso
maffling -s
magazine -s
Magdalen
mageship
magician -s
magister -s
magmatic
magnesia -s
magnetic
magneton -s
magnific
magnolia -s
magot-pie
Mahadeva
maharaja -s
maharani -s
Mahdiism
Mahdiist
mah-jongg
mahogany -ies
Mahratta
mahzorim

maidenly
maidhood
maidless
maid-pale
maieutic
mailable
mail-boat
mail-cart
mail-clad
mail-drag
mainboom -s
main-deck
main-door
mainland -s
mainline -s,-d
　　-ning
mainmast -s
mainsail -s
mainstay -s
maintain -s,-ing
　　-ed
mainyard -s
maiolica
majestic
majolica
majority -ties
makeable
makebate -s
makeless
makimono -s
makomako -s
Malagash
Malagasy
malamute -s
malander -s
malapert
malarial
malarian
malarkey
malaxage
malaxate -s,-d
　　-ting
maledict
male-fern
malefice -s
malemute -s
malgrado
maligner -s
malignly
malinger -s,-ing
　　-ed
malleate -s,-d
　　-ting
mallecho
malodour -s
malstick -s
malt-dust
malt-kiln
malt-mill
maltreat -s,-ing
　　-ed

maltster -s
maltworm -s
malvasia
malvesie
mameluco -s
Mameluke
mamillae
mamillar
Mammalia
mammetry
mammifer -s
mammilla
mamselle -s
managing
mancando
man-child
manciple -s
Mandaean
mandamus -es
mandarin -s
mandator -s
mandible -s
Mandingo
mandioca
mandolin -s
mandorla -s
mandrake -s
mandrill -s
man-eater
maneless
manfully
mangabey -s
manganic
manganin
mangonel -s
mangrove -s
man-hours
maniacal
Manichee
manicure -s,-d
    -ring
manifest -s,-ing
    -ed
manifold -s,-ing
    -ed
maniform
manna-ash
manna-dew
mannered
mannerly -lier
    -iest
mannikin -s
mannitol
man-of-war
manorial
manpower
manshift -s
man-sized
mansuete
mansworn

manteaux
mantelet -s
mantilla -s
mantissa -s
mantling
manually
manubria
manurial
manuring
many-eyed
many-root
mapstick -s
maquette -s
marabout -s
maraging
marasmic
marasmus
marathon -s
Marattia
marauder -s
maravedi -s
marbling -s
marcella
marchesa -s
marchese -s
marchman -men
margaric
margarin -s
marginal -s
margined
margrave -s
mariachi -s
marigold -s
marigram -s
marinade -s,-d
    -ding
marinate -s,-d
    -ting
Marinism
Marinist
mariposa -s
maritage
maritime
marjoram
mark-down
markedly
marketed
marketer -s
marksman -men
marmoset -s
marocain
Maronian
Maronite
marooner -s
maroquin
marquess -es
marquise -s
marriage -s
marrying
marsh-gas

marshman -men
Marsilea
Marsilia
mar-sport
martagon -s
martello -s
martenot -s
martinet -s
marzipan -s
mascaron -s
mashloch -s
masoolah -s
Masorete
Masoreth
massacre -s,-d
    -ring
mass-bell
mass-book
masseter -s
masseuse -s
massicot
mass-john
massoola -s
Massorah
masterly
masthead
masticot
mastitis
mastless
mastodon -s
masurium
matachin -s
matadore -s
matamata -s
matchbox -es
matching
mateless
matelote -s
material -s
matériel -s
maternal
matfelon -s
matgrass -es
mathesis
Mathurin
matrices
matrixes
matronal
matronly -lier
    -iest
mattress -es
maturate -s,-d
    -ting
maturely
maturity -ties
matutine
maumetry
mauveine
maverick -s,-ing
    -ed

mawbound
mawmetry
maxi-coat
maxillae
maximise -s,-d
    -sing
maximist -s
may-apple
may-bloom
Mayology
mayoress -es
may-queen
mazarine -s
Mazdaism
Mazdeism
mazement
maziness
meagrely
meal-poke
meal-tide
meal-time
meal-tree
meal-worm
mealy-bug
mean-born
meanness
meantime
mean-tone
measured
measurer -s
meat-ball
meatless
meat-safe
meatuses
mechanic -s
meconate
meconium -s
medalled
medallic
meddling
medially
mediator -s
medicaid
medicare
medicate -s,-d
    -ting
Medicean
medicine -s,-d
    -ning
medieval
mediocre
meditate -s,-d
    -ting
Medjidie
medullae
medullar
medusoid
meekness
meetness
megabyte -s

megadyne -s	meristic	miasmous	minatory
megalith -s	merogony	micellar	mince-pie
megapode -s	merosome -s	microbar -s	mind-cure
megavolt -s	merryman -men	microbic	mindless
megawatt -s	mersalyl	microdot -s	mingling -s
meionite	Merulius	microlux -es	miniment
melamine	merycism	micrurgy	minimise -s,-d
melanism	mesaraic	mid-brain	-sing
melanite -s	mescalin	middling	minimism
melanoma -s,-mata	mesdames	midfield -s	minimist -s
melanous	meseemed	midnight -s	minipill -s
melilite	meshugga	mid-ocean	miniskis
melinite	meshugge	midships	minister -s,-ing
mellitic	mesh-work	midwifed	-ed
mellowly	mesially	midwived	ministry -ries
melodeon -s	mesmeric	midwives	minneola -s
melodics	mesocarp -s	mightest	minoress -es
melodion -s	mesoderm -s	mightful	minorite -s
melodise -s,-d	mesolite -s	mightily	minority -ties
-sing	mesotron	migraine -s	Minotaur
melodist -s	Mesozoic	migrator -s	minstrel -s
meltdown -s	mesquite -s	milch-cow	mint-mark
membered	Messidor	mildness	minutely
membrane -s	mess-john	Milesian	minutiae
memorial -s	messmate -s	militant -s	mire-drum
memorise -s,-d	mess-room	military -ies	mirepoix
-sing	messuage -s	militate -s,-d	miriness
Memphian	mestizas	-ting	mirksome
Memphite	mestizos	milkfish -es	mirliton -s
mem-sahib	metabola	milkless	mirrored
menacing	metairie -s	milklike	mirthful -ler
menarche -s	metalled	milk-loaf	-lest
Menevian	metallic	milkmaid -s	misallot -s,-ting
menfolks	metamere -s	milk-tree	-ted
menhaden -s	metanoia -s	milk-walk	misandry
meninges	metaphor -s	milk-warm	misapply -ing
meniscus -es,-sci	metayage	milk-weed	-lies
menology	metazoan -s	milkwood -s	-ied
menopome -s	metazoic	milkwort -s	misarray -s,-ing
menseful	metazoon -s	milleped -s	-ed
menstrua	meteoric	mill-girl	misbegot
mensural	metewand -s	mill-hand	misbirth -s
mensuren	meteyard -s	milliard -s	miscarry -ing
mentally	methadon	milliare -s	-rries
Mephisto	methanol	milliary -ries	-ied
mephitic	methinks	millibar -s	miscegen -s
mephitis	methodic	millième -s	mischief -s,-ing
Mercator	methylic	milliner -s	-ed
merchant -s,-ing	methysis	milliped -s	miscible
-ed	metonymy -mies	millpond -s	miscount -s,-ing
merchild -ren	metopism	millrace -s	-ed
merciful	metopryl	mill-tail	miscreed -s
mercuric	metrical	mill-work	misdealt
meresman -men	metritis	miltonia -s	misdight
mergence -s	meunière	Miltonic	misdoing -s
mericarp -s	mezereon -s	mimester -s	misdoubt -s,-ing
meridian -s	mezereum -s	mimetite	-ed
Merimake	mezuzahs	mimicked	misdread
meringue -s	mezuzoth	mimicker -s	misentry -ries
meristem -s	miasmata	minacity	Miserere

misfaith -s	misthink -s,-ing	mokaddam -s	monology
misfeign -s,-ing	-thought	molality -ties	monomark -s
-ed	mistimed	molarity -ties	monomial -s
misgiven	mistitle -s,-d	molasses	monopode -s
misgraff -s,-ing	-ling	moldwarp -s	monopoly -lies
-ed	mistreat -s,-ing	molecast -s	monorail -s
misgraft	-ed	molecule -s	monotint -s
misguide -s,-d	mistress -es	mole-eyed	monotone -s,-d
-ding	mistrial -s	mole-hill	-ning
mishmash -es	mistrust -s,-ing	moleskin -s	monotony -nies
Mishnaic	-ed	molester -s	monotype -s
misjudge -s,-d	mistryst -s,-ing	Molinism	monoxide -s
-ging	-ed	Molinist	monsieur
mislight -s,-ing	misusage	Mollusca	messieurs
-lit	miswrite -s,-ting	molossus	montaria -s
misliker -s	-written	moltenly	monteith -s
mismarry -ing	Mithraea	molybdic	monticle -s
-rries	Mithraic	momently	monument -s,-ing
-ied	mitigant -s	momentum	-ed
mismatch -es,-ing	mitigate -s,-d	monachal	moody-mad
-ed	-ting	Monachus	moonbeam -s
mismated	mittened	monadism	mooncalf -calves
mismetre -s,-d	mittimus -es	monandry	moon-eyed
-ring	mitzvoth	Monarcho	moon-face
misnomer -s,-ing	mixy-maxy	monarchy -chies	moon-fish
-ed	mizzling -s	monastic	moonless
misogamy	Mjöllnir	monaural	moonrise -s
misogyny	mobilise -s,-d	monaxial	moonsail -s
misology	-sing	monazite	moonseed -s
misorder -s,-ing	mobility -ties	monetary	moonshee -s
-ed	mobocrat -s	monetise -s,-d	moonshot -s
misplace -s,-d	mocassin -s	-sing	moon-type
-cing	moccasin -s	money-bag	moonwort -s
misplead -s,-ing	mockable	money-box	moor-band
-ed	mocuddum -s	mongcorn -s	moorcock -s
mispoint -s,-ing	modalism	Mongolic	moorfowl -s
-ed	modalist -s,-ing	mongoose -s	moorland -s
misprint -s,-ing	-ed	monicker -s	moor-pout
-ed	modality -ties	monistic	mootable
misprise -s,-d	modelled	monition -s	moot-hall
-sing	modeller -s	monitive	moot-hill
misprize -s,-d	moderate -s,-d	monitory	mopboard
-zing	-ting	monk-fish	mopehawk -s
misproud -er,-est	moderato	mon-khmer	mopingly
misquote -s,-d	modernly	monkhood	mopishly
-ting	modestly	monk-seal	mopstick -s
misshape -s,-d	modified	monoacid -s	moquette -s
-ping	modifier -s	monocarp -s	Moraceae
misshood	modiolar	monocrat -s	morainal
missilry -ries	modiolus -es	monodist -s	morainic
misspeak -s,-ing	modishly	monodont	moralise -s,-d
-spoke(n)	modiwort -s	Monoecia	-sing
misspell -s,-ing	modulate -s,-d	monogamy	moralism
misspelt	-ting	monogeny	moralist -s
misspend -s,-ing	mofussil -s	monoglot -s	morality -ties
misspent	Moharram	monogony	moraller
misstate -s,-d	moistify -ing	monogram -s	moratory
-ting	-fies	monogyny -nies	Moravian
mistaken	-ied	monohull -s	morbidly
misteach -es,-ing	moisture -s	monolith -s	morbific
-taught			

morbilli	moulinet -s	mungoose -s	mycetoma -s
morceaux	moulting -s	muniment -s	mycology
mordancy	mounseer -s	munition -s,-ing	myelitis
moreover	mountain -s	-ed	mylodont -s
more-pork	mountant -s	muqaddam -s	mylonite -s
Moresque	mounting -s	murderer -s	myoblast -s
moribund	mournful -ler	muriated	myogenic
mornings	-lest	muriatic	myograph -s
morosely	mourning -s	muricate	myomancy
morosity	mouse-dun	muriform	myositic
morphean	mouse-ear	murksome	myositis
morpheme -s,-d	mousekin -s	murmurer -s	myosotis -es
-ming	moussaka -s	murphies	myriadth -s
Morpheus	mouterer -s	murrelet -s	myriapod -s
morphine	mouthful -s	murrhine	myriopod -s
mortally	movables	Musaceae	myristic
mortbell -s	moveable	muscadel -s	myrmidon -s
mortgage -s,-d	moveably	muscadin -s	myrrhine -s
-ging	moveless	muscatel -s	mystical
mort-head	movement -s	Muscidae	mystique -s
mortific	movingly	muscling -s	mythical
mortling -s	mowburnt	muscular	mytiloid
mortmain -s	mozzetta -s	mushroom -s,-ing	myxedema
mort-safe	muchness	-ed	myxomata
mortuary -ries	mucilage -s	musicale -s	
moshavim	muck-heap	music-box	**N**
Moslemin	muckluck -s	musician -s	nacreous
moslings	muck-rake	musicker -s	naething -s
mosquito -(e)s	muck-worm	music-pen	nail-bomb
moss-back	mucosity	musingly	nail-file
moss-crop	muculent	musk-ball	nail-head
moss-flow	mud-clerk	musk-cavy	nail-hole
moss-hagg	muddying -s	musk-deer	nainsell -s
mossland -s	mud-guard	musk-duck	nainsook
moss-rose	mudirieh -s	musketry	naissant
mostwhat	mud-puppy	musk-pear	naloxone
mote-hill	mudstone -s	musk-plum	nameable
motelier -s	mug-house	musk-rose	name-drop
moth-ball	mug-sheep	muslined	nameless
motherly -lier	Muharram	muslinet	name-part
-iest	Muharrem	musquash -es	namesake -s
motility	muir-poot	mustache -s	name-tape
motional	muir-pout	Musulman	nancy-boy
motivate -s,-d	mulberry -rries	mutandum	nanogram -s
-ting	Mulciber	mutation -s	Naperian
motivity	mule-deer	mutative	naphthol -s
motorail -s	muleteer -s	mutatory	napiform
motor-bus	mulishly	mutchkin -s	napoleon -s
motor-car	multeity -ties	muteness	narcissi
motorial	multifid	muticous	narcoses
motorise -s,-d	multifil -s	mutilate -s,-d	narcosis
-sing	multiped -s	-ting	narcotic -s
motorist -s	multiple -s	mutineer -s,-ing	narghile -s
motorium -s	multiply -ing	-ed	nargileh -s
motor-jet	-plies	mutinied	naricorn -s
motorman -men	-ied	mutinous	narrator -s
motorway -s	multurer -s	mutterer -s	narrowly
mottling -s	mumbling -s	mutually	nasalise -s,-d
moufflon -s	mummying -s	mycelial	-sing
moulding -s	mungcorn -s	mycelium	nasality

nascence
nascency
nastalik
natality -ties
natation
natatory
nathless
natiform
national -s
natively
nativism
nativist -s
nativity -ties
nattered
naturing
naturism
naturist -s
naumachy -chies
nauplius -plii
nauseant -s
nauseate -s,-d
    -ting
nauseous
nautical
nautilus -es,-li
navalism
navarchy -chies
navicert -s
navicula -s
navigate -s,-d
    -ting
navvying
navy-blue
navy-list
navy-yard
naythles
Nazarean
Nazarene
Nazarite
Nazirite
neaptide -s
near-beer
Nearctic
near-gaun
near-hand
nearness
nearside -s
near-silk
neat-herd
neatness
nebbishe -s
nebulise -s,-d
    -sing
nebulium
nebulous
neckatee
neck-band
neck-beef
neck-bone
neck-gear

necklace -s
neckline -s
neckwear
neckweed -s
necropsy
necrosis -ses
necrotic
nectared
need-fire
needless
needment
negation -s
negative -s,-d
    -ving
negatory
negatron -s
negligee -s
Negrillo
Negritos
negroism -s
Nematoda
nematode -s
nematoid
Nemertea
nemorous
nenuphar -s
Neogaean
neo-Latin
neologic
neomycin
neonatal
neopagan -s
neophyte -s
neoplasm -s
neoprene
neotenic
neoteric
nepenthe -s
nephrite
nephroid
nepionic
nepotist -s
Neritina
Neronian
nerve-end
nervelet -s
nervular
nescient
neshness
nestling -s
Nethinim
neuritic -s
neuritis
neuronal
neuroses
neurosis
neurotic -s
neutrino -s
never-was
new-blown

newcomer -s
newelled
new-found
newly-wed
new-model
new-risen
newscast -s
newsgirl -s
newshawk
newspeak
newsreel -s
newsroom -s
Newtonic
next-door
nextness
nibbling -s
Nibelung
niceness
nickelic
nickname -s,-d
    -ming
nicky-tam
nicotian -s
nicotine
nidation
nidering
nidorous
niellist -s
nielloed
nieveful -s
niffnaff -s,-ing
    -ed
Niflheim
niger-oil
niggling -s
nigh-hand
nighness
night-ape
nightcap
night-dog
night-fly
night-foe
night-hag
nightjar -s
night-man
night-owl
nihilism
nihilist -s
nihility -ties
nimbused
nimbuses
nine-eyes
ninefold
nine-foot
nine-hole
nine-inch
nine-mile
ninepins
nineteen -s
nineties

nisberry -rries
nit-grass
nitrogen
nitroxyl
Noachian
nobelium
nobility -ties
nobleman
noblemen
noblesse -s
nocently
Noctilio
noctuary -ries
nocturne -s
nodalise -s,-d
    -sing
nodality -ties
nodation -s
nodosity -ties
nodulose
nodulous
nohowish
noiseful
noisette -s
nolition -s
nomadise -s,-d
    -sing
nomadism
nomarchy -chies
nominate -s,-d
    -ting
nomistic
nomogeny
nomogram -s
nomology
non-claim
non-elect
non-entry
nonesuch -es
non-event
nonjuror -s
non-metal
non-moral
non-party
non-quota
non-rigid
nonsense -s
non-stock
non-thing
non-union
nonuplet -s
non-white
noometry
noontide -s
normalcy
normally
Norseman
northern -s
northing -s
Northman

nose-band
nose-cone
nose-dive
nose-herb
nose-leaf
noseless
noselite
nose-ring
nosiness
nosology
notandum -da
notarial
notarise -s,-d
        -sing
notation -s
not-being
notching -s
notebook -s
note-case
noteless
notified
notifier -s
notional
Notogaea
notornis -s
not-pated
no-trumps
noumenal
noumenon -na
Novatian
novation -s
noveldom
novelise -s,-d
        -sing
novelish
novelism
novelist -s
novellae
November
novenary -s
novercal
noverint -s
nowadays
nowhence
nowt-herd
nubecula -e
nubiform
nubility
nubilous
nucellar
nucellus -es
nucleary
nuclease -s
nucleate -s,-d
        -ting
nucleide -s
nucleole -s
nucleoli
nudation -s
nudeness

nudicaul
nudities
nugatory
nuisance -s
nullness
numberer -s
numeracy
numerary
numerate -s,-d
        -ting
numerous
numinous
nummular
numskull -s
nuncheon -s
nundinal
nursling -s
nurtural
nurturer -s
nutarian -s
nutation -s
nut-brown
nut-grass
nuthatch -es
nut-house
nutrient -s
nutshell -s
Nymphaea
nymphean
nymphish

O

oak-apple
oak-egger
oat-grass
oathable
obduracy
obdurate -s,-d
        -ting
obeahism
obedient -er,-est
obeisant
obituary -ries
obi-woman
objector -s
oblation -s
obligant -s
obligate -s,-d
        -ting
obliging
obliquid
oblivion -s
obscurer -s
observer -s
obsidian
obsolete -r,-st
obstacle -s
obstruct -s,-ing
        -ed
obtainer -s

obtected
obtemper -s,-ing
        -ed
obtruder -s
obturate -s,-d
        -ting
obtusely
obtusity
obvolute
Occamism
Occamist
occasion -s,-ing
        -ed
occident
occlusal
occlusor -s
occulted
occultly
occupant -s
occupate -s,-d
        -ting
occupied
occupier -s
occurred
oceanaut -s
Oceanian
ocellate
ocherous
ochidore -s
Ochotona
ochreate
ochreous
octantal
octapody -dies
octaroon -s
octonary -ries
Octopoda
octoroon -s
octuplet -s
ocularly
oculated
odalique -s
odiously
odograph -s
odometer -s
odometry
odontist -s
odontoid
odontoma -s,-ta
Odyssean
Oedipean
oeillade -s
oenology
oenophil -s
oerlikon -s
oestrous
off-and-on
off-board
off-break
off-drive

offender -s
offering -s
official -s
offprint -s
off-shake
offshoot -s
offshore
offsider
off-sorts
off-stage
offwards
off-white
oft-times
ohmmeter -s
oilcloth -s
oil-field
oil-fired
oil-gauge
oil-gland
oiliness
oil-paint
oil-press
oil-shale
oilstone -s
ointment -s
oiticica -s
oldsquaw
old-timer
old-world
Oleaceae
oleander -s
oleaster -s
olefiant
olibanum
oligarch -s
oliphant -s
olive-oil
Olivetan
Olympiad
Olympian
olympics
omadhaun -s
ombrella
omelette -s
omission -s
omissive
omitting
ommateum -tea
omniform
omnivore -s
omohyoid -s
omophagy
omoplate -s
omphalic
omphalos -es
once-over
oncidium -s
oncology
oncoming -s
one-horse

one-liner
one-piece
one-sided
one-to-one
one-track
onlooker -s
onsetter -s
on-stream
ontogeny
ontology
onwardly
onychite
oogamous
oogonial
oogonium -nia
oologist -s
oophoron -s
oosphere -s
ooziness
opalised
opaquely
openable
open-cast
open-door
open-eyed
openness
open-plan
operable
opera-hat
operatic
operator -s
opercula
operetta -s
ophidian -s
Ophitism
ophiuran -s
ophiurid -s
opificer -s
opinable
opinicus -es
opopanax
oppilate -s,-d
        -ting
opponent -s
opposing
opposite -s
oppugner -s
opsimath -s
opsonium -s
optative -s
optician -s
optimate -s
optimise -s,-d
        -sing
optimism
optimist -s
optional
optology
opulence
opuscula

opuscule -s
oracular
oragious
orangery -ries
Orangism
oratorio -s
oratress -es
Orbilius
Orcadian
orchella -s
orchilla -s
orchitic
orchitis
ordainer -s
ordalian
ordalium
ordering -s
ordinand -s
ordinant -s
ordinary -ries
ordinate -s,-d
        -ting
ordnance -s
ordurous
oreology
ore-stare
organdie
organise -s,-d
        -sing
organism -s
organist -s
organity
orgasmic
orgastic
orgulous
orichalc
orielled
oriental -s
oriented
origanum -s
original -s
orillion -s
ornament -s,-ing
        -ed
ornately
ornithic
orogenic
orpiment
orseille -s
orsellic
orthicon -s
orthodox
orthoepy
orthopod -s
orthotic
Orvietan
oscinine
oscitant
oscitate -s,-d
        -ting

osculant
osculate -s,-d
        -ting
osier-bed
osnaburg -s
ossarium -s
Ossianic
ossified
osteitis
ostinato -s
ostracod -s
ostracon -s
ostrakon -s
ostreger -s
otiosity
otoscope -s
Ottamite
ottavino -s
Ottomite
ouistiti
oulachon -s
ourology
outboard
outbound
outbrave -s,-d
        -ving
outbreak -s,-ing
        -broke(n)
outbreed -s,-ing
        -bred
outburst -s,-ing
outcaste -s,-d
        -casting
outclass -es,-ing
        -ed
outcross -es,-ing
        -ed
outdance -s,-d
        -cing
outdated
outdoors
outdrink -s,-ing
        -drank
        -drunk
outdrive -s,-n
        -ving
        -drove
outdwell
outfield -s
outfight -s,-ing
        -fought
outflank -s,-ing
        -ed
outflash -es,-ing
        -ed
outfling -s
outflush -es,-ing
        -ed
outfrown -s,-ing
        -ed

outglare -s,-d
        -ring
outgoing -s
outguard -s
out-Herod
outhouse -s
outlawry
outlearn -s,-ing
        -ed,-t
outlying
outmarch -es,-ing
        -ed
outmatch -es,-ing
        -ed
outmoded
outnight
outpoint -s,-ing
        -ed
outpower -s,-ing
        -ed
outprize
outrance -s
outreach -es,-ing
        -ed
outreign -s,-ing
        -ed
outremer -s
outrider -s
outright
outrival -s,-ling
        -led
outroper
outscold
outscorn
outshine -s,-ning
        -shone
outshoot -s,-ing
        -shot
outsider -s
outsight -s
outsized
outskirt -s
outsleep -s,-ing
        -slept
outsmart -s,-ing
        -ed
outspeak -s,-ing
        -spoke(n)
outsport
outstand -s,-ing
        -stood
outstare -s,-d
        -ring
outstrip -s,-ping
        -ped
outswear -s,-ing
        -swore
        -sworn
outswell -s,-ing
        -ed
        -swollen

outswing -s	overcrow	overlaid	overshoe -s
outtaken	overdoer -s	overlain	overshot
outthink -s,-ing	overdone	overland	overside
-thought	overdose -s,-d	overlard -s,-ing	oversize -s,-d
outvalue -s,-d	-sing	-ed	-zing
-luing	overdraw -s,-ing	overleaf	overskip -s,-ping
outvenom	-n,-drew	overleap -s,-ing	-ped
outvoice -s,-d	overdust -s,-ing	-ed,-t	overslip -s,-ping
-cing	-ed	overlier -s	-ped
outvoter -s	overfall -s,-ing	overlive -s,-d	oversman -men
outwards .	-en	-ving	oversold
outwatch -es,-ing	-fell	overload -s,-ing	oversoul -s
-ed	overfeed -s,-ing	-ed	overspin -s,-ning
outweary -ing	-fed	overlong	-spun
-ries	overfill -s,-ing	overlook -s,-ing	overstay -s,-ing
-ied	-ed	-ed	-ed
outweigh -s,-ing	overfine	overlord -s	overstep -s,-ping
-ed	overfire -s,-d	overmast -s,-ing	-ped
outworth	-ring	-ed	oversway -s,-ing
outwrest	overfish -es,-ing	overmuch	-ed
ovariole -s	-ed	overname	overswim -s,-ming
ovarious	overflow -s,-ing	overneat	-swam
ovaritis	-ed	overnice	-swum
oven-bird	overfold -s,-ing	overpage	overtake -s,-n
ovenware	-ed	overpart -s,-ing	-king
ovenwood	overfond	-ed	-took
overarch -es,-ing	overfree	overpass -es,-ing	overtalk -s,-ing
-ed	overfull	-ed	-ed
overbear -s,-ing	overgall -s,-ing	overpast	overtask -s,-ing
-bore	-ed	overpeer -s,-ing	-ed
-borne	overgang -s,-ing	-ed	overteem -s,-ing
overbeat -s,-ing	-ed	overplay -s,-ing	-ed
-en	overgive	-ed	overtime -s,-d
overbite -s	overgrow -s,-ing	overplus -es	-ming
overblow -s,-ing	-n,-grew	overpost -s,-ing	overtire -s,-d
-n,-blew	overhair -s	-ed	-ring
overboil -s,-ing	overhale	overrack -s,-ing	overtoil -s,-ing
-ed	overhand	-ed	-ed
overbold	overhang -s,-ing	overrake -s,-d	overtone -s
overbook -s,-ing	-hung	-king	overtrip -s,-ping
-ed	overhaul -s,-ing	overrank	-ped
overbrow -s,-ing	-ed	overrash	overture -s,-d
-ed	overhead -s	overrate -s,-d	-ring
overbulk	overhear -s,-ing	-ting	overturn -s,-ing
overburn -s,-ing	-d	overread -s,-ing	-ed
-ed,-t	overheat -s,-ing	override -s,-ding	overveil -s,-ing
overbusy	-ed	-rode	-ed
overcall -s,-ing	overhent	-ridden	overview -s
-ed	overhold	overripe	overwash -es
overcast -s,-ing	overhung	overruff -s,-ing	overwear -s,-ing
overclad	overjump -s,-ing	-ed	-wore
overcloy -s,-ing	-ed	overrule -s,-d	-worn
-ed	overkeep -s,-ing	-ling	overween -s,-ing
over-club	-kept	oversail -s,-ing	-ed
overcoat -s	overkill -s	-ed	overwent
overcome -s,-ming	overkind	overseas	overwind -s,-ing
-came	overking -s	overseen	-wound
over-cool	overknee	overseer -s	overwing -s,-ing
overcrop -s,-ping	overlade -s,-d	oversell -s,-ing	-ed
-ped	-ding	-sold	overwise

overword -s
overwore
overwork -s,-ing
    -ed
overworn
overyear
oviducal
oviposit -s,-ing
    -ed
owerloup -s,-ing
    -ed
owl-glass
owl-light
owl-train
owrecome -s
owreword -s
Oxbridge
oxidiser -s
oximeter -s
ox-pecker
ox-tongue
ox-warble
oxymoron -s
oxytocin
ozoniser -s

P
pabouche -s
pabulous
pacation
pachalic -s
pacifier -s
pacifism
pacifist -s
packaged
packfong
pack-load
pack-mule
pad-cloth
paddling -s
Paddyism
paderero -(e)s
padishah -s
paduasoy -s
paganise -s,-d
    -sing
paganish
paganism
pagehood
paginate -s,-d
    -ting
painless
paint-box
painting -s
painture -s
pair-bond
pairwise
paitrick -s
palamate
palamino -s

palatial
palatine -s
palebuck -s
pale-dead
pale-eyed
pale-face
paleness
palestra -s
palewise
paliform
palimony -nies
palinode -s
palinody
palisade -s,-d
    -ding
palisado -es
palladic
palleted
palliate -s,-d
    -ting
pallidly
pall-mall
palmated
Palmerin
palmette -s
palmetto -(e)s
palmiped
palmitic
palmitin
palm-play
palm-tree
palm-wine
palomino -s
palpable
palpably
palstaff -s
palstave -s
palterer -s
paltrily
paludine
paludism
paludose
paludous
pamperer -s
pamphlet -s
panacean
pancheon -s
panchion -s
pancreas -es
Pandanus
pandemia -s
pandemic -s
panderly
pandowdy
panegyry -ries
panelled
pangamic
pang-full
pangless
pangolin -s

Panhagia
panic-buy
panicked
panicled
Panionic
panislam
panmixia
panmixis
pannicle -s
pannikel -s
pannikin -s
panoptic
panorama -s
Pan-pipes
pansophy
pantable -s
pantalon -s
Pantheon
pantiled
pantofle -s
papalise -s,-d
    -sing
papalism
papalist -s
paper-boy
paper-day
papering -s
papillae
papillar
papillon -s
papisher -s
papistic
papistry
pappadom -s
pappoose -s
pap-spoon
papulose
papulous
parabema -ta
parabola -s
parabole -s
paradigm -s
paradise -s
paradoxy
paradrop -s
paraffin
paraffle -s
parafoil -s
paragoge
paragram -s
Paraguay
parakeet -s
parallax
parallel -s,-ing
    -ed
paralogy
paralyse -s,-d
    -sing
parament
paramese -s

paramour -s
paranete -s
paranoea
paranoia
paranoic -s
paranoid
paraquat
parasang -s
parasite -s
paravail
paravane -s
paravant
parazoan -s
parazoon -zoa
parbreak -s,-ing
    -ed
parcener -s
parclose -s
pardalis -es
pardoner -s
parental
Pareoean
parergon -s
pargeted
pargeter -s
parhelia
parhelic
parietal -s
parishen -s
Parisian
parkland -s
parklike
parkward
parlance
parlando
Parmesan
parochin -s
parodied
parodist -s
paroemia -s
paronymy
paroquet -s
parousia
paroxysm -s
parpoint -s
parritch -es
parroted
parroter -s
parrotry -ries
parrying
Parsiism
parsonic
partaken
partaker -s
parterre -s
Parthian
partible
particle -s
partisan -s
partitur

partizan -s	pavilion -s,-ing	pedicled	pentroof -s
part-song	-ed	pedicure -s,-d	penumbra -s
part-time	pavonian	-ring	pen-wiper
partwork -s	pavonine	pedigree -s	penwoman -women
partyism	pawnshop -s	pediment -s	peperino
party-man	pax-board	pedipalp -s	pepperer -s
pasch-egg	pax-brede	pedology	Pepysian
pashalik -s	paynimry	peduncle -s	peracute
pashmina	pay-phone	peekaboo -s	perceive -s,-d
paspalum -s	pay-sheet	peep-hole	-ving
passable	peaberry -rries	peep-show	perching
passably	peaceful	peerless	Percidae
pass-book	pea-chick	peesweep -s	percolin -s
passer-by	peacocky	peetweet	perdendo
Passeres	pea-green	Pegasean	perfecti
passible	peak-load	pegboard -s	perfecto
passibly	pea-plant	peignoir -s	perforce
passless	pear-drop	peishwah -s	perfumed
passment -s,-ing	pea-rifle	pejorate -s,-d	perfumer -s
-ed	pearl-ash	-ting	periagua -s
Passover	pearl-eye	Pekinese	perianth -s
passport -s	pearlies	Pelagian	periblem -s
password -s	pearling -s	Pelasgic	pericarp -s
pastance -s	pearlite	pelerine -s	pericope -s
paste-eel	pearmain -s	pellagra	periderm -s
pasticci	pear-push	pellicle -s	peridial
pastiche -s	pear-tree	pell-mell	peridium -s
pastille -s	pease-cod	pellucid	peridote -s
pastoral -s	pea-soupy	pelmatic	perigeal
pastorly	pea-stone	pelology	perigean
pastrami -s	pea-straw	pelorism	perigone -s
pastural	peat-bank	pembroke -s	perigyny
patagial	peat-hagg	pemmican -s	perilled
patagium -gia	peat-hole	penalise -s,-d	perilous
Patarine	peat-moor	-sing	perilune
patch-box	peat-moss	penchant -s	perineal
patchery	peat-reek	pencraft	perineum -s
patchily	peatship	pendency	periodic
patching -s	pebbling -s	pendicle -s	periotic -s
patellae	pecan-nut	pendular	peripety -ties
patellar	peccable	pendulum -s	periplus -es
patentee -s	peccancy -cies	penitent -s	perisarc -s
patentor -s	pectinal	penknife -knives	perished
paterero -(e)s	pectines	penlight -s	perisher -s
paternal	pectoral -s	penneech	perjured
pathetic	peculate -s,-d	penneeck	perjurer -s
pathless	-ting	pennoned	perlitic
pathogen -s	peculiar -s	penn'orth	permeate -s,-d
patience -s	peculium -s	penny-dog	-ting
patriate -s,-d	pedagogy	penny-fee	pernancy
-ting	pedalier -s	penny-pig	peroneal
patronal	pedalled	penology	peroneus -es
pattened	pedaller -s	penoncel -s	perorate -s,-d
patterer -s	pedantic	penstock	-ting
patulous	pedantry -ries	pentacle -s	peroxide -s,-d
pauldron -s	pedately	pentadic	-ding
Paul's-man	peddling	pentagon -s	perradii
pauseful	pederero -(e)s	pentarch -s	*perruque
pavement -s,-ing	pedestal -s,-ling	Pentelic	perseity -ties
-ed	-led	pentosan	persicot -s

personal	phenolic	pichurim -s	ping-pong
perspire -s,-d	phenylic	pickback -s	pinguefy -ing
-ring	phialled	pickerel -s	-fies
persuade -s,-d	philabeg -s	picketed	-ied
-ding	philamot -s	picketer -s	pink-eyed
perthite -s	philibeg -s	picklock -s	pinkness
pertness	Philomel -s	pick-me-up	pinkroot -s
pertused	philomot -s	picnicky	Pinkster
Peruvian	phimosis	picotite	pin-maker
perverse -r,-st	phinnock -s	pictural	pin-money
perviate -s,-d	phisnomy -mies	piddling	pinnacle -s,-d
-ting	phlegmon	piecener -s	-ling
pervious	Phocaena	piecrust -s	pinnated
Peshitta	Phocidae	Piedmont	pinniped -s
Peshitto	Phoebean	piedness	pinochle -s
pesterer -s	pholades	pie-plant	pinpoint -s,-ing
petaline	phonemic	piercing	-ed
petalism	phoner-in	pier-head	pin-prick
petalled	phonetic	Pieridae	pintable -s
petalody	phorminx -minges	Pierides	pintados
petaloid	phormium -s	piffling	pin-wheel
petalous	phosgene	pigeonry -ries	piou-piou
pétanque	phosphor	pig-faced	pipe-case
petchary -ries	photo-fit	pig's-wash	pipeclay
petechia -e	photogen -s	pigswill -s	pipe-fish
peter-man	photopia	pig-woman	pipeless
petiolar	photopic	pikadell	pipelike
petioled	photopsy	pike-head	pipeline -s
petition -s,-ing	phrasing -s	pilaster -s	pipe-rack
-ed	phreatic	pilchard -s	piperine
petitory	Phrygian	pileated	pipe-stem
petrific	phthalic	pilework	pipe-tree
petrolic	phthalin	pile-worm	pipe-wine
petronel -s	phthisic	pilewort -s	pipework -s
petrosal	phthisis	pilferer -s	pipewort -s
pettedly	phylarch -s	pilhorse	piquancy
pettifog -s,-ging	phyletic	piliform	pirarucu -s
-ged	phyllary -ries	pillager -s	pirlicue -s,-d
petulant	phyllite	pillowed	-cuing
petuntse	phyllode -s	pill-worm	piroshki
petuntze	phyllody	pillwort -s	pirozhki
pew-chair	phylloid	pilosity	pirrauru -s
pewterer -s	phyllome -s	pilotage	piscator -s
pezizoid	physalia -s	Pilsener	piscinae
pfenning	physalis -es	pimiento -s	pishogue
Phaethon	physeter	pinacoid -s	pisiform -s
phalange -s	physical	pinafore -s	pisolite -s
phallism	physicky	pinakoid -s	piss-a-bed
phalloid	physique -s	pinaster -s	pistolet -s
phantasm -s	phytosis -ses	pince-nez	pita-flax
phantasy -ing	piacular	pinchgut -s	pita-hemp
-sies	pianette -s	pinch-hit	pitching -s
-ied	pianiste	pinching -s	pithball -s
phantomy	piassaba -s	pindaree -s	pithless
Pharisee	piassava -s	Pindaric	pithlike
pharmacy -cies	piazzian	pine-cone	pith-tree
pheasant -s	Picariae	pine-tree	pitiable
phelloid	picarian -s	pine-wood	pitiably
phengite	picaroon -s	pine-wool	pitiless
phenogam -s	picayune -s	pingling	pittance -s

pitty-pat
pit-viper
pityroid
pivoting
pivot-man
pixy-ring
pizzeria -s
placable
placably
placeman -men
placenta -e
placidly
placitum -ta
plagiary -ries
plaguily
plaiding
plaidman -men
plainant -s
plainful
plaining
plainish
plaister
plaiting -s
planched
planchet -s
planetic
plangent
plank-bed
planking
plankton
planless
planning
plantage
Plantago
plantain -s
planting -s
plantlet -s
plant-pot
plantule -s
planulae
planular
planuria
plashing -s
plastery
plastics
plastral
plastron -s
platanna -s
Platanus
platband -s
plateasm -s
plateaux
plateful -s
platelet -s
plateman -men
platform -s,-ing
          -ed
platinic
platinum
platonic

platting -s
platypus -es
platysma -s
plaudite
plausive
playable
playback -s
play-bill
playbook -s
play-debt
playgirl -s
play-goer
play-mare
playmate -s
playroom -s
playsome
playsuit -s
playtime -s
pleading -s
pleasant -er,-est
pleasing -s
pleasure -s
plebeian -s
plectron -s
plectrum -s,-tra
pledgeor -s
Pleiades
plein-air
plenarty
pleonasm -s
pleonast -s
plethora -s
pleurisy
plexuses
pliantly
plicated
plighted
plighter -s
plimsole -s
plimsoll -s
Pliocene
plodding -s
plonking
plopping
plotless
plotting
plougher -s
pluckily
plugging -s
plug-ugly
plumaged
plumbago -s
plumbate -s
plumb-bob
plumbery -ries
plumbing
plumbism
plumbite -s
plumbous
plum-cake

plum-duff
plumelet -s
plumiped
plumpish
plum-tree
plumulae
plumular
plunging -s
plurally
plurisie
plussage -s
plutonic
pluviose
pluvious
Plymouth
poaceous
poaching -s
po'chaise
pochette -s
pocketed
pockmark -s
podagral
podagric
Podargus
podiatry
Podogona
podology
poematic
poetical
poetship
poignant
poinding -s
pointing -s
poisoner -s
pokerish
pokeweed -s
Polabian
Polander
polarise -s,-d
          -sing
polarity -ties
Polaroid
polemics
polemise -s,-d
          -sing
polemist -s
polished
polisher -s
politely
politick -s,-ing
          -ed
politico -(e)s
politics
polka-dot
pollical
pollices
pollinia
pollinic
polliwig -s
polliwog -s

pollster -s
polluted -s
polluter -s
pollywig -s
pollywog -s
Polonian
polonise -s,-d
          -sing
polonism -s
polonium
poltfoot -feet
poltroon -s
polyacid
polyarch
polyaxon -s
polygala -s
polygamy
polygene -s
polygeny
polyglot -s
polygony
polygyny
polymath -s
polymery
Polymnia
polyonym -s
polypary -ries
polyphon -s
polypide -s
polypine
polypite -s
polypody -dies
polypoid
polypous
polyseme -s
polysemy
polysome -s
polysomy
polyuria
polyzoan -s
polyzoic
polyzoon -s
pomander -s
pommetty
pomology
Pompeian
pomwater
ponceaux
ponderal
ponderer -s
pond-life
pond-lily
pondweed -s
pontifex -fices
pontific
pony-skin
pony-tail
pooh-pooh
poon-wood
poor-john

poorness
poor-rate
poor's-box
poortith
poorwill -s
popehood
popeling -s
popeship
pop-group
popinjay -s
popishly
poplitic
pop-music
poppadum -s
poppy-oil
populace
populate -s,-d
　　　　-ting
populism
populist -s
populous
pop-visit
Porifera
poriness
poristic
pork-chop
porkling -s
porogamy
porosity -ties
porpesse
Porphyra
porphyry -ries
porpoise -s,-d
　　　　-sing
porridge -s
portable -s
portague -s
portance
porteous
porterly
portesse
port-fire
porthole -s
porthors
portière -s
portigue -s
portland
portlast
portoise
portolan -s
portrait -s
portress -es
Portugee
port-wine
port-winy
Poseidon
poshness
poshteen -s
posingly
positing

position -s,-ing
　　　　-ed
positive -s
positron -s
posology
possible -s
possibly
postcard -s
Postcode
postdate -s,-d
　　　　-ting
postface -s
post-free
post-hole
post-horn
postiche -s
postlude -s
postmark -s
post-mill
post-nati
post-obit
post-paid
postpone -s,-d
　　　　-ning
post-road
post-time
post-town
postural
posturer -s
potashes
potassic
potation -s
potatoes
potatory
pot-au-feu
pot-belly
pot-bound
potently
pothouse -s
poticary -ries
potlatch -es
pot-metal
pot-plant
pot-roast
potsherd -s
pot-stick
pot-still
potstone
potterer -s
pouchful -s
poulaine -s
pouldron -s
poultice -s,-d
　　　　-cing
poundage -s
pound-day
pound-net
powdered
powerful
powsowdy -dies

practice -s
practise -s,-d
　　　　-sing
practive
praedial -s
praefect -s
prairial
prairied
praising -s
prancing -s
prandial
prankful -ler
　　　　-lest
pranking -s
prankish
pratfall -s
pratique -s
prattler -s
preacher -s
preamble -s,-d
　　　　-ling
preceese
precepit
precinct -s
precious -es
preclude -s,-d
　　　　-ding
precurse
predator -s
predella -s
pre-elect
pre-exist
preggers
pregnant -er,-est
prehnite
prehuman
prejudge -s,-d
　　　　-ging
prelatic
preludio
premedic -s
première -s,-d
　　　　-ring
premised
premises
premolar -s
premorse
prenasal -s
prenatal
prentice -s
preorder -s,-ing
　　　　-ed
prepared
preparer -s
prepense
pre-print
presager -s
presbyte -s
prescind -s,-ing
　　　　-ed

presence -s
preserve -s,-d
　　　　-ving
presidia
presidio
press-bed
press-box
pressfat -s
pressful -s
pressing -s
pression -s
pressman -men
pressure -s,-d
　　　　-ring
prestige -s
presumer -s
pretence -s
preterit -s
prettify -ing
　　　　-fies
　　　　-ied
prettily
previous
Priapean
priapism
price-tag
pricking -s
prideful
prie-dieu
priestly
priggery
prigging -s
priggish
priggism
primally
primatal
Primates
primatic
primeval
primming
primness
primrose -s,-d
　　　　-sing
primrosy
princely
princess -es
princock
printing -s
print-out
print-run
priorate -s
prioress -es
priority -ties
prismoid -s
prisoner -s
pristine
prizable
prize-man
probable -s
probably

procaine	proposal -s	psaltery -ries	pulville -s
procinct	proposer -s	psammite -s	pulvilli
proclaim -s,-ing	propound -s,-ing	psellism -s	pulvinar
-ed	-ed	psephism -s	pulvinus -ni
proclive	propping	psephite -s	pulza-oil
procurer -s	prop-root	pseudery	pumicate -s,-d
prodding	propylic	psilosis	-ting
prodigal -s	propylon -la	psilotic	pump-head
proditor -s	prorogue -s,-d	Psilotum	pump-hood
prodrome -s	-guing	psychics	pump-room
prodromi	prosaism	psychism	pump-well
producer -s	prosaist -s	psychist -s	punaluan
proemial	proseman -men	psychoid	puncheon -s
profaner -s	prosodic	pteropod -s	punctate
profiler -s	prospect -s,-ing	pterygia	punctual -ler
profiter -s	-ed	pterylae	-lest
pro-forma	prostate -s	ptilosis	punctule -s
profound -s,-er	prostyle -s	ptomaine -s	puncture -s,-d
-est	protasis -ses	ptyalise -s,-d	-ring
profuser -s	protatic	-sing	punditry
progeria	protease -s	ptyalism	pundonor -es
proggins -es	protégée -s	pub-crawl	pungence
progress -es,-ing	protense	pubertal	pungency
-ed	prothyle	publican -s	puniness
prohibit -s,-ing	Protista	publicly	punisher -s
-ed	protocol -s,-ling	Puccinia	punition
prolamin	-led	pucelage	punitive
prolapse -s,-d	protonic	puckfist -s	punitory
-sing	protozoa	puddingy	Punjabee
prolific	protract -s,-ing	puddling -s	punt-pole
prolixly	-ed	pudendal	puntsman -men
prologue -s,-d	protrude -s,-d	pudendum -da	pupa-case
-guing	-ding	pudibund	puparial
prolonge -s	proudish	pudicity	puparium -ria
prometal	provable	puffball -s	pupation
promisee -s	provably	puff-bird	pupilary
promiser -s	provedor -s	puff-puff	pupilate
promisor -s	proviant -s	pug-faced	puppetry
promoter -s	provided	puggaree -s	puppodum -s
promotor -s	provider -s	pugilism	puppy-dog
prompted	providor -s	pugilist -s	puppydom
prompter -s	province -s	pug-nosed	puppy-fat
promptly	provisor -s	puissant	puppyish
promulge -s,-d	provoker -s	pulingly	puppyism
-ging	prowling -s	pull-back	purblind
pronator -s	proximal	pullover -s	purchase -s,-d
prong-hoe	prudence	pulmones	-sing
pronotal	pruinose	pulmonic -s	pure-bred
pronotum -ta	prunella -s	pulpited	pureness -es
proofing -s	prunelle -s	pulpiter -s	purfling -s
propense	prunello -s	pulpitry	purified
properly	prurient	pulpitum -s	purifier -s
property -ties	pruritic	pulpmill -s	puristic
prophase -s	pruritus	pulpwood -s	purlicue -s,-d
prophecy -cies	Prussian	pulsator -s	-cuing
prophesy -ing	Prussify	pulsejet -s	purplish
-sies	pryingly	pulsidge	purposed
-ied	prytanea	pulsific	purpuric
prophyll -s	psalmist -s	pulsojet -s	purpurin
propolis	psalmody	pulvilio -s	purseful -s

purse-net
purslain -s
purslane -s
pursuant
pursuing -s
purulent
purveyor -s
Puseyism
Puseyite
push-ball
push-bike
push-cart
push-over
push-pull
puss-moth
pussy-cat
pustular
putamina
putative
putchock -s
putridly
putter-on
puttying
puzzling
pyelitic
pyelitis
pyengadu -s
pygidial
pygidium -s
pygmaean
pyjamaed
pyogenic
pyonings
Pyrenean
pyrenoid -s
pyrexial
pyridine
pyriform
pyritise -s,-d
    -sing
pyritous
pyrolyse -s,-d
    -sing
Pyrosoma
pyrosome -s
pyrostat -s
pyroxene -s
pyroxyle
pyrrhous
pythonic
pyxidium -dia

Q
qalamdan -s
quackery
quadrans -rantes
quadrant -s
quadrate -s,-d
    -ting
quadriga -e

quadroon -s
quaestor -s
quagmire -s,-d
    -ring
quagmiry
quailing
quaintly
quakerly
qualming
qualmish
quandang -s
quandary -ries
quandong -s
quantify -ing
    -fies
    -ied
quantise -s,-d
    -sing
quantity -ties
quantong -s
quarried
quarrier -s
quartern
quartett -s
quartier
quartile -s
quart-pot
quatorze -s
quatrain -s
quaverer -s
quayside -s
queasily
Quebecer
Quechuan
queen-bee
queendom -s
queening -s
queenite -s
queenlet -s
queerdom -s
queerish
queerity
quencher -s
quenelle -s
querying -s
questant
questing -s
question -s,-ing
    -ed
queueing -s
quibbler -s
Quichuan
quickset -s
quiddany -nies
quiddity -ties
quiddler -s
quidnunc -s
quieting -s
quietism
quietist -s

quietive
quietude
quillaia -s
quillaja -s
quilling -s
quillman -men
quill-nib
quill-pen
quilting -s
quincunx -es
quintain -s
quintett -s
quintile -s
quippish
quipster -s
Quirinal
Quirinus
Quirites
quirkish
quisling -s
quit-rent
quitting
quivered
quixotic
quixotry
quizzery
quizzify -ing
    -fies
    -ied
quizzing -s
quotable
quotably
quotient -s

R
rabbeted
rabbinic
rabbiter -s
rabbitry -ries
rabbling -s
rabidity
racahout -s
race-ball
race-card
racegoer -s
racemate -s
racemise -s,-d
    -sing
racemism
racemize -s,-d
    -zing
racemose
race-path
rachides
rachilla -s
rachitic
rachitis
raciness
racketed
racketer -s

rack-rail
rack-rent
rackwork
Racovian
radar-gun
radialia
radially
radiance
radiancy
radiated
radiator -s
radicant
radicate -s,-d
    -ting
radicule -s
radulate
raftered
raft-port
raft-rope
raftsman -men
raggedly
ragingly
rag-money
Ragnarök
rag-paper
ragstone -s
ragtimer -s
ragwheel -s
ragwoman -women
railcard -s
railhead -s
raillery
railless
railroad -s,-ing
    -ed
rain-band
rain-bird
rainbowy
raincoat -s
raindrop -s
rainfall -s
rainless
rain-tree
rain-wash
raisable
raisonné
rajaship -s
rakehell -s
rakishly
rakshasa -s
Rallidae
rallying
Ramadhan
Ramayana
rambling -s
rambutan -s
ramentum -ta
ramequin -s
ramified
Ramilies

Ramillie	reactive	recanter -s	red-light
rampancy	readable	recaptor -s	redolent
rampauge -s,-d	readably	receding	redouble -s,-d
-ging	readiest	receival -s	-ling
rampsman -men	readjust -s,-ing	received	red-shank
ram's-horn	-ed	receiver -s	redshare
ramulose	readvise -s,-d	recently	redshire
ramulous	-sing	recentre -s,-d	red-shirt
ranarian	ready-mix	-tring	redshort
ranarium -s	reaedify -ing	receptor -s	red-start
ranchero -s	-fies	recessed	reducing
ranching -s	-ied	recharge -s,-d	red-water
ranchman -men	reaffirm -s,-ing	-ging	reed-band
randomly	-ed	recision -s	reed-bird
raniform	reagency	reckless	reedling -s
rankness	realiser -s	reckling -s	reed-mace
ransomer -s	realness	reckoner -s	reed-pipe
rapacity	realtime	reclined	reed-rand
rape-cake	reanswer	recliner -s	reed-rond
rape-seed	reappear -s,-ing	reclothe -s,-d	reed-stop
raphania	-ed	-thing	reed-wren
Raphanus	rear-arch	récollet	reef-band
raphides	rear-lamp	recommit -s,-ting	reef-knot
rapidity	rearmice	-ted	re-embark
rapparee -s	rearmost	reconvey -s,-ing	re-embody
Raptores	rear-rank	-ed	re-emerge
raptured	rearrest -s,-ing	recorder -s	re-engage
rarefied	-ed	recourse -s	re-enlist
rareness	rearward -s	recovery -ries	re-expand
rascally	reascend -s,-ing	recreant -s	re-export
rashness	-ed	recreate -s,-d	refelled
rasorial	reascent -s	-ting	referent -s
Rastaman	reasoned	rectally	referral -s
rataplan -s	reasoner -s	rectitic	referred
rateable	reassert -s,-ing	rectitis	refigure -s,-d
rateably	-ed	rectoral	-ring
rat-guard	reassess -es,-ing	rectress -es	refinery -ries
rathripe -s	-ed	recurred	refining -s
ratified	reassign -s,-ing	recurved	reflexed
ratifier -s	-ed	recusant -s	reflexly
rational -s	reassume -s,-d	redactor -s	refluent
ratooner -s	-ming	redargue -s,-d	reformed
ratproof	reassure -s,-d	-guing	reformer -s
rat-rhyme	-ring	red-belly	refreeze -s,-zing
ratsbane -s	reattach -es,-ing	redbrick	-froze(n)
rat's-tail	-ed	reddenda	refringe
rattline -s	reattain -s,-ing	reddendo -s	refugium -gia
rattling -s	-ed	redeemer -s	refunder -s
ravelled	reawaken -s,-ing	redeless	refusion -s
ravening	-ed	redeploy -s,-ing	refusnik -s
ravenous	rebeldom	-ed	regainer -s
ravingly	rebelled	redesign -s,-ing	regalian
ravisher -s	rebeller -s	-ed	regalism
rawboned	rebellow	red-faced	regalist -s
razmataz -es	reburial -s	redirect -s,-ing	regality
reabsorb -s,-ing	rebuttal -s	-ed	regarder -s
-ed	rebutted	redistil -s,-ling	regather -s,-ing
reaching	rebutter -s	-led	-ed
reactant -s	rebutton -s,-ing	redivide -s,-d	regelate -s,-d
reaction -s	-ed	-ding	-ting

regicide -s	releaser -s	rent-free	requiter -s
regiment -s,-ing	releasor -s	rent-roll	rere-arch
-ed	relegate -s,-d	renumber -s,-ing	reremice
regional	-ting	-ed	rerevise -s,-d
register -s,-ing	relevant	renverse -s,-d	-sing
-ed	reliable	-sing	rereward -s
registry -tries	reliably	renverst	resalgar
regolith -s	reliance	reoccupy -ing	resalute -s,-d
regrater -s	reliever -s	-pies	-ting
regrator -s	religion -s	-ied	rescript -s,-ing
regrowth -s	relocate -s,-d	reoffend -s,-ing	-ed
regulate -s,-d	-ting	-ed	rescuing
-ting	relucent	reopener -s	research -es,-ing
reguline	relumine -s,-d	reordain -s,-ing	-ed
regulise -s,-d	-ming	-ed	reselect -s,-ing
-sing	remanent -s	reorient -s,-ing	-ed
rehandle -s,-d	remarked	-ed	resemble -s,-d
-ling	remarker -s	repairer -s	-ling
rehearse -s,-d	remarqué -s	repartee -s,-ing	resenter -s
-sing	remedial	-ed	reserved
reheater -s	remediat	repaying	resetter -s
rehoboam -s	remedied	repealer -s	resettle -s,-d
re-ignite	remember -s,-ing	repeated	-ling
reillume -s,-d	-ed	repeater -s	resiance
-ming	remigate -s,-d	repelled	resident -s
reimport -s,-ing	-ting	repeller -s	residual -s
-ed	remigial	repenter -s	residuum -dua
reimpose -s,-d	reminder -s	repeople -s,-d	resigned
-sing	remissly	-ling	resigner -s
reindeer -s	remittal -s	reperuse -s,-d	resinata -s
reinette -s	remitted	-sing	resinate -s
reinform -s,-ing	remittee -s	repetend -s	resinify -ing
-ed	remitter -s	rephrase -s,-d	-fies
reinfund -s,-ing	remittor -s	-sing	-ied
-ed	remodify -ing	repining -s	resinise -s,-d
reinfuse -s,-d	-fies	replacer -s	-sing
-sing	-ied	replevin -s,-ing	resinous
rein-hand	remotely	-ed	resistor -s
reinless	remotion	replying	resolute
reinsert -s,-ing	remurmur -s,-ing	reporter -s	resolved
-ed	-ed	reposure -s	resolver -s
reinsman -men	renaying	repoussé -s	resonant
reinsure -s,-d	renderer -s	repriefe	resonate -s,-d
-ring	renegade -s,-d	reprieve -s,-d	-ting
reinvest -s,-ing	-ding	-ving	resorcin
-ed	renegado -s	reprisal -s	resorter -s
rejecter -s	renegate -s	reproach -es,-ing	resource -s
rejector -s	reneguer -s	-ed	resplend -s,-ing
rejigger -s,-ing	renewing	reproval -s	-ed
-ed	renforce	reprover -s	Responsa
rejoicer -s	reniform	Reptilia	response -s
rekindle -s,-d	renitent	republic -s	rest-cure
-ling	renounce -s,-d	repurify -ing	rest-home
relapsed	-cing	-fies	restless
relapser -s	renovate -s,-d	-ied	restorer -s
relation -s	-ting	reputing	restrain -s,-ing
relative -s	renowned	required	-ed
relaxant -s	renowner -s	requirer -s	restrict -s,-ing
relaxing	rentable	requital -s	-ed
releasee -s	rent-a-mob	requited	restring -s,-ing
			-strung

rest-room
resubmit -s,-ting
     -ted
resupine
resurvey -s,-ing
     -ed
retailer -s
retainer -s
retaking -s
retarded
retarder -s
reteller -s
reticent
reticule -s
retiform
retinite
retinula -s
retiracy
retiring
retorted
retorter -s
retraitt
retrally
retrench -es,-ing
     -ed
retrieve -s,-d
     -ving
retroact -s,-ing
     -ed
retrofit -s,-ting
     -ted
retrorse
retrying
reusable
revanche -s
revealer -s
reveille -s
revelled
reveller -s
revenant -s
revenger -s
revenued
reverend -s
reverent
reverist -s
reversal -s
reversed
reverser -s
reversis
reverted
revestry -ries
revetted
reviewal -s
reviewer -s
reviling -s
revision -s
revisory
revivify -ing
     -fies
     -ied

reviving -s
revolted
revolter -s
revolute
revolver -s
rewarder -s
rhabdoid -s
Rhaetian
rhaphide -s
rhapsode -s
rhapsody -dies
rhematic
rheocord -s
rheology
rheostat -s
rheotome -s
rhetoric
Rh-factor
rhinitis
Rhinodon
rhizobia
rhizopod -s
rhizopus -es
rhodanic
Rhodesia
Rhodites
rhomboid -s
rhonchal
rhonchus -chi
rhopalic
rhubarby -bier
     -iest
rhyolite
rhythmal
rhythmed
rhythmic
rhythmus
Rhytisma
ribaldry -ries
ribaudry
ribbonry
rib-grass
ribosome -s
rib-roast
ribstone -s
rice-beer
rice-bird
rice-glue
rice-milk
ricercar -s
rice-soup
richesse
rich-left
richness
ricketty -ttier
     -iest
rick-rack
rickshaw -s
rickyard -s

ricochet -s
     -(t)ing
     -(t)ed
riddance -s
riddling -s
rideable
ridgeway -s
ridgling -s
ridicule -s,-d
     -ling
Riesling
rifeness
riff-raff
rifleman -men
rifle-pit
rigadoon -s
rightful
righting -s
rightist -s
rigidify -ing
     -fies
     -ied
rigidise -s,-d
     -sing
rigidity
rigorism
rigorist -s
rigorous
rillmark -s
rim-brake
rindless
ring-bark
ring-bolt
ringbone -s
ring-dial
ring-dove
ring-dyke
ringhals -es
ringless
ring-road
ringside -s
ringster -s
ring-tail
ring-time
ring-walk
ring-wall
ringwise
ringwork
ringworm -s
rinkhals -es
rinsable
rinsible
rinsings
riparial
riparian -s
ripeness
rippling -s
risaldar -s
risoluto
rispetto -tti

rispings
ritenuto -s
ritornel -s
ritually
rivaless -es
rivalise -s,-d
     -sing
rivality
rivalled
rivelled
riverain -s
river-bed
river-god
river-hog
riverine
riverman -men
river-rat
riverway -s
riveting
rivetted
road-book
roadshow -s
roadside -s
roadsman -men
roadster -s
roasting -s
roborant -s
robotics
roburite
robustly
rocaille -s
Roccella
Rochelle
rock-alum
rockaway -s
rock-bird
rock-cake
rock-cook
rock-cork
rock-dove
rocketer -s
rocketry
rock-fall
rock-fish
rock-hewn
rock-lark
rockling -s
rock-rose
rock-salt
rockweed
rock-wood
rock-work
Rodentia
roentgen -s
roestone -s
rogation -s
rogatory
roisting
role-play
rollable

roll-call
roll-neck
roly-poly
romancer -s
Romanian
Romanise
Romanish
Romanism
Romanist
Romansch
romantic -s
Rome-scot
Romeward
roncador -s
rondache -s
rondavel -s
rondeaux
rood-beam
rood-loft
rood-tree
roofless
roof-like
roof-rack
roof-tree
room-mate
roomsome
root-beer
root-crop
rootedly
root-fast
root-hair
roothold -s
*root-knot
rootless
ropeable
rope-ripe
rope's-end
rope-walk
ropework -s
rope-yarn
ropiness
roquette -s
Rosaceae
rosarian -s
rosarium -s
rose-bowl
rose-bush
rose-comb
rose-drop
rosefish -es
rose-hued
rose-knot
rose-leaf
roseless
roselike
rosemary -ries
rose-pink
rose-rash
rose-root
rose-tree

rosetted
rosewood -s
rosinate -s
rosiness
rosin-oil
rosoglio -s
rostrate
rosulate
rosy-drop
Rotarian
rotation -s
rotative
rotatory
rotenone
rotgrass -es
Rotifera
rot-stone
rottenly
rotundly
roturier -s
roughage
rough-dry
rough-hew
roughish
rouleaux
roulette -s
round-arm
rounding -s
roundish
roundlet -s
round-top
roundure -s
rout-cake
rout-seat
rove-over
rovingly
row-barge
rowdedow -s
rowdydow -s
rowdyish
rowdyism
rowelled
rowndell
royalise -s,-d
              -sing
royalism
royalist -s
roysting
rubaiyat -s
rubbishy
rubellan -s
rubicund
rubidium
rubrical
rubstone -s
ruby-tail
rucksack -s
ruddiest
ruddying
rudeness -es

rudiment -s
ruefully
ruffling -s
ruggedly
rugosely
rugosity
rugulose
ruinable
ruleless
Rumanian
Rumansch
rumbelow -s
rumbling -s
ruminant -s
ruminate -s,-d
              -ting
rummager -s
Rumonsch
rumorous
rumourer -s
rump-bone
rumpless
rump-post
rum-punch
rum-shrub
rum-ti-tum
runabout -s
runagate -s
runcible
runnable
runner-up
ruralise -s,-d
              -sing
ruralism
ruralist -s
rurality
rush-like
rush-ring
Russniak
rustical -s
rustless
rustling -s
rutabaga
Rutaceae
ruthenic
ruthless
rutilant
rye-bread
rye-flour
rye-grass
rye-straw
ryotwari

S

sabbatic
sabotage -s,-d
              -ging
saboteur -s
sabotier -s
sabre-cut

sabulose
sabulous
saburral
saccular
saccules
sacculus -li
sacellum -lla
sack-coat
sackfuls
sackless
sack-race
sack-tree
sacraria
sacredly
sacristy -ties
saddlery -ries
Sadducee
sad-faced
sadistic
saeculum -s
safeness
saffrony
safranin
sagacity
sagamore -s
sage-cock
sageness
sagenite -s
saginate -s,-d
              -ting
sagittal
sago-palm
Sahelian
saibling -s
saikless
sailable
sail-boat
sail-fish
sailless
sail-loft
sailorly
sail-room
sail-yard
sainfoin -s
saintdom
saintess -es
saintish
saintism
salacity
salading
salariat -s
salaried
saleable
saleably
sale-room
Salesian
salesman -men
sales-tax
salework
saliceta

salicine
salience
saliency
salified
salinity
salivary
salivate -s,-d
　　　　-ting
sallying
sally-man
salmonet -s
salmonid -s
salopian
salpicon -s
saltando
salt-bush
salt-cake
salt-cote
salt-foot
salt-junk
salt-lake
saltless
salt-lick
salt-mine
saltness
salt-work
salt-wort
salutary
salvable
salvific
Salvinia
samarium
Samaveda
sameness
samizdat
samnitis
Samoyede
samphire -s
samplery
sampling -s
sanative
sanatory
sanctify -ing
　　　　-fies
　　　　-ied
sanction -s,-ing
　　　　-ed
sanctity -ties
sandarac
sand-bank
sand-bath
sand-cast
sand-dart
sand-dune
sand-flag
sand-flea
sand-heap
sand-hill
sand-hole
sandiver -s

sand-lark
sandling -s
sand-mole
sand-peep
sand-pipe
sand-pump
sand-shoe
sand-star
sand-trap
sand-wasp
sandwich -es,-ing
　　　　-ed
sand-worm
sandwort -s
sandyish
saneness
sangaree -s
sanglier
Sangraal
Sangrado
Sangrail
Sangreal
sanguify -ing
　　　　-fies
　　　　-ied
sanguine -s,-d,-r
　　　　-st
　　　　-ning
sanidine
sanitary
sanitate -s,-d
　　　　-ting
sanitise -s,-d
　　　　-sing
sannyasi -s
Sanscrit
sanserif -s
Sanskrit
santalin
Santalum
santonin
sap-green
sapidity
sapience
Sapindus
sapi-utan
saponify -ing
　　　　-fies
　　　　-ied
saponite
saporous
sapphire -s
sapphism
sapphist -s
sapropel
sapucaia -s
saraband -s
Saratoga
sarcenet -s
Sarcodes

sarcodic
sardelle -s
sardonic
sardonyx -es
sargasso -s
sark-tail
Sarmatia
Sarmatic
sarmenta -s
sarrasin -s
sarrazin -s
sarsenet -s
Sartrian
sasarara -s
sash-cord
sash-door
sash-tool
Sassanid
sassolin
sastruga -gi
satanism
satanist -s
satanity
sateless
satelles
satiable
satirise -s,-d
　　　　-sing
satirist -s
satrapal
satrapic
saturant -s
saturate -s,-d
　　　　-ting
Saturday
Saturnia
saturnic
satyress -es
satyrisk -s
sauba-ant
sauce-box
sauceman -men
saucepan -s
sauciest
saucisse -s
sauropod -s
Saururae
Sauterne
savagely
savagery -ries
savannah -s
savegard
savingly
savorous
savoured
savourly
Savoyard
saw-blade
saw-bones

sawdusty
saw-edged
saw-frame
saw-horse
saw-shark
saw-tones
saw-tooth
saxatile
Saxicava
Saxicola
Saxondom
Saxonise
Saxonism
Saxonist
saxonite
sayonara
say-piece
scabbard -s,-ing
　　　　-ed
Scabiosa
scabious
scabrous
scaffold -s,-ing
　　　　-ed
scalable
Scalaria
scalawag -s
scalding -s
scaldini
scaldino
scallion -s
scalprum
scaly-leg
scambler -s
scammony
scamping -s
scampish
scandent
Scandian
scandium
scanning -s
scansion -s
scantily
scantity
scaphoid -s
scapular
scarabee -s
scarcely
scarcity -ties
scarfing -s
scarfish -es
scarf-pin
Scaridae
scarious
scarless
scarmoge
scarping -s
scarring -s
scathing
scattery -rier
　　　　-iest

scavager -s
scavenge -s,-d
  -ging
sceattas
scelerat
scenario -s
scene-man
scenical
scent-bag
scent-box
scentful
scenting -s
sceptral
sceptred
schapska -s
schedule -s,-d
  -ling
schellum -s
schemata
scheming -s
schiedam -s
schiller
schimmel -s
Schizaea
schizoid -s
schizont -s
schläger -s
schleppy -ppier
  -iest
schmaltz -es
schmooze
schnapps -es
scholion -lia
scholium -lia
schooled
schooner -s
sciaenid
sciatica
scienced
scienter
scilicet
scimitar -s
scincoid
sciolism
sciolist -s
sciolous
scirocco -s
scirrhus -es
scissile
scission -s
scissors
scissure -s
sciurine
sciuroid
sclereid -s
sclerema
sclerite -s
scleroid
scleroma
sclerose -s,-d
  -sing

sclerous
scoffing -s
scoinson -s
scolding -s
scoleces
scolecid
Scolopax
Scolytus
scomfish -es,-ing
  -ed
scontion -s
scoopful -s
scooping -s
scoop-net
Scopelus
Scopolia
scorched
scorcher -s
scordato
scorious
scornful
scorning -s
scorpion -s
Scorpius
scot-free
Scotican
Scotland
scotopia
scotopic
Scotsman
Scottice
Scottify
Scottish
scourger -s
scouring -s
scouther -s,-ing
  -ed
scouting -s
scout-law
scowling
scowther -s,-ing
  -ed
scrabble -s,-d
  -ling
scrag-end
scragged
scraggly -lier
  -iest
scramble -s,-d
  -ling
scrannel -ler
  -lest
scraping -s
scrap-man
scrapped
scratchy -chier
  -iest
scrattle -s,-d
  -ling
scrawler -s

screamer -s
screechy -chier
  -iest
screeder -s
screener -s
screever -s
screw-cap
screwing -s
screwtop -s
scribble -s,-d
  -ling
scribbly -lier
  -iest
scribing -s
scribism -s
scriggle -s,-d
  -ling
scriggly -lier
  -iest
scrimped
scrimply
scrimure
scrofula
scroggie -ggier
  -iest
scrolled
scrouger
scrounge -s,-d
  -ging
scrowdge -s,-d
  -ging
scrubbed
scrubber -s
scrunchy -chier
  -iest
scrupler -s
scrutiny -nies
scudding
scuffler -s
scullery -ries
sculling -s
scullion -s
sculpsit
sculptor -s
scumfish -es,-ing
  -ed
scumming
scuppaug -s
scurrier
scurrile
scurvily
scutcher -s
scutella
scutiger -s
scuttler -s
scybalum -la
Scythian
sea-acorn
sea-adder
sea-beach

sea-beast
seaberry -rries
sea-blite
seaboard -s
sea-boots
seaborne
sea-bream
sea-brief
sea-chart
sea-chest
sea-cliff
sea-coast
seacraft -s
seacunny -nnies
sea-devil
seadrome -s
sea-eagle
seafarer -s
sea-fight
sea-floor
sea-front
sea-froth
sea-going
sea-grape
sea-grass
sea-green
sea-heath
sea-holly
sea-horse
sea-hound
sea-jelly
sea-lemon
sea-level
sea-loach
seal-pipe
seal-ring
sealskin -s
sea-lungs
sealyham -s
seamanly
sea-marge
seamless
sea-mount
sea-mouse
seam-rent
seamster -s
sea-nymph
sea-onion
sea-orach
sea-otter
sea-perch
sea-piece
seaplane -s
sea-power
sea-purse
seaquake -s
searcher -s
searness
sea-robin
sea-rover

seascape -s
sea-scout
seashell -s
seashore -s
sea-shrub
sea-snail
sea-snake
sea-snipe
seasonal
seasoned
seasoner -s
sea-stick
sea-stock
sea-storm
seas-tost
sea-swine
seat-belt
seatless
seat-rent
sea-trout
seawards
sea-water
sea-woman
sea-wrack
sebesten -s
secateur -s
secesher
secluded
secodont -s
seconder -s
secondly
secretin
secretly
sectator -s
sectoral
securely
security -ties
sedately
sedation
sedative -s
sederunt -s
sediment -s,-ing
     -ed
sedition -s
seducing -s
seductor
sedulity
sedulous
seecatch -ie
seedcake -s
seed-coat
seed-corn
seed-fish
seed-leaf
seedless
seed-like
seedling -s
seed-lobe
seedness
seed-plot

seed-shop
seedsman -men
seed-time
seedy-toe
seemless
seemlier
seething -s
segolate -s
segreant
seicento
Seidlitz
seigneur -s
seignior -s
seignory -ries
seine-net
seismism
seizable
seladang -s
selcouth
seldseen
selected
selector -s
selenate -s
selenide -s
selenite -s
selenium
selenous
Seleucid
self-born
self-hate
self-heal
self-help
selfhood
self-left
selfless
self-life
self-like
self-lost
self-love
self-made
selfness
self-pity
self-sown
self-will
selictar -s
sellable
selvedge -s,-d
     -ging
semantic -s
semantra
semblant -s
semester -s
semi-axis
semibull -s
semicoma -s
semi-dome
semilune -s
semi-mute
seminary -ries
seminate -s,-d
     -ting

Seminole
semi-nude
semi-opal
semiotic
semi-ring
semi-soft
semitaur
Semitics
Semitise
Semitism
Semitist
semitone -s
semolina
semplice
sempster -s
semuncia -s
senarius -es
sengreen -s
senility
sennight -s
Senonian
Señorita
Senoussi
senseful
sensible
sensibly
sensilla
sensuism
sensuist -s
sensuous
sentence -s,-d
     -cing
sentient -s
sentinel -s,-ling
     -led
sentry-go
sepaline
sepalody
sepaloid
sepalous
separate -s,-d
     -ting
sepiment -s
septaria
septette -s
sept-foil
septimal
septleva -s
septuple -s,-d
     -ling
sequelae
sequence -s,-d
     -cing
serafile -s
seraglio -s
Serapeum
seraphic
seraphim
seraphin
serenade -s,-d
     -ding

serenata -s
serenely
sereness
serenity
serfhood
serfship
sergeant -s
serially
seriatim
sericite
serjeant -s
sermoner -s
sermonet -s
sermonic
serology
serosity
serotine -s
serotype -s,-d
     -ping
serpulae
serranid -s
Serranus
serrated
serratus -es
servient
servitor -s
sesamoid -s
sesspool -s
sesterce -s
sestette -s
sestetto -s
set-screw
setter-on
setter-up
settling -s
seven-day
severely
severity
sewellel -s
sewerage
sewer-gas
sewering -s
sewer-rat
sexiness
sexology
sextette -s
sextolet -s
sextuple -s,-d
     -ling
sexually
sforzato -s,-ti
shabbily
shabrack -s
shadbush -es
shaddock -s
shadower -s
Shafiite
shafting -s
shag-bark
shaggily

shagreen -s
shagroon -s
Shaivism
Shaivite
shakable
shake-bag
shake-out
shake-rag
Shaktism
shale-oil
shalloon
shamanic
shameful
shamiana -s
shamisen -s
shamming
shampoo'd
shamrock -s
Shandean
shanghai -s,-ing
         -ed
shantung -s
shapable
shareman -men
share-out
sharking -s
shark-oil
sharp-cut
sharping -s
sharpish
sharp-set
shattery
shauchle -s,-d
         -ling
shauchly -lier
         -iest
shawling -s
sheading -s
shealing -s
shear-hog
shearing -s
shear-leg
shearman -men
sheathed
shea-tree
shedding -s
she-devil
sheeling -s
sheep-dip
sheepdog -s
sheepish
sheep-ked
sheep-pen
sheep-pox
sheep-rot
sheep-run
sheeting -s
sheet-tin
sheikdom -s
sheiling -s

*Shekinah
shelduck -s
shelf-ful
shell-egg
shellful -s
shell-ice
shelling -s
shell-lac
sheltery
shelving -s
shepherd -s,-ing
         -ed
Sheraton
shetland -s
shielder -s
shieling -s
shiftily
shifting -s
shift-key
shigella -s
shikaree -s
shilling -s
shimmery -rier
         -iest
shin-bone
shingled
shingler -s
shingles
shipless
ship-load
shipmate -s
shipment -s
shipping -s
ship-tire
ship-worm
shipyard -s
shiralee
shireman -men
shirring -s
shirting
shirt-pin
Shivaism
Shivaite
shivaree
shlemiel -s
shoaling -s
shock-dog
shocking
shoddily
shoe-bill
shoehorn -s
shoe-lace
shoeless
shoe-nail
shoe-rose
shoe-shop
shoe-tree
shofroth
shogging
shogunal

shooting -s
shoot-out
shop-bell
shop-door
shop-girl
shopping
shop-sign
shopworn
shore-due
shoreman -men
shortage -s
shortcut -s
shortish
short-leg
short-oil
short-rib
shot-clog
shot-free
shot-hole
shotting
shoulder -s,-ing
         -ed
shouldst
shouther -s,-ing
         -ed
shouting -s
show-bill
show-boat
show-card
showcase -s,-d
         -sing
show-down
showgirl -s
showroom -s
show-yard
shraddha -s
shrapnel -s
shredded
shredder -s
shred-pie
shrewdly
shrewish
shrew-run
shrieker -s
shrieval
shrieved
shrimper -s
shrinker -s
shriving
shrouded
shrugged
shrunken
shucking -s
shuddery -rier
         -iest
shuffler -s
shunless
shunning
shunting -s
shut-down

shutting
sibilant -s
sibilate -s,-d
         -ting
sibilous
Sicanian
Sicelain
Siceliot
Sicilian
sickener -s
sickerly
sick-flag
sicklied
sicklily
sick-list
sickness -es
Siculian
sidearms
side-band
side-comb
side-dish
side-door
side-drum
side-face
side-kick
side-line
sideling
sidelock -s
sidelong
side-note
side-path
side-post
sidereal
siderite -s
side-road
side-show
side-slip
sidesman -men
side-step
side-view
sidewalk
sideward
sideways
side-wind
sidewise
siege-gun
Siennese
sightsee -s,-ing
         -n,-saw
sigisbeo -bei
sigmatic
signally
signeted
signieur
signless
Signoria
signpost -s,-ing
         -ed
Sikelian
Sikeliot

silenced
silencer -s
silently
silicane
silicate -s
silicide -s
silicify -ing
-fies
-ied
silicium
silicone -s
silicula -s
silicule -s
silktail -s
silkworm -s
sillabub -s
silladar -s
silly-how
silphium -s,-phia
Silurian
silurist -s
siluroid -s
silvatic
silverly
simaruba -s
similise -s,-d
-sing
simoniac -s
simonist -s
simperer -s
simplify -ing
-fies
-ied
simpling -s
simplism
simplist -s
simulant -s
simulate -s,-d
-ting
Sinaitic
sinapism -s
sinciput -s
sindings
sin-eater
sinecure -s
sinfonia -s
singable
singeing
singling -s
singsong -s,-ing
-ed
singular -s
sinicise -s,-d
-sing
Sinicism
sinister
sink-hole
Sinology
Sinophil
sinopite -s

sinuated
sinuitis
sinusoid -s
siphonal
siphonet -s
siphonic
sirenian -s
siriasis
sirvente -s
siserary -ries
sisterly
sithence
sitology
sitter-in
situated
sitz-bath
sixpence -s
sixpenny -nnies
sixscore -s
sixtieth -s
sizeable
siziness
sizzling -s
skean-dhu
skeletal
skeleton -s
skelloch -s,-ing
-ed
skelping -s
skene-dhu
sketcher -s
skew-back
skewbald -s
skiagram -s
skiatron -s
skilless
skilling -s
skillion
skim-milk
skimming -s
skimpily
skimping
skin-deep
skin-game
skinhead -s
skinking
skinless
skinning
skin-wool
skipjack -s
skipping
skirling -s
skirmish -es,-ing
-ed
skirting -s
ski-slope
ski-stick
skittish
skittles
skua-gull

skulking -s
skull-cap
sky-diver
skylight -s
sky-pilot
skyscape -s
skywards
slabbery
slack-jaw
slag-wool
slaister -s,-ing
-ed
slamming
slangily
slanging -s
slangish
slanting
slap-bang
slap-dash
slapjack
slapping
slashing -s
slate-axe
slattern -s
slattery -rier
-iest
slave-ant
slaverer -s
Slavonia
Slavonic
sleazily
sledding -s
sledging -s
sleeking -s
sleepery -rier
-iest
sleepily
sleeping -s
slicking -s
sliddery -rier
-iest
slightly
slime-pit
slimline
slimmest
slimming -s
slimmish
slimness
slip-case
slip-dock
slipform -s
slip-knot
slip-over
slippage -s
slippery -rier
-iest
slipping
sliprail
slipshod
slip-shoe

slipslop -s
slipware -s
slithery -rier
-iest
slitting
slivovic -s
slobbery
slobland -s
sloebush -es
sloe-eyed
sloetree -s
slogorne -s
slop-bowl
slop-pail
sloppily
slopping
slop-shop
slopwork
slothful
sloucher -s
sloughed
slovenly -lier
-iest
slovenry
slowback -s
slow-down
slow-foot
slowness
slowpoke -s
slow-worm
slubbing -s
slug-a-bed
slugfest -s
sluggard -s
sluggish
slughorn -s
slumbery
slumming -s
slummock -s,-ing
-ed
slurring
sluttery -ries
sluttish
slyboots
smacking -s
smallage -s
small-ale
small-arm
smallish
smallpox
smalmily
smaltite
smarmily
smash-hit
smashing
smear-dab
smearily
smelling -s
smeltery -ries
smelting -s

smidgeon -s
smileful
smithers
smithery -ries
smocking -s
smokable
smoke-box
smoke-dry
smoothen -s,-ing
        -ed
smoother -s
smoothie -s
smoothly
smørbrød
smorzato
smothery
smoulder -s,-ing
        -ed
smouldry
smudgily
smuggled
smuggler -s
smugness
smuttily
snack-bar
snailery -ries
snake-eel
snake-fly
snake-oil
snake-pit
snap-brim
snap-link
snappily
snapping -s
snappish
snapshot -s
snarling -s
snatcher -s
sneak-cup
sneakily
sneaking
sneakish
sneaksby -bies
sneaping
sneering -s
sneeshan -s
sneeshin -s
sneezing -s
sniffily
sniffing -s
sniffler -s
sniggler -s
snippety
snipping -s
snip-snap
snitcher -s
snivelly
snobbery
snobbish
snobbism

snobling -s
snootful -s
snorting -s
snottery
snottily
snowball -s,-ing
        -ed
snow-bird
snow-boot
snow-capt
snow-cold
snowdrop -s
snow-eyes
snowfall -s
snow-flea
snowless
snowlike
snowline -s
snow-shoe
snubbing -s
snubbish
snuffbox -es
snuffers
snuffing -s
snuffler -s
snuggery -ries
snugging
snugness
soakaway -s
soap-ball
soap-bark
soap-dish
soapless
soap-root
soap-suds
soap-test
soap-tree
soap-work
soapwort -s
sobering
soberise -s,-d
        -sing
Sobranje
Sobranye
sobriety
sob-story
sob-stuff
so-called
sociable
sociably
socially
societal
Socinian
socketed
Socratic
soda-lake
soda-lime
sodalite
sodality -ties
sodamide

sodomise -s,-d
        -sing
Sodomite
soffioni
softback -s
softball
soft-boil
soft-core
softener -s
softhead -s
softling -s
softness
soft-sell
soft-shoe
soft-slow
soft-soap
software
softwood
soilless
soil-pipe
solander -s
solanine
solarise -s,-d
        -sing
solarism
solarist -s
solarium -s
solation
solatium -s
solderer -s
soldiery -ries
solecise -s,-d
        -sing
solecism -s
solecist -s
solemnly
soleness
solenoid -s
sol-faing
'sol-faism
sol-faist
solfeggi
solicity -ties
solidare
solidary
solidate -s,-d
        -ting
solidify -ing
        -fies
        -ied
solidish
solidism
solidist -s
solidity -ties
solitary -ries
solitude -s
solleret -s
solstice -s
solution -s
solutive

solvable
solvency
somatism
somatist -s
sombrely
sombrero -s
sombrous
somebody -dies
somedeal
somedele
somegate
somerset -s,-ting
        -ted
sometime
someways
somewhat
somewhen
somewise
somnific
sonatina -s
songbird -s
songbook -s
songless
song-like
songster -s
son-in-law
sonnetry
sonobuoy -s
sonorant -s
sonority -ties
sonorous
soothful
soothing -s
soothsay -s,-ing
        -said
sootless
sopheric
sopherim
sophical
soporose
soporous
sorbitol
Sorbonne
sorcerer -s
sordidly
soredial
soredium -dia
sore-hawk
sorehead
soreness
soricine
soricoid
sororate -s
sororial
sororise -s,-d
        -sing
sorority -ties
sorption -s
sorriest
sorrowed

sorrower -s	spanking -s	sphinges	spoilage
sorryish	spanless	sphingid -s	spoilful
sortable	span-long	sphygmic	spoliate -s,-d
sortance	spanning	sphygmus -es	-ting
sortment -s	span-roof	spicated	spondaic
Sotadean	spansule -s	spiccato -s	spongily
soterial	sparable -s	spice-box	spongoid
souchong -s	spar-hawk	spicknel	sponsing -s
soul-bell	Sparidae	spicular	sponsion -s
soulless	spark-gap	spiculum	spontoon -s
soul-scat	sparkish	spiffing	spoofery
soul-scot	sparkler -s	Spigelia	spookery
soul-shot	sparklet -s	spikelet -s	spookily
soul-sick	sparling -s	spike-oil	spookish
sound-bar	sparring -s	spilikin -s	spooming
sound-bow	sparsely	spilitic	spoon-fed
sound-box	sparsity	spillage -s	spoonful -s
sounding -s	spathose	spilling -s	spoonily
souped-up	spatular	spillway -s	sporadic
sour-cold	spavined	spinette -s	sporidia
sourdine -s	spawning -s	spinifex -es	Sporozoa
sour-eyed	speaking -s	spinnery -ries	sportful
sourness	spearman -men	spinneys	sportily
sourpuss -es	speciate -s,-d	spinnies	sporting
souse-tub	-ting	spinning -s	sportive -r,-st
soutache -s	specific -s	spinster -s	sporular
souterly	specimen -s	spintext -s	spotless
southern -s	specious	spiracle -s	spottily
southing -s	speckled	spirally	spotting -s
southpaw -s	spectate -s,-d	spirated	spot-weld
southron -s	-ting	Spirifer	spousage -s
southsay -s,-ing	spectral	spirilla	sprackle -s,-d
-said	spectrum -tra	spirited	-ling
souvenir -s	specular	spiritus -es	spragged
sovietic	speculum -la	spitcher	sprangle -s,-d
sovranty -ties	speed-cop	spit-curl	-ling
sowarree -s	speedful	spiteful -ler	sprattle -s,-d
sow-bread	speedily	-lest	-ling
sow-drunk	speeding -s	spit-fire	sprawler -s
space-bar	speedway -s	spitting -s	spray-gun
spaceman -men	speisade	spittoon -s	spreader -s
spacious	spekboom -s	spivvery	spreathe -s,-d
spadeful -s	spelaean	splasher -s	-thing
spademan -men	spelding -s	splatter -s,-ing	spreethe -s,-d
spadices	speldrin -s	-ed	-thing
spadille -s	spelikin -s	splendid	sprigged
spadillo	spellful	splendor	springal -s
spadones	spelling -s	splenial	springer -s
spadroon -s	spendall -s	splenium -s	springle -s
spaewife -wives	spending -s	splenius -es	sprinkle -s,-d
spageric -s	Spergula	splinter -s,-ing	-ling
spagiric -s	sperling -s	-ed	sprinter -s
spagyric -s	spermary -ries	split-new	spritely
spalpeen -s	sperm-oil	splitted	sprocket -s
spandrel -s	spermous	splitter -s	sprouted
spandril -s	Sphagnum	splotchy -chier	sprucely
spangled	sphenoid -s	-iest	spryness
spangler -s	spherics	splutter -s,-ing	spuilzie -s,-ing
spanglet -s	spheroid -s	-ed	-d
Spaniard	spherule -s	spoffish	spun-yarn

spur-gall	squiress -es	starfish -es	steering -s
spur-gear	squirrel -s,-ling	star-gaze	steevely
spurious	-led	starkers	steeving -s
spurless	squirter -s	starless	stegodon -s
spurling -s	stabbing -s	starlike	steining -s
spurning -s	stabling -s	starling -s	stellate
spur-rial	stablish -es,-ing	star-nose	stellify -ing
spurrier -s	-ed	starosta -s	-fies
spurring -s	staccato -s	starosty -ties	-ied
spur-ryal	stacking -s	star-pav'd	stellion -s
sputtery -rier	staffage	star-read	stembuck -s
-iest	stage-box	starrily	stem-form
spyglass -es	staggard -s	starring -s	stemless
spy-money	stag-head	starspot -s	stemmata
squabash -es,-ing	staghorn -s	startful	stemming
-ed	stag-hunt	starting -s	stenlock -s
squabble -s,-d	stagnant	startish	stenosed
-ling	stagnate -s,-d	startled	stenosis
squab-pie	-ting	startler -s	stentour -s
squadron -s,-ing	Stahlian	star-trap	stepdame -s
-ed	Stahlism	star-turn	step-down
squailer -s	staining -s	starving -s	stephane -s
squaller -s	stair-rod	starwort -s	stepping
Squamata	stairway -s	stasimon -ma	stepwise
squamate	stake-net	statable	stereome -s
squamose	stalagma -s	statedly	sterigma -ta
squamous	stalking -s	statical	sterling -s
squamula -s	stallage	statuary -ries	sternage
squamule -s	stall-fed	statured	sternite -s
squander -s,-ing	stalling -s	stay-bolt	sternson -s
-ed	stallion -s	stay-down	sternway -s
squarely	stallman -men	stay-lace	stetting
squaring -s	stalwart -s	stayless	stewpond -s
squarish	stamened	staysail -s	stibbler -s
squarson -s	staminal	stay-tape	stibnite
squasher -s	stampede -s,-d	steadied	sticcado -(e)s
squatted	-ding	steadier	sticcato -(e)s
squatter -s	stampedo	steadily	stickful -s
squattle -s,-d	stamping -s	steading -s	stickily
-ling	stanchel -s,-line	stealing -s	sticking -s
squawker -s	-led	stealthy -thier	stickjaw -s
squawman -men	stancher -s,-ing	-iest	stick-lac
squeaker -s	-ed	steam-car	stickler -s
squealer -s	stanchly	steamily	stievely
squeegee -s,-ing	standard -s	steaming -s	stiff-bit
-d	standing -s	steam-tug	stiffish
squeezer -s	standish -es	steaning -s	stifling -s
squelchy -chier	stand-off	stearate -s	stigmata
-iest	stanhope -s	stearine	stilbene
squiffer -s	stannary -ries	steatite -s	stilbite -s
squiggle -s,-d	stannate -s	steatoma -s	stiletto -s,-ing
-ling	stannite -s	steelbow -s	-ed
squiggly -lier	stannous	steeling -s	stillage -s
-iest	stanzaic	steel-pen	stilling -s
squilgee -s,-ing	stapelia -s	steenbok -s	stillion -s
-d	staphyle -s	steening -s	stilting -s
squinter -s	staragen	steepe-up	stiltish
squirage	starched	steepish	stimulus -li
squireen -s	starcher -s	steepled	stingily
squirely	star-dust	steerage -s	stinging -s

sting-ray	stradiot -s	stridden	stultify -ing
stinkard -s	straggly -lier	striddle -s,-d	-fies
stinking -s	-iest	-ling	-ied
stink-pot	straicht -er,-est	strident	stumbler -s
stinting -s	straight -s,-ing	strigate	stumming
stipites	-ed,-er	strigine	stumpage
stippled	-est	Strigops	stumpily
stippler -s	strained	strigose	Stundism
stipular	strainer -s	striking -s	Stundist
stipuled	straiten -s,-ing	stringed	stunkard
stirless	-ed	stringer -s	stunning
stirring -s	straitly	strinkle -s,-d	stunsail -s
stitched	stramash -es,-ing	-ling	stuntman -men
stitcher -s	-ed	striping -s	stupidly
stived-up	strammel	stripped	stuprate -s,-d
stoccado -s	stranded	stripper -s	-ting
stoccata -s	stranger -s	striving -s	sturdied
stockade -s,-d	strangle -s,-d	strobila -e	sturdily
-ding	-ling	strobile -s	sturgeon -s
stockily	strap-oil	strobili	sturnine
stocking -s	strapped	stroddle -s,-d	sturnoid
stockish	strapper -s	-ling	suasible
stockist -s	strategy -gies	stroking -s	subacrid
stockman -men	stratify -ing	stroller -s	subacute
stock-pot	-fies	stromata	subagent -s
stodgily	-ied	strombus -es	subahdar -s
stoicism	stratose	stronger	subbasal -s
stolidly	stratous	strongly	subbreed -s,-ing
stomachy	straucht -s,-ing	strontia -s	-bred
stomatal	-ed,-er	strophic	subclass -es
stomatic	-est	stropped	subcosta -s
stone-bow	straught -s,-ing	strowing -s	subduple
stone-fly	-ed,-er	struggle -s,-d	subequal
stone-oil	-est	-ling	suberate -s
stone-pit	straunge	strummed	suberect
stone-rag	stravaig -s,-ing	strummel	suberise -s,-d
stone-raw	-ed	strumose	-sing
stooping	straw-hat	strumous	suberose
stop-bath	straying -s	strumpet -s,-ing	suberous
stop-cock	streaked	-ed	subfloor -s
stopless	streaker -s	Struthio	subgenus -es
stop-over	streamer -s	strutted	-genera
stoppage -s	streeted	strutter -s	subgroup -s
stopping -s	strelitz -es	stubbing	subhuman
storable	streltzi	stubbled	subimago -s
storeyed	strength -s	stubborn -s,-ing	-imagines
stormful -ler	strepent	-ed	sublease -s,-d
-lest	Strephon	stub-nail	-sing
stormily	Strepyan	stuccoed	sublimed
storming -s	stressed	stuccoer -s	sublunar -s
Storting	stretchy -chier	stud-bolt	submerge -s,-d
storying -s	-iest	stud-book	-ging
stotious	strewage	studding -s	submerse -s,-d
stoutish	strewing -s	stud-farm	-sing
stovaine	striated	studious	suborder -s
stowaway	striatum -s	studwork	suborner -s
stowdown	stricken	studying	subovate
stowlins	strickle -s,-d	stuffily	suboxide -s
strabism -s	-ling	stuffing -s	subpoena -s,-ing
straddle -s,-d	strictly		-ed
-ling			

subprior -s
subserve -s,-d
-sing
subshrub -s
subsizar -s
subsolar
subsonic
substage -s
substyle -s
subtense -s
subtilly
subtilty -ties
subtitle -s,-d
-ling
subtlety -ties
subtlist -s
subtonic -s
subtopia -s
subtotal -s,-ling
-led
subtract -s,-ing
-ed
subtribe -s
subtrist
subtrude -s,-d
-ding
subucula -s
subulate
suburban -s
suburbia -s
subverse -s,-d
-sing
subzonal
succinct -er,-est
succinic
succinum -s
succubae
succubas
succubus -es,-bi
suchlike
suchness
suchwise
suckener -s
suckered
sucklers
suckling -s
Suctoria
sucurujú -s
sudamina
Sudanese
sudarium -s
sudation -s
sudatory -ries
suddenly
suddenty
sudorous
suedette
sufferer -s
suffixal
sufflate

suffrage -s
*Sufistic
*sugar-gum
sugaring -s
suicidal
suilline
suitable
suitably
*suit-case
suitress -es
sukiyaki -s
sulcated
sullenly
sullying
sulphate -s
sulphide -s
sulphite -s
sulphone -s
sulphury
sultanic
sultrily
Sumerian
summerly
summitry
summoner -s
sumphish
sumpitan -s
sunbaked
sunbathe -s,-d
-thing
sunbeamy
sun-blind
sun-blink
sunburnt
sunburst
sun-crack
sun-cured
sundered
sunderer -s
sun-dress
sun-dried
sundries
sun-drops
sunlight
sunn-hemp
sun-print
sunproof
sun-shade
sunshine
sunshiny
sunstone -s
sun-visor
sunwards
superadd -s,-ing
-ed
superate
superbly
super-ego
superhet -s
superior -s

super-jet
superman -men
supernal
supertax -es
supinate -s,-d
-ting
supinely
suppeago
supplant -s,-ing
-ed
supplial -s
supplied
supplier -s
supposal -s
supposed
supposer -s
supposes
suppress -es,-ing
-ed
surbased
surbated
surcease -s,-d
-sing
surculus -es
sure-fire
sureness
surfaced
surfacer -s
surf-bird
surf-boat
surf-duck
surf-fish
surgeful
surgical
suricate -s
surmisal -s
surmiser -s
surmount -s,-ing
-ed
surplice -s
surprise -s,-d
-sing
*surquedy
surrebut -s,-ting
-ted
surround -s,-ing
-ed
surroyal -s
surucucu -s
surveyal -s
surveyor -s
survival -s
survivor -s
suspense -s
susurrus -es
sutorial
sutorian
suversed
suzerain -s
svastika -s

swabbing
swaddler -s
Swadeshi
swagshop -s
swagsman -men
swaining -s
swainish
swanherd -s
swanking
swanlike
swan-mark
swan-neck
swannery -ries
swan-shot
swan-skin
swan-song
swapping -s
swap-shop
swarming -s
swashing -s
swastika -s
sway-back
swayling -s
swealing -s
swearing -s
sweating -s
sweeping -s
sweep-net
sweep-saw
sweet-bay
sweeting -s
sweetish
sweet-oil
sweetpea -s
sweet-sop
swelchie -s
swelldom
swelling -s
swellish
swell-mob
swerving -s
Swiftian
swiftlet -s
swilling -s
swill-tub
swimming -s
swimsuit -s
swimwear
swindler -s
swine-pox
swine-sty
swinging -s
swingism
swishing -s
swissing -s
switchel -s
swobbing
swooning -s
swopping -s
sword-arm

sword-cut
sword-law
swordman -men
swotting -s
sybarite -s
sybotism
sycamine -s
sycamore -s
sycomore -s
syconium -s
syenitic
syllabic
syllable -s
syllabub -s
syllabus -es,-bi
sylphide -s
sylphine
sylphish
sylvatic
sylviine
symbiont -s
symbolic
symmetry -tries
sympathy -thies
symphile -s
symphily
symphony -nies
Symphyla
symploce -s
sympodia
symposia
synanthy
synaphea
synapsis -ses
synaptic
synarchy -chies
synastry -tries
syncarpy
syncline -s
syncopal
syncopic
syndesis
syndetic
syndical
syndings
syndrome -s
synechia
synectic
synedria
synergic
synergid -s
syngamic
syngraph -s
synonymy -mies
synopses
synopsis
synoptic
synovial
syntagma -ta
syntexis

syntonic
syntonin
syphilis
Syriarch
syringes
syrinxes
syssitia
systemed
systemic
systolic
syzygies

T

tabashir
tabbinet
tabby-cat
tabbying
taberdar -s
tableaux
table-cut
tableful -s
table-mat
table-top
taboggan -s,-ing
          -ed
tabooing
Taborite
tabouret -s
tabourin -s
tabulate -s,-d
          -ting
tacahout -s
tac-au-tac
tachisme
tachiste -s
taciturn
tacked-on
tackling -s
tacksman -men
tactical
tactless
tadvance
taeniate
taenioid
tafferel -s
taffetas -es
taffrail -s
taghairm
taglioni -s
tailback -s
tail-boom
tail-coat
tail-gate
tailless
tail-pipe
tail-race
tail-rope
tailskid -s
tail-spin
tainture

takamaka -s
takeable
take-away
take-down
take-over
takingly
talapoin -s
talented
talesman -men
talisman -s
talkable
talk-back
talkfest -s
talk-show
talliate -s,-d
          -ting
tallness
tallying
tallyman -men
Talmudic
Talpidae
talukdar -s
tamandua -s
tamanoir -s
tamarack -s
tamarind -s
tamarisk -s
tamboura -s
tameable
tameless
tameness
Tamilian
tamperer -s
tanaiste -s
tan-balls
tandoori -s
tangency -cies
tangible -s
tangibly
tangling -s
tangoist -s
tanistry
tank-trap
tannable
tantalic
tantalum
tantalus -es
Tantrism
Tantrist
Taoistic
tapacolo -s
tapaculo -s
tapadera -s
tapadero -s
tap-dance
tapeless
tapeline -s
tapering -s
tapestry -ing
          -stries
          -ied

tape-tied
tapeworm -s
tap-house
tapiroid
tap-water
tara-fern
tarantas -es
tarboosh -es
tarboush -es
tar-brush
targeted
Targumic
tarlatan
tar-paper
Tarpeian
tarragon
tarrying
tarsioid
Tarsipes
tartaned
tartaric
Tartarie
tartarly
Tartarus
tarted-up
tartness
tartrate -s
Tartuffe
tar-water
tarwhine -s
taskwork
tasselly
tasswage
tastable
taste-bud
tasteful
Tatarian
tattered
tattling -s
tattooed
tattooer -s
tau-cross
taunting -s
tau-staff
tautness
tautomer -s
tautonym -s
taverner -s
tawdrily
Taxaceae
taxation -s
taxative
taxiarch
Taxodium
taxonomy -mies
tax-payer
T-bandage
teaberry -rries
tea-board

tea-bread
tea-break
tea-caddy
tea-chest
teaching -s
tea-cloth
tea-fight
tea-house
team-mate
teamster -s
teamwise
team-work
tea-party
tea-plant
tearaway -s
tear-drop
tear-duct
tearless
teaseled
teaseler -s
teaspoon -s
tea-table
tea-towel
Tebilise
technics
tectonic
tedesche
tedeschi
tedisome
teemless
teen-aged
teenager -s
tee-shirt
teething -s
teetotal -s
teetotum -s
teguexin -s
tegument -s
telecast -s,-ing
           -ed
telecine -s
telefilm -s
telegony
telegram -s
telemark -s,-ing
           -ed
telepath -s
telergic
teleseme -s
telestic
teletext -s
telethon -s
teletron -s
teleview -s,-ing
           -ed
televise -s,-d
           -sing
tellable
telltale -s
tell-tale

tellural
telluric
temerity
temerous
tempered
temperer -s
template -s
temporal
tempting -s
temulent
tenacity -ties
tenaille -s
tenantry -tries
tendance
tendence -s
tendency -cies
tenderer -s
tenderly
tenebrae
tenebrio -s
tenement -s
tenendum
tenesmus
teniasis
tenon-saw
tenorist -s
tenorite
tenoroon -s
tenotomy -mies
tenpence -s
tenpenny
ten-pound
ten-score
tensible
tentacle -s
tent-pole
tent-rope
tentwise
tent-work
tenuious
tenurial
teocalli -s
tephrite
tepidity
tequilla -s
teraphim
teratism -s
teratoid
teratoma -s
tercelet -s
terebene -s
terminal -s
terminer -s
terminus -ni
termless
term-time
terraced
terrapin -s
terraria
terrazzo -s

terrella -s
terrible
terribly
terrific
tertiary
teru-tero
Terylene®
terzetta -s
terzetto -s,-tti
tessella -e
tesserae
tesseral
testable
testamur -s
testator -s
testatum -s
testicle -s
testrill
test-tube
tetanise -s,-d
           -zing
tetanoid
tetchily
tetracid
tetradic
tetragon -s
tetrapla -s
tetrapod -s
tetrarch -s
tetraxon
tetronal
teuchter -s
Teucrian
Teutonic
textbook -s
text-book
text-hand
textuary -ries
textural
textured
thalamic
thalamus -mi
thalline
thallium
thalloid
thallous
thanadar
thanedom -s
thankful -ler
           -lest
thanking
thataway
thatched
thatcher -s
thatness
thawless
Theaceae
thearchy -chies
Theatine
theatral

theatric
thebaine
theistic
thematic
theocrat -s
theodicy -cies
theogony
theology -gies
theonomy
theorise -s,-d
           -sing
theorist -s
theosoph -s
therefor
thereout
theriaca -s
thermion -s
thermite
theropod -s
thespian -s
thetical
theurgic
thewless
thiamine
thickety
thickish
thickset
thievery
thieving -s
thievish
thigging -s
thingamy
thinking -s
thinness
thinnest
thinning -s
thinnish
thin-sown
thin-spun
thio-acid
thio-salt
thirding -s
thirlage -s
thirster -s
thirteen -s
thisness
thlipsis
thole-pin
thoraces
thoracic
thornset
thorough
thousand -s
thowless
thraldom
thrapple -s,-d
           -ling
thrasher -s
thraward
thrawart

threaden
threader -s
threapit
threaten -s,-ing
      -ed
three-man
threepit
three-ply
three-way
threnode -s
threnody -dies
threshel -s
thresher -s
thridace
thriller -s
thripses
thrissel -s
thristle -s
thriving -s
throated
throbbed
thrombin
thrombus -bi
thronged
thropple -s,-d
      -ling
throstle -s
throttle -s,-d
      -ling
throwing -s
throw-out
thrum-cap
thrummed
thrummer -s
thruster -s
thuggery -rries
thuggism
thumbpot -s
thumping
thundery
thurible -s
thurifer -s
Thursday
thusness
thuswise
thwacker -s
thwarted
thwarter -s
thwartly
thyloses
thylosis
thyreoid -s
thyroxin
thyrsoid
tickling -s
ticklish
tick-shop
tick-tack
tick-tick
tick-tock

tide-gate
tideless
tide-lock
tidemark -s
tidemill -s
tide-race
tides-man
tide-wave
tidiness
tidivate -s,-d
      -ting
tie-break
tiger-cat
tiger-eye
tigerish
tigerism
tiger-nut
tightish
tightwad -s
tilefish -es
tile-hung
tillable
tilt-boat
tilt-yard
timariot -s
timbered
time-ball
time-bill
time-bomb
time-card
time-fuse
timeless
time-unit
time-work
time-worn
time-zone
timidity
timoneer
Timonise
Timonism
Timonist
timorous
timously
tincture -s
Tineidae
tinglish
tininess
tinkling -s
tinnitus -es
tin-plate
tinselly -llier
      -iest
tinselry
tinsmith -s
tinstone
tin-terne
tintless
tint-tool
tipstaff -s
tipsy-key

tireless
tireling -s
tiresome -r,-st
Tironian
tirrivee -s
tirrivie -s
titanate -s
Titaness
Titanian
Titanism
titanite
titanium
titanous
tithable
tithe-pig
titivate -s,-d
      -ting
titmouse -mice
titterer -s
titubant
titubate -s,-d
      -ting
tityre-tu
toad-fish
toadflax -es
toad-rush
toad-spit
toadying
toadyish
toadyism
toasting -s
toboggan -s,-ing
      -ed
toboggin -s,-ing
      -ed
to-broken
to-bruise
tocology
toddling
toddy-cat
toe-dance
toe-piece
together
toileted
toiletry -tries
toilette -s
toilinet
toilless
toilsome
toil-worn
toiseach -s
tokenism
tokology
tolbooth -s
tolerant
tolerate -s,-d
      -ting
tollable
toll-bait
toll-call

tolldish -es
toll-free
tollgate -s
tomahawk -s
tomalley -s
tomatoes
tombless
tomentum
tommy-bar
tommy-gun
tommy-rot
tom-noddy
tomogram -s
tomorrow -s
tonalite
tonality -ties
tone-deaf
toneless
tonguing -s
tonicity -ties
tonishly
tonsilar
tonsured
tontiner -s
toodle-oo
toolroom -s
tool-shed
toothful -s
toparchy -chies
topazine
top-dress
top-heavy
top-level
top-liner
toplofty
topmaker -s
top-notch
topology
toponymy
top-proud
top-shell
top-stone
torchère
torcular
toreador -s
toreutic
torminal
tornadic
torn-down
toroidal
torpidly
torquate
tortilla -s
tortious
tortoise -s
tortuous
torturer -s
torulose
totalise -s,-d
      -sing

totality -ties
totalled
totemism
totemist -s
totitive -s
tottered
totterer -s
toucanet -s
touch-box
touchily
touching -s
toughish
touristy -tier
     -iest
tournure -s
tovarish -es
towardly
towelled
towering
townland -s
townling -s
township -s
townskip -s
townsman -men
town-talk
tow-plane
toxaemia
toxaemic
toxicant -s
toxicity
toxocara -s
toyishly
toywoman -men
trabeate
tracheae
tracheal
tracheid -s
trachoma
trachyte
trackage
tracking -s
trackman -men
trackway -s
tractate -s
tractile -r,-st
traction
tractive
tractrix -es
tradeful
trade-off
traditor -s
traducer -s
tragical
tragopan -s
trail-net
training -s
train-oil
tram-line
trampler -s
tram-road

tram-stop
tranquil -ler
     -lest
transact -s,-ing
     -ed
transect -s,-ing
     -ed
transept -s
transfer -s,-ring
     -red
transfix -es,-ing
     -ed
tranship -s,-ping
     -ped
transire -s
transmew
transmit -s,-ting
     -ted
transude -s,-d
     -ding
transume
trap-ball
trap-door
trapezia
trap-fall
trappean
trapping -s
Trappist
trap-rock
trash-can
trashery
trashily
trauchle -s,-d
     -ling
traumata
traverse -s,-d
     -sing
travesty -ties
trawling -s
trawl-net
treacher
treading -s
treadler -s
treasure -s,-d
     -ring
treasury -ries
treating -s
treatise -s
trecento -s
tredille -s
tree-calf
tree-fern
tree-frog
treeless
tree-lily
tree-line
tree-moss
treenail -s
treeship
trekking

trematic
trembler -s
Tremella
trencher -s
trephine -s,-d
     -ning
trespass -es,-ing
     -ed
tressure -s
trevally -llies
trewsman -men
trey-tine
triadist -s
trial-day
trialism
trialist -s
triality -ties
triangle -s
triapsal
triarchy -chies
Triassic
triaxial -s
tribally
tribasic
tribrach -s
tribunal -s
tributer -s
trichina -s,-e
trichite -s
trichoid
trichome -s
trichord -s
trickery -ries
trickily
tricking -s
trickish
tricklet -s
tricolor -s
tricorne
tric-trac
tricycle -s,-d
     -ling
tridacna -s
triethyl
trifling
trifocal
triforia
triglyph -s
trigness
trigonal
trigonic
trigraph -s
Trigynia
trilemma -s
trilling -s
trillion -s
trillium -s
trilobed
trimaran -s
trimeric

trimeter -s
trimming -s
trimness
Trimurti
Triodion
trioxide -s
tripedal
tripeman -men
triphone -s
trip-hook
triplane -s
tripling -s
triploid
tripodal
trippant
trippery -ries
tripping -s
trippler -s
triptane -s
triptote -s
triptych -s
trip-wire
trisemic
triskele -s
trisomic
tristful
tristich -s
tritiate -s,-d
     -ting
tritical
Triticum
tritonia -s
triumvir -s,-i
triunity -ties
trivalve -s
trizonal
trochaic
trochisk -s
trochite -s
trochlea -s
trochoid -s
troilism
troilite -s
trolling -s
trollopy -pier
     -iest
trombone -s
troopial -s
troparia
trophesy
trophied
tropical
trossers
trot-cozy
trothful
trotline -s
trotting -s
trottoir
troubled
troubler -s

trouncer -s	tulipant	twattler -s	*Ulmaceae
troupial -s	tumbling -s	tweezers	*Ulothrix
trousers	tumefied	twelvemo -s	ulstered
troutful	tumidity	twichild -ren	ulterior
trouting -s	tumorous	twiddler -s	ultimacy
troutlet -s	tump-line	twigsome	ultimata
trout-rod	tuna-fish	twilight -s	ultimate -s
trouvère -s	tunbelly -llies	twin-axis	Ultonian
trouveur -s	tuneable	twin-born	ultraism
truantry	tuneless	twinkler -s	ultraist -s
truchman -men	tungsten	twinling -s	ultrared
truckage -s	tungstic	twinning -s	umble-pie
trucking -s	tung-tree	twinship -s	umbonate
truckman -men	Tunguses	twisting -s	umbrated
trudging -s	Tungusic	twitcher -s	umbratic
true-born	Tunicata	twittery -rier	umbrella -s
true-bred	tunicate	-iest	umbrello
true-love	tunicked	twitting -s	umbrette -s
trueness	tuppence -s	two-digit	umbriere
truffled	tuppenny	two-edged	umpirage -s
truistic	Turanian	two-faced	umptieth
trumeaux	turbaned	two-horse	umquhile
trumpery	turbidly	twopence -s	unabated
truncate -s,-d	turbinal	twopenny -nnies	unaching
-ting	turbined	two-piece	unactive
trunkful -s	turbines	two-score	unadored
trunking -s	turbocar -s	two-sided	unafraid
trunnion -s	turbofan -s	two-timer	unallied
truquage	turbo-jet	Tychonic	unamused
truqueur	Turcoman	Tylopoda	unanchor -s,-ing
trussing -s	turf-clad	tympanal	-ed
trustful -ler	turgidly	tympanic	unaneled
-lest	Turkoman	tympanum -na	unargued
trustier	turlough	type-body	unarisen
trustily	turmeric -s	typecast -s,-ing	unartful
trusting	turnback -s	type-face	unatoned
truthful -ler	turncoat -s	type-high	unavowed
-lest	turncock -s	Typhoean	unawares
try-house	turn-down	Typhoeus	unbacked
tryingly	turnover -s	typhonic	unbaited
tsarevna -s	turnpike -s	typified	unbanded
tsaritsa -s	turnskin -s	typifier -s	unbanked
tube-foot	turnsole -s	typology -gies	unbarbed
tubeless	turnspit -s	tyrannic	unbarked
tubercle -s	turreted	tyrannis	unbarred
tuberose	turtling -s	tyreless	unbathed
tuberous	tuskless	Tyrolean	unbeaten
tube-well	tussocky -kier	Tyrolese	unbedded
tube-worm	-iest	tyrosine	unbelief
tubicole	tutelage -s	Tyrrhene	unbelted
tubiform	tutelary	Tyrtaean	unbended
tubulate -s,-d	tutorage -s		unbenign
-ting	tutoress -es	**U**	unbereft
tubulous	tutorial -s	udderful	unbeseem -s,-ing
tuckahoe -s	tutoring	udometer -s	-ed
tuck-mill	tutorise -s,-d	ugliness	unbiased
tuck-shop	-sing	uintaite	unbidden
tucotuco -s	tutorism	ulcerate -s,-d	unbishop -s,-ing
tucutuco -s	twaddler -s	-ting	-ed
tug-of-war	twanging -s	ulcerous	unbitted

U 8

unblamed	uncommon -er,-est	underuse -s,-d	unforced
unbloody	uncooked	-sing	unforged
unblowed	uncostly	underwit -s	unforgot
unbodied	uncouple -s,-d	undesert -s	unformal
unboding	-ling	undevout	unformed
unbolted	uncowled	undimmed	unfought
unbonnet -s,-ing	uncoyned	undinted	unframed
-ed	uncreate -s,-d	undipped	unfreeze -s,-zing
unbooked	-ting	undivine	-froze(n)
unbought	unctuous	undocked	unfriend -s
unbraced	unculled	undoomed	unfrozen
unbreech -es,-ing	uncurbed	undouble -s,-d	unfunded
-ed	uncurled	-ling	unfurred
unbridle -s,-d	undammed	undraped	ungainly -lier
-ling	undamned	undreamt	-iest
unbroken	undamped	undriven	ungalled
unbuckle -s,-d	undashed	undrossy -ssier	ungauged
-ling	undazzle -s,-d	-iest	ungeared
unbudded	-ling	undubbed	ungenial
unbundle -s,-d	undecent	undulant	ungentle -r,-st
-ling	undecked	undulate -s,-d	ungently
unburden -s,-ing	undeeded	-ting	ungifted
-ed	undefied	undulled	ungilded
unburied	underact -s,-ing	undulose	ungirded
unburned	-ed	undulous	ungiving
unburrow -s,-ing	under-age	unearned	unglazed
-ed	underarm -s,-ing	uneasily	ungloved
unbutton -s,-ing	-ed	uneathes	ungorged
-ed	underbid -s,-ding	unedited	ungotten
uncalled	under-boy	unelated	ungowned
uncandid -er,-est	underbuy -s,-ing	unending	ungraced
uncaring	-bought	unenvied	ungraded
uncashed	undercut -s,-ting	unerring	unground
uncaught	underdid	unespied	unguided
uncaused	underdog -s	unevenly	unguilty
unchancy -cier	underfed	unfabled	Ungulata
-iest	underfur -s	unfading	ungulate
uncharge -s,-d	under-jaw	unfairly	ungummed
-ging	underlap -s,-ping	unfallen	unhacked
unchaste	-ped	unfanned	unhailed
unchewed	underlay -s,-ing	unfasten -s,-ing	unhaired
unchosen	-laid	-ed	unhallow
unchurch -es,-ing	underlet -s,-ting	unfaulty	unhalsed
-ed	underlie -s,-d	unfeared	unhanged
unciform	-lying	unfelled	unharmed
uncinate	underlip -s	unfenced	unhatted
uncipher	underman -s,-ning	unfetter -s,-ing	unhealed
unclench -es,-ing	-ned	-ed	unhealth
-ed	-men	unfeudal	unhearse -s,-d
unclosed	underpay -s,-ing	unfilial	-sing
unclothe -s,-d	-paid	unfilled	
-thing	underpin -s,-ning	unfilmed	unheated
uncloudy	-ned	unfished	unhedged
uncloven	underrun -s,-ning	unfitted	unheeded
unclutch -es,-ing	-ran	unfixity	unhelmed
-ed	undersay	unflawed	unhelped
uncoined	undersea	unfolded	unheppen
uncombed	underset -s	unfolder -s	unheroic
uncomely -lier	undersky -skies	unfooted	unhidden
-iest	undertow -s	unforbid	unhinged
			unholily

unholpen	unlopped	unpolish -es,-ing	unsealed
unhomely	unlorded	-ed	unseamed
unhonest	unlordly -lier	unpolite	unseason
unhooded	-iest	unpolled	unseated
unhoused	unlovely -lier	unposted	unsecret
unhunted	-iest	unpraise -s,-d	unseeded
uniaxial	unloving	-sing	unseeing
unicolor	unmailed	unpreach -es,-ing	unseemly -lier
unicycle -s	unmaimed	-ed	-iest
unifilar	unmaking	unpretty -ttier	unseized
unifying	unmanned	-iest	unseldom
unilobar	unmantle -s,-d	unpriced	unsensed
unilobed	-ling	unpriest -s,-ing	unsettle -s,-d
unimbued	unmarked	-ed	-ling
uninured	unmarred	unprison -s,-ing	unsexual
unionise -s,-d	unmasked	-ed	unshaded
-sing	unmasker -s	unprized	unshadow -s,-ing
unionism	unmeetly	unproper	-ed
unionist -s	unmelted	unproved	
unipolar	unmilked	unproven	unshaked
uniquely	unmilled	unpruned	unshaken
unironed	unminded	unpulled	unshamed
unisonal	unmissed	unpurged	unshaped
unitedly	unmoaned	unracked	unshapen
univalve	unmodish	unraised	unshared
universe -s	un-mosaic	unreally	unshaved
univocal	unmoving	unreaped	unshaven
unjoyful	unmuffle -s,-d	unreason	unshroud -s,-ing
unjoyous	-ling	unrecked	-ed
unjustly	unmuzzle -s,-d	unreined	
unkenned	-ling	unrepaid	unsicker
unkennel -s,-ling	unnative	unrepair	unsifted
-led	unneeded	unrhymed	unsigned
unkindly -lier	unnerved	unribbed	unslaked
-iest	unnethes	unridden	unsluice -s,-d
unkingly -lier	unnetted	unriddle -s,-d	-cing
-iest	unobeyed	-ling	unsmooth -s,-ing
unkissed	unopened	unrifled	-ed
unknight -s,-ing	unpacked	unrigged	unsoaped
-ed	unpacker -s	unringed	unsocial
unlading -s	unpained	unripped	unsocket -s,-ing
unlawful	unpaired	unroofed	-ed
unlearnt	unpanged	unrooted	
unleased	unpannel	unrotted	unsodden
unlicked	unpathed	unrotten	unsoiled
unlidded	unpeeled	unrouged	unsolder -s,-ing
unlikely	unpeered	unrubbed	-ed
unlimber -s,-ing	unpenned	unruffle -s,-d	unsolemn
-ed	unpeople -s,-d	-ling	unsolved
unlineal	-ling	unsaddle -s,-d	unsorted
unlinked	unperson -s	-ling	unsought
unlisted	unpicked	unsafely	unsouled
unlively -lier	unpinked	unsafety	unsoured
-iest	unpinned	unsailed	unspared
unliving	unpitied	unsained	unsphere -s,-d
unloaded	unplaced	unsalted	-ring
unloader -s	unpliant	unsapped	unspoilt
unlocked	unpoetic	unsashed	unspoken
unlooked	unpoised	unsating	unsprung
unloosen -s,-ing	unpoison -s,-ing	unscaled	unstable -r,-st
-ed	-ed		unstarch -es,-ing
		unstated	-ed
			unstated

unstayed
unsteady -ing
    -dies
    -ied
unstitch -es,-ing
    -ed
unstring -s,-ing
    -ed
unstruck
unstrung
unstuffy -ffier
    -iest
unsubtle -r,-st
unsucked
unsued-to
unsuited
unsummed
unsunned
unswathe -s,-d
    -thing
unswayed
untackle -s,-d
    -ling
untangle -s,-d
    -ling
untanned
untapped
untarred
untasted
untaught
untemper -s,-ing
    -ed
untenant -s,-ing
    -ed
untended
untender
untented
untested
untether -s,-ing
    -ed
unthatch -es,-ing
    -ed
unthawed
unthread -s,-ing
    -ed
unthrift -s
unthrone -s,-d
    -ning
untidily
untilled
untimely -lier
    -iest
untinged
untinned
untiring
untitled
untombed
untoward
untraced
untraded

untruism -s
untrusty
untucked
unturbid
unturned
unusable
unusably
unuseful
unvalued
unvaried
unveiled
unveiler -s
unvented
unversed
unviable
unviewed
unvirtue
unvizard -s,-ing
    -ed
unvoiced
unvulgar
unwalled
unwanted
unwarded
unwarely
unwarily
unwarmed
unwarned
unwarped
unwashed
unwasted
unwatery
unweaned
unweapon -s,-ing
    -ed
unwebbed
unwedded
unweeded
unweened
unwetted
unwieldy -dier
    -iest
unwifely -lier
    -iest
unwigged
unwilful
unwilled
unwinged
unwisdom
unwisely
unwonted
unwooded
unworded
unworked
unwormed
unworthy -thier
    -iest
unyeaned
upadaisy -sies
up-anchor

Upanisad
upas-tree
upcaught
upcurved
upfollow -s,-ing
    -ed
upgather -s,-ing
    -ed
upgrowth -s
upheaval -s
upholder -s
uplander -s
uplifted
uplifter -s
uplocked
upmaking -s
up-market
uppishly
upraised
upreared
uprising -s
uprootal -s
uprooter -s
upsetter -s
upsprang
upspring -s,-ing
upsprung
upstairs
upstream -s,-ing
    -ed
upstroke -s
upthrust -s,-ing
    -ed
uptilted
up-to-date
upturned
upwardly
uralitic
uranitic
urbanely
urbanise -s,-d
    -sing
urbanite -s
urbanity
urceolus -es
uredines
ureteral
ureteric
urethane
urethrae
urethral
urgently
urinator -s
urnfield -s
urochord -s
urodelan
urologic
uroscopy
urostege -s
urostyle -s

Ursuline
urticant
urticate -s,-d
    -ting
usefully
usheress -es
ushering
Ustilago
usufruct -s,-ing
    -ed
usurious
usurping
uteritis
utiliser -s
utopiast -s
utriculi
utterest
uttering -s
uvularly
uvulitis
uxorious

V

vacantly
vacation -s
vaccinal
vaccinia
vacuolar
vagabond -s,-ing
    -ed
vagaries
vagarish
vagility
vaginant
vaginate
vaginula -e
vaginule -s
vagrancy
vainesse
vainness
valanced
valerian -s
valeting -s
Valhalla
valiance -s
valiancy -cies
validate -s,-d
    -ting
validity
Valkyrie
vallonia
valorise -s,-d
    -sing
valorous
valuable -s
valuably
valuator -s
valvelet -s
valvular
vambrace -s

vampiric	vehmique	vermouth -s	vigneron -s
vamplate -s	veilless	vernally	vignette -s,-d
vanadate -s	velamina	vernicle -s	-tting
vanadium	velarise -s,-d	veronica -s	vigorous
vanadous	-sing	verquere	vildness
Vandalic	velarium -s	verquire	vileness
vandyked	velatura	verrucae	vilified
vaneless	velleity	verrugas	vilifier -s
vanguard -s	Vellozia	verselet -s	vilipend -s,-ing
vanillin	velocity -ties	verse-man	-ed
vanisher -s	velskoen	versicle -s	villadom
vanitory -ries	velveret	vertebra -e	villager -s
vanquish -es,-ing	velveted	vertical -s	villagio -(e)s
-ed	venality	vertices	villainy -nies
vapidity	venation	verticil	villatic
vaporise -s,-d	vendetta -s	vertuous	villiago
-sing	vendeuse -s	vesicant -s	vincible
vaporous	vendible	vesicate -s,-d	vinculum -la
vapoured	vendibly	-ting	vindaloo -s
vapourer -s	veneerer -s	vesicula -s	vine-clad
vapulate -s,-d	venerate -s,-d	vesperal	vine-gall
-ting	-ting	vespiary -ries	vinegary
varactor -s	venereal	Vespidae	vine-leaf
vargueño -s	venerean	vestiary -ries	vine-prop
variable -s	Venetian	vestigia	vineyard -s
variably	vengeful -ler	vestment -s	vinolent
variance -s	-lest	vestural	vinology
varicose	venially	vestured	vinosity
variedly	venomous	vesturer -s	vintager -s
varietal	venosity	Vesuvian	violable
variform	ventaile	vexation -s	violably
variolar	ventayle	vexatory	violator -s
variorum -s	vent-hole	vexillum -lla	violence -s
varistor -s	vent-pipe	vexingly	viperine
varletry	vent-plug	viameter -s	viperish
varletto	venturer -s	viaticum -s	viperous
vartabed -s	Venusian	vibrancy	virement -s
vascular	Venutian	vibrator -s	virginal
vasculum -s,-la	veracity -ties	vibrissa -e	Virginia
vasiform	veranda'd	vibronic	virginly
vassalry	verandah -s	viburnum -s	viricide -s
vastness -es	veratrin	vicarage -s	viridian
vaticide -s	veratrum -s	vicarate	viridite
vaultage	verbally	vicaress -es	viridity
vaulting -s	verbatim	vicarial	virilism
vauncing	verbiage	vice-dean	virility
vauntage	verbless	vice-king	virogene -s
vauntery -ries	verdancy	vicenary	virology
vauntful	verderer -s	Vichyite	virtuosa
vaunting -s	verditer	vicinage -s	virtuose
vavasory -ries	verdured	vicinity -ties	virtuosi
vavasour -s	verecund	victoria -s	virtuoso -s
Vedantic	vergency -cies	victress -es	virtuous
vee-joint	verified	videndum	virulent
veganism	verifier -s	videotex -es	viscacha -s
vegetant	veristic	Viennese	visceral
vegetate -s,-d	verities	viewable	viscount -s
-ting	verjuice -s	viewdata	Visigoth
vegetive	verligte -s	viewless	visional
vehement -er,-est	vermined	vigilant	visioned

visioner -s
visitant -s
visiting -s
visnomie
visually
Vitaceae
vitalise -s,-d
        -sing
vitalism
vitalist -s
vitality -ties
vitative
vitellin
vitellus -lli
vitiable
vitiator -s
viticide -s
vitiligo
vitreous
vituline
vivacity -ties
vivarium -s,-ria
vividity
vivifier -s
vivipary
vivisect -s,-ing
        -ed
vixenish
vizarded
vizcacha -s
vizirate -s
vizirial
vocalion -s
vocalise -s,-d
        -sing
vocalism -s
vocalist -s
vocality
vocation -s
vocative -s
voice-box
voiceful
voidable
voidance -s
voidness -es
volatile -s
volcanic
volitant
volitate -s,-d
        -ting
volition
volitive -s
volleyed
volplane -s,-d
        -ning
Volscian
Volsungs
voltaism
volumist -s
volution -s

volutoid
volvulus
vomerine
vomiting -s
vomitive
vomitory -ries
voracity -ties
vortexes
vortical
vortices
votaress -es
votarist -s
voteless
voussoir -s,-ing
        -ed
vowelise -s,-d
        -sing
vowelled
voyageur -s
vraicker -s
vulcanic
vulgarly
vulsella -e
vulvitis

W

wabbling -s
waddling -s
waesucks
wage-fund
wage-work
waggoner -s
wagmoire
wagonage -s
wagon-bed
wagon-box
wagonful -s
wagon-lit
Wahabism
Wahabite
wainscot -s
wait-a-bit
wait-list
waitress -es
wakeless
wakening -s
wakerife
waldhorn -s
Walhalla
walkable
walk-away
walker-on
walk-mill
walk-over
Walkyrie
wallaroo -s
wall-eyed
wallfish -es
wall-game
wall-knot

wall-less
wall-moss
wall-newt
walloper -s
wallowed
wallower -s
wallsend
wall-tree
wallwort -s
wall-wort
waltzing -s
wambling -s
wandered
wanderer -s
wanderoo -s
wangling -s
wanthill -s
wantonly
wanwordy
wanworth
warbling -s
war-dance
ward-corn
wardenry -ries
ward-mote
wardress -es
wardrobe -s
ward-room
wardship
wareless
warfarer -s
warfarin
warhable
war-horse
wariment
wariness
warmed-up
warmness
warplane -s
war-proof
warragal -s
warranty -ties
warrener -s
warrigal -s
warrison
wartless
wartweed -s
wartwort -s
war-weary
war-whoop
washable
wash-away
wash-ball
wash-bowl
wash-dirt
washed-up
washroom -s
wasteful
watch-box
watch-dog

watchful
watch-key
watchman -men
watch-out
waterage -s
water-bag
water-bed
water-boa
water-box
water-bug
water-bus
water-cow
water-dog
water-fly
water-gap
water-gas
water-god
water-hen
water-ice
watering -s
waterish
water-jet
waterlog -s,-ging
        -ged
Waterloo
water-lot
waterman -men
water-pot
water-pox
water-ram
water-rat
water-ski
water-tap
waterway -s
water-yam
watt-hour
wattling -s
wauk-mill
waukrife
waveband -s
waveform -s
waveless
wavelike
wavering -s
waverous
waviness
waxberry -rries
wax-cloth
waxiness
wax-light
wax-paper
way-board
waybread -s
wayfarer -s
way-going
waygoose -s
waylayer -s
way-leave
way-maker
way-train

waywiser -s	whacking -s	Whiteboy	windowed
weakener -s	whale-man	whitecap -s	windpipe -s
weak-eyed	whale-oil	white-eye	wind-rode
weakfish -es	wharfage -s	white-fly	windrose -s
weakling -s	wharfing	white-hot	wind-sail
weakness -es	wharf-rat	white-leg	wind-side
wealsman	whatever	whitener -s	wind-sock
weanling -s	what-like	white-out	windward
weaponed	whatness -es	white-pot	wine-cask
weaponry	wheat-ear	white-wax	wine-list
wearable	wheatear -s	whitling -s	wine-palm
weariful	wheat-eel	whittret -s	wine-skin
wear-iron	wheat-fly	Whitweek	wingbeat -s
weaseler -s	wheedler -s	whizzing -s	wing-case
weaselly	wheel-cut	whizz-kid	wingding -s
weazened	wheeling -s	whoa-ho-ho	wingedly
webwheel -s	wheelman -men	who-dun-it	wingless
Wedgwood	wheezily	whole-hog	wing-shot
weedless	wheezing -s	whomever	wingspan -s
weephole -s	whenever	whooping -s	winnable
weetless	wherefor	whopping -s	winnowed
weeviled	whereout	whoredom	winnower -s
weevilly	wherever	whoreson -s	wintered
weighage -s	wherries	whorl-bat	winterly
weighing -s	whetting	whosever	wire-bird
weigh-out	whey-face	wickedly	wire-draw
welcomer -s	whiffing -s	wickered	wire-hair
weldable	whiffler -s	wide-body	wire-heel
weldless	Whiggery	wide-eyed	wireless -es
weldment -s	Whiggish	wideness	wire-line
welladay -s	Whiggism	wide-open	wire-rope
wellaway -s	Whigship	widow-man	wirework
well-boat	while-ere	wifehood	wire-worm
well-born	whimbrel -s	wifeless	wirewove
well-bred	whimsily	wife-like	wiriness
well-curb	whim-wham	wig-block	wirricow -s
well-deck	whinchat -s	wig-maker	wiseacre -s
well-doer	whiniard -s	wild-boar	wise-like
well-far'd	whinnied	wild-born	wiseling -s
well-head	whinyard -s	wildered	wiseness
well-hole	whipbird -s	wildfire -s	wishbone -s
well-hung	whipcord -s	wild-fowl	wish-wash
well-knit	whip-hand	wild-land	wistaria -s
well-made	whipjack -s	wildlife	wisteria -s
well-nigh	whiplash -es,-ing	wildness	witch-elm
well-read	-ed	wild-wood	witchery
well-room	whipping -s	wilfully	witching -s
well-seen	whipster -s	wiliness	witeless
Wellsian	whip-tail	williwaw -s	withdraw -s,-ing
well-to-do	whipworm -s	willowed	-n
well-wish	whirl-bat	willyard	withdrew
well-worn	whirling -s	willyart	withered
Welshman	whirring -s	winchman -men	withheld
weregild -s	whiskery	windburn -s	withhold -s,-ing
werewolf -wolves	whisking	wind-cone	withwind -s
Wesleyan	whispery	windfall -s	wittolly
westerly -lies	whistler -s	wind-gall	wivehood
westmost	white-ale	windlass -es	wizardly
westward	white-ant	windless	wizardry
wet-nurse	white-arm	windmill -s	wobbling -s

wobegone
Wodenism
woefully
Wolffian
wolf-fish
wolfling -s
wolf-note
wolf-pack
wolf-skin
womanise -s,-d
      -sing
womanish
wondered
wonderer -s
wondrous
wontless
wood-acid
woodbind -s
woodbine -s
wood-born
wood-chat
wood-coal
woodcock -s
woodenly
wood-evil
wood-hole
wood-ibis
woodland -s
wood-lark
woodless
woodlice
wood-meal
woodmice
wood-mite
wood-note
wood-opal
wood-pile
wood-pulp
wood-roof
woodruff
wood-rush
wood-sage
woodshed -s
wood-skin
woodsman -men
wood-tick
woodwale -s
woodward -s
wood-wasp
woodwind -s
wood-wool
woodwork -s
wood-worm
woodwose -s
wood-wren
wool-ball
wool-card
wool-clip
wool-comb
woolding -s

wool-dyed
woolfell -s
woollies
wool-mill
wool-pack
woolsack
woolward
woolwork
wordbook -s
wordless
word-lore
workable
workaday
workboat -s
workbook -s
workfolk -s
work-girl
workless
workload -s
work-mate
work-over
workroom -s
workshop -s
worksome
workwear -s
worky-day
world-old
worm-cast
worm-gear
worm-hole
worm-seed
worm-tube
wormwood -s
worricow -s
worrycow -s
worrying -s
worthful
worthies
worthily
woundily
wounding -s
wrackful
wrangler -s
wrapover -s
wrappage -s
wrapping -s
wrathful
wrathily
wraxling -s
wreakful
wreathed
wreathen
wreather -s
wreckage -s
wreckful
wrecking -s
wrestler -s
wrest-pin
wretched
wriggler -s

wringing -s
wrinkled
wristlet -s
wrist-pin
writable
write-off
writhing -s
writhled
wrongful
wrongous
wurtzite
wye-level

X

xanthate -s
xanthein
xanthene
xanthian
xanthine
xanthium
xanthoma -s
xanthous
Xanthura
Xantippe
xenogamy
xenolith -s
xenophya
xenotime
xenurine
xeransis
xerantic
xeraphim
xylocarp -s
xyloidin
xylology
Xylonite®

Y

yachting -s
yardland -s
yardwand -s
yarmulka -s
yarmulke -s
yataghan -s
ybounden
yeanling -s
year-book
yearling -s
yearlong
yearning -s
yeldring -s
yeldrock -s
yeomanly
yeomanry
yestreen
Ygdrasil
yglaunst
yielding -s
yodeller -s

yoghourt -s
yokelish
yoke-mate
yoke-toed
yoldring -s
yongthly
youngish
yourself -selves
youthful -ler
      -lest
ypsiloid
ytterbia
yttrious
Yugoslav
yuletide -s

Z

zabaione -s
Zalophus
zambomba -s
zamindar -s
zampogna -s
Zantiote
Zantippe
zaratite
zarzuela -s
zastruga -gi
zealless
zealotry -tries
zebrinny -nnies
zecchine -s
zecchino -s,-ni
Zelanian
zemindar -s
zenithal
Zentippe
zeolitic
zeppelin -s
zerumbet
zibeline
Zigeuner
ziggurat -s
zigzaggy
zikkurat -s
zinckify -ing
      -fies
      -ied
zincking
zingiber -s
Zionward
zirconia
zirconic
Zizyphus
Zoanthus
zodiacal
zoetrope -s
zoiatria
zombiism
zomboruk -s
zonation

zoneless	zoolitic	Zoophaga	zootypic
zooblast -s	zoomancy	zoophile -s	zopilote -s
zoochore -s	zoometry	Zoophyta	zucchini -s
zoochory	zoomorph -s	zoophyte -s	zuchetta -s
zoocytia	zoonitic	zooscopy	zuchetto -s
zooecium -cia	zoonomia	zoosperm -s	zugzwang -s
zoogenic	zoonomic	zoospore -s	Zwieback
zoogloea	zoonoses	zoothome -s	zygaenid
zoograft -s	zoonosis	zootomic	zygodont
zoolater -s	zoopathy	zootoxin -s	zylonite
zoolatry	zooperal	zootrope -s	zymology

	absorbent -s	accusable	acuminate -s,-d
A	absorbing	acellular	-ting
Aaronical	abstainer -s	Aceraceae	acuteness -es
abactinal	abstinent	acescence	Adamitism
abandoned	absurdity -ties	acescency	Adansonia
abandonee -s	abundance -s	acetabula	adaptable
abasement -s	abundancy -cies	acetamide	adderwort -s
abashless	abusively	acetylene	addiction -s
abashment -s	abysmally	achaenium -s	addictive
abatement -s	academist -s	Acheulean	addlement
abbotship -s	acalephan -s	Acheulian	addressed
abdicable	acanthine	Achillean	addressee -s
abdominal	acanthoid	aciculate	addresser -s
abduction -s	acanthous	acidified	addressor -s
aberrance -s	acariasis	acidulate -s,-d	adducible
aberrancy -cies	acaricide -s	-ting	adduction -s
abhorrent	acaridean -s	acidulous	adductive
abhorring	acaridian -s	aciniform	ademption -s
abidingly	acarology	acock-bill	adenoidal
abjection -s	accedence -s	acoluthic	adenomata
ablatival	accension -s	aconitine	adherence -s
abnegator -s	accentual	acoustics	adiabatic
abnormity -ties	acceptant -s	acquittal -s	adiaphora
abnormous	acceptive	acquitted	adipocere
abodement	accessary -ries	acrobatic	adiposity
abolition -s	accession -s	acronymic	adjacency
abominate -s,-d	accessory -ries	acropetal	adjective -s
-ting	accidence	acrophony	adjoining
abondance -s	acclimate -s,-d	acropolis -es	adjunctly
aborigine -s	-ting	acrospire -s	adjutancy -cies
abounding	acclivity -ties	acroteria	adjuvancy
about-face	acclivous	Actinozoa	ad-libbing
about-ship	accompany -ing	actionist -s	admeasure -s,-d
about-turn	-nies	activator -s	-ring
abrogator -s	-ied	actualise -s,-d	adminicle -s
abruption -s	accordant	-sing	admirable
abscissae	according	actualist -s	admirably
abscissas	accordion -s	actuality -ties	Admiralty
abscisses	accoutred	actuarial	admission -s
absconder -s	accretion -s	actuation -s	admissive
abseiling -s	accretive	aculeated	admitting

admixture -s
admonitor -s
adnascent
adoptious
adoration -s
adoringly
adornment -s
adpressed
Adrenalin®
adsorbate -s
adsorbent -s
adulation -s
adulatory
adulterer -s
adulthood
adumbrate -s,-d
    -ting
aduncated
advantage -s,-d
    -ging
advection -s
Adventist
adventive -s
adventure -s,-d
    -ring
adverbial
adversary -ries
adversely
adversity -ties
advertent
advertise -s,-d
    -sing
adviceful
advisable
advisably
advisedly
advocator
advoutrer
aeolipile -s
aeolipyle -s
Aepyornis
aerialist -s
aeriality
aerobiont -s
aerodrome -s
aerograph -s
aerolitic
aeromancy
aerometer -s
aerometry
aeromotor -s
aerophone -s
aerophyte -s
aeroplane -s
aeroshell -s
aerospace
aerotaxis
aerotrain -s
aesthesia
aesthesis

aesthetic
aestivate -s,-d
    -ting
aetiology
affecting
affection -s,-ing
    -ed
affective
affianced
affidavit -s
affiliate -s,-d
    -ting
affirmant -s
afflation -s
afflicted
affluence
affluxion -s
affricate -s
affronted
affrontée
aforehand
aforesaid
aforetime
Africaner
Afrikaans
Afrikaner
Afro-Asian
aftercare
after-clap
after-crop
after-damp
aftergame -s
afterglow -s
afterings
after-life
aftermath -s
aftermost
afternoon -s
aftertime -s
afterward -s
afterword -s
agalactia
Agamemnon
Agapemone
aggravate -s,-d
    -ting
aggregate -s,-d
    -ting
aggressor -s
aggrieved
agistment -s
agitation -s
agitative
agnatical
agonising
agonistes
agonistic
agreeable
agreeably
agreement -s

agrestial
agriology
agrologic
agronomic
ague-proof
ahungered
ailanthus -es
aimlessly
air-bridge
air-bubble
air-cavity
air-cooled
air-engine
air-jacket
air-minded
air-pocket
air-splint
air-strike
airworthy
airy-fairy
aitchbone -s
Aizoaceae
akoluthos -es
alabamine
alabaster -s
alack-a-day
alarm-bell
alarmedly
albarello -s,-lli
albatross -es
albertite
albescent
albespine -s
albespyne -s
albinoism
albinotic
album-leaf
alburnous
alchemist -s
alcoholic -s
Alcyonium
Aldebaran
aleatoric
ale-conner
ale-draper
Alemannic
alembroth
alertness
Aleurites
alewashed
algarroba -s
algarrobo -s
algebraic
Algonkian
Algonquin
algorithm -s
alicyclic
alienable
alienator -s
alignment -s

alimental
alinement -s
aliphatic
alizarine
alkalosis
allantoic
allantoid -s
allantois -es
allayment -s
allegedly
allegiant
allegoric
alleluiah -s
allemande -s
allenarly
all-ending
alleviate -s,-d
    -ting
all-father
allicholy
alligator -s
allocable
allocarpy
allograph -s
allomorph -s
allopathy
allophone -s
alloplasm -s
allotment -s
allotrope -s
allotropy
allotting
allowable
allowably
allowance -s
allowedly
all-ruling
all-seeing
almandine -s
almond-oil
alms-drink
alms-house
alms-woman
aloeswood -s
aloneness
alongside
aloofness
alpargata -s
alpenhorn -s
altar-tomb
altarwise
alterable
altercate -s,-d
    -ting
alternant -s
alternate -s,-d
    -ting
altimeter -s
altissimo
altricial

aluminate -s
aluminise -s,-d
    -sing
aluminium
aluminous
alum-shale
alum-slate
alum-stone
alveolate
Amarantus
amaryllid -s
amaryllis -es
amassable
amassment -s
amatorial
amatorian
amaurosis
amaurotic
amazement
amazingly
amazon-ant
amazonian
amazonite
ambagious
ambassage -s
amber-fish
ambergris -es
ambiguity -ties
ambiguous
ambitious
amblyopia
ambrosial
ambrosian
ambrotype -s
ambulacra
ambulance -s
ambulator -s
ambuscade -s,-d
    -ding
ambuscado -(e)s
amendable
amendment -s
Americana
americium
Ametabola
amianthus
amidships
amino-acid
amissible
amoebaean
amoralism
amoralist -s
amornings
amorosity
amorously
amorphism
amorphous
amourette -s
ampersand -s
amperzand -s

amphibian -s
amphibole -s
amphiboly -lies
amphigory -ries
amphioxus -es
Amphipoda
ampholyte -s
ampleness
amplified
amplifier -s
amplitude -s
amplosome -s
amputator -s
amusement -s
amusingly
amygdalin
Amygdalus
amyloidal
anabiosis
anabiotic
anabolism
anabranch -es
anacharis -es
anacruses
anacrusis
anaerobic
anaglypta -s
analectic
analeptic
analgesia
analgesic -s
analogise -s,-d
    -sing
analogist -s
analogous
anamnesis -ses
anandrous
ananthous
anaphoric
anaplasty
anaptyxis
anarchial
anarchise -s,-d
    -sing
anarchism -s
anarchist -s
anastasis
anastatic
anathemas
Anatolian
anatomise -s,-d
    -sing
anatomist -s
ancestral
anchorage -s
anchoress -es
anchor-ice
anchorite -s
anchorman -men
anchylose -s,-d
    -sing

anciently
ancientry
ancillary -ies
ancipital
andantino -s
andesitic
androgyny
andrology
andromeda -s
anecdotal
anemogram -s
anemology
angel-cake
angel-fish
angel-food
angelhood -s
angelical
angerless
angiogram -s
angiomata
anglesite
anglewise
angle-worm
anglicise -s,-d
    -sing
anglicism -s
anglicist -s
anglophil -s
Angostura
angriness
anguiform
anguipede
anguished
angulated
anhydride -s
anhydrite -s
anhydrous
aniconism -s
aniconist -s
animalise -s,-d
    -sing
animalism -s
animalist -s
animality
animating
animation -s
animatism
animistic
animosity -ties
ankle-boot
ankle-jack
ankylosed
ankylosis
annealing -s
annexment -s
annotator -s
announcer -s
annoyance -s
annualise -s,-d
    -sing

annuitant -s
annulated
annulling
annulment -s
anomalous
Anonaceae
anonymity
anonymous
anopheles -es
anorectic -s
anorthite
Ansaphone®
Anschluss
Antarctic
antechoir -s
antefixal
antefixes
antelucan
antenatal
antennary
antennule -s
anthelion -lia
anthemion -mia
anthocarp -s
anthocyan -s
anthology -gies
anthracic
anthropic
anthurium -s
antichlor -s
anticivic
anticline -s
antidotal
antigenic
antihelix -helices
antiknock -s
antimonic
antinodal
antinomic
anti-novel
antipapal
antipasto
antipathy -thies
antiphony -nies
antipodal
antipodes
antiquark -s
antiquary -ries
antiquate -s,-d
    -ting
antiquely
antiquity -ties
antiscian -s
antiserum -s
    -sera
antispast -s
antitoxic
antitoxin -s
antitrade -s
anti-trust

A 9

antitypal
antitypic
antiviral
Antrycide
ant-thrush
anucleate
anxiously
apartheid
apartment -s
apartness
apathetic
aperiodic
aperitive
apertness
apetalous
apheresis -ses
aphidical
aphoriser -s
aphyllous
apiculate
apishness
apivorous
aplanatic
apocopate -s,-d
       -ting
apocrypha
apodictic
apoenzyme -s
apogamous
apologise -s,-d
       -sing
apologist -s
apomictic
apophatic
apophyses
apophysis
apostatic
apostille -s
apostolic
apothecia
appalling
Appaloosa
appanaged
apparatus -es
apparency -cies
apparitor -s
appealing
appellant -s
appellate
appendage -s
appendant -s
appertain -s,-ing
       -ed
appetence
appetency
appetible
appetiser -s
applauder -s
apple-cart
apple-jack

apple-john
apple-tart
apple-tree
apple-wife
appliable
appliance -s
applicant -s
applicate
appointed
appointee -s
appointor -s
apportion -s,-ing
       -ed
appraisal -s
appraiser -s
apprehend -s,-ing
       -ed
apprizing -s
approbate -s,-d
       -ting
April-fish
apriorism -s
apriorist -s
apriority -ties
apsidiole -s
aquabatic
aquaboard -s
aquadrome -s
aquaplane -s
aqua-regia
aquarelle -s
aquariist -s
aquariums
aquatinta -s
aqua-vitae
aquilegia -s
arabesque -s
arabinose
Arachnida
arachnoid
aragonite
araucaria -s
arbitrage -s
arbitrary
arbitrate -s,-d
       -ting
arbitress -es
arblaster -s
arboreous
arboretum -reta
arc-en-ciel
archaiser -s
archangel -s
arch-druid
archducal
archduchy -chies
arch-enemy
archeress -es
archetype -s
arch-felon

arch-fiend
Archibald
archilowe
archimage -s
architect -s,-ing
       -ed
archivist -s
archivolt -s
archology
archontic
arch-stone
Arctiidae
Arctogaea
arcuation -s
arduously
area-sneak
arenation -s
areolated
areometer -s
Areopagus
areostyle -s
Aretinian
argentine -s
Argentino
argentite
argillite -s
argus-eyed
argy-bargy
arhythmia
arhythmic
arillated
Aristarch
Aristides
arle-penny
armadillo -s
armigeral
armillary
armistice -s
Armorican
aromatise -s,-d
       -sing
arquebuse -s
arracacha -s
arraigner -s
arrayment -s
arrearage -s
arrestive
arrivance
arrivancy
arrivisme
arriviste -s
arrogance -s
arrogancy -cies
arrow-head
arrowroot -s
arrow-shot
arseniate -s
arsenical
arsenious
arsy-versy

artemisia -s
arteriole -s
arteritis
arthritic
arthritis
arthropod -s
arthrosis
Arthurian
artichoke -s
articular
artificer -s
artillary -ries
artlessly
aryballos -es
arytenoid -s
asafetida
asbestine
asbestous
Ascaridae
ascarides
ascendant -s
ascendent -s
ascending
ascension -s
ascensive
ascertain -s,-ing
       -ed
ascetical
ascitical
asclepiad -s
asclepias -es
Asclepios
Asclepius
ascorbate -s
ascospore -s
asepalous
asexually
ashamedly
ash-blonde
ash-bucket
ashen-grey
ashlaring -s
ashlering -s
Ashtaroth
Ashtoreth
asininity -s
asmoulder
asparagus -es
aspectual
aspen-like
aspergill -s
aspersion -s
aspersive
aspersoir -s
aspersory
asphaltic
asphaltum
aspidioid
aspirator -s
Asplenium

assailant -s
assaulter -s
assayable
assembler -s
assentive
assertion -s
assertive
assertory
assiduity -ties
assiduous
assistant -s
associate -s,-d
    -ting
assoilzie -s,-ing
    -d
assonance -s
assuaging
assuasive
assuetude -s
assumable
assumably
assumedly
assumpsit -s
assurable
assurance -s
assuredly
assurgent
asthmatic
astichous
astounded
astraddle
astrakhan -s
Astrantia
astrodome -s
astrofell -s
astrolabe -s
astrology
astronaut -s
astronomy
astrophel -s
astucious
asymmetry -tries
asymptote -s
asyndetic
asyndeton -s
asynergia
atacamite
ataractic
atavistic
atheistic
athematic
Athenaeum
atheology
athetesis
athetosis
athletics
athrocyte -s
Atlantean
atmolysis
atmometer -s

atomicity -ties
atomistic
atonalism
atonality
atonement -s
atonicity
atoningly
atrocious
atrophied
attainder -s
attempter
attendant -s
attention -s
attentive
attenuant -s
attenuate -s,-d
    -ting
attollent -s
attractor -s
attrahent -s
attribute -s,-d
    -ting
attrition
attuition
attuitive
aubergine -s
aubrietia -s
auctorial
audacious
audiogram -s
audiology
audiophil -s
audiphone -s
auditoria
auditress -es
auger-hole
auger-worm
augmented
augmenter -s
augmentor -s
augurship -s
Augustine
auld-warld
auricular
auriscope -s
aurorally
Ausgleich
Ausländer
auspicate -s,-d
    -ting
austenite -s
austerely
austerity -ties
autarchic
autarkist -s
authentic
authoress -es
authorial
authoring -s
authorise -s,-d
    -sing

authorish
authorism
authority -ties
autoclave -s
autocracy -cies
autocross -es
autocycle -s
autoflare -s
autogamic
autograft -s,-ing
    -ed
autograph -s,-ing
    -ed
autolatry
Autolycus
autolysis
autolytic
automatic -s
automaton -s
autonomic
autophagy
autophoby -bies
autophony -nies
autopilot -s
autopista
autopoint -s
autoroute
autoscopy -pies
autos-da-fé
autosomal
autotelic
autotimer -s
autotoxin -s
autotroph -s
auxiliary -ries
auxometer -s
available
availably
avalanche -s,-d
    -ching
avengeful
aventaile -s
Averroism
Averroist
avertable
avertedly
avertible
avisandum -s
avisement
avizandum -s
avizefull
avocation -s
avoidable
avoidance -s
avouterer -s
avuncular
awakening -s
awareness
awesomely

awestrike -s
    -king
    -struck
awe-struck
awfulness
awkwardly
axiomatic
axle-guard
Axminster
Ayahuasco -s
ayatollah -s
Aylesbury
azeotrope -s
azimuthal

B

babacoote -s
Babbitism
babirussa -s
baboonery -ries
baboonish
bacchanal -s
bacchante -s
bacciform
bacharach -s
bacillary
back-bench
backbiter -s
back-block
back-chain
back-cloth
back-crawl
backcross -es
backfisch -es
back-green
back-pedal
backpiece -s
backplate -s
backshish -es
backsight -s
back-slang
backslide -s
    -ding
    -slid
backspaul -s
backspeer -s,-ing
    -ed
backspeir -s,-ing
    -ed
backstage
backstall -s
backstays
backsword -s
backtrack -s,-ing
    -ed
backwards
backwater -s
backwoods
bacterial
bacterian

B 9

bacterise -s,-d
  -sing
bacterium -ria
bacteroid -s
Baculites
badger-dog
badminton -s
bagatelle -s
bagpiping -s
bahuvrihi -s
baignoire -s
bailiwick -s
bain-marie
bairnlike
bairn-team
bairn-time
baisemain
bakeapple
bakeboard -s
bakehouse -s
bakestone -s
bakhshish -es
baksheesh -es
balaam-box
Balaamite
Balaclava
balalaika -s
balanitis
balconied
baldachin -s
baldaquin -s
bald-eagle
bald-faced
baldi-coot
baldmoney -s
baldpated
balection -s
balefully
Balkanise
balkingly
balladeer -s,-ing
  -ed
balladist -s
ballasted
ball-dress
ballerina -s
ballerine
ballistic
ballot-box
balloting
ball-point
ball-proof
ballsed-up
balminess
Balsamina
balthasar -s
balthazar -s
Baltimore
Baltoslav
balzarine -s

bamboozle -s,-d
  -ling
banausian
bandalore
band-brake
bandelier -s
banderole -s
bandicoot -s
bandobast
bandoleer -s
bandolero -s
bandolier -s
bandoline -s
bandstand -s
band-stone
bandwagon -s
band-wheel
bandy-ball
baneberry -rries
banefully
bangsring -s
banjulele -s
bank-agent
bank-paper
bank-stock
banqueted
banqueter -s
banquette -s
bantering -s
Bantustan
baptismal
baptistry -tries
baragouin -s
barathrum -s
Barbadian
Barbadoes
barbarian -s
barbarise -s,-d
  -sing
barbarism -s
barbarity -ties
barbarous
barbastel -s
barbitone -s
barcarole -s
bard-craft
barefaced
bargainer -s
bargander -s
bargepole -s
bark-bound
barkeeper -s
bar-magnet
barmbrack -s
barm-cloth
Barmecide
barminess
barmizvah -s
Barnabite
barnacled

barnstorm -s,-ing
  -ed
barograph -s
barometer -s
barometry -tries
baronetcy -cies
baroscope -s
barperson -s
barracker -s
barracoon -s
barracuda -s
barrelage -s
barrelful -s
barrelled
barret-cap
barricade -s,-d
  -ding
barricado -(e)s
  -ing
  -ed
barrister -s
barrow-boy
bartender -s
Bartlemew
baseboard -s
basecourt -s
baseplate -s
bashawism
bashfully
basically
basifixed
basifugal
basilical
basilican
basilicon -s
basinfuls
basin-wide
basipetal
basketful -s
basmizvah -s
bas-relief
bastardly
bastinade -s,-d
  -ding
bastinado -(e)s
  -ing
  -ed
bastioned
bath-brick
bathhouse -s
batholite -s
batholith -s
Bathonian
bath-salts
bathybius -es
bathylite -s
bathylith -s
batmizvah -s
batrachia
battalion -s

battening -s
battle-axe
battle-cry
battology -gies
bavardage -s
bawdiness
bay-antler
bayoneted
beach-ball
beachhead -s
bead-house
beadledom -s
bead-proof
beaminess
beamingly
beanfeast -s
beanstalk -s
bear-berry
beardless
béarnaise -s
bear's-foot
beasthood -s
beastings
beastlike
beatitude -s
beau-ideal
beauteous
beautiful
beaver-rat
bebeerine -s
beccaccia
beccafico -s
bedazzled
bed-closet
bedelship -s
bedfellow -s
bedimming
bedizened
bed-jacket
bedlamism -s
bedlamite -s
bedraggle -s,-d
  -ling
bedridden
bedropped
bed-sitter
bedspread -s
beech-fern
beech-mast
beech-wood
beef-broth
beefeater -s
bee-flower
beefsteak -s
beekeeper -s
Beelzebub
beemaster -s
bee-orchis
beer-house
beeriness

beer-money
beestings
befalling
befitting
befortune
begetting
beggardom -s
beggar-man
beggingly
beginning -s
beglerbeg -s
beguinage -s
behaviour -s
beheading
beholding
behoveful
beingless
beingness
belamoure
beleaguer -s,-ing
 -ed
belemnite -s
believing
Bellatrix
bell-glass
bellibone
bellicose
bell-metal
bell-punch
bell-tower
bellyache -s,-d
 -ching
belly-band
belly-flop
belomancy -cies
Belonidae
belvedere -s
bemoaning -s
bemonster -s,-ing
 -ed
bench-hole
bench-mark
bendingly
benedight
beneficed
benefited
bengaline -s
benighted
benighten -s,-ing
 -ed
benighter -s
benignant
benignity
benne-seed
benni-seed
bent-grass
benthonic
bentonite
benzidine
benzoline

bepatched
beplaster -s,-ing
 -ed
berberine -s
berg-adder
bergamask -s
bergander -s
berg-cedar
bergomask -s
berkelium
Bernadine
berserker -s
berserkly
beryllium
besainted
bescatter -s,-ing
 -ed
beseeched
beseecher -s
beseeming -s
besetment -s
besetting
besieging -s
besitting
beslobber -s,-ing
 -ed
beslubber -s,-ing
 -ed
besmutted
besom-head
besotting
bespangle -s,-d
 -ling
bespatter -s,-ing
 -ed
bespeckle -s,-d
 -ling
bespotted
besteaded
bestrewed
bethankit -s
bethought
bethumbed
betrodden
betrothal -s
betrothed -s
bettering -s
betumbled
bevel-gear
bevelling -s
bevelment -s
bewailing -s
bez-antler
bezoardic
bibacious
biblicism -s
biblicist -s
bicameral
bicipital
biconcave

bicyclist -s
bidentate
biestings
bifarious
bifoliate
bifurcate -s,-d
 -ting
bigeneric
big-headed
bilabiate
bilateral
bile-ducts
bilge-keel
bilge-pump
bilharzia
bilimbing -s
bilingual
biliously
bilirubin
biliteral
billabong
billboard -s
billeting
billiards
billionth
billowing
billycock -s
billy-goat
bilobular
bilocular
bimonthly
binervate
binocular -s
binominal
binturong -s
bioethics
biogenous
biography -phies
biohazard -s
biologist -s
biometric
bionomics
bioparent -s
biosphere -s
biostable
bipartite
bipinnate
bipyramid -s
bird-alane
bird-alone
bird-louse
bird's-foot
bird's-nest
bird-table
birlieman -men
birthmark -s
birth-rate
birthwort -s
bisection -s
biserrate

bishopdom -s
bishopess -es
bishopric -s
bismillah -s
bisulcate
bitterish
bitter-pit
bivalence -s
bivalency -cies
bivariant -s
bivariate -s
blackball -s,-ing
 -ed
blackband -s
blackbird -s
blackbuck -s
blackcock -s
Blackfeet
blackfish -es
Blackfoot
blackgame -s
blackhead -s
blackjack -s
blacklead
blacklist -s,-ing
 -ed
blackmail -s,-ing
 -ed
blackness -es
black-wash
blackwood -s
bladdered
blade-bone
blaeberry -rries
blameless
blandness -es
blankness -es
blaspheme -s,-d
 -ming
blasphemy -mies
blast-hole
blastment
blast-pipe
blastular
blatantly
bleachers
bleachery -ries
bleaching -s
bleakness -es
blear-eyed
blessedly
blighting -s
blind-coal
blindfish -es
blindfold -s,-ing
 -ed
blindless
blindness -es
blind-side
blindworm -s

blissless
block-book
block-coal
blockhead -s
block-ship
blond-lace
blood-bath
blood-bird
blood-dust
blood-feud
bloodheat
bloodless
bloodlust -s
blood-rain
bloodroot -s
bloodshed -s
bloodshot
blood-wite
bloodwood -s
blood-worm
bloomless
blotching -s
blowtorch -es
blowvalve -s
blubbered
blueberry -rries
blue-black
bluegrass -es
blue-green
blueprint -s,-ing
  -ed
bluestone -s
bluffness -es
blunderer -s
bluntness -es
blushless
blush-rose
blutwurst -s
Boanerges
board-foot
board-game
boardroom -s
boardwalk -s
boarhound -s
boar-spear
boastless
boathouse -s
boatswain -s
boat-train
bobbin-net
bobbysock -s
bob-cherry
bobsleigh -s
bobtailed
body-curer
bodyguard -s
bodyshell -s
bog-butter
bogginess
bog-spavin

bold-faced
bolection -s
boliviano -s
bolletrie -s
Bolognese
bolometer -s
bolometry
Bolshevik
bolstered
bombardon -s
bombasine -s
bombastic
bombazine
bomb-happy
bombilate -s,-d
  -ting
bombinate -s,-d
  -ting
bomb-ketch
bombproof
bombshell -s
bond-slave
bondstone -s
bond-woman
bone-black
bone-earth
bone-weary
bonhommie -s
bonhomous
boning-rod
bonnibell
bonniness
booby-trap
boodie-rat
booked-out
booklouse -lice
bookmaker -s
bookplate -s
bookshelf -shelves
bookstall -s
bookstand -s
bookstore
book-tally
book-token
boomerang -s,-ing
  -ed
boom-slang
boondocks
boorishly
bootblack -s
boot-faced
bootmaker -s
borghetto
borrowing -s
boschveld -s
boskiness
bossiness
botanical
bottleful -s
bottle-gas

bottle-imp
boulevard -s
boundless
bounteous
bountiful -ler
  -lest
bourasque -s
bourgeois
boutonnée
bow-backed
bowelling
bower-bird
bow-legged
bowler-hat
bowstring -s,-ing
bowstrung
bow-window
box-camera
box-girder
boxkeeper -s
box-office
boxwallah -s
boyfriend -s
Brachyura
bracteate -s
bracteole -s
bractless
Brahmanic
Brahminee
Brahminic
braincase -s
brain-dead
brainless
brainsick
brainwash -es
  -ing
  -ed
brainwave -s
brakeless
brake-shoe
brakes-man
brambling -s
branchery -ries
branchiae
branchial
branching -s
branchlet -s
brandered
brand-iron
brandling -s
brand-name
brandreth -s
brangling -s
brasserie -s
brassière -s
brattling -s
bratwurst -s
bravadoes
brazeless
Brazilian

bread-corn
breadline -s
breadroom -s
breadroot -s
bread-tree
breakable
breakaway -s
breakback
breakdown -s
break-even
breakfast -s,-ing
  -ed
breakneck
break-wind
breastpin -s
breathful
breathily
breathing -s
Brechtian
breeching -s
breed-bate
bregmatic
bretasche -s
Bretwalda
breveting
brevetted
brew-house
bric-à-brac
brick-clay
brick-dust
brick-kiln
brickwall -s
brickwork -s
brickyard -s
bridecake -s
bridemaid -s
bridesman -men
bridewell -s
brief-case
briefless
brier-root
brier-wood
brigadier -s
brigandry -ries
brilliant -s
brimstone -s
brimstony
brinjarry -ries
briquette -s
briskness
bristling
Britannia
Britannic
Briticise
Briticism
Britisher
Britoness
britschka -s
broadband
broad-bean

broad-brim
broadcast -s,-ing
         -ed
broad-leaf
broadloom
broadness
broadside -s
broadtail -s
broadways
broadwise
broiderer -s
brokerage -s
bromeliad -s
bromoform
bronchial
brooklime -s
brookweed -s
broom-corn
broomrape -s
brotherly
brow-bound
brownness
Brummagem
Brunonian
brush-fire
brushwood -s
brushwork -s
brusquely
brutalise -s,-d
         -sing
brutality -ties
bruteness
brutified
brutishly
Bryophyta
bryophyte -s
Brythonic
bubble-car
bubble-gum
buccaneer -s,-ing
         -ed
buccanier -s,-ing
         -ed
Bucentaur
buckboard -s,-ing
         -ed
bucketful -s
bucketing
buckhound -s
buckshish -es
buck's-horn
buckthorn -s
bucktooth -teeth
buck-wagon
buckwheat -s
bucolical
budgetary
budgeting
buffaloes
buffeting -s

buff-stick
buff-wheel
bug-hunter
bugle-band
bugle-call
bugle-horn
buhrstone -s
Bulgarian
bulginess
bulkiness
bull-board
bull-dance
bulldozer -s
bulletrie -s
bullfight -s
bullfinch -es
bullishly
bull-nosed
bull-trout
bullwhack -s
bully-beef
bully-rook
bully-tree
bum-baylie
bumble-bee
Bumbledom
bummaloti -s
bumpiness
bumpology
bump-start
bumptious
bundobust
bungaloid -s
bunny-girl
Buprestis
burd-alane
burdenous
burlesque -s,-d
         -quing
burliness
burnisher -s
burnt-cork
burrstone -s
bursarial
bursiform
bushcraft -s
busheller -s
bushel-man
bush-fruit
bushiness
bush-metal
bushwhack -s,-ing
         -ed
butadiene
butcherly
butlerage -s
butter-box
butterbur -s
buttercup -s
butter-fat

butterfly -flies
butterine -s
butternut -s
butter-pat
butt-shaft
butty-gang
buxomness
buzzingly
by-ordinar
by-passage
by-product
byrewoman -women
byrlaw-man
bystander -s
bytownite
Byzantine

C

caballero -s
caballine
caballing
cabbalism
cabbalist -s
cabin-crew
cablegram -s
cable-laid
cabriolet -s
cab-runner
cacafuego
cachaemia
cachaemic
cachectic
cache-sexe
cacholong -s
cacodemon -s
cacoethes
cacophony -nies
cacotopia -s
Cactaceae
cactiform
cacuminal
cadastral
cadaveric
caddie-car
caddis-fly
cadential
cadetship -s
caecilian -s
Caenozoic
caen-stone
caerulean
Caesarean
Caesarian
Caesarism
Caesarist
cafeteria -s
cailleach -s
cailliach -s
Cainozoic
cairngorm -s

calaboose
calabrese -s
calamanco -s
calandria -s
calavance -s
calcaneal
calcanean
calcaneum -s
calcarate
calcarine
calceated
calcedony -nies
calcicole
calcifuge
calculary
calculate -s,-d
         -ting
calculose
calculous
caldarium
calendrer -s
calendula -s
calenture -s
calf-bound
calfdozer -s
calf's-foot
caliatour -s
calibered
calibrate -s,-d
         -ting
caliology
caliphate -s
Calixtine
called-for
callidity
calligram -s
callipers
Callippic
call-money
callosity -ties
callously
calmative -s
calmstane -s
calmstone -s
calorific
Calvinism
Calvinist
calvities
calycinal
camanachd -s
camarilla -s
camass-rat
cambiform
cambistry -tries
Cambridge
camelback -s
Camembert
cameo-part
cameo-rôle
cameraman -men

camera-shy
camerated
Camorrism
Camorrist
camouflet -s
campanero -s
campanile -s
campanili
campanist -s
Campanula
camp-chair
campeador -s
campesino -s
camp-fever
camphoric
camp-stool
camsheugh -er
-est
camstairy -rier
-iest
camsteary -rier
-iest
canal-boat
canal-cell
canal-rays
canceleer -s,-ing
-ed
cancelier -s,-ing
-ed
cancerate -s,-d
-ting
cancerous
candidacy -cies
candidate -s
candle-end
Candlemas
candle-nut
candytuft -s
cane-brake
cane-chair
canefruit -s
canephora -s
canephore -s
canescent
cane-sugar
cane-trash
canicular
cankerous
cannelure -s
canniness
cannonade -s,-d
-ding
cannoneer -s
cannonier -s
cannulate
canonical
can-opener
canopying
cantabank -s
cantabile

cantaloup -s
cant-board
cantharid -s
cantharis
cantharus -ri
cantilena -s
cantiness
Cantonese
cantorial
canvasser -s
capacious
capacitor -s
caparison -s
capelline -s
caper-bush
capillary -ries
capitally
capitella
capitular -s
capitulum -la
caponiere -s
capotaine
capotasto -s
capriccio -s,-cci
Capricorn
caprifole -s
capriform
caprylate -s
capsaicin
capsulary
capsulate
capsulise -s,-d
-sing
captaincy -cies
captainry
captivate -s,-d
-ting
captivity -ties
Carabidae
carambola -s
carambole -s,-d
-ling
carangoid
carap-nuts
carap-wood
caravance -s
caravaned
caravaner -s
carbamate -s
carbamide -s
carbonade -s
carbonado -(e)s
Carbonari
carbonate -s,-d
-ting
carbonise -s,-d
-sing
carbuncle -s
carburate -s,-d
-ting

carburise -s,-d
-sing
carcinoma -s,-ta
cardamine -s
cardboard -s
cardiacal
cardialgy
card-index
card-punch
card-sharp
card-table
careenage -s
careerism
careerist -s
carefully
caressing -s
caretaker -s
carfuffle -s,-d
-ling
Caribbean
Carlylean
Carlylese
Carlylism
Carmelite
carnahuba -s
carnalise -s,-d
-sing
carnalism -s
carnalist -s
carnality -ties
carnation -s
carnelian -s
Carnivora
carnivore -s
carnosity -ties
carnotite
carolling
carpenter -s,-ing
-ed
carpet-bag
carpet-bed
carpeting -s
carpet-rod
carpingly
carrageen -s
carronade -s
carrytale
cartelise -s,-d
-sing
Cartesian
cart-horse
cart-house
cartilage -s
cartogram -s
cartology
cartonage -s
cartouche -s
cartridge -s
cart's-tail
cart-track

cartulary -ries
cartwheel -s,-ing
-ed
carvacrol -s
caryatids
caryopsis -ses
caseation
case-bound
case-knife
casemaker -s
casemated
case-study
cashierer -s
cask-stand
Cassandra
cassareep -s
cassaripe -s
cassation -s
casserole -s,-d
-ling
cassimere -s
cassocked
cassonade -s
cassoulet
cassowary -ries
Castalian
castanets
castellan -s
castellum -s
caste-mark
castigate -s,-d
-ting
Castilian
castoreum -s
castor-oil
castrated
cast-steel
casualise -s,-d
-sing
casualism -s
Casuarina
casuistic
casuistry -ries
cataclasm -s
cataclysm -s
catafalco -es
catalepsy
catalexis
cataloger
catalogue -s,-d
-guing
catalyser -s
catalysis
catalytic
catamaran -s
catamenia
catamount -s
cat-and-dog
cataphyll -s
cataplasm -s

cataplexy
catarhine
catarrhal
catatonia
catatonic -s
catchable
catch-crop
catchment -s
catchpole -s
catchpoll -s
catchweed -s
catchword -s
catechise -s,-d
           -sing
catechism -s
catechist -s
caterwaul -s,-ing
           -ed
cat-hammed
catharise -s,-d
           -sing
Catharism
Catharist
catharsis -ses
cathartic -s
cathectic
cathedral -s
catoptric
cat-rigged
cat-silver
cattleman -men
cat-witted
Caucasian
cauld-rife
cauliform
caulinary
caumstane -s
caumstone -s
causality -ties
causation -s
causative -s
causeless
cautelous
cauterant -s
cauterise -s,-d
           -sing
cauterism -s
cautioner -s
cautionry -ries
cavalcade -s,-d
           -ding
cavaliero -s
cave-earth
cavendish -es
cavernous
cavilling -s
Ceanothus
cease-fire
ceaseless
cebadilla

cedar-bird
cedarwood
cee-spring
ceilinged
celandine -s
celebrant -s
celebrate -s,-d
           -ting
celebrity -ties
celestial -s
Celestine
cellarage -s
cellarist -s
cellarman -men
cellarous
cellulite -s
celluloid -s
cellulose -s
celomatic
celsitude
Celticism
cembalist -s
cementite
censorial
censorian
Centaurus
centenary -ries
centenier -s
centering -s
centigram -s
centipede -s
centonate
centonist -s
centrally
centre-bit
centreing -s
centrical
centumvir -i
centurial
centurion -s
cephalate
cephalous
ceraceous
Cerastium
ceratitis
ceratodus -es
cerberian
cercarian
cerealist -s
cerebrate -s,-d
           -ting
cere-cloth
cerograph -s
ceromancy
certainly -lies
certainty -ties
certified
certifier -s
certitude -s
ceruleous

cerussite
cesarevna -s
cespitose
cessation -s
cetaceous
cevadilla -s
cevitamic
ceylanite
Ceylonese
ceylonite
chabazite
cha-cha-cha
chaetodon -s
chaetopod -s
chafferer -s
chaffinch -es
chaffless
chagrined
chain-bolt
chain-gang
chain-gear
chainless
chain-mail
chain-pier
chain-pump
chain-rule
chain-shot
chainwork -s
chair-days
chairlift -s
Chaldaean
chaldaism -s
challenge -s,-d
           -ging
chalumeau -x
Chalybean
chalybite
chambered
chamberer -s
chameleon -s
chamfered
chamfrain -s
chamomile -s
champagne -s
champaign -s
champerty -ties
champlevé -s
chanceful -ler
           -lest
chancroid -s
chancrous
chandlery
changeful
chanteuse -s
Chantilly
chantress -es
chaparral -s
chapeless
chaperone -s,-d
           -ning

chapleted
chaprassi -s
charabanc -s
char-à-banc
Characeae
character -s,-ing
           -ed
chargeful
charge-man
chariness
charivari -s
charlatan -s
charlotte -s
charmeuse
charmless
Charolais
chartered
charterer -s
chartless
Chartreux
chartroom -s
charwoman -women
Charybdis
chase-port
Chasidism
Chassepot
Chassidic
chastened
chastener -s
châtelain -s
chatoyant
chatterer -s
chauffeur -s
chaussure
chavender -s
chaw-bacon
cheapener -s
cheap-jack
cheapness
chechacho
chechaquo
checkered
checklist -s
checkmate -s,-d
           -ting
check-rein
checkroom
check-till
cheechako
cheek-bone
cheerless
cheese-vat
chelaship
chelation -s
chelicera -e
cheloidal
chelonian -s
chemicked
chemistry -tries
chemitype -s

chemitypy -pies
chemostat -s
chemurgic
cheong-sam
chequered
cheralite
cherimoya -s
cherished
chernozem
cherry-bob
cherry-pie
cherry-pit
cherubims
chest-note
chest-tone
chevalier -s
chevelure -s
chevrette -s
chevroned
chibouque -s
chicanery -ries
chicaning -s
chickadee -s
chickaree -s
chickling -s
chickweed -s
chiefless
chiefling -s
chiefship -s
chieftain -s
chihuahua -s
chilblain -s
childhood -s
childless
childlike
childness
child-wife
chiliagon -s
chiliarch -s
chillness
Chilopoda
chinaroot -s
Chinatown
China-ware
chincapin -s
chincough
chinkapin -s
chinovnik -s
chinstrap -s
chipboard -s
chipolata -s
chiragric
chirimoya -s
chirology
chironomy
chiropody
chiselled
chitinous
chivalric
chlamydes

chloracne
Chlorella
chloritic
chlorosis
chlorotic
chock-full
chocolate -s
choiceful
choir-girl
chokebore -s
chokedamp
choke-full
choke-pear
cholaemia
cholaemic
cholecyst -s
cholelith -s
choleraic
chondrify -ing
      -fies
      -ied
chondrite -s
chondroid
chondrule -s
chop-house
chop-logic
chorister -s
chorizont -s
chorology
chorusing
chowkidar -s
Christian
Christmas
chromatic
chromatin
chromidia
chronical
chronicle -s,-d
      -ling
chrysalid -(e)s
chrysalis -es
chrysanth -s
chthonian
chubb-lock
chub-faced
chuck-full
chuckling -s
chuprassy -ssies
church-ale
churching -s
churchism
churchman -men
churchway -s
churn-milk
churr-worm
chymistry -tries
cicatrice -s
cicatrise -s,-d
      -sing
Ciceronic

Cichlidae
Cichorium
Cicindela
ciclatoun
cigarette -s
cigarillo -s
cigar-tree
cilicious
ciliolate
Cimicidae
Cimmerian
cinchonic
cincinnus -es
cinctured
cinematic
cineramic
cineraria -s
cinerator -s
cinereous
Cingalese
ciphering -s
cipher-key
cipollino -s
circadian
circinate
circuitry -ries
circulate -s,-d
      -ting
cirrhopod -s
cirrhosis
cirriform
cirripede -s
Cisalpine
Cispadane
Cistaceae
citharist -s
citigrade
citizenry -ries
cityscape -s
civically
civilised
civiliser -s
clackdish
claimable
clamorous
clamourer -s
clampdown -s
clam-shell
clankless
clapboard -s
clapbread -s
clarendon
claret-cup
claret-jug
clarified
clarifier -s
clarionet -s
classable
class-book
classible

classical
classific
classless
classmate -s
classroom -s
clathrate
clatterer -s
claustral
claustrum -tra
clausulae
clausular
clavation
clavicorn -s
clavicula -s
claviform
clavulate
clay-court
clay-eater
clay-slate
cleanness
cleansing -s
clearance -s
clearcole -s
clear-eyed
clearness
clear-skin
clearwing -s
cleavable
cleithral
clemently
clepsydra -s
clerecole -s
clergyman -men
clericals
clericate -s
clericity
clerkless
clerk-like
clerkling -s
clerkship -s
cleruchia
cleverish
clew-lines
clianthus -es
clientage -s
clientèle -s
cliff-face
cliffhang -s,-ing
      -hung
climactic
climatise -s,-d
      -sing
climature
climbable
climb-down
clinician -s
clinoaxis -axes
clinquant -s
clip-board
clip-joint

clitellar	coat-frock	coercibly	colostric
clitellum -lla	coatstand -s	coeternal	colostrum -s
cloacalin	coat-style	coffee-bug	colourant -s
cloacinal	coaxially	coffee-cup	colourful
cloakroom -s	coaxingly	coffee-pot	colouring -s
clock-golf	cobaltite	coffer-dam	colourist -s
clockwise	Cobdenism	coffinite	colourman -men
clockwork -s	Cobdenite	cogitable	coltsfoot -s
clodpated	cobriform	cognation	colubriad -s
clogdance -s	cocainise -s,-d	cognisant	colubrine
cloisonné -s	-sing	cognition -s	columbary -ries
cloistral	cocainism	cognitive	columbate
close-down	cocainist -s	cohabitee -s	Columbian
close-knit	coccidium -dia	coheiress -es	columbine -s
closeness	coccolite -s	coherence -s	columbite
closeting	coccolith -s	coherency -cies	columbium
cloth-hall	coccygeal	coheritor -s	columella -s
cloth-yard	coccygian	cohesible	columnist -s
cloudland -s	cochineal -s	coiffeuse -s	combatant -s
cloudless	cochleate	Cointreau®	combating
clouterly	cock-a-hoop	colcannon -s	combative
clout-nail	Cockaigne	colchicum -s	combinate
clout-shoe	cockateel -s	colcothar	combining
clove-hook	cockatiel -s	cold-drawn	combretum -s
clove-pink	cock-broth	cold-frame	come-and-go
clove-tree	cockfight -s	coldhouse -s	come-o'-will
clownship -s	cockhorse -s	cold-short	comfiture
clubbable	cockiness	cole-garth	comforter -s
clubhouse -s	cocklaird -s	cole-mouse	comically
clubwoman -women	cockle-bur	collation -s	Cominform
Clupeidae	cockle-hat	collative	comings-in
clustered	cockmatch -es	colleague -s	Comintern
cly-faking	cockneyfy -ing	collected	comitadji -s
coach-hire	-fies	collector -s	comitatus -es
coach-horn	-ied	collegial	commander -s
coach-road	cock-padle	collegian	Commelina
coachwhip -s	cockroach -es	collegium -s	commendam -s
coachwork -s	cock-robin	colligate -s,-d	commensal -s
coadjutor -s	cockscomb -s	-ting	commenter -s
coadunate -s,-d	cocksfoot -s	collimate -s,-d	commentor -s
-ting	cockshoot -s	-ting	comminate -s,-d
coagulant -s	cockswain -s	collinear	-ting
coagulate -s,-d	cockyolly -llies	collision -s	commingle -s,-d
-ting	cocoa-nibs	collocate -s,-d	-ling
coal-black	cocoa-wood	-ting	comminute -s,-d
coal-brass	coco-de-mer	collodion	-ting
coalfield -s	cocoonery -ries	colloidal	commissar -s
coal-fired	cocus-wood	colloquia	committal -s
coal-house	code-named	collotype	committed
coalition -s	cod-fisher	collusion -s	committee -s
coal-miner	codifying	colluvies	commodity -ties
coal-mouse	Coelomata	collyrium -s	commodore -s
coal-owner	coelomate -s	Colocasia	commonage -s
coal-plant	coelostat -s	colocynth -s	commorant -s
coal-plate	coemption -s	colonelcy -cies	commotion -s
coarctate	coenobite -s	colonnade -s	communard -s
coastline -s	coenobium -bia	colophony	communing -s
coastward	coenosarc -s	colorific	communion -s
coastwise	coequally	colosseum -s	communise -s,-d
coat-dress	coercible	colostomy -mies	-sing

communism -s
communist -s
community -ties
commutate -s,-d
    -ting
commutual
compacted
compactly
compactor -s
compander -s
compandor -s
companied
companion -s
compelled
compendia
competent
complaint -s
completed
complexly
complexus -es
compliant
complying
component -s
composite -s
composure -s
compotier -s
comprador -s
comprisal -s
comptable
comptible
comptroll -s
computant -s
computist -s
comradely
concavely
concavity -ties
conceited
concenter
concentre -s,-d
    -ring
concerned
concerted
concertos
conchitis
concierge -s
conciliar
concisely
concision -s
concluded
concocter -s
concoctor -s
concordat -s
concourse -s
concreate -s,-d
    -ting
concubine -s
concurred
concyclic
condemned
condenser -s

condiddle -s,-d
    -ling
condignly
condiment -s
condition -s,-ing
    -ed
condolent
conducive
conductor -s
condyloid
condyloma -ta
conferred
conferrer -s
confervae
confessed
confessor -s
confestly
confidant -s
confident
confiding
configure -s,-d
    -ring
confining
confirmed
confirmee -s
confirmer -s
confirmor -s
confiteor -s
confiture
confluent -s
conformal
conformer -s
confrérie -s
confronté
Confucian
confusion -s
congenial
conger-eel
congeries
congested
Congolese
congruent
congruity -ties
congruous
conically
Coniferae
conjoined
conjugate -s,-d
    -ting
conjuring -s
connation
connature -s
connected
connecter -s
connector -s
connexion -s
connexive
connivent
connotate -s,-d
    -ting

connotive
connubial
conqueror -s
conscient
conscious -es
conscribe -s,-d
    -bing
conscript -s,-ing
    -ed
consensus -es
conserver -s
consigned
consignee -s
consigner -s
consignor -s
consolate
consonant -s
consonous
consorted
consorter -s
consortia
conspirer
constable -s
constancy -cies
constrain -s,-ing
    -ed
constrict -s,-ing
    -ed
construct -s,-ing
    -ed
construer -s
consulage -s
consulate -s
consultee -s
consulter -s
consultor -s
consuming -s
contactor -s
contadina -s
contadine
contadini
contadino
contagion -s
contagium -s
container -s
contangos
contemned
contemner -s
contemnor -s
contemper -s,-ing
    -ed
contender -s
contented
contested
conticent
continent -s
continual
continued
continuer -s
continuum -nua

contorted
contoured
contralti
contralto -s
contriver -s
contumacy -cies
contumely
contusion -s
contusive
conundrum -s
convector -s
converter -s
convertor -s
convexity -ties
convivial
convocate -s,-d
    -ting
convolute
cony-catch
cookhouse -s
cool-house
cooperage -s
cooperant
co-operant
cooperate -s,-d
    -ting
co-operate
coopering -s
copacetic
copartner -s
copataine
copatriot -s
copes-mate
cope-stone
coping-saw
copiously
co-polymer
co-portion
coppering
copperish
co-present
coprolite -s
coprology
copsewood -s
copyright -s,-ing
    -ed
coquetted
coral-fish
Corallian
coralline -s
corallite -s
coralloid
coral-reef
coral-rock
coral-root
coral-tree
coral-wort
corbeille -s
corbelled
corbicula -s

Corchorus
Cordaites
Cordelier
cord-grass
cordially
cordiform
cordotomy -mies
cordyline -s
Coregonus
corf-house
coriander -s
co-rivalry
cork-borer
corkiness
cork-screw
cormorant -s
Cornaceae
corn-borer
corn-brake
cornbrash -es
corn-bread
corncrake -s
cornelian -s
cornemuse -s
corner-boy
corner-man
cornetist -s
cornfield -s
corn-flour
corniform
cornopean -s
corn-salad
corn-shuck
cornstalk -s
cornstone -s
corollary -ries
corolline
coronated
coroneted
corporate
corporeal
corporify -ing
        -fies
        -ied
corposant -s
corpulent
corpuscle -s
corrasion -s
correctly
corrector -s
correlate -s,-d
        -ting
corrigent -s
corrodent -s
corrosion -s
corrosive -s
corrugate -s,-d
        -ting
corrupter -s
corruptly

corsetier -s
corseting
corsleted
corticate
corticoid -s
cortisone -s
coruscant
coruscate -s,-d
        -ting
corybants
Corydalis
corymbose
coryphaei
coryphene -s
coseismal
coseismic
coshering -s
cosmocrat -s
cosmogeny
cosmogony
cosmology -gies
cosmonaut -s
cosmorama -s
cosmotron -s
co-sphered
cosseting
costively
costumier -s
cotangent -s
côtelette
co-tenancy
cothurnus -es
coticular
cotillion -s
cotter-pin
cottonade -s
cotton-gin
cotyledon -s
couchette -s
cough-drop
councilor
countable
count-down
countless
countship -s
courbaril -s
courgette -s
court-card
courteous
courtesan -s
courtezan -s
court-fool
court-hand
court-leet
courtlike
courtling -s
court-roll
courtship -s
courtyard -s
cousinage -s

couturier -s
covalency -cies
covariant -s
covellite
coverslip -s
coverture -s
covetable
covin-tree
cowardice
cowdie-gum
cowfeeder -s
cowl-staff
coxcombic
coxcombry -ries
crab-apple
crabbedly
crab-eater
crab-faced
crab-louse
crab's-eyes
crab-sidle
crabstick -s
crackdown -s
crack-hemp
crackling -s
crack-rope
cracksman -men
Cracovian
craftless
craftsman -men
crammable
cramp-bark
cramp-bone
cramp-fish
cramp-iron
cramp-ring
cranberry -rries
crankcase -s
crankness
cranreuch -s
crapulent
crapulous
crash-dive
crash-land
crassness
Crataegus
craterous
craziness
cream-cake
cream-laid
cream-wove
creatable
creatress -es
creatural
credendum -s
credulity -ties
credulous
creepered
creep-hole
cremaster -s

cremation -s
crematory -ries
cremocarp -s
crenation -s
crenature -s
crenelled
crenulate
creolised
crepitant
crepitate -s,-d
        -ting
crepoline -s
crescendo -s
crestless
cretinism
cretinoid
cretinous
crewelist -s
cribellar
cribellum -s
cricketer -s
crimeless
criminate -s,-d
        -ting
criminous
crinoidal
Crinoidea
crinoline -s
crippling
crispated
crispness
criterion -ria
criticise -s,-d
        -sing
criticism -s
crocheted
crocodile -s
croissant -s
Cro-Magnon
crookback
crookedly
cropbound
crop-eared
crop-marks
croquette -s
crosiered
crossband
crossbeam -s
crossbill -s
crossbite -s
crossbred
crossette -s
cross-eyed
cross-fade
crossfall -s
crossfire -s
crossfish -es
cross-head
crossjack -s
crossness

crossover -s
crossroad -s
cross-ruff
cross-sill
cross-talk
crosstree -s
crosswalk -s
crosswind -s
crosswise
crossword -s
crosswort -s
crotaline
crotalism
crotchety -tier
          -iest
croustade
crow-berry
crowfoots
crown-bark
crown-gall
crown-head
crown-land
crownless
crown-post
crownwork -s
crow-quill
crow's-bill
crow's-foot
crow's-nest
crow-steps
crucified
crucifier -s
cruciform
crudeness
cruelness
cruiseway -s
crumb-tray
crumpling
crushable
crush-room
Crustacea
crustated
crustless
cryogenic
cryometer -s
cryoscope -s
cryoscopy
cryptadia
cryptical
cryptogam -s
cryptonym -s
cteniform
Ctesiphon
cubby-hole
cubically
cuckoldly
cuckoldom -s
cuckoldry -ries
cuckoo-bud
cuckoo-fly

cucullate
cuddeehih
cudgelled
cudgeller -s
cuisinier -s
cul-de-four
Culicidae
cullender -s
cullionly
culminant
culminate -s,-d
          -ting
culpatory
cultivate -s,-d
          -ting
cultorist -s
cultrated
culturist -s
culver-key
cumbrance -s
cumulated
cunctator -s
cuneiform
cunningly
cupbearer -s
cupelling
cup-lichen
cupolated
Cupressus
curbstone -s
curcumine -s
curdiness
curettage -s
curfuffle -s,-d
          -ling
curialism
curialist -s
curiosity -ties
curiously
curliness
curl-paper
currajong
currawong -s
currently
curricula
currishly
curry-comb
curry-leaf
cursively
cursorial
cursorily
curstness
curtation -s
curtilage -s
curvation -s
curvative
curvature -s
curvesome
curveting
curvetted

curviform
cushioned
cushionet -s
cuspidate
cuspidore
custodial
custodian -s
custodier -s
customary -ries
customise -s,-d
          -sing
custumary -ries
cutaneous
cutcherry -rries
cuticular
cut-leaved
cut-throat
cutty-sark
cyanamide -s
cyaniding -s
cyanotype -s
cyclamate -s
cyclicism
cyclicity
cycloidal
cyclolith -s
cyclopean
cyclopian
cyclopses
cyclorama -s
cyclotron -s
cylindric
cymagraph -s
cymbalist -s
cymbidium -s,-dia
cymbiform
cymograph -s
cymophane -s
cynegetic
cynically
Cynipidae
Cynosurus
cyprinoid
cystidean
cystiform
cystocarp -s
cystocele -s
Cystoidea
cystolith -s
cystotomy -mies
Cytherean
cytokinin -s
cytolysis
cytoplasm -s
cytotoxic
cytotoxin -s
czarevich -es

D

dachshund -s

dacoitage -s
dactylist -s
Dadaistic
Daedalian
dae-nettle
dahabeeah -s
dahabiyah -s
dahabiyeh -s
dairy-farm
dairymaid -s
dalliance -s
Dalmatian
Dalradian
Daltonian
Daltonism
damascene -s,-d
          -ning
damaskeen -s,-ing
          -ed
damasquin -s,-ing
          -ed
damnation -s
damnatory
Damoclean
damp-proof
dance-band
dance-hall
dancettee
dance-tune
dandelion -s
dandiacal
dandified
dandiprat
dandy-cart
dandy-cock
dandyfunk -s
dandyprat
dandy-roll
dangerous
dannebrog -s
Dantesque
dapple-bay
Dardanian
dare-devil
dark-house
darklings
darraigne
dart-board
dartingly
Darwinian
Darwinism
dashboard -s
dashingly
dash-wheel
dastardly
date-shell
date-sugar
datum-line
dauntless
davenport -s

day-labour	decastere -s	decubitus -es	dehiscent
day-nettle	decastich -s	decumbent	dehydrate -s,-d
day-return	decastyle -s	decurrent	-ting
day-school	decathlon -s	decursion -s	deid-thraw
dayspring -s	decaudate -s,-d	decursive	Deinornis
deaconess -es	-ting	decussate -s,-d	deinosaur -s
dead-alive	deceitful	-ting	deiparous
dead-drunk	decemviri	dedicated	deistical
deadening -s	decemvirs	dedicatee -s	dejection -s
dead-house	decennary -ries	dedicator -s	dejectory
dead-level	decennial	deducible	Dekabrist
dead-march	decennium -s	deduction -s	delapsion -s
dead-point	deception -s	deductive	delegable
dead-water	deceptive	deep-drawn	Delftware
deafening -s	deceptory	deep-toned	delicious
death-bell	decession -s	deerberry -rries	delighted
death-blow	decidable	deer-fence	delineate -s,-d
death-cell	decidedly	deer-hound	-ting
death-damp	deciduate	deer-mouse	deliquium -s
death-duty	deciduous	defaecate -s,-d	deliriant -s
death-fire	decilitre -s	-ting	delirious
deathless	decillion -s	defalcate	deliverer -s
deathlike	decimally	defaulter -s	deliverly
death-mask	decimator -s	defeatism	delphinia
death-rate	decimetre -s	defeatist -s	Delphinus
death-roll	decistere -s	defeature	delta-wing
deathsman	deck-cargo	defecator -s	deludable
death-song	deck-chair	defection -s	delundung -s
death-trap	deck-house	defective -s	demagogic
deathward	declaimer -s	defendant -s	demagogue -s
de-bagging	declarant -s	defensive	demandant -s
debarment -s	déclassée	deferable	demanding
debarrass -es	declinant	deference -s	demarcate -s,-d
-ing	declinate	deferment -s	-ting
-ed	declivity -ties	deferring	demeanour -s
debarring	declivous	defiantly	dementate -s,-d
debatable	decoction -s	deficient -s	-ting
debauched	decoctive	definable	demersion -s
debauchee -s	decocture -s	definably	demi-deify
debaucher -s	decoherer -s	deflation -s	demi-devil
debelling	decollate -s,-d	deflected	demi-gorge
debenture -s	-ting	deflector -s	demi-lance
debruised	décolleté	deflexion -s	demi-monde
debutante -s	decomplex	deflexure -s	demipique -s
decachord -s	decompose -s,-d	deflorate -s,-d	demisable
decadence -s	-sing	-ting	demission -s
decadency -cies	decongest -s,-ing	defluxion -s	demissive
decagonal	-ed	defoliant -s	demitasse -s
Decagynia	decontrol -s	defoliate -s,-d	demiurgic
decalcify -ing	-ling	-ting	demiurgus -es
-fies	-led	deformity -ties	demobbing
-ied	decorated	defrauder -s	democracy -cies
decalitre -s	decorator -s	defraying	demulcent -s
decalogue -s	decoupage	defroster -s	demulsify -ing
Decameron	decoy-duck	degarnish -es	-fies
decametre -s	decreeing	-ing	-ied
Decandria	decrement -s	-ed	demurrage -s
decantate	decretist -s	degrading	demurring
decapodal	decretive	degree-day	dendritic
decapodan	decretory	degustate -s,-d	denigrate -s,-d
		-ting	-ting

denitrate -s,-d
-ting
denitrify -ing
-fies
-ied
denotable
denouncer -s
denseness
dentalium -s,-lia
dentation -s
dentiform
dentistry
dentition -s
denyingly
deodorant -s
deodorise -s,-d
-sing
deoxidate -s,-d
-ting
deoxidise -s,-d
-sing
departing -s
departure -s
depasture -s,-d
-ring
dependant -s
dependent -s
depending
depiction -s
depictive
depicture -s,-d
-ring
depilator -s
depletion -s
depletive
depletory
deposable
depositor -s
depravity -ties
deprecate -s,-d
-ting
depredate -s,-d
-ting
deprehend
depressed
depressor -s
deprogram -s
-ming
-med
depth-bomb
depthless
depurator -s
derisible
derivable
derivably
dermatoid
derring-do
derringer -s
desalting -s
descended

descender -s
describer -s
descrying
desecrate -s,-d
-ting
desertion -s
deserving
desiccant -s
desiccate -s,-d
-ting
designate -s,-d
-ting
designful
designing
desinence -s
desipient
desirable
desirably
desmodium -s
desolater -s
desolator -s
desperado -(e)s
desperate
despoiler -s
despotate -s
despotism -s
despumate -s,-d
-ting
destemper -s,-ing
-ed
destinate
destitute
destroyed
destroyer -s
desuetude -s
desulphur -s,-ing
-ed
desultory
detection -s
detective -s
detention -s
detergent -s
determent -s
determine -s,-d
-ning
deterrent -s
deterring
detersion -s
detersive -s
dethroner -s
detonator -s
detorsion -s
detortion -s
detractor -s
détraquée -s
detriment -s
detrition -s
detrusion -s
deuterate -s,-d
-ting

deuterium
devaluate -s,-d
-ting
devastate -s,-d
-ting
developed
developer -s
deviation -s
deviatory
deviceful
devil-crab
devil-fish
devilling
devilment
devil's-bit
devilship
deviously
devisable
devitrify -ing
-fies
-ied
devonport -s
devotedly
devouring
dewlapped
dexterity -ties
dexterous
dextrally
dextrorse
dharmsala -s
diablerie -s
diabolise -s,-d
-sing
diabolism -s
diabology -gies
diachylon -s
diachylum -s
diacodion -s
diacodium -s
diaconate -s
diacritic -s
diactinal
diactinic
diaereses
diaeresis
diagnoses
diagnosis
dialectal
dialectic
diallagic
dialogise -s,-d
-sing
dialogist -s
dialogite
dial-plate
diamagnet -s
diametral
diametric
diamonded
diandrous

dianetics
dianoetic
diapering -s
diaphragm -s
diaphysis -ses
diapyesis -ses
diapyetic -s
diarrheal
diarrheic
diarrhoea
diastasic
diastasis
diastatic
diastolic
diathermy
diathesis -ses
diathetic
diatomite
diatretum -s
diatropic
diazeuxis
dib-stones
dicacious
dicastery -ries
dichasial
dichasium -sia
dichogamy -mies
dichotomy -mies
dichroism
dichroite
dichromat -s
dichromic
Dicksonia
dicky-bird
diclinism
diclinous
Dicotylae
dicrotism
dicrotous
dictation -s
dictatory
dictatrix -es
dictature -s
dictyogen
didactics
Didelphia
didelphic
Didelphys
didrachma -s
Didynamia
dieselise -s,-d
-sing
die-sinker
dietarian -s
diet-bread
diet-drink
dietetics
dietician -s
dietitian -s
different -er
-est

difficult -er	dirigible -s	disembody -ing	dismember -s,-ing
-est	dirigisme	-dies	-ed
diffident	dirigiste	-ied	dismissal -s
diffluent	dirt-cheap	disemploy -s,-ing	disoblige -s,-d
diffusely	dirtiness	-ed	-ging
diffusion -s	dirt-track	disenable -s,-d	disorient -s,-ing
diffusive	disaccord	-ling	-ed
digastric	disaffect -s,-ing	disengage -s,-d	disparage -s,-d
digestion -s	-ed	-ging	-ging
digestive -s	disaffirm -s,-ing	disentail -s,-ing	disparate
digitalin	-ed	-ed	disparity -ties
Digitalis	disanchor -s,-ing	disentomb -s,-ing	dispauper -s,-ing
digitated	-ed	-ed	-ed
digitiser -s	disanoint -s,-ing	disesteem -s,-ing	dispelled
dignified	-ed	-ed	dispensed
dignitary -ries	disappear -s,-ing	disfavour -s,-ing	dispenser -s
dika-bread	-ed	-ed	dispeople -s,-d
dilatable	disarming	disfigure -s,-d	-ling
dilatancy	disattire	-ring	dispersal -s
dilatator -s	disattune -s,-d	disforest -s,-ing	disperser -s
diligence -s	-ning	-ed	displayed
dill-water	disavouch -es	disgodded	displayer -s
dimension -s,-ing	-ing	disgracer -s	displease -s,-d
-ed	-ed	disguised	-sing
dimidiate -s,-d	disavowal -s	disguiser -s	dispondee -s
-ting	disbelief -s	disgusted	disposing -s
dimissory	disbodied	dishallow -s,-ing	disposure -s
dimorphic	disbranch -es	-ed	dispraise -s,-d
dimyarian	-ing	dish-cloth	-sing
Dinantian	-ed	dish-clout	disprison -s,-ing
dinginess	disburden -s,-ing	dish-cover	-ed
dining-car	-ed	dish-faced	disprofit -s
dinner-set	disbursal -s	dishonest	disproval -s
Dinoceras	discalced	dishonour -s,-ing	disproved
dioecious	discandie	-ed	disproven
dioestrus -es	discerner -s	dish-towel	dispurvey -s,-ing
Dionysiac	discharge -s,-d	dishumour -s,-ing	-ed
Dionysian	-ging	-ed	disputant -s
dioptrate	dischurch -es	dish-water	disregard -s,-ing
dioptrics	-ing	disillude -s,-d	-ed
dioristic	-ed	-ding	disrelish -es
Dioscorea	discoidal	disimmure -s,-d	-ing
diosgenin	discolour -s,-ing	-ring	-ed
dip-circle	-ed	disinfect -s,-ing	disrepair
diphthong -s	discomfit -s,-ing	-ed	disrepute
diphysite -s	-ed	disinfest -s,-ing	disrupter -s
diplomacy -cies	discommon -s,-ing	-ed	disruptor -s
diplomate -s,-d	-ed	disinhume -s,-d	dissected
-ting	discourse -s,-d	-ming	dissector -s
Diplozoon	-sing	disinvest -s,-ing	disseisin -s
dip-sector	discovert	-ed	disseisor -s
dip-switch	discovery -ries	disjaskit	disseizin -s
dipterist -s	discredit -s,-ing	dislocate -s,-d	disseizor -s
dipterous	-ed	-ting	dissemble -s,-d
direction -s	discumber -s,-ing	dislustre -s,-d	-ling
directive -s	-ed	-ring	dissembly -lies
directory -ries	discursus	dismality	dissenter -s
directrix -es	disdained	dismantle -s,-d	dissident -s
-trices	disembark -s,-ing	-ling	dissimile -s
direfully	-ed	dismayful	dissipate -s,-d
			-ting

dissocial
dissolute -s
dissonant
dissuader -s
dissunder -s,-ing
      -ed
distantly
distemper -s,-ing
      -ed
disthrone -s,-d
      -ning
distichal
distilled
distiller -s
distingué
distorted
distraint -s
disturbed
disturber -s
dithecous
dithelete -s
dithelism
dithyramb -s
ditrochee -s
dittander -s
dittology -gies
diurnally
diuturnal
divellent
divergent
diverging
diversely
diversify -ing
      -fies
      -ied
diversion -s
diversity -ties
diverting
divertive
dividable
dividedly
dividuous
divinator -s
divisible
divisibly
divorcive
divulgate -s,-d
      -ting
divulsion -s
divulsive
Dixieland
dizygotic
dizziness
djellabah -s
Dobermann
dock-cress
docketing
doctorand -s
doctorate -s,-d
      -ting

doctoress -es
doctorial
doctrinal
doddering
doddipoll
doddypoll
dodecagon -s
Dodonaean
dogaressa -s
dog-collar
dog-eat-dog
doggerman -men
dogginess
doggishly
dog-kennel
dog-legged
dog-letter
dogmatics
dogmatise -s,-d
      -sing
dogmatism
dogmatist -s
dogmatory
do-goodery
'do-goodism
dog-paddle
dog-salmon
dogshores
dog's-tooth
dog-violet
dolefully
doleritic
dolliness
dolly-shop
dolomitic
dolorific
dolphinet
doltishly
Domdaniel
domiciled
dominance -s
dominancy -cies
dominator -s
dominical
Dominican
donkey-man
do-nothing
doodlebug -s
doomwatch -es
      -ing
      -ed
door-cheek
doorn-boom
'door-plate
door-stead
door-stone
dope-fiend
dor-beetle
Dorididae
dormition

dormitive
dormitory -ties
dorsiflex
dose-meter
dosimeter -s
dosimetry
dosiology
doss-house
dottiness
dottipoll
double-axe
double-bar
doubleton -s
double-you
doubtable
doubtless
douceness
doucepere
dough-ball
doughtily
Doukhobor
douzepers
dove-house
dove's-foot
dowdiness
dowerless
down-going
downgrade -s,-d
      -ding
down-gyved
downiness
down-lying
down-quilt
downright
downstage
downstair -s
downswing -s
down-throw
down-train
downwards
drabbling -s
draconian
draconism
dracontic
draftsman -men
⌐drag-chain
drag-hound
dragomans
dragoness -es
dragonfly -flies
dragonise -s,-d
      -sing
dragonish
dragonism
drainable
⌐drain-pipe
drain-tile
drain-trap
dramatics
dramatise -s
      -sing

dramatist -s
dramaturg
draperied
draperies
dratchell -s
draughter -s
draught-ox
Dravidian
drawn-work
draw-plate
draw-sheet
dray-horse
dreadless
dreamboat -s
dreamhole -s
dreamland -s
dreamless
dredge-box
drepanium -s
dress-coat
dress-form
dress-suit
drift-bolt
drift-land
driftless
drift-sail
drift-weed
drift-wood
drinkable
drink-hail
drip-stone
drivelled
driveller -s
drollness
dromedare
dromedary -ries
drone-pipe
droningly
dronishly
drop-drill
drop-press
drop-scene
drop-scone
dropsical
drop-stone
drove-road
drug-fiend
'drug-store
druidical
drum-major
drumstick -s
drunkenly
Dryasdust
dry-fisted
drysalter -s
dry-waller
dualistic
dubiosity
dubiously
dubitable

dubitably
dubitancy
duck-board
duck's-foot
duck's-meat
ductility
dufferdom -s
dufferism
dulcamara -s
dulcified
Dulcitone
dulcitude
dulocracy -ies
dumb-cluck
dumbfound -s,-ing
    -ed
dumb-piano
dumminess
dumpiness
dumpishly
Dundreary
dune-buggy
dungeoner -s
Dunstable
duodecimo -s
duodenary
duplicand -s
duplicate -s,-d
    -ting
duplicity -ties
dupondius -es
duralumin
duskiness
duskishly
dust-brand
dust-brush
dust-cover
dust-devil
dustiness
dustproof
dust-sheet
dust-storm
dusty-foot
duteously
dutifully
duty-bound
duumviral
dyer's-weed
dyer's-weld
dyingness
dynamical
dynamiter -s
dynamotor -s
dyschroia
dyscrasia
dysentery
dysgenics
dyslectic -s
dyspepsia
dyspeptic -s

dysphagia
dysphagic
dysphasia
dysphonia
dysphonic
dysphoria
dysphoric
dyspnoeal
dyspnoeic
dystectic
dysthesia
dysthetic
dysthymia
dysthymic
dystopian
dystrophy
dziggetai -s

E

eagerness
eagle-eyed
eagle-hawk
eaglewood -s
ealdorman -men
ear-cockle
earliness
earnestly
earth-bath
earthborn
earth-bred
earthfall -s
earthfast
earthflax -es
earthling -s
earth-star
earthward
earthwolf -wolves
earthwork -s
earthworm -s
Eastender
easterner -s
eastlings
eastwards
easy-chair
easy-going
eavesdrip -s
eavesdrop -s
    -ping
    -ped
Ebenaceae
ebionitic
ebrillade -s
ebriosity
ebullient
eburneous
Ecardines
eccentric -s
ecclesial
ecdysiast -s
echidnine -s

echinated
echolalia
eclampsia
eclamptic
eclectics
ecologist -s
economics
economise -s,-d
    -sing
economist -s
ecophobia
ecosphere -s
écossaise -s
ecosystem -s
écritoire
ecstasied
ecstasise -s,-d
    -sing
ectoblast -s
ectocrine -s
ectogenic
ectomorph -s
ectophyte -s
ectoplasm -s
ectotherm -s
ectropion -s
ectropium -s
ecumenics
ecumenism
edelweiss -es
edematose
edematous
edibility
edictally
edificial
editorial -s
education -s
educative
educatory
educement -s
Edwardian
eel-basket
effective
effectual
efference -s
efficient -s
effluence -s
effluvial
effluvium -s
effluxion -s
effulgent
effulging
egg-beater
egg-powder
eglantine -s
egomaniac -s
egotheism
egotistic
egregious
egression -s

eiderdown -s
eider-duck
eidograph -s
eigentone -s
eight-foil
eightfold
eight-foot
eight-hour
eightieth -s
eightsman -men
eightsome -s
eirenicon -s
ejaculate -s,-d
    -ting
ejectment -s
elaborate -s,-d
    -ting
Elaeagnus
elaeolite -s
elastance -s
elastomer -s
elaterite
elaterium
elbow-room
eldership -s
electoral
electress -es
electrify -ing
    -fies
    -ied
electrise -s,-d
    -sing
electrode -s
electuary -ries
elegantly
elegiacal
elemental -s
eleutheri
elevation -s
elevatory
elevenses
eliminant -s
eliminate -s,-d
    -ting
ellipsoid -s
elocution -s
elocutory
Elohistic
eloinment -s
elongated
elopement -s
eloquence -s
elsewhere
elucidate -s,-d
    -ting
elusively
elutriate -s,-d
    -ting
emaciated
emanation -s

E 9

emanatist -s
emanative
emanatory
emballing
embalming -s
embargoed
embargoes
embarking
embarrass -es
　　　　-ing
　　　　-ed
embarring -s
embassade
embassage -s
embattled
embayment -s
embedment -s
embellish -es
　　　　-ing
　　　　-ed
Ember-days
Ember-week
embezzler -s
emblemata
emblemise -s,-d
　　　　-sing
emblossom -s,-ing
　　　　-ed
embodying
emboscata -s
embraceor -s
embracery
embracing
embracive
embrangle -s,-d
　　　　-ling
embrasure -s
embrazure -s
embreathe -s,-d
　　　　-thing
embrocate -s,-d
　　　　-ting
embroglio -s
embroider -s,-ing
　　　　-ed
embryonal
embryonic
embryo-sac
embryotic
embussing
emendable
emendator -s
emergence -s
emergency -cies
emication
eminently
Emmenthal
emmetrope -s
emolliate -s,-d
　　　　-ting

emollient -s
emolument -s
emotional
empaestic
empanoply -ing
　　　　-plies
　　　　-ied
empathise -s,-d
　　　　-sing
empennage -s
emphasise -s,-d
　　　　-sing
emphlysis -ses
emphysema -s
empirical
emplaster -s,-ing
　　　　-ed
emplastic
emplecton -s
emplectum -s
emptiness
emptional
empyreuma -s
emulation -s
emulative
emulgence -s
emulously
emunctory -ries
enactment -s
enamelled
enameller -s
enamorado
enamoured
encanthis -es
encaustic -s
enchanted
enchanter -s
encheason
enchilada -s
enchorial
enclosure -s
encolpion -s
encolpium -s
encomiast -s
encompass -es
　　　　-ing
　　　　-ed
encounter -s,-ing
　　　　-ed
encourage -s,-d
　　　　-ging
Encratism
Encratite
encrimson -s,-ing
　　　　-ed
encrinite -s
encrypted
encurtain -s,-ing
　　　　-ed
endamoeba -e

endearing
endeavour -s,-ing
　　　　-ed
endecagon -s
endeictic
endemical
endenizen -s,-ing
　　　　-ed
endlessly
endoblast -s
endocrine
endogamic
endogenic
endolymph -s
endomixis -xes
endomorph -s
endophagy -gies
endophyte -s
endoplasm -s
endorphin -s
endoscope -s
endoscopy -pies
endosmose -s
endosperm -s
endospore -s
endosteal
endosteum -s
endowment -s
end-reader
endungeon -s,-ing
　　　　-ed
endurable
endurably
endurance -s
energetic
energumen -s
enfreedom
engarland -s,-ing
　　　　-ed
engendure -s
engine-man
engiscope
Englander
Englified
Englisher
Englishry
engoûment -s
engrained
engrainer -s
engravery
engraving -s
engrenage
engrossed
engrosser -s
engyscope
enhancive
enhearten -s,-ing
　　　　-ed
enhydrite -s
enhydrous

enigmatic
enjoyable
enjoyably
enjoyment -s
enkindled
enlighten -s,-ing
　　　　-ed
enlivener -s
enranckle
enrapture -s,-d
　　　　-ring
enrolling
enrolment -s
ensheathe -s,-d
　　　　-thing
enshelter
ensorcell -s,-ing
　　　　-ed
enstatite -s
entamoeba -e
entelechy -chies
enterable
enteritis
entertain -s,-ing
　　　　-ed
entertake
enthymeme -s
entoblast -s
entophyte -s
entoptics
entourage -s
En-Tout-Cas®
entrammel -s
　　　　-ling
　　　　-led
entrapper -s
entrechat -s
entrecôte -s
entremets
entropion -s
entropium -s
enucleate -s,-d
　　　　-ting
enumerate -s,-ing
　　　　-ting
enunciate -s,-d
　　　　-ting
enveloped
envermeil
enviously
envoyship -s
enwreathe -s,-d
　　　　-thing
enzymatic
epaenetic
epainetic
eparchate -s
epaulette -s
epedaphic
Epeiridae

epeolatry -tries	epitomise -s,-d	esoterism	euphemism -s
ephedrine	-sing	esperance	euphonise -s,-d
ephemerae	epitomist -s	Esperanto	-sing
ephemeral -s	epizeuxis -xes	espionage -s	euphonium -s
ephemerid -s	epizootic	esplanade -s	euphorbia -s
ephemeris -rides	eponymous	Esquimaux	Euraquilo
ephemeron -s	epulation -s	essayette -s	eurhythmy -mies
ephialtes	epuration -s	essential -s	Eurocracy
ephoralty -ties	equaliser -s	establish -es	eurytherm -s
epicedial	equalling	-ing	Euskarian
epicedian	equalness	-ed	eutaxitic
epicedium -dia	equipment	estafette -s	eutectoid
epicentre -s	equipoise -s,-d	estaminet -s	Euterpean
epiclesis -ses	-sing	estate-car	euthanasy -sies
epicritic	equipping	Esthonian	euthenics
Epicurean	equisetic	estimable	euthenist -s
epicurise -s,-d	equisetum -s	estimably	eutrapely
-sing	equitable	estimator -s	eutrophic
epicurism	equitably	estoppage -s	eutropous
epicyclic	equivalve	estopping	Eutychian
epidermal	equivocal	estranged	evacuator -s
epidermic	equivoque -s	estranger -s	evagation -s
epidermis -es	eradicate -s,-d	estrapade -s	evaginate -s,-d
epidosite -s	-ting	estuarial	-ting
epigaeous	erasement -s	estuarian	evangelic
epigraphy -phies	erectness	estuarine	evanition -s
epigynous	eremitism	esurience -s	evaporate -s,-d
epilation -s	erethitic	esuriency -cies	-ting
epileptic -s	ergataner -s	état-major	evasively
epilobium -s	ergograph -s	eternally	évenement
epilogise -s,-d	ergometer -s	ethereous	eventuate -s,-d
-sing	ergonomic	etherical	-ting
epinastic	Ericaceae	ethically	everglade -s
epinician	eriometer -s	Ethiopian	evergreen -s
epinicion -s	eristical	ethmoidal	eversible
epinikian	erogenous	ethnarchy -chies	everybody
epinikion -s	erostrate	ethnicism	everywhen
epiphanic	eroticism	ethnicity	evidently
epiphragm -s	eroticist -s	ethnocide -s	evincible
epiphyses	errand-boy	ethnology	evincibly
epiphysis	erratical	ethologic	evitation -s
epiphytal	erroneous	etiquette -s	eviternal
epiphytic	erstwhile	etymology -gies	evocation -s
epipolism	eruciform	eucalypti	evocative
epirrhema -s	eruditely	eucaryote -s	evocatory
episcopal	erudition	Eucharist	evolution -s
episodial	ervalenta -s	euchloric	evolutive
epistasis -ses	erythemal	euchology -gies	evolvable
epistatic	erythrina -s	Euclidean	ewe-cheese
epistaxis -xes	erythrism	eudaemony	ewe-necked
epistemic	erythrite -s	eudemonia	exactment -s
epistoler -s	escalator -s	eudemonic	exactness
epistolet -s	escapable	eudialyte -s	exactress -es
epistolic	escheator -s	eukaryote -s	examinant -s
epitapher -s	esclandre -s	eumelanin -s	examinate -s
epitaphic	escopette	Eumenides	examining
epitaxial	escortage	Eumycetes	exanimate
epithesis -ses	escribano	eunuchism	exanthema -s
epithetic	esemplasy	eunuchoid	exaration -s
epitheton -s	esophagus -es	euphemise -s,-d	exarchate -s
		-sing	

exarchist -s
Excalibur
excambion -s
excambium -s
excaudate
excavator -s
exceeding
excellent
excelling
excelsior -s
excentric
exceptant -s
excepting
exception -s
exceptive
excerptor -s
excessive
exchanger -s
exchequer -s
excipient -s
excisable
exciseman -men
excitable
excitancy -cies
exclosure -s
exclusion -s
exclusive -s
exclusory
excoriate -s,-d
          -ting
excrement
excretion -s
excretive
excretory -ries
exculpate -s,-d
          -ting
excurrent
excursion -s
excursive
excusable
excusably
execrable
execrably
executant -s
execution -s
executive -s
executory
executrix -es
          -trices
exegetics
exegetist -s
exemplary
exemplify -ing
          -fies
          -ied
exemption -s
exequatur -s
exerciser -s
exfoliate -s,-d
          -ting

exhalable
exhausted
exhauster -s
exhibiter -s
exhibitor -s
exilement -s
existence -s
ex-librism
ex-librist
exodermal
exodermis -es
exogamous
exogenous
exonerate -s,-d
          -ting
exopodite -s
exoration
exorciser -s
exosmosis
exosmotic
exosphere -s
exosporal
exostosis -ses
exoticism -s
expansile
expansion -s
expansive
expatiate -s,-d
          -ting
expectant -s
expecting -s
expedient -s
expellant -s
expellent -s
expelling
expensive
expertise -s
expiation -s
expiatory
expirable
expiscate -s,-d
          -ting
explainer -s
expletive -s
expletory
explicate -s,-d
          -ting
exploiter -s
exploring
explosion -s
explosive -s
exponible
expositor -s
exposture
expounder -s
expressly
expulsion -s
expulsive
expurgate -s,-d
          -ting

exquisite -s
exsection -s
exsertile
exsertion -s
ex-service
exsiccant
exsiccate -s,-d
          -ting
exsuccous
extempore -s
extendant
extensile
extension -s
extensity -ties
extensive
extenuate -s,-d
          -ting
extermine
extirpate -s,-d
          -ting
extolling
extolment -s
extorsive
extortion -s
extortive
extractor -s
extradite -s,-d
          -ting
extravert -s,-ing
          -ed
extremely
extremism
extremist -s
extremity -ties
extricate -s,-d
          -ting
extrinsic
extrovert -s,-ing
          -ed
extrusion -s
extrusive
extrusory
exuberant
exuberate -s,-d
          -ting
exudation -s
exudative
exultance
exultancy
eyebright -s
eye-glance
eye-opener
eye-shadow
eye-splice
eyestrain -s
eye-string

F

fabaceous
Fabianism

Fabianist
fabricant -s
fabricate -s,-d
          -ting
face-cloth
face-guard
face-plate
face-saver
facetious
facsimile -s,-ing
          -d
factional
factitive
factorage -s
factorial -s
factoring
factorise -s,-d
          -sing
factotums
facundity
faddiness
fadedness
fagaceous
faggoting -s
fagottist -s
fainéance
fainéancy
faintness
fair-faced
fairyhood
fairyland -s
fairylike
fairy-ring
fairy-tale
faith-cube
faithless
falangism
falangist -s
falcation -s
falciform
falconine
falculate
faldstool -s
Falernian
fallalery -ries
Fallopian
false-card
falsehood -s
falseness
falsework -s
falsified
falsifier -s
faltering -s
fanatical
fanciless
fancy-free
fancy-sick
fancywork
fandangle -s
fanfarade -s

fanfarona -s	fecundity -ties	feudality	fining-pot
fan-shaped	federarie	feudatory	finishing -s
fantailed	feedstock -s	fever-heat	Finlander
fantasied	feedstuff -s	fibreless	finnochio
fantasise -s,-d	feed-water	fibriform	finocchio
-sing	fee-faw-fum	fibrillae	fioritura
fantasist -s	feelingly	fibrillar	fioriture -s
fantasque -s	feignedly	fibrinous	fire-alarm
fantastic	feiseanna	fibrocyte -s	fire-arrow
fantastry -ries	feldspath	fibroline -s	fire-blast
farandine -s	Félibrige	fibrolite -s	firebrand -s
farandole -s	felicific	fibromata	fire-break
fardel-bag	fellation -s	fictional	firebrick -s
farmeress -es	fellow-man	fiddle-bow	firecrest -s
farmhouse -s	felonious	fidgeting	fire-drake
farm-place	femineity	fiduciary -ries	fire-drill
farmstead -s	fenceless	fieldfare -s	fire-eater
far-seeing	fenestral	fieldsman -men	firefloat -s
far-sought	Fenianism	fieldward	fire-grate
fasciated	fen-sucked	fieldwork -s	fireguard -s
fascicled	fenugreek -s	fiend-like	firehouse -s
fascicule -s	feoffment -s	fieriness	fire-irons
fasciculi	feracious	fife-major	firelight -s
fascinate -s,-d	feralised	fifteener -s	fireplace -s
-ting	Feringhee	fifteenth -s	fire-power
fascistic	fermented	fightback -s	fireproof -s,-ing
fashioner -s	fernticle -s	fight-back -s	-ed
fasten-e'en	ferocious	fig-pecker	fire-robed
fastening -s	ferreting	figurable	fire-stick
fastigium -s	ferrogram -s	figurante -s	firestone -s
fatefully	ferrotype -s	filaceous	fire-storm
fat-headed	ferry-boat	filiation -s	fire-water
fatidical	fertilely	Filicales	firmament -s
fatigable	fertilise -s,-d	filigrain -s	first-born
fatiguing	-sing	filigrane -s	first-foot
fatiscent	fertility	filigreed	first-hand
fat-tailed	fervently	filleting	firstling -s
fattening -s	fervidity	fill-horse	first-rate
fattiness	fervorous	fillipeen	first-time
fatuitous	fesse-wise	filliping	fish-creel
fat-witted	festilogy -gies	fillister -s	fisherman -men
faulchion	festinate -s,-d	filminess	fish-garth
faultless	-ting	filoplume -s	fish-guano
faunistic	festively	filoselle -s	fishiness
faveolate	festivity -ties	filter-bed	fish-joint
favourite -s	festivous	filter-tip	fish-louse
fawningly	festology -gies	filtrable	fish-plate
fearfully	fetichism -s	fimbriate -s,-d	fish-sauce
feast-rite	fetichist -s	-ting	fish-scrap
feathered	feticidal	financial	fish-slice
featurely	fetidness	financier -s	fish-spear
febricity -ties	fetishism -s	find-fault	fish-woman
febricula -s	fetishist -s	fine-drawn	fishyback
febricule -s	fetlocked	finessing -s	fissility -ties
febrifuge -s	fettucine	fin-footed	fissipede
febrility -ties	fettucini	finger-end	fisticuff -s
feculence	feudalise -s,-d	fingering -s	fistulose
feculency	-sing	fingertip -s	fistulous
fecundate -s,-d	feudalism	finically	fittingly
-ting	feudalist -s	finicking	*five-a-side

fivepence -s
fivepenny
fixedness
flabellum -s
flaccidly
flagellum -lla
flageolet -s
flagitate -s,-d
    -ting
flagrance -s
flagrancy -cies
flagstaff -s
flagstick -s
flagstone -s
flag-waver
flakiness
flambeaux
flame-leaf
flameless
flame-tree
flamingly
flamingos
flammable
flanching -s
flannelly
flap-eared
flare-path
flaringly
flash-back
flash-bulb
flashcube -s
flatlings
flatterer -s
flatulent
flaughter -s
flaunting
flavorous
flax-wench
flay-flint
fleckless
fledgling -s
fleeching -s
fleet-foot
fleetness
flesh-hood
flesh-hook
fleshings
fleshless
fleshling -s
flesh-meat
fleshment
flesh-tint
fleshworm -s
fleurette -s
flexitime
flightily
flintlock -s
flippancy
flirt-gill
floatable

floccular
flocculus -li
floodgate -s
floodmark -s
floodtide -s
floorhead -s
flophouse
floreated
floriated
Florideae
floridean -s
floridity
floriform
floristic
floristry
floscular
flotation -s
flouncing -s
flourishy
flowerage -s
flower-bed
flower-bud
flowering -s
flowerpot -s
flowingly
flowmeter -s
fluctuant
fluctuate -s,-d
    -ting
flugelman -men
fluidness
flukeworm -s
fluoresce -s,-d
    -scing
fluorosis
fluorspar
flurrying
flushness
flustrate -s,-d
    -ting
flûte-à-bec
flute-bird
fluviatic
fluxional
fly-bitten
fly-fisher
flyweight -s
foamingly
focimeter -s
foddering -s
foederati
foeticide -s
fogginess
fogramite -s
fogramity -ties
fog-signal
foiningly
foliation -s
foliature -s
foliolate

foliolose
folk-craft
folk-dance
Folketing
folkloric
folk-music
folk-right
folk-weave
following -s
Fomalhaut
font-stone
food-stuff
fool-happy
foolhardy -dier
    -iest
foolishly
foolproof
footboard -s
footcloth -s
footfault -s,-ing
    -ed
footlight -s
foot-loose
footplate -s
foot-pound
footprint -s
footstalk -s
foot-stall
footstool -s
foppishly
forage-cap
foraminal
forasmuch
forbiddal -s
forbidden
force-feed
force-land
forceless
forcemeat -s
forcepses
force-pump
foreanent
foreboder -s
fore-brace
fore-brain
forecabin -s
fore-caddy
fore-cited
foreclose -s,-d
    -sing
forecloth -s
forecourt -s
forefront -s
foregleam -s
foregoing -s
fore-horse
foreigner -s
forejudge -s,-d
    -ging
foreknown

forenamed
forenight -s
forensics
forepoint -s,-ing
    -ed
forereach -es
    -ing
    -ed
foreshewn
foreshock -s
foreshore -s
foreshown
foresight -s
foreskirt
foreslack
forespeak -s,-ing
    -spoke(n)
forespend -s,-ing
    -spent
forestage -s
forestair -s
forestall -s,-ing
    -ed
foresteal
forest-fly
forestine
forest-oak
foretaste -s,-d
    -ting
foreteach -es
    -ing
    -taught
foreteeth
forethink -s,-ing
    -thought
foretoken -s,-ing
    -ed
foretooth -teeth
foreweigh -s,-ing
    -ed
fore-wheel
forewoman
forewomen
forfeiter -s
forficate
Forficula
forgather -s,-ing
    -ed
forgeable
forgetful
forgetive
forgetter -s
forgiving
forgotten
forjaskit
forjeskit
fork-chuck
forkiness
forky-tail
forlornly

formalise -s,-d	frailness	frockless	full-speed
-sing	framework -s	frog-eater	full-split
formalism -s	franchise -s	frogmarch -es	full-timer
formalist -s	francolin -s	-ing	fulminant -s
formality -ties	frangible	-ed	fulminate -s,-d
formation -s	Franglais	frogmouth -s	-ting
formative	Frankenia	frolicked	fulminous
formicant	frankness	frontager -s	fulsomely
formicary -ries	fratchety	frontless	fumatoria
formicate	fratching	front-line	fumigator -s
formulary -ries	fraternal	front-page	fundament -s
formulate -s,-d	fraudster -s	front-rank	funebrial
-ting	freckling -s	frontward	fungibles
formulise -s,-d	free-bench	frontways	fungicide -s
-sing	free-board	frontwise	fungiform
fornicate -s,-d	freebooty	frostbite -s	fungoidal
-ting	free-diver	frostless	fungosity
forsaking -s	free-lance	frost-nail	funicular
forsythia -s	free-liver	frostwork -s	funiculus -li
fortalice -s	freemason -s	froth-fomy	funkiness
forthcome	free-range	frothless	funnelled
forthwith	free-rider	frowardly	funnel-net
fortified	freesheet -s	Fructidor	funniness
fortifier -s	free-space	fructuary -ries	furacious
fortilage	freestone -s	fructuate -s,-d	furbisher -s
fortitude -s	free-style	-ting	furcation -s
fortnight -s	free-trade	fructuous	furfurole
fortunate	free-wheel	frugalist -s	furfurous
fortunize	freewoman	frugality -ties	furiosity
forty-five	freewomen	fruit-cake	furiously
forwander -s,-ing	freezable	fruiterer -s	furnished
-ed	freeze-dry	fruitless	furnisher -s
forwarder -s	freighter -s	fruit-tree	furniture
forwardly	Frenchify	fruitwood -s	furtherer -s
fossicker	frenzical	frustrate -s,-d	furtively
fossilise -s,-d	frequence -s	-ting	fusillade -s
-sing	frequency -cies	fruticose	fusionism
fossorial	frescoing -s	frying-pan	fusionist -s
fossulate	frescoist -s	fuddle-cap	fussiness
fosterage -s	freshener -s	fugacious	fustigate -s,-d
fostering -s	freshness	fulfilled	-ting
foster-son	fretfully	fulfiller -s	fustilugs
foul-brood	friarbird -s	fulgently	fustiness
foundling -s	fribbling	fulgorous	fuzziness
foundress -es	fribblish	fulgurant	
four-by-two	fricassee -s,-ing	fulgurate -s,-d	**G**
Fourcroya	-d	-ting	gabardine -s
four-flush	fricative -s	fulgurite	gaberdine -s
four-horse	friedcake	fulgurous	gabionade -s
four-hours	friending	full-blast	gabionage
fourpence -s	frigatoon -s	full-blood	gadgeteer -s
fourpenny -nnies	frightful	full-blown	gadrooned
fourscore -s	frigidity	full-bound	gaelicise -s,-d
four-wheel	fripperer -s	full-cream	-sing
fox-hunter	frithborh -s	full-dress	gaelicism -s
fractious	frithgild -s	full-faced	Gaeltacht
fragilely	fritterer -s	full-front	gainfully
fragility	frivolity -ties	full-grown	gainsayer -s
fragrance -s	frivolous	full-orbed	galabiyah -s
fragrancy -cies	frock-coat	full-scale	galactose

gala-dress
galantine -s
galdragon
galengale -s
Galenical
galingale -s
galiongee -s
gallabeah -s
gallabiah -s
gallabieh -s
gallabiya -s
gallantly
gallantry -ries
galleried
gallicise -s,-d
　　　　-sing
gallicism -s
galli-crow
gallinazo -s
gallingly
gallinule -s
Gallisise
gallivant -s,-ing
　　　　-ed
galliwasp -s
gall-midge
gallonage -s
gallooned
gallopade -s,-d
　　　　-ding
gallophil -s
galloping
gallowses
gall-stone
gally-crow
galravage -s
galvanise -s,-d
　　　　-sing
galvanism
galvanist -s
Galwegian
gama-grass
gambogian
gambolled
gaminerie -s
gammadion -s
gammation -s
gammoning -s
ganderism
gangboard -s
gangliate
ganglions
gangplank -s
gannister -s
gaol-break
gaol-fever
gardening
garderobe -s
gargarise
gargarism

garibaldi -s
garlandry
garmented
garnishee -s,-ing
　　　　-d
garnisher -s
garnishry -ries
garniture -s
garotting -s
garreteer -s
garrotted
garrotter -s
garrulity
garrulous
garryowen -s
gas-bottle
gas-burner
gas-carbon
Gasconade
Gasconism
gas-cooker
gas-cooled
gas-engine
gas-escape
gas-filled
gas-fitter
gas-heater
gas-helmet
gas-holder
gas-liquor
gas-mantle
gasometer -s
gasometry
gaspereau
gaspiness
gaspingly
gas-retort
gastraeum -s
gastritis
gastropod -s
gatecrash -es
　　　　-ing
　　　　-ed
gate-house
gate-money
gate-tower
gathering -s
gaucherie -s
gauchesco
gaudeamus
gaudiness
gaugeable
gauleiter -s
gauntness
gauze-tree
gauziness
gavelkind -s
gawkihood -s
gawkiness
gaze-hound

gazetteer -s,-ing
　　　　-ed
gazetting
gear-lever
gear-ratio
gear-shift
gear-stick
gear-wheel
gee-string
gelidness
gelignite
gelsemine
Gelsemium
gemel-ring
gemmation
gemmative
gemmology
genealogy -gies
generable
generalia
generally
generator -s
generical
*Genesitic
genetical
genialise -s,-d
　　　　-sing
geniality -ties
genitalia
genitival
genocidal
genotypic
genteelly
gentilise -s,-d
　　　　-sing
gentilish
gentilism
gentility -ties
gentleman
gentlemen
genuflect -s,-ing
　　　　-ed
genuinely
geocarpic
geodesist -s
geodetics
geognosis
geography
geologise -s,-d
　　　　-sing
geologist -s
geomancer -s
geomantic
geometric
geometrid -s
Geomyidae
geophilic
geophytic
geoponics
georgette

geosphere
geostatic
geotactic
geotropic
gerfalcon -s
geriatric -s
germander -s
germanely
Germanise
Germanish
Germanism
Germanist
germanium
germicide -s
germinant
germinate -s,-d
　　　　-ting
germ-layer
germ-plasm
gerundial
gerundive -s
gestation -s
gestative
gestatory
get-at-able
gettering -s
geyserite -s
ghastness
Ghibeline
ghost-like
ghost-moth
ghost-word
gianthood
giant-rude
giantship
gibberish
gibbosity
gibbously
Gibeonite
giddiness
gier-eagle
gigahertz
gigantean
gigantism
gigmanity
gillflirt -s
gill-house
gilravage -s
gilt-edged
gimmalled
gimmickry -ries
gingerade -s
gingerous
ginglymus -es
gin-palace
giraffine
girandola -s
girandole -s
girlishly
*Girondism

Girondist
girthline -s
givenness
glabellae
glabellar
gladiator -s
gladiolus -li
glaireous
glamorise -s,-d
　　　　 -sing
glamorous
glandered
glandular
glaringly
glass-crab
glass-gall
glasslike
glass-rope
glass-soap
glassware -s
glasswork -s
glasswort -s
glengarry -rries
Glenlivet
glenoidal
glidingly
glissando -s
globalise -s,-d
　　　　 -sing
globe-fish
globosity -ties
globulite -s
globulous
glomerate -s,-d
　　　　 -ting
glomerule -s
glomeruli
glorified
glory-hole
glossator -s
glossitis
glottides
glowingly
glucinium
glucoside -s
glueyness
glutamate -s
glutamine
glutenous
glutinous
glyceride -s
glycerine
glycocoll
Glyptodon
gmelinite
gnathonic
gneissoid
gneissose
Gnetaceae
gnomonics

gnostical
goalmouth -s
goat's-hair
go-between
God-a-mercy
goddamned
godfather -s
god-gifted
godlessly
godliness
godmother -s
godparent -s
goffering -s
go-getting
goggle-box
going-over
goings-out
gold-brick
gold-cloth
goldcrest -s
golden-eye
golden-rod
gold-fever
goldfield -s
goldfinch -es
goldfinny -nnies
gold-laced
goldminer -s
gold-plate
goldsinny -nnies
goldsmith -s
goldspink -s
goldstick -s
goldstone
golf-links
goliardic
golomynka -s
gomphosis
gondolier -s
Gongorism
Gongorist
gong-stick
goniatite -s
gonococci
gonophore -s
gonorrhea
good-cheap
good-faced
goodiness
goodliest
good-night
good-sized
good-speed
goodyears
goofiness
goosander -s
goose-club
goose-fish
goosefoot -s
goose-girl

goose-herd
goose-neck
goose-step
goose-wing
gorblimey -s
gore-blood
gorgoneia
gorgonian
gorgonise -s,-d
　　　　 -sing
gorillian
gorilline
goslarite
gospelise -s,-d
　　　　 -sing
gospeller -s
gossamery
gossiping -s
gossypine
Gossypium
Gothamist
Gothamite
gothicise -s,-d
　　　　 -sing
Gothicism
gourd-worm
goustrous
goutiness
governall
governess -es
governing
gowdspink -s
gowpenful -s
graceless
gracility
gradation -s
Gradgrind
gradually
graduated
graduator -s
Gramineae
grammatic
grandaddy -ddies
grand-aunt
grandiose
grandness
grandpapa -s
grandsire -s
granitise -s,-d
　　　　 -sing
granitite
granitoid
grantable
granulary
granulate -s,-d
　　　　 -ting
granulite -s
granuloma -s
granulose
granulous

grapeless
grapeseed -s
grapeshot
grapetree -s
grapevine -s
graphemic
graphical
graphitic
graspable
graspless
grasshook -s
grassland -s
grass-moth
grass-plot
grass-tree
graticule -s
gratified
gratifier -s
gratingly
gratitude
gratulant
gratulate -s,-d
　　　　 -ting
graveless
gravelled
gravel-pit
graveness
graveyard -s
gravidity
gravitate -s,-d
　　　　 -ting
gravy-boat
graywacke
grease-gun
great-aunt
greatcoat -s
greatness
Greekless
Greekling
greenback -s
green-bone
green-eyed
greengage -s
greenhand -s
greenhorn -s
greenness
greenroom -s
greensand
greenweed -s
Greenwich
greenwood -s
gregarian
Gregarina
gregarine -s
Gregorian
grenadier -s
grenadine -s
grewhound -s
greybeard -s
grey-goose

G-H 9

greyhound -s
greywacke
griefless
grief-shot
grievance -s
grill-room
grimalkin -s
griminess
gripingly
grisaille -s
gris-amber
grist-mill
gritstone -s
groomsman -men
gropingly
grosgrain -s
grossness
grossular
grotesque -s
grouchily
groundage -s
ground-ash
ground-hog
grounding -s
ground-ivy
groundman -men
ground-nut
ground-oak
groundsel -s
grovelled
groveller -s
grub-screw
grub-stake
grudgeful
gruelling -s
gruffness
grumbling -s
Grundyism
gruppetto -tti
guacamole -s
guanazolo
guaranies
guarantee -s,-ing
           -d
guarantor -s
guardable
guard-book
guard-cell
guardedly
guardless
guard-rail
guard-ring
guard-room
guard-ship
guardsman -men
guerrilla -s
guessable
guesswork
guest-room
guest-rope

guestwise
guide-book
guideless
guideline -s
guide-post
guide-rail
guide-rope
guideship -s
guildhall -s
guileless
guillemot -s
guilloche -s,-d
            -ching
guiltless
guinea-hen
guinea-pig
guitarist -s
Gujarathi
Gujerathi
gully-hole
gummatous
gumminess
gummosity
gumptious
gumshield -s
guncotton -s
gunpowder -s
gunrunner -s
gushingly
gustation -s
gustative
gustatory
gustiness
gutbucket
gutsiness
guttation -s
gutter-man
gymnasial
gymnasien
gymnasium -s,-sia
gymnastic -s
gymnosoph -s
gynaeceum -s
gynaecoid
gynoecium -s
gynophore -s
gypsywort -s
gyrfalcon -s
gyromancy
gyroplane -s
gyroscope -s
gyrovague -s

H

haanepoot
haberdine -s
habergeon -s
habilable
habitable
habitably

habituate -s,-d
           -ting
hackamore -s
hackberry -rries
hackneyed
hacqueton -s
hadrosaur -s
haecceity
haematite
haematoid
haematoma -s
haemocyte -s
haemostat -s
Haggadist
haggardly
haggishly
hagiarchy -chies
hagiology
hag-ridden
hailstone -s
hail-storm
hair-brush
haircloth -s
hair-drier
hair-dryer
hair-grass
hairiness
hair-piece
hair-shirt
hair-slide
hair-space
hair-spray
hairst-rig
hairstyle -s
hair-waver
half-baked
half-blood
half-board
half-bound
half-breed
half-caste
half-cheek
half-close
half-crown
half-dozen
half-faced
half-hardy
half-hitch
half-light
half-miler
halfpence
halfpenny -nnies
half-plate
half-pound
half-price
half-round
half-royal
half-shell
half-shift
half-sword

half-timer
half-title
half-track
half-truth
halieutic
halitosis
Hallowe'en
Hallowmas
hallstand -s
Hallstatt
halobiont -s
halophile
halophily
halophyte -s
Haloragis
halothane
haltingly
hamadryad -s
Hamamelis
hamburger -s
hamfatter -s,-ing
            -ed
ham-fisted
ham-handed
hammering -s
hammerkop
hammerman -men
hammer-toe
hamstring -s,-ing
            -ed
hamstrung
hand-brake
hand-clasp
handcraft -s
hand-glass
handiness
handiwork -s
handlebar -s
hand-organ
hand-paper
hand-press
hand-punch
hand-screw
handshake -s
handspike -s
handstaff -s
handstand -s
handsturn -s
handtowel -s
handywork -s
hankering -s
Hanseatic
hanselled
hansom-cab
haphazard -s
haplessly
haplology
happening -s
happiness
harangued

haranguer -s
harassing -s
harbinger -s,-ing
　　　　-ed
harbourer -s
hardboard -s
hard-cured
hard-drawn
hardgrass -es
hardihead
hardihood
hardiment -s
hardiness
hardliner -s
hard-metal
hardnosed
hard-paste
hard-ruled
hardshell
hare's-foot
hare-stane
harigalds
hariolate -s,-d
　　　　-ting
harlequin -s,-ing
　　　　-ed
harmaline -s
harmattan -s
harm-doing
harmfully
harmonica -s
harmonics
harmonise -s,-d
　　　　-sing
harmonist -s
Harmonite
harmonium -s
harmotome
harpooner -s
harp-shell
harquebus -es
Harrovian
harrowing
harshness
hartshorn -s
haruspicy -cies
harvester -s
Hassidism
hastiness
hatchback -s
hatchling -s
hatchment -s
hatefully
haughtily
hause-bane
hause-lock
haustella
haustoria
have-at-him
haverings

haversack -s
haversine -s
havocking
hawkishly
hawk-nosed
hawksbill -s
hawsehole -s
hawsepipe -s
haymaking -s
hazardize
hazardous
headboard -s
headchair -s
headcloth -s
head-dress
headframe -s
headiness
headlight -s
headliner -s
headphone -s
headpiece -s
headreach -es
　　　　-ing
　　　　-ed
headshake -s
headstall -s
headstick -s
headstock -s
headstone -s
head-water
healingly
healthful
healthily
heapstead -s
hearkener -s
heartache -s
heart-beat
heart-bond
heartburn
heart-dear
heart-free
hearth-rug
hearth-tax
heartikin
heartland -s
heartless
heartling
heartseed -s
heart-sick
heartsome
heart-sore
heartwood -s
heath-bird
heathcock -s
heathenry
heath-fowl
heaviness
Hebraical
Hebraiser
Hebrewess

Hebrewism
Hebridean
Hebridian
hecogenin
hectogram -s
hectorism
heddle-eye
hederated
hedgebill -s
hedge-born
hedge-bote
hedyphane
heedfully
heediness
heel-piece
hegemonic
heinously
heir-at-law
helically
Helicidae
helidrome -s
heliology
heliostat -s
heliotype -s
heliozoan -s
heliozoic
helipilot -s
heliscoop -s
hell-black
hell-broth
hellebore -s
hellenise -s,-d
　　　　-sing
Hellenism
Hellenist
hell-hated
hellhound -s
hellishly
hellwards
Helvetian
helvetium
hemihedry
hemiopsia
Hemiptera
hemistich -s
hemitrope -s
hem-stitch
hendiadys
hen-driver
hen-paddle
hen-paidle
hen-witted
Hepaticae
hepatical
hepatitis
heptaglot -s
heptapody -dies
heptarchy -chies
Heraclean
herbalist -s

herbarian -s
herbarium -s,-ria
herb-grace
herbicide -s
herbivora
herbivore -s
herborist -s
herb-Paris
herb-Peter
hercogamy
Herculean
Hercynian
hercynite
herd-groom
hereabout
hereafter
heretical
hereunder
heritable
heritably
heritress -es
herkogamy
hermandad
hermetics
hermitage -s
hermitess -es
herniated
heronshaw -s
Herpestes
herpetoid
herriment
herringer -s
herryment
hesitance -s
hesitancy -cies
hesitator -s
Hesperian
hessonite
hesternal
Hesychasm
Hesychast
hetaerism -s
hetaerist -s
hetairism -s
hetairist -s
heterodox
heteronym -s
heteropod -s
heterosis
hetmanate -s
heuristic
hexachord -s
hexagonal
Hexagynia
hexameter -s
Hexandria
hexaploid -s
hexastich -s
hexastyle -s
*Hexateuch

H 9

hey-presto
hibernate -s,-d
        -ting
Hibernian
hibernise -s,-d
        -sing
hiccuping
hiddenite
hide-bound
hideosity
hideously
hidey-hole
Hieracium
hierarchy -chies
hieratica -s
hierocrat -s
hierodule -s
hierogram -s
hierology
high-blest
high-blown
high-chair
high-class
high-dried
high-flier
high-flown
high-flyer
high-grade
high-grown
highlands
high-level
highlight -s,-ing
        -ed
high-place
high-proof
high-speed
high-taper
high-toned
high-viced
hilarious
hill-billy
hilliness
Himalayan
himseemed
Himyarite
hindberry -rries
hind-brain
hinder-end
hindrance -s
hindsight -s
hind-wheel
hintingly
hip-girdle
Hipparion
hippiatry
hip-pocket
hippocras -es
hippodame
hippology
hippurite -s

hircosity
Hirudinea
hirundine
hispidity
hissingly
histamine -s
histidine -s
histogeny
histogram -s
histology
historian -s
historify -ing
        -fies
        -ied
historism
hit-and-run
hitch-hike
Hitlerism
Hitlerist
Hitlerite
hit-or-miss
hit-parade
hive-honey
hivewards
hoar-frost
hoarhound -s
hoariness
＊hoar-stone
hob-and-nob
Hobbesian
Hobbinoll
hobbyless
hobgoblin -s
hobjobber -s
hobnailed
hocussing
hodiernal
hodmandod -s
hodograph -s
hodometer -s
hodometry
hodoscope -s
hoggishly
hog-ringer
Holarctic
holderbat -s
holing-axe
Hollander
holloware -s
holly-fern
hollyhock -s
Hollywood
holocaust -s
holocrine
holograph -s
holophote -s
holophyte -s
holotypic
holstered
holy-cruel

holystone -s
homebound
home-comer
homecraft -s
home-croft
home-grown
home-guard
homemaker -s
homeomery
homeopath -s
Homeridae
home-ruler
homestall
homestead -s
home-truth
homewards
homicidal
homiletic
Hominidae
homoeosis
homogamic
homograft -s
homograph -s
homologue -s
homomorph -s
homonymic
homophile -s
homophone -s
homophony -nies
homoplasy -sies
homopolar
Homoptera
homotaxic
homotaxis
homotonic
homotypal
homotypic
homousian -s
homuncule -s
homunculi
hone-stone
honey-bear
honey-bird
honey-blob
honey-cart
honeycomb -s
honeyless
honeymoon -s,-ing
        -ed
honky-tonk
honorific
hood-mould
hoof-bound
hoofprint -s
hook-nosed
hoolachan -s
hooped-pot
hoop-snake
hootnanny -nnies
hope-chest

hopefully
hop-garden
hoplology
hop-picker
hop-pocket
hop-scotch
hordeolum -s
horehound -s
horniness
horn-maker
hornstone -s
hornwrack -s
hornyhead -s
horologer -s
horologic
horometry
horoscope -s
horoscopy -pies
horrified
horseback -s
horse-foot
horsehair -s
horsehide -s
horseless
horsemeat -s
horsemint -s
horseplay -s
horse-pond
horseshoe -s
horsetail -s
horsewhip -s
        -ping
        -ped
horsiness
hortation -s
hortative
hortatory
hospitage
hospitale
hospitium -s
hosteller -s
hostilely
hostility -ties
hostlesse
＊hot-and-hot
hotheaded
Hottentot
hottentot -s
hound-fish
hour-angle
hour-glass
hourplate -s
house-boat
house-bote
house-carl
house-coat
house-duty
house-flag
housefuls
household -s

house-leek
houseless
house-line
houselled
housemaid -s
house-mate
house-room
housewife -wives
housework
Houyhnhnm
hovel-post
hoverport -s
howsoever
howtowdie -s
hoydenish
hoydenism
hubristic
huckaback -s
huckstery -ries
huffiness
huffishly
hugeously
humankind
humanlike
humanness
humble-bee
humble-pie
humblesse
humbugged
humbugger -s
humdinger -s
humectant -s
humectate -s,-d
          -ting
humective -s
humidness
humiliant
humiliate -s,-d
          -ting
hummeller -s
hummocked
hunchback -s
hundreder -s
hundredor -s
hundredth -s
Hungarian
hungerful
hunky-dory
Hunterian
hurricane -s
hurricano
hurriedly
hurtfully
husbandly
husbandry
huskiness
hut-circle
Huttonian
Hyaenidae
hyalinise -s,-d
          -sing

hyalonema -s
hybridise -s,-d
          -sing
hybridism
hybridity
hybridous
hydathode -s
hydraemia
hydrangea -s
hydration
hydraulic
hydrazine
hydriodic
hydrocele -s
hydrofoil -s
hydrology
hydrolyse -s,-d
          -sing
hydrolyte -s
hydronaut -s
hydroptic
hydropult -s
hydrosoma -ta
hydrosome -s
hydrostat -s
hydrovane -s
hydroxide -s
hydrozoan -s
hydrozoon -s,-zoa
hyetology
hygienics
hygienist -s
hygristor -s
hygrodeik -s
hygrology
hygrophil
hygrostat -s
Hylobates
hylophyte -s
hylozoism
hylozoist -s
hymnodist -s
hymnology
hypallage -s
hyperbola -s
hyperbole -s
hypercube -s
hypergamy
Hypericum
hyperopia
hyphenate -s,-d
          -ting
hyphenise -s,-d
          -sing
hyphenism
hypinosis
hypnogeny
hypnoidal
hypnology
hypnotise -s,-d
          -sing

hypnotism
hypnotist -s
hypnotoid
hypoblast -s
hypocaust -s
hypocotyl -s
hypocrisy -sies
hypocrite -s
hypoderma -s
hypogaeal
hypogaean
hypogaeum -gaea
hypogeous
hypomania
hypomanic
hyponasty
hypostyle -s
hypotaxis
hypotonic
hypoxemia
hypoxemic
hyson-skin
hysterics
hysteroid

I

iatrogeny
ice-action
ice-anchor
ice-bucket
ice-hockey
Icelander
Icelandic
ichneumon -s
ichnolite -s
ichnology
ichthyoid -s
iconology
iconostas -es
icterical
Icteridae
idealiser -s
idealless
idealogue -s
identical
identikit -s
ideograph -s
ideologic -s
ideologue -s
idioblast -s
idiograph -s
idiomatic
idiopathy -thies
idiophone -s
idioplasm -s
idiotical
idioticon -s
idle-wheel
idle-worms
ignescent -s

ignitable
ignitible
ignorable
ignoramus -es
ignorance -s
Iguanidae
Iguanodon
ill-boding
illegally
illegible
illegibly
ill-gotten
ill-haired
ill-headed
ill-humour
illiberal
illicitly
illimited
ill-judged
ill-manned
ill-nature
illogical
ill-omened
ill-temper
illuminer -s
ill-versed
ill-wisher
imageable
imageless
imaginary
imagining -s
imaginist -s
imagistic
imbalance -s
imbrangle -s,-d
          -ling
imbricate -s,-d
          -ting
imbroglio -s
imitation -s
imitative
immanacle
immanence
immanency
immatured
immediacy -cies
immediate
immensely
immensity -ties
immersion -s
immigrant -s
immigrate -s,-d
          -ting
imminence
imminency
immission -s
immitting
immodesty -ties
immolator -s
immorally

immovable
immovably
immutable
immutably
impacable
impaction -s
impactite
impartial
impassion -s,-ing
       -ed
impassive
impastoed
impatiens -es
impatient
impavidly
impeacher -s
impeccant
impedance -s
impellent -s
impelling
impendent
impending
imperator -s
imperfect -s
imperious
impeticos
impetrate -s,-d
      -ting
impetuous
impetuses
impingent
impinging
impleader -s
implement -s,-ing
      -ed
impletion -s
implexion -s
implicate -s,-d
      -ting
impliedly
implodent -s
implosion -s
implosive
impluvium -via
impolitic
important
importune -s,-d
      -ning
imposable
impostume -s
imposture -s
impotence
impotency
impounder -s
imprecate -s,-d
      -ting
imprecise
impresari
improbity -ties
impromptu -s

improving
improvise -s,-d
      -sing
imprudent
impudence -s
impulsion -s
impulsive
impulsory
imputable
imputably
inability -ties
inaidable
inamorata -s
inamorato -s
inanimate
inanition
inaptness
inaudible
inaudibly
inaugural -s
in-between
inbreathe -s,-d
      -thing
inbrought
inburning
incapable -s
incapably
incarnate -s,-d
      -ting
incaution -s
incensory -ries
incentive -s
inception -s
inceptive -s
incessant
incidence -s
incipient
inclement
inclining -s
inclosure -s
inclusion -s
inclusive
incognita -s
incognito -s
incommode -s,-d
      -ding
incondite
incorrect
incorrupt
increaser -s
incremate
increment -s
incubator -s
incubuses
inculcate -s,-d
      -ting
inculpate -s,-d
      -ting
incumbent -s
incunable -s

incurable -s
incurably
incurious
incurrent
incurring
incursion -s
incursive
incurvate -s,-d
      -ting
incurvity -ties
indagator -s
indecency -cies
indecorum -s
indelible
indelibly
indemnify -ing
      -fies
      -ied
indemnity -ties
indention -s
indenture -s
indexical
indexless
index-link
Indianise
Indianist
indicator -s
indiction -s
indigence -s
indigency -cies
indignant
indignify
indignity -ties
indigotin
indirubin
indispose -s,-d
      -sing
indocible
indolence -s
indolency -cies
indraught -s
indubious
inducible
inductile
induction -s
inductive
indulgent
indusiate
induviate
indweller -s
inebriant -s
inebriate -s,-d
      -ting
inebriety -ties
ineffable
ineffably
inelastic
inelegant
ineptness
inequable

inerrable
inerrably
inerrancy
inertness
inerudite
inexactly
infantile
infantine
infatuate -s,-d
      -ting
infection -s
infective
inferable
inference -s
inferring
infertile
infielder -s
infilling -s
infirmary -ries
infirmity -ties
inflation -s
inflative
inflexion -s
inflexure -s
inflowing
influence -s,-d
      -cing
influenza
influxion -s
informant -s
infortune -s
infracted
infractor -s
infuriate -s,-d
      -ting
infuscate
infusible
infusoria
ingenious
ingenuity -ties
ingenuous
ingestion -s
ingestive
ingle-nook
ingle-side
ingluvial
ingluvies
ingrained
ingrowing
inhabitor -s
inhalator -s
inharmony -nies
inherence -s
inherency -cies
inheritor -s
inhibitor -s
inhumanly
initially
initiator -s
injection -s

injurious
injustice -s
ink-bottle
ink-eraser
inkholder -s
innermost
innervate -s,-d
    -ting
innholder -s
innkeeper -s
innocence
innocency
innocuity
innocuous
innovator -s
innoxious
innuendos
inoculate -s,-d
    -ting
inodorous
inopinate
inorganic
inotropic
in-patient
inpayment -s
inpouring -s
inquietly
inquiline -s
inquinate -s,-d
    -ting
inquiring
inrushing -s
insatiate
insatiety
inscience
inscriber -s
insectary -ries
insectile
insection -s
insect-net
inselberg -e
insensate
insertion -s
in-service
inshallah -s
insheathe -s,-d
    -thing
inshelter -s,-ing
    -ed
inside-car
insidious
insincere
insinuate -s,-d
    -ting
insipidly
insipient
insistent
insisture
insolence
insoluble

insolubly
insolvent -s
insomniac -s
inspanned
inspector -s
inspheare
installed
instanter
instantly
instigate -s,-d
    -ting
instilled
institute -s
insulance -s
insularly
insulator -s
insulsity
insultant
insulting
insurable
insurance -s
insurgent -s
inswinger -s
integrand -s
integrant
integrate -s,-d
    -ting
integrity
intellect -s
intenable
intendant -s
intenible
intensate -s,-d
    -ting
intensely
intensify -ing
    -fies
    -ied
intension -s
intensity -ties
intensive
intention -s
intentive
inter-arts
interbank
interbred
intercede -s,-d
    -ding
intercept -s,-ing
    -ed
intercity
intercrop -s
    -ping
    -ped
interdash -es
    -ing
    -ed
interdeal -s,-ing
    -t
interdict -s,-ing
    -ed

interdine -s,-d
    -ning
interface -s,-d
    -cing
interfere -s,-d
    -ring
interflow -s,-ing
    -ed
interfold -s,-ing
    -ed
interfuse -s,-d
    -sing
intergrow -s,-ing
    -n
    -grew
interject -s,-ing
    -ed
interjoin
interknit -s
    -ting
    -ted
interlace -s,-d
    -cing
interlard -s,-ing
    -ed
interleaf -leaves
interline -s,-d
    -ning
interlink -s,-ing
    -ed
interlock -s,-ing
    -ed
interlope -s,-d
    -ping
interlude -s,-d
    -ding
interment -s
intermure
internist -s
internode -s
interpage -s,-d
    -ging
interplay -s
interpone -s,-d
    -ning
interpose -s,-d
    -sing
interpret -s,-ing
    -ed
interring
interrupt -s,-ing
    -ed
intersect -s,-ing
    -ed
intersert
intervale
intervein -s,-ing
    -ed
intervene -s,-d
    -ning

interview -s,-ing
    -ed
interwind -s,-ing
    -wound
interwork -s,-ing
    -ed
interzone -s
intestacy -cies
intestate -s
intestine -s
intonator -s
intorsion -s
intortion -s
intricacy -cies
intricate
intrigant -s
intriguer -s
intrinsic
introduce -s,-d
    -cing
introitus -es
introject -s,-ing
    -ed
introvert -s,-ing
    -ed
intrusion -s
intrusive
intuition -s
intuitive
intumesce -s,-d
    -scing
inumbrate -s,-d
    -ting
inunction -s
inurement -s
inusitate
inutility -ties
invalidly
invariant -s
invective -s
inveigler -s
invention -s
inventive
inventory -ries
Inverness
inversely
inversion -s
inversive
invertase
invidious
inviolate
invisible -s
invisibly
involucel -s
involucre -s
involuted
inworking -s
inwreathe -s,-d
    -thing
inwrought

iodophile
ionopause
irascible
irascibly
irenicism
irenology
Iridaceae
iridotomy -mies
irisation -s
irksomely
iron-bound
iron-cased
iron-miner
iron-mould
iron-sided
Ironsides
ironsmith -s
ironstone -s
Iroquoian
irradiant
irradiate -s,-d
　　　　-ting
irreality
irregular -s
irrelated
irrigable
irrigator -s
irriguous
irritable
irritably
irritancy -cies
irritator -s
irruption -s
irruptive
Irvingism
Irvingite
isagogics
isallobar -s
ischaemia -s
ischaemic -s
ischiadic
ischiatic
isenergic
Isidorian
isinglass
Islamitic
Ismailian
Ismailism
ismatical
isobathic
isochimal -s
isochoric
isochrone -s
isoclinal -s
isoclinic -s
isocratic
isocrymal -s
isocyclic
isodomous
isodontal

isogamete -s
isogamous
isogenous
isohyetal
Isokontae
isokontan -s
isolation -s
isolative
isologous
isomerise -s,-d
　　　　-sing
isomerism -s
isomerous
isometric -s
isoniazid
isonomous
iso-octane
isopodous
isopolity
isopropyl
isosceles
isostatic
isosteric
isotactic
isotheral
isotropic
Israelite
issueless
italicise -s,-d
　　　　-sing
italicism -s
itchiness
iteration -s
iterative
itineracy -cies
itinerant -s
itinerary -ries
itinerate -s,-d
　　　　-ting
itsy-bitsy
ivory-gate
ivory-palm
ivory-tree
ivy-leaved

J

jabbering -s
jaborandi
jacaranda -s
Jack-a-Lent
jackalled
jack-block
jack-fruit
jack-knife
jack-plane
jack-sauce
Jack-slave
jacksmith
jack-snipe
jack-staff

jack-stays
jack-straw
Jacobinic
Jacobitic
Jacquerie
jactation -s
jaculator -s
Jagannath
jaghirdar -s
jail-break
jaileress -es
jail-fever
jailhouse
jalousied
jambolana -s
jam-packed
janissary -ries
janitress -es
Jansenism
Jansenist
Japaneses
japanning
jargoneer -s
jargonise -s,-d
　　　　-sing
jargonist -s
jarringly
jasperise -s,-d
　　　　-sing
jasperous
jaspidean
jaundiced
jawbation -s
jawboning
jaw-fallen
jaywalker -s
jazziness
jealously
jeannette -s
Jebusitic
jeeringly
jelliform
jellybean -s
jellyfish -es
jemminess
jenneting -s
jenny-wren
jeoparder -s
jequirity
jerfalcon -s
jerkiness
jerry-shop
Jerusalem
jessamine -s
jesserant -s
jestingly
Jesuitism
jet-driven
jet-setter
jetstream -s

jettatura -s
jettiness
jewel-case
jewelfish -es
jewellery -ries
jewelling
jewel-weed
Jew's-pitch
Jew's-stone
Jew's-trump
Jews'-trump
jigamaree -s
jiggumbob -s
jillflirt -s
jingo-ring
jitterbug -s
　　　　-ging
　　　　-ged
jobcentre -s
jobernowl -s
job-master
jockeyism
jockstrap -s
jockteleg -s
jocularly
joculator -s
jocundity -ties
Johannean
Johannine
John-apple
Johnny-raw
joint-heir
jointless
jointness
jointress -es
joint-worm
jokesmith -s
jolliment
jolliness
jollyboat -s
jollyhead
joltingly
Jordanian
joss-block
joss-house
joss-stick
journeyed
journeyer -s
joviality -ties
joylessly
joy-riding
jubilance -s
jubilancy -cies
Judaistic
judas-hole
Judas-hole
Judas-kiss
Judas-tree
judge-made
judgement -s

judgeship -s
judicable
judicator -s
judiciary -ries
judicious
juiceless
juiciness
juke-joint
jumpiness
jump-start
Juncaceae
Juneberry
juniority -ties
Juniperus
junkerdom -s
junkerism -s
junketing -s
Junoesque
juridical
jurywoman
jurywomen
justiciar -s
justified
justifier -s
juttingly
jut-window
juvenilia
juxtapose -s,-d
    -sing

K
kabeljouw -s
kailyaird -s
Kainozoic
kaiserdom -s
kaiserism
kalamkari -s
kallitype -s
kaolinise -s,-d
    -sing
kaolinite
karabiner -s
katabasis -ses
katabatic
katabolic
kathakali -s
katharsis -ses
kauri-pine
keelivine -s
keelyvine -s
Kelticism
kennelled
kennel-man
kent-bugle
kentledge
Keplerian
keratitis
keratosis -ses
kerbstone -s
kerfuffle -s,-d
    -ling

kermesite
kettleful -s
Keynesian
keystroke -s
khalifate -s
khedivate -s
khedivial
kibbutzim
kickshaws
kick-start
kiddywink -s
kidnapped
kidnapper -s
kidney-ore
kieserite
kilderkin -s
kiln-dried
kilocycle -s
kilohertz
kilolitre -s
kilometre -s
kinematic
kinetical
king-apple
king-cobra
kingcraft -s
kingdomed
king-maker
king's-evil
king's-hood
king-sized
kink-cough
kink-hoast
kinsfolks
kinswoman -women
kintledge
kirbigrip -s
kirby-grip
kirkyaird -s
kitchener -s
kittenish
kittiwake -s
klendusic
klephtism
klinostat -s
knackered
knapscull -s
knapskull -s
knaveship -s
knavishly
knee-cords
knee-drill
knee-holly
knee-joint
knee-swell
knickered
knife-edge
knifeless
knife-rest
knightage -s

Kniphofia
knob-stick
knock-down
knocker-up
knock-knee
knotgrass -es
knowingly
knowledge
Kominform
Komintern
konimeter -s
koniology
koniscope -s
krakowiak -s
krummhorn -s
kryometer -s
Kshatriya
Kunstlied
kurrajong
kymograph -s

L
labdacism
labelling
labelloid
labialise -s,-d
    -sing
labialism -s
laborious
labourism
labourist -s
Labourite
labyrinth -s
laccolite
laccolith -s
lace-frame
lace-paper
lacerable
lacerated
lacertian
lacertine
lachrymal -s
laciniate
lack-beard
lack-brain
lack-Latin
lack-linen
laconical
lacquerer -s
lacrimary
lacrimose
lacrymary
lacrymose
lactation -s
lacunaria
ladlefuls
lady's-maid
lady-smock
laevulose
laggingly

lagniappe -s
lagomorph -s
lagrimoso
lairdship -s
lake-basin
lallation -s
lamaistic
lamaserai -s
lambently
lambitive -s
lamb's-wool
lamellate
lamelloid
lamellose
lamenting -s
laminable
Laminaria
laminated
laminator -s
lamington
laminitis
lampadary -ries
lampadist -s
lamp-black
lamp-glass
lamplight -s
lampooner -s
lampshade -s
lamp-shell
lance-jack
lanceolar
lance-wood
lanciform
lancinate -s,-d
    -ting
land-agent
landamman -s
landaulet -s
landdamne
landdrost
land-flood
land-force
landgrave -s
landloper -s
landowner -s
land-pilot
land-plane
land-reeve
Land-rover®
landscape -s,-d
    -ping
land-scrip
land-shark
landslide -s
Landsmaal
Landsting
Landsturm
land-value
landwards
land-yacht

Langobard
langouste -s
langridge -s
langspiel -s
languaged
languette -s
languidly
lankiness
lanterloo
lanthanum
Laodicean
lapideous
lapidific
Laplander
lap-roller
lapstreak -s
larcenist -s
larcenous
lardalite
lardy-cake
Largactil®
largeness
larghetto -s
largition -s
larkiness
lark's-heel
larum-bell
larvicide -s
larviform
larvikite
laryngeal
laserwort -s
lassitude -s
last-ditch
lastingly
late-comer
laterally
latescent
lathyrism
laticlave -s
latifondi
latitancy
latration -s
latrociny
latter-day
latter-wit
laudation -s
laudative
laudatory
laughable
laughably
laughsome
launderer -s
laundress -es
Lauraceae
Laurasian
laurelled
lavaliere -s
law-giving
lawlessly

lawmonger -s
lawn-mower
lawn-party
law-writer
layer-cake
lay-figure
layperson -s
lazaretto -s
lazar-like
lazy-bones
lazy-tongs
lazzarone
lazzaroni
lead-paint
leaf-green
leafiness
leaf-metal
leaf-mould
leaf-nosed
leaf-stalk
leaf-trace
leakiness
lean-faced
learnable
learnedly
leaseback -s
lease-band
leasehold -s
lease-lend
leastways
leastwise
leavening -s
leavenous
lecherous
lectorate -s
leeringly
leftwards
legendary -ries
legendist -s
leger-line
legginess
legionary -ries
legislate -s,-d
                -ting
leg-puller
Leicester
leisurely
leitmotif -s
leitmotiv -s
Lemnaceae
lemon-sole
lemon-weed
lend-lease
lengthful
lengthily
leniently
lentiform
leprosery -ries
leprosity -ties
leptosome -s

lessoning -s
lethality -ties
lethargic
letter-box
letter-gae
lettering -s
leucaemia
Leuciscus
leuco-base
leucocyte -s
leucotome -s
leucotomy -mies
leukaemia
Levantine
level-coil
levelling
leviathan -s
levigable
levitical
Leviticus
lexically
liability -ties
libecchio
libellant -s
libelling
libellous
liberally
liberator -s
libertine -s
libidinal
librarian -s
libration -s
libratory
licensure -s
lichenism
lichenist -s
lichenoid
lichenose
lichenous
lickerish
lickpenny -nnies
liegeless
liege-lord
lienteric
life-blood
life-cycle
life-force
lifeguard -s
life-saver
life-sized
life-table
life-weary
light-ball
light-dues
light-foot
lightless
light-mill
lightness
lightning
lightship -s

lightsome
light-year
lignaloes
lignified
Liguorian
Liliaceae
lily-white
limaceous
limburger
lime-hound
lime-juice
limelight
limestone -s
limewater
limitable
limitedly
limitless
limnology
limonitic
limousine -s
limpidity
limpingly
linctuses
lineality
lineament -s
linearity -ties
lineation -s
line-fence
line-grove
linen-fold
lineolate
line-storm
lingering -s
lingually
lingulate
lintelled
lintstock -s
lintwhite
lioncelle -s
lion-heart
lion-tamer
lipectomy -mies
liposomal
lippening
lippitude -s
Lippizana
lip-reader
liquation -s
liquefied
liquefier -s
liquidate -s,-d
                -ting
liquidise -s,-d
                -sing
liquidity -ties
liquified
liquorice -s
liquorish
lispingly
Listerian

Listerise
Listerism
literally
literatim
literator -s
literatus -ti
litheness
lithesome
lithiasis
lithistid -s
lithocyst -s
lithoidal
lithology
lithopone
lithotome -s
lithotomy -mies
litigable
litigious
litter-bin
litter-bug
littleane -s
liturgics
liturgist -s
live-birth
liver-wing
liverwort -s
liveryman -men
livestock
lividness
livraison
lixiviate -s,-d
　　　　-ting
lixivious
loadstone -s
loaf-bread
loaferish
loaf-sugar
loaminess
loan-shark
loathsome
lobectomy -mies
lobscouse -s
lobulated
localiser -s
locellate
lock-chain
lockhouse -s
locksmith -s
locomotor -s
loco-plant
locuplete
lodestone -s
lodge-gate
lodgement -s
lodgepole -s
lodiculae
loftiness
logaoedic
logarithm -s
logically

logistics
logograph -s
logogriph -s
logomachy
logorrhea
logothete -s
log-roller
loin-cloth
loitering -s
Lollardry
lollingly
loll-shrob
Lombardic
Londonese
Londonian
Londonise
Londonish
Londonism
longaeval
long-chain
long-cloth
long-coats
long-dated
long-drawn
long-eared
longevity -ties
longevous
long-faced
long-field
long-house
longicorn -s
longingly
longitude -s
long-lived
Longobard
long-range
longshore
long-sixes
look-alike
look-round
loop-light
loose-leaf
looseness
lophodont
loquacity
lorgnette -s
Lotophagi
Lotus-land
loudmouth -s
lounge-bar
louringly
lousewort -s
lousiness
loutishly
love-apple
love-arrow
love-charm
love-child
love-feast
love-juice

lovelight -s
love-maker
love-match
loverless
love-shaft
love-story
love-token
loving-cup
low-downer
lower-case
lower-deck
lowermost
lowlander -s
lowlihead
lowliness
low-loader
low-minded
low-necked
lowrie-tod
loxodrome -s
loxodromy
lubricant -s
lubricate -s,-d
　　　　-ting
lubricous
lucidness
luciferin
luckie-dad
luckiness
luck-penny
lucrative
luctation -s
lucubrate -s,-d
　　　　-ting
Lucullean
Lucullian
ludicrous
lumbering -s
lumberman -men
lumber-pie
lumbrical -s
lumbricus -es
luminaire -s
luminance -s
luminesce -s,-d
　　　　-scing
lumpiness
lumpishly
lump-sugar
lunch-hour
lunch-time
lung-grown
lunisolar
lunulated
lupulinic
luridness
lush-house
lustfully
lustihead
lustihood

lustiness
luteinise -s,-d
　　　　-sing
luteolous
lutescent
Lutherism
Lutherist
luxuriant
luxuriate -s,-d
　　　　-ting
luxurious
lyam-hound
'Lycosidae
lyme-grass
lyme-hound
lymphatic
lyomerous
lyophilic
lyophobic
lyrically
lysergide
lysigenic
lysimeter -s

M

macaronic -s
macaronis
macaw-palm
macaw-tree
Maccabean
macedoine -s
macerator -s
machinate -s,-d
　　　　-ting
machinery -ries
machinist -s
machmeter -s
machzorim
macintosh -es
macroaxis -axes
macrobian
macrocopy -pies
macrocosm -s
macrocyte -s
macrodome -s
macrology
macrurous
mactation -s
madarosis
maddening
maddingly
mad-doctor
madeleine -s
madrassah -s
madrepore -s
maelstrom -s
Maeonides
mafficker -s
magdalene -s
maggot-pie

Magianism
magically
magistery -ries
magistral
magnalium
magnesian
magnesite
magnesium
magnetics
magnetise -s,-d
      -sing
magnetism
magnetist -s
magnetite
magnetron -s
magnifico -es
magnified
magnifier -s
magnitude -s
Magyarise
Magyarism
maharajah -s
maharanee -s
maharishi -s
mahlstick -s
Mahometan
maid-child
maidenish
maieutics
mail-coach
mail-order
mail-plane
mail-train
mainbrace -s
mainframe -s
mainliner -s
mainprise -s
mainsheet -s
maistring
major-domo
majorette -s
majorship -s
majuscule -s
make-peace
make-ready
makeshift
malachite
maladroit
malagueña -s
malarious
Malathion®
malaxator -s
Malayalam
Malaysian
Malebolge
malengine
malformed
malicious
malignant -s
malignity

malingery
mallander -s
malleable
mallee-hen
mallemuck -s
mallender -s
malleolar
malleolus -li
Malpighia
maltalent
malt-floor
malt-horse
malt-house
Malvaceae
malvoisie -s
mamillary
mamillate
mammalian
mammalogy
mammiform
mammonish
mammonism
mammonist -s
mammonite -s
man-at-arms
Manchuria
mancipate -s,-d
      -ting
Mancunian
mandarine -s
mandatary -ries
mandatory -ries
mandilion -s
mandiocca -s
mandoline -s
manducate -s,-d
      -ting
mandylion -s
mane-sheet
manganate -s
manganese
manganite -s
manganous
mangetout -s
manginess
mangostan -s
mangouste
manhandle -s,-d
      -ling
Manhattan
manically
Manichean
manifesto -(e)s
      -ing
      -ed
maniplies
manipular
manliness
man-minded
mannequin -s

mannerism -s
mannerist -s
manoeuvre -s,-d
      -ring
manometer -s
man-orchis
manor-seat
mansionry -ries
man-slayer
manticora -s
manticore -s
manubrial
manubrium -bria
manurance -s
Manxwoman
manyplies
many-sided
manzanita -s
mappemond -s
maquisard -s
Marasmius
marcasite
marcelled
march-dike
march-dyke
marchpane
mareschal -s
mare's-nest
mare's-tail
margarine -s
margarite
marginate
marialite
marigraph -s
marihuana -s
marijuana -s
Mariology
marischal -s
maritally
market-day
marketeer -s
marketing
market-man
mark-white
marlstone
marmalade -s
marmarise -s,-d
      -sing
marmoreal
marooning -s
marquetry -tries
marrowfat -s
marrowish
marrow-men
marrowsky -ing
      -skies
      -ied
marshalcy -cies
marshland -s
marshwort -s

marsupial -s
marsupium -pia
martelled
martially
Martinmas
martyrdom -s
martyrise -s,-d
      -sing
marvelled
Maryology
masculine -s
mashallah
masochism
masochist -s
masonried
Masoretic
massagist -s
massiness
massively
Massorete
massymore -s
masterate -s
masterdom
masterful
mastering -s
master-key
masthouse -s
masticate -s,-d
      -ting
mastoidal
matchable
match-cord
matchless
matchlock -s
match-play
matchwood
matelassé -s
maternity -ties
Mathurine
matriarch -s
matricide -s
matricula -s
matriliny -nies
matrimony -nies
matronage -s
matronise -s,-d
      -sing
mattamore -s
matterful
maturable
matutinal
maulstick -s
maunderer -s
Mauritius
mausolean
mausoleum -s
mawkishly
maxi-dress
maxillary
maxillula -s

maximally
maxi-skirt
may-beetle
mayflower -s
mayoralty -ties
mayorship -s
meadow-rue
mealiness
meandered
meandrian
meandrous
meaningly
means-test
meanwhile -s
measuring -s
meat-eater
meatiness
meat-paste
meat-plate
mechanics
mechanise -s,-d
         -sing
mechanism -s
mechanist -s
Mecoptera
medaewart
medalling
medallion -s
medallist -s
mediaeval
mediately
mediation -s
mediatise -s,-d
         -sing
mediative
mediatory
mediatrix -trices
medicable
medically
medicated
medicinal
mediciner -s
meditated
medresseh -s
medullary
medullate
megacurie -s
megacycle -s
megadeath -s
megafarad -s
megagauss
megahertz
megajoule -s
megaphone -s
megascope -s
megaspore -s
mekometer -s
melampode
melanosis
melanotic

melanuria
melanuric
melaphyre
Melastoma
Meliaceae
Meliboean
meliorate -s,-d
         -ting
meliorism
meliorist -s
meliority -ties
melismata
melocoton -s
melodious
melodrama -s
melodrame -s
melomania -s
melomanic
Melpomene
meltingly
melt-water
Memnonian
memoirism
memoirist -s
memorable
memorably
memoranda
memoriter
Memphitic
menadione
menagerie -s
mendacity -ties
Mendelian
Mendelism
mendicant -s
mendicity -ties
meningeal
Menippean
meniscoid
Mennonite
menominee -s
menopause
menorrhea
menseless
Menshevik
menstrual
menstruum -s
         -trua
mentalism -s
mentalist -s
mentality -ties
mentation -s
menticide -s
mentorial
mepacrine
mephitism
mercaptan -s
mercenary -ries
mercerise -s,-d
         -sing

merciable
merciless
mercurial
mercurous
mercy-seat
merestone -s
merganser -s
mermaiden -s
meroistic
Meropidae
meropidan -s
merozoite -s
merpeople
merriment -s
merriness
merrymake -s
         -king
         -made
mescalism
mesentery -ries
mesmerise -s,-d
         -sing
mesmerism
mesmerist -s
mesoblast -s
mesogloea
mesomorph -s
mesophyll -s
mesophyte -s
messenger -s
Messianic
messieurs
messiness
metabasis -ses
metabatic
metabolic
metalline
metalling -s
metallise -s,-d
         -sing
metallist -s
metalloid
metal-work
metameric
metaphase -s
metaplasm -s
meteorism
meteorist -s
meteorite -s
meteoroid
meteorous
metestick -s
methadone
metheglin -s
methodise -s,-d
         -sing
methodism
methodist -s
methought
methylate -s,-d
         -ting

methylene -s
methystic
metonymic
metricate -s,-d
         -ting
metrician -s
metricise -s,-d
         -sing
metricist -s
metrifier -s
metronome -s
mezzanine -s
mezzotint -s
miasmatic
micaceous
mica-slate
microbial
microbian
microcard -s
microchip -s
microcopy -pies
microcosm -s
microcyte -s
microfilm -s,-ing
         -ed
microform -s
microgram -s
microlite
microlith -s
micrology
micropsia
micropyle -s
microsome -s
microtome -s
microtomy -mies
microtone -s
microwatt -s
microwave -s
microwire -s
micturate -s,-d
         -ting
middle-age
middleman -men
mid-heaven
midinette -s
midi-skirt
Midrashim
mid-season
midstream -s
midsummer -s
mid-wicket
midwifery
midwifing
mid-winter
midwiving
miffiness
migration -s
migratory
milestone -s
militancy -cies

militaria
milken-way
milk-fever
milk-float
milk-gland
milk-house
milkiness
milk-molar
milk-punch
milk-shake
milk-sugar
milk-tooth
milk-vetch
milk-white
mill-board
millenary -ries
millennia
millepede -s
millepore -s
Millerian
millerite
mill-horse
millinery
millionth -s
millipede -s
millocrat -s
mill-owner
millstone -s
mill-tooth
mill-wheel
milometer -s
Miltonian
Miltonism
mimetical
mimicking
minacious
mincemeat -s
mincingly
mind-curer
Mindelian
mindfully
mine-field
mine-layer
mine-owner
minginess
miniation -s
miniature -s,-d
          -ring
minidress -es
mini-dress
miniskirt -s
mini-skirt
Minitrack®
minkstone
minorship -s
mint-julep
mint-sauce
minuscule -s
minute-gun
minuteman -men

minutiose
mirabelle -s
mirabilia
mirabilis
mire-snipe
mirifical
mirligoes
mirroring
mirthless
misadvise -s,-d
          -sing
misallege -s,-d
          -ging
misallied
misassign -s,-ing
          -ed
misaunter
misavised
misbecome -s
          -ming
          -came
misbehave -s,-d
          -ving
misbelief -s
misbeseem -s,-ing
          -ed
misbestow -s,-ing
          -ed
miscegene -s
miscegine -s
mischance -s,-d
          -cing
mischancy
mischarge -s,-d
          -ging
miscolour -s,-ing
          -ed
miscreant -s
miscreate
miscredit -s,-ing
          -ed
misdeemed
misdemean -s,-ing
          -ed
misdesert
misdirect -s,-ing
          -ed
misemploy -s,-ing
          -ed
miserable -s
miserably
misesteem -s,-ing
          -ed
misfallen
misfaring
misfeasor -s
misgiving -s
misgotten
misgovern -s,-ing
          -ed

misgrowth -s
misguggle -s,-d
          -ling
misguided
misguider -s
mishandle -s,-d
          -ling
mishanter -s
mishappen
misinform -s,-ing
          -ed
misintend
misleader -s
misleared
misliking -s
mislippen -s,-ing
          -ed
mismanage -s,-d
          -ging
misoclere
misoneism
misoneist -s
mispickel
misplease -s,-d
          -sing
mispraise -s,-d
          -sing
misprised
misreckon -s,-ing
          -ed
misregard
misrelate -s,-d
          -ting
misreport -s,-ing
          -ed
missaying -s
misshaped
misshapen
missilery -ries
missingly
missioner -s
mistaking
mistaught
mistemper
mistigris
mistiness
mistletoe -s
Mithraeum
Mithraism
Mithraist
mitigable
mitigator -s
mitraille
mitre-wort
mitriform
mixedness
mizzonite
mnemonist -s
Mnemosyne
moanfully

mob-handed
mobocracy -cies
mocker-nut
mockingly
modelling -s
moderator -s
modernise -s,-d
          -sing
modernism -s
modernist -s
modernity -ties
modifying
modillion -s
modulator -s
moistness
molecular
mole-spade
molestful
mollified
mollifier -s
mollities
molluscan
mollymawk -s
molochise -s,-d
          -sing
Molossian
molybdate -s
molybdous
momentany
momentary
momentous
monachism
monachist -s
monactine
monadical
Monandria
monarchal
monarchic
monastery -ries
Monastral
monatomic
monaxonic
Mondayish
monecious
monergism
money-bill
moneyless
money-wise
moneywort -s
mongering -s
Mongolian
Mongolise
mongolism
mongoloid -s
mongooses
mongrelly
moniplies
monitress -es
monkey-bag
monkeyish

monkeyism
monkey-jar
monkey-pot
monkey-run
monkshood -s
monk's-seam
monoamine -s
monobasic
monoceros -es
monochord -s
monocline -s
monocoque -s
monocracy -cies
monocular
monodical
monodrama -s
monoecism
monogamic
monograph -s
Monogynia
monolater -s
monolatry -ries
monologic
monologue -s
monomachy -chies
monomania -s
monomeric
monometer -s
monophagy
monophase
monophony
monoplane -s
monopsony -nies
monoptote -s
monorchid
monorhine
monorhyme -s
mono-skier
monostich -s
monostyle
monotonic
monotreme -s
monotroch -s
Monotropa
monotypic
monoxylon -s
Monroeism
Monsignor
monsoonal
monstrous
Montanism
Montanist
monthling -s
monticule -s
monyplies
monzonite
moodiness
moon-blind
moon-faced
moon-glade

moon-knife
moonlight -s
moon-loved
moonquake -s
moonraker -s
moonscape -s
moonshine -s
moonshiny
moonstone -s
mooseyard -s
moot-court
moothouse -s
mop-headed
moraceous
moraliser -s
moratoria
morbidity -ties
mordacity -ties
mordantly
morganite
Mormonism
Mormonite
morphemic
morphetic
morphosis
morphotic
mortalise -s,-d
       -sing
mortality -ties
mortcloth -s
mortgagee -s
mortgager -s
mortgagor -s
mortician -s
mortified
mortifier -s
mort-stone
mosaicism -s
mosaicist -s
moschatel -s
Moslemism
moss-agate
moss-grown
mossiness
moss-plant
motettist -s
moth-eaten
mothering -s
mother-lye
mother-wit
moth-proof
motionist -s
motion-man
motocross
motorable
motor-bike
motor-boat
motorcade -s
motor-ship
moudiwart -s

moudiwort -s
mouldable
mould-loft
mouldwarp -s
mound-bird
mouse-deer
mouse-hole
mouse-hunt
mouse-tail
mouse-trap
moustache -s
mouthable
mouthfuls
mouth-harp
mouthless
mouth-made
mouthwash -es
moveables
mowdiwart -s
mowdiwort -s
moygashel
Mozarabic
Mozartian
muckender
muckiness
muck-raker
muck-sweat
Mucorales
mucronate
muddiness
mud-minnow
muffettee
muffin-cap
muffineer -s
muffin-man
mugearite
mug-hunter
mullioned
multifoil
multiform
multihull -s
multipara -s
multipede -s
multiplet -s
multiplex -es
multitide -s
multi-wall
mum-budget
mumchance -s
mummified
mummiform
mummy-case
mumpishly
mumpsimus -es
mundanely
mundanity
mundungus
Munichism
municipal
murderess -es

murderous
muricated
murkiness
murmuring -s
murmurous
murrained
murtherer -s
musaceous
muscadine -s
muscarine
muscle-man
muscology
muscovado -s
Muscovian
Muscovite
muscovite
musculous
musefully
museology
mushiness
musically
music-case
music-demy
music-hall
musicking
music-rack
music-roll
music-room
musketeer -s
musketoon -s
musk-gland
muskiness
musk-melon
musk-plant
musk-pouch
musk-sheep
musk-shrew
Muslimism
musselled
mussiness
mussitate -s,-d
       -ting
Mussulman
Mussulmen
mustachio -s
musteline -s
mutagenic
mutilated
mutilator -s
mutinying
mutoscope -s
muttering -s
mutton-ham
mutualise -s,-d
       -sing
mutualism
mutuality
muzziness
muzzle-bag
Mycenaean

Mycetozoa
mycologic
mycophagy
mycorhiza -s
mycotoxin -s
mydriasis
mydriatic
mylohyoid -s
mylonitic
myoglobin
myography
myologist -s
myomantic
Myriapoda
myriorama -s
Myristica
myrmecoid
myrobalan -s
Myrtaceae
myrtle-wax
mystagogy
mysteries
mysticism
mystified
mystifier -s
mythicise -s,-d
    -sing
mythicism
mythicist -s
mythology -gies
mythopoet -s
Mytilidae
myxoedema
myxovirus -es

N
Nabataean
nachtmaal
nail-brush
nakedness
name-child
name-plate
nanny-goat
nanometre -s
Napierian
nappiness
narcissus -es
    -ssi
narcotine
narcotise -s,-d
    -sing
narcotism
narcotist -s
narghilly -llies
narration -s
narrative -s
narratory
narrowing -s
naseberry -rries
nastiness

natheless
nathemore
natrolite
nattiness
naturally
nature-god
naughtily
naumachia -s
nauplioid
navelwort -s
navicular -s
navigable
navigator -s
Nazaritic
near-white
neat-house
neat-stall
nebbisher -s
nebuliser -s
necessary -ries
necessity -ties
neck-cloth
neck-piece
neckverse
necrology
necrotise -s,-d
    -sing
necrotomy -mies
nectareal
nectarean
nectarial
nectarine -s
nectarous
needfully
neediness
needleful -s
needle-gun
needle-tin
needy-hood
neesberry -rries
nefandous
nefarious
neglecter -s
negligent
négociant
negotiate -s,-d
    -ting
Negrillos
negritude
negro-corn
negrohead
negroidal
negrophil -s
neighbour -s,-ing
    -ed
nelumbium -s
nemertean -s
nemertian -s
nemertine -s
nemophila -s

Neocomian
neodymium
Neo-Gothic
Neolithic
neologian -s
neologise -s,-d
    -sing
neologism -s
neologist -s
neo-Nazism
neonomian -s
neophobia
neophytic
Neopilina
neoteinia
neoteinic
neotenous
neoterise -s,-d
    -sing
neoterism
neoterist -s
nepenthes
nephalism
nephalist -s
nepheline
nephelite
nephogram -s
nephology
nephralgy
nephratic
nephritic
nephritis
nephrosis
Neptunian
Neptunist
neptunium
Neritidae
nervation -s
nervature -s
nerve-cell
nerveless
nerviness
nervously
nescience
Nestorian
netheless
net-player
net-veined
net-winged
neuralgia
neuralgic
neuration -s
neurility
neuroglia
neurogram -s
neurology
neuropath -s
neurotomy -mies
neutrally
neutretto -s

nevermore
new-create
new-fallen
newfangle
newmarket -s
newsagent -s
news-flash
newshound -s
newsiness
newspaper -s
newsprint
news-sheet
news-stand
news-value
newswoman -women
Newtonian
niccolite
nickeline
nickelise -s,-d
    -sing
nickelled
nickelous
Nickie-ben
nick-nacky
nickstick -s
nicompoop -s
nicotiana -s
nicotinic
nictation -s
nictitate -s,-d
    -ting
niddering
niderling
niellated
nielloing
niff-naffy
niftiness
niggardly
niggerdom
niggerish
niggerism -s
night-bell
night-bird
night-cart
night-club
night-crow
nightfall -s
nightfire -s
night-fowl
night-gear
nightgown -s
night-hawk
nightless
night-line
nightlong
nightmare -s
nightmary
night-rail
night-rest
night-robe

night-rule
night-side
night-soil
nightspot -s
night-tide
night-time
night-walk
nightward
nightwear
night-work
nigricant
Nigritian
nigritude
nigrosine
Nilometer
nine-holes
ninepence -s
ninepenny
nine-score
ninetieth -s
nip-cheese
nipperkin -s
nippingly
Nipponese
Nithsdale
nitratine
nitration
nitriding -s
nitrified
nitro-silk
nitwitted
no-account
nobbiness
nobiliary
nobleness
noctiluca -s
Noctuidae
nocturnal -s
nocuously
nodulated
noiseless
noisiness
noisomely
no-meaning
nominable
nominally
nominator -s
nomocracy -cies
nomograph -s
nomothete -s
non-access
nonce-word
nonentity -ties
nonillion -s
non-juring
non-linear
non-member
nonpareil -s
nonparous
non-person

non-smoker
non-usager
non-voting
noodledom
noosphere
nor'-easter
normalise -s,-d
              -sing
normality
normative
north-east
northerly
northland -s
northmost
northward
north-west
Norwegian
nor'-wester
nose-bleed
nose-flute
nose-piece
nose-wheel
nostalgia
nostalgic
nostology
notabilia
notaphily
notchback -s
notedness
notepaper -s
not-headed
notifying
notionist -s
notochord -s
Notodonta
Notogaean
Notogaeic
Notonecta
notoriety -ties
notorious
Nototrema
Notre-Dame
no-trumper
nourisher -s
nouriture
novelette -s
noveliser -s
novelties
novennial
noviciate -s
novitiate -s
Novocaine®
novodamus -es
nowhither
noxiously
nubeculae
nucleated
nucleolar
nucleolus -li
nuisancer -s

nullified
nullifier -s
nullipara -s
numble-pie
numbskull -s
numerable
numerably
numeraire -s
numerally
numerator -s
numerical
nummulary
nummuline
nummulite -s
nunataker
nuncupate -s,-d
              -ting
nunnation
nun's-flesh
nurselike
nurseling -s
nursemaid -s
nurse-tend
nurturant
nut-butter
nutjobber -s
nutmegged
nutpecker -s
nutriment -s
nutrition -s
nutritive
nuttiness
nut-weevil
nut-wrench
nyctalops -es
nymphaeum -s
nymphalid -s
nymphical
nymph-like
nystagmic
nystagmus

O

oakenshaw -s
oar-footed
oarswoman -women
oast-house
obbligato -s,-ti
obconical
obcordate
obedience
obeisance -s
obeliscal
obeseness
obfuscate -s,-d
              -ting
objectify -ing
              -fies
              -ied
objection -s

objective -s
objurgate -s,-d
              -ting
obliquely
obliquity -ties
oblivious
obnoxious
obovately
obreption
obscenely
obscenity -ties
obscurant -s
obscurely
obscurity -ties
obsecrate -s,-d
              -ting
obsequent
obsequial
obsequies
observant -s
observing
obsession -s
obsessive
obsignate -s,-d
              -ting
obsolesce -s,-d
              -scing
obstetric
obstinacy
obstinate
obstruent -s
obtention -s
obtruding -s
obtrusion -s
obtrusive
obtundent -s
obturator -s
obumbrate -s,-d
              -ting
obvention
obversely
obversion -s
obviation -s
obviously
obvoluted
obvolvent
occipital -s
occludent -s
occlusion -s
occlusive -s
occulting
occultism
occultist -s
occupance -s
occupancy -cies
occupying
occurrent -s
occurring
oceanides
ocellated

ochlocrat -s
Ockhamism
Ockhamist
octachord -s
octagonal
octahedra
octameter -s
Octandria
octaploid -s
octapodic
octastich -s
octastyle -s
octennial
octillion -s
Octobrist
Octogynia
octonarii
octoploid -s
octopodes
octopuses
octostyle -s
odalisque -s
oddfellow -s
odd-jobber
odd-jobman
odd-man-out
Odelsting
odontalgy
odorously
odourless
oecumenic
oenanthic
oenomancy
oenomania
oenometer -s
oenophile -s
oenophily
Oenothera
oestrogen -s
off-centre
off-chance
off-colour
offensive -s
offerable
offertory -ries
offhanded
office-boy
officiant -s
officiate -s,-d
        -ting
officinal
officious
off-putter
offsaddle -s,-d
        -ling
offseason -s
offspring -s
off-stream
off-street
off-the-peg

oftenness
oil-beetle
oil-burner
oil-colour
oil-engine
oil-tanker
okey-dokey
oleaceous
olecranal
olecranon -s
Olenellus
oleograph -s
oleo-resin
olephilic
olfaction
olfactive
olfactory
oligarchy -chies
Oligocene
oligopoly -lies
olivenite
Oliverian
olive-yard
ombrophil -s
ombudsman -men
ominously
omissible
omittance
ommatidia
omnibuses
omophagia
omophagic
omphacite
omphaloid
onanistic
oncogenic
oncometer -s
one-handed
one-legged
onerously
onion-eyed
onion-skin
onirology
on-licence
onlooking
onomastic
onsetting -s
onslaught -s
on-the-spot
ontogenic
ontologic
onychitis
oogenesis
oogenetic
opal-glass
open-armed
open-chain
open-ended
open-field
open-steek

operating
operation -s
operative -s
opercular
operculum -la
operosely
operosity
ophiology
Ophiuchus
Ophiurida
ophiuroid -s
opinioned
opobalsam
opodeldoc
opponency -cies
opportune
opposable
oppressor -s
oppugnant -s
opsimathy
opsomania
optically
optimates
optometer -s
optometry
optophone -s
opulently
opusculum -la
oraculous
orangeade -s
Orangeism
Orangeman
orange-tip
orang-utan
oratorial
oratorian -s
oratories
orbicular
orchestic
orchestra -s
Orchideae
orchidist -s
order-book
orderless
ordinance -s
ore-raught
ore-rested
organelle -s
organical
organised
organiser -s
organ-pipe
organzine
orgiastic
orgillous
orientate -s,-d
        -ting
orificial
oriflamme -s
Origenism

Origenist
originate -s,-d
        -ting
Oriolidae
Orleanism
Orleanist
ornithoid
Orobanche
orography
orologist -s
ororotund
orphanage -s
orphanism
orpharion -s
Orpington
orris-root
ortanique -s
orthoaxis -xes
orthodoxy -xies
orthoepic
orthopedy
orthoptic
orthotics
orthotist -s
orthotone
Orwellian
oscillate -s,-d
        -ting
oscitancy
osmeteria
osmometer -s
ossicular
ossifraga -s
ossifrage -s
ossifying
ostensive
ostensory -ries
osteoderm -s
osteogeny
osteology
osteopath -s
osteotome -s
osteotomy -mies
ostiolate
ostleress -es
Ostracion
ostracise -s,-d
        -sing
ostracism
Ostracoda
Ostrogoth
otherness
otherwise
otologist -s
otorrhoea
ottrelite
oubliette -s
Oudenarde
oughtness
ouroscopy -pies

ourselves	overcarry -ing	overmerry	overstate -s,-d
out-and-out	-rries	overmount -s,-ing	-ting
outbacker -s	-ied	-ed	oversteer -s
outbounds	overcatch -es	overnight	overstink -s,-ing
outcrafty	-ing	overpaint -s	-stank
outdoorsy -sier	-caught	overperch -es	-stunk
-iest	overcheck -s,-ing	-ing	overstock -s,-ing
outermost	-ed	-ed	-ed
outerware	overcloud -s,-ing	overpitch -es	overstrew -s,-ing
outfitter -s	-ed	-ing	-n
outgiving	overcount -s,-ing	-ed	overstudy -ing
outgrowth -s	-ed	overpoise -s,-d	-dies
outhauler -s	overcover -s,-ing	-sing	-ied
outlander -s	-ed	overpower -s,-ing	overstuff -s,-ing
outlaunch	overcrowd -s,-ing	-ed	-ed
outlinear	-ed	overpress -es	overstunk
outlustre	overdated	-ing	overswear -s,-ing
outmantle -s,-d	overdight	-ed	-swore
-ling	overdraft -s	overprint -s,-ing	-sworn
outnumber -s,-ing	overdress -es	-ed	overswell -s,-ing
-ed	-ing	overprize -s,-d	-ed
out-of-date	-ed	-zing	overtaken
out-of-work	overdrive -s,-n	overproof	overthrow -s,-ing
outparish -es	-ving	overproud	-n
out-porter	-drove	overreach -es	overtimer -s
outpourer -s	over-exact	-ing	overtower -s,-ing
outredden -s,-ing	overexert -s	-ed	-ed
-ed	-ing	overreact -s,-ing	overtrade -s,-d
outrelief	-ed	-ed	-ding
outrigger -s	overflown	overrider -s	overtrain -s,-ing
outrooper	overflush -es	overripen -s,-ing	-ed
outrunner -s	overglaze -s,-d	-ed	overtrick -s
out-sentry	-zing	overroast -s,-ing	overtrump -s,-ing
outspoken	overgloom -s,-ing	-ed	-ed
outspread -s,-ing	-ed	overruler -s	overtrust -s,-ing
outspring -s,-ing	overgoing -s	overscore -s,-d	-ed
-sprung	overgorge	-ring	overvalue -s,-d
outstrain -s,-ing	overgrain -s,-ing	oversexed	-luing
-ed	-ed	overshade -s,-d	overwatch -es
outstrike -s	overgrass -es	-ding	-ing
-king	-ing	overshine	-ed
-struck	-ed	overshirt -s	overweary -ing
outtongue	overgraze -s,-d	overshoot -s,-ing	-ries
outtravel -s	-zing	-shot	-ied
-ling	overgreat	oversight -s	overweigh -s,-ing
-led	overgreen -s,-ing	oversized	-ed
outwardly	-ed	overskirt -s	overwhelm -s,-ing
outwitted	overgrown	oversleep -s,-ing	-ed
outworker -s	overhaile	-slept	overwound
ouzel-cock	overhappy	overspend -s,-ing	overwrest -s,-ing
ovalbumin	overhaste	overspent	-ed
oven-ready	overhasty	overspill -s	overwrite -s
overalled	overinked	overstaff -s,-ing	-ting
overblown	overissue -s,-d	-ed	-written
overboard	-ssuing	overstain -s,-ing	ovibovine
overbound -s,-ing	overladen	-ed	oviductal
-ed	overlusty	overstand -s,-ing	oviferous
overbuild -s,-ing	overlying	-stood	ovigerous
-built	overmatch -es	overstare -s,-d	oviparity
	-ing	-ring	oviparous
	-ed		

ovotestis -tes
ovulation -s
owle-glass
owl-parrot
ownerless
ownership -s
Oxfordian
oxidation -s
oxygenate -s,-d
       -ting
oxygenise -s,-d
      -sing
oxygenous
oxy-halide
oxy-iodide
oyster-bed
ozocerite
ozokerite
ozonation

P

pacemaker -s
pachyderm -s
pacifical
packaging -s
pack-cinch
pack-cloth
pack-drill
pack-horse
packsheet -s
packstaff -s
pack-train
pack-twine
pactional
paddle-box
paddy-bird
pademelon -s
pad-saddle
padymelon -s
paederast -s
paedeutic
paediatry
paedology
pageantry -ries
page-proof
paideutic
paillasse -s
paillette -s
painfully
paintable
painterly
paintress -es
pair-horse
pair-royal
Pakistani
palace-car
palaestra -s
palafitte -s
palampore -s
palankeen -s

palanquin -s
palatable
palatably
palaverer -s
palempore -s
palfreyed
palillogy -gies
Palladian
palladium -s
palladous
palletise -s,-d
      -sing
palliasse -s
pallidity
palmarian
palmately
palmation -s
palm-civet
palm-honey
palmhouse -s
palmipede -s
palmistry
palmitate -s
palm-sugar
palpation -s
palpebral
palpitant
palpitate -s,-d
      -ting
palsgrave -s
paludinal
Paludrine
palustral
Pan-Arabic
panatella -s
panchayat -s
pancosmic
pancratic
pandation
pandemian
panderess -es
panderism
panderous
pandurate
panegoism
panegyric -s
panelling -s
panellist -s
Pan-German
panhandle -s
panic-bolt
panicking -s
panlogism
panniered
pannikell
panoistic
panoplied
panoramic
pansexual
Pan-Slavic

pansophic
panspermy
pantagamy
pantaleon -s
pantalets
Pantaloon
pantheism
pantheist -s
panthenol
pantihose
pantiling -s
pantingly
pantoffle -s
pantomime -s
pantoufle -s
pantryman -men
paparazzo -zzi
paperback -s,-ing
      -ed
*paper-case
*paper-clip
*paper-coal
*paper-file
*paper-girl
*paper-mill
*paper-pulp
*paper-reed
papeterie -s
papillary
papillate
papilloma -s
papillose
papillote -s
papillous
papillule -s
parabasis -ses
parabolas
parabolic
parabrake -s
parachute -s,-d
      -ting
paraclete -s
paracusis
paradisal
paradisic
paradoxal
paradoxer -s
paraffine -s,-d
      -ning
paraffiny
paragogic
paragogue -s
paragraph -s,-ing
      -ed
paralalia
paralexia
paralogia
paralyser -s
paralysis -ses
paralytic -s

paramatta
paramecia
paramedic -s
parameter -s
paramorph -s
paramount -s
paranoeic -s
paranoiac -s
paranymph -s
parapeted
parapodia
paraquito -s
parasceve -s
parasitic
parataxis
paratonic
paravaunt
parbuckle -s,-d
      -ling
parcelled
parcenary -ries
parchedly
parchment -s
pardoning -s
parecious
paregoric -s
parenesis
parentage -s
parenting
parfleche -s
pargasite -s
pargeting -s
parge-work
parhelion -lia
parhypate -s
parischan -s
parklands
parkwards
parleyvoo -s,-ing
      -ed
Parnassus
parochial
parochine -s
parodical
parodying
paroemiac -s
paroemial
paroicous
parotitis
parqueted
parquetry -ries
parrakeet -s
parrhesia
parricide -s
parroquet -s
parrot-cry
parrot-jaw
Parseeism
parsimony -nies
parsonage -s

parsonish
partaking -s
Parthenon
partially
partition -s,-ing
          -ed
partitive -s
partitura
part-owner
partridge -s
part-timer
party-call
party-jury
party-line
party-wall
pasquiler -s
passament -s,-ing
          -ed
pass-check
passement -s,-ing
          -ed
passenger -s
passepied -s
passerine -s
passers-by
passional -s
passioned
passively
passivism
passivist -s
passivity -ties
pasticcio
pastiness
pastorale -s
pastorate -s
pasturage -s
patchable
patchocke
patchouli -s
patchouly -lies
patchwork -s
patellate
patercove -s
paternity -ties
pathogeny -nies
pathology -gies
patiently
patinated
patriarch -s
patrician -s
patricide -s
patrimony -nies
patriotic
patristic
patrolled
patroller -s
patrolman -men
patrology
patronage -s
patroness -es

patronise -s,-d
          -sing
Paulician
Paulinian
Paulinism
Paulinist
paulownia -s
pauperess -es
pauperise -s,-d
          -sing
pauperism
pauseless
pausingly
Pavlovian
pawkiness
pay-gravel
paymaster -s
pay-office
pay-packet
paysagist -s
peaceable
peaceably
peaceless
peace-pipe
peacetime -s
peach-blow
peach-palm
peach-tree
peach-wood
pea-jacket
pearl-edge
pearl-eyed
pearl-gray
pearl-grey
pearlitic
pearl-sago
pearl-spar
pearl-wort
peasantry -ries
pease-meal
pease-soup
peaseweep -s
pea-souper
peat-creel
peat-smoke
peat-spade
peat-stack
pecan-tree
peccantly
pectinate
pectineal
pectolite
peculator -s
pecuniary
pecunious
pedagogic
pedagogue -s,-d
          -guing
pedal-bone
pedalling

pedantise -s,-d
          -sing
pedantism -s
pedatifid
pedicular
Pediculus
pedigreed
Pedipalpi
pedometer -s
peel-house
peel-tower
peep-sight
peevishly
pegmatite -s
peirastic
Pekingese
Pelasgian
Pellagrin
pelletify -ing
          -fies
          -ied
pelletise -s,-d
          -sing
pellitory -ries
pelmanism
pelorised
peltingly
pelviform
pemphigus
pen-and-ink
pencilled
penciller -s
pencil-ore
pendently
pendicler -s
pendragon -s
pen-driver
pendulate -s,-d
          -ting
penduline
pendulous
peneplain -s
peneplane -s
penetrant -s
penetrate -s,-d
          -ting
pen-friend
penguinry -ries
penholder -s
peninsula -s
penistone -s
penitence -s
penitency -cies
pennalism
pennatula -s,-e
penniform
penniless
penninite -s
pennoncel -s
penny-bank

pennyland -s
penny-post
penny-rent
penny-wise
pennywort -s
pen-pusher
pensility
pensioner -s
pensively
penstemon -s
pentagram -s
pentalpha -s
pentamery -ries
pentangle -s
pentapody -dies
pentarchy -chies
Pentecost
penthouse -s,-d
          -sing
pentosane -s
pentoxide -s
pentylene
penultima -s
penumbral
penurious
pepper-box
peppering -s
pepper-pot
pepticity
peptonise -s,-d
          -sing
peraeopod -s
percaline -s
perceiver -s
percental
perchance
percheron -s
perciform
percolate -s,-d
          -ting
percussed
percussor -s
perdition
peregrine -s
pereiopod -s
perennate -s,-d
          -ting
perennial -s
perennity
perfecter -s
perfectly
perfector -s
perfervid
perfervor
perforans -es
perforant
perforate -s,-d
          -ting
performer -s
perfumery -ries

perfusion -s
perfusive
pergunnah -s
periaktos -es
peribolos -es
peribolus -es
periclase
Periclean
pericline -s
pericrany
pericycle -s
peridinia
peridotic
peridrome -s
perilling
perilymph -s
perimeter -s
perimetry -ries
perimorph -s
perinaeal
perinaeum -s
perinatal
periodate -s
peripatus -es
peripetia -s
periphery -ries
periplast -s
periproct -s
periscian -s
periscope -s,-d
    -ping
perishing
perisperm -s
peristome -s
peristyle -s
perjurous
perkiness
permalloy -s
permanent
permeable
permeably
permeance
permitted
permitter -s
permutate -s,-d
    -ting
Pernettya
perpetual -s
perradial
perradius -dii
persecute -s,-d
    -ting
persevere -s,-d
    -ring
Persicise
persienne -s
persimmon -s
personage -s
personate -s,-d
    -ting

personify -ing
    -fies
    -ied
personise -s,-d
    -sing
personnel -s
persuader -s
perthitic
pertinent -s
perturbed
perturber -s
pertusate
pertusion -s
pertussal
pertussis
pervasion -s
pervasive
perverter -s
pervicacy
pessimism
pessimist -s
pesterous
pesthouse -s
pesticide -s
pestilent
pestology
petaurine
petaurist -s
petechiae
petechial
peter-boat
petersham -s
pethidine
pétillant
petiolate
petiolule -s
petrified
Petrinism
petrolage
petroleum
petrolled
petrology
petticoat -s
pettiness
pettishly
pettitoes
petulance
petulancy
pew-fellow
pew-holder
pew-opener
phacoidal
phacolite -s
phacolith -s
phaenogam -s
phagocyte -s
phalangal
phalanger -s
phalanges
phalangid -s

phalanxes
phalarope -s
Phanariot
phantasim
phantasma -ta
phantasms
pharaonic
pharisaic
pharyngal
pharynges
pharynxes
phaseless
Phasmidae
phellogen -s
phelonion -s
phenacite
phenakism
phenakite
phengites
Phenician
phenolate -s
phenology
phenomena
phenotype -s
pheromone -s
phialling
philander -s,-ing
    -ed
philately
philhorse
philippic -s
Philister
phillabeg -s
phillibeg -s
Phillyrea
philogyny
philology
philomath -s
Philomela
Philomene
philopena -s
phlebitis
phonation
phonatory
phonemics
phonetics
phonetism -s
phonetist -s
phoniness
phonmeter -s
phonogram -s
phonolite
phonology
phonopore -s
phonotype -s,-d
    -ping
phonotypy
phosphate -s
phosphene -s
phosphide -s

phosphine -s
phosphite -s
phossy-jaw
photocall -s
photocell -s
photocopy -ing
    -pies
    -ied
photogene -s
photogeny
photogram -s
photophil -s
photopsia
phototype -s,-d
    -ping
phototypy
phraseman -men
phrenesis
phrenetic -s
phrenitic
phrenitis
phthalate -s
phthalein -s
phycocyan
phycology
phylarchy
phyllopod -s
phylogeny
physician -s
physicism
physicist -s
physicked
physic-nut
phytogeny
phytology
phytotomy
phytotron -s
piacevole
pianistic
piano-wire
piccadill
pickaback -s
pickapack -s
pickeerer -s
picketing
pick-purse
pick-thank
pick-tooth
picnicked
picnicker -s
pictarnie -s
pictogram -s
pictorial -s
pieceless
piecemeal
piece-rate
piece-work
piepowder
pier-glass
pieridine

Pierrette	pipe-organ	planation -s	plicately
pier-table	piperonal	planetary	plication -s
pietistic	pipestone -s	planetoid -s	plicature -s
pifferari	pipe-track	plane-tree	plightful
pifferaro	pipsqueak -s	plangency	plot-proof
pigeon-pea	piquantly	planisher -s	ploughboy -s
piggishly	piratical	Planorbis	ploughing -s
piggyback -s	pirouette -s,-d	plantable	ploughman
piggy-bank	-tting	plantless	ploughmen
pigheaded	piscatory	plant-lice	plumbeous
pigmental	piscatrix -es	plant-like	plumbless
pigmented	pisciform	plantling -s	plumb-line
pignerate -s,-d	pisolitic	plant-lore	plumb-rule
-ting	pistachio -s	planuloid	plumdamas -es
pignorate -s,-d	pistareen -s	plaquette -s	plume-bird
-ting	pistoleer	plasmatic	plumeless
pigsconce -s	pistolled	plasmodia	plume-moth
pike-perch	piston-rod	plastered	plumpness
pikestaff -s	pitch-dark	plasterer -s	plum-stone
pilferage -s	pitchfork -s,-ing	plate-mark	plumulate
pilfering -s	-ed	plate-rack	plumulose
pilgrimer -s	pitchpine -s	plate-rail	plunderer -s
pillar-box	pitchpipe -s	plate-room	pluralise -s,-d
pillarist -s	pitch-tree	plate-ship	-sing
pillicock -s	piteously	platinise -s,-d	pluralism -s
pilloried	pithecoid	-sing	pluralist -s
pillorise -s,-d	pithiness	platinoid -s	plurality -ties
-sing	pitifully	platinous	pluripara
pillow-cup	pit-sawyer	platitude -s	plus-fours
pilot-boat	pituitary	Platonise	plutocrat -s
pilot-fish	pituitrin	Platonism	plutology
pilot-flag	pityingly	Platonist	Plutonian
pilot-jack	pivotally	plausible	Plutonism
pilotless	pixie-hood	plausibly	Plutonist
pimpernel -s	pixilated	plaustral	plutonium
piña-cloth	pixy-stool	play-actor	plutonomy
pinafored	pizzicato -s	played-out	pneumatic
pinchbeck	placation -s	playfully	pneumonia
pinchcock -s	placatory	play-going	pneumonic -s
pinchfist -s	place-kick	playgroup -s	pocketful -s
Pindarise	placeless	playhouse -s	pocketing
Pindarism	placement -s	play-spell	pockmanky -kies
Pindarist	placentae	plaything -s	podagrous
pineapple -s	placental -s	play-world	podginess
pine-finch	placidity	pleadable	poenology
pine-house	placitory	pleasance -s	poetaster -s
Pinkerton	plackless	pleaseman	poetastry
pinkiness	placoderm -s	pleasurer -s	poeticise -s,-d
pin-making	plague-pit	Pleiocene	-sing
pinnacled	plaid-neuk	pleiomery	poeticism -s
pinnately	plain-cook	plenarily	poeticule -s
pinnipede -s	plain-darn	plenilune -s	poetresse
pinnulate	plainness	plenitude -s	pogo-stick
pin-stripe	plainsman -men	plenteous	poignancy -cies
pintailed	plainsong -s	plentiful	poinciana -s
pint-sized	plaintful	pleonaste -s	point-duty
pint-stoup	plaintiff -s	plethoric	pointedly
pipe-dream	plaintive	pleuritic	pointillé
pipe-layer	plainwork	pleuritis	point-lace
pipe-light	planarian -s	plexiform	pointless

pointsman -men
poison-gas
poison-ivy
poison-nut
poison-oak
poisonous
pokeberry -rries
poker-face
poker-work
polarised
polariser -s
pole-clipt
polemarch -s
polemical
pole-vault
polianite
police-dog
policeman -men
Politburo
political
politicly
politique
pollen-sac
pollinate -s,-d
　　　　-ting
pollinium -nia
poll-money
pollutant -s
pollution -s
pollutive
polonaise -s
polverine
polyamide -s
polyandry
polyarchy -chies
polyaxial
polybasic
polyester -s
Polygamia
polygamic
polygenic
polyglott -s
polygonal
polygonum -s
polygraph -s
Polygynia
polyhedra
polymasty
polymathy
polymeric
polymorph -s
polyonymy
polyphagy
polyphase
polyphone -s
polyphony -nies
polypidom -s
polyploid
Polyporus
polyposis

polyptych -s
polystyle
polythene -s
polytonal
polytypic
polyvinyl -s
polywater
polyzoary -ries
polyzonal
polyzooid
pomace-fly
pomaceous
pome-water
pommelled
pomoerium -s
pompadour -s
pompholyx -es
pomposity -ties
pompously
ponderate -s,-d
　　　　-ting
ponderous
pond-snail
pontianac -s
pontianak -s
pontifice
pontlevis -es
pontoneer -s
pontonier -s
pontooner -s
poodle-dog
poorhouse -s
poor's-roll
Pooterism
popliteal
Popperian
poppering -s
poppycock
poppy-head
poppy-seed
pop-record
pop-singer
popularly
porbeagle -s
porcelain -s
porcupine -s
poriferal
poriferan
porogamic
poromeric
poroscope -s
poroscopy
porphyria
porphyrio -s
porporate
porrenger -s
porringer -s
portatile
portative
porterage -s

porteress -es
portfolio -s
porthouse
porticoed
porticoes
portioned
portioner -s
portolano -s,-ni
portrayal -s
portrayer -s
portreeve -s
Portuguee
portulaca -s
porwiggle -s
possessed
possessor -s
post-entry
posterior -s
posterity -ties
post-haste
post-horse
posthouse -s
posticous
postilion -s
postiller -s
post-nasal
post-natal
postponer -s
postulant -s
postulate -s,-d
　　　　-ting
posturist -s
post-woman
potassium
potato-pit
potato-rot
pot-barley
pot-boiler
potentate -s
potential -s
pot-hanger
pothecary -ries
potholing -s
pot-hunter
pot-liquor
potometer -s
pot-pourri
pottering -s
pottingar -s
pottinger -s
pottle-pot
pot-valour
pot-waller
pouchfuls
Poujadism
Poujadist
poulterer -s
poult-foot
pounce-bag
pounce-box

pound-cake
pourboire -s
pourpoint -s
pousowdie -s
poussette -s,-d
　　　　-tting
poutingly
powder-box
powellise -s,-d
　　　　-sing
Powellism
powellite
powerboat -s
power-dive
powerless
power-loom
pozzolana
practical -s
practicum
practised
practiser -s
praecoces
praenomen -s
praesidia
pragmatic -s
praiseful
Prakritic
pranksome
prankster -s
pratingly
prayerful
prayer-rug
prayingly
preachify -ing
　　　　-fies
　　　　-ied
preachily
preaching -s
pre-adamic
prebendal
prebiotic
pre-cancel
precative
precatory
precedent -s
preceding
precentor -s
preceptor -s
précieuse -s
precipice -s
precisely
precisian -s
precision -s
precisive
precocial
precocity -ties
preconise -s,-d
　　　　-sing
precurrer
precursor -s

predacity
predation -s
predative
predatory
predefine -s,-d
-ning
predesign -s,-ing
-ed
predevote
predicant -s
predicate -s,-d
-ting
predictor -s
predigest -s,-ing
-ed
predikant -s
predilect
pre-employ
pre-emptor
pre-engage
pre-exilic
prefacial
prefatory
preferred
preferrer -s
prefigure -s,-d
-ring
prefixion -s
pregnable
pregnance
pregnancy -cies
prehallux -es
prehensor -s
prejudice -s,-d
-cing
prelatess -es
prelatial
prelation -s
prelatise -s,-d
-sing
prelatish
prelatism
prelatist -s
prelature -s
prelector -s
preludial
prelusion -s
prelusive
prelusory
premature
premonish -es
-ing
-ed
premosaic
premotion -s
prenotion -s
prenubile
preoccupy -ing
-pies
-ied

preoption -s
preorally
preordain -s,-ing
-ed
prepacked
prepollex -es
prepotent
preputial
prerosion
presbyope -s
presbyopy
presbyter -s
preschool
prescient
prescious
prescribe -s,-d
-bing
prescript -s
prescutum -s
preselect -s,-ing
-ed
presentee -s
presenter -s
presently
preserver -s
pre-shrink
president -s
presidial
presidium -s,-dia
press-book
press-gang
press-mark
press-room
press-stud
press-work
presuming
pretended
pretender -s
preterist -s
preterite -s
pretermit -s
-ting
-ted
prettyish
prettyism -s
prevalent
preventer -s
preverbal
pre-vernal
prevision -s
priceless
price-list
priciness
prickling -s
prick-song
prick-spur
prickwood -s
prideless
priestess -es
priest-rid

primaeval
primality
primarily
primatial
primeness
primipara -s,-e
primitiae
primitial
primitias
primitive -s
primrosed
primuline
princedom -s
princekin -s
princelet -s
princesse
principal -s
principia
principle -s,-d
-ling
printable
printless
*print-shop
priorship -s
prismatic
prisonous
*prison-van
privateer -s,-ing
-ed
privately
privation -s
privatise -s,-d
-sing
privative -s
privilege -s,-d
-ging
prize-crew
prize-list
prize-ring
probation -s
probative
probatory
proboscis -es
-scides
procacity
procaryon -s
procaryot -s
procedure -s
proceeder -s
procerity
processed
processor -s
procident
proclitic -s
proconsul -s
procreant -s
procreate -s,-d
-ting
proctitis
procuracy -cies

procuress -es
proditory
prodromal
prodromic
prodromus -mi
proembryo -s
proenzyme -s
profanely
profanity -ties
professed
professor -s
proffered
profferer -s
profilist -s
profiteer -s,-ing
-ed
profiting -s
profluent
profusely
profusion -s
progestin
prognoses
prognosis
programme -s,-d
-mming
projector -s
prokaryon -s
prokaryot -s
prolactin
prolamine
prolapsus -es
prolately
prolation -s
prolative
prolepses
prolepsis
proleptic
proletary -ries
prolicide -s
prolixity -ties
prologise -s,-d
-sing
prolonger -s
prolusion -s
prolusory
promachos -es
promenade -s,-d
-ding
prominent
promising
promissor -s
promotion -s
promotive
prompting -s
prompture
promuscis -es
pronation -s
proneness
prongbuck -s
pronghorn -s

pronounce -s,-d
-cing
pronuclei
prooemion -s
prooemium -s
proofless
proof-mark
proof-read
proof-text
propagate -s,-d
-ting
propagule -s
propelled
propeller -s
properdin
prophetic
propodeon -s
propodeum -s
proponent -s
propriety -ties
proptosis
propylaea
propylene
propylite -s
proration -s
prorector -s
prorogate -s,-d
-ting
prosaical
proscribe -s,-d
-bing
proscript -s
prosector -s
prosecute -s,-d
-ting
proselyte -s
prose-poem
proseucha -e
proseuche
prosimian -s
prosiness
prosodial
prosodian -s
prosodist -s
prostatic
prostrate -s,-d
-ting
protamine -s
protandry
protected
protector -s
proteinic
protester -s
protestor -s
prothalli
prothesis -ses
prothetic
prothorax -es
protistic
protogine

protogyny
protonema -s
prototype -s
protoxide -s
protozoan -s
protozoic
protozoon -zoa
proudness
proud-pied
Proustian
proustite
proveably
provedore -s
Provençal
provender -s,-ing
-ed
provident
provision -s,-ing
-ed
provisory
provocant -s
provoking
provostry -ries
prowessed
proximate
proximity -ties
prozymite -s
prudently
prudhomme -s
prudishly
prunellos
prurience
pruriency
prussiate -s
prytaneum -nea
psalm-book
psalmodic
psalm-tune
psalteria
psaltress -es
psammitic
pseudaxis -xes
pseudonym -s
pseudopod -s
Psittacus
psoriasis
psoriatic
psychical
psychogas
psychoses
psychosis
psychotic -s
ptarmigan -s
Pteridium
Pteropoda
pterosaur -s
pterygial
pterygium -gia
pterygoid -s
Ptolemaic

pubescent
publicise -s,-d
-sing
publicist -s
publicity
publisher -s
Puck-hairy
puddening -s
pudendous
pudginess
puerilism
puerility
puerperal
puff-adder
puffiness
puffingly
puff-paste
pug-engine
pugnacity
puissance -s
puissaunt
Pulicidae
pullulate -s,-d
-ting
pulmonary
Pulmonata
pulmonate -s
pulpboard
pulpiness
pulpiteer -s
pulpstone -s
pulsatile
pulsation -s
pulsative
pulsatory
pulseless
pulse-rate
pulse-wave
pulverine
pulverise -s,-d
-sing
pulverous
pulvillar
pulvilled
pulvillio -s
pulvillus -lli
pulvinate
pulvinule -s
pumiceous
pummelled
pump-water
punch-ball
punch-bowl
punch-card
punch-prop
punctated
punctator -s
punctilio -s
punctuate -s,-d
-ting

punctured
pungently
punishing
Punjaubee
punkiness
pupillage -s
pupillary
pupillate
puppeteer -s
puppyhood
purchaser -s
purdonium -s
pure-blood
purgation -s
purgative -s
purgatory -ries
purifying
puritanic
purloiner -s
purposely
purposive
purpureal
purringly
pursuable
pursuance -s
purulence
purulency
push-chair
push-cycle
pushfully
pushingly
push-start
pussyfoot -s,-ing
-ed
pustulant -s
pustulate -s,-d
-ting
pustulous
putrefied
putridity
putter-out
puzzledom
puzzle-peg
puzzolana
pycnidium -s
pyelogram -s
pygostyle -s
pyorrhoea
pyracanth -s
Pyralidae
pyramidal
pyramides
pyramidic
pyramidon -s
Pyrenaean
pyreneite
pyrethrin
pyrethrum -s
pyridoxin
pyritical

pyrogenic
pyrolater -s
pyrolatry
pyrolysis
pyrolytic
pyromancy -cies
pyromania -s
pyrometer -s
pyrometry
pyrophone -s
pyroscope -s
pyroxenic
pyroxylic
pyroxylin
Pyrrhonic
pythoness -es

Q
quadratic
quadratus -es
quadrifid
quadrigae
quadrille -s,-d
        -lling
quadruman -s
quadruped -s
quadruple -s,-d
        -ling
quaeritur
quaesitum -s
quail-call
quail-pipe
Quakerdom
Quakeress
Quakerish
Quakerism
quakiness
quakingly
qualamdan -s
qualified
qualifier -s
qualitied
qualmless
quantical
quarenden -s
quarender -s
quarrying
quarryman -men
quarry-sap
quartered
quarterly
quartette -s
quartetto
quartzite
quartzose
Quasimodo
quavering -s
Quebecker
Québecois
quebracho -s

queen-cake
queenhood -s
queenless
queen-like
queen-post
queen's-arm
queenship -s
queen-size
queerness
quenching -s
quercetum
querimony -nies
querulous
questrist
queue-jump
quibbling
quickbeam -s
quick-born
quickener
quick-eyed
quick-fire
quicklime
quickness
quicksand -s
quickstep -s
quiescent
quietness
quietsome
quillwort -s
quinidine
quinoline
quinquina -s
quintette -s
quintetto
quintroon -s
quintuple -s,-d
        -ling
quirister
quit-claim
quittance -s
quiverful -s
quiverish
quixotism
quizzical
quotation -s
quotative -s
quotidian -s
quotition -s

R
rabatment -s
rabatting -s
rabbeting
rabbinate -s
rabbinism
rabbinist -s
rabbinite -s
rabidness
raccahout
race-going

racehorse -s
racetrack -s
rachidial
rachidian
racialism
racialist -s
raciation -s
racing-bit
racing-car
racketeer -s,-ing
        -ed
racketing
rack-punch
raconteur -s
raddleman -men
radialise -s,-d
        -sing
radiality
radial-ply
radiantly
radiately
radiation -s
radiative
radiatory
radically
radicated
radicular
radiogram -s
radiology
radionics
raffinate -s
raffinose
raffishly
Rafflesia
raftering -s
rag-picker
rail-borne
rail-fence
railingly
rail-motor
rain-bound
rainbowed
raincheck -s
rain-cloud
rain-gauge
raininess
rain-maker
rain-print
rainproof -s,-ing
        -ed
rain-stone
rainstorm -s
raintight
rain-water
raiseable
rajahship -s
rakehelly
rakeshame
ramfeezle -s,-d
        -ling

ramifying
Ramillies
rampantly
rampicked
rancheria -s
rancidity
rancorous
randomise -s,-d
        -sing
ranginess
rank-rider
ransacker -s
ranshakle -s,-d
        -ling
ranterism
rantingly
rantipole -s,-d
        -ling
ranunculi
ranzelman -men
rapacious
rapid-fire
rapidness
raptorial
rapturise -s,-d
        -sing
rapturist
rapturous
rare-earth
raree-show
rarefying
rascaille
rascaldom
rascalism
rascality
Raskolnik
raspatory -ries
raspberry -rries
rasp-house
raspingly
Rastafari
ratepayer -s
ratherest
ratheripe -s
ratherish
ratifying
rationale -s
rat-poison
rattening -s
rattlebag -s
raucously
Rauwolfia
ravelling -s
ravelment -s
raven-bone
raven-duck
ravishing
ray-fungus
razorable
razor-back

razor-bill
razor-clam
razor-edge
razor-fish
reachable
reachless
reacquire -s,-d
    -ring
reactance -s
reactuate -s,-d
    -ting
readdress -es
    -ing
    -ed
readiness
readvance -s,-d
    -cing
ready-made
realising
realistic
realmless
reanimate -s,-d
    -ting
reapparel -s
    -ling
    -led
reappoint -s,-ing
    -ed
rear-dorse
rear-guard
rearhorse -s
rear-light
rearmouse -mice
rearousal -s
rearrange -s,-d
    -ging
reasoning -s
reassurer -s
rebaptise -s,-d
    -sing
rebaptism -s
rebel-like
rebelling
rebellion -s
reblossom -s,-ing
    -ed
reboation -s
rebukable
rebukeful
rebutting
recalesce -s,-d
    -scing
recalment -s
recaption -s
recapture -s,-d
    -ring
recension -s
reception -s
receptive
recession -s

recessive
Rechabite
réchauffé -s
recherché
recipient -s
reckoning -s
reclaimer -s
reclinate
reclining
reclusely
reclusion -s
reclusive
reclusory -ries
recognise -s,-d
    -sing
recoinage -s
recollect -s,-ing
    -ed
recombine -s,-d
    -ning
recomfort -s,-ing
    -ed
recommend -s,-ing
    -ed
recompact -s,-ing
    -ed
recompose -s,-d
    -sing
reconcile -s,-d
    -ling
recondite
reconfirm -s,-ing
    -ed
reconnect -s,-ing
    -ed
reconquer -s,-ing
    -ed
reconvene -s,-d
    -ning
reconvert -s,-ing
    -ed
recording -s
recoveree -s
recoverer -s
recoveror -s
recreance
recreancy
recrement -s
recruital -s
recruiter -s
rectangle -s
rectified
rectifier -s
rectitude -s
rectorate -s
rectoress -es
rectorial -s
rectrices
recumbent
recurrent

recurring
recursion -s
recursive
recusance -s
redaction -s
redbreast -s
red-carpet
reddendum -da
redding-up
reddleman -men
redecraft
redeeming
redeliver -s,-ing
    -ed
redescend -s,-ing
    -ed
redevelop -s,-ing
    -ed
red-haired
redhanded
red-heeled
redingote -s
redivivus
red-legged
red-letter
red-looked
redolence
redolency
redoubted
red-plague
red-polled
red-rattle
redresser -s
redstreak -s
red-tapism
red-tapist
reducible
reductant -s
reductase -s
reduction -s
reductive
redundant
reed-grass
re-edifier
reediness
reed-knife
reed-organ
re-educate
reef-point
re-elevate
reelingly
re-enforce
re-entrant
re-examine
refashion -s,-ing
    -ed
refection -s
refectory -ries
refelling
referable

reference -s,-d
    -cing
referenda
referring
refinedly
refitment -s
refitting -s
reflation -s
reflected
reflecter -s
reflector -s
reflexion -s
reflexive
reflowing -s
refluence -s
reformade -s
reformado -s
reformism
reformist -s
refortify -ing
    -fies
    -ied
refounder -s
refracted
refractor -s
refreshen -s,-ing
    -ed
refresher -s
refulgent
refurbish -es
    -ing
    -ed
refurnish -es
    -ing
    -ed
refusable
refusenik -s
refutable
refutably
regardant
regardful
regarding
regicidal
regiminal
regionary
registrar -s
regrating
regretful
regretted
reguerdon
regularly
regulator -s
rehearing -s
rehearsal -s
rehearser -s
rehousing -s
Reichsrat
Reichstag
reimburse -s,-d
    -sing

reinforce -s,-d
    -cing
reinhabit -s,-ing
    -ed
reinspect -s,-ing
    -ed
reinspire -s,-d
    -ring
reinstall -s,-ing
    -ed
reinstate -s,-d
    -ting
reinsurer -s
reinvolve -s,-d
    -ving
reiterant
reiterate -s,-d
    -ting
rejection -s
rejoicing -s
rejoinder -s
relapsing
relatival
relay-race
relegable
relenting -s
relevance
relevancy
relieving
religiose
religious
reliquary -ries
reliquiae
reluctant
reluctate -s,-d
    -ting
remainder -s
remanence
remanency
remarqued
remeasure -s,-d
    -ring
remediate
remedying
remercied
remigrate -s,-d
    -ting
remindful
reminisce -s,-d
    -sing
remission -s
remissive
remissory
remitment -s
remittent
remitting
remontant -s
rémoulade -s
remoulade -s
removable

removably
renascent
rencontre
rendering -s
rendition -s,-ing
    -ed
renewable
renfierst
renitency -cies
rennet-bag
renouncer -s
renovator -s
rentaller -s
renversed
repairman -men
reparable
reparably
repassage -s
repasture
repayable
repayment -s
repeating -s
repechage
repellant -s
repellent -s
repelling
repentant -s
repercuss -es
    -ing
    -ed
repertory -ries
reperusal -s
replenish -es
    -ing
    -ed
repletion -s
replicate -s,-d
    -ting
reportage -s
reporting -s
reposedly
reposeful
repositor -s
repossess -es
    -ing
    -ed
repotting -s
reprehend -s,-ing
    -ed
represent -s,-ing
    -ed
repressor -s
reprieval -s
reprimand -s,-ing
    -ed
reprobacy
reprobate -s
reprocess -es
    -ing
    -ed

reproduce -s,-d
    -cing
reproving -s
reptation -s
reptilian
reptiloid
republish -es
    -ing
    -ed
repudiate -s,-d
    -ting
repugnant
repulsion -s
repulsive
reputable
reputably
reputedly
requester -s
requicken
requiring -s
requisite -s
reradiate -s,-d
    -ting
rerebrace -s
reredorse -s
reredosse -s
reremouse -mice
rescuable
resection -s
resembler -s
resentful
resentive
reserpine
reservist -s
reservoir -s
reshuffle -s,-d
    -ling
residence -s
residency -cies
residuary
residuous
resilient
resinosis
resistant -s
resistent -s
resistive
resnatron -s
resoluble
resolvent -s
resonance -s
resonator -s
resorbent
respecter -s
responder -s
responser -s
responsor -s
responsum
ressaldar -s
restarter -s
restfully

rest-house
restiform
restitute -s,-d
    -ting
restively
restraint -s
restringe -s,-ing
    -d
resultant -s
resultful
resulting
resumable
resurgent
resurrect -s,-ing
    -ed
retaining
retaliate -s,-d
    -ting
retardant -s
retardate -s
retention -s
retentive
retexture -s,-d
    -ring
retiarius -es
reticence
reticency
reticular
reticulum -s
retinitis
retinulae
retinular
retiredly
retorsion -s
retortion -s
retortive
retoucher -s
retracted
retractor -s
retreaded
retribute -s,-d
    -ting
retrieval -s
retriever -s
retrocede -s,-d
    -ding
retrodden
retroflex
retroject -s,-ing
    -ed
retroussé
retrovert -s,-ing
    -ed
revalenta
revealing -s
revelator -s
revelling -s
revel-rout
revenging -s
revengive

reverable
reverence -s
reversely
reversing -s
reversion -s
revertive
revetment -s
revetting
revictual -s,-ing
    -ed
revisable
revivable
revivably
revocable
revocably
revolting
revolving -s
revulsion -s
revulsive
rewardful
rewarding
rewritten
rhachides
rhachitis
rhamphoid
rhaphides
rhapontic
rhapsodic
rheochord -s
rheologic
rheometer -s
rheotaxis
rheotrope -s
rhetorise -s,-d
    -sing
rheumatic -s
rheumatiz
Rhineodon
Rhinewine
rhinolith -s
rhinology
rhipidate
rhipidion -s
rhipidium -s
rhizobium -bia
rhizocarp -s
rhizocaul -s
rhizoidal
Rhizopoda
rhodamine
rhodanate
rhodanise -s,-d
    -sing
Rhodesian
rhodolite -s
rhodonite
rhodopsin
rhoeadine
rhonchial
rhopalism -s

rhotacise -s,-d
    -sing
rhotacism -s
rhumb-line
rhymeless
rhymester -s
rhyme-word
Rhynchota
rhyolitic
rhythmics
rhythmise -s,-d
    -sing
rhythmist -s
ribattuta -s
ribaudred
Ribbonism
ribbon-man
rib-plough
Ricardian
rice-field
rice-flour
rice-grain
rice-grass
rice-paper
ricercare -s
ricercata -s
rice-water
Richardia
Ricinulei
ricketily
rickstand -s
rickstick -s
riddlings
riderless
ridgeback -s
ridge-bone
ridge-pole
ridge-rope
ridge-tile
ridiculer -s
riding-rod
rifle-bird
rifle-shot
rightable
right-bank
right-down
righteous
right-hand
rightless
rightness
rightward -s
right-wing
rigidness
rigmarole -s
rigwiddie -s
rigwoodie -s
ring-canal
ring-cross
ring-dance
ring-fence

ring-gauge
ringingly
ringleted
ring-money
ring-ousel
ring-ouzel
ring-shake
ringsider -s
ring-small
ring-snake
ringstand -s
riotously
ripienist -s
rippingly
Ripuarian
riskiness
risk-money
ritornell -s
ritualise -s,-d
    -sing
ritualism
ritualist -s
rivalless -es
rivalling
rivalship -s
river-bank
river-boat
river-flat
river-head
river-jack
riverless
riverlike
river-sand
riverside
river-tide
river-wall
riverweed -s
rivet-head
rivet-hole
rivetting
rix-dollar
road-agent
roadblock -s
road-borne
road-craft
roadhouse -s
road-maker
road-metal
road-sense
roadstead -s
road-train
roaringly
roast-beef
roast-meat
robber-fly
robe-maker
rocambole -s
rock-basin
rock-borer
rock-bound

rock-brake
rockcress -es
rock-drill
rocketeer -s
rock-flour
rock-guano
rockiness
rock-'n'-roll
rock-perch
rock-pipit
rock-plant
rock-shaft
rock-snake
rock-solid
rock-tripe
rockwater -s
rodfisher -s
rogueship
roguishly
roisterer -s
roll-about
romancing -s
romaniser
Rome-penny
Romewards
rompingly
rompishly
rood-tower
roof-board
roof-guard
roof-plate
roominess
root-bound
root-cause
root-eater
root-house
root-prune
rootstock -s
rope-dance
rope-house
rope-maker
rope-soled
rope-trick
ropeworks
Roquefort
rosaceous
rosa-solis
rose-apple
rose-cross
rose-elder
rose-noble
rose-topaz
rose-water
Rosinante
rosin-weed
rosmarine
Rosminian
rostellar
rostellum -s
rostering -s

rostrated
rotaplane -s
rotatable
rotavator -s
rotavirus -es
rotiferal
rotograph -s
rotor-ship
rotovator -s
rotundate
rotundity -ties
roughcast -s,-ing
rough-draw
rough-hewn
rough-neck
roughness -es
rough-shod
Roumanian
Roumansch
rounceval -s
roundarch
roundelay -s
round-eyed
round-fish
roundhand
Roundhead
roundness
roundsman -men
round-trip
round-worm
rousement
rousingly
roussette -s
route-step
routineer -s
routinism
routinist -s
routously
rowan-tree
rowdiness
row-dow-dow
rowel-head
rowelling
rowel-spur
Roxburghe
roysterer -s
Rozinante
rubberise -s,-d
         -sing
rubbishly
rubellite
rubescent
Rubiaceae
rubicelle -s
rubineous
rubricate -s,-d
         -ting
rubrician -s
ructation
rudbeckia -s

ruddiness
ruddleman -men
rue-leaved
rufescent
ruff-a-duff
ruffianly
rug-headed
ruination -s
ruinously
rulership -s
rum-butter
ruminator -s
rumminess
rum-runner
runcinate
rune-craft
rune-stave
runningly
ruralness
Ruritania
rush-grown
rushiness
rushlight -s
russeting -s
Russophil
rusticate -s,-d
         -ting
rusticial
rusticise -s,-d
         -sing
rusticity
rustiness
rust-proof
rusty-back
rutaceous
Ruthenian
ruthenium
ruthfully
rutilated
rybaudrye
rye-coffee
rye-whisky

S

sabadilla
sabbatine
sabbatise -s,-d
         -sing
sabbatism
Sabellian
Sabianism
sabre-wing
saccharic
saccharin
Saccharum
sacciform
sachemdom
sackcloth -s
sacrament -s,-ing
         -ed

sacrarium -s
sacrifice -s,-d
         -sing
sacrilege -s
sacristan -s
saddle-bag
saddle-bar
saddle-bow
saddle-lap
saddle-pin
Sadducean
Sadducism
safeguard -s,-ing
         -ed
safety-net
safety-pin
safflower -s
saffroned
safranine
sagacious
sagapenum
sage-apple
sagebrush -es
sage-green
sagenitic
sagittary -ries
sagittate
sailboard -s
sail-borne
sail-broad
sail-cloth
sail-fluke
sailor-hat
sailoring -s
sailor-man
sailplane -s
saintfoin -s
sainthood
saintlike
saintling -s
saintship
salacious
salangane -s
sale-price
saleratus
salesgirl -s
saleslady -dies
sales-talk
salicetum -s,-ta
salicylic
Salientia
saliently
salifying
salimeter -s
sallee-man
sallowish
sallyport -s
salmon-fly
salmon-fry
salmonoid -s

Salomonic
saloon-bar
saloon-car
saloonist -s
salopette -s
salpiform
saltation -s
saltatory
salt-glaze
salt-horse
saltiness
saltishly
salt-marsh
salt-money
saltpetre
salt-rheum
salt-spoon
salt-water
salt-works
salubrity -ties
salvarsan
salvation -s
salvatory -ries
Samaritan
Samoyedic
sanbenito -s
sanctuary -ries
sandalled
sandarach
sand-blast
sand-blind
sand-break
sand-crack
sand-dance
sand-devil
sand-glass
sand-grain
sand-grass
sandiness
sand-mason
sandpaper -s,-ing
         -ed
sandpiper -s
sand-pride
sand-screw
sand-snake
sand-spout
sandstone -s
sand-storm
sand-table
sand-yacht
Sanforise
sangfroid
Sanhedrim
Sanhedrin
sanitaria
sannyasin -s
sans-appel
santolina -s
santonica

sapan-wood
sapheaded
sapidless
sapiently
sapi-outan
sapodilla -s
Saponaria
sapphired
sappiness
sapraemia
sapraemic
saprolite -s
saprozoic
sapsucker -s
Saracenic
sarbacane -s
sarcastic
sarcocarp -s
Sarcodina
sarcology
sarcomata
Sarcoptes
sarcoptic
Sardinian
sardonian
Sarmatian
sarmentum -ta
sartorial
sartorian
sartorius
sash-frame
saskatoon -s
sasquatch -es
sassafras -es
Sassanian
sassarara -s
Sassenach
sassolite
satanical
satedness
satellite -s,-d
         -ting
satiation
satin-bird
satinetta -s
satinette -s
satin-spar
satinwood -s
satirical
satisfied
satisfier -s
saturable
saturated
saturator -s
Saturnian
saturnine
saturnism
saturnist
satyrical
Satyridae

Satyrinae
sauce-boat
saucer-eye
saucerful -s
sauciness
saucisson -s
saunterer -s
Sauropoda
Sauternes
savagedom
savourily
Saxifraga
saxifrage -s
saxophone -s
say-master
'sbodikins
scaff-raff
scagliola
scald-crow
scald-fish
scald-head
scaldings
scale-beam
scale-fern
scale-fish
scale-leaf
scaleless
scalelike
scale-moss
scale-work
scaliness
scallawag -s
scalloped
scallywag -s
scalpless
scalp-lock
scaly-bark
scambling
scamp-work
Scansores
scantling -s
scantness
scapegoat -s
scapeless
scapement -s
scaphopod -s
scapolite
scapulary -ries
scaraboid
scarecrow -s
scare-head
scare-line
scarf-ring
scarfskin -s
scarfwise
scarified
scarifier -s
scarpetti
scarpetto
scarpines

scart-free
scatheful
scatology
scattered
scatterer -s
scaup-duck
scavenger -s
scazontic -s
scelerate
scenarise -s,-d
         -sing
scenarist -s
scentless
sceptical
scheduled
scheelite
schematic
schiavone -s
schilling -s
schistose
schistous
schizopod -s
schlemiel -s
schlemihl -s
schlieren
schmaltzy -zier
         -iest
schnapper -s
schnauzer -s
schnorkel -s
schnorrer
schnozzle -s
scholarch -s
scholarly
scholiast -s
school-age
schoolbag -s
schoolboy -s
school-day
schoolery
schooling -s
schoolman -men
sciaenoid
sciamachy -chies
Sciaridae
sciatical
sciential
scientism
scientist -s
scintilla -s
sciosophy -phies
scirrhoid
scirrhous
scissorer -s
Sciuridae
sclereide -s
scleritis
sclerosed
sclerosis
sclerotal -s

sclerotia
sclerotic -s
scolecite
scolecoid
scoliosis
scoliotic
scolytoid
scombroid
sconcheon -s
scopulate
scorbutic
scorching
score-card
score-draw
scorifier
scorodite
Scorpaena
scorpioid
Scotchman
Scotified
Scotistic
scotomata
scoundrel -s
scouthery
scrabbler -s
scraggily
scrambler -s
scrap-book
scrape-gut
scrap-heap
scrap-iron
scrappily
scrapping
scrap-yard
scratcher -s
scrawling -s
screaming
screecher -s
screeding -s
screening -s
screeving -s
screwball
screw-bolt
screw-down
screw-nail
screw-pile
screw-pine
screw-wise
screw-worm
scribable
scribbler -s
scrimmage -s
scrimpily
scrimshaw -s,-ing
         -ed
scrippage
scriptory
scripture -s
scrivener
scroddled

scrog-bush
scrog-buss
scrollery -ries
scroll-saw
scrounger -s
scrubbing
scrub-bird
scrub-fowl
scrubland -s
scrum-half
scrummage -s
scrutable
scrutator -s
scrutoire -s
scuddaler -s
sculpture -s,-d
      -ring
scumbling -s
scummings
scuncheon -s
scurriour
scutcheon -s
scutching -s
scutellar
scutellum -lla
scutiform
scybalous
Scyphozoa
scytheman -men
sea-anchor
sea-bather
sea-beaten
sea-bottle
sea-bottom
sea-breach
sea-breeze
sea-canary
sea-change
sea-dragon
seafaring
sea-fisher
sea-ginger
sea-girdle
sea-island
sea-lawyer
sea-lentil
sea-letter
seal-point
sea-margin
seaminess
seamy-side
sea-nettle
seannachy -chies
sea-orache
sea-orange
sea-parrot
sea-ranger
searching
sea-robber
sea-rocket

sea-roving
sea-salmon
sea-satyre
sea-sleeve
seasoning -s
sea-sorrow
sea-spider
sea-squill
sea-squirt
sea-strand
sea-tangle
seat-stick
sea-turtle
sea-urchin
sea-walled
seawardly
seaworthy -thier
      -iest
sebaceous
se-baptist
secateurs
secernent -s
secession -s
seclusion -s
seclusive
secondary -ries
second-day
secretage
secretary -ries
secretion -s
secretive
secretory
sectarial
sectarian -s
sectility -ties
sectional
sectorial
secularly
secundine -s
securable
securance -s
securitan
sedentary
sedge-bird
sedgeland -s
sedge-wren
seditious
seduction -s
seductive
seed-coral
seed-drill
seed-field
seediness
seed-pearl
seed-plant
seed-stalk
seemingly
seemliest
seemlihed
segholate -s

segmental
segmented
segregate -s,-d
      -ting
seigniory -ries
seignoral
seine-boat
seismical
selachian -s
seldshown
selection -s
selective
select-man
selenious
selenitic
self-abuse
self-aware
self-begot
self-borne
self-doubt
self-drive
self-faced
self-image
selfishly
self-moved
self-pious
self-slain
self-study
self-trust
self-wrong
Seljukian
Sellotape®
semanteme -s
semantics
semantron -tra
semaphore -s,-d
      -ring
semblable
semblably
semblance -s
semeiotic
semestral
semi-angle
semi-Arian
'semi-bajan
semibreve -s
semicolon -s
semifinal -s
semifluid -s
semigrand -s
semilatus
semi-lunar
semi-metal
seminally
semiology
semiotics
semiplume -s
semi-rigid
Semi-Saxon
semitonic

semivowel -s
sempitern
semuncial
senescent
seneschal -s
Senhorita
seniority -ties
sennachie -s
sensation -s
senseless
sensillum -lla
sensitise -s,-d
      -sing
sensitive -s
sensorial
sensorium
sensually
sentencer -s
sentience
sentiency
sentiment -s
sentry-box
separable
separably
separator -s
separatum -s
Sephardic
Sephardim
sepiolite
septarian
septarium -ria
septation -s
September
septemfid
septemvir -s,-i
septenary -ries
septennia
septicity
septiform
septimole -s
septuplet -s
sepulchre -s
sepulture -s,-d
      -ring
sequacity
sequester -s,-ing
      -ed
seraphims
seraphine -s
seraphins
seraskier -s
Serbonian
serenader -s
sergeancy -cies
serialise -s,-d
      -sing
serialism -s
serialist -s
seriality
seriately

seriation -s
sericeous
sericitic
serigraph -s
serinette -s
seriously
serjeancy -cies
serjeanty -ties
sermoneer -s
sermonise -s,-d
              -sing
sermonish
serotonin
serpentry
serpulite -s
serranoid -s
serration -s
serrature -s
serrefile -s
serricorn
serrulate
servantry
serviette -s
servilely
servilism
servility -ties
servitude -s
sessional
sestertia
setaceous
setter-off
setter-out
settle-bed
sevenfold
seventeen -s
seventhly
seventies
severable
severally
severalty -ties
severance -s
sex-appeal
sex-change
sexennial
sex-kitten
sex-linked
sextantal
sextoness -es
sextuplet -s
sexualise -s,-d
              -sing
sexualism
sexualist -s
sexuality -ties
sexvalent
sforzando -s,-di
sgian-dubh
sgraffiti
sgraffito
shadberry -rries

shadeless
shade-tree
shadiness
shadowing -s
shaftless
shageared
shakeable
shake-down
shakerism
shakiness
shale-mine
shallowly
shamanism
shamanist -s
shamateur -s
shambling -s
shambolic
shamefast
shameless
shamianah -s
shampooed
shampooer -s
shanachie -s
shanghai'd
Shangri-la
shank-bone
shantyman -men
shapeable
shapeless
share-crop
sharesman -men
sharkskin -s
sharpener -s
sharp-eyed
sharpness
sharp-shod
shattered
shaveling -s
shawlless
shear-hulk
shearling -s
sheat-fish
sheathing -s
shebeener -s
Shechinah
sheep-cote
sheepfold -s
sheep-hook
sheep-lice
sheepmeat
sheep's-bit
sheep-scab
sheep's-eye
sheepskin -s
sheep-tick
sheepwalk -s
sheep-wash
sheer-hulk
sheet-bend
sheet-iron

sheet-lead
sheikhdom -s
sheldduck -s
sheldrake -s
shelf-life
shelf-mark
shelfroom
shellback -s
shellbark -s
shellduck -s
shellfire -s
shellfish -es
shell-heap
shell-hole
shell-less
shell-like
shell-lime
shell-marl
shell-sand
shellwork
sheltered
shelterer -s
shemozzle -s
sherifian
shewbread -s
shickered
shield-bug
shield-may
shielduck -s
shiftless
shift-work
shillelah -s
shimozzle -s
shineless
shingling -s
shiningly
Shintoism
Shintoist
shipboard -s
ship-canal
ship-fever
ship-money
ship-owner
ship-pound
shipshape
shipwreck -s,-ing
              -ed
shire-moot
shirt-band
shirtless
shirt-stud
shirt-tail
shivering -s
shlimazel
shoal-mark
shoalness
shoalwise
shock-head
shoeblack -s
shoe-brush

shoemaker -s
shoeshine -s
shogunate -s
shootable
shopboard -s
shop-floor
shop-front
shophroth
shopwoman -women
shore-boat
shore-crab
shoreless
shoreline -s
shore-side
shoresman -men
shoreward
shore-weed
shortcake -s
short-coat
shortener -s
shortfall -s
shortgown -s
shorthand
short-horn
short-life
short-list
shortness
short-slip
short-stop
short-term
short-time
short-wave
shotfirer -s
shot-proof
shot-tower
shouldest
shovelful -s
shovel-hat
shovelled
shoveller -s
showbread -s
showerful
showering -s
showiness
showmanly
showpiece -s
show-place
shredding -s
shredless
shrew-mice
shrieking -s
shriek-owl
shrilling -s
shrimping -s
shrimp-net
shrinkage -s
shroffage -s
shrouding -s
shrubbery -ries
shrubless

shuffling -s
shuttered
sialogram -s
sialolith -s
sibilance
sibilancy
Sibylline
Sibyllist
siccative -s
siciliana -s
siciliano -s
sick-berth
sickening -s
sick-house
sickishly
sick-leave
sickleman -men
sick-nurse
sick-tired
sideboard -s
side-bones
side-burns
side-chain
side-issue
sidelight -s
sideritic
siderosis
sideswipe -s
side-table
side-track
sidewards
side-wheel
sieve-tube
siftingly
sighingly
sight-hole
sightless
sight-line
sight-read
sightseer -s
sight-sing
sigillary
sigillate
sigmation -s
sigmatism
sigmatron -s
sigmoidal
signal-box
signalise -s,-d
    -sing
signalled
signaller -s
signalman -men
signatory -ries
signature -s
signboard -s
signeurie
significs
signified
signifier -s

signorial
Signorina
siliceous
silicious
silicosis
silicotic -s
siliquose
silk-gland
silk-grass
silkiness
silliness
siltation -s
siltstone
Siluridae
silver-fir
silver-fox
silvering -s
silverise -s,-d
    -sing
Simeonite
similarly
Simmental
simonious
simon-pure
simpatico
simpering
simpleton -s
simplices
simpliste
simulacra
simulacre -s
simulated
simulator -s
simulcast -s,-ing
    -ed
sincerely
sincerity
sin-eating
sinewless
sing-along
singingly
single-end
singleton -s
singspiel -s
Sinhalese
sinistral -s
sink-a-pace
sinlessly
Sinningia
sinoekete -s
Sinologue
Sinophile
Sinophily
sinuately
sinuation -s
sinuosity -ties
sinuously
sinusitis
siphonage -s
siphonate

siphuncle -s
sisal-hemp
sisserary -ries
sistering
Sisyphean
sitiology
situation -s
sitzkrieg -s
Sivaistic
six-footer
sixteener -s
sixteenmo -s
sixteenth -s
sizarship -s
skatology
skedaddle -s,-d
    -ling
skeesicks
sketchily
skew-table
skew-whiff
skiagraph -s
skiamachy -chies
skiascopy
skijoring
ski-kiting
skilfully
skill-less
skin-diver
skinflick -s
skinflint -s
skin-tight
skirtless
ski-school
skrimmage -s,-d
    -ging
skunk-bird
sky-colour
sky-diving
skyjacker -s
sky-rocket
sky-troops
slabberer -s
slab-sided
slabstone -s
slack-bake
slackness
slack-rope
slaistery -ries
slakeless
slammakin
slanderer -s
slangular
slant-eyed
slantways
slantwise
slap-happy
slapstick -s
slate-club
slate-gray

slate-grey
slatiness
slaughter -s,-ing
    -ed
slave-born
slave-fork
slave-hunt
slavering
slave-ship
slavishly
slavocrat -s
Slavonian
Slavonise
Slavophil
sleekness
sleepless
sleeve-dog
sleeve-nut
sleighing -s
slenderly
slickness
slide-rest
slide-rule
slidingly
slightish
sliminess
sling-back
sling-shot
slinkskin -s
slinkweed -s
slip-board
slip-coach
slippered
slivovica -s
slivovitz -es
slivowitz -es
sloethorn -s
sloganise -s,-d
    -sing
sloggorne -s
sloghorne -s
slop-basin
slop-built
slopewise
slopingly
slop-pouch
sloth-bear
slot-meter
slouch-hat
slouching
Slovakian
Slovakish
Slovenian
slowcoach -es
slow-hound
slow-march
slow-match
slow-paced
sluggabed
slughorne -s

slumberer -s
slumbrous
slung-shot
small-arms
small-bore
small-coal
small-debt
small-hand
smallness
small-talk
small-time
smart-alec
smartness
smart-weed
smasheroo -s
smatterer -s
smell-less
smell-trap
smileless
smilingly
smock-race
smoke-ball
smoke-bomb
smoke-bush
smoke-jack
smokeless
smoke-room
smoke-sail
smoke-tree
smokiness
smoothing -s
smoothish
smorzando -s
smothered
smotherer -s
smug-faced
smuggling -s
snail-fish
snail-like
snail-slow
snakebird -s
snakebite -s
snake-cult
snakelike
snakeroot -s
snakeweed -s
snakewise
snakewood -s
snakiness
snaphance
snapper-up
snare-drum
snatchily
sneak-raid
sneck-draw
sneeshing -s
sneeze-box
snideness
sniggerer -s
sniggling -s

snipe-fish
snivelled
sniveller -s
snort-mast
snow-berry
snow-blind
snow-blink
snow-bound
snow-break
snow-broth
snowdrift -s
snowfield -s
snow-finch
snowflake -s
snowfleck -s
snowflick -s
snow-goose
snow-guard
snowiness
snow-plant
snowscape -s
snowstorm -s
snow-water
snow-white
snub-nosed
snuff-dish
snuffling -s
snuff-mill
snuff-mull
soakingly
soapberry -rries
soapiness
soapstone
soapworks
soar-eagle
soaringly
sobbingly
soberness
sobriquet -s
sob-sister
socialise -s,-d
          -sing
socialism
socialist -s
socialite -s
sociality
sociative
societary
sociogram -s
sociology
sociopath -s
socketing
Socratise
soda-scone
soda-water
sodomitic
sofa-table
softening -s
soft-goods
soft-grass

soft-nosed
soft-paste
soft-pedal
soft-shell
sogginess
soi-disant
soil-bound
soiliness
sojourner -s
sokemanry
solacious
soldering -s
soldierly
solemness
solemnify -ing
          -fies
          -ied
solemnise -s,-d
          -sing
solemnity -ties
solenette -s
sole-plate
solfatara -s
solfeggio
solferino -s
solicitor -s
solidness
Solifugae
soliloquy -quies
solipsism
solipsist -s
solitaire -s
Solomonic
Solutrean
Solutrian
solvation
somascope -s
someplace
something -s
sometimes
somewhere
somewhile
sommelier -s
somnolent
songcraft
song-cycle
songfully
songsmith -s
sonnetary
sonneteer -s,-ing
          -ed
sonneting -s
sonnetise -s,-d
          -sing
sonnetist -s
sons-in-law
soopstake
sooterkin -s
sootflake -s
soothfast

soothlich
sootiness
sophister -s
sophistic
sophistry -ries
sophomore -s
soporific -s
soppiness
sopranino -s,-ni
sopranist -s
sorb-apple
Sorbonist
sorceress -es
sorcerous
sorediate
sore-eagle
Soricidae
soritical
sorriness
sorrowful
sorrowing -s
sortation -s
sortilege
sortilegy
sortition -s
sostenuto
sottishly
sottisier -s
souari-nut
soubrette -s
Soudanese
soul-curer
soulfully
sound-body
sound-film
sound-hole
soundless
soundness
sound-post
sound-wave
soup-plate
soupspoon -s
sour-crout
sour-dough
sour-gourd
sourishly
sousewife -wives
souteneur -s
Southdown
south-east
southerly
southland -s
southmost
Southroun
southward
south-west
sou'-wester
sovenance
sovereign -s
sovietise -s,-d
          -sing

sovietism -s
sow-gelder
soya-flour
space-band
spaceless
spaceship -s
space-suit
space-time
spadassin -s
spade-bone
spade-foot
spadesman -men
spadework
spadillio
spagerist -s
spaghetti -s
spagirist -s
spagyrist -s
spanaemia
spanaemic
spangling -s
spareless
spareness
spare-time
sparingly
spark-coil
sparkless
sparkling -s
spark-plug
sparsedly
spartanly
sparteine
sparterie
spasmatic
spasmodic
Spatangus
spatially
spatulate
spauld-ill
spawn-cake
speakable
speak-easy
speal-bone
spearfish -es
spearhead -s,-ing
　　　　　-ed
spearmint -s
spear-side
spear-wood
spearwort -s
specially
specialty -ties
specified
speckless
spectacle -s
spectator -s
speculate -s,-d
　　　　　-ting
speechful

speechify -ing
　　　　　-fies
　　　　　-ied
speed-ball
speed-boat
speedless
speedster -s
speedwell -s
speerings
speirings
speldring -s
spellable
spellbind -s,-ing
　　　　　-bound
spelldown
spellican -s
spellikin -s
spendable
spermaria
spermatia
spermatic -s
spermatid -s
sperm-cell
spewiness
sphacelus
sphaerite -s
sphagnous
sphendone -s
sphenodon -s
spherical
spherular
sphincter -s
sphygmoid
spice-bush
spice-cake
spicilege -s
spiciness
spiculate
spider-leg
spider-man
spider-web
Spigelian
spike-fish
ˢspike-nail
spikenard -s
ˢspike-rush
spikiness
spillikin -s
spillover -s
spilosite
spindling -s
ˣspin-drier
spindrift
‑spin-dryer
spineless
spiniform
spininess
spinnaker -s
spinneret -s
spinosity

Spinozism
Spinozist
spinulate
spinulose
spinulous
spiracula
spirality
spiraster -s
spiration -s
spireless
spirewise
spirillar
spirillum -lla
spiritful
spirit-gum
spiriting -s
spiritism
spiritist -s
spiritoso
spiritous
spiritual -s
spirituel
Spirogyra
splashily
splashing -s
splay-foot
spleenful
spleenish
splendent
splendour -s
splenetic -s
splenitis
spleuchan -s
splintery
splitting
spluttery
spodumene
spoil-bark
spoil-five
spoil-heap
spoilsman -men
spokesman -men
spokewise
spoliator -s
spondulix
sponge-bag
spongeous
spongiose
spongious
sponsalia
sponsible
spoon-bait
spoonbill -s
spoon-feed
spoon-food
spoon-hook
spoonmeat -s
spoonways
spoonwise
sporangia

spore-case
sporidesm -s
sporidial
sporidium -dia
sporocarp -s
sporocyst -s
sporogeny
sportable
sportance -s
sportless
sportsman -men
sporulate -s,-d
　　　　　-ting
spot-check
spotlight -s,-ing
　　　　　-lit
spout-hole
spoutless
spragging
spraickle -s,-d
　　　　　-ling
sprauchle -s,-d
　　　　　-ling
sprawling
spreading -s
sprechery -ries
spreckled
sprigging
sprightly -lier
　　　　　-iest
springald -s
spring-bed
springbok -s
spring-box
spring-gun
springily
springing -s
springlet -s
sprinkler -s
sprinting -s
spriteful
spritsail -s
sprouting -s
spruce-fir
spulebane -s
spulebone -s
spur-rowel
spur-royal
spur-whang
spur-wheel
sputterer -s
spymaster -s
squabbish
squabbler -s
squadrone
squailing -s
squalidly
squalling -s
squamella -s
squamosal -s

square-leg
squarrose
squashily
squatness
squatting
squawking -s
squeakery -ries
squeakily
squeaking -s
squealing -s
squeamish
squeezing -s
squelcher -s
squibbing -s
squinancy
squint-eye
squinting -s
squiralty
squirarch -s
squireage
squiredom -s
squirting -s
stabilise -s,-d
      -sing
stability -ties
stable-boy
stable-man
stack-room
stackyard -s
stadia-rod
staff-duty
staffroom -s
staff-tree
stag-dance
stage-door
stage-hand
stage-name
stage-play
staggered
staggerer -s
staghound -s
staginess
Stagirite
stagnancy
stag-party
Stagyrite
Stahlhelm
staidness
stainless
staircase -s
stairfoot -s
stairhead -s
stair-well
stairwise
stair-work
stalactic
stalemate -s,-d
      -ting
staleness
Stalinism

stalk-eyed
stalkless
stall-feed
stalworth -s
staminate
stamineal
staminode -s
staminody
staminoid
stammerer -s
stamp-duty
stamp-mill
stamp-note
stanching -s
stanchion -s,-ing
      -ed
stander-by
standgale -s
stand-pipe
stannator -s
stapedial
stapedius -es
Staphylea
star-anise
star-apple
starboard -s,-ing
      -ed
starchily
star-crost
star-drift
star-gazer
star-grass
staringly
star-jelly
starkness
starlight
star-nosed
star-proof
star-shell
starshine
starshine
star-stone
startling -s
startlish
star-wheel
stasidion -s
statehood
stateless
statelily
statement -s
stateroom -s
stateside
statesman -men
statewide
stational
stationer -s
statistic -s
statocyst -s
statolith -s
statuette -s

statutory
staunchly
stay-maker
steadfast
steadiest
steadying
steamboat -s
steam-coal
steam-dome
steam-haul
steam-pipe
steam-port
steamship -s
steam-trap
steatitic
steatosis
steel-blue
steel-clad
steel-gray
steel-grey
steel-trap
steel-ware
steel-wool
steelwork -s
steelyard -s
steenkirk -s
steep-down
steepness
steerling -s
steersman -men
stegnosis
stegnotic
stegodont -s
stegomyia -s
stegosaur -s
steinbock -s
Stellaria
stellated
stellular
stenopaic
stenotype -s
stenotypy
stepbairn -s
stepchild -ren
step-dance
step-fault
step-stone
steradian -s
stercoral
sterculia -s
sterilise -s,-d
      -sing
sterility
sternebra -s
stern-fast
sternitic
sternmost
sternness
sternport -s
stern-post

sternward
stevedore -s,-d
      -ring
stewardry -ries
stewartry -ries
sticheron -s
stichidia
stiffener -s
stiff-neck
stiffness
Stigmaria
stigmatic -s
still-born
still-head
still-hunt
still-life
stillness
still-room
stilt-bird
stiltedly
stimulant -s
stimulate -s,-d
      -ting
stingaree -s
sting-bull
sting-fish
stingless
stink-ball
stink-bird
stink-bomb
stinkhorn -s
stink-trap
stink-wood
stintedly
stintless
stipitate
stippling -s
stipulary
stipulate -s,-d
      -ting
stirabout -s
stitchery
stitching -s
stock-dove
stockfish -es
stockinet -s
stockless
stock-list
stock-lock
stockpile -s,-d
      -ling
stock-room
stock-whip
stockwork -s
stockyard -s
stoically
stokehold -s
stoke-hole
stolidity
stomachal

stomached
stomacher -s
stomachic -s
stone-cast
stone-cell
stonechat -s
stone-coal
stone-cold
stonecrop -s
stone-dead
stone-deaf
stonefish -es
stone-hard
stone-hawk
stoneless
stone-lily
stone-mill
stone-pine
stoneshot -s
stonewall -s,-ing
    -ed
stoneware
stonework
stonewort -s
stoniness
stoolball
stop-press
stop-watch
store-farm
storeroom -s
store-ship
storiated
storiette -s
storm-beat
storm-belt
storm-bird
storm-cock
storm-cone
storm-drum
stormless
storm-sail
storm-stay
storm-wind
stornelli
stornello
Storthing
story-book
storyette -s
stouthrie -s
stoutness
stove-pipe
stownlins
straggler -s
straining -s
stramaçon
stramazon
strangely
strangler -s
strangles
strangury

strap-game
strap-hang
strapless
strappado -s,-ing
    -ed
strapping -s
strap-work
strapwort -s
stratagem -s
strategic
stratonic
strawless
straw-rope
straw-stem
straw-worm
straw-yard
strayling -s
streakily
streaking -s
stream-ice
streaming -s
streamlet -s
stream-tin
streetage
street-boy
street-car
streetful -s
streetway -s
strenuity
strenuous
stressful
stretched
stretcher -s,-ing
    -ed
strewment
striation -s
striature -s
strictish
stricture -s
stridence
stridency
stridling
strifeful
strigging
strikeout -s
strike-pay
string-bag
stringent
stringily
stringing -s
Stringops
string-pea
string-tie
strip-leaf
stripling -s
strip-mine
stripping
strobilae
strobilus -li
stroke-oar

strolling -s
stromatic
strongarm -s,-ing
    -ed
strong-box
strongest
strongish
strongman -men
strongyle -s
strontium
stropping
strossers
strouding -s
structure -s,-d
    -ring
struggler -s
strumatic
strumitis
strumming
strutting -s
strychnia
strychnic
studentry
stud-groom
stud-horse
studiedly
stuff-gown
stump-work
stupefied
stupefier -s
stupidity
stuporous
Sturnidae
stutterer -s
style-book
styleless
styliform
stylishly
stylistic -s
stylobate -s
styptical
suability
suasively
subaction -s
subaerial
subagency -cies
subahdary -ries
subahship -s
subalpine
subaltern -s
subarctic
subastral
subatomic
subbranch -es
subcantor -s
subcaudal
subclause -s
subcostal -s
subdeacon -s
subdivide -s,-d
    -ding

subdolous
subduable
subduedly
subeditor -s
subentire
subfamily -lies
subgenera
subincise -s,-d
    -sing
subjacent
subjected
subjugate -s,-d
    -ting
sublation -s
sublessee -s
sublessor -s
sublethal
subletter -s
sublimate -s,-d
    -ting
sublimely
subliming -s
sublimise -s,-d
    -sing
sublimity -ties
sublinear
sublunary
sublunate
submarine -s,-d
    -ning
submental
submentum -s
submerged
submersed
submicron -s
submissly
submitted
submitter -s
subneural
subniveal
subnivean
subnormal -s
suboctave -s
subocular
suboffice -s
subphylum -la
subpoena'd
subregion -s
subrogate -s,-d
    -ting
subsacral
subscribe -s,-d
    -bing
subscript -s
subsecive
subsellia
subseries
subsidise -s,-d
    -sing
subsoiler -s

substance -s
substract -s,-ing
   -ed
substrata
substrate -s
substruct -s,-ing
   -ed
substylar
subsultus
subtenant -s
subtilely
subtilety -ties
subtilise -s,-d
   -sing
subtilist -s
subtility -ties
subtopian
subtropic
subungual
subursine
subvassal -s
subversal -s
subverter -s
subwarden -s
succeeder -s
succentor -s
successor -s
succinate -s
succinite
succotash -es
succourer -s
succubine
succubous
succulent -s
succursal -s
suctorial
sudaminal
sudorific
suffering -s
sufficing
suffocate -s,-d
   -ting
suffragan -s
suffusion -s
Sufiistic
sugar-ally
sugar-bean
sugar-beet
sugar-cane
sugar-cube
sugarless
sugar-loaf
sugar-lump
sugar-mill
sugar-mite
sugar-palm
sugar-pine
sugar-plum
suggester -s
sulcalise -s,-d
   -sing

sulcation -s
sulkiness
sulphatic
sulphonic
sulphuret
sulphuric
sultanate -s
sultaness -es
summarily
summarise -s,-d
   -sing
summarist -s
summation -s
summative
summering -s
summerset -s
   -ting
   -ted
summing-up
sumpsimus -es
sumptuary
sumptuous
sunbather -s
sunbeamed
sun-beaten
sun-bonnet
sun-bright
sunburned
sundering -s
sun-downer
sunflower -s
sun-helmet
sun-lounge
sunniness
sun-parlor
sunrising -s
sun-spurge
sunstroke
sunstruck
suntanned
superable
superably
superbity
supercold
supercool -s,-ing
   -ed
superfine
superflux
superfuse -s,-d
   -sing
superheat -s,-ing
   -ed
superhive -s
supermart -s
supernova -s,-e
superplus
superpose -s,-d
   -sing
supersalt -s
supersede -s,-d
   -ding

superstar -s
supervene -s,-d
   -ning
supervise -s,-d
   -sing
supinator -s
suppliant -s
supplicat -s
supplying
supporter -s
supposing -s
suppurate -s,-d
   -ting
supremacy -cies
supremely
supremity
surcharge -s,-d
   -ging
surcingle -s,-d
   -ling
surculose
surfacing -s
surf-board
surf-canoe
surfeited
surfeiter -s
surficial
surgeless
surgeoncy -cies
surliness
surmaster -s
surmising -s
surmullet -s
surpliced
surprisal -s
surprised
surpriser -s
surquedry
surreined
surrejoin -s,-ing
   -ed
surrender -s,-ing
   -ed
surrendry
surrogate -s
surveille
surveying -s
surviving
susceptor
suscitate -s,-d
   -ting
suspected
suspended
suspender -s
suspensor -s
suspicion -s
sussarara -s
sustained
sustainer -s
sustinent

susurrant
sutteeism
suturally
swag-belly
swaggerer -s
swallower -s
swampland -s
swan-goose
swans-down
swansdown -s
swarajism
swarajist -s
swart-back
swartness
swashwork -s
swear-word
sweepback -s
sweet-corn
sweetener -s
sweetfish -es
sweet-flag
sweet-gale
sweetmeal
sweetmeat -s
sweetness
sweet-talk
sweetwood -s
sweetwort -s
sweirness
sweltered
swept-back
swift-foot
swiftness
swimmable
swimmeret -s
swindling -s
swine-fish
swineherd -s
swinehood
swing-back
swingboat -s
swing-door
swingeing
swingling -s
swingtree -s
swing-wing
swinishly
switching -s
switchman -men
swivel-eye
swivel-gun
sword-bean
sword-belt
sword-bill
sword-cane
swordfish -es
sword-hand
sword-knot
swordless
swordlike

swordplay
sword-rack
swordsman -men
sword-tail
sybaritic
sycophant -s
syllabary -ries
syllabics
syllabify -ing
    -fies
    -ied
syllabise -s,-d
    -sing
syllabism -s
syllabled
syllepses
syllepsis
sylleptic
syllogise -s,-d
    -sing
syllogism -s
sylph-like
sylvanite
Sylviidae
Sylviinae
sylvinite
symbiosis -ses
symbiotic
symbolics
symbolise -s,-d
    -sing
symbolism -s
symbolist -s
symbolled
symbology
symmetral
symmetric
symphonic
symphysis
symphytic
Symphytum
sympodial
sympodium -dia
symposiac
symposial
symposium -sia
symptosis
symptotic
synagogal
synagogue -s
synangium -s
synanthic
synapheia
synaptase
synchrony -nies
synchysis
synclinal -s
syncopate -s,-d
    -ting
syncoptic

syncretic
syncytial
syncytium -s
syndactyl
syndicate -s,-d
    -ting
syndromic
synectics
synedrial
synedrion -dria
synedrium -dria
syneresis
synergism
synergist -s
syngamous
synizesis
synodical
synodsman -men
synoecete -s
synoecise -s,-d
    -sing
synoecism
synoicous
synonymic
synovitis
syntactic
syntheses
synthesis
synthetic -s
syntonous
syphilise -s,-d
    -sing
syphiloid
syphiloma -s
Syriacism
Syrianism
syringeal
Syrphidae
systaltic
systemise -s,-d
    -sing

T

Tabanidae
tabasheer
tabbyhood
tabellion -s
tabescent
tablature -s
table-beer
table-book
tableland
table-leaf
table-maid
table-talk
table-ware
tablewise
table-work
tabularly
tabulator -s

tacamahac -s
tachogram -s
tachylite
tachylyte
tacitness
tackiness
tactfully
tactician -s
tacticity
tactilist -s
tactility
tactually
taeniasis
tahsildar -s
tail-board
tail-ender
tail-light
tailoress -es
tailoring -s
tailpiece -s
tailplane -s
taintless
taint-worm
take-leave
taking-off
talbotype
talegalla -s
talkative
talking-to
talliable
tallow-dip
tallowish
tallyshop -s
Talmudist
tambourin -s
tampering -s
tamponade -s
tamponage -s
tanagrine
tangerine -s
tanghinin
tanka-boat
tank-wagon
tan-liquor
tan-pickle
tantalate -s
Tantalean
Tantalian
tantalise -s,-d
    -sing
tantalism
tantalite
tantarara -s
taoiseach -s
tap-cinder
tap-dancer
tape-grass
taperness
taperwise
tappit-hen

tarantara -s
tarantass -es
tarantism
tarantula -s
Taraxacum
tarboggin -s
tardiness
targeteer -s
Targumist
tarnation
tarnished
tarnisher -s
tarpaulin -s
Tarragona
tarriance -s
tarriness
tarsalgia
Tartarean
Tartarian
tartarise -s,-d
    -sing
Tartufian
Tartufish
Tartufism
tasimeter -s
task-force
task-group
Tasmanian
tasselled
taste-bulb
tasteless
tattiness
tattooist -s
tauriform
tautology -gies
tawniness
taxed-cart
taxidermy
taximeter -s
taxonomer -s
taxonomic
teachable
teachless
teacupful -s
tea-garden
tea-kettle
tearfully
tear-gland
tear-sheet
tear-shell
teaseling -s
teaselled
teaseller -s
teasingly
tea-taster
tea-things
technical
technique -s
tectiform
tectonics

tectorial
tectrices
teddy-bear
tediosity
tediously
tee-square
Teeswater
tegmental
tegmentum -s
tegularly
tegulated
teknonymy
Telamones
telegenic
telegraph -s,-ing
      -ed
telemeter -s,-ing
      -ed
telemetry
teleology
teleonomy
teleosaur -s
Teleostei
telepathy
telepheme -s
telephone -s,-d
      -ning
telephony
telephoto
telescope -s,-d
      -ping
telescopy
telestich -s
televisor -s
tellingly
tellurate -s
tellurian -s
telluride -s
tellurion -s
tellurise -s,-d
      -sing
tellurite -s
tellurium
tellurous
telophase
temperate -s,-d
      -ting
tempering -s
temporary -ties
temporise -s,-d
      -sing
temptable
temptress -es
temulence
temulency
tenacious
tenaculum -s
tenaillon -s
tendering -s
tenderise -s,-d
      -sing

tendinous
tenebrism
tenebrist -s
tenebrity
tenebrose
tenebrous
tenor-clef
tenseness
tensility
tentacled
tentacula
tentation -s
tentative
tent-cloth
tent-maker
tentorial
tentorium -s
tenuously
tephigram -s
tephritic
tephroite
tepidness
teratogen -s
terebinth -s
terebrant -s
terebrate -s,-d
      -ting
teredines
Terentian
termagant -s
terminate -s,-d
      -ting
terminism
terminist -s
termitary -ries
ternately
terpineol
terracing -s
terramara
terramare
terrarium -s,-ria
terrenely
terricole -s
terrified
territory -ries
terrorise -s,-d
      -sing
terrorism
terrorist -s
terseness
tervalent
terza-rima
tessellae
tessellar
tessitura -s
testament -s
testation -s
testatrix -trices
test-drive
testified

testifier -s
testimony -nies
testiness
*test-match
*test-paper
*tête-à-tête
*tête-bêche
tetradite -s
tetragram -s
tetralogy -gies
tetrapody -dies
tetrarchy -chies
tetroxide -s
tetterous
Teutonise
Teutonism
Teutonist
textorial
textually
texturise -s,-d
      -sing
thalassic
thanatism
thanatist -s
thanatoid
thanehood -s
thaneship -s
thankless
Thargelia
thatching -s
theaceous
theandric
thearchic
theatrics
theftboot -s
theftbote -s
theftuous
thegither
Thelemite
thelytoky
thenabout
Theobroma
theocracy -cies
theocrasy -sies
theogonic
theologer -s
theologic
theologue -s
theomachy -chies
theomancy
theomania -s
theopathy -thies
theophagy
theophany
theorbist -s
theoretic
*theorique
theoriser -s
theosophy
theotokos

theralite
therapist -s
therapsid -s
thereaway
therefore
therefrom
thereinto
thereness
thereunto
thereupon
therewith
theriacal
thermally
thermical
Thermidor
thermotic
therology
Thersitic
thesaurus -es
theurgist -s
thickener -s
thicketed
thick-eyed
thickhead -s
thick-knee
thick-lips
thickness -es
thickskin -s
thick-sown
thief-like
thigh-bone
thin-belly
thin-faced
thinghood
thingness
thingummy -mmies
thinkable
think-tank
third-hand
third-rate
thirdsman -men
thirstful
thirstily
thirtieth -s
thirtyish
tholobate -s
Thomistic
thornback -s
thorn-bush
thornless
thorntree -s
thorow-wax
thoughted
thoughten
thralldom
thrashing -s
thrasonic
threatful
three-card
three-deck

threefold	tiger-moth	titration -s	topmaking
three-foot	tiger's-eye	tittering -s	topologic
three-four	tiger-tail	tittivate -s,-d	toponymal
threeness	tiger-wolf	-ting	toponymic
three-pair	tiger-wood	tittlebat -s	toppingly
three-part	tightener -s	titubancy	topping-up
three-pile	tight-knit	titularly	top-sawyer
threesome -s	tight-lace	T-junction	torbanite
threnetic	tightness	toad-eater	torch-lily
threnodic	tight-rope	toad-grass	torch-race
threshing -s	tile-stone	toad-stone	torch-song
threshold -s	Tiliaceae	toadstool -s	toreutics
thriftier	timbering -s	toast-rack	tormented
thriftily	timber-man	toccatina -s	tormentil -s
thrillant	time-clock	Tocharian	tormentor -s
thrilling	time-lapse	Tocharish	tormentum -s
throatily	time-limit	toddy-palm	torminous
throbbing -s	timenoguy -s	Tod-lowrie	tornadoes
throbless	timeously	toe-ragger	torpedoer -s
thrombose -s,-d	timepiece -s	toilet-set	torpedoes
-sing	timescale -s	Tokharian	torpidity
throngful	time-sheet	Tokharish	torpitude
throttler -s	timetable -s,-d	tolerable	torquated
throughly	-ling	tolerably	torrefied
throw-away	timidness	tolerance -s	torridity
throw-down	timocracy -cies	tolerator -s	torsional
throwster -s	timorsome	tollbooth -s	tortility
thrum-eyed	timpanist -s	toll-house	tortrices
thrumming -s	tim-whisky	tol-lolish	tortricid -s
thrust-hoe	tinder-box	toluidine	torturing -s
thrusting -s	ting-a-ling	tombstone -s	torturous
thumb-hole	tinguaite	tomentose	toruffled
thumbkins	tinkering -s	tomentous	torulosis
thumb-knot	tin-opener	tommy-shop	totaliser -s
thumbless	tinselled	tomograph -s	totalling
thumbling -s	tint-block	tonga-bean	Totaninae
thumb-mark	tintiness	tonguelet -s	tottering -s
thumbnail	tip-and-run	tonka-bean	totting-up
thumb-ring	tip-cheese	tonnishly	touchable
thumb-tack	tipsiness	tonometer -s	touch-back
thunderer -s	tipstaffs	tonsillar	touch-down
thundrous -s	tipstaves	tonsorial	touch-hole
thwacking -s	tipsy-cake	toodle-pip	touchless
thwarting -s	tip-tilted	toolhouse -s	touch-line
Thyestean	tiptoeing	toolmaker -s	touch-mark
thylacine -s	Tipulidae	toothache -s	touch-tone
thymidine	tiredness	toothcomb -s	touch-type
thymocyte -s	tire-woman	toothless	touchwood
thyratron -s	tirra-lyra	toothpick -s	toughener -s
thyristor -s	Tisiphone	toothsome	toughness
thyroxine	tithe-barn	toothwash -es	touristic
Thysanura	tithe-free	toothwort -s	tournedos
ticket-day	titillate -s,-d	top-booted	tourneyer -s
tide-table	-ting	top-drawer	towelling -s
tide-water	title-deed	topectomy -mies	towel-rack
tie-and-dye	title-leaf	top-flight	towel-rail
tie-dyeing	titleless	top-hamper	towerless
tiercelet -s	title-page	topiarian	tow-headed
tierceron -s	title-poem	topiarist -s	towing-net
tiger-lily	title-role	topically	town-crier

townhouse -s
townscape -s
townsfolk
toxaphene
toxically
toxophily
trabeated
trabecula -e
traceable
traceably
traceless
traceried
tracheary -ries
Tracheata
tracheate
tracheide -s
Trachinus
trachitis
trachytic
track-boat
trackless
trackroad -s
tractable
tractator -s
tradeless
trademark -s
tradename -s
tradesman -men
tradition -s
traditive
Traducian
traducing -s
tragedian -s
tragelaph -s
traguline
trainable
train-band
traipsing -s
traitorly
traitress -es
trampling -s
trampolin -s
trancedly
transcend -s,-ing
         -ed
transenna -s
transform -s,-ing
          -ed
transfuse -s,-d
          -sing
transhume -s,-d
          -ming
transient -s
translate -s,-d
          -ting
transmove
transmute -s,-d
          -ting
transonic
transpire -s,-d
          -ring

transport -s,-ing
          -ed
transpose -s,-d
          -sing
transship -s
          -ping
          -ped
transumpt
transvest -s,-ing
          -ed
trapesing -s
trapezial
trapezium -s,-zia
trapezius -es
trapezoid -s
trappings
trap-stair
trap-stick
trashtrie
trattoria -s
traumatic
travailed
travelled
traveller -s
traversed
traverser -s
travertin
trawl-fish
trawl-line
tray-cloth
treachery -ries
treachour
treadling -s
treadmill -s
treasurer -s
treatable
treatment -s
trebuchet -s
tredrille -s
tree-lined
tree-onion
tree-shrew
tree-snake
tree-trunk
trefoiled
tregetour -s
treillage -s
trellised
Trematoda
trematode -s
trematoid -s
tremblant
trembling -s
tremolant -s
tremolite
tremulant -s
tremulate -s,-d
          -ting
tremulous
trenchand

trenchant
trenchard -s
trepanned
trepanner -s
trepidant
treponema -s,-ta
tressured
triactine
trial-fire
trialogue -s
Triandria
triangled
triatomic
tribadism
tribalism
tribalist -s
tribeless
tribesman -men
tribology
tribunate -s
tribunite
tributary -ries
tricerion -s
trichinae
trichitic
trichosis
trichroic
trichrome
trickling -s
tricksome
trickster -s
triclinic
tricolour -s
tricrotic
tricuspid
tricycler -s
tricyclic
tridactyl
tridental
tridented
tridymite
triecious
triennial
trierarch -s
trieteric
trifacial -s
trifocals
trifolium -s
triforium -ria
triformed
trigamist -s
trigamous
trigonous
trigynian
trigynous
trihedral -s
trihedron -s
trihybrid -s
trihydric
trilinear

trilithic
trilithon -s
trilobate
Trilobita
trilobite -s
trimerous
trimester -s
trimethyl
trinketer
trinketry
trinomial -s
trionymal
tripe-shop
tripewife -wives
Tripitaka
triploidy
triptyque -s
tripudium -s
triquetra -s
triradial
trisagion -s
trisector -s
triskelia
triteness
tritheism
tritheist -s
triticale
triticism
triturate -s,-d
          -ting
triumphal
triumpher -s
triumviri
triumviry
trivalent
trivalved
trivially
tri-weekly
Trochidae
trochilic
trochilus -es
trochlear
trollopee -s
troop-ship
troparion -ria
tropistic
tropology
trot-cosey
trothless
troth-ring
troubling -s
troublous
trouncing -s
trousered
trousseau -x,-s
trout-farm
troutless
troutling -s
trowelled
troweller -s

Trubenise®
truceless
truck-farm
truckling -s
truck-load
truck-shop
truculent
truepenny
trump-card
trumped-up
trumpeted
trumpeter -s
truncated
truncheon -s,-ing
             -ed
trunk-call
trunkfish -es
trunk-hose
trunk-line
trunk-mail
trunk-road
trunk-work
truss-beam
trust-deed
trustiest
trustless
truthless
truthlike
tsarevich -es
tubbiness
tubectomy -mies
tubercled
tubercule -s
tube-skirt
tubicolar
Tubularia
tubulated
tufaceous
tuggingly
tug-of-love
tuillette -s
tuitional
tularemia
tularemic
tulip-root
tulip-tree
tulip-wood
tumble-bug
tumble-car
tumefying
tumescent
tumidness
tunefully
tunesmith -s
tungstate -s
Tungusian
tunicated
tuning-key
tuning-peg
tuning-pin

tunnelled
tunneller -s
tunnel-net
tunny-fish
Tupaiidae
tuptowing
turbidity
turbinate
turboprop -s
turbulent
Turcophil
turcopole -s
turf-drain
turfiness
turf-spade
turgently
turgidity
turkey-hen
turmagant
turnabout -s
turnagain -s
Turnerian
turnip-fly
turnip-top
turn-penny
turnround -s
turn-screw
turnstile -s
turnstone -s
turntable -s
turpitude
turquoise
turret-gun
tusk-shell
tutiorism
tutiorist -s
tutorship -s
tutworker -s
twaddling -s
twalhours
twa-lofted
twalpenny -nnies
twangling -s
twattling -s
tway-blade
'tween-deck
twelfthly
twentieth -s
twentyish
twenty-two
twice-born
twice-laid
twice-told
twiddling -s
twiforked
twiformed
twin-birth
twiningly
twinkling -s
twin-plane

twin-screw
twistable
twitching -s
twitterer -s
two-bottle
two-by-four
two-decker
two-fisted
two-footed
two-forked
two-handed
two-hander
two-headed
two-leafed
two-leaved
two-legged
two-lipped
two-masted
two-master
two-parted
two-roomed
twoseater -s
two-storey
twostroke
two-timing
twyforked
twyformed
tycoonate -s
tycoonery
tympanist -s
type-genus
type-metal
typewrite -s
             -ting
             -wrote
             -written
Typhaceae
typhlitic
typhlitis
typhoidal
Typhonian
typically
typifying
typomania
tyranness -es
tyrannise -s,-d
             -sing
tyrannous

U

udderless
udometric
ufologist -s
uintahite
uitlander -s
Ukrainian
uliginous
ulmaceous
ulotrichy
ultimatum -ta

ultra-high
ululation -s
umbellate
umbellule -s
umber-bird
umbilical
umbilicus -es
umbratile
umpteenth
unabashed
unaccused
unactable
unadapted
unadmired
unadopted
unadorned
unadvised
unaidable
unallayed
unalloyed
unaltered
unamended
unamerced
unamiable
unamusing
unanimity -ties
unanimous
unanxious
unapparel -s
             -ling
             -led
unapplied
unaptness
unashamed
unassayed
unassumed
unassured
unattired
unavenged
unavoided
unbaffled
unbalance -s,-d
             -cing
unbaptise -s,-d
             -sing
unbasedly
unbashful
unbearded
unbearing
unbeguile -s,-d
             -ling
unbeknown
unbelieve -s,-d
             -ving
unbeloved
unbending
unbespeak -s,-ing
             -spoke(n)
unbiassed
unbinding -s

unblended
unblessed
unblinded
unblooded
unblotted
unblunted
unbookish
unbosomer -s
unbounded
unbraided
unbridged
unbridled
un-British
unbrizzed
unbruised
unbrushed
unbuilt-on
unburthen -s,-ing
      -ed
uncandour
uncannily
uncanonic
uncapable
uncareful
unceasing
uncertain
uncessant
unchained
unchanged
uncharged
uncharity
uncharmed
uncharnel -s
     -ling
     -ed
uncharted
unchecked
uncheered
unchrisom
uncinated
uncivilly
unclaimed
unclassed
uncleaned
uncleanly
uncleared
unclearly
uncleship -s
unclipped
unclogged
unclothed
unclouded
uncombine -s,-d
     -ning
unconcern -s
unconfine -s,-d
     -ning
unconform
uncongeal -s,-ing
     -ed

uncordial
uncorrupt
uncounted
uncoupled
uncourtly
uncouthly
uncovered
uncreated
uncropped
uncrossed
uncrowded
uncrowned
uncrudded
uncurable
uncurdled
uncurious
uncurling
uncurrent
uncurtain -s,-ing
     -ed
undamaged
undaunted
undawning
undazzled
undebased
undecayed
undeceive -s,-d
     -ving
undecided
undecimal
undefaced
undefiled
undefined
undelayed
undelight
undeluded
underbear
underbite -s
     -ting
     -bit(ten)
underbred
underbush -es
     -ing
     -ed
undercast -s
underclad
underclay
underclub -s
     -bing
     -bed
undercoat -s
undercook -s,-ing
     -ed
undercool -s,-ing
     -ed
underdeck -s
underdoer -s
underdone
underdraw -s,-ing
     -n
     -drew

underfeed -s,-ing
     -fed
underfelt
underfire -s,-d
     -ring
underflow -s
underfong
underfoot
undergird -s,-ing
     -ed
undergown -s
undergrad -s
underhand
underhung
underkeep
underking -s
underlaid
underlain -s
underline -s,-d
     -ning
underling -s
undermine -s,-d
     -ning
undermost
undernote -s,-d
     -ting
underpaid
underpass -es
underpeep
underplay -s,-ing
     -ed
underplot -s
underprop -s
     -ping
     -ped
underrate -s,-d
     -ting
under-ripe
under-roof
underseal -s,-ing
     -ed
underself -selves
undersell -s,-ing
     -sold
undershot
underside -s
undersign -s,-ing
     -ed
undersoil -s
undersong -s
undertake -s,-n
     -king
     -took
undertime
undertint -s
undertone -s
undertook
undervest -s
underwear
underwing -s

underwood -s
underwork -s,-ing
     -ed
undeserve -s,-d
     -ving
undesired
undignify -ing
     -fies
     -ied
undiluted
undivided
undoubted
undrained
undreaded
undreamed
undressed
undrilled
undrowned
undulancy -cies
undulated
unduteous
undutiful
undyingly
unearthed
unearthly
uneatable
uneffaced
unelected
unemptied
unendowed
unengaged
un-English
unentered
unenvious
unenvying
unequable
unequally
unessayed
unessence -s,-d
     -cing
unethical
unexalted
unexcited
unexpired
unexposed
unextinct
unfadable
unfailing
unfearful
unfearing
unfeeling
unfeigned
unfigured
unfitness
unfitting
unfledged
unfleshed
unfleshly
unfloored
unfocused

unfolding -s	unimposed	unnamable	unqueened
unfortune -s	unincited	unnatural	unqueenly
unfounded	unindexed	unneedful	unquelled
unfranked	uninjured	unnerving	unquietly
unfraught	uninsured	unnoticed	unrazored
unfreeman -men	uninvited	unobvious	unreached
unfretted	Unionidae	unoffered	unreadily
unfrocked	unionised	unopposed	unrealise -s,-d
unfuelled	uniparous	unordered	-sing
unfurnish -es	uniplanar	unorderly	unrealism
-ing	uniserial	unpacking	unreality -ties
-ed	unisexual	unpainful	unrebated
ungainful	unisonant	unpainted	unrebuked
ungallant	unisonous	unpalsied	unredrest
ungarbled	Unitarian	unpapered	unreduced
ungenteel	unitively	unpartial	unrefined
ungenuine	univalent	unpayable	unrefuted
unghostly	universal -s	unpennied	unrelated
ungirthed	unjealous	unpeopled	unrelaxed
unglossed	unjointed	unperfect	unremoved
ungodlike	unkindled	unperplex -es	unrenewed
ungodlily	unknelled	-ing	unreserve
ungravely	unknowing	-ed	unrestful
ungroomed	unlearned	unpervert -s,-ing	unresting
ungrudged	unlighted	-ed	unrevised
unguarded	unlikable	unpierced	unrevoked
unguessed	unlimited	unpiloted	unridable
unguiform	unlivable	unpitiful	unriddler -s
unhandily	unlived-in	unpitying	unripened
unhandled	unloading -s	unplagued	unripping -s
unhappily	unlocated	unplained	unrosined
unharbour -s,-ing	unlogical	unplaited	unrounded
-ed	unlosable	unplanked	unroyally
unharmful	unlovable	unplanned	unruffled
unharming	unluckily	unplanted	unrumpled
unharness -es	unmakable	unpleased	unsaddled
-ing	unmanacle -s,-d	unpleated	unsaintly
-ed	-ling	unpledged	unsalable
unhasting	unmanaged	unpliable	unsaluted
unhatched	unmanlike	unpliably	unsatable
unhatting	unmanured	unplucked	unsatiate
unhaunted	unmarried	unplugged	unsavoury
unhealthy -thier	unmasking	unplumbed	unsayable
-iest	unmatched	unpointed	unscanned
unheard-of	unmatured	unpoliced	unscarred
unhearsed	unmeaning	unpolitic	unscathed
unheedful	unmerited	unpopular	unscented
unheedily	unmindful	unpotable	unscoured
unheeding	unmingled	unpraised	unscythed
unhelpful	unmixedly	unprecise	unsecular
unhopeful	unmoneyed	unpredict	unsecured
unhumbled	unmotived	unprepare -s,-d	unseduced
unhurried	unmoulded	-ring	unseeable
unhurtful	unmounted	unpressed	unseeming
unicolour	unmourned	unprinted	unselfish
unifiable	unmovable	unpropped	unserious
uniformed	unmovably	unprovoke	unsettled
uniformly	unmovedly	unpursued	unsevered
unillumed	unmusical	unqualify -ing	unshackle -s,-d
unimpeded	unmuzzled	-fies	-ling
		-ied	

unshapely
unsheathe -s,-d
          -thing
unshocked
unshrived
unshriven
unshunned
unshutter -s,-ing
          -ed
unsickled
unsighing
unsighted
unsightly
unsinewed
unsisting
unsizable
unskilful
unskilled
unskimmed
unskinned
unslept-in
unsmiling
unsmitten
unsnuffed
unsolaced
unsolidly
unsounded
unsoundly
unsparing
unspilled
unspoiled
unspotted
unsquared
unstained
unstamped
unstaying
unsterile
unstifled
unstilled
unstinted
unstocked
unstopped
unstopper -s,-ing
          -ed
unstriped
unstudied
unstuffed
unsubdued
unsubject
unsuccess
unsued-for
unsuiting
unsullied
unsuspect
unswaddle -s,-d
          -ling
untainted
untamable
untamably
untangled

untempted
untenable
unthanked
unthrifty
untimeous
untirable
untoiling
untouched
untracked
untrained
untreated
untressed
untrimmed
untrodden
untrussed
untrusser -s
untumbled
untunable
untunably
untuneful
unturning
untutored
untwisted
untypical
unushered
unusually
unuttered
unvarying
unveiling -s
unvisited
unvoicing
unwakened
unwarlike
unwasting
unwatched
unwatered
unwearied
unweeting
unweighed
unwelcome
unwhipped
unwilling
unwinding
unwinking
unwishful
unwishing
unwittily
unwitting
unwomanly
unworking
unworldly
unworried
unwounded
unwreaked
unwreathe -s,-d
          -thing
unwrinkle -s,-d
          -ling
unwriting
unwritten

unwrought
unzealous
upaithric
up-and-down
up-and-over
Upanishad
upbounden
upbraider -s
upbrought
upburning
up-Channel
upcheered
up-country
up-current
up-draught
upfilling
upgrowing -s
upgushing
upheaping -s
upholding -s
upholster -s,-ing
          -ed
uplandish
uplifting -s
uplighted
upper-case
up-perched
uppermost
up-pricked
up-putting
uprightly
uprooting -s
ups-a-daisy
upsetting -s
upsitting -s
upstaring
upsy-daisy
upthunder -s,-ing
          -ed
uptrilled
upturning -s
upwelling -s
upwrought
uralitise -s,-d
          -sing
uraninite
uraniscus -es
uranology
urceolate
Uredineae
uredinial
uredinium -nia
uredinous
Uriconian
urination -s
urinative
urinology
urn-shaped
Urochorda

urochrome
urodelous
urography
urolagnia
urologist -s
uropygial
uropygium -s
urticaria
uselessly
usherette -s
ushership -s
usualness
usucapion -s
usurpedly
uterotomy -mies
Utraquism
Utraquist
utricular
utriculus -li
utterable
utterance -s
utterless
uttermost
utterness
uvarovite
uxoricide -s

V

vaccinate -s,-d
          -ting
vaccinial
vaccinium -s
vacillant
vacillate -s,-d
          -ting
vacuation -s
vacuolate
vacuously
vade-mecum
vagarious
vaginated
vaginitis
vaginulae
vagueness
vainglory
Vaishnava
Valdenses
valentine -s
valiantly
validness
Valkyriur
vallecula -e
valuation -s
valueless
valvassor -s
valveless
vambraced
vampirise -s,-d
          -sing
vampirism -s,-d

vandalise -s,-d	velveting -s	vernality	vigilance
-sing	venatical	vernation -s	vigilante -s
vandalism	vendition -s	véronique	vignetter -s
vanishing -s	veneering -s	verrucose	vikingism
vanity-bag	venefical	verrucous	vilifying
vanity-box	venerable	versatile	villagery
vantbrace -s	venerably	versified	villanage -s
vant-brass	venerator -s	versifier -s	villanous
vapidness	venereous	versiform	villenage -s
vaporable	vengeable	versional	villiform
vaporetto -s,-tti	vengeably	versioner -s	villosity
vaporific	vengeance -s	vertebrae	vimineous
vaporiser -s	vengement	vertebral	vinaceous
vapouring -s	veniality	verticity	vindemial
vapourish	venireman	vertiport -s	vindicate -s,-d
Varangian	ventiduct -s	vervelled	-ting
Varanidae	ventifact -s	vesicular	vine-stock
variation -s	ventilate -s,-d	vestibule -s	vingt-et-un
variative	-ting	vestigial	vintaging -s
varicella	ventosity	vestigium -gia	Violaceae
variegate -s,-d	ventrally	vestiment	violation -s
-ting	ventricle -s	vestiture -s	violative
varieties	venturing -s	vestryman -men	violently
variolate -s,-d	venturous	vetchling -s	violin-bow
-ting	veracious	vetturini	violinist -s
variolite	veratrine	vetturino	Viperidae
varioloid	verbalise -s,-d	vexatious	viragoish
variolous	-sing	vexedness	virescent
variously	verbalism -s	vexillary -ries	Virgilian
variscite	verbalist -s	viability	Virginian
Varityper®	verbality	viaticals	virginity
varletess -es	verbarian -s	viatorial	virginium
varnisher -s	*Verbascum	vibracula	virgulate
varvelled	verberate -s,-d	vibraharp	virtually
vasectomy -mies	-ting	vibratile	virtuosic
vasomotor	verbicide -s	vibration -s	virulence
vassalage -s	verbosely	vibrative	virulency
vassaless -es	verbosity	vibratory	visagiste -s
vastidity -ties	verdantly	vibrissae	viscerate -s,-d
vastitude -s	verdigris -es	vicariate -s	-ting
vaticinal	-ing	vicarious	viscidity
vectorial	-ed	vicarship -s	viscosity -ties
vee-gutter	verdurous	vicennial	viscounty -ties
veeringly	Vergilian	vice-queen	visionary -ries
vegetable -s	veridical	vice-regal	visioning -s
vegetably	verifying	vicereine -s	visionist -s
vegetated	veritable	vicesimal	visitable
vehemence	veritably	viciosity	visitator -s
vehemency	verjuiced	viciously	visitress -es
vehicular	vermeille -s,-d	victimise -s,-d	visor-mask
veilleuse -s	-lling	-sing	vistaless
veinstone	vermicide -s	victoress -es	visualise -s,-d
veinstuff	vermicule -s	Victorian	-sing
velarised	vermiform	victorine -s	visualist -s
veldskoen	vermifuge -s	videlicet	visuality -ties
vellicate -s,-d	vermilion -s	videotape -s	vitaliser -s
-ting	verminate -s,-d	viewiness	vitascope -s
velodrome -s	-ting	viewphone -s	vitecetum -s
veloutine -s	verminous	viewpoint -s	vitellary
velveteen -s	vernalise -s,-d	vigesimal	vitelline -s
	-sing		

vitiation -s
vitiosity
vitrified
vitriform
vitriolic
Vitruvian
vivacious
vivamente
vivandier -s
viverrine
vivianite
vividness
vizierate -s
vizierial
vizirship -s
vocabular
vocaliser -s
vocalness
voiceless
voice-over
voisinage
voiturier -s
volageous
vol-au-vent
volcanian
volcanise -s,-d
    -sing
volcanism
volcanist -s
volcanoes
volitient
Volkslied
volksraad -s
volte-face
voltigeur -s
voltinism
voltmeter -s
volucrine
volumeter -s
voluminal
voluntary -ries
volunteer -s,-ing
    -ed
voodooism
voodooist -s
voracious
vorticism
vorticist -s
vorticose
vouchsafe -s,-d
    -fing
vowelless
vow-fellow
voyeurism
vraicking -s
vulcanian
vulcanise -s,-d
    -sing
vulcanism
vulcanist -s

vulcanite
vulgarian -s
vulgarise -s,-d
    -sing
vulgarism -s
vulgarity -ties
vulnerary -ries
vulnerate
vulpicide -s
vulpinism
vulpinite
vulsellae
vulsellum -lla
vulturine
vulturish
vulturism
vulturous
vulviform

W

wackiness
wadsetter -s
wafer-cake
wagenboom
wager-boat
wages-fund
waggishly
waghalter
Wagnerian
Wagnerism
Wagnerist
Wagnerite
wagonette -s
wagon-load
wagon-lock
wagon-roof
wagons-lit
Wahabiism
Wahabiite
wailingly
waistband -s
waistbelt -s
waistboat -s
waistcoat -s
waist-deep
waist-high
waistline -s
waiterage
waitering
waitingly
wakefully
wake-robin
Walachian
Waldenses
waldflute -s
waldgrave -s
walkabout -s
wall-board
wall-cress
wall-fruit

walloping -s
wallowing -s
wallpaper -s
wall-plate
wall-space
wallydrag -s
Waltonian
wanchancy -cier
    -iest
wandering -s
wang-tooth
wantonise -s,-d
    -sing
wapenshaw -s
wapentake -s
wapinshaw -s
wapper-jaw
warble-fly
wardrober -s
warehouse -s,-d
    -sing
warfaring -s
warlockry
warmonger -s
warningly
warranted
warrantee -s
warranter -s
warrantor -s
wart-cress
war-wasted
wase-goose
wash-basin
wash-board
wash-cloth
washed-out
washerman -men
wash-house
washiness
washing-up
wash-stand
waspishly
wasp-stung
wassailer -s
wassailry
wasserman
waste-book
waste-gate
wasteland -s
wasteness
waste-pipe
wasterful
wasterife
watch-bill
watch-case
watch-fire
watchword -s
water-bath
water-bird
water-buck

water-bull
water-butt
water-cart
water-cask
water-cell
water-cock
water-cool
water-core
water-cure
water-deck
water-deer
water-drop
waterfall -s
water-fern
water-flag
water-flea
water-flow
water-fowl
water-gage
water-gall
water-gate
Watergate
water-head
water-hole
water-jump
water-leaf
water-lens
waterless
waterlily -lies
water-line
water-main
watermark -s
water-mill
water-mole
water-pipe
water-poet
water-polo
water-pore
water-pump
water-rail
water-rate
water-seal
watershed -s
water-shot
waterside -s
water-vine
water-vole
water-wave
water-weed
water-work
water-worn
wattmeter -s
waulk-mill
wavefront -s
waveguide -s
wavellite
wavemeter -s
waveshape -s
wax-flower
wax-insect

waxworker -s
wayfaring -s
way-warden
waywardly
wayzgoose -s
weak-kneed
wealthily
weariless
weariness
wearisome
weasel-cat
weaseller -s
weathered
weatherly
web-footed
wedgewise
Wednesday
weed-grown
weedicide -s
weediness
week-ender
weeknight -s
weel-faird
weel-faur'd
weepingly
weetingly
weevilled
Wehrmacht
weighable
weigh-bank
weightily
weighting -s
weirdness
welfarism
welfarist -s
well-aimed
wellanear
well-being
well-borer
well-built
well-doing
well-drain
well-famed
well-faurt
well-found
well-given
well-house
well-known
well-lined
well-meant
well-oiled
well-set-up
well-smack
well-spent
well-timed
welly-boot
weltering
Weltgeist
Wernerian
wernerite

west-about
westbound
westering
westerner -s
westwards
whale-back
whale-boat
whalebone -s
whale-calf
whale-head
whale-line
whatsoe'er
wheat-bird
wheat-corn
wheat-crop
wheat-germ
wheat-meal
wheat-moth
wheat-worm
wheedling -s
wheelbase -s
wheel-lock
wheel-race
wheel-spin
wheelwork -s
whencever
wherefore
wherefrom
whereinto
whereness
whereunto
whereupon
wherewith
wherryman -men
whet-slate
whetstone -s
whey-faced
whichever
whifflery -ries
whiffling -s
whillywha -s,-ing
         -ed
whimperer -s
whimsical
whingeing -s
whininess
whiningly
whinnying
whinstone -s
whipcordy
whip-graft
whipper-in
whip-round
whip-snake
whipstaff -s
whipstall -s,-ing
         -ed
whip-stock
whirl-bone
whirligig -s

whirlpool -s
whirlwind -s
whiskered
whisperer -s
whistling -s
whitebait -s
whitebass -es
whitebeam -s
white-bear
white-face
whitefish -es
Whitehall
white-hass
White-head
white-lady
white-lime
whiteness
whitening -s
white-rent
white-salt
white-seam
whiteware
whitewash -es
         -ing
         -ed
whitewing -s
whitewood -s
whittawer -s
whizz-bang
whoa-ho-hoa
whodunnit -s
wholefood -s
whole-meal
wholeness
wholesale -s
wholesome -r,-st
wholistic
whore's-egg
whorishly
whosoever
whunstane -s
wide-angle
wide-awake
widow-bird
widowhood
widow-wail
wieldable
wieldless
wildering
wild-geese
wild-goose
wild-grape
wildgrave
wild-honey
wild-olive
wild-water
willemite
Willesden
willingly
willowish

wincopipe
wind-bound
wind-break
wind-chart
wind-chest
wind-gauge
wind-hover
windiness
windingly
window-bar
window-box
window-tax
wind-shak'd
windswept
wind-swift
wind-tight
windwards
wine-berry
wine-glass
wine-party
wine-press
wine-stone
wine-vault
wing-shell
wing-snail
wink-a-peep
winkingly
winningly
winnowing -s
winsomely
winter-bud
winterise -s,-d
         -sing
wiredrawn
wire-gauze
wire-grass
wire-guard
wire-photo
wire-sewed
wisecrack -s,-ing
         -ed
wishfully
wistfully
witchetty -tties
witch-knot
witch-meal
witch-wife
withdrawn
withering -s
witherite
withhault
withouten
withstand -s,-ing
withstood
withywind -s
witlessly
wit-monger
witnesser -s
witticism -s
wittiness

wittingly
witwanton
wobbegong -s
woebegone
wofulness
wolf-hound
wolfishly
wolfsbane -s
wolf's-claw
wolf's-foot
wolf-tooth
wolverene -s
wolverine -s
wolvishly
woman-body
woman-born
womanhood
womaniser -s
womankind
woman-like
woman-post
womenfolk
womenkind
wonderful
wondering -s
wonderous
woodblock -s
wood-borer
woodchuck -s
woodcraft
wood-fibre
wood-flour
wood-honey
wood-horse
woodhouse -s
woodiness
woodlouse -lice
woodmouse -mice
wood-nymph
wood-paper
wood-reeve
wood-screw
wood-shock
wood-spite
wood-stamp
wood-stone
wood-sugar
wood-waxen
woomerang -s
wooziness
worcester
word-blind
wordbound
wordiness
wordsmith -s
workfolks
workforce -s
workhorse -s
workhouse -s
workmanly

workpiece -s
workplace -s
work-table
work-woman
worldling -s
worldwide
worm-eaten
worm-fence
worm-fever
worm-grass
worm-holed
worm-wheel
worriment -s
worrisome
worseness
worthless
woundable
woundless
woundwort -s
wrangling -s
wrapround -s
wrathless
wreakless
wrenching
wrestling -s
wriggling -s
wring-bolt
wristband -s
wrist-drop
wrist-shot
writative
write-back
write-down
writeress -es
wrong-doer
wrong-foot
wrongness
wrought-up
wry-necked
wulfenite
wuthering
wyandotte -s
wych-hazel
Wyclifite
wylie-coat

X

Xanthippe
Xanthoura
Xenarthra
xenocryst -s
xenograft -s
xenomania
xenomenia
xenophile -s
xenophobe -s
xenophoby
xerochasy
xeroderma
xeromorph -s

xerophagy
xerophily
xerophyte -s
Xiphiidae
xiphoidal
Xiphosura
X-particle
xylograph -s
xyloidine
xylometer -s
Xylophaga
xylophage -s
xylophone -s
Xyridales

Y

yacht-club
yachtsman -men
Yajurveda
yakety-yak
yakity-yak
yammering -s
Yankeedom
Yankeeism
yardstick -s
yattering -s
yawningly
year-round
yellow-boy
yellow-dog
yellowish
yesterday -s
yestereve -s
Yggdrasil
Yiddisher
yieldable
yird-house
yo-heave-ho
yohimbine
yoke-devil
yoke-stalk
Yorkshire
young-eyed
youngling -s
youngness
youngster -s
youngthly
youthhead
youthhood
youthsome
yravished
ytterbium

Z

zamboorak -s
zamindari -s
zante-wood
Zanzibari
zapateado -s
Zapodidae

zapotilla -s
zealotism
zealously
zebra-wood
Zechstein
zeitgeist
zelotypia -s
zemindari -s
zemindary -ries
Zernebock
zero-rated
zestfully
Zeuglodon
zeugmatic
zibelline -s
zigzagged
zinc-bloom
zinc-colic
zinc-white
zinkenite
Ziphiidae
zircalloy
zirconium
zoechrome -s
zoetropic
zoiatrics
Zonuridae
zoobiotic
zoocytium -tia
zoogamete -s
zoogamous
zoogenous
zoogloeic
zoogonous
zoography
zoolatria
zoolithic
zoologist -s
zoomantic
zoometric
zoomorphy -phies
zoonomist -s
zooperist -s
zoophagan -s
zoophilia
zoophobia
zoophoric
zoophorus
zoophytic
zooplasty
zooscopic
zoosporic
zootechny
zoothecia
zootheism
zootomist -s
zootrophy
zucchetto -s
zumbooruk -s
Zwanziger

Zwinglian
zygaenine
zygaenoid
zygantrum -s

zygomatic
zygophyte -s
zygosperm -s

zygospore -s
zymogenic
zymolitic

zymologic
zymolysis
zymometer -s

A
abbey-laird
abbey-piece
abbreviate -s,-d,-ting
abdication -s
abdominous
aberdevine -s
Aberdonian
aberration -s
abhorrence -s
abhorrency
abiogenist -s
abiturient -s
abjectness
abjunction -s
abjuration -s
able-bodied
abnegation -s
abnormally
abominable
abominably
abominator -s
aboriginal -s
aborigines
aborticide -s
abortively
above-board
above-named
Abraham-man
abreaction -s
abridgment -s
abrogation -s
abrogative
abruptness
abscission -s
absolutely
absolution -s
absolutism
absolutist -s
absolutory
absolvitor -s
absorbable
absorbedly
absorbency -cies
absorption -s
absorptive
abstemious

abstention -s
abstergent -s
abstersion -s
abstersive
abstinence -s
abstinency
abstracted
abstracter -s
abstractly
abstractor -s
abstrusely
absurdness -es
abundantly
Abyssinian
academical
acanaceous
acarophily
acatalepsy
accelerant -s
accelerate -s,-d,-ting
accentuate -s,-d,-ting
acceptable
acceptably
acceptance -s
acceptancy
accessible
accessibly
accidental -s
accidented
accomplice -s
accomplish -es,-ing,-ed
accomptant
accordable
accordance -s
accordancy -cies
accostable
accoucheur -s
accountant -s
accounting -s
accoutring
accredited
accrescent
accubation -s
accultural
accumulate -s,-d,-ting
accurately
accusation -s
accusative -s

accusement
accustomed
acephalous
aceraceous
acervation -s
acetabular
acetabulum -la
Acherontic
achievable
Achitophel
achromatic
achromatin -s
acidifying
acidimeter -s
acidimetry
acinaceous
acolouthic
acolouthos -es
acorn-shell
acotyledon -s
acoustical
acquainted
acquirable
acquitment
acquitting
acriflavin
acroamatic
acrobatics
acrobatism
acrogenous
acromegaly
acronychal
acronymous
acrophobia
acrophonic
acroterial
acroterion -ria
acroterium -s
actability
actinolite
actionable
activation -s
activeness
actualités
acuminated
adamantean
adamantine
Adamitical

adaptation -s
adaptative
adaptively
adderstone -s
adder's-wort
additament -s
additional
additively
addle-pated
adelantado -s
adenectomy -mies
adequately
adequative
adhesively
adhibition -s
adiaphoron -ra
adjacently
adjectival
adjudgment -s
adjudicate -s,-d,-ting
adjunction -s
adjunctive
adjuration -s
adjuratory
adjustable
adjustment -s
administer -s,-ing,-ed
admiration
admirative
admiringly
admissible
admittable
admittance -s
admittedly
admonition -s
admonitive
admonitory
adolescent -s
adroitness
adsorption -s
Adullamite
adulterant -s
adulterate -s,-d,-ting
adulteress -es
adulterine -s
adulterise -s,-d,-sing
adulterous
adventurer -s
adversaria
advertence
advertency
advertiser -s
advice-boat
advisatory
advisement -s
advisorate -s
advocation -s
advocatory
aeciospore -s
aedileship -s

aeolotropy
aerenchyma -s
aerobatics
aerobiosis
aerobiotic
aeroengine -s
aerogramme -s
aerography
aerologist -s
aerometric
aeronautic
aeronomist -s
aerophobia
aerophobic
aerostatic
aerotactic
aerotropic
aeruginous
aesthetics
Aethiopian
affability
affectedly
affeerment
affettuoso -s
affiliable
affinitive
affirmable
affirmance -s
afflicting -s
affliction -s
afflictive
affluently
affricated
affrighted
affrighten -s,-ing,-ed
affronting -s
affrontive
aficionado -s
Africander
Africanise
Africanism
Africanist
Africanoid
Afrikander
afrormosia -s
afterbirth -s
aftergrass -es
after-guard
after-image
after-light
afterpains
afterpiece -s
aftershaft -s
aftershave -s
aftertaste -s
afterwards
afterworld -s
agapanthus -es
age-bracket
agglutinin

aggrandise -s,-d,-sing
aggression -s
aggressive
agitatedly
agonisedly
agonistics
agrologist -s
agronomial
agronomist -s
Ahithophel
ahorseback
Ahuramazda
aide-de-camp
air-bladder
air-cooling
air-cushion
air-grating
air-hostess
airmanship
air-marshal
air-officer
air-traffic
akolouthos -es
alabandine
alabandite
alang-alang
alarm-clock
alarmingly
alarm-radio
albescence
Albigenses
albumenise -s,-d,-sing
albuminate -s
albuminise -s,-d,-sing
albuminoid -s
albuminous
alchemical
alcoholise -s,-d,-sing
alcoholism
Alcyonaria
aldermanic
aldermanly
aldermanry
alexanders
algebraist -s
algolagnia
algologist -s
Algonquian
algophobia
alienation
alimentary
alineation -s
Alismaceae
alkalinity -ties
all-dreaded
allegation -s
allegeance
allegiance -s
allegorise -s,-d,-sing
allegorist -s

allegretto -s
allergenic
alleviator -s
all-firedly
All-Hallows
alliaceous
alligation -s
alliterate -s,-d,-ting
allocation -s
allochiria
allocution -s
allogamous
allopathic
allophonic
Allosaurus
allotropic
all-overish
all-purpose
all-rounder
allurement -s
alluringly
allusively
allycholly
almacantar -s
almond-eyed
almond-tree
almucantar -s
alongshore
alpenstock -s
alphabetic
alphameric
alphametic -s
Alphonsine
altar-cloth
altarpiece -s
altar-rails
altar-stone
altazimuth -s
alteration -s
alterative
alternance -s
alternatim
alternator -s
altisonant
altitonant
altogether
altruistic
amalgamate -s,-d,-ting
amanuenses
amanuensis
Amaranthus
amarantine
amateurish
amateurism
amatorious
amazedness
Amazon-like
ambagitory
Ambarvalia
ambassador -s

ambidexter -s
ambisonics
ambivalent
Amblyopsis
Amblystoma
ambulacral
ambulacrum -cra
ambulation -s
ambulatory
ambuscados
ambushment -s
ameliorate -s,-d,-ting
amendatory
amercement -s
amerciable
Amerindian
ametabolic
amiability
amido-group
amino-group
ammoniacal
ammoniacum
ammoniated
ammunition -s
amoebiform
ampelopsis -ses
amphibious
amphibolic
amphibrach -s
Amphictyon
amphimacer -s
amphimixis
Amphineura
amphiscian -s
Amphitryon
amphoteric
Ampicillin®
ampliation -s
ampliative
amplifying
ampussy-and
amputation -s
amritattva
amygdaloid -s
amylaceous
anabaptise -s,-d,-sing
anabaptism -s
anabaptist -s
anacardium -s
anachronic
anaclastic
anacolutha
anacrustic
anadromous
anadyomene
anaglyphic
anaglyptic
anagogical
analogical
analphabet -s

analysable
analytical
anamnestic
anamorphic
anapaestic
anaphylaxy
anaplastic
anaptyctic
anarchical
anarthrous
anastigmat -s
anastomose -s,-d,-sing
anastrophe -s
anatomical
anatropous
ance-errand
ancestress -es
anchoretic
anchor-hold
anchoritic
anchorless
anchor-ring
anchylosed
anchylosis
ancipitous
Andalusian
andalusite
androecium
androgenic
androphore -s
anecdotage
anecdotist -s
anemograph -s
anemometer -s
anemometry
anemophily
aneurismal
aneurysmal
Angaraland
angelology
angel-water
angiosperm -s
Anglo-Irish
anglomania
anglophobe -s
anglophone -s
Anglo-Saxon
anguifauna
Anguillula
angularity -ties
angwantibo -s
anharmonic
anhelation
animadvert -s,-ing,-ed
animalcula
animalcule -s
animatedly
anisotropy
ankylosaur -s
annalistic

annexation -s
annihilate -s,-d,-ting
annotation -s
annoyingly
annularity -ties
annulation -s
annunciate -s,-d,-ting
annuntiate -s,-d,-ting
anonaceous
anopheline -s
Anschauung
answerable
answerably
answerless
antagonise -s,-d,-sing
antagonism
antagonist -s
ante-bellum
antecedent -s
antecessor -s
antechapel -s
ante-Nicene
antepenult -s
anteriorly
anthelices
anthemwise
antheridia
anthomania
Anthonomus
anthophore -s
anthracene
anthracite
anthracoid
anthropoid
antiaditis
antibiosis
antibiotic -s
Antichrist
Antichthon
anticipant -s
anticipate -s,-d,-ting
anticivism
anticlimax -es
anticlinal -s
antidromic
antifreeze
anti-heroic
antilogous
antilopine
antimasque -s
anti-matter
antimonate -s
antimonial
antimonide -s
antimonite -s
antinomian -s
Antiochene
Antiochian
antipathic
antiphonal -s

antiphoner -s
antiphonic
antipodean
antiproton -s
antiquated
anti-Semite
antisepsis
antiseptic -s
antisocial
antistatic -s
antitheism
antitheist -s
antitheses
antithesis
antithetic
antitragus -gi
antler-moth
anucleated
anxiolytic -s
anywhither
apagogical
aphaeresis
aphidicide -s
aphoristic
aphrodisia
apiculture
aplacental
aplanatism
apocalypse -s
apocarpous
apochromat -s
apocryphal
apocryphon -pha
apodeictic
apolaustic
apolitical
Apollonian
apologetic -s
apomorphia
apopemptic
apophthegm -s
apoplectic
aposematic
aposporous
apostatise -s,-d,-sing
apostolate -s
apostrophe -s
apothecary -ries
apothecial
apothecium -cia
apotheoses
apotheosis
apotropaic
apotropous
apparelled
apparently
apparition -s
appealable
appearance -s
appeasable

appendices
appendixes
apperceive -s,-d,-ving
appetising
appetition -s
appetitive
applauding
applausive
apple-woman
applicable
applicably
applicator -s
appointive
appositely
apposition -s
appositive
appreciate -s,-d,-ting
apprentice -s,-d,-cing
approvable
approvance
approximal
aprication
apron-stage
apterygial
Apterygota
aquabatics
aquafortis
aquamanale -s
aquamanile -s
aquamarine -s
aquaplaner -s
arabesqued
arachnidan -s
araeometer -s
araeometry
araeostyle -s
Araliaceae
arbalester -s
arbalister -s
arbitrable
arbitrator -s
arcaneness
archaicism
archaistic
archbishop -s
arch-chimic
archdeacon -s
archegonia
archeology
archer-fish
archetypal
arch-flamen
architrave -s
archonship -s
archontate -s
arch-pirate
arch-priest
Arctogaean
Arctogaeic
arctophile -s

arcubalist -s
arc-welding
arefaction
arenaceous
areography
areolation
Areopagite
argonautic
argumentum
arguteness
argyrodite
Arimaspian
Aristippus
aristocrat -s
aristology
arithmetic
arles-penny
Armageddon
armigerous
armipotent
armour-clad
armourless
arpeggiate -s,-d,-ting
arpeggione -s
arragonite
arraigning -s
arrestable
arrestment -s
arrhythmia
arrhythmic
arrière-ban
arrogantly
arrogation -s
arrow-grass
arse-licker
artfulness
arthralgia
arthralgic
arthromere -s
Arthropoda
Arthuriana
Articulata
articulate -s,-d,-ting
artificial
artistical
artocarpus -es
arty-crafty
arvicoline
aryballoid
arytaenoid -s
asafoetida
asarabacca -s
asbestosis
ascariasis
ascendable
ascendance -s
ascendancy -cies
ascendence -s
ascendency -cies
ascendible

asceticism
ascomycete -s
ascribable
ascription -s
asepticise -s,-d,-sing
asepticism
asexuality
Ashkenazim
ashlar-work
Asiaticism
asparagine
aspectable
aspergilla
asphyxiant -s
asphyxiate -s,-d,-ting
aspidistra -s
aspiration -s
aspiratory
aspiringly
assafetida
assailable
assailment -s
assay-piece
assemblage -s
assentator
assentient
assertable
assessable
assessment -s
asseverate -s,-d,-ting
assibilate -s,-d,-ting
assignable
assignment -s
assimilate -s,-d,-ting
assistance -s
associable
assoilment -s
assonantal
assortment -s
assumingly
assumption -s
assumptive
assurgency
assythment -s
astarboard
asteriated
asterisked
asteroidal
Asteroidea
astigmatic
astomatous
astonished
astounding
astragalus -es
astriction -s
astrictive
astringent -s
astrolatry
astrologer -s
astrologic

astronomer -s
astronomic
astuteness
asymmetric
asymptotic
asynartete -s
asynchrony
asyntactic
asystolism
ateleiosis
Athanasian
athermancy
atmologist -s
atmosphere -s
atramental
attachable
attachment -s
attackable
attainable
attainment -s
attainture -s
attempered
attendance -s
attendancy
attendment -s
attenuated
attenuator -s
attestable
attirement -s
attornment -s
attractant -s
attraction -s
attractive
attunement -s
aubergiste -s
auctionary
auctioneer -s,-ing,-ed
audibility
audiograph -s
audiometer -s
audiophile -s
auditorium -s,-ria
Aufklärung
auger-shell
augustness
aureomycin
auriculate
auriferous
auscultate -s,-d,-ting
auspicious
austenitic
Australian
australite
Australorp
austringer -s
autarchist -s
autarkical
autecology
authorless
authorship -s

autochthon -s,-es
autocratic
autodidact -s
autoerotic
autogamous
autogenous
autography
auto-immune
automation -s
automatism
automatist -s
automatons
automobile -s
automotive
autonomics
autonomist -s
autonomous
autoplasty
autoptical
autoscopic
autostrada
autotheism
autotheist -s
autumnally
availingly
avant-garde
avanturine
avaricious
avenaceous
avengement -s
avengeress -es
aventurine
Averrhoism
Averrhoist
averseness
Avicularia
Aviculidae
aviculture
avouchable
avouchment -s
awkwardish
axinomancy
axiologist -s
axiomatics
azeotropic
azobenzene

B

babblative
babblement
babiroussa -s
baby-farmer
baby-jumper
Babylonian
Babylonish
baby-minder
baby-ribbon
baby-sitter
baby-walker
bacchanals

bacitracin
backbiting -s
back-blocks
back-friend
backgammon
back-garden
background -s
backhanded
backhander -s
backmarker -s
back-number
backpacker -s
backsheesh
backslider -s
backspauld -s
backstairs
backstitch
backstroke -s
backvelder
backwardly
backworker -s
bacterioid -s
badderlock
bafflingly
bagassosis
baggage-car
bailieship -s
bairn's-part
baking-soda
Balbriggan
balbutient
balconette -s
balderdash -es
bald-headed
balibuntal -s
ballerinas
ballet-girl
ball-flower
ballistics
ballistite
ballooning -s
balloonist -s
balneation
balneology
balustered
balustrade -s
band-clutch
banderilla -s
bandmaster -s
band-string
banishment
bank-cheque
banker-mark
bankruptcy -cies
banqueteer -s
banqueting
bantingism
baphometic
baptistery -ries
barbed-wire

barbellate
barber-shop
barbituric
barcarolle -s
bardolatry
barebacked
barefooted
bareheaded
barelegged
barge-board
bark-beetle
barkentine -s
barley-bree
barley-broo
barleycorn -s
Barmecidal
barmitsvah -s
barmitzvah -s
barometric
baronetage -s
baronetess -es
bar-parlour
barracking -s
barracoota -s
barracouta -s
barramunda -s
barramundi -s
barratrous
barrel-bulk
barrelfuls
barrenness
barrenwort -s
barring-out
barrow-tram
Bartholmew
bartisaned
barysphere
baseballer -s
base-minded
baserunner -s
bashawship -s
basketball -s
basketfuls
basket-hilt
basketwork
basmitsvah -s
basmitzvah -s
basset-horn
bass-fiddle
bassoonist -s
bastard-bar
bastardise -s,-d,-sing
bastardism
bastinaded
batfowling
bathing-box
bathing-hut
bathmizvah -s
batholitic
bathometer -s

bathylitic
bathymeter -s
bathymetry
bathyscaph -s
bathyscope -s
batmitsvah -s
batmitzvah -s
batologist -s
batrachian -s
Battenberg
battledoor -s
battledore -s
battlement -s
battleship -s
bawdy-house
beach-la-mar
beadlehood -s
beadleship -s
beadswoman -women
beam-engine
beard-grass
bear-leader
beatifical
Beaujolais
beautician -s
beautifier -s
beauty-spot
beaver-tree
beaver-wood
beccaficos
bêche-de-mer
becomingly
bedchamber -s
bedclothes
bedellship -s
bedevilled
Bedlington
bedpresser
bedraggled
bed-swerver
bed-wetting
beech-drops
beef-brewis
beefburger -s
beef-witted
beekeeping
beer-barrel
beer-bottle
beer-engine
beer-garden
beeswinged
beetle-eyed
beetlehead -s
beetmister -s
beforehand
beforetime
behind-door
behind-hand
bel-accoyle
Belgravian

beliefless
believable
belittling
belladonna -s
bellamoure
bellarmine -s
belletrist -s
bell-flower
bellhanger -s
bell-ringer
bell-shaped
bell-siller
bell-turret
bell-wether
belly-dance
belly-laugh
belongings
belshazzar -s
benedicite -s
Benedictus
benefactor -s
beneficent
beneficial
benefiting
benevolent
benighting -s
benignancy
Benthamism
Benthamite
benumbment
Benzedrine
benzocaine
benzpyrene
bequeathal -s
Bergsonian
Bergsonism
beribboned
Berkeleian
bescribble -s,-d,-ling
beseeching -s
besom-rider
besottedly
besprinkle -s,-d,-ling
bestialise -s,-d,-sing
bestialism
bestiality
bestowment -s
bestraddle -s,-d,-ling
bestraught
bestridden
bestseller -s
Betelgeuse
Betelgeuze
betterment -s
bettermost
betterness
Betulaceae
betweenity
beweltered
bewildered

bewitchery
bewitching
biblically
bibliology -gies
bibliomane -s
bibliopegy
bibliophil -s
bibliopole -s
bibliopoly
bichromate
bidentated
biennially
bierkeller -s
bifurcated
bigamously
big-bellied
big-mouthed
bijouterie
bilge-water
bilinguist -s
biliverdin
bill-broker
billet-doux
billet-head
billposter -s
bilocation
bimestrial
bimetallic
binaurally
biochemist -s
biodynamic
bioecology
biogenesis
biogenetic
biographer -s
biographic
biological
biomedical
biometrics
biomorphic
biophysics
biopoiesis
biorhythms
bioscience -s
bipartisan
bipedalism
bipetalous
bipinnaria -s
bipolarity
biquintile -s
bird-cherry
bird-hipped
bird-pepper
bird-skiing
bird-spider
bird-strike
bird-witted
birostrate
birthnight -s
birthplace -s

birthright -s
bishop-bird
bissextile -s
bisulphate
bisulphide
bitchiness
bitonality
bitter-king
bitterling -s
bitterness
bitter-root
bitter-spar
bitterwood -s
bituminate -s,-d,-ting
bituminise -s,-d,-sing
bituminous
bivalvular
bivouacked
bizarrerie -s
blackamoor -s
blackberry -rries
blackboard -s
black-bully
blackfaced
blackguard -s
blackheart -s
Blackshirt
blacksmith -s
blackthorn -s
blackwater
bladder-nut
blamefully
blancmange -s
blanketing -s
blanquette
blasphemer -s
blastocyst -s
blastoderm -s
Blastoidea
blastomere -s
blastopore -s
bleariness
bleary-eyed
blepharism
blethering -s
blind-alley
blind-drunk
blissfully
blister-fly
blistering
blitheness
blithering
blithesome
blitzkrieg -s
blizzardly
block-chain
blockhouse -s
blonde-lace
blood-group
blood-guilt

blood-horse
bloodhound -s
blood-money
blood-plate
blood-royal
blood-sized
bloodstain -s
bloodstock
bloodstone -s
blood-wagon
bloody-eyed
Bloomsbury
blossoming -s
blottesque -s
blow-by-blow
blue-bonnet
bluebottle -s
bluebreast -s
blue-cheese
blue-collar
bluejacket -s
blue-pencil
bluethroat -s
blue-tongue
bluey-green
blundering -s
blushingly
blustering
blusterous
board-wages
boastfully
boat-racing
bobbin-lace
bobbysoxer -s
bogtrotter -s
boisterous
Bollandist
boll-weevil
bolometric
bolshevise -s,-d,-sing
bolshevism
bolshevist -s
bolstering -s
bombardier -s
bomb-vessel
Bombycidae
bond-holder
bondswoman -women
bond-timber
bonesetter -s
boneshaker -s
bone-spavin
booby-prize
bookbinder -s
book-holder
book-hunter
bookkeeper -s
bookmaking
bookmarker -s
book-muslin

bookseller -s
boondoggle
boot-closer
bootlegger -s
bootlessly
bootlicker -s
bootmaking
borderland -s
borderless
borderline -s
bordraging
Boswellian
Boswellise
Boswellism
bothersome
botryoidal
bottle-feed
bottle-fish
bottle-head
bottle-neck
bottle-nose
bottle-tree
bottom-fish
bottom-land
bottomless
bouillotte
bounciness
bountihood
Bourbonism
Bourbonist
Bourignian
bousingken
bowdlerise -s,-d,-sing
bowdlerism -s
bowerwoman
bowerwomen
bow-fronted
boyishness
brachiopod -s
brachyaxis
brachydome -s
brachylogy
brachyural
bradyseism
bragadisme
braggingly
Brahmanism
Brahminism
brainchild -ren
braininess
brainstorm -s
brake-block
brake-wheel
Bramah-lock
branchiate
branchless
branch-work
brandering
brandy-ball
brandy-snap

brant-goose
brassiness
bratticing -s
brawniness
brazen-face
brazenness
brazil-wood
breadberry -rries
bread-board
bread-crumb
breadfruit -s
bread-stick
breadstuff -s
break-front
breakwater -s
breastbone -s
breast-deep
breast-feed
breast-high
breast-knot
breastrail -s
breastwork -s
breathless
breath-test
brecciated
breechless
breezeless
breeziness
brent-goose
bressummer -s
brevetting
brick-earth
brickfield -s
bricklayer -s
brickmaker -s
bridegroom -s
bride's-cake
bridesmaid -s
bridgehead -s
bridgeless
Bridgerama
bridle-hand
bridle-path
bridle-rein
bridle-road
brigandage
brigandine -s
brigantine -s
brightness -es
brightsome
brilliance -s
brilliancy -cies
Britishism
broad-arrow
broad-based
broadcloth -s
broad-gauge
broadpiece -s
broadsheet -s
broadsword -s

Brobdignag
brocatelle
broidering -s
broken-down
brokenness
brome-grass
bronchiole -s
bronchitic -s
bronchitis
brontosaur -s
bronze-wing
broodiness
broodingly
brood-pouch
broomstaff -s
broomstick -s
brother-man
brow-antler
Brownshirt
brownstone
brushwheel -s
brusquerie -s
brutifying
bryologist -s
bubbly-jock
bubonocele -s
buccinator -s
Bucephalus
Buchmanism
Buchmanite
buck-basket
bucketfuls
buck-jumper
buck-rabbit
Buddhistic
budgerigar -s
buffalo-nut
buff-jerkin
bufflehead -s
buffoonery
bulk-buying
bull-beeves
bull-beggar
bullet-head
bullet-tree
bull-headed
bullionist -s
bull-necked
bull-roarer
bumbailiff -s
bumble-foot
bumfreezer -s
bumpkinish
bunch-grass
bunchiness
bunglingly
burdensome
bureaucrat -s
burglarise
burnet-moth

burnettise -s,-d,-sing
burnishing -s
burramundi -s
burrow-duck
burr-walnut
bursarship -s
bur-thistle
bushelling -s
bush-harrow
bushmaster -s
bushranger -s
bush-shrike
butchering -s
butlership -s
butter-bake
butter-bean
butter-bird
butter-boat
butter-bump
butter-dish
butterdock -s
butter-fish
butter-milk
butter-tree
butter-wife
butterwort -s
buttery-bar
button-ball
button-bush
buttoned-up
button-hold
button-hole
button-hook
button-wood
by-drinking
by-election
byssaceous
byssinosis

C

cabalistic
cabbage-fly
cachinnate -s,-d,-ting
cack-handed
cacodaemom -s
cacogenics
cacography
cacomistle -s
cacophonic
cacotopian
cacotrophy
cactaceous
cacuminous
cadaverous
caddis-case
Caesarship
caespitose
caffeinism
ca'ing-whale
cajolement

calamander -s
calamitous
calcareous
calceiform
calceolate
calciferol
calcinable
calc-sinter
calculable
calculably
calculated
calculator -s
calculuses
Caledonian
calefactor -s
calendarer -s
calescence
calf-ground
calibrator -s
calico-bush
calico-tree
calico-wood
caliginous
calliature -s
calorifier -s
calotypist -s
calumniate -s,-d,-ting
calumnious
calves'-foot
calyciform
calyptrate
Camberwell
camel-corps
camelopard -s
cameo-shell
cameration -s
camerlengo -s
camerlingo -s
Cameronian
Camorrista
camouflage -s,-d,-ging
campaigner -s
campanular
campestral
camphorate -s,-d,-ting
Camptonite
camsteerie -r,-st
canaliculi
canary-bird
canary-seed
canary-wood
cancellate
cancelling
cancellous
cancer-root
cancionero -s
cancriform
cancrizans
candelabra -s
candelilla -s

candescent
candidness
candle-bomb
candle-coal
candle-doup
candle-fish
candle-tree
candlewick -s
candle-wood
candy-floss
canephorus -es
canescence -s
cankeredly
canker-worm
cannabinol
cannel-coal
cannelloni
cannibally
cannonball -s
cannon-game
cannon-shot
canonicals
canonicity
canonistic
canophilia
canophobia
canorously
cantaloupe -s
cantatrice -s
canterbury -ries
cantilever -s
cantillate -s,-d,-ting
cantonment -s
Cantuarian
canvas-back
canvas-work
canzonetta
canzonette
caoutchouc
capability -ties
capacitate -s,-d,-ting
Capernaite
capernoity -ties
caper-sauce
capillaire -s
capitalise -s,-d,-sing
capitalism
capitalist -s
capitation -s
capitellum -s
capitolian
capitoline
capitulant -s
capitulary -ries
capitulate -s,-d,-ting
capnomancy
capodastro -s
cappuccino -s
capreolate
capricious

capsizable
captiously
carabineer -s
carabinier -s
caramelise -s,-d,-sing
carapacial
caravaneer -s
caravaning
caravanned
caravanner -s
carbon-copy
carbonnade -s
carbuncled
carcinogen -s
carcinosis
card-castle
card-holder
cardialgia
cardinally
cardiogram -s
cardiology
care-crazed
carelessly
Caricaceae
caricatura -s
caricature -s,-d,-ring
cariogenic
carmagnole -s
carnallite
carnassial
Carolinian
carotenoid -s
carotinoid -s
carpellary
carpet-moth
carphology
carpophore -s
carragheen -s
carrying-on
carthamine
Carthusian
cartomancy
cartonnage -s
cartoonist -s
cartophile -s
cartophily
cartwright -s
caruncular
caryatidal
caryatides
caryatidic
cascarilla -s
case-bottle
case-harden
casemented
case-worker
cash-credit
cashew-nuts
cashiering -s
cash-keeper

Cassegrain	cellar-flap	chalkstone -s
cassia-bark	cellophane®	challenger -s
Cassiopeia	cellulated	chalumeaux
cassolette -s	cellulitis	chalybeate -s
cassumunar	cellulosic	chamaeleon -s
castigator -s	Celtomania	Chamaerops
casting-net	censorious	chambering -s
castration -s	censorship -s	Chamber-lye
casualness	censurable	chamberpot -s
catabolism	censurably	Chambertin
catacumbal	centaurian	champignon -s
catafalque -s	centennial -s	chanceless
catalectic	centesimal	chancellor -s
cataleptic -s	centigrade	chandelier -s
catalogize	centilitre -s	chandlerly
cataloguer -s	centillion -s	changeable
catamenial	centimeter	changeably
cataphonic	centimetre -s	changeless
cataphract -s	centralise -s,-d,-sing	changeling -s
catapultic	centralism	change-over
catarrhine	centralist -s	chank-shell
catarrhous	centrality -ties	channelled
catastasis -ses	centre-back	chaparajos
cat-burglar	centrefold -s	chaparejos
catch-basin	centre-half	chapfallen
catch-drain	centre-rail	chaplaincy -cies
catchpenny -nnies	centricity -ties	chaplainry -ries
cat-cracker	centrifuge -s	chaptalise -s,-d,-sing
catechesis	centrosome -s	charabancs
catechetic	centumviri	charactery -ries
catechiser -s	cephalagra	Charadrius
catechumen -s	cephalitis	chargeable
categorial	cephalopod -s	chargeably
categories	ceramicist -s	charge-hand
categorise -s,-d,-sing	cerebellar	chargeless
categorist -s	cerebellum -s	charioteer -s,-ing,-ed
catenarian	cerebritis	charitable
catenation -s	ceremonial -s	charitably
cathode-ray	Cerinthian	charity-boy
catholicon -s	cerography	Charleston
catholicos	certifying	charmingly
catoptrics	certiorari -s	Charollais
cat's-cradle	ceruminous	charthouse -s
cattle-grid	cessionary -ries	Chartreuse
caulescent	cestoidean -s	chartulary -ries
cauliculus -es	Cestracion	chasmogamy
cauliflory	Chaetopoda	chasse-café
causewayed	chaffingly	Chassidism
causticity -ties	chain-cable	chasteness
cautionary	chain-drive	châtelaine -s
cautiously	chain-smoke	chatoyance
cavalierly	chain-store	chatterbox -es
cavalryman -men	chair-organ	chattering -s
Cavicornia	chairwoman -women	Chaucerian
cavitation -s	chaise-cart	Chaucerism
Cecidomyia	chaiseless	chaudfroid -s
cecutiency	chalcedony	chaud-mellé
celebrated	Chalcidian	chauffeuse -s
celebrator -s	chalkboard -s	chaulmugra -s
cellar-book	chalkiness	chauntress -es

Chautauqua
chauvinism
chauvinist -s
cheapskate -s
check-clerk
checklaton
check-taker
cheechalko
cheek-pouch
cheek-tooth
cheerfully
cheeriness
cheesecake -s
cheese-mite
cheesiness
cheirology
cheironomy
chelicerae
chemiatric
chemically
chemicking
chemisette -s
chemonasty
chemotaxis
cheque-book
cherimoyer -s
cherry-bean
cherry-coal
cherry-plum
chersonese -s
cherubical
cherubimic
chessboard -s
chessylite
chest-voice
chevesaile -s
chevisance
chevrotain -s
chewing-gum
chickenpox
chicken-run
chief-baron
chiff-chaff
chiffonier -s
childbirth
Childermas
childishly
child-proof
child-study
chiliarchy
chiliastic
chilliness
chimerical
chimney-can
chimney-pot
chimney-top
chimpanzee -s
chinachina -s
chinchilla -s
chinquapin -s

chionodoxa -s
chip-basket
chirognomy
chirograph -s
chiromancy
chironomer -s
chironomic
chironomid -s
Chironomus
Chiroptera
chirpiness
chirurgeon -s
chirurgery
chiselling -s
chitarrone -s
chittagong -s
chittering -s
chivalrous
chlamydate
chloralism
chloridate -s,-d,-ting
chloridise -s,-d,-sing
chlorinate -s,-d,-ting
chlorinise -s,-d,-sing
chlorodyne
chloroform -s,-ing,-ed
chlorophyl
chloroquin
chockstone -s
chock-tight
choiceness
choir-organ
chokeberry -rries
cholagogic
cholagogue -s
choliambic -s
chondritic
chopfallen
chopsticks
choreology
choriambic -s
chorus-girl
chota-hazri
chrematist -s
Christhood
Christiana
Christless
Christlike
Christmasy
chromatics
chromatype -s
chrome-alum
chromidium -dia
chromogram -s
chromosome -s
chromotype -s
chronicity
chronicler -s
chronogram -s
chronology -gies

chronotron -s
chrysalids
chrysolite
chrysophan
chrysotile -s
chubbiness
chucker-out
chuck-wagon
chuffiness
church-goer
churchless
church-rate
church-text
churchward
churchyard -s
churlishly
churn-drill
churn-staff
cicatrices
cicatrixes
Ciceronian
cicisbeism
cider-press
ciliophora
cinchonine
cinchonise -s,-d,-sing
cinchonism
cincinnate
cinder-cone
Cinderella
cinder-path
cine-camera
cinerarium -ria
cineration -s
cinnabaric
cinnamonic
cinque-foil
cinque-pace
Circassian
circensian
circuiteer -s
circuitous
circulable
circularly
circulator -s
circumcise -s,-d,-sing
circumduce -s,-d,-cing
circumduct -s,-ing,-ed
circumflex -es
circumfuse -s
circummure
circumpose -s,-d,-sing
circumvent -s,-ing,-ed
cirrhipede -s
Cirrhopoda
cirrigrade
Cirripedia
Cisleithan
cismontane
cispontine

Cistercian
citizeness -es
citizenise -s,-d,-sing
citronella -s
clack-valve
claircolle
clamminess
clangorous
clannishly
clanswoman -women
clapped-out
clapperboy -s
clappering -s
clarabella -s
Clarenceux
clarichord -s
clarifying
clasp-knife
classicism
classicist -s
classified
classifier -s
clavichord -s
clavicular
claw-hammer
clay-ground
clay-pigeon
cleansable
clear-story
clementine -s
clerestory -ries
clergiable
clergyable
cleromancy
cleverness
clew-garnet
click-clack
clientship -s
climatical
clinginess
clingstone -s
clinically
clinkstone
clinometer -s
clinometry
cliquiness
clish-clash
clistogamy
cloacaline
clockmaker -s
clock-radio
clodhopper -s
clogginess
cloistered
cloisterer -s
cloistress
clomiphene
closed-door
close-stool
closet-play

clostridia
cloth-eared
clothes-peg
clothes-pin
clottiness
cloudberry -rries
cloud-built
cloudburst -s
cloudiness
clove-hitch
cloverleaf -leaves
clownishly
club-footed
club-headed
clubmaster -s
clumpiness
clumsiness
Clusiaceae
cluster-cup
clustering
Clydesdale
clypeiform
cnidoblast -s
coacervate -s,-d,-ting
coach-built
coach-horse
coach-house
coach-stand
coach-wheel
coactivity -ties
coadjacent
coadjutant -s
coadjutrix -es
coagulable
coagulator -s
coal-bunker
coal-cellar
coal-cutter
coalescent
coal-heaver
coalmaster -s
coal-porter
coaptation
coarseness
coastguard -s
coastwards
coat-armour
coat-hanger
coati-mondi
coati-mundi
coat-of-arms
cobalt-blue
cobwebbery
coccineous
Cochlearia
cochleated
cock-a-bondy
cockalorum -s
cockatrice -s
cockchafer -s

cockernony
cockneydom
cockneyish
cockneyism
cock-paddle
cock-paidle
cocksiness
cocktailed
cockteaser -s
cockyleeky -kies
cocoa-beans
coconut-oil
coconut-shy
code-number
cod-fishery
cod-fishing
codicology
codlin-moth
codswallop
coelacanth -s
coelomatic
coenobitic
coequality -ties
coercively
coetaneous
co-eternity
co-existent
coffee-bean
coffee-mill
coffee-room
coffee-tree
coffer-fish
coffin-bone
coffin-nail
coffin-ship
cogitation -s
cogitative
cognisable
cognisably
cognisance
cognominal
cohabitant -s
coherently
cohesively
cohibition -s
cohibitive
coincident
colatitude -s
Colbertine
colchicine
cold-chisel
Coleoptera
coleorhiza -s
collar-beam
collar-bone
collarette -s
collar-stud
collar-work
collatable
collateral -s

colleagued
collecting -s
collection -s
collective -s
collegiate
Collembola
collimator -s
colliquant
colliquate
collocutor -s
colloquial
colloquise -s,-d,-sing
colloquist -s
colloquium -s,-quia
colonially
colonnaded
coloration -s
coloratura -s
colostrous
colourable
colourably
colour-fast
colourless
colour-wash
colour-ways
colportage -s
colporteur -s
colposcope -s
colposcopy -pies
Colubridae
columnated
comanchero -s
combatable
comburgess -es
combustion -s
combustive
come-at-able
comédienne -s
comedietta -s
come-hither
comeliness
comestible -s
cometology
comeupance -s
come-upance
comicality -ties
comitative -s
commandant -s
commandeer -s,-ing,-ed
commandery -ries
commanding
commeasure -s,-d,-ring
commentary -ries
commentate -s,-d,-ting
commercial -s
commingled
Commiphora
commissary -ries
commission -s
commissure -s

commitment -s
committing
commixtion -s
commixture -s
commodious
commonable
commonalty
commonness
commonweal -s
communally
communique -s
communiqué -s
commutable
commutator -s
compaction -s
compacture
companying
comparable
comparably
comparator -s
comparison -s
compassing -s
compassion -s,-ing,-ed
compass-saw
compatible
compatibly
compatriot -s
compearant -s
compelling
compendium -s,-dia
compensate -s,-d,-ting
competence -s
competency -cies
competitor -s
compilator -s
complacent
complainer -s
complanate
complected
complement -s,-ing,-ed
completely
completion -s
completive
completory
complexion -s
complexity -ties
compliable
compliance -s
compliancy -cies
complicacy
complicant
complicate -s,-d,-ting
complicity -ties
compliment -s,-ing,-ed
complotted
compluvium -s
componency
composedly
Compositae
compositor -s

compotator -s
compounder -s
compradore -s
comprehend -s,-ing,-ed
compressed
compressor -s
compromise -s,-ing,-ed
compulsion -s
compulsive
compulsory -ries
computable
computator -s
comstocker -s
conacreism
conceitful
concentred
concentric
conception -s
conceptive
conceptual
concerning
concertina -s,-ing,-ed
concertino -s
concession -s
concessive
concettism
concettist -s
conchiform
conchoidal
conchology
conciliary
conciliate -s,-ing,-ed
concinnity
concinnous
concipient
conclavist -s
concluding
conclusion -s
conclusive
conclusory
concoction -s
concoctive
concordant
concordial
concretely
concretion -s
concretism
concretist -s
concretive
concurrent -s
concurring
concussion -s
concussive
condensate -s,-d,-ting
condensery -ries
condescend -s,-ing,-ed
condolence -s
conducible
conduction -s
conductive

cone-in-cone
confabular
confection -s
confederal
conference -s
conferment -s
conferring
confervoid
confession -s
confidante -s
confidence -s
confidency -cies
confinable
confirmand -s
confirming -s
confiscate -s,-d,-ting
conflation -s
confluence -s
conformist -s
conformity -ties
confounded
confusedly
confutable
congeneric -s
congenetic
congenital
congestion -s
congestive
conglobate -s,-d,-ting
congregant -s
congregate -s,-d,-ting
congruence -s
congruency -cies
coniferous
conjecture -s,-d,-ring
conjointly
conjugally
Conjugatae
conjugated
conjunctly
conjurator -s
connascent
connatural
connection -s
connective
conniption -s
connivance
connivancy
connivence
connivency
conoidical
conqueress -es
conquering
conscience -s
consecrate -s,-d,-ting
consectary -ries
consensual
consequent -s
conservant
consignify -ing,-fies
           -ied

consilient
consimilar
consistent
consistory -ries
consociate -s,-d,-ting
consolable
consonance -s
consonancy -cies
consortism
consortium -tia
conspectus -es
conspiracy -cies
conspirant
constantan
Constantia
constantly
constative -s
constipate -s,-d,-ting
constitute -s,-d,-ting
constraint -s
constringe -s,-d,-ging
consubsist -s,-ing,-ed
consuetude -s
consulship -s
consultant -s
consulting
consultive
consultory
consumable -s
consumedly
consummate -s,-d,-ting
contactual
contadinas
contagious
contemning
contendent -s
contending -s
contention -s
contestant -s
contesting
contextual
contexture -s
contiguity -ties
contiguous
continence
continency
contingent -s
continuant -s
continuate
continuity -ties
continuous
contortion -s
contortive
contraband -s
contrabass -es
contracted
contractor -s
contradict -s,-ing,-ed
contrahent -s
contraltos

contraplex
contraprop -s
contrarily
contravene -s,-d,-ning
contrecoup -s
contribute -s,-d,-ting
contritely
contrition
controlled
controller -s
controvert -s,-ing,-ed
convalesce -s,-d,-scing
convection -s
convective
convenable
convenance -s
convenient
convention -s
conventual -s
convergent
converging
conversant
conversely
conversion -s
convertend -s
convertite -s
convexedly
convexness
conveyable
conveyance -s
conviction -s
convictism
convictive
convincing
convoluted
convulsant -s
convulsion -s
convulsive
cony-burrow
cool-headed
cooling-off
coomceiled
cooperator -s
co-operator
co-optation
co-optative
coordinate -s,-d,-ting
co-ordinate
coparcener -s
copartnery -ries
Copernican
copesettic
copperhead -s
copper-nose
copperskin -s
copper-work
copper-worm
co-presence
coprolalia
coprolitic

coprophagy
copulation -s
copulative -s
copulatory
copyholder -s
copying-ink
copy-typing
copy-typist
copywriter -s
coquelicot
coquetting
coquettish
coquimbite
coradicate
coral-berry
coral-snake
corbelling -s
corbiculae
cordialise -s,-d,-sing
cordiality -ties
cordierite
cordillera -s
cordwainer -s
coregonine
co-relation
co-relative
coriaceous
Corinthian
cork-carpet
cork-cutter
cork-heeled
corking-pin
cork-jacket
cormophyte -s
corn-brandy
corncockle -s
corn-cutter
corn-dealer
corn-dodger
corn-dollie
cornel-tree
cornerwise
corn-factor
cornflakes
cornflower -s
cornhusker -s
corniculum -s
corn-kister
corn-maiden
corn-miller
corn-popper
corn-spirit
cornstarch
corn-thrips
cornucopia -s
corn-weevil
corn-whisky
coromandel -s
coronation -s
corporally

corporator -s
corporeity -ties
corpse-gate -s
corpulence
corpulency
corpuscule -s
correction -s
corrective -s
correctory
corregidor -s
correption
correspond -s,-ing,-ed
corrigenda
corrigible
corroboree -s
corrodible
corrosible
corrugated
corrugator -s
corruption -s
corruptive
corselette -s
corsetière -s
Cortaderia
corticated
corybantes
corybantic
corydaline
coryphaeus -phaei
co-sentient
cosmetical
cosmically
cosmodrome -s
cosmogonic
cosmolatry
cosmopolis -es
cosmoramic
costeaning -s
costean-pit
costliness
costus-root
cote-hardie
Cotingidae
cottierism
cotton-boll
cotton-mill
cottonseed -s
cottontail -s
cotton-tree
cotton-weed
cotton-wood
cotton-wool
cotton-worm
cotyliform
couch-grass
coulometer -s
coulometry
coumarilic
councillor -s
councilman -men

counselled
counsellor -s
counteract -s,-ing,-ed
counter-spy
country-box
countryman -men
count-wheel
couplement -s
courageful
courageous
court-baron
courtcraft
court-dress
courtesied
court-guide
court-house
courtierly
court-sword
couscousou -s
cousinhood
cousinship
couturière -s
covariance -s
covenanted
covenantee -s
covenanter -s
covenantor -s
covetingly
covetously
cowardship
cowcatcher
cow-chervil
cowdie-pine
coweringly
cow-parsley
cow-parsnip
cowpuncher -s
cowrie-pine
coxcomical
coyishness
crab-stones
crackajack -s
crackbrain -s
crack-tryst
cradlewalk
craft-guild
craftiness
cragginess
craigfluke -s
crake-berry
cranesbill -s
craniology
craniotomy -mies
crankiness
crankshaft -s
crank-sided
crapulence
craquelure -s
crash-proof
crassitude

cravenness
cream-faced
creaminess
cream-slice
creatinine
creational
creatively
creativity
creaturely
credential -s
creditable
creditably
creepingly
creepmouse
crenellate -s,-d,-ting
crenulated
crêpe-soled
crepuscule -s
crescented
crescentic
cretaceous
cretinised
crewellery
crewelwork
crew-necked
crib-biting
cribration -s
cribriform
cricketing
criminally
cringeling -s
cringingly
crinoidean -s
crinolette -s
crinolined
crio-sphinx
crippledom
crispation -s
crispature -s
crispbread -s
criss-cross
cristiform
critically
crocheting -s
Crocodilia
Crocodilus
crocoisite
crook-kneed
crop-duster
cross-armed
crossbench -es
cross-birth
crossbones
crossbower -s
crossbreed -s
cross-check
cross-claim
crosslight -s
cross-match
crosspatch -es

crosspiece -s
cross-ratio
cross-refer
crossroads
cross-staff
cross-stone
crotalaria -s
Crotalidae
crotcheted
crouch-ware
croupiness
crow-flower
crowkeeper
crown-agent
crown-glass
crown-graft
crown-green
crown-jewel
crown-piece
crown-wheel
crow-shrike
Cruciferae
crucifying
cruet-stand
crumb-brush
crumb-cloth
crushingly
crustacean -s
crustation -s
crustiness
cryoconite
cryogenics
cryometric
cryophorus -es
cryoscopic
cryptogamy
cryptogram -s
cryptology
Ctenophora
ctenophore -s
cub-hunting
cuckoldise -s,-d,-sing
cuckoo-pint
cuckoo-spit
cucullated
cucumiform
cucurbital
cuddlesome
cudgelling -s
cudgel-play
cuirassier -s
cul-de-lampe
culiciform
cultivable
cultivator -s
cultriform
culturable
culturally
culvertage -s
cumberless

cumberment -s
cumbersome
cumbrously
cummerbund -s
cumulation -s
cumulative
cumuliform
cunctation -s
cunctative
cunctatory
cup-and-ball
cup-and-ring
cupidinous
curability
curateship -s
curb-market
curb-trader
curb-vendor
curfew-bell
curled-pate
curmudgeon -s
curmurring -s
currant-bun
curricular
curriculum -s,-la
cursedness
curvaceous
curvacious
curvetting
cuspidated
cussedness
custard-pie
customable
customised
custom-made
cuttle-bone
cuttlefish
cutty-stool
cyanometer -s
cyathiform
cybernetic
cyclically
cyclo-cross
cyclograph -s
cycloidian -s
cyclometer -s
cyclopedia -s
cyclopedic
cycloramic
cyclostome -s
cyclostyle -s
cyclothyme -s
cylindrite
cylindroid -s
cymotrichy
cynophobia
Cyperaceae
Cyprinidae
cypripedia
cystoscope -s

cystoscopy
cytochrome -s
cytologist -s
czarevitch -es

D

dabblingly
daffodilly -llies
daggle-tail
daguerrean
daintiness
daisy-chain
daisy-wheel
damageable
damasceene -s,-d,-ning
dame-school
damp-course
damping-off
dance-music
dandy-brush
dandy-fever
dandy-horse
dapperling -s
dapperness
dapple-grey
Dasyuridae
datamation
date-coding
datum-level
datum-plane
daughterly
dauphiness -es
dawdlingly
day-boarder
daydreamer -s
day-release
day-scholar
day-tripper
day-wearied
dazzlement
dazzlingly
deaconhood -s
deaconship -s
deactivate -s,-d,-ting
dead-finish
dead-ground
dead-letter
dead-lights
deadliness
dead-nettle
dead-stroke
dead-weight
deaf-mutism
dealbation
dealership -s
dearbought
deaspirate -s,-d,-ting
death-adder
death-agony
death-knell

death's-head
death-throe
death-token
death-watch
death-wound
debasement -s
debasingly
debateable
debatingly
debauchery -ries
debentured
debilitate -s,-d,-ting
debonairly
debonnaire
debouchure -s
decadently
decagramme -s
decagynian
decagynous
decahedral
decahedron -s
decalogist -s
decamerous
decampment -s
decandrian
decandrous
decapitate -s,-d,-ting
decapodous
decathlete -s
deceivable
deceivably
decelerate -s,-d,-ting
Decemberly
Decembrist
decemviral
decennoval
deceptible
deceptious
decigramme -s
decimalise -s,-d,-sing
decimalism
decimalist -s
decimation -s
decinormal
decipherer -s
decisively
decivilise -s,-d,-sing
deck-bridge
deckle-edge
deck-quoits
deck-tennis
declaimant -s
declaiming -s
declarable
declarator -s
declaredly
declassify -ing,-fies
    -ied
declension -s
declinable

declinator -s
decoctible
decollated
decolonise -s,-d,-sing
decolorant -s
decolorate -s,-d,-ting
decolorise -s,-d,-sing
decomposer -s
decompound -s,-ing,-ed
decompress -es,-ing,-ed
decoration -s
decorative
decorously
decrassify -ing,-fies
    -ied
decreeable
decrescent
decryption -s
decumbence -s
decumbency -cies
decurrency -cies
decussated
dedication -s
dedicative
dedicatory
deducement -s
deductible
deep-browed
deep-freeze
deep-rooted
deep-seated
deep-sinker
deer-forest
defacement -s
defacingly
defalcator -s
defamation -s
defamatory
defeasance -s
defeasible
defecation -s
defectible
defendable
defensible
defensibly
deferrable
deficience -s
deficiency -cies
defilement -s
definement
definitely
definition -s
definitive -s
definitude
deflagrate -s,-d,-ting
deflection -s
deflective
deflowerer -s
defoliator -s
deforciant -s

deformable
deformedly
defrayable
defrayment -s
defunction
defunctive
degeneracy -cies
degenerate -s,-d,-ting
degradable
degreasant -s
degression -s
degressive
dehiscence -s
dehumanise -s,-d,-sing
dehumidify -ing,-fies
　　　　　-ied
dehydrater -s
dehydrator -s
Deinoceras
dejectedly
delaminate -s,-d,-ting
delayingly
delectable
delectably
delegation -s
delibation
deliberate -s,-d,-ting
delicately
deligation -s
delightful
delimitate -s,-d,-ting
delineable
delineator -s
delinquent -s
deliquesce -s,-d,-scing
deliration -s
delphinium -s,-nia
delphinoid
deltiology
delusional
delusively
demagogism
demandable
dementedly
demi-cannon
demi-ditone
demirepdom
demobilise -s,-d,-sing
democratic
Demogorgon
demography
demoiselle -s
demolisher -s
demolition -s
demonetise -s,-d,-sing
demoniacal
demonology -gies
demoralise -s,-d,-sing
demoticist -s
demureness

demurrable
denaturant -s
denaturise -s,-d,-sing
dendriform
dendrobium -s
dendrogram -s
dendroidal
dendrology
Dendrophis
denegation -s
denigrator -s
denization -s
denominate -s,-d,-ting
denotation -s
denotative
denotement
dénouement -s
densimeter -s
densimetry
dentifrice -s
denudation -s
denunciate -s,-d,-ting
deodoriser -s
deontology
deoppilate -s,-d,-ting
deoxidiser -s
department -s
dependable
dependably
dependence -s
dependency -cies
depilation -s
depilatory -ries
deplorable
deplorably
deployment -s
depolarise -s,-d,-sing
depopulate -s,-d,-ting
deportment -s
depositary -ries
deposition -s
depositive
depository -ries
depravedly
deprecable
deprecator -s
depreciate -s,-d,-ting
depredator -s
depressant -s
depressing
depression -s
depressive -s
deprivable
depuration -s
depurative -s
depuratory
deputation -s
deracinate -s,-d,-ting
dérailleur -s
derailment -s

deridingly
derisively
derivation -s
derivative -s
Dermaptera
dermatitis
dermatogen -s
dermatosis -ses
Dermoptera
derogately
derogation -s
derogative
derogatory
desalinate -s,-d,-ting
descendant -s
descendent
descending
descension -s
desecrater -s
desecrator -s
desertless
deservedly
déshabillé -s
desiccator -s
desiderata
desiderate -s,-d,-ting
desiderium
designable
designator -s
designedly
designless
designment -s
desipience -s
desireless
desirously
desistance -s
desistence -s
desolately
desolation -s
desolatory
desorption -s
despairful
despairing
desperados
despicable
despicably
despisable
despiteful
despiteous
despondent
desponding -s
despotical
desquamate -s,-d,-ting
dessiatine -s
dessyatine -s
destroying
destructor -s
detachable
detachedly
detachment -s

detainment -s
detectable
detectible
detergence
detergency
determiner -s
detestable
detestably
dethroning -s
detonation -s
detoxicant -s
detoxicate -s,-d,-ting
detracting -s
detraction -s
detractive
detractory
detruncate -s,-d,-ting
deutoplasm -s
devalorise -s,-d,-sing
devanagari
devastator -s
devastivit -s
developing
devilishly
devitalise -s,-d,-sing
devocalise -s,-d,-sing
devolution -s
devotional
devourment -s
devoutness
Dewar-flask
dew-retting
dexterwise
dextrality
dextrogyre
dextrously
dharmshala -s
diabetical
diabolical
diacaustic
diachronic
diaconicon -s
diacoustic
Diadelphia
diagenesis
diagenetic
diagnostic -s
diagometer -s
diagonally
diagraphic
dialectics
diallagoid
dialysable
diamantine
diapedesis
diapedetic
diaphanous
diarrhoeal
diarrhoeic
diaskeuast -s

diastaltic
diastemata
diathermal
diathermic
diatribist -s
diatropism
diazeuctic
Dibranchia
dice-player
dichroitic
dichromate
dichromism
dickcissel -s
Dickensian
dictaphone -s
dictatress -es
dictionary -ries
Dictograph
dicynodont -s
didactical
didascalic
didelphian
didelphine
didelphous
didgeridoo -s
Didunculus
didynamian
didynamous
die-casting
dielectric -s
die-sinking
dietetical
difference -s
differency -cies
difficulty -ties
diffidence
difformity -ties
diffusedly
diffusible
digestedly
digestible
digger-wasp
digitately
digitation -s
digitiform
digitorium -s
digladiate -s,-d,-ting
dignifying
digoneutic
digression -s
digressive
dijudicate -s,-d,-ting
dika-butter
dilacerate -s,-d,-ting
dilapidate -s,-d,-ting
dilatation -s
dilatorily
dildo-glass
dilemmatic
dilettante

dilettanti
diligently
dilly-dally
dilucidate
diluteness
diminished
diminuendo -(e)s
diminution -s
diminutive -s
dimorphism
dimorphous
dimplement -s
dinanderie
dining-hall
dining-room
dinner-gown
dinner-hour
dinnerless
dinner-pail
dinner-time
Dinosauria
diophysite -s
dioptrical
diorthosis -ses
diorthotic
diothelete -s
diothelism
diothelite -s
dipetalous
diphtheria
diphtheric
diphyletic
diphyodont -s
Diplodocus
diplomatic -s
dipsomania
directness
Directoire
directress -es
diremption -s
dirt-eating
dirt-rotten
disability -ties
disadvance -s,-d,-cing
disanimate -s,-d,-ting
disapparel -s,-ling,-led
disappoint -s,-ing,-ed
disapprove -s,-d,-ving
disarrange -s,-d,-ging
disastrous
disavaunce
disbarment -s
disbelieve -s,-d,-ving
disburthen -s,-ing,-ed
discerning
disc-floret
disc-flower
discharger -s
disc-harrow
discipline -s,-d,-ning

discission -s
disc-jockey
disclaimer -s
disclosure -s
discobolus -es
discomfort -s,-ing,-ed
discommend -s,-ing,-ed
discommode -s,-d,-ding
discompose -s,-d,-sing
disconcert -s,-ing,-ed
disconnect -s,-ing,-ed
disconsent -s,-ing,-ed
discontent -s,-ing,-ed
discophile -s
Discophora
discordant
discordful
discounsel
discounter -s
discourage -s,-d,-ging
discourser
discoverer -s
disc-plough
discreetly
discrepant
discretely
discretion -s
discretive
disculpate -s,-d,-ting
discursion -s
discursist -s
discursive
discursory
discussion -s
discussive
discutient
disdainful
diseaseful
diseconomy -mies
disembogue -s,-d,-guing
disembosom -s,-ing,-ed
disembowel -s,-ling,-led
disembroil -s,-ing,-ed
disenchain -s,-ing,-ed
disenchant -s,-ing,-ed
disenclose -s,-d,-sing
disendowed
disengaged
disennoble -s,-d,-ling
disenslave -s,-d,-ving
disenthral -s,-ling,-led
disentitle -s,-d,-ling
disentrain -s,-ing,-ed
disentwine -s,-d,-ning
disenvelop -s,-ing,-ed
disenviron -s,-ing,-ed
disepalous
disespouse
disfeature -s,-d,-ring
disfurnish

disgarnish -es,-ing,-ed
disglorify
disgruntle -s,-d,-ling
disguising -s
disgustful
disgusting
dishabille -s
disharmony -nies
dishearten -s,-ing,-ed
disherison
disheritor
dishonesty -ties
dish-washer
disimagine -s,-d,-ning
disimprove -s,-d,-ving
disincline -s,-d,-ning
disinclose -s,-d,-sing
disinherit -s,-ing,-ed
disinhibit -s,-ing,-ed
disinthral -s,-ling,-led
disinvolve -s,-d,-ving
disjection -s
disjointed
disjunctor -s
dislikable
dislikeful
disloyally
disloyalty -ties
dismalness
dismission -s
dismissive
dismissory
disnatured
disordered
disorderly
disorganic
disownment -s
disparager -s
disparates
dispassion
dispatcher -s
dispelling
dispensary -ries
dispermous
dispersant -s
dispersion -s
dispersive
dispersoid -s
dispirited
dispiteous
displeased
displenish -es,-ing,-ed
displosion
dispondaic
disposable
disposedly
dispositor -s
dispossess -es,-ing,-ed
dispraiser -s
disprofess -es,-ing,-ed

disprovide -s,-d,-ding
disputable
disputably
disqualify -ing,-fies
         -ied
disquieten -s,-ing,-ed
disquietly
disrespect
disruption -s
disruptive
dissatisfy -ing,-fies
         -ied
dissecting -s
dissection -s
dissective
dissembler -s
dissension -s
dissenting
dissertate -s,-d,-ting
disservice -s
dissevered
dissheathe -s,-d,-thing
dissidence -s
dissilient
dissimilar
dissipable
dissipated
dissociate -s,-d,-ting
dissoluble
dissolvent -s
dissolving -s
dissonance -s
dissonancy -cies
dissuasion -s
dissuasive
dissuasory -ries
distensile
distension -s
distensive
distention -s
distichous
distilland -s
distillate -s
distillery -ries
distilling -s
distinctly
distinguée
distortion -s
distortive
distracted
distrainee -s
distrainer -s
distrainor -s
distraught
distressed
distribute -s,-d,-ting
distringas -es
distrouble
disturbant -s
disulphate -s

disulphide -s
disutility -ties
disworship
disyllabic
disyllable -s
ditch-water
ditheistic
ditheletic
dithionate -s
ditriglyph -s
ditrochean
diurnalist -s
diuturnity
divagation -s
divaricate -s,-d,-ting
dive-bomber
dive-dapper
divergence -s
divergency -cies
divertible
divestible
divestment -s
divination -s
divinatory
divineness
divineress -es
diving-bell
diving-suit
divisional
Docetistic
dochmiacal
docibility -ties
docimastic
docimology
dock-master
doctor-fish
doctorship -s
documental
dog-biscuit
dog-fancier
doggedness
dogmatiser -s
dog-parsley
dog's-fennel
dog's-tongue
dolcemente
dolesomely
Dolichotis
dolichurus -es
dollarless
dollarship -s
doll's-house
dolomitise -s,-d,-sing
dolorously
dolphin-fly
domestical
dominantly
domination -s
dominative
donatistic

donkey-pump
donkey-work
Donnybrook
door-keeper
door-to-door
dopplerite
dorsifixed
dorsigrade
double-bass
double-chin
double-dyed
double-eyed
double-flat
double-gild
double-hung
doubleness
double-park
double-take
double-talk
doubletree -s
doubtfully
doubtingly
dough-baked
doughfaced
doughiness
doulocracy
dove-colour
dowel-joint
dower-house
down-and-out
down-at-heel
down-easter
downfallen
down-market
downstairs
downstream
downstroke -s
downwardly
doxography
drabbiness
draconites
Dracontium
draft-horse
dragon-fish
dragonhead -s
dragonlike
dragonnade -s
dragon-root
dragon-tree
drag-racing
drakestone -s
dramatical
dramaturge -s
dramaturgy
draught-bar
draughtman -men
draught-net
drawbridge -s
Drawcansir
drawing-pen

drawing-pin
drawlingly
draw-string
dray-plough
dreadfully
dreadlocks
dreaminess
dreamingly
dreamwhile
dream-world
drearihead
drearihood
dreariment
dreariness
drearisome
dregginess
dreikanter -s
dress-goods
dressguard -s
dressmaker -s
dress-shirt
drill-press
drink-money
drivelling
driving-box
droopiness
droopingly
drop-hammer
drop-letter
drosometer -s
drosophila -s
drossiness
drowsiness
drudgingly
drug-addict
drumbledor -s
drupaceous
dry-cupping
drysaltery -ries
dubitation -s
dubitative
duck-billed
duck-legged
dukkeripen
dulciloquy
dull-browed
dull-witted
dumbledore -s
dumbstruck
dumb-waiter
dumfounder -s,-ing,-ed
dumpy-level
dunderfunk -s
dunderhead -s
dunderpate -s
dung-beetle
dung-hunter
duniwassal -s
duodecimal
duodenitis

dupability
duplicator -s
durability
durational
dust-jacket
Dutchwoman
Dutchwomen
duumvirate -s
dwarfishly
dyer's-broom
dynamicist -s
dynamistic
dynamitard -s
dynamogeny
dynastical
dyophysite -s
dyothelete -s
dyothelism
dyothelite -s
dyscrasite
dysenteric
dysgraphia
dysgraphic
dysphemism -s
dysprosium
dysthymiac -s
dystrophia
dystrophic

E

eagle-stone
ear-bussing
eard-hunger
eard-hungry
ear-kissing
earlierise -s,-d,-sing
earth-board
earthbound
earth-house
earthiness
earth-light
earth-plate
earthquake -s
earth-shine
earth-smoke
earth-table
ear-trumpet
ear-witness
easselgate
easselward
easterling -s
eastermost
Eastertide
Eastertime
Eatanswill
ebionitism
éboulement -s
ebracteate
ebullience -s
ebulliency -cies

ebullition -s
eburnation -s
ecardinate
ecchymosed
ecchymosis
ecchymotic
ecclesiast -s
eccoprotic
echinoderm -s
Echinoidea
echopraxia
echopraxis
ecological
economical
economiser -s
ecospecies
ecphonesis -ses
ecphractic
ecthlipsis -ses
ectodermal
ectodermic
ectogenous
ectomorphy
ectophytic
ecumenical
eczematous
edaciously
edaphology
edentulous
edibleness
edifyingly
editorship -s
edulcorant
edulcorate -s,-d,-ting
effaceable
effacement -s
effectible
effectless
effectuate -s,-d,-ting
effeminacy
effeminate -s
effeminise -s,-d,-sing
effervesce -s,-d,-scing
effeteness
efficacity -ties
efficience -s
efficiency -cies
effigurate
effleurage -s
effloresce -s,-d,-scing
effortless
effrontery
effulgence -s
effusively
egg-and-dart
egg-binding
egg-capsule
eglandular
egocentric
egurgitate -s,-d,-ting

Egyptology
eigenvalue -s
eighteenmo -s
eighteenth -s
eightpence -s
eightpenny
eightscore -s
eisteddfod -s,-au
ekistician -s
elaborator -s
elasticate -s,-d,-ting
elasticise -s,-d,-sing
elasticity
elatedness
elbow-chair
elderberry -rries
elecampane -s
electively
electivity
electorate -s
electoress -es
electorial
electrical
electrogen -s
electromer -s
electronic
elementary
Eleusinian
eleventhly
eliminable
eliminator -s
elliptical
eloignment -s
elongation -s
eloquently
elucidator -s
elutriator -s
elytriform
emaciation
emancipate -s,-d,-ting
emancipist -s
emarginate -s,-d,-ting
emasculate -s,-d,-ting
embalmment -s
embankment -s
embargoing
embarkment -s
embasement -s
embassador
ember-goose
embittered
embitterer -s
emblazoner -s
emblazonry
emblematic
emblements
embodiment -s
emboldener -s
embolismal
embolismic

embonpoint
embossment -s
embouchure -s
embowelled
embroidery -ries
embrowning
embryogeny
embryology
embryonate
embryotomy -mies
embryulcia -s
emendation -s
emendatory
emerald-cut
emergently
emery-board
emery-cloth
emery-paper
emery-wheel
emetically
emigration -s
emigratory
eminential
emissivity
emmenology
Emmentaler
emmetropia
emmetropic
emollition -s
empanelled
emparadise
empathetic
emphatical
emphractic -s
empiricism
empiricist -s
emplastron
emplastrum
employable
employment -s
empoisoned
empoverish
emulatress
emulsifier -s
enamelling -s
enamellist -s
enamouring
enantiosis
enarration -s
encampment -s
encasement -s
encashment -s
encephalic
encephalin
encephalon -s
enchanting
encincture -s,-d,-ring
encircling -s
encloister
encoignure -s

encourager -s
encrinital
encrinitic
encroacher -s
encryption -s
encyclical -s
encystment -s
endamoebae
endangerer -s
endearment -s
endemicity
endermatic
endermical
endocrinal
endocrinic
endocritic
endodermal
endodermic
endodermis
endogamous
endogenous
endomorphy
endophytic
endopleura -s
endopodite -s
endorhizal
endorsable
endoscopic
endosmosis
endosmotic
end-product
end-stopped
enduringly
energetics
enervating
enervation
enervative
enfacement -s
enfestered
enfoldment -s
enforcedly
engagement -s
engagingly
engarrison -s,-ing,-ed
engendrure -s
engine-room
Englishism
Englishman
engouement -s
engrossing
engulfment -s
enharmonic
enhydritic
enigmatise -s,-d,-sing
enigmatist -s
enjambment -s
enjoinment -s
enkephalin
enlacement -s
enlargedly

enlevement -s
enlistment -s
enneagonal
Enneandria
enneastyle
enormously
enragement -s
enraptured
enregiment -s,-ing,-ed
enregister -s,-ing,-ed
enrichment -s
ensanguine -s,-d,-ning
enschedule
ensignship -s
entailment -s
entamoebae
enterocele -s
enterolith -s
enterotomy -mies
enterprise -s,-d,-sing
enthraldom -s
enthralled
enthronise -s,-d,-sing
enthusiasm -s
enthusiast -s
enticeable
enticement -s
enticingly
entireness
entoilment -s
entombment -s
entomology
entophytal
entophytic
entrancing
entrapment -s
entreasure -s,-d,-ring
entreating
entreative
entremesse -s
Entryphone®
enumerator -s
enunciable
enunciator -s
environics
enwrapment -s
enwrapping -s
enzymology
eosinophil -s
epagomenal
epanaphora
epaulement -s
epeirogeny
epenthesis -ses
epenthetic
epexegesis -ses
epexegetic
ephemerist -s
ephemerous
epiblastic

epicanthic
epicanthus -es
epicentral
epicycloid -s
epideictic
epidemical
epidermoid
epididymis -mides
epidiorite
epidotised
epigastric
epigenesis
epigenetic
epiglottic
epiglottis
epigrapher -s
epigraphic
epilimnion -s
epiloguise -s,-d,-sing
epimeletic
epiphonema -s
epiphytism
epiplastra
episcopacy -cies
episcopant
episcopate -s
episcopise -s,-d,-sing
episematic
episodical
epispastic -s
epistemics
episternal
episternum
epistolary
epistolise -s,-d,-sing
epistolist -s
epistrophe
epitaphian
epitaphist -s
epithelial
epithelium
epithemata
epithermal
epitomical
epitomiser -s
epizootics
eponychium -s
éprouvette -s
equability -ties
equanimity -ties
equanimous
equatorial
equestrian -s
equipotent
equitation
equivalent -s
equivocate -s,-d,-ting
eradiation
eradicable
eradicated

eradicator -s
erectility
eremitical
erethismic
erethistic
Erewhonian
ergatogyne -s
ergodicity
ergonomics
ergonomist -s
ergophobia
ergosterol
ericaceous
Eriocaulon
eriophorum -s
erotogenic
erotomania
errand-girl
erubescent
erubescite
eructation -s
eruptional
erysipelas
erythritic
escadrille -s
escalation -s
escalatory
escallonia -s
escalloped
escapeless
escapement -s
escapology
escarpment -s
escharotic
escheatage -s
escritoire -s
escutcheon -s
espadrille -s
especially
essayistic
estanciero -s
estatesman -men
estimation -s
estimative
estipulate
estrangelo
eternalise -s,-d,-sing
eternalist -s
ethambutol
Etheostoma
ethereally
ethnically
ethologist -s
ethylamine
etiolation -s
eubacteria
eucalyptol
eucalyptus -es,-ti
eucaryotic
euchlorine

eudaemonia
eudaemonic
eudemonics
Euglenales
euharmonic
euhemerise -s,-d,-sing
euhemerism
euhemerist -s
eukaryotic
eulogistic
euphonical
euphonious
euphorbium
euphoriant -s
Euphrosyne
euphuistic
Eurafrican
eurhythmic
Euroclydon
Eurocratic
Euromarket
Eurovision
eurypterid -s
Eurypterus
Eustachian
euthanasia -s
Euthyneura
eutrapelia
evacuation -s
evacuative
evaluation -s
evaluative
evanescent
evangeliar -s
evangelise -s,-d,-sing
evangelism
evangelist -s
evaporable
evaporator -s
even-handed
even-minded
eventually
Everglades
ever-living
everyplace
everything
everywhere
evidential
evil-minded
evil-worker
evincement -s
eviscerate -s,-d,-ting
eviternity -ties
evolvement -s
exacerbate -s,-d,-ting
exactitude -s
exaggerate -s,-d,-ting
exaltation -s
examinable
examinator -s

exasperate -s,-d,-ting
excavation -s
excellence -s
excellency -cies
exceptious
excerpting -s
excerption -s
excitation -s
excitative
excitatory
excitement -s
excogitate -s,-d,-ting
excrementa
excrescent
excruciate -s,-d,-ting
exculpable
excursuses
excusatory
execration -s
execrative
execratory
executable
executancy -cies
executress -es
exegetical
exenterate -s,-d,-ting
exhalation -s
exhaust-gas
exhaustion -s
exhaustive
exheredate -s,-d,-ting
exhibition -s
exhibitive
exhibitory
exhilarant -s
exhilarate -s,-d,-ting
exhumation -s
exobiology
exogenetic
exophagous
exopoditic
exorbitant
exorbitate
exospheric
exosporous
exoterical
exothermal
exothermic
expansible
expansibly
expatiator -s
expatriate -s,-d,-ting
expectance -s
expectancy -cies
expectedly
expedience -s
expediency -cies
expeditate -s,-d,-ting
expedition -s
expeditive

expendable -s
experience -s,-d,-cing
experiment -s,-ing,-ed
expertness
expiration -s
expiratory
explicable
explicator -s
explicitly
exploitage -s
exploitive
exportable
exposition -s
expositive
expository
expressage -s
expression -s
expressive
expressman -men
expressure -s
expressway -s
exprobrate -s,-d,-ting
expugnable
expunction -s
expurgator -s
exsanguine
exsiccator -s
exsufflate -s,-d,-ting
extemporal
extendable
extendedly
extendible
extensible
extenuator -s
exteriorly
externally
extinction -s
extinctive
extincture
extinguish -es,-ing,-ed
extirpable
extirpator -s
extractant -s
extraction -s
extractive -s
extra-mural
extraneity -ties
extraneous
extra-solar
extricable
exuberance -s
exuberancy -cies
exulcerate -s,-d,-ting
exultantly
exultation -s
exultingly
exurbanite
exuviation -s
eyas-musket
eye-catcher

eye-legible
eyelet-hole
eye-servant
eye-service
eye-spotted
eye-witness

F

fabricator -s
fabulosity
fabulously
face-powder
face-saving
face-to-face
faceworker -s
facileness
facilitate -s,-d,-ting
facilities
facinorous
factionary -ries
factionist -s
factiously
factitious
factorable
factorship -s
factuality -ties
fadelessly
Fahrenheit
faint-heart
fair-boding
fair-ground
fair-haired
fair-headed
fair-leader
fair-minded
fair-spoken
fairy-beads
fairy-cycle
fairy-money
fairy-stone
faithfully
falcon-eyed
faldistory
fallacious
falling-off
fallow-chat
fallowness
false-faced
falsidical
falsifying
familiarly
familistic
famishment
famousness
fanaticise -s,-d,-sing
fanaticism -s
fancifully
fan-cricket
fantastico
fantoccini

farcically
far-fetched
farrandine
far-sighted
fasciation -s
fascicular
fasciculus -li
fascinator -s
fashionist -s
Fastens-eve
fast-handed
fastidious
fastigiate
fatalistic
fat-brained
fatherhood
fatherland -s
fatherless
fathership
fathomable
fathometer -s
fathomless
fathom-line
fatiguable
fatiscence
faultiness
favourable
favourably
favourless
faying-face
fearlessly
fearnought
fearsomely
feateously
feather-bed
feathering -s
febrifugal
fecklessly
federalise -s,-d,-sing
federalism
federalist -s
federation -s
federative
feebleness
feed-heater
fee-fi-fo-fum
felicitate -s,-d,-ting
felicitous
fellmonger -s
fellow-heir
fellowship -s
fell-runner
fell-walker
felspathic
femaleness
feminality
feminility
femininely
femininism -s
femininity

feministic
fen-cricket
fenestella -s
fenestrate
fer-de-lance
fermentive
ferntickle -s
fernticled
ferrandine
ferro-alloy
ferronière -s
ferroprint
ferry-house
fertiliser -s
fervescent
fervidness
Fescennine
fesseewise
fesse-point
festoonery
fetterless
fetterlock -s
fettuccine
feuilleton -s
feverishly
fianchetto -s,-ing,-ed
        -tti
fibreboard -s
fibreglass
fibrillary
fibrillate -s,-d,-ting
fibrillose
fibrillous
fibrinogen -s
fibroblast -s
fibrositis
fickleness
fictionist -s
fictitious
fiddle-back
fiddlehead -s
fiddlewood -s
fiducially
fieldboots
fieldmouse -mice
fieldpiece -s
fieldstone -s
fieldwards
fierceness
fifty-fifty
fifty-pence
figuration -s
figurative
figurehead -s
filariasis
filchingly
file-cutter
file-leader
filibuster -s,-ing,-ed
Filicineae

filicinean
filterable
filthiness
filtration -s
fimbriated
fimicolous
fine-spoken
fine-tuning
fingerbowl -s
fingerhold -s
fingerhole -s
fingerless
fingerling -s
fingermark -s
fingernail -s
fingerpost -s
finger's-end
finicality -ties
finiteness
Finno-Ugric
fire-basket
fire-blight
fire-bucket
fire-engine
fire-escape
fire-master
fire-office
fire-plough
fire-policy
fire-raiser
fire-screen
fire-shovel
fire-walker
fire-warden
firing-step
first-aider
first-class
first-floor
first-fruit
first-night
first-thing
fish-carver
fish-farmer
fish-finger
fish-gutter
fishing-rod
fish-kettle
fish-ladder
fish-manure
fishmonger -s
fish-trowel
fitfulness
fitting-out
five-finger
five-parted
five-square
fizzenless
flabbiness
flabellate
flaccidity

flag-basket
flagellant -s
Flagellata
flagellate -s,-d,-ting
flagginess
flagitious
flagrantly
flag-waving
flake-white
flamboyant -s
Flamingant
flamingoes
flaminical
flanconade -s
flannelled
flapdoodle
flap-dragon
flapperish
flash-board
flash-house
flashiness
flashlight -s
flash-point
flat-footed
flattering
flatulence
flatulency
flaunching -s
flavescent
flavouring -s
flea-beetle
flea-bitten
flea-circus
fledgeling -s
fleeceless
fleece-wool
fleechment -s
fleeringly
fleetingly
flesh-broth
flesh-brush
flesh-eater
fleshiness
flesh-wound
fleur-de-lis
fleur-de-lys
flexihours
flick-knife
flight-deck
flightless
flimsiness
flindersia -s
flint-glass
flint-heart
flintiness
flippantly
flirtation -s
flirtingly
floatation -s
float-board

floatingly
float-stone
flocculate -s,-d,-ting
flocculent
flock-paper
floodlight -s,-ing,-lit
floodwater -s
floorboard -s
floorcloth -s
floppiness
florentine -s
florescent
floribunda -s
florideous
floridness
florilegia
floristics
flosculous
flourished
floutingly
flower-bell
flower-girl
flower-head
flowerless
flower-show
fluentness
fluffiness
flugelhorn -s
flunkeydom
flunkeyish
flunkeyism
fluoridate -s,-d,-ting
fluoridise -s,-d,-sing
fluorinate -s,-d,-ting
fluorotype
flute-mouth
fluvialist -s
fluviatile
fluxionary
fluxionist -s
fly-by-night
fly-catcher
fly-fishing
fly-flapper
flyposting
foederatus -ti
foeticidal
foisonless
foliaceous
folklorist -s
folk-memory
folksiness
folk-speech
follicular
fontanelle -s
fonticulus -es
fontinalis -es
fool-begged
footballer -s
footbridge -s

foot-candle
foot-guards
foot-licker
foot-racing
foot-warmer
foraminous
forbearant
forbearing
forbidding -s
forcedness
forcefully
forcing-pit
forcipated
fore-advise
fore-and-aft
foreboding -s
forecasted
forecaster -s
forecastle -s
forechosen
forecourse -s
fore-damned
forefather -s
forefinger -s
foregather -s,-ing,-ed
foreground -s
fore-hammer
forehanded
fore-notice
foreordain -s,-ing,-ed
fore-quoted
forerunner -s
foreseeing
foreshadow -s,-ing,-ed
foreshewed
foreshowed
forest-born
forest-bred
forest-tree
foretaught
foreteller -s
forfeiture -s
forfeuchen
forfoughen
forgettery -ries
forgetting -s
forgivable
forinsecal
forkedness
forkit-tail
fork-tailed
formicaria
formidable
formidably
formlessly
fornicator -s
forsakenly
fortepiano -s
forthgoing -s
forthright

fortifying
fortissimo
fortuitism
fortuitist -s
fortuitous
forty-niner
forwarding -s
fossicking
foster-home
fosterling -s
foudroyant
foul-spoken
foundation -s
founderous
fourchette -s
four-figure
four-footed
four-handed
Fourierism
four-inched
four-in-hand
four-leafed
four-leaved
four-legged
four-letter
four-o-clock
four-parted
four-poster
fourscorth
four-seater
foursquare
four-stroke
fourteener -s
fourteenth -s
fourth-rate
fowling-net
fowl-plague
fox-hunting
fox-terrier
frabjously
fractional
fragmental
fragmented
fragrantly
framboesia
frame-house
frame-maker
franchiser -s
Franciscan
francophil -s
frangipane -s
frangipani -s
frantic-mad
Fratercula
fraternise -s,-d,-sing
fraternity -ties
fratricide -s
fraudfully
fraudulent
fraughtage

Fraxinella
freakiness
freakishly
freebooter -s
free-diving
freedwoman
freedwomen
free-fisher
free-fooder
free-footed
free-for-all
free-handed
freeholder -s
free-labour
freelancer -s
freeloader -s
freemartin -s
free-minded
free-school
free-select
free-soiler
free-spoken
free-trader
free-verser
freightage -s
freight-car
fremescent
frenetical
frequenter -s
frequently
fresh-blown
fresherdom
freshwater
friability
fricandeau -x
fricasseed
friendless
friendlily
friendship -s
frightened
frightsome
frigidness
frigorific
fringeless
fringillid
friskiness
friskingly
frithsoken -s
frithstool -s
fritillary -ries
Froebelian
Froebelism
frog-hopper
frog's-march
frog's-mouth
frolicking
frolicsome
front-bench
frontwards
frostbound

frostiness
frost-smoke
frothiness
frowningly
fruitarian -s
fruiteress -es
fruitfully
fruit-knife
frustrated
fuddy-duddy
fugitation -s
fugitively
fulfilling -s
fulfilment -s
fuliginous
full-bodied
full-bottom
full-circle
full-cocked
full-handed
full-length
full-rigged
full-sailed
full-summed
full-voiced
full-winged
fulmineous
fumatorium -s,-ria
fumblingly
fumigation -s
fumigatory
functional
fund-holder
fungicidal
funiculate
furrow-weed
furuncular
fusibility
fusionless
fuss-budget
fustanella -s
fustianise -s,-d,-sing
fustianist -s
futureless
futuristic
futurition -s
futurology

G

gabblement -s
gabbroitic
gadolinite
gadolinium
gadrooning -s
gaff-rigged
gag-toothed
gaingiving
gainsaying -s
gainstrive
galimatias -es

375

gallabiyah -s
galleryite -s
galley-west
galley-worm
galliambic
galloglass -es
gallomania
gallophile -s
gallophobe -s
gallows-lee
galravitch -es,-ing,-ed
galvaniser -s
gambit-pawn
gambolling
game-dealer
gamekeeper -s
gametangia
gamotropic
gander-moon
gangliated
gangliform
ganglionic
gangrenous
gap-toothed
garbageman
gargantuan
gargoylism
garishness
garlandage -s
garmenture -s
garnet-rock
garnierite
garnishing -s
garrotting -s
gas-bracket
Gasconader
gas-furnace
gashliness
gasometric
gasteropod -s
gastralgia
gastralgic
gastrology
gastronome -s
gastronomy
Gastropoda
gastrosoph -s
gastrotomy -mies
gas-turbine
gate-keeper
gate-legged
gatling-gun
gaudy-green
gaudy-night
gauge-glass
gauging-rod
gaultheria -s
gauntleted
gelatinate -s,-d,-ting
gelatinise -s,-d,-sing

gelatinoid -s
gelatinous
gelder-rose
gem-cutting
gemination -s
gemmaceous
gemologist -s
genealogic
generalise -s,-d,-sing
generalist -s
generality -ties
generation -s
generative
generatrix -trices
generosity
generously
Genesiacal
genethliac -s
geneticist -s
Genevanism
genevrette
genialness
geniculate -s,-d,-ting
genitively
gensdarmes
genteelish
genteelism -s
gentilesse
gentlefolk -s
gentlehood
gentleness
geocentric
geochemist -s
geodesical
geodetical
geodynamic
geognostic
geographer -s
geographic
geological
geomedical
geometrise -s,-d,-sing
geometrist -s
geophagism
geophagist -s
geophagous
geophilous
geophysics
geoponical
geostatics
geothermal
geothermic
geotropism
geriatrics
geriatrist -s
German-band
germicidal
germinable
gerundival
Gesundheit

get-up-and-go
ghastfully
Ghibelline
ghost-story
ghost-write
ghoulishly
Gibberella
giddy-paced
giftedness
gigglesome
Gilbertian
Gilbertine
gillravage -s,-d,-ging
gilravager -s
gimlet-eyed
gingersnap -s
gingivitis
ginglimoid
Ginkgoales
girlfriend -s
glacialist -s
glaciation -s
glaciology
glad-hander
gladiatory
gladsomely
Glagolitic
glance-coal
glancingly
glanderous
glandiform
glandulous
glass-cloth
glass-coach
glass-faced
glassfulls
glasshouse -s
glassiness
glass-paper
glass-snake
Glaswegian
glauberite
glauconite
glebe-house
gleemaiden -s
glendoveer -s
glimmering -s
gliomatous
glistering
glitterand
glittering -s
gloatingly
globularly
glomerular
glomerulus -li
gloominess
glorifying
gloriously
glossarial
glossarist -s

glossiness
glossology
glottology
glove-fight
glove-money
glucosuria
glucosuric
glumaceous
gluttonise -s,-d,-sing
gluttonish
gluttonous
glycogenic
glycosuria
glycosuric
glyptodont -s
Gnaphalium
gnashingly
gneissitic
gnomonical
gnoseology
gnosiology
Gnosticise
Gnosticism
gnotobiote -s
goal-keeper
goal-tender
goat-sallow
goat's-beard
goat's-thorn
goatsucker -s
goat-willow
God-fearing
goggle-eyed
gold-beater
gold-beetle
gold-digger
gold-end-man
golden-seal
goldilocks -es
gold-thread
gold-washer
golf-course
goliardery
goliathise -s,-d,-sing
goloe-shoes
goloptious
goluptious
gombeen-man
goniometer -s
goniometry
gonococcal
gonococcic
gonococcus -cci
gonorrheal
gonorrheic
gonorrhoea
good-father
good-fellow
good-humour
goodlihead

good-liking
goodliness
goodlyhead
good-morrow
good-mother
good-nature
good-sister
goods-train
goody-goody
googolplex -es
gooney-bird
gooseberry -rries
goose-flesh
goose-grass
goose-quill
gor-bellied
gorgeously
gorgoneion -neia
Gorgonzola
gormandise -s,-d,-sing
gormandism
gospellise -s,-d,-sing
gourdiness
governable
governance -s
governante
governessy
government -s
gracefully
graciosity
graciously
gradienter -s
gradualism
gradualist -s
graduality -ties
graduation -s
gramicidin
gramineous
grammarian -s
grammatist -s
gramophone -s
gramophony
granadilla -s
grandchild -ren
granddaddy -ddies
grand-ducal
grandmamma -s
grand-niece
grandstand -s
grand-uncle
grangerise -s,-d,-sing
Grangerism
granophyre
grant-in-aid
granularly
granulater -s
granulator -s
granulitic
grapefruit -s
grape-louse

grapestone -s
graphemics
graphitise -s,-d,-sing
graphitoid
graphology
graplement
graptolite -s
graspingly
grass-green
grass-grown
grassiness
grass-roots
grass-snake
grass-widow
grasswrack
gratefully
gratifying
gratillity
gratuitous
gravelling
gravel-walk
grave-maker
graveolent
gravestone -s
Gravettian
gravimeter -s
gravimetry
greasewood -s
greasiness
great-niece
great-uncle
Greco-Roman
greediness
greencloth -s
green-drake
greenfinch -es
greenheart -s
greenhouse -s
greenshank -s
greenstone -s
greenstuff
greensward
gregarious
greisenise -s,-d,-sing
grenadilla -s
gressorial
grey-coated
grey-haired
grey-headed
grey-wether
grievingly
grievously
griffinish
griffinism
grimlooked
grindstone -s
gripe-water
grisliness
grith-stool
grittiness

Grobianism
groceteria -s
grogginess
grotto-work
groundbait -s
ground-base
ground-dove
groundedly
ground-hold
groundless
groundling -s
groundmass -es
groundplan -s
groundplot -s
groundprox -es
ground-rent
groundsell -s
groundsill -s
groundsman -men
groundwork -s
ground-zero
grovelling
growing-bag
growlingly
grudgingly
grumpiness
gruntingly
guaranteed
guard-house
gubernator -s
guessingly
guest-house
guest-night
guilefully
guillotine -s,-d,-ting
guiltiness
guilty-like
guinea-corn
guinea-fowl
guinea-worm
gunfighter -s
gunrunning
gunslinger -s
gut-scraper
Guttiferae
gutturally
gymnasiast -s
gymnosophy
gymnosperm -s
gynandrism
gynandrous
gypsophila -s
gyrational
gyre-carlin
gyrocopter -s
gyroscopic
gyrostatic

H
habilatory

habiliment -s
habilitate -s,-d,-ting
habitation -s
habitaunce
habit-cloth
habit-maker
habitually
hackbuteer -s
hackmatack -s
hackneyman -men
Haemanthus
haematinic -s
haematosis
haematuria
haemoconia
haemolysis
haemolytic
hagiocracy -cies
hagiolater -s
hagiolatry
hagiologic
hagioscope -s
hail-fellow
hair-pencil
hair-powder
hair-raiser
hairspring -s
hairstreak -s
hair-stroke
hair-waving
Hakenkreuz
halberdier -s
half-a-crown
half-a-dozen
half-cocked
half-dollar
halfe-horsy
half-hourly
half-kirtle
half-length
half-sister
half-volley
half-witted
half-yearly
halieutics
Haliotidae
halleluiah -s
hallelujah -s
halloysite
halobiotic
halogenate -s,-d,-ting
halogenous
halophytic
Hamburgher
hamesucken
hammer-beam
hammer-fish
hammerhead -s
hammerless
hammerlock -s

hammer-pond
hamshackle -s,-d,-ling
hand-barrow
hand-basket
handedness
hand-gallop
handicraft -s
handicuffs
hand-in-hand
hand-lotion
handmaiden -s
hand-me-down
hand-screen
handselled
handsomely
handspring -s
hand-weeded
handworked
handy-dandy
hang-glider
hanky-panky
Hanoverian
hansardise -s,-d,-sing
hanselling
haranguing
harassedly
harassment -s
harbourage -s
harbour-bar
hard-billed
hard-bitten
hard-boiled
hard-earned
hard-fisted
hard-fought
hard-gotten
hard-handed
hard-headed
hard-pushed
hard-riding
hare-lipped
harman-beck
harmlessly
harmonical
harmonicon -s
harmonious
harmoniser -s
harpooneer -s
harpoon-gun
harpy-eagle
harquebuse -s
harquebuss -es
hartebeest -s
hartie-hale
haruspical
haruspices
harvest-bug
harvest-fly
harvestman -men
hateworthy

hauntingly
haustellum -lla
haustorium -ria
hawk-beaked
hawk-billed
hawksbeard -s
hawser-laid
hazardable
head-bummer
head-centre
head-cheese
head-hugger
headhunter -s
head-lugged
headmaster -s
headsquare -s
head-stream
headstrong
headworker -s
healthless
healthsome
hearing-aid
hearse-like
heart-block
heart-blood
heartbreak -s,-ing
   -broke(n)
heart-grief
heartiness
heart-quake
heart's-ease
heart-spoon
heart-throb
heart-whole
heathendom
heathenise -s,-d,-sing
heathenish
heathenism
heath-poult
heatstroke
heaven-born
heaven-bred
heaven-sent
heavenward
heavy-armed
heavy-laden
hebdomadal
hebdomadar -s
hebetation -s
Hebraicism
Hebraistic
hectically
hectograph -s,-ing,-ed
hectolitre -s
hectometre -s
hectorship -s
hectostere -s
hedonistic
heedlessly
hegemonial

hegemonism
hegemonist -s
heliacally
Helianthus
helicoidal
Heliconian
helicopter -s,-ing,-ed
heliograph -s,-ing,-ed
heliolater -s
heliolatry
heliometer -s
heliophyte -s
helioscope -s
heliotaxis
heliotrope -s
heliotropy
heliotypic
hellbender -s
helminthic
helplessly
hemianopia
hemichorda
hemicyclic
hemihedral
hemihedron -s
hemiplegia
hemiplegic
hemipteral
hemipteran
hemisphere -s
hemitropal
hemitropic
hemp-nettle
henceforth
hendecagon -s
hen-harrier
hen-hearted
henotheism
henotheist -s
henpeckery
heortology
hepatology
heptachord -s
heptagonal
Heptagynia
Heptameron
heptameter -s
Heptandria
heptapodic
heptarchic
Heptateuch
heptatonic
Heracleian
Heraclidan
herald-duck
heraldship -s
herbaceous
Herbartian
herb-bennet
herb-garden

herbicidal
herb-robert
hereabouts
hereditary
heresiarch -s
heresy-hunt
hereticate -s,-d,-ting
heretofore
heriotable
heritrices
heritrixes
hermetical
hermit-crab
hermitical
herniotomy -mies
heroically
heroicness
heroi-comic
Herrenvolk
Herrnhuter
hesitation -s
hesitative
hesitatory
Hesperides
Heterocera
heterocont -s
heterodont
heterodoxy -xies
heterodyne
heterogamy
heterogeny -nies
heterogony
heterokont -s
heterology
heteronomy
Heteropoda
heterotaxy
hetmanship -s
heulandite
hexactinal
hexaemeron -s
hexagynian
hexagynous
hexahedral
hexahedron -s
hexamerous
hexametric
hexandrian
hexandrous
hexaplaric
hey-de-guise
hey-de-guyes
hibernacle -s
hidalgoish
hidalgoism
hiddenmost
hiddenness
hiera-picra
hierarchal
hierarchic

hierocracy -cies
hieroglyph -s,-ing,-ed
hierograph -s
hierolatry
hierologic
hieromancy
Hieronymic
hierophant -s
hieroscopy
highbinder
highermost
high-flying
high-handed
high-heeled
highjacker -s
high-kilted
Highlander
high-minded
high-necked
high-octane
high-placed
high-priced
high-raised
high-ranker
high-reared
high-roller
high-souled
high-strung
high-tasted
highwayman -men
higry-pigry
hill-digger
Himyaritic
hinderance -s
hinderland -s
hinderlans
hinderlins
hindermost
Hindustani
hinge-bound
hinge-joint
hinterland -s
hip-huggers
hippety-hop
hippiatric -s
hippocampi
Hippocrene
hippodrome -s
hippogriff -s
hippogryph -s
hippomanes
hippophagy
hippophile -s
hippophobe -s
hippuritic
hirdy-girdy
hirudinean -s
hirudinoid
hirudinous
histiology

histoblast -s
histogenic
histologic
histolysis
histolytic
historical
histrionic
hit-and-miss
hitch-hiker
hithermost
hitherside
hitherward
Hitopadesa
hitty-missy
hoar-headed
hoarseness
Hobbianism
hobble-bush
hobblingly
hobby-horse
hobjobbing -s
hobnobbing -s
hocus-pocus
hodden-grey
hoddy-doddy
hodgepodge -s
hog-cholera
hogen-mogen
hoity-toity
hokey-pokey
holing-pick
Hollandish
hollow-eyed
hollowness
hollow-ware
holoenzyme -s
holography
holohedral
holohedron -s
holophotal
holophrase -s
holophytic
holosteric
holus-bolus
homaloidal
Homburg-hat
home-brewed
home-coming
homeliness
homeomeric
homeomorph -s
homeopathy
home-signal
home-thrust
homiletics
homoblasty
homocercal
homochromy
homocyclic
homoeomery

homoeopath -s
homoerotic
homogamous
homogenate -s,-d,-ting
homogenise -s,-d,-sing
homogenous
homologate -s,-d,-ting
homologise -s,-d,-sing
homologous
homonymity
homonymous
homoousian -s
homophonic
homoplasmy
Homorelaps
homosexual -s
homotaxial
homothally
homotonous
homozygote -s
homozygous
homuncular
homunculus -li
honeybunch -es
honey-chile
honey-crock
honey-eater
honey-guide
honeymonth
honey-mouse
honey-stalk
honey-stone
honey-sweet
honey-wagon
honorarium -s
honourable
honourably
honourless
honours-man
hoodie-crow
hookedness
hootananny -nnies
hootenanny -nnies
hootnannie -s
hoots-toots
hop-bitters
hopelessly
hopping-mad
hopsacking
hop-trefoil
horizontal -s
hornblende
horned-pout
hornfelses
horn-footed
horn-rimmed
horography
horologist -s
horologium -s
Horologium

horoscopic
horrendous
horridness
horrifying
horse-bread
horse-cloth
horse-coper
horse-faced
horseflesh
horse-gowan
horselaugh -s
horse-leech
horsepower
horse-rider
horseshoer -s
horse-tamer
horse-thief
horse-woman
hospitable
hospitably
hostelling
hot-blooded
hot-brained
hotchpotch -es
hot-cockles
hot-livered
hot-mouthed
hounds-foot
hour-circle
house-agent
housebound
housecraft
houselling -s
house-party
house-proud
houts-touts
hovercraft -s
hoveringly
hover-mower
hover-train
how-do-you-do
Howleglass
howsomever
hoydenhood
huckle-bone
huckstress -es
hug-me-tight
hullabaloo -s
humaneness
humanistic
humbleness
humblingly
humbuggery
humbugging
humdudgeon -s
humgruffin -s
humidifier -s
humidistat -s
humiliator -s
humming-top

humoralism
humoralist -s
humoresque -s
humoristic
humorously
humourless
humoursome
humpbacked
huntiegowk -s
'hunting-box
hunting-cap
hunting-cat
hunting-cog
hupaithric
hurdle-race
hurdy-gurdy
'hurl-barrow
hurly-burly
hurryingly
hurtlessly
husbandage -s
husbandman -men
husking-bee
hyalomelan
hyalophane
hyaloplasm
hybridiser -s
hydragogue -s
hydraulics
hydrazides
hydrically
hydrochore -s
hydrograph -s
hydrologic
hydrolysis
hydrolytic
hydromancy
hydromania
hydrometer -s
hydrometry
hydropathy
hydrophane -s
hydrophily
hydrophone -s
hydrophyte -s
hydroplane -s,-d,-ning
hydropolyp -s
hydropower
hydroscope -s
hydrosomal
hydrosomes
hydrospace -s
hydrotaxis
hydrotheca -s
hyetograph -s
hyetometer -s
hygrochasy
hygrograph -s
hygrometer -s
hygrometry

hygrophobe
hygrophyte -s
hygroscope -s
hylotheism
hylotheist -s
hylotomous
hylozoical
hymeneaeal
hymeneaean
hyoplastra
Hyoscyamus
hypabyssal
hypaethral
hypaethron -s
hypalgesia
hypalgesic
hypanthium -s
hyperacute
hyperaemia
hyperaemic
hyperbaric
hyperbatic
hyperbaton -s
hyperbolic
hyperdulia
hyperfocal
hypergolic
hypersonic
hyperspace
hypertonic
hyphenated
hypnagogic
hypnogenic
hypnogogic
hypnoidise -s,-d,-sing
hypnotiser -s
hypocentre -s
hypocorism
hypocritic
hypodermal
hypodermic -s
hypodermis -es
hypodorian
hypogaeous
hypogynous
hypolydian
hypophysis -ses
hypostasis -ses
hypostatic
hypotactic
hypotenuse -s
hypotheses
hypothesis
hypothetic
hypoxaemia
hypoxaemic
hypsometer -s
hypsometry
hypsophyll -s
Hyracoidea

hysteresis
hysteretic
hysterical
hystericky
hysteritis

I

iambically
iatrogenic
ice-breaker
ice-hilling
Iceland-dog
ice-machine
ichthyosis
ichthyotic
iconoclasm
iconoclast -s
iconolater -s
iconolatry
iconomachy
iconomatic
iconometer -s
iconometry
iconoscope -s
icosahedra
Icosandria
icy-pearled
idealistic
ideational
idempotent -s
identified
ideography
ideologist -s
idiolectal
idiolectic
idiopathic
idiot-proof
idle-headed
idle-pulley
idolatress -es
idolatrise -s,-d,-sing
idolatrous
idoloclast -s
ignipotent
ignobility
ignorantly
ignoration -s
ilang-ilang
ill-advised
illaqueate -s,-d,-ting
illatively
illaudable
illaudably
ill-behaved
ill-defined
Illecebrum
illegalise -s,-d,-sing
illegality -ties
ill-feeling
ill-fortune

ill-founded
illiteracy
illiterate -s
ill-looking
ill-natured
illocution -s
ill-starred
ill-success
illuminant -s
illuminate -s,-d,-ting
illuminati
illuminato
illuminism
illuminist -s
illusively
illustrate -s,-d,-ting
imaginable
imaginably
imbecility
imbibition
imbroccata -s
imbruement
immaculacy
immaculate
immanation -s
immanental
immaterial
immaturely
immaturity
immeasured
immemorial
immeritous
imminently
immiscible
immobilise -s,-d,-sing
immobilism
immobility
immoderacy
immoderate
immodestly
immolation -s
immoralism
immoralist -s
immorality -ties
immortally
immortelle -s
immoveable -s
immunology
immurement
impairment -s
impalement -s
impalpable
impalpably
impanation
imparadise
imparlance -s
impartible
impartment
impassable
impassably

impassible
impassibly
impatience
impeccable -s
impeccably
impeccancy
impediment -s
impeditive
impendence
impendency
impenitent -s
imperative -s
imperially
imperilled
impersonal
impervious
impictured
impishness
implacable
implacably
implexuous
implicitly
implorator
impolitely
importable
importance -s
importancy
importless
importuner -s
imposingly
imposition -s
impossible -s
imposthume -s
impostumed
impoundage
impoverish -es,-ing,-ed
impregnant
impregnate -s,-d,-ting
impresario -s,-ri
impression -s
impressive
impressure -s
imprimatur -s
imprinting
improbable
improbably
improperly
improvable
improvably
improvided
improviser -s
imprudence
impudently
impudicity
impugnable
impugnment -s
impuissant
impureness
imputation -s
imputative

inaccuracy -cies
inaccurate
inactivate -s,-d,-ting
inactively
inactivity
inadaptive
inadequacy -cies
inadequate -s
inanimated
inappetent
inapposite
inaptitude
inartistic
inaugurate -s,-d,-ting
inbreeding
inbringing
incandesce -s,-d,-scing
incantator -s
incapacity -ties
incasement -s
incautious
incedingly
incendiary -ries
incestuous
inchoately
inchoation -s
inchoative -s
incidental -s
incinerate -s,-d,-ting
incipience
incipiency
incisiform
incisively
incisorial
incitation -s
incitative -s
incitement -s
incitingly
incivility -ties
inclemency
inclinable
includible
incogitant
incoherent
incohesion
incohesive
incompared
incomplete
incomposed
inconstant
incoronate
incorporal
incrassate -s,-d,-ting
increasing -s
incredible
incredibly
increscent
incubation -s
incubative
incubatory

inculcator -s
inculpable
inculpably
incumbency -cies
incunabula
incurrable
incurrence -s
incurvated
indagation -s
indagative
indagatory
indebtment
indecently
indecision
indecisive
indecorous
indefinite
indelicacy -cies
indelicate
indexation
indication -s
indicative -s
indicatory
indictable
indictment -s
indigenise -s,-d,-sing
indigenous
indigently
indigested
indignance
indigo-blue
Indigofera
indirectly
indiscreet
indiscrete
indisposed
indistinct
inditement -s
individual -s
individuum -s
indocility
indolently
Indonesian
inducement -s
inductance -s
indulgence -s
indulgency -cies
indumentum -s
induration
indurative
industrial -s
indwelling
inebritous
ineducable
inefficacy
inelegance
inelegancy
ineligible
ineligibly
ineloquent

ineptitude
inequality -ties
inequation -s
inerasable
inerasably
inerasible
inerasibly
inesculent
inevitable
inevitably
inexistent
inexorable
inexorably
inexpiable
inexpiably
inexplicit
inextended
infallible
infallibly
infamonise
infamously
infarction -s
infatuated
infeasible
infectious
infeftment -s
infelicity -ties
inferiorly
infernally
inferrable
inferrible
infibulate -s,-d,-ting
infidelity -ties
in-fighting
infiltrate -s,-d,-ting
infinitant
infinitary
infinitate -s,-d,-ting
infinitely
infinitive -s
infinitude
infirmness
inflamable
inflatable -s
inflection -s
inflective
inflexible
inflexibly
infliction -s
inflictive
influenzal
informally
infraction -s
infragrant
infrahuman
infrasonic
infrequent
infusorial
infusorian -s
ingeminate -s,-d,-ting

ingenerate -s,-d,-ting
ingestible
ingle-cheek
inglorious
ingrateful
ingratiate -s,-d,-ting
ingredient -s
ingression -s
ingressive
inhabitant -s
inhalation -s
inharmonic
inherently
inheritrix -es
inhibition -s
inhibitive
inhibitory
inhumanity
inhumation -s
inimically
inimitable
inimitably
iniquitous
initialise -s,-d,-sing
initialled
initiation -s
initiative -s
initiatory
injudicial
injunction -s
injunctive
ink-slinger
innateness
innocently
innominate
innovation -s
innovative
innovatory
innuendoes
innumeracy
innumerate -s
innumerous
innutrient
inobedient
inoculable
inoculator -s
inoperable
inoperably
inordinacy
inordinate
inosculate -s,-d,-ting
inquietude
inquirendo -s
inquisitor -s
insalivate -s,-d,-ting
insalutary
insaneness
insanitary
insatiable
insatiably

insecurely
insecurity -ties
inselberge
inseminate -s,-d,-ting
insensible
insensibly
insensuous
insentient
insertable
Insessores
insightful
insinuator -s
insipidity
insipience
insistence -s
insistency -cies
insobriety
insociable
insolation -s
insolently
insolidity
insolvable
insolvably
insolvency -cies
insomnious
insouciant
inspanning
inspection -s
inspective
inspirable
inspirator -s
inspissate -s,-d,-ting
installant -s
installing
instalment -s
instantial
instigator -s
instilling
instilment -s
instituter -s
institutor -s
instructor -s
instrument -s
insufflate -s,-d,-ting
insularism
insularity
insulation -s
insultable
insultment
insurancer
insurgence -s
insurgency -cies
intactness
intangible -s
intangibly
integrable
integrally
integrator -s
integument -s
intemerate

intendancy -cies
intendedly
intendment
intenerate -s,-d,-ting
intentness
interbreed -s,-ing,-bred
intercalar
interceder -s
interchain -s,-ing,-ed
interclude -s,-d,-ding
intercross -es,-ing,-ed
interested
interferer -s
interferon
intergrade -s,-d,-ding
intergrown
interiorly
interlaced
interleave -s,-d,-ving
interloper -s
interlunar
intermarry -ing,-rries
            -ied
intermezzi
intermezzo
internally
internment -s
internodal
interphase -s
interphone -s
interplant -s,-ing,-ed
interplead -s,-ing,-ed
interpolar
interposal -s
interposer -s
interramal
interregal
interreges
interregna
interreign -s
interspace -s,-d,-cing
interstate
interstice -s
intertidal
intertrigo -s
intertwine -s,-d,-ning
intertwist -s,-ing,-ed
interunion -s
interurban
intervener -s
intervenor -s
intervital
intervolve -s,-d,-ving
interweave -s,-d,-ving
            -wove(n)
interwound
interzonal
intestinal
intimately
intimation -s

intimidate -s,-d,-ting
intinction
intolerant -s
intonation -s
intoningly
intoxicant -s
intoxicate -s,-d,-ting
intramural
intra-urban
intrepidly
intrigante -s
intriguant -s
intriguing
introducer -s
introrsely
introspect -s,-ing,-ed
intubation -s
inundation -s
inurbanely
inurbanity
invaginate -s,-d,-ting
invalidate -s,-d,-ting
invaliding -s
invalidish
invalidism
invalidity
invaluable
invaluably
invariable
invariably
invariance
invendible
inventible
inventress -es
inveracity -ties
invertedly
investment -s
inveteracy
inveterate
invigilate -s,-d,-ting
invigorant -s
invigorate -s,-d,-ting
invincible
invincibly
inviolable
inviolably
inviolated
invitation -s
invitatory
invitement -s
invitingly
invocation -s
invocatory
involucral
involucrum -s
involution -s
inwardness
iodometric
ionisation
ionosphere

iracundity
irefulness
irenically
iridaceous
iridectomy -mies
iridescent
iridosmine
iridosmium
Irishwoman
iron-glance
iron-handed
ironically
iron-liquor
iron-master
iron-mining
ironmonger -s
iron-witted
iron-worded
irradiance
irradiancy
irradicate -s,-d,-ting
irrational -s
irregulous
irrelation
irrelative
irrelevant
irreligion
irremeable
irremeably
irrenowned
irresolute
irreverent
irrigation -s
irrigative
irritation -s
irritative
isabelline
ischuretic -s
isentropic
Ishmaelite
Islamicise
Islamicist
Ismailitic
isochasmic
isocheimal
isocheimic
isochronal
isocyanide -s
isodynamic -s
Isoetaceae
isogametic
isogenetic
isoglossal
isoglottal
isoglottic
isoleucine
isometrics
isomorphic
isoniazide
isopterous

isoseismal
isoseismic
isosporous
isothermal -s
isotropism
isotropous
Israelitic
Italianate
Italianise
Italianism
Italianist
itinerancy
ivory-black
ivy-mantled

J

jabberwock -s
jack-a-dandy
jackanapes -es
jackhammer -s
jack-priest
jack-rabbit
jack-rafter
Jacobinise
Jacobinism
Jacobitism
jaculation -s
jaculatory
jaggedness
jaguarondi -s
jaguarundi -s
Jamesonite
janitorial
janizarian
Janus-faced
japan-earth
Japanesery
Japanesque
jardinière -s
jargonelle -s
jasperware
jaspideous
jauntiness
javelin-man
jaw-breaker
jaw-crusher
jaw-twister
jaywalking
Jehovistic
jeistiecor
jejuneness
jellygraph -s,-ing,-ed
jeopardise -s,-d,-sing
jeopardous
jerked-meat
jerkinhead -s
jerry-built
Jesuitical
jet-setting
Jew-baiting

jewel-house
Jewishness
Jew's-mallow
Jew's-myrtle
jigger-mast
jiggety-jog
jimson-weed
jingoistic
jinricksha -s
jinrikisha -s
jockeyship -s
jocoseness
jocularity
jocundness
Johnny-cake
Johnsonese
Johnsonian
Johnsonism
joint-stock
joint-stool
jointuress -es
jolterhead -s
jostlement
journal-box
journalese
journalise -s,-d,-sing
journalism
journalist -s
journeying
journeyman -men
jovialness
joyfulness
joyousness
jubilantly
jubilation -s
Judaically
Judenhetze
judication -s
judicative
judicatory
judicature -s
judicially
Jugendstil
juggernaut -s
jugglingly
July-flower
jumble-sale
jumblingly
juncaceous
junk-bottle
junk-dealer
juristical
jury-rigged
jury-rudder
justiciary -ries
justifying
Juvenalian
juvenility

K

kack-handed
kaffir-boom
Kafkaesque
kaisership -s
Kantianism
Karmathian
karyoplasm
katabolism
keepership -s
Keltomania
kempery-man
kennel-coal
kennelling
kennel-maid
kenoticist -s
Kensington
kenspeckle
Kentish-man
Kentish-rag
keratinise -s,-d,-sing
keratinous
kerb-market
kerb-trader
kerb-vendor
kerchiefed
kersantite
kerseymere
kerygmatic
kettledrum -s
kettle-pins
khediviate -s
khidmutgar -s
khitmutgar -s
kibbutznik -s
kiddiewink -s
kidnapping
kidney-bean
kieselguhr
Kilmarnock
kilogramme -s
kimberlite
kinchin-lay
kindliness
kind-spoken
kinematics
kinesipath -s
king-archon
king-at-arms
kingfisher -s
kinglihood
kingliness
king-of-arms
king-salmon
king's-chair
king's-spear
kirn-dollie
kitchendom
kitchen-fee

kite-flying
kitten-moth
kittle-pins
klangfarbe -s
klendusity
knackiness
knackwurst -s
knagginess
knat-bottle
knave-bairn
knee-length
knee-timber
knick-knack
knife-board
knife-money
knighthood -s
knightless
knobbiness
knobkerrie -s
knockabout -s
knock-kneed
knottiness
knuckle-bow
kookaburra -s
kriegspiel -s
Krishnaism
Krugerrand
Kuomintang

L

laboratory -ries
laboursome
laccolitic
lace-pillow
laceration -s
lacerative
Lacertilia
lachrymary -ries
lachrymose
laciniated
lackadaisy -sies
lack-lustre
laconicism -s
lacquering -s
lacrimator -s
lacrymator -s
lactescent
lactogenic
lactometer -s
lactoscope -s
lacustrine
lady-killer
lady's-smock
laeotropic
laggen-gird
lake-lawyer
Lamarckian
Lamarckism
lambdacism
lambdoidal

lambrequin -s
lamb's-tails
lamellated
lamentable
lamentably
laminarian
laminarise -s,-d,-sing
lamination -s
Lammas-tide
lamp-burner
lampholder -s
lampoonery -ries
lampoonist -s
lanceolate
landammann -s
land-breeze
land-bridge
landholder -s
land-hunger
landing-net
land-jobber
land-locked
land-louper
land-lubber
land-mining
land-owning
land-pirate
land-spring
Landsthing
land-waiter
languished
languisher -s
languorous
laniferous
lanigerous
lansquenet -s
lanternist -s
lanuginose
lanuginous
lanzknecht -s
laparotomy -mies
lapidarian
lapidarist -s
lapidation -s
lapidified
lap-jointed
Laplandish
lapper-milk
lappet-head
lardaceous
lark-heeled
larvicidal
laryngitic
laryngitis
lascivious
last-minute
laterality
latescence
latifundia
latitation

latter-born
lattermath -s
latter-mint
lattermost
laughingly
launcegaye
Laundromat
laundry-man
lauraceous
laurdalite
laureation -s
Laurentian
laurustine
laurvikite
lavallière -s
lavatorial
laverbread
lavishment -s
lavishness
law-abiding
law-breaker
law-burrows
lawfulness
law-officer
lawrencium
lead-arming
leadenness
leaderette -s
leadership -s
lead-glance
lead-pencil
leaf-bridge
leaf-cutter
leaf-hopper
leaf-insect
leafleteer -s
leaf-mosaic
leaf-sheath
lean-witted
leastaways
leathering -s
Lebensraum
lectionary -ries
lectorship -s
lederhosen
ledger-bait
ledger-line
leechcraft
left-footed
left-handed
left-hander
leftwardly
left-winger
legalistic
legateship -s
legibility
legislator -s
legitimacy
legitimate
legitimise -s,-d,-sing

legitimist -s
leg-pulling
leg-spinner
leguminous
leg-warmers
Leibnizian
leiotrichy
leishmania -s,-e
leisurable
leisurably
lemniscate -s
lemon-grass
Lemuroidea
lengthways
lengthwise
lenocinium
lentamente
lenticular
lentigines
lentissimo
leontiasis
leopard-cat
leopardess -es
lepidolite
leprechaun -s
leprechawn -s
leproserie -s
leptosomic
Leptospira
lesbianism
lethargied
lethargise -s,-d,-sing
letter-bomb
letter-book
letter-card
letter-clip
letter-file
letterhead -s
letterless
letter-wood
leuchaemia
leucocytic
leucopenia
leucoplast -s
lever-watch
levigation
leviration
levitation -s
lexicology
lexigraphy
ley-farming
lherzolite
liberalise -s,-d,-sing
liberalism
liberalist -s
liberality
liberation -s
liberatory
liberty-man
libidinist -s

libidinous
librettist -s
licensable
licentiate -s
licentious
lieutenant -s
life-estate
life-giving
life-jacket
lifelessly
life-mortar
life-renter
life-rocket
life-saving
life-school
life-tenant
ligamental
light-armed
lightening -s
lighterage -s
lighterman -men
light-faced
light-horse
lighthouse -s
lighting-up
light-o'-love
light-organ
lightproof
light-tight
light-tower
lignifying
lignocaine
likelihood -s
likeliness
like-minded
liliaceous
limaciform
limber-neck
limb-girdle
limburgite
lime-burner
limicolous
limitarian -s
limitation -s
limitative
limitrophe
Limnaeidae
line-fisher
line-squall
linguiform
linguister
linguistic
linguistry
Lingulella
link-motion
linseed-oil
lion-hunter
Lipizzaner
lipochrome
lipography

lipomatous
Lippizaner
Lippizzana
lip-reading
lip-service
liquefying
liquescent
liquidator -s
liquidiser -s
liquidness
lissomness
listenable
listener-in
listlessly
litany-desk
literalise -s,-d,-sing
literalism
literalist -s
literality
literarily
literation
literature -s
literosity
Lithistida
lithoclast -s
Lithodomus
lithoglyph -s
lithograph -s
litholatry
lithologic
lithomancy
lithomarge
lithophane
lithophysa
lithophyse
lithophyte -s
lithoprint -s
lithotomic
lithotrite -s
lithotrity -ties
Lithuanian
litigation
litter-lout
little-ease
littleness
liturgical
livelihead
livelihood -s
liveliness
liver-fluke
liver-grown
liverwurst -s
live-weight
living-room
loan-holder
loan-office
loathingly
lobe-footed
lobotomise -s,-d,-sing
lobster-pot

lobulation
locker-room
locking-nut
lock-keeper
lockstitch -es
locomobile -s
locomotion -s
locomotive -s
locomotory
loculament -s
locust-bean
Locustidae
locust-tree
loganberry -rries
logan-stone
loggerhead -s
logicality
logistical
logography
logorrhoea
log-rolling
Lollardism
loll-shraub
loneliness
lonesomely
longaevous
long-haired
long-headed
long-legged
longprimer
long-staple
long-winded
looking-for
loose-cover
loquacious
lordliness
lordolatry
lorication
loss-leader
lotus-eater
loudhailer -s
loud-lunged
loud-voiced
Louis-Seize
loundering -s
lounge-suit
loungingly
louping-ill
louver-door
louvre-door
lovat-green
love-affair
love-broker
love-favour
love-letter
lovelihead
loveliness
love-making
love-monger
love-potion

lover's-knot
loveworthy
lovey-dovey
lovingness
low-country
lower-class
loweringly
low-pitched
low-profile
low-tension
loxodromic
lubricator -s
lubricious
luciferase
Luciferian
luciferous
lucifugous
lucklessly
lucky-piece
lucubrator -s
luculently
luffing-jib
luggage-van
lugubrious
lukewarmly
lukewarmth
lumbang-oil
lumber-camp
lumber-jack
lumber-mill
lumber-room
lumbersome
lumber-yard
lumbricoid
luminarism
luminarist -s
lumination
luminosity -ties
luminously
lumpectomy -mies
lumpsucker -s
Lupercalia
lusciously
Lusitanian
lust-dieted
lustration -s
lustreless
lustreware
lustrously
lutestring -s
luxuriance
luxuriancy
Lycaenidae
Lychnapsia
Lycopodium
lymphocyte -s
lymphogram -s
lyophilise -s,-d,-sing
Lysenkoism
lysigenous

Lythraceae

M

Mabinogion
macadamise -s,-d,-sing
macaronies
Maccabaean
mace-bearer
maceration
machinator -s
machine-gun
machineman -men
mackintosh -es
maconochie
macrobiota
macrobiote -s
macrophage -s
macroprism -s
macrospore -s
maculation -s
maculature -s
mad-brained
madder-lake
Madelenian
madonnaish
madreporic
mafficking -s
Magellanic
magistracy -cies
magistrand -s
magistrate -s
magnetical
magnetiser -s
magnifical
Magnificat
magnifying
Mahommedan
maidenhair -s
maidenhead -s
maidenhood
maidenlike
maiden-meek
maidenweed -s
maimedness
main-course
mainlander -s
mainlining
mainpernor -s
mainspring -s
mainstream -s,-ing,-ed
maintained
maintainer -s
maisonette -s
majestical
make-belief
make-weight
malabar-rat
malacology
maladapted
maladdress

malaguetta
malapertly
malapropos
malaxation
malcontent -s
maledicent
malefactor -s
maleficent
maleficial
malevolent
malfeasant
malignance
malignancy
malignment
malingerer -s
malleation -s
mallee-bird
mallee-fowl
malleiform
Mallophaga
malodorous
Malpighian
Malthusian
malvaceous
mamillated
mammogenic
mammy-wagon
manageable
manageably
management -s
manageress -es
managerial
Manchester
manchineel -s
Manchurian
mandamuses
mandibular
Mandingoes
mandragora
manducable
man-entered
manfulness
mangabeira -s
mangosteen -s
maniacally
Manichaean
Manicheism
manicurist -s
manifestly
manifolder -s
manifoldly
manipulate -s,-d,-ting
manna-croup
manna-grass
manna-larch
manoeuvrer -s
manometric
manor-house
man-queller
man-servant

man-stealer
mansuetude
manteltree -s
manumitted
manuscript -s
many-folded
many-headed
manzanilla -s
map-mounter
map-reading
maquillage
maraschino -s
marathoner -s
marcantant
marcescent
Marcgravia
marchantia -s
march-stone
Marcionist
Marcionite
margaritic
marginalia
marginally
marginated
margravate -s
margravine -s
marguerite -s
Mariolater
Mariolatry
marionette -s
marker-bomb
marker-flag
marketable
market-bell
market-hall
market-town
marking-ink
marking-nut
markswoman -women
marmarosis
marprelate -s,-d,-ting
marquisate -s
marrow-bone
marrowless
marshalled
marshaller -s
Marshalsea
marsh-fever
marshiness
marshlocks
marsh-robin
martellato
martensite
martialism
martialist -s
martingale -s
marvelling
marvellous
Marxianism
Maryolater

Maryolatry
mashing-tub
maskalonge -s
maskanonge -s
masked-ball
maskinonge -s
masquerade -s,-d,-ding
Massoretic
mass-priest
mastectomy -mies
master-card
master-hand
masterhood
masterless
mastermind -s,-ing,-ed
mastership -s
master-work
masterwort -s
masticable
masticator -s
masturbate -s,-d,-ting
matchboard -s
match-joint
matchmaker -s
matchstick -s
matellasse -s
materially
maternally
mathematic
matriarchy -chies
matricidal
matricliny
matricular
matrifocal
matrilocal
matrocliny
matronhood -s
matron-like
matronship
matronymic -s
matterless
maturation -s
maturative
matureness
maudlinism
maundering -s
mavourneen -s
maxilliped -s
maxillulae
maximalist -s
maxi-single
may-blossom
May-morning
Mayologist
mayonnaise -s
mazarinade -s
meadow-lark
meagreness
meal-monger
meal-ticket

meandering
meaningful
measliness
measurable
measurably
measuredly
meat-market
meatscreen -s
mechanical
meconopsis -ses
meddlesome
mediatress -es
medicament -s,-ing,-ed
medicaster -s
medication -s
medicative
medievally
mediocrity -ties
meditation -s
meditative
medium-term
medusiform
meerschaum -s
megalithic
megalosaur -s
meganewton -s
megaparsec -s
megascopic
melaconite
melanaemia
melancholy
Melanesian
melanistic
melanomata
meliaceous
melic-grass
melicotton -s
meliorator -s
melismatic
mellowness
melocotoon -s
melomaniac -s
melting-pot
membership -s
membranous
memorandum -s,-da
memorative
menacingly
mendacious
mendicancy
meningioma -s
meningitis
menopausal
menorrhoea
menstruate -s,-d,-ting
menstruous
mensurable
mephitical
mercantile
mercaptide -s

merceriser -s
merchantry
mercifully
meridional -s
meritocrat -s
merrymaker -s
merry-night
mesenteric
mesenteron -s
mesmerical
mesmeriser -s
Mesolithic
mesomerism
mesomorphy
mesophytic
mesoscaphe -s
mesosphere
mesothorax -es,-races
message-boy
Messianism
Messianist
metabolise -s,-d,-sing
metabolism -s
metabolite -s
metacarpal
metacarpus -es
metacentre -s
metagalaxy -xies
metalepsis -ses
metaleptic
metallurgy
metamerism
metaphoric
metaphrase -s
metaphrast -s
metaphysic -s
metaplasia
metaplasis
metastable
metastases
metastasis
metastatic
metatarsal
metatarsus -es
Metatheria
metatheses
metathesis
metathetic
metathorax -es
meteorital
meteoritic
methedrine
methinketh
methodical
methomania
Methuselah
meticulous
metrically
metromania
metronomic

metronymic -s
metropolis -es
metrostyle -s
mettlesome
mezzo-forte
mezzotinto -s
miarolitic
miasmatous
mica-schist
Michaelmas
microbiota
microcline -s
micrococci
microfarad -s
microfiche -s
micrograph -s
microhenry -ries
microlight -s
microlitic
micrologic
micrometer -s
micrometre -s
micrometry
microphone -s
microphyte -s
microprint -s
micropylar
microscope -s
microscopy
microseism -s
microsomal
microspore -s
microtomic
midden-cock
middle-aged
middlebrow -s
middlemost
mid-morning
midshipman -men
mightiness
mignonette -s
mild-spoken
mile-castle
mileometer -s
militantly
militarily
militarise -s,-d,-sing
militarism
militarist -s
militiaman -men
millefiori
millennial
millennium -s,-nia
millesimal
millet-seed
millionary
millocracy
mill-stream
millwright -s
mimeograph -s,-ing,-ed

mimography
Mimosaceae
minauderie -s
mind-bender
mindedness
Mindererus
mind-healer
mindlessly
mine-hunter
mineralise -s,-d,-sing
mineralist -s
mineralogy
minestrone -s
mine-worker
minglement -s
minglingly
mini-budget
minibuffet -s
minimalism
minimalist -s
minimising
mini-rocket
ministeria
ministrant -s
ministress -es
minstrelsy
mint-master
minuscular
minute-bell
minute-book
minute-drop
minute-hand
minute-jack
minuteness
miraculous
mirrorwise
mirthfully
misadvised
misandrist -s
misarrange -s,-d,-ging
misbehaved
misbelieve -s,-d,-ving
miscellany -nies
mischanter -s
mischmetal
miscompute -s,-d,-ting
misconceit
misconduct -s,-ing,-ed
miscontent -s,-ing,-ed
miscorrect -s,-ing,-ed
miscounsel -s,-ling,-led
miscreance -s
miscreancy -cies
miscreated
miscreator -s
misdeemful
misdeeming
misdrawing -s
misentreat -s,-ing,-ed
misericord -s

misfeature -s
misfortune -s
mishguggle -s,-d,-ling
Mishnayoth
misimprove -s,-d,-ving
misjoinder -s
misleading
mismanners
mismeasure -s,-d,-ring
misobserve -s,-d,-ving
misocapnic
misogamist -s
misogynist -s
misogynous
misologist -s
misprision -s
misreading -s
misseeming
missel-bird
missel-tree
missionary -ries
missionise -s,-d,-sing
misspelled
mistakable
mistakenly
mist-flower
misthought -s
mistrayned
mistressly
mistrysted
misventure -s
miswandred
miswording -s
misworship -s,-ping,-ped
mithridate -s
mitigation -s
mitigative
mitigatory
mitre-joint
mitre-shell
mitre-wheel
mitten-crab
mixed-media
mixolydian
mixty-maxty
mizzen-mast
mizzen-sail
mnemonical
mobocratic
mock-heroic
mock-modest
mock-orange
mock-privet
modalistic
moderately
moderation -s
moderatism
moderatrix -es
moderniser -s
modernness

modifiable
modishness
modulation -s
Mohammedan
moisturise -s,-d,-sing
molendinar -s
moliminous
mollifying
mollitious
molluscoid -s
molluscous
molybdenum
molybdosis
monactinal
monadiform
monadology
monandrous
monarchial
Monarchian
monarchise -s,-d,-sing
monarchism
monarchist -s
monastical
Monaxonida
monetarism
monetarist -s
money-bound
money-maker
money-order
money-taker
mongrelise -s,-d,-sing
mongrelism
moniliasis
moniliform
monistical
monitorial
monkey-boat
monkey-gaff
monkey-pump
monkey-rail
monkey-rope
monkey-suit
monkey-tail
monocarpic
monocerous
monochasia
monochroic
monochrome -s
monochromy
monoclinal
monoclinic
monocratic
monoculous
monocyclic
monoecious
monogamist -s
monogamous
monogenism
monogenist -s
monogenous

monography -phies
monogynian
monogynous
monohybrid -s
monohydric
monolithic
monologise -s,-d,-sing
monologist -s
monomachia -s
monomaniac -s
monophasic
monophobia
monophobic
monophonic
monoplegia
monopodial
monopodium -s
monopolise -s,-d,-sing
monopolist -s
monopteral
monopteron -s
monopteros -es
monorchism
monorhinal
monorhymed
monostylar
monothecal
monotheism
monotheist -s
monotocous
monotonous
monovalent
monoxylous
Monsignore
Monsignori
Monsignors
monstrance -s
Montagnard
montbretia -s
montero-cap
monticulus -es
monumental
monzonitic
moon-flower
moon-raised
moonraking
moonshiner -s
moonstrike -s
moonstruck
mopishness
moralistic
moratorium -s,-ria
morbidezza
morbidness
morbillous
mordacious
morganatic
morigerate
morigerous
Morisonian

moroseness
morphemics
morphinism
morphogeny
morphology
morris-pike
Morris-tube
mortifying
mosaically
Mosasauros
mosquitoes
mossbunker -s
moss-litter
mother-cell
mother-city
motherhood
mother-land
motherless
mother-ship
mother-spot
mother-to-be
motherwort -s
moth-flower
moth-hunter
motionless
motivation -s
motiveless
motor-coach
motor-cycle
motor-lorry
moucharaby -bies
moudiewart -s
moudiewort -s
mould-board
mouldiness
mountained
mountebank -s,-ing,-ec
mournfully
mourningly
mouse-piece
mouse-sight
mousseline -s
moustached
Mousterian
mouth-organ
mouthpiece -s
movability
movelessly
mowdiewart -s
mowdiewort -s
mozzarella -s
mucedinous
muciferous
muck-midden
muck-raking
Mucorineae
mucronated
muddlehead -s
mud-skipper
mud-slinger

mud-volcano
muffin-bell
Muhammadan
Muhammedan
mulattress -es
muliebrity
mulishness
mulligrubs
multicycle
multifaced
multilobed
multiloquy
multimedia
multiphase
multiplane -s
multiplied
multiplier -s
multipolar
multi-stage
multistory -ries
multi-track
multivious
multivocal -s
mumblement
mumble-news
mumblingly
mumbo-jumbo
mummifying
mummy-cloth
mummy-wheat
mumping-day
Munchausen
munificent
munifience
Muraenidae
muscardine
Muscovitic
muscularly
mushroomer -s
musicality
music-drama
music-folio
music-house
musicianer -s
musicianly
musicology
music-paper
music-shell
music-stand
music-stool
musk-beetle
musket-rest
musket-shot
musk-mallow
muslin-kale
musquetoon -s
mussel-plum
Mussulmans
mustard-gas
mustard-oil

Mustelidae
Mustelinae
muster-book
muster-file
muster-roll
mutability
mutagenise -s,-d,-sing
mutessarif -s
mutilation -s
mutinously
mutton-bird
mutton-chop
mutton-fist
mutton-head
mutton-suet
myasthenia
myasthenic
mycetology
mycetozoan -s
mycologist -s
mycoplasma -s
mycorhizal
mycorrhiza -s
mylonitise -s,-d,-sing
myoblastic
myocardial
myocardium -s
myographic
myological
myriadfold -s
Myricaceae
myringitis
myrioscope -s
myrtaceous
mysophobia
mystagogic
mystagogue -s
mystagogus -es
mysterious
mystery-man
mystically
mystifying
mythically
mythiciser -s
mythologer -s
mythologic
mythomania
mythopoeic
mytiliform
myxomatous
myxomycete -s

N

Nabathaean
Nachschlag
Naiadaceae
nail-biting
nail-headed
namby-pamby
namelessly

nameworthy
nanisation
nanosecond -s
naphthalic
napkin-ring
Napoleonic
narcissism
narcissist -s
narcolepsy
narratable
narrow-boat
narrowcast -s,-ing,-ed
narrowness
nasturtium -s
natalitial
natatorial
natatorium
nathelesse
nationally
nationhood
nationless
native-born
nativeness
nativistic
natterjack -s
naturalise -s,-d,-sing
naturalism
naturalist -s
nature-cure
nature-myth
naturistic
naturopath -s
nauseating
nauseative
nauseously
nautically
nautiluses
navigation -s
Nazaritism
Neapolitan
near-begaun
near-legged
neat-cattle
neat-handed
nebulosity
nebulously
nécessaire
necrolater -s
necrolatry
necrologic
necromancy
necrophile -s
necrophily
necropolis -es
necroscopy -pies
nectareous
nectocalyx -lyces
needle-bath
needle-case
needlecord -s

needle-fish
needlessly
needlework
ne'er-do-weel
ne'er-do-well
negatively
negativism
negativity
neglectful
neglection -s
neglective
negligence -s
negligible
negligibly
negotiable
negotiator -s
negrophile -s
negrophobe -s
nematocyst -s
Nematoidea
nematology
Nemertinea
neoclassic
Neofascism
Neofascist
neogenesis
neogenetic
Neo-Kantian
neological
neoplastic
neoterical
nepenthean
nephograph -s
nephologic
nephoscope -s
nephralgia
nephridium -s
nephrology
nephropexy
nephrotomy -mies
nepotistic
nero-antico
nerve-fibre
nesting-box
net-fishery
net-fishing
nethermore
nethermost
netherward
nettle-cell
nettle-fish
nettlerash
nettle-tree
neurectomy -mies
neurilemma -s
neuroblast -s
neurogenic
neurolemma -s
neurolysis
neuropathy

neuroplasm
Neuroptera
neurotoxin -s
neutralise -s,-d,-sing
neutralism
neutralist -s
neutrality -ties
never-never
newfangled
new-fledged
new-married
newscaster -s
newsdealer
newsletter -s
newsmonger -s
news-reader
news-vendor
newsworthy
news-writer
nibblingly
Nibelungen
nickelling
nick-nacket
nickumpoop -s
nicotinism
nicrosilal
nidamental
nidamentum -s
nidderling
nidicolous
nidificate -s,-d,-ting
nidifugous
nidulation
niffy-naffy
niger-seeds
niggardise -s,-d,-sing
nigger-head
niggerling -s
night-chair
night-churr
night-cloud
nightdress -es
night-glass
night-heron
night-house
night-latch
night-light
night-palsy
nightpiece -s
night-raven
night-rider
nightshade -s
night-shift
nightshirt -s
night-sight
night-spell
night-steed
night-stick
night-stool
night-taper

night-watch
nigrescent
nigromancy
nihilistic
nimbleness
nincompoop -s
nineteenth -s
nipplewort -s
nit-picking
nitrifying
nitro-group
nitrometer -s
nobilitate -s,-d,-ting
noblewoman -women
nodulation
noematical
Noetianism
no-man's-land
nominalism
nominalist -s
nominately
nomination -s
nominative -s
nomography
nomologist -s
nomothetes
nomothetic
non-ability
non-aligned
non-arrival
nonchalant
non-content
non-current
non-ferrous
non-fiction
non-gremial
non-joinder
non-natural
no-nonsense
non-payment
non-playing
nonplussed
non-smoking
non-society
non-starter
non-utility
non-violent
noogenesis
Norbertine
north-bound
northerner -s
northwards
nosocomial
nosography
nosologist -s
nosophobia
nostologic
nostomania
nostopathy
notability

notaphilic
notarially
notational
notch-board
note-shaver
noteworthy
nothingism -s
noticeable
noticeably
notifiable
notionally
notodontid -s
notonectal
Notoryctes
nourice-fee
nourishing
nourriture
novaculite
novelistic
novicehood
noviceship
nubiferous
nubigenous
nuciferous
nucivorous
nucleation -s
nucleolate
nucleonics
nucleotide -s
nudibranch
nulla-nulla
nullifying
numberless
numeration -s
numerology
numerosity
numerously
numismatic
nummulated
nummulitic
numskulled
nunciature -s
nun's-fiddle
nuptiality
nurse-child
nursehound -s
nurseryman -men
nutational
nutcracker -s
nutritious
nyctalopes
nyctalopia
nyctalopic
nyctinasty
nympholept -s
nystagmoid

O

oak-leather
obdurately

obduration
obediently
obeliscoid
obfuscated
obituarist -s
object-ball
objectless
object-soul
objuration -s
oblateness
oblational
obligation -s
obligatory
obligement -s
obligingly
obliterate -s,-d,-ting
obnubilate -s,-d,-ting
obsequious
observable
observably
observance -s
observancy -cies
observator -s
obsidional
obsoletely
obsoletion
obsoletism
obstetrics
obstructer -s
obstructor -s
obtainable
obtainment
obtruncate -s,-d,-ting
obturation
obtuseness
occasional
occasioner -s
occidental -s
occultness
occupation -s
occupative
occurrence -s
oceanarium -s
ocean-basin
ocean-going
oceanology
ocellation -s
ochlocracy
ochraceous
octahedral
octahedron -s
octamerous
octandrian
octandrous
octangular
octaploidy
octodecimo -s
octogenary
octogynous
octohedron -s

octonarian -s
octonarius -arii
octoploidy
octopodous
odd-looking
Odelsthing
odiousness
odontalgia
odontalgic
odontocete -s
odontogeny
odontolite -s
odontology
odontomata
oecumenism
oedematose
oedematous
oenologist -s
oesophagus
offendress -es
office-girl
officially
officialty -ties
officiator -s
off-licence
off-putting
oftentimes
Oireachtas
olde-worlde
old-fogyish
old-maidish
old-maidism
oleaginous
oleiferous
oleography
oleraceous
olfactible
oligarchal
oligarchic
oligoclase
oligopsony -nies
olivaceous
olive-shell
ombrometer -s
ombrophile -s
ombrophobe -s
ommatidium -dia
omniferous
omnigenous
omniparity
omniparous
omnipotent
omniscient
omnivorous
omophagous
omophorion -s
Onagraceae
once-errand
once-for-all
oncologist -s

oneirology
one-sidedly
onirodynia
oniromancy
oniroscopy
onocentaur -s
onomastics
ontologist -s
onychopagy
onychopora
onyx-marble
oophoritis
opalescent
opaqueness
open-handed
open-hearth
open-minded
open-stitch
opera-cloak
opera-glass
opera-house
operations
operculate
operettist -s
ophicleide -s
ophiolater -s
ophiolatry
ophiologic
ophiomorph -s
ophthalmia
ophthalmic
opinionist -s
opisometer -s
opium-eater
opotherapy
oppilation
oppilative
opposeless
oppositely
opposition -s
oppositive
oppression -s
oppressive
opprobrium
oppugnancy
opsiometer -s
opsomaniac -s
optatively
optimalise -s,-d,-sing
optimistic
optionally
optologist -s
oracularly
orange-lily
orange-peel
orange-root
orange-tree
orange-wife
orange-wood
oratorical

orcharding -s
orchardist -s
orchard-man
orchestics
orchestral
orchestric
orchideous
ordainable
ordainment -s
ordinarily
ordinately
ordination -s
ordonnance
Ordovician
oreography
oreologist -s
ore-wrought
organicism
organicist -s
organismal
organogeny
organogram -s
organ-point
orientally
orientated
orientator -s
originally
originator -s
ornamental
ornamenter -s
ornateness
ornithopod -s
ornithosis
orogenesis
orogenetic
orographic
orological
orotundity
orphanhood
orpheoreon -s
orthoboric
orthocaine
Orthoceras
orthoclase
orthodromy
orthoepist -s
orthogenic
orthogonal
orthograph -s
orthopaedy
orthopedia
orthopedic
orthophyre
orthopnoea
orthopraxy -xies
orthoprism -s
orthoptera
orthoptics
orthoptist -s
orthotonic

orthotropy
oryctology
oscillator -s
oscitantly
oscitation
osculation -s
osculatory
osmeterium -ria
osmidrosis
osmiridium
ossiferous
ossivorous
ostensible
ostensibly
osteoblast -s
osteoclast -s
osteocolla
osteogenic
Osteolepis
osteopathy
osteophyte -s
Ostpolitik
ostraceous
ostrich-egg
ostrichism
othergates
otherguess
otherwhere
otherwhile
otherworld -s
otter-board
otter-hound
otter-shrew
otter-trawl
oughtlings
outbalance -s,-d,-cing
outbargain -s,-ing,-ed
outbluster -s,-ing,-ed
outbreathe -s,-d,-thing
outclassed
out-dweller
outfielder -s
outfitting
outflowing -s
outgassing
outgeneral -s,-ling,-led
outjetting -s
outjutting -s
outlandish
outlodging -s
outmeasure -s,-d,-ring
out-of-doors
outpassion -s,-ing,-ed
out-patient
out-pension
outperform -s,-ing,-ed
outpouring -s
outrageous
outsetting -s
outside-car

outspeckle
outstretch -es,-ing,-ed
outsweeten -s,-ing,-ed
outswinger -s
outvillain
outwitting
outwrought
ouvirandra -s
ovariotomy -mies
overabound -s,-ing,-ed
overbidder -s
overboldly
overbought
overbridge -s,-d,-ging
overburden -s,-ing,-ed
overcanopy -ing,-pies
          -ied
overcaught
overcharge -s,-d,-ging
overcolour -s,-ing,-ed
overdaring
overdosage -s
overexcite -s,-d,-ting
overexpose -s,-d,-sing
overflight -s
overflowed
overfondly
overfreely
overglance -s,-d,-cing
overgreedy
overground
overgrowth -s
overhanded
overinform -s,-ing,-ed
overinsure -s,-d,-ring
overlabour -s,-ing,-ed
overlander -s
overlaunch -es,-ing,-ed
overlaying -s
overleaven -s,-ing,-ed
overlooker -s
overmantel -s
overmaster -s,-ing,-ed
overmatter -s
overnicely
overoffice -s,-d,-cing
overpeople -s,-d,-ling
overplaced
overpraise -s,-d,-sing
overrashly
overraught
overreckon -s,-ing,-ed
over-refine
overriding
overrunner -s
overshadow -s,-ing,-ed
overshower -s,-ing,-ed
overslaugh -s
oversleeve -s
overspread -s,-ing

overstrain -s,-ing,-ed
overstress -es,-ing,-ed
overstride -s,-ding
          -strode
          -stridden
overstrike -s,-king
          -struck
overstrong
overstruck
overstrung
oversubtle
oversupply -ing,-lies
          -ied
overthrust -s
overthwart -s,-ing,-ed
overtimely
overturner -s
overweight -s,-ing,-ed
overwinter -s,-ing,-ed
overwisely
ovipositor -s
owlishness
Owlspiegel
ox-antelope
oxidisable
oxy-bromide
oxygenator -s
oyster-bank
oyster-farm
oyster-park
oyster-wife

P
pace-setter
pachymeter -s
pacifiable
pacificate -s,-d,-ting
pacificism
pacificist -s
pack-animal
packet-boat
packet-note
packet-ship
packing-box
pack-saddle
pack-thread
padding-ken
paddle-boat
paddle-wood
paddy-field
paddymelon -s
paddy-whack
paedagogic
paedagogue -s
paederasty
paedeutics
paediatric
paedophile -s
paedotribe -s
pagination -s

pagoda-tree
paideutics
pain-killer
painlessly
painstaker -s
paint-brush
paintiness
paintworks
Palaeocene
palaeogaea
Palaeogene
palaeolith -s
palaeotype
Palaeozoic
palaestral
palaestric
palagonite
palatalise -s,-d,-sing
palatinate -s
paleaceous
palfrenier -s
palimpsest -s
palindrome -s
palisadoes
palisander -s
palladious
pall-bearer
pallescent
palliament
palliation -s
palliative -s
palliatory
pallidness
palmaceous
palmatifid
palm-branch
palm-butter
palmer-worm
palm-grease
palm-kernel
palsy-walsy
paltriness
paludament -s
paludinous
palustrian
palustrine
palynology
Pan-African
Panamanian
Pan-Arabism
panaritium -s
pancosmism
pancratian
pancratist -s
pancratium
pancreatic
pancreatin
pandectist -s
Pandemonic
pandermite

pandurated
panegyrise -s,-d,-sing
panegyrist -s
pangenesis
pangenetic
Panglossic
panhandler -s
panic-grass
paniculate
panislamic
panjandrum -s
panniculus -es
panophobia
panoptical
panopticon -s
Pan-Slavism
Pan-Slavist
pansophism
pansophist -s
panspermic
pantaloons
pantheress -es
pantherine
pantherish
pantograph -s
pantomimic
panton-shoe
pantophagy
pantoscope -s
pantrymaid -s
panty-waist
papaverine
papaverous
paper-birch
paperboard
paper-chase
paper-cigar
paper-cloth
paper-faced
paper-gauge
paper-knife
paper-maker
paper-ruler
papillated
papillitis
papistical
papulation
papyrology
parabemata
parabiosis
parabiotic
parablepsy
parabolise -s,-d,-sing
parabolist -s
paraboloid -s
paradiddle -s
paradisaic
paradisean
paradisiac
paradisial

paradisian
paradoctor -s
paradoxist -s
paradoxure -s
paraenesis
paraenetic
paraffinic
paraglider -s
paraglossa -e
paragnosis
paragonite
paralipsis -ses
paralleled
parallelly
paralogise -s,-d,-sing
paralogism -s
paramecium -cia
paramedico -s
parametral
parametric
paramnesia
paramouncy
paranoidal
paranormal
paraphasia
paraphasic
paraphilia
paraphonia -s
paraphonic
paraphrase -s,-d,-sing
paraphrast -s
paraphyses
paraphysis
parapineal
paraplegia
paraplegic
parapodial
parapodium -dia
pararthria
parascenia
paraselene -nae
parasitise -s,-d,-sing
parasitism
parasitoid
parastichy
paratactic
parathesis
paratroops
parbreaked
parcel-bawd
parcel-gilt
parcelling
parcelwise
parchmenty -tier,-iest
pardonable
pardonably
pardonless
parenchyma -s
parentally
parenteral

parenthood
parentless
pargetting -s
pari-mutuel
parischane -s
Parisienne
parkkeeper -s
parkleaves
parliament -s
parlour-car
parmacitie
Parnassian
Parnellism
Parnellite
parodistic
paronomasy
paronychia -s
paronymous
paroxysmal
paroxytone -s
parpen-wall
parquetted
parramatta -s
parricidal
parrot-beak
parrot-bill
parrot-coal
parrot-fish
parson-bird
parsonical
partialism
partialist -s
partiality -ties
partialize
participle -s
particular -s
parting-cup
parturient
parvovirus -es
pasigraphy
pasquilant -s
pasquinade -s,-d,-ding
passageway -s
passamezzo -s
passiflora -s
passimeter -s
passionary -ries
passionate -s,-d,-ting
Passionist
pasteboard -s
paste-grain
Pasteurian
pasteurise -s,-d,-sing
pasteurism
pasticheur -s
pastorally
pastorship -s
pastrycook -s
pasturable
pasty-faced

Patagonian
Patavinity
patchboard -s
patchcocke
patentable
patereroes
paternally
pathetical
pathfinder -s
pathogenic
pathognomy
pathologic
patibulary
patination -s
patrialise -s,-d,-sing
patrialism
patriarchy -chies
patriation
patriciate -s
patricidal
patricliny
patrifocal
patrilocal
patriotism
patristics
patrocliny
patrolling
patroniser -s
patronless
patronymic -s
patter-song
Paulianist
pausefully
pawnbroker -s
pawnticket -s
pay-station
peacefully
peacemaker -s
peace-party
peach-bloom
peacherino
peach-stone
peach-water
peacockery
peacockish
peacock-ore
pearl-diver
pearliness
pearl-shell
pearl-stone
pearl-white
pearmonger -s
pear-switch
pease-brose
pease-straw
peashooter -s
peat-caster
pea-trainer
peat-reeker
pebble-ware

peccadillo -e(s)
pectinated
pectorally
peculation -s
peculiarly
pedagogics
pedagogism
pedal-board
pedal-organ
pedal-point
pedantical
pedestrian -s
pediculate
Pediculati
pediculous
pedicurist -s
pedimental
pedimented
pedipalpus -es
pedologist -s
peduncular
peel-and-eat
peelgarlic -s
peerlessly
pegmatitic
peg-tankard
pejoration -s
pejorative -s
Pelecypoda
pellagrous
pellicular
pellucidly
Pelmatozoa
peltmonger -s
pelvimeter -s
pelvimetry
pemphigoid
pemphigous
penannular
pencil-case
pencil-lead
pencilling -s
pendentive -s
penelopise -s,-d,-sing
penetrable
penetrably
penetralia
penetrance -s
penetrancy
penetrator -s
pen-feather
penguinery -ries
penicillin
peninsular
penitently
penmanship
pennaceous
pennatulae
pennillion
Pennisetum

penny-a-line
pennycress
pennypiece -s
penny-pinch
penny-plain
pennyroyal -s
penny-stane
penny-stone
pennyworth -s
penologist -s
penoncelle -s
pensionary -ries
pentachord -s
pentagonal
pentagraph -s
Pentagynia
pentahedra
Pentameron
pentameter -s
Pentandria
pentaploid
pentapodic
pentapolis
pentaprism -s
pentastich -s
pentastyle -s
Pentateuch
pentathlon -s
pentathlum
pentatomic
pentatonic
Pentelican
penteteric
pentimenti
pentimento
pentstemon -s
penumbrous
pepper-cake
peppercorn -s
peppermill -s
peppermint -s
pepperwort -s
perceiving -s
percentage -s
percentile -s
perception -s
perceptive
perceptual
perchloric
percipient -s
percolator -s
percurrent
percursory
percussant
percussion -s
percussive
percutient -s
perdendosi
perdurable
perdurably

perdurance -s
peremptory
perfection -s
perfective
perfervour
perficient
perfidious
perfoliate
perforable
perforated
perforator -s
perforatus
performing -s
periclinal
periculous
pericyclic
peridermal
peridinian -s
peridinium -s,-nia
peridotite
periegesis -ses
perigonial
perigonium -s
perigynous
perihelion -s
perilously
perimetric
perimysium -s
perineural
periodical -s
periosteal
periosteum
peripeteia -s
peripetian
peripheral -s
peripheric
periphrase -s
periphyton
peripteral
periscopic
perishable -s
perishably
peristomal
peristylar
peritectic
perithecia
peritoneal
peritoneum -s
periwigged
periwinkle -s
perjinkety
perjinkity -ties
perjurious
permafrost
permanence -s
permanency -cies
permeation -s
permeative
permission -s
permissive

permitting
permutable
pernicious
pernickety
peroration -s
peroxidase
peroxidise -s,-d,-sing
perpetrate -s,-d,-ting
perpetuate -s,-d,-ting
perpetuity -ties
perplexing
perplexity -ties
perquisite -s
perruquier -s
persecutor -s
Persianise
persicaria
persiflage -s
persifleur -s
persistent
persistive
personable
personalia
personally
personalty -ties
personated
personator -s
perspirate -s,-d,-ting
perstringe
persuasion -s
persuasive
persuasory
pertinence
pertinency
perturbant -s
perturbate -s,-d,-ting
perversely
perversion -s
perversity -ties
perversive
perviously
pesterment -s
pesticidal
pestilence -s
Peter-see-me
petiolated
petitioner -s
Petrarchal
Petrarchan
petrifying
petrissage
petroglyph -s
petrolatum
petroleous
petrolling
petromoney
petronella -s
pettedness
pettichaps
pettychaps

petulantly
pewter-mill
phaelonion -s
phaenology
phaenotype -s
phagedaena
phagedenic
phagocytic
phalangeal
phalangist -s
phallicism
phalloidin
phanerogam -s
phantasime
phantasmal
phantasmic
phantastic
phantastry
phantomish
pharisaism
pharmacist -s
pharyngeal
pheasantry -tries
phelloderm
phenacetin
phenocryst -s
Phenogamae
phenogamic
phenomenal
phenomenon -mena
phenotypic
phialiform
philatelic
Philippian
philippina
philippine
Philippise
Philistean
Philistian
philistine -s
phillumeny
philologer -s
philologic
philologue -s
philomathy
philopoena
philosophe -s
philosophy -phies
phlebolite
phlebotomy
phlegmasia
phlegmatic
phlegmonic
phlogistic
phlogiston
phlogopite
phocomelia
Phoenician
pholidosis
phonematic

phonetical
phoneyness
phonograph -s
phonolitic
phonometer -s
phonophore -s
phonotypic
phorminges
phosphatic
phosphoret
phosphoric
phosphorus
phosphuret
photodiode -s
photoflood -s
photogenic
photoglyph -s
photograph -s,-ing,-ed
photolysis
photolytic
photometer -s
photometry
photonasty
photophily
photophobe -s
photophone -s
photophony
photophore -s
phototaxis
phototrope -s
phototropy
phototypic
phrase-book
phraseless
phrenesiac
phrenology
phthisical
phthisicky
phylactery -ries
Phyllopoda
phyllotaxy
phylloxera -s
physically
physicking
physiocrat -s
physiology
phytogenic
Phytolacca
phytotoxic
phytotoxin -s
pianissimo
pianoforte -s
piano-organ
piano-stool
picaresque
picayunish
piccadillo
piccadilly
piccalilli
piccaninny -nnies

pichiciago -s
pickaninny -nnies
pick-cheese
pickedness
picket-duty
picket-line
pick-pocket
picnicking
picrotoxin
pictograph -s
pictorical
picture-hat
picture-rod
piece-goods
pie-counter
pied-à-terre
pierceable
piercingly
pietra-dura
piezometer -s
pigeonhole -s,-d,-ling
pigeon-pair
pigeon-post
pigeon-toed
pigeon-wing
pigmentary
pig-sticker
pike-keeper
pilastered
pile-driver
pileorhiza -s
pilgarlick -s
pilgrimage -s,-d,-ging
pilgrimise -s,-d,-sing
piliferous
pillar-root
pillionist -s
pilliwinks -es
pillorying
pillow-bear
pillow-bere
pillowcase -s
pillow-lace
pillow-lava
pillowslip -s
Pilocarpus
pilot-house
pilot-plant
pilot-whale
Pimpinella
pinacoidal
pinakoidal
pinakothek -s
pin-buttock
pince-nezed
pinchingly
pinchpenny -nnies
pincushion -s
pine-barren
pine-beauty

pine-beetle
pine-carpet
pine-chafer
pine-kernel
pine-marten
pine-needle
pin-feather
Pinguicula
pinguidity
pinguitude
pinnatifid
pinnatiped
Pinnipedia
pinnulated
pin-striped
pipe-laying
Piperaceae
piperazine
piperidine
pipe-wrench
pirouetter -s
piscifauna
pistillary
pistillate
pistillode -s
pistolling
pistol-shot
pistol-whip
pitch-black
pitcherful -s
pitchiness
pitchstone
pitch-wheel
pitilessly
pit-village
pityriasis
pixillated
placer-gold
placidness
plagiarise -s,-d,-sing
plagiarism
plagiarist -s
plaguesome
plague-sore
plague-spot
plain-chant
plaintless
planchette -s
plane-table
planetaria
planetical
plangently
planigraph -s
planimeter -s
planimetry
planktonic
planoblast -s
planometer -s
plantation -s
plant-house

plant-louse
plasmodesm -s
plasmodium -s
plasmogamy
plasmolyse -s,-d,-sing
plasmosoma -s
plasmosome -s
plastering -s
Plasticine
plasticise -s,-d,-sing
plasticity
plastidule
plastilina
plastogamy
plate-fleet
plate-glass
plate-layer
plate-proof
Platonical
platypuses
plauditory
play-acting
playfellow -s
playground -s
playleader -s
playschool -s
playwright -s
play-writer
pleadingly
pleasantly
pleasantry -tries
pleasingly
plebiscite -s
Plecoptera
pledgeable
plenilunar
plenishing -s
plentitude -s
pleochroic
pleomorphy
pleonastic
pleromatic
plerophory
plesiosaur -s
pleurodont
pleurotomy -mies
plexiglass
pleximeter -s
pleximetry
pliability
pliantness
Pliohippus
ploddingly
plottingly
ploughable
ploughgate -s
plough-iron
ploughland -s
plough-tail
plough-team

plough-tree
ploughwise
pluckiness
plumassier -s
plum-colour
plume-grass
Plumularia
plunderage
plunderous
pluperfect -s
plutocracy -cies
plutolatry
pneumatics
poachiness
pocket-book
pocket-comb
pocketfuls
pocket-hole
pocketless
pockmantie -s
pockmarked
pockpitted
poculiform
podagrical
podiatrist -s
Podocarpus
podologist -s
Podostemon
poetastery
poetically
pogonotomy
poignantly
poikilitic
poinsettia -s
point-blank
poisonable
poison-fang
poke-bonnet
poker-faced
pokerishly
polemicist -s
polemonium -s
Polianthes
police-trap
policy-shop
polishable
polishings
polishment -s
politeness
politician -s
politicise -s,-d,-sing
poll-degree
pollenosis
pollen-tube
pollinator -s
poll-parrot
pollutedly
polt-footed
polyactine
Polyandria

polyanthus -es
polyatomic
polyaxonic
polycarpic
Polychaeta
polychaete -s
polychrest -s
polychroic
polychrome -s
polychromy
polyclinic -s
polycotton
polycrotic
polycyclic
polydactyl -s
polydipsia
polygamist -s
polygamous
polygenism
polygenist -s
polygenous
polygraphy
polygynian
polygynous
polyhalite
polyhedral
polyhedric
polyhedron -s,-dra
polyhistor -s
polyhybrid -s
polyhydric
Polyhymnia
polymastia
polymastic
polymathic
polymerase -s
polymeride -s
polymerise -s,-d,-sing
polymerism
polymerous
Polynesian
polynomial -s
polyonymic
polyphagia
polyphasic
Polyphemic
Polyphemus
polyploidy
Polypodium
Polypterus
polyrhythm -s
polysemant -s
polystylar
polytheism
polytheist -s
polytocous
polyvalent
pome-citron
Pomeranian
pomiferous

pomologist -s
pompelmous -es
ponderable
ponderance
ponderancy
ponderment -s
pond-master
ponerology
Pontederia
Pontefract
pontifical -s
pontifices
pontonnier -s
pony-engine
poor-relief
poor's-house
pop-concert
poplinette
popsy-wopsy
popularise -s,-d,-sing
popularity -ties
population -s
populously
poriferous
porismatic
poristical
pornocracy
poroscopic
porousness
porpentine
porphyrite
porphyrous
porraceous
porrection -s
Portakabin®
portamento -ti
portcullis -es
portentous
portfolios
portionist -s
portliness
portmantle
portmantua
Portuguese
positional
positioned
positively
positivism
positivist -s
positivity -ties
possession -s
possessive -s
possessory
postal-card
post-bellum
postchaise -s
post-exilic
posthumous
postillate -s,-d,-ting
postillion -s

post-letter
postliminy
postmaster -s
post-mortem
post-Nicene
post-office
post-partum
postscript -s
postulancy -cies
postulatum -s
potamology
potato-trap
pot-bellied
pot-boiling
potentiary -ries
potentiate -s,-d,-ting
Potentilla
pot-hunting
pottle-deep
pot-valiant
pot-wabbler
pot-wobbler
pouncet-box
pourparler -s
pousse-café
powder-down
powder-horn
powder-mill
powder-puff
powder-room
power-drill
powerfully
power-house
power-lathe
power-plant
power-point
power-press
pozzolanic
pozzuolana
practician -s
practisant -s
practising
praecocial
praeludium
praemunire -s
praepostor -s
praesidium -s,-dia
praetorian -s
praetorium -s
pragmatise -s,-d,-sing
pragmatism
pragmatist -s
prairie-dog
prairie-hen
praiseless
praisingly
prancingly
prankingly
pratincole -s
prattlebox -es

prayer-bead
prayer-book
prayerless
preachment -s
pre-Adamite
preappoint -s,-ing,-ed
prearrange -s,-d,-ging
prebendary -ries
precarious
precaution -s
precedence -s
precedency -cies
precentrix -es
preceptial
preceptive
preceptory
precession -s
preciosity
preciously
precipiced
precipitin
preclusion -s
preclusive
precocious
precompose -s,-d,-sing
preconceit -s
preconcert -s,-ing,-ed
precondemn -s,-ing,-ed
preconsume -s,-d,-ming
precordial
precursive
precursory
predaceous
predacious
predecease -s,-d,-sing
predentate
predestine -s,-d,-ning
predestiny -nies
predevelop -s,-ing,-ed
predicable
prediction -s
predictive
predispose -s,-d,-sing
prednisone
pre-eminent
pre-emption
pre-emptive
pre-exilian
prefecture -s
preferable
preferably
preference -s
preferment -s
preferring
prefixture -s
prefrontal
prefulgent
pre-glacial
pregnantly
prehensile

prehension -s
prehensive
prehensory
prehistory
prejudiced
prelatical
prelection -s
prelingual
preludious
premarital
premaxilla -e
premedical
premonitor -s
preparator -s
preparedly
prepayable
prepayment -s
prepensely
prepensive
prepollent
prepositor -s
prepossess -es,-ing,-ed
prepotence
prepotency
pre-qualify
prerelease -s
presageful
presbyopia
presbyopic
presbytery -ries
prescience
prescriber -s
presension -s
present-day
presential
presentive
presidency -cies
presidiary
presignify -ing,-fies
        -ied
press-agent
pressed-day
pressingly
press-money
press-proof
pressurise -s,-d,-sing
prestation
presternum -s
presumable
presumably
presuppose -s,-d,-sing
presurmise
pretendant -s
pretendent -s
pretension -s
prettiness
prevailing
prevalence -s
prevalency -cies
prevenancy

prevenient
prevention -s
preventive -s
previously
prick-eared
prick-louse
prickly-ash
pridefully
priesthood -s
priest-king
priest-like
priestling -s
priestship -s
priggishly
primatical
primiparae
primogenit
primordial -s
primordium -s
princehood
princelike
princeling -s
princessly
princified
principate -s
principial -s
principium -pia
principled
print-works
prismoidal
prison-bars
prison-crop
prison-door
prisonment
prison-ship
privileged
prize-court
prize-fight
prize-money
proairesis
problemist -s
procacious
procaryote -s
procedural
proceeding -s
procession -s
procidence -s
proclaimer -s
proclivity -ties
procoelous
procreator -s
procrypsis
procryptic
proctalgia
proctorage -s
proctorial
proctorise -s,-d,-sing
procumbent
procurable
procurator -s

prodigally
prodigious
producible
productile
production -s
productive
professing
profession -s
proffering
proficient -s
profitable
profitably
profitless
profligacy -cies
profligate -s
profluence
profoundly
profulgent
profundity -ties
progenitor -s
proglottis -ttides
prognathic
prognostic -s
programmed
programmer -s
prohibiter -s
prohibitor -s
projectile -s
projecting -s
projection -s
projective
projecture -s
prokaryote -s
prolicidal
prolifical
prolixious
prolixness
prolocutor -s
prologuise -s,-d,-sing
prolongate -s,-d,-ting
promenader -s
promethean
Prometheum
promethium
prominence -s
prominency -cies
promiseful
promissive
promissory
promontory -ries
prompt-book
prompt-copy
promptness
prompt-note
prompt-side
promptuary -ries
promulgate -s,-d,-ting
pronephric
pronephros -es
pronominal

pronounced
pronouncer -s
pronuclear
pronucleus -lei
pro-oestrus
proof-house
proof-sheet
propagable
propaganda
propagator -s
propagulum -s
propellant -s
propellent -s
propelling
propelment
propendent
propensely
propension
propensity -ties
propensive
properness
propertied
prophesied
prophesier -s
prophetess -es
prophetism
propionate -s
propitiate -s,-d,-ting
propitious
proportion -s
proposable
propounder -s
propraetor -s
proprietor -s
proproctor -s
propulsion
propulsive
propulsory
propylaeum -laea
proratable
prosaicism
proscenium -s
prosciutto -s,-tti
proscriber -s
prosecutor -s
proseuchae
prosilient
prosodical
prospector -s
prospectus -es
prosperity -ties
prosperous
prostatism
prosthesis -ses
prosthetic -s
prostitute -s,-d,-ting
prostomial
prostomium -s
protanopia
protanopic

proteaceae
protecting
protection -s
protective -s
protectory -ries
protectrix -es
proteiform
proteinous
protension -s
protensity -ties
protensive
proteolyse -s,-d,-sing
protervity
protestant -s
prothallia
prothallic
prothallus -lli
Protophyta
protophyte -s
protoplasm
protoplast -s
protostele -s
prototypal
protoxylem -s
protracted
protractor -s
protreptic -s
protrudent
protrusile
protrusion -s
protrusive
proud-flesh
provection
proveditor -s
provenance -s
Provençale
proverbial
providable
providence -s
provincial -s
provitamin -s
provocable
provocator -s
provokable
prowlingly
proximally
prudential -s
pruriently
psalmodise -s,-d,-sing
psalmodist -s
psalterian
psalterium -ria
psammophil -s
psellismus -es
psephology
pseudimago -s
pseudo-acid
pseudobulb -s
pseudocarp -s
pseudology

psilocybin
psittacine
Psocoptera
psychiater -s
psychiatry
psychogony
psychogram -s
psychology
psychopath -s
psychopomp -s
pteranodon -s
Pterygotus
pterylosis
Ptolemaean
Ptolemaist
puberulent
puberulous
pubescence -s
publicness
pudding-bag
pudding-pie
puerperium -s
pufferfish -es
puff-pastry
pugilistic
pugnacious
puir's-hoose
puir's-house
puissantly
puissaunce -s
Pulmonaria
pulp-cavity
pulp-engine
pulsatance -s
Pulsatilla
pulsimeter -s
pulsometer -s
pultaceous
pulverable
pulveriser -s
pulvilised
pulvinated
pummelling
pump-handle
pumple-nose
punch-drunk
punch-ladle
punctation -s
punctually
punctuator -s
punctulate
pundigrion
pundonores
Punicaceae
punishable
punishment -s
pupigerous
pupiparous
puppet-play
puppet-show

Purbeckian
purblindly
puristical
puritanise -s,-d,-sing
puritanism
purple-born
purple-hued
purposeful
purse-pride
purse-proud
pursership -s
purse-seine
pursuantly
pursuingly
pursuivant -s
purulently
purveyance -s
Puseyistic
push-button
push-stroke
put-and-take
putrefying
putrescent
putrescine
putridness
putty-faced
putty-knife
puzzle-head
puzzlement
puzzlingly
pycnogonid -s
pycnometer -s
pycnospore -s
pycnostyle -s
pyknometer -s
pyogenesis
pyorrhoeal
pyorrhoeic
pyracantha -s
pyramidion -s
pyramidist -s
pyrenocarp -s
pyretology
pyridoxine
pyrimidine -s
pyro-acetic
pyrogallic
pyrogallol
pyrogenous
pyrography
Pyrolaceae
pyrolusite
pyromaniac -s
pyromantic
pyromeride
pyrometric
pyrophoric
pyrophorus
pyrostatic
pyrotechny

pyroxenite
pyroxyline
pyrrhicist -s
pyrrhonian
pyrrhonism
pyrrhonist
pyrrhotine
pyrrhotite
pythogenic

Q
quadrangle -s
quadrantal
quadrantes
quadratrix -es
quadrature -s
quadrennia
quadriceps -es
quadricone -s
quadriform
quadriller -s
quadrireme -s
quadrisect -s,-ing,-ed
quadrivial
quadrivium
Quadrumana
quadrumane -s
quadrumvir -s
quadruplet -s
quadruplex -es,-ing,-ed
quaestuary -ries
quagginess
quaintness
Quaker-bird
qualifying -s
qualmishly
quantifier -s
quantitive
quarantine -s,-d,-ning
quarrelled
quarreller -s
quarrender -s
quarriable
quartation -s
quarterage -s
quarter-boy
quarter-day
quarter-ill
quartering -s
quarteroon -s
quartzitic
quartz-mill
quartz-rock
quaternary -ries
quaternate
quaternion -s
quaternity -ties
quatorzain -s
quatrefoil -s
queasiness

queencraft
quenchable
quenchless
quercitron -s
quernstone -s
quersprung -s
queryingly
questingly
questioner -s
quickening -s
quick-firer
quick-grass
quick-hedge
quick-lunch
quick-match
quick-sandy
quick-stick
quickthorn -s
quick-trick
quick-water
quiescence
quiescency
quietening -s
quietistic
quinacrine
quinaquina -s
quink-goose
quinsy-wort
quint-major
quint-minor
quintuplet -s
Quirinalia
quirkiness
quiz-master
quizziness
quotatious

R

rabbinical
rabbit-fish
rabbit-hole
rabblement -s
raccoon-dog
racecourse -s
race-hatred
racemation -s
race-walker
Rachmanism
rackabones
racket-tail
rack-renter
raconteuse -s
radarscope -s
radicalise -s,-d,-sing
radicalism
radicality
radication -s
radiciform
radiculose
radiogenic

radiograph -s
Radiolaria
radiologic
radiolysis
radiometer -s
radiophone -s
radiophony
radioscope -s
radioscopy
radiosonde -s
radiotoxic
raduliform
raft-bridge
rafter-bird
ragamuffin -s
ragged-lady
raggedness
ragmatical
railroader
rain-doctor
rain-forest
rain-plover
rain-shadow
raising-bee
raiyatwari
rajpramukh -s
rakishness
rallyingly
ramblingly
rampacious
rampageous
rampallian
Ramphastos
ramshackle
rancidness
randle-balk
randle-tree
randomiser -s
randomwise
rangership -s
ranivorous
rank-riding
ranshackle -s,-d,-ling
ransomable
ransomless
ranunculus -es,-culi
Ranzellaar
rapporteur -s
rarefiable
rascal-like
rascallion -s
ratability
rat-catcher
rat-hunting
rationally
ration-book
ration-card
rattle-head
rattle-pate
rattle-trap

ravenously
raven's-bone
raven's-duck
ravishment -s
razor-blade
razor-shell
razor-strop
razzmatazz
reaccustom -s,-ing,-ed
reacquaint -s,-ing,-ed
reactivate -s,-d,-ting
reactively
reactivity
readership -s
reading-boy
readoption -s
ready-money
ready-to-eat
ready-to-sew
reafforest -s,-ing,-ed
real-estate
realisable
reallocate -s,-d,-ting
reaming-bit
reappraise -s,-d,-sing
reap-silver
rear-boiled
rear-dorter
rearmament
reasonable
reasonably
reasonless
reassemble -s,-d,-ling
reassembly -lies
reassuring
reastiness
rebatement -s
Rebeccaism
Rebeccaite
rebellious
rebukingly
rebuttable
recallable
recallment -s
recapturer -s
receivable
recentness
receptacle -s
receptible
rechristen -s,-ing,-ed
recidivism
recidivist -s
recipience -s
recipiency -cies
reciprocal -s
recitation -s
recitative -s
recitativo -s
recklessly
reclaimant -s

reclassify -ing,-fies
  -ied
reclinable
recogniser -s
recoilless
recolonise -s,-d,-sing
recommence -s,-d,-cing
recompense -s,-d,-sing
recompress -es,-ing,-ed
reconciler -s
recondense -s,-d,-sing
reconquest -s
reconsider -s,-ing,-ed
recontinue -s,-d,-uing
recordable
recoupment -s
recreantly
recreation -s
recreative
recrudesce -s,-d,-scing
recruiting
rectangled
rectifying
rectorship -s
rectricial
recumbence
recumbency
recuperate -s,-d,-ting
recureless
recurrence -s
recurrency -cies
recusation -s
recyclable
red-blooded
redcurrant -s
redecorate -s,-d,-ting
rededicate -s,-d,-ting
redeemable
redeemless
redelivery -ries
redemption -s
redemptive
redemptory
redescribe -s,-d,-bing
redevelope -s,-d,-ping
red-figured
redisburse
rediscover -s,-ing,-ed
redissolve -s,-d,-ving
redivision -s
red-lattice
red-murrain
redolently
redounding -s
redressive
redruthite
red-sanders
redundance -s
redundancy -cies
reed-thrush

re-election
re-eligible
re-enlister
re-entering
re-entrance
re-entrancy
re-erection
referendum -s,-da
referrible
refinement -s
reflecting
reflection -s
reflective
reflexible
reformable
refracting
refraction -s
refractive
refractory -ries
refracture -s
refreshful
refreshing
refringent
refulgence
refulgency
refundment -s
refutation -s
regainable
regainment -s
regalement -s
regardable
regardless
regelation -s
regeneracy -cies
regenerate -s,-d,-ting
regent-bird
regentship -s
regimental -s
regionally
registered
registrant -s
registrary -ries
regression -s
regressive
regretting
regularise -s,-d,-sing
regularity -ties
regulation -s
regulative
regulatory
rehandling -s
rehearsing -s
Reichsbank
Reichsland
reichsmark -s
Reichsrath
reillumine -s,-d,-ning
reim-kennar
reincrease -s,-d,-sing
reinspirit -s,-ing,-ed

reissuable
reiterance -s
reiterated
rejectable
rejectible
rejoiceful
rejoindure -s
rejuvenate -s,-d,-ting
rejuvenise -s,-d,-sing
relational
relatively
relativise -s,-d,-sing
relativism
relativist -s
relativity -ties
relaxation -s
relaxative
releasable
relegation -s
relentless
relentment -s
relevantly
reliefless
relievable -s
religioner -s
relinquish -es,-ing,-ed
reliquaire -s
relishable
relocation -s
reluctance
reluctancy
remarkable
remarkably
remarriage -s
remediable
remediably
remedially
remediless
rememberer -s
remigation -s
remissible
remissness
remittance -s
remonetise -s,-d,-sing
remorseful
remortgage -s,-d,-ging
remoteness
remunerate -s,-d,-ting
renascence -s
rencounter -s,-ing,-ed
renderable
rendezvous
renegation -s
renovation -s
rent-a-crowd
rent-an-army
rent-charge
reorganise -s,-d,-sing
repainting -s
repairable

repair-shop
reparation -s
reparative
reparatory
repatriate -s,-d,-ting
repealable
repeatable
repeatedly
repellance -s
repellancy -cies
repellence -s
repellency -cies
repentance -s
repertoire -s
répétiteur -s
repetition -s
repetitive
repinement -s
repiningly
repopulate -s,-d,-ting
reportable
reportedly
reposition -s
repository -ries
repoussage -s
repression -s
repressive
reproacher -s
reprobance
reprobator -s
reproducer -s
reptilious
republican -s
repudiable
repudiator -s
repugnance -s
repugnancy -cies
repurchase -s,-d,-sing
reputation -s
reputative
reputeless
requiescat -s
requirable
requisitor -s
requitable
requiteful
reredorter -s
reregister -s,-ing,-ed
rere-supper
reschedule -s,-d,-ling
rescission -s
rescissory
researcher -s
Resedaceae
resemblant
resembling
resentence -s,-d,-cing
resentment -s
reservable
reservedly

reshipment -s
residenter -s
resignedly
resignment -s
resilience
resiliency
resinously
resistance -s
resistible
resistibly
resistless
resolutely
resolution -s
resolutive
resolvable
resolvedly
resonantly
resorcinol
resorption -s
resorptive
resounding
respectant
respectful
respecting
respective
respirable
respirator -s
respondent -s
responsive
responsory -ries
restaurant -s
rest-centre
rest-harrow
restitutor -s
restlessly
restorable
restrained
restrainer -s
restricted
resultless
resumption -s
resumptive
resupinate
resurgence -s
retailment -s
retainable
retainment -s
retaliator -s
retardment -s
reticulary
reticulate -s,-d,-ting
retinacula
retinalite
retirement -s
retiringly
retractile
retraction -s
retractive
retransfer -s,-ing,-ed
retransmit -s,-ting,-ted

retributor -s
retrieving -s
retrochoir -s
retrograde -s,-d,-ding
retrogress -es,-ing,-ed
retrorsely
retrospect -s,-ing,-ed
returnable
returnless
reunionism
reunionist -s
revalidate -s,-d,-ting
revalorise -s,-d,-sing
revanchism
revanchist -s
revealable
revealment -s
revelation -s
revelative
revelatory
revengeful
reverencer -s
reverently
reversedly
reversible
revertible
revestiary -ries
reviewable
revilement
revilingly
revisional
revisitant -s
revitalise -s,-d,-sing
revivalism
revivalist -s
revivement -s
revivified
revivingly
revocation -s
revocatory
revokement
revolution -s
revolvency
rewardable
rewardless
rhabdolith -s
Rhamnaceae
rhapsodise -s,-d,-sing
rhapsodist -s
Rheinberry
rheologist -s
rheotropic
rhetorical
rheumatise
rheumatism
rheumatize
rheumatoid
Rhineberry
Rhinegrave
rhinestone -s

rhinoceros -es
rhinolalia
rhinophyma
rhinoscope -s
rhinoscopy
rhinotheca -s
Rhipiptera
rhizogenic
rhizomorph -s
Rhizophora
rhizophore -s
rhizoplane -s
Rh-negative
rhodophane
Rhodymenia
Rhoeadales
rhomboidal
rhomboides
Rh-positive
rhyme-royal
Rhyniaceae
rhythmical
rhythmless
ribbon-fish
ribbon-seal
ribbon-weed
ribbon-worm
riboflavin
rib-roaster
ricinoleic
rick-barton
rick-burner
rickettsia -e,-s
rick-lifter
ricocheted
ridability
riddle-like
riddlingly
ride-and-tie
ridge-piece
ridiculous
riding-boot
riding-coat
riding-crop
riding-hood
riding-robe
riding-suit
riding-whip
riebeckite
Riemannian
rifle-corps
rifle-green
rifle-range
right-about
right-drawn
rightfully
right-lined
right-of-way
rightwards
rigorously

rinderpest
Ringelmann
ring-finger
ringleader -s
ring-master
ring-necked
ring-plover
ring-porous
ring-tailed
ripidolite
ripping-saw
ripple-mark
ripplingly
rip-roaring
ripsnorter -s
risibility
ritardando -s
ritornelle
ritornelli
ritornello -s
ritt-master
river-basin
river-craft
river-drift
river-front
river-horse
river-mouth
riverscape -s
river-water
road-bridge
road-making
road-mender
road-roller
road-runner
roadworthy
robber-crab
roberdsman
robertsman
robing-room
robustious
robustness
rockabilly
rock-badger
rock-bottom
rock-butter
rock-garden
rock-hopper
rock-lizard
rock-pigeon
rock-rabbit
rock-ribbed
rock-salmon
rock-temple
rock-turbot
rock-violet
rodfishing
rogue-money
roisterous
rollcollar -s
rollicking

rolling-pin
Rolls-Royce®
romancical
Romanesque
Romanistic
romantical
Rome-runner
romper-suit
rondoletto -s
röntgenise -s,-d,-sing
rood-screen
roof-garden
room-fellow
room-ridden
rootedness
root-fallen
root-rubber
root-sheath
root-system
rope-dancer
rope-ladder
rope-making
rope-stitch
rope-walker
roping-down
roquelaure -s
rosaniline
rose-beetle
rose-chafer
rose-colour
rose-combed
rose-engine
rose-garden
rose-laurel
rose-lipped
rose-mallow
rose-quartz
rose-window
rosin-plant
rostellate
rosy-footed
rotational
rotiferous
rôtisserie -s
rotor-plane
rottenness
Rottweiler
rough-draft
rough-grind
rough-hewer
rough-hound
rough-house
rough-rider
rough-stuff
roundabout -s,-ing,-ed
round-eared
round-faced
round-house
round-mouth
round-nosed

round-table
rouseabout
roustabout
route-march
rove-beetle
rowan-berry
rowdy-dowdy
rowing-boat
roysterous
rub-a-dub-dub
rubber-neck
rubbishing
rubble-work
rubiaceous
rubiginous
rubrically
rubricator -s
ruby-silver
ruby-spinel
ruby-throat
rudder-fish
rudderless
rudimental
rue-bargain
ruefulness
ruffianish
ruffianism
ruggedness
rumblingly
rum-blossom
rumbullion
rumfustian
Ruminantia
ruminantly
rumination -s
ruminative
rumple-bane
rum-running
runner-bean
rupestrian
rupicoline
rupicolous
Ruritanian
rush-candle
rush-holder
russel-cord
Russellite
Russianise
Russianism
Russianist
Russophile
Russophobe
rust-fungus
rustically
rusticator -s
rustic-ware
rustic-work
rustlingly
ruthenious
rutherford -s

ruthlessly

S

Sabbath-day
sabbatical -s
sabretache -s
sabre-tooth
saccharase
saccharate
saccharide -s
saccharify -ing,-fies
    -ied
saccharine
saccharoid
saccharose -s
sacculated
sacerdotal
sachemship
sack-posset
sacredness
sacrificer -s
sacroiliac
sacrosanct
saddleback -s
saddle-fast
saddleless
saddle-roof
saddle-room
saddle-sick
saddle-sore
saddle-tree
Sadducaean
sad-hearted
safe-blower
safety-arch
safety-belt
safety-cage
safety-plug
safety-rein
safety-stop
sage-cheese
sage-grouse
sage-rabbit
sagination
sagittally
Sagittaria
sail-flying
sailorless
sailor-like
sailor-suit
salability
salal-berry
salamander -s
sales-clerk
saleswoman -women
Salicaceae
salicional -s
salicornia -s
salicylate
saliferous

salifiable
salivation
sallenders
sallowness
salmagundi -s
salmagundy -dies
salmonella -s,-e
Salmonidae
salmon-leap
saloon-deck
salpingian
saltarello -s
salt-butter
salt-cellar
saltigrade -s
salt-spring
salubrious
salutarily
salutation -s
salutatory
salverform
salvifical
samarskite
sanatorium -s,-ria
sanctified
sanctifier -s
sanctimony
sanctitude -s
sandalwood
sandbagged
sandbagger -s
sand-binder
sand-bunker
sand-castle
sand-cherry
sand-dollar
sanderling -s
sandgroper -s
sand-grouse
sand-hopper
sand-launce
sand-lizard
sand-martin
sand-saucer
sand-sucker
sanguinary
sanguinely
sanguinity
Sanhedrist
sanitarian -s
sanitarily
sanitarist -s
sanitarium -s,-ria
sanitation
Sanskritic
saouari-nut
sapiential
sapling-cup
saponified
Sapotaceae

sappan-wood
sapperment
sapphirine
saprogenic
sapropelic
saprophyte -s
Saracenism
sarcocolla
sarcolemma
Sarcophaga
sarcophagi
sarcophagy
sarcoplasm -s
sardonical
sarmentose
sarmentous
sarracenia -s
sash-window
satanology
satchelled
satellites
satellitic
satin-paper
satin-stone
satisfying
satrapical
saturation
Saturnalia
satyagraha
satyresque
satyriasis
sauce-alone
saucer-eyed
saucerfuls
sauerkraut
sauntering -s
Saurischia
Sauropsida
sausage-dog
saussurite
savageness
savingness
savourless
saw-toothed
saxicavous
saxicoline
saxicolous
'sbuddikins
scabbiness
scabridity
scaffolder -s
scaithless
scald-berry
scale-board
scale-stair
scampishly
scandalise -s,-d,-sing
scandalled
scandalous
scansorial

scantiness
scapegrace -s
scape-wheel
Scaphopoda
scapulated
scarabaeid -s
Scarabaeus
scaramouch -es
scarcement -s
scarceness
scarf-joint
scarifying
scarlatina
scarlet-hat
scatheless
scathingly
scatophagy
scatter-gun
scattering -s
scattiness
scaturient
scavengery
scavenging
scenically
scent-gland
scent-organ
scent-scale
scepticise -s,-d,-sing
scepticism
schalstein
schematise -s,-d,-sing
schematism
schematist -s
schemozzle -s,-d,-ling
scherzando -s,-di
schipperke -s
schismatic -s
schism-shop
schizocarp -s
schizogony
schizoidal
Schizopoda
schlimazel
scholastic -s
school-bell
school-book
school-bred
school-dame
schoolgirl -s
schoolma'am
schoolmaid -s
school-marm
school-mate
school-miss
schoolroom -s
school-ship
school-term
school-tide
school-time
schoolward

schoolwork
schorl-rock
Sciaenidae
scientific
Scillonian
scintigram -s
sciolistic
scissor-cut
scissor-leg
scleriasis
scleroderm -s
sclerotial
sclerotium -tia
sclerotomy -mies
scoffingly
Scolytidae
Scombresox
Scombridae
scooped-out
Scopelidae
scordatura -s
score-board
score-sheet
scornfully
scorpionic
scorzonera -s
Scotchness
Scotifying
scotodinia
Scotswoman
Scotticise
Scotticism
Scottified
scoutcraft
scowdering -s
scowlingly
scraggling
scrag-whale
scrambling -s
scrape-good
scrap-metal
scratchily
scratching -s
scratch-wig
screech-owl
screenings
screenplay -s
screw-plate
screw-press
scribbling -s
scrimmager -s
scrimpness
scrimshank -s,-ing,-ed
scriptoria
scriptural
scritch-owl
scrivening
scrofulous
scrog-apple
scrollwise

scrollwork
scrounging −s
scrub-rider
scrummager −s
scrupulous
scrutineer −s
scrutinise −s,−d,−sing
scrutinous
sculduddry
sculptress −es
sculptural
sculptured
scurfiness
scurrility
scurrilous
scurviness
scutellate
scuttleful −s
scyphiform
sdeignfull
sdrucciola
sea-anemone
sea-bathing
sea-biscuit
sea-blubber
sea-burdock
sea-captain
sea-feather
sea-fishing
sea-goddess
sealed-beam
sea-leopard
sea-lettuce
seal-fisher
sealing-day
sealing-wax
seamanlike
seamanship
sea-monster
seamstress −es
seannachie −s
sea-passage
sea-poacher
seaquarium −s
searchable
searchless
searedness
sea-serpent
sea-service
sea-soldier
seasonable
seasonably
seasonally
seasonless
sea-surgeon
sea-swallow
sea-unicorn
sea-vampire
sea-whistle
sebiferous

seborrhoea
secernment −s
secludedly
second-best
second-hand
second-mark
second-rate
secretaire −s
secretness
sectionise −s,−d,−sing
secularise −s,−d,−sing
secularism
secularist −s
secularity −ties
securement −s
secureness
securiform
sedan-chair
sedateness
seducement −s
seducingly
seductress −es
sedulously
seecatchie
seed-oyster
seed-potato
seed-vessel
seemelesse
seemlihead
seemliness
seersucker
see-through
segmentary
segmentate
segregable
seguidilla −s
seigneurie −s
seignorage −s
seismicity −ties
seismogram −s
seismology
Selbornian
seldomness
selectness
selenodont
selenology
Seleucidae
Seleucidan
self-abuser
self-acting
self-action
self-binder
self-bounty
self-breath
self-cocker
self-colour
self-danger
self-deceit
self-denial
self-driven

self-esteem
self-exiled
self-feeder
self-filler
self-giving
self-glazed
self-hatred
self-killed
self-killer
self-loving
self-mettle
self-motion
self-murder
self-opened
self-parody
self-poised
self-seeder
self-seeker
self-severe
self-slayer
self-styled
self-taught
self-unable
self-willed
seltzogene −s
semblative
semeiology
semeiotics
semestrial
semi-annual
semichorus −es
semicircle −s
semicirque −s
semi-divine
semi-double
semi-drying
semi-liquid
semilucent
semi-lunate
seminality
seminarial
seminarian −s
seminarist −s
semination −s
semi-opaque
semiquaver −s
semiterete
semi-uncial
semi-weekly
sempstress −es
senatorial
senescence
sense-datum
sense-organ
sensitised
sensitiser −s
sensualise −s,−d,−sing
sensualism
sensualist −s
sensuality

sensuously
sentential
separately
separation -s
separatism
separatist -s
separative
separatory
separatrix -es
septemviri
septemvirs
septennate -s
septennial
septennium -nnia
septically
septicidal
septillion -s
Septuagint
sepulchral
sepultural
sequacious
sequential
seraphical
Serbo-Croat
sereneness
sergeantcy -cies
serigraphy
seriocomic
serjeantcy -cies
serjeantry -tries
sermonette -s
sermonical
sermoniser -s
serologist -s
serotinous
serpent-god
serpentine
serpentise -s,-d,-sing
serpigines
serradella
serradilla
Serranidae
serrasalmo -s
serrulated
Sertularia
servant-man
serviceman -men
serving-man
servitress -es
servo-motor
sestertium -tia
setterwort -s
settlement -s
seven-a-side
sevenpence -s
sevenpenny -nnies
seven-score
seventh-day
seventieth -s
severeness

sewage-farm
sexagenary -ries
Sexagesima
sexivalent
sex-limited
sexlocular
sexologist -s
sexpartite
sextillion -s
sextonship -s
shabbiness
shade-plant
shadowcast -s,-ing
shadowless
shadow-mark
shadow-play
shaft-horse
shagginess
shag-haired
shagreened
shale-miner
shallowing -s
shamefaced
shamefully
shame-proof
shandrydan -s
shandygaff
shanghaied
shanghaier -s
shard-borne
sharp-edged
sharp-nosed
shave-grass
shea-butter
shear-steel
shearwater -s
sheath-bill
sheath-fish
sheathless
shebeening -s
shecklaton
sheep-biter
sheep-faced
sheepishly
sheep-louse
sheep-plant
sheep's-foot
sheepshank -s
sheep's-head
sheep-track
sheet-glass
sheet-metal
shellacked
shellbound
shelldrake -s
shelliness
shell-money
shell-mound
shellproof
shellshock

shellycoat -s
sheltering -s
shenanigan -s
sherardise -s,-d,-sing
shereefian
sheriffdom -s
shibboleth -s
shield-fern
shield-hand
shieldless
shieldling -s
shield-maid
shieldrake -s
shieldwall -s
shiftiness
shillelagh -s
shimmering -s
shin-barker
ship-broker
ship-holder
ship-letter
ship-master
ship-rigged
shipwright -s
shire-horse
shire-reeve
shirt-frill
shirt-front
shirtwaist
Shivaistic
shlemozzle -s,-d,-ling
shoal-water
shockingly
shock-proof
shoddiness
shoebuckle
shoemaking
shoestring -s
shopkeeper -s
shop-lifter
shop-soiled
shop-walker
shop-window
shore-going
shore-leave
shorewards
shortbread -s
short-coats
short-dated
shortening
short-lived
short-range
short-sword
shot-window
shouldered
shoutingly
shove-groat
shovelfuls
shovel-head
shovelling

shovelnose -s
shower-bath
showerless
showground -s
showjumper -s
shrewdness
shrewishly
shrew-mouse
shriche-owl
shrievalty -ties
shrillness
shrimp-girl
shrinkable
shrinkpack -s
shrinkwrap -s,-ping,-ped
shritch-owl
shrivelled
shroudless
shroud-line
Shrovetide
shuddering -s
shuffle-cap
shuttering
sialagogic
sialagogue -s
sialogogue -s
sibilation
sibilatory
sicilienne -s
sickerness
sick-fallen
sickle-bill
sickliness
sick-listed
sick-making
side-effect
side-glance
sideration
siderolite
siderostat -s
side-saddle
side-stroke
sidewinder -s
siegecraft
siege-piece
siege-train
siege-works
sieve-plate
Sigillaria
signalling
signet-ring
signifying
sign-manual
sign-writer
silentiary -ries
silentness
silhouette -s,-d,-tting
silicified
siliculose
silk-cotton

silk-grower
silk-screen
silly-billy
silver-bath
silver-bell
silver-fish
silver-foil
silver-gilt
silver-leaf
silverling -s
silverside
silverskin
silver-tree
silverweed -s
similarity -ties
similative
similitude -s
Simmenthal
simnel-cake
simoniacal
simpleness
simplicity -ties
simplified
simplifier -s
simplistic
simulacrum -s,-cra
simulation -s
simulative
simulatory
sincipital
sinecurism
sinecurist -s
sinfulness
Singhalese
singing-man
single-eyed
single-foot
singleness
singletree -s
singularly
sinisterly
sinistrous
sinke-a-pace
Sinologist
sinusoidal
siphonogam -s
sipunculid -s
sisal-grass
sisterhood -s
sister-hook
sisterless
sister-like
sitophobia
six-shooter
skaithless
skateboard -s
skene-occle
sketchable
sketch-book
skew-bridge

skew-corbel
ski-bobbing
ski-jumping
skikjöring
skimmingly
skimpingly
skin-diving
skinniness
skip-kennel
skippingly
skirmisher -s
ski-running
skittishly
skrimshank -s,-ing,-ed
skulkingly
Skupshtina
skyjacking -s
sky-jumping
skylarking
sky-parlour
sky-planted
skyscraper -s
sky-writing
slabbiness
slackening -s
slack-water
slammerkin
slanderous
slanginess
slangingly
slang-whang
slantingly
slatternly
slaughtery
slave-grown
slave-owner
slave-trade
slavocracy
Slavophile
Slavophobe
sleaziness
sleekstone -s
sleepiness
sleepy-head
sleetiness
sleeve-fish
sleeve-hand
sleeveless
sleeve-link
sleigh-bell
slenderise -s,-d,-sing
slickstone -s
slide-valve
slightness
sling-fruit
slingstone -s
slipperily
slippiness
slipsloppy
slipstream -s

slip-string
slit-pocket
slit-trench
sloop-of-war
sloppiness
slop-seller
slothfully
slovenlike
slow-footed
slow-gaited
slow-motion
slow-moving
slow-winged
slubbering -s
sluggishly
sluice-gate
slumberful
slumbering -s
slumberous
sluttishly
small-craft
small-hours
small-pipes
small-sword
small-tooth
small-wares
smalminess
smaragdine
smaragdite
smarminess
smart-Aleck
smart-Alick
smart-money
smattering -s
smeariness
smell-feast
smelliness
smickering
smifligate -s,-d,-ting
smithcraft
smock-faced
smock-frock
smoke-black
smoke-board
smoke-dried
smoke-house
smokeproof
smoke-stack
smoketight
smooth-bore
smoothness
smooth-shod
smørrebrød -s
smother-fly
smothering
smudginess
smut-fungus
smuttiness
snaffle-bit
snail-paced

snail-shell
snail-wheel
snake-dance
snake-fence
snake-house
snake's-head
snakestone -s
snapdragon -s
snaphaunce
snaphaunch
snappingly
snappishly
sneakiness
sneakingly
sneakishly
sneak-thief
sneeringly
sneezeweed -s
sneezewood -s
sneezewort -s
snick-a-snee
sniffiness
sniffingly
sniggering -s
snivelling
snobbishly
snobocracy
snortingly
snottiness
snow-blower
snow-capped
snowmobile -s
snow-plough
snow-wreath
snubbingly
snuff-brown
snuffiness
snuff-paper
snuff-spoon
snuff-taker
soap-boiler
soap-bubble
sobersides
socdolager
socdoliger
socdologer
socialness
societally
sociologic
sociometry
sociopathy
Socratical
soda-siphon
soddenness
soft-billed
soft-bodied
soft-boiled
soft-finned
soft-footed
soft-headed

soft-sawder
soft-spoken
sogdolager
sogdoliger
sogdologer
sojourning -s
solacement -s
Solanaceae
soldiering -s
solecistic
solemniser -s
solemnness
solenoidal
solfataric
solicitant -s
soliciting -s
solicitous
solicitude -s
solidarism
solidarist -s
solidarity
solidified
solid-state
solifidian -s
solipedous
solitarian -s
solitarily
solivagant -s
Solomonian
solstitial
solubilise -s,-d,-sing
solubility
solutional
somatology
somatotype -s,-d,-ping
sombreness
sombrerite
somebodies
somersault -s,-ing,-ed
somewhence
somnambule -s
somniloquy
somnolence
somnolency
song-school
songstress -es
song-thrush
songwriter -s
sonorously
soothingly
soothsayer -s
sophically
sophistics
Sophoclean
sophomoric
sops-in-wine
Sorbonical
Sorbonnist
sordamente
sordidness

sore-falcon
sore-headed
soricident
sororially
sororicide -s
sorrowless
sortileger -s
soubriquet -s
soullessly
sound-board
soundingly
soundproof -s,-ing,-ed
sound-shift
sound-track
soup-maigre
soup-meagre
soup-ticket
soup-tureen
source-book
sourdeline -s
sousaphone -s
souterrain -s
south-bound
southering
southerner -s
southernly
south-polar
southsayer -s
southwards
sovenaunce
sow-thistle
spacecraft
spacewoman -women
spaciously
spade-beard
spadiceous
spagerical
spagirical
spallation -s
spancelled
spaniolate
spaniolise -s,-d,-sing
spankingly
sparganium -s
sparkishly
sparseness
Spartacist
spasmodist -s
spasticity -ties
spatangoid -s
spatchcock -s,-ing,-ed
spathulate
spatiality
spauld-bone
spawn-brick
speakingly
spear-grass
spear-point
spear-shaft
specialise -s,-d,-sing

specialism -s
specialist -s
speciality -ties
speciation
speciesism
specifical
specifying
speciosity -ties
speciously
spectacled
spectacles
spectatrix -es
spectrally
spectre-bat
speculator -s
speechless
speedfully
speediness
speed-limit
spellbound
spellingly
spell-stopt
Spencerian
Spenserian
spermaceti
spermaduct -s
spermarium -ria
spermatist -s
spermatium -tia
spermicide -s
spermiduct -s
spermogone -s
sperm-whale
sperrylite
sphacelate
sphaeridia
sphalerite
Spheniscus
sphenogram -s
sphenoidal
sphere-born
sphereless
sphere-like
sphericity
spheroidal
spherulite
Sphingidae
sphinx-moth
spider-crab
spider-hole
spider-like
spider-line
spider-work
spider-wort
spiflicate -s,-d,-ting
spike-grass
spillikins
spinaceous
spin-bowler
spindle-oil

spinescent
spinigrade
spinnerule -s
spinsterly
spinstress -es
spiracular
spiraculum -la
spirit-blue
spirit-duck
spiritedly
spirit-lamp
spirit-leaf
spiritless
spirituous
spirograph -s
spirometer -s
spirometry
spirophore -s
spissitude -s
spitchcock -s,-ing,-ed
spitefully
splanchnic
splash-back
splashdown -s
spleenless
spleen-wort
splenative
splendidly
splint-bone
splint-coal
splintwood -s
split-level
splutterer -s
spodomancy
spoil-sport
spokeshave -s
spoliation -s
spoliative
spoliatory
spondaical
spondylous
sponge-bath
sponge-cake
sponge-down
spongewood
spongiform
sponginess
spongology
sponsional
sponsorial
spookiness
spoondrift
spoonerism -s
sporadical
sporangial
sporangium -gia
sporophore -s
sporophyll -s
sporophyte -s
sporozoite

sportfully
sportiness
sportingly
sportively
sportswear
spot-barred
spotlessly
spot-stroke
spottiness
spot-welder
spouseless
spray-dried
spread-over
spreaghery -ries
sprightful
springbuck -s
spring-cart
spring-clip
spring-haas
spring-halt
spring-hare
springhead -s
springless
springlike
spring-lock
springtail -s
springtide -s
springtime
springwood
springwort -s
sprinkling -s
spruce-beer
spruceness
spuleblade -s
spumescent
spur-heeled
spuriosity
spuriously
spur-winged
sputtering -s
squabasher -s
squadronal
squadroned
squalidity
squamation -s
squamiform
squamosity
squamulose
squandered
squanderer -s
square-face
square-head
squareness
square-root
square-sail
square-toed
square-toes
squarewise
squeezable
squeeze-box

squelching -s
squeteague -s
squint-eyed
squint-eyes
squirality
squirarchy -chies
squirearch -s
squirehood
squire-like
squireling -s
squireship -s
stabbingly
stabiliser -s
stablemate -s
stableness
stable-room
stadholder -s
staff-corps
stag-beetle
stagecoach -es
stagecraft
stage-fever
stage-horse
stage-wagon
staggering -s
stag-headed
stagnantly
stagnation -s
stair-tower
stalactite -s
stalagmite -s
stallenger -s
stallinger -s
stall-plate
stalwartly
stamineous
stammering -s
stamp-album
stamp-hinge
stamp-paper
stanchless
stanchness
standers-by
standpoint -s
standstill -s
Stannaries
stannotype
staphyline
staphyloma
star-bright
starchedly
star-gazing
stark-naked
starmonger -s
starr-grass
starriness
starry-eyed
star-shaped
startingly
start-naked

starvation -s
starveling -s
state-aided
state-cabin
statecraft
state-house
state-paper
state-trial
statically
stationary -ries
stationery
statoscope -s
statuesque
statutable
statutably
statute-cap
statute-law
staurolite
stavesacre -s
stay-at-home
stay-tackle
steadiness
steakhouse -s
stealingly
stealthily
steam-chest
steam-crane
steam-gauge
steaminess
steam-navvy
steam-power
steamtight
steam-yacht
steatocele -s
steeliness
steel-plate
steelworks
steepiness
steeple-hat
steersmate -s
steganopod -s
stellately
stellified
stelliform
stellulate
stemmatous
stemwinder
stench-trap
stencilled
stenciller -s
stenograph -s
stenotyper -s
stenpoaeic
stentorian
step-dancer
stepfather -s
stephanite
step-ladder
stepmother -s
step-parent

step-rocket
stepsister -s
stercorary
stercorate -s,-d,-ting
stereobate -s
stereogram -s
stereopsis
stereotomy -mies
stereotype -s,-d,-ping
stereotypy -pies
sterigmata
steriliser -s
sternboard
stern-chase
stern-frame
stern-sheet
sternwards
sternworks
stertorous
stewardess -es
stibialism
sticharion -s
stichidium -dia
stichology
stickiness
sticky-back
stiffening -s
stiff-rumpt
stifle-bone
stiflingly
stigmarian -s
stigmatise -s,-d,-sing
stigmatism
stigmatist -s
stilettoed
stillatory -ries
still-birth
still-house
stillicide -s
still-stand
stiltiness
stimulable
stimulancy
stimulator -s
stinginess
stingingly
stink-brand
stinkingly
stinkstone
stintingly
stipellate
stipulator -s
stirringly
stirrup-cup
stitchwork
stitchwort -s
stochastic
stockiness
stockinged
stockinger -s

stock-rider
stockstill
stodginess
stolenwise
stolidness
stomachful -s
stomachous
stomatitis
stomatopod -s
stomodaeum
stone-blind
stone-borer
stone-brash
stone-break
stone-broke
stone-canal
stone-eater
stone-fruit
stonehorse -s
stone-mason
stone-snipe
stone-still
stone-throw
stony-broke
stoopingly
storehouse -s
storiology
stork's-bill
stormbound
storm-cloud
stormfully
storm-glass
storminess
stormproof
storm-track
storm-water
stoutherie
stouthrief
stove-plant
strabismal
strabismic
strabismus -es
strabotomy -mies
stracchino -ni
Stradivari
straggling -s
straighten -s,-ing,-ed
straightly
strainedly
straitened
strait-lace
straitness
stramonium -s
strap-hinge
strategics
strategist -s
strathspey -s
stratified
stratiform
Stratiotes

stratocrat -s
stravaiger -s
strawberry -rries
strawboard -s
straw-plait
streamered
stream-gold
streamless
streamline -s,-d,-ning
streamling -s
street-door
streetlamp -s
street-room
street-ward
streetwise
strelitzes
strelitzia -s
strengthen -s,-ing,-ed
streperous
strepitant
strepitoso
strepitous
stressless
strictness
strictured
stridelegs
stridently
strideways
stridulant
stridulate -s,-d,-ting
stridulous
strifeless
strigiform
striker-out
strikingly
string-band
string-bean
stringency -cies
stringendo
stringhalt
stringless
strinkling -s
stripeless
stripiness
strippings
strip-tease
strivingly
strobilate -s,-d,-ting
strobiline
strobiloid
stroganoff -s
strokeplay
stroke-play
strokesman -men
stromatous
stronghold -s
strong-knit
strong-room
strophiole -s
structural

structured
struggling -s
Struldbrug
struthioid
struthious
strychnine
strychnism
stubbiness
stubble-fed
stubbornly
studiously
stuffiness
stultified
stultifier -s
stumpiness
stunningly
stupefying
stupendous
stupidness
stupration -s
sturdiness
stuttering -s
stylistics
stylograph -s
stylopised
stypticity
suaveolent
subacidity
subangular
subaquatic
subaqueous
subarcuate
subatomics
subcentral
subchanter -s
subclavian
subcordate
subcranial
subculture -s
subdeanery -ries
subdecanal
subdivider -s
subduction -s
subduement
subfertile
subfuscous
subgeneric
subglacial
subglobose
subheading -s
subintrant
subjectify -ing,-fies
       -ied
subjection -s
subjective
subjoinder -s
subjugator -s
subkingdom -s
subletting -s
sublimable

sublimated
subliminal
sublingual
submariner -s
submediant -s
submersion -s
submission -s
submissive
submitting -s
submontane
subnascent
subnatural
suboceanic
suboctuple
suborbital
subordinal
subprefect -s
subreption -s
subreptive
subroutine -s
subscribed
subscriber -s
subsection -s
subsellium -llia
subsequent
subsessile
subshrubby
subsidence -s
subsidency -cies
subsidiary -ries
subsistent
subsoiling
subspecies
subspinous
substation -s
substellar
substernal
substitute -s
substratal
substratum -ta
subsultive
subsurface
subtangent -s
subtenancy -cies
subterfuge -s
subterrene -s
subtilness
subtleness
subtractor -s
subtrahend -s
subtropics
subvariety -ties
subvention -s
subversion -s
subversive -s
succeeding
successful
succession -s
successive
succinctly

succubuses
succulence
succulency
succursale -s
succussion -s
succussive
sucking-pig
sudatorium -s
suddenness
sueability
sufferable
sufferably
sufferance -s
sufficient
suffigance
suffisance -s
sufflation
suffragism
suffragist -s
sugar-apple
sugar-baker
sugar-candy
sugar-daddy
sugar-grass
sugar-house
sugariness
sugar-maple
sugar-wrack
suggestion -s
suggestive
suicidally
sullenness
sulphonate -s,-d,-ting
sulphurate -s,-d,-ting
sulphurise -s,-d,-sing
sulphurous
sultanship -s
sultriness
summerlike
summertide -s
summertime -s
summer-tree
summitless
summonable
sunbathing
sunderance -s
sunderment -s
sunglasses
sun-picture
sunsetting
sun-worship
superacute
superalloy -s
superaltar -s
superation
superbness
supercargo -es
superclass -es
superdense
super-duper

superexalt -s,-ing,-ed
superfluid
supergiant -s
supergrass -es
superheavy -vies
superhuman
superiorly
superlunar
supernally
superorder -s
superposed
superpower -s
super-royal
superseder -s
supersonic -s
supersound
super-state
superstore -s
supertonic -s
supervisal -s
supervisor -s
supination
supineness
supperless
suppertime -s
supplanter -s
supplement -s
suppleness
suppletion -s
suppletive
suppletory
suppliance -s
supplicant -s
supplicate -s,-d,-ting
supplyment -s
supporting -s
supportive
supporture -s
supposable
supposably
supposedly
suppressed
suppressor -s
supralunar
suprarenal
surcharged
surcharger -s
sure-enough
surefooted
suretyship
surfaceman -men
surfactant -s
surf-bather
surfeiting -s
surf-riding
surgically
surmisable
surmounted
surmounter -s
surnominal

surpassing
surplusage -s
surprising -s
surrealism
surrealist -s
surrogatum
surveyance -s
survivance -s
susceptive
suscipient -s
suspectful
suspension -s
suspensive
suspensoid -s
suspensory -ries
suspicious
suspirious
sustaining -s
sustenance -s
sustentate -s,-d,-ting
sustention -s
sustentive
suturation -s
suzerainty -ties
Swadeshism
swaggering -s
swan-maiden
swan-mussel
swan-upping
swarm-spore
sweathband
sweatiness
sweat-shirt
sweepingly
sweep-seine
sweepstake -s
sweetbread -s
sweet-briar
sweet-brier
sweetening -s
sweetheart -s
sweetie-pie
sweetstuff -s
sweet-water
swellingly
sweltering -s
swerveless
swimmingly
swine-drunk
swine-fever
swinestone
swingingly
swingle-bar
swing-music
swing-shelf
swing-stock
swing-swang
swing-wheel
switchback -s
switchgear -s

switch-over
swivel-hook
swooningly
sword-blade
swordcraft
sword-dance
sword-grass
sword-guard
swordproof
sword-stick
sybaritish
sybaritism
sycophancy
syllabical
syllabuses
syllogiser -s
sylphidine
symbolical
symboliser -s
symmetrian -s
symmetrise -s,-d,-sing
sympathise -s,-d,-sing
Sympetalae
symphilism
symphilous
symphonion -s
symphonist -s
symphylous
symphyseal
symphysial
synaeresis -ses
synaloepha -s
synandrium -s
synandrous
synanthous
synaxarion -s
syncarpous
synchronal
synchronic
synclastic
syncopated
syncopator -s
syncretise -s,-d,-sing
syncretism -s
syncretist -s
syndactyly
synderesis
syndetical
syndicator -s
synecdoche
synecology
syneidesis
synergetic
Syngenesia
syngenesis
syngenetic
synoecious
synonymist -s
synonymity -ties
synonymous

synoptical
synostosis -ses
syntagmata
syntenosis -ses
synteresis
synthectic
synthesise -s,-d,-sing
synthesist -s
synthetise -s,-d,-sing
synthetist -s
synthronus -es
syphilitic -s
syringitis
systematic
systemless

T

tabernacle -s
tabescence -s
table-cloth
table-cover
table-d'hôte
table-knife
table-linen
table-money
table-music
table-spoon
table-sport
table-water
tabularise -s,-d,-sing
tabulation -s
tabulatory
tachograph -s
tachometer -s
tachometry
tachygraph -s
tachylytic
tachymeter -s
tachymetry
tachypnoea
taciturnly
tactically
tactlessly
tactuality -ties
taeniacide -s
tailor-bird
tailor-made
takingness
talc-schist
tale-bearer
talentless
tale-teller
talismanic
talky-talky
tallow-face
tallow-tree
tally-trade
tally-woman
Talmudical
tamability

tambourine -s
Tammanyism
Tanagridae
tandemwise
tangential
tanglefoot
tanglement -s
tanglesome
tanglingly
tank-engine
tank-farmer
tantaliser -s
tantamount
tap-dancing
tape-record
taperingly
tapescript -s
tapestried
tapotement
tappet-loom
taradiddle -s
tarantella -s
Tardigrada
tardigrade -s
targetable
tarmacadam
tarpauling -s
tarsia-work
tartareous
tartrazine
Tartuffian
Tartuffish
Tartuffism
taseometer -s
taskmaster -s
tasseiling -s
tassel-gent
tastefully
tatpurusha -s
Tattersall
tattie-claw
tattie-shaw
tattle-tale
tattlingly
tauntingly
tauromachy -chies
tautologic
tautomeric
tautophony
tawdriness
tawdry-lace
taxability
taxi-dancer
taxidermal
taxidermic
taxi-driver
taxonomist -s
tea-clipper
tea-drinker
tea-meeting

team-spirit
tea-planter
tear-bottle
tear-jerker
teaselling
tea-service
tea-tasting
tea-trolley
technetium
technician -s
technicist -s
technocrat -s
technology -gies
tectricial
tediousome
teeny-weeny
teetotally
tegumental
teichopsia
teinoscope
telecamera -s
telecaster -s
telegnosis
telegraphy
telemetric
teleologic
teleonomic
teleostean -s
teleostome -s
Teleostomi
telepathic
telephoner -s
telephonic
telescopic
telescreen -s
telesmatic
televérité
televiewer -s
television -s
televisual
telewriter -s
tellership -s
telling-off
telpherage -s
telpherman -men
telpherway -s
temerously
temperable
temperance
temperedly
tempestive
temporally
temporalty -ties
temporiser -s
temptation -s
temptingly
temulently
tenability
tenantable
tenantless

tenantship -s
tendential
tenderfeet
tenderfoot
tenderiser -s
tenderling -s
tender-loin
tenderness
tendrillar
tendrilled
tenebrific
tenebrious
tenemental
tennantite
tennis-ball
tennis-shoe
ten-pointer
ten-pounder
tension-rod
tentacular
tentaculum -la
tenter-hook
tepidarium -s
teratogeny
teratology
teratomata
termagancy
terminable
terminably
Terminalia
terminally
terminator -s
terneplate
terracotta
terra-firma
terra-rossa
terreplein -s
terrifying
terroriser -s
terrorless
tersanctus
teschenite
tessellate -s,-d,-ting
testaceous
test-flight
testicular
testifying
test-market
testudinal
testudines
tetchiness
tête-de-pont
tetrabasic
tetrachord -s
tetractine
tetraethyl
tetragonat
Tetragynia
tetrameral
tetrameter -s

Tetramorph
Tetrandria
tetraploid
tetrapolis -es
tetraptote -s
tetrasemic
tetraspore -s
tetrastich -s
tetrastyle -s
tetrathlon -s
textualism
textualist -s
texturally
Thailander
thalassian -s
thale-cress
thalictrum -s
thalliform
thanatosis
thankfully
thatchless
thaumasite
theatrical
theistical
themselves
thenabouts
theocratic
theodicean -s
theodolite -s
theogonist -s
theologate -s
theologian -s
theologise -s,-d,-sing
theologist -s
theomaniac -s
theomantic
theonomous
theophanic
theophobia
theophoric
theopneust
theosopher -s
theosophic
theotechny
thereabout
thereafter
thereamong
thereanent
thereunder
Thermalite®
thermionic
thermistor -s
thermogram -s
thermology
thermophil
thermopile -s
thermostat -s
thermotics
thetically
theurgical

thickening -s
thick-grown
thick-skull
thief-taker
thievishly
thill-horse
thimbleful -s
thimble-rig
thinginess
thingumbob -s
thinkingly
thin-walled
thiocyanic
thiopental
third-class
third-party
thirstless
thirteenth -s
thirtyfold
thixotropy
thorn-apple
thorn-devil
thorn-hedge
thorniness
thoroughly
thoughtful
thousandth -s
threadbare -r,-st
thread-cell
thread-worm
threatened
threatener -s
three-cleft
three-parts
threepence -s
threepenny -nnies
three-piece
three-piled
three-pound
threescore -s
three-sided
threnodial
threnodist -s
thriftiest
thriftless
thriveless
thrivingly
throat-band
throat-full
throatwort -s
thrombosis -ses
thrombotic
throneless
throne-room
throttling -s
throughout
through-put
throughway -s
thrown-silk
throw-stick

thruppence -s
thruppenny -nnies
thumbikins
thumb-index
thumb-latch
thumbpiece -s
thumbprint -s
thumbscrew -s
thumb-stall
thunder-box
thunder-god
thundering -s
thunderous
thwartedly
thwartship
thwartways
thwartwise
thymectomy -mies
thyrsoidal
tibiotarsi
ticker-tape
tickety-boo
ticking-off
ticklishly
tiddlywink -s
tide-waiter
tidivation
tie-breaker
tiger-shark
tiger-snake
tightishly
tight-laced
tight-lacer
tiliaceous
tillandsia -s
tiller-rope
tilly-fally
tilly-vally
tilt-hammer
timber-line
timber-mare
timber-toes
timber-tree
timber-wolf
timber-yard
timbrology
time-keeper
time-killer
timelessly
timeliness
time-saving
time-server
time-signal
time-spirit
time-switch
time-thrust
timocratic
timorously
tim-whiskey
tinctorial

tinder-like
tinklingly
tinselling
Tintometer®
tirailleur -s
tirelessly
tiresomely
tiring-room
tirling-pin
tirocinium -s
tirra-lirra
Titanesque
tithing-man
titillator -s
titivation
title-sheet
titubation -s
titularity -ties
toad-eating
tobogganer -s
toccatella -s
tocher-good
tocherless
tocopherol
toddy-ladle
toddy-stick
toffee-nose
toggle-iron
toiletries
toilet-roll
toilet-soap
toilinette -s
toilsomely
token-money
tolerantly
toleration -s
tollbridge -s
tomfoolery -ries
tomfoolish
tomography
tonalitive
tonelessly
tongueless
tonguester -s
tongue-tied
tongue-work
tonishness
tonsilitic
tonsilitis
toolpusher -s
toothbrush -es
toothpaste -s
tooth-shell
topazolite
top-gallant
tophaceous
topicality -ties
topi-wallah
top-knotted
topography

topologist -s
toponymics
topping-out
top-soiling
topsyturvy -ing,-vies
                -ied
torbernite
torch-dance
torchlight -s
torch-staff
tormenting -s
torpedoist -s
torpedo-net
torpescent
torpidness
torrefying
torrent-bow
torrential
torridness
tortellini
tortfeasor -s
tortuosity
tortuously
tossicated
tosticated
totemastic
totipotent
touch-and-go
touchiness
touchingly
touch-judge
touch-me-not
touch-paper
touch-piece
touch-plate
touchstone
toughening -s
tourbillon -s
touring-car
tourmaline
tournament -s
tourniquet -s
towardness
towel-gourd
towel-horse
tower-shell
towing-path
town's-bairn
townswoman -men
toxication
toxicology
toxiphobia
toyishness
trabeation -s
trabeculae
trabecular
trace-horse
Trachearia
tracheated
tracheitis

trachelate
trachytoid
track-scout
tractarian
tractility
tractional
trade-falne
tradesfolk -s
trade-union
traduction -s
traductive
trafficked
trafficker -s
tragacanth -s
tragically
tragi-comic
traitorism
traitorous
trajection -s
trajectory -ries
trammelled
trammeller -s
trammel-net
tramontana -s
tramontane -s
trampoline -s
tramway-car
tranquilly
transactor -s
transcribe -s,-d,-bing
transcript -s
transducer -s
transeptal
transferee -s
transferor -s
transfuser -s
transgress -es,-ing,-ed
transience
transiency
transistor -s
transition -s
transitive
transitory
translator -s
translucid
translunar
transmuter -s
transonics
transplant -s,-ing,-ed
transposal -s
transposer -s
trans-shape
trans-sonic
transudate -s
transvalue -s,-d,-luing
transverse -s,-d,-sing
trap-ladder
trappiness
trashiness
traumatise -s,-d,-sing

traumatism
travelator -s
travelling -s
travelogue -s
travel-sick
traversing -s
travertine
travolator -s
treacherer
tread-wheel
treasonous
trebleness
trecentist -s
tree-burial
tree-mallow
tree-tomato
treillaged
trekschuit -s
tremendous
tremolando -s
tremolitic
tremorless
trenchancy
trench-coat
trench-feet
trepanning
trespasser -s
trey-antler
triaconter -s
triactinal
triandrian
triandrous
triangular
triapsidal
tribometer -s
tribrachic
trichiasis
trichinous
Trichiurus
trichogyne -s
trichology
trichotomy -mies
trichroism
trichromat -s
trichromic
trickiness
trick-track
triclinium -s
tricostate
tricoteuse -s
tricrotism
tricrotous
tricuspate
tricycling -s
tricyclist -s
tridentate
Tridentine
trierarchy -chies
trifarious
triflingly

trifoliate
trifurcate -s,-d,-ting
trigeminal -s
triggerman -men
triglyphic
trigrammic
trilateral -s
trilineate
trilingual
triliteral
trillionth -s
trilobated
trilobitic
trilocular
trilocular
trimmingly
trimonthly
trimorphic
Trinacrian
triniscope -s
trinitrate -s
trinketing -s
trioecious
tripartite
tripewoman -women
trip-hammer
triphthong -s
Triphysite
tripinnate
tripleness
triplicate -s,-d,-ting
triplicity -ties
tripperish
trippingly
tripterous
tripudiary
tripudiate -s,-d,-ting
triquetral
triquetrum -tra
triradiate
trisection -s
trisectrix -es
triskelion -lia
tristichic
trisulcate
tritanopia
tritanopic
triternate
trithionic
tritiation
tritically
triticeous
triturator -s
triumphant
triumphery
triumphing -s
triumviral
trivalence -s
trivalency -cies
trivialise -s,-d,-sing

trivialism
trochanter -s
trochiscus -es
trochoidal
trochotron -s
troctolite
troglodyte -s
Trogonidae
trolley-bus
trolley-car
trolley-man
Trollopean
Trollopian
trolloping
trollopish
trombonist -s
tromometer -s
troop-horse
tropaeolum -s
trophesial
trophology
Trophonian
tropically
tropic-bird
tropologic
tropopause
tropophyte -s
Trotskyism
Trotskyist
Trotskyite
troubadour -s
troubledly
trou-de-loup
trou-madame
trousering -s
trouser-leg
trousseaux
trout-spoon
troutstone
trouvaille -s
trowelling
truantship
truckle-bed
truculence
truculency
truffle-dog
truffle-pig
trumpeting -s
truncately
truncation -s
trundle-bed
trunk-maker
trunnioned
trustfully
trust-house
trustiness
trustingly
truthfully
truth-value
tryptophan

tsarevitch -es
tsesarevna -s
Tuberaceae
tubercular
tuberculin
tuberculum -s
tuberiform
tuberosity -ties
tubicolous
tub-thumper
tubularian -s
tubularity -ties
tubulation -s
tubulature -s
Tudoresque
tuffaceous
tuftaffeta
tuftaffety
tuft-hunter
tuitionary
tularaemia
tularaemic
tulip-eared
tumble-cart
tumbledown
tumble-dung
tumblerful -s
tumble-weed
tumescence -s
tumorgenic
tumultuary
tumultuate -s,-d,-ting
tumultuous
tunbellied
tuning-fork
tunnelling -s
turbidness
turbinated
turbulator -s
turbulence -s
turbulency -cies
Turcophile
Turcophobe
turgescent
turgidness
turkey-cock
turkey-trot
Turko-Tatar
turnaround -s
turnbroach -es
turnbuckle -s
turning-saw
turnip-flea
turpentine -s,-d,-ning
turpentiny
turret-ship
Turritella
turtleback -s
turtle-dove
turtle-soup

tusser-silk
tutorially
tutworkman -men
tuzzi-muzzy
twangingly
tweedledee -s,-ing,-d
tweedledum -s
'tween-decks
tweet-tweet
twelfth-day
twelvefold
twelve-note
twelve-tone
twenty-five
twentyfold
twenty-four
twilighted
twi-natured
twinflower -s
twin-sister
twittering -s
twittingly
two-wheeled
two-wheeler
two-year-old
twy-natured
Tyburn-tree
tympanites
tympanitic
tympanitis
type-cutter
type-holder
typescript -s
typesetter -s
typewriter -s
typhaceous
typhlology
typicality
typography -phies
typologist -s
Tyrannidae
tyrant-bird
Tyrolienne
Tyrrhenian

U

Ubermensch
ubiquarian -s
ubiquitary
ubiquitous
Ugro-Finnic
ugsomeness
uintathere -s
ulceration -s
ulcerative
ulcerously
ulsterette -s
ulteriorly
ultimately
ultrabasic

ultrafiche -s
ultra-rapid
ultrashort
ultrasonic
ultrasound
ultroneous
umbellated
umbellifer -s
umbilicate
umbonation -s
umbraculum -s
umbrageous
umbratical
umbrellaed
umpireship -s
unabridged
unabsolved
unacademic
unaccented
unactuated
unadjusted
unadmiring
unadmitted
unaffected
unallotted
unaltering
unamenable
un-American
unamusable
unanalysed
unanalytic
unanchored
unanimated
unannealed
unanswered
unappalled
unapparent
unappeased
unapprised
unapproved
unarguable
unarmoured
unarranged
unartfully
unartistic
unascended
unaspiring
unassailed
unassigned
unassisted
unassuaged
unassuming
unatonable
unattached
unattained
unattended
unattested
unavailing
unavowedly
unawakened

unbailable
unbalanced
unbaptised
unbarbered
unbattered
unbearable
unbearably
unbeatable
unbeavered
unbecoming
unbedimmed
unbedinned
unbegotten
unbeguiled
unbeholden
unbelieved
unbeliever -s
unbenignly
unbesought
unbespoken
unbestowed
unbetrayed
unbettered
unbewailed
unbiblical
unbirthday -s
unblamable
unblamably
unbleached
unblenched
unblinking
unblissful
unbloodied
unblushing
unboastful
unbonneted
unborrowed
unbottomed
unbranched
unbreached
unbreathed
unbreeched
unbribable
unbrokenly
unbudgeted
unbundling
unburdened
unbuttered
unbuttoned
uncandidly
uncanonise -s,-d,-sing
uncared-for
uncarpeted
uncensored
uncensured
unchanging
uncharming
unchastely
unchastity
uncheerful

unchristen -s,-ing,-ed
uncleansed
unclerical
uncloister -s,-ing,-ed
unclubable
uncoffined
uncoloured
uncommonly
uncommuted
unconfined
unconfused
unconjugal
unconsoled
unconstant
unconsumed
uncreating
uncredible
uncritical
unctuosity
unctuously
uncultured
uncumbered
uncurbable
uncustomed
undebarred
undeceived
undecimole -s
undecisive
undeclared
undefeated
undefended
undelaying
undeniable
undeniably
undeplored
undepraved
undeprived
underactor -s
underagent -s
underbelly -llies
underboard
underborne
underbough -s
underbrush -es,-ing,-ed
underbuild -s,-ing
          -built
underclass
under-clerk
undercliff -s
undercover
under-craft
undercrest
undercroft -s
underdrain -s,-ing,-ed
underdress -es,-ing,-ed
underdrive
underearth
underfloor
underglaze
undergoing

427

undergrove -s
undergrown
underjawed
underlayer -s
underlease -s,-d,-sing
underlinen -s
underlying
underminer -s
undernamed
underneath
undernoted
underntime
underpants
under-power
underprize -s,-d,-zing
underproof
underquote -s,-d,-ting
underscore -s,-d,-ring
underscrub -s
undersense -s
undersexed
undershirt -s
undershoot -s,-ing,-shot
undershrub -s
undersized
underskirt -s
underslung
underspend -s,-ing
       -spent
understand -s,-ing
       -stood
understate -s,-d,-ting
understeer -s,-ing,-ed
understock -s
understood
understudy -ing,-dies
       -ied
undertaken
undertaker -s
undertimed
undertoned
under-trick
under-tunic
undervalue -s,-d,-luing
undervoice -s
underwater
underworld
underwrite -s,-ting
       -wrote
       -written
undescried
undeserved
undeserver -s
undesigned
undesiring
undesirous
undetected
undeterred
undigested
undirected

undismayed
undisposed
undisputed
undiverted
undivested
undivorced
undivulged
undoctored
undomestic
undoubtful
undoubting
undramatic
undreading
undreaming
undressing -s
undrooping
undulately
undulating
undulation -s
undulatory
uneasiness
uneclipsed
uneconomic
unedifying
uneducable
uneducated
uneffected
unembodied
unemphatic
unemployed
unenclosed
unendeared
unendingly
unenriched
unenslaved
unentailed
unentitled
unenviable
unenviably
unequalled
unerasable
unerringly
unescorted
unevenness
uneventful
unexacting
unexamined
unexampled
unexcelled
unexciting
unexcluded
unexecuted
unexpanded
unexpected
unexpiated
unexplored
unextended
unfadingly
unfairness
unfaithful

unfallible
unfamiliar
unfastened
unfathered
unfatherly
unfathomed
unfeasible
unfeatured
unfeigning
unfellowed
unfeminine
unfettered
unfilially
unfillable
unfilleted
unfiltered
unfinished
unflagging
unfocussed
unforcedly
unforcible
unfordable
unforeseen
unforested
unforetold
unforgiven
unforsaken
unfortuned
unfostered
unfoughten
unfrequent
unfriended
unfriendly
unfrighted
unfruitful
unfurrowed
ungainsaid
ungarnered
ungartered
ungathered
ungenerous
ungoverned
ungraceful
ungracious
ungrateful
ungrounded
ungrudging
unguentary -ries
unhallowed
unhampered
unhandsome
unhardened
unhazarded
unhealable
unheededly
unhelmeted
unheralded
unheroical
unhindered
unhistoric

unholiness
unhomelike
unhonoured
unhoped-for
unhouseled
unhouzzled
unhumanise -s,-d,-sing
unhurrying
unhygienic
uniaxially
unicameral
unicentral
unicostate
unidealism
uniflorous
uniformity -ties
unigenitus
unilabiate
unilateral
unilingual
uniliteral
unilobular
unilocular
unimagined
unimmortal
unimpaired
unimparted
unimplored
unimposing
unimproved
uninclosed
unindeared
uninfected
uninflamed
uninflated
uninformed
uninspired
unintended
uninuclear
uninvested
uninviting
uninvolved
unipartite
uniqueness
uniseriate
unisonally
unisonance -s
unitedness
unitholder -s
univalence -s
univariant
univariate
university -ties
univocally
univoltine
unjustness
unkindness
unkinglike
unknighted
unknightly

unknowable
unlabelled
unlaboured
unladylike
unlamented
unlawfully
unleavened
unleisured
unlessoned
unlettered
unlicensed
unlifelike
unlikeable
unlikeness
unliquored
unlistened
unliterary
unliveable
unloveable
unlovingly
unmaidenly
unmailable
unmanacled
unmanfully
unmannered
unmannerly
unmastered
unmaterial
unmaternal
unmeasured
unmechanic
unmeetness
unmellowed
unmerciful
unmeriting
unmetalled
unmetrical
unmilitary
unmodified
unmolested
unmorality
unmortised
unmotherly
unmoveable
unmoveably
unmuzzling
unnameable
unnoticing
unnumbered
unnurtured
unobedient
unobscured
unobserved
unobtained
unoccupied
unoffended
unofficial
unordained
unordinary
unoriginal

unorthodox
unossified
unovercome
unoxidised
unpacified
unpampered
unpanelled
unparadise -s,-d,-sing
unparallel
unpardoned
unparental
unparented
unpassable
unpastoral
unpastured
unpathetic
unpeaceful
unpeerable
unpeppered
unperfumed
unperilous
unperished
unperjured
unpickable
unpillared
unpillowed
unplausive
unplayable
unpleasant
unpleasing
unploughed
unpoetical
unpoisoned
unpolicied
unpolished
unpolitely
unpolluted
unpopulous
unpossible
unpowdered
unpregnant
unprepared
unpriestly
unprincely
unprisoned
unprizable
unproduced
unprofaned
unprofited
unprolific
unpromised
unprompted
unproperly
unproposed
unprovable
unprovided
unprovoked
unpuckered
unpunctual
unpunished

unpurified
unpurposed
unpurveyed
unqualited
unquarried
unquenched
unquotable
unransomed
unratified
unravelled
unraveller -s
unravished
unreadable
unrealised
unreasoned
unrecalled
unreceived
unreckoned
unrecorded
unrecuring
unredeemed
unreformed
unregarded
unrejoiced
unrelative
unreliable
unrelieved
unrelished
unremarked
unremedied
unremitted
unrendered
unrenowned
unrepaired
unrepealed
unrepeated
unrepelled
unrepented
unrepining
unreported
unreposing
unreproved
unrequired
unrequited
unresented
unreserved
unresisted
unresolved
unrespited
unrestored
unretarded
unreturned
unrevealed
unrevenged
unreverend
unreverent
unreversed
unreverted
unrewarded
unrideable

unrightful
unripeness
unrivalled
unromantic
unruffable
unruliment
unruliness
unsafeness
unsalaried
unsaleable
unsanctify -ing,-fies
          -ied
unsanitary
unsatiable
unsatiated
unscabbard -s,-ing,-ed
unscalable
unsceptred
unschooled
unscorched
unscramble -s,-d,-ling
unscreened
unscripted
unscrupled
unsearched
unseasoned
unseconded
unseizable
unsensible
unsensibly
unsettling
unshackled
unshadowed
unshakable
unshakably
unshakenly
unsheathed
unshielded
unshifting
unshingled
unshowered
unshrubbed
unsinkable
unsistered
unsisterly
unsizeable
unsleeping
unslipping
unsmiled-on
unsmirched
unsmoothed
unsociable
unsociably
unsocially
unsoftened
unsolidity
unsolvable
unspeaking
unspecific
unspirited

unsporting
unstanched
unstarched
unsteadily
unstinting
unstooping
unstrained
unstrapped
unstreamed
unstressed
unstriated
unstringed
unstripped
unsublimed
unsuitable
unsuitably
unsummered
unsummoned
unsupplied
unsurmised
unsurveyed
unswayable
unswearing
unswerving
unsymmetry
unsympathy
untainting
untalented
untalked-of
untameable
untameably
untangible
untasteful
untearable
untellable
untempered
untenanted
untendered
untenderly
untethered
unthankful
unthatched
unthinking
unthreaded
unthriftly
untidiness
untillable
untimbered
untiringly
untochered
untortured
untowardly
untrampled
untranquil
untreasure -s,-d,-ring
untrenched
untroubled
untrueness
untrussing
untrustful

untruthful
untuckered
untuneable
unturnable
untwisting
unuplifted
unusefully
unutilised
unvaluable
unvariable
unvendible
unveracity
unverified
unviolated
unvirtuous
unvitiated
unwareness
unwariness
unwatchful
unwavering
unweakened
unweaponed
unwearable
unwearying
unweighing
unwelcomed
unwellness
unwieldily
unwifelike
unwinnowed
unwiseness
unwithered
unwithheld
unwontedly
unworkable
unworthily
unwrinkled
unyielding
up-and-under
upbraiding -s
upbringing -s
upbuilding
upbuoyance
upbursting
upflashing
uphillward
upholstery -ries
upper-class
upper-crust
upper-stock
upperworks
uppishness
upright-man
uproarious
upside-down
upstanding
upsurgence -s
upwardness
Ural-Altaic
uranalysis

uranometry
urbanistic
urbanology
Uredinales
uredosorus -es
uredospore -s
uredo-stage
ureteritis
urethritic
urethritis
urinalysis
urinometer -s
urinoscopy
urochordal
urogenital
urographic
urological
uropoiesis
urostegite -s
urosthenic
Urticaceae
urticarial
urtication
usefulness
usquebaugh -s
ustulation
usucapient -s
usucaption -s
usuriously
usurpation -s
usurpatory
usurpature -s
usurpingly
uterectomy -mies
utilisable
utopianise -s,-d,-sing
utopianism
uxorilocal
uxoriously

V

vaccinator -s
vacuolated
vacuum-tube
vaginismus
validation -s
valleculae
vallecular
valorously
value-added
valvulitis
vampire-bat
vanadinite
vanishment -s
vanity-case
vanquisher -s
vaporiform
vaporosity -ties
vaporously
vapour-bath

vapulation -s
varicellar
varicocele -s
varicosity -ties
varicotomy -mies
variegated
variegator -s
varietally
variolator -s
variolotic
variometer -s
varitypist -s
varnishing -s
vascularly
Vaticanism
Vaticanist
vaticinate -s,-d,-ting
vaudeville -s
vauntingly
vectograph -s
vegetarian -s
vegetating
vegetation
vegetative
vehemently
veldschoen
velitation -s
velocipede -s
velutinous
velvet-crab
velvet-duck
velvet-leaf
velvet-pile
venatorial
veneer-moth
veneficous
veneration -s
Venetianed
vengefully
venomously
ventilable
ventilator -s
ventricose
ventricous
ventricule -s
venus-shell
verandahed
verbena-oil
verge-board
vergership -s
veridicous
verifiable
verkrampte -s
vermicelli
vermicidal
vermicular
vermifugal
vernacular -s
vernissage
verse-maker

verse-smith
versicular
versifying
versionist -s
Vertebrata
vertebrate -s
vertically
vertigines
Vertoscope®
Verulamian
vesication -s
vesicatory -ries
vesiculate
vesiculose
vesper-bell
vespertine
vespiaries
vestibular
vestibulum -s
vestmented
vest-pocket
vestry-room
veterinary -ries
vexingness
vibraculum -la
vibraphone -s
vibrograph -s
vibrometer -s
vice-consul
vice-county
viceregent -s
vichyssois
vicomtesse
victimiser -s
victoriana
victorious
victualled
victualler -s
videophone -s
Vietnamese
viewfinder -s
view-halloo
viewlessly
vigilantly
vignettist -s
vigorously
villainage -s
villainess -es
villainous
villanelle -s
Villanovan
villeinage -s
Vincentian
vindemiate -s,-d,-ting
vindicable
vindicator -s
vindictive
vine-branch
vinegar-eel
vinegar-fly

vinegarish
vine-mildew
vinologist -s
vinylidene
violaceous
viperiform
viperously
viraginian
viraginous
Vireonidae
virescence
virginally
virgin-born
virginhood
virologist -s
virtualism
virtualist -s
virtuality
virtueless
virtuosity -ties
virtuously
virulently
viscachera -s
viscometer -s
viscometry
viscountcy -cies
visibility -ties
Visigothic
visiogenic
visionally
visionless
visitation -s
visitative
visitorial
visualiser -s
vitalising
vitalistic
vitalities
vitaminise -s,-d,-sing
vitellicle -s
viticolous
vitiferous
vitiligate -s,-d,-ting
vitrailled
vitreosity
vitrescent
vitriolate -s,-d,-ting
vitriolise -s,-d,-sing
vituperate -s,-d,-ting
vivandière -s
Viverridae
Viverrinae
viviparism
viviparity
viviparous
vivisector -s
vizard-mask
viziership -s
vocabulary -ries
vocabulist -s

vocational
vociferant
vociferate -s,-d,-ting
vociferous
voetganger
voice-print
Volapükist
volatilise -s,-d,-sing
volatility -ties
volcanised
volitation
volitional
volitorial
volley-ball
Voltairean
Voltairian
Voltairism
voltameter -s
volubility
volumetric
voluminous
voluptuary -ries
voluptuous
volutation -s
vomitorium -s
voraginous
vortically
vorticella -e
vorticular
vouchsafed
voyageable
Vulcanalia
vulnerable

W

wabbliness
wafer-irons
wafer-tongs
waffle-iron
wag-at-the-wa'
wage-freeze
wage-packet
wagon-train
wagon-vault
wainscoted
wainwright -s
waistcloth -s
wait-a-while
waiterhood
Waldensian
walk-around
walky-talky
Wallachian
wall-facing
wallflower -s
wall-lizard
wall-pepper
wall-rocket
wall-to-wall
walnutwood

wambliness
wamblingly
wampum-belt
wampumpeag -s
wanchancie
wanderlust
wander-year
wanrestful
wanthriven
wantonness
wapenschaw -s
wapinschaw -s
wappenshaw -s
wapper-eyed
warblingly
wardenship -s
war-goddess
warmed-over
warming-pan
warrandice -s
warranting -s
warrantise -s
warrioress -es
war-wearied
wash-bottle
washing-day
wasp-tongue
wassail-cup
wassailing
wastefully
watch-chain
watch-clock
watchfully
watch-glass
watch-guard
watch-house
watch-light
watchmaker -s
watch-night
watch-paper
watch-strap
watch-tower
water-blink
water-bloom
water-borne
water-bound
water-brain
water-brash
water-break
water-brose
water-chute
water-clock
water-craft
water-crane
watercress -es
water-elder
water-flood
water-frame
waterfront -s
water-gauge

water-glass
water-guard
water-horse
wateriness
water-joint
water-lemon
water-level
water-melon
water-meter
water-motor
water-mouse
water-music
water-nixie
water-nymph
water-ouzel
water-plane
water-plant
water-plate
water-power
waterproof -s,-ing,-ed
waterquake -s
water-shoot
watersmeet -s
water-smoke
water-snake
water-spout
water-table
water-thief
watertight
water-tower
water-twist
water-wagon
water-wheel
water-wings
water-witch
Watteauish
wattlebark
wattle-bird
wattle-work
wavelength -s
wave-motion
waveringly
way-baggage
way-freight
way-station
way-traffic
weak-handed
weak-headed
weak-hinged
weakliness
weak-minded
weaponless
weapon-shaw
wearifully
weasel-coot
weasel-word
weather-bow
weather-box
weather-eye
weather-gaw

weathering -s
weatherise -s,-d,-sing
weatherman -men
weather-map
weaver-bird
wedding-bed
wedding-day
weedkiller -s
week-ending
weeping-ash
weeping-elm
weigh-board
weigh-house
weightless
Weimaraner
well-beseen
well-boring
well-chosen
well-earned
well-formed
well-gotten
well-graced
well-heeled
wellie-boot
well-judged
well-liking
well-marked
well-minded
well-placed
well-sinker
well-spoken
well-spring
well-thewed
well-to-live
well-turned
well-willer
well-wished
well-wisher
welter-race
wentletrap -s
Wertherian
Wertherism
werwolfish
werwolfism
westernise -s,-d,-sing
westernism
westwardly
whale-louse
whale-shark
whaling-gun
wharfinger -s
whatabouts
whatsoever
wheat-berry
wheat-field
wheat-midge
wheatsheaf -sheaves
wheel-chair
wheel-horse
wheel-house

wheeziness
whensoever
whereabout
wheresoe'er
whereunder
whereuntil
whewellite
whidah-bird
whiggamore -s
Whiggarchy
Whiggishly
whillywhaw -s,-ing,-ed
whimpering -s
whimsiness
whip-handle
whippeting
whip-socket
whip-stitch
whip-tailed
whirl-about
whirl-blast
whirlybird -s
whiskified
whisky-jack
whisky-john
whispering -s
whist-drive
white-beard
white-brass
white-faced
white-hawse
white-heart
white-horse
whitesmith -s
whitethorn -s
white-water
Whit-Monday
Whitsun-ale
Whitsunday
whitterick -s
whity-brown
whizzingly
whole-plate
wholesaler -s
whole-wheat
whomsoever
whorehouse -s
whore's-bird
whydah-bird
wickedness
wickerwork
wicket-gate
widershins
widescreen
widespread
wieldiness
wildcatter
wild-cherry
wildebeest
wilderment -s

wilderness -es
wild-fowler
wild-indigo
wilfulness
willow-herb
willow-weed
willow-wren
willy-nilly
winceyette
Winchester
wind-broken
wind-dropsy
windfallen
wind-flower
windjammer -s
window-bole
windowless
window-pane
window-sash
window-seat
window-sill
windscreen -s
wind-shaken
windshield
wind-sleeve
wind-sucker
wind-tunnel
wine-bibber
wine-cellar
wine-cooler
wine-grower
wine-taster
wine-vaults
wing-footed
wing-sheath
wing-spread
winter-clad
winter-tide
wintriness
wire-bridge
wire-dancer
wired-glass
wire-haired
wire-puller
wire-walker
wireworker -s
wishing-cap
wishy-washy
witch-alder
witchcraft
witch-hazel
witchingly
wit-cracker
withdrawal -s
withdrawer -s
withholden -s
withholder -s
witness-box
wit-snapper
wizen-faced

wobbliness
woefulness
woewearied
Wolfianism
wolframite
wolf's-peach
wolf-spider
woman-built
woman-child
womanfully
woman-grown
woman-hater
womanishly
woman-tired
womenfolks
womenswear
wonderland -s
wonderment
wonder-work
wondrously
wonga-wonga
wontedness
wood-boring
wood-carver
wood-cutter
wooden-head
woodenness
wood-grouse
woodlander -s
woodpecker -s
wood-pigeon
wood-sorrel
wood-spirit
woodthrush -es
wool-carder
wool-comber
wool-driver
wool-grower
woolliness
woolly-bear
woolly-hand
wool-packer
wool-picker
wool-shears
woolsorter -s
wool-staple
wool-winder
word-memory
word-square
workaholic -s
work-basket
work-fellow
working-day
workmaster -s
work-people
work-to-rule
worldscale
world-weary
worm-eating
worm-powder

worryingly
worshipful
worshipped
worshipper -s
worthiness
worthwhile
wraparound -s
wrap-rascal
wrathfully
wrathiness
wreathless
wretchedly
wring-staff
wrist-watch
writership -s
writhingly
writing-ink
written-off
wrong-doing
wrongfully
wrongously
wrong-timed
wry-mouthed
wunderkind -er
Wycliffite
Wykehamist

X

xanthopsia
xenarthral
xenogenous
xenophobia
xerodermia
xerodermic
xerography
xerophytic
xerostomia
xiphopagic
xiphopagus -es
xiphosuran -s
xylochrome
xylogenous
xylography
xylophagan -s
xylophonic
xylotomous
Xyridaceae

Y

yacht-built
yackety-yak
yaffingale -s
Yankeefied
Yarborough
yard-master
yearningly
yeastiness
yeast-plant
yellowback -s
yellow-bird
yellow-eyed
yellow-girl
yellowness
yellow-root
yellow-snow
yellow-soap
yellow-spot
yellow-wash
yellow-weed
yellow-wood
yellow-wort
yellow-yite
yerd-hunger
yerd-hungry
yestereven
yestermorn
yesteryear -s
Yggdrasill
yieldingly
yird-hunger
yird-hungry
ylang-ylang
yoke-fellow
you-know-who
youngberry -rries
yourselves
youthfully
ypsiliform
ythundered
Yugoslavic

Z

zabaglione -s
Zaporogian
zebra-finch

Zend-Avesta
zero-valent
zeuglodont -s
zigzaggery -ries
zigzagging
Zimbabwean
zinc-blende
zincograph -s
zincolysis
zinc-worker
Zoantharia
Zoanthidae
zoanthropy
Zollverein
zone-ticket
zoochorous
zooculture
zoogloeoid
zoographer -s
zoographic
zoolatrous
zoological
zoomorphic
zoophagous
zoophilism
zoophilist -s
zoophilous
zoophobous
zoophytoid
zooplastic
zoosporous
zoothapsis -ses
zoothecial
zoothecium -cia
zootherapy
zootomical
zootrophic
zootsuiter -s
zumbooruck -s
zwitterion -s
Zygaenidae
zygobranch -es
zygodactyl
zygomorphy
zygomycete -s
zygosphene -s
zymologist -s

A

abactinally
abandonedly
abandonment -s
abbey-lubber
abbreviator -s
abdominally
abecedarian -s
abhorrently
abiogenesis
abiogenetic
ablactation
ablatitious
ablutionary
abnormalism
abnormality -ties
abolishable
abolishment -s
abolitional
abomination -s
abortionist -s
about-sledge
above-ground
abracadabra -s
abranchiate
abridgement -s
abscondence -s
absenteeism
absorbingly
abstinently
abstraction -s
abstractive
abstriction -s
abusiveness
academician -s
academicism
Acanthaceae
acarologist -s
acatalectic -s
acataleptic -s
acaulescent
accelerando
accelerator -s
accentually
acceptation -s
acceptivity
accessorial
accessorily
accipitrine
acclamation -s
acclamatory
acclimation -s
acclimatise -s,-d,-sing
acclivitous
accommodate -s,-d,-ting
accompanier -s
accompanist -s
accomptable
accordantly

accordingly
accoucheuse -s
accountable
accountably
accountancy
account-book
accrescence -s
acculturate -s,-d,-ting
accumulator -s
accusatival
accustomary
achaenocarp -s
achievement -s
achromatise -s,-d,-sing
achromatism
acidifiable
acinaciform
acknowledge -s,-d,-ging
acolouthite
acoustician -s
acquiescent
acquirement -s
acquisition -s
acquisitive
acquittance -s
acre-breadth
acriflavine
acrimonious
acromegalic
acronymania
acropetally
actinometer -s
Actinomyces
actuarially
acumination
acupressure
acupuncture
additititious
addle-headed
adenomatous
adiaphorism
adiaphorist -s
adiaphorous
adiathermic
adjectively
adjournment -s
adjudgement -s
adjudicator -s
adminicular
admiralship -s
adolescence -s
adoptianism
adoptianist -s
Adoptionism
adoptionist -s
adscription -s
adulterator -s
adumbration -s
advancement -s
adventuress -es

adventurism
adventurist -s
adventurous
adverbially
adversative
adverseness
advertently
advertising
advisedness
advisership
Aeneolithic
aeolotropic
aerobically
aerobiology
aerodynamic
aeroelastic
aerological
aeronautics
aerostatics
aerostation
aerotropism
Aesculapian
aesthetical
aestivation -s
affectation -s
affectingly
affectional
affectioned
affectively
affectivity -ties
affiliation -s
affirmation -s
affirmative -s
affirmatory
affirmingly
afforcement -s
affranchise -s,-d,-sing
affrication -s
affricative
affrightful
afterburner -s
after-dinner
after-effect
aftergrowth -s
aftersupper
agglomerate -s,-d,-ting
agglutinant -s
agglutinate -s,-d,-ting
aggradation -s
aggravating
aggravation -s
aggregately
aggregation -s
aggregative
agnatically
agnosticism
agonisingly
agonistical
agoraphobia
agoraphobic -s

agrarianism
agriculture
agriproduct -s
agrobiology
agrological
agrostology
aguardiente -s
ahistorical
aides-de-camp
aiguillette -s
ailurophile -s
ailurophobe -s
aimlessness
air-corridor
aircraftman -men
air-mechanic
air-terminal
air-umbrella
Albigensian
albugineous
albuminuria
alcyonarian -s
alder-leaved
aldermanity
alembicated
Alexandrian
alexandrine -s
alexandrite
algebraical
algological
algorithmic
alismaceous
alkalescent
alkalimeter -s
alkalimetry
all-American
all-cheering
allegorical
allegoriser -s
all-electric
allelomorph -s
alleviation -s
alleviative
alleviatory
allineation -s
allocheiria
allopathist -s
alloplastic
allotropism
allotropous
all-powerful
alphabetise -s,-d,-sing
altercation -s
altercative
alternately
alternating
alternation -s
alternative -s
altitudinal
alto-relievo

alto-rilievo
alycompaine -s
amaranthine
amateurship
amativeness
amatorially
amazon-stone
ambiguously
ambitiously
ambivalence -s
ambivalency -cies
ambiversion
amboina-wood
amboyna-wood
ambrosially
ambuscadoes
Amelanchier
amenability -ties
amenorrhoea
amentaceous
amerciament -s
Americanise
Americanism
Americanist
ametabolism
ametabolous
amethystine
amiableness
amicability -ties
amino-acetic
aminobutene
ammophilous
amontillado -s
amorousness
amour-propre
amphetamine -s
amphibolite
amphibology
amphibolous
Amphictyony
amphimictic
amphipodous
amphisbaena -s
amplexicaul
ampullosity
amusiveness
anachronism
anachronous
anacoluthia -s
anacoluthon -tha
Anacreontic
anadiplosis
anaerobiont -s
anaesthesia -s
anaesthesis
anaesthetic -s
anagnorisis
analogously
analphabete -s
anamorphous

anaphorical
anaphylaxis
anaplerosis
anaplerotic
anarchistic
anastomoses
anastomosis
anastomotic
ancestorial
anchor-stock
anchovy-pear
ancientness
androgynous
anecdotally
anecdotical
anemometric
anencephaly
anfractuous
angelically
angelolatry
angelophany
angiography
Anglicanism
Anglo-French
Anglo-Indian
anglomaniac
Anglo-Norman
anglophilia
anglophilic
anglophobia
anglophobic
anglophonic
angst-ridden
animalcular
animalcules
animatingly
anisocercal
anisomerous
anisotropic
annabergite
annihilator -s
anniversary -ries
annunciator -s
anomalistic
anonymously
antecedence -s
antechamber -s
antemundane
antenniform
antenuptial
anteorbital
antependium -s
anteriority
anteversion
antheridium -s
antherozoid -s
Anthesteria
anthochlore
anthocyanin
anthologise -s,-d,-sing

anthologist -s
anthomaniac -s
anthracitic
anthracnose
anthracosis
anthropical
antibilious
Antiburgher
anticathode -s
anticipator -s
anticyclone -s
anti-federal
antifouling
antihelices
anti-heroine
anti-Jacobin
antijacobin -s
antimoniate
antimonious
antineutron -s
antinomical
antipathist -s
antiphonary -ries
antiphrasis
antipyretic -s
antiquarian -s
antiquation -s
antiqueness
antirrhinum -s
anti-Semitic
antispastic
antistrophe -s
antithalian
antitussive -s
antitypical
anti-vitamin
antonomasia
anxiousness
apartmental
apathetical
Apatosaurus
Aphaniptera
aphrodisiac -s
Aphrodisian
aplanospore -s
apocalyptic
apocopation
Apocynaceae
apodictical
apodyterium -s
apogamously
apoliticism
Apollinaris
apollonicon -s
apologetics
apomictical
apomorphine
aponeurosis
aponeurotic
apophyllite

aposiopesis
apostatical
apostleship
apostolical
apostrophic
apostrophus
apotheosise -s,-d,-sing
appallingly
apparatchik -s
apparatuses
apparelling
apparelment
appeachment
appealingly
appeasement
appeasingly
appellation -s
appellative
appertinent
apple-blight
appleringie -s
apple-squire
application -s
applicative
applicatory
appointment -s
appraisable
appreciable
appreciably
appreciator -s
approbation -s
approbative
approbatory
appropinque -s,-d,-quing
appropriate -s,-d,-ting
approvingly
approximate -s,-d,-ting
appurtenant -s
apron-string
aquaculture
aquafortist -s
aquanautics
aquaplaning
aquarellist -s
aquiculture
arabisation
arachnoidal
arachnology
araeometric
araliaceous
arbitrageur -s
arbitrament -s
arbitrarily
arbitration -s
arbitratrix -es
arbitrement -s
arboraceous
arborescent
Arcadianism
archaeology

archaically
archangelic
archdiocese -s
archduchess -es
archdukedom -s
archegonial
archegonium -nia
archenteron -s
arch-heretic
Archimedean
archipelago -(e)s
architraved
arch-prelate
arch-traitor
arch-villain
arduousness
arenicolous
Areopagitic
areosystile -s
Argathelian
argie-bargie
argle-bargle
aristocracy -cies
Arminianism
armoured-car
armour-plate
arquebusade
arquebusier -s
arraignment -s
arrangement -s
arrestation -s
arrhenotoky
arrow-headed
arrow-poison
arse-licking
arterialise -s,-d,-sing
arteriotomy -mies
arthropodal
arthrospore -s
articulable
articulated
articulator -s
artillerist -s
artiodactyl -s
artlessness
asbestiform
ascensional
ascetically
ascititious
Asclepiadic
ascomycetes
ashamedness
aspergation -s
aspergillum -s,-lla
aspergillus
aspersorium
aspheterise -s,-d,-sing
aspheterism
asphyxiated
asphyxiator -s

asportation
assafoetida
assassinate -s,-d,-ting
assay-master
assemblance
assemblyman -men
assentation
assentingly
assertively
assessorial
assiduously
assignation -s
assimilable
association -s
associative
assortative
assuagement -s
assubjugate
assuredness
Assyriology
asthmatical
astigmatism
astonishing
astoundment
astraphobia
astringency -cies
astronomise -s,-d,-sing
astuciously
asynartetic
Atharvaveda
atheistical
Atherinidae
athermanous
athleticism
Atlanticism
Atlanticist
atmospheric
atomisation -s
atrabilious
atramentous
atrociously
attaché-case
attaintment -s
attemptable
attentively
attenuation -s
attestation -s
attestative
attitudinal
attorneydom
attorneyism
attractable
attribution -s
attributive
attritional
attuitional
attuitively
audaciously
audibleness
audiologist -s

audiometric
audiotyping
audio-typist
audio-visual
auditorship -s
augmentable
Augustinian
auld-farrant
auricularly
auriculated
Aurignacian
auscultator -s
austereness
autarchical
autecologic
authentical
authorcraft
autocephaly
autochanger -s
autochthons
autochthony
autoerotism
autogenesis
autographic
autogravure
autokinesis
autokinetic
automatical
automorphic
autonomical
autophagous
autophanous
autoplastic
autotrophic
auxanometer -s
averruncate -s,-d,-ting
avoirdupois
awelessness
awesomeness
awe-stricken
awkwardness
axerophthol
axiological
axiomatical
axonometric
azocompound -s
Azotobacter

B

baby-bouncer
baby-sitting
bacchanalia
bacciferous
baccivorous
bachelordom
bachelorism
Bacillaceae
bacillicide -s
bacilliform
backbencher -s

back-blocker
backbreaker -s
back-country
back-draught
back-ganging
backing-down
backscatter -s,-ing,-ed
backscratch -es,-ing,-ed
backsliding
Baconianism
bactericide -s
bacteriosis
baddeleyite
baffle-board
baffle-plate
baillieship
balefulness
ballet-dance
balletomane -s
balloon-back
balloon-vine
ballot-paper
balm-cricket
balmorality
Baltoslavic
bandy-legged
banefulness
bank-holiday
bank-manager
banteringly
baptismally
barbaresque
barbarously
barbastelle -s
barbiturate -s
Barclaycard
barefacedly
barge-couple
*barge-master
'barge-stones
barley-brake
barley-broth
barley-sugar
barley-water
barnstormer -s
baron-bailie
baronetical
barquentine -s
barrage-fire
barrel-house
barrel-organ
barrier-reef
bar-sinister
Bartholomew
barycentric
bashfulness
bashi-bazouk
Baskerville
basket-chair
basket-maker

basket-weave
basset-hound
bastard-wing
bastel-house
bastinading
bastinadoed
bathing-suit
bathmitsvah -s
bathmitzvah -s
batholithic
bathophobia
bathylithic
bathymetric
bathyscaphe -s
bathysphere -s
batological
batsmanship
battledress
battlefield -s
battle-piece
battleplane
bauson-faced
bay-windowed
beachcomber -s
beach-master
beach-rescue
bear-baiting
bearishness
bear's-breech
beastliness
beaumontage -s
beauteously
beautifully
beauty-sleep
beblubbered
bedevilling
bedevilment
bedizenment
bed-of-honour
beech-marten
beef-brained
beetlebrain -s
befittingly
begging-bowl
Begoniaceae
beguilement -s
beguilingly
behavioural
belatedness
believingly
belle-de-nuit
bellettrist -s
bell-founder
bell-foundry
bell-heather
bellicosely
bellicosity
belligerent -s
bellows-fish
bell-ringing

belly-button
belly-dancer
belly-timber
Belorussian
belowstairs
benchership
Benedictine
benediction -s
benedictive
benedictory
benefaction -s
benefactory
beneficence -s
beneficiary -ries
beneficiate -s,-d,-ting
benevolence -s
benightment -s
benignantly
benthoscope -s
benzylidine
bereavement -s
bergschrund -s
bersaglieri
berthon-boat
beseemingly
besiegement -s
besiegingly
bespreading
bestridable
beta-blocker
betel-pepper
betrothment -s
between-maid
betweenness
betweentime
bevel-wheels
bewildering
bewitchment -s
bias-drawing
bibliogical
bibliolater -s
bibliolatry
bibliomancy
bibliomania
bibliopegic
bibliophile -s
bibliophily
bibliopolic
bibliotheca -s
bicarbonate -s
bicentenary -ries
bicorporate
bicuspidate
Biedermeier
bifoliolate
bifurcation -s
bilaterally
biliousness
bill-chamber
billets-doux

billionaire -s
billsticker -s
bimetallism
bimetallist -s
bimillenary -ries
binocularly
biochemical
biocoenosis
biocoenotic
biodynamics
biofeedback
biomedicine
bipartition -s
biquadratic
bird-batting
bird-brained
bird-catcher
bird-fancier
bird-nesting
bird-watcher
biscuit-root
bisociation -s
bisociative
biting-louse
bitter-apple
bitter-cress
bitter-earth
bittersweet -s
bivouacking
black-and-tan
black-a-vised
black-beetle
blackbirder -s
black-boding
black-browed
black-coated
blackfellow -s
black-fisher
blackgrouse
blackheaded
blackmailer -s
black-market
bladder-worm
bladderwort -s
blamelessly
blameworthy
blarney-land
blasphemous
blastogenic
bleach-field
blemishment
blepharitis
blessedness
blightingly
blind-felled
blind-storey
blizzardous
blockbuster -s
block-system
blood-bought

blood-flower
blood-frozen
blood-guilty
bloodletter -s
blood-spavin
bloodsprent
bloodstream -s
bloodsucker -s
blood-vessel
bloody-bones
bloody-faced
bloody-sweat
blotchiness
blotting-pad
blue-blooded
blunderbuss -es
blunt-witted
blushlessly
board-school
boat-builder
Bodhisattva
body-builder
body-politic
body-servant
bog-asphodel
bogtrotting
Bohemianism
Bombacaceae
bombardment -s
bombilation -s
bombination -s
Bonapartean
Bonapartism
Bonapartist
bonbonnière -s
bondmanship
bondservant -s
bond-service
bond-washing
bone-breccia
bonne-bouche
bonnet-laird
bonnet-piece
bonnet-rouge
book-account
bookbinding -s
booking-hall
bookishness
bookkeeping
book-learned
bookselling
boorishness
boot-catcher
bootlegging
bootlicking
boot-topping
borborygmic
borborygmus
botanically
botanomancy

botheration
bottle-brush
bottle-chart
bottle-glass
bottle-gourd
bottle-green
bottle-nosed
bottle-party
bottom-glade
bottom-grass
boulder-clay
bounteously
bountifully
bouquetière -s
bourgeoisie
bourtree-gun
boutonnière -s
bowdleriser -s
bower-anchor
bowstringed
bow-windowed
boxing-glove
box-junction
boysenberry -rries
brabblement
brachiation -s
Brachiopoda
brachyprism
brachyurous
bracteolate
bradycardia
bradypeptic
braggadocio -s
braggartism
Brahmanical
Brahminical
brainsickly
brains-trust
brain-teaser
bramah-press
bramble-bush
branchiopod -s
branch-pilot
brandy-glass
branfulness
brankursine -s
brass-rubber
brattishing -s
brazen-faced
bread-basket
breadthways
breadthwise
breadwinner -s
breastplate -s
breast-wheel
breathalyse -s,-d,-sing
breathiness
bribery-oath
bricklaying
brickmaking

brickshaped
bridemaiden -s
bridgeboard -s
bridge-drive
bridge-house
brilliantly
brimfulness
brine-shrimp
brissel-cock
bristle-fern
bristle-tail
bristle-worm
bristliness
Bristol-milk
brittleness
brittle-star
broach-spire
broadcasted
broadcaster -s
broad-minded
Brobdingnag
bromidrosis
brotherhood -s
brotherlike
Brotstudien
brucellosis
brush-turkey
brusqueness
brutishness
bryological
bubble-shell
buccinatory
bucket-wheel
buck-passing
buck-washing
buffalo-bird
buffalo-robe
buffer-state
buff-leather
bulbiferous
bulk-carrier
bull-baiting
bullet-proof
bullfighter -s
bullfronted
bullishness
bull-mastiff
bull-terrier
bumble-puppy
bumptiously
bunch-backed
buoyantness
Buprestidae
bureaucracy -cies
burglarious
burgomaster -s
burial-place
burling-iron
bur-marigold
burnishment

burn-the-wind
burnt-sienna
burrowstown −s
Burschenism
Burseraceae
bursiculate
bushel-woman
bushmanship
bushwhacker −s
businessman −men
butcher-bird
butter-cloth
butterflies
butter-knife
butter-paper
butter-plate
butter-print
butter-woman
buttock-mail
butt-welding
butyraceous
Byronically
Byzantinism
Byzantinist

C

caaing-whale
cabbage-moth
cabbage-palm
cabbage-rose
cabbage-tree
cabbage-worm
cabbalistic
cable-length
cable-stitch
cachectical
cacogastric
cacographer −s
cacographic
cacophonous
caddishness
Caesalpinia
café-concert
Calabar-bean
calcariform
calceolaria −s
calcicolous
calciferous
calcifugous
calcigerous
calcination −s
calculating
calculation −s
calculative
calefacient −s
calefaction −s
calefactive
calefactory
calendarist −s
calendering

calf-country
calibration −s
californium
calisthenic
call-at-large
calligramme −s
calligraphy
calling-crab
callipygean
callipygous
Callistemon
Callitriche
callousness
calorimeter −s
calorimetry
calumniator −s
Calvinistic
calycanthus −es
calyptrogen −s
Camaldolese
Camaldolite
camaraderie
camel-backed
cameleopard −s
campaniform
campanology
campanulate
Campbellite
campestrian
camp-meeting
canalicular
canaliculus −li
canariensis
canary-grass
cancellated
canceration −s
candelabras
candelabrum −bra
candescence −s
candidature −s
candidiasis
candle-berry
candle-light
candle-power
candle-stick
candy-stripe
Canellaceae
canisterise −s,−d,−sing
cannibalise −s,−d,−sing
cannibalism
cannon-metal
cannon-proof
canonically
canophilist −s
cantharidal
cantharides
cantharidic
canting-coin
capableness
capaciously

capacitance
caparisoned
Capernaitic
capernoited
capernoitie
caper-spurge
capillarity −ties
capillitium −s
capitularly
Cappah-brown
cappernoity
capriccioso
caprolactam
captainship −s
captivating
carabiniere
caravanette −s
caravanning
caravansary −ries
carbocyclic
carbonalite
Carbonarism
carbonation
carbonylate −s,−d,−ting
Carborundum®
carbuncular
carburation
carburetion
carburetted
carburetter −s
carburettor −s
carcinology
carcinomata
cardinalate
cardiograph −s
cardiomotor
cardophagus −es
card-sharper
carefulness
caressingly
caricatural
carilloneur −s
carillonist −s
Carlylesque
carminative −s
carnaptious
carnationed
carnificial
carnivorous
Carolingian
carousingly
carpet-snake
carpogonium −s
carpospores
carrageenan
carrageenin
carriageway −s
carrion-crow
cartography
cartophilic

carunculate
carunculous
carvel-built
caryatidean
cash-account
cashierment
cash-payment
cash-railway
cassiopeium
cassiterite
castellated
castigation -s
castigatory
casting-vote
castle-guard
casuistical
catacaustic -s
catachresis
cataclasmic
cataclastic
cataclysmic
catadromous
catallactic
cataloguise -s,-d,-sing
catalytical
cat-and-mouse
cataphonics
cataplectic
catapultier -s
catastrophe -s
catch-phrase
catch-the-ten
cat-cracking
catechetics
catechising
catechismal
catechistic
categorical
catercorner
cater-cousin
caterpillar -s
cathartical
cathedratic
catheterism
catholicise -s,-d,-sing
catholicism
catholicity
cat's-whisker
caulicolous
cauliculate
cauliflower -s
cauligenous
causatively
causelessly
caustically
cauterising
cavalierish
cavalierism
cave-dweller
cavernously

cavernulous
cavillation -s
cavo-rilievo
ceaselessly
celebration -s
celestially
celliferous
cementation -s
cementatory
cement-stone
cement-water
cenesthesia
cenesthesis
centenarian -s
centigramme -s
centre-board
centre-piece
centrically
centrifugal
centripetal
centrobaric
centuriator -s
cephalalgia
cephalalgic
Cephalaspis
Cephalopoda
cephalotomy -mies
cerargyrite
cerebellous
cerebralism
cerebralist -s
cerebration -s
cerebriform
ceremonious
cerographic
ceroplastic
certifiable
certifiably
certificate -s,-d,-ting
cesarevitch -es
cesarewitch -es
Ceteosaurus
chaff-cutter
chaff-engine
chafing-dish
chafing-gear
chain-armour
chain-bridge
chain-driven
chain-harrow
chain-letter
chain-plates
chain-smoker
chain-stitch
chairperson -s
chalazogamy
chalcedonic
chalcedonyx
challenging
chamberlain -s

chambermaid -s
chameleonic
championess -es
chance-comer
chancellery -ries
chancellory -ries
chandlering
changefully
change-house
channelling -s
chansonette -s
chansonnier -s
chantarelle -s
chanterelle -s
chanticleer -s
chaotically
chapeau-bras
chaperonage -s
characinoid
charcuterie -s
charge-house
charge-nurse
charge-sheet
charismatic
charity-girl
charlatanic
charlatanry
charmlessly
chars-à-bancs
chartaceous
charter-hand
chasmogamic
chastenment -s
chastisable
chaulmoogra -s
Chautauquan
check-action
check-string
cheer-leader
cheese-board
cheesecloth -s
cheese-press
cheese-straw
cheese-wring
cheirognomy
cheiromancy
cheironomer -s
cheironomic
Cheiroptera
cheliferous
chemotactic
chemotropic
chemurgical
Chenopodium
chequerwise
chequer-work
cherishment
cherry-stone
cheval-glass
chiaroscuro -s

chiastolite
chick-a-biddy
chicken-feed
chicken-wire
chieftaincy -cies
chieftainry -ries
childminder -s
Chilognatha
chimney-nook
chimney-nuik
chinoiserie
chip-carving
Chippendale
chiragrical
chirography
chirologist -s
chiromantic
chiropodial
chiropodist -s
chiropteran -s
chirurgical
chisel-tooth
chitterling -s
chitty-faced
chlamydeous
chlorimeter -s
chlorimetry
chlorometer -s
chlorometry
chlorophyll
chloroplast -s
chloroprene
chloroquine
chock-a-block
choice-drawn
choir-master
choir-screen
choir-stalls
chokecherry -rries
choking-coil
cholesteric
cholesterin
cholesterol
Chondrostei
chordophone -s
choregraphy
choreograph -s,-ing,-ed
chorography
chorologist -s
chrismatory -ries
Christendom
christening -s
Christiania
Christianly
christingle -s
Christmassy
Christology
chrome-steel
chrominance -s
chromoplast -s

chromoscope -s
chromosomal
chronically
chronograph -s
chronologer -s
chronologic
chronometer -s
chronometry
chronoscope -s
chrysalides
chrysalises
chrysarobin
chrysoberyl
chrysocolla
chrysocracy
chrysoprase
chuckle-head
church-bench
church-court
church-going
church-mouse
churchwards
churchwoman -men
cicatricula
cigar-holder
cinchoninic
cinder-track
cine-biology
cinema-organ
CinemaScope®
cineritious
cinnabarine
cinquecento
circle-rider
circularise -s,-d,-sing
circularity -ties
circulating
circulation -s
circulative
circulatory
circumciser -s
circumflect -s,-ing,-ed
circumfused
circumlunar
circumpolar
circumsolar
circumspect
circumvolve -s,-d,-ving
Cirrhipedia
Cisatlantic
citharistic
citizenship -s
city-slicker
civilisable
civil-suited
claim-jumper
clairschach -s
clairvoyant -s
clam-chowder
clamorously

clandestine
clanjamfray
clapperclaw -s,-ing,-ed
Clarencieux
class-fellow
classically
classifying
class-leader
clavecinist -s
Clavicornia
clavigerous
claw-and-ball
clay-brained
clean-limbed
cleanliness
clean-living
clean-shaven
clear-headed
clearing-nut
cleistogamy
clergy-woman
clericalism
clericalist -s
cleverality
click-beetle
cliffhanger -s
climacteric
climactical
climatology
clinochlore
clinometric
cliometrics
clodhopping
clog-almanac
cloisonnage
close-banded
close-barred
close-bodied
closed-chain
close-fisted
close-handed
close-hauled
close-lipped
close-reefed
closet-drama
closing-time
clostridial
clostridium -dia
clothes-line
clothes-moth
clothes-pole
clothes-prop
cloud-castle
cloudlessly
cloud-topped
clover-grass
cluster-bomb
cluster-pine
clyster-pipe
coach-office

coadjacency –cies
coadjutress –es
coadunation –s
coadunative
coagulation –s
coagulative
coagulatory
coalescence –s
coalitional
coalitioner –s
coal-scuttle
coal-trimmer
coal-whipper
coarctation –s
coast-waiter
cobblestone –s
coccidiosis
Cochin-China
cock-a-doodle
cockaleekie –s
cock-and-bull
cock-crowing
cockleshell –s
cock-sparrow
cocoa-butter
coconscious
coconut-milk
coconut-palm
code-breaker
codicillary
coeducation
coefficient –s
coenenchyma
coenobitism
coercionist –s
co-essential
co-eternally
co-existence
co-extension
co-extensive
coffee-berry
coffee-house
coffee-stall
coffee-table
cognateness
cognitional
cognitively
cognitivity
cognominate –s,–d,–ting
cognoscente
cognoscenti
cognoscible
cohortative –s
coincidence –s
coincidency –cies
co-inherence
co-inheritor
co-insurance
cold-blooded
cold-casting

cold-forging
cold-hearted
cold-welding
cold-without
coleopteral
coleorrhiza
collaborate –s,–d, –ting
collapsable
collapsible
colleaguing
collectable
collectanea
collectedly
collectible
collegianer –s
collenchyma
colligation –s
colligative
collimation –s
colliquable
collocation –s
collocutory
colloquiums
collusively
colonelling –s
colonelship –s
colonialism –s
colonialist –s
colorimeter –s
colorimetry
colouration –s
colour-blind
colubriform
columbarium –s
columnarity
columniated
combination –s
combinative
combinatory
combustible
combustious
comet-finder
comeuppance –s
come-uppance
comfortable
comfortably
comfortless
comicalness
commandment –s
commemorate –s,–d,–ting
commendable
commendably
commendator –s
commensally
commentator –s
commination –s
comminative
comminatory
comminution –s
commiserate –s,–d,–ting

commissural
commonality –ties
commonplace –s,–d,–cing
commonsense
common-shore
commotional
communalise –s,–d,–sing
communalism
communalist –s
communicant –s
communicate –s,–d,–ting
communistic
commutation –s
commutative
compactedly
compactness
compaginate –s,–d,–ting
companiable
companioned
comparative
compartment –s
compassable
compass-card
compearance –s
compellable
compendious
compendiums
compensator –s
competently
competition –s
competitive
compilation –s
compilatory
compilement –s
complacence
complacency
complainant –s
complaining –s
complaisant
completable
complexness
compliantly
complicated
complotting
componental
comportment
composition –s
compositive
compossible
compost-heap
compotation –s
compotatory
compression –s
compressive
compressure –s
comprimario –s
comprisable
Comptometer®
comptroller –s
compulsitor –s

compunction -s
compurgator -s
computation -s
computative
computerise -s,-d,-sing
comradeship
comstockery
comstockism
concatenate -s,-d,-ting
concealable
concealment -s
conceitedly
conceitless
conceivable
conceivably
concentered
concentrate -s,-d,-ting
concentring
conceptacle
conceptious
concernancy
concernedly
concernment -s
concertante -s
concert-goer
concert-hall
concessible
conciliable
conciliator -s
concipiency
conciseness
concolorate
concolorous
concomitant -s
concordance -s
concrescent
concubinage
concubinary
concubitant -s
concurrence -s
concurrency -cies
condemnable
condensable
condignness
condisciple -s
conditional
conditioned
conditioner -s
condolatory
condolement -s
condominium -s
condonation -s
condottiere
condottieri
conducement -s
conductance -s
conductible
conductress -es
condylomata
confabulate -s,-d,-ting

confarreate
confederacy -cies
confederate -s,-d,-ting
conferrable
confessedly
confidently
confidingly
configurate -s,-d,-ting
confineless
confinement -s
confirmable
confirmator -s
confiscable
confiscator -s
conflagrant
conflagrate -s,-d,-ting
conflicting
confliction -s
conflictive
confluently
conformable
conformably
confutation -s
confutative
confutement -s
congealable
congealment -s
congelation -s
congenerous
congenially
congestible
congregated
congressman -men
congruously
conirostral
conjectural
conjugality
conjugating -s
conjugation -s
conjugative
conjunction -s
conjunctiva -s
conjunctive
conjuncture -s
conjuration -s
conjurement -s
connascence -s
connascency -cies
connectable
connectedly
connectible
connoisseur -s
connotation -s
connotative
connubially
connumerate -s
conquerable
consanguine
consciously
consecrator -s

consecution -s
consecutive
consentient
consequence -s
conservable
conservancy -cies
conservator -s
considerate
considering -s
consignable
consignment -s
consilience -s
consimility -ties
consistence -s
consistency -cies
consociated
consolation -s
consolatory
consolatrix -es
consolement -s
consolidate -s,-d,-ting
consonantal
consonantly
conspecific -s
conspicuity
conspicuous
conspirator -s
constellate -s,-d,-ting
consternate -s,-d,-ting
constipated
constituent -s
constrained
constricted
constrictor -s
construable
constructer -s
constructor -s
constuprate
consultancy -cies
consumerism
consumerist -s
consummator -s
consumption -s
consumptive -s
containable
containment -s
contaminant -s
contaminate -s,-d,-ting
contango-day
contemplant -s
contemplate -s,-d,-ting
contenement
contentedly
contentious
contentless
contentment
conterminal
contestable
continental -s
continently

contingence -s
contingency -cies
continuable
continually
continuance -s
continuator -s
continuedly
contorniate -s
contrabasso -s
contractile
contraction -s
contractive
contractual
contracture -s
contra-dance
contraption -s
contrariety -ties
contrarious
contrastive
contra-tenor
contrayerva -s
contretemps
contributor -s
contrivable
contrivance -s
controlling
controlment -s
controversy -sies
contubernal
contumacity -ties
conurbation -s
Convallaria
convenience -s
conveniency -cies
conventicle -s
convergence -s
convergency -cies
conversable
conversably
conversance
conversancy
convertible -s
convertibly
conveyancer -s
convicinity -ties
convincible
convivially
convocation -s
convolution -s
Convolvulus
convulsible
cony-catcher
cookery-book
cook-general
cookie-shine
cool-tankard
cooperation -s
co-operation
cooperative -s
co-operative

coordinance -s
co-ordinance
coparcenary -ries
coparcenery -ries
coping-stone
copiousness
copper-beech
copper-faced
copperplate -s
coppersmith -s
copper-works
copple-crown
copple-stone
coprolaliac
coprophagan -s
coprophagic
coprophilia
coprosterol
coral-island
coralliform
coralloidal
corbel-table
corbiculate
corbie-steps
cordialness
cordwainery
co-rivalship
cork-cambium
cormophytic
corn-cracker
corner-stone
corner-teeth
cornhusking -s
cornice-hook
cornice-pole
cornice-rail
cornice-ring
corniculate
corniferous
cornigerous
cornucopian
corolliform
coronagraph -s
coronograph -s
corporality
corporately
corporation -s
corporatism
corporatist -s
corporative
corporeally
corpulently
corpuscular
correctable
correctible
correctness
correlation -s
correlative -s
corrigendum -da
corroborant

corroborate -s,-d,-ting
Corrodentia
corrosively
corrugation -s
corruptible
corruptibly
corruptness
coruscation -s
corybantism
co-signatory
cosmetician -s
cosmeticise -s,-d,-sing
cosmeticism
cosmetology
cosmocratic
cosmogonist -s
cosmography
cosmologist -s
cosmopolicy -cies
cosmopolite -s
cosmosphere -s
cosmotheism
cosmothetic
cost-account
costiveness
cotoneaster -s
cotton-grass
cottonmouth -s
cotton-plant
cotton-press
cotton-waste
Cotylophora
coulometric
Coulommiers
counselling -s
countenance -s,-d,-cing
counterbase -s
counter-blow
counter-bond
counter-buff
counter-cast
counterdraw -s,-ing,-n
              -drew
counterfeit -s,-ing,-ed
counterfoil -s
counter-fort
counter-glow
countermand -s,-ing,-ed
countermark -s
countermine -s,-d,-ning
counter-move
countermure -s,-d,-ring
counter-pace
counterpane -s
counterpart -s
counterplea -s
counter-plot
counter-roll
counterseal
countersign -s,-ing,-ed

countersink -s,-ing
        -sank,-sunk
counter-time
counter-turn
countervail -s,-ing,-ed
counter-view
counter-vote
counter-work
counting-out
countrified
countryfied
country-folk
country-rock
country-seat
countryside
countrywide
coupling-box
courteously
courtesying
courtierism
courtliness
coxcombical
crabbedness
crackerjack -s
crack-halter
cracovienne -s
crag-and-tail
craggedness
crambo-clink
crane-necked
craniectomy -mies
craniognomy
craniometer -s
craniometry
cranioscopy
crapehanger -s
crappit-head
crappit-heid
crapulosity
crash-helmet
Craterellus
crateriform
cream-cheese
creatianism
creationism
creationist -s
creatorship -s
credibility
credulously
crémaillère -s
crematorial
crematorium -s
crenellated
creophagous
crepehanger -s
crepitation -s
crepitative
crepuscular
crescentade -s
crestfallen

criminalise -s,-d,-sing
criminalist -s
criminality
crimination -s
criminative
criminatory
criminology
cringerous
crisping-pin
crithomancy
criticality
criticaster -s
crocidolite
crocodilian -s
crocodilite
crookbacked
crookedness
crop-dusting
crossbanded
crossbarred
crossbearer -s
crossbowman -men
cross-cousin
cross-garnet
cross-leaved
cross-legged
cross-stitch
cross-tining
crotcheteer -s
crown-antler
crown-lawyer
cruciferous
crucifixion -s
crucigerous
crunchiness
crustaceous
cryobiology
cryophysics
cryosurgery
cryotherapy
cryptically
Cryptogamia
cryptogamic
cryptograph -s
Cryptomeria
crystalline -s
crystallise -s,-d,-sing
crystallite
crystalloid
ctenophoran -s
cubicalness
cuckoo-clock
cudgel-proof
cuir-bouilli
cuir-bouilly
culmiferous
culmination -s
culpability -ties
cultivation -s
cultureless

culverineer -s
cunctatious
cunnilingus
cunningness
cupellation
cupriferous
cupro-nickel
Cupuliferae
curableness
curatorship -s
curialistic
curiousness
curlew-berry
curling-pond
curly-greens
curly-headed
curnaptious
currant-cake
currant-loaf
currant-wine
currentness
currishness
curry-powder
cursoriness
curtailment -s
curtail-step
curtain-fire
curtal-friar
curvilineal
curvilinear
cushion-tire
cushion-tyre
customarily
custom-built
custom-house
Cyatheaceae
cybernetics
cycadaceous
cyclicality
cyclohexane
cyclopaedia -s
cyclopaedic
cycloserine
cyclothymia
cyclothymic
cylindrical
cymophanous
cynicalness
cyperaceous
cypress-knee
cypripedium -dia
Cypro-Minoan
cysticercus -ci
cytogenesis
cytological

D

dactylogram -s
dactylology
daisy-cutter

dak-bungalow
damascening
damask-steel
dame's-violet
damnability
damping-down
dampishness
dancing-girl
dandy-rigged
dangerously
dare-devilry
daring-hardy
dark-lantern
Dasipodidae
dastardness
dauntlessly
day-labourer
dead-clothes
dead-freight
deaf-and-dumb
death-duties
deathliness
death-marked
death-rattle
death-stroke
debarcation -s
debarkation -s
debasedness
debauchedly
debauchment -s
debouchment -s
decameronic
decantation -s
decarbonate -s,-d,-ting
decarbonise -s,-d,-sing
decarburise -s,-d,-sing
deceitfully
decelerator -s
Decemberish
decemvirate -s
deceptively
decerebrate -s,-d,-ting
decerebrise -s,-d,-sing
decillionth -s
deckle-edged
deck-passage
declamation -s
declamatory
declaration -s
declarative
declaratory
declination -s
declinatory
declinature -s
declivitous
decollation -s
décolletage -s
decolourise -s,-d,-sing
decomposite
decorticate -s,-d,-ting

decrepitate -s,-d,-ting
decrepitude
decrescendo -s
decumbently
decumbiture -s
decurionate -s
decurrently
decursively
decussately
decussation -s
deductively
deep-drawing
deep-mouthed
deerstalker -s
defalcation -s
defeasanced
defectively
defenceless
defensative -s
defensively
deferential
defeudalise -s,-d,-sing
defiantness
defibrinate -s,-d,-ting
defibrinise -s,-d,-sing
deficiently
defiliation -s
deflagrator -s
deflexional
defloration -s
defoliation -s
deforcement -s
deformation -s
defraudment -s
deglutinate -s,-d,-ting
deglutition -s
deglutitive
deglutitory
degradation -s
degustation -s
degustatory
dehortation -s
dehortative
dehortatory
dehydration -s
deictically
deification -s
deistically
delectation -s
deleterious
deliberator -s
deliciously
delightedly
delightless
delightsome
delineation -s
delineative
delinquency -cies
deliriously
delitescent

deliverable
deliverance -s
delivery-man
delivery-van
Della-Robbia
Delphinidae
delusionist -s
demagnetise -s,-d,-sing
demagogical
demagoguery
demagoguism
demarcation -s
demarkation -s
demi-bastion
demigoddess -es
demigration -s
demiurgeous
demiurgical
democratise -s,-d,-sing
democratist -s
demographer -s
demographic
demoniacism
demonianism
demonocracy -cies
demonolater -s
demonolatry
demonologic
demonomania
demonstrate -s,-d,-ting
Demosthenic
demountable
demulsifier -s
dendrachate
dendritical
dendroglyph -s
dendrolatry
dendrometer -s
denigration -s
denitration -s
denizenship
denominable
denominator -s
densimetric
denticulate
dentigerous
denumerable
denumerably
denunciator -s
deobstruent -s
deoxidation -s
deoxygenate -s,-d,-ting
deoxygenise -s,-d,-sing
deoxyribose
depauperate -s,-d,-ting
depauperise -s,-d,-sing
dependingly
dephlegmate -s,-d,-ting
deploration -s
deploringly

deplumation
depopulator -s
deportation -s
depravation -s
depravement -s
depravingly
deprecation -s
deprecative
deprecatory
depreciator -s
depredation -s
depredatory
depressible
deprivation -s
deprivative
deprivement -s
depth-charge
deracialise -s,-d,-sing
derangement -s
dereliction -s
dermatology
dermography
desalinator -s
descendable
descendible
describable
description -s
descriptive
desecration -s
desegregate -s,-d,-ting
desensitise -s,-d,-sing
deserpidine
deservingly
desexualise -s,-d,-sing
desiccation -s
desiccative -s
desideratum -ata
designation -s
designative
designatory
desilverise -s,-d,-sing
desinential
desperadoes
desperately
desperation
despoilment
despondence
despondency
despumation -s
destabilise -s,-d,-sing
destination -s
destitution
destroyable
destruction -s
destructive
desultorily
detectivist -s
deteriorate -s,-d,-ting
deteriorism
deteriority

determinacy
determinant -s
determinate
determinism
determinist -s
detestation -s
detractress -es
detrainment -s
detrimental
deuteranope -s
deuteration
deuterogamy
Deuteronomy
Deutschmark
devaluation -s
devastating
devastation -s
devastative
developable
development -s
devil-dodger
deviousness
devolvement -s
devotedness
devotionist -s
devouringly
dexiotropic
dexterously
diabolology
diachronism
diachronous
diacoustics
diacritical
diadelphous
diagnostics
dialectally
dialectical
dialogistic
diamagnetic
diametrally
diametrical
diamond-dust
diamorphine
diaphaneity
diaphoresis
diaphoretic -s
diaphragmal
diapophyses
diapophysis
diapositive
diarthrosis
diascordium
diastematic
diastrophic
diatessaron -s
diathermacy
diathermous
dicephalous
dichogamous
dichotomise -s,-d,-sing

dichotomist -s
dichotomous
dichromatic
dichroscope -s
dicotyledon -s
dictatorial
didacticism
didactylous
differentia
differently
difficultly
diffidently
diffraction -s
diffractive
diffuseness
diffusively
diffusivity
digestively
digitigrade
digladiator -s
dilapidated
dilapidator -s
dilutionary
diluvialist -s
dimensional
dimensioned
dimidiation -s
diminishing -s
dining-table
dinner-dance
dinner-table
dinner-wagon
Dinotherium
Diophantine
dioristical
diotheletic
diothelitic
diphtheroid
diphthongal
diphthongic
diphycercal
diphysitism
diplomatese
diplomatise -s,-d,-sing
diplomatist -s
diprotodont -s
Dipsacaceae
dipsomaniac -s
dipterocarp -s
directional
directivity
directorate -s
directorial
directrices
direfulness
disablement -s
disaccustom -s,-ing,-ed
disaffected
disafforest -s,-ing,-ed
disannuller -s

disapproval -s
disarmament
disassemble -s,-d,-ling
disassembly
disaventure
disbandment -s
disbeliever -s
disbowelled
discalceate -s
discardment
disceptator -s
discernible
discernibly
discernment
discerption -s
discerptive
disciplinal
discipliner -s
discography -phies
discoloured
discomfited
discomycete -s
discontinue -s,-d,-nuing
discophoran -s
discordance -s
discordancy -cies
discothèque -s
discoursive
discourtesy -sies
discrepance -s
discrepancy -cies
discussable
discussible
disembitter -s,-ing,-ed
disembodied
disemburden -s,-ing,-ed
disemployed
disencumber -s,-ing,-ed
disenshroud -s,-ing,-ed
disentangle -s,-d,-ling
disenthrall -s,-ing,-ed
disenthrone
disentrance -s,-d,-cing
disfavourer -s
disgarrison -s,-ing,-ed
disgraceful
disgracious
disgruntled
disguisedly
disgustedly
disharmonic
dishevelled
dishonestly
dishonorary
dishonourer -s
disillusion -s,-ing,-ed
disillusive
disimprison -s,-ing,-ed
disinclined
disinfector -s

disinterest
disjunction -s
disjunctive -s
disjuncture -s
dislikeable
dislocation -s
dislodgment -s
dismastment -s
dismayfully
dismembered
dismissible
dismutation -s
disobedient
disobliging
disordinate
disorganise -s,-d,-sing
disparately
dispatch-box
dispatchful
dispensable
dispensably
dispensator -s
dispersedly
dispiriting
displeasant
displeasing
displeasure -s
disportment
disposingly
disposition -s
dispositive
disproperty
disprovable
disputation -s
disputative
disquietful
disquieting
disquietive
disquietous
disquietude
disremember -s,-ing,-ed
dissectible
dissembling
disseminate -s,-d,-ting
disseminule -s
dissentient -s
dissentious
dissepiment -s
dissertator -s
dissilience
dissimilate -s,-d,-ting
dissimulate -s,-d,-ting
dissipation -s
dissipative
dissociable
dissociably
dissolutely
dissolution -s
dissolutive
dissolvable

dissonantly
dissymmetry
distantness
distasteful
distempered
distensible
distillable
distinction -s
distinctive
distincture
distinguish -es,-ing,-ed
distracting
distraction -s
distractive
distressful
distressing
distribuend -s
distributer -s
distributor -s
distrustful
disturbance -s
disulphuret
disulphuric
disunionist -s
disyllabify -ing,-fies
⠀⠀⠀⠀⠀⠀⠀⠀-ied
disyllabism
ditheletism
dithelitism
dithyrambic
dittography
dive-bombing
divellicate -s,-d,-ting
divergement
divergently
divergingly
diversified
divertingly
divestiture
diving-board
diving-dress
divining-rod
divisionary
divisionism
divorceable
divorcement -s
divulgation -s
doch-an-doris
docibleness
dockisation
dock-warrant
doctrinaire -s
doctrinally
documentary -ries
Dodecagynia
Dodecandria
dodecaphony
dodecastyle -s
Dogberrydom
Dogberryism

doggishness
doggy-paddle
dogmatology
dog's-mercury
dolabriform
dolefulness
dollishness
dolphinaria
dolphin-fish
doltishness
domesticate -s,-d,-ting
domesticise -s,-d,-sing
domesticity
domiciliary
domiciliate -s,-d,-ting
domineering
doomwatcher -s
door-knocker
doorstepper -s
dorsiferous
dorsolumbar
doting-piece
double-agent
double-blind
double-check
double-cross
double-digit
double-dutch
double-eagle
double-edged
double-ender
double-entry
double-faced
double-fault
double-form'd
double-lived
double-mined
double-quick
double-shade
double-sharp
double-space
double-stout
double-think
doubtlessly
doughtiness
douroucouli -s
dovetailing
down-draught
down-hearted
down-setting
down-sitting
down-the-line
down-to-earth
downtrodden
doxographer -s
dracunculus -es
draft-dodger
draggle-tail
dragon's-head
dragoon-bird

dramaticism
dramaturgic
dram-drinker
drap-de-berry
drastically
draughtsman -men
drawing-room
dreadlessly
dreadnaught -s
dreadnought -s
dreamlessly
dredging-box
dress-circle
dress-length
dressmaking
dress-reform
dress-shield
drift-anchor
drift-mining
drill-barrow
drill-harrow
drill-master
drill-plough
dripping-pan
driving-band
driving-gear
dromophobia
dronishness
drop-curtain
drop-forging
Droseraceae
drouthiness
druckenness
drunkenness
dual-control
dual-purpose
dubiousness
ducking-pond
ductileness
Dukhobortsy
dulcifluous
dull-brained
dull-sighted
dumbfounder -s,-ing,-ed
dumpishness
duniewassal -s
duplication -s
duplicative
duplicature -s
duplicitous
durableness
duskishness
dusty-miller
duteousness
dutifulness
dwindlement
dyer's-rocket
dynamically
dynamograph -s
dynamometer -s

dynamometry
dyotheletic
dyothelitic
dysfunction -s
dysharmonic
dyslogistic
dyspathetic
dyspeptical

E

eagle-winged
earnestness
ear-piercing
earth-closet
earthenware
earth-hunger
earthliness
earth-pillar
earthquaked
earth-tremor
east-by-north
east-by-south
easternmost
eating-apple
eating-house
ecblastesis
eccaleobion -s
eccentrical
ecclesiarch -s
eccrinology
Echinoderma
echo-sounder
eclecticism
econometric
ectoblastic
ectogenesis
ectogenetic
ectomorphic
ectoplasmic
ectoplastic
ectothermic
ecumenicism
edification
edificatory
editorially
educability
educational
edulcorator -s
effectively
effectually
efficacious
efficiently
effulgently
egalitarian -s
eglandulose
egomaniacal
egotistical
egregiously
eidetically
eight-square

einsteinium
ejaculation -s
ejaculative
ejaculatory
ejectamenta
ejector-seat
elaborately
elaboration -s
elaborative
elaboratory
elastically
elasticated
elasticness
elastomeric
Elastoplast®
elbow-grease
elder-flower
elderliness
electioneer -s
electorship -s
electrician -s
electricity
electrified
electrocute -s,-d,-ting
electrolier -s
electrology
electrolyse -s,-d,-sing
electrolyte -s
electronics
electrotint -s
electrotype -s
electrotypy
elementally
elephantine
elephantoid
eleutherian
elicitation -s
eligibility
elimination -s
eliminative
eliminatory
Elizabethan
ellipsoidal
ellipticity -ties
elsewhither
elucidation -s
elucidative
elucidatory
elusoriness
elutriation
emanational
emancipator -s
emasculator -s
embarcation -s
embarkation -s
embarrassed
embellisher -s
embittering
emblematise -s,-d,-sing
emblematist -s

emboîtement
embowelling
embowelment -s
embowerment -s
embracement -s
embracingly
embrocation -s
embroiderer -s
embroilment -s
embryologic
embryonated
emery-powder
emmenagogic
emmenagogue -s
Emmenthaler
emolumental
emotionable
emotionally
emotionless
empanelling
empanelment -s
emperorship -s
emphyteusis
emphyteutic
empiecement -s
empirically
empiricutic
emplacement -s
empty-handed
empty-headed
empyreumata
emulousness
emulsionise -s,-d,-sing
enarthrosis
encapsulate -s,-d,-ting
encarnalise -s,-d,-sing
encephaline
encephaloid
encephalous
enchainment -s
enchantment -s
enchantress -es
enchiridion -s
enchondroma -s,-ta
encomiastic
encouraging
encrimsoned
encrustment
encumbrance -s
encystation -s
endearingly
endemically
endemiology
endlessness
endocardiac
endocardial
endocardium -s
endochylous
endometrial
endometrium -s

endomorphic
endophagous
endoplasmic
endoplastic
endorsement -s
endospermic
endothermic
endotrophic
energetical
enfeoffment -s
enforceable
enforcement -s
enfouldered
enfranchise -s,-d,-sing
Enghalskrug
engineering
engorgement -s
engraftment -s
engrailment -s
engrammatic
engrossment -s
enhancement -s
enigmatical
enjambement -s
enkephaline
enlargement -s
enlivenment -s
enneahedral
enneahedron -s
enneandrian
enneandrous
ennoblement -s
enquiration -s
ensanguined
ensepulchre -s,-d
            -chring
enslavement -s
entablature -s
entablement -s
enterectomy -mies
enterostomy -mies
enterotoxin -s
enterovirus -es
enterpriser -s
entertainer -s
enthralling
enthralment -s
entitlement -s
entomophagy
entomophily
entophytous
entrainment -s
entreatable
entreatment -s
entrustment -s
enucleation -s
enumeration -s
enumerative
enunciation -s
enunciative

enunciatory
envelopment -s
enviousness
environment -s
Eoanthropus
epanalepsis -ses
epeirogenic
Ephemeridae
ephemerides
epicheirema -s
epidiascope -s
epigastrium -s
epigenesist -s
epigenetics
epigraphist -s
epileptical
epilogistic
epinephrine
epipetalous
epiphyllous
epiphytical
epiplastral
epiplastron -tra
episcopally
episepalous
epistilbite
epistolical
epithalamia
epithalamic
epithelioma
epithymetic
epitrochoid -s
epoch-making
equableness
equiangular
equibalance -s,-d,-cing
equidistant
equilateral
equilibrate -s,-d,-ting
equilibrist -s
equilibrity
equilibrium -s
equinoctial
equipollent
Equisetales
Equisetinae
equivalence -s
equivalency -cies
equivocally
equivocator -s
eradication -s
eradicative
Erastianism
eremacausis
ergatocracy -cies
ergatomorph -s
Eriodendron
Eriophorous
erotogenous
erotomaniac

erratically
erroneously
erubescence -s
erubescency -cies
erythematic
erythrocyte -s
eschatology
escheatable
escheatment
Escherichia
escritorial
esemplastic
esotericism
Esperantist
espièglerie
essentially
established
establisher -s
estramazone
estranghelo
estrepement
etherealise -s,-d,-sing
ethereality
etheromania
ethnography -phies
ethnologist -s
ethological
Etruscology
etymologise -s,-d,-sing
etymologist -s
eubacterium -ria
eucalyptole
eucharistic
euchologion -s
eudaemonics
eudaemonism
eudaemonist -s
eugenically
eupepticity
euphemistic
eurhythmics
Eurocentric
eurodollars
europeanise -s,-d,-sing
Europeanism
Europeanist
Eurypharynx
Eurypterida
eurypteroid
eurythermal
eurythermic
evagination -s
evanescence -s
evangeliary
evangelical -s
evanishment
evaporation -s
evaporative
evasiveness
evening-star

eventration -s
eventualise -s,-d,-sing
eventuality -ties
everlasting
everywhence
evidentiary
evil-starred
eviternally
evolutional
exaggerator -s
exaltedness
examination -s
exanimation
exanthemata
exasperator -s
exceedingly
excellently
exceptional
excessively
exclamation -s
exclamative
exclamatory
exclusively
exclusivism
exclusivist -s
excommunion
excoriation -s
excorticate -s,-d,-ting
excremental
excrementum -ta
excrescence -s
excrescency -cies
exculpation -s
exculpatory
excursively
ex-directory
executioner -s
executively
executorial
executrices
executrixes
exemplarily
exemplarity
exemplified
exercisable
exfoliation
exfoliative
exhaustible
exhaustless
exhaust-pipe
exhortation -s
exhortative
exhortatory
existential
exoneration -s
exonerative
exorability
exorbitance -s
exorbitancy -cies
exoskeletal

exoskeleton -s
exotericism
expansional
expansively
expansivity
expatiation -s
expatiative
expatiatory
expectantly
expectation -s
expectative
expectingly
expectorant -s
expectorate -s,-d,-ting
expediently
expeditious
expenditure -s
expensively
experienced
expiscation -s
expiscatory
explainable
explanation -s
explanative
explanatory
explication -s
explicative
explicatory
exploitable
exploration -s
explorative
exploratory
explosively
exponential -s
exportation -s
exposedness
expositress -es
expostulate -s,-d,-ting
expressible
expressness
expromissor -s
expropriate -s,-d,-ting
expugnation -s
expurgation -s
expurgatory
exquisitely
exsanguined
exsiccation -s
exsiccative
exstipulate
extemporary
extemporise -s,-d,-sing
extensional
extensively
extenuating
extenuation -s
extenuative
extenuatory
exteriorise -s,-d,-sing
exteriority

exterminate -s,-d,-ting
externalise -s,-d,-sing
externalism
externalist -s
externality -ties
extirpation -s
extirpative
extirpatory
extorsively
extortioner -s
extractable
extractible
extradition -s
extra-floral
extrapolate -s,-d,-ting
extravagant
extravagate -s,-d,-ting
extravasate -s,-d,-ting
extrication -s
extrinsical
exuberantly
eyebrowless
eye-catching

F

fabrication -s
fabricative
face-lifting
facetiously
facilitator -s
facinerious
facsimilist -s
fact-finding
factory-ship
factualness
facultative
faddishness
fainéantise
fair-dealing
fair-seeming
fair-weather
fairy-butter
faith-healer
faithlessly
faithworthy
fallalishly
fallibility
fallow-finch
false-bedded
falsifiable
Falstaffian
falteringly
familiarise -s,-d,-sing
familiarity -ties
fanatically
fanfaronade -s,-d,-ding
fantastical
farawayness
farcicality
fardel-bound

farinaceous
farm-offices
farraginous
far-reaching
farthermore
farthermost
farthingale -s
fascia-board
fasciculate
fascinating
fascination -s
fashionable
fashionably
Fastern's-e'en
fastigiated
fatefulness
father-in-law
fatidically
fatigue-duty
fatiguingly
fatuousness
fault-finder
faultlessly
fauxbourdon -s
favouritism
fawningness
fearfulness
feasibility
feather-edge
feather-head
feather-palm
feather-pate
feather-star
featureless
fecundation
Fehmgericht
feignedness
feldspathic
fell-lurking
fell-running
fell-walking
feloniously
felspathoid -s
fence-lizard
fender-stool
fenestrated
fermentable
fernitickle -s
ferntickled
fernytickle -s
ferociously
ferriferous
ferrography
ferronickel
ferronnière -s
ferruginous
ferulaceous
festinately
festination -s
festschrift -s

fetch-candle
fetichistic
fetishistic
fiançailles
fibrillated
fiddle-de-dee
fiddlestick -s
fidgetiness
field-cornet
fieldworker -s
figure-dance
filamentary
filamentous
filmography -phies
filmsetting
filter-paper
fimbriation -s
financially
finch-backed
fingerboard -s
finger-glass
finger-grass
fingerguard -s
finger-paint
fingerplate -s
fingerprint -s,-ing,-ed
fingerstall -s
finicalness
Finno-Ugrian
fipple-flute
fire-balloon
fire-brigade
fire-control
fire-cracker
fire-fighter
fire-flaught
firelighter -s
fire-marshal
fire-raising
fire-walking
fire-watcher
fire-worship
firmamental
first-footer
first-fruits
fish-bellied
fish-farming
fish-gutting
fishing-frog
fish-packing
fish-torpedo
fissionable
fissiparism
fissiparity
fissiparous
fitting-shop
fivefingers
flabbergast -s,-ing,-ed
flaccidness
flag-captain

flagellated
flagellator -s
flagitation -s
flag-officer
flag-wagging
flamboyance
flamboyancy
flamboyante -s
flammulated
flannelette
flap-mouthed
flapperhood
flatulently
flauntingly
flavourless
flavoursome
flax-dresser
flesh-colour
fleshliness
flesh-market
flesh-monger
fleurs-de-lis
fleurs-de-lys
flexibility
flickertail
flightiness
flinchingly
flirtatious
flocculence
flock-master
floorwalker -s
florescence -s
floriferous
florilegium -gia
flourishing
flower-clock
floweriness
flower-stalk
flowingness
fluctuating
fluctuation -s
fluorescein
fluorescent
fluorimeter -s
fluorometer -s
fluoroscope -s
fluoroscopy
flusterment -s
flustration -s
fly-dressing
folding-door
folliculose
folliculous
follow-board
fomentation -s
Fontarabian
foolishness
footballist -s
footbreadth -s
foot-lambert

footslogger -s
foot-soldier
footstooled
foppishness
foraminated
foraminifer -s
forbearance
forbiddance -s
forbiddenly
forcibility
forcing-pump
forcipation
foreclosure -s
foreignness
foreknowing
foremastman -men
forepayment -s
forereading -s
fore-recited
foreseeable
foreshorten -s,-ing,-ed
foresighted
foresignify -ing,-fies
         -ied
forespurrer
forestaller -s
forestation -s
forethinker -s
forethought -s
foretopmast -s
forevermore
forevouched
forewarning -s
forfeitable
forficulate
forfoughten
forgetfully
forget-me-not
forgettable
forgiveness
forlorn-hope
forlornness
formicarium -ria
formication -s
formularise -s,-d,-sing
formulation -s
fornication -s
forthcoming
fortifiable
fortnightly -lies
fortunately
fortune-book
fortuneless
fortune-tell
forwandered
forwardness
foster-child
foster-nurse
fothergilla -s
foul-mouthed

fountain-pen
four-flusher
four-pounder
four-wheeled
four-wheeler
fractionary
fractionate -s,-d,-ting
fractionise -s,-d,-sing
fractionlet -s
fractiously
fragileness
fragmentary
francomania
francophile -s
francophobe -s
francophone
franc-tireur
frankfurter -s
franklinite
frank-pledge
frantically
franticness
frater-house
fraternally
fraterniser -s
fratricidal
fraudulence
fraudulency
free-and-easy
freebootery
freebooting -s
free-hearted
freeloading -s
freemasonic
freemasonry
free-thinker
free-thought
free-tongued
freight-shed
fremescence
Frenchiness
fretfulness
friableness
fricandeaux
frighteners
frightening
frightfully
frigidarium
frigorifico
fringilline
frivolously
frondescent
frontlessly
front-ranker
front-runner
frostbitten
froth-blower
froth-hopper
frowardness
frowstiness

fructuation -s
frugiferous
frugivorous
fruitlessly
frustration -s
fulguration -s
full-acorned
full-blooded
full-charged
fuller's-herb
full-fledged
full-fraught
full-frontal
full-hearted
full-mouthed
fulminating
fulmination -s
fulminatory
fulsomeness
Fumariaceae
fume-chamber
funambulate -s,-d,-ting
funambulist -s
functionary -ries
functionate -s,-d,-ting
fundamental -s
fund-raising
furciferous
furiousness
furnishings
furnishment -s
furtherance -s
furthermore
furthermost
furthersome
furtiveness
furunculous
fushionless
fusillation -s
fusing-point
fustigation -s
fustilarian
fustilirian

G

gaberlunzie -s
gable-window
gaff-topsail
gain-control
gainfulness
gallantness
gall-bladder
galley-foist
galley-proof
galley-slave
galliambics
galliardise -s
Gallicanism
gallimaufry
gallophobia

Gallovidian
Gallowegian
gallowglass -es
gallows-bird
gallows-foot
gallows-free
gallowsness
gallows-ripe
gallows-tree
gally-bagger
gally-beggar
gambit-piece
game-chicken
gametangium -gia
gametophyte -s
gaming-house
gaming-table
gammerstang -s
gamogenesis
gamotropism
gander-month
gangsterism
garbologist -s
garden-glass
garden-house
Gargantuism
Gargantuist
garlandless
garmentless
garnet-paper
garnishment -s
garrulously
garter-snake
gaseousness
gas-fittings
gas-guzzling
Gasteropoda
gastrectomy -mies
gastrologer -s
gastromancy
gastronomer -s
gastronomic
gastroscope -s
gastrosophy
gastrostomy -mies
gatecrasher -s
gazing-stock
geanticline -s
gegenschein
geitonogamy
gelatiniser -s
gelders-rose
gelseminine
gemmiferous
gemmiparous
gemmologist -s
gemmulation
gemological
gendarmerie -s
genealogise -s,-d,-sing

genealogist -s
generalship -s
generically
genetically
geniculated
genitivally
genouillère -s
genteelness
gentianella -s
gentilitial
gentilitian
gentlemanly
gentlewoman
gentlewomen
genuflexion -s
genuineness
geochemical
geodynamics
geomagnetic
geomedicine
geometrical
Geometridae
geophysical
geopolitics
geostrophic
geosyncline -s
geotactical
geotectonic
Geraniaceae
germaneness
Germanesque
Germanistic
Germanophil
germination -s
germinative
gerontology
gerontophil -s
gerrymander -s,-ing,-ed
gestational
gestatorial
gesticulate -s,-d,-ting
get-together
ghastliness
ghostliness
ghost-writer
giant-killer
giant-powder
giant-stride
gibberellic
gibberellin -s
gibbousness
giddy-headed
gigantesque
giganticide -s
gigantology
gillravitch -es,-ing,-ed
gillyflower -s
gimcrackery
gingerbread -s
girdlestead -s

girlishness
gladfulness
gladioluses
Gladstonian
glaikitness
glamorously
glaringness
glass-blower
glass-cutter
glass-gazing
glassworker -s
glaucescent
glauconitic
glimmer-gowk
gliomatosis
globe-flower
globigerina -e
globularity
glomeration -s
glomerulate
glossectomy -mies
glossodynia
glossolalia
glove-shield
glue-sniffer
glumiferous
Glumiflorae
glutaminase
glutinously
glyphograph -s
glyptotheca -s
gnatcatcher -s
gnathonical
gnomonology
gnostically
gnotobiosis
gnotobiotic
goal-tending
goatishness
goddaughter -s
goddess-ship
god-forsaken
godlessness
gold-beating
gold-digging
goldenberry -rries
goldsmithry
gonfalonier -s
Gongoristic
goniatitoid -s
gonimoblast -s
goniometric
gonococcoid
gonorrhoeal
gonorrhoeic
good-brother
good-evening
good-looking
good-morning
good-natured

goods-engine
goose-flower
goose-winged
gormandiser -s
go-to-meeting
gourmandise
gourmandism
gouvernante -s
gracelessly
gradational
gradationed
gradiometer -s
Graeco-Roman
Grallatores
grammalogue -s
grammatical
gramophonic
grandeeship
grandfather -s
grandiosely
grandiosity
grandmaster -s
grandmother -s
grandnephew -s
grandparent -s
graniteware
granitiform
granivorous
granolithic
granophyric
granularity
granulation -s
granulative
granuliform
granulocyte -s
graphically
graphicness
graphologic
graptolitic
grass-cutter
grasshopper -s
gratulation -s
gratulatory
grave-digger
gravel-blind
gravimetric
graving-dock
gravitation -s
gravitative
grease-heels
grease-proof
great-nephew
greenbottle -s
greengrocer -s
green-keeper
greenockite
Gregarinida
Grenzgänger
gressorious
groatsworth -s

grog-blossom
grotesquely
grotesquery -ries
grouchiness
groundburst -s
ground-elder
ground-robin
groundsheet -s
ground-sloth
groundspeed -s
ground-state
ground-water
grumblingly
grummet-hole
guaniferous
guardedness
gubernation -s
guelder-rose
guerrillero -s
guesstimate -s
guilelessly
guiltlessly
guinea-grass
gull-catcher
gullibility
gully-hunter
gummiferous
gurgitation -s
gutta-percha
gutter-blood
guttersnipe -s
guttiferous
gutturalise -s,-d,-sing
gymnasiarch -s
gymnastical
gymnorhinal
gynaecology
gynaecomast -s
gynostemium -s
gyre-carline
gyrocompass -es
gyrostatics

H
haaf-fishing
haberdasher -s
habilitator -s
habituation -s
hacking-coat
haematocele -s
haematocrit -s
haematology
haemocyanin
haemoglobin
haemophilia
haemoptysis
haemorrhage -s,-d,-ging
haemorrhoid -s
haemostasis
haemostatic

Haggadistic
Hagiographa
hagiography -phies
hagiologist -s
hagioscopic
hair-brained
hair-breadth
hairdresser -s
hair-raising
hairstylist -s
hair-trigger
half-and-half
half-baptise
half-binding
half-blooded
half-brother
half-checked
halfendeale
half-hearted
half-holiday
half-landing
half-leather
half-measure
halfpennies
half-pounder
half-starved
hall-bedroom
hålleflinta
hallucinate -s,-d,-ting
halobiontic
halophilous
Hamiltonian
hammer-brace
hammercloth -s
hamstringed
hand-breadth
handfasting -s
hand-feeding
hand-grenade
handicapped
handicapper -s
hand-knitted
hand-painted
hand-promise
hand-running
handselling
handshaking -s
hand-to-mouth
handwriting -s
handwritten
handwrought
hangability
hang-gliding
haplessness
haplography
haptotropic
harassingly
harbour-dues
harbourless
hard-and-fast

hard-grained
hard-hearted
hard-hitting
hard-mouthed
hard-pressed
hard-visaged
hardwareman -men
hard-wearing
hard-working
hare-brained
hariolation -s
harmfulness
harmoniphon -(e)s
harmonogram -s
harness-cask
harness-room
harpsichord -s
harrowingly
hart's-tongue
harum-scarum
haruspicate -s,-d,-ting
harvest-home
harvest-mite
harvest-tick
hasty-witted
hatchettite
hatefulness
hatlessness
hatti-sherif
haughtiness
haustellate
hazardously
headborough -s
headhunting -s
head-station
healthfully
healthiness
hearse-cloth
heart-easing
hearth-brush
hearth-money
hearth-penny
hearth-stone
heartlessly
heart's-blood
heart-shaped
heart-strike
heart-string
heart-struck
heart-urchin
heathenesse
heavenwards
heavy-handed
heavy-headed
heavyweight -s
hebdomadary -ries
hebephrenia
hebephrenic
Hebraically
heckelphone -s

hectogramme -s
hedge-hyssop
hedge-parson
hedge-priest
hedge-school
hedge-writer
hedging-bill
heedfulness
Hegelianism
hegemonical
heinousness
Heldentenor
helichrysum -s
helicograph -s
heliochrome -s
heliochromy
heliography
heliometric
heliophobic
helioscopic
heliotropin
helispheric
helleborine
Hellenistic
hellgramite
hellishness
helmet-shell
helminthoid
helminthous
helpfulness
helve-hammer
hemeralopia
hemianopsia
hemianoptic
hemihedrism
hemimorphic
hemipterous
hemispheric
hemistichal
hemitropous
hepatectomy -mies
hepatoscopy
Hepplewhite
heptagynous
heptamerous
heptandrous
heptarchist -s
Heracleidan
herbivorous
herb-of-grace
herb-trinity
hercogamous
hereditable
hereinafter
heresiology
heretically
hermeneutic
hermeticity
hero-worship
herpetology

herring-bone
herring-buss
herring-gull
herring-pond
hesperidium -s
Hesperiidae
hetaerismic
hetairismic
heterocercy
heteroclite -s
heteroecism
heterograft -s
Heteroptera
heteroscian -s
heterospory
heterostyly
heterotaxis
heterotopia
heterotopic
heterotroph -s
heterotypic
heterousian
hexagonally
hexametrise -s,-d,-sing
hexametrist -s
hexaplarian
hexastichal
hexateuchal
hibernacula
hibernation -s
hibernicise -s,-d,-sing
Hibernicism
hide-and-seek
hideousness
hiding-place
hierarchism
hierocratic
hierography
hierologist -s
Hieronymian
Hieronymite
hierurgical
high-battled
high-blooded
highbrowism
high-falutin
high-feeding
high-hearted
Highlandman
highly-sexed
high-mettled
high-pitched
high-powered
high-ranking
high-rolling
high-sighted
high-stepper
high-tension
high-voltage
highwrought

hilariously
hill-pasture
hinderlands
hinderlings
hippeastrum -s
hippiatrics
hippiatrist -s
hippocampus -pi
Hippocratic
hippodamist -s
hippodamous
hippodromic
hippologist -s
hippopotami
hircocervus -es
hirsuteness
hispanicise -s,-d,-sing
hispanicism -s
histaminase
histologist -s
historiated
historicise -s,-d,-sing
historicism -s
historicist -s
historicity
historiette -s
histrionics
histrionism
hitherwards
Hobbistical
hobbledehoy -s
hobgoblinry
hoggishness
hog-shoulder
holoblastic
holocaustal
holocaustic
holographic
holohedrism
holophytism
holothurian
home-and-away
home-and-home
home-crofter
home-defence
home-keeping
homeomerous
homeomorphy
homeostatic
homesteader -s
home-stretch
homiletical
homoblastic
homocentric
homoeomeric
homoeomorph -s
homoeopathy
homoerotism
homogeneity
homogeneous

homogenesis
homogenetic
homogeniser -s
homoiousian
homological
homomorphic
homophonous
homoplastic
homopterous
homosporous
homothallic
homothermal
homothermic
homozygosis
honest-to-God
honey-badger
honeycombed
honey-locust
honeymooner -s
honey-sucker
honeysuckle -s
honey-waggon
honorifical
honour-bound
honour-point
hook-climber
hooliganism
hopefulness
hoplologist -s
hop-o'-my-thumb
horn-madness
hornswoggle -s,-d,-ling
horny-handed
horographer -s
horological
horoscopist -s
horripilant
horripilate -s,-d,-ting
horrisonant
horrisonous
horse-collar
horse-couper
horse-dealer
horse-doctor
horse-drench
horse-litter
horseradish -es
horse-riding
hospitalise -s,-d,-sing
hospitality
hospitaller -s
hostess-ship
hostilities
hotel-keeper
hot-spirited
hot-tempered
hounds-berry
hound's-tooth
house-arrest
house-broken

house-factor
housefather -s
householder -s
housekeeper -s
housemaster -s
housemother -s
houseparent -s
housewifely
housewifery
hoverbarrow -s
howsomdever
huckleberry -rries
hucksterage
hucksteress -es
Hudibrastic
huffishness
hugeousness
humbuggable
humectation
humgruffian -s
humiliating
humiliation -s
humiliative
humiliatory
humming-bird
hunchbacked
hundredfold -s
hunt-counter
hunter's-moon
hunting-crop
hunting-horn
hunting-mass
hunting-seat
hunting-song
hunting-tide
hunting-whip
hunt-the-gowk
hurdle-racer
hurley-house
hurly-hacket
hurriedness
hurry-scurry
hurry-skurry
hurtfulness
hurtleberry -rries
husbandland -s
husbandless
husbandlike
hyacinthine
hyalomelane
Hydnocarpus
hydra-headed
hydrargyral
hydrargyrum
hydrobromic
hydrocarbon -s
Hydrocharis
hydrochoric
hydrocyanic
hydrogenate -s,-d,-ting

hydrogenous
hydrography
hydrologist -s
hydrolysate -s
hydromantic
hydromedusa -s
hydrometeor -s
hydrometric
hydropathic
Hydrophidae
hydrophilic
hydrophobia
hydrophobic
hydrophytic
hydrophyton -s
hydroponics
hydrosomata
hydrosphere
hydrostatic
hydrotactic
hydrothorax -es
hydrotropic
hyetography
hygrometric
hygrophytic
hygroscopic
hylogenesis
hylomorphic
hylopathism
hylopathist -s
hylophagous
hylozoistic
Hymenoptera
hymnography
hymnologist -s
hyoplastral
hyoplastron -s
hyoscyamine
hypallactic
hyperactive
hyperacusis
hyperbolise -s,-d,-sing
hyperbolism
hyperboloid -s
hyperborean -s
hypercharge -s,-d,-ging
hypercritic -s
hyperdactyl
hyperdorian
hyperemesis
hyperemetic
hypergamous
hyperinosis
hyperinotic
hyperlydian
hypermarket -s
hyperphagia
hyperplasia
hypersonics
hypersthene

hypertrophy
hyphenation -s
hypnogenous
hypnopaedia
hypnopompic
hypnotistic
hypoaeolian
hypoblastic
hypocorisma
hypocycloid -s
hypogastric
hypoglossal
hypolimnion -s
hypostasise -s,-d,-sing
hypostatise -s,-d,-sing
hypostrophe -s
hypotension
hypotensive -s
hypothecary
hypothecate -s,-d,-ting
hypothenuse -s
hypothermal
hypothermia
hypothesise -s,-d,-sing
hypothetise -s,-d,-sing
hypothyroid
hypotyposis
hypsography -phies
hypsometric
hypsophobia
hysteresial
hysterogeny
hysteroidal
hysterotomy -mies

I
ichnography -phies
ichthyoidal
ichthyolite -s
ichthyology
ichthyopsid -s
Ichthyornis
ichthyosaur -s
iconography
iconologist -s
iconostasis -ses
icosahedral
icosahedron -dra
icosandrian
icosandrous
icteritious
idempotency
identically
identifying
ideographic
ideological
ideopraxist -s
idioblastic
idioglossia
idiographic

idiomatical
idiomorphic
idiotically
ignobleness
ignominious
ignoramuses
Ignorantine
ill-affected
illaqueable
ill-assorted
ill-breeding
ill-disposed
ill-favoured
ill-humoured
illiberally
illicitness
illimitable
illimitably
ill-informed
illiquation -s
illiquidity
ill-mannered
illogically
ill-tempered
illuminable
illuminance -s
illuminator -s
illuminatus -ti
illusionism
illusionist -s
illustrated -s
illustrator -s
illustrious
ill-wresting
imagination -s
imaginative
imbrication -s
imitability
imitatively
immanentism
immanentist -s
immarginate
immediately
immediatism
immedicable
immenseness
immigration -s
immitigable
immitigably
immortalise -s,-d,-sing
immortality -ties
immoveables
imparkation
impartation
impartially
impassioned
impassively
impassivity -ties
impastation
impatiently

impeachable
impeachment -s
impecunious
impedimenta
impenetrate -s,-d,-ting
impenitence
impenitency
imperceable
imperfectly
imperforate
imperialise -s,-d,-sing
imperialism -s
imperialist -s
imperiality -ties
imperilment -s
imperiously
impermanent
impermeable
impermeably
impersonate -s,-d,-ting
impertinent -s
imperviable
impetigines
impetration -s
impetrative
impetratory
impetuosity -ties
impetuously
impignorate -s,-d,-ting
impingement -s
implacental
implausible
implemental
implication -s
implicative
imploration -s
imploratory
imploringly
impolitical
impoliticly
imponderous
importantly
importation -s
importunacy -cies
importunate -s,-d,-ting
importunely
importuning
importunity -ties
imposthumed
impostumate -s,-d,-ting
impoundable
impoundment -s
impractical
imprecation -s
imprecatory
imprecision -s
impregnable
impregnably
impressible
impressment -s

improbation -s
improbative
improbatory
impropriate -s,-d,-ting
impropriety -ties
improvement -s
improvident
improvingly
improvisate -s,-d,-ting
imprudently
impuissance -s
impulsively
impulsivity
inadaptable
inadvertent
inadvisable
inalienable
inalienably
inalterable
inanimation
inappetence
inappetency
inattention
inattentive
inaugurator -s
incalescent
incantation -s
incantatory
incapacious
incapsulate -s,-d,-ting
incarcerate -s,-d,-ting
incardinate -s,-d,-ting
incarnadine -s,-d,-ning
incarnation -s
incendivity -ties
incense-boat
incensement
incertitude -s
incessantly
incinerator -s
incipiently
inclemently
inclination -s
inclinatory
inclusively
incoercible
incogitable
incogitancy
incognisant
incoherence -s
incoherency -cies
incommodity -ties
incompetent -s
Incompletae
incompliant
incomposite
incongruent
incongruity -ties
incongruous
inconscient

inconscious
inconsonant
inconstancy -cies
incontinent
incoronated
incorporall
incorporate -s,-d,-ting
incorporeal
incorrectly
incorruptly
incrassated
increasable
increaseful
incredulity -ties
incredulous
incremation
incremental
incriminate -s,-d,-ting
inculcation -s
inculcative
inculcatory
inculpation -s
inculpatory
incumbently
incunabular
incunabulum -la
incuriosity
incuriously
incurvation -s
incurvature -s
indeciduate
indeciduous
indefinable
indefinably
indehiscent
indemnified
indentation -s
independent -s
indesignate
index-finger
index-linked
indexterity
india-rubber
indifferent
indigestion
indigestive
indignantly
indignation -s
indirection -s
individable
individuate -s,-d,-ting
indivisible
indivisibly
Indo-Chinese
indomitable
indomitably
indubitable
indubitably
inductility
inductional

inductively
inductivity -ties
indulgently
induplicate
industrious
inebriation -s
inedibility
ineffective
ineffectual
inefficient
inelaborate
inelegantly
ineloquence -s
ineluctable
inenarrable
inequitable
inequitably
inescapable
inessential
inestimable
inestimably
inexactness
inexcitable
inexcusable
inexcusably
inexecrable
inexecution
inexhausted
inexistence -s
inexpectant
inexpedient
inexpensive
inextension -s
infangthief
infanticide -s
infantilism -s
infantryman -men
infatuation -s
infecundity
inferential
inferiority -ties
infernality
infertility
infestation -s
infeudation
infiltrator -s
infinitival
infirmarian -s
inflammable
inflammably
inflatingly
inflexional
influential
informality -ties
informatics
information
informative
informatory
infracostal
infrangible

infrequence -s
infrequency -cies
infructuous
ingathering -s
ingeniously
ingenuously
ingratitude -s
ingurgitate -s,-d,-ting
inhabitable
inhabitance -s
inhabitancy -cies
inhabitress -es
inheritable
inheritance -s
inheritress -es
inimicality
initialling
injudicious
injuriously
inkhorn-mate
inking-table
innavigable
innavigably
innervation
innocuously
innominable
innoxiously
innumerable
innumerably
innutrition
inobedience -s
inobservant
inobtrusive
inoculation -s
inoculative
inoculatory
inodorously
inoffensive
inofficious
inoperative
inopportune
inorganised
inquilinism
inquilinity
inquilinous
inquination
inquiration
inquiringly
inquisition -s
inquisitive
insalubrity
insatiately
inscribable
inscription -s
inscriptive
inscrutable
inscrutably
insculpture -s,-d,-ring
insectarium -s
insecticide -s

insectiform
insectifuge -s
Insectivora
insectivore -s
insectology
inseminator -s
insensately
insensitive
insentience
insentiency
inseparable
inseparably
insertional
insessorial
inseverable
insidiously
insincerely
insincerity -ties
insinuating
insinuation -s
insinuative
insinuatory
insipidness
insipiently
insistently
insouciance -s
inspectress -es
inspiration -s
inspirative
inspiratory
inspiringly
inspiriting
inspissator -s
instability -ties
installment -s
instantiate -s,-d,-ting
instatement -s
instaurator -s
instigation -s
instigative
instinctive
instinctual
institorial
institution -s
institutist -s
institutive
instreaming -s
instruction -s
instructive
insufflator -s
insultingly
insuperable
insuperably
intagliated
integrality
integration -s
integrative
intellected
intelligent
intemperant -s

intemperate
intendiment
intensative
intenseness
intensified
intensifier -s
intensitive
intensively
intentional
intentioned
interactant -s
interaction -s
interactive
interallied
interbedded
intercalary
intercalate -s,-d,-ting
intercedent
intercensal
intercepter -s
interceptor -s
intercessor -s
interchange -s,-d,-ging
intercostal
intercourse
intercrural
interdealer -s
interdental
interesting
interfacial
interfacing -s
interfluent
interfluous
interfusion -s
intergatory
Interglossa
intergrowth -s
interiority -ties
interjacent
interleaves
interlinear
interlingua -s
interlining -s
interludial
interlunary
intermeddle -s,-d,-ling
intermedial
intermedium -s
interminate
intermingle -s,-d,-ling
internalise -s,-d,-sing
internality
internecine
internecive
interneural
internodial
internuncio -s
interocular
interosseal
interpolate -s,-d,-ting

interpreter -s
interracial
interradial
interradius -dii
interregnum -s,-na
interrogant -s
interrogate -s,-d,-ting
interrupted
interrupter -s
interruptor -s
interscribe
interseptal
intersertal
intersexual
intersperse -s,-d,-sing
interspinal
intertangle -s,-d,-ling
intertarsal
intertribal
intervallic
intervallum
interventor -s
interviewee -s
interviewer -s
intolerable
intolerably
intolerance -s
intractable
intractably
intrathecal
intravenous
intrenchant
intrepidity
intricately
intriguante -s
intrinsical
intromitted
intromitter -s
intrusively
intuitional
intuitively
intuitivism
intumescent
inturbidate -s,-d,-ting
inusitation
inutterable
invalidhood
invalidness
invectively
inventively
inventorial
investigate -s,-d,-ting
investitive
investiture -s
inviability -ties
invidiously
invigilator -s
invigorator -s
inviolately
involucrate

involuntary
involvement -s
ion-exchange
ionospheric
ipecacuanha
ipsilateral
iridescence -s
iridisation
irksomeness
iron-founder
iron-foundry
iron-hearted
ironmongery -ries
irradiation -s
irradiative
irreceptive
irrecusable
irrecusably
irredentism
irredentist -s
irreducible
irreducibly
irreduction -s
irreflexion -s
irrefutable
irrefutably
irregularly
irrelevance -s
irrelevancy -cies
irreligious
irremission
irremissive
irremovable
irremovably
irreparable
irreparably
irresoluble
irresolubly
irretention
irretentive
irreverence -s
irrevocable
irrevocably
irruptively
isapostolic
isochronise -s,-d,-sing
isochronism
isochronous
isoelectric
isogeotherm -s
isolability
isolecithal
isomagnetic
isometrical
isomorphism
isomorphous
isorhythmic
isotonicity
*Israelitish
*Istiophorus

itacolumite
itchy-palmed
iteratively
ithyphallic
ithyphallus -lli
itinerantly

J

jabberingly
jabberwocky
Jack-pudding
Jacobinical
Jacobitical
Jacob's-staff
Jacqueminot
jactitation
jagging-iron
janitorship -s
jaunting-car
jealoushood
jealousness
jerrymander -s,-ing,-ed
jimpson-weed
jinrickshaw -s
jocoserious
John-a-dreams
Johnsoniana
joint-tenant
journey-work
joylessness
Judaisation
judas-window
Judas-window
judgment-day
judiciously
jumping-bean
jumping-deer
jumping-hare
jumping-jack
jungle-green
juridically
jury-process
justiceship -s
justiciable
justifiable
justifiably
juvenescent

K

kaisar-i-Hind
kangaroo-rat
katabothron -s
katadromous
katavothron -s
keelhauling
keeping-room
Kendal-green
Kentish-fire
keratophyre
kibble-chain

kiddywinkie -s
kidney-stone
kidney-vetch
killikinick
Kimeridgian
kinchin-cove
kinchin-mort
kinderspiel -s
kind-hearted
kindredness
kindredship
kinematical
kinesiatric
kinesiology
kinesipathy
kinetograph -s
kinetoscope -s
king-penguin
king's-yellow
king-vulture
kinnikinick
kirk-session
kiss-me-quick
kitchenette -s
kitchen-maid
kitchen-sink
kite-balloon
kleptomania
knavishness
knee-capping
knee-tribute
knick-knacky
knife-switch
knock-rating
knowingness
know-nothing
knuckle-bone
knuckle-head
Kommersbuch
kriegsspiel -s
Kulturkampf
Kulturkreis
kwashiorkor
kymographic

L

labefaction -s
labiodental -s
laboriously
labradorite
labyrinthal
labyrinthic
laccolithic
lacertilian
lachrymator -s
laciniation
laconically
lacquer-tree
lacrimatory -ries
lacrimosely

lacrymatory -ries
lacrymosely
lactescence
lactiferous
lactifluous
lactoflavin
lady's-finger
lady's-mantle
lady-trifles
lagomorphic
laicisation
lake-dweller
lamellicorn -s
lamelliform
lamentation -s
lamentingly
lammergeier -s
lammergeyer -s
lamp-chimney
lamplighter -s
lamprophyre
Lancastrian
lanceolated
lancinating
lancination
landaulette -s
landfilling
land-grabber
landgravine -s
landholding
landing-beam
landing-gear
landing-ship
land-jobbing
landlordism
land-measure
landscapist -s
landsknecht -s
land-spaniel
land-steward
langoustine -s
languescent
languidness
languishing -s
lanthanides
laparoscope -s
laparoscopy
lapidescent
lapidifying
lapilliform
lapis-lazuli
larcenously
large-handed
large-minded
larrikinism
larviparous
laryngismus
laryngology
laryngotomy -mies
Laserpicium

Laserpitium
lastingness
latch-string
laterigrade
lateritious
latifundium -dia
latirostral
latiseptate
latitudinal
latrocinium
lattice-leaf
lattice-work
laughing-gas
laughworthy
launderette -s
laundry-maid
laurel-water
laurustinus -es
lawlessness
law-merchant
leach-trough
leader-cable
leaf-climber
leaf-cushion
leaf-cutting
leaguer-lady
leaguer-lass
leaping-time
learnedness
leaseholder -s
leather-back
leather-coat
leatherette
leather-head
leather-neck
leave-taking
leaving-shop
lecherously
lectureship -s
leesome-lane
legatissimo
leg-business
legerdemain
legibleness
legionnaire -s
legislation -s
legislative
legislature -s
leglessness
leg-of-mutton
Leguminosae
Leibnitzian
leishmaniae
lemon-yellow
lengthiness
lentiginose
lentiginous
leopard-wood
Lepidoptera
Lepidosiren

Lepidosteus
leprosarium -s
leptocercal
leptodactyl -s
leptorrhine
lese-majesty
lethargical
lethiferous
letter-board
letterpress -es
letter-stamp
leucorrhoea
level-headed
leviratical
levitically
lexigraphic
leze-liberty
leze-majesty
libellously
libertarian -s
liberticide -s
libertinage
libertinism
liberty-boat
librational
lichenology
lickerishly
lick-platter
lickspittle -s
lieutenancy -cies
life-annuity
life-history
lifemanship
life-peerage
life-peeress
life-rentrix
ligamentary
ligamentous
light-footed
light-handed
light-headed
light-heeled
lightkeeper -s
light-legged
light-minded
lightweight -s
light-winged
lignivorous
lignum-scrub
lignum-swamp
lignum-vitae
lilliputian
lily-livered
limitedness
limitlessly
limnologist -s
line-fishing
linen-draper
linen-scroll
line-printer

line-shooter
lingeringly
linguistics
linseed-cake
linseed-meal
lion-hearted
lipomatosis
lipoprotein -s
Lippizzaner
lip-rounding
liquefiable
liquescence
liquescency
Liquidambar
liquidation -s
lissomeness
listeners-in
listening-in
litany-stool
literaliser -s
literalness
literaryism
literatured
lithochromy
lithodomous
lithogenous
lithography
litholapaxy
lithologist -s
lithophysae
lithophytic
lithosphere
lithotomist -s
lithotomous
lithotripsy
lithotritic -s
lithotritor -s
litigiously
littérateur -s
littleworth
livable-with
liver-colour
lixiviation -s
load-bearing
loan-society
loathedness
loathliness
loathsomely
lobby-member
Lobeliaceae
loblolly-bay
loblolly-boy
Lochaber-axe
lock-forward
locorestive
loculicidal
locutionary
lodge-keeper
Loganiaceae
logarithmic

loggan-stone
logicalness
logistician -s
logodaedaly
logographer -s
logographic
logomachist -s
loiteringly
Loliginidae
lonely-heart
longanimity
longanimous
long-clothes
longinquity
long-measure
long-playing
long-purples
long-sighted
long-tongued
long-visaged
long-waisted
loose-bodied
loose-limbed
loose-strife
lophobranch -s
lotus-eaters
loud-mouthed
loudspeaker -s
Louis-Quinze
Louis-Treize
loup-the-dyke
loutishness
louver-board
louvre-board
love-in-a-mist
low-pressure
low-spirited
loxodromics
lubrication -s
lubricative
luckenbooth -s
luckengowan -s
lucratively
lucubration -s
ludicrously
luffer-board
lukewarmish
lumbaginous
lumbricalis -es
Lumbricidae
luminescent
lumpishness
luncheon-bar
luskishness
lustfulness
Lutheranism
luxulianite
luxulyanite
luxuriantly
luxuriation -s

luxuriously
lycanthrope -s
lycanthropy
lychnoscope -s
Lycopodinae
lymphangial
lysigenetic

M

macassar-oil
maceranduba -s
Machaerodus
Machairodus
machicolate -s,-d,-ting
machination -s
machine-made
machine-shop
machine-tool
machine-work
mackerel-sky
macrobiotic
macrocosmic
macrodactyl
macrogamete -s
macroscopic
maddeningly
madefaction
Madonna-lily
madonnawise
madreporite
madrigalian
madrigalist -s
magazine-gun
Magdalenian
maggotorium -s
magisterial
magisterium -s
magistratic
Maglemosian
magnanimity
magnanimous
magnesstone
magnetician -s
magnifiable
magnificent
Mahabharata
maid-servant
mail-carrier
mail-catcher
mailing-card
maintenance -s
maintopmast -s
maintopsail -s
maisonnette -s
maisterdome
make-believe
make-or-break
Malacca-cane
maladaptive
maladjusted

maladroitly
malakatoone -s
malapropism -s
malariology
malediction -s
maledictive
maledictory
malefaction
malefactory
malefically
maleficence
malevolence
malfeasance -s
malfunction -s,-ing,-ed
maliciously
malignantly
mallee-scrub
malposition -s
malpractice -s
malt-extract
mamillation
mamilliform
mammalogist -s
mammiferous
mammography
mammonistic
mammoth-tree
managership -s
mancipation -s
mancipatory
mandarinate -s
mandibulate
manducation -s
manducatory
Manichaeism
manipulable
manipulator -s
man-milliner
manna-groats
manna-lichen
manneristic
manniferous
mannishness
mansard-roof
mantelpiece -s
mantelshelf -shelves
mantua-maker
manufactory -ries
manufacture -s,-d,-ring
manumission -s
manumitting
many-tongued
map-measurer
Marantaceae
Marathonian
marble-edged
marble-paper
marcescible
marchioness -es
marconigram -s

marginalise -s,-d,-sing
margraviate -s
mariculture
Mariologist
Marivaudage
market-cross
market-house
market-place
market-price
market-value
market-woman
marlinspike -s
marquessate -s
marqueterie
marquisette
marriage-bed
marshalling -s
marshalship -s
marshlander -s
marshmallow -s
Marsupialia
martensitic
martinetism
martyrology
Maryologist
masculinely
masculinise -s,-d,-sing
masculinist -s
masculinity
maskallonge -s
masochistic
masquerader -s
massiveness
mass-meeting
mass-produce
master-class
master-clock
masterfully
master-joint
master-mason
masterpiece -s
master-wheel
mastication -s
masticatory
mastodontic
mastoiditis
masturbator -s
matchlessly
matchmaking -s
materialise -s,-d,-sing
materialism
materialist -s
materiality
mathematics
mathematise -s,-d,-sing
matriarchal
matriclinic
matriculate -s,-d,-ting
matrilineal
matrilinear

matrimonial
matroclinic
mawkishness
maxillipede -s
maxim-monger
May-meetings
McCarthyism
McCarthyite
meadow-brown
meadow-grass
meadow-sweet
meaningless
measureless
measurement -s
mechanician -s
mechanistic
mediaevally
mediastinal
mediastinum -s
mediateness
mediatorial
mediatrices
medicinable
medicinally
medicine-man
medico-legal
medievalism
medievalist -s
medium-dated
mediumistic
megaloblast -s
megalomania
megalopolis
Megatherium
Mekhitarist
melancholia
melancholic -s
Melanochroi
melanophore -s
melanterite
melioration -s
meliorative
meliphagous
melliferous
mellifluent
mellifluous
mellivorous
melodiously
meltingness
membraneous
memorabilia
memorialise -s,-d,-sing
memorialist -s
men-children
mendelevium
meningocele
menispermum -s
menorrhagia
men-servants
mensuration -s

mensurative
mentholated
mentionable
mentonnière -s
meprobamate
mercenarily
mercenarism
merchandise -s,-d,-sing
merchantman
merchantmen
mercilessly
mercurially
meritocracy -cies
meritorious
meroblastic
merogenesis
merogenetic
Merovingian
merry-andrew
merrymaking -s
mésalliance
mesenterial
meshuggenah -s
meshuggeneh -s
mesoblastic
mesocephaly
mesomorphic
message-girl
Messiahship
metacentric
metachrosis
metagenesis
metagenetic
metalhedyde
metalliding
metallogeny
metalloidal
metallurgic
metal-worker
metamorphic
metaphorist -s
metaphrasis
metaphysics
metaplastic
metapsychic
metasilicic
metasomatic
metastasise -s,-d,-sing
meteoritics
meteorogram -s
meteorolite -s
meteorology
methodistic
methodology -gies
methylamine
methylation
metonymical
metoposcopy
metrication
metrologist -s

Micawberish
Micawberism
Michurinism
microampere -s
microcephal -s
micrococcal
micrococcus -cci
microcosmic
microgamete -s
micrography
microgroove -s
microlithic
micrologist -s
micrometric
microneedle -s
Micronesian
microphonic
microphytic
microscopic
microsecond -s
microtomist -s
microtubule -s
micturition -s
middenstead -s
middle-class
middle-earth
middle-sized
middle-world
midshipmate -s
milking-time
milk-kinship
milk-livered
milk-pudding
milk-thistle
millefleurs
millenarian -s
millenarism
millet-grass
milliampere -s
millionaire -s
millionfold
mimetically
mimographer -s
mimosaceous
mind-bending
mind-blowing
mindfulness
mind-healing
mind-reading
mine-captain
mineraliser -s
mine-sweeper
mine-thrower
miniaturise -s,-d,-sing
miniaturist -s
ministerial
ministering
ministerium -ria
minnesinger -s
minute-glass

minute-watch
minute-while
mirifically
mirror-image
mirthlessly
misalliance -s
misanthrope -s
misanthropy
misbecoming
misbegotten
misbeliever -s
misbestowal -s
miscarriage -s
miscegenate -s,-d,-ting
miscegenist -s
miscellanea
mischievous
miscibility
misconceive -s,-d,-ving
misconstrue -s,-d
        -struing
miscreation -s
miscreative
misdemeanor
misdevotion -s
misdoubtful
mise-en-scène
misericorde -s
miserliness
misestimate -s,-d,-ting
misfeasance -s
misfeatured
misfortuned
misgovernor -s
misguidance -s
misguidedly
mishallowed
misinformer -s
misinstruct -s,-ing,-ed
misjudgment -s
mismarriage -s
misoneistic
mispersuade -s,-d,-ding
mispleading -s
misrelation -s
misremember -s,-ing,-ed
missheathed
missishness
misspelling -s
mistempered
mistreading
mistrustful
Mithradatic
Mithraicism
Mithridatic
mitrailleur -s
mixotrophic
mockingbird -s
mocking-bird
mock-modesty

modernistic
Moeso-gothic
Mohammedism
Mohorovicic
moisturiser -s
molecatcher -s
mole-cricket
molecularly
molendinary -ries
molestation -s
mollycoddle -s,-d,-ling
molybdenite
momentarily
momentously
Monadelphia
monarchical
monasterial
monasticism
monchiquite
money-broker
money-lender
money-making
money-market
money-spider
money's-worth
monitorship -s
monkey-block
monkey-board
monkey-bread
monkey-gland
monkey-grass
monkey-shine
monkey-trick
monkey-wheel
monoblepsis
monocardian
monocarpous
monochasial
monochasium -sia
monochromat -s
monoclinous
Monocotylae
monocrystal -s
monoculture -s
Monodelphia
monodelphic
monogenesis
monogenetic
monographer -s
monographic
monolatrous
monolingual
monological
monologuise -s,-d,-sing
monologuist -s
monomorphic
monomyarian
mononuclear
monophagous
monophthong -s

monophysite -s
monopoliser -s
monopsonist -s
monothecous
monothelete -s
monothelism
monothelite -s
Monotremata
monovalence
monovalency
monozygotic
Monseigneur
monstrosity -ties
monstrously
Montanistic
montgolfier -s
monticolour -s
monticulate
monticulous
moon-goddess
moonlighter -s
moon-madness
moor-buzzard
mooring-mast
moratoriums
Moravianism
morbiferous
morgenstern -s
moribundity
Moringaceae
morning-gift
morning-gown
morning-land
morning-room
morning-star
morning-tide
morphologic
morris-dance
morsing-horn
mortar-board
mortice-lock
mortiferous
mortise-lock
mossbluiter -s
moss-cheeper
moss-trooper
mothercraft
mother-in-law
mother-naked
mother-right
mother's-mark
mother-water
motor-bandit
motor-driven
motor-launch
mottle-faced
mould-candle
mould-facing
mountain-ash
mountain-cat

mountain-dew
mountaineer -s,-ing,-ed
mountainous
mountain-tea
mountain-top
mountenance
mouse-colour
moustachial
mouth-friend
mouth-honour
movableness
moveability
moxibustion -s
muddy-headed
mud-slinging
muffin-fight
muffin-worry
mulberry-fig
Mulciberian
multangular
multanimous
multicolour
multicuspid -s
multifidous
multijugate
multijugous
multilineal
multilinear
multilobate
multinomial -s
multiparity
multiparous
multiplexer -s
multiplying
multipotent
multiracial
multiserial
multisonant
multispiral
multistorey
multivalent
mumpishness
Munchhausen
municipally
munificence -s
munitioneer -s
murderously
murmuration -s
murmuringly
murmurously
muscatorium -s
Muschelkalk
muscle-bound
muscovy-duck
muscularity
musculation -s
musculature -s
museologist -s
museum-piece
musicalness

music-holder
music-master
music-seller
muskellunge -s
musket-proof
musk-thistle
mussel-scalp
mussel-scaup
mussel-shell
mussitation -s
Mussulwoman
mustachioed
mustard-tree
muster-party
mutableness
mutationist -s
mutteration -s
mutteringly
mycodomatia
mycological
mycophagist -s
mycorrhizal
mycotrophic
myocarditis
myoelectric
myographist -s
myringotomy -mies
myrmecology
myrmidonian
mystery-play
mystery-ship
mystery-tour
mythography
mythologian -s
mythologise -s,-d,-sing
mythologist -s
mythomaniac -s
mythopoeist -s
mythopoetic
myxomatosis
Myxomycetes
Myxophyceae

N

nail-varnish
name-calling
name-dropper
Nancy-pretty
naphthalene
naphthalise -s,-d,-sing
Napoleonism
Napoleonist
napoleonite
narcissuses
narratively
narrow-gauge
nasofrontal
nationalise -s,-d,-sing
nationalism
nationalist -s

nationality -ties
natural-born
naturalness
nature-study
naturopathy
naughtiness
naupliiform
nautch-girls
navel-orange
navel-string
neanderthal -s
near-sighted
necessarian -s
necessarily
necessitate -s,-d,-ting
necessitied
necessitous
neckerchief -s
neck-herring
necrobiosis
necrologist -s
necromancer -s
necromantic
necrophilia
necrophilic
necrophobia
necropoleis
necroscopic
nectar-guide
needfulness
needlecraft
needle-furze
needle-paper
needle-point
needlewoman -women
nefariously
negationist -s
neglectable
negligeable
negligently
negotiation -s
negotiatrix -es
negrophobia
neighbourly
nematophore -s
Neo-Catholic
neologistic
neopaganise -s,-d,-sing
neopaganism
Neoplatonic
Neotropical
neovitalism
neovitalist -s
nephelinite
nephologist -s
nephrectomy -mies
nephritical
nerve-centre
nerve-ending
nervousness

nervuration -s
netherlings
netherstock -s
netherwards
net-practice
nettle-cloth
neuroleptic -s
neurologist -s
neuropathic
neuroticism
neurotropic
neutraliser -s
never-ending
never-fading
newscasting
news-theatre
nickel-bloom
nickel-ochre
nickelodeon -s
nickel-steel
nick-nackery
nictitation
Niersteiner
Nietzschean
night-attire
night-cellar
night-faring
night-flower
night-flying
night-hunter
nightingale -s
nightmarish
night-porter
night-school
night-season
night-shriek
night-waking
night-walker
nightworker -s
nigrescence
nikethamide
ninny-hammer
nitraniline -s
nitrocotton
nitrogenise -s,-d,-sing
nitrogenous
nitrosamine -s
nitrosation
nitty-gritty
noble-minded
noctilucent
noctilucous
noctivagant
noctivagous
nocturnally
nocuousness
noiselessly
noisomeness
nomadically
nomenclator -s

nominatival
nomographer -s
nomological
nonagesimal -s
nonchalance
non-delivery
nondescript
non-election
non-elective
non-electric
none-sparing
nonetheless
non-existent
non-feasance
nonharmonic
nonillionth
non-issuable
non-marrying
non-metallic
non-partisan
nonplussing
non-priority
non-provided
non-resident
nonsensical
non-sequitur
non-specific
non-unionist
non-violence
nook-shotten
north-easter
northermost
northernise -s,-d,-sing
northernism -s
northwardly
north-wester
nose-nippers
nosographer -s
nosographic
nosological
nostradamic
Nostradamus
notableness
notaphilism
notaphilist -s
nothing-gift
nothingness
Nothofagust
notice-board
notionalist -s
notochordal
notoriously
Nototherium
nourishable
nourishment -s
Novatianism
Novatianist
novelettish
novelettist -s
noxiousness

nubbing-cove
nucleolated
nudicaudate
nudicaulous
nullifidian -s
nulliparity
nulliparous
numerically
numismatics
numismatist -s
nummulation -s
nuncupation -s
nuncupative
nuncupatory
nunnishness
nun's-veiling
nurserymaid -s
nurse-tender
nutrimental
nutritional
nutritively
nyctinastic
nyctitropic
nyctophobia
Nymphalidae
nympholepsy
nymphomania

O

oarsmanship
ob-and-soller
obediential
obfuscation -s
object-glass
objectivate -s,-d,-ting
objectively
objectivise -s,-d,-sing
objectivism
objectivist -s
objectivity -ties
objurgation -s
objurgative
objurgatory
oblationary
obliquation -s
obliqueness
obliquitous
obliterated
obliviously
obmutescent
obnoxiously
obsceneness
obscuration -s
obscurement -s
obscureness
obsecration -s
observantly
observation -s
observative
observatory -ries

observingly
obsessional
obsidionary
obsignation -s
obsignatory
obsolescent
obstetrical
obstinately
obstipation -s
obstriction -s
obstruction -s
obstructive -s
obtemperate -s,-d,-ting
obtestation -s
obtrusively
obumbration -s
obviousness
occipitally
occultation -s
ocean-stream
ochlocratic
ochlophobia
octachordal
octagonally
octahedrite
octahedrons
octastichon -s
octave-flute
octennially
octillionth -s
octingenary -ries
octonocular
octuplicate -s
odontoblast -s
odontogenic
odontograph -s
odontologic
odoriferous
odorousness
od's-bodikins
od's-pitikins
oecumenical
oeil-de-boeuf
oenological
oenophilist -s
oesophageal
oestrogenic
off-coloured
offenceless
offensively
offhandedly
office-block
officialdom
officialese
officialism -s
officiality -ties
officiously
off-scouring
oil-painting
old-maidhood

old-womanish
olfactology
Oligochaeta
oligochaete -s
oligochrome -s
oligomerous
olivine-rock
olla-podrida
ominousness
ommatophore -s
omnifarious
omniformity
omnipatient
omnipotence -s
omnipotency -cies
omnipresent
omniscience
onagraceous
oneirodynia
oneiromancy
oneiroscopy
onerousness
onirocritic -s
onomasticon -s
ontogenesis
ontogenetic
ontological
onychomancy
opalescence
opeidoscope -s
open-and-shut
open-circuit
open-hearted
open-mouthed
opera-dancer
opera-singer
operational
operatively
operculated
operoseness
ophicalcite
ophidiarium -s
ophiologist -s
Ophiuroidea
ophthalmist -s
opinionated
opium-smoker
oppignerate
oppignorate
opportunely
opportunism
opportunist -s
opportunity -ties
opprobrious
optometrist -s
oracularity
oraculously
orange-grass
orange-stick
orange-tawny

orang-outang
orbiculares
orbicularis
orbicularly
orchestrate -s,-d,-ting
orchestrina -s
orchestrion -s
Orchidaceae
orchid-house
orchidology
orchiectomy -mies
orderliness
oreographic
oreological
organically
organisable
organ-screen
oriel-window
orientalise -s,-d,-sing
Orientalism
Orientalist
orientality
orientation
Origenistic
originality
origination
originative
ornamentist -s
Ornithogaea
ornithology
Ornithopoda
ornithopter -s
ornithosaur -s
orthoborate
orthocentre -s
orthodontia
orthodontic
orthodromic
orthoepical
orthogenics
orthography -phies
orthopaedic
orthopedics
orthopedist -s
orthophyric
orthopraxis -xes
orthopteran -s
orthopteron -tera
orthoscopic
orthostatic
orthostichy -chies
orthotropic
oscillating
oscillation -s
oscillative
oscillatory
oscillogram -s
osmotically
Osmundaceae
Ossianesque

ostensively
ostentation
osteoclasis
osteodermal
osteodermic
osteogenous
osteography -phies
osteologist -s
osteopathic
osteophytic
osteoplasty -ties
ostracoderm -s
ostreaceous
ostreophage -s
ostreophagy
ostrich-farm
ostrich-like
Ostrogothic
otherwhiles
out-and-outer
outbreeding
outbuilding -s
outcrossing -s
outdistance -s,-d,-cing
out-of-pocket
out-of-the-way
out-paramour
outquarters
outstanding
outwardness
overachieve -s,-d,-ving
over-anxiety
over-anxious
overbalance -s,-d,-cing
overbearing
overbidding
overblanket -s
overbrimmed
overburthen -s,-ing,-ed
overcareful
overcasting
overcoating
overcorrect -s,-ing,-ed
overdevelop -s,-ing,-ed
overdraught -s
overdrowsed
overearnest
overflowing -s
overforward
overfraught
overfreedom
overfreight
overfulness
overgarment -s
overgrainer -s
overgrazing
overhandled
overhastily
overindulge -s,-d,-ging
overleather

overmeasure -s,-d,-ring
overpayment -s
overpicture -s,-d,-ring
overpitched
over-precise
overproduce -s,-d,-cing
overreached
overrunning
overstretch -es,-ing,-ed
overstuffed
overtedious
overthrower -s
overtrading
overviolent
overweather
overweening
overwrestle
overwrought
oviparously
oviposition
ovuliferous
owner-driver
Oxalidaceae
oxy-chloride
oxy-compound
oxy-fluoride
oxygenation
oxy-hydrogen
oxyrhynchus -es
oyster-field
oyster-knife
oyster-patty
oyster-plant
oyster-shell
oyster-tongs
oyster-wench
oyster-woman
ozoniferous
ozonisation
ozonosphere

P

pachydactyl
pachydermal
pachydermia
pachydermic
pacifically
pacificator -s
packing-case
paddle-board
paddle-shaft
paddle-wheel
pad-elephant
paederastic
paediatrics
paediatrist -s
paedodontic
paedologist -s
paedophilia
paedophilic -s

paedotrophy
painfulness
painstaking
paint-bridge
pair-bonding
pairing-time
Palaearctic
palaeotypic
pale-hearted
Palestinian
pale-visaged
palindromic
palingenesy -sies
pallescence
palmatisect
palm-cabbage
palmyra-nuts
palmyra-wood
palpability
palpitation -s
palsgravine -s
pampas-grass
pampelmoose -s
pampelmouse -s
pamphleteer -s,-ing,-ed
Pan-American
Pan-Anglican
Panathenaea
Panathenaic
pancratiast -s
Pandanaceae
Pandemoniac
Pandemonian
pandemonium -s
panduriform
panegyrical
panegyricon -s
Panglossian
panhellenic
panic-monger
panic-struck
paniculated
panislamism
panislamist -s
panjandarum -s
panomphaean -s
panpsychism
panpsychist -s
Pan-Slavonic
pansophical
panspermism
panspermist -s
pantaletted
pantalettes
pantalooned
pantheistic
pantheology
pantisocrat -s
Pantocrator
pantography

pantomimist -s
pantophobia
pantoscopic
pantothenic
paper-credit
paper-cutter
paper-enamel
paper-feeder
paper-folder
paper-hanger
paper-making
paper-muslin
paper-office
paper-sailor
paper-weight
papier-mâché
papilliform
papillulate
papovavirus -es
papyraceous
parabaptism -s
parabematic
parablepsis
parableptic
parabolanus -es
parabolical
Paracelsian
paracetamol
parachutist -s
paracrostic -s
paradoxical
Paradoxides
paraffinoid
paraffin-oil
paraffin-wax
paragenesia
paragenesis
paragenetic
paragliding
paraglossae
paraglossal
paragrapher -s
paragraphia
paragraphic
paraldehyde
paraleipsis -ses
parallactic
paralleling
parallelise -s,-d,-sing
parallelism
parallelist -s
paramaecium -cia
paramastoid -s
paramedical -s
paramoecium -cia
paramorphic
paramountcy -cies
paramountly
paranephric
paranephros

paranthelia
paraphiliac -s
paraphraser -s
paraphraxia
paraphraxis
paraplectic
parapsychic
parasailing
parascenium -nia
paraselenae
parasitical
parasitosis
parasuicide -s
parathyroid -s
paratrooper -s
paratyphoid
parchedness
parentheses
parenthesis
parenthetic
parheliacal
paripinnate
parishioner -s
park-officer
parlour-maid
parochially
paronomasia
paronychial
parotiditis
parpen-stone
parsley-pert
partibility
participant -s
participate -s,-d,-ting
participial
parti-coated
particulate -s
partitioner -s
partitively
partnership -s
part-payment
part-singing
parturition
part-writing
party-coated
party-spirit
parvanimity
paschal-lamb
pasigraphic
pasquinader -s
passacaglia -s
passage-boat
passibility
passing-bell
passing-note
passionless
Passion-play
Passion-tide
Passion-week
passiveness

pasteuriser -s
pastoralism
pastoralist -s
pastourelle -s
pasture-land
pastureless
pataphysics
patch-pocket
patelliform
patent-right
patent-rolls
paternalism
paternoster -s
pathogenous
pathography -phies
pathologist -s
pathophobia
patriarchal
patricianly
patriclinic
patrilineal
patrilinear
patrimonial
patristical
patroclinic
patrol-wagon
patrolwoman -women
patronising
patroonship -s
pattern-shop
Paulinistic
pauselessly
pavingstone -s
peace-keeper
peacemaking
peace-monger
peace-parted
peach-brandy
peacock-blue
peacock-fish
peacock-like
pearl-barley
pearl-button
pearl-fisher
pearl-millet
pearl-mussel
pearl-oyster
pearl-powder
peat-casting
pebble-stone
peccability
peccadillos
peckishness
pectinately
pectination -s
pectisation
peculiarise -s,-d,-sing
peculiarity -ties
pecuniarily
pedagogical

pedagoguery -ries
pedagoguish
pedagoguism
pedal-action
Pedaliaceae
pedanticise -s,-d,-sing
pedanticism
pedantocrat -s
pedder-coffe
pedestalled
pedetentous
pedicellate
Pedicularis
pediculated
pediculosis
Pedipalpida
pedological
pedunculate
peelie-wally
peep-through
peevishness
Pelagianism
pelargonium -s
pelican-fish
pellucidity
pelotherapy
Pelton-wheel
pencil-cedar
pencil-stone
pendant-post
pendulosity
pendulously
penetralian
penetrating
penetration -s
penetrative
penicillate
Penicillium
peninsulate -s,-d,-ting
penitential
pennoncelle -s
penny-a-liner
pennyweight -s
pennywinkle -s
penny-wisdom
penological
pensileness
pensionable
pensiveness
Pentacrinus
pentactinal
pentacyclic
pentadactyl -s
pentagynian
pentagynous
pentahedral
pentahedron -s,-dra
pentamerism
pentamerous
pentandrian

pentandrous
pentangular
pentaploidy
pentathlete -s
pentavalent
pentazocine
penteconter -s
Pentecostal
penthemimer -s
pentlandite
penultimate -s
penuriously
peppercorny
pepper-grass
pepperiness
peptisation
perambulate -s,-d,-ting
perceivable
perceivably
perceptible
perceptibly
perchlorate -s
percipience
percipiency
percolation -s
perduellion
perduration -s
peregrinate -s,-d,-ting
peregrinity
perennation -s
perennially
perfectible
perfectness
perforation -s
perforative
performable
performance -s
perfumeless
perfunctory
pericardiac
pericardial
pericardian
pericardium -s
pericentral
pericentric
perichylous
periclitate -s,-d,-ting
pericranial
pericranium -s
peridesmium -s
perigastric
perigenesis
Perigordian
perihepatic
perimorphic
perinephric
perineurium -s
periodicity
periodontal
periodontia

periostitic
periostitis
peripatetic
peripeteian
periphrases
periphrasis
perishingly
perispermal
perispermic
perissology
peristalith -s
peristalsis
peristaltic
peristerite
peristomial
perithecial
perithecium -cia
peritonaeal
peritonaeum -s
peritonitic
peritonitis
periwigging
perlocution -s
perlustrate -s,-d,-ting
permanently
permanganic
permeameter -s
permissible
permissibly
permittance -s
permutation -s
perpetrable
perpetrator -s
perpetuable
perpetually
perpetuance -s
perpetuator -s
perplexedly
perquisitor -s
persecution -s
persecutive
persecutory
perseverant
perseverate -s,-d,-ting
persevering
persistence -s
persistency -cies
personalise -s,-d,-sing
personalism
personalist -s
personality -ties
personating
personation -s
personative
personified
personifier -s
perspective -s
perspicuity -ties
perspicuous
perspirable

persuadable
persuasible
persulphate -s
pertinacity
pertinently
perturbable
perturbance -s
perturbator -s
perturbedly
pervasively
pervertible
pervicacity
pessimistic
pesteringly
pestiferous
pestilently
pestologist -s
petalomania
petitionary
petitioning
petitionist -s
Petrarchian
Petrarchise
Petrarchism
Petrarchist
petrography
petrologist
petropounds
petticoated
pettifogger -s
pettishness
Phaenogamae
phaenogamic
phaenomenon -na
Phaethontic
phagedaenic
phagocytism
phagocytose -s,-d,-sing
phalanstery
phantasiast -s
phantasmata
phantomatic
pharisaical
phariseeism
pharyngitic
pharyngitis
Phasmatidae
Phasmatodea
phenogamous
phenologist -s
phenomenise -s,-d,-sing
phenomenism
phenomenist -s
Pherecratic
philanderer -s
philatelist -s
philhellene -s
phillipsite
philogynist -s
philogynous

philologian -s
philologist -s
philomathic
philosopher -s
philosophic
phlegmonoid
phlegmonous
phonemicise -s,-d,-sing
phonemicist -s
phonetician -s
phoneticise -s,-d,-sing
phoneticism -s
phoneticist -s
phonography
phonologist -s
phonophobia
phonotypist
phosphonium
phosphorate -s,-d,-ting
phosphorise -s,-d,-sing
phosphorism
phosphorite
phosphorous
photoactive
photochromy
photocopier -s
photo-finish
photoglyphy
photography
photometric
photonastic
photoperiod -s
photophilic
photophobia
photophobic
photophonic
photo-relief
photo-resist
photosphere
phototactic
phototropic
phrasemaker -s
phraseogram -s
phraseology -gies
phrenetical
phrenologic
phthiriasis
phycocyanin
phycologist -s
phycomycete -s
phycophaein
phylacteric
phylloclade -s
phyllomania
phyllotaxis
physicalism
physicalist -s
physicality
physiciancy -cies
physicianer -s

physiocracy -cies
physiognomy -mies
physiolater -s
physiolatry
physiologic
physiologus -es
physitheism
phytochrome
phytography
phytologist -s
phytophagic
phytosterol
phytotomist -s
piacularity
piano-player
piano-school
pick-and-pick
pickelhaube -s
picket-fence
picket-guard
Pickwickian
pictography
pictorially
picture-book
picture-card
picture-cord
picture-goer
picture-play
picture-rail
picturesque
picture-wire
pietistical
pigeon-berry
pigeon-flier
pigeon-flyer
pigeon-house
piggishness
pigheadedly
pig-ignorant
pignoration -s
pig-sticking
pig's-whisper
pilferingly
pilgarlicky
pilgrimager -s
pillar-saint
pillion-seat
pillow-block
pillow-fight
pilniewinks -es
pilocarpine
pilot-jacket
pinacotheca -s
pinch-hitter
pinking-iron
pinkishness
pinnatisect
pinnywinkle -s
Pinteresque
pipe-dreamer

pipe-lighter
piperaceous
pipe-stapple
pipe-stopple
pipistrelle -s
piratically
piscatorial
piscicolous
piscivorous
pissasphalt
pitchblende
pit-dwelling
piteousness
pitifulness
pivot-bridge
placability
place-hunter
place-monger
Placentalia
placket-hole
plagioclase -s
plagiostome -s
Plagiostomi
plaice-mouth
plain-dealer
plain-spoken
plainstanes
plainstones
plaintively
planetarium -s
planetoidal
planetology
planimetric
planisphere -s
plano-convex
planogamete -s
plantigrade -s
plantocracy -cies
planuliform
plasmatical
plasmolysis
plasmolytic
plaster-work
plasticiser -s
Platanaceae
plate-armour
plate-basket
plate-powder
plateresque
plate-warmer
platforming
platinotype -s
Platonicism
platyrrhine -s
play-actress
player-piano
playfulness
playing-card
plea-bargain
pleasurable

pleasurably
pleasureful
plebeianise -s,-d,-sing
plebeianism -s
Plectoptera
plein-airist
pleiomerous
pleiotropic
Pleistocene
plenipotent
plenteously
plentifully
pleochroism
pleomorphic
plerophoria
plessimeter -s
plessimetry
plethorical
pleuritical
pleurodynia
pleximetric
pliableness
ploughshare -s
plough-staff
plough-stilt
plumber-work
plum-blossom
plume-pluckt
plumigerous
plum-pudding
plumularian -s
pluralistic
pluriserial
plutocratic
plutologist -s
plutonomist -s
pluviometer -s
Plymouthism
Plymouthist
Plymouthite
pneumathode -s
pneumatical
pneumonitis
pocket-glass
pocket-knife
pocket-money
pocket-piece
pocket-sized
pock-pudding
pococurante
podophyllin
Podophyllum
Podsnappery
poenologist -s
poikilocyte -s
point-device
point-devise
pointedness
pointillism
pointillist -s

pointlessly
point-of-sale
point-source
poison-gland
poisonously
poison-sumac
poking-stick
polarimeter -s
polarimetry
polariscope -s
polemically
pole-vaulter
police-court
police-force
police-judge
police-state
policewoman -women
Politbureau
politically
politicking
pollen-grain
pollination -s
poltergeist -s
poltroonery
polyactinal
polyandrous
polycarpous
polychroism
polychromic
polycrotism
polycrystal -s
polydactyly
polygenesis
polygenetic
polyglottal
polyglottic
polygonally
polygonatum -s
polygraphic
polyhistory -ties
polymastism
polymorphic
polyonymous
polypeptide -s
polyphagous
Polyphemian
polyphonist -s
Polystichum
polystyrene -s
polytechnic -s
Polytrichum
polyzoarial
polyzoarium -s
pomegranate -s
pomfret-cake
pomiculture
pomological
Pompeian-red
pompelmoose -s
pompelmouse -s

pompousness
ponderation -s
ponderingly
ponderosity
ponderously
pontificals
pontificate -s,-d,-ting
poodle-faker
pop-fastener
pop-festival
poppet-valve
populariser -s
pork-butcher
pornography
porphyritic
porriginous
portability
port-admiral
port-charges
porter-house
porterhouse -s
portionless
Portlandian
portmanteau -s,-x
portraitist -s
portraiture -s
Poseidonian
posological
possibilism
possibilist -s
possibility -ties
post-captain
posteriorly
post-exilian
post-glacial
postillator -s
post-nuptial
postponence -s
postscenium -s
postulation -s
postulatory
post-village
potamogeton -s
potash-water
potass-water
potato-apple
potato-bogle
potato-chips
potentially
poting-stick
potteringly
potting-shed
pot-valorous
pot-walloner
pot-walloper
pound-keeper
pound-master
pound-weight
powder-flask
power-diving

power-driven
powerlessly
practicable
practicably
practically
praecordial
praetorship -s
pragmatical
pragmatiser -s
prairie-wolf
prattlement
prayerfully
prayer-wheel
preachiness
preacquaint -s,-ing,-ed
pre-adamical
pre-adamitic
preadmonish -es,-ing,-ed
preambulary
preambulate -s,-d,-ting
preannounce -s,-d,-cing
preaudience -s
Pre-Cambrian
precautious
precedented
precedently
precentress -es
preceptress -es
precipitant -s
precipitate -s,-d,-ting
precipitous
preciseness
precognosce -s,-d,-scing
preconceive -s,-d,-ving
pre-conquest
precontract -s,-ing,-ed
predatorily
predeceased
predecessor -s
predicament -s
predication -s
predicative
predicatory
predictable
predilected
predominant
predominate -s,-d,-ting
pre-election
pre-eminence
pre-emptible
pre-existent
prefatorial
prefatorily
prefectship -s
prefectural
preferrable
prefigurate -s,-d,-ting
prehensible
prehistoric
pre-ignition

prejudgment -s
prejudicant
prejudicate -s,-d,-ting
prejudicial
prelateship -s
prelibation -s
preliminary -ries
prelusively
prelusorily
prematurely
prematurity -ties
premaxillae
premedicate -s,-d,-ting
premeditate -s,-d,-ting
premiership -s
premonition -s
premonitive
premonitory
premovement -s
prenominate
preoccupant -s
preoccupate -s,-d,-ting
preoccupied
preparation -s
preparative
preparatory
prepollence
prepollency
preposition -s
prepositive
prepunctual
prerogative -s
presagement -s
presanctify -ing,-fies
               -ied
presbyteral
preschooler -s
presciently
prescindent
prescission -s
preselector -s
presentable
presentably
presentient
presentment -s
presentness
preservable
press-button
prestigious
prestissimo -s
pre-stressed
presumingly
presumption -s
presumptive
prêt-à-porter
pretendedly
pretentious
preterhuman
preterition -s
preteritive

prevailment
prevalently
prevaricate -s,-d,-ting
prevenience -s
preventable
preventible
previsional
price-fixing
pricelessly
prickle-back
prickliness
prickly-heat
prickly-pear
priestcraft
primariness
primateship -s
primatology
primigenial
priming-iron
priming-wire
primiparity
primiparous
primitively
primitivism
primitivist -s
Primulaceae
principally
print-seller
Priscianist
prismatical
prison-house
privateness
privatively
prize-winner
probabilism
probabilist -s
probability -ties
probational
probationer -s
problematic
Proboscidea
proboscides
proboscises
procaryotic
Procellaria
procephalic
procerebral
procerebrum -s
prochronism -s
proclaimant -s
proconsular
procreation
procreative
Procrustean
proctodaeal
proctodaeum -s
proctorship -s
proctoscope -s
proctoscopy
procuration -s

procuratory
procurement -s
Procyonidae
prodigalise -s,-d,-sing
prodigality
producement
profanation -s
profanatory
profaneness
professedly
proficience -s
proficiency -cies
profiterole -s
profuseness
progenitrix -es
progeniture -s
progestogen -s
prognathism
prognathous
programming
progression -s
progressism
progressist -s
progressive -s
prohibition -s
prohibitive
prohibitory
projectment -s
prolateness
prolegomena
proleptical
proletarian -s
proletariat -s
proliferate -s,-d,-ting
proliferous
prolificacy
prolificity
prolocution -s
prolocutrix -es
prolongable
prominently
promiscuity
promiscuous
promiseless
promisingly
promptitude
promulgator -s
promycelium -s
prong-horned
pronouncing
proof-charge
proof-puller
proof-reader
proof-spirit
propagation -s
propagative
proper-false
property-man
propforward -s
prop-forward

prophesying
prophethood
prophetical
prophetship -s
prophylaxis
propinquity -ties
propitiable
propitiator -s
proposition -s
proprietary -ries
proprietrix -es
propylamine
propylitise -s,-d,-sing
prorogation -s
prosaically
prosaicness
prosecution -s
prosecutrix -es
proselytise -s,-d,-sing
proselytism
prosenchyma -s
prose-writer
prosiliency
prosopopeia
prospecting
prospection -s
prospective -s
prostatitis
prosthetics
prosthetist -s
prostitutor -s
prostration -s
protagonist -s
protandrous
proteaceous
protectoral
protectress -es
proteolysis
proteolytic
proterandry
proterogyny
proterozoic
prothalamia
prothallial
prothallium -s
prothalloid
prothoraces
prothoracic
prothrombin
protococcal
Protococcus
protocolise -s,-d,-sing
protocolist -s
protocolled
protogynous
protomartyr -s
protonotary -ries
protopathic
protophytic
*Prototheria

protractile
protraction -s
protractive
protrudable
protrusible
protuberant
protuberate -s,-d,-ting
proud-minded
provenience -s
providently
provisional
provisorily
provocateur -s
provocation -s
provocative
provocatory
provokement -s
provokingly
provostship -s
proximately
proximation -s
proxy-wedded
prudishness
pruning-bill
pruning-hook
pruriginous
Prussianise
Prussianism
psammophile -s
psammophyte -s
pseudocubic
pseudograph -s
pseudomonad -s
pseudomonas -nades
pseudomorph -s
pseudopodia
pseudoscope -s
psilomelane
Psilophyton
Psilotaceae
psittacosis
psychagogue -s
psychedelia
psychedelic
psychiatric
psychically
psychodelic
psychodrama -s
psychogenic
psychograph -s
psychologic
psychometer -s
psychometry
psychomotor
psychonomic
psychopathy
Pterichthys
pteridology
pterodactyl -s
Pterosauria

ptochocracy
ptyalagogic
ptyalagogue -s
publication -s
publishable
pudding-pipe
pudding-time
pudibundity
puerperally
pugilistial
pulchritude -s
pullet-sperm
pull-through
pullulation -s
pulmobranch -s
pulveration -s
pulverulent
pumice-stone
Punchinello
punctilious
punctualist -s
punctuality -ties
punctuation -s
punctuative
punctulated
punicaceous
punt-fishing
pupillarity -ties
puppet-valve
puppy-headed
puppy-walker
purchasable
pure-blooded
purgatively
purgatorial
purgatorian -s
purificator -s
puritanical
purportedly
purportless
purposeless
purpose-like
purpresture -s
purse-bearer
purse-seiner
purse-taking
push-bicycle
pushfulness
pussyfooter -s
pussywillow -s
pustulation -s
putrefiable
putrescence -s
putrescible
putty-powder
Pycnogonida
pycnogonoid
pyelography
pyramidally
pyramidical

pyrargyrite
pyritohedra
pyroballogy
pyroclastic
pyrogenetic
pyrognostic
pyrogravure
pyrophorous
pyrotechnic
Pythagorean
Pythagorism

Q

quacksalver -s
quadraphony
quadratical
quadrennium -nnia
quadriennia
quadrillion -s
quadrophony
quadrupedal
quaestorial
qualifiable
qualifiedly
qualitative
quandong-nut
quantometer -s
quarrelling -s
quarrellous
quarrel-pane
quarrelsome
quarrington -s
quarry-water
quarter-back
quarter-bred
quarter-deck
quarter-evil
quarter-jack
quarter-note
quarter-rail
quarter-road
quarter-seal
quarter-tone
quarter-wind
quaternion'd
quaveringly
queene-apple
queenliness
queen-mother
queen-regent
queen-stitch
queer-basher
queez-maddam
querulously
questionary -ries
questioning -s
questionist -s
quibblingly
quick-change
quicken-tree

quick-firing
quick-freeze
quick-frozen
quicksilver -s,-ing,-ed
quick-witted
quiescently
quill-driver
quilting-bee
quincuncial
quinquennia
quinquereme -s
quinsy-berry
quintillion -s
quitch-grass
quiveringly
quizzically
quotability
quoteworthy

R

rabattement -s
rabbet-joint
rabbit-hutch
rabbit-punch
Rabelaisian
race-meeting
race-suicide
race-walking
racket-court
racket-press
rack-railway
radicalness
radicellose
radioactive
radio-beacon
radiocarbon -s
radiography
radiolarian -s
radiologist -s
radiometric
radiophonic
raffishness
ragged-robin
rain-chamber
rallentando -s
rallying-cry
ramgunshoch
rancorously
randle-perch
rangefinder -s
rapaciously
rapscallion -s
raptatorial
raptureless
rapturously
rarefaction
rarefactive
rascalliest
Rastafarian
ratatouille -s

rat-catching
rateability
rate-cutting
ratiocinate -s,-d,-ting
rationalise -s,-d,-sing
rationalism
rationalist -s
rationality -ties
ration-money
rat-kangaroo
rattle-brain
rattle-pated
rattlesnake -s
raucousness
raunchiness
ravishingly
razzamatazz -es
reach-me-down
reactionary -ries
reactionist -s
readability
reading-book
reading-desk
reading-lamp
reading-room
readmission -s
readvertise -s,-d,-sing
ready-monied
ready-to-wear
ready-witted
realignment -s
realisation -s
reallotment -s
realpolitik
reamendment -s
reanimation -s
reaping-hook
reapportion -s,-ing,-ed
reappraisal -s
reappraiser -s
rear-admiral
rear-roasted
reascension -s
reassertion -s
reassurance -s
reawakening -s
rebarbative
rebroadcast -s,-ing
rebukefully
recalculate -s,-d,-ting
recalescent
recantation -s
receptacula
receptivity -ties
recessional -s
recessively
Rechabitism
rechallenge -s,-d,-ging
reciprocant -s
reciprocate -s,-d,-ting

recirculate -s,-d,-ting
reclaimable
reclaimably
reclamation -s
reclination -s
recluseness
recognition -s
recognitive
recognitory
recollected
recombinant -s
recommender -s
recommittal -s
recondition -s,-ing,-ed
reconnoitre -s,-d,-ring
reconstruct -s,-ing,-ed
recordation -s
recountment
recoverable
recremental
recruitment -s
rectangular
rectifiable
rectilineal
rectilinear
rectipetaly
rectiserial
recumbently
recuperable
recuperator -s
recurrently
redactorial
redding-comb
redding-kame
reddishness
redeliverer -s
redemptible
redetermine -s,-d,-ning
rediscovery -ries
redoubtable
reductively
redundantly
reduplicate -s,-d,-ting
reed-bunting
reed-drawing
reed-sparrow
re-education
reed-warbler
reef-builder
re-elevation
re-emergence
re-emphasise
re-enactment
re-encourage
re-endowment
re-establish
re-existence
re-expansion
refectioner -s
refectorian -s

referendary
referential
refinedness
reflectance -s
reflexively
reflexology
refocillate
reformadoes
reformation -s
reformative
reformatory -ries
reformulate -s,-d,-ting
refractable
refrangible
refreshener -s
refreshment -s
refrigerant -s
refrigerate -s,-d,-ting
refringency
regardfully
regenerable
regenerator -s
regionalise -s,-d,-sing
regionalism -s
regionalist -s
registrable
regredience
regretfully
regrettable
regrettably
regurgitant
regurgitate -s,-d,-ting
rehydration
reification -s
reincarnate -s,-d,-ting
reinflation
reinsertion -s
reinstation -s
reinsurance -s
reintegrate -s,-d,-ting
reinterment -s
reinterpret -s,-ing,-ed
reintroduce -s,-d,-cing
reiteration -s
reiterative -s
rejoicement
rejoicingly
rejuvenator -s
rejuvenesce -s,-d,-scing
relatedness
relationism
relationist -s
releasement -s
reliability
relic-monger
religionary -ries
religionise -s,-d,-sing
religionism
religionist -s
religiosity

religiously
reluctantly
reluctation -s
remediation -s
remembrance -s
remigration -s
reminiscent
remittently
remonstrant -s
remonstrate -s,-d,-ting
remorseless
removedness
remunerable
remunerator -s
renaissance -s
renegotiate -s,-d,-ting
renewedness
reorientate -s,-d,-ting
repartition -s,-ing,-ed
repellantly
repellently
repellingly
repentantly
repentingly
repetitious
replaceable
replacement -s
replenished
replenisher -s
repleteness
repleviable
replication -s
reportingly
reportorial
reposedness
reposefully
reprehender -s
representer -s
repressible
repressibly
reproachful
reprobation -s
reprobative
reprobatory
reprography
reprovingly
republisher -s
repudiation -s
repudiative
repulsively
requirement -s
requisition -s
requisitory
requiteless
requitement -s
reradiation -s
rescue-grass
researchful
reselection -s
resemblance -s

resentfully
resentingly
reservation -s
reservatory
residential
resignation -s
resipiscent
resistingly
resistively
resistivity -ties
resourceful
respectable
respectably
respectless
respiration -s
respiratory
resplendent
respondence
respondency
responsible
responsibly
responsions
restatement -s
restfulness
restitution -s
restitutive
restitutory
restiveness
restoration -s
restorative -s
restraining
restriction -s
restrictive
restringent -s
restructure -s,-d,-ring
resultative
resurrector -s
resuscitant -s
resuscitate -s,-d,-ting
retaliation -s
retaliative
retaliatory
retardation -s
retardative
retardatory
retentively
retentivity
reticularly
reticulated
retinacular
retinaculum -la
retinispora -s
retinoscopy
retinospora -s
retiredness
retraceable
retractable
retranslate -s,-d,-ting
retribution -s
retributive

retributory
retrievable
retrievably
retroaction
retroactive
retrobulbar
retrocedent
retroflexed
retro-rocket
retroussage
revaccinate -s,-d,-ting
revaluation -s
revendicate -s,-d,-ting
revengeless
revengement -s
revengingly
reverberant
reverberate -s,-d,-ting
reverential
reverseless
reversional
reversioner -s
revindicate -s,-d,-ting
revisionary
revisionism
revisionist -s
revivescent
revivifying
reviviscent
revoltingly
rhabdomancy
rhabdomyoma
Rhabdophora
rhamnaceous
Rhamphastos
rhapsodical
rheotropism
rhetorician -s
rheumateese
rheumatical
rheumaticky
rhinologist -s
rhinoplasty
rhinorrhoea
rhinoscopic
rhizanthous
rhizocarpic
rhizogenous
rhizomatous
rhizosphere -s
rhodium-wood
rhododaphne -s
rhombohedra
Rhopalocera
rhumb-course
rhyme-letter
rhyme-scheme
rhynchocoel -s
rhynchodont
rhythmicity

ribbon-grass
Ribesiaceae
ribonucleic
rib-roasting
rib-vaulting
rice-biscuit
rice-pudding
ricketiness
rickettsiae
rickettsial
ricocheting
ricochetted
riddle-me-ree
riding-cloak
riding-glove
riding-habit
riding-horse
riding-light
riding-rhyme
riding-skirt
rifacimenti
rifacimento
rigging-loft
rigging-tree
right-angled
righteously
right-handed
right-hander
right-minded
right-winger
rinforzando
ring-carrier
ring-stopper
ring-straked
ring-winding
rinthereout -s
riotousness
ripsnorting
ritournelle -s
ritualistic
rival-hating
riverbottom
river-dragon
river-driver
river-mussel
rivet-hearth
road-hoggish
roadholding
road-mending
road-scraper
rock-and-roll
rock-breaker
rock-climber
rock-crystal
rocket-motor
rocket-plane
rocket-range
rock-forming
rocking-tool
rock-leather

rock-sparrow
rodenticide -s
rodomontade -s,-d,-ding
roguishness
role-playing
roller-skate
roller-towel
rolling-mill
romanticise -s,-d,-sing
romanticism
romanticist -s
rompishness
rood-steeple
root-climber
root-pruning
rope-machine
rose-campion
rose-cheeked
rose-diamond
rosewood-oil
Rosicrucian
rosy-bosomed
rosy-cheeked
Rotarianism
rother-beast
rotogravure -s
rottenstone -s,-d,-ning
rouge-et-noir
rough-coated
rough-footed
rough-legged
rough-spoken
rough-string
round-arched
round-backed
roundedness
round-headed
round-leaved
round-winged
rouping-wife
rubber-cored
rubber-stamp
rubbing-post
rubbish-heap
rubble-stone
rubefacient -s
rubefaction
rubicundity
rubrication
Rüdesheimer
rudimentary
ruffian-like
ruinousness
rule-of-thumb
rumbustical
rumbustious
rumgumption
rumti-iddity
running-gear
running-hand

running-knot
Runyonesque
rupturewort -s
ruridecanal
rush-bearing
Russophobia
rustication -s

S

Sabbatarian
Sabbathless
sabre-rattle
saburration -s
saccharated
sacculation -s
Sacher-torte
sacramental -s
sacrificial
sacrilegist -s
sacrocostal -s
sad-coloured
saddle-cloth
saddle-girth
saddle-horse
saddle-nosed
Sadduceeism
safe-blowing
safe-breaker
safe-conduct
safe-cracker
safe-deposit
safe-keeping
safety-catch
safety-match
safety-valve
saffron-cake
sagaciously
Sagittarius
sagittiform
sailing-boat
sailing-ship
sailor-maker
saintliness
Saintpaulia
salableness
salaciously
saleability
salesperson -s
salicaceous
salinometer -s
sallal-berry
sallee-rover
sallow-thorn
salmon-berry
salmon-coble
salmonellae
salmon-spear
salmon-trout
saloon-rifle
salpingitic

salpingitis
salsuginous
saltatorial
saltierwise
saltimbanco
saltimbocca -s
saltishness
salvability
sampler-work
sancho-pedro
sanctifying -s
sanctuarise -s,-d,-sing
Sandemanian
sanderswood -s
sand-skipper
sand-thrower
sandwich-man
sang-de-boeuf
Sanguinaria
sanguineous
Sanguisorba
sansculotte -s
sansevieria -s
Sanskritist
Santalaceae
Sapindaceae
saplessness
saponaceous
saponifying
sapotaceous
saprobiotic
saprogenous
saprolegnia -s
sapropelite
saprophytic
sapucaia-nut
sarcastical
sarcenchyme
sarcocystis -es
sarcoidosis
sarcomatous
sarcophagal
sarcophagus -es,-gi
sarsen-stone
sartorially
satanically
satanophany
satiability
satin-finish
satin-stitch
satirically
satisfiable
saturnalian
sauce-crayon
saurischian -s
sauropodous
sauropsidan -s
sausage-meat
sausage-roll
sausage-tree

saussuritic
savableness
savoir-faire
savoir-vivre
savouriness
saxophonist -s
scabbedness
scaberulous
scaffoldage -s
scaffolding -s
scalariform
scale-armour
scale-insect
scalpriform
scamblingly
scant-o'-grace
scapigerous
scarabaeist -s
scarabaeoid -s
scaremonger -s
scarlet-bean
scatteredly
scattergood -s
scatterling
scattershot
scenography
scent-bottle
sceptically
sceptreless
sceuophylax -es
schecklaton
schematical
schillerise -s,-d,-sing
schismatise -s,-d,-sing
schism-house
schistosity
Schistosoma
schistosome -s
Schizanthus
schizogenic
Schizophyta
schizophyte -s
schizopodal
scholar-like
scholarship -s
scholiastic
school-board
school-child
schoolcraft
schoolgoing -s
schoolhouse -s
school-point
schoolwards
schottische -s
schrecklich
schwärmerei
scientistic
Scientology
scincoidian
scintillant

scintillate -s,-d,-ting
scissor-bill
scissor-case
scissor-tail
scissorwise
Scitamineae
sclate-stane
sclerocauly
scleroderma
sclerometer -s
sclerophyll -s
sclerotioid
sclerotitis
scoleciform
Scolopendra
scopolamine
scopophilia
scopophilic
scopophobia
scorbutical
scorchingly
scoriaceous
scoring-card
scorpion-fly
Scorpionida
Scotch-Irish
Scotchwoman
scotomatous
Scottifying
Scottishman
scoundrelly
scouthering -s
scout-master
scragginess
scrape-penny
scrappiness
scratch-back
scratch-coat
scratchless
scratch-work
scrawlingly
screamingly
screech-hawk
screencraft
screen-wiper
screw-driver
screw-thread
screw-wrench
scribacious
scrimpiness
scrimshandy -dies
scrimshoner -s
scripophile -s
scripophily
scriptorial
scriptorium -ria
scripturism
scripturist -s
scrive-board
scrub-turkey

scrub-typhus
scruffiness
scrumptious
scrutiniser -s
sculduddery -ries
sculduggery
sculpturing -s
scuppernong -s
scurvy-grass
scutch-blade
scuttle-butt
scuttle-cask
scyphistoma
scythe-stone
sdeignfully
sea-colewort
sea-crawfish
sea-crayfish
sea-cucumber
sea-dotterel
sea-elephant
sea-furbelow
sea-hedgehog
sea-lavender
seal-fishing
sea-longworm
seal-rookery
sea-milkwort
seaming-lace
seamstressy
sea-purslane
searchingly
searchlight -s
search-party
searing-iron
sea-rosemary
sea-scorpion
sea-scouting
seasickness
seasonality
seborrhoeic
secessional
secondarily
second-class
second-floor
second-guess
second-rater
seconds-hand
second-sight
secretarial
secretariat -s
secretional
secretively
sectionally
section-mark
sedentarily
sedigitated
sedimentary
seditionary -ries
seditiously

seductively
seemingness
segmentally
segregation -s
segregative
seigneurial
seigniorage -s
seigniorial
seismograph -s
seismologic
seismometer -s
seismometry
seismonasty
seismoscope -s
selaginella -s
seldom-times
selectively
selectivity
selectorial
selenograph -s
self-affairs
self-assumed
self-assured
self-blinded
self-centred
self-charity
self-closing
self-cocking
self-command
self-conceit
self-concept
self-concern
self-content
self-control
self-covered
self-created
self-culture
self-defence
self-delight
self-denying
self-despair
self-devoted
self-drawing
self-elected
self-evident
self-evolved
self-example
self-excited
self-feeding
self-feeling
self-fertile
self-figured
self-harming
self-healing
self-imposed
self-induced
self-invited
selfishness
self-knowing
self-limited

self-loading
self-locking
self-mastery
self-misused
self-neglect
self-offence
self-opinion
self-planted
self-sealing
self-seeking
self-service
self-serving
self-starter
self-sterile
self-subdued
self-support
self-tempted
self-torment
self-torture
self-trained
self-winding
self-worship
semanticist -s
semasiology
sembling-box
semi-annular
semicircled
semi-diurnal
semi-ellipse
semi-jubilee
semi-monthly
semipalmate
semi-skilled
semi-tubular
sempervivum -s
sempiternal
sempiternum
senate-house
senatorship -s
sensational
senselessly
sensibility -ties
sensitively
sensitivity -ties
sensualness
sententious
sentimental
sepiostaire -s
Septembrist
septenarius -es
septentrion
septicaemia
septiferous
septifragal
sepulchrous
sequestered
sequestrant -s
sequestrate -s,-d,-ting
serendipity
sericulture

serigrapher -s
serigraphic
seriousness
serological
serotherapy
serpentinic
serpentlike
serpent-star
serpiginous
serratulate
serrulation -s
sertularian -s
servant-girl
servant-lass
servantless
servant-maid
servantship -s
serviceable
serviceably
service-book
service-flat
serviceless
service-line
service-pipe
service-room
service-tree
service-wire
servitorial
sesame-grass
sesquialter
sesquioxide
sesquipedal
sessile-eyed
sessionally
setter-forth
settledness
settling-day
seven-league
seventeenth -s
severalfold
sexagesimal
sexennially
sexlessness
sex-reversal
sextodecimo -s
shackle-bolt
shackle-bone
shad-bellied
shadowgraph -s
shadowiness
shaggedness
Shaksperian
shallowness
shamanistic
shamelessly
shameworthy
shanghaiing
shapeliness
shard-beetle
shareholder -s

share-pusher
sharp-ground
sharp-tailed
sharp-witted
shatter-pate
shaving-soap
shawnee-wood
sheath-knife
sheep-biting
sheep-farmer
sheep-master
sheep-silver
sheet-anchor
sheet-copper
sheet-rubber
shellacking -s
shell-crater
shell-jacket
shell-parrot
shelterless
shepherdess -es
sheriffalty -ties
sheriffship -s
sherris-sack
shiftlessly
shift-worker
shimmy-shake
shiningness
shin-plaster
shinty-stick
ship-biscuit
ship-breaker
shipbuilder -s
ship-captain
ship-railway
shirt-button
shirt-sleeve
shiveringly
shock-headed
shock-troops
shoeing-horn
shoe-latchet
shoe-leather
shooting-box
shopbreaker -s
shopkeeping
shop-lifting
shop-steward
shortchange -s,-d,-ging
shortcoming -s
short-handed
short-priced
short-spoken
short-staple
short-winded
shoulder-bag
shouldering -s
shovel-board
showeriness
shower-proof

show-jumping
showmanship
show-stopper
shrew-struck
shriekingly
shrinkingly
shrink-proof
shrivelling
shrubberied
shrubbiness
shuddersome
shufflingly
shunamitism
shuttlecock -s
shuttlewise
sialography
sialorrhoea
sick-benefit
sick-chamber
sickeningly
sickishness
sick-nursing
sick-service
side-cutting
sideropenia
siege-basket
sightlessly
sightliness
sight-player
sight-reader
sight-screen
sightseeing
sight-singer
sightworthy
sigillarian -s
sigillation -s
sigmoidally
signifiable
significant -s
significate -s
sign-painter
sign-writing
silk-thrower
silkworm-gut
sillimanite
silver-grain
silveriness
silver-paper
silver-plate
silver-point
silversmith -s
silver-stick
silver-white
silvestrian
simnel-bread
simperingly
simpliciter
simplifying
sincereness
sindonology

sinfonietta -s
singing-bird
single-entry
single-phase
single-soled
singlestick -s
singularise -s,-d,-sing
singularism
singularist -s
singularity -ties
sinisterity
sinistrally
sinistrorse
sinking-fund
sinking-ripe
sinlessness
sin-offering
Sinological
Sinophilism
sinuousness
sinupallial
siphonogamy
sipunculoid -s
sister-in-law
sitiophobia
sitting-room
situational
Sivatherium
skating-rink
skeletonise -s,-d,-sing
sketchiness
skilfulness
Skillcentre
skilligalee -s
skilligolee -s
skimmington -s
skirmishing -s
skittle-ball
skulduddery -ries
skulduggery
sky-aspiring
sky-coloured
slack-handed
slate-pencil
slate-writer
slaughterer -s
slave-driver
slave-holder
slave-labour
slave-owning
slaveringly
slave-trader
slavishness
Slavonicise
sledge-chair
sleek-headed
sleeping-bag
sleeping-car
sleeplessly
sleep-walker

sleeve-board
slenderness
sleuth-hound
slickenside -s
sliding-keel
sliding-rule
slightingly
slime-fungus
sling-backed
slipperwort -s
sloganising -s
slot-machine
slow-sighted
sluggardise
slumberland
slumberless
slumbersome
slumbrously
smallholder -s
small-minded
small-screen
smart-ticket
smartypants
smilingness
smithereens
Smithsonian
smithsonite
smoke-helmet
smokelessly
smokescreen -s
smooth-bored
smooth-faced
smooth-paced
smörgasbörd -s
smouldering -s
snaffle-rein
snail-flower
snakishness
snapshooter -s
snatch-block
snatchingly
snatch-purse
snatch-thief
sneck-drawer
snickersnee
snobography -phies
snorkelling
snotty-nosed
snow-bunting
snow-dropper
snow-goggles
snow-leopard
snuff-colour
snuff-dipper
snuff-taking
soap-boiling
sober-minded
sober-suited
sociability
socialistic

societarian -s
Socinianise
Socinianism
sociologism -s
sociologist -s
sociometric
sociopathic
sockdolager
sockdoliger
sockdologer
sodomitical
soft-centred
soft-hearted
soft-shelled
sojournment -s
solanaceous
solarimeter -s
soldatesque
soldier-crab
soldierlike
soldiership
solid-hoofed
solidifying
solifluxion -s
soliloquise -s,-d,-sing
solipsistic
solmisation -s
solutionist -s
solvability
somatically
somatogenic
somatologic
somatoplasm
somatotonia
somatotonic
somewhither
somnambular
somnambulic
somniculous
somniferous
somnivolent
somnolently
songfulness
song-sparrow
sonofabitch
soothfastly
soothsaying -s
sophistical
Sorbonnical
Soroptimist
sorrowfully
soteriology
sottishness
soul-fearing
soulfulness
soul-killing
soul-sleeper
sounding-rod
soundlessly
sound-shadow

soup-kitchen
south-easter
southermost
southernise -s,-d,-sing
southernism -s
southlander -s
southwardly
south-wester
sovereignly
sovereignty -ties
spacefaring -s
space-heater
space-travel
spade-guinea
span-counter
spang-cockle
spaniel-like
sparingness
sparklessly
sparklingly
sparrow-bill
sparrow-hawk
spasmatical
spasmodical
spastically
spathaceous
spatterdash -es
spatter-dock
spatter-work
spawning-bed
speakership -s
specialiser -s
specifiable
specificate -s,-d,-ting
specificity -ties
spectacular -s
spectatress -es
spectrality -ties
spectre-crab
spectrogram -s
spectrology
speculation -s
speculatist -s
speculative
speculatory
speculatrix -es
speechcraft
speech-crier
speechifier -s
speech-maker
speedometer -s
spelaeology
spellbinder -s
spelling-bee
spendthrift -s
Spergularia
Spermaphyta
spermaphyte -s
spermatheca -s
spermatical

spermatozoa
sperm-candle
spermicidal
spermophile -s
Spermophyta
spermophyte -s
spessartite
sphacelated
sphaeridium -dia
Sphagnaceae
sphagnology
spherically
spheroidise -s,-d,-sing
spherometer -s
spherulitic
sphincteral
sphincteric
sphragistic
sphygmogram -s
sphygmology
spider-wheel
spifflicate -s,-d,-ting
spill-stream
spinach-beet
spin-bowling
spindle-legs
spindle-side
spindle-tree
spinelessly
spinescence
spiniferous
spinigerous
spinnerette -s
Spinozistic
spinsterdom
spinsterial
spinsterian
spinsterish
spiraculate
spirillosis
spiritistic
spirit-level
spiritually
spiritualty -ties
spirituelle
spirit-world
Spirochaeta
spirochaete -s
spirometric
splash-board
splashproof
splay-footed
spleen-stone
splendidous
splendorous
splenectomy -mies
splenetical
splinter-bar
split-screen
split-second

spluttering -s
spodomantic
spokeswoman -women
spondulicks
spondylitis
sponge-cloth
sponsorship -s
spontaneity
spontaneous
sporangiole -s
sporocystic
sporogenous
sporogonium -s
sporophoric
sporophytic
sportswoman -women
sporulation -s
spottedness
spread-eagle
spreadingly
sprightless
springboard -s
spring-clean
spring-house
springiness
spring-water
spring-wheat
spud-bashing
spumescence
spur-gearing
spur-leather
squalidness
squandering -s
square-built
square-dance
squarsonage -s
squashiness
squattiness
squeakiness
squeakingly
squeamishly
squintingly
squirarchal
squirearchy -chies
stactometer -s
stadtholder -s
staff-system
stage-driver
stage-effect
stage-flower
stage-fright
stage-manage
stage-player
stage-struck
stagflation
staging-area
staging-base
staging-post
Stahlhelmer
Stahlianism

stainlessly
stair-carpet
stair-turret
stalactical
stalactital
stalactited
stalactitic
stalagmitic
stalling-ken
stall-master
stall-reader
staminodium -s
stamp-office
stanchioned
standardise -s,-d,-sing
standing-bed
standing-cup
stand-offish
stand-patter
staphylitis
starch-grain
starchiness
starch-paper
star-crossed
star-studded
star-thistle
startlingly
stasimorphy
stateliness
state-monger
state-prison
statesmanly
stateswoman -women
station-hand
statistical
statute-book
statutorily
staunchness
staurolitic
stave-church
steadfastly
steady-going
steam-boiler
steam-digger
steam-driven
steam-engine
steam-hammer
steam-jacket
steam-launch
steam-packet
steam-plough
steam-roller
steam-shovel
steam-vessel
steatopygia
steel-headed
steel-plated
steelworker -s
steepe-downe
steeple-bush

steeple-fair
steeplejack -s
steerage-way
steganogram -s
Stegosaurus
Steinberger
stellifying -s
stellionate -s
stencilling -s
stenochrome -s
stenochromy
stenography
stenotypist -s
stentmaster -s
stepbrother -s
step-dancing
stephanotis -es
stereobatic
stereograph -s
stereometer -s
stereometry
stereophony
stereoptics
stereoscope -s
stereoscopy
stereosonic
stereotaxia -s
stereotaxic
stereotaxis -taxes
stereotyped
stereotyper -s
stereotypic
stern-chaser
sternotribe
sternsheets
sternutator -s
stethoscope -s
stethoscopy
Stevengraph
stewardship -s
stichometry
stick-insect
stickleader -s
stickleback -s
stiff-necked
stiff-rumped
stifle-joint
stigmatical
stilbestrol
stilettoing
still-hunter
stiltedness
stilt-plover
stilt-walker
stimulating
stimulation -s
stimulative -s
stintedness
stipendiary -ries
stipendiate -s,-d,-ting

stipulation
stipulatory
stirrup-bone
stirrup-dram
stirrup-iron
stirrup-pump
stitchcraft
stockbroker -s
stock-farmer
stock-feeder
stock-holder
stockinette -s
stock-jobber
stock-market
stockpiling -s
stock-saddle
stocktaking -s
stoicalness
stomach-ache
stomachical
stomachless
stomach-pump
stomatology
Stomatopoda
stone-bruise
stone-colour
stone-curlew
stone-cutter
stone-falcon
stoneground
stone-hammer
stone-marten
stone-plover
stone's-throw
stonewaller -s
stool-pigeon
stopping-out
store-cattle
store-farmer
storekeeper -s
storm-beaten
storm-centre
storm-petrel
storm-signal
storm-stayed
storm-tossed
storm-troops
storm-window
story-teller
strabometer -s
Straduarius
straight-arm
straight-cut
straightish
straight-jet
straight-out
straightway
strait-laced
strait-lacer
stramineous

strangeness
strangulate -s,-d,-ting
strap-hanger
strap-shaped
strategetic
strategical
stratifying
stratocracy -cies
stratopause
straw-colour
straw-cutter
streakiness
streaminess
streamingly
streamlined
streetlight -s
streetwards
strengthful
strenuosity
strenuously
stretchless
stridulator -s
strike-bound
strike-fault
string-board
stringently
stringiness
string-piece
stringy-bark
stroboscope -s
strongpoint -s
strongyloid -s
Struthiones
struttingly
stubble-rake
studentship -s
studiedness
stuffing-box
stultifying
stultiloquy
stumblingly
stump-orator
stump-speech
stuntedness
stupendious
styliferous
stylisation -s
stylishness
stylography
stylopodium -s
Styracaceae
suasiveness
subaerially
subarration -s
subaudition -s
subaxillary
subbasement -s
subcategory -ries
subclinical
subcontract -s,-ing,-ed

subcontrary -ries
subcortical
subcritical
subcultural
subdeaconry -ries
subdelirium -s,-ria
subdiaconal
subdistrict -s
subdivision -s
subdivisive
subdominant -s
subduedness
subeconomic
subglobular
subimagines
subincision -s
subindicate -s,-d,-ting
subitaneous
subjectship -s
subjugation -s
subjunctive -s
sublimation -s
sublimeness
sublittoral
subluxation -s
submarginal
submergence -s
submergible
submersible -s
submissible
submissness
submultiple -s
subordinary -ries
subordinate -s,-d,-ting
subornation -s
subpanation
subregional
subrogation -s
subscapular -s
subscribing -s
subsensible
subsequence -s
subservient -s
subsistence -s
subspecific
substandard
substantial
substantive -s
substituent -s
substituted
substractor
substrative
subsumption -s
subsumptive
subtacksman -men
subterhuman
subterminal
subtileness
subtraction -s
subtractive

subtreasury -ries
subtropical
subumbrella -s
Subungulata
subungulate -s
suburbanise -s,-d,-sing
suburbanism
suburbanite -s
suburbanity -ties
subvertical
subvitreous
succedaneum -s
successless
succinctory -ries
succourable
succourless
succulently
such-and-such
sucking-fish
sufficience -s
sufficiency -cies
suffocating -s
suffocation -s
suffocative
suffragette -s
suffumigate -s,-d,-ting
sugar-coated
suggestible
suitability -ties
sulphurator -s
sulphureous
sulphur-root
sulphurwort -s
summariness
summational
summer-house
summit-level
sumptuosity
sumptuously
sunlessness
superabound -s,-ing,-ed
supercharge -s,-d,-ging
supercherie -s
superdainty
superfamily -lies
superfatted
superfetate -s,-d,-ting
superficial -s
superficies
superfluity -ties
superfluous
superfusion -s
superheater -s
superimpose -s,-d,-sing
superinduce -s,-d,-cing
superintend -s,-ing,-ed
superioress -es
superiority -ties
superjacent
superlative -s

superlunary
supermarket -s
supernatant
supernature
supernormal
superoctave -s
superpraise
superscribe -s,-d,-bing
superscript -s
supersedeas -es
supersedere -s
supersedure -s
superstruct -s,-ing,-ed
supersubtle
supertanker -s
supervision -s
supervisory
supervolute
suppliantly
supplicavit -s
supportable
supportably
supportance
supportless
supportment -s
supportress -es
supposition -s
suppositive
suppository -ries
suppressant -s
suppression -s
suppressive
suppuration -s
suppurative -s
supracostal
supremacism
supremacist -s
suprematism
suprematist -s
supremeness
suraddition
surbasement -s
surface-mail
surf-bathing
surgeon-fish
surgeonship -s
surmounting -s
surpassable
surprisedly
surrebuttal -s
surrebutter -s
surrenderee -s
surrenderer -s
surrenderor -s
surrogation -s
surrounding -s
surtarbrand
surturbrand
surveillant -s
susceptance -s

susceptible
susceptibly
suscitation -s
suspectable
suspectedly
suspectless
suspenseful
suspensible
suspiration -s
sustainable
sustainedly
sustainment -s
sustentator -s
susurration
svarabhakti
swag-bellied
swagger-cane
swagger-coat
swallow-dive
swallow-hole
swallow-tail
swallow-wort
swan-hopping
swarthiness
sweater-girl
sweepstakes
sweep-washer
sweet-cicely
sweet-potato
sweet-willow
swell-headed
swift-footed
swift-winged
swim-bladder
swine's-cress
swing-bridge
swingeingly
swing-handle
swingle-hand
swingletree -s
swingometer -s
swing-plough
swinishness
switchblade -s
switchboard -s
switch-plant
swivel-block
swivel-chair
sword-bearer
sword-dollar
swordplayer -s
sword-shaped
sybaritical
sycophantic
sycophantry
syllabarium -s
syllabicity -ties
sylleptical
syllogistic
sylvestrian

symbolistic
symbolology
symmetrical
sympathetic
sympathiser -s
sympetalous
symphonious
sympodially
symposiarch -s
symptomatic
synagogical
synanthesis
synanthetic
synchoresis -ses
synchromesh
synchronise -s,-d,-sing
synchronism
synchronous
synchrotron -s
syncopation -s
syndesmosis -ses
syndesmotic
syndicalism
syndicalist -s
syndication -s
syndyasmian
synecdochic
synecologic
synergistic
syngnathous
synodically
synoeciosis -ses
synoecology
synonimical
synonymatic
synonymicon -s
synoptistic
syntactical
syntectical
synthesiser -s
synthetical
syphilology
syringotomy -mies
syssarcosis -ses
systematics
systematise -s,-d,-sing
systematism
systematist -s
system-built
system-maker

T

tabefaction -s
tabernacled
table-napkin
table-tennis
table-topped
tacheometer -s
tacheometry
tachycardia

tachygraphy
taciturnity
tagliatelle
tail-feather
taintlessly
tale-bearing
Taliacotian
talkatively
talk-you-down
tallow-catch
tallow-faced
tally-system
Talmudistic
tameability
tan-coloured
tangibility
tank-farming
tantalising -s
tantalus-cup
tap-dressing
tape-machine
tape-measure
taphephobia
taphophobia
taratantara -s,-ing,-ed
tardy-gaited
Targumistic
tarnishable
tarradiddle -s
tarry-breeks
tassell-gent
tastelessly
Tattersall's
tattie-bogle
taurobolium -s
tautochrone -s
tautologise -s,-d,-sing
tautologism -s
tautologist -s
tautologous
tautomerism
tautometric
tautonymous
tax-gatherer
taxidermise -s,-d,-sing
taxidermist -s
taxonomical
tea-canister
teachership -s
tea-equipage
tear-falling
tearfulness
tear-jerking
tear-stained
teaspoonful -s
technically
technocracy -cies
tectibranch -s
tediousness
teeny-bopper

teeter-board
teetotalism
teetotaller -s
tegumentary
teknonymous
telearchics
telecontrol -s
téléférique
telegrammic
telegrapher -s
telegraphic
telekinesis
telekinetic
telemessage -s
teleologism
teleologist -s
Teleosaurus
telepathise -s,-d,-sing
telepathist -s
telephonist -s
teleprinter -s
telescopist -s
Telescopium
telesthesia
telesthetic
telluretted
telpher-line
temerarious
temperament -s
temperately
temperative
temperature -s
tempest-tost
tempestuous
temporality -ties
temporarily
temporising -s
temptatious
tenableness
tenaciously
tendencious
tendentious
tender-dying
tendrillous
tenebrosity
tenementary
tennis-court
tennis-match
tensibility
tensiometry
tentaculate
tentaculite -s
tentatively
tentiginous
tent-pegging
tenuousness
tephromancy
teratogenic
teratologic
terebration -s

terebratula -e,-s
termagantly
termination -s
terminative
terminatory
terminology -gies
termitarium -s
Terpsichore
terraqueous
terremotive
terrestrial -s
terribility
terricolous
terrigenous
territorial -s
territoried
terroristic
tessaraglot
tessellated
testamental
testamentar
testiculate
testificate -s
testimonial -s
testudinary
tetractinal
tetracyclic
tetradactyl -s
tetradrachm -s
tetragonous
tetragynian
tetragynous
tetrahedral
tetrahedron -s
tetramerism
tetramerous
tetrandrian
tetrandrous
tetraplegia
tetraploidy
tetrapodous
tetrapteran
tetrarchate -s
tetrasporic
tetratheism
tetravalent
Teutonicism
textureless
thalassemia
thalassemic
thalidomide
Thallophyta
thallophyte -s
thanatology
thanatopsis
thanklessly
thanksgiver -s
thankworthy
tharborough
thatch-board

thaumatrope -s
thaumaturge -s
theanthropy
theatre-goer
theatricals
theatricise -s,-d,-sing
theatricism
theftuously
thelytokous
thenceforth
theobromine
Theocritean
theogonical
theological
theologiser -s
theomachist -s
theomorphic
theophagous
theophobist -s
theopneusty
theorematic
theoretical
theosophise -s,-d,-sing
theosophism
theosophist -s
theotechnic
Therapeutae
therapeutic
therebeside
theretofore
therewithal
therewithin
theriolatry
theriomorph -s
thermically
thermionics
thermocline -s
thermoduric
thermogenic
thermograph -s
thermolysis
thermolytic
thermometer -s
thermometry
thermonasty
thermophile
thermoscope -s
thermotaxic
thermotaxis -es
thermotical
Theromorpha
thesmothete -s
thick-coming
thick-headed
thick-lipped
thick-ribbed
thick-witted
thimble-case
thingliness
thingumajig -s

thin-skinned
thiocyanate -s
thiopentone
third-stream
thirstiness
thirty-twomo
thistle-down
thitherward
thixotropic
Thomistical
thoroughwax -es
thoughtless
thought-sick
thought-wave
thrasonical
threadiness
threadmaker -s
thread-paper
threatening -s
three-bottle
three-colour
three-decker
three-handed
three-leafed
three-leaved
three-legged
three-masted
three-master
three-nooked
three-parted
three-square
three-suited
threnetical
thriftiness
thrillingly
throatiness
throat-latch
throat-strap
throbbingly
thrombocyte -s
through-bolt
throughfare
through-gaun
thrummingly
thrust-plane
thumb-marked
thunderbolt -s
thunder-clap
thunder-dart
thunderless
thunder-like
thunder-peal
thuriferous
thwartingly
thwartships
thyroiditis
Thyrostraca
thyrotropin
thysanurous
tibiotarsus -es,-tarsi

tichorrhine
ticket-punch
tickettyboo
tickle-brain
tick-tack-toe
tiger-beetle
tiger-flower
tiger-footed
tight-fisted
tight-lacing
tight-lipped
tightly-knit
tiller-chain
timber-hitch
timbromania
timbrophily
time-bargain
time-expired
time-killing
time-machine
time-pleaser
time-service
time-serving
time-sharing
tin-streamer
tire-valiant
tiring-glass
tiring-house
tiring-woman
Tironensian
tissue-paper
Titanomachy
tithe-paying
Titianesque
titillation -s
title-holder
tittivation -s
toad-spotted
toastmaster -s
tobacconist -s
tobacco-pipe
tobogganing -s
tobogganist -s
toffee-apple
toffee-nosed
toffishness
toggle-joint
toilet-cloth
toilet-cover
toilet-glass
toilet-paper
toilet-table
tolbutamide
Tom-and-Jerry
tomographic
tonetically
tonnishness
tonquin-bean
tonsillitic
tonsillitis

tonsilotomy -mies
tooth-drawer
tooth-picker
tooth-powder
top-dressing
toplessness
toploftical
topographer -s
topographic
topological
toponymical
top-priority
torch-bearer
torch-singer
torch-staves
tormentedly
torpedinous
torpedo-boat
torpedo-boom
torpedo-tube
torpescence
torque-meter
torrentuous
Torridonian
torsibility
torsiograph -s
torticollis
Tortricidae
torturingly
tostication -s
totalisator -s
totteringly
touch-typist
tough-minded
tourbillion -s
tous-les-mois
towing-bitts
town-council
town-dweller
town-meeting
townscaping -s
townspeople
toxicomania
toxiphagous
toxiphobiac -s
toxophilite -s
trabeculate
tracelessly
trachearian -s
tracheotomy -mies
Trachinidae
track-laying
tracklement -s
tracklessly
track-walker
trade-fallen
tradeswoman -men
traditional
traditioner -s
traducement -s

traducingly
trafficator -s
trafficking -s
trafficless
tragedienne -s
Tragelaphus
tragi-comedy
trail-blazer
train-bearer
traineeship -s
traitorhood
traitorship
trammelling
transaction -s
transalpine
transandine
transcalent
transceiver -s
transcriber -s
transductor -s
transeptate
transfer-day
transferred
transferrer -s
transfigure -s,-d,-ring
transfixion -s
transformed
transformer -s
transfusion -s
transfusive
transhipper -s
transhumant
transiently
transilient
transit-duty
translation -s
translatory
translocate -s,-d,-ting
translucent
translunary
transmarine
transmittal -s
transmitted
transmitter -s
transpadane
transparent
transpierce -s,-d,-cing
transponder -s
transportal -s
transported
transporter -s
transposing -s
transsexual -s
transsonics
transuranic
transversal -s
transvestic
trapezoidal
Trappistine
travail-pain

travail-pang
traversable
treacherous
treachetour
treacliness
treasonable
treasonably
treble-dated
tree-creeper
tree-surgeon
tree-surgery
tree-worship
trellis-work
tremblement -s
tremblingly
tremulously
trenchantly
trencher-cap
trencher-fed
trencher-man
trench-fever
trendle-tail
trend-setter
trepanation -s
trepidation -s
trepidatory
treponemata
trestle-work
triangulate -s,-d,-ting
tribalistic
tribeswoman -men
tribologist -s
tribulation -s
tribuneship -s
tribunitial
tribunitian
tributarily
triceratops -es
trichinella -e,-s
trichinised
trichinosed
trichinosis
trichinotic
trichomonad -s
Trichomonas
Trichoptera
trichronous
tricksiness
tricoloured
tridominium -s
triennially
trierarchal
trifurcated
trimestrial
trimetrical
trimorphism
trimorphous
trindle-tail
Trinitarian
tripersonal

tripetalous
tripe-visag'd
triphibious
triphyllous
triquetrous
tristichous
trisulphine
trisyllabic
trisyllable -s
tritagonist -s
tritheistic
trithionate -s
trituration -s
triumvirate -s
trivalvular
trivialness
Trochilidae
trochometer -s
troglodytes
troglodytic
troll-my-dame
tromometric
trophoblast -s
trophoplasm -s
trophotaxis
trophozoite -s
tropophytic
troposphere
troth-plight
troublesome
trouble-town
trouble-word
troublously
trough-fault
trough-shell
trous-de-loup
trouser-clip
trouser-suit
trout-basket
trout-stream
truck-farmer
truculently
true-devoted
true-hearted
true-seeming
trumpet-call
trumpet-fish
trumpet-tone
trumpet-tree
trumpet-wood
truncheoned
truncheoner
trundle-tail
trunksleeve
trust-buster
trusteeship -s
trust-estate
trustworthy
truth-teller
trypanocide -s

Trypanosoma
trypanosome -s
tryptophane
trysting-day
tsesarevich -es
tuberaceous
tuberculate
tuberculise -s,-d,-sing
tuberculoma -s
tuberculose
tuberculous
tubiflorous
tub-thumping
tucking-mill
tufftaffeta
tufftaffety
tuft-hunting
tufttaffeta
tufttaffety
tulipomania
tumble-drier
tumbling-box
tumefacient
tumefaction -s
tummy-button
tumorigenic
tunableness
tunefulness
Turbellaria
turbine-pump
turbo-ram-jet
turbulently
turcopolier -s
turfing-iron
turgescence -s
turgescency -cies
Turneresque
turnpike-man
turret-clock
turriculate
turtle-shell
turtle-stone
tussac-grass
tussock-moth
tutti-frutti
twalpennies
twanglingly
tweezer-case
Twelfth-cake
Twelfth-tide
twelvemonth -s
twelve-penny
twin-brother
twitch-grass
twitter-bone
twofoldness
twopenn'orth
two-storeyed
tympaniform
type-founder

type-foundry
type-setting
type-species
typewriting
typewritten
typicalness
typographer -s
typographia
typographic
typological
tyrannicide -s
tyrannosaur -s
tyrannously
tyroglyphid -s
Tyroglyphus
Tyronensian

U

ulotrichous
ultramarine
ultra-modern
ultrasonics
ultraviolet
umbellately
umbraculate
umbratilous
umbrella-ant
umbrella-fir
umbriferous
unabolished
unabrogated
unaccounted
unaccusable
unaccusably
unadaptable
unaddressed
unadvisable
unadvisably
unadvisedly
unaffecting
unagreeable
unalienable
unalienably
unallowable
unalterable
unalterably
unambiguous
unambitious
unamendable
unamusingly
unanimously
unannotated
unannounced
unapostolic
unappointed
unapproving
unashamedly
unaspirated
unassertive
unassisting

unattainted
unattempted
unattending
unattentive
unaugmented
unauthentic
unavailable
unavailably
unavertable
unavoidable
unavoidably
unawakening
unawareness
unballasted
unbarricade -s,-d,-ding
unbeautiful
unbefitting
unbeginning
unbeknownst
unbelieving
unbendingly
unbeneficed
unbenefited
unbenighted
unbenignant
unbeseeming
unbiassedly
unblameable
unblameably
unblemished
unblenching
unblindfold -s,-ing,-ed
unboundedly
unbreakable
unbreathing
unbrotherly
unburnished
unburthened
uncalled-for
uncanniness
uncanonical
uncanonised
unceasingly
uncertainly
uncertainty -ties
uncertified
unchartered
unchastened
unchastised
uncheckable
unchildlike
unchristian
uncivilised
unclassical
uncleanness
unclearness
unclubbable
uncluttered
uncollected
uncomatable

uncomforted
uncommended
uncommitted
uncompacted
uncompanied
uncompelled
uncompleted
uncompliant
uncomplying
unconcealed
unconceived
unconcerned
unconcerted
unconcocted
unconfessed
unconfirmed
uncongenial
unconnected
unconniving
unconquered
unconscious
uncontemned
uncontested
uncontrived
unconverted
unconvicted
unconvinced
uncorrected
uncorrupted
uncountable
uncourteous
uncouthness
uncrushable
uncuckolded
uncurtailed
uncurtained
undauntedly
undebauched
undecidable
undecidedly
undeclining
undefinable
undelegated
undelighted
undelivered
undemanding
undepending
undepressed
underaction -s
underbearer -s
underbidder -s
underbitten
underbreath -s
underbridge -s
undercharge -s,-d,-ging
underclothe -s,-d,-thing
undercovert -s
under-driven
under-espial
underground -s

undergrowth -s
underhanded
underhonest
under-keeper
underletter -s
underlooker -s
undermanned
undermasted
undermining -s
underpraise -s,-d,-sing
underpriced
under-sawyer
under-school
underseller -s
undershapen
undershorts
undersigned
undersleeve -s
understated
understrata
undertaking -s
undertenant -s
underthirst -s
underthrust -s
undervaluer -s
underviewer -s
underweight -s
underworker -s
underwriter -s
undescended
undescribed
undeserving
undesigning
undesirable -s
undesirably
undespoiled
undestroyed
undeveloped
undeviating
undiagnosed
undignified
undiscerned
undisclosed
undiscussed
undisguised
undispensed
undissolved
undistilled
undistorted
undisturbed
undiverting
undividable
undividedly
undoubtable
undoubtedly
undrainable
undrinkable
undutifully
undyingness
unelaborate

unemotional
unemotioned
unenchanted
unendurable
unendurably
un-Englished
unenquiring
unequitable
unequivocal
unescapable
unessential
unevidenced
unexcavated
unexcitable
unexclusive
unexercised
unexhausted
unexpectant
unexpensive
unexperient
unexplained
unexpressed
unfailingly
unfaltering
unfashioned
unfearfully
unfeathered
unfeelingly
unfeignedly
unfermented
unfeudalise -s,-d,-sing
unfiltrable
unfinishing
unfittingly
unfixedness
unflappable
unflavoured
unflinching
unflustered
unforbidden
unforeknown
unforfeited
unforgiving
unforgotten
unfortified
unfortunate -s
unfoundedly
unfructuous
unfulfilled
unfurnished
ungallantly
ungarmented
ungarnished
ungazed-upon
ungenitured
ungenteelly
ungentility
ungetatable
ungodliness
ungrammatic

ungratified
unguardedly
unguerdoned
unguiculate
unguligrade
unhabitable
unhackneyed
unhandiness
unhandseled
unhappiness
unharboured
unharmfully
unharnessed
unharvested
unhazardous
unhealthful
unhealthily
unheedfully
unheedingly
unhidebound
unhingement -s
unhopefully
unhurriedly
unhurtfully
unhusbanded
unicellular
unicolorate
unicolorous
unicoloured
unicorn-moth
unidiomatic
unification -s
uniformness
unigeniture
unillumined
unimpeached
unimpededly
unimportant
unimpressed
uninflected
uninforming
uninhabited
uninhibited
uninitiated
uninquiring
uninscribed
uninspiring
uninucleate
uninventive
uninvidious
unipersonal
unipolarity
uniserially
unisexually
unitisation -s
unit-pricing
univalvular
universally
unjaundiced
unjustified

unknowingly
unknownness
unlaborious
unlabouring
unlearnedly
unleisurely
unlightened
unlightsome
unlimitedly
unliquefied
unlistening
unlooked-for
unloverlike
unluckiness
unluxuriant
unluxurious
unmalicious
unmalleable
unmanliness
unmarriable
unmasculine
unmatchable
unmeaningly
unmechanise -s,-d,-sing
unmeditated
unmelodious
unmemorable
unmercenary
unmeritable
unmeritedly
unmindfully
unmitigable
unmitigably
unmitigated
unmodulated
unmoistened
unmoralised
unmortgaged
unmortified
unmotivated
unmurmuring
unmusically
unmutilated
unnaturally
unnavigable
unnavigated
unnecessary
unneedfully
unnourished
unobnoxious
unobservant
unobserving
unobtrusive
unoffending
unoffensive
unofficered
unofficious
unoperative
unorganised
unoriginate

unorthodoxy -xies
unpaintable
unpalatable
unpalatably
unparagoned
unpardoning
unpassioned
unpathwayed
unpatriotic
unpatterned
unpeaceable
unpedigreed
unpensioned
unperceived
unperfectly
unperformed
unperishing
unperplexed
unpersuaded
unperturbed
unperverted
unpitifully
unpityingly
unplastered
unplausible
unplausibly
unpolarised
unpolitical
unpopularly
unpopulated
unportioned
unpossessed
unpractical
unpractised
unpreaching
unpreferred
unpresuming
unprevented
unprintable
unprocessed
unprofessed
unprofiting
unprojected
unpromising
unprophetic
unprotected
unprotested
unprovident
unprovoking
unpublished
unpurchased
unqualified
unqualitied
unquantised
unqueenlike
unquickened
unquietness
unravelling -s
unravelment -s
unreachable

unreadiness
unrealistic
unreasoning
unrecalling
unreceipted
unreceptive
unreclaimed
unrecounted
unrecovered
unrectified
unredressed
unreducible
unreflected
unrefracted
unrefreshed
unregarding
unregulated
unrehearsed
unrejoicing
unrelenting
unreligious
unreluctant
unremaining
unremittent
unremitting
unremovable
unrepentant
unrepenting
unreposeful
unreprieved
unreproving
unrepugnant
unrequisite
unrescinded
unresentful
unresenting
unresisting
unrespected
unrestingly
unrestraint -s
unretentive
unretouched
unreturning
unrevealing
unrewarding
unrighteous
unromanised
unsandalled
unsatiating
unsatirical
unsatisfied
unsaturated
unsavourily
unscheduled
unscholarly
unscissored
unscratched
unseaworthy
unsectarian
unsegmented

unselfishly
unsensitive
unsentenced
unseparable
unseparated
unsettledly
unshakeable
unshakeably
unsharpened
unsheltered
unshockable
unshrinking
unshunnable
unsighed-for
unskilfully
unslumbrous
unsmilingly
unsocialism
unsociality
unsoftening
unsoldierly
unsolicited
unsoundable
unsoundness
unsparingly
unspeakable
unspeakably
unspecified
unspiritual
unsprinkled
unstaidness
unstainable
unstaunched
unsteadfast
unstoppable
unstoppably
unsubduable
unsubjected
unsubmerged
unsucceeded
unsuccoured
unsupported
unsurpassed
unsurprised
unsuspected
unsuspended
unsuspicion
unsustained
unswallowed
unsweetened
unsyllabled
untaintedly
untamedness
untarnished
unteachable
untechnical
untempering
unterrified
unthickened
unthinkable

unthought-of
untimeously
untinctured
untormented
untouchable
untraceable
untractable
untravelled
untraversed
untreatable
untrembling
untremulous
untunefully
unusualness
unutterable
unutterably
unvarnished
unvenerable
unveracious
unvisitable
unvitrified
unvocalised
unvulgarise -s,-d,-sing
unwandering
unwarranted
unweariable
unweariably
unweariedly
unweathered
unwedgeable
unweetingly
unwelcomely
unwholesome
unwillingly
unwinkingly
unwished-for
unwithering
unwithstood
unwitnessed
unwittingly
unwoundable
up-and-coming
upcast-shaft
upgradation -s
upholsterer -s
upholstress -es
upliftingly
upping-block
upping-stock
upping-stone
uprightness
upvaluation -s
uranography
uranoplasty
Uranoscopus
urchin-shows
urediospore
uriniferous
uriniparous
urochordate

urticaceous
urticarious
uselessness
usucaptible
utilisation -s
utilitarian -s
utopianiser -s
Utricularia

V

vacationist -s
vaccination -s
vaccinatory
vacillating
vacillation -s
vacillatory
vacuolation -s
vacuousness
vacuum-brake
vacuum-clean
vacuum-flask
vagabondage
vagabondise -s,-d,-sing
vagabondish
vagabondism
vaivodeship -s
valediction -s
valedictory
Valentinian
valleculate
Vallisneria
valuational
vanishingly
vantageless
vaporimeter -s
vaporisable
vapouringly
variability
variational
varicelloid
varicellous
variegation -s
variolation -s
variousness
varnish-tree
varsovienne -s
vascularise -s,-d,-sing
vascularity
vasculature -s
vasculiform
vasodilator -s
vasopressin
vasopressor -s
vaticinator -s
vectorscope -s
vedette-boat
Vehmgericht
vellication -s
velocipeder -s
velvetiness

velvet-paper
venatically
Vendémiaire
vendibility
venditation -s
veneficious
venereology
venesection -s
ventilation -s
ventilative
ventricular
ventriculus
ventriloquy
venturesome
venturingly
venturously
veraciously
Verbenaceae
verberation -s
verbigerate -s,-d,-ting
verboseness
verd-antique
verde-antico
verdureless
veridically
verisimilar
vermiculate
vermiculite
vermiculous
vermination -s
vermivorous
verruciform
versability
versatilely
versatility
verse-making
verse-monger
verslibrist
vertebrally
vertebrated
verticality
vertiginous
vesiculated
vespertinal
vestimental
vestry-clerk
vesuvianite
vexatiously
vexillation -s
vexillology
vibratility
vibrational
vicar-choral
vicar-forane
vicariously
vice-admiral
vicegerency -cies
vice-marshal
viceroyalty -ties
viceroyship -s

vichyssoise -s
viciousness
vicissitude -s
victimology
victoryless
victuallage
victualless -es
victualling
vigilantism
villanously
villication -s
vinaigrette -s
vincibility
vincristine
vindication -s
vindicative
vindicatory
vine-disease
vine-dresser
vine-fretter
viniculture
vinificator -s
violoncello -s
viridescent
virilescent
virological
virtue-proof
viscometric
viscountess -es
viscousness
visibleness
visiting-day
viticulture
vitraillist -s
vitrescence
vitrescible
vitrifiable
vituperable
vituperator -s
vivaciously
vivacissimo
vivisection -s
vivisective
vociferance
vociferator -s
voivodeship -s
volcanicity
volcanology
volitionary
volubleness
volumometer -s
voluntarily
voluntarism
voluntarist -s
voluntative
vomeronasal
voodooistic
voortrekker -s
voraciously
vortiginous

vouchsafing
voyeuristic
vulcanicity
vulcanology
vulneration

W
wage-earning
waggishness
Wagneresque
wagon-wright
wainscoting -s
wainscotted
waist-anchor
waiting-list
waiting-maid
waiting-room
waivodeship -s
wakefulness
waldgravine -s
walking-beam
walking-cane
walking-fish
walking-lady
walking-leaf
walking-part
walking-race
walking-toad
walking-twig
wall-mustard
walnut-juice
wanderingly
Wanderjahre
want-catcher
wappenschaw -s
wapper-jawed
warehousing -s
warlikeness
warm-blooded
warm-hearted
warrantable
warrantably
wash-and-wear
wash-drawing
washerwoman -men
wash-gilding
washing-blue
washing-line
washing-soda
wash-leather
waspishness
wasp-tongued
wasp-waisted
wassail-bout
wassail-bowl
waste-basket
wastel-bread
wasterfully
watch-making
watch-pocket

watch-spring
water-bailie
water-barrel
water-bearer
water-beetle
water-bottle
water-bouget
water-cannon
water-cement
water-closet
water-colour
water-cooled
water-cooler
watercourse -s
water-doctor
watered-down
water-engine
water-finder
water-hammer
watering-can
watering-cap
watering-pot
water-jacket
waterlogged
water-meadow
water-monkey
water-pepper
water-pistol
water-purpie
water-skiing
water-souchy
water-spider
water-spirit
water-splash
water-spring
water-sprite
water-supply
water-thrush
water-tunnel
water-violet
wax-chandler
wax-painting
waywardness
weak-hearted
weak-sighted
wealthiness
weapon-salve
weapon-schaw
wearability
wearisomely
weasand-pipe
weasel-faced
weathercock -s,-ing,-ed
weather-fend
weather-gage
weather-gall
weather-helm
weathermost
weather-roll
weather-ship

weather-side
weather-sign
weather-vane
weather-wise
weather-worn
weaver-finch
web-fingered
wedding-cake
wedding-ring
wedge-heeled
wedge-shaped
wedge-tailed
weeding-fork
weeding-hook
weeping-ripe
weeping-rock
weeping-tree
weigh-bridge
weightiness
Weismannism
welcomeness
weldability
well-advised
well-behaved
well-beloved
well-coupled
well-defined
well-derived
well-desired
well-dressed
well-entered
well-founded
well-groomed
wellingtons
well-judging
well-looking
well-meaning
well-ordered
well-rounded
well-sinking
well-stacked
well-thumbed
well-trodden
well-wishing
welwitschia -s
Wensleydale
werewolfish
werewolfism
Wesleyanism
west-by-north
west-by-south
westernmost
Westminster
Westphalian
whale-fisher
whaling-port
what-d'ye-call
whatsomever
wheat-mildew
wheedlesome

wheel-animal
wheelbarrow -s
wheel-cutter
wheel-plough
wheel-window
wheelwright -s
whenceforth
whereabouts
wheresoever
wherewithal
wheyishness
whichsoever
whicket-door
whiffletree -s
whigmaleery -ries
whimsically
whipping-boy
whipping-top
whippletree -s
whiskerando -s
whiskeyfied
whisky-liver
whistle-fish
whistle-stop
whistlingly
whist-player
white-billed
white-bonnet
white-bottle
whiteboyism
Whitechapel
white-collar
white-eyelid
white-footed
white-handed
white-headed
white-listed
white-rumped
whitethroat -s
whitewasher -s
white-winged
whitherward
whiting-pout
whiting-time
whitishness
whitleather -s
whitlow-wort
Whitsuntide
Whitsun-week
whole-footed
whole-hogger
whole-hoofed
whole-length
wholesomely
whole-souled
whole-stitch
whoremaster
whoremonger -s
whorishness
whosesoever

widdershins
wide-chapped
wide-ranging
wide-watered
widowerhood
widow's-bench
wild-fowling
willingness
will-worship
windcheater -s
wind-furnace
windlestrae -s
windlestraw -s
window-barne
window-blind
window-frame
window-glass
window-ledge
Windsor-soap
windsurfing
wine-bibbing
wine-biscuit
wine-growing
wine-measure
wine-tasting
wing-and-wing
wing-loading
winningness
winning-post
winsomeness
winter-apple
winter-berry
winter-bloom
winter-cress
wintergreen
winter's-bark
winter-sweet
wire-dancing
wire-drawing
wire-netting
wire-pulling
wireworking
wisdom-tooth
wise-hearted
wishfulness
wishing-bone
wishing-tree
wishing-well
wishtonwish -es
wistfulness
witch-doctor
witches'-meat
witch-finder
witch-ridden
witenagemot -s
witheringly
withershins
wither-wrung
without-door
withstander -s

witlessness
wobble-board
wolf-whistle
womanliness
woman-vested
wonderfully
wonderingly
wood-alcohol
wood-anemone
wood-carving
wood-cutting
wood-fretter
wood-naphtha
wood-swallow
wood-vinegar
wood-warbler
woody-tongue
wool-bearing
wool-carding
wool-combing
wool-growing
woollen-mill
wool-stapler
wordishness
word-of-mouth
word-painter
word-perfect
word-picture
workability
working-beam
working-edge
working-face
working-over
workmanlike
workmanship
world-beater
worldliness
worldly-wise
worm-gearing
worshipable
worshipless
worshipping
worsted-work
worthlessly
wranglesome
wreck-master
wringing-wet
wring-staves
writing-book
writing-case
writing-desk
wrong-headed
wrong-minded
wrought-iron

X

Xanthochroi
xanthophyll
Xanthoxylum
X-chromosome

xenodochium -s
xenogenesis
xenogenetic
xenoglossia
xenomorphic
xenoplastic
xeranthemum -s
xeromorphic
xerophilous
xerotripsis
xiphopagous
xylocarpous
xylographer -s
xylographic
xylophagous
xylophilous
xylophonist -s
xyridaceous

Y

yachtswoman -women
yackety-yack
yatteringly
Y-chromosome
yeard-hunger
yeard-hungry
yeast-powder
yellow-ammer
yellow-belly
yellow-earth
yellow-metal
yesternight
yince-errand
you-know-what
yttriferous
yttro-cerite
Yugoslavian

Z

Zanthoxylum
zealousness
zeolitiform
zero-grazing
zestfulness
zinciferous
zincography
zinkiferous
zip-fastener
zoantharian -s
zoanthropic
Zonotrichia
zoochemical
zoodendrium -s
zoogonidium -dia
zoografting -s
zoographist -s
zoomagnetic
zoomorphism -s
zoophytical
zooplankton

zoospermium -s
zootechnics
zootheistic
Zoroastrian
zygocardiac

zygomorphic
Zygomycetes
Zygophyllum
zygopleural
zymological

zymosimeter -s
zymotechnic
zymotically

A
abbey-counter
abbreviation -s
abbreviatory
abbreviature
abolitionary
abolitionism
abolitionist -s
aboriginally
abortiveness
absent-minded
absinthiated
absoluteness
absorptivity
absquatulate
abstemiously
abstractedly
abstractness
abstruseness
academically
acanthaceous
acaridomatia
acarodomatia
acceleration -s
accelerative
acceleratory
accentuality
accentuation -s
acciaccatura -s
accidentally
accommodable
accommodator -s
accompanyist -s
accomplished
accomplisher -s
accordionist -s
accouchement -s
accoutrement -s
accumulation -s
accumulative
accurateness
accusatorial
acetaldehyde
achlamydeous
acoustically
acquaintance -s

acquiescence -s
acre's-breadth
acroamatical
acronychally
acrophonetic
action-taking
adaptability
adaptiveness
adder's-tongue
addictedness
additionally
addle-brained
adequateness
adhesiveness
adjectivally
adjudication -s
adjunctively
adminiculate -s,-d,-ting
administrant -s
administrate -s,-d,-ting
admonishment -s
adorableness
adscititious
adulteration -s
adulterously
advantageous
adventitious
adverbialise -s,-d,-sing
advisability
aecidiospore -s
aerodynamics
aeroembolism
aeronautical
aeroneurosis
aeroplankton
aerosiderite
aesthesiogen -s
aesthetician -s
aestheticise -s,-d,-sing
aestheticism
aestheticist -s
aethrioscope -s
aetiological
affectedness
affectionate
affluentness
afforestable

affrightedly
affrightened
affrightment -s
affrontingly
aforethought -s
Afro-American
afterburning
afterthought -s
agalmatolite
agamogenesis
agent-general
agglomerated
agglutinable
agglutinogen
aggressively
agreeability
agribusiness
agricultural
agrobusiness
agrochemical -s
agroindustry -ries
ailourophile -s
ailourophobe -s
ailurophilia
ailurophobia
air-ambulance
air-commodore
air-condition
aircraftsman -men
alder-liefest
aldermanlike
aldermanship -s
alexipharmic
Alhambresque
alienability
alimentation -s
alimentative
alkalescence -s
alkalescency -cies
all-important
alliteration -s
alliterative
all-or-nothing
all-roundness
allusiveness
alphabetical
alpha-blocker

alphamerical
alphanumeric
alstroemeria -s
altaltissimo -s
alterability
altitudinous
amalgamation -s
amalgamative
Amarantaceae
amateurishly
ambassadress -es
ambidextrous
ambitionless
amelioration -s
ameliorative
amenableness
amentiferous
amicableness
amissibility -ties
amitotically
amortisation -s
ampelography
amphibrachic
amphictyonic
amphigastria
amphisbaenic
amphistomous
amphitheatre -s
amphitropous
amygdaloidal
anabaptistic
anacatharsis
anacathartic -s
anaerobiosis
anaerobiotic
anaesthetise -s,-d,-sing
anaesthetist -s
anagogically
anagrammatic
analogically
analphabetic
analytically
anamorphosis -ses
anapaestical
anaphylactic
anarchically
anarthrously
anastigmatic
anathematise -s,-d,-sing
anatomically
anchoretical
anchoritical
androsterone
anemographic
anemophilous
anencephalia
anencephalic
angelica-tree
angiocarpous
Angiospermae

angiospermal
angiostomous
Anglophabiac
anguilliform
animadverter -s
animalculist -s
Ankylosauria
Ankylosaurus
annihilation -s
annihilative
announcement -s
annunciation -s
annunciative
anotherguess
antagonistic
antarthritic
antasthmatic
antecedently
antediluvial
antediluvian -s
antemeridian
anteprandial
anthelmintic -s
antherozooid -s
anthocarpous
anthophilous
anthoxanthin
anthropogeny
anthropogony
anthropoidal
anthropology
anthropotomy
anti-aircraft
antibacchius -es
antibarbarus
anticatholic
antichthones
anticipation -s
anticipative
anticipatory
anticlerical -s
anticyclonic
antifriction
anti-Gallican
antigropelos
antihalation -s
antilegomena
antimacassar -s
antimalarial
antimetabole -s
antimnemonic -s
anti-national
antineutrino -s
antiparallel -s
antiparticle -s
antipathetic
antiperiodic -s
antipetalous
antiphonally
antiphonical

antiphrastic
antipruritic -s
antirachitic -s
anti-Semitism
antisepalous
antisocially
antistrophic
antistrophon -s
antitheistic
antithetical
antithrombin
antoninianus -es
apagogically
aperiodicity
apfelstrudel -s
apiculturist -s
aplanogamete -s
apochromatic
apocynaceous
apodeictical
apogeotropic
apolitically
Apollinarian
apologetical
apoplectical
apostolicism
apostolicity
apostrophise -s,-d,-sing
apothegmatic
apparentness
apparitional
appendectomy -mies
appendicitis
appendicular
apperception -s
apperceptive
appercipient
appertaining
appetisement -s
appetisingly
applaudingly
applausively
apple-blossom
appoggiatura -s
appositeness
appositional
appraisement -s
appreciation -s
appreciative
appreciatory
apprehension -s
apprehensive
approachable
approach-shot
appropriator -s
appurtenance -s
apron-strings
araeosystyle -s
arborescence -s
arborisation -s

archdeaconry –ries
archegoniate
archetypical
Archilochian
archipelagic
architecture –s
arfvedsonite
argillaceous
aristocratic
Aristolochia
Aristophanic
Aristotelean
Aristotelian
Aristotelism
arithmetical
arithmometer –s
armour-bearer
armour-plated
arpeggiation –s
articulately
articulation –s
articulatory
artificially
artillery-man
Artiodactyla
artistically
Ascension-day
Asclepiadean
asparaginase
asphyxiation –s
aspiringness
assassinator –s
assentaneous
assessorship –s
asseverating
asseveration –s
assibilation –s
assimilation –s
assimilative
assortedness
assuefaction –s
astonishment –s
astoundingly
astringently
astrogeology
astrological
astronautics
astronomical
astrophysics
asymmetrical
asymptotical
asynchronism
asynchronous
atheological
atheromatous
athletically
atmospherics
attitudinise –s,–d,–sing
attorneyship –s
attractingly

attractively
attributable
audiological
augmentation –s
augmentative
auscultation
auscultatory
auspiciously
Australasian
Austronesian
authenticate –s,–d,–ting
authenticity
authorisable
autistically
autocatalyse –s,–d,–sing
autochthones
autodidactic
autohypnosis
auto-immunity
automaticity
automobilism
automobilist –s
automorphism
autoptically
availability
avant-gardism
avant-gardist
avariciously
averruncator –s
avitaminosis
avowableness
awe-inspiring
aye-remaining

B

babingtonite
baby-batterer
baby-snatcher
baccalaurean
bacchanalian –s
bachelor-girl
bachelorhood
bachelorship –s
backboneless
backbreaking
backstarting
backswordman –men
back-tracking
backwardness
backwoodsman –men
backwounding
bactericidal
bacteriology
bacteriostat –s
badger-legged
baggage-train
baking-powder
Balaam-basket
Balaamitical
balance-sheet

balance-wheel
balladmonger –s
ballanwrasse –s
ball-bearings
ballet-dancer
balletically
ballet-master
balletomania
balneologist –s
banderillero –s
bandersnatch –es
bantam-weight
barber-monger
bare-breached
barmy-brained
barometrical
baron-officer
barratrously
barrier-cream
barristerial
baselessness
base-spirited
basidiospore –s
basket-making
basket-stitch
basso-relievo
basso-rilievo
bastard-title
bastinadoing
bate-breeding
bathing-dress
bathypelagic
battering-ram
battleground –s
battlemented
battological
beachcombing
bearableness
beatifically
beaumontague –s
becomingness
bedazzlement
bed-of-justice
beetle-browed
beetle-headed
beggarliness
behaviourism
behaviourist –s
belittlement
bell-bottomed
belletristic
belligerence
belligerency
belly-landing
bench-warrant
bend-sinister
benefactress –es
beneficently
beneficially
benevolently

benightening
benjamin-tree
benumbedness
benzaldehyde
bequeathable
bequeathment -s
Bertholletia
bertillonage
Berufsverbot
beseechingly
besottedness
bespectacled
Besserwisser
between-decks
betweentimes
bewilderment
bewitchingly
bibble-babble
Bible-pounder
Bible-thumper
bibliography -phies
bibliologist -s
bibliomaniac -s
bibliopegist -s
bibliophobia
bibliopolist -s
bicameralist -s
bicentennial -s
Bignoniaceae
bilateralism
bilharziasis
bilharziosis
bilingualism
billiard-ball
billingsgate
bimillennium -s
biochemistry
bioflavonoid
biogeography
biographical
biologically
biomechanics
biometrician -s
biorhythmics
biosatellite -s
bioscientist -s
biosynthesis
biosynthetic
bird-catching
birding-piece
bird's-nesting
bird-watching
birefringent
birthday-book
birthday-suit
blabbermouth -s
black-and-blue
blackballing
blackbirding -s
blackcurrant -s

black-fishing
blackguardly
black-hearted
blacklisting -s
blackpudding -s
black-quarter
black-visaged
bladder-wrack
blamableness
blamefulness
blanc-de-Chine
blandishment -s
blast-furnace
blastosphere -s
blastulation -s
blatherskite -s
blennorrhoea
bletheration
bletherskate -s
blissfulness
blister-steel
blithesomely
blockbusting
blood-brother
bloodletting -s
blood-pudding
bloodstained
bloodsucking
bloodthirsty -tier,-iest
bloody-minded
blow-moulding
bluestocking -s
blunderingly
blusteringly
boarding-pike
board-measure
boastfulness
bobby-dazzler
bodice-ripper
body-building
body-snatcher
boiling-point
boisterously
bolting-hutch
bombacaceous
bomb-disposal
bonnet-monkey
bonny-clabber
boogie-woogie
booking-clerk
book-learning
book-scorpion
bootlessness
Boraginaceae
borough-reeve
bottle-holder
bottle-opener
bottle-slider
bottle-washer
bottom-sawyer

bougainvilia -s
boulevardier -s
bound-bailiff
bow-compasses
bowling-alley
bowling-green
brachycephal -s
brachydactyl
brachygraphy
brackishness
brainwashing
bramble-berry
bramble-finch
Branchiopoda
branding-iron
brandy-bottle
brandy-pawnee
brass-bounder
brassfounder -s
brass-rubbing
bread-chipper
breakfast-set
break-promise
breakthrough -s
breast-girdle
breastplough -s
breaststroke -s
breastsummer -s
breathalyser -s
breathlessly
breathtaking
breeches-buoy
breech-loader
brevipennate
brickfielder
brick-nogging
bride-chamber
brigade-major
brilliant-cut
brilliantine
brimfullness
brinkmanship
Bristol-board
Bristol-brick
broadcasting -s
broken-backed
broken-winded
Bromeliaceae
bromhidrosis
bronchoscope -s
bronchoscopy -pies
bronco-buster
brontosaurus -es
bronze-pigeon
brother-in-law
buccaneering
buccaneerish
buckle-beggar
buffalo-berry
buffalo-grass

bullet-headed
bullfighting
bull-of-the-bog
bunko-steerer
bureaucratic
burial-ground
burnet-leaved
burning-glass
burning-house
burning-point
burnt-almonds
burrowing-owl
burseraceous
burying-place
bushwhacking
business-like
business-wise
butter-cooler
butterfly-bow
butterfly-nut
butter-muslin
butterscotch
buttery-hatch
buttress-root
butty-collier
buzzard-clock
Byelorussian

C

cabalistical
cabbage-white
cabinetmaker -s
cable-railway
cable's-length
cable-tramway
cachinnation
cachinnatory
cacophonical
cacophonious
café-chantant
Cain-coloured
calamitously
calceamentum -s
calendar-line
calico-flower
caliginosity
calisthenics
calligrapher -s
callisthenic
calorescence -s
calumniation -s
calumniatory
calumniously
calycanthemy
Calyciflorae
calycoideous
camiknickers
Campanularia
camp-follower
campodeiform

camp-preacher
camp-shedding
camp-sheeting
canaliculate
canalisation -s
cancellarial
cancellarian
cancellation -s
candle-holder
candle-waster
cane-bottomed
canister-shot
cankeredness
cannon-fodder
canonisation -s
canorousness
Cantabrigian
cantankerous
cantharidian
cantharidine
cantillation -s
cantillatory
canting-wheel
canvas-length
capacitation -s
capercaillie -s
capercailzie -s
capillaceous
capitalistic
capitulation -s
capitulatory
Cappagh-brown
capriciously
captiousness
caravansarai -s
caravanserai -s
carbohydrate -s
carbonaceous
carbon-dating
carcinogenic
card-carrying
cardinal-bird
cardinalship -s
cardiography
cardiologist -s
carelessness
caricaturist -s
carillonneur -s
Carlovingian
carnal-minded
carpenter-ant
carpenter-bee
carpetbagger -s
carpet-knight
carpetmonger
carpophagous
carragheenin
carriageable
carriage-free
carriage-paid

carriwitchet -s
carte-blanche
Cartesianism
cartographer -s
cartographic
cartological
carton-pierre
cartophilist -s
carving-knife
cash-and-carry
cashew-apples
cash-register
catachrestic
catacoustics
catadioptric
catallactics
catamountain -s
cataphoresis
cataphractic
cataphyllary
cataphysical
catastrophic
catechetical
categorially
caterwauling -s
cathetometer -s
cathodograph -s
catilinarian
cattle-lifter
cattle-plague
caulking-iron
causationism
causationist -s
cautiousness
cedrelaceous
celibatarian
cell-division
cement-copper
cementitious
censoriously
centesimally
centillionth -s
centroclinal
centrosphere
centumvirate -s
centuplicate -s
centuriation -s
ceramography
cerebrotonia
cerebrotonic
ceremonially
cerographist -s
ceroplastics
certificated
chain-gearing
chairmanship -s
chaise-longue
chalazogamic
chalcography
chalcolithic

chalcopyrite
championship -s
chance-medley
channel-stane
channel-stone
chapelmaster -s
chaplainship -s
chapter-house
Characinidae
characterise -s,-d,-sing
characterism -s
Charadriidae
charlatanism
charnel-house
charter-chest
Charterhouse
charter-mayor
charterparty -ties
chartography
chassé-croisé
chastisement -s
chauvinistic
checker-berry
checker-board
checking-room
check-weigher
cheerfulness
cheerishness
cheeseburger -s
cheese-cutter
cheese-hopper
cheese-monger
cheese-paring
cheese-rennet
cheese-taster
cheirography
cheirologist -s
cheiromantic
cheiropteran -s
chemotherapy
chemotropism
cherry-bounce
cherry-laurel
cherry-pepper
cherubically
chesterfield -s
chick-a-diddle
chief-justice
chieftainess -es
childbearing
childcrowing
childishness
chiliahedron -s
chimerically
chimney-board
chimney-piece
chimney-shaft
chimney-stack
chimney-stalk
chimney-sweep

chiquichiqui -s
chirographer -s
Chironomidae
chiropractic
chiropractor -s
chiropterous
chirurgeonly
chivalrously
chlorimetric
chlorination
chloroformer -s
chlorometric
chocolate-box
cholerically
chondriosome -s
chordophonic
choreography
choreologist -s
choripetalae
chorizontist -s
chorographic
chorological
chrematistic
chrestomathy -thies
chrisom-cloth
christianise -s,-d,-sing
Christianism
Christianity
Christliness
Christolatry
christophany -nies
Christ's-thorn
chromaticism
chromaticity
chromatogram -s
chromatopsia
chrome-spinel
chrome-yellow
chromosphere
chronography
chronologist -s
chronometric
chrysophanic
chuckie-stane
chuckie-stone
churchianity
church-parade
churchpeople
church-warden
churlishness
cichoraceous
Cicindelidae
cigarette-end
cinemathèque -s
cinnamon-bear
circassienne
circle-riding
circuitously
circuit-rider
circumcentre -s

circumcision -s
circumfluent
circumfluous
circumfusile
circumfusion -s
circumgyrate -s,-d,-ting
circumjacent
circumlocute -s,-d,-ting
circumnutate -s,-d,-ting
circumscribe -s,-d,-bing
circumstance -s
cirro-cumulus
cirro-stratus
civilisation -s
clairaudient -s
clair-obscure
clairvoyance
clamjamphrie
clangorously
clannishness
clapperboard -s
claptrappery
clare-obscure
clarinettist -s
classicality
classifiable
clatteringly
claudication
claustration
clavicembalo -s
clearing-bank
clear-obscure
clear-sighted
cleistogamic
cliché-ridden
cliffhanging
clincher-work
clinker-block
clinker-built
clip-fastener
cliquishness
clock-watcher
cloddishness
close-fitting
close-grained
close-mouthed
close-tongued
clothes-brush
clothes-horse
clothes-press
cloud-chamber
cloud-kissing
cloud-seeding
cloven-footed
cloven-hoofed
clownishness
coacervation -s
coachbuilder -s
coalitionism
coalitionist -s

coal-merchant
coal-titmouse
coat-trailing
coccidiostat -s
cockfighting
cockieleekie -s
cock-throwing
code-breaking
codification -s
Coelenterata
coelenterate -s
coenesthesia
coenobitical
coerciveness
cohabitation -s
cohesibility
cohesiveness
coincidental
coincidently
cold-moulding
cold-shoulder
coleopterist -s
coleopterous
cole-titmouse
collaborator -s
collaterally
collectively
collectivise -s,-d,-sing
collectivism
collectivist -s
collectivity
collectorate -s
collegialism
collegiality -ties
colliquation
colliquative
collision-mat
colloquially
colluctation -s
collywobbles
Cologne-earth
colonisation -s,-d,-sing
coloquintida -s
colossus-wise
colostration
columniation -s
combinations
Combretaceae
come-by-chance
cometography
Cominformist
commandingly
commemorable
commemorator -s
commencement -s
commendation -s
commendatory
commensalism
commensality -ties
commensurate

commentation -s
commercially
commiserable
commiserator -s
commissarial
commissariat -s
commissioned
commissioner -s
commodiously
common-riding
commonwealth -s
communicable
communicably
communicator -s
companionate -s
companion-way
compass-plane
compass-plant
compatriotic
compellation -s
compellative -s
compensation -s
compensatory
complacently
complaisance
complanation -s
complemental
completeness
complexional
complexioned
complication -s
complicative
complimental
complimenter -s
componential
composedness
compressible
compulsative
compulsatory
compulsively
compulsorily
compunctious
compurgation -s
compurgatory
concelebrant
concelebrate -s,-d,-ting
concentering
concentrator -s
concentrical
concert-grand
conchiferous
conchologist -s
conciliation -s
conciliative
conciliatory
conclamation -s
conclusively
concomitance
concomitancy
concordantly

concorporate -s,-d,-ting
concremation -s
concrescence -s
concreteness
concubitancy
concupiscent
concurrently
condemnation -s
condemnatory
condensation -s
conditionate
conditioning -s
conductivity -ties
conduplicate
confabulator -s
confectioner -s
conferential
confessional -s
confessoress -es
confidential
confirmation -s
confirmative
confirmatory
confiscation -s
confiscatory
conformation -s
confoundedly
confrontment -s
Confucianism
Confucianist
confusedness
congenerical
congeniality -ties
congenitally
conglobation -s
conglobulate -s,-d,-ting
conglomerate -s,-d,-ting
conglutinant
conglutinate -s,-d,-ing
congratulant -s
congratulate -s,-d,-ting
congregation -s
conidiophore -s
conidiospore -s
conjunctival
connaturally
connectively
conning-tower
connubiality
conqueringly
conquistador -(e)s
conscionable
conscionably
conscription -s
consecration -s
consecratory
consensually
consentience
consentingly
consequently

conservation -s
conservatism
conservative -s
conservatory -ries
conservatrix -es
considerable
considerably
consignation -s
consignatory -ries
consistently
consistorial
consistorian
consociation -s
console-table
consolidated
consolidator -s
conspectuity
conspiration -s
conspiringly
constabulary -ries
constatation -s
constipation
constituency -cies
constitution -s
constitutive
constriction -s
constrictive
constringent
construction -s
constructive
constructure -s
consultation -s
consultative
consultatory
consummately
consummation -s
consummative
consummatory
contabescent
contagionist -s
contagiously
containerise -s,-d,-sing
contaminable
contemplable
contemplator -s
contemporary -ries
contemporise -s,-d,-sing
contemptible
contemptibly
contemptuous
conterminant
conterminate
conterminous
contestation -s
contestingly
contextually
contignation -s
contiguously
contingently
continuation -s

continuative
continuously
contortional
contractable
contractedly
contractible
contradictor -s
contranatant
contrapposto -s
contrapuntal
contrariness
contrariwise
contribution -s
contributive
contributory
contriteness
contriturate -s,-d,-ting
contrivement -s
controllable
contumacious
contumelious
convalescent -s
convectional
conveniently
conventicler -s
conventional
conventioner -s
conversation -s
conveyancing
conveyor-belt
convincement
convincingly
convivialist -s
conviviality -ties
convulsional
convulsively
cooking-apple
cooking-range
coordinately
co-ordinately
coordination
co-ordination
coordinative
co-ordinative
co-polymerise
copper-bottom
copper-glance
copper-nickel
coprophagist -s
coprophagous
coprophilous
copying-press
coquettishly
corallaceous
Cordaitaceae
co-respondent
cork-linoleum
corn-chandler
corn-exchange
corning-house

corn-marigold
corn-merchant
corn-shucking
corollaceous
corporalship -s
corporealise -s,-d,-sing
corporealism
corporealist -s
corporeality
corpse-candle
correctional
correctioner -s
correctitude -s
correlatable
corroborable
corroborator -s
coscinomancy
cosmetically
cosmogonical
cosmographer -s
cosmographic
cosmological
cosmonautics
cosmoplastic
cosmopolitan -s
cosmopolitic
costermonger -s
cottonocracy
cotyledonary
cotyledonous
cough-lozenge
cough-mixture
coulombmeter -s
council-board
council-house
councilmanic
counsellable
countenancer -s
counter-agent
counter-blast
counter-brace
counter-charm
countercheck -s,-ing,-ed
counter-claim
counter-drain
counter-flory
counter-force
counter-gauge
counter-guard
counterlight -s
countermarch -es,-ing
        -ed
counter-paled
counterplead -s,-ing,-ed
counterpoint -s
counterpoise -s,-d,-sing
counterproof -s
counter-round
counterscarp -s
counter-sense

countershaft -s
counter-stand
counter-tally
counter-tenor
counter-weigh
counter-wheel
counting-room
country-dance
country-house
countrywoman -women
courageously
court-dresser
courtierlike
court-martial
court-plaster
cousin-german
covetiveness
covetousness
cowardliness
crackbrained
cradle-scythe
craft-brother
craftmanship -s
craftsmaster -s
crambo-jingle
craniologist
crash-landing
crassamentum
Crassulaceae
creativeness
creatureship
credibleness
creditworthy
creepy-crawly
cremationist -s
crenellation -s
crêpe-de-chine
crepusculous
crimping-iron
crisping-iron
cristobalite
criticalness
criticisable
cross-and-pile
crossbanding
cross-bedding
crossbencher -s
cross-buttock
cross-country
cross-current
crosscutting
cross-examine
cross-grained
crossing-over
cross-lateral
cross-lighted
cross-purpose
cross-section
cruel-hearted
crush-barrier

cryptanalyst -s
cryptogamian
cryptogamist -s
cryptogamous
cryptography
cryptologist -s
cryptomnesia
cryptomnesic
cryptonymous
crystal-clear
crystal-gazer
crystallitis
cucking-stool
cuckold-maker
cuckoo-flower
cucumber-tree
cuisse-madame
culpableness
cultivatable
culvertailed
cumber-ground
cumbrousness
cumulatively
cumulo-cirrus
cumulo-nimbus
cupboard-love
cupping-glass
cuprammonium
cupuliferous
curb-crawling
curb-merchant
curietherapy
curliewurlie -s
curling-irons
curling-stone
curling-tongs
curmudgeonly
currant-bread
currant-jelly
curvicaudate
curvicostate
curvifoliate
curvirostral
cushion-plant
custard-apple
custom-shrunk
cut-and-thrust
cutinisation
Cyanophyceae
cyclopropane
Cyclostomata
cyclostomous
cylinder-head
cylinder-seal
cylindricity
cylindriform
cymotrichous
Cynocephalus
cypress-swamp
cytogenetics

cytotoxicity -ties
Czechoslovak

D

dactylically
dactyliology
dactyloscopy -pies
damnableness
Dantophilist
Darlingtonia
dasyphyllous
daughterling -s
day-blindness
deactivation -s
dead-and-alive
deambulatory -ries
dearticulate -s,-d,-ting
deaspiration -s
death-dealing
death-warrant
debilitation -s
debilitative
debonairness
decaffeinate -s,-d,-ting
decalescence
decapitalise -s,-d,-sing
decapitation -s
decasyllabic
decasyllable -s
deceleration
decentralise -s,-d,-sing
decipherable
decipherment -s
decisiveness
decitizenise -s,-d,-sing
declensional
declinometer -s
decoloration -s
decomposable
decompressor -s
decongestant -s
decongestion -s
decongestive
deconsecrate -s,-d,-ting
decoratively
decorousness
decreasingly
decrepitness
decrustation
dedicational
dedicatorial
deducibility
deerstalking
defamatorily
defectionist -s
definability -ties
definiteness
definitively
deflagration -s
deflationary

deflationist -s
deflectional
deforciation
deformedness
defraudation -s
degenerately
degenerating
degeneration -s
degenerative
dehumidifier -s
Deinotherium
dejectedness
delamination
deliberately
deliberation -s
deliberative
delicateness
delicatessen -s
delightfully
delimitation -s
delimitative
delinquently
deliquescent
delitescence
delivery-pipe
delivery-tube
Della-Cruscan
deltiologist -s
delusiveness
demagnetiser -s
dementedness
demi-culverin
demi-distance
demilitarise -s,-d,-sing
demi-mondaine
democratical
demolishment -s
demoniacally
demonologist -s
demonstrable
demonstrably
demonstrator -s
demoralising
denaturalise -s,-d,-sing
dendrologist -s
dendrologous
denomination -s
denominative
denotatively
denouncement -s
densitometer -s
densitometry
denticulated
dentilingual
dentirostral
denunciation -s
denunciatory
deontologist -s
deoppilation
deoppilative

departmental
dephlegmator -s
depoliticise -s,-d,-sing
depopulation -s
deposition -s
depravedness
depreciation -s
depreciative
depreciatory
depressingly
depressurise -s,-d,-sing
deracination -s
derisiveness
derivational
derivatively
dermatophyte -s
derogatively
derogatorily
desalination
descensional
desideration
desiderative
desirability
desirousness
desolateness
despairingly
despisedness
despitefully
despoliation
despondently
despondingly
despotically
despotocracy -cies
desquamation
desquamative
desquamatory
dessertspoon -s
destructible
desulphurate -s,-d,-ting
desulphurise -s,-d,-sing
detachedness
detectophone -s
determinable
determinably
determinedly
dethronement -s
detoxication -s
detractingly
detruncation -s
detumescence
deuch-an-doris
deuteranopia
deuteranopic
Deuteronomic
deuteroplasm -s
deuteroscopy
deutoplasmic
deviationism
deviationist -s
devil-in-a-bush

devil-may-care
devil-worship
devotionally
dextrocardia
dextrogyrate
dextrousness
diabolically
diageotropic
diagrammatic
dialectician -s
dialecticism
dialectology
diamagnetism
diamond-drill
diamond-field
diamond-hitch
diamond-wheel
diaphanously
diapophysial
diastrophism
diathermancy
diatomaceous
diatonically
Dibranchiata
dibranchiate
dicarpellary
dichromatism
dichrooscope -s
dichroscopic
dictatorship -s
didactically
Didelphyidae
diencephalon -s
dietetically
diethylamine
diffareation
differentiae
differential -s
diffrangible
diffusedness
diffusionism
diffusionist -s
digladiation
digressional
digressively
dijudication -s
dilaceration
dilapidation
dilatability
dilatoriness
dilettantish
dilettantism
dilucidation
dimerisation -s
diminishable
diminishment
diminutively
dingle-dangle
dinner-jacket
diphtheritic

diphtheritis
diphthongise -s,-d,-sing
diplogenesis
diplomatical
diprionidian
directorship -s
disaccharide -s
disaccordant
disadvantage -s
disadventure -s
disaffection
disaffiliate -s,-d,-ting
disagreeable
disagreeably
disagreement -s
disallowable
disallowance -s
disannulling
disannulment -s
disappointed
disassociate -s,-d,-ting
disastrously
disauthorise -s,-d,-sing
disaventrous
disbowelling
disbursement -s
disceptation -s
discerptible
discipleship -s
disciplinant -s
disciplinary
disclamation -s
discographer -s
Discomedusae
discomedusan -s
discomfiting
discomfiture -s
discommodity -ties
discommunity
discomposure
Discomycetes
disconnected
disconnexion -s
disconsolate
discontented
discophorous
discordantly
discorporate
discountable
discouraging
discourteous
discoverable
discoverture -s
discreetness
discreteness
discretional
discretively
discriminant -s
discriminate -s,-d,-ting
discursively

disdainfully
diseasedness
disembarrass -es,-ing
　　　　　-ed
disembellish -es,-ing
　　　　　-ed
disembrangle -s,-d,-ling
disenchanter -s
disendowment
disestablish -es,-ing
　　　　　-ed
disfranchise -s,-d,-sing
disgorgement -s
disgradation
disgregation
disguiseless
disguisement -s
disgustfully
disgustingly
disharmonise -s,-d,-sing
disheartened
dishevelling
dishevelment
disincentive -s
disinfectant -s
disinfection -s
disinflation
disingenuity
disingenuous
disinherison
disintegrate -s,-d,-ting
disinterment -s
disintricate -s,-d,-ting
disjointedly
dislocatedly
dislodgement -s
dismayedness
disobedience
disoperation -s
disorientate -s,-d,-ting
dispatch-boat
dispauperise -s,-d,-sing
dispensation -s
dispensative
dispensatory -ries
dispersonate -s,-d,-ting
dispiritedly
dispiritment
dispiteously
displaceable
displacement -s
displeasedly
dispossessed
dispossessor -s
disprivacied
disprivilege -s,-d,-ging
dispropriate -s,-d,-ting
disputatious
disqualifier -s
disquietness

disquisition -s
disquisitive
disquisitory
disregardful
disrelishing
disreputable
disreputably
disruptively
dissatisfied
dissemblance -s
disseminated
disseminator -s
dissenterish
dissenterism
dissentingly
dissertation -s
dissertative
disseverance -s
disseverment -s
dissimilarly
dissimulator -s
dissipatedly
dissocialise -s,-d,-sing
dissociality
dissociation -s
dissociative
dissuasively
dissymmetric
distanceless
distemperate
distillation -s
distillatory
distinctness
distractedly
distractible
distrainable
distrainment -s
distributary -ries
distribution -s
distributive
distrustless
disturbative
ditheistical
ditheletical
dithyrambist -s
ditriglyphic
divarication -s
diversifying
diversionary
diversionist -s
diverticular
diverticulum -s
divertimento -s
divinatorial
divisibility -ties
divisiveness
doating-piece
doch-an-dorach
dock-labourer
doctrinarian -s

dodecagynian
dodecagynous
dodecahedral
dodecahedron -s
dodecandrous
dodecaphonic
dogmatically
dogtooth-spar
do-it-yourself
dollarocracy -cies
doloriferous
dolorousness
dolphinarium -s,-ria
Domesday-book
domesticable
domestically
domesticated
domesticator -s
donatistical
donkey-engine
do-nothingism
Doomsday-book
doomwatching -s
doppel-ganger
dormer-window
dormitory-car
dorsiflexion
dorsiventral
double-acting
double-banked
double-biting
double-bottom
double-charge
double-dagger
double-dealer
double-decked
double-decker
double-figure
double-glazed
double-handed
double-headed
double-locked
double-manned
double-storey
doubtfulness
dough-kneaded
down-and-outer
downwardness
dracontiasis
draft-dodging
dragon's-blood
drainage-tube
dramatically
dramatisable
dramaturgist -s
draughtboard -s
draught-hooks
draught-horse
draught-house
draughtiness

drawing-board
drawing-frame
drawing-knife
drawing-paper
drawing-table
drawlingness
dreadfulness
dressing-case
dressing-down
dressing-gown
dressing-room
dressing-sack
drinking-bout
drinking-horn
driving-shaft
driving-wheel
drongo-cuckoo
drongo-shrike
dropped-scone
dropping-well
droseraceous
droughtiness
dubitatively
ducking-stool
dunderheaded
dunniewassal -s
duodecennial
duodenectomy -mies
duraluminium
dwarfishness
dynamometric
dynastically
dyotheletism
dysaesthesia
dysaesthetic
dysmenorrhea
dysphemistic
dysteleology

E

eagle-sighted
earnest-money
earnest-penny
ear-splitting
earth-created
earthquaking
East-Indiaman
eavesdropper -s
ebracteolate
ebullioscope -s
ebullioscopy
eccentricity -ties
Ecclesiastes
ecclesiastic
ecclesiology
Echinocactus
echinococcus
echinodermal
echo-sounding
eclectically

ecologically
econometrics
econometrist -s
economically
ecstatically
ectoparasite -s
ectypography
ecumenically
edaciousness
editorialise -s,-d,-sing
educationist -s
edulcoration
edulcorative
Edwardianism
effectuality
effecutation -s
effeminately
effervescent
effiguration -s
efflorescent
effusiometer -s
effusiveness
egg-and-tongue
egg-apparatus
egoistically
Egyptologist
eighteen-hole
eighteenthly
elasmobranch -s
electrically
electrifying
electrogenic
electrograph -s
electrolysis
electrolytic
electromeric
electrometer -s
electrometry
electromotor -s
electron-volt
electroplate -s,-d,-ting
electropolar
electroscope -s
electroshock -s
electrosonde -s
electrotonic
electrotonus
electrotyper -s
electrotypic
eleemosynary
elementalism
elephant's-ear
eleutherarch -s
eleventh-hour
ellipsograph -s
elliptically
elocutionary
elocutionist -s
elucubration
elytrigerous

emancipation -s
emargination -s
emasculation -s
emasculatory
embarquement
embattlement -s
embezzlement -s
embitterment -s
emblazonment -s
emblematical
embourgeoise -s,-d,-sing
embranchment
embryologist -s
emigrational
emollescence
emolumentary
emotionalism
emotionality
emphatically
empoisonment
empyreumatic
enantiomorph -s
enantiopathy
enantiostyly
enantiotropy
enarthrodial
encephalitic
encephalitis
enchantingly
encheiridion -s
encirclement -s
enclitically
encroachment -s
encrustation -s
encumberment -s
encumbrancer -s
encyclopedia -s
endamagement
endangerment
endocarditis
endometritis
endoparasite -s
endophyllous
endoskeletal
endoskeleton -s
endosmometer -s
enfeeblement
engagingness
engine-driver
engine-fitter
Englishwoman
engraftation
enharmonical
enhypostasia
enhypostatic
enlargedness
enormousness
enswathement
entanglement -s
Enteromorpha

enteropneust -s
enteroptosis
enterprising
entertaining
enthronement -s
enthusiastic
entomologise -s,-d,-sing
entomologist -s
Entomostraca
entoplastral
entoplastron -s
entrancement -s
entreatingly
entrenchment -s
entrepreneur -s
enviableness
envisagement -s
enzymologist -s
Epacridaceae
epanorthosis
epencephalic
epencephalon -s
epexegetical
ephebophilia
ephemerality
ephemeridian
Epicureanism
epicycloidal
epideictical
epidemically
epidemiology
epididymides
epigrammatic
epiphenomena
epirrhematic
episcopalian -s
episcopalism
episodically
epistemology
epistolarian
epistolatory
epithalamion -mia
epithalamium -mia
epoch-marking
equalisation -s
equalitarian -s
equanimously
equatorially
equestrienne -s
equidistance -s
equilibrator -s
equimultiple -s
equipollence -s
equipollency -cies
equiprobable
Equisetaceae
equisetiform
equivalently
equivocation -s
equivocatory

eruptiveness
erythematous
erythroblast -s
erythromycin
escapologist -s
eschatologic
escutcheoned
esoterically
espagnolette -s
essentialism
essentialist -s
essentiality
estrangement -s
etepimeletic
eternity-ring
etheostomine
etherisation
etheromaniac -s
ethnocentric
ethnographer -s
ethnographic
ethnological
etymological
etymologicon -s
etymologicum -s
eucalyptuses
Euglenoidina
euhemeristic
eunuchoidism
euphoniously
Euro-American
Eurocurrency
eurythermous
evanescently
evangelicism
evangelistic
evaporimeter -s
evaporograph -s
evening-dress
everydayness
everywhither
evidentially
evil-favoured
evil-speaking
evil-tempered
evisceration -s
evolutionary
evolutionism
evolutionist -s
exacerbation -s
exaggeration -s
exaggerative
exaggeratory
exalbuminous
exanthematic
exasperating
exasperation -s
exasperative
exchangeable
excitability

exclusionism
exclusionist -s
excogitation -s
excogitative
excruciating
excruciation -s
excursionise -s,-d,-sing
excursionist -s
execratively
executorship -s
exegetically
exemplifying
exenteration -s
exercise-book
exercitation -s
exhaust-steam
exhaust-value
exheredation -s
exhibitioner -s
exhilarating
exhilaration -s
exhilarative
exhilaratory
exiguousness
exobiologist -s
exophthalmia
exophthalmic
exophthalmos
exophthalmus
exorbitantly
exospherical
exoterically
expansionary
expansionism
expansionist -s
expatriation -s
expediential
expedition -s
experiential
experimental
experimented
experimenter -s
explantation -s
explicitness
exploitation -s
exploitative
expostulator -s
expressional
expressively
expressivity -ties
exprobration -s
exprobrative
exprobratory
expromission -s
expropriable
exsanguinate -s,-d,-ting
exsanguinity
exsanguinous
ex-serviceman
exsufflation -s

exsufflicate -s,-d,-ting
extensimeter -s
extensionist -s
extensometer -s
exterminable
exterminator -s
exteroceptor -s
extinguisher -s
extortionary
extortionate
extortionist -s
extraditable
extra-limital
extra-marital
extra-mundane
extraneously
extranuclear
extrapolator -s
extra-regular
extra-sensory
extra-special
extra-uterine
extravagance -s
extravagancy -cies
extravaganza -s
extraversion -s
extroversion -s
exulceration -s

F

fabulousness
facilitation
facilitative
factionalism
factionalist -s
factiousness
factitiously
faint-hearted
faintishness
fairnitickle -s
fairnytickle -s
faithfulness
faith-healing
falcon-gentil
falcon-gentle
fallaciously
false-hearted
fancifulness
fantasticate -s,-d,-ting
fantasticism
faradisation -s
farm-labourer
farthingland -s
farthingless
fasciculated
fashion-plate
fashiousness
fast-and-loose
fastidiously
father-figure

father-lasher
fatherliness
fathers-in-law
fatigue-dress
fatigue-party
fault-finding
favouredness
fearlessness
feasibleness
feather-brain
feather-grass
featheriness
febrifacient
Febronianism
fecklessness
feeble-minded
feeing-market
Fehmgerichte
feldspathoid -s
felicitation -s
felicitously
fellow-member
feminineness
fence-mending
fenestration -s
fennel-flower
fent-merchant
fermentation -s
fermentative
ferricyanide
ferrocyanide
ferrugineous
festoon-blind
feverishness
fibrillation -s
fibrinolysin
fictionalise -s,-d,-sing
fictitiously
fiddle-faddle
fiddlesticks
fiddle-string
field-spaniel
fiendishness
figurability
figuratively
figure-caster
filibusterer -s
filter-passer
filtrability
financialist -s
finger-and-toe
fire-fighting
fireproofing
fire-watching
first-nighter
fish-hatchery
fish-salesman
fissicostate
fissilingual
fissirostral

fixed-penalty
flabellation -s
flabelliform
flagellation -s
flagellatory
flagelliform
flagitiously
flamboyantly
flame-thrower
flammability
flammiferous
flammulation -s
flannelboard -s
flannelgraph -s
flash-forward
flatteringly
flesh-pottery
flexibleness
flickeringly
flint-hearted
flint-knapper
flippantness
flitter-mouse
flocculation
floodlighted
floriculture
flower-delice
flower-deluce
flower-garden
fluidisation -s
fluorescence
fluoridation
fluorimetric
fluorination
fluorocarbon -s
fluorometric
folk-medicine
folliculated
foolish-witty
foot-and-mouth
footplatemen
footslogging
Foraminifera
forbearingly
forbiddingly
force-feeding
forcibleness
forcing-house
fore-admonish
fore-and-after
forebodement -s
forebodingly
forecarriage
foregoneness
foreign-built
forejudgment -s
foreseeingly
foresightful
forestalling -s
forestalment -s

foretokening -s
forgettingly
formaldehyde
formlessness
fornicatress -es
forsakenness
forset-seller
forswornness
forth-putting
forthrightly
fortuitously
fosset-seller
foster-father
foster-mother
foster-parent
foster-sister
foundationer -s
fountain-head
fountainless
fourfoldness
Fourieristic
fourteenthly
fowling-piece
fractionally
fractionator -s
fragrantness
frame-breaker
Franco-German
frangibility
frankalmoign
Frankenstein
frankincense
fraudulently
Frauendienst
freakishness
free-selector
free-standing
free-swimming
free-thinking
free-wheeling
freeze-drying
freezing-down
freight-liner
freight-train
French-polish
frenetically
frequentness
freshmanship -s
fricasseeing
frictionless
friendliness
Fringillidae
frolicsomely
frondescence
frondiferous
front-bencher
frontiersman -men
frontispiece -s
front-of-house
fructiferous

fructivorous
fruitfulness
fruit-machine
frumentation
fugie-warrant
fugitiveness
fuliginosity
fuliginously
full-bottomed
full-throated
fully-fledged
fume-cupboard
funambulator -s
functionally
functionless
furfuraceous
furunculosis
fustillirian
futilitarian -s
futtock-plate
futurologist -s

G

gainlessness
galactagogue -s
galactometer -s
galligaskins
gallinaceous
gallows-maker
gall-sickness
galvanometer -s
galvanometry
galvanoscope -s
gambling-hell
gamesmanship
gamesomeness
gamopetalous
gamophyllous
gamosepalous
gander-mooner
gangsterland -s
gang-there-out
gaol-delivery
garret-master
garter-stitch
gas-condenser
gas-discharge
gasification
gasometrical
Gastarbeiter
gastrocnemii
gastronomist -s
gastropodous
gastrosopher -s
gastrulation
gathering-cry
gazetteerish
geanticlinal
gelatination -s
Gemeinschaft

gem-engraving
gemmological
genealogical
generatrices
generousness
genethliacal
genethliacon -s
geniculation
genotypicity -ties
Gentianaceae
gentilitious
genuflection -s
geocentrical
geochemistry
geodetically
geodynamical
geognostical
geographical
geologically
geomagnetism
geometrician -s
geophysicist -s
geopolitical
geosynclinal
geotectonics
geriatrician -s
Germanically
Germanophile
Germanophobe
gerontocracy -cies
gerontophile -s
Gesellschaft
Gesneriaceae
gesticulator -s
get-rich-quick
ghoulishness
giant's-kettle
giant's-stride
gibble-gabble
Gibraltarian
gigantically
gigantomachy -chies
gingivectomy -mies
glaciologist -s
gladiatorial
gladiatorian
gladsomeness
glandiferous
glass-blowing
glass-cutting
glassy-headed
glaucescence
glaucomatous
glimmeringly
glitteringly
globe-thistle
globe-trotter
globigerinae
glockenspiel -s
gloriousness

glossography
glossologist -s
glucoprotein -s
glue-sniffing
gluttonously
glycoprotein -s
glyphography
glyptography
gnomonically
gnotobiology
gnotobiotics
goat-antelope
gobbledegook
gobbledygook
god-forgotten
gonadotropic
gonadotropin -s
Gondwanaland
good-breeding
good-humoured
good-tempered
goose-pimples
gorgeousness
gormandising -s
gossip-monger
gossip-writer
governmental
governorship -s
gracefulness
graciousness
grallatorial
graminaceous
grammaticise -s,-d,-sing
grammaticism -s
gram-molecule
gram-negative
gramophonist -s
gram-positive
Grandisonian
granodiorite
granulocytic
grapeseed-oil
graphologist -s
grapple-plant
graspingness
grass-widower
gratefulness
gratifyingly
gratuitously
grave-clothes
gravel-voiced
grease-monkey
great-bellied
great-hearted
greenishness
gregarianism
gregariously
greviousness
griseofulvin
Grolieresque

grossularite
grotesquerie -s
ground-beetle
ground-cherry
ground-cuckoo
ground-feeder
groundlessly
ground-pigeon
group-captain
growing-pains
growing-point
gruesomeness
guaranteeing
guardianship -s
guest-chamber
guild-brother
guilefulness
gymnosophist -s
gynaecocracy -cies
gynaecomasty
gynodioecism
gyromagnetic

H

habeas-corpus
haberdashery -ries
habilitation -s
habitability
habit-forming
haematemesis
haematoblast -s
haematolysis
haematoxylin
haematoxylon
haemophiliac -s
haemorrhagic
hagiographer -s
hagiographic
hagiological
hairdressing -s
hair-restorer
hair's-breadth
hair-splitter
half-mourning
half-seas-over
half-timbered
hallan-shaker
hallucinogen -s
hallucinosis
halter-necked
hamarthritis
hamartiology
hammer-headed
handkerchief -s
hand's-breadth
handsomeness
happenstance -s
happy-go-lucky
haptotropism
harbour-light

hard-favoured
hard-featured
harlequinade -s
harmlessness
harmonically
harmonichord -s
harmoniously
harmoniphone -s
harmoniumist -s
harmonograph -s
harmonometer -s
harness-maker
harvest-feast
harvest-field
harvest-goose
harvest-louse
harvest-mouse
hatchet-faced
hatelessness
haussmannise -s,-d,-sing
headmistress -es
headquarters
headshrinker -s
heartbreaker -s
heartburning
heart-failure
heart-rending
heart-service
heart-to-heart
heart-warming
heat-apoplexy
heater-shield
heathenishly
heather-bleat
heaven-fallen
heaven-gifted
heavenliness
heavy-hearted
hebdomadally
hebdomadarer -s
hebephreniac -s
hebetudinous
hectographic
hedge-creeper
hedge-mustard
hedge-parsley
hedge-sparrow
hedge-warbler
heeby-jeebies
heir-apparent
heir-by-custom
Helianthemum
heliocentric
heliochromic
heliographer -s
heliographic
heliogravure
heliolatrous
heliophilous
heliotherapy

heliotropism
hellgrammite -s
helplessness
Hemerocallis
Hemichordata
hemimorphism
hemimorphite
hemiparasite -s
hemispheroid -s
hemp-agrimony
henceforward
hendecagonal
henotheistic
hepaticology
hepatisation
hepatologist -s
hephthemimer -s
heraldically
herd-instinct
hereditament -s
hereditarily
hereinbefore
heresy-hunter
heritability
hermeneutics
hermeneutist -s
hermetically
heroicalness
heroi-comical
herpetofauna -s,-e
herpetologic
hesitatingly
heterauxesis
heteroblasty
heterocercal
heterochrony
heteroclitic
Heterocontae
heterocyclic
heterodactyl -s
heteroecious
heterogonous
heterokontan
heterologous
heteromerous
heteromorphy
heteronomous
heteroousian -s
heterophylly
heteroplasia
heteroplasty
heterosexual -s
Heterosomata
heterostyled
heterotactic
heterothally
heterotrophy
heterozygote -s
heterozygous
hexadactylic

hibernaculum -la
Hibernianism
Hibernically
hierarchical
hieroglyphic -s
hierogrammat -s
hierographer -s
hierographic
hierophantic
higgle-haggle
high-coloured
high-faluting
high-fidelity
highly-strung
high-pressure
high-priestly
high-reaching
high-seasoned
high-sounding
high-spirited
high-stepping
highty-tighty
high-velocity
Hildebrandic
hindforemost
Hindoostanee
hindquarters
hip-hip-hurrah
hippocentaur -s
Hippocratise
Hippocratism
hippocrepian
hippophagist -s
hippophagous
hippopotamic
hippopotamus -es,-mi
hire-purchase
Hispanically
Hispaniolise
Histiophorus
histogenesis
histogenetic
histological
historically
historiology
histrionical
Hobbesianism
hobgoblinism
Hobson-Jobson
hodge-pudding
hog-constable
holidaymaker -s
hollow-ground
holophrastic
home-crofting
homelessness
homeomorphic
homeopathist -s
homeothermal
homeothermic

home-produced
homesickness
homesteading -s
homochromous
homoeomerous
homoeomorphy
homoeopathic
homoeostatic
homoiomerous
homologation -s
homologumena
homomorphism
homomorphous
homonymously
homopolarity
homothallism
homothermous
honey-buzzard
honey-mouthed
honey-tongued
hoodman-blind
hood-moulding
hooping-cough
hopelessness
horizontally
horometrical
horrendously
horribleness
horrifically
horrifyingly
horror-struck
horse-breaker
horse-courser
horse-knacker
horsemanship
horseshoeing -s
horse-trading
horse-trainer
horticulture
hospital-ship
hound's-tongue
house-breaker
house-husband
housekeeping -s
house-steward
house-surgeon
house-to-house
house-trained
house-warming
housey-housey
hubble-bubble
huckle-backed
Hudibrastics
hugger-mugger
humanisation
humanitarian -s
humification
humorousness
Humpty-dumpty
hundred-gated

hunger-bitten
hunger-strike
hunting-field
hunting-knife
hunting-lodge
hunting-sword
huntsmanship
hurdle-racing
hurtlessness
hybridisable
hydatidiform
hydrargyrism
hydraulicked
hydrobiology
hydrochloric
hydrodynamic
hydroelastic
hydrofluoric
hydrogeology
hydrographer -s
hydrographic
hydrological
Hydromedusae
hydromedusan
hydropathist -s
hydrophanous
hydrophilite
hydrophilous
hydrophobous
hydrophytous
hydroquinone
hydrostatics
hydrotherapy
hydrothermal
hydrotropism
hydrozincite
hyetographic
hygienically
hygrochastic
hygrographic
hygrophilous
hylomorphism
hymenopteran -s
hymnographer -s
hyperacidity
hyperalgesia
hyperalgesic
hyperbolical
hyperdactyly
Hypericaceae
hyperidrosis
hyperplastic
hyperpyretic
hyperpyrexia
hypersarcoma -s
hypersensual
hypersthenia
hypersthenic
hypertension
hypertensive

hyperthermal
hyperthermia
hypertrophic
hypnogenesis
hypnogenetic
hypnotherapy
hypnotically
hypnotisable
hypochlorite -s
hypochondria
hypocoristic
hypocritical
hypogastrium -s
hypoglycemia
hypognathism
hypognathous
hypophrygian
hypostatical
hyposulphate -s
hyposulphite -s
hypothalamic
hypothalamus
hypothecator -s
hypothetical
hypotrochoid -s
hysterectomy -mies
hysterically
hysterogenic
hysteromania

I

iambographer -s
iatrochemist -s
ichneumon-fly
ichnographic
ichthyocolla
ichthyolatry
ichthyolitic
ichthyophagy
ichthyopsida
iconoclastic
iconomachist -s
iconophilism
iconophilist -s
idealisation -s
ideationally
identifiable
idiorhythmic
idiosyncrasy -sies
idiothermous
idolatrously
ignitability
ignitibility
illaqueation -s
ill-beseeming
illegibility
illegitimacy
illegitimate -s,-d,-ting
illiberalise -s,-d,-sing
illiberality

illimitation
illiterately
ill-naturedly
ill-treatment
illumination -s
illuminative
illusiveness
illustration -s
illustrative
illustratory
image-breaker
image-worship
immaculately
immaterially
immatureness
immeasurable
immeasurably
immemorially
immensurable
immersionism
immersionist -s
immethodical
immoderately
immoderation
immovability
immunisation -s
immunologist -s
immutability
impartiality
impassionate
impedimental
impenetrable
impenetrably
impenitently
imperatively
imperatorial
imperceptive
imperfection -s
imperfective
imperforable
imperforated
imperishable
imperishably
impermanence
impermanency
impersistent
impersonally
impersonator -s
impertinence -s
impertinency -cies
imperviously
impetiginous
impierceable
implantation -s
implicitness
impoliteness
imponderable
imposingness
imposthumate -s,-d,-ting
impregnation -s

impressively
imprisonment -s
impropriator -s
improvidence
improvisator -s
imputability
imputatively
inabstinence
inaccessible
inaccessibly
inaccurately
inactivation
inadaptation
inadequately
inadmissible
inadmissibly
inadvertence
inadvertency
inappeasable
inappellable
inapplicable
inappositely
inarticulacy
inarticulate
inartificial
inartistical
inaudibility
inauguration -s
inauguratory
inauspicious
incalculable
incalculably
incalescence
incandescent
incapability
incapacitate -s,-d,-ting
incatenation -s
incautiously
incendiarism
incestuously
incidentally
incineration -s
incisiveness
incivilities
inclinometer -s
incoagulable
incogitative
incognisable
incognisance
incoherently
incommodious
incommutable
incommutably
incomparable
incomparably
incompatible -s
incompatibly
incompetence
incompetency
incompletely

incompletion
incompliance -s
incomputable
incomunicado
inconcinnity
inconcinnous
inconclusion
inconclusive
inconsequent
inconsistent
inconsolable
inconsolably
inconsonance
inconstantly
inconsumable
inconsumably
incontiguous
incontinence
incontinency
inconvenient
inconversant
incoordinate
incoronation -s
incorporator -s
incorporeity
incorrigible
incorrigibly
incorrodible
incorrosible
incorruption
incorruptive
incrassation -s
incrassative
increasingly
incrustation -s
incunabulist -s
incurability
indebtedness
indecisively
indeclinable
indeclinably
indecorously
indefeasible
indefeasibly
indefectible
indefensible
indefensibly
indefinitely
indehiscence
indelibility
indelicately
indemnifying
independence -s
independency -cies
indetectable
indetectible
indetermined
index-linking
indicatively
indifference

indifferency
indigenously
indigestible
indigestibly
indirectness
indiscipline
indiscreetly
indiscretely
indiscretion -s
indisputable
indisputably
indissoluble
indissolubly
indistinctly
indivertible
individually
indoctrinate -s,-d,-ting
Indo-European
Indo-Germanic
industrially
ineffaceable
ineffaceably
inefficiency
inelasticity
ineradicable
ineradicably
inescutcheon -s
inexactitude -s
inexecutable
inexhaustive
inexpansible
inexpectancy
inexpedience
inexpediency
inexperience
inexpertness
inexplicable
inexplicably
inexpressive
inexpugnable
inexpugnably
inexpungible
inextensible
inextirpable
inextricable
inextricably
infanticidal
infectiously
infelicitous
infibulation -s
infiltration -s
infiniteness
infinitively
inflammation -s
inflammatory
inflationary
inflationism
inflationist -s
inflectional
informidable

infraorbital
infrequently
infringement -s
infundibular
infusibility
ingemination -s
ingloriously
ingratiating
ingravescent
inhabitation -s
inhalatorium -s
inharmonical
inharmonious
inhospitable
inhospitably
inimicalness
inimicitious
iniquitously
injudicially
injunctively
inking-roller
innutritious
inobediently
inobservable
inobservance
inoccupation
inoperculate
inordinately
inordination -s
inosculation -s
inquisitress -es
insalivation -s
insalubrious
insanitation
insect-powder
insemination -s
insolubilise -s,-d,-sing
insolubility
insomnolence
insouciantly
inspectingly
inspectional
inspectorate -s
inspectorial
inspissation -s
installation -s
instauration -s
instep-raiser
instillation -s
instructible
instructress -es
instrumental -s
instrumented
insubjection
insufferable
insufferably
insufficient
insufflation -s
insurability
insurrection -s

insusceptive
intellection -s
intellective
intellectual -s
intelligence -s
intelligible
intelligibly
intemerately
intemperance
intempestive
inteneration -s
intensifying
interbedding -s
interception -s
interceptive
intercession -s
intercessory
interchanger -s
interchapter -s
intercipient
interclusion -s
intercolline
intercommune -s,-d,-ning
interconnect -s,-ing,-ed
intercropped
intercurrent
interdiction -s
interdictive
interdictory
interdigital
interestedly
interfemoral
interference -s
interfertile
interfluence -s
interfoliate -s,-d,-ting
interfretted
interfrontal
interglacial
interjacency
interjection -s
interlaminar
interlingual
interlobular
interlocutor -s
intermaxilla -e
intermeddler -s
intermediacy
intermediary -ries
intermediate -s,-d,-ting
interminable
interminably
intermission -s
intermissive
intermittent
intermixture -s
intermundane
internalised
internuncial
interoceanic

interoceptor -s
interorbital
interosseous
interpellant -s
interpellate -s,-d,-ting
interpleader -s
interpleural
interpolable
interpolator -s
interpretate -s,-d,-ting
interpretess -es
interpretive
interrogable
interrogatee -s
interrogator -s
interruption -s
interruptive
inter-science
intersection -s
interservice
interspatial
interspersal -s
interspinous
interstellar
interstitial
intertexture
intertissued
intertraffic
intertwining -s
intervenient
intervention -s
intervocalic
interwreathe -s,-d
　　　　　　-thing
interwrought
intimidation -s
intimidatory
intolerantly
intoleration
intoxicating
intoxication -s
intracardiac
intracranial
intramundane
intransigent -s
intransitive
intra-uterine
intrenchment -s
intriguingly
intrinsicate
introducible
introduction -s
introductive
introductory
introjection -s
intromission -s
intromissive
intromittent
intromitting
introversion -s

introversive
introvertive
intrusionist -s
intuitionism
intuitionist -s
intumescence
intussuscept -s,-ing,-ed
invagination -s
invalidation -s
inveiglement -s
Invertebrata
invertebrate -s
investigable
investigator -s
inveterately
invigilation -s
invigoration -s
invisibility
invitingness
involutional
invulnerable
invulnerably
invultuation -s
ionophoresis
iracundulous
irascibility
iridescently
ironing-board
irrationally
irrealisable
irrebuttable
irreciprocal
irreconciled
irredeemable
irredeemably
irreflection
irreflective
irreformable
irrefragable
irrefragably
irregularity -ties
irrelatively
irrelevantly
irremediable
irremediably
irremissible
irrepairable
irrepealable
irrepealably
irreprovable
irreprovably
irresistance
irresistible
irresistibly
irresolutely
irresolution
irresolvable
irresolvably
irrespective
irrespirable

irresponsive
irreverently
irreversible
irreversibly
irrigational
irritability
Ishmaelitish
Islamisation
isobilateral
isocheimenal
isochromatic
isochronally
isodiametric
isodimorphic
isolationism
isolationist -s
isoperimeter -s
isoperimetry
isostemonous
isothermally

J

Jack-a-lantern
Jack-in-office
Jack-in-the-box
Jack-o'-lantern
Jacob's-ladder
Jacquard-loom
jail-delivery
Jeffersonian
Jenny-spinner
jeopardously
jerry-builder
jesting-stock
Jesuitically
jet-propelled
jingle-jangle
jointing-rule
joint-tenancy
journalistic
journey-bated
judgment-debt
judgment-hall
judgment-seat
Juglandaceae
jumping-mouse
jurisconsult -s
jurisdiction -s
jurisdictive
jurisprudent
juristically
justificator -s
juvenescence
juvenileness

K

kakistocracy -cies
kaleidophone -s
kaleidoscope -s
karyokinesis

katzenjammer -s
keeking-glass
keratogenous
keratoplasty
keraunograph -s
kerb-crawling
kerb-merchant
kettleholder -s
Keynesianism
kickie-wickie
kicking-strap
kicksy-wicksy
kiddiewinkie -s
kidney-potato
kilfud-yoking
kill-courtesy
kilowatt-hour
Kimmeridgian
kinaesthesia
kinaesthesis
kinaesthetic
kindergarten -s
kinesipathic
king's-cushion
kirschwasser -s
kissing-crust
kitchen-knave
kitchen-range
kitchen-stuff
kitchen-wench
kleptomaniac -s
klipspringer -s
knee-breeches
knee-crooking
knick-knacket
knife-and-fork
knife-grinder
knight-errant
knightliness
knocking-shop
knowableness
knuckle-joint
Krameriaceae
Kremlinology
kurchatovium

L

labanotation
labour-saving
labyrinthian
labyrinthine
lachrymation -s
lachrymatory -ries
lachrymosely
lactoprotein -s
lady's-cushion
lady's-fingers
lady's-slipper
lady's-thistle
lagomorphous

laisser-aller
laisser-faire
laissez-aller
laissez-faire
lake-dwelling
lamb's-lettuce
lampadedromy -mies
lampadomancy
lamprophyric
lamp-standard
Lancasterian
lanceolately
land-grabbing
landgraviate -s
landing-craft
landing-field
landing-place
landing-speed
landing-stage
landing-strip
land-lubberly
land-surveyor
land-yachting
languageless
languishment
lantern-jawed
Laodiceanism
lapidescence
lapidicolous
lappered-milk
large-hearted
larking-glass
laryngectomy -mies
laryngophony
laryngoscope -s
laryngoscopy -pies
laryngospasm -s
lasciviously
laterisation
lath-splitter
laticiferous
latirostrate
latitudinous
laudableness
launching-pad
laundry-woman
laureateship
law-stationer
laxativeness
leap-frogging
leaping-house
leasing-maker
leather-cloth
leather-knife
ledger-tackle
left-handedly
legacy-hunter
legalisation -s
legislatress -es
legitimately

legitimation -s
leiotrichous
lenticellate
lenticularly
leopard's-bane
lepidomelane
leptosomatic
lese-humanity
letter-weight
letter-writer
leucocytosis
leucoplastid -s
levelling-rod
level-pegging
levorotatory
lexicography
lexicologist -s
liberalistic
libidinosity
libidinously
licentiously
lickety-split
lick-trencher
lieutenantry
life-and-death
life-interest
lifelessness
light-hearted
lightning-bug
lightning-rod
ligniperdous
Liguliflorae
ligulifloral
Lillibullero
Lilliburlero
limnological
limnophilous
Lincoln-green
line-engraver
linguistical
liquefacient -s
liquefaction
liqueur-glass
liriodendron -s
listlessness
literariness
lithographer -s
lithographic
litholatrous
lithological
lithophagous
lithophilous
Lithospermum
lithospheric
lithotomical
lithotriptic -s
lithotriptor -s
lithotritise -s,-d,-sing
lithotritist -s
Little-endian

liturgically
liturgiology
live-feathers
Liverpudlian
livery-stable
lizard-hipped
loathfulness
loblolly-tree
localisation -s
lock-hospital
locomotivity
locum-tenency
lodging-house
loggerheaded
logging-stone
logodaedalic
logodaedalus -es
lomentaceous
lonesomeness
long-breathed
long-distance
long-division
long-drawn-out
longicaudate
longipennate
longitudinal
longshoreman -men
long-standing
looking-glass
loquaciously
lord-superior
lorry-hopping
loss-adjuster
lounge-lizard
louver-window
louvre-window
lovelornness
Low-Churchism
Low-Churchman
lower-bracket
low-frequency
low-thoughted
low-watermark
loxodromical
lucifer-match
lucklessness
lugubriously
lukewarmness
lumber-jacket
lumbriciform
luminescence
luminiferous
luminousness
luncheon-meat
lurking-place
lusciousness
lust-breathed
luxullianite
lycanthropic
Lycopodiales

Lycopodineae
Lymantriidae
lymphangitis
lymphography

M

macaberesque
machairodont -s
machicolated
machine-ruler
Machtpolitik
Macmillanite
macrobiotics
macrocephaly
macrodactyly
macropterous
mademoiselle -s
maderisation -s
magistrature -s
magnetically
magnetisable
magnetograph -s
magnetometer -s
magnifically
magnificence
magniloquent
Magnoliaceae
maidenliness
mail-carriage
maintainable
majestically
majesticness
major-general
make-and-break
malacologist -s
Malacostraca
malapertness
malcontented
malevolently
malformation -s
malleability
mallophagous
malnutrition
maltreatment
malversation
mammalogical
mammee-sapota
man-about-town
mandibulated
mangel-wurzel
Manicheanism
manifestable
manifestible
manifestness
manifoldness
manipulation -s
manipulative
manipulatory
mannerliness
manoeuvrable

man-of-war's-man
manometrical
mansion-house
manslaughter
manufactural
manufacturer -s
many-coloured
Marattiaceae
marble-cutter
marbled-white
marcatissimo
march-treason
Marcionitism
Marcobrunner
marconigraph -s,-ing,-ed
Mariolatrous
marker-beacon
market-garden
market-square
marlinespike
marriageable
marriage-bone
marriage-ring
marrow-squash
Marseillaise
marsh-harrier
Marsileaceae
marvellously
Maryolatrous
massaranduba -s
masseranduba -s
mass-produced
master-at-arms
masterliness
mastersinger -s
masterstroke -s
master-switch
Mastigophora
masturbation
materialness
mathematical
mathematised
matriarchate -s
matriclinous
matriculator -s
matroclinous
matter-of-fact
maturational
mealy-mouthed
mean-spirited
measuring-rod
meat-offering
meat-salesman
mechanically
Mechitharist
mediaevalism
mediaevalist -s
mediatorship
medicamental
medicine-ball

meditatively
meeting-house
megalomaniac -s
megalosaurus -es
melancholiac -s
melanochroic
mellifluence -s
melodramatic
melting-point
memorability
memorisation -s
mendaciously
menstruation
mercantilism
mercantilist -s
merchantable
merchantlike
mercifulness
mercurialise -s,-d,-sing
mercurialism
mercurialist -s
meretricious
meridionally
meristematic
meritocratic
merry-go-round
merry-thought
mesocephalic
mesomorphous
mesothelioma -s
mesothoracic
message-stick
messeigneurs
metachronism -s
metagalactic
metagnathous
metalanguage -s
metaleptical
metallically
metallophone -s
metallurgist -s
metal-working
metamorphism
metamorphist -s
metamorphose -s,-d,-sing
metaphorical
metaphrastic
metaphysical
metapsychics
metasilicate
metasomatism
metathetical
metathoracic
meteorically
meteorograph -s
meteorologic
methodically
meticulously
metoposcopic
metropolises

metropolitan
metrorrhagia
mezzo-rilievo
mezzo-soprano
mickey-taking
microbalance -s
microbiology
microcapsule -s
microcephaly
microcircuit -s
microclimate -s
microcopying
microgranite
micrographer -s
micrographic
micrological
microphysics
micropipette -s
microprinted
micropterous
microscopist -s
microseismic
microsurgeon -s
microsurgery
microtomical
microtubular
middle-income
middleweight -s
mid-Victorian
migrationist -s
militaristic
milk-and-water
milking-stool
milk-porridge
miller's-thumb
millesimally
mill-mountain
mill-sixpence
mind-boggling
mindlessness
mine-detector
mineralogise -s,-d,-sing
mineralogist -s
mingle-mangle
minification -s
minimisation -s
minimotorway -s
ministration -s
ministrative
miraculously
mirror-writer
mirthfulness
misadventure -s
misadvisedly
misallotment -s
misanthropic
misanthropos
misapprehend -s,-ing,-ed
misbehaviour -s
misbelieving

miscalculate -s,-d,-ting
miscegenator -s
miscellanist -s
mischallenge
mischanceful
misconstruct -s,-ing,-ed
miscontented
misdemeanant -s
misdemeanour -s
misdirection -s
miseducation
misfeaturing
misformation -s
misinformant -s
misinterpret -s,-ing,-ed
misjudgement -s
misknowledge
misleadingly
mismatchment -s
misplacement -s
mispronounce -s,-d,-cing
mispunctuate -s,-d,-ting
misquotation -s
misreckoning -s
misrepresent -s,-ing,-ed
missel-thrush
missionarise -s,-d,-sing
misstatement -s
missummation -s
mistakenness
mistranslate -s,-d,-ting
mistreatment
mistressless
mistress-ship
mistrustless
misventurous
mithridatism
mitochondria
mitrailleuse -s
mixed-ability
mixobarbaric
mixter-maxter
mixtie-maxtie
mizzen-course
mnemotechnic
mobilisation -s
mock-heroical
moderateness
modification -s
modificative
modificatory
moistureless
molecularity
molluscicide -s
Molluscoidea
momentaneous
monadelphous
monarchistic
monastically
monetisation -s

money-changer
money-grubber
money-lending
money-spinner
monitorially
monkey-engine
monkey-flower
monkey-hammer
monkey-jacket
monkey-puzzle
monkey-wrench
monochromasy
monochromate -s
monochromist -s
mono-compound
monodelphian
monodelphous
monodramatic
monofilament -s
monogenistic
monographist -s
monolinguist -s
monomaniacal
monometallic
monomorphous
monopetalous
monophyletic
monophyodont -s
monophysitic
monopodially
monopolistic
monosepalous
monostichous
monostrophic
monosyllabic
monosyllable -s
monothalamic
monotheistic
monotheletic
monotonously
Montessorian
monticellite
monumentally
moonlighting
moonstricken
moralisation -s
morality-play
morbilliform
mordaciously
morigeration
morning-dress
morning-glory
morning-watch
morphallaxis
morphography
morphologist -s
morphotropic
morris-dancer
moschiferous
moss-trooping

mother-church
mother-figure
mother-fucker
motherliness
mother-liquor
mothers-in-law
mother-tongue
motivational
motley-minded
motor-bicycle
motor-cycling
motor-cyclist
motorisation -s
motor-scooter
motor-tractor
mound-builder
mountain-blue
mountain-cork
mountain-flax
mountain-hare
mountain-high
mountain-lion
mountain-meal
mountain-soap
mountain-wood
mountenaunce
mournfulness
mourning-band
mourning-dove
mourning-ring
mouse-buttock
mousquetaire -s
moustache-cup
mouth-breeder
mouth-filling
mouth-to-mouth
moveableness
movelessness
mucilaginous
mucopurulent
muddleheaded
muddy-mettled
Muggletonian
mulligatawny -ies
multicauline
multicentral
multicipital
multicostate
multidentate
multifaceted
multifarious
multiflorous
multifoliate
multiformity
multilateral
multilingual
multilobular
multilocular
multiloquent
multiloquous

multinuclear
multipartite
multipliable
multiplicand -s
multiplicate -s
multiplicity -ties
multipresent
multipurpose
multiscience
multiseptate
multiseriate
multisulcate
multivalence -s
multivalency -cies
multivariate
multivarious
multiversity -ties
multivoltine
multungulate -s
municipalise -s,-d,-sing
municipalism
municipality -ties
munificently
munitionette
musicianship
musicologist -s
music-teacher
muster-master
mutessarifat -s
mutinousness
mutton-cutlet
mutton-headed
muzzle-loader
mycodomatium -tia
mycoplasmata
myographical
myringoscope -s
myrmecologic
Myrmecophaga
myrmecophile -s
myrmecophily
mystagogical
mysteriously
mysticalness
mythogenesis
mythographer -s
mythological
mythologiser -s

N

nail-head-spar
nail-scissors
namby-pambies
name-dropping
namelessness
nanoplankton
Naples-yellow
narcissistic
narcotherapy
narcotically

narrow-minded
nasalisation -s
nasolacrymal
naturalistic
naturopathic
nauseousness
navigability
navigational
nebulisation
nebulousness
neck-moulding
necrographer -s
necrological
necrophagous
necrophiliac -s
necrophilism
necrophilous
necrophorous
necropolises
nectocalyces
needlessness
negativeness
neglectfully
neglectingly
negotiatress -es
negrophilism
negrophilist -s
neighbouring
nematologist -s
Nematomorpha
Neoceratodus
Neo-Christian
neoclassical
Neo-Darwinian
Neo-Darwinism
Neo-Darwinist
Neohellenism
neologically
neonomianism
Neoplatonism
neoplatonist -s
neoterically
Nepenthaceae
nephelometer -s
nephelometry
nephological
nephrologist -s
nephroptosis
nerve-racking
nesting-place
Nestorianism
Netherlander
Netherlandic
neurasthenia
neurasthenic
neuroanatomy
neurobiology
neurological
neuropathist -s
neuropterist -s

neuropterous
neurosurgeon -s
neurosurgery
neurypnology
never-failing
nevertheless
neverthemore
newfangledly
new-fashioned
Newfoundland
newspaperdom
newspaperism
newspaperman -men
nickel-silver
nicotinamide
niddle-noddle
nidification
night-brawler
night-clothes
night-crawler
night-fishery
night-terrors
nimble-footed
nimble-witted
nimbostratus -es
niminy-piminy
nineteenthly
nipple-shield
nitroaniline
nitrobenzene
nitromethane
nitroso-group
nitrotoluene
nobilitation
noctambulism
noctambulist -s
noctilucence
noematically
nomadisation
nomenclative
nomenclature -s
nominalistic
nominatively
nomothetical
non-admission
nonagenarian -s
non-alcoholic
non-alignment
non-attention
nonchalantly
non-Christian
non-combatant
non-committal
non-communion
non-complying
non-conductor
non-effective
non-efficient
none-so-pretty
non-essential

non-Euclidean
non-existence
non-fictional
non-flammable
non-intrusion
non-nucleated
non-objective
non-residence
non-resistant
non-resisting
non-scheduled
noradrenalin
Norman-French
north-country
north-eastern
northernmost
north-seeking
Northumbrian
north-western
nose-bleeding
nose-painting
nostological
nothingarian -s
notification -s
Notodontidae
Notonectidae
novelisation -s
nubbing-cheat
nugatoriness
numerability
numerousness
numinousness
nursery-rhyme
nurse-tending
nursing-chair
nutritionist -s
nutritiously
nychthemeral
nychthemeron -s
nyctitropism
Nymphaeaceae
nympholeptic
nymphomaniac -s

O

oath-breaking
obcompressed
obdurateness
obedientiary -ries
object-finder
object-lesson
oblanceolate
obligatorily
obligingness
obliteration -s
obliterative
obliviscence
obmutescence
obnubilation
obreptitious

obscurantism
obscurantist -s
obsequiously
Observantine
obsessionist -s
obsolescence
obsoleteness
obstetrician -s
obstreperate -s,-d,-ting
obstreperous
obtuse-angled
occasionally
occidentally
occupational
oceanography
oceanologist -s
ochroleucous
octastichous
octastrophic
octogenarian -s
octopetalous
octosepalous
octostichous
octosyllabic -s
octosyllable -s
odd-come-short
odontography
odontologist -s
odontomatous
odontophoral
odontophoran
oecumenicism
oeils-de-boeuf
office-bearer
office-holder
office-hunter
office-seeker
off-reckoning
old-fashioned
oligarchical
oligotrophic
ombrophilous
ombrophobous
omnipotently
omnipresence
omnisciently
omphalomancy
oncorhynchus
one-and-thirty
oneirocritic
oneiromancer -s
one-sidedness
one-upmanship
oniroscopist -s
onomatopoeia -s
onomatopoeic
oophorectomy -mies
opera-glasses
operatically
Ophioglossum

ophiolatrous
ophiological
ophiomorphic
ophiophagous
ophiophilist -s
ophthalmitis
opinionately
opinionative
opisthodomos -es
opisthograph -s
opisthotonic
opisthotonos
opposability
oppositeness
oppositional
oppressively
optimisation -s
oracularness
orange-flower
oratorically
orchard-grass
orchard-house
orchestrator -s
orchidaceous
orchidectomy -mies
orchidomania
orchilla-weed
Oreopithecus
organ-builder
organ-gallery
organ-grinder
organisation -s
organography
organoleptic
orichalceous
orienteering
ornamentally
Ornithischia
ornithogalum -s
ornithomancy
ornithomorph -s
ornithophily
ornithoscopy
orographical
ororotundity
orphan-asylum
orthoboracic
orthocousins
orthodontics
orthodontist -s
orthodromics
orthogenesis
orthogenetic
orthognathic
orthogonally
orthographer -s
orthographic
orthopaedics
orthopaedist -s
orthopedical

orthopterist -s
orthopteroid
orthopterous
orthorhombic
orthosilicic
orthotonesis -ses
orthotropism
orthotropous
oscillograph -s
oscilloscope -s
ossification
ostentatious
osteodermous
osteogenesis
osteogenetic
osteological
osteomalacia
osteopathist -s
osteoplastic
osteoporosis
otherworldly
otosclerosis
otter-hunting
oughly-headed
ourang-outang
outfangthief
outlandishly
outmanoeuvre -s,-d,-ring
out-pensioner
outrageously
outspreading
outward-bound
ovariotomist -s
overcanopied
overestimate -s,-d,-ting
overexertion -s
overexposure
overfineness
overflourish -es,-ing
                  -ed
overfondness
overfullness
overkindness
overlordship
overmultiply -ing,-plies
                  -ied
overniceness
overpersuade -s,-d,-ding
overpopulate -s,-d,-ting
overpowering
overpraising
overpressure
overrashness
overreaction -s
overripeness
overscutched
oversimplify -ing,-fies
                  -ied
overstrained
oversubtlety

overweighted
overwhelming
oxy-acetylene

P

pachycarpous
pachydacious
Pachydermata
pachydermous
pacification -s
pacificatory
packing-paper
packing-press
packing-sheet
paddock-stool
paedobaptism
paedobaptist -s
paedodontics
paedogenesis
paedogenetic
paedological
paedomorphic
paedophiliac -s
painlessness
palaeobotany
palaeography
palaeolithic
palaestrical
palatability
palette-knife
palification
palindromist -s
palingenesia -s
palingenesis -ses
palladianism
palpableness
paludamentum -s
paludicolous
palynologist -s
pamperedness
panaesthesia
panarthritis
Panathenaean
Panchatantra
panchromatic
pancreatitis
pandaemonium
pandanaceous
Pan-Germanism
panhellenion
Panhellenism
Panhellenist
panhellenium
paniculately
panification
panpharmacon
pansexualism
pansexualist -s
panspermatic
pantaloonery

pantechnicon -s
pantisocracy
pantographer -s
pantographic
pantomimical
pantophagist -s
pantophagous
Papaveraceae
paper-marbler
paper-stainer
paper-washing
Papilionidae
papistically
papuliferous
papyrologist -s
paraboloidal
paracentesis -ses
parachronism -s
para-compound
paracyanogen
parade-ground
paradigmatic
paradisaical
paradise-fish
Paradiseidae
paradisiacal
paradoxidian
paradoxology
paradoxurine
paraenetical
paraesthesia
paraglossate
paragnathism
paragnathous
paragraphist -s
paralanguage -s
paralipomena
parallelwise
paramagnetic
parametrical
paramilitary -ries
paramorphism
paranthelion -lia
paraphimosis
paraphrastic
parapophyses
parapophysis
parapsychism
paraquadrate -s
parascending
parasiticide -s
parasitology
parasphenoid -s
parasyntheta
paratactical
parchmentise -s,-d,-sing
parenterally
parenthesise -s,-d,-sing
parisyllabic
parking-place

Parkinsonism
paroccipital
parochialise -s,-d,-sing
parochialism
parochiality
paroemiology
paronomastic
parrot-wrasse
parsimonious
parsley-piert
part-exchange
participable
participator -s
particularly
partisanship
partitionist -s
party-capital
party-verdict
pasque-flower
passableness
passage-money
passemeasure -s
passe-partout
passibleness
passionately
passion-fruit
passion-music
passy-measure
pathetically
pathogenesis
pathogenetic
pathological
patience-dock
patriarchate -s
patriarchism
patriclinous
patrilineage -s
Patripassian
patristicism
patroclinous
pattern-maker
pattern-wheel
pavilion-roof
pay-as-you-earn
peace-breaker
peacefulness
peace-keeping
peace-officer
peace-warrant
peach-blossom
peach-yellows
peacock-stone
pearl-essence
pearl-fishery
pearl-fishing
pearl-sheller
pearl-tapioca
pease-bannock
pease-blossom
pease-pudding

pebble-powder
peccadilloes
Pecksniffian
pectinaceous
pectoriloquy
pedal-clavier
pedal-pushers
pedantically
pedantocracy -cies
pedicellaria -e
pediculation
pedunculated
peerlessness
pejoratively
pelican's-foot
pellucidness
penalisation -s
Penang-lawyer
pencil-sketch
pen-feathered
penitentiary -ries
penny-wedding
penny-whistle
pentacrinoid -s
pentadactyle -s
pentadactyly
pentagonally
pentapolitan
pentateuchal
pepper-caster
pepper-castor
peradventure -s
perambulator -s
perceptional
perceptivity -ties
percussional
percussively
percutaneous
peregrinator -s
peremptorily
perenniality
perfectation
perfectively
perfervidity
perfidiously
perfoliation -s
performative -s
pergameneous
pericarditis
perichaetial
perichaetium -s
pericynthion -s
perilousness
perimorphous
perinephrium -s
perineuritis
periodically
periodontics
periodontist -s
perionychium -s

periostracum -s
peripherical
periphrastic
perispomenon -s
peristeronic
peristomatic
peristrephic
periwig-pated
permanganate -s
permeability -ties
permissively
permittivity
perniciously
pernoctation -s
peroxidation -s
perpetration -s
perpetualism
perpetualist -s
perpetuality -ties
perpetuation -s
perplexingly
perquisition -s
perseverance -s
perseverator -s
persistently
persistingly
personifying
perspectival
perspicacity
perspiration
perspiratory
persuasively
persulphuric
pertinacious
perturbation -s
perturbative
perturbatory
perverseness
pervicacious
perviousness
Pestalozzian
pestilential
pestological
petaliferous
petrifaction -s
petrifactive
petrodollars
petrogenesis -ses
petrogenetic
petroglyphic
petrographer -s
petrographic
petrological
pettifoggery
pettifogging
phaenogamous
phaeomelanin
Phaeophyceae
phagocytical
phagocytosis

Phanerogamae
Phanerogamia
phanerogamic
phanerophyte -s
phantasmally
phantasmical
pharmaceutic
pharmacology
pharyngology
pharyngotomy -mies
pheasant's-eye
phenological
phenomenally
phenotypical
phenylalanin
philadelphus -es
philanthrope -s
philanthropy -pies
philharmonic
philhellenic
Philistinise
philistinism
phillumenist -s
philodendron -s
philological
philosophess -es
philosophise -s,-d,-sing
philosophism
philosophist -s
phlebotomise -s,-d,-sing
phlebotomist -s
phlegmagogic
phlegmagogue -s
phonasthenia
phonemically
phonetically
phonocamptic
phonographer -s
phonographic
phonological
phonotactics
phonotypical
phosphaturia
phosphoresce -s,-d
                 -scing

photobiology
photochromic
photocopying
photoelastic
photo-etching
photo-fission
photogeology
photoglyphic
photographer -s
photographic
photogravure -s
photokinesis
photomontage -s
photophilous
*photo-process

photosetting
photospheric
phototherapy
phototropism
photovoltaic
phrasemonger -s
phraseograph -s
phraseologic
phreatophyte -s
phrenologise -s,-d,-sing
phrenologist -s
phrontistery -ries
phycological
Phycomycetes
phycoxanthin
phyllotactic
phylogenesis
phylogenetic
physiocratic
physiognomic
physiography
physiologist -s
phytobenthos
phytogenesis
phytogenetic
phytographer -s
phytographic
phytological
phytonadione
phytophagous
pickerel-weed
picrocarmine
pictographic
pictorically
picture-frame
picture-house
Picturephone®
piercingness
pigeon-flying
pigeon's-blood
pigmentation -s
pile-dwelling
pillion-rider
pilot-balloon
pinchcommons
pin-feathered
pinniewinkle -s
pisciculture
pitch-and-toss
pitcher-plant
pitiableness
pitilessness
pitter-patter
placableness
placentation
placentiform
plagiotropic
plain-clothes
plain-dealing
plain-hearted

planetesimal
planet-struck
planispheric
plano-concave
plano-conical
plasterboard -s
plasteriness
plasterstone
platanaceous
plate-leather
platonically
Platt-Deutsch
plausibility
playing-field
pleasantness
pleasantries
pleasingness
pleasure-boat
pleasureless
pleasure-trip
plebiscitary
plecopterous
Plectognathi
pleiochasium -s
pleiotropism
plenipotence -s
plenipotency -cies
pleomorphism
pleomorphous
pleonastical
Plesiosaurus
plessimetric
pleurisy-root
Pleuronectes
plough-jogger
ploughwright -s
plumbaginous
plumber-block
plumbiferous
plummer-block
plum-porridge
plumulaceous
pluriliteral
plurilocular
pluriseriate
pluviometric
pneumaticity
pneumatology
pneumococcus -cci
pneumothorax
pocket-gopher
pocket-pistol
poenological
poetastering
pointillisme
pointilliste
point-to-point
poison-sumach
polarimetric
polarisation -s

polarography
police-manure
police-office
policy-holder
politicaster -s
pollen-basket
polling-booth
pollutedness
Polonisation
Polyadelphia
polyanthuses
polyembryony
polyethylene
Polygalaceae
polygamously
polyglottous
Polygonaceae
polyhistoric
polyisoprene
polymorphism
polymorphous
polyneuritis
polypetalous
polypharmacy
polyphyletic
polyphyllous
polyphyodont
polyrhythmic
polysepalous
polysiloxane
polysyllabic
polysyllable -s
polysyndeton -s
polytheistic
polytonality
polyurethane
pompholygous
pontifically
pony-carriage
pony-trekking
poor-spirited
populousness
porcelainise -s,-d,-sing
porcelainous
porcellanise -s,-d,-sing
porcellanite
porcellanous
porismatical
pornographer -s
pornographic
porte-cochère
portentously
portmanteaus
portmanteaux
portrait-bust
positiveness
positivistic
possessioned
possessively
postage-stamp

post-diluvial
post-diluvian
post-doctoral
posteriority
post-graduate
posthumously
post-hypnotic
postillation -s
postliminary
postliminous
post-meridian
postmistress -es
postponement -s
postposition -s
postpositive
post-prandial
Post-Tertiary
posture-maker
potamologist -s
potato-blight
potato-finger
potato-spirit
pot-companion
potentiality -ties
potichomania
pottle-bodied
pot-walloping
pound-foolish
powder-closet
powdering-tub
powder-monkey
powerfulness
power-station
practicalism
practicalist -s
practicality -ties
practitioner -s
praiseworthy
Pralltriller
praseodymium
praxinoscope -s
prayerlessly
prayer-monger
preachership -s
preassurance -s
precancerous
precariously
precautional
precedential
preceptorial
precessional
prechristian
preciousness
precipitable
precipitance -s
precipitancy -cies
precipitator -s
precisianism
precisianist -s
precisionist -s

preclassical
preclusively
precociously
precognition -s
precognitive
precondition -s
preconstruct -s,-ing,-ed
predesignate -s,-d,-ting
predestinate -s,-d,-ting
predetermine -s,-d,-ning
predigestion
predilection -s
predisposing
predominance -s
predominancy -cies
Pre-Dravidian
pre-eclampsia
pre-eminently
pre-establish
pre-existence
prefabricate -s,-d,-ting
prefectorial
preferential
prefloration
prefoliation
preformation -s
preformative
pregustation
prehensility
prehensorial
prehistorian -s
prejudgement -s
prelatically
premaxillary
premenstrual
Premonstrant
prenticeship -s
preoccupancy -cies
preordinance -s
preparedness
preponderant
preponderate -s,-d,-ting
prepossessed
preposterous
prerequisite -s
prerogatived
presbyterate -s
presbyterial
Presbyterian
prescription -s
prescriptive
preselection -s
presentation -s
presentative
presentially
presentiment -s
preservation -s
preservative -s
preservatory -ries
presidentess -es

presidential
press-cutting
press-gallery
pressure-cook
pressure-suit
prestigiator -s
prestriction -s
presumptuous
pretenceless
pretendingly
pretermitted
pretty-pretty
pretty-spoken
prevailingly
prevaricator -s
preventative -s
preventively
previousness
price-current
price-cutting
price-rigging
pridefulness
priestliness
priest-ridden
priggishness
primigravida -e,-s
primogenital
primogenitor -s
primordially
primulaceous
prince-bishop
princeliness
principality -ties
privat-docent
privat-dozent
privateering
prize-fighter
pro-and-conned
probationary -ries
problematics
proboscidean -s
proboscidian -s
probouleutic
procathedral -s
procellarian
process-block
processional -s
processioner -s
proclamation -s
proclamatory
proconsulate -s
proctorially
prodigiosity
prodigiously
proditorious
productional
productively
productivity -ties
professional -s
professorate -s

professoress -es
professorial
proficiently
profiteering
profitlessly
profligately
profoundness
progenitress -es
progesterone
proglottides
programmable -s
programmatic
progymnasium -s
projectional
projectivity -ties
prolegomenon -na
proletariate
prolifically
prolificness
prolongation -s
pro-marketeer
promissorily
promulgation -s
promuscidate
pronominally
pronouncedly
proof-correct
proof-reading
propaedeutic
propagandise -s,-d,-sing
propagandism
propagandist -s
propenseness
property-room
prophylactic -s
propitiation -s
propitiative
propitiatory
propitiously
proportional
proportioned
proprietress -es
propugnation
proscription -s
proscriptive
prosectorial
prosecutable
proselytiser -s
prosodically
prosopopeial
prosopopoeia
prospectuses
prosperously
prostitution
prosyllogism -s
protactinium
protectingly
protectively
protectorate -s
protectorial

protestation -s
protestingly
prothalamion -mia
prothonotary -ries
protistology
protocolling
proto-history
protomorphic
protonematal
protoplasmal
protoplasmic
protoplastic
protopherian
prototypical
protozoology
protractedly
protractible
protreptical
protrusively
protuberance -s
proud-hearted
proverbially
providential
provincially
provisionary
prudentially
pruning-knife
Prussianiser
psammophytic
psephologist -s
pseudocyesis
pseudo-Gothic
pseudography
pseudomartyr -s
pseudonymity
pseudonymous
pseudopodium -dia
psilanthropy
psychiatrist -s
psychoactive
psychography
psychologism
psychologist -s
psychometric
psychonomics
psychopathic -s
psychosexual
psychosocial
psychoticism
psychotropic
psychrometer -s
psychrometry
pteridomania
Pteridophyta
pteridophyte -s
pteridosperm -s
pterodactyle -s
pterosaurian -s
public-school
pudding-faced

pudding-plate
pudding-stone
pugnaciously
pulp-magazine
pulverisable
pulverulence
pulvilliform
pumpernickel -s
punctulation
puncturation -s
pupilability
purblindness
purification -s
purificative
purificatory
purpose-built
purposefully
purse-strings
Puseyistical
putrefacient
putrefaction
putrefactive
putting-cleek
putting-green
putting-stone
puzzle-headed
puzzle-monkey
pyjama-jacket
pyrithiamine
pyritiferous
pyritohedral
pyritohedron -s
pyrochemical
pyro-electric
pyroligneous
pyromaniacal
pyrometrical
pyromorphite
pyrophyllite
pyrotartaric
pyrotartrate
pyrotechnics
pyrotechnist -s
pythonomorph -s

Q

quacksalving
Quadragesima
quadrangular
quadraphonic
quadraplegia
quadraplegic
quadriennial -s
quadriennium -nnia
quadriplegia
quadriplegic
quadrivalent
quadrophonic
quadrumanous
quaestionary -ries

quaestorship -s
Quaker-colour
quaking-grass
qualificator -s
qualmishness
quantifiable
quantisation -s
quantitative
quantivalent
quaquaversal
quarrymaster -s
quarter-blood
quarter-bound
quarter-final
quarter-guard
quarter-horse
quarter-miler
quartern-loaf
quarter-plate
quarter-round
quarter-staff
quartz-schist
quasi-stellar
quattrocento
queen-consort
queen-dowager
queen-regnant
queer-bashing
quenchlessly
querimonious
questionable
questionably
questionless
question-mark
queue-jumping
quick-scented
quick-selling
quick-sighted
quicksilvery
quidditative
quill-driving
quill-feather
quinquenniad -s
quinquennial -s
quinquennium -nnia
quintessence -s
quixotically
quizzicality
quotableness

R

rabbeting-saw
rabbinically
rabbit-sucker
rabbit-warren
rabble-rouser
raccoon-berry
racemisation -s
racketeering -s
racket-ground

racket-tailed
raconteuring -s
radicicolous
radicivorous
radiesthesia
radiobiology
radio-compass
radio-element
radiographer -s
radiographic
radio-isotope
radiological
radionuclide -s
radiophonics
radiotherapy
radio-thorium
raggle-taggle
rail-splitter
rainbow-trout
rambunctious
ramification -s
ranunculuses
ratchet-wheel
ratification -s
rattle-headed
ravenousness
razzle-dazzle
reabsorption -s
reactivation -s
reactiveness
readableness
readaptation -s
readjustment -s
readmittance -s
ready-moneyed
reallocation -s
re-alteration
re-annexation
reappearance -s
reassemblage -s
reassessment -s
reassignment -s
reassumption -s
reassuringly
reattachment -s
rebelliously
recalcitrant
recalcitrate -s,-d,-ting
recalescence
recapitalise -s,-d,-sing
recapitulate -s,-d,-ting
receiving-set
receptacular
receptaculum -la
receptionist -s
reciprocally
reciprocator -s
reciting-note
recklessness
recognisable

recognisably
recognisance
recollection -s
recollective
recomforture
recommission -s,-ing,-ed
recommitment -s
reconcilable
reconcilably
reconnoitrer -s
reconsecrate -s,-d,-ting
reconsituent
reconstitute -s,-d,-ting
reconversion -s
reconveyance -s
recordership -s
recreational
recriminator -s
recrudescent
rectirostral
recuperation -s
recuperative
recuperatory
redemptioner -s
redemptorist -s
redeployment -s
redintegrate -s,-d,-ting
rediscoverer -s
redistribute -s,-d,-ting
redoublement -s
reducibility
reductionism
reductionist -s
reed-pheasant
re-embodiment
re-engagement
re-enlistment
reflationary
reflectingly
reflectively
reflectivity
refoundation -s
refractivity
refractorily
refreshfully
refreshingly
refrigerator -s
regardlessly
regeneration -s
regenerative
regeneratory
registration -s
regressively
regressivity
rehabilitate -s,-d,-ting
reimposition -s
reinspection -s
reinstalment -s
reinvestment -s
reinvigorate -s,-d,-ting

reiteratedly
rejuvenation -s
relationally
relationless
relationship -s
relativeness
relativistic
relativitist -s
relentlessly
reliableness
religionless
remainder-man
Rembrandtish
Rembrandtism
remedilessly
rememberable
rememberably
remembrancer -s
reminiscence -s
remonstrance -s
remonstrator -s
remorsefully
removability
remuneration -s
remunerative
remuneratory
renegotiable
renouncement -s
renunciation -s
renunciative
renunciatory
reoccupation -s
reordination -s
reparability
repatriation -s
repercussion -s
repercussive
repetitional
repetitively
replantation -s
replevisable
repossession -s
reprehension -s
reprehensive
representant -s
repressively
reproachable
reproachless
reproducible
reproduction -s
reproductive
reprographer -s
reprographic
reputatively
reservedness
resettlement -s
residentiary -ries
residentship -s
resignedness
resiniferous

resipiscence
resipiscency
resistlessly
resoluteness
resolutioner -s
resolvedness
resonance-box
resoundingly
resourceless
respectfully
respectively
resplendence
resplendency
respondentia -s
responseless
responsively
responsorial
restaurateur -s
resting-place
resting-spore
resting-stage
restlessness
restrainable
restrainedly
restrictedly
resumptively
resupination -s
resurrection -s
resurrective
resuscitable
resuscitator -s
retainership -s
retensionist -s
reticulately
reticulation -s
retiringness
retractility
retractively
retrenchment -s
retrievement -s
retrocession -s
retrocessive
retrofitting -s
retroflected
retroflexion -s
retrojection -s
retromingent -s
retropulsion -s
retropulsive
reunionistic
revelational
revengefully
reverberator -s
reversionary -ries
revictualled
revisitation -s
revivability
revivalistic
revivescence
revivescency

reviviscence
reviviscency
revocability
revolutional
revolutioner -s
revulsionary
rhabdosphere -s
rhamphotheca -s
rheometrical
rhetorically
rheumatismal
rheumatology
Rhinegravine
rhinocerical
rhinoceroses
rhinocerotic
rhinological
rhinoplastic
rhinorrhagia
rhinorrhoeal
Rhipidoptera
rhizocarpous
Rhizocephala
rhizogenetic
rhizophagous
rhizophilous
rhododendron -s
rhodomontade -s,-d,-ding
Rhodophyceae
rhombohedral
rhombohedron -s,-dra
rhopaloceral
rhumb-sailing
Rhynchonella
Rhynchophora
rhythmically
rhythmometer -s
rhythmopoeia
rhytidectomy -mies
ribble-rabble
ribonuclease
ricochetting
ridiculously
riding-master
riding-school
rifle-grenade
rifleman-bird
right-and-left
rightfulness
rigorousness
ring-armature
ring-compound
ring-dotterel
ring-dropping
ring-streaked
ripple-marked
risorgimento -s
river-terrace
road-surveyor
roasting-jack

robustiously
Rochelle-salt
rock-climbing
rocking-chair
rocking-horse
rocking-stone
rock-scorpion
rodomontader -s
roebuck-berry
roller-skater
roller-skates
rolling-stock
Romanisation
romantically
röntgenogram -s
röntgenology
rooming-house
root-parasite
root-pressure
root-tubercle
rope-drilling
rose-coloured
Rosminianism
rosy-coloured
rosy-fingered
rotor-station
rough-grained
rough-perfect
rough-wrought
roundaboutly
round-mouthed
route-proving
rubbing-stone
ruby-coloured
ruby-throated
rumble-tumble
ruminatingly
ruminatively
rumpti-iddity
running-board
run-of-the-mill
ruralisation
rush-bottomed
rushy-fringed
Russophilism
Russophilist
Russophobist
rust-coloured
ruthlessness

S

Sabellianism
sabre-rattler
saccharinity
saccharoidal
sacerdotally
sack-doudling
sacramentary -ries
sacrilegious
saddlebacked

saddle-hackle
saddle-pillar
saddle-shaped
saddle-spring
safe-breaking
safe-cracking
safeguarding -s
sage-thrasher
sailboarding
salamandrian
salamandrine
salamandroid -s
saleableness
salesmanship
salification -s
sallow-kitten
salmon-colour
salmon-fisher
salmon-ladder
salmon-tackle
saloon-keeper
saloon-pistol
salsolaceous
saltatorious
saltpetreman -men
salubriously
salutariness
salutational
salutatorian -s
salutatorily
salutiferous
salvationism
salvationist -s
salver-shaped
salvifically
Salviniaceae
Samaritanism
sanctifiedly
sand-blasting
sand-yachting
sanguiferous
sanguinarily
sanguineness
sanguinolent
sanguivorous
sanitisation -s
sansculottic
santalaceous
sapindaceous
saponifiable
sapphire-wing
saprophagous
saprophytism
sarcomatosis
sarcophagous
sarcoplasmic
sardonically
sarrusophone -s
sarsaparilla
satanophobia

satisfaction -s
satisfactory
satisfyingly
saucepan-fish
saunteringly
Saurognathae
scabbard-fish
scabbardless
scabrousness
scallop-shell
scalping-tuft
scampishness
scandalously
Scandinavian
scanning-disc
scapegallows
scapulimancy
Scarabaeidae
scare-heading
scarificator -s
scatological
scatophagous
scatter-brain
scatteringly
scattermouch -es
scavengering -s
scene-painter
scene-shifter
scenographic
schiller-spar
schindylesis
schindyletic
schismatical
Schizaeaceae
schizocarpic
schizogenous
schizogonous
schizomycete
schizophrene -s
schizophytic
schizopodous
schizothymia
schizothymic
Schneiderian
scholastical
schoolboyish
school-divine
school-doctor
schoolfellow -s
school-friend
school-leaver
schoolmaster -s,-ing,-ed
school-taught
schorlaceous
scientifical
scintigraphy
scintillator -s
scissiparity
scissor-blade
scissor-tooth

scitamineous
Sciuropterus
sclerenchyma -s
sclerodermia
sclerodermic
sclerophylly
scolopaceous
Scolopacidae
scopophiliac -s
scoptophilia
scoring-board
scornfulness
Scorpaenidae
scorpion-fish
Scorpionidea
Scottishness
scoundreldom
scoundrelism
scouring-rush
scraggedness
scramblingly
scraper-board
scratch-brush
scratchiness
scratchingly
screen-writer
screw-steamer
scribblement -s
scribblingly
scrimshander -s
scripturally
script-writer
scrobiculate
scrophularia -s
scrupulosity
scrupulously
scrutinising
scrutinously
scullery-maid
sculling-boat
sculpturally
scurrilously
scutellation -s
sea-buckthorn
sea-butterfly
seal-cylinder
sea-porcupine
seaside-grape
seasoning-tub
secessionism
secessionist -s
seclusionist -s
second-strike
second-to-none
secretariate -s
sectarianise -s,-d,-sing
sectarianism
sectionalism
secularistic
sedge-warbler

sedulousness
segmentation -s
seignioralty -ties
seigniorship -s
seine-fishing
seismography
seismologist -s
seismometric
seismonastic
seismoscopic
selenography
selenologist -s
self-absorbed
self-activity
self-adhesive
self-affected
self-analysis
self-anointed
self-applause
self-approval
self-balanced
self-begotten
self-betrayal
self-catering
self-cleaning
self-coloured
self-consumed
self-contempt
self-creation
self-critical
self-deceived
self-deceiver
self-delusion
self-depraved
self-destruct
self-devotion
self-directed
self-director
self-disliked
self-distrust
self-educated
self-effacing
self-electing
self-election
self-elective
self-employed
self-endeared
self-evidence
self-exciting
self-exertion
self-existent
self-flattery
self-focusing
self-glorious
self-gracious
self-hypnosis
self-identity
self-indeared
self-interest
self-involved

self-judgment
selflessness
self-lighting
self-luminous
self-murderer
self-occupied
self-ordained
self-pleasing
self-portrait
self-produced
self-schooled
self-thinking
self-violence
selling-price
semantically
semi-annually
semi-Arianism
semi-attached
semicircular
semicomatose
semicylinder -s
semideponent -s
semi-detached
semi-diameter
semifinalist -s
semiglobular
semi-imbecile
seminiferous
semi-official
semiparasite -s
Semi-Pelagian
semipellucid
semi-precious
Semitisation
semitropical
semiwater-gas
sempiternity
senatorially
sensationism
sensationist -s
sensibleness
sensitometer -s
sensualistic
sensuousness
sententially
separability
separateness
Septemberish
Septembriser
septemvirate -s
septennially
septilateral
septuagenary -ries
Septuagesima
Septuagintal
sequentially
sequestrator -s
seraphically
seraskierate -s
sergeant-fish

sergeantship -s
seriocomical
serjeantship -s
serpent-eater
serpentiform
serpentinely
serpentining -s
serpentinise -s,-d,-sing
serpentinous
serpent-stone
serum-therapy
service-berry
service-court
servicewoman -men
servitorship -s
servo-control
sesqualtera -s
sesquitertia -s
session-clerk
session-house
seventy-eight
sexagenarian -s
sexcentenary -ries
sexton-beetle
shadow-boxing
shadow-figure
shadow-flight
Shaksperiana
shamateurism
shamefacedly
shamefulness
share-capital
share-cropper
shareholding -s
sharp-looking
sharp-pointed
sharpshooter -s
sharp-sighted
sharp-tongued
sharp-toothed
sharp-visaged
shatter-brain
shatter-proof
shaving-brush
shaving-stick
shawl-pattern
shealing-hill
sheath-winged
sheeling-hill
sheepishness
sheep-scoring
sheep-shearer
sheep-stealer
shellshocked
shepherdless
shepherdling -s
sheriff-clerk
sheriff-court
sheriff's-post
shield-bearer

shield-maiden
shield-shaped
shieling-hill
shift-working
shillingless
shilling-mark
shilly-shally
shipbuilding -s
ship-chandler
shirtwaister -s
shockingness
shoeing-smith
shooting-iron
shooting-star
shopbreaking -s
shortchanger -s
short-circuit
short-clothes
short-sighted
shot-blasting
shoulder-belt
shoulder-bone
shoulder-high
shoulder-knot
shoulder-mark
shoulder-note
shoulder-slip
show-business
shrewishness
shrill-gorged
shrill-voiced
shriving-time
shudderingly
shuffle-board
sick-headache
sickle-celled
sickle-shaped
side-whiskers
sight-playing
sight-reading
sight-singing
significance -s
significancy -cies
significator -s
silicicolous
siliciferous
silver-beater
silver-footed
silver-glance
silver-plated
silver-voiced
silviculture
Simarubaceae
Simmenthaler
simoniacally
simple-minded
simultaneity
simultaneous
Sinanthropus
sindonophany -nies

singableness
singing-hinny
single-acting
single-decker
single-figure
single-handed
single-minded
single-seater
single-wicket
sinisterwise
sinistrality
sinistrorsal
sinistrously
sinupalliate
sinusoidally
Siphonaptera
Siphonophora
siphonophore -s
siphonostele -s
Sipunculacea
sir-reverence
sisterliness
Sivapithecus
skateboarder -s
skipping-rope
skirt-dancing
skittishness
skittle-alley
skrimshanker -s
skunk-cabbage
skutterudite
sky-tinctured
slanderously
slang-whanger
slantingways
slate-writing
slaughterman -men
slaughterous
slave-holding
slave-traffic
sledge-hammer
sleeping-pill
sleep-walking
sleeve-button
slickensided
slink-butcher
slip-carriage
slipperiness
slockdolager
slop-clothing
slothfulness
slouch-hatted
slovenliness
slubberingly
sluggishness
slumberingly
slumberously
slumpflation
sluttishness
small-clothes

smallholding -s
smash-and-grab
smatteringly
smooth-browed
smooth-coated
smooth-leaved
smooth-spoken
smotheriness
smotheringly
snack-counter
snaffling-lay
snake-charmer
snappishness
snapshooting -s
snarling-iron
snarling-tool
sneakishness
sneck-drawing
sneeshin-mull
sniggeringly
snippetiness
snobbishness
snobographer -s
snowball-tree
snowdrop-tree
snow-in-summer
snubbing-post
snuff-dipping
sober-blooded
soboliferous
sociableness
sociobiology
sociological
Socratically
soda-fountain
sodden-witted
softly-softly
soixante-neuf
solarisation -s
solar-powered
solecistical
solenoidally
solicitation -s
solicitously
solidifiable
solifluction -s
solitariness
solitudinous
Solomon's-seal
somatopleure -s
somnambulant -s
somnambulary
somnambulate -s,-d,-ting
somnambulism
somnambulist -s
somniloquise -s,-d,-sing
somniloquism
somniloquist -s
somnolescent
sonneteering -s

sonorousness
sophisticate -s,-d,-ting
soporiferous
sorbefacient -s
soughing-tile
soullessness
soul-stirring
sounding-lead
sounding-line
sound-ranging
Southcottian
south-country
south-eastern
southernmost
southernwood -s
south-seeking
south-western
space-heating
space-lattice
space-station
spaciousness
span-farthing
sparking-plug
sparrow-grass
Spatangoidea
speakerphone -s
speaking-tube
spear-running
spear-thistle
spear-thrower
specialistic
specifically
speciousness
speckledness
specktioneer -s
spectatorial
spectre-lemur
spectrograph -s
spectrometic
spectrometry
spectroscope -s
spectroscopy
speechlessly
speech-making
speed-boating
Speedwriting®
speiss-cobalt
spelling-book
spermaphytic
spermathecal
spermatocele -s
spermatocyte -s
spermatogeny
spermatozoal
spermatozoan
spermatozoic
spermatozoid -s
spermatozoon -zoa
spermogonium -nia
spermophytic

sphacelation -s
sphericality
sphincterial
sphragistics
sphygmograph -s
sphygmometer -s
sphygmophone -s
sphygmoscope -s
spider-legged
spider-monkey
spider-stitch
spiegeleisen
spiflication -s
spilling-line
spindle-shell
spindle-whorl
spine-chiller
spinning-mill
spinsterhood
spinstership
spinulescent
spire-steeple
spiritedness
spiritlessly
spirit-rapper
spiritualise -s,-d,-sing
spiritualism
spiritualist -s
spirituality
spirituosity
spitefulness
spittle-house
splay-mouthed
splendidious
splendidness
splenisation -s
splenomegaly
splint-armour
splinter-bone
spokesperson -s
sponge-finger
sponge-fisher
sponge-rubber
spongicolous
spongologist -s
sporadically
sporangiolum -la
sporogenesis
sporophorous
sportability
sportfulness
sportiveness
spotlessness
sprat-weather
sprechgesang
sprechstimme
sprightfully
spring-beauty
spring-beetle
spring-bladed

spring-headed
spring-heeled
spring-keeper
spring-loaded
spurge-laurel
spuriousness
spurtle-blade
sputteringly
square-rigged
square-rigger
squattocracy
squirearchal
squirrel-cage
squirrel-tail
stabilisator -s
stablishment -s
staddle-stone
staff-college
staff-officer
staff-surgeon
stage-manager
stage-thunder
stage-whisper
staggeringly
staghorn-fern
Stahlhelmist
Stakhanovism
stakhanovite -s
stalactiform
stalwartness
stammeringly
stamping-mill
standardiser -s
standard-wing
standing-bowl
standing-room
stand-pattism
stanniferous
stapedectomy -mies
star-blasting
starchedness
star-spangled
starting-hole
starting-post
station-house
station-wagon
statistician -s
statuesquely
staying-power
stealthiness
steam-chamber
steam-turbine
steam-whistle
steatomatous
steatopygous
steeplechase -s,-d,-sing
steeple-crown
steeple-house
steering-gear
steganograph -s

Steganopodes
stegocarpous
stegophilist -s
stegosaurian
Stellenbosch
stelliferous
stencil-plate
stenographer -s
stenographic
stentorphone -s
stepdaughter -s
stepmotherly
stercoranism
stercoranist -s
stereochrome
stereochromy
stereography
stereoisomer -s
stereometric
stereophonic
stereopticon -s
stereotactic
stereotropic
stereotyping -s
sternutation -s
sternutative
sternutatory
stern-wheeler
stertorously
stethoscopic
stichometric
stichomythia
stichomythic
stickler-like
stiff-hearted
stilboestrol
still-hunting
still-peering
still-piecing
stipulaceous
stirrup-strap
stock-and-horn
stock-breeder
stockbroking -s
stockingette
stocking-foot
stockingless
stocking-mask
stocking-sole
stock-in-trade
stockishness
stock-jobbery
stock-jobbing
stock-raising
stoechiology
stoichiology
stomatodaeum -s
stone-boiling
stone-bramble
stone-breaker

stone-chatter
stone-cutting
stone-dresser
stonewalling -s
stony-hearted
stoop-gallant
storiologist -s
stormfulness
storm-lantern
storm-shutter
storm-trooper
storm-warning
stormy-petrel
story-telling
stout-hearted
strabismical
straddle-back
Stradivarius
stragglingly
straightaway
straight-edge
straightener -s
straightness
straightways
strait-jacket
strait-lacing
stranglehold -s
stranglement -s
strangle-weed
strangulated
stratigraphy
stratocratic
stratosphere
stratotanker -s
straw-breadth
stream-anchor
street-keeper
street-raking
street-walker
strengthener -s
strengthless
strepitation -s
Strepsiptera
streptococci
streptomycin
streptoneura
stridelegged
stridulantly
stridulation -s
stridulatory
Strigiformes
strikingness
string-course
strobilation -s
strobiliform
stroboscopic
strong-minded
strongylosis
strontianite
strophanthin

strophanthus -es
strophiolate
structurally
strugglingly
strychninism
stubble-field
stubble-goose
stubbornness
studding-sail
studiousness
stump-oratory
stupefacient -s
stupefaction -s
stupefactive
stupendously
stutteringly
stylographic
subabdominal
subacidulous
subalternant -s
subalternate -s
subantarctic
subapostolic
subarachnoid
subarcuation -s
subarrhation -s
subcelestial
subcommittee -s
subconscious
subcontinent -s
subcutaneous
subdelirious
subdiaconate -s
subdivisible
subduplicate
subeditorial
suberisation -s
subfertility
subfeudation -s
subfeudatory
subhastation -s
subinfeudate -s,-d,-ting
subinspector -s
subintroduce -s,-d,-cing
subjectively
subjectivise -s,-d,-sing
subjectivism
subjectivist -s
subjectivity
Sublapsarian
sublibrarian -s
sublineation -s
submaxillary
submergement -s
subminiature
submissively
subnormality
suboccipital
subopercular
suboperculum -s

subordinancy -cies
subprincipal -s
subreference -s
subscribable
subscription -s
subscriptive
subsequently
subservience
subserviency
subsidiarily
substantials
substantiate -s,-d,-ting
substantival
substitution -s
substitutive
substraction -s
substruction -s
substructure -s
subsultorily
subtemperate
subterjacent
subterranean -s
subthreshold
subtreasurer -s
subumbrellar
subvertebral
succedaneous
successantly
successfully
successional
successively
succinctness
succussation -s
sudoriferous
sudoriparous
sufficiently
suffruticose
sugar-refiner
suggestively
suitableness
sulphonamide -s
sulphuration -s
sulphuretted
summer-weight
sumphishness
sumpter-horse
sun-and-planet
sun-expelling
sunshine-roof
superannuate -s,-d,-ting
supercargoes
supercharger -s
superciliary -ries
supercilious
supercluster -s
supereminent
supererogate
supererogate
superfrontal
superhighway

superhumanly
superhumeral -s
superimposed
superiorship -s
supermundane
supernacular
supernaculum -s
supernatural -s
superordinal
superorganic
superplastic -s
superposable
superrealism
superrealist -s
supersedence
supersensory
supersensual
supersession -s
superstition -s
superstratum -ta
supersubtile
supervenient
supervention -s
supplemental -s
supplementer -s
supplicating
supplication -s
supplicatory
suppositious
suppressedly
suppressible
supraciliary
supramundane
supra-orbital
sure-footedly
surface-craft
surface-to-air
surface-water
surf-boarding
surfing-board
surmountable
surpassingly
surprisingly
surrealistic
surrejoinder -s
surveillance -s
surveyorship -s
survivorship
susceptivity
suspensively
suspensorial
suspensorium -s
suspiciously
sustentation -s
sustentative
swaggeringly
swagger-stick
swainishness
swashbuckler -s
sweepingness

sweet-and-sour
sweetishness
sweet-scented
sweet-toothed
sweet-william
swell-mobsman
swimming-bath
swimming-bell
swimmingness
swimming-pond
swimming-pool
swindle-sheet
swine-keeping
swinging-boom
swinging-post
swizzle-stick
sword-bayonet
sword-breaker
sycophantise -s,-d,-sing
sycophantish
syllabically
sylviculture
symbolically
symbololatry
symptomatise -s,-d,-sing
synadelphite
synaesthesia -s
synaesthetic
synantherous
synarthrosis -ses
synchroflash -es
synchronical
synchroniser -s
synclinorium -s
syncretistic
syndactylism
syndactylous
syndetically
synecdochism
syngenesious
Syngnathidae
synonymously
synoptically
syntagmatite
syntheticism
systematical
systematiser -s
system-monger

T

tabernacular
table-turning
tachygrapher -s
tachygraphic
tactlessness
Tagliacotian
talismanical
talkee-talkee
talking-point
tallow-candle

Tamaricaceae
tamelessness
tangentially
tangibleness
tantalum-lamp
tape-recorder
tappet-motion
tapsalteerie
tapsieteerie
taramasalata -s
Tardenoisian
taskmistress -es
tassel-gentle
tastefulness
tautological
tax-collector
taxing-master
tax-sheltered
teachability
technicality -ties
technicolour
technocratic
technologist -s
tectonically
teeing-ground
teeter-totter
telaesthesia
telaesthetic
Telautograph®
telegraphese
telegraphist -s
teleological
teleosaurian -s
teleostomous
teleprompter -s
telergically
telescopical
telesmatical
teleutospore -s
televisional
tellurometer -s
temperalitie
temporaneous
temptability
temptingness
tenant-at-will
tender-hefted
tennis-player
tennis-racket
tenuirostral
teratologist -s
teratomatous
tercel-gentle
tercel-jerkin
tercentenary -ries
terebinthine
terebratulae
tergiversate -s,-d,-ting
terribleness
terrifically

tessellation -s
testamentary
testiculated
testificator -s
testosterone
testudineous
tetanisation -s
tetrachordal
tetrachotomy -mies
tetracycline
tetradactyly
tetradynamia
tetrahedrite
tetramorphic
tetrapolitan
tetrapterous
tetrarchical
tetrasporous
tetrastichal
tetrastichic
thalassaemia
thalassaemic
thankfulness
thanksgiving -s
thank-you-ma'am
thaumatogeny
thaumaturgic
thaumaturgus -es
theanthropic
theatrically
theatromania
theatrophone -s
thematically
theocratical
theologaster -s
theomorphism
Theopaschite
theopathetic
theophylline
theorematist -s
theoretician -s
theosophical
therapeutics
therapeutist -s
thereagainst
thereinafter
therethrough
Theriodontia
Theriomorpha
Thermidorian
thermo-couple
thermography
thermolabile
thermometric
thermophilic
thermoscopic
thermosphere
thermostable
thermostatic
thermotactic

thermotropic
Thesmophoria
thick-and-thin
thick-sighted
thick-skinned
thick-skulled
thief-catcher
thievishness
thigmotropic
thirdborough -s
thirteenthly
thitherwards
thorough-bass
thoroughbred -s
thoroughfare -s
thoroughness
thoughtfully
thousandfold
thousand-legs
thousand-year
three-centred
three-ha'porth
three-monthly
three-pounder
three-pricker
three-quarter
thriftlessly
thrivingness
throstle-cock
throttle-pipe
through-going
through-other
through-stane
through-stone
through-train
thunder-cloud
thunder-drive
thunderingly
thunderously
thunder-plump
thunder-sheet
thunder-stone
thunder-storm
Thurberesque
thyrotrophin
Thysanoptera
ticket-holder
ticket-office
ticket-porter
ticket-writer
ticklishness
tilley-valley
timbrologist -s
timbromaniac -s
time-bewasted
time-exposure
time-honoured
timelessness
timely-parted
timocratical

timorousness
timothy-grass
tin-streaming
tintinnabula
tirelessness
tiresomeness
tirlie-wirlie
tissue-typing
titaniferous
Titanosaurus
tithe-proctor
tittle-tattle
toasting-fork
toasting-iron
tobacco-heart
tobacco-plant
tobacco-pouch
togetherness
toggle-switch
toilsomeness
tolerability
toll-gatherer
tonelessness
tongue-tacked
tonsilectomy -mies
tonsillotomy -mies
tooth-drawing
tootsy-wootsy
toploftiness
topside-turvy
topsyturvily
torch-thistle
tormentingly
Torpedinidae
torrefaction -s
torrentially
Torricellian
tortuousness
totalisation -s
totalitarian -s
touchingness
towardliness
town-planning
toxicologist -s
toxicophobia
toxocariasis
toxophilitic
trabeculated
traceability
tracheoscopy -pies
tracheostomy -mies
Trachypterus
tracing-paper
tractability
tractoration -s
tradescantia -s
tradespeople
traditionary
traditionist -s
Traducianism

Traducianist
tragelaphine
tragicalness
tragi-comical
trail-blazing
training-ship
train-spotter
traitorously
tralaticious
tralatitious
trampolinist -s
tranquillise -s,-d,-sing
tranquillity
transcendent
transduction -s
transferable
transfer-book
transference -s
transferring
transforming -s
transformism
transformist -s
transfusible
transgressor -s
transhipping -s
transhumance -s
transiliency
transitional
transitively
transitorily
transit-trade
translatable
transleithan
translucence
translucency
transmigrant -s
transmigrate -s,-d,-ting
transmission -s
transmissive
transmitting
transmogrify -ing,-fies
    -ied
transmontane
transmutable
transmutably
transoceanic
transparence -s
transparency -cies
transpicuous
transpirable
transplanter -s
transpontine
transporting -s
transportive
transposable
transshipper -s
transudation -s
transudatory
transumption -s
transumptive

transuranian
transuranium
transversely
transversion -s
transvestism
transvestite -s
trap-shooting
traumatology
travel-soiled
treasure-city
tree-kangaroo
tremendously
trench-mortar
trench-plough
trend-setting
trestle-table
triadelphous
triangularly
tribespeople
tribute-money
tricephalous
trichinellae
trichiniasis
Trichiuridae
trichologist -s
trichophyton -s
trichotomise -s,-d,-sing
trichotomous
trichromatic
trickishness
trickstering -s
tricorporate
tridactylous
triflingness
trifurcation -s
trigger-happy
triglyceride -s
trigonometer -s
trigonometry
trigrammatic
trimethylene
trinomialism
trinomialist -s
tripartition -s
triphthongal
triple-headed
triple-turned
triplication -s
tripudiation -s
Trismegistus
triticalness
trituberculy
triumphantly
trochanteric
trocheameter -s
troglodytism
trolley-table
trolley-wheel
trolling-bait
troll-my-dames

troop-carrier
trophallaxis
trophobiosis
trophobiotic
trophotactic
trophotropic
tropological
tropophilous
tropospheric
trouble-house
troublemaker -s
trouble-mirth
trouble-state
trouble-world
truce-breaker
true-love-knot
trumpet-major
trumpet-shell
trustfulness
truthfulness
truth-telling
trypaflavine
trypanocidal
trysting-tree
tsesarevitch -es
tuberculated
tuberculosed
tuberculosis
tuberiferous
Tubuliflorae
tubulifloral
tumbler-drier
tumultuation -s
tumultuously
tuning-hammer
turacoverdin
turbellarian -s
turbidimiter -s
turbinacious
turbocharged
turbocharger -s
Turcophilism
turning-lathe
turning-point
turnpike-road
turriculated
turtle-necked
tussock-grass
tu-whit-tu-whoo
twelfth-night
twenty-four-mo
twenty-twenty
twitterboned
twitteringly
two-sidedness
Tyburn-ticket
Tyburn-tippet
type-cylinder
type-founding
typification -s

typographist -s
tyrannically
tyrannicidal

U

ubiquitarian -s
ubiquitously
uglification
Uintatherium
ulcerousness
Ulotrichales
ultramontane
ultramundane
ultrasensual
ultroneously
Umbelliferae
umbrageously
umbrella-bird
umbrella-tree
unacceptable
unacceptance
unaccredited
unaccustomed
unachievable
unacquainted
unadmonished
unadulterate -s,-d,-ting
unaffectedly
unamiability
unanalysable
unanalytical
unanswerable
unanswerably
unapparelled
unappealable
unappeasable
unappetising
unapplausive
unapplicable
unapproached
unarticulate
unartificial
unartistlike
unascendable
unascendible
unaspiringly
unassailable
unassignable
unassistedly
unassociated
unassuagable
unassumingly
unattainable
unattainably
unattractive
unauspicious
unauthorised
unbecomingly
unbefriended
unbelievable

unbelievably
unbeneficial
unbetterable
unbiasedness
unblinkingly
unblushingly
unbreachable
unbreathable
unbreathed-on
unbrokenness
uncalculated
uncandidness
uncapsizable
uncatalogued
uncelebrated
uncensorious
unchallenged
unchangeable
unchangeably
unchangingly
unchaperoned
uncharitable
uncharitably
unchasteness
uncheerfully
unchivalrous
unchristened
unchronicled
unclassified
uncloistered
uncomeatable
uncomeliness
uncommercial
uncommonness
uncomposable
uncompounded
unconcealing
unconcerning
unconclusive
unconfinable
unconfinedly
unconforming
unconformity
unconfusedly
unconsecrate -s,-d,-ting
unconsenting
unconsidered
unconstraint
uncontrolled
unconversant
unconvincing
uncoquettish
uncounselled
uncovenanted
uncreditable
uncritically
unctuousness
uncultivable
uncultivated
undeceivable

undecomposed
undelectable
undeliberate
undelightful
undemocratic
undependable
underachieve -s,-d,-ving
underbearing
underblanket -s
underbuilder -s
underclothed
underclothes
undercurrent -s
underdevelop -s,-ing,-ed
underdrawing -s
underdressed
underfunding -s
undergarment -s
under-hangman
underkingdom -s
underletting
underpassion
underpayment -s
underpeopled
underperform -s,-ing,-ed
underpinning -s
underpowered
under-produce
underrunning
undersealing
under-sheriff
underskinker
understaffed
understanded
understander -s
understratum -ta
undertakable
undertenancy -cies
under-turnkey
underutilise -s,-d,-sing
underworkman -men
underwriting
underwrought
undeservedly
undesignedly
undespairing
undetermined
undiminished
undiplomatic
undiscerning
undischarged
undiscipline
undiscordant
undiscording
undiscovered
undismantled
undisordered
undispatched
undisputedly
undissembled

undissolving
undistracted
undisturbing
undivestedly
undocumented
undoubtingly
undulatingly
uneconomical
unelaborated
unembittered
unemployable
unemployment
unencumbered
unendangered
unendingness
unenthralled
unerringness
uneventfully
unexpectedly
unexpressive
unexpugnable
unexpurgated
unextenuated
unfadingness
unfaithfully
unfamiliarly
unfastidious
unfathomable
unfathomably
unfavourable
unfavourably
unfertilised
unfilterable
unfittedness
unflaggingly
unflattering
unforeboding
unforeseeing
unforewarned
unformalised
unformidable
unformulated
unfossilised
unfranchised
unfrequented
unfrequently
unfriendship
unfrightened
unfruitfully
ungainliness
ungenerously
ungentleness
ungovernable
ungovernably
ungracefully
ungraciously
ungratefully
ungroundedly
ungrudgingly
unguentarium -s

unguiculated
unhabituated
unhandsomely
unharmonious
unheroically
unhesitating
unhistorical
unhospitable
unhyphenated
unicorn-shell
unicorn-whale
unidealistic
unidentified
unifoliolate
unilaterally
unimaginable
unimaginably
unimportance
unimportuned
unimpressive
unimprisoned
unimpugnable
unincumbered
uninfluenced
uninstructed
unintegrated
uninterested
unintroduced
unionisation -s
uniseriately
unisexuality
unitarianism
universalise -s,-d,-sing
universalism
universalist -s
universality -ties
unkindliness
unlawfulness
unlibidinous
unlikelihood -s
unlikeliness
unliquidated
unlistened-to
unliveliness
unloveliness
unlovingness
unmaintained
unmanageable
unmanageably
unmarketable
unmeasurable
unmeasurably
unmechanical
unmechanised
unmercifully
unmethodical
unmethodised
unmiraculous
unmistakable
unmistakably

unmodernised
unmodifiable
unmoralising
unmunitioned
unnaturalise -s,-d,-sing
unnoticeable
unnourishing
unobservable
unobservance
unobservedly
unobstructed
unobtainable
unofficially
unoppressive
unoriginated
unornamental
unornamented
unoverthrown
unparalleled
unpardonable
unpardonably
unpassionate
unpatronised
unpavilioned
unpeacefully
unperceptive
unperfection
unperforated
unperforming
unperishable
unpersecuted
unpersuasive
unpleasantly
unpleasantry
unpleasingly
unpoetically
unpolishable
unpoliteness
unpopularity
unpossessing
unprejudiced
unprelatical
unpreparedly
unprescribed
unpretending
unprettiness
unprevailing
unprincipled
unprivileged
unprocedural
unproclaimed
unprocurable
unproductive
unprofitable
unprofitably
unprohibited
unpronounced
unpropertied
unpropitious
unprosperous

unprotesting
unprovidedly
unprovokedly
unpunctuated
unpunishable
unpunishably
unquantified
unquenchable
unquenchably
unquestioned
unreasonable
unreasonably
unrecallable
unrecognised
unreconciled
unredeemable
unreflecting
unreflective
unreformable
unrefreshing
unregeneracy
unregenerate
unregimented
unregistered
unrelievable
unrelievedly
unremarkable
unremembered
unremittedly
unremorseful
unrepairable
unrepealable
unrepeatable
unrepentance
unrepiningly
unreportable
unreproached
unreprovable
unrepulsable
unrequitedly
unreservedly
unresistible
unresolvable
unrespective
unresponsive
unrestrained
unrestricted
unreturnable
unrevealable
unrevengeful
unrewardedly
unrhythmical
unriddleable
unrightfully
unromantical
unsailorlike
unsalability
unsanctified
unsanctioned
unsatisfying

unscientific
unscottified
unscriptural
unscrupulous
unsculptured
unsearchable
unsearchably
unseasonable
unseasonably
unseemliness
unsegregated
unseminaried
unsensitised
unsensualise -s,-d,-sing
unsepulchred
unsettlement
unshadowable
unshrinkable
unslumbering
unsocialised
unsolicitous
unspectacled
unstableness
unstanchable
unstatutable
unstatutably
unsteadiness
unsterilised
unstimulated
unstockinged
unstratified
unstructured
unsublimated
unsubmissive
unsubmitting
unsubscribed
unsubsidised
unsuccessful
unsuccessive
unsufferable
unsufficient
unsupervised
unsupposable
unsuppressed
unsuspecting
unsuspicious
unsustaining
unswervingly
unsystematic
untenability
untenantable
unterminated
unterrifying
unthankfully
unthinkingly
unthoughtful
unthreatened
untimeliness
untowardness
untrammelled

untranslated
untransmuted
untremendous
untrustiness
untruthfully
untumultuous
unusefulness
unvaccinated
unvanquished
unvariegated
unventilated
unverifiable
unvirtuously
unvoyageable
unvulnerable
unwatchfully
unwaveringly
unwearyingly
unwieldiness
unwithholden
unwontedness
unworshipful
unworshipped
unworthiness
unyieldingly
upper-bracket
uproariously
urbanisation
urbanologist -s
urinogenital
urolithiasis
Ustilagineae
ustilaginous
usufructuary
usuriousness
uxoriousness

V

vacationless
Vacciniaceae
Vaccinoideae
vacuum-packed
vaginicoline
vaginicolous
vainglorious
Valenciennes
valetudinary -ries
valorisation -s
valuableness
vanquishable
vanquishment -s
vantage-point
vaporisation
vaporousness
variableness
variationist -s
varicoloured
vase-painting
vasodilatory
vatication

vaudevillian -s
vaudevillist -s
vaunt-courier
vegetatively
Vehmgerichte
velarisation -s
Velloziaceae
velocipedean -s
velocipedian -s
velocipedist -s
velvet-guards
velvet-scoter
vendibleness
venepuncture
vengefulness
venipuncture
venomousness
ventripotent
verbenaceous
veridicality
verification -s
verificatory
verisimility -ties
verisimilous
vermiculated
vermin-killer
vernacularly
versificator -s
vertebration -s
verticalness
verticillate
vesiculation
vestimentary
veterinarian -s
vibraphonist -s
vibratiuncle -s
vicar-general
vice-chairman
vice-governor
Victorianism
victoriously
vigorousness
vilification -s
villainously
vindicatress -es
vindictively
vinegar-plant
vinegarrette -s
vinicultural
vinification -s
violin-string
virgin's-bower
viridescence
virilescence
virtuosoship
virtuousness
viscerotonia
viscerotonic
viscoelastic
viscosimeter -s

viscosimetry
viscountship
visitational
visitatorial
visiting-book
visiting-card
vitalisation
vitativeness
vitreousness
vitrifaction -s
vitrifacture
vitriolation
vitro-di-trina
vituperation
vituperative
vituperatory
vivification
viviparously
vocabularian -s
vocabularied
vocalisation
vocationally
vocicultural
vociferation
vociferosity
vociferously
voicefulness
voiding-lobby
volatileness
volcanically
Volga-Baltaic
volitational
volitionally
volitionless
volumetrical
voluminosity
voluminously
voluntaryism
voluntaryist -s
voluptuosity
voluptuously
vomiturition
vulcanisable
vulvo-uterine

W

wag-at-the-wall
wag-by-the-wall
Wagnerianism
wainscotting -s
waistcoateer
waistcoating
waiting-woman
walkie-talkie
walking-staff
walking-stick
walking-straw
wallcovering -s
wall-painting
wallydraigle -s

warehouseman -men
warmongering
washing-board
washing-house
washingtonia -s
wastefulness
watch-crystal
watchfulness
watch-officer
water-bailiff
water-ballast
water-battery
water-bellows
water-biscuit
water-blister
water-boatman
water-buffalo
water-carrier
water-cooling
water-culture
water-diviner
water-drinker
water-flowers
water-flowing
water-gilding
water-hemlock
watering-call
watering-hole
waterishness
watermanship
water-measure
water-milfoil
water-opossum
water-parsnip
water-parting
water-reactor
water-soldier
water-spaniel
water-strider
water-turbine
water-wagtail
wave-offering
waveringness
way-passenger
weak-spirited
weal-balanced
weaning-brash
weather-board
weather-bound
weather-chart
weather-cloth
weather-gauge
weather-glass
weather-gleam
weather-house
weather-proof
weather-stain
weather-strip
wedding-cards
wedding-dower

wedding-dress
wedding-march
weeding-tongs
weeping-birch
weeping-cross
weight-lifter
well-balanced
well-becoming
well-breathed
well-directed
well-disposed
well-dressing
well-educated
well-favoured
well-grounded
well-informed
Wellingtonia
well-mannered
well-pleasing
well-plighted
well-tempered
well-timbered
welter-stakes
welter-weight
whale-fishery
whale-fishing
what's-her-name
what's-his-name
what's-its-name
whencesoever
whereagainst
wherethrough
Whiggishness
whigmaleerie -s
whimperingly
whimsicality
whip-and-derry
whip-grafting
whipping-post
whip-poor-will
whip-scorpion
whisky-frisky
whisperingly
whisperously
whistle-drunk
white-bearded
white-bellied
white-crested
white-crowned
white-fronted
white-herring
white-livered
white-pudding
whitherwards
whitlow-grass
whole-hearted
whole-skinned
whooping-swan
whortleberry -rries
wicket-keeper

wide-spectrum
wife-swapping
wiggle-waggle
wild-williams
williewaught -s
will-o'-the-wisp
willow-grouse
wind-changing
winding-sheet
winding-stair
window-screen
Windsor-chair
wine-coloured
wine-glassful
wine-merchant
wing-shooting
winnowing-fan
winter-beaten
winter-bourne
winter-cherry
winter-clover
winter-garden
winter-ground
winter-weight
wire-stitched
wire-stringed
wisecracking
wishing-stone
witches'-broom
withdrawment -s
witheredness
withholdment -s
wollastonite
womanishness
woman-queller
wonder-monger
wonder-struck
wonder-worker
wondrousness
woodburytype
wood-engraver

wooden-headed
wooden-tongue
wood-hyacinth
woodlessness
wood-offering
woolly-haired
woolly-headed
word-building
word-painting
workableness
working-class
working-house
working-model
workmistress -es
world-beating
world-wearied
worshipfully
Woulfe-bottle
wranglership -s
wrathfulness
wretchedness
writer's-cramp
writing-paper
writing-table
wrongfulness

X

xanthochroia
xanthochroic
xanthochroid -s
xanthomatous
xanthopterin
xerodermatic
xeromorphous
xiphisternum -s
xiphophyllus
xylobalsamum

Y

yankee-doodle
yellow-backed

yellow-billed
yellow-footed
yellow-hammer
yellow-headed
yellow-horned
yellow-legged
yellow-necked
yellow-rattle
yellow-ringed
yellow-rumped
yellow-yowley
yieldingness
youthfulness

Z

zalambdodont -s
Zantedeschia
Zarathustric
Zeitvertreib
zenith-sector
Zeuglodontia
zincographer -s
zincographic
zoochemistry
zoogeography
zoographical
zoologically
zoomagnetism
zoopathology
zoophytology
zoospermatic
zootomically
Zwinglianism
Zwinglianist
zygapophyses
zygapophysis
zygodactylic
zygomorphism
zygomorphous
zygomycetous
zymotechnics

A

aboriginalism
aboriginality
abortifacient -s
absorbability
abstractional
academicalism
acaridomatium -tia
acarodomatium -tia
accelerometer -s

acceptability
acceptilation -s
accessibility
accidentalism
accidentality
accident-prone
acclimatation
accommodating
accommodation -s
accommodative
accompaniment -s

accreditation -s
acculturation
acetification
achromatopsia
acidification
acotyledonous
acquiescently
acquiescingly
acquirability
acrimoniously
acrylonitrile

actinobacilli
actinomorphic
actinomycosis
actinotherapy
actualisation -s
Addressograph®
adenoidectomy -mies
adiabatically
admeasurement -s
administrable
administrator -s
admirableness
admissibility -ties
advantageable
adventuresome
adventurously
advertisement -s
advisableness
aerodynamical
aerogenerator -s
aerolithology
aesthetically
affenpinscher -s
affirmatively
afforestation
affreightment -s
agglomeration -s
agglomerative
agglutinating
agglutination -s
agglutinative
aggravatingly
agreeableness
agriculturist -s
agrobiologist -s
agrostologist -s
ailourophilia
ailourophobia
air-compressor
airworthiness
alcoholometer -s
alcoholometry
algebraically
allegorically
allelomorphic
All-hallowmass
All-hallowtide
allowableness
almond-blossom
alongshoreman -men
alphabetarian -s
alphabetiform
alternatively
aluminiferous
amarantaceous
Amaranthaceae
ambassadorial
ambidexterity

ambidexterous
ambiguousness
ambitiousness
amniocentesis
amphigastrium -tia
amphitheatral
amplification -s
amygdalaceous
Anacardiaceae
anachronistic
anachronously
anaerobically
anagrammatise -s,-d
                    -sing
anagrammatism
anagrammatist -s
analogousness
anaphorically
anaphrodisiac -s
anastigmatism
anathematical
androdioecism
anfractuosity -ties
angiospermous
Anglo-American
Anglo-Catholic
Anglo-Saxondom
animadversion -s
animalisation
animal-worship
anisophyllous
annexationist -s
anomalistical
answerability
antenniferous
anthelminthic
anthophyllite
anthropogenic
anthropolatry
anthropometry
anthropomorph -s
anthropopathy
anthropophagi
anthropophagy
anthroposophy
antiballistic
antichristian
anticlimactic
anticlinorium -s
anticlockwise
anticoagulant -s
antigenically
antigropeloes
antihistamine -s
antilogarithm -s
anti-marketeer
antinephritic
antinomianism
antiochianism
anti-personnel

antiquitarian -s
antiscorbutic
antisepticise -s,-d
                    -sing
antisepticism
antisocialism
antisocialist -s
antisociality
antispasmodic
anythingarian -s
apathetically
aphanipterous
apheliotropic
apocalyptical
apocatastasis
apochromatism
apodictically
apogeotropism
apomictically
apophlegmatic
apostolically
apothegmatise -s,-d
                    -sing
apothegmatist -s
appealingness
appellational
appellatively
appendiculate
appertainance -s
appertainment -s
applicability -ties
apportionment -s
apprehensible
appropinquate -s,-d
                    -ting
appropinquity
appropriately
appropriation -s
appropriative
approximately
approximation -s
approximative
aqua-mirabilis
Aquifoliaceae
arachnologist -s
araeometrical
arbitrariness
arboriculture
archaeologist -s
archaeopteryx -es
archbishopric -s
Archegoniatae
archidiaconal
archimandrite
architectonic -s
architectural
argentiferous
argumentation -s
argumentative
aristocratism

arithmetician -s
armamentarium -s
armoured-train
arseno-pyrites
artificialise -s,-d
　　　　-sing
artificiality -ties
arundinaceous
Ascensiontide
ascertainable
ascertainment
aspergillosis
assassination -s
assentiveness
assertiveness
asset-stripper
assiduousness
associability
associateship -s
associativity
assumptionist -s
Assyriologist
asthenosphere
asthmatically
astonishingly
astrapophobia
astrodynamics
astrophysical
atheistically
athematically
Atlantosaurus
atmospherical
atomistically
atrociousness
attainability
attentiveness
attitudiniser -s
attributively
audaciousness
audio-engineer
audio-location
Australianism
Austroasiatic
autecological
authentically
authenticator -s
authorisation -s
authoritarian -s
authoritative
autobiography -phies
autocatalysis
autocatalytic
autocephalous
autochthonism
autochthonous
autodigestion
autoeroticism
automatically
autoschediasm
autoschediaze -s,-d
　　　　-zing

availableness
avant-gardiste
averruncation -s
Aviculariidae
axiomatically

B

baby-battering
baby-snatching
baccalaureate -s
back-formation
back-pedalling
backscratcher -s
backwardation
bacteriolysin
bacteriolysis
bacteriolytic
bacteriophage -s
badger-baiting
badger-drawing
baggage-animal
Balanoglossus
Balkanisation
ballast-heaver
ball-cartridge
ballet-dancing
balneotherapy
balsamiferous
Balsaminaceae
Baltoslavonic
bamboozlement
barbarisation -s
barbarousness
barber-surgeon
barefacedness
bargain-hunter
barnacle-goose
barrel-chested
barrel-vaulted
barristership -s
bathymetrical
baton-sinister
battle-cruiser
battle-scarred
beatification -s
beauteousness
beetlebrained
beetle-crusher
begging-letter
beginningless
beleaguerment -s
belles-lettres
belligerently
benedictional
beneficential
beneficiation -s
Berberidaceae
Berkeleianism
bernicle-goose
beseemingness

bespottedness
betweenwhiles
bewilderingly
bibliographer -s
bibliographic
bibliolatrist -s
bibliolatrous
bibliophagist -s
bibliophilism
bibliophilist -s
bibliopolical
bibliothecary -ries
bidding-prayer
bignoniaceous
Bildungsroman
billiard-cloth
billiard-table
biodegradable
biogeographer -s
bioscientific
biotechnology
birefringence
Birminghamise
black-and-white
blackguardism
bladder-cherry
blanket-stitch
blankety-blank
blasphemously
blastogenesis
bleeding-heart
blindman's-buff
blister-beetle
blood-boltered
blood-curdling
bloodlessness
blood-relation
Bloomsburyite
blotting-paper
boarding-house
boatswain-bird
bombastically
bone-turquoise
bonheur-du-jour
book-canvasser
booking-office
boraginaceous
borough-monger
bottle-coaster
bouillabaisse -s
boulting-hutch
boundary-layer
boundary-rider
boundlessness
bounteousness
bountifulness
boustrophedon
bowling-crease
bowstring-hemp
brachiosaurus -es

brachycephaly
brachydactyly
brachypterous
brainsickness
branch-officer
brassfounding
brattice-cloth
breakableness
breakfast-room
breaking-point
breast-feeding
breathing-time
breechloading
bridge-builder
bridge-of-boats
brilliantness
broad-spectrum
Brobdignagian
broken-hearted
bromeliaceous
bronchoscopic
brother-german
brotherliness
brutalisation -s
bubble-chamber
building-block
building-board
bullock's-heart
bumptiousness
bureaucratise -s,-d
           -sing
bureaucratist -s
burglariously
burning-mirror
burnt-offering
burying-beetle
burying-ground
butcher's-broom
butter-biscuit
butter-fingers
butterfly-fish
butterfly-weed
button-through

C

cabbalistical
cabinet-making
cable-drilling
cable-moulding
cacographical
caesaropapism
calcification
calculational
caliature-wood
calico-printer
calligraphist -s
callisthenics
Calvinistical
campanologist -s
Campanulaceae

campeachy-wood
camphoraceous
camp-sheathing
canaliculated
canary-creeper
cancellariate -s
candidateship -s
candle-dipping
candle-lighter
candle-snuffer
cannibalistic
canvas-climber
capaciousness
capellmeister -s
capercaillzie -s
Capparidaceae
caprification
carboniferous
carbonisation -s
carbonylation
carburisation -s
carcinologist -s
carcinomatous
card-catalogue
cardinalatial
cardinalitial
cardiographer -s
carnivorously
carpet-beating
carpet-bedding
carpet-bombing
carpet-slipper
carpet-sweeper
carriage-drive
carrier-pigeon
carrion-flower
carte-de-visite
cartelisation -s
cartilaginous
cartridge-belt
Caryocaraceae
case-hardening
casement-cloth
casting-weight
casualisation
Casuarinaceae
casuistically
catalytically
catastrophism
catastrophist -s
catechistical
catechumenate -s
catechumenism
categorematic
categorically
catercornered
cathodography
cat-o'-nine-tails
cattle-lifting
causelessness

cauterisation -s
cayenne-pepper
celluliferous
centre-forward
centricalness
centrifugally
centrifugence
Cephalochorda
cephalothorax -races
Cercopithecus
cerebrospinal
ceremonialism
ceremoniously
cerographical
certification -s
certificatory
chain-moulding
chalcographer -s
challengeable
challengingly
chamber-fellow
chameleonlike
changeability
changefulness
change-ringing
changing-piece
characterless
charity-school
charlatanical
charter-member
Chateaubriand
check-weighman
cheirographer -s
cheiropterous
Cheirotherium
chemoreceptor -s
chest-register
cheval-de-frise
chicken-hazard
chieftainship -s
chimney-breast
chimney-corner
chinkerinchee -s
chirographist -s
chiromantical
Chlamydomonas
chlamydospore -s
chlorargyrite
chlorobromide -s
chlorocruorin
chloroformist -s
Chloromycetin®
Chlorophyceae
cholecystitis
chopping-block
chopping-board
chopping-knife
choreographer -s
choreographic
chorepiscopal

chrematistics
chrestomathic
Christianlike
Christianness
Christmas-tide
Christmas-time
Christmas-tree
Christologist
chromatically
chromatograph -s
chromatophore -s
chrome-leather
chrome-plating
chrome-tanning
chronobiology
chronographer -s
chronological
chrysanthemum -s
chrysophilite
chuck-farthing
church-officer
church-service
chymification -s
cicatrisation -s
Ciceronianism
cigarette-butt
cigarette-card
cinchonaceous
cinematograph -s
cine-projector
cinnamon-stone
cinque-spotted
circumambages
circumambient
circumduction -s
circumductory
circumference -s
circumflexion -s
circumfluence -s
circumjacency
circumscriber -s
circumspectly
circumvallate
circumvention -s
circumventive
citronella-oil
clairaudience
clamorousness
clandestinely
clandestinity
clapperboards
clapperclawer -s
clarification -s
classicalness
clay-ironstone
clean-timbered
clearing-house
clear-starcher
cleavableness
cleistogamous

clickety-clack
clickety-click
climacterical
climactically
climatography
climatologist -s
climbing-frame
clincher-built
clinodiagonal -s
clinopinacoid -s
clinopinakoid -s
clishmaclaver
cloak-and-sword
clock-watching
cloister-garth
clothes-basket
clothes-screen
coachbuilding
coachwhip-bird
coadjutorship -s
coagulability
coarse-grained
coastguardman
cobaltiferous
co-belligerent
cocainisation
cochleariform
cockle-brained
cock-of-the-rock
cock-thrappled
cock-throppled
coconut-butter
codicological
coeducational
coenaesthesis
coffee-disease
cognomination -s
co-inheritance
cold-bloodedly
collaboration -s
collaborative
colleagueship -s
collectedness
collecting-box
collectorship -s
collieshangie -s
colloquialism -s
colloquialist -s
colposcopical
combativeness
combinatorial
commandership -s
commeasurable
Commelinaceae
commemoration -s
commemorative
commemoratory
commensurable
commensurably
commercialese

commercialise -s,-d
⠀⠀⠀⠀⠀⠀⠀⠀⠀⠀-sing
commercialism
commercialist -s
commerciality
commiseration -s
commiserative
committeeship -s
communication -s
communicative
communicatory
communitarian -s
commutability
commutatively
compactedness
compagination
companionable
companionably
companionhood
companionless
companionship -s
comparability
comparatively
compassionate
compass-signal
compass-timber
compass-window
compatibility -ties
compatriotism
compendiously
complainingly
complaisantly
complementary
complexedness
complimentary
compositeness
compositional
comprehension -s
comprehensive -s
compressional
comprovincial
compulsionist -s
computational
concatenation -s
concavo-convex
conceitedness
concentration -s
concentrative
concentricity -ties
conceptionist -s
conceptualise -s,-d
⠀⠀⠀⠀⠀⠀⠀⠀⠀⠀-sing
conceptualism
conceptualist -s
concernedness
concert-master
concessionary
concessionist -s
conchological
concomitantly

concretionary
concupiscence
concupiscible
concyclically
condescending
condescension -s
conditionally
conductorship -s
condylomatous
confabulation -s
confabulatory
confarreation -s
confectionary -ries
confectionery
confederation -s
confederative
confessionary -ries
confessorship
confidingness
configuration -s
conflagration -s
confoundingly
confraternity -ties
confrontation -s
conglomeratic
conglutinator -s
congratulable
congratulator -s
congressional
Congresswoman
Congreve-match
congruousness
conjecturable
conjecturally
conjugational
conjunctional
conjunctively
connaturalise -s,-d
　　　　　　　-sing
connaturality
connecting-rod
connumeration
conquistadors
consanguinity
conscientious
consciousness
consectaneous
consecutively
consenescence
consenescency
consentaneity
consentaneous
consequential
conservatoire -s
considerately
consideration -s
considerative
consideringly
consimilarity
consimilitude -s

consolidation -s
consolidative
conspicuously
conspiratress -es
conspurcation
constableship -s
constablewick -s
Constantinian
constellation -s
constellatory
consternation -s
constrainable
constrainedly
constringency -cies
constructable
constructible
constupration
consumptively
consumptivity
contabescence
contamination -s
contaminative
contemplation -s
contemplatist -s
contemplative
contentedness
contentiously
contextualise -s,-d
　　　　　　　-sing
continuedness
contortionate
contortionism
contortionist -s
contrabandism
contrabandist -s
contrabassoon -s
contraception -s
contraceptive -s
contractility
contractional
contradiction -s
contradictive
contradictory
contrafagotto -s
contrapuntist -s
contrariously
contraterrine
contravention -s
contributable
contristation
controversial
controvertist -s
convalescence -s
convalescency -cies
conventionary
conventionist -s
conversazione
conversazioni
convertiplane -s
convexo-convex

convocational
convulsionary
convulsionist -s
cook-housemaid
copartnership -s
copper-captain
copper-pyrites
copple-crowned
copying-pencil
copyrightable
coralliferous
coralligenous
co-religionist
coriander-seed
corinthianise -s,-d
　　　　　　　-sing
cornelian-tree
cornet-à-piston
cornification
Corolliflorae
corollifloral
corporateness
correlatively
correlativity
correspondent -s
corresponding
corresponsive
corridor-train
corrigibility
corroboration -s
corroborative
corroboratory
corrosibility
corrosiveness
corruptionist -s
cosmopolitics
cosmopolitism
cosmothetical
costardmonger -s
cost-effective
cotton-picking
cotton-spinner
cotton-thistle
counsel-keeper
counteraction -s
counteractive
counter-attack
counter-caster
counterchange -s
countercharge -s
counterfeiter -s
counterfeitly
counter-fleury
counter-jumper
counter-motion
counter-parole
counter-poison
counter-signal
counter-spying
counterstroke -s

counter-weight
counting-house
coursing-joint
court-cupboard
courteousness
courts-martial
coxcombically
cracker-barrel
craftsmanship
cranberry-tree
craniological
cranioscopist -s
cream-coloured
credulousness
creosote-plant
cribbage-board
criminologist -s
criminousness
crinicultural
criss-cross-row
crossbreeding
cross-crosslet
cross-division
cross-gartered
cross-hatching
cross-quarters
cross-question
cross-springer
cross-vaulting
crown-imperial
cruiser-weight
cryobiologist -s
cryptanalysis
cryptographer -s
cryptographic
cryptological
crystal-gazing
crystallinity
cuckoo-spittle
Cucurbitaceae
cupboard-faith
curtain-raiser
custard-coffin
custodianship -s
customariness
Cyathophyllum
cyberneticist -s
Cyclanthaceae
cyclospermous
cylinder-block
cylindraceous
cylindrically
cytodiagnosis

D

dactyliomancy
dactylography
daddy-long-legs
daguerreotype -s,-d
    -ping

daguerreotypy
damnification
dancing-master
dangerousness
darning-needle
dastardliness
daughter-in-law
dauntlessness
dead-colouring
dead-reckoning
deathlessness
debauchedness
decarbonation -s
deceitfulness
deceivability
decelerometer -s
deceptibility
deceptiveness
decerebration
deciduousness
deck-passenger
declamatorily
declaratively
declaratorily
decomposition
decompression -s
decompressive
decontaminant -s
decontaminate -s,-d
    -ting
decortication
decrepitation
decriminalise -s,-d
    -sing
deducibleness
deductibility
defeasibility
defectibility
defectiveness
defencelessly
defensibility
deferentially
defervescence
defervescency
defibrillator -s
defibrination
deficientness
deforestation
deformability
deglutination -s
deipnosophist -s
delectability
deleteriously
deliciousness
delightedness
deliquescence
delirifacient -s
deliriousness
dematerialise -s,-d
    -sing

demiurgically
demolitionist -s
demonological
demonstration -s
demonstrative
demonstratory
demythologise -s,-d
    -sing
denationalise -s,-d
    -sing
Dendrocalamus
dendrological
densitometric
denticulation
deoch-an-doruis
deodorisation -s
deontological
deoxidisation -s
depersonalise -s,-d
    -sing
dephlegmation
deplorability
deprecatingly
dereligionise -s,-d
    -sing
derivationist -s
dermatography
dermatologist -s
descriptively
descriptivism
desegregation -s
desertisation -s
desirableness
désobligeante -s
desperateness
despicability
destructional
destructively
destructivist -s
destructivity -ties
desulphuriser -s
desultoriness
deterioration -s
deteriorative
determinately
determination -s
determinative
deterministic
detestability
detrimentally
deuterogamist -s
Deuteronomist
deuteroscopic
devastatingly
developmental
devolutionary
devolutionist -s
devotionalist -s
dexterousness
dextrocardiac

diacatholicon
diachronistic
diageotropism
diagnostician -s
dialectically
dialogistical
dialypetalous
diametrically
diamond-beetle
diamond-powder
diaphanometer -s
diaphototropy
diaphragmatic
diathermanous
dichlamydeous
dichotomously
dichrooscopic
Dicotyledones
dictatorially
dieselisation
differentiate -s,-d
             -ting
diffusibility
diffusion-tube
diffusiveness
digestibility
dignification
dilettanteism
dimensionless
dimethylamine
diminishingly
dinner-service
dioristically
Dioscoreaceae
diotheletical
diothelitical
diphthongally
dipleidoscope -s
diplomatology
dipping-needle
Diprotodontia
Dipterocarpus
disadvantaged
disaffectedly
disaffirmance
disagreeables
disappearance -s
disappointing
disarticulate -s,-d
             -ting
disassimilate -s,-d
             -ting
discapacitate -s,-d
             -ting
disceptatious
discharge-tube
disciplinable
discoloration -s
discommission -s
discommodious

discomycetous
disconcertion -s
disconformity -ties
disconnection -s
discontentful
discontenting
discontinuity -ties
discontinuous
discreditable
discreditably
discretionary
discriminator -s
disembarkment -s
disembodiment -s
disemployment
disengagement -s
disequilibria
disestimation -s
disfellowship -s
disfiguration -s
disfigurement -s
disgospelling
disgracefully
disguisedness
dishabilitate -s,-d
             -ting
disharmonious
disheartening
dishonourable
dishonourably
disilluminate -s,-d
             -ting
disillusioned
disinhibition -s
disinhibitory
disintegrable
disintegrator -s
disinterested
disinvestment -s
disinvigorate -s,-d
             -ting
disjunctively
dismemberment -s
disnaturalise -s,-d
             -sing
disobediently
disobligation -s
disobligatory
disobligement -s
disobligingly
disordinately
disparagement -s
disparagingly
disparateness
dispassionate
dispatch-rider
dispersedness
dispiritingly
displantation -s
displeasingly

dispositional
dispositioned
dispositively
dispossession -s
dispraisingly
disproportion -s
dispurveyance
disputability
disputatively
disquietingly
disreputation
disrespectful
dissemblingly
dissemination -s
disseminative
dissepimental
disseveration -s
dissimilarity -ties
dissimilation -s
dissimilitude -s
dissimulation -s
dissimulative
dissolubility
dissoluteness
distant-signal
distastefully
distinctively
distinguished
distinguisher -s
distractingly
distractively
distressfully
distressingly
distributable
distrustfully
diversifiable
divertibility
diverticulate
divertisement -s
division-lobby
doctrinairism
documentalist -s
documentation -s
dodecaphonist -s
dog-periwinkle
dog's-tail-grass
dolichocephal
Dolichosauria
Dolichosaurus
domestication -s
domiciliation -s
do-nothingness
double-concave
double-crosser
double-dealing
double-founted
double-glazing
double-hearted
double-jointed
double-natured

double-or-quits
double-shotted
double-shuffle
double-tongued
downcast-shaft
downrightness
draftsmanship
draggle-tailed
drainage-basin
drainage-board
dramatisation -s
draught-animal
draught-engine
draught-screen
drawing-master
drawing-pencil
dreadlessness
dreamlessness
dress-improver
dressing-table
drilling-lathe
drill-sergeant
drinkableness
drink-offering
driving-mirror
dualistically
dulcification
dunderheadism
dwelling-house
dwelling-place
dyed-in-the-wool
dynamogenesis
dyotheletical
dyothelitical
dysfunctional
dysmenorrheal
dysmenorrheic
dysmenorrhoea
dyspeptically

E

eagle-flighted
earthly-minded
earth-movement
east-north-east
east-south-east
eavesdropping
ebullioscopic
eccentrically
ecclesiolater -s
ecclesiolatry
Echinodermata
economisation
ecumenicalism
educatability
educationally
effectiveness
effectualness
effervescence -s
effervescency -cies

effervescible
efficaciously
efflorescence -s
egocentricity -ties
egotistically
egregiousness
Egyptological
eighteen-pence
eighteen-penny
elaborateness
electioneerer -s
electrifiable
electrisation
electrocement
electrochemic
electrocution -s
electrography
electromagnet -s
electromerism
electrometric
electromotive
electrophorus
electroscopic
electrostatic
electrothermy
electrotypist -s
electrovalent
elephantiasis
elephant's-ears
elephant's-foot
embarrassment -s
embellishment -s
embracingness
embranglement -s
embryogenesis
embryological
emerald-copper
emigrationist -s
emphysematous
empyreumatise -s,-d
            -sing
enantiodromia
enantiodromic
enantiomorphy
enantiotropic
encapsulation -s
Encephalartos
encephalocele -s
encephalogram -s
encephalotomy -mies
enchondromata
encomiastical
encompassment -s
encouragement -s
encouragingly
encroachingly
encyclopaedia -s
encyclopaedic
endearingness
endocrinology

endometriosis
endosmometric
endurableness
energetically
engine-turning
enhypostatise -s,-d
            -sing
enigmatically
enjoyableness
enlightenment -s
ensanguinated
Enteropneusta
entertainment -s
entomological
entomophagous
entomophilous
entomostracan -s
environmental
epanadiplosis
epeirogenesis
epeirogenetic
Ephemeroptera
epidotisation
epigeneticist -s
epigrammatise -s,-d
            -sing
epigrammatist -s
epinastically
epiphenomenon -na
epitrachelion -s
equestrianism
equidifferent
equidistantly
equilibration
equinoctially
equiponderant
equiponderate -s,-d
            -ting
equipotential
equisetaceous
equitableness
equivocalness
ergatomorphic
Eriocaulaceae
erroneousness
erysipelatous
eschatologist -s
eschscholtzia
essentialness
establishment -s
estate-bottled
estrangedness
ethanolamines
ethnocentrism
ethnographica
Etruscologist
Eubacteriales
eucharistical
Euphorbiaceae
Eurocommunism

Eurocommunist
Europocentric
eusporangiate
evangeliarion -s
evangeliarium -s
evangelically
evangelistary -ries
even-Christian
everlastingly
evocativeness
exanthematous
exceptionable
exceptionably
exceptionally
excessiveness
excitableness
exclusiveness
excommunicate -s,-d
　　　　　　-ting
excortication
excrescential
excursiveness
excusableness
exemplariness
exemplifiable
exhibitionism
exhibitionist -s
exothermicity
expansibility
expansiveness
expectoration -s
expectorative
expeditionary
expeditiously
expendability
expensiveness
experimentist -s
explanatorily
explosiveness
exponentially
expostulation -s
expostulative
expostulatory
expressionism
expressionist -s
expropriation -s
expurgatorial
exquisiteness
exsanguineous
extemporarily
extendability
extendibility
extensibility
extensionally
extensiveness
extenuatingly
extermination -s
exterminative
exterminatory
exterritorial

extinguishant -s
extra-axillary
extra-cellular
extra-galactic
extra-judicial
extra-limitary
extra-metrical
extraordinary
extra-physical
extrapolation -s
extrapolative
extrapolatory
extra-tropical
extravagantly
extravasation -s
extra-vascular
extrinsically

F

facetiousness
factorability
factorisation -s
facultatively
fair-and-square
faithlessness
falsification -s
fantastically
fatigableness
faultlessness
feather-bonnet
feather-duster
feather-stitch
feather-weight
feeding-bottle
fellow-citizen
fellow-feeling
fellow-servant
feloniousness
fencing-master
fermentitious
ferociousness
ferricyanogen
ferrochromium
ferroconcrete
ferrocyanogen
ferroelectric
ferromagnetic
ferrosoferric
fertilisation -s
feudalisation
feuilletonism
feuilletonist -s
fibrovascular
fictionalised
fiddle-faddler
fiddle-pattern
fifth-monarchy
figure-casting
figure-skating
figure-weaving

filibustering -s
filibusterism
filibusterous
filipendulous
filterability
findon-haddock
finger-breadth
finger-pointer
finnan-haddock
fire-insurance
fire-resistant
fire-resisting
first-begotten
first-offender
fishing-tackle
fissiparously
flagellantism
flame-coloured
Flammenwerfer
flannel-flower
flight-feather
flint-knapping
floccillation
floodlighting
floricultural
floristically
flourishingly
floutingstock
flower-service
fluvioglacial
folk-etymology
follow-through
foolhardiness
foot-land-raker
foot-passenger
foraminiferal
forefeelingly
forejudgement -s
foreknowingly
foreknowledge
forementioned
foreshadowing -s
foresightless
forgetfulness
forgottenness
formalisation -s
formidability
formularistic
fortification -s
fortississimo -s
fortitudinous
fortunateness
fortune-hunter
fortune-teller
fossiliferous
fossilisation -s
foster-brother
foundation-net
founder-member
fractionalise -s,-d
　　　　　　-sing

fractionalism
fractionalist -s
fractionation -s
fractiousness
fragmentarily
fragmentation -s
franchisement -s
Franco-Russian
Frankeniaceae
frank-tenement
free-selection
freezing-point
frequentation -s
frequentative
frighteningly
frightfulness
fringilliform
frivolousness
fruitlessness
frumentaceous
frumentarious
fugaciousness
full-fashioned
funambulation
funambulatory
functionalism
functionalist -s
fundamentally
furaciousness
future-perfect
futurological

G

Gaidhealtachd
galactorrhoea
galactosaemia
Galeopithecus
galvanisation -s
galvanoplasty
gambling-house
gametogenesis
garlic-mustard
garnetiferous
garnisheement
garrulousness
gas-centrifuge
gasteropodous
gastrocnemius -mii
gastroenteric
gastrological
gathering-coal
gathering-peat
gauntlet-guard
geitonogamous
Gemütlichkeit
generalisable
generalissimo
generationism
genethlialogy
genito-urinary

genotypically
gentianaceous
gentle-hearted
gentlemanhood
gentlemanlike
gentlemanship
gentlewomanly
geocentricism
geochemically
geochronology
geometrically
geomorphology
geopolitician -s
geostationary
geotactically
geotropically
Germanisation
Germanophilia
gerontocratic
gerontologist -s
gerontophilia
gerund-grinder
gesticulation -s
gesticulatory
gigantomachia -s
gillie-wetfoot
glaciological
gladiatorship
glamorisation -s
glass-grinding
glass-painting
globalisation -s
globe-trotting
globuliferous
glorification -s
glossographer -s
glossological
glyphographer -s
glyphographic
glyptographic
go-as-you-please
golden-crested
gonadotrophic
gonadotrophin
goniometrical
good-King-Henry
good-naturedly
gracelessness
graminivorous
grammatically
granddaughter -s
grandfatherly
grandiloquent
grandiloquous
grandmotherly
granitisation
granuliferous
granulomatous
graphemically
graphological

grappling-hook
grappling-iron
graticulation -s
gratification -s
gravimetrical
gravitational
great-grandson
grief-stricken
groin-centring
grotesqueness
ground-angling
ground-control
ground-officer
grouse-disease
Grumbletonian
gubernatorial
guilelessness
guiltlessness
gumple-foisted
gymnastically
gymnospermous
gynaecocratic
gynaecologist -s
gynaecomastia
gynandromorph -s
gynodioecious
gynomonoecism
gyromagnetism

H

habitableness
hacking-jacket
haematologist -s
haemodialysis -ses
haemorrhoidal
hagiographist -s
hair-splitting
half-evergreen
half-heartedly
half-sovereign
hallucination -s
hallucinative
hallucinatory
Hammerklavier
haphazardness
harbour-master
hard-heartedly
hare-and-hounds
harmonisation -s
haruspication -s
hazardousness
headquartered
healthfulness
heartbreaking
heartlessness
heart-sickness
heart-stirring
heart-stricken
Heath-Robinson
heat-resistant

heaven-kissing
heave-offering
heave-shoulder
hedge-accentor
hedge-marriage
heebie-jeebies
heir-portioner
helispherical
Hellenistical
helminthiasis
helminthology
helter-skelter
Hemerobaptist
hemiparasitic
hemispherical
heptasyllabic
herborisation -s
heresiography -phies
heresiologist -s
hermaphrodite -s
hermeneutical
herpetologist -s
heteroblastic
heterocarpous
heterochronic
heteroclitous
heterogeneity
heterogeneous
heterogenesis
heterogenetic
heteromorphic
heteroplastic
heteropterous
heterosporous
heterostrophy
heterostylism
heterostylous
heterothallic
heterothermal
heterotrophic
heuristically
hexactinellid -s
hexadactylous
hibernisation -s
hide-and-go-seek
hieroglyphist -s
hierogrammate -s
High-Churchism
High-Churchman
high-explosive
high-stomached
Hildebrandism
hippopotamian
histiophoroid
histrionicism
hobby-horsical
hole-and-corner
hole-in-the-wall
holometabolic
Holothuroidea

homeomorphism
homeomorphous
homeoteleuton -s
homeothermous
homeward-bound
homoeomorphic
homoeopathist -s
homoeothermal
homoeothermic
homoeroticism
homogenetical
homoiothermal
homoiothermic
homologically
homologoumena
homomorphosis
homosexualist -s
homosexuality
honeycomb-moth
honorifically
horizontality
horripilation -s
horse-and-buggy
horse-chestnut
horse-sickness
horticultural
hound-trailing
house-breaking
housemistress -es
housewifeship
housewifeskep
hubristically
humble-mouthed
hundredweight -s
hunger-marcher
hunger-striker
Huntingdonian
hunting-ground
hurricane-deck
hurricane-lamp
Hutchinsonian
hyalinisation -s
hybridisation -s
hydraulically
hydraulicking
hydro-airplane
hydrocephalic
hydrocephalus
hydrochloride -s
hydrocracking
hydrodynamics
hydroelectric
hydrogenation -s
hydrokinetics
hydromagnetic
hydromedusoid -s
hydrometrical
hydropathical
hydrosomatous
hydrostatical

hydrosulphide -s
hydrosulphite -s
hydroxylamine -s
hygrometrical
hygroscopical
Hymenomycetes
hymenopterous
hyperactivity
hypercalcemia
hypercritical
hyperglycemia
hyperhidrosis
hypermetrical
hypermetropia
hypermetropic
hyperphrygian
hyperphysical
hypersarcosis
hypersthenite
hypertrophied
hypertrophous
hypervelocity -ties
hyphenisation -s
hypno-analysis
hypnotisation -s
hypochondriac -s
hypochondrium -dria
hypocycloidal
hypogylcaemia
hypophosphite -s
hyposulphuric
hypothecation -s
hypsophyllary
hysteranthous

I

iatrochemical
iatrogenicity
ichthyography
ichthyologist -s
ichthyopsidan -s
Ichthyosauria
Ichthyosaurus
iconomaticism
identicalness
ideographical
idiomatically
idiorrhythmic
idiosyncratic
ignominiously
ill-considered
Illecebraceae
illegibleness
ill-favouredly
illocutionary
illogicalness
illustriously
imitativeness
immarcescible
immarcessible

immaterialise -s,-d
   -sing
immaterialism
immaterialist -s
immateriality
immediateness
immiscibility
immovableness
immunological
immunotherapy
immutableness
impalpability
imparipinnate
impartialness
impartibility
impassability
impassibility
impassiveness
impeccability
impecuniosity
impenetration
imperceptible
imperceptibly
imperfectible
imperfectness
imperforation -s
imperialistic
imperiousness
impermissible
impermissibly
imperseverant
impersonalise -s,-d
   -sing
impersonality
impersonation -s
impertinently
imperturbable
imperturbably
impetuousness
impignoration
implacability
implicatively
impolitically
imponderables
importunately
impossibilism
impossibilist -s
impossibility -ties
impostumation -s
impracticable
impracticably
impressionism
impressionist -s
improbability -ties
impropriation -s
improvability
improvidently
improvisation -s
improvisatory
improvisatrix -es

impulsiveness
imputableness
inadvertently
inanimateness
inappreciable
inappropriate
inattentively
inaudibleness
incandescence
incarceration -s
incense-burner
inclinational
inclinatorium -s
incognoscible
incombustible
incombustibly
incommiscible
incommunicado
incompetently
incompossible
inconceivable
inconceivably
incondensable
incongruously
inconsciently
inconsecutive
inconsequence
inconsiderate
inconsistence -s
inconsistency -cies
inconsonantly
inconspicuous
incontestable
incontestably
incontinently
inconvenience -s,-d
   -cing
inconveniency
inconversable
inconvertible
inconvertibly
inconvincible
incorporating
incorporation -s
incorporative
incorporeally
incorrectness
incorruptible
incorruptibly
incorruptness
incredibility
incredulously
incriminatory
incurableness
incuriousness
indefatigable
indefatigably
indelibleness
independently
indescribable

indescribably
indeterminacy
indeterminate
indeterminism
indeterminist -s
index-learning
indifferently
indiscernible
indiscernibly
indispensable
indispensably
indisposition -s
indissociable
indissolvable
indissuadable
indissuadably
indistinction -s
indistinctive
individualise -s,-d
   -sing
individualism
individualist -s
individuality -ties
individuation -s
indoctrinator -s
induplication -s
industrialise -s,-d
   -sing
industrialism
industrialist -s
industriously
ineducability
ineffableness
ineffectively
ineffectually
inefficacious
inefficiently
inelaborately
ineligibility
inevitability
inexhaustible
inexhaustibly
inexorability
inexpediently
inexpensively
inexperienced
inexpressible
inexpressibly
infallibilism
infallibilist -s
infallibility
infeasibility
infectiveness
inferentially
infinitesimal -s
inflexibility
inflexionless
inflorescence -s
influentially
informatician -s

informational
infructuously
infundibulate
ingeniousness
ingenuousness
ingurgitation -s
inhomogeneity
inhomogeneous
inhospitality
inimitability
injudiciously
injuriousness
innocuousness
innovationist -s
innoxiousness
inobservation
inobtrusively
inoculability
inodorousness
inoffensively
inofficiously
inoperability
inopportunely
inopportunist -s
inopportunity
inorganically
inquisitional
inquisitively
inquisitorial
insatiability
insatiateness
inscriptional
inscriptively
insectivorous
insectologist -s
insensateness
insensibility
insensitively
insensitivity
insidiousness
insignificant
insinuatingly
insociability
insolubleness
insolvability
inspectorship -s
inspirational
inspiritingly
instantaneity
instantaneous
instantiation -s
instigatingly
instinctively
instinctivity
instinctually
institutional
institutively
instructional
instructively
insubordinate

insubstantial
insufficience
insufficiency
insupportable
insupportably
insuppressive
insusceptible
insusceptibly
intangibility
integumentary
intelligencer -s
intelligently
intemperately
intensiveness
intentionally
interbreeding -s
intercalation -s
intercalative
intercellular
intercolonial
intercolumnar
intercommunal
intercropping
intercurrence
interdentally
interdigitate -s,-d
    -ting
interestingly
interferingly
intergalactic
interjaculate -s,-d
    -ting
interjectural
interlacement -s
interlaminate -s,-d
    -ting
interlocation -s
interlocution -s
interlocutory
interlocutrix -es
interlunation -s
intermarriage -s
intermediator -s
intermittence
intermittency
international -s
interoceptive
interosculant
interosculate -s,-d
    -ting
interparietal
interpersonal
interpetiolar
interpilaster -s
interpolation -s
interpolative
interposition -s
interpretable
interpretress -es
interpunction -s

interradially
interrelation -s
interrogation -s
interrogative -s
interrogatory
interruptedly
interscapular
intersidereal
interspecific
interspersion -s
interstellary
interstratify -ing,-fies
    -ied
intertropical
intra-arterial
intracapsular
intracellular
intramuscular
intransigence
intransigency
intraparietal
intrapetiolar
intratropical
intravasation -s
intricateness
intrinsically
introgression -s
introspection -s
introspective
introversible
intrusiveness
invariability
invendibility
inventiveness
inventorially
investigation -s
investigative
investigatory
invidiousness
invincibility
inviolability
inviolateness
invisibleness
involucellate
involuntarily
iontophoresis
iontophoretic
irrationalise -s,-d
    -sing
irrationalism
irrationalist -s
irrationality
irreciprocity
irreclaimable
irreclaimably
irrecognition
irrecoverable
irrecoverably
irredeemables
irrefrangible

irrefrangibly
irreligiously
irreplaceable
irreplaceably
irrepressible
irrepressibly
irresponsible
irresponsibly
irretrievable
irretrievably
irreverential
irritableness
island-hopping
ismaticalness
isoagglutinin
isobarometric
isochronously
isodimorphism
isodimorphous
isoelectronic
isogeothermal
isogeothermic
isomerisation -s
isometrically
isostatically
italicisation -s

J

jack-crosstree
Jamestown-weed
jargonisation -s
Jenny-long-legs
jerry-building
jet-propulsion
jiggery-pokery
Johnsonianism
jollification -s
journey-weight
Judaistically
Judas-coloured
judge-advocate
judiciousness
juglandaceous
jurisprudence
justification -s
justificative
justificatory
juxtaposition -s

K

kaleidoscopic
kangaroo-apple
kangaroo-grass
kangaroo-thorn
kapellmeister -s
kettledrummer -s
keyhole-limpet
Kidderminster
kindergartner -s
kindly-natured

kinematograph -s
kinesiologist -s
kinesipathist -s
kinesitherapy
kissing-comfit
kiss-in-the-ring
kitchen-garden
kitchen-midden
kittly-benders
Kletterschuhe
knickerbocker -s
knick-knackery
knight-marshal
knights-errant
knight-service
knowledgeable
knowledgeably
knuckleduster -s

L

labefactation -s
laboriousness
labyrinthical
labyrinthitis
lackadaisical
lactobacillus -lli
lady-in-waiting
laevorotation -s
laevorotatory
laissez-passer
Lamarckianism
lamellibranch -s
Lamellicornia
lampadephoria
lance-corporal
lance-sergeant
landing-ground
land-measuring
land-ownership
land-surveying
languishingly
laryngologist -s
laryngoscopic
Lasiocampidae
Latin-American
lattice-bridge
lattice-girder
laughableness
laughing-stock
launching-site
launching-ways
lavender-water
lawn-sprinkler
lead-poisoning
leasing-making
leather-jacket
leather-lunged
leather-winged
lecherousness
lectisternium -s

Lecythidaceae
left-handiness
legislatively
legislatorial
Leibnizianism
leishmaniasis -ses
leishmaniosis -ses
lemon-coloured
Lepidodendron
lepidopterist -s
lepidopterous
Lepidostrobus
leptocephalic
leptocephalus -es
leptophyllous
leptospirosis
lethargically
letter-carrier
letter-founder
letter-perfect
letters-patent
leucitohedron -s
leuco-compound
level-crossing
level-peggings
lexicographer -s
lexicographic
lexigraphical
liberationism
liberationist -s
librarianship
lichenologist -s
lickerishness
life-assurance
life-insurance
life-preserver
life-rendering
lifting-bridge
light-fingered
light-horseman
lighthouseman -men
light-infantry
lightning-tube
lightsomeness
light-spirited
lignification
limitlessness
line-engraving
line-fisherman
linguistician -s
linsey-woolsey
lipogrammatic
lissotrichous
listening-post
lithesomeness
lithontriptic -s
lithontriptor -s
lithotriptist -s
litigiousness
liver-coloured

livery-company
livery-servant
loathsomeness
logarithmical
logographical
long-descended
long-suffering
Louis-Quatorze
lozenge-shaped
ludicrousness
luteinisation -s
luxuriousness
lycanthropist -s
Lycopodiaceae
lymphatically

M

macaronically
Machiavellian
Machiavellism
machicolation -s
machine-gunner
mackerel-guide
mackerel-midge
mackerel-shark
macrocephalic
macrodactylic
macrodiagonal -s
macroeconomic
macromolecule -s
macropinakoid -s
magazine-rifle
Maginot-minded
magisterially
magistratical
magnanimously
magnetisation -s
magnetomotive
magneto-optics
magnetosphere -s
magnification -s
magnificently
magniloquence
magnoliaceous
maiden-tongued
maiden-widowed
maid-of-all-work
malacological
malacophilous
malacostracan -s
maladaptation -s
maladjustment -s
maladminister -s,-ing
           -ed
maladroitness
malariologist -s
maliciousness
malleableness
mallemaroking -s
Malpighiaceae

Malthusianism
mammaliferous
manageability
manganiferous
mangold-wurzel
Manichaeanism
manifestation -s
manifestative
manifold-paper
manipulatable
manufacturing
many-sidedness
marble-hearted
marketability
marriage-lines
marsh-marigold
marsh-samphire
marsipobranch -s
martyrologist -s
masculineness
mashie-niblick
master-builder
masterfulness
master-mariner
master-passion
mastigophoran -s
mastigophoric
matchboarding
matchlessness
materfamilias
materialistic
mathematician -s
mathematicise -s,-d
           -sing
mathematicism
matriculation -s
matriculatory
matrifocality
matrilineally
matrimonially
meadow-saffron
meals-on-wheels
measuring-tape
measuring-worm
mechanisation -s
mediatisation -s
mediatorially
medicamentary
medicine-chest
mediterranean
megacephalous
megalosaurian
megasporangia
Meistersinger
melancholious
melanochrous
Melastomaceae
mellification -s
mellifluently
mellifluously

melodiousness
melodramatist -s
membranaceous
memorableness
meningococcal
meningococcic
meningococcus -cci
mensurability
mercerisation -s
merchandising -s
mercilessness
meridionality
meritoriously
mermaid's-glove
mermaid's-purse
mesaticephaly
mesencephalic
mesencephalon -s
mesmerisation -s
mesocephalism
mesocephalous
messenger-wire
Messerschmitt
metagrabolise -s,-d
           -sing
metagrobolise -s,-d
           -sing
metalliferous
metallisation -s
metallography
metallurgical
metamorphoses
metamorphosis
metaphosphate -s
metaphysician -s
metapsychical
metastability
metempiricism
metempiricist -s
meteorologist -s
methodistical
metonymically
metoposcopist -s
metrification -s
microanalysis
microcephalic
microcomputer -s
microcosmical
microdetector -s
microeconomic
microfelsitic
microgranitic
micrometrical
micronutrient -s
micro-organism
microphyllous
microprinting -s
microscopical
microtonality
middle-bracket

Middle-Eastern
might-have-been
milk-dentition
millefeuilles
millennialist -s
millennianism
millenniarism
millionairess -es
millstone-grit
mine-detection
mineralogical
ministerially
minisubmarine -s
miracle-monger
mirror-writing
mirthlessness
misadventured
misadventurer -s
misadvertence
misanthropist -s
misappreciate -s,-d
              -ting
miscegenation -s
miscellaneous
mischief-maker
mischievously
miscomprehend -s,-ing
              -ed
misconception -s
misconjecture -s,-d
              -ring
miscorrection -s
misemployment
miserableness
misgovernment
mismanagement
misobservance
mispersuasion -s
misproportion
misshapenness
mistrustfully
mistrustingly
misunderstand -s,-ing
misunderstood
mitochondrial
mitochondrion -ria
mnemotechnics
mnemotechnist -s
mocking-thrush
moderatorship -s
modernisation -s
Mohammedanise
Mohammedanism
mollification -s
molluscicidal
momentariness
momentousness
monarchianism
monochromatic
monochromator -s

monocotyledon -s
monodactylous
monogrammatic
monographical
monometallism
monometallist -s
mononucleosis
monophthongal
monophysitism
monopsonistic
monostrophics
monosyllabism
monosymmetric
monotelephone -s
monothalamous
monotheletism
monothelitism
monotrematous
monstrousness
Morisonianism
morning-prayer
morphinomania
morphogenesis
morphogenetic
morphographer -s
morphological
morphophoneme -s
mortal-staring
mortification -s
mother-country
mother-of-pearl
motion-picture
motor-traction
moulding-board
mountain-chain
mountain-sheep
mountains-high
mountebankery
mountebanking
mountebankism
mounting-block
mourning-bride
mourning-cloak
mourning-coach
mourning-piece
mourning-stuff
mouse-coloured
mouth-breather
mouthwatering
mowing-machine
mulberry-faced
multicamerate
multicapitate
multicellular
multicoloured
multidigitate
multifilament -s
multilobulate
multiloculate
multiloquence

multinational -s
multinucleate
multiplicable
multiplicator -s
multipresence
multiramified
multitudinary
multitudinous
multivibrator -s
mummification -s
mundification -s
mundificative
muscle-reading
music-mistress
musicological
musicotherapy
mutton-dummies
mutton-thumper
mutualisation -s
muzzle-loading
mycotoxicosis
Myristicaceae
myrmecologist -s
mystery-monger
mystification -s

N

namby-pambical
namby-pambyish
namby-pambyism
naphthylamine
narco-analysis
narcohypnosis
narrowcasting -s
nationalistic
nature-worship
navigableness
neanderthaler -s
necessariness
necessitarian -s
necessitation -s
necessitously
necromantical
necroscopical
nectariferous
needle-pointed
nefariousness
neglectedness
negligibility
negotiability
neighbourhood -s
nemathelminth -s
neoclassicism
neoclassicist -s
neogrammarian -s
Neo-Kantianism
Neo-Lamarckian
Neo-Lamarckism
neologistical
Neo-Melanesian

neoplasticism
Neo-Plasticism
nephelometric
nephrological
nervelessness
nerve-wracking
Netherlandish
netting-needle
neurastheniac -s
neuropathical
neurovascular
newfangleness
nickeliferous
nickel-plating
nick-nackatory
niggardliness
night-tripping
night-wanderer
night-warbling
night-watchman
nitrification -s
nitrobacteria
nitro-compound
noctivagation -s
no-holds-barred
noiselessness
noli-me-tangere
nomenclatural
nominativally
non-acceptance
non-aggression
non-appearance
non-attendance
non-cognisable
non-collegiate
non-compliance
non-compounder
non-conducting
nonconforming
nonconformist -s
nonconformity
non-forfeiting
non-fulfilment
non-observance
non-production
non-productive
non-proficient
non-regardance
non-resistance
non-returnable
nonsensically
non-specialist
noradrenaline
normalisation -s
north-easterly
north-eastward
northerliness
north-westerly
north-westward
nostalgically

notoriousness
novocentenary -ries
nucleo-protein
nullification -s
numismatology
nursing-father
nyctaginaceae

O

objectionable
objectionably
objectivation -s
objectiveness
objectivistic
obliviousness
obnoxiousness
observational
obstinateness
obstructively
obtrusiveness
obtuse-angular
occasionalism
occasionalist -s
occasionality
occidentalise -s,-d
            -sing
Occidentalism
Occidentalist
oceanographer -s
oceanographic
oceanological
ochlocratical
octocentenary -ries
odontoglossum -s
odontological
odontophorous
odontornithes
odoriferously
offensiveness
offhandedness
officiousness
old-clothesman
oleomargarine
olfactologist -s
oligopolistic
omnicompetent
omoplatoscopy
oneiroscopist -s
onirocritical
onomatopoesis -ses
onomatopoetic
ontogenically
ontologically
onychophagist -s
operativeness
ophiomorphous
ophthalmology
opisthobranch -s
opisthography
oppignoration

opportuneness
oppositionist -s
opprobriously
oraculousness
orange-blossom
orchesography
orchestralist -s
orchestration -s
orchidologist -s
orchidomaniac -s
oreographical
organogenesis
organotherapy
ornamentation -s
ornithichnite -s
ornithischian -s
ornithologist -s
ornithomantic
Orobanchaceae
ortho-compound
orthodiagonal -s
orthognathism
orthognathous
orthographist -s
orthopaedical
orthopinakoid -s
orthosilicate -s
orthostichous
ostensibility
osteomyelitis
ostodermatous
ostreiculture
ostreophagous
otherworldish
otter-trawling
outrecuidance
out-settlement
outspokenness
outstandingly
overabounding
overabundance -s
over-anxiously
overbearingly
over-confident
overcredulity
overcredulous
overexcitable
over-exquisite
overflowingly
overhastiness
overindulgent
overinsurance
overmultitude
overstatement -s
oversubscribe -s,-d
            -bing
overvaluation -s
ovoviviparous
owner-occupied
owner-occupier

oyster-catcher
oyster-fishery

P
packing-needle
paddle-steamer
paediatrician -s
paedomorphism
palaeocrystic
palaeographer -s
palaeographic
palaeontology
Palaeotherium
palaeozoology
palatableness
palindromical
palingenesist -s
palletisation -s
palmification -s
palpable-gross
palynological
panaesthetism
Pan-Africanism
panchromatism
pandemoniacal
pandiculation -s
panegyrically
pangrammatist -s
panharmonicon -s
panic-stricken
panophthalmia
panpsychistic
panspermatism
panspermatist -s
Pantagruelian
Pantagruelion
Pantagruelism
Pantagruelist
pantheistical
pantheologist -s
pantisocratic
papaprelatist -s
papaveraceous
paper-fastener
paper-hangings
paper-mulberry
Papilionaceae
papilliferous
papillomatous
parabolically
paradoxically
paraffin-scale
paragraphical
paraleipomena
paralipomenon -na
parallactical
parallelistic
parallelogram -s
paramagnetism
paraphernalia

parapophysial
parapsychical
parapsychosis
parasitically
parasynthesis
parasynthetic
parasyntheton -ta
parencephalon -s
parenthetical
parking-ticket
parliamentary
parliamenting -s
parliament-man
Parnassianism
parrot-disease
parrot-fashion
parthenocarpy
participantly
participating
participation -s
participative
participially
parti-coloured
particularise -s,-d
                -sing
particularism -s
particularist -s
particularity -ties
partitionment -s
partition-wall
partridge-wood
party-coloured
party-politics
party-spirited
paschal-candle
paschal-flower
pasigraphical
passementerie -s
passenger-mile
Passeriformes
passion-flower
Passion-Sunday
paterfamilias -es
pathogenicity
pathognomonic
patrifocality
patrimonially
patriotically
patronisingly
pauperisation -s
peaceableness
peacelessness
peace-offering
peach-coloured
peacock-copper
peacock-flower
peacock-throne
pearl-shelling
pease-porridge
pedagogically

pedantocratic
pedestrianise -s,-d
                -sing
pedestrianism
Pedicellariae
peirastically
pelican-flower
pelletisation -s
Peloponnesian
pencil-compass
pendragonship
pendulousness
penetrability
penetratingly
penetratively
penicilliform
peninsularity
penitentially
pennilessness
penny-farthing
penny-pinching
pentadactylic
pentadelphous
pentastichous
pentasyllabic
penthemimeral
penuriousness
pepper-and-salt
peptonisation
perambulation -s
perambulatory
percussion-cap
percussionist -s
perditionable
perdurability
peregrination -s
perennibranch -s
perfectionate -s,-d
                -ting
perfectionism
perfectionist -s
perfervidness
perfunctorily
perichondrium -s
perigastritis
perihepatitis
perinephritis
periodicalist -s
periodisation -s
peripatetical
perishability
perissodactyl -s
perityphlitis
perlustration -s
permutability
perpendicular -s
perplexedness
perscrutation -s
perseveration -s
perseveringly

perspectively
perspectivism
perspicacious
perspicuously
pervasiveness
pessimistical
pestiferously
petrification -s
petrochemical -s
petrocurrency -cies
petroliferous
phaenological
phalansterian
phalansterism
phalansterist -s
phanerogamous
phantasmalian
phantasmality
pharisaically
pharmaceutics
pharmaceutist -s
pharmacognosy
pharmacopoeia -s
pharyngoscope -s
pharyngoscopy
phase-contrast
phellogenetic
phelloplastic -s
phenomenalise -s,-d
          -sing
phenomenalism
phenomenalist -s
phenomenality
phenomenology
phenylalanine
Pherecrataean
Philadelphian
philanthropic
philhellenism
philhellenist -s
philomathical
philosophical
philosophiser -s
Phlegethontic
phlogisticate -s,-d
          -ting
phonautograph -s
phonendoscope -s
phonocamptics
phonographist -s
phosphoretted
phosphorylase
phosphuretted
photochemical
photochromics
photochromism
photoelectric
photoelectron -s
photo-emission
photographist -s

photoperiodic
photophoresis
photo-receptor
photovoltaics
phraseologist -s
phreatophytic
phrenetically
phrenological
phthalocyanin
phycoerythrin
phylacterical
phyllophagous
phylloquinone
physharmonica -s
physicianship
physiognomist -s
physiographer -s
physiographic
physiological
physiotherapy
physitheistic
phytoplankton
phytotoxicity
pianistically
pickle-herring
picture-palace
picturesquely
picture-window
piezoelectric
piezomagnetic
pigeon-chested
pigeon-fancier
pigeon-hearted
pigeon-livered
pigheadedness
pilgrim-bottle
pineapple-weed
pinking-shears
piscicultural
pitch-farthing
plagiostomata
plagiostomous
plagiotropism
plaigotropous
plain-speaking
plaintiveness
planetologist -s
planimetrical
plantain-eater
plantie-cruive
plate-printing
platiniferous
platitudinise -s,-d
          -sing
platitudinous
platycephalic
platyrrhinian -s
plausibleness
pleasure-house
plebification -s

plectognathic
plectopterous
plenitudinous
plenteousness
plentifulness
plesiosaurian
plethorically
plotting-paper
plumbisolvent
plumbosolvent
pluralisation -s
pluripresence
pneumatically
pneumatolysis
pneumatolytic
pneumatometer -s
pneumatophore -s
pneumogastric
pneumonectomy -mies
pocket-borough
pocket-picking
pococurantism
pococurantist
podophthalmus
Podostemaceae
poikilothermy
pointing-stock
pointlessness
poisonousness
Polemoniaceae
police-officer
police-station
poliomyelitis
pollicitation -s
polliniferous
polyadelphous
polycarbonate -s
polychromatic
polycythaemia
polydactylism
polydactylous
polyembryonic
polygalaceous
polygonaceous
polyhistorian -s
polynomialism
polyphloisbic
Polypodiaceae
polypropylene
polyprotodont -s
polysyllabism
polysyllogism -s
polysynthesis
polysynthetic
polytechnical
polythalamous
pompier-ladder
ponderability
ponderousness
pontificality

pontoon-bridge
popping-crease
porcelain-clay
porcelaineous
porcellaneous
porcupine-wood
porridge-stick
Portulacaceae
possessionary
possessionate -s
possessorship
post-communion
post-existence
postliminiary
post-operative
postulational
posture-master
potamological
potato-disease
potentiometer -s
powdering-gown
powdering-room
power-assisted
powerlessness
power-politics
practicalness
pragmatically
prairie-oyster
prairie-turnip
prayerfulness
prayer-meeting
pre-adamitical
preadaptation -s
preadmonition -s
preambulatory
precautionary
precentorship -s
precipitantly
precipitately
precipitation -s
precipitative
precipitously
preconception -s
preconisation -s
predatoriness
predefinition -s
predestinator -s
predicability
predicamental
predicatively
predominantly
predomination -s
pre-engagement
prefabricated
prefabricator -s
prefatorially
preferability
prefiguration -s
prefigurative
prefigurement -s

prehistorical
prejudication -s
prejudicative
prejudicially
preliminaries
preliminarily
premandibular -s
prematureness
premedication -s
premeditation -s
premeditative
premillennial
premonitorily
preoccupation -s
preordainment -s
preordination -s
preparatively
preparatorily
preponderance -s
preponderancy -cies
prepositional
prepossessing
prepossession -s
Pre-Raphaelism
Pre-Raphaelite
prerogatively
presbytership -s
prescientific
prescriptible
presentiality
preserving-pan
presidentship -s
press-fastener
pressure-cabin
presumptively
pretendership
pretentiously
preteriteness
pretermission -s
pretermitting
preternatural
preterperfect
prevarication -s
pricelessness
prices-current
prick-me-dainty
prick-the-louse
primatologist -s
primigravidae
priming-powder
primitiveness
primogenitary
primogenitive
primogenitrix -es
primogeniture -s
primordialism
primordiality
prince-consort
princess-dress
princess-royal

princess-skirt
principalness
principalship -s
printing-house
printing-press
prismatically
prison-breaker
prisoners'-base
privateersman -men
privatisation -s
prize-fighting
pro-and-conning
probabilistic
probabilities
probe-scissors
problematical
processionary
processioning -s
process-server
proconsulship -s
procrastinate -s,-d
            -ting
procuratorial
producibility
profectitious
professoriate -s
professorship -s
profitability
profit-sharing
progenitorial
prognosticate -s,-d
            -ting
progressional
progressively
progressivism
progressivist -s
prohibitively
projectionist -s
prolegomenary
prolegomenous
proleptically
proliferation -s
proliferative
proliferously
prolification -s
promiscuously
promise-breach
pronounceable
pronouncement -s
pronunciation -s
proparoxytone
prophetically
proportionate -s,-d
            -ting
proportioning -s
propositional
propraetorial
propraetorian
proprietorial
proprioceptor -s

prosaicalness
prosectorship -s
prosecutrices
prosecutrixes
prosopography -phies
prosopopoeial
prospect-glass
prospectively
prostatectomy -mies
prosthodontia
protectionism
protectionist -s
protectorless
protectorship -s
proteinaceous
proterandrous
proterogynous
Protestantise
Protestantism
protoactinium
Protochordata
Protococcales
proto-historic
protolanguage -s
protonotarial
protonotariat -s
protospataire
protuberantly
protuberation -s
proverbialise -s,-d
           -sing
proverbialism -s
proverbialist -s
provincialise -s,-d
            -sing
provincialism -s
provinciality
provisionally
provocatively
prudentialism
prudentialist -s
prudentiality
pruning-shears
psammophilous
psephological
pseudo-archaic
pseudomonades
pseudomorphic
psilanthropic
Psilophytales
psychasthenia
psychiatrical
psychoanalyse -s,-d
            -sing
psychoanalyst -s
psychobiology
psychodynamic
psychogenesis
psychogenetic
psychographic

psychohistory
psychokinesis
psychokinetic
psychological
psychometrics
psychometrist -s
psychopathist -s
psychophysics
psychosomatic
psychosurgery
psychotherapy
psychrometric
psychrophilic
pteridologist -s
pterylography
pucciniaceous
pudding-headed
pudding-sleeve
pulselessness
pulverisation -s
punctiliously
punishability
puritanically
purple-in-grain
purposelessly
purposiveness
purse-snatcher
pusillanimity
pusillanimous
puss-gentleman
putty-coloured
pycnidiospore -s
pycnoconidium -s
pyramidically
Pyrenomycetes
pyretotherapy
pyrheliometer -s
pyrimethamine
pyrophosphate -s
pyrosulphuric
pyrotechnical

Q

quadragesimal
quadraphonics
quadrennially
quadricipital
quadrifarious
quadrifoliate
quadrigeminal
quadrilateral -s
quadrilingual
quadriliteral
quadrillionth -s
quadrilocular
quadringenary -ries
quadrinominal
quadripartite
quadrisection -s
quadrivalence -s

quadrophonics
quadrumvirate -s
quadruplicate -s,-d
             -ting
quadruplicity
Quaker-buttons
qualification -s
qualificative
qualificatory
qualitatively
quantivalence -s
quarrelsomely
quarter-decker
quarter-gunner
quarter-hourly
quartermaster -s
quartodeciman -s
quartz-crystal
quartz-halogen
quartziferous
quatch-buttock
quaternionist -s
quatrefeuille -s
Queensland-nut
querulousness
questioningly
questionnaire -s
quick-answered
quick-scenting
quicksilvered
quick-tempered
quilting-frame
quincentenary -ries
quincuncially
quingentenary -ries
Quinquagesima
quinquevalent
quintillionth -s
quintuplicate -s,-d
             -ting
quizzing-glass
quodlibetical
quotation-mark

R

rabble-rousing
radialisation -s
radio-actinium
radioactivity
radiolocation
radiotelegram -s
Rafflesiaceae
rag-and-bone-man
railway-stitch
rainbow-chaser
rainbow-tinted
rallying-point
randomisation -s
Ranunculaceae
ranz-des-vaches

rapaciousness
rapprochement -s
raspberry-bush
ratiocination
ratiocinative
ratiocinatory
rationalistic
rattle-brained
reacclimatise -s,-d
    -sing
reactionarism
reactionarist -s
reaffirmation -s
realistically
reapplication -s
reappointment -s
rearrangement -s
rebecca-eureka
recalcitrance
receivability
receiving-room
receiving-ship
receptibility
reception-room
receptiveness
recessiveness
reciprocality
reciprocation -s
reciprocative
recitationist -s
recollectedly
recombination -s
recomfortless
recommendable
recommendably
recomposition -s
recompression -s
reconcilement -s
reconsolidate -s,-d
    -ting
reconstructor -s
recrimination -s
recriminative
recriminatory
recrudescence
recrudescency
recrystallise -s,-d
    -sing
rectangularly
rectification -s
rectilinearly
rectipetality
redding-straik
redeemability
redeliverance -s
redemptionist -s
redevelopment -s
redissolution -s
reducibleness
reduplication -s

reduplicative
re-edification
reefing-jacket
re-eligibility
re-embarkation
re-enforcement
re-examination
re-exportation
refashionment -s
reference-mark
referentially
reflexibility
refocillation
reformability
refractometer -s
refrigeration -s
refrigerative
refrigeratory
regardfulness
regimentation -s
register-plate
registrarship -s
regurgitation -s
reimbursement -s
reincarnation -s
reinforcement -s
reinstatement -s
reintegration -s
reinterrogate -s,-d
    -ting
rejuvenescent
religiousness
remeasurement -s
reminiscently
remissibility
remittance-man
remonstrantly
remonstration -s
remonstrative
remonstratory
remorselessly
renegotiation -s
rensselaerite
rent-collector
reorientation -s
repetitionary
repetitiously
replenishment -s
reprehensible
reprehensibly
representable
representamen -s
representment -s
reproachfully
reptiliferous
republicanise -s,-d
    -sing
republicanism
republication -s
repulsiveness

requisiteness
resistance-box
resistibility
resolvability
resplendently
restaurant-car
restoratively
restrictively
resuscitation -s
resuscitative
retentiveness
retinoscopist -s
retranslation -s
retributively
retroactively
retroactivity
retroflection -s
retrogression -s
retrogressive
retromingency
retrospection -s
retrospective -s
reunification -s
revaccination -s
revelationist -s
revendication -s
revenue-cutter
reverberation -s
reverberative
reverberatory
reverentially
reversibility
reversionally
revictualling
revindication -s
revocableness
revolutionary -ries
revolutionise -s,-d
    -sing
revolutionism
revolutionist -s
rhabdomantist -s
rhadamanthine
Rhaeto-Romance
Rhaeto-Romanic
rhapsodically
rheumatically
rhinoscleroma
rhizomorphous
rhodochrosite
rhombporphyry
rhopalocerous
rhyparography
Rickettsiales
riding-clothes
righteousness
right-thinking
ritualisation -s
road-metalling
robe-de-chambre

roe-blackberry
rogue-elephant
roller-bandage
roller-bearing
roller-coaster
roller-skating
roll-on-roll-off
Romano-British
romanticality
röntgenoscopy
root-and-branch
rough-and-ready
round-the-clock
round-tripping
rudimentarily
rumelgumption
rumlegumption
Russification
rust-resistant
rusty-coloured
rutherfordium

S

Sabbath-breach
sable-coloured
sabre-battling
saccharimeter -s
saccharimetry
saccharometer -s
Saccharomyces
sacerdotalise -s,-d
               -sing
sacerdotalism
sacerdotalist -s
sacramentally
sacrificially
sacrosanctity
saddle-blanket
saddle-feather
sado-masochism
sado-masochist
safety-deposit
sagaciousness
sailing-master
Saint-Simonian
Saint-Simonism
Saint-Simonist
salaciousness
sale-catalogue
salmon-disease
salmonellosis
salmon-fishery
salmon-fishing
salmon-leister
salpingectomy -mies
salviniaceous
sanctifyingly
sanctimonious
sandy-laverock
sanitarianism

sanitationist -s
sansculottism
sansculottist -s
Saracen's-stone
sarcastically
sarcophaguses
sarmentaceous
satanicalness
satin-sheeting
satiricalness
saurognathous
Sauropterygia
saussuritised
savanna-forest
savanna-wattle
Saxifragaceae
scalenohedron -s
scaling-ladder
scalpelliform
scalping-knife
scambling-days
scandal-bearer
scandalmonger -s
scaphocephaly
scapulimantic
scarification -s
scarlet-runner
scathefulness
scenarisation
schadenfreude
schematically
schizocarpous
schizogenesis
schizogenetic
Schizomycetes
schizomycetic
schizophrenia
schizophrenic -s
Schizophyceae
scholarliness
scholasticism
schoolgirlish
school-leaving
school-marmish
school-teacher
school-trained
schutzstaffel
Schwenkfelder
scintillation -s
sclerocaulous
sclerodermite -s
sclerodermous
scleroprotein
scoleciformia
scolopendrine
Scolopendrium
scorchingness
scorification
scorpion-grass
Scotification

scouring-stick
scrap-merchant
screech-martin
screech-thrush
scribbling-pad
scripophilist -s
scripturalism
scripturalist -s
scrivenership
scrumptiously
sculpturesque
Scyphomedusae
sea-gooseberry
seal-engraving
searchingness
search-warrant
sea-shouldring
sea-water-green
seaworthiness
secondariness
secretary-bird
secretaryship -s
secretiveness
section-cutter
sedentariness
sedimentation
sedimentology
seditiousness
seductiveness
seek-no-further
seeming-simple
seine-shooting
seismographer -s
seismographic
seismological
selenographer -s
selenographic
selenological
self-abasement
self-addressed
self-admission
self-annealing
self-appointed
self-approving
self-asserting
self-assertion
self-assertive
self-assurance
self-awareness
self-collected
self-communion
self-conceited
self-condemned
self-confessed
self-confident
self-confiding
self-conjugate
self-conscious
self-consuming
self-contained

self-convicted
self-criticism
self-deceitful
self-deception
self-defeating
self-denyingly
self-dependent
self-directing
self-direction
self-dispraise
self-enjoyment
self-executing
self-existence
self-fertility
self-financing
self-forgetful
self-governing
self-hypnotism
self-important
self-induction
self-indulgent
self-infection
self-inflicted
self-injection
self-insurance
self-knowledge
self-levelling
self-murdering
self-operating
self-opinioned
self-pollution
self-professed
self-propelled
self-revealing
self-satisfied
self-shielding
self-slaughter
self-sterility
self-sufficing
self-supported
self-surrender
self-surviving
self-sustained
self-tormentor
self-treatment
selling-plater
semi-automatic
semi-barbarian
semi-barbarism
semicarbazide
semiconductor -s
semiconscious
semilogarithm
semimenstrual
semioviparous
semipalmation
semiparasitic
semiperimeter -s
semipermeable
semiporcelain

semi-sagittate
Semnopithecus
sempstressing
seneschalship
sensationally
senselessness
sensitisation
sensitiveness
sententiously
sentimentally
separableness
separationist -s
septentrional
septentriones
sequentiality
sequestration -s
Serbo-Croatian
serendipitous
sergeant-major
serialisation -s
sericiculture
sericulturist -s
serjeant-at-law
serologically
serpent-lizard
serving-mallet
sesquiplicate
sessions-house
seventeenthly
sewing-machine
sexagesimally
sex-chromosome
sex-intergrade
sexploitation
shabby-genteel
shadowcasting
Shakespearean
Shakespearian
shamefastness
shamelessness
shammy-leather
shapelessness
sharpshooting
sheep-shearing
sheep-stealing
shell-ornament
shell-parakeet
sheriff-depute
sherry-cobbler
shiftlessness
shingle-roofed
ship-carpenter
ship-chandlery
ship-of-the-line
shock-absorber
shooting-board
shooting-brake
shooting-lodge
shooting-range
shooting-stick

shop-assistant
short-division
short-tempered
shoulder-blade
shoulder-joint
shoulder-strap
shrill-tongued
sick-feathered
sickle-feather
sick-thoughted
side-splitting
sightlessness
sigmoidoscope
signature-tune
significantly
signification -s
significative
significatory
silk-throwster
silver-mounted
silver-shafted
silver-tongued
simple-hearted
simplificator -s
sindonologist -s
singing-master
single-chamber
single-hearted
Sipunculoidea
skateboarding
skeletogenous
sketchability
skirl-in-the-pan
skirting-board
skittle-ground
skulking-place
slate-coloured
sleeping-berth
sleep-learning
sleeplessness
sleight-of-hand
small-and-early
smelling-salts
smelting-house
smelting-works
smoke-consumer
smokelessness
smooth-chinned
smooth-dittied
smooth-tongued
snaffle-bridle
snifting-valve
snow-blindness
snuff-coloured
socialisation
sociolinguist -s
sociologistic
sock-suspender
sodomitically
soldering-bolt

soldering-iron
soldierliness
solemnisation -s
solicitorship -s
solidungulate
solidungulous
solifidianism
somatological
somnambulance
somnambulator -s
somniloquence
soothfastness
sophistically
sophisticated
sophisticator -s
sorrowfulness
soul-searching
sound-boarding
sounding-board
soundproofing
south-easterly
south-eastward
southerliness
south-westerly
south-westward
Sovietologist
sowing-machine
space-platform
spadicifloral
Sparganiaceae
spasmodically
speaking-voice
species-monger
specification -s
spectacularly
spectatorship -s
spectre-insect
spectre-shrimp
spectrography
spectroscopic
speculatively
speechfulness
speech-reading
spelaeologist -s
Spencerianism
spermatoblast -s
spermatogenic
spermatophore -s
Spermatophyta
spermatophyte -s
spermatotheca -s
sphagnicolous
sphagnologist -s
sphericalness
spheristerion -s
spheroidicity
sphygmography
spifflication
spike-lavender
spindle-legged

spindle-shanks
spindle-shaped
spine-chilling
spinelessness
spinning-house
spinning-jenny
spinning-wheel
spinuliferous
spiritousness
spirit-rapping
spiritualiser -s
spiritualness
spirit-varnish
splanchnocele -s
splendiferous
splenetically
splinter-proof
splutteringly
sponge-fishing
sponging-house
spontaneously
sportsmanlike
sportsmanship
sprightliness
spring-balance
spring-cleaner
sprocket-wheel
spunging-house
squanderingly
squandermania
square-bashing
square-dancing
square-measure
square-pierced
squeamishness
squeezability
squinancy-wort
squirarchical
squirrel-shrew
stabilisation -s
staccatissimo
staff-notation
staff-sergeant
stagecoaching
stagecoachman -men
stainlessness
stalactitical
stalactitious
stalagmitical
stalagmometer -s
stalagmometry
stalking-horse
staminiferous
standing-place
standing-stone
Staphyleaceae
Staphylindiae
star-catalogue
starch-reduced
starting-point

starting-price
statelessness
state-of-the-art
state-religion
states-general
statesmanlike
statesmanship
station-master
statistically
statute-labour
steadfastness
steam-carriage
steam-governor
steeplechaser -s
steering-wheel
steganography
steganopodous
Stegocephalia
stenographist -s
stepping-stone
stercoraceous
stercorarious
Sterculiaceae
stereographic
stereoscopist -s
stereotropism
sterilisation -s
stern-foremost
stethoscopist -s
sticking-place
sticking-point
stick-in-the-mud
stigmatically
still-piercing
still-room-maid
stirpiculture
stock-breeding
stocking-frame
stoechiometry
stoicheiology
stoichiometry
stoloniferous
stomatoplasty
stone-coloured
stop-consonant
stopping-place
storming-party
straightforth
straight-pight
straining-beam
strangulation -s
strategetical
strategically
stratigrapher -s
stratigraphic
stratocruiser -s
strato-cumulus
stratospheric
straw-coloured
street-orderly

street-railway
street-sweeper
street-walking
strengthening
strenuousness
streptococcal
streptococcic
streptococcus -cci
stretcher-bond
strike-breaker
stringentness
string-pulling
strobilaceous
strombuliform
strophiolated
structuralism
structuralist -s
structureless
stultiloquent
stylistically
subappearance -s
subclavicular
subcommission -s
subcontiguous
subcontinuous
subcontractor -s
subdeaconship -s
subdivisional
subeditorship -s
subequatorial
subindication -s
subindicative
subirrigation -s
subject-matter
subject-object
subjunctively
sublanceolate
sublieutenant -s
submachine-gun
subordinately
subordination -s
subordinative
subpopulation -s
subprefecture -s
subreptitious
subsequential
subserviently
subsistential
substantially
substantively
substantivise -s,-d
    -sing
substantivity
substructural
subternatural
subterraneous
subtile-witted
subtilisation
subtriangular
subtriplicate

suburbicarian
subventionary
subversionary
successionist -s
successlessly
successorship -s
succinctorium -s
sucking-bottle
sufficingness
suffocatingly
suffraganship
suffumigation
sugar-refinery
sugar-refining
suggestionise -s,-d
    -sing
suggestionism
suggestionist -s
sulphadiazine
sulphur-bottom
sulphureously
sulphur-yellow
summer-seeming
sumptuousness
sun-animalcule
sun-worshipper
suovetaurilia
superabundant
superaddition -s
superannuable
superannuated
supercalender -s,-ing
    -ed
supercolumnar
supercritical
superdominant
supereminence
superfetation -s
superficially
superfineness
superfluidity
superfluously
superhumanise -s,-d
    -sing
superhumanity
superlatively
supernational
supernumerary -ries
superordinary
superordinate -s,-d
    -ting
superphysical
superposition
supersaturate -s,-d
    -ting
supersensible
supersensibly
superstitious
supervenience
supplantation -s

supplementary -ries
suppositional
supra-axillary
supranational
suprasensible
supratemporal
surchargement -s
surface-active
surface-vessel
surreptitious
surrogateship
suspectedness
suspender-belt
suspercollate -s,-d
    -ting
suspicionless
sustentacular
sustentaculum -s
swaddling-band
swallow-tailed
swashbuckling
Swedenborgian
sweet-savoured
sweet-tempered
swelled-headed
swine's-succory
swingebuckler -s
swinging-block
swollen-headed
swordsmanship
sycophantical
syllabication -s
sylleptically
syllogisation -s
syllogistical
symbiotically
symbolisation -s
symbolistical
symbolography
symmetrically
sympathectomy -mies
sympathetical
sympatholytic -s
symphyseotomy -mies
symphysiotomy -mies
sympiesometer -s
symptomatical
synallagmatic
synaposematic
synarthrodial
synchondrosis -ses
synchronicity
synchronistic
synchronology
synchronously
syndicalistic
synecdochical
synecological
synecphonesis
syntactically

synthetically
syphilisation -s
syphilologist -s
syphilophobia
syringomyelia
Syrophoenicia
systematician -s
systematology
systemisation -s

T

table-skittles
tablespoonful -s
tachistoscope -s
tachometrical
tachygraphist -s
tachymetrical
talkativeness
tangentiality
tantalisation -s
tantalisingly
tape-recording
tarry-fingered
tastelessness
tattie-lifting
tauromorphous
tautochronism
tautochronous
tautometrical
tautophonical
tax-deductible
taxonomically
teachableness
tea-plantation
technicalness
technological
telautography
telegrammatic
telegraph-pole
telegraph-wire
telerecording -s
telescopiform
televisionary
temerariously
temperamental
temperateness
tempest-beaten
tempest-tossed
tempestuously
temporariness
temporisation
temporisingly
temptableness
tenaciousness
tenant-in-chief
tendentiously
tender-hearted
Tenebrionidae
tenpenny-piece
tent-preaching

teratological
tercentennial -s
tergiversator -s
terminability
terminational
terminatively
terpsichorean
terra-japonica
terrestrially
territorially
terrorisation
Testicardines
testification -s
testificatory
tetartohedral
Tetrabranchia
tetrachloride -s
tetradynamous
tetrastichous
tetrasyllabic
tetrasyllable -s
Teutonisation
Thalamiflorae
thalamifloral
thalassocracy -cies
thalattocracy -cies
thanatography
thanatophobia
thanklessness
thank-offering
thankworthily
thaumatolatry
thaumaturgics
thaumaturgism
thaumaturgist -s
theanthropism
theanthropist -s
theatricalise -s,-d
                -sing
theatricalism
theatricality
thenceforward
theologically
theopaschitic
theorematical
theoretically
thereinbefore
theriomorphic
thermobalance -s
thermochemist -s
thermodynamic
thermogenesis
thermogenetic
thermographic
thermonuclear
thermophilous
thermoplastic
thermosetting
thermotropism
thick-pleached

thigmotropism
thimble-rigger
thing-in-itself
thoroughbrace
thorough-going
thorough-paced
thoughtlessly
thought-reader
thousand-pound
thrashing-mill
thrasonically
threateningly
three-cornered
three-farthing
threefoldness
threepenn'orth
three-per-cents
thremmatology
thresher-shark
thresher-whale
threshing-mill
thrillingness
thrombokinase -s
throttle-lever
throttle-valve
through-ticket
throwing-stick
throwing-table
thunder-bearer
thunder-darter
thunder-master
thunder-shower
thunder-strike
thunder-stroke
thunder-struck
thurification
Thymelaeaceae
tic-douloureux
ticket-of-leave
ticket-writing
tickly-benders
tiddledywinks
timbrophilist -s
time-beguiling
time-bettering
time-consuming
time-signature
tintinnabular
tintinnabulum -la
tippling-house
Titanotherium
tithe-gatherer
tittle-tattler
toad-in-the-hole
toastmistress -es
tobaccanalian -s
toilet-service
tolerationist -s
tongue-doubtie
tongue-in-cheek

tongue-lashing
tongue-twister
tonsillectomy -mies
toothache-tree
tooth-ornament
toothsomeness
topographical
topologically
topside-turvey
topsyturvydom
torrentiality
tortoise-plant
tortoise-shell
touchableness
toxicological
toxicophagous
toxoplasmosis
traceableness
tracklessness
tractableness
tractarianism
tradesmanlike
trade-unionism
trade-unionist
traditionally
traffic-lights
train-spotting
tram-conductor
tranquilliser -s
transatlantic
transcendence -s
transcendency -cies
transcription -s
transcriptive
transfer-paper
transferrable
transferrible
transformable
transfusively
transgression -s
transgressive
transientness
transisthmian
transistorise -s,-d
    -sing
transit-circle
transitionary
translational
transliterate -s,-d
    -ting
translocation -s
translucently
translucidity
transmigrator -s
transmissible
transmittable
transmutation -s
transmutative
transnational
transparently

transpiration -s
transpiratory
transplanting
transportable
transportance
transportedly
transport-ship
transposition -s
transpositive
transshipping
transversally
trapezohedron -s
traumatically
traumatonasty -ties
traveller's-joy
travel-stained
travel-tainted
treacherously
treasure-chest
treasure-house
treasurership -s
treasure-trove
tremulousness
trestle-bridge
triangularity
triangulately
triangulation -s
tribuniticial
tribunitician -s
tributariness
tricarpellary
trichological
trichopterist -s
trichopterous
trichromatism
triethylamine
trigonometric
triliteralism
triple-crowned
triquetrously
trisaccharide -s
trisoctahedra
trisyllabical
tritheistical
tritubercular
troglodytical
trolling-spoon
Tropaeolaceae
trophallactic
trophoblastic
trophotropism
troth-plighted
troublesomely
troublousness
trouser-button
trouser-pocket
trout-coloured
true-disposing
trumpet-flower
trumpet-shaped

trunk-breeches
trustlessness
trustworthily
truthlessness
trysting-place
trysting-stile
tuberculation -s
tubuliflorous
tumbler-switch
tumorgenicity
turbocharging -s
turbo-electric
turkey-buzzard
turnip-lantern
turquoise-blue
twiddling-line
twopenceworth -s
twopennyworth -s
typographical
tyrannosaurus -es

U

ultra-tropical
ultra-virtuous
umbelliferous
umbraculiform
umbrella-stand
unabbreviated
unaccentuated
unaccompanied
unaccountable
unaccountably
unadulterated
unadventurous
unadvisedness
unambiguously
unambitiously
un-Americanise
unamiableness
unanticipated
unapostolical
unappreciated
unapprehended
unappropriate
unapprovingly
unarticulated
unascertained
unassimilable
unassimilated
unbelievingly
unbendingness
unbeseemingly
unbiassedness
unblessedness
unboundedness
unbridledness
unbrotherlike
uncalculating
unceremonious
uncertainness

unchastisable
unchristianly
uncircumcised
uncleanliness
uncloudedness
uncomfortable
uncomfortably
uncommendable
uncommendably
uncompanioned
uncompensated
uncompetitive
uncomplaining
uncomplaisant
uncomplicated
unconcealable
unconceivable
unconceivably
unconcernedly
unconcernment
unconditional
unconditioned
unconformable
unconformably
unconjectured
unconjunctive
unconquerable
unconquerably
unconsciously
unconsecrated
unconsidering
unconstrained
unconsummated
uncontentious
uncontestable
unconversable
unconvertible
uncooperative
unco-operative
uncoordinated
unco-ordinated
uncourtliness
uncreatedness
undauntedness
undepreciated
underachiever -s
undercarriage -s
underclassman
underclothing
underestimate -s,-d
               -ting
underexposure -s
undergraduate -s
underhandedly
underniceness
underprepared
under-shepherd
understanding -s
understrapper -s
undescendable

undescendible
undescribable
undeservingly
undeterminate
undeviatingly
undifferenced
undiscernedly
undiscernible
undiscernibly
undisciplined
undiscomfited
undiscouraged
undiscussable
undiscussible
undisguisable
undisguisedly
undishonoured
undistempered
undistinctive
undistracting
undistributed
undisturbedly
undiversified
undividedness
undomesticate -s,-d
               -ting
undulationist -s
undutifulness
unearthliness
uneatableness
unelectrified
unembarrassed
unembellished
unemotionally
unenlightened
unentertained
unequivocally
unestablished
unevangelical
unexaggerated
unexceptional
unexclusively
unexemplified
unexpensively
unexperienced
unexplainable
unexpressible
unfalteringly
unfamiliarity
unfashionable
unfashionably
unfeelingness
unfeignedness
unflinchingly
unforeseeable
unforeskinned
unforgettable
unforgettably
unforgiveable
unforgiveness

unforthcoming
unfortunately
ungainsayable
ungentlemanly
ungenuineness
ungrammatical
unguardedness
unhealthfully
unhealthiness
unhurtfulness
unicameralism
unicameralist -s
unilateralism
unilateralist -s
unilaterality
unilluminated
unillustrated
unimaginative
unimpassioned
unimpeachable
unimpregnated
unimpressible
uninaugurated
uninflammable
uninfluential
uninformative
uninhabitable
uninquisitive
uninstructive
unintelligent
unintentional
uninteresting
unintermitted
uninterrupted
unit-packaging
unjustifiable
unjustifiably
unknowingness
unlearnedness
unlimitedness
unmacadamised
unmeaningness
unmedicinable
unmentionable
unmindfulness
unministerial
unmistrustful
unmitigatedly
unmurmuringly
unnaturalised
unnaturalness
unnecessarily
unneighboured
unneighbourly
unobstructive
unobtrusively
unoriginality
unpasteurised
unperceivable
unperceivably

unperceivedly
unperfectness
unperpetrated
unpersuadable
unphilosophic
unpitifulness
unpleasurable
unpleasurably
unpolarisable
unpracticable
unpractically
unprecedented
unpredictable
unpreoccupied
unpresentable
unpretentious
unpreventable
unprogressive
unpromisingly
unprophetical
unprovided-for
unprovisioned
unprovocative
unpunctuality
unpurchasable
unputdownable
unqualifiedly
unquestioning
unreasoningly
unreclaimable
unreclaimably
unrecognising
unrecollected
unrecommended
unrecompensed
unrecoverable
unrecoverably
unregenerated
unrelentingly
unreliability
unremembering
unremittently
unremittingly
unremorseless
unrepentingly
unreplaceable
unreplenished
unrepresented
unreprievable
unreprimanded
unreproachful
unreproaching
unresistingly
unrestfulness
unrestingness
unreturningly
unrighteously
unsaintliness
unsaleability
unsatisfiable

unsavouriness
unscavengered
unscholarlike
unscrutinised
unselfishness
unsensational
unsentimental
unserviceable
unsettledness
unshrinkingly
unsightliness
unskilfulness
unsmotherable
unsociability
unsoldierlike
unsparingness
unspecialised
unspectacular
unspeculative
unspiritually
unspottedness
unstaunchable
unsteadfastly
unstercorated
unstigmatised
unsubstantial
unsuitability
unsuperfluous
unsupportable
unsupportedly
unsurpassable
unsurpassably
unsusceptible
unsuspectedly
unsustainable
unsymmetrical
unsymmetrised
unsympathetic
untaintedness
untamableness
untenableness
unterrestrial
untheological
unthriftiness
untransformed
untransmitted
untransparent
untraversable
untremblingly
untrespassing
untrustworthy
untunableness
untunefulness
unvitrifiable
unwarrantable
unwarrantably
unwarrantedly
unwelcomeness
unwholesomely
unwillingness

unwithdrawing
unwithholding
unwittingness
unwomanliness
unworkmanlike
unworldliness
uprighteously
up-to-the-minute
up-to-the-moment
uralitisation
urchin-snouted
urediniospore
Ustilaginales
ustilagineous
utterableness

V

vacillatingly
vacuolisation
vacuum-cleaner
valedictorian -s
Valerianaceae
Vansittartism
vantage-ground
vapourishness
variable-sweep
varnishing-day
vaulting-horse
vaulting-house
vegetarianism
velt-mareschal
velvet-fiddler
venerableness
venereologist -s
ventriloquial
ventriloquise -s,-d
            -sing
ventriloquism
ventriloquist -s
ventriloquous
venturesomely
venturousness
verbalisation -s
verbigeration
verifiability
verisimilarly
vermiculation -s
vernacularise -s,-d
            -sing
vernacularism -s
vernacularist -s
vernacularity
vernalisation -s
versatileness
versicoloured
versification -s
verticillated
vertiginously
vexatiousness
vexillologist -s

vibracularium -ria
vibrationless
vicariousness
vice-admiralty
vice-consulate
vice-president
vice-principal
victimisation -s
victimologist -s
villagisation -s
villeggiatura -s
vindicability
vindicatorily
viniculturist -s
viol-de-gamboys
violoncellist -s
visceroptosis
viscometrical
viscosimetric
visionariness
visualisation -s
vitelligenous
viticulturist -s
vitrification -s
vivaciousness
vivisectional
vivisectorium -s
vivisepulture
vocationalism
voicelessness
volatilisable
volcanisation -s
volcanologist -s
volta-electric
Voltaireanism
Voltairianism
volumenometer -s
voluntariness
voluntaristic
voraciousness
vote-splitting
vouchsafement -s
vraisemblance -s
vulcanisation -s
vulcanologist -s
vulgarisation -s
vulnerability

W

waiting-vassal
walking-orders
walking-papers
walking-ticket
wamble-cropped
wappenshawing -s
washhand-basin
washhand-stand
washing-bottle
washing-powder
waspish-headed

wasterfulness
water-breather
water-carriage
water-chestnut
water-dropwort
water-hyacinth
watering-house
watering-place
water-moccasin
water-plantain
waterproofing
water-sapphire
water-softener
water-sprinkle
water-standing
water-vascular
wayfaring-tree
weaponshawing -s
wearisomeness
weather-anchor
weather-beaten
weather-bitten
weather-driven
weather-headed
weatherometer -s
weather-symbol
wedding-favour
wedding-finger
weeding-chisel
weeping-spring
weeping-willow
weight-lifting
weight-watcher
well-appointed
well-beseeming
well-conducted
well-connected
well-developed
well-preserved
well-regulated
well-respected
well-thought-of
well-warranted
well-worked-out
whaling-master
what-d'ye-call-'em
what-d'ye-call-it
wheel-carriage
wheeler-dealer
whereinsoever
whimsicalness
whipping-cheer
whipping-cream
whirling-table
whiskerandoed
whistle-blower
whistled-drunk
whistling-shop
white-breasted
white-favoured

whithersoever
whole-coloured
wholesomeness
whooping-cough
whoremasterly
wide-awakeness
wide-stretched
widow's-chamber
will-o'-the-wisps
willow-warbler
wills-o'-the-wisp
winding-engine
window-curtain
wing-commander
winkle-pickers
winter-aconite
Winter-gardens
witches-butter
woman-suffrage
women-children
wonderfulness
wonder-working
wonder-wounded
woodcock's-head
wood-engraving
wood-germander
wood-sandpiper
wool-gathering
woollen-draper
word-blindness
word-splitting
Wordsworthian
worldly-minded
worthlessness
wrapping-paper
wristlet-watch
writing-master
writing-school
wrong-headedly

X

xanthochroism
xanthochromia
xanthochroous
xanthopterine
xerodermatous
xerophthalmia
xiphiplastral
xiphiplastron -s
xylographical

Y

yachtsmanship
yellow-bellied
yellow-bunting
yellow-covered
yellow-crowned
yellow-fronted
yellowishness
yellow-spotted

yellow-yorling
yesterevening -s
yestermorning -s
yieldableness

Z
Zarathustrian
Zarathustrism

zebra-parakeet
zincification
Zingiberaceae
Zinjanthropus
zinkification
zoogeographer -s
zoogeographic
zoopsychology

zoosporangium -s
zygapophyseal
zygapophysial
zygodactylism
zygodactylous
zymotechnical

A
abominableness
above-mentioned
absent-mindedly
absorbefacient -s
absorptiometer -s
absorptiveness
abstemiousness
abstractedness
abstractionist -s
Acanthocephala
acceptableness
accomplishable
accomplishment -s
accountability
accountantship
accustomedness
achondroplasia
achromatically
acknowledgment -s
across-the-board
actinobacillus -lli
administration -s
administrative
administratrix -es
advantageously
adventitiously
aerenchymatous
aerobiological
aerobiotically
aerodynamicist -s
aeroelastician -s
aerohydroplane -s
aesthesiogenic
affectionately
aforementioned
Africanisation
aggrandisement -s
aggressiveness
agrobiological
agrostological
air-conditioned
aircraftswoman -men

air-vice-marshal
Albigensianism
alcoholisation
alder-buckthorn
alexipharmakon -s
alimentiveness
allegorisation -s
allelomorphism
alloiostrophos
all-overishness
alphabetically
alphamerically
alphanumerical
altitudinarian -s
altruistically
amaranthaceous
Amaryllidaceae
amateurishness
ambassadorship -s
amphibological
anacardiaceous
anachronically
anagrammatical
anamnestically
androcephalous
androdioecious
andromedotoxin
andromonoecism
angiostomatous
Anglo-Israelite
angustifoliate
anisodactylous
antagonisation -s
antaphrodisiac -s
antediluvially
anthropography
anthropologist -s
anthropometric
anthropopathic
anthropophuism
anticipatively
anticipatorily
anticonvulsant -s
antidepressant -s

anti-federalism
anti-federalist
anti-Jacobinism
antimetathesis
antimonarchist -s
antiodontalgic
antipathetical
antiperistasis
antiperspirant -s
antiphlogistic
antiphonically
antiphrastical
antiquarianism
antiscriptural
antiseptically
antithetically
apheliotropism
aphoristically
apodeictically
apologetically
apophthegmatic
apoplectically
apothegmatical
appendicectomy -mies
Appendicularia
appreciatively
apprehensively
apprenticehood
apprenticement -s
apprenticeship -s
approach-stroke
aquifoliaceous
arachnological
arboricultural
archaeological
Archaeornithes
archgenethliac -s
archiepiscopal
Arctostaphylos
aristocratical
arithmetically
arrondissement -s
articulateness
artificialness

artillery-plant
Asclepiadaceae
asparagus-stone
asset-stripping
asseveratingly
astigmatically
astrogeologist -s
astrologically
astronomically
astrophysicist -s
asymmetrically
asymptotically
attainableness
attemptability
attitudinarian -s
attitudinising -s
attractiveness
audio-frequency
audiometrician -s
Augustinianism
auspiciousness
authentication -s
autobiographer -s
autocratically
auto-intoxicant
autoradiograph -s
auto-suggestion
autotypography
avariciousness

B

backscratching -s
bacteriologist -s
bacteriostasis
bacteriostatic
ballet-mistress
Baluchitherium
banqueting-hall
bargain-counter
barometrically
barrage-balloon
bashi-bazoukery
Basidiomycetes
bastardisation -s
bathing-costume
bathing-machine
bathygraphical
bear-animalcule
beautification -s
bed-sitting-room
belletristical
beneficialness
benzodiazepine
berberidaceous
beseechingness
bibliomaniacal
bill-discounter
billiard-marker
biodegradation
bioelectricity

bioengineering
biographically
biomathematics
biosystematics
bird-of-paradise
bituminisation
black-marketeer
bladder-campion
blank-cartridge
bletheranskate -s
blistered-steel
blister-plaster
blithesomeness
blockade-runner
blood-bespotted
blood-consuming
blood-poisoning
blood-sacrifice
boa-constrictor
boarding-school
boisterousness
book-mindedness
borough-English
bougainvillaea -s
bouleversement -s
bowdlerisation -s
brachycephalic
brachydactylic
brachydiagonal -s
brachypinakoid -s
bread-and-butter
breakfast-table
breathing-space
breathing-while
breathlessness
breeding-ground
bremsstrahlung
Bristol-diamond
brobdingnagian
bronchiectasis
broncho-dilator
bull-headedness
burling-machine
Burschenschaft
butter-fingered
butterfly-screw

C

cabbage-lettuce
cabinet-edition
cabinet-pudding
cadaverousness
cairngorm-stone
calamitousness
calligraphical
calorification -s
Calycanthaceae
Camelopardalis
campanological
campanulaceous

campylotropous
cannonball-tree
cantankerously
capitalisation -s
capparidaceous
capriciousness
Caprifoliaceae
captain-general
caramelisation -s
carcinogenesis
carcinological
carcinomatosis
cardinal-bishop
cardinal-deacon
cardinal-flower
cardinal-priest
cardiomyopathy
cardiovascular
cartographical
cartridge-paper
casement-window
Castanospermum
castle-building
castrametation
catachrestical
catadioptrical
catechetically
catechumenical
catechumenship
Catherine-wheel
cathodographer -s
censoriousness
censurableness
centenarianism
centimetre-gram
centralisation -s
centrifugalise -s,-d
                  -sing
centrifugation
centripetalism
centuplication -s
Chaetodontidae
chain-lightning
chalcographist -s
chamber-counsel
chancellorship -s
changeableness
chaptalisation -s
characteristic -s
chargeableness
charitableness
Charley-pitcher
cheirographist -s
cheiromantical
chemoreception -s
chemoreceptive
chemosynthesis
Chenopodiaceae
chest-protector
chevaux-de-frise

chicken-hearted
chicken-livered
child-resistant
chimney-swallow
chimney-sweeper
chincherinchee -s
chittagong-wood
chivalrousness
chlorite-schist
chloritisation -s
chlorpromazine
cholecystotomy -mies
cholelithiasis
chondrocranium -s
chondrogenesis
chorographical
Christ-cross-row
Christological
chromatography
chromatosphere
chronometrical
cigarette-paper
cinchonisation -s
cinematography
circuit-breaker
circuitousness
circumambience
circumambiency
circumambulate -s,-d
        -ting
circumbendibus -es
circumferentor -s
circumforanean
circumgyration -s
circumgyratory
circumlittoral
circumlocution -s
circumlocutory
circumnavigate -s,-d
        -ting
circumnutation -s
circumnutatory
circumposition -s
circumscissile
circumspection -s
circumspective
circumstantial
circumvolution -s
class-conscious
classification -s
classificatory
claustrophobia
claustrophobic
clavicytherium -s
claw-hammer-coat
clear-starching
climatological
clitter-clatter
cloak-and-dagger
coastguardsman

cock-a-doodle-doo
coconut-matting
coelanaglyphic
co-essentiality
coincidentally
collapsability
collapsibility
colliquescence
colonel-in-chief
colour-sergeant
combustibility
commandantship -s
commensurately
commensuration -s
commentatorial
commissaryship -s
commissionaire -s
commodiousness
common-or-garden
commonsensical
companion-hatch
comparableness
compassionable
compatibleness
compensational
complexionless
composing-stick
compossibility
comprehensible
comprehensibly
compunctiously
compurgatorial
concavo-concave
conceivability
concelebration -s
concentrically
concessionaire -s
conclusiveness
condensability
condescendence -s
conditionality
conductibility
confidentially
conformability
conglobulation -s
conglomeration -s
conglutination -s
conglutinative
congratulation -s
congratulative
congratulatory
congregational
conjunctivitis
connaturalness
conquistadores
consanguineous
conscriptional
conservational
conservatorium -s
consociational

conspiratorial
constitutional -s
construability
constructional
constructively
constructivism
consubstantial
consuetudinary -ries
consulting-room
contagiousness
contemperation
contemperature -s
contemporanean -s
contemptuously
contesseration -s
contiguousness
continentalism -s
continentalist -s
continuousness
contractedness
contractionary
contracyclical
contradictable
contradictious
contraindicant -s
contraindicate -s,-d
        -ting
contraposition -s
contrapositive -s
contrarotating
controllership -s
controvertible
controvertibly
contumaciously
contumeliously
conventionally
conversational
conversaziones
convertibility
convexo-concave
convocationist -s
Convolvulaceae
convulsiveness
coordinateness
co-ordinateness
copper-bottomed
copper-fastened
coquettishness
cornet-à-pistons
corolliflorous
corpuscularian -s
correspondence -s
correspondency -cies
corruptibility
corticosteroid -s
cosmographical
cosmopolitical
cost-accountant
cost-accounting
council-chamber

counsel-keeping
counsellorship -s
counterbalance -s,-d
        -cing
counter-battery
counter-changed
counter-current
counter-measure
counter-opening
counter-passant
counter-salient
counter-skipper
counter-subject
counter-trading
counter-wrought
country-dancing
courageousness
coxcombicality
creditableness
crinkum-crankum
cross-infection
Crossopterygii
cross-reference
cross-sectional
Crouched-friars
Crutched-friars
cryobiological
cryptaesthesia
cryptaesthetic
cryptographist -s
crystallisable
crystallomancy
cucurbitaceous
current-bedding
curvilinearity
cyanocobalamin
cyclanthaceous

D

dactyliography
daffadowndilly -dillies
daguerreotyper -s
daughterliness
daughters-in-law
davenport-trick
daylight-saving
dazzle-painting
death-practised
deceivableness
dechristianise -s,-d
        -sing
decimalisation -s
decolonisation -s
decolorisation -s
decompoundable
deconsecration -s
decontaminator -s
decorativeness
defeasibleness
defenestration -s

definitiveness
deflagrability
degenerateness
delectableness
deliberateness
deliberatively
delightfulness
deliverability
demi-semiquaver
demobilisation -s
democratically
demoralisation -s
denitrificator -s
denominational
denominatively
departmentally
deplorableness
depolarisation -s
deposit-receipt
dermatological
derogatoriness
despicableness
despitefulness
despoticalness
dessert-service
destructionist -s
desulphuration -s
detestableness
detoxification -s
Deuteronomical
devalorisation -s
devil-on-the-neck
devitalisation -s
dextrorotation
dextrorotatory
diachronically
diaheliotropic
dialectologist -s
diamantiferous
diamondiferous
diamond-wedding
diaphanousness
diaphototropic
diathermaneity
dicotyledonous
diesel-electric
differentially
differentiator -s
diffractometer -s
diminutiveness
dinitrobenzene
dinoflagellate -s
dioscoreaceous
diplomatically
diplostemonous
dipterocarpous
disaccommodate -s,-d
        -ting
disacknowledge -s,-d
        -ging

disadventurous
disaffiliation -s
disaffirmation -s
disapplication -s
disappointment -s
disapprobation -s
disapprobative
disapprobatory
disappropriate -s,-d
        -ting
disapprovingly
disarrangement -s
disassociation -s
disceptatorial
discerpibility
disciplinarian -s
disciplinarium -s
discolouration -s
discomboberate
discombobulate
discomfortable
discommendable
disconcertment -s
disconformable
disconnectedly
disconsolately
disconsolation
discontentedly
discontentment -s
discontinuance -s
discount-broker
discountenance -s,-d
        -cing
discouragement -s
discouragingly
discourteously
discretionally
discriminately
discriminating
discrimination -s
discriminative
discriminatory
discursiveness
disdainfulness
disembarkation -s
disemboguement -s
disembowelment -s
disenchantment -s
disenchantress -es
disencumbrance
disenfranchise -s,-d
        -sing
disengagedness
disenthralment -s
disentrainment -s
disequilibrium -ria
disfurnishment
disgustfulness
disgustingness
disillusionary

disillusionise -s,-d
    -sing
disimpassioned
disincarcerate -s,-d
    -ting
disinclination -s
disincorporate -s,-d
    -ting
disinfestation -s
disinformation
disingenuously
disinheritance -s
disintegration -s
disintegrative
disinvestiture -s
disjointedness
disorderliness
disorientation -s
dispensability
dispensational
dispensatively
dispensatorily
dispiritedness
dispiteousness
displeasedness
displenishment -s
disputableness
disputatiously
disqualifiable
disquisitional
disregardfully
disrespectable
dissertational
disserviceable
dissociability
dissolubleness
dissolutionism
dissolutionist -s
dissolvability
dissymmetrical
distemperature -s
distensibility
distinguishing
distractedness
distributional
distributively
diverticulated
diverticulitis
diverticulosis
divertissement -s
dividing-engine
dodecasyllabic
dodecasyllable -s
dog's-tooth-grass
dogtooth-violet
dolichocephaly
dolomitisation -s
double-breasted
double-declutch
double-flowered

double-stopping
dragon-standard
dressing-jacket
dress-rehearsal
drill-husbandry
durchkomponirt
Durchmusterung
dyer's-greenweed
dynamo-electric
dynamometrical
dysmenorrhoeal
dysmenorrhoeic
dysteleologist -s

E

early-Victorian
eburnification
ecclesiastical
Ecclesiasticus
ecclesiologist -s
econometrician -s
edriophthalmic
educationalist -s
effeminateness
effervescingly
egalitarianism
eigen-frequency
Elasmobranchii
electioneering -s
electrobiology
electrochemist -s
electroculture
electrogenesis
electrogilding
electronically
electroplating -s
electrostatics
electrotherapy
electrothermal
electrothermic
electrovalency
electrowinning -s
Elizabethanism
embellishingly
emblematically
emphaticalness
empire-building
empyreumatical
emulsification -s
enantiomorphic
enantiostylous
encephalograph -s
encyclopaedian
encyclopaedism
encyclopaedist -s
endoradiosonde -s
endosmotically
engagement-ring
enharmonically
enigmatography

enterocentesis
enterprisingly
entertainingly
enthronisation -s
enthusiastical
enthymematical
entomostracous
epexegetically
epidemiologist -s
epigrammatical
epistemologist -s
epistolography
equiangularity
equiponderance
erythropoiesis
eschatological
esterification -s
etherification -s
ethnologically
etymologically
eulogistically
euphorbiaceous
euphuistically
eutrophication
evangelicalism
evangelisation -s
exacerbescence -s
examine-in-chief
exclaustration -s
excommunicable
excrementitial
excruciatingly
exhilaratingly
existentialism
existentialist -s
experienceless
experimentally
expressionless
expressiveness
extemporaneity
extemporaneous
extensionalism
extensionality
extinguishable
extinguishment -s
extortionately
extracanonical
extra-condensed
extracorporeal
extractability
extraforaneous
extraneousness
extra-parochial
extravehicular
extrinsicality

F

facinorousness
factitiousness
faint-heartedly

fairy-godmother
fallaciousness
falsifiability
fantasticality
farthingsworth -s
fashionmonging
fastidiousness
fatherlessness
fatiguableness
favourableness
federalisation -s
feeble-mindedly
fellow-commoner
fellow-creature
fellow-townsman
fermentability
fermentescible
ferromagnesian
ferro-manganese
ferroprussiate -s
fibrocartilage
fiddle-faddling
figurativeness
filiopietistic
finger-alphabet
finger-painting
finger-pointing
fingerprinting -s
finger's-breadth
Finlandisation
fire-worshipper
fivepenny-piece
flagelliferous
flagitiousness
flag-lieutenant
flamboyant-tree
flat-footedness
flight-recorder
floriculturist -s
flowery-kirtled
folding-machine
follow-my-leader
food-controller
foraminiferous
forbiddingness
foreordination -s
foreshortening -s
forethoughtful
forisfamiliate -s,-d
            -ting

formidableness
forthrightness
fortuitousness
fortune-telling
forward-looking
foster-daughter
foundation-stop
fraternisation -s
free-spokenness
French-Canadian

French-polisher
friendlessness
fringillaceous
frolicsomeness
fructification -s
fundamentalism
fundamentalist -s
fundamentality
furfuraldehyde
futtock-shrouds

G

galactophorous
galactopoietic
galeopithecine
galeopithecoid
galvanoplastic
Gasteromycetes
gelatinisation -s
genealogically
generalisation -s
general-purpose
genethliacally
genethlialogic
gentleman-cadet
gentrification -s
geocentrically
geognostically
geographically
geomorphologic
geosynchronous
geothermometer -s
gerontological
glanduliferous
glove-stretcher
Gnathobdellida
gold-of-pleasure
good-fellowship
good-for-nothing
good-humouredly
gooseberry-bush
gooseberry-fool
gooseberry-moth
gooseberry-wine
grace-and-favour
gram-equivalent
grammaticaster -s
grandiloquence
grangerisation -s
graphitisation -s
gregariousness
greisenisation
greywacke-slate
groundlessness
ground-squirrel
gutter-merchant
gynaecological
gynandromorphy
gynomonoecious
gyrostabiliser -s

H

haematogenesis
hagiographical
half-a-sovereign
half-pennyworth
hallucinogenic
Haloragidaceae
Hamamelidaceae
handicraftsman -men
handkerchieves
haplostemonous
harmoniousness
healthlessness
heart-heaviness
heart-searching
heathenishness
heather-bleater
heather-bluiter
heather-blutter
heather-mixture
heaven-directed
heavenly-minded
heavier-than-air
hebetudinosity
hebraistically
heliosciophyte -s
helminthologic
hemispheroidal
hen-and-chickens
hepaticologist -s
hephthemimeral
hereditability
hereditariness
heresiographer -s
hermaphroditic
herpetological
herring-fishery
heterochromous
heterochronism -s
heterochronous
heteromorphism -s
heteromorphous
heterophyllous
heterosomatous
heterostrophic
heterothallism
Hexactinellida
hickery-pickery
hierarchically
hieroglyphical
hierogrammatic
hierographical
Hierosolymitan
high-handedness
highly-seasoned
high-mindedness
high-priesthood
high-principled
hippety-hoppety

hippopotamuses
histochemistry
histogenically
histopathology
historiography
histrionically
hobbledehoydom
hobbledehoyish
hobbledehoyism
holier-than-thou
holometabolism
homoeomorphism
homoeomorphous
homoeoteleuton
homoeothermous
homogenisation
homoiothermous
honourableness
horror-stricken
horse-godmother
horticulturist -s
hospitableness
house-physician
huckleberrying
humidification
humoursomeness
hundred-per-cent
hunting-leopard
hunt-the-slipper
hydro-aeroplane
hydrobiologist -s
hydrocellulose
hydrocephalous
hydrocoralline
hydrocortisone
hydrodynamical
hydroextractor -s
hydrogeologist -s
hydrographical
hydromagnetics
hydromechanics
hydronephrosis
hydronephrotic
hydropneumatic
Hydropterideae
hydrosulphuric
hyetographical
hygrographical
hygroscopicity
hyperacuteness
hyperaesthesia
hyperaesthesic
hyperaesthetic
hyperbatically
hyperbolically
hypercalcaemia
hypercatalexis
hyperconscious
hypercriticise -s,-d
　　　　　　-sing

hypercriticism -s
hyperglycaemia
hyperinflation
hypernatraemia
hypersensitise -s,-d
　　　　　　　　-sing
hypersensitive
hypertrophical
hypochondriasm
hypochondriast -s
hypocoristical
hypocritically
hypodermically
hypomixolydian
hypostatically
hyposulphurous
hypothetically
hypothyroidism
hysterectomise -s,-d
　　　　　　　　-sing

I

iatrochemistry
ichnographical
ichthyolatrous
ichthyological
ichthyophagist -s
ichthyophagous
ichthyosaurian
idealistically
identification -s
idiopathically
ill-conditioned
illegitimately
illegitimation -s
illiterateness
ill-naturedness
illustrational
illustratively
imaginableness
immaculateness
immethodically
immobilisation -s
immoderateness
immunosuppress -es,-ing
　　　　　　　　　-ed
imparisyllabic
impassableness
impassibleness
imperfectively
impermeability
imperturbation
imperviability
imperviousness
implacableness
implausibility
implementation -s
imponderabilia
imposthumation -s
impoverishment

impracticality -ties
impregnability
impressibility
impressionable
impressiveness
improvableness
inadequateness
inadvisability
inalienability
inalterability
inappositeness
inappreciation
inappreciative
inapprehension
inapprehensive
inapproachable
inapproachably
inarticulately
inarticulation
inartificially
inartistically
inauspiciously
incapacitation
incautiousness
incestuousness
incidentalness
inclinableness
incogitability
incommensurate
incommodiously
incommunicable
incommunicably
incompleteness
incompressible
inconclusively
inconscionable
inconsequently
inconsiderable
inconsiderably
inconsistently
incontiguously
incontrollable
incontrollably
inconveniently
incoordination
incorporealism
incorporeality
incredibleness
indecipherable
indecisiveness
indecomposable
indecorousness
indefiniteness
indemonstrable
indescribables
indestructible
indestructibly
indeterminable
indeterminably
indifferentism

indifferentist -s
indigenisation -s
indiscerptible
indiscoverable
indiscreetness
indiscreteness
indiscriminate
indisposedness
indistinctness
indivisibility
indoctrination -s
indubitability
ineffectuality
inevitableness
inexcusability
inexorableness
inexpiableness
inexpressibles
infectiousness
inflammability
inflation-proof
inflectionless
inflexibleness
infralapsarian -s
inframaxillary
infrangibility
infrastructure -s
ingloriousness
inhabitiveness
inharmoniously
inimitableness
iniquitousness
innumerability
inoperableness
inordinateness
inorganisation
inquisiturient
insalubriously
insanitariness
insatiableness
inscrutability
insensibleness
inseparability
insignificance
insignificancy
inspirationism
inspirationist -s
institutionary
instrumentally
insufficiently
insuperability
insuppressible
insuppressibly
insurmountable
insurmountably
insurrectional
insusceptively
intangibleness
integrationist -s
intellectually

intelligential
intelligentsia
intelligentzia
intempestivity
intentionality
interactionism
interactionist -s
interambulacra
intercessional
intercessorial
intercommunion
intercommunity
interconnexion -s
interdependent
interestedness
interferential
interferometer -s
interferometry
intergradation -s
interior-sprung
interjectional
interlineation -s
interlingually
interlocutress -es
interlocutrice -s
intermaxillary
intermediately
intermediation -s
intermediatory
intermigration -s
intermittently
intermittingly
intermolecular
Internationale
interpellation -s
interpenetrant
interpenetrate -s,-d
         -ting
interplanetary
interpretation -s
interpretative
interpunctuate -s,-d
         -ting
interruptively
intersectional
intersexuality
interspatially
intertwinement
intertwiningly
intolerability
intra-abdominal
intractability
intramercurial
intramolecular
intransitively
intransmutable
intrinsicality
introductorily
intuitionalism
intuitionalist -s

intussuscepted
invariableness
inveterateness
invincibleness
inviolableness
irrecognisable
irreconcilable
irreconcilably
irreducibility
irrefutability
irrelativeness
irremovability
irreparability
irreproachable
irreproachably
irreproducible
irresolubility
irresoluteness
irrespectively
irresponsively
irrestrainable
irresuscitable
irresuscitably
irrevocability
isodiametrical
Italianisation
ivory-porcelain

J

Jack-by-the-hedge
Jack-in-the-green
jingoistically
Johannisberger
joukery-pawkery
jurisdictional

K

keratinisation
kindergartener -s
kinetheodolite -s
kissing-strings
knapping-hammer
kneading-trough
knight-bachelor
knight-banneret
knight-errantry
knitting-needle
know-nothingism
Kremlinologist
Kupferschiefer

L

labyrinthodont -s
lamellirostral
lapidification
laryngological
laryngoscopist -s
lasciviousness
latitudinarian -s
lavender-cotton

leaden-stepping
leading-strings
leather-mouthed
lecythidaceous
left-handedness
legalistically
legislatorship -s
legitimateness
Leibnitzianism
lepidodendroid -s
leptodactylous
leucocythaemia
leucocytolysis
leucocytopenia
levelling-staff
lexicographist -s
liberalisation -s
libertarianism
libidinousness
licentiousness
lieutenantship -s
lighter-than-air
light-heartedly
linguistically
lipogrammatism
lipogrammatist -s
lithochromatic
lithographical
lithonthryptic -s
lithontriptist -s
liturgiologist -s
long-headedness
longitudinally
longs-and-shorts
long-windedness
loquaciousness
louping-on-stane
love-in-idleness
loving-kindness
luggage-carrier
lumbersomeness
luncheon-basket
lyophilisation

M

macadamisation
mackerel-breeze
macrocephalous
macrodactylous
macroeconomics
macrosporangia
magniloquently
maidenhair-tree
maintenance-man
majesticalness
major-generalcy
Malacopterygii
malacostracous
malappropriate -s,-d
-ting

malcontentedly
malfunctioning -s
malodorousness
manageableness
manifold-writer
marble-breasted
marble-constant
Marcgraviaceae
Marchantiaceae
marketableness
market-gardener
marriage-broker
marriage-favour
martyrological
marvellousness
mass-production
mastigophorous
mathematically
mathematicised
matriarchalism
measurableness
meddlesomeness
medicamentally
medicine-bottle
meditativeness
megasporangium -gia
megasporophyll -s
melastomaceous
Menispermaceae
Mephistopheles
Mephistophelic
Mephistophilis
Mephostophilus
meretriciously
mesaticephalic
mesdemoiselles
metalinguistic
metallographer -s
metallographic
metaphorically
metaphosphoric
metaphysically
metapsychology
metempsychoses
metempsychosis
meteorological
methodicalness
meticulousness
metoposcopical
metropolitical
mettlesomeness
microbiologist -s
microcephalous
microchemistry
microcomponent -s
microdetection
microeconomics
micrologically
micro-meteorite
microminiature

micropegmatite
microprocessor -s
microseismical
microsporangia
microstructure -s
Middle-American
middle-distance
militarisation
milking-parlour
millenarianism
mineralisation
ministerialist -s
miraculousness
misacceptation
misadventurous
misadvisedness
misanthropical
misapplication -s
misappropriate -s,-d
-ting
misarrangement -s
miscalculation -s
miscellanarian -s
mischief-making
miscomputation -s
miscontentment
misimprovement
misinformation
misinstruction
misinterpreter -s
mismeasurement -s
misogynistical
mispunctuation -s
mistranslation -s
moccasin-flower
mock-heroically
Mohorovicician
money-scrivener
monocarpellary
Monochlamydeae
monochromatism
monolingualism
monophthongise -s,-d
-sing
Monoplacophora
monoprionidian
monosaccharide -s
monotheistical
monotheletical
monotonousness
morganatically
morphinomaniac -s
morphophonemic
mosquito-weight
motivelessness
mountain-beaver
mountaineering
mountain-laurel
mountain-marrow
mountain-tallow

mourning-border
mucoviscidosis
muddleheadedly
multarticulate
multicuspidate
multifariously
multifoliolate
multinucleated
multi-ownership
multiple-choice
multiplication -s
multiplicative
multiracialism
munition-worker
murdering-piece
mushroom-anchor
mustard-plaster
muzzle-velocity
mylonitisation
myocardiopathy
myrmecological
myrmecophagous
myrmecophilous
mysteriousness
mythologically

N

namby-pambiness
narcocatharsis
narcosynthesis
naturalisation
nature-printing
neanderthaloid
nebuchadnezzar -s
necessarianism
neck-sweetbread
nectareousness
neglectfulness
neocolonialism
Neopythagorean
neuroanatomist -s
neurohypnology
neuropathology
Neuropteroidea
neuroradiology
neutralisation
never-never-land
newfangledness
newspaper-woman
newsworthiness
Nietzscheanism
night-blindness
night-flowering
night-fossicker
night-foundered
night-wandering
nimble-fingered
nitrocellulose
nitroglycerine
noctambulation -s

nomenclatorial
non-communicant
non-compearance
non-concurrence
non-contentious
non-cooperation
non-electrolyte
non-involvement
non-operational
non-performance
non-restrictive
nonsensicality
norepinephrine
north-eastwards
north-north-east
north-north-west
north-westwards
noteworthiness
nuclear-powered
Nudibranchiata
nudibranchiate
nutritiousness
nyctaginaceous

O

obligatoriness
obsequiousness
observableness
obstreperously
obstructionist -s
ocean-greyhound
octingentenary -ries
odd-come-shortly
oecumenicalism
old-established
old-gentlemanly
oleaginousness
oligocythaemia
oligopsonistic
omnibenevolent
omnicompetence
omnium-gatherum
onchocerciasis
oneirocritical
onirocriticism
onomatopoiesis -ses
open-handedness
open-mindedness
ophthalmometer -s
ophthalmometry
ophthalmoscope -s
ophthalmoscopy
opinionatively
opisthocoelian
opisthocoelous
opisthoglossal
opisthographic
oppressiveness
optimalisation -s
optimistically

optoelectronic
orange-coloured
orange-squeezer
organ-harmonium
organisability
organisational
organometallic
Ornithodelphia
ornithodelphic
ornithological
ornithomorphic
ornithophilous
orobanchaceous
orthochromatic
orthographical
orthophosphate -s
orthopterology
ostentatiously
osteo-arthritis
osteoarthrosis
osteoglossidae
ostrich-feather
otolaryngology
ottrelite-slate
outlandishness
outrageousness
outward-sainted
overburdensome
overcapitalise -s,-d
                -sing
overcompensate -s,-d
                -ting
over-confidence
overcorrection -s
over-determined
overestimation -s
overindulgence -s
overpopulation
overpoweringly
overproduction
overprotective
over-refinement
overscrupulous
overspecialise -s,-d
                -sing
over-the-counter
overwhelmingly
oxy-haemoglobin

P

pachydermatous
paedomorphosis
painter-stainer
palaeanthropic
Palaeanthropus
palaeethnology
palaegeography
palaeobotanist -s
palaeographist -s
palaeopedology

palagonite-tuff
palato-alveolar
palingenetical
palmatipartite
pamphleteering
Pan-Americanism
pantographical
pantomimically
pantopragmatic
papilionaceous
paradigmatical
paragrammatist -s
paraleipomenon -mena
paralinguistic
parallelepiped -s
parallelopiped -s
parallel-veined
paraphrastical
parapsychology
pararosaniline
parasitologist -s
paratactically
pardonableness
parenchymatous
parliament-cake
parliament-heel
parlour-boarder
paroemiography
paronomastical
parsimoniously
parthenocarpic
particularness
partridge-berry
Passifloraceae
passionateness
pasteurisation
pathologically
patresfamilias
patrialisation
patriarchalism
penetrableness
pennatulaceous
penny-a-linerism
penny-in-the-slot
pennystone-cast
pentadactylism
pentadactylous
Pentecostalist
peppermint-drop
perceptibility
perceptiveness
percussion-fuse
percussion-lock
percutaneously
peremptoriness
perfectibilian -s
perfectibilism
perfectibilist -s
perfectibility
perfidiousness

periodontology
periophthalmus
peripateticism
periphrastical
perishableness
Perissodactyla
perlocutionary
permissibility
permissiveness
perniciousness
pernicketiness
personableness
person-to-person
persuasibility
persuasiveness
pertinaciously
perturbational
pestilentially
Petrarchianism
Petrarchianist
petrographical
petrologically
petticoat-tails
phantasmagoria
phantasmagoric
pharmaceutical -s
pharmacologist -s
pharmacopoeial
pharmacopoeian
pharmacopolist -s
phelloplastics
phenobarbitone
phenylbutazone
philanthropist -s
philologically
philosophaster -s
philosopheress -es
philosophistic
phlegmatically
phonematically
phosphoprotein -s
phosphor-bronze
phosphorescent
photobiologist -s
photochemistry
photo-engraving
photogrammetry
photographical
photoperiodism
photosensitise -s,-d
           -sing
photosensitive
photosynthesis
photosynthetic
phototelegraph -s
phraseological
phthalocyanine
phyllotactical
physiognomical
phytogenetical

phytogeography
Phytolaccaceae
phytopathology
piano-accordion
picture-gallery
picture-writing
piezochemistry
piezomagnetism
pigeon-breasted
pigeon-fancying
pillow-fighting
pincer-movement
pinnatipartite
pisciculturist -s
plague-stricken
plane-polarised
planet-stricken
planing-machine
Plantaginaceae
plant-formation
plasmapheresis
platycephalous
plea-bargaining
pleasure-giving
pleasure-ground
pleasure-seeker
plectognathous
plenipotential
pleonastically
plethysmograph -s
pleurapophyses
pleurapophysis
Pleuronectidae
Plumbaginaceae
plutodemocracy
pluviometrical
pneumatologist -s
pneumoconiosis
pneumoconiotic
pneumodynamics
pneumokoniosis
pococuranteism
poikilothermal
poikilothermic
polemoniaceous
polishing-paste
polishing-slate
politicisation
polyembryonate
polymerisation -s
Polyplacophora
polysaccharide -s
polysyllabical
polysynthetism
polytheistical
Pontederiaceae
Pontefract-cake
popularisation -s
porcupine-grass
Porphyrogenite

portentousness
possessiveness
postmastership -s
post-millennial
postpositional
postpositively
potassium-argon
potentiometric
powder-magazine
practicability
Praeraphaelite
pragmaticality
prairie-chicken
praiseworthily
prayerlessness
preaching-cross
preaching-friar
preaching-house
prearrangement
precariousness
precociousness
preconcertedly
predaciousness
predesignation
predesignatory
predestinarian -s
predestination
predestinative
predeterminate
predeterminism
predevelopment -s
predictability
predisposition -s
prefabrication
preferentially
premeditatedly
premillenarian -s
preponderantly
preposterously
pre-Reformation
presbyterially
prescriptively
presentability
presentational
presentimental
presentiveness
preservability
pressure-helmet
presumptuously
presupposition -s
prettification -s
preventability
preventiveness
pribble-prabble
prick-the-garter
prince-imperial
princesse-dress
princesse-skirt
printing-office
prison-breaking

prittle-prattle
probabiliorism
probabiliorist -s
proceleusmatic
procrastinator -s
procryptically
procuratorship -s
prodigiousness
productibility
productiveness
professionally
professorially
profitableness
progenitorship -s
prognosticator -s
progressionary
progressionism
progressionist -s
prohibitionary
prohibitionism
prohibitionist -s
proletarianise -s,-d
          -sing
proletarianism
prolocutorship -s
promise-breaker
promise-crammed
promise-keeping
pronunciamento
propaedeutical
propeller-shaft
property-master
propitiatorily
propitiousness
proportionable
proportionably
proportionally
proportionless
proportionment
proprietorship -s
proprioceptive
proscriptively
prosencephalic
prosencephalon -s
prosperousness
prostaglandins
prosthodontics
prosthodontist -s
protectiveness
Protevangelium
prothonotarial
prothonotariat -s
protistologist -s
protoplasmatic
Protospathaire
Prototracheata
protozoologist -s
protrusiveness
proud-stomached
proventriculus -es

providentially
provincial-rose
provost-marshal
Prussification
psephoanalysis
pseudaesthesia
pseudepigrapha
pseudepigraphy
pseudo-archaism
pseudomembrane -s
pseudomorphism
pseudomorphous
pseudonymously
pseudosolution -s
pseudosymmetry
psilanthropism
psilanthropist -s
psychoanalysis -ses
psychoanalytic
psychochemical
psychodramatic
psychodynamics
psycholinguist -s
psychometrical
psychoneurosis -ses
psychoneurotic
psychophysical
psychosomatics
pteridophilist -s
pterylographic
public-spirited
pugilistically
pugnaciousness
purple-coloured
purposefulness
purse-snatching
pyelonephritic
pyelonephritis
pyjama-trousers
pyrenomycetous
pyrheliometric
pyrophosphoric
pyrophotograph -s
*Pythagoreanism

Q

quadragenarian -s
quadrangularly
quadriennially
quadrigeminate
quadrigeminous
quadrisyllabic
quadrisyllable -s
quantification -s
quantitatively
quaquaversally
quarter-gallery
quartz-porphyry
quattrocentism
quattrocentist -s

querimoniously
question-master
quicksilvering
quicksilverish
quilting-cotton
quinquagesimal
quinquecostate
quinquefarious
quinquefoliate
quinquennially
quinquevalence
quintessential
quizzification -s

R

rabbeting-plane
rabbit-squirrel
Rabelaisianism
radicalisation -s
radioastronomy
radioautograph -s
radiochemistry
radiosensitise -s,-d
               -sing
radiosensitive
radio-strontium
radiotelegraph -s
radiotelemeter -s
radiotelephone -s
radiotelephony
rambunctiously
rampageousness
ranunculaceous
reacquaintance -s
reaping-machine
reappraisement -s
rear-view-mirror
reasonableness
rebelliousness
recalcitration
recapitulation -s
recapitulative
recapitulatory
receivableness
receiving-house
receiving-order
reception-order
recitation-room
recolonisation -s
recommencement -s
recommendation -s
recommendatory
reconciliation -s
reconciliatory
recondensation -s
reconnaissance -s
reconsecration -s
reconstitution -s
reconstruction -s
reconstructive

recoverability
rectangularity
rectilinearity
recurvirostral
redintegration
redistillation
redistribution -s
reed-instrument
reflectionless
reflectiveness
reflexological
reformationist -s
refractoriness
refrangibility
regardlessness
regeneratively
regressiveness
regularisation -s
rehabilitation -s
rehabilitative
reintroduction -s
reinvigoration -s
rejuvenescence -s
relentlessness
relinquishment -s
remarkableness
Rembrandtesque
remedilessness
reminiscential
remonetisation -s
remorsefulness
reorganisation -s
repetitiveness
reprehensively
representation -s
representative -s
reproductively
reproductivity
repudiationist -s
requisitionary
requisitionist -s
resinification
resistance-coil
resistlessness
respectability -ties
respectfulness
responsibility -ties
responsiveness
restitutiveness
restitutionist -s
restorableness
restorationism
restorationist -s
restrainedness
restrictionist -s
resultlessness
resurrectional
retaliationist -s
retransmission -s
retrocognition

retrogradation
retro-operative
revalorisation
revengefulness
revivification
rewardableness
rheumatologist -s
rhinencephalic
rhinencephalon -s
rhinoceros-bird
Rhinocerotidae
Rhizophoraceae
rhombenporphyr
rhynchophorous
rhyparographer -s
rhyparographic
ribbon-building
rice-polishings
Rickettsiaceae
ridiculousness
riding-breeches
riding-interest
road-worthiness
robustiousness
Rochelle-powder
röntgenography
Rosicrucianism
rostrocarinate -s
rough-and-tumble
roundaboutedly
roundaboutness
rubber-solution
rumblegumption
rummelgumption
rummlegumption
running-banquet
Russianisation
Russo-Byzantine

S

Sabbatarianism
Sabbath-breaker
sacchariferous
sacramentalism
sacramentalist -s
sacramentarian -s
sacrament-house
sacrilegiously
salamander-like
salmon-coloured
saloon-carriage
saltpetre-paper
salubriousness
sanctification -s
sandwich-boards
sanguification
sanguinariness
sanguinivorous
sansculotterie
sansculottides

saponification
sapphire-quartz
Sarraceniaceae
satisfactorily
sauropterygian
sausage-bassoon
savanna-sparrow
saxifragaceous
scale-staircase
scandalisation
scandalmonging
scandalousness
scaphocephalic
scaphocephalus
scaremongering
scatter-brained
sceuophylacium -s
schematisation
schismatically
schizognathous
schizomycetous
schizophyceous
school-divinity
schoolmasterly
schoolmistress -es
school-teaching
schooner-rigged
Schwenkfeldian
scientifically
scintilloscope -s
scintillometer -s
sclerophyllous
Scombresocidae
scorpion-spider
Scottification
screw-propeller
scribbling-book
scrubbing-board
scrubbing-brush
scrupulousness
scrutinisingly
scurrilousness
sea-gilliflower
sea-gillyflower
seasonableness
secularisation -s
segregationist -s
seismometrical
self-abnegation
self-absorption
self-accusation
self-accusatory
self-admiration
self-advertiser
self-affrighted
self-assumption
self-commitment
self-comparison
self-complacent
self-condemning

self-confidence
self-consequent
self-consistent
self-controlled
self-conviction
self-correcting
self-dependence
self-destroying
self-determined
self-discipline
self-displeased
self-effacement
self-employment
self-enrichment
self-explaining
self-expression
self-flattering
self-fulfilling
self-fulfilment
self-generating
self-government
self-heterodyne
self-immolation
self-importance
self-inductance
self-indulgence
self-interested
self-justifying
self-management
self-neglecting
self-proclaimed
self-propulsion
self-protecting
self-protective
self-punishment
self-revelation
self-satisfying
self-sufficient
self-suggestion
self-supporting
self-sustaining
self-sustenance
self-tormenting
self-torturable
semaphorically
semicarbazones
semi-centennial
semicircularly
semiconducting
semi-elliptical
semi-occasional
semi-officially
sempstress-ship
sensationalism
sensationalist -s
sensualisation
sentimentalise -s,-d
                -sing
sentimentalism
sentimentalist -s

sentimentality
septuagenarian -s
sequaciousness
sergeant-at-arms
sericitisation
serjeant-at-arms
serpent-goddess
serpentine-rock
serpentiningly
serpent-worship
serratirostral
serviceability
servo-mechanism
sesquipedalian
sesquipedality
sesquisulphide
Shakespeariana
shamefacedness
shatter-brained
shawl-waistcoat
sheep-whistling
sheet-lightning
shelf-catalogue
shell-limestone
sheriff-officer
shifting-boards
shillingsworth -s
shilly-shallier
ship's-carpenter
shooting-jacket
short-sightedly
shoulder-girdle
shoulder-height
shove-halfpenny
shrill-shriking
siege-artillery
Sigillariaceae
silicification -s
silver-shedding
silversmithing
simplification -s
simplificative
simplistically
simultaneously
singing-gallery
single-breasted
sinistrorsally
skeleton-shrimp
skimble-skamble
skunk-blackbird
slanderousness
slantendicular
slantindicular
slatternliness
slaughter-house
slaughterously
sleepy-sickness
slug-foot-second
smelling-bottle
smoking-concert

snapping-turtle
snipper-snapper
snip-snap-snorum
snow-spectacles
sociobiologist -s
solecistically
solicitousness
solidification -s
solitaire-board
solitudinarian -s
solubilisation -s
somnambulation -s
somnambulistic
sonnet-sequence
sophistication -s
soporiferously
soteriological
soul-confirming
soul-destroying
south-eastwards
south-south-east
south-south-west
south-westwards
Sovietological
space-traveller
spade-husbandry
sparrow-blasted
spatiotemporal
spawning-ground
specialisation -s
spectacularity
spectrographic
spectrological
spectroscopist -s
speechlessness
speech-training
spelaeological
spermatogenous
spermatogonium -s
spermatophytic
spermatorrhoea
sphaerocrystal -s
sphygmographic
spindle-shanked
spinthariscope -s
spiritlessness
spirit-stirring
spiritualistic
spirituousness
spirochaetosis
sporangiophore -s
sporangiospore -s
spread-eagleism
sprightfulness
spring-carriage
spring-cleaning
spring-ligament
spring-mattress
squadron-leader
squirearchical

squirrel-monkey
stage-direction
stalactitiform
stamp-collector
stamping-ground
standard-bearer
standing-ground
staphylococcal
Staphylococcus
starch-hyacinth
star-of-the-earth
star-of-the-night
stationariness
station-manager
statuesqueness
steel-engraving
steeplechasing -s
steeple-crowned
steganographer -s
steganographic
stegocephalian -s
stegocephalous
stenographical
stentorophonic
stereoisomeric
stereometrical
stereoscopical
stereospecific
stereotactical
stertorousness
stethoscopical
stichometrical
sticky-fingered
stigmatiferous
stigmatisation -s
stiletto-heeled
stirrup-leather
stocking-filler
stocking-stitch
stoechiometric
stoicheiometry
stoichiometric
stomachfulness
stomatogastric
stomping-ground
stoope-gallaunt
stout-heartedly
strabismometer -s
straddle-legged
straining-piece
strand-scouring
stratification -s
stratigraphist -s
strawberry-leaf
strawberry-mark
strawberry-tree
street-railroad
strepsipterous
stretching-bond
stretching-iron

strike-breaking
striking-circle
strobilisation
stultification
stultiloquence
stumbling-block
stumbling-stone
stupendousness
Sturmabteilung
subalternation
subarborescent
subconsciously
subcontinental
subcontrariety
subcutaneously
subgenerically
subinfeudation
subinfeudatory
subinsinuation
subject-heading
subjectiveness
subjectivistic
submergibility
submersibility
submicroscopic
subminiaturise -s,-d
    -sing
submissiveness
substantialise -s,-d
    -sing
substantialism
substantialist -s
substantiality
substantiation -s
substantivally
substitutional
substitutively
subterposition -s
subterrestrial -s
subtersensuous
successfulness
successionally
successionless
successiveness
succulent-house
sufferableness
suggestibility
suggestiveness
sulphanilamide
sulphapyridine
sulphathiazole
superabundance -s
superannuation -s
supercargoship
supercelestial
superciliously
superconductor -s
supercontinent -s
superelevation -s
supereminently

supererogation
supererogative
supererogatory
superessential
superexcellent
superficialise -s,-d
-sing
superficiality
superfoetation -s
superincumbent
superinduction -s
superintendent -s
supernaturally
superovulation -s
superphosphate -s
superscription -s
supersensitive
superstruction -s
superstructive
superstructure -s
superterranean
supervisorship -s
supplementally
supplicatingly
suppositionary
supposititious
Supralapsarian
suprasegmental
sure-footedness
surpassingness
surprisingness
susceptibility
suspensibility
suspiciousness
swaddling-cloth
swathing-clouts
sweet-and-twenty
swindge-buckler
swingling-stock
swoopstake-like
sword-swallower
sycophantishly
symbolicalness
symmetrisation -s
symmetrophobia
symptomatology
synaposematism
synchronically
synonymousness
Syrophoenician
systematically

T

tabernacle-work
tabularisation -s
tacheometrical
tachistoscopic
tachygraphical
talking-machine
tallow-chandler

tariff-reformer
tatterdemalion -s
tautologically
telangiectasis
telangiectatic
telautographic
telegraph-board
telegraph-cable
telegraph-plant
teleologically
telepathically
telephonically
telephotograph -s
teleprocessing
telescopically
telesmatically
teletypewriter -s
temperamentful
tergiversation -s
terminableness
terminological
terotechnology
territorialise -s,-d
-sing
territorialism
territorialist -s
territoriality
terror-stricken
testamentarily
testimonialise -s,-d
-sing
tetrachotomous
tetradactylous
tetragrammaton -s
tetrasporangia
thalassography
thaumatography
thaumaturgical
theatricalness
theocratically
Theopaschitism
theosophically
therianthropic
theriomorphism
theriomorphous
thermochemical
thermodynamics
thermo-electric
thermometrical
thimble-rigging
third-programme
thoughtfulness
thought-process
thought-reading
thrashing-floor
threadbareness
three-farthings
three-halfpence
three-halfpenny
threshing-floor

thriftlessness
thromboplastin
through-ganging
through-traffic
thymelaeaceous
thyrotoxicosis
thysanopterous
tide-waitership
tintinnabulant
tintinnabulary
tintinnabulate -s,-d
-ting
tintinnabulous
tittle-tattling
tobacco-stopper
topsyturviness
torsion-balance
town-councillor
Trachypteridae
traction-engine
traditionalism
traditionalist -s
traditionality
traditionarily
traffic-manager
traffic-returns
traffic-signals
tragi-comically
traitorousness
transcendental
transcendently
transfer-ticket
transformation -s
transformative
transformistic
transfusionist -s
transitionally
transitiveness
transitoriness
transliterator -s
transmigration -s
transmigrative
transmigratory
transmissional
transmissivity
transmogrified
transplantable
transportation -s
transportingly
transport-rider
transsexualism
transvaluation -s
transversality
transvestitism
traveller's-tree
treacle-mustard
tree-worshipper
tremendousness
trencher-friend
trencher-knight

trichinisation -s
trichobacteria
trichomoniasis
trichophytosis
trichotomously
triconsonantal
triconsonantic
tridimensional
trimethylamine
Trinitarianism
trinitrophenol
trinitrotoluol
trinkum-trankum
tripersonalism
tripersonalist -s
tripersonality
triphenylamine
trisoctahedron -s,-dra
trituberculate
trituberculism
trivialisation -s
Trochelminthes
trophoneurosis
tropologically
troubleshooter -s
true-lover's-knot
trumpet-tongued
tumbling-barrel
tumorigenicity
tumultuousness
turbine-steamer
turbo-generator
turf-accountant
turpentine-tree
turquoise-green
two-dimensional
two-for-his-heels
tyrannicalness

U

ultimogeniture
ultracrepidate -s,-d
             -ting
ultramicrotome -s
ultramicrotomy -mies
ultramontanism
ultramontanist -s
ultra-Neptunian
ultrastructure -s
ultroneousness
umbrageousness
unaccommodated
unaccomplished
unaccounted-for
unacknowledged
unacquaintance
unaffectedness
unappreciative
unapprehensive
unapproachable

unapproachably
unappropriated
unartificially
unaspiringness
unassumingness
unattractively
unauthenticity
unavoidability
unbearableness
unbecomingness
unblamableness
unbusinesslike
uncertificated
uncheerfulness
unchristianise -s,-d
               -sing
uncircumcision
uncommunicable
uncommunicated
uncomprehended
uncompromising
unconceiveable
unconciliatory
unconfederated
uncongeniality
unconscionable
unconscionably
unconsolidated
uncontaminated
uncontemplated
uncontradicted
uncontrollable
uncontrollably
uncontrolledly
uncontroverted
unconventional
uncorroborated
uncrystallised
undecipherable
undecomposable
undemonstrable
undeniableness
under-clerkship
under-constable
underdeveloped
undergraduette -s
undermentioned
undernourished
under-populated
under-secretary
understandable
understatement -s
understrapping
undervaluation -s
undeservedness
undesignedness
undesirability
undespairingly
undeterminable
undiminishable

undiscoverable
undiscoverably
undistractedly
undomesticated
unenterprising
unentertaining
unenthusiastic
unexpectedness
unextinguished
unfaithfulness
unflappability
unflatteringly
unforeknowable
unfriendedness
unfriendliness
unfruitfulness
ungracefulness
ungraciousness
ungratefulness
ungroundedness
unhandsomeness
unhesitatingly
unidentifiable
unidirectional
uniformitarian -s
unilluminating
unincorporated
unintellectual
unintelligible
unintelligibly
unintermitting
unintoxicating
universalistic
universitarian -s
unknightliness
unknowableness
unmalleability
unmannerliness
unmanufactured
unmarriageable
unmaterialised
unmathematical
unmatriculated
unmentionables
unmerchantable
unmercifulness
unmetaphorical
unmetaphysical
unostentatious
unpassableness
unpleasantness -es
unpoeticalness
unpracticality
unpraiseworthy
unpremeditable
unpremeditated
unpreparedness
unprepossessed
unpresumptuous
unpretendingly

unproductively
unproductivity
unprofessional
unpropitiously
unproportioned
unprosperously
unpurchaseable
unquestionable
unquestionably
unreadableness
unrecapturable
unreciprocated
unrecognisable
unrecognisably
unreconcilable
unreconcilably
unreflectingly
unreliableness
unremorsefully
unremunerative
unreproducible
unreservedness
unresolvedness
unresponsively
unrestrainable
unrestrainedly
unrestrictedly
unrhythmically
unrightfulness
unromantically
unsatisfaction
unsatisfactory
unscripturally
unscrupulously
unsectarianism
unsisterliness
unsociableness
unsophisticate
unspiritualise -s,-d
           -sing

unsplinterable
unstrengthened
unsuccessfully
unsuitableness
unsurmountable
unsuspectingly
unsuspiciously
unsympathising
unsystematical
unsystematised
untameableness
unthankfulness
unthinkability
unthinkingness
unthoughtfully
untowardliness
untransferable
untranslatable
untranslatably
untransmutable
untruthfulness

unvanquishable
unwatchfulness
unyieldingness
uproariousness
Ustilaginaceae
uterogestation -s
utilitarianise -s,-d
           -sing
utilitarianism

V

vaingloriously
Valentinianism
valerianaceous
valetudinarian -s
vasodilatation -s
vasodilatatory
vegetativeness
verisimilitude
verse-mongering
verticillaster -s
vibroflotation
vicar-apostolic
vice-chancellor
vice-consulship
vice-presidency
vicesimo-quarto
victoriousness
videotelephone -s
vigesimo-quarto
vindictiveness
vitalistically
vitilitigation -s
vitrescibility
vitriolisation -s
vituperatively
viviparousness
vivisectionist -s
vociferousness
volatilisation
volcanological
volumetrically
voluminousness
voluptuousness
vulcanological
vulnerableness

W

wappenschawing -s
warrant-officer
washing-machine
watch-committee
water-barometer
water-breathing
water-colourist
watering-trough
water-privilege
water-repellent
water-resistant
watertightness
weak-mindedness

weapon-schawing
wearing-apparel
weather-prophet
weather-station
wedding-garment
weeding-forceps
weightlessness
well-acquainted
well-thought-out
westernisation -s
what-d'you-call-'em
what-d'you-call-it
wheeler-dealing
whippersnapper -s
whispering-dome
whistle-blowing
whittie-whattie
whole-heartedly
widow-bewitched
Wilhelmstrasse
willing-hearted
wind-instrument
window-dressing
window-shopping
witches'-thimble
withering-floor
wonder-stricken
wood-nightshade
woollen-drapery
worcesterberry -rries
worcester-sauce
working-drawing
worshipfulness
wreath-filament

X

xanthomelanous
xiphihumeralis -es
xylopyrography
xylotypography

Y

yellow-breasted
yellow-centaury
yellow-yoldring
yttro-columbite
yttro-tantalite

Z

zebra-parrakeet
zenith-distance
zinckification
zincographical
zingiberaceous
zinziberaceous
zoophytologist -s
Zoroastrianism
Zygobranchiata
zygobranchiate -s
Zygophyllaceae

A

abiogenetically
acclimatisation
accountableness
achondroplastic
acknowledgeable
acknowledgeably
acknowledgement
acquisitiveness
adjutant-general
adventurousness
affranchisement
agriculturalist
air-chief-marshal
air-conditioning
aircraft-carrier
all-changing-word
allotriomorphic
amaryllidaceous
ambulance-chaser
amphitheatrical
anacreontically
anaesthesiology
anaesthetically
ancestor-worship
andromonoecious
angustirostrate
ankylostomiasis
annihilationism
Annunciation-day
anomalistically
antepenultimate
anthropobiology
anthropocentric
anthropogenesis
anthropological
anthropomorphic
anthropopathism
anthropophagite
anthropophagous
anthropopsychic
anthroposophist
anticholinergic
antichristianly
anticlericalism
anti-Gallicanism
antimonarchical
antiperistaltic
antitrinitarian
antivivisection
apocalyptically
Apollinarianism
apophthegmatise
apophthegmatist
approachability
appropinquation
appropriateness
arboriculturist
Archichlamydeae

archiepiscopacy
archiepiscopate
architectonical
argumentatively
Aristotelianism
armoured-cruiser
arterialisation
asclepiadaceous
astrodynamicist
astronavigation
atherosclerosis
atmospherically
attorney-general
authoritatively
autographically
automorphically
autoradiography
autoschediastic

B

bacchanalianism
bacteriological
banqueting-house
bargain-basement
Bartholomew-tide
basidiomycetous
bed-and-breakfast
before-mentioned
bibliographical
bioastronautics
biodestructible
biogeochemistry
biogeographical
bioluminescence
blast-furnaceman
blood-and-thunder
blood-guiltiness
bomb-calorimeter
boning-telescope
brachistochrone
brachycephalous
brachydactylous
bronchoscopical
bubble-and-squeak
butterfly-flower
butterfly-orchis

C

Caesalpiniaceae
Callitrichaceae
canisterisation
canvas-stretcher
Capernaitically
caprifoliaceous
carnivorousness
carpometacarpus
carriage-forward
Caryophyllaceae
casement-curtain
cataclysmically

catallactically
catch-as-catch-can
categoricalness
cerebrovascular
ceremoniousness
chamber-hangings
chamberlainship
chargé-d'affaires
chemopsychiatry
chenopodiaceous
chloramphenicol
cholangiography
cholecystectomy
cholecystostomy
chondrification
chondropterygii
chrestomathical
Christadelphian
Christy-minstrel
chromatographic
chromoxylograph
chronologically
cigarette-holder
Cinderella-dance
cinematographer
cinematographic
cinemicrography
circumambagious
circumferential
circumforaneous
circumincession
circuminsession
circumnavigable
circumnavigator
circumscribable
circumscription
circumscriptive
circumspectness
circumstantials
circumstantiate
circumvallation
citronella-grass
clandestineness
clearing-station
cloud-compelling
cloud-cuckoo-land
cloud-cuckoo-town
cockneyfication
coconsciousness
co-instantaneity
co-instantaneous
cold-bloodedness
collenchymatous
colposcopically
combustibleness
comfortlessness
commendableness
commission-agent
communalisation
communicability

communicatively
companion-ladder
compartmentally
compassionately
compendiousness
competitiveness
complementarily
complementarity
compotationship
comprehensively
comprehensivise
compressibility
computerisation
conceivableness
conceptualistic
condescendingly
confessionalism
confessionalist
confidentiality
configurational
confrontational
congealableness
conjunctionally
conjunctiveness
connoisseurship
conquerableness
conscience-proof
conscientiously
conscriptionist
consecratedness
consecutiveness
consentaneously
consequentially
conservationist
conservatorship
considerateness
consideratively
consolation-race
conspicuousness
constitutionist
constructionism
consubstantiate
consumptiveness
contemplatively
contemporaneity
contemporaneous
contemptibility
contentiousness
continuation-day
contractability
contractibility
contradictively
contradictorily
contrapropeller
contravallation
controllability
controversially
conventionalise
conventionalism
conventionalist

conventionality
conversationism
conversationist
corporification
correlativeness
correspondently
correspondingly
corruptibleness
co-significative
cosmopolitanism
counteractively
counter-approach
counter-evidence
counterfeisance
counter-flowered
counter-irritant
countermandable
counter-movement
counter-pressure
counter-proposal
counter-security
countervailable
crease-resistant
crease-resisting
criminalisation
crimping-machine
crook-shouldered
crossing-sweeper
cross-laterality
crossopterygian
crypto-Christian
crypto-communist
crystallisation
crystallography
cytomegalovirus
Czechoslovakian

D

daguerreotypist
decalcification
decarbonisation
decarburisation
decipherability
decolourisation
decomposability
decontamination
decontaminative
defencelessness
degenerationist
deindustrialise
deleteriousness
demagnetisation
democratifiable
democratisation
demonstrability
demonstratively
demulsification
denitrification
departmentalise
departmentalism

dephlogisticate
dermatoglyphics
descriptiveness
desertification
desexualisation
desilverisation
dessertspoonful
destructibility
destructiveness
determinability
developmentally
devil-worshipper
devitrification
diaheliotropism
diamagnetically
diaphototropism
diaphragmatitis
dieselhydraulic
differentiation
diffrangibility
dimethylaniline
direction-finder
director-general
disadvantageous
disaffectedness
disaffectionate
disafforestment
disagreeability
disarticulation
disassimilative
discommendation
discommodiously
discontinuation
discontinuously
discretionarily
disentanglement
disentrancement
disgracefulness
dishabilitation
disharmoniously
dishearteningly
disillusionment
disimprisonment
disinflationary
disinterestedly
disobligingness
disorganisation
dispassionately
dispensableness
displeasingness
disproportional
disputativeness
disquisitionary
disreputability
disrespectfully
dissatisfaction
dissatisfactory
dissociableness
dissolvableness
distastefulness

distinctiveness
distinguishable
distinguishably
distinguishment
distractibility
distressfulness
distrustfulness
dithyrambically
diversification
dividend-warrant
doctrinarianism
dolichocephalic
dorsibranchiate
dorsiventrality
double-barrelled
double-facedness
drawn-threadwork
dressing-station
drilling-machine
durchkomponiert
dyer's-yellowweed
dyslogistically
dysmenorrhealic
dysteleological

E

ebullioscopical
ecclesiological
echinodermatous
éclaircissement
edriophthalmian
edriophthalmous
efficaciousness
electrification
electroanalysis
electrochemical
electrodynamics
electrokinetics
electromagnetic
electrometrical
electromyograph
electronegative
electrophoresis
electrophoretic
electropositive
electrotechnics
electrothermics
eleutherodactyl
emancipationist
enantiomorphism
enantiomorphous
encephalography
encomiastically
encyclopaedical
enfranchisement
entomologically
entrepreneurial
epidemiological
episcopalianism
epistemological

epitheliomatous
equalitarianism
equiprobability
ergatandromorph
Eriocaulonaceae
etherealisation
ethnomusicology
euphemistically
evangelicalness
evangelistarion
evening-primrose
everlastingness
exchangeability
excommunication
excommunicatory
excrementitious
exemplification
exhibitionistic
expeditiousness
experientialism
experientialist
experimentalise
experimentalist
experimentation
experimentative
expressionistic
extemporariness
extemporisation
exteriorisation
externalisation
extra-curricular
extra-illustrate
extra-judicially
extraordinaries
extraordinarily
extra-provincial

F

faithworthiness
fantasticalness
fashionableness
feather-boarding
fellow-traveller
ferro-molybdenum
field-sequential
fifth-monarchism
fifth-monarchist
flamboyante-tree
flibbertigibbet
flutter-tonguing
formularisation
foul-mouthedness
foundation-stone
fractionisation
fragmentariness
franking-machine
free-heartedness
freezing-mixture

Frenchification
French-polishing

G

gastroenteritis
gathering-ground
gentleman-at-arms
gentlemanliness
geochronologist
geomorphologist
gillie-whitefoot
Gleichschaltung
glossographical
gnotobiological
gnotobiotically
goniometrically
good-conditioned
good-naturedness
gooseberry-stone
Götterdämmerung
governor-general
gramophonically
grandiloquently
granitification
granulitisation
gravitationally
great-grandchild
greenery-yallery
gynandromorphic

H

hackney-carriage
hackney-coachman
half-heartedness
half-wellingtons
hard-and-fastness
hard-heartedness
harvest-festival
heir-presumptive
heliotropically
hellenistically
helminthologist
hemicrystalline
hendecasyllabic
hendecasyllable
hepaticological
herb-Christopher
hermaphroditism
hermeneutically
heterocercality
heterodactylous
heterogeneously
heterosexuality
hexachlorophane
hexachlorophene
hierogrammatist
high-gravel-blind
historiographer
historiographic
hobbledehoyhood

holocrystalline
homeopathically
homochlamydeous
homogeneousness
hospitalisation
humanitarianism
hydrobiological
Hydrocorallinae
hydrodynamicist
hydrometallurgy
hydropathically
hydrostatically
hyetometrograph
hyperadrenalism
hypercatalectic
hypercritically
hyperthyroidism
hypnotisability
hypochondriacal
hypochondriasis
hypophosphorous

I

ichthyodorulite
ichthyodorylite
Ichthyopterygia
icositetrahedra
ideographically
idiosyncratical
ill-favouredness
illimitableness
illustriousness
imaginativeness
immensurability
immortalisation
immunochemistry
impenetrability
imperishability
impermeableness
imperviableness
imponderability
importunateness
impracticalness
imprescriptible
impressionistic
improvisatorial
inaccessibility
inadmissibility
inadvisableness
inapplicability
inapprehensible
inappropriately
inattentiveness
incalculability
incapaciousness
incommensurable
incommensurably
incommunicative
incommutability
incomparability

incompatibility
incomprehension
incomprehensive
incongruousness
inconsequential
inconsiderately
inconsideration
inconspicuously
incorrigibility
incredulousness
indefeasibility
indefensibility
indemnification
indeterminately
indetermination
indigestibility
indisciplinable
indissolubility
indistinctively
indistributable
individualistic
indivisibleness
indubitableness
ineffectiveness
ineffectualness
inefficaciously
inexcusableness
inexpensiveness
inexplicability
inextensibility
infinitesimally
inflammableness
infrangibleness
infundibuliform
injudiciousness
innumerableness
inobtrusiveness
inoffensiveness
inofficiousness
inoperativeness
inopportuneness
inquisitiveness
inquisitorially
inscrutableness
insensitiveness
inseperableness
insignificantly
insignificative
inspirationally
instantaneously
institutionally
instructiveness
instrumentalism
instrumentalist
instrumentality
instrumentation
insubordinately
insubordination
insubstantially
insuperableness

insurrectionary
insurrectionism
insurrectionist
intellectualise
intellectualism
intellectualist
intellectuality
intelligibility
intemperateness
intensification
interambulacral
interambulacrum
interchangeable
interchangeably
interchangement
interclavicular
intercollegiate
intercolonially
interconnection
interdependence
interdigitation
interestingness
interfascicular
interferometric
interjaculatory
interjectionary
interlamination
internationally
interosculation
interpenetrable
interpersonally
interpretership
interprovincial
interrogatively
interscholastic
interstratified
intersubjective
intertanglement
intertentacular
intertwistingly
interventionism
interventionist
intolerableness
intractableness
intransigentism
intransigentist
intransmissible
intrinsicalness
introsusception
intussusception
intussusceptive
involuntariness
invulnerability
irrationalistic
irreconcilement
irredeemability
irreducibleness
irreductibility
irrefragability
irrefutableness

irreligiousness
irremissibility
irremovableness
irreparableness
irrepealability
irreprehensible
irreprehensibly
irresistibility
irresolvability
irretentiveness
irreversibility
irrevocableness
isoperimetrical

J

Jack-in-the-pulpit
Jack-of-all-trades
jerry-come-tumble
Johnny-head-in-air
Jungermanniales
jurisprudential
justifiableness
juxtapositional

K

katathermometer
kilogram-calorie
kind-heartedness
kitchen-gardener
knick-knackatory
knitting-machine

L

landing-carriage
landscape-marble
laughing-jackass
lepidopterology
lexicographical
light-headedness
light-mindedness
lissencephalous
lithochromatics
lob-lie-by-the-fire
logarithmically
logographically
long-sightedness
lophobranchiate
low-spiritedness

M

machine-readable
macrocosmically
macroscopically
macrosporangium
magisterialness
magneto-electric
malacopterygian
malassimilation
malconformation
maldistribution

malpractitioner
malpresentation
manic-depressive
manneristically
manoeuvrability
margaritiferous
market-gardening
marriage-licence
marriage-portion
marsh-cinquefoil
Marsipobranchii
materialisation
materialistical
meadow-saxifrage
mechanistically
medicine-dropper
Megacheiroptera
menispermaceous
Mephistophelean
Mephistophelian
meritoriousness
meroblastically
mesaticephalous
messenger-at-arms
metalinguistics
metamathematics
methodistically
metropolitanate
Michaelmas-daisy
microanalytical
Microchiroptera
microdissection
microelectronic
micromicrocurie
micromicrofarad
micromillimetre
micropegmatitic
microphotograph
microscopically
microsporangium
microsporophyll
microtechnology
Middle-Easterner
middle-of-the-road
middle-stitching
mineralogically
miniaturisation
misappreciation
misappreciative
misapprehension
misapprehensive
misbecomingness
miscellaneously
mischievousness
misconstruction
misintelligence
misproportioned
mistrustfulness
mole-electronics
monarchianistic

monochlamydeous
Monocotyledones
monocrystalline
monosymmetrical
montmorillonite
morning-sickness
morphophonemics
mortiferousness
mountain-bramble
mountain-leather
mountain-railway
multiarticulate
multinucleolate
multitudinously
myristicivorous

N

nationalisation
nature-knowledge
near-sightedness
necessitousness
necromantically
neighbourliness
Nemathelminthes
nemathelminthic
Neo-Christianity
nepheline-basalt
neurophysiology
neuropsychiatry
new-Commonwealth
nitro-derivative
noble-mindedness
non-commissioned
non-contributory
non-intervention
non-intrusionist
non-professional
non-profit-making
nonsensicalness
north-countryman
north-eastwardly
north-westwardly
nothingarianism
notwithstanding
numismatologist

O

objectification
observationally
oceanographical
ochlocratically
odontostomatous
odoriferousness
omnibenevolence
omnidirectional
oneirocriticism
ontogenetically
onychocryptosis
open-heartedness
Ophioglossaceae

ophthalmologist
ophthalmoplegia
ophthalmoscopic
Opisthobranchia
opisthognathous
opprobriousness
optoelectronics
ornithodelphian
ornithodelphous
ornithorhynchus
orthophosphoric
orthopsychiatry
ostreiculturist
overbearingness
overdevelopment
overforwardness
owner-occupation

P

packet-switching
palaeobotanical
palaeogeography
palaeographical
palaeolimnology
palaeomagnetism
palaeontography
palaeontologist
palaeophytology
palaeozoologist
panophthalmitis
Pan-Presbyterian
pantechnicon-van
pantopragmatics
paradoxicalness
paragraphically
paraheliotropic
paralinguistics
parasiticalness
parasympathetic
parenthetically
parliamentarian
parliamentarily
parliamentarism
parliament-hinge
parliament-house
paroemiographer
parthenogenesis
parthenogenetic
particularistic
party-government
passenger-pigeon
Patripassianism
paulo-post-future
peacock-pheasant
peasecod-bellied
peasecod-cuirass
pedagoguishness
pencil-sharpener
penetrativeness
perfunctoriness

pergamentaceous
perissodactylic
perissosyllabic
peristaltically
perpendicularly
personalisation
personification
perspicaciously
perspicuousness
pessimistically
phantasmagorial
pharisaicalness
pharmacognosist
pharmacognostic
phase-difference
phenakistoscope
phenolphthalein
phenomenalistic
phenomenologist
phenylketonuria
phenylketonuric
philanthropical
philosophically
phonautographic
phonemicisation
phosphorescence
phosphorylation
photoconducting
photoconductive
photoelasticity
photogrammetric
photolithograph
photomechanical
photomicrograph
photosensitiser
phototelegraphy
photoxylography
photozincograph
phrenologically
physicochemical
physiographical
physiologically
physiotherapist
phytogeographer
phytogeographic
picture-moulding
picture-restorer
picturesqueness
pillow-structure
Pithecanthropus
plagiostomatous
plantaginaceous
platitudinarian
Platyhelminthes
pleasurableness
pleasure-seeking
plenipotentiary
pleuro-pneumonia
plumbaginaceous
pneumatological

police-constable
police-inspector
polishing-powder
polychloroprene
polycrystalline
polyphloesboean
Polyprotodontia
polysyllabicism
polysynthetical
polyunsaturated
porcelain-cement
portmanteau-word
portrait-gallery
portrait-painter
post-millenarian
postulationally
poverty-stricken
powdering-closet
practicableness
pragmaticalness
prairie-schooner
preacquaintance
precipitability
precipitousness
preconstruction
predeterminable
predictableness
preferentialism
preferentialist
preformationism
preformationist
prehistorically
prepositionally
prepossessingly
Pre-Raphaelistic
Pre-Raphaelitish
Pre-Raphaelitism
Presbyterianise
Presbyterianism
presence-chamber
presentableness
presentationism
presentationist
preservationist
prestidigitator
pretentiousness
preternaturally
printing-machine
probationership
problematically
processionalist
procrastinating
procrastination
procrastinative
procrastinatory
procreativeness
professionalise
professionalism
prognostication
prognosticative

programmability
progressiveness
prohibitiveness
proof-correcting
proof-correction
properispomenon
proportionality
proportionately
proprietorially
propylitisation
prosenchymatous
prospectiveness
protospatharius
protozoological
provocativeness
provost-sergeant
pseudepigraphic
pseudohexagonal
psychobiography
psychobiologist
psychochemistry
psychogenetical
psychogeriatric
psychographical
psychohistorian
psychometrician
psychopathology
psychophysicist
psychosomimetic
psychotherapist
psychotomimetic
psychrometrical
pulchritudinous
pulmobranchiate
punctiliousness
purposelessness
pusillanimously
pyro-electricity
pyrophotography
pyrotechnically

Q

quadripartition
quadruplication
quarrelsomeness
quartermistress
quarter-sessions
quasihistorical
quatercentenary
questionability
question-begging
quick-conceiving
quick-wittedness
quinquagenarian
quintuplication

R

radiogoniometer
radiogramophone
radiotelegraphy

railway-carriage
railway-crossing
rainbow-coloured
rationalisation
readvertisement
reafforestation
reapportionment
receiver-general
receiving-office
recollectedness
reconcilability
reconsideration
reconsolidation
reconvalescence
recoverableness
recrementitious
redetermination
re-establishment
refortification
refrangibleness
refreshment-room
regionalisation
reinterrogation
remonstratingly
remorselessness
rent-restriction
repetitiousness
reproachfulness
resourcefulness
respectableness
resurrectionary
resurrectionise
resurrectionism
resurrectionist
resurrection-man
resurrection-pie
retrievableness
retrogressional
retrogressively
retrospectively
Rhamphorhynchus
rheumatological
rhombencephalon
rhombenporphyry
Rhynchobdellida
Rhynchocephalia
riding-committee
right-handedness
right-mindedness
ritualistically
romanticisation
röntgenotherapy
roundaboutation
roundaboutility
round-shouldered
rudimentariness

S

Sabbath-breaking
saddler-corporal

saddler-sergeant
sado-masochistic
saloon-passenger
sanctimoniously
sandwort-spurrey
sarcenchymatous
scaphocephalous
schillerisation
schistosomiasis
schizophrenetic
school-inspector
schoolmastering
schoolmasterish
Schrecklichkeit
sclerodermatous
scolopendriform
scribaciousness
scribbling-paper
scripture-reader
seaplane-carrier
Second-adventist
second-in-command
seconds-pendulum
secundogeniture
sedimentologist
seeming-virtuous
seismographical
Selaginellaceae
selenographical
self-abandonment
self-advancement
self-affirmation
self-approbation
self-capacitance
self-complacence
self-confidently
self-consequence
self-considering
self-consistency
self-constituted
self-degradation
self-destruction
self-destructive
self-determining
self-examination
self-explanatory
self-explication
self-forgetfully
self-humiliation
self-improvement
self-liquidating
self-observation
self-opinionated
self-pollination
self-portraiture
self-slaughtered
self-sovereignty
self-substantial
self-sufficiency

self-sustainment
self-vindication
semi-documentary
semi-independent
semimanufacture
Semi-Pelagianism
semitransparent
sensation-monger
sense-perception
sententiousness
septentrionally
sergeant-drummer
sericiculturist
serviceableness
sesquicentenary
seventeen-hunder
shabby-gentility
shadow-pantomime
shooting-gallery
shoulder-clapper
shoulder-shotten
shoulder-slipped
shrink-resistant
significatively
single-heartedly
singularisation
slantingdicular
slave-trafficker
sleeping-draught
sleeping-partner
slotting-machine
slumpflationary
smelting-furnace
sober-mindedness
socialistically
sociobiological
sociolinguistic
softly-sprighted
south-eastwardly
south-westwardly
space-travelling
speaking-trumpet
spectroscopical
speculativeness
speechification
spermatoblastic
spermatogenesis
spermatogenetic
sphaerosiderite
Sphenisciformes
spheroidisation
spontaneousness
spread-eaglewise
stalactitically
stalagmitically
stamping-machine
standardisation
standing-rigging
stand-offishness
staphylorrhaphy

stapling-machine
star-of-Bethlehem
steam-navigation
steganographist
stereochemistry
stereographical
stereoisomerism
sticking-plaster
stiff-neckedness
stilpnosiderite
stoechiological
stoicheiometric
stoichiological
straightforward
strait-waistcoat
stratigraphical
strawberry-shrub
stretcher-bearer
stretching-frame
strombuliferous
subcommissioner
subintellection
subintelligence
subintelligitur
subject-superior
sublapsarianism
subordinateness
subspecifically
substantialness
substantiveness
substitutionary
substratosphere
subterraneously
suburbanisation
successlessness
sulphaguanidine
sulphur-bacteria
sulphureousness
superabundantly
supercalendered
superconducting
superconductive
superexaltation
superexcellence
superficialness
superfluousness
superheterodyne
superimposition
superincumbence
superinducement
superintendence
superintendency
superlativeness
supernaturalise
supernaturalism
supernaturalist
superordination
superplasticity
supersaturation
superstitiously

superstructural
supplementarily
supplementation
supportableness
suppositionally
surreptitiously
susceptibleness
swathing-clothes
sword-and-buckler
sycophantically
syllabification
syllogistically
symmetricalness
sympathetically
sympathomimetic
symptomatically
synarthrodially
synchronisation
synchronistical
synchronousness
synecdochically
synecologically
systematisation

T

tarsometatarsal
tarsometatarsus
technologically
Tectibranchiata
tectibranchiate
telegraphically
telephotography
temperamentally
tempestuousness
tendentiousness
tender-heartedly
tentaculiferous
testament-dative
Tetrabranchiata
tetrabranchiate
Tetractinellida
tetrasporangium
tetrasyllabical
thalassographer
thalassographic
thanatognomonic
thankworthiness
theorematically
theosophistical
therapeutically
therianthropism
theriomorphosis
thermochemistry
thin-skinnedness
thoughtlessness
threepenceworth
threepennyworth
thrombo-embolism
ticket-collector
topographically

torque-converter
totalitarianism
training-college
transcriptional
transcriptively
transferribilty
transfiguration
transfigurement
transgressional
transgressively
transilluminate
transliteration
transmogrifying
transmutability
transparentness
transplantation
transportedness
transpositional
traumatological
treacherousness
treasonableness
trigonometrical
trinitrobenzene
trinitrotoluene
trisyllabically
troubleshooting
troublesomeness
true-heartedness
trustworthiness
trypanosomiasis
tuberculisation
two-pair-of-stairs
typographically

U

ultracentrifuge
ultramicroscope
ultramicroscopy
ultra-Protestant
ultrasonography
unaccommodating
unadvisableness
unalterableness
unapostolically
unapprehensible
unascertainable
unauthenticated
unauthoritative
unavailableness
unavoidableness
unblameableness
uncanonicalness
unceremoniously
unchallengeable
unchallengeably
unchangeability
unchristianlike
uncircumscribed
uncommunicative
uncompanionable

uncompassionate
uncomplainingly
uncomplaisantly
uncomplimentary
uncomprehending
uncomprehensive
unconcernedness
unconditionally
unconscientious
unconsciousness
unconsentaneous
unconstrainable
unconstrainedly
uncontroversial
uncooperatively
unco-operatively
undemonstrative
under-employment
underestimation
underhandedness
under-privileged
under-production
understandingly
under-the-counter
undesirableness
undetermination
undisciplinable
undistinguished
unexceptionable
unexceptionably
unexceptionally
unforgivingness
unfortunateness
unfossiliferous
ungentlemanlike
ungrammatically
unhealthfulness
unidiomatically
unimaginatively
unintentionally
uninterestingly
unintermittedly
uninterpretable
uninterruptedly
unnecessariness
unobjectionable
unobjectionably
unobtrusiveness
unparliamentary
unpatriotically
unpeaceableness
unphilosophical
unpractisedness
unprecedentedly
unpremeditation
unprepossessing
unprogressively
unpronounceable
unproportionate
unprotectedness

unprotestantise
unqualifiedness
unrecommendable
unreconciliable
unreconstructed
unrelentingness
unremittingness
unrighteousness
unsatisfiedness
unseaworthiness
unselfconscious
unsophisticated
unsportsmanlike
unstatesmanlike
unsteadfastness
unsubstantiated
unsuspectedness
unsymmetrically
unteachableness
untractableness
untransmigrated
untransmissible
untrustworthily
unverifiability
unwholesomeness

V

vascularisation
vasoconstrictor
vehicle-actuated
ventriloquially
ventriloquistic
venturesomeness
vertiginousness
vice-chamberlain
vicissitudinous
victualling-bill
victualling-ship
victualling-yard
vindicativeness
viscosimetrical

W

wall-gillyflower
warm-heartedness
warrantableness
water-equivalent
weather-boarding
weather-notation
weighing-machine
well-accomplisht
well-conditioned
well-intentioned
well-upholstered
wheel-animalcule
whirling-dervish
whirling-machine
window-gardening
withdrawing-room
wonder-mongering

woody-nightshade
world-without-end
wringing-machine
wrong-headedness

X

xeroradiography
xylotypographic

Z

zoogeographical
zoophytological
zygophyllaceous

A-D 16

A

absent-mindedness
acanthopterygian
acquaintanceship
actinobacillosis
advantageousness
affectionateness
alpha-fetoprotein
alphanumerically
alumino-silicates
anaerobiotically
anaesthetisation
anagrammatically
anathematisation
anchylostomiasis
Anglo-Catholicism
animal-worshipper
antagonistically
anthropomorphise
anthropomorphism
anthropomorphist
anthropomorphite
anthropomorphous
anthropopithecus
anthropopsychism
antichristianism
antipathetically
antiphrastically
antistrophically
anythingarianism
apogeotropically
apophthegmatical
apothegmatically
apprehensibility
apprehensiveness
archaeologically
archichlamydeous
aristocratically
Aristolochiaceae
arteriosclerosis
arteriosclerotic
Australopithecus
authoritarianism
autobiographical
auto-immunisation
auto-intoxication

B

bachelor's-buttons
biodeterioration
bloodthirstiness
blood-transfusion
bloody-mindedness
bottle-shouldered
brigadier-general
bureaucratically

C

cabbage-butterfly
caducibranchiate
caesalpiniaceous
cantankerousness
caryophyllaceous
catachrestically
catastrophically
catechumenically
centimetre-gramme
characterisation
characteristical
chemopsychiatric
chemoreceptivity
christianisation
chromolithograph
chromotypography
chromoxylography
chryselephantine
cigarette-lighter
cinematographist
circumambulation
circumdenudation
circumnavigation
circumstantially
class-distinction
clear-sightedness
climatographical
closet-strategist
clothes-conscious
clove-gillyflower
clow-gillieflower
collaborationist
commander-in-chief
commensurability
commensurateness

commonwealthsman
communicableness
compartmentalise
compressibleness
confrontationism
confrontationist
conscionableness
conservativeness
considerableness
consignification
consignificative
consolation-match
consolation-prize
constitutionally
constructiveness
consubstantially
containerisation
contemporariness
contemptibleness
contemptuousness
contradictiously
contraindication
contraindicative
controversialist
contumaciousness
contumeliousness
co-polymerisation
copying-ink-pencil
corridor-carriage
counterclockwise
counter-espionage
counter-influence
counter-offensive
counter-signature
counter-statement
creditworthiness
cross-examination
cross-grainedness
cross-pollination
crystallogenetic
crystallographer

D

deadly-nightshade
decapitalisation
decentralisation

dehumidification
deliberativeness
demilitarisation
demonstrableness
dendrochronology
denominationally
deoxyribonucleic
depressurisation
desegregationist
destructibleness
desulphurisation
deteriorationist
determinableness
deuterocanonical
devil-on-two-sticks
diacetylmorphine
diageotropically
diagrammatically
dipterocarpaceae
disaccommodation
disadvantageable
disafforestation
disagreeableness
disconsolateness
discontentedness
discourteousness
discriminatingly
discriminatively
disembarrassment
disestablishment
disfranchisement
disincarceration
disincorporation
disindividualise
disingenuousness
disproportionate
disputatiousness
disqualification
disreputableness
dissymmetrically
distributiveness
dolichocephalism
dolichocephalous
double-mindedness
drinking-fountain
dynamo-electrical
dysmenorrhoealic

E

ecclesiastically
echocardiography
editorialisation
electrochemistry
electrohydraulic
electrolytically
electromagnetism
electromechanics
electromyography
embourgeoisement
enantiodromiacal

enthusiastically
entrepreneurship
environmentalism
environmentalist
epigrammatically
epiphenomenalism
epiphenomenalist
ethnolinguistics
euhemeristically
evil-favouredness
extemporaneously
exterritoriality
extra-terrestrial
extra-territorial

F

faint-heartedness
fashionmongering
feeble-mindedness
fellow-countryman
fermentativeness
fire-extinguisher
first-past-the-post
flight-lieutenant
forisfamiliation
foundation-muslin

G

gastroenterology
gastrointestinal
genethlialogical
geochronological
geomorphological
giga-electron-volt
glauconitisation
good-humouredness
governors-general
great-grandfather
great-grandmother
great-heartedness
growth-orientated
gynandromorphism
gynandromorphous

H

handicraftswoman
hard-favouredness
hard-featuredness
haussmannisation
heliocentrically
heliographically
helminthological
herb-of-repentance
hermaphroditical
herpetologically
heterochronistic
hieroglyphically
hierogrammatical
higgledy-piggledy
Hippocastanaceae

histogenetically
histopathologist
homoeopathically
honest-to-goodness
huckle-shouldered
hundred-percenter
Hydrocharitaceae
hydroelectricity
hydroferricyanic
hydroferrocyanic
hydrographically
hydrometeorology
hydrotherapeutic
hyetographically
Hymenophyllaceae
hypersensitivity
hyperventilation
hypervitaminosis
hypnoanaesthesia
hypochondriacism
hypocoristically
hypocotyledonary
hysteron-proteron

I

ichnographically
icositetrahedron
immeasurableness
imperceptibility
imperfectibility
imperishableness
impermissibility
imperturbability
imponderableness
impracticability
inaccessibleness
inarticulateness
inauspiciousness
incalculableness
incense-breathing
incognoscibility
incombustibility
incommensurately
incommodiousness
incommutableness
incomparableness
incompatibleness
incompossibility
incomprehensible
incomprehensibly
inconceivability
inconclusiveness
inconsolableness
incontestability
incontiguousness
incontrovertible
incontrovertibly
inconvertibility
incorrigibleness
incorruptibility

indescribability
indicator-diagram
indiscriminately
indiscriminating
indiscrimination
indiscriminative
indispensability
indisputableness
indissolubleness
inexhaustibility
inexplicableness
inexpressiveness
inextinguishable
inextinguishably
inharmoniousness
inhospitableness
institutionalise
institutionalism
institutionalist
insubstantiality
insusceptibility
intelligibleness
intercommunicate
intercontinental
interconvertible
interjectionally
interminableness
internationalise
internationalism
internationalist
interpenetration
interpenetrative
interpretatively
interpunctuation
interterritorial
intraterritorial
introspectionist
invulnerableness
irreclaimability
irredeemableness
irrefragableness
irrefrangibility
irremediableness
irremissibleness
irrepealableness
irrepressibility
irreprovableness
irresistibleness
irresolvableness
irresponsibility
irresponsiveness
irretrievability
irreversibleness
isoagglutination

J

Jew's-frankincense
Johnny-come-lately

K

kitchen-furniture
knighthood-errant
Kulturgeschichte

L

landscape-painter
Lentibulariaceae
Lepidodendraceae
leptosporangiate
light-heartedness
light-heavyweight
lighthousekeeper
line-of-battle-ship
lithographically
love-lies-bleeding
Lusitano-American

M

Machiavellianism
magneto-striction
major-generalship
malappropriation
malcontentedness
marriageableness
marriage-contract
mealy-mouthedness
mean-spiritedness
meretriciousness
mesembrianthemum
mesembryanthemum
Microcheiroptera
microclimatology
microcosmography
microcrystalline
microelectronics
Microlepidoptera
micro-meteorology
microminiaturise
microphotography
microseismograph
microseismometer
microseismometry
misanthropically
misappropriation
miscegenationist
miscomprehension
mispronunciation
missionary-bishop
misunderstanding
monocotyledonous
mother-of-millions
mountain-sickness
mousseline-de-soie
mucilaginousness
muddleheadedness
multidenticulate
multidimensional
multifariousness

multimillionaire
multiplepoinding
multituberculate
municipalisation

N

narrow-mindedness
naturalistically
necessitarianism
neighbour-stained
Neo-Impressionism
Neo-Malthusianism
neurotransmitter
nipperty-tipperty
non-participating
non-proliferation
nursery-governess

O

obdiplostemonous
obstreperousness
old-fashionedness
ophthalmological
opinionativeness
ornithologically
orthographically
orthopterologist
ostentatiousness
otherworldliness
overcompensation
overcompensatory
overexcitability
oversubscription

P

palaeichthyology
palaeontological
palaeozoological
palingenetically
paradigmatically
paraheliotropism
parallelepipedon
parallelogrammic
parallelopipedon
paranitroaniline
paraphrastically
parapsychologist
parsimoniousness
peacock-butterfly
percussion-bullet
percussion-hammer
percussion-powder
periphrastically
perissodactylate
perissodactylous
perpendicularity
pertinaciousness
pervicaciousness
petrographically
phalansterianism

phantasmagorical
phantasmogenetic
pharmaceutically
pharmacodynamics
pharmacokinetics
phenomenological
philoprogenitive
philosophistical
phonographically
photocomposition
photoelectricity
photoelectronics
photogrammetrist
photographically
photolithography
photomicrography
photo-sensitivity
phototherapeutic
photozincography
phraseologically
phylogenetically
physiognomically
phytopathologist
pictographically
piezoelectricity
plagiotropically
plain-heartedness
plant-association
pneumonokoniosis
police-magistrate
politico-economic
polycotyledonous
polysyllabically
polysyntheticism
polytheistically
poor-spiritedness
pornographically
Porphyrogenitism
Porphyrogeniture
porterhouse-steak
portrait-painting
postpositionally
Potamogetonaceae
powder-metallurgy
praiseworthiness
preconcertedness
preconsciousness
predetermination
predispositional
premillennialism
premillennialist
preponderatingly
preposterousness
pre-qualification
prescriptibility
prescriptiveness
presignification
prestidigitation
presumptuousness
preterite-present

preterito-present
preternaturalism
preterpluperfect
pretty-prettiness
procurator-fiscal
profit-orientated
proslambanomenos
prosopographical
prospective-glass
pseudepigraphous
pseudoclassicism
psychoanalytical
psychobiological
psychogeriatrics
psychohistorical
psycholinguistic
psychopannychism
psychopannychist
psychophysiology
pterylographical
public-spiritedly
puzzle-headedness
pyrophotographic

Q

quadricentennial
queen-of-the-meadow
questionableness
quick-sightedness

R

rambunctiousness
recapitalisation
reclassification
reconcilableness
reconstructional
recruiting-ground
Registrar-General
reincarnationism
reincarnationist
reintermediation
reinterpretation
remunerativeness
representational
representatively
reproductiveness
residentiaryship
rhinoceros-beetle
rhinopharyngitis
Robin-run-the-hedge

S

sacrilegiousness
Saint-Simonianism
satisfactoriness
sausage-poisoning
scandalmongering
scenographically
schismaticalness
school-friendship

schoolmastership
scissors-and-paste
sclerenchymatous
Scrophulariaceae
second-lieutenant
secretary-general
sedimentological
selenomorphology
self-acknowledged
self-administered
self-annihilation
self-appreciation
self-condemnation
self-impregnation
self-incompatible
self-opinionative
self-perpetuating
self-satisfaction
self-sustentation
semiconductivity
semi-domesticated
semi-occasionally
semitransparency
sensationalistic
serpentinisation
service-reservoir
sesquicentennial
sex-determination
sheriff-principal
shipping-articles
short-sightedness
shoulder-of-mutton
shrink-resistance
side-saddle-flower
simple-mindedness
simultaneousness
single-mindedness
sleeping-carriage
sleeping-sickness
slubberdegullion
sociolinguistics
solicitor-general
soporiferousness
spectrographical
spectroheliogram
spectrologically
sphaerocobaltite
sphygmomanometer
spiritualisation
square-shouldered
stenographically
stereometrically
stereophonically
stereoscopically
stethoscopically
stichometrically
stock-gillyflower
stoicheiological
stout-heartedness
strawberry-tomato

stretching-course
strong-mindedness
stylographically
subcartilaginous
subconsciousness
subinspectorship
subject-catalogue
subjectivisation
subordinationism
substitutionally
sunshine-recorder
superciliousness
superdreadnought
supernationalism
supernaturalness
superserviceable
supersubstantial
superterrestrial
supposititiously
surface-to-surface
surrealistically
suspension-bridge
swaddling-clothes
swathling-clothes
Swedenborgianism
swothling-clothes
syncategorematic
synchrocyclotron

T

telephotographic
terminologically
Ternstroemiaceae
theophilanthropy
thermometrically
thermometrograph
thermoscopically
thermostatically
thistle-butterfly
thought-executing
thrashing-machine
three-dimensional
threshing-machine
thrombo-phlebitis
tintinnabulation
tranquillisation
tranquillisingly
transcendentally
transcendentness
transcontinental
transferrability
transformational
transmissibility
transmutableness
transmutationist
transportability
transubstantiate
trente-et-quarante

tribo-electricity
triboluminescent
trichlorethylene
trigger-happiness
trouser-stretcher
tuberculin-tested
twopence-coloured
tyrant-flycatcher

U

ultracrepidarian
ultra-fashionable
ultramicroscopic
unacceptableness
unaccomplishment
unaccountability
unaccustomedness
unacquaintedness
unanswerableness
unattainableness
unattractiveness
unchangeableness
uncharacteristic
uncharitableness
uncompromisingly
unconditionality
unconformability
unconstitutional
uncontrovertible
uncrystallisable
undenominational
undependableness
underachievement
undercapitalised
undercountenance
underdevelopment
undernourishment
under-represented
underutilisation
undifferentiated
undiscriminating
undistinguishing
undistractedness
unextinguishable
unextinguishably
unfathomableness
unfavourableness
unfrequentedness
ungovernableness
unimaginableness
unimpressionable
unintentionality
unintermittingly
universalisation
unmanageableness
unmodifiableness
unostentatiously
unpardonableness

unpredictability
unpremeditatedly
unproductiveness
unprofessionally
unprofitableness
unpropitiousness
unproportionable
unproportionably
unprosperousness
unreasonableness
unrepresentative
unresponsiveness
unsatisfactorily
unsatisfyingness
unscientifically
unscrupulousness
unsearchableness
unseasonableness
unsophistication
unsubstantialise
unsubstantiality
unsubstantiation
unsuccessfulness
unsuspectingness
unsuspiciousness
unsystematically
unthoughtfulness

V

vaingloriousness
vasoconstriction
vasoconstrictory
velocipedestrian
ventriculography
vice-chairmanship
vice-presidential
volta-electricity

W

walking-gentleman
wastepaper-basket
water-thermometer
weather-satellite
wedding-breakfast
well-proportioned
what-you-may-call-it
white-honeysuckle
white-precipitate
willowing-machine
winnowing-machine
wooden-headedness

Y

yellow-shouldered

Z

Zarathustrianism

A

accommodativeness
accordion-pleating
administratorship
Alice-in-Wonderland
ambassador-at-large
amphitheatrically
anachronistically
anaesthesiologist
angels-on-horseback
anthropogeography
anthropologically
anthropomorphitic
anthropomorphosis
anthropophaginian
anticlimactically
anti-establishment
appropriativeness
architectonically
argumentativeness
Australopithecine
authoritativeness

B

bathyorographical
beggar-my-neighbour
bronchoscopically
bureaucratisation

C

cabinet-photograph
calliper-compasses
chamber-counsellor
characterlessness
chemotherapeutics
chiropterophilous
chromolithography
cinematographical
circumlocutionist
circumstantiality
circumterrestrial
co-instantaneously
colonel-commandant
commensurableness
communicativeness
companionableness
compassionateness
comprehensibility
comprehensiveness
concentrativeness
conceptualisation
Congregationalism
Congregationalist
conscience-smitten
conscientiousness
consentaneousness
constitutionalise
constitutionalism
constitutionalist

constitutionality
consubstantialism
consubstantialist
consubstantiality
consubstantiation
contemplativeness
contemporaneously
contextualisation
contradictoriness
contradistinction
contradistinctive
contradistinguish
conversationalist
cost-effectiveness
counter-attraction
counter-attractive
counter-irritation
counter-productive
counter-revolution
country-and-western
cryptocrystalline

D

decriminalisation
deflagrating-spoon
dematerialisation
demonstrativeness
demythologisation
denationalisation
denominationalism
denominationalist
depersonalisation
devils-on-horseback
dipterocarpaceous
disadvantageously
dishonourableness
disinterestedness
disproportionable
disproportionably
disproportionally
disrespectfulness
disyllabification

E

earthly-mindedness
ebullioscopically
electroanalytical
electrocardiogram
electro-convulsive
electrodeposition
electroextraction
electromechanical
electrometallurgy
electrophysiology
electrotechnology
ethnomusicologist
extra-illustration
extraordinariness
extra-professional

F

fourth-dimensional
fractionalisation

G

gentleman-commoner
gentlewomanliness
gyrostabilisation

H

hail-fellow-well-met
hedge-schoolmaster
hemiparasitically
heterochlamydeous
heterogeneousness
histopathological
historiographical
hydrogasification
hydrotherapeutics
hymenophyllaceous

I

immunmosuppresive
imperceptibleness
impracticableness
impressionability
inappropriateness
incombustibleness
incommunicability
incommunicatively
incompressibility
inconceivableness
inconsecutiveness
inconsequentially
inconsiderateness
inconspicuousness
incorruptibleness
indefatigableness
indemonstrability
indestructibility
indeterminateness
indiscerptibility
indispensableness
indistinctiveness
indistinguishable
indistinguishably
individualisation
industrialisation
Infralapsarianism
inquisitorialness
instantaneousness
insupportableness
insurmountability
intercolumniation
intercommunicable
interdepartmental
interdisciplinary
interfenestration
interramification

interrelationship
intersubjectively
intersubjectivity
intransmutability
irreclaimableness
irreconcilability
irrecoverableness
irrefrangibleness
irrepressibleness
irreproachability
irresponsibleness
irretrievableness

J

Jack-go-to-bed-at-noon
John-go-to-bed-at-noon

L

Lamellibranchiata
lamellibranchiate
landscape-painting
latitudinarianism
lieutenant-colonel
lieutenant-general
lightning-arrester

M

magneto-electrical
maladministration
marsipobranchiate
materialistically
medico-chirurgical
metapsychological
micromanipulation
microphotographer
microphotographic
misapprehensively
miscellaneousness
misinterpretation
misrepresentation
mousseline-de-laine
multituberculated
multitudinousness

N

nationalistically
Neopythagoreanism
non-denominational

O

ophthalmoscopical

P

palaeanthropology
palaeoclimatology
parapsychological
particularisation
pectinibranchiate
pedestrianisation
pennillion-singing

pentachlorophenol
pepper-gingerbread
perennibranchiate
petticoat-breeches
philanthropically
photoconductivity
photolithographer
photolithographic
photomechanically
photomicrographer
photomicrographic
phototherapeutics
physiotherapeutic
phytopathological
politico-economics
poluphloisboiotic
polysynthetically
Post-Impressionism
Post-Impressionist
Postmaster-General
post-millennialism
predestinarianism
premillenarianism
Premonstratensian
Pre-Raphaelitistic
presanctification
pressure-waistcoat
preternaturalness
primogenitureship
proportionateness
pseudepigraphical
psycholinguistics
psychopathologist
psychoprophylaxis

Q

queen-of-the-meadows
quintessentialise

R

radioluminescence
radiometeorograph
radiotherapeutics
rationalistically
reconstructionary
reconstructionist
recrystallisation
representationism
representationist
resistance-welding
resurrection-plant
ribbon-development

S

sacramentarianism
sanctimoniousness
schizophrenetical
scrophulariaceous
self-actualisation
self-advertisement

self-conceitedness
self-concentration
self-consciousness
self-contradiction
self-contradictory
self-determination
self-disparagement
self-dramatisation
self-fertilisation
self-glorification
self-justification
sesquipedalianism
sheriff-substitute
spectroheliograph
spectrohelioscope
spectrophotometer
spectrophotometry
spectroscopically
stereofluoroscope
straightforwardly
stratigraphically
subintelligential
submicrominiature
suggestionisation
Sunday-go-to-meeting
supercolumniation
superconductivity
supernaturalistic
superstitiousness
Supralapsarianism
synchronistically

T

telecommunication
tender-heartedness
theatre-in-the-round
theophilanthropic
thermo-electricity
three-pair-of-stairs
touch-me-notishness
transcendentalise
transcendentalism
transcendentalist
transillumination
transistorisation
transit-instrument
transit-theodolite
transmigrationism
transmigrationist
transubstantiator
triakisoctahedron
triboluminescence
trigonometrically
triplicate-ternate
triskaidecaphobia
triskaidekaphobia
turbo-supercharger
two-dimensionality
twopenny-halfpenny

U

ultra-Conservatism
ultra-Conservative
unaccountableness
unceremoniousness
uncomfortableness
unconceivableness
unconditionalness
unconformableness
unconscientiously
unconventionality
undergraduateship
undeterminateness
undistinguishable

undistinguishably
unfashionableness
ungentlemanliness
uniformitarianism
unimaginativeness
unintelligibility
unmentionableness
unneighbourliness
unpersuadableness
unphilosophically
unpretentiousness
unpreventableness
unprogressiveness
unproportionately
unselfconsciously

unsympathetically
untranslatability
untrustworthiness

V

valetudinarianism
vernacularisation
victualling-office

W

well-appointedness
whispering-gallery
worldly-mindedness

A

anthropomorphitism
anthropopathically
antitrinitarianism
antivaccinationism
antivaccinationist
antivivisectionism
antivivisectionist
apophthegmatically
Australopithecinae
autobiographically

B

ballistocardiogram
biobibliographical

C

characteristically
cheiropterophilous
class-consciousness
commission-merchant
comprehensibleness
conscience-stricken
Constantinopolitan
Counter-Reformation
cross-fertilisation

D

discommendableness
disenfranchisement
disproportionately

E

electrocardiograph
electrodynamometer
electrophotography

establishmentarian
examination-in-chief
extemporaneousness

F

flipperty-flopperty
foretop-gallant-mast

G

gastroenterologist
geomorphologically

H

heavenly-mindedness
helter-skelteriness
hemidemisemiquaver
histocompatibility
hypersensitiveness

I

imprescriptibility
incommensurability
incommensurateness
incommunicableness
incompressibleness
inconsiderableness
indestructibleness
indeterminableness
insurmountableness
interchangeability
intercommunication
internationalistic
irreconcilableness
irreproachableness

L

landscape-gardening

leerie-licht-the-lamp
lieutenant-governor
lightning-conductor

M

magneto-electricity
maintop-gallant-mast
marriage-settlement
metalinguistically
microencapsulation

O

overcapitalisation
overmultiplication
overscrupulousness
oversimplification
overspecialisation

P

palaeontographical
para-amino-salicylic
parallelogrammatic
parallelogrammical
Permo-Carboniferous
perpetual-motionist
pestilence-stricken
physiotherapeutics
pocket-handkerchief
politico-industrial
proletarianisation
proportionableness
pseudo-Christianity
psychobiographical
psychogeriatrician
psychotherapeutics
pterylographically

R-V 18

R
radio-communication
representativeness
Robin-run-in-the-hedge

S
self-aggrandisement
self-congratulation
self-congratulatory
self-transformation
semidemisemiquaver
sheriffs-substitute
subjectivistically
superintendentship
supersensitiveness

supposititiousness

T
tetrachlorethylene
tetrakishexahedron
theophilanthropism
theophilanthropist
thermoluminescence
topsyturvification
transmogrification
transubstantiation

U
unapprehensiveness
unapproachableness
uncompromisingness

unconscionableness
unconstitutionally
uncontrollableness
underconsciousness
under-secretaryship
unmarriageableness
unostentatiousness
unpremeditatedness
unreconcilableness
unsatisfactoriness
untranslatableness

V
vice-chancellorship

A-U 19

A
adrenocorticotropic
adrenocorticotropin
anthropopsychically

B
bacteriochlorophyll
ballistocardiograph

C
co-instantaneousness
comprehensivisation
contact-metamorphism
contemporaneousness
counter-intelligence

D
deindustrialisation
disadvantageousness
dissatisfactoriness
double-decomposition

E
electrocardiography
electroluminescence
electrometallurgist
electrophotographic
electrotherapeutics
exhibitionistically
extra-territoriality

G
gerontotherapeutics
governor-generalship

H
historiographically

I
impressionistically
incommensurableness
incommunicativeness
incomprehensibility
incomprehensiveness
incontrovertibility
interchangeableness
interdenominational
interdepartmentally
interstratification
irreprehensibleness

L
lieutenant-colonelcy
lieutenant-commander

M
magneto-hydrodynamic
misapprehensiveness
mountain-everlasting

N
non-representational

O
ophthalmoscopically
otorhinolaryngology

P
phonautographically

procrastinativeness
professionalisation

R
reciprocating-engine
representationalism

S
schizophrenetically
spiritual-mindedness
straightforwardness

T
tetrachloroethylene
thought-transference
three-dimensionality
three-halfpennyworth
thunder-and-lightning

U
ultramicrochemistry
uncommunicativeness
unconscientiousness
unconstitutionality
undemonstrativeness
undenominationalism
undercapitalisation
under-representation
unexceptionableness
unselfconsciousness
unsophisticatedness

A
adrenocorticotrophic
adrenocorticotrophin

B
ballistocardiography

C
chickweed-wintergreen
compartmentalisation
consciousness-raising
consubstantiationist
counter-revolutionary

D
disproportionateness

E
electroencephalogram
electrometallurgical
electrophysiological

H
hundreds-and-thousands

I
incomprehensibleness

M
magneto-hydrodynamics
maidenhair-spleenwort
microminiaturisation

N
nievie-nievie-nicknack

P
parallelogrammatical
phantasmogenetically
philoprogenitiveness

Q
quartermaster-general

S
syncategorematically

T
testament-testamentar
tetrahydrocannabinol

D-Z over 20

21
disproportionableness
electroencephalograph
gooseberry-caterpillar
great-great-grandfather
indistinguishableness
lieutenant-generalship
poluphloisboiotatotic
quartermaster-sergeant
rawhead-and-bloody-bones
transubstantiationist
undistinguishableness

22
electroencephalography
honorificabilitudinity
lieutenant-governorship
polytetrafluorethylene

23
lieutenant-commandership
polytetrafluoroethylene
transubstantiationalist

25 and over
antidisestablishmentarian
antidisestablishmentarianism
floccinaucinihilipilification
dichlorodiphenyltrichloroethane
pneumonoultramicroscopicsilicovolcanoconiosis

High-scoring words

The following section, compiled with the aid of a computer, is a list of some 5,000 words featuring one or more of the letters J, Q, X and Z – the highest-scoring tiles in Scrabble®, and frequently the most difficult letters to play successfully during the game.

The list is arranged according to word length (from 2-letter words to 15-letter words) and according to which high-scoring letter is featured. For example, the heading X5 denotes 5-letter words containing the letter X. Within each subsection the words are arranged alphabetically.

This list deals with high-scoring letters in *non-initial* positions, since words beginning with J, Q, X or Z can of course be found at the appropriate place in the main text.

High-Scoring Words

X2	**Z4**	hajj	waxy	frizz	ritzy	pooja
ax	adze	juju		froze	rozet	rajah
ex	azan	puja	**Q5**	furze	rozit	rejig
ox	azym	raja	burqa	furzy	sarza	sajou
	buzz	soja	equal	fuzee	seize	shoji
Q3	chez		equip	fuzzy	senza	thuja
suq	coze	**X4**	maqui	gauze	sizar	upjet
	czar	apex	pique	gauzy	sized	yojan
Z3	daze	axel	roque	gazal	sizel	zanja
bez	doze	axes	squab	gazel	sizer	
biz	dozy	axil	squad	gazer	spitz	**X5**
coz	fizz	axis	squat	gazon	tazza	addax
dzo	fozy	axle	squaw	gazoo	tazze	admix
fez	friz	axon	squib	ghazi	tizzy	affix
fiz	fuze	calx	squid	gizmo	topaz	annex
jiz	fuzz	coax	squit	glaze	touze	ataxy
lez	gaze	coxa	toque	glazy	towze	auxin
luz	gazy	coxy	tuque	gloze	tozie	axial
poz	gizz	crux		graze	unzip	axile
sez	haze	dixy	**Z5**	grize	vezir	axiom
zuz	hazy	doxy	abuzz	hamza	vizir	axoid
	jazy	exam	agaze	hazel	vizor	beaux
J3	jazz	exes	aizle	hazer	waltz	borax
gju	laze	exit	amaze	heeze	wazir	boxen
haj	lazy	exon	azoic	hertz	weize	boxer
raj	lezz	expo	azote	huzza	whizz	braxy
taj	lutz	faix	azoth	huzzy	winze	buxom
	maze	falx	azure	izard	wizen	calyx
X3	mazy	flax	azury	izzet	wootz	carex
axe	meze	flex	azygy	jazzy	woozy	caxon
box	mézé	flix	azyme	kanzu	zanze	choux
cox	moze	flux	baize	kazoo	zizel	cimex
dux	naze	foxy	bazar	kudzu		codex
fix	ooze	hoax	bezel	lazar	**J5**	coxal
fox	oozy	ibex	blaze	leaze	ajwan	culex
hex	ouzo	ilex	blitz	lezzy	bajan	cylix
kex	oyez	iynx	bonze	lozen	bajra	dixie
lax	phiz	jinx	booze	maize	bajri	druxy
lox	pize	jynx	boozy	matza	banjo	embox
lux	pozz	lanx	braze	matzo	bijou	epoxy
mix	quiz	lynx	brize	mazer	bunje	exact
mux	raze	maxi	buaze	mazut	bunjy	exalt
nix	razz	minx	buzzy	mezzo	cajun	excel
pax	size	mixt	bwazi	miltz	djinn	exeat
pix	swiz	mixy	cloze	mizen	eject	exert
pox	toze	moxa	colza	muzzy	enjoy	exies
pyx	trez	next	cozen	nazir	fjord	exile
rax	tuzz	nixy	craze	neeze	gadje	exine
sax	tzar	onyx	crazy	nizam	ganja	exist
sex	vizy	oryx	croze	ouzel	gauje	exode
six	whiz	oxen	darzi	ozeki	hadji	expel
sox		oxer	dazed	ozone	hajji	extol
tax	**J4**	pixy	diazo	piezo	hejra	extra
vex	ajar	roux	dizzy	pizza	hijra	exude
vox	ajee	sext	dozed	plaza	hodja	exult
wax	benj	sexy	dozen	prize	khoja	fixed
yex	gajo	taxa	dozer	pzazz	kopje	fixer
zax	hadj	taxi	feeze	razed	major	flaxy
	haji	text	fezes	razee	mujik	foxed
		ulex	fizzy	razor	ouija	helix

hexad		squish	enzone	muzhik	vizzie	popjoy
hyrax	**Q6**	torque	enzyme	muzzle	weazen	reject
index	acquit	unique	epizoa	nozzle	wheeze	rejoin
infix	asquat		ersatz	nuzzer	wheezy	sanjak
ixtle	barque	**Z6**	evzone	nuzzle	wizard	sejant
kylix	basque	amazon	fezzed	nyanza	wizier	unjust
latex	bisque	apozem	fezzes	oozily	zigzag	yojana
laxly	caique	assize	fizgig	ozaena	zoozoo	
limax	caïque	azalea	fizzed	pazazz		**X6**
luxes	calque	azione	fizzen	pezant	**J6**	afflux
malax	casque	azodye	fizzer	pheeze	abjure	alexia
maxim	cheque	azonal	fizzle	phizog	acajou	alexic
mixed	chequy	azonic	floozy	piazza	adjoin	alexin
mixen	cinque	azotic	foozle	pizazz	adjure	annexe
mixer	cirque	banzai	franzy	pizzle	adjust	anoxia
murex	claque	bazaar	frazil	podzol	ajowan	anoxic
nexus	clique	bazazz	freeze	prized	bajada	apexes
nixie	cliquy	bedaze	frenzy	prizer	bajree	astrex
noxal	cloqué	benzal	frieze	puzzel	banjax	ataxia
oxide	coquet	benzil	frizzy	puzzle	bejant	ataxic
oxlip	equate	benzol	frowzy	quartz	bijoux	axilla
oxter	equine	benzyl	frozen	queazy	bunjee	banjax
panax	equity	bezant	fuzzle	quinze	bunjie	biaxal
phlox	exequy	bezazz	gazebo	ranzel	cajole	bijoux
pixel	faquir	bezoar	gazoon	razure	conjee	bombax
pixie	haique	bizazz	gazump	razzia	deejay	bonxie
podex	jerque	bizone	geezer	razzle	deject	boxful
proxy	liquid	blaize	ghazal	rhizic	djebel	boxing
pyxis	liquor	blazer	ghazel	rizard	djinni	boyaux
radix	loquat	blazes	gizzen	rizzar	donjon	calxes
redox	maquis	blazon	glazen	rizzer	ejecta	caranx
relax	marque	blintz	glazer	rizzor	enjamb	carfax
remex	masque	blowze	gozzan	rozzer	enjoin	carfox
salix	mosque	blowzy	grazer	sazhen	evejar	caudex
sexed	opaque	boozed	guzzle	scazon	finjan	cervix
silex	piquet	boozer	hamzah	schizo	frijol	chenix
sixer	plaque	boozey	hazard	scruze	garjan	climax
sixth	pulque	borzoi	hazily	seizer	gurjun	coaxer
sixty	risqué	braize	hazing	seizin	hanjar	coccyx
sorex	roquet	brazen	heezie	sizing	hejira	commix
taxed	sacque	brazil	huzoor	sizzle	hijack	convex
taxer	saique	breeze	izzard	sleazy	hijrah	cortex
taxis	sequel	breezy	jezail	sleezy	hobjob	cowpox
taxon	sequin	bronze	kibitz	snazzy	inject	cruxes
taxor	squail	bronzy	lazily	sneeze	injure	deflex
telex	squall	buzzer	lizard	sneezy	injury	deixis
texas	squama	byzant	luzern	snooze	jamjar	dentex
toxic	squame	chintz	mahzor	sozzle	jejune	dexter
toxin	square	corozo	matzah	sozzly	jigjig	diaxon
unfix	squash	coryza	matzoh	stanza	jimjam	dioxan
unsex	squawk	crazed	mazard	syzygy	jojoba	dioxin
untax	squeak	czapka	mazily	teazel	jujube	diplex
varix	squeal	dazzle	mazout	teazle	khodja	dogfox
vexed	squiff	defuze	mazuma	tenzon	masjid	duplex
vexer	squill	dizain	mezail	tolzey	moujik	earwax
vibex	squint	dozing	mezuza	touzle	object	efflux
vitex	squire	drazel	mizzen	upgaze	objure	elixir
vixen	squirm	dzeren	mizzle	vizard	outjet	eutaxy
waxen	squirr	eczema	mizzly	vizier	outjut	examen
waxer	squirt	enzian	mozzie	vizsla	poojah	exarch

High-Scoring Words

excamb
exceed
except
excess
excide
excise
excite
excuse
exedra
exempt
exequy
exhale
exhort
exhume
exilic
exited
exodic
exodus
exomis
exonym
exopod
exotic
expand
expect
expend
expert
expire
expiry
export
expose
exposé
expugn
exsect
exsert
extant
extasy
extend
extent
extern
extine
extort
fixate
fixing
fixity
fixive
flaxen
flexor
forfex
fornix
foxing
frutex
galaxy
hallux
hatbox
haybox
hexact
hexane
hexene
hexing
hexose

hoaxer
ibexes
icebox
ilexes
imbrex
implex
influx
jawbox
jinxed
klaxon
larnax
larynx
laxism
laxist
laxity
lummox
luxate
luxury
lynxes
magnox
matrix
maxima
maxixe
meninx
myxoma
nextly
orexis
outbox
outfox
oxalic
oxalis
oxgang
oxgate
oxhead
oxland
oxtail
oxygen
oxymel
paxwax
plexor
plexus
pollex
praxis
prefix
prolix
ptyxis
reflex
reflux
rhexis
saxaul
saxony
scolex
sexfid
sexism
sexist
sexpot
sextan
sextet
sexton
sexual

smilax
spadix
sphinx
storax
styrax
suffix
surtax
syntax
syrinx
taxied
taxing
tettix
thorax
toxoid
tuxedo
unisex
vertex
vexing
vortex
waxing
wraxle

Q7

acquest
acquire
aliquot
antique
aquafer
aquaria
aquatic
aquavit
aqueous
aquifer
asquint
banquet
baroque
basqued
bequest
bezique
bouquet
briquet
brusque
cacique
cazique
charqui
chequer
cliquey
coequal
comique
conquer
coquito
croquet
cumquat
docquet
enquire
enquiry
equable
equably
equally
equator

equerry
equinal
equinia
equinox
esquire
grecque
inqilab
inquest
inquiet
inquire
inquiry
jerquer
jonquil
kumquat
lacquer
lacquey
liquate
liquefy
liqueur
macaque
madoqua
marquee
marquis
masquer
mesquit
oblique
obloquy
obsequy
parquet
perique
picquet
piquant
prequel
racquet
relique
repique
request
requiem
require
requite
rocquet
rorqual
sequela
sequent
sequoia
siliqua
silique
squabby
squacco
squaddy
squalid
squally
squalor
squamae
squared
squarer
squashy
squatty
squawky
squeaky

squeeze
squeezy
squelch
squiffy
squinch
squishy
squitch
subaqua
tequila
torqued
unequal
unquiet
unquote
vaquero

Z7

alizari
amazing
assizer
azimuth
azotise
azotous
azurean
azurine
azurite
azygous
azymite
azymous
bazooka
bazzazz
bedazed
bedizen
bemazed
benzene
benzine
benzoic
benzoin
benzole
benzoyl
bezique
bezzazz
bizarre
bizonal
bizzazz
blintze
blowzed
bonanza
boozily
boozing
borazon
brazier
britzka
bronzed
bronzen
brulzie
bumbaze
buzzard
buzzing
cadenza
canzona

canzone
canzoni
capsize
cazique
chalaza
chintzy
citizen
cozener
crazily
crozier
czardas
czardom
czarina
czarism
czarist
damozel
dazedly
dazzler
denizen
dizzard
dizzily
dozenth
drizzle
drizzly
ectozoa
emblaze
endozoa
entozoa
enzymic
epizoan
epizoic
epizoon
fahlerz
fanzine
filazer
fizzing
floozie
foozler
forzato
frazzle
freezer
friezed
frizzed
frizzle
frizzly
fuzzily
gazelle
gazette
gazooka
genizah
gizzard
glazier
glazing
glozing
grazier
grazing
grizzle
grizzly
guereza
hazelly

hoatzin
horizon
humbuzz
huzzaed
janizar
jazzily
jazzman
kibbutz
kolkhoz
lazaret
lozenge
lozengy
machzor
madzoon
matzoon
matzoth
mazurka
mazzard
mestiza
mestizo
metazoa
mezuzah
mitzvah
mizmaze
mozetta
muezzin
muzzily
muzzler
odzooks
organza
outsize
ozonise
parazoa
pazzazz
pizzazz
pretzel
prezzie
puzzler
quartzy
quetzal
quizzed
quizzer
quizzes
rhizine
rhizoid
rhizome
rizzart
rozelle
scherzo
schmelz
seizing
seizure
seltzer
showbiz
sizable
sizzler
sneezer
snoozer
snoozle
snuzzle

sozzled	injelly	bateaux	exocarp	laxness	sixthly	clinique
spreaze	injunct	bauxite	exoderm	lexical	sixties	cliquish
spreeze	injurer	beeswax	exodist	lexicon	soapbox	cliquism
spulzie	jejunum	betwixt	exogamy	loxygen	subtext	colloque
squeeze	jigajig	biaxial	exomion	maxilla	synaxis	colloquy
squeezy	jigajog	bostryx	exordia	maximal	taxable	conquest
staretz	jinjili	boxfuls	exotica	maximum	taxably	coquetry
subzero	kajawah	boxroom	expanse	maxwell	taxicab	coquette
subzone	killjoy	boxwood	expense	milieux	taximan	coquilla
swizzle	majesty	bruxism	expiate	mixedly	taxying	critique
syzgial	manjack	bureaux	expired	mixtion	tectrix	daiquari
tailzie	misjoin	cachexy	explain	mixture	textile	disquiet
trapeze	muntjac	calyxes	explant	monaxon	textual	eloquent
trizone	muntjak	choenix	explode	murexes	texture	enquirer
tuilzie	outjest	coaxial	exploit	narthex	toolbox	equalise
tzigany	outjump	complex	explore	noxious	tortrix	equality
tzimmes	overjoy	conflux	exposal	oratrix	toxical	equalled
unfazed	pajamas	context	exposed	overtax	triaxon	equation
ungazed	perjink	coteaux	exposer	oxalate	triplex	equinity
unsized	perjure	coxcomb	expound	oxblood	unfixed	equipage
unzoned	perjury	dextral	express	oxidant	unmixed	equipped
vizored	prejink	dextran	expunct	oxidase	unsexed	equitant
waltzer	project	dextrin	expunge	oxidate	untaxed	equivoke
weazand	pyjamas	dioxane	expurge	oxidise	unvexed	exequial
whaizle	rejoice	dioxide	exscind	oxonium	uxorial	exequies
wheezle	rejudge	epaxial	extatic	oxytone	vaudoux	filioque
whizzed	sapajou	epitaxy	externe	panchax	vexedly	frequent
whizzer	sejeant	epoxide	extinct	paradox	vexilla	haqueton
wizened	sjambok	equinox	extract	paxiuba	victrix	henequen
woozily	skyjack	eutexia	extreme	perplex	vitraux	henequin
	sojourn	exacter	extrude	phalanx	vixenly	illiquid
J7	subject	exactly	exudate	pharynx	waxwing	inequity
abjoint	subjoin	exactor	exuviae	pickaxe	waxwork	iniquity
abjurer	traject	exalted	exuvial	planxty	zeuxite	inquirer
adjoint	unjaded	examine	firebox	plexure	zootaxy	jacquard
adjourn	unjoint	example	fixable	postfix		jerquing
adjudge	zanjero	exarate	fixedly	pretext	Q8	liquable
adjunct		exarchy	fixture	proximo	acquaint	liquesce
ajutage	X7	excerpt	flexile	pyrexia	acquiral	liquidly
basenji	abaxial	excited	flexion	pyrexic	acquired	liquored
bejewel	abraxas	exciter	flexure	pyxides	adequacy	maquette
brinjal	adaxial	exciton	flummox	pyxidia	adequate	maroquin
cajeput	anorexy	excitor	fluxion	reannex	aliquant	marquess
cajoler	antefix	exclaim	foxhole	rectrix	appliqué	marquise
cajuput	anthrax	exclave	gearbox	relaxin	aquacade	mesquite
conject	anxiety	exclude	helixes	réseaux	aqualung	misquote
conjoin	anxious	excreta	hexadic	salpinx	aquanaut	moquette
conjure	apoplex	excrete	hexagon	saxhorn	aquarian	mosquito
conjury	apraxia	excurse	hexapla	seedbox	aquarist	muqaddam
dejecta	apteryx	excusal	hexapod	sexfoil	aquarium	musquash
dejeune	asexual	execute	hexarch	sexless	aquatint	mystique
disject	asphyxy	exedrae	hydroxy	sextans	aqueduct	odalique
disjoin	ataraxy	exegete	hypoxia	sextant	aquiline	opaquely
disjune	auxesis	exempla	hypoxic	sextett	arquebus	paraquat
djibbah	auxetic	exergue	indexer	sextile	basquine	paroquet
ejector	axially	exhaust	indexes	sextuor	bequeath	petanqué
enjoyer	axillae	exhedra	inexact	simplex	boutique	physique
frijole	axillar	exhibit	invexed	sixaine	breloque	piquancy
handjar	axinite	exhumer	jambeux	sixfold	cinquain	pratique
hijinks	axolotl	exigent	laxator	sixteen	claqueur	ramequin

High-Scoring Words

remarqué	alizarin	gadzooks	puzzling	zarzuela	perjured	creatrix
required	amazedly	gazetted	quatorze	zigzaggy	perjurer	crucifix
requirer	anticize	gazogene	quizzery	zugzwang	popinjay	curatrix
requital	apprizer	gazpacho	quizzify		prejudge	deflexed
requited	armozeen	grizzled	quizzing	**J8**	pulsejet	detoxify
requiter	armozine	grizzler	quizzing	abjectly	pulsojet	dextrine
roquette	barometz	hazardry	racemize	adjacent	pyjamaed	dextrose
seaquake	bartizan	hazelnut	razmataz	adjuring	quillaja	dextrous
sequelae	bedazzle	haziness	refreeze	adjuster	rajaship	disannex
sequence	benzoate	hoactzin	rhizobia	adjustor	readjust	doxology
squabash	bizcacha	holozoic	rhizopod	adjutage	rejecter	dyslexia
squabble	blazoner	howitzer	rhizopus	adjutant	rejector	dyslexic
squadron	blazonry	huzzaing	samizdat	adjuvant	rejigger	earthwax
squailer	blizzard	janizary	sarrazin	banjoist	rejoicer	endeixis
squaller	bouzouki	kamikaze	schizoid	bejabers	serjeant	epicalyx
squamate	bozzetto	kibitzer	schizont	bejesuit	skipjack	eutaxite
squamose	brazenly	kreutzer	schmaltz	benjamin	stickjaw	euxenite
squamous	brazenry	laziness	seizable	bijwoner	sucurujú	exacting
squamula	breezily	lazulite	sforzato	cajolery	unjoyful	exaction
squamule	britzska	lazurite	sizeable	carcajou	unjoyous	examinee
squander	bronzify	lozenged	siziness	carjacou	unjustly	examiner
squarely	bronzing	lysozyme	sizzling	conjoint	verjuice	examplar
squaring	bronzite	macarize	sleazily	conjugal	whipjack	exanthem
squarish	bruilzie	magazine	smorzato	conjunct		excavate
squarson	bulldoze	mahzorim	sneezing	conjurer	**X8**	excelled
squasher	canzonet	marzipan	spuilzie	conjuror	annexion	exceptor
squatted	capsizal	mazarine	squeezer	crackjaw	annexure	exchange
squatter	chutzpah	mazement	stanzaic	dejected	anorexia	excision
squattle	coenzyme	maziness	strelitz	demijohn	anorexic	excitant
squawker	cozenage	mestizas	streltzi	disjoint	anthelix	exciting
squawman	creutzer	mestizos	subsizar	disjunct	apomixis	excluded
squeaker	cruzeiro	metazoan	subzonal	djellaba	apoplexy	excubant
squealer	czarevna	metazoic	suzerain	ejection	appendix	excursus
squeegee	czaritza	metazoon	syzygies	ejective	apyrexia	excusive
squeezer	dazzling	mezereon	terrazzo	enjoiner	asphyxia	execrate
squelchy	defreeze	mezereum	terzetta	flapjack	ataraxia	executer
squiffer	diazepam	mezuzahs	terzetto	forjudge	ataraxic	executor
squiggle	disprize	mezuzoth	topazine	frabjous	auxiliar	executry
squiggly	disseize	misprize	trapezia	frijoles	aviatrix	exegesis
squilgee	dizzying	mitzvoth	trizonal	highjack	axillary	exegetic
squinter	douzeper	mizzling	tweezers	hijacker	axiology	exemplar
squirage	doziness	monazite	undazzle	injector	bandeaux	exemplum
squireen	ebenezer	mozzetta	unfreeze	injurant	banxring	exequial
squirely	ectozoan	ooziness	unfrozen	jejunely	bauxitic	exequies
squiress	ectozoic	outsized	unglazed	jejunity	beauxite	exercise
squirrel	ectozoon	oversize	unmuzzle	jickajog	biconvex	exergual
squirter	embezzle	ozoniser	unprized	kabeljou	bisexual	exertion
subequal	emblazon	parazoan	unseized	kinkajou	cachexia	exertive
tequilla	endozoic	parazoon	unvizard	komitaji	cacodoxy	exhalant
torquate	endozoon	partizan	vizarded	maharaja	cacomixl	exhedrae
tranquil	enfreeze	petuntze	vizcacha	majestic	carboxyl	exhorter
umquhile	entozoal	pezizoid	vizirate	majolica	cathexis	exhumate
uniquely	entozoic	piazzian	vizirial	majority	caudexes	exigence
vanquish	entozoon	pirozhki	waltzing	marjoram	châteaux	exigency
vehmique	enzootic	pizzeria	weazened	misjudge	cicatrix	exigible
verquere	foozling	polyzoan	wheezily	nightjar	convexed	exiguity
verquire	forzando	polyzoic	wheezing	nonjuror	convexly	exiguous
	foziness	polyzoon	whizzing	objector	coxalgia	eximious
Z8	freezing	prizable	wizardly	overjump	coxiness	existent
alguazil	frenzied	protozoa	wurtzite	pejorate	coxswain	exitance

exocrine
exogamic
exophagy
exoplasm
exorable
exorcise
exorcism
exorcist
exordial
exordium
exosmose
exospore
exoteric
expander
expandor
expected
expecter
expedite
expelled
expellee
expender
expertly
expiable
expiator
expirant
expiring
explicit
exploded
exploder
explorer
exponent
exporter
exposure
expunger
exserted
extended
extender
extensor
exterior
external
extolled
extrados
extremer
extrorse
extruder
exultant
exuviate
fabliaux
fixation
fixative
fixature
flexible
flexibly
flexuose
flexuous
flexural
foxberry
foxglove
foxhound
foxiness

genetrix
genitrix
geotaxis
gloxinia
haruspex
heritrix
hexaglot
hexagram
hexaplar
hexapody
hexylene
hydroxyl
indexing
inexpert
inflexed
intermix
interrex
intersex
jambeaux
janitrix
larynxes
laxative
lexigram
lixivial
lixivium
luxation
luxmeter
luxurist
malaxage
malaxate
manteaux
matchbox
matrixes
maxillae
maximise
maximist
microlux
mirepoix
monaxial
monoxide
morceaux
myxedema
myxomata
naloxone
nextness
nitroxyl
opopanax
orthodox
oxidiser
oximeter
oxymoron
oxytocin
panmixia
panmixis
paradoxy
parallax
paroxysm
peroxide
phorminx
plateaux

plexuses
polyaxon
ponceaux
pontifex
prolixly
proximal
pyrexial
pyroxene
pyroxyle
pyxidium
quincunx
quixotic
quixotry
reflexed
reflexly
relaxant
relaxing
rondeaux
rouleaux
sardonyx
saxatile
saxonite
sexiness
sexology
sextette
sextolet
sextuple
sexually
sixpence
sixpenny
sixscore
sixtieth
smallpox
snuffbox
spinifex
spintext
suboxide
suffixal
supertax
syntexis
syrinxes
tableaux
taxation
taxative
taxiarch
taxonomy
teguexin
teletext
tetraxon
textbook
textuary
textural
textured
thyroxin
toadflax
toxaemia
toxaemic
toxicant
toxicity
toxocara

tractrix
transfix
triaxial
trioxide
trumeaux
unfixity
uniaxial
unsexual
uxorious
vexation
vexatory
vexillum
vexingly
videotex
vixenish
vortexes
waxberry
waxiness
wraxling
zootoxin

Q9

acquittal
acquitted
antiquark
antiquary
antiquate
antiquely
antiquity
aquabatic
aquaboard
aquadrome
aquaplane
aquarelle
aquariist
aquariums
aquatinta
aquilegia
arabesque
arquebuse
baldaquin
banqueted
banqueter
banquette
bourasque
briquette
brusquely
burlesque
chequered
chibouque
clinquant
coequally
colloquia
conqueror
coquetted
croquette
damasquin
deliquium
demipique
detraquée

eloquence
equaliser
equalling
equalness
equipment
equipoise
equipping
equisetic
equisetum
equitable
equitably
equivalve
equivocal
equivoque
etiquette
exchequer
exequatur
exquisite
fantasque
frequence
frequency
grotesque
hacqueton
harlequin
harquebus
inequable
inquietly
inquiline
inquinate
inquiring
jequirity
lacquerer
liquation
liquefied
liquefier
liquidate
liquidise
liquidity
liquified
liquorice
liquorish
loquacity
mannequin
maquisard
marquetry
monocoque
moonquake
obliquely
obliquity
obsequent
obsequies
odalisque
ortanique
palanquin
paraquito
parqueted
parquetry
parroquet
pasquiler
pipsqueak

piquantly
plaquette
quinquina
reacquire
reconquer
reliquary
reliquiae
remarqued
requester
requiring
requisite
sasquatch
sequacity
sequester
siliquose
sobriquet
soliloquy
squabbish
squabbler
squadrone
squailing
squalidly
squalling
squamella
squamosal
squarrose
squashily
squatness
squatting
squawking
squeakery
squeakily
squeaking
squealing
squeamish
squeezing
squelcher
squibbing
squinting
squiralty
squirarch
squireage
squiredom
squirting
technique
torquated
triptyque
triquetra
turquoise
unequable
unequally
unqualify
unqueened
unqueenly
unquelled
unquietly
unsquared

Z9

alizarine

High-Scoring Words

amazement
amazingly
amazonian
amazonite
amperzand
apoenzyme
apprizing
assoilzie
avizandum
azeotrope
azimuthal
balthazar
balzarine
bamboozle
barmizvah
basmizvah
batmizvah
bedazzled
bedizened
benzidine
benzoline
bezoardic
bilharzia
biohazard
bombazine
brazeless
bulldozer
buzzingly
calfdozer
chabazite
chernozem
chorizont
citizenry
courtezan
craziness
czarevich
diazeuxis
disseizin
disseizor
dizygotic
dizziness
douzepers
dziggetai
embezzler
embrazure
endenizen
enzymatic
epizeuxis
epizootic
freezable
frenzical
fuzziness
gallinazo
gauziness
gazetteer
gazetting
gigahertz
guanazolo
haphazard
hazardous

heliozoan
heliozoic
hydrazine
hydrozoan
hydrozoon
hylozoism
hylozoist
influenza
interzone
isoniazid
jazziness
kibbutzim
kilohertz
lazaretto
lazzarone
lazzaroni
machzorim
manzanita
megahertz
merozoite
mezzanine
mezzotint
mizzonite
monzonite
muzziness
mycorhiza
organzine
overglaze
overgraze
overprize
oversized
ozocerite
ozokerite
ozonation
paparazzo
pizzicato
polyzoary
polyzonal
polyzooid
pozzolana
proenzyme
protozoan
protozoic
protozoon
prozymite
puzzledom
puzzolana
quartzite
quartzose
quizzical
ramfeezle
ranzelman
rheumatiz
rhizobium
rhizocarp
rhizocaul
rhizoidal
saprozoic
scazontic
schizopod

schmaltzy
schnauzer
schnozzle
sforzando
shemozzle
shimozzle
sitzkrieg
sizarship
slivovitz
slivowitz
smorzando
squeezing
synizesis
trapezial
trapezium
trapezius
trapezoid
unbrizzed
undazzled
unmuzzled
unrazored
unsizable
unzealous
vizierate
vizierial
vizirship
wayzgoose
wooziness
zigzagged

J9
abjection
adjacency
adjective
adjoining
adjunctly
adjutancy
adjuvancy
banjulele
blackjack
brinjarry
coadjutor
comitadji
conjoined
conjugate
conjuring
crossjack
dejection
dejectory
disjaskit
djellabah
ejaculate
ejectment
enjoyable
enjoyably
enjoyment
forejudge
forjaskit
forjeskit
hobjobber

injection
injurious
injustice
interject
introject
kabeljouw
maharajah
majorette
majorship
majuscule
marijuana
megajoule
nutjobber
objectify
objection
objective
objurgate
perjurous
prejudice
projector
rajahship
rejection
rejoicing
rejoinder
retroject
serjeancy
serjeanty
skijoring
skyjacker
sojourner
subjacent
subjected
subjugate
surrejoin
swarajism
swarajist
uninjured
unjealous
unjointed
unsubject
verjuiced

X9
admixture
aerotaxis
affluxion
amphioxus
anaptyxis
annexment
antefixal
antefixes
antihelix
antitoxic
antitoxin
anxiously
asexually
autotoxin
auxiliary
auxometer
axiomatic

basifixed
boxkeeper
boxwallah
buxomness
catalexis
cataplexy
clinoaxis
coaxially
coaxingly
complexly
complexus
connexion
convexity
coxcombic
coxcombry
cytotoxic
cytotoxin
decomplex
deflexion
deflexure
deoxidate
deoxidise
dexterity
dexterous
dextrally
dextrorse
diazeuxis
dictatrix
directrix
dorsiflex
earthflax
effluxion
endomixis
epistaxis
epitaxial
epizeuxis
eutaxitic
exactment
exactness
exactress
examinant
examinate
examining
exanimate
exanthema
exaration
exarchate
exarchist
excambion
excambium
excaudate
excavator
exceeding
excellent
excelling
excelsior
excentric
exceptant
excepting
exception

exceptive
excerptor
excessive
exchanger
exchequer
excipient
excisable
exciseman
excitable
excitancy
exclosure
exclusion
exclusive
exclusory
excoriate
excrement
excretion
excretive
excretory
exculpate
excurrent
excursion
excursive
excusable
excusably
execrable
execrably
executant
execution
executive
executory
executrix
exegetics
exegetist
exemplary
exemplify
exemption
exequatur
exerciser
exfoliate
exhalable
exhausted
exhauster
exhibiter
exhibitor
exilement
existence
exodermal
exodermis
exogamous
exogenous
exonerate
exopodite
exorciser
exosmosis
exosmotic
exosphere
exosporal
exostosis
exoticism

expansile
expansion
expansive
expatiate
expectant
expecting
expedient
expellant
expellent
expelling
expensive
expertise
expiation
expiatory
expirable
expiscate
explainer
expletive
expletory
explicate
exploiter
exploring
explosion
explosive
exponible
expositor
expounder
expressly
expulsion
expulsive
expurgate
exquisite
exsection
exsertile
exsertion
exsiccant
exsiccate
exsuccous
extempore
extendant
extensile
extension
extensity
extensive
extenuate
extirpate
extolling
extolment
extorsive
extortion
extortive
extractor
extradite
extravert
extremely
extremism
extremist
extremity
extricate
extrinsic

extrovert
extrusion
extrusive
extrusory
exuberant
exuberate
exudation
exudative
exultance
exultancy
fixedness
flambeaux
flexitime
fluxional
heterodox
hexachord
hexagonal
hexameter
hexaploid
hexastich
hexastyle
homotaxic
homotaxis
hydroxide
hypotaxis
implexion
indexical
indexless
inexactly
inflexion
inflexure
influxion
innoxious
juxtapose
lexically
lixiviate
lixivious
loxodrome
loxodromy
luxuriant
luxuriate
luxurious
macroaxis
malaxator
maxillary
maxillula
maximally
mediatrix
mixedness
monaxonic
monoxylon
multiplex
mycotoxin
myxoedema
myxovirus
noxiously
obnoxious
orthoaxis
orthodoxy
overexert

oversexed
oxidation
oxygenate
oxygenise
oxygenous
pansexual
paradoxal
paradoxer
paralexia
parataxis
pentoxide
phalanxes
pharynxes
piscatrix
pixilated
plexiform
polyaxial
pompholyx
prefixion
prehallux
prepollex
prolixity
prothorax
protoxide
proximate
proximity
pseudaxis
pyridoxin
pyroxenic
pyroxylic
pyroxylin
quixotism
reflexion
reflexive
retexture
retroflex
rheotaxis
saxifrage
saxophone
sexennial
sextantal
sextoness
sextuplet
sexualise
sexualism
sexualist
sexuality
sexvalent
sixteener
sixteenmo
sixteenth
taxidermy
taximeter
taxonomer
taxonomic
testatrix
tetroxide
textorial
textually
texturise

thyroxine
toxaphene
toxically
toxophily
unanxious
unexalted
unexcited
unexpired
unexposed
unextinct
unindexed
unisexual
unmixedly
unperplex
unrelaxed
uxoricide
vexatious
vexedness
vexillary
waxworker

Q10
acquainted
acquirable
acquitting
adequately
adequative
antimasque
antiquated
aquabatics
aquafortis
aquamanale
aquamanile
aquamarine
aquaplaner
arabesqued
banqueteer
banqueting
bequeathal
biquintile
blottesque
brusquerie
catafalque
chinquapin
chloroquin
cliquiness
coequality
colloquial
colloquise
colloquist
colloquium
communique
communiqué
conqueress
conquering
consequent
coquelicot
coquetting
coquettish
coquimbite

craquelure
delinquent
deliquesce
desquamate
disqualify
disquieten
dulciloquy
earthquake
eloquently
equability
equanimity
equanimous
equatorial
equestrian
equipotent
equitation
equivalent
equivocate
foursquare
frequenter
frequently
harquebuse
harquebuss
headsquare
humoresque
illaqueate
inadequacy
inadequate
ineloquent
inequality
inequation
infrequent
iniquitous
inquietude
inquirendo
inquisitor
lacquering
lambrequin
lansquenet
liquefying
liquescent
liquidator
liquidiser
liquidness
loquacious
maquillage
marquisate
masquerade
mosquitoes
multiloquy
musquetoon
obsequious
opaqueness
parquetted
pasquilant
pasquinade
perquisite
perruquier
picaresque
quinaquina

High-Scoring Words

reacquaint
reconquest
relinquish
reliquaire
requiescat
requirable
requisitor
requitable
requiteful
roquelaure
satyresque
seaquarium
semicirque
semiquaver
sequacious
sequential
somniloquy
soubriquet
squabasher
squadronal
squadroned
squalidity
squamation
squamiform
squamosity
squamulose
squandered
squanderer
squareness
squarewise
squeezable
squelching
squeteague
squirality
squirarchy
squirearch
squirehood
squireling
squireship
statuesque
subaquatic
subaqueous
subsequent
tourniquet
tranquilly
triquetral
triquetrum
ubiquarian
ubiquitary
ubiquitous
underquote
unequalled
unfrequent
uniqueness
unquarried
unquenched
unquotable
unrequired
unrequited
untranquil

usquebaugh
vanquisher
waterquake

Z10

altazimuth
amazedness
antifreeze
azeotropic
azobenzene
barmitzvah
basmitzvah
bathmizvah
batmitzvah
belshazzar
benzocaine
benzpyrene
bizarrerie
blitzkrieg
blizzardly
brazenness
breezeless
breeziness
bumfreezer
cancrizans
canzonetta
canzonette
capsizable
chimpanzee
citizeness
citizenise
coleorhiza
czarevitch
dazzlement
dazzlingly
denization
diazeuctic
eczematous
emblazoner
emblazonry
endorhizal
enzymology
epizootics
fizzenless
hazardable
holoenzyme
homozygote
homozygous
horizontal
hydrazides
hylozoical
influenzal
intermezzi
intermezzo
interzonal
isoniazide
janizarian
kibbutznik
lanzknecht
lherzolite

manzanilla
mazarinade
mezzotinto
monzonitic
morbidezza
mozzarella
mycetozoan
mycorhizal
mycorrhiza
passamezzo
piezometer
pileorhiza
piperazine
pozzolanic
pozzuolana
puzzlement
puzzlingly
quartzitic
quatorzain
quizziness
razzmatazz
rendezvous
rheumatize
rhizogenic
rhizomorph
rhizophore
rhizoplane
schemozzle
scherzando
schizocarp
schizogony
schizoidal
scorzonera
seltzogene
shlemozzle
sleaziness
sneezeweed
sneezewood
sneezewort
sporozoite
squeezable
strelitzes
strelitzia
suzerainty
tartrazine
topazolite
underglaze
underprize
undersized
unhazarded
unmuzzling
unseizable
unsizeable
viziership
wheeziness
whizzingly
zigzaggery
zigzagging

J10

abjectness
abjunction
abjuration
adjacently
adjectival
adjudgment
adjudicate
adjunction
adjunctive
adjuration
adjuratory
adjustable
adjustment
bijouterie
bluejacket
cajolement
chaparajos
chaparejos
coadjacent
coadjutant
coadjutrix
conjecture
conjointly
conjugally
conjugated
conjunctly
conjurator
crackajack
dejectedly
dijudicate
disjection
disjointed
disjunctor
enjambment
enjoinment
frabjously
hallelujah
highjacker
hobjobbing
injudicial
injunction
injunctive
jejuneness
majestical
misjoinder
natterjack
objectless
objuration
outjetting
outjutting
panjandrum
pejoration
pejorative
perjinkety
perjinkity
perjurious
prejudiced
projectile

projecting
projection
projective
projecture
rajpramukh
rejectable
rejectible
rejoiceful
rejoindure
rejuvenate
rejuvenise
serjeantcy
serjeantry
showjumper
skyjacking
sojourning
subjectify
subjection
subjective
subjoinder
subjugator
trajection
trajectory
unadjusted
unconjugal
underjawed
unjustness
unperjured
unrejoiced
windjammer

X10

alexanders
ambidexter
amphimixis
anaphylaxy
annexation
anticlimax
anxiolytic
appendixes
approximal
asexuality
asphyxiant
asphyxiate
axinomancy
axiologist
axiomatics
bissextile
bobbysoxer
brachyaxis
chalumeaux
chatterbox
chemotaxis
chickenpox
chionodoxa
cicatrixes
circumflex
coadjutrix
commixtion
commixture

complexion
complexity
contextual
contexture
contraplex
convexedly
convexness
coxcomical
deoxidiser
detoxicant
detoxicate
dexterwise
dextrality
dextrogyre
dextrously
dorsifixed
doxography
echopraxia
echopraxis
epexegesis
epexegetic
exacerbate
exactitude
exaggerate
exaltation
examinable
examinator
exasperate
excavation
excellence
excellency
exceptious
excerpting
excerption
excitation
excitative
excitatory
excitement
excogitate
excrementa
excrescent
excruciate
exculpable
excursuses
excusatory
execration
execrative
execratory
executable
executancy
executress
exegetical
exenterate
exhalation
exhaustion
exhaustive
exheredate
exhibition
exhibitive
exhibitory

exhilarant
exhilarate
exhumation
exobiology
exogenetic
exophagous
exopoditic
exorbitant
exospheric
exosporous
exoterical
exothermal
exothermic
expansible
expansibly
expatiator
expatriate
expectance
expectancy
expectedly
expedience
expediency
expeditate
expedition
expeditive
expendable
experience
experiment
expertness
expiration
expiratory
explicable
explicator
explicitly
exploitage
exploitive
exportable
exposition
expositive
expository
expressage
expression
expressive
expressman
expressure
expressway
exprobrate
expugnable
expunction
expurgator
exsanguine
exsiccator
exsufflate
extemporal
extendable
extendedly
extendible
extensible
extenuator
exteriorly

externally
extinction
extinctive
extinguish
extirpable
extirpator
extractant
extraction
extractive
extraneity
extraneous
extricable
exuberance
exuberancy
exulcerate
exultantly
exultation
exultingly
exuviation
flexihours
fluxionary
fluxionist
generatrix
googolplex
groundprox
heliotaxis
heritrixes
heterodoxy
heterotaxy
hexactinal
hexaemeron
hexagynian
hexagynous
hexahedral
hexahedron
hexamerous
hexametric
hexandrian
hexandrous
hexaplaric
homosexual
homotaxial
hydrotaxis
hypoxaemia
hypoxaemic
implexuous
indexation
inexistent
inexorable
inexorably
inexpiable
inexpiably
inexplicit
inextended
inflexible
inflexibly
inheritrix
intoxicant
intoxicate
lexicology

lexigraphy
loxodromic
luxuriance
luxuriancy
malaxation
maxilliped
maxillulae
maximalist
mesothorax
metagalaxy
metathorax
mixolydian
moderatrix
monoxylous
myxomatous
myxomycete
nectocalyx
nephropexy
neurotoxin
orthopraxy
overexcite
overexpose
oxidisable
oxygenator
paradoxist
paradoxure
paroxysmal
paroxytone
peroxidase
peroxidise
perplexing
perplexity
phototaxis
phyllotaxy
phylloxera
phytotoxic
phytotoxin
picrotoxin
pixillated
plexiglass
pleximeter
pleximetry
polyaxonic
prattlebox
precentrix
prefixture
premaxilla
prolixious
prolixness
protectrix
protoxylem
proximally
pyridoxine
pyroxenite
pyroxyline
quadratrix
quadruplex
radiotoxic
reflexible
relaxation

relaxative
saxicavous
saxicoline
saxicolous
separatrix
sexagenary
sexivalent
sexlocular
sexologist
sexpartite
sextillion
sextonship
spectatrix
superexalt
synaxarion
taxability
taxidermal
taxidermic
taxonomist
textualism
textualist
texturally
thixotropy
toxication
toxicology
toxiphobia
trisectrix
trousseaux
undersexed
unexacting
unexamined
unexampled
unexcelled
unexciting
unexcluded
unexecuted
unexpanded
unexpected
unexpiated
unexplored
unextended
uniaxially
unorthodox
unoxidised
uxorilocal
uxoriously
vexingness

Q11

acquiescent
acquirement
acquisition
acquisitive
acquittance
antiquarian
antiquation
antiqueness
appropinque
aquaculture
aquafortist

High-Scoring Words

aquanautics
aquaplaning
aquarellist
aquiculture
arquebusade
arquebusier
barbaresque
barquentine
biquadratic
bouquetière
brusqueness
chequerwise
chloroquine
cinquecento
colliquable
colloquiums
conquerable
consequence
delinquency
discotheque
disquietful
disquieting
disquietive
disquietous
disquietude
earthquaked
enquiration
equableness
equiangular
equibalance
equidistant
equilateral
equilibrate
equilibrist
equilibrity
equilibrium
equinoctial
equipollent
equivalence
equivalency
equivocally
equivocator
exquisitely
gigantesque
grotesquely
grotesquery
illaqueable
illiquation
illiquidity
ineloquence
inequitable
inequitably
infrequence
infrequency
inquilinism
inquilinity
inquilinous
inquination
inquiration
inquiringly

inquisition
inquisitive
liquefiable
liquescence
liquescency
liquidation
longinquity
marquessate
marqueterie
marquisette
masquerader
monchiquite
obliquation
obliqueness
obliquitous
outquarters
pasquinader
perquisitor
picturesque
plateresque
preacquaint
propinquity
quinquennia
quinquereme
requirement
requisition
requisitory
requiteless
requitement
sequestered
sequestrant
sequestrate
sesquialter
sesquioxide
sesquipedal
soldatesque
soliloquise
squalidness
squandering
squarsonage
squashiness
squattiness
squeakiness
squeakingly
squeamishly
squintingly
squirarchal
squirearchy
stultiloquy
subsequence
terraqueous
triquetrous
unconquered
unenquiring
unequitable
unequivocal
uninquiring
unliquefied
unqualified
unquantised

unqueenlike
unquickened
unquietness
unrequisite
ventriloquy

Zll

antherozoid
azocompound
bathmitzvah
bedizenment
benzylidine
blizzardous
chalazogamy
citizenship
coleorrhiza
denizenship
gaberlunzie
hazardously
homozygosis
hylozoistic
monozygotic
mycorrhizal
overgrazing
ozoniferous
ozonisation
ozonosphere
pentazocine
polyzoarial
polyzoarium
proterozoic
quizzically
razzamatazz
rhizanthous
rhizocarpic
rhizogenous
rhizomatous
rhizosphere
rinforzando
schizogenic
schizophyte
schizopodal
spermatozoa
trapezoidal
trophozoite
unhazardous

Jll

adjectively
adjournment
adjudgement
adjudicator
antijacobin
clanjamfray
coadjacency
coadjutress
conjectural
conjugality
conjugating
conjugation

conjugative
conjunction
conjunctiva
conjunctive
conjuncture
conjuration
conjurement
crackerjack
disjunction
disjunctive
disjuncture
ejaculation
ejaculative
ejaculatory
ejectamenta
enjambement
injudicious
injuriously
interjacent
maladjusted
misjudgment
multijugate
multijugous
objectivate
objectively
objectivise
objectivism
objectivist
objectivity
objurgation
objurgative
objurgatory
panjandarum
prejudgment
prejudicant
prejudicate
prejudicial
projectment
rejoicement
rejoicingly
rejuvenator
rejuvenesce
sojournment
steeplejack
subjectship
subjugation
subjunctive
superjacent
thingumajig
unjaundiced
unjustified
unprojected
unrejoicing
unsubjected

Xll

alexandrine
alexandrite
amplexicaul
anaphylaxis

anxiousness
approximate
arbitratrix
asphyxiated
asphyxiator
auxanometer
axerophthol
axiological
axiomatical
axonometric
chalcedonyx
complexness
consolatrix
coxcombical
crucifixion
cyclohexane
deflexional
deoxidation
deoxygenate
deoxygenise
deoxyribose
desexualise
dexiotropic
dexterously
doxographer
enterotoxin
exaggerator
exaltedness
examination
exanimation
exanthemata
exasperator
exceedingly
excellently
exceptional
excessively
exclamation
exclamative
exclamatory
exclusively
exclusivism
exclusivist
excoriation
excorticate
excremental
excrementum
excrescence
excrescency
exculpation
exculpatory
excursively
executioner
executively
executorial
executrices
executrixes
exemplarily
exemplarity
exemplified
exercisable

exfoliation
exfoliative
exhaustible
exhaustless
exhortation
exhortative
exhortatory
existential
exoneration
exonerative
exorability
exorbitance
exorbitancy
exoskeletal
exoskeleton
exotericism
expansional
expansively
expansivity
expatiation
expatiative
expatiatory
expectantly
expectation
expectative
expectingly
expectorant
expectorate
expediently
expeditious
expenditure
expensively
experienced
expiscation
expiscatory
explainable
explanation
explanative
explanatory
explication
explicative
explicatory
exploitable
exploration
explorative
exploratory
explosively
exponential
exportation
exposedness
expositress
expostulate
expressible
expressness
expromissor
expropriate
expugnation
expurgation
expurgatory
exquisitely

exsanguined
exsiccation
exsiccative
exstipulate
extemporary
extemporise
extensional
extensively
extenuating
extenuation
extenuative
extenuatory
exteriorise
exteriority
exterminate
externalise
externalism
externalist
externality
extirpation
extirpative
extirpatory
extorsively
extortioner
extractable
extractible
extradition
extrapolate
extravagant
extravagate
extravasate
extrication
extrinsical
exuberantly
fauxbourdon
flexibility
fricandeaux
genuflexion
heterotaxis
hexagonally
hexametrise
hexametrist
hexaplarian
hexastichal
hexateuchal
hydrothorax
ideopraxist
indexterity
inexactness
inexcitable
inexcusable
inexcusably
inexecrable
inexecution
inexhausted
inexistence
inexpectant
inexpedient
inexpensive
inextension

inflexional
innoxiously
intersexual
irreflexion
lexigraphic
litholapaxy
lixiviation
loxodromics
luxulianite
luxulyanite
luxuriantly
luxuriation
luxuriously
maxillipede
mixotrophic
moxibustion
multiplexer
myxomatosis
negotiatrix
noxiousness
obnoxiously
orthopraxis
oxygenation
oxyrhynchus
paradoxical
paraphraxia
paraphraxis
perplexedly
phyllotaxis
pleximetric
premaxillae
progenitrix
prolocutrix
prophylaxis
proprietrix
prosecutrix
proximately
proximation
reflexively
reflexology
retroflexed
saxophonist
sceuophylax
sesquioxide
sexagesimal
sexennially
sexlessness
sextodecimo
solifluxion
speculatrix
stereotaxia
stereotaxic
stereotaxis
subaxillary
subluxation
taxidermise
taxidermist
taxonomical
textureless
thermotaxic

thermotaxis
thixotropic
thoroughwax
toxicomania
toxiphagous
toxiphobiac
toxophilite
transfixion
transsexual
trophotaxis
unexcavated
unexcitable
unexclusive
unexercised
unexhausted
unexpectant
unexpensive
unexplained
unexpressed
unfixedness
unisexually
unluxuriant
unluxurious
unobnoxious
unorthodoxy
unperplexed
vexatiously
vexillation
vexillology

Q12

acquaintance
acquiescence
adequateness
bequeathable
bequeathment
chiquichiqui
cinemathèque
cliquishness
colliquation
colliquative
colloquially
coloquintida
conqueringly
conquistador
consequently
coquettishly
delinquently
deliquescent
desquamation
desquamative
desquamatory
disqualifier
disquietness
disquisition
disquisitive
disquisitory
earthquaking
equalisation
equalitarian

equanimously
equatorially
equestrienne
equidistance
equilibrator
equimultiple
equipollence
equipollency
equiprobable
equisetiform
equivalently
equivocation
equivocatory
frequentness
grotesquerie
harlequinade
headquarters
hindquarters
hydroquinone
illaqueation
inadequately
inconsequent
infrequently
iniquitously
inquisitress
liquefacient
liquefaction
loquaciously
macaberesque
magniloquent
misquotation
mousquetaire
multiloquent
multiloquous
obsequiously
paraquadrate
pectoriloquy
perquisition
prerequisite
quaquaversal
quinquenniad
quinquennial
quinquennium
sequentially
sequestrator
sesquialtera
sesquitertia
somniloquise
somniloquism
somniloquist
squirearchal
statuesquely
subsequently
tranquillise
tranquillity
ubiquitarian
ubiquitously
unacquainted
uncoquettish
unfrequented

High-Scoring Words

unfrequently
unliquidated
unquantified
unquenchable
unquenchably
unquestioned
unrequitedly
unvanquished
vanquishable
vanquishment

Z12

antherozooid
bedazzlement
benzaldehyde
bilharziasis
bilharziosis
capercailzie
chalazogamic
chorizontist
decitizenise
embezzlement
emblazonment
enzymologist
extravaganza
gazetteerish
heterozygote
heterozygous
horizontally
hydrozincite
katzenjammer
nitrobenzene
protozoology
quizzicality
rhizocarpous
rhizogenetic
rhizophagous
rhizophilous
schizocarpic
schizogenous
schizogonous
schizomycete
schizophrene
schizophytic
schizopodous
schizothymia
schizothymic
spermatozoal
spermatozoan
spermatozoic
spermatozoid
spermatozoon
uncapsulizable

J12

adjectivally
adjudication
adjunctively
circumjacent
clamjamphrie

conjunctival
dejectedness
dijudication
disjointedly
forejudgment
injudicially
injunctively
insubjection
interjacency
interjection
introjection
katzenjammer
majestically
majesticness
misjudgement
pejoratively
prejudgement
projectional
projectivity
readjustment
rejuvenation
retrojection
serjeantship
subjectively
subjectivise
subjectivism
subjectivist
subjectivity
subterjacent
surrejoinder
unprejudiced

X12

alexipharmic
ambidextrous
anthoxanthin
asphyxiation
complexional
complexioned
conservatrix
contextually
cytotoxicity
detoxication
dextrocardia
dextrogyrate
dextrousness
disconnexion
dorsiflexion
epexegetical
exacerbation
exaggeration
exaggerative
exaggeratory
exalbuminous
exanthematic
exasperating
exasperation
exasperative
exchangeable
excitability

exclusionism
exclusionist
excogitation
excogitative
excruciating
excruciation
excursionise
excursionist
execratively
executorship
exegetically
exemplifying
exenteration
exercitation
exheredation
exhibitioner
exhilarating
exhilaration
exhilarative
exhilaratory
exiguousness
exobiologist
exophthalmia
exophthalmic
exophthalmos
exophthalmus
exorbitantly
exospherical
exoterically
expansionary
expansionism
expansionist
expatriation
expediential
expeditation
experiential
experimental
experimented
experimenter
explantation
explicitness
exploitation
exploitative
expostulator
expressional
expressively
expressivity
exprobration
exprobrative
exprobratory
expromission
expropriable
exsanguinate
exsanguinity
exsanguinous
exsufflation
exsufflicate
extensimeter
extensionist
extensometer

exterminable
exterminator
exteroceptor
extinguisher
extortionary
extortionate
extortionist
extraditable
extraneously
extranuclear
extrapolator
extravagance
extravagancy
extravaganza
extraversion
extroversion
exulceration
flexibleness
haematoxylin
haematoxylon
heterauxesis
heterosexual
hexadactylic
hyperpyrexia
inexactitude
inexecutable
inexhaustive
inexpansible
inexpectancy
inexpedience
inexpediency
inexperience
inexpertness
inexplicable
inexplicably
inexpressive
inexpugnable
inexpugnably
inexpungible
inextensible
inextirpable
inextricable
inextricably
intermaxilla
intermixture
intertexture
intoxicating
intoxication
laxativeness
lexicography
lexicologist
loxodromical
luxullianite
mixobarbaric
morphallaxis
overexertion
overexposure
pansexualism
pansexualist
paradoxidian

paradoxology
paradoxurine
peroxidation
perplexingly
phycoxanthin
pneumothorax
polysiloxane
portmanteaux
praxinoscope
premaxillary
psychosexual
quixotically
retroflexion
sexagenarian
sexcentenary
submaxillary
toxicologist
toxicophobia
toxocariasis
toxophilitic
trophallaxis
unexpectedly
unexpressive
unexpugnable
unexpurgated
unextenuated
unisexuality
uxoriousness

Q13

acquiescently
acquiescingly
acquirability
antiquitarian
appropinquate
appropinquity
colloquialism
colloquialist
conquistadors
consequential
deliquescence
disequilibria
disquietingly
equestrianism
equidifferent
equidistantly
equilibration
equinoctially
equiponderant
equiponderate
equipotential
equisetaceous
equitableness
equivocalness
exquisiteness
frequentation
frequentative
grandiloquent
grandiloquous
grotesqueness

headquartered
inconsequence
inquisitional
inquisitively
inquisitorial
magniloquence
multiloquence
phylloquinone
picturesquely
quinquevalent
requisiteness
sculpturesque
sequentiality
sequestration
sesquiplicate
somniloquence
squanderingly
squandermania
squeamishness
squeezability
squirarchical
stultiloquent
subequatorial
subsequential
tranquilliser
triquetrously
unconquerable
unconquerably
unequivocally
uninquisitive
unqualifiedly
unquestioning
ventriloquial
ventriloquise
ventriloquism
ventriloquist
ventriloquous

Z13

autoschediaze
bamboozlement
capercaillzie
conversazione
conversazioni
eschscholtzia
haphazardness
hazardousness
horizontality
palaeozoology
piezoelectric
piezomagnetic
quartziferous
rhizomorphous
schizocarpous
schizogenesis
schizogenetic
schizomycetic
schizophrenia
schizophrenic
semicarbazide

squeezability
sulphadiazine
trapezohedron

J13

circumjacency
coadjutorship
conjecturable
conjecturally
conjugational
conjunctional
conjunctively
disjunctively
enjoyableness
forejudgement
injudiciously
injuriousness
interjaculate
interjectural
maladjustment
misconjecture
objectionable
objectionably
objectivation
objectiveness
objectivistic
prejudication
prejudicative
prejudicially
projectionist
rejuvenescent
subjunctively
unconjectured
unconjunctive
unjustifiable
unjustifiably

X13

ambidexterity
ambidexterous
annexationist
approximately
approximation
approximative
archaeopteryx
axiomatically
cephalothorax
circumflexion
complexedness
contextualise
coxcombically
deoxidisation
dexterousness
dextrocardiac
exanthematous
exceptionable
exceptionably
exceptionally
excessiveness
excitableness

exclusiveness
excommunicate
excortication
excrescential
excursiveness
excusableness
exemplariness
exemplifiable
exhibitionism
exhibitionist
exothermicity
expansibility
expansiveness
expectoration
expectorative
expeditionary
expeditiously
expendability
expensiveness
experimentist
explanatorily
explosiveness
exponentially
expostulation
expostulative
expostulatory
expressionism
expressionist
expropriation
expurgatorial
exquisiteness
exsanguineous
extemporarily
extendability
extendibility
extensibility
extensionally
extensiveness
extenuatingly
extermination
exterminative
exterminatory
exterritorial
extinguishant
extraordinary
extrapolation
extrapolative
extrapolatory
extravagantly
extravasation
extrinsically
hexactinellid
hexadactylous
homosexualist
homosexuality
hydroxylamine
improvisatrix
inexhaustible
inexhaustibly
inexorability

inexpediently
inexpensively
inexperienced
inexpressible
inexpressibly
inflexibility
inflexionless
innoxiousness
interlocutrix
juxtaposition
lexicographer
lexicographic
lexigraphical
luxuriousness
mycotoxicosis
obnoxiousness
overexcitable
paradoxically
perplexedness
phytotoxicity
primogenitrix
proparoxytone
prosecutrixes
reflexibility
sexagesimally
sexploitation
taxonomically
toxicological
toxicophagous
toxoplasmosis
underexposure
unexaggerated
unexceptional
unexclusively
unexemplified
unexpensively
unexperienced
unexplainable
unexpressible
vexatiousness
vexillologist

Q14

antiquarianism
aquifoliaceous
colliquescence
conquistadores
coquettishness
disequilibrium
disqualifiable
disquisitional
equiangularity
equiponderance
grandiloquence
inadequateness
inconsequently
iniquitousness
loquaciousness
magniloquently
obsequiousness

High-Scoring Words

quaquaversally
quinquagesimal
quinquecostate
quinquefarious
quinquefoliate
quinquennially
quinquevalence
reacquaintance
relinquishment
requisitionary
requisitionist
sequaciousness
sesquipedalian
sesquipedality
sesquisulphide
squirearchical
statuesqueness
stultiloquence
unacquaintance
unquestionable
unquestionably
unvanquishable

Z14

benzodiazepine
chlorpromazine
conversaziones
dinitrobenzene
intelligentzia
nebuchadnezzar
phenylbutazone
piezochemistry
piezomagnetism
protozoologist
quizzification
schizognathous
schizomycetous
schizophyceous
semicarbazones
sulphathiazole
zinziberaceous

J14

conjunctivitis
disjointedness
interjectional
majesticalness

rejuvenescence
subjectiveness
subjectivistic

X14

administratrix
alexipharmakon
andromedotoxin
complexionless
coxcombicality
detoxification
dextrorotation
dextrorotatory
epexegetically
exacerbescence
exclaustration
excommunicable
excrementitial
excruciatingly
exhilaratingly
existentialism
existentialist
experienceless
experimentally
expressionless
expressiveness
extemporaneity
extemporaneous
extensionalism
extensionality
extinguishable
extinguishment
extortionately
extracanonical
extracorporeal
extractability
extraforaneous
extraneousness
extravehicular
extrinsicality
hydroextractor
hypercatalexis
hypomixolydian
inexcusability
inexorableness
inexpiableness
inexpressibles

inflexibleness
inframaxillary
interconnexion
intermaxillary
intersexuality
lexicographist
reflexological
saxifragaceous
superexcellent
thyrotoxicosis
transsexualism
unexpectedness
unextinguished
unintoxicating

Q15

acquisitiveness
appropinquation
conquerableness
consequentially
disquisitionary
equalitarianism
equiprobability
grandiloquently
inconsequential
inquisitiveness
inquisitorially
picturesqueness
preacquaintance
quinquagenarian
sesquicentenary
unqualifiedness
ventriloquially
ventriloquistic

Z15

palaeozoologist
photozincograph
protozoological
schizophrenetic
trinitrobenzene

J15

conjunctionally
conjunctiveness
injudiciousness
interjaculatory

interjectionary
intersubjective
objectification
unobjectionable
unobjectionably

X15

chromoxylograph
desexualisation
exchangeability
excommunication
excommunicatory
excrementitious
exemplification
exhibitionistic
expeditiousness
experientialism
experientialist
experimentalise
experimentalism
experimentalist
experimentation
experimentative
expressionistic
extemporariness
extemporisation
exteriorisation
externalisation
extraordinaries
extraordinarily
heterosexuality
hexachlorophane
hexachlorophene
inexcusableness
inexpensiveness
inexplicability
inextensibility
juxtapositional
lexicographical
paradoxicalness
photoxylography
pseudohexagonal
superexaltation
superexcellence
unexceptionable
unexceptionably
unexceptionally